通关宝®系列

CFA 一级中文精读（上）

金程金融研究院 编著

汤震宇 周琪 林正 主编

团结出版社

图书在版编目（CIP）数据

CFA一级中文精读 / 金程金融研究院编著. -- 北京 : 团结出版社, 2022.8

ISBN 978-7-5126-9598-6

Ⅰ. ①C… Ⅱ. ①金… Ⅲ. ①金融—分析—资格考试—自学参考资料 Ⅳ. ①F83

中国版本图书馆CIP数据核字(2022)第155734号

出　版：团结出版社
（北京市东城区东皇城根南街84号　邮编：100006）
电　话：（010）65228880　65244790
网　址：http://www.tjpress.com
E-mail：zb65244790@vip.163.com
经　销：全国新华书店
印　刷：廊坊市全龙印务有限公司
装　订：廊坊市全龙印务有限公司

开　本：185mm × 260mm　16开
印　张：72.75
字　数：1397千字
版　次：2022年8月　第1版
印　次：2022年8月　第1次印刷

书　号：978-7-5126-9598-6
定　价：299.00元（全三册）

编 委 会

编　　著：金程金融研究院

总　　编：汤震宇

编组成员：（按姓名拼音）

韩　霄　洪　波　林　正　邵思怡

隋丹怡　王慧琳　王逸芸　周　琪

CFA 一级中文精读　上册

编　　著： 金程金融研究院

主　　编： 汤震宇　周　琪　林　正

责任主编：

《职业伦理》责任主编：汤震宇

《数量分析》责任主编：周　琪

《经济学》责任主编：林　正

About the Author

作者简介

汤震宇

复旦大学会计学博士、金程教育创始人、首席培训师。研究领域广泛，职业学习者，终身教书匠；征战各类证书考试，探索快速学习之道。持有证书包括：CFRM（注册金融风险管理师）、FRM（金融风险管理师）、CTP（国际财资管理师）、CAIA（特许另类投资分析师）、CMA（美国管理会计师）、RFP（美国注册财务策划师）、经济师，2004 年通过 CFA 三级考试。20 余年金融、会计讲台一线培训经验，以最有效的讲解直击问题之本质、探求原理之真谛。

周　琪

CFA 持证人、FRM 持证人、CFRM 特聘讲师、中央财经大学经济学学士、复旦大学 FMBA 在读。金程教育财经项目部副总监，负责 CFA/FRM 项目资料体系建设和学术研发工作，学术功底深厚。参与编写 CFA/FRM 中文精读系列资料。多年的教学研究，一直秉持“知变则胜，守常必败”的教研态度，不断探索和创新，积累了丰富的经验。

林　正

金程教育 CFA 资深培训师。英国艾塞克斯大学管理学硕士，CFA 持证人、PMP 持证人。曾任某外资银行支行行长及总部项目经理，有十二年的外资银行工作资历，积累了丰富的金融实战经验。目前担任 CFA 二、三级产品研发负责人，参与 CFA 全级别授课，熟悉 CFA 考试重点，授课逻辑清晰易懂，结合实际案例深入浅出解释考点，备受学员欢迎。

前言

PREFACE

CFA 是（Chartered Financial Analyst）的简称，是全球投资行业里最严格与含金量最高的资格认证，被称为“金融第一考”。CFA 协会为全球投资行业在道德操守、专业标准及知识体系等方面设立了规范与标准。自 1962 年设立 CFA 课程以来，CFA 认证被广泛地认知与认可。

在此，金程教育诚挚祝贺各位备考 CFA 一级的读者，迈出了通向金融行业尖端人才的第一步！自2014年首次出版《CFA特许分析师考试中文手册（CFA一级）》以来，助力众多 CFA 考生备战考试，实现职业生涯的华丽转身。

CFA 一级作为金融行业基础知识集锦，全面考查了作为金融从业人员所需掌握的各类专业知识，包括十门科目四部分内容。第一部分为职业伦理，阐述了金融从业人员应遵循的基本职业道德规范，指导从业人员从容面对执业中可能面临的困境。第二部分为基础性科目，包括：数量分析、经济学、财务报表分析与公司金融，主要介绍了基本的数理统计与概率论、经济学与会计知识。第三部分为产品类科目，包括：权益、固定收益、衍生品与另类投资，简单阐述了金融市场中各类产品的收益与风险特征，及其估值定价模型。第四部分为投资组合管理，讲解了组合管理理论与风险管理概论，同时，介绍了技术分析与金融科技等问题。本书中囊括的十门科目相辅相成，共同构建了金融行业知识体系的基石。本书除了适用于 CFA 一级考生外，也可作为金融入门读物，为有志于从事金融行业人士提供了打开金融世界大门的知识体系。

对于中国考生而言，金融知识与全英文考试是通过 CFA 一级的最大障碍。为了帮助各位考生顺利通过考试，金程教育多位 CFA 持证名师和资深研究员们以丰富的教学经验、广博的金融知识以及匠心精神，反复推敲、不断打磨，力求为考生构建全球主流且实用的金融知识体系。本书紧扣2023年CFA协会官方考纲，将CFA一级的十门科目的学习重点（Learning outcomes, LOS）、章节总结（Summary）与例题进行解析，梳理出CFA一级考试的知识脉络，并辅以重要专业词汇的英文注解，帮助中国考生全面攻克CFA考试。

本书主要特点概括为以下五个方面：

（1）紧密贴合最新考纲，全面涵盖重点难点。本书覆盖了CFA一级考试所有十门科目的重难点知识，依据CFA一级2023年新考纲，完善了科目与章节的顺序结构，补充新增考点、删除超纲考点，帮助读者过滤冗余信息，提升学习效率。

（2）章节介绍学习总览，课后练习巩固知识。本书在每一个章节开头设置二维码，考生可以扫码观看金程名师对各章节重难点的总结和介绍。其次，每章结束后配有全英文习题练习，帮助考生了解CFA出题思路。

（3）调整教材逻辑结构，匹配读者学习习惯。CFA一级考试覆盖的知识点众多而庞杂，本书精炼总结了数位老师多年授课经验，重新调整知识点逻辑顺序，提炼出更符合学习习惯、更易理解的呈现思路，致力于帮助读者用最少的时间，掌握最重要的内容。

（4）图表文字互相结合，复杂考点逐个击破。CFA一级考试中部分复杂考点往往需要考生反复记忆。本书在复杂内容呈现上，加入多项图片、表格等进行辅助说明，对各类易错、易混淆的知识点进行辨析与总结。通过图文结合的方式，增强考生对于知识点的理解，同时制作了各类备考指南，使读者快速掌握记忆方法，为读者复习CFA考试带来最大的便利。

（5）金程名师答疑解惑，补充拓展知识链路。由于CFA考试是融合考察了众多金融基础知识，除了掌握考点之外，部分拓展知识对于读者在金融行业中的发展也至关重要。本书就复习中的疑难杂症，添加了“名师解惑”部分。该部分不仅总结金程名师对于知识点的独到理解，还为考生补充了金融、英语相关拓展内容，帮助读者深入挖掘知识内在联系，拓展知识链路。

本书能够顺利出版，要感谢很多人的帮助和努力。感谢本书总编金程教育汤震宇博士对书稿进行的学术指导。感谢本书的责任主编：韩霄老师、洪波老师、林正老师、王慧琳老师、周琪老师的倾力支持。同时感谢金融研究院的多位研发老师对本书撰写和校稿做出的巨大贡献。若有疏漏之处，诚恳地希望读者批评、指正。

最后，真诚地祝愿每位读者都能学有所成、学有所获，走向更加辉煌的职业生涯！

金程金融研究院

目录 CONTENTS

第一部分 职业伦理和行为准则

第二部分　数量方法

第三部分　经济学

Part 01

第一部分　职业伦理和行为准则

知识导引

职业伦理是 CFA 考试体系中重要的一门学科，探讨的是在商业场景中 CFA 持证人和考生应当遵守的职业准则。职业伦理考察的主要是考生对于概念和准则的理解，而不涉及定量的计算，所以考生在备考时应以定性的内容为主要学习方向。该科目的习题不仅有概念辨析题，也涉及到伦理准则在具体商业场景中的运用。

考点说明

职业伦理和行为准则在一级考试中是 CFA 考试体系中的重头之一。职业伦理的章节可被分为三大部分。第一部分的内容以概念介绍为主，介绍了道德相关的基本概念、专业性对信任的影响、资产管理行业中的专业性、道德行为面临的挑战；第二部分是该科目的重点，详细介绍七大条职业行为准则，其中每条准则都涵盖数条细则，考生需要对每个细则理解透彻，方能准确地判断案例中的行为是否合乎规范；第三部分是第四章，主要介绍全球投资业绩展示标准（GIPS）的基本概念。

职业伦理最常见的题型是案例题，案例中往往介绍了当事人的一些专业行为，需要考生判断当事人有没有违反专业行为准则，或怎样做才能避免违反专业行为准则。同学们需要仔细学习职业伦理和专业行为准则的每一条细则，配合案例加深理解和并加以体会。

第 1 章 投资行业中的道德标准与信任

本章知识点		讲义知识点
一、道德的定义	理解道德的两种定义	道德和专业性
二、道德标准和行为标准	理解道德标准和行为标准的差别	
三、专业性对信任的影响	理解专业性的影响	
四、投资管理行业中的专业性	理解投资管理行业中专业性的重要性	
五、道德行为面临的挑战	理解道德行为中涉及的挑战	
六、区分道德标准和法律标准	理解法律和伦理的区别	区分道德标准和法律标准
七、道德决策制定的框架	了解用于道德行为决策制定的框架	

知识导引

作为 CFA 项目的考生之一，你被期待、亦被要求达到高道德标准。这一章节介绍的理念有助于你理解专业性对建立信任的影响以及投资管理行业中的专业性。随后，本章节介绍了道德行为面临挑战，道德标准和法律标准之间的差异，以及用于进行道德行为决策的框架。

本章思维导图

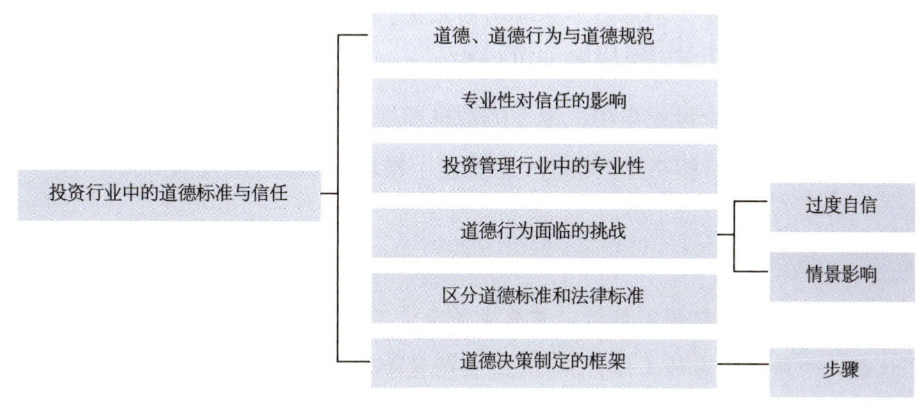

1. 道德的定义

— 备考指南 —
了解道德的含义。

道德是一种能够体现社会或社会群体特性的指导性思想或理念。道德涵盖了一系列能给我们的行为提供指引的道德原则及行为规则。道德原则包含了什么是好的、可接受的或负责任的行为，以及什么是不好的、不能被接受的或受禁止的行为。

道德的另一种定义是指对道德原则的研究，其意为对行为优劣的研究，或是对行为选择好坏的研究。

道德行为是指遵守道德原则，并能够平衡自身利益和该行为对他人产生的直接或间接影响的行为。

2. 道德标准和行为标准

政府或相关部门会制定法律和制度来反映那些受到大众广泛接受的关于义务和禁止行为的观点。法律上的差异体现的是信念和价值观上的差异。

我们生活和工作中的相关主体将他们对义务和禁止行为的看法规范化，并将其以书面化的形式表现出来，这就被称为道德标准。而行为标准是衡量社会成员的可被接受行为的最低标准，有助于加强人们对道德标准的理解。

3. 专业性对信任的影响

专业性要求从业人员拥有一定的教育水平、特定的专业知识，且有助于信任的建立。一般而言，专业性还需要人们具备道德素养，注重服务质量，并以客户利益为先。在近一个世纪当中，专业的数量和规模都在增长，新的专业领域造就了新的职业。而政府和监管机构也一定程度上推动了专业性的发展。

名师解惑

这里进行几组词汇辨析。首先是关于“工作”的一组名词：job 指代的仅为人们赖以生存的工作，vocation 指的是个人各方面的能力以及性格所适合的工作，而 profession 则是整个职业生涯的最终演变，它基于个人专业的知识和技能，能够为他人提供服务并且由愿意遵守道德标准的人来执行。

此外，针对 customer 和 client 也有具体的辨析：customer 所指的客户只是基于一次性的交易，而 client 所指代的客户则是基于对服务方长久的信任和关系。因此，在金融领域的专业人士与客户接触沟通中，我们更多指代的是 profession 和 client 之间的关系。

不同职业的专业性有着类似的特征，而这些特征都有助于公司或组织内部可靠度的建设。专业性对信用的影响具体包括：

- 专业性规范了从业者的行为，世界各地的许多监管机构也会与专业机构进行合作，了解彼此的标准；
- 专业性向社会提供着服务，专业人士有义务在行业中倡导更高水平的道德标准，而信任的建立也有助于在社会中扩散专业服务；
- 专业性以客户为导向，职业守则有助于专业人员将客户利益置于个人利益之上，对客户施以关怀，用专业的技能和勤勉的态度为他们服务；
- 专业性有一定的准入门槛，专业人士应当提供具有质量的服务；
- 专业性要求具备专业知识，经验丰富的人员研发的知识库可供专业领域的所有人员使用；
- 专业性鼓励继续教育，保持专业素养需要持续不断地学习，为专业人员进行培训有利于人力资本升值，进而促进经济增长；
- 专业性能够监督职业行为，专业人员必须对其行为负责，以维护行业的诚信和声誉；
- 专业人士之间虽然存在竞争行为，但应当尊重彼此；
- 专业性具有监督的作用，许多专业机构是非盈利组织，注重提供优质的公共服务；
- 专业性鼓励成员的积极参与，专业人士应当主动推动自身所属行业，并与同行一起发展专业知识和道德规范。

此外，专业性是在不断发展的。一般而言，职业人士常常与非专业人士进行交流，这使得专业人士在实践当中得以对公众的观点进行评估，也培养了客户对专业人员和规章制度的信任感。

4. 投资管理行业中的专业性

现如今，投资管理行业的专业人员与医生、律师这些职业一样，需要谨慎地运用专业知识来建立客户对自己的信任感。投资管理行业的专业人士还需要具备优秀的财务知识，了解相关的技术手段及适用的法律法规，并且需要向客户披露投资风险及费用。

投资管理行业的专业人士与投资管理公司必须相互依存以维护信任。雇主和监管机构制定的政策有可能会与专业机构的标准有所差异，一般来说，资产管理行业的专业机构指导着专业人士如何解决这些差异。

在许多发达经济主体中，投资管理的专业性影响着经济的许多方面，比如人们的储蓄、养老计划以及资本的定价和分配。对于大多数国家而言，对证券进行合理评估有助于资本进行更有效的配置，结合公司治理中良好的道德体系，能够吸引更多国际投资者。信任感的建立以及资本配置成本的减少使得投资管理行业为社会提供更多价值。这就是为什么从业人员、客户、监管机构及政府都支持资产管理行业的发展。

CFA 协会作为一家专业机构，将专业知识汇聚在一起，并组织严格的考试。CFA 持证人和考生必须遵守准则和标准，并不断提升自己的专业素养。

5. 道德行为面临的挑战

道德行为面临的第一个挑战是，人们倾向于相信自己有道德观念，且自身的道德标准高于平均水平（过度自信偏差）。过度自信将会导致人们制定错误的决策。

道德行为面临的第二个挑战是，决策制定者经常无法认识到或者严重低估不同情景的影响。外部环境会影响我们的思维方式、决策的制定及行为，例如不同的文化因素。

获得金钱、晋升的机会、树立权威和保持小团体间（雇主及同事）的忠诚都是情景影响的组成部分，这些要素经常在我们决策制定中起到或多或少的影响。

6. 区分道德标准和法律标准

法律并不总是减少不道德行为的最好机制。

> — 备考指南 —
> 法律并非总是防范不正当行为的最好机制。

道德行为涵盖的范围不止于法律要求行为的范畴，道德行为包含的是不同社会团体所公认的道德上正确的行为，包括专业领域中正确的行为。而法律则是将有利于社会或特定群体的道德行为进行规范化。

名师解惑

为什么法律并不总是最好的机制来减少不正当行为？因为法律法规的制定存在着滞后性，新制定的法律条款覆盖范围有限且法律条文有可能出现定义模糊和相互冲突的情况，不同国家地区之间的司法解释可能完全不同。因此法律法规并非制约不道德行为的最好机制。举例而言，有的地区法律并不限制内幕交易，但这是 CFA 职业伦理准则不允许的。

7. 道德决策制定的框架

- 识别：有关事实、利益相关者及对应职责、道德原则、利益冲突。
- 思考：情景影响、额外指引、可备选行为。
- 决策及行动。
- 反省：结果与预期是否一致，并思考原因。

名师解惑

本章节介绍了道德的基本概念、专业性对于信任的影响、投资管理行业中的专业性、如何区分道德标准和法律标准，并阐述了道德行为面临的挑战。这个章节考核的重点在于对相关概念的理解和掌握。在备考时，考生可在理解的基础上记忆相关概念中的关键字，以便在考试时较为顺利地选择出正确的答案。

第 2 章 道德规范与专业行为准则

本章知识点		讲义知识点
一、道德规范与专业行为准则	1. 理解执行道德标准的流程	执行道德标准的流程
	2. 了解七条职业伦理准则概况	道德规范

知识导引

在 CFA 的课程体系中，职业伦理是其第一部分内容。许多考生会认为这一部分难以学习而放弃或是认为职业伦理本身不重要而忽视，但是这门课在 CFA 一、二、三级考试中都有重要地位。虽然职业准则的条款看起来有点“繁文缛节”，但是只要仔细阅读准则，结合具体案例场景，就会发现很多知识点完全是符合现实情况的。设立这些条款的目的就是使之能成为整个投资行业中行为准则的“标杆”。接下来，我们将进入这块内容的学习。

本章思维导图

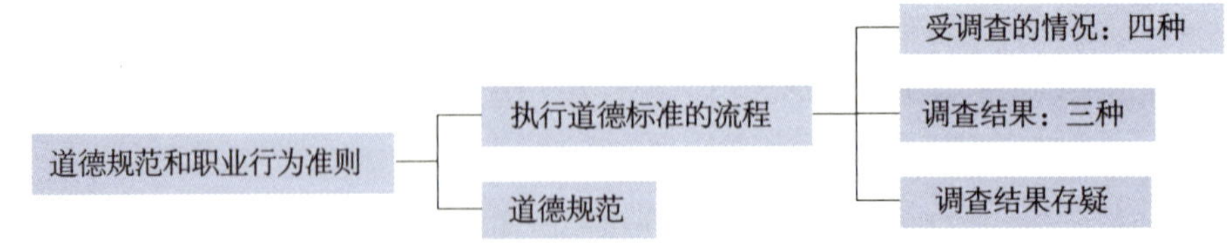

考点说明

本章中，我们需要了解 CFA 协会职业行为项目（简称 PCP）。这里需要了解一旦违反协会要求，会员及考生会面临的处罚及申诉流程。

本章简要概述了职业伦理准则的内容，这部分是本科目的考核重点，将在下一章具体展开。

1. 执行道德标准的流程

所有 CFA 协会会员和报名参加 CFA 课程的考生都必须遵守规则和标准。CFA 协会理事会和纪律审查委员会 (DRC) 一起共同负责执行职业行为项目（Professional Conduct Program, PCP）。

— 备考指南 —
需要掌握 DRC 和理事会的职责。

CFA 协会指定的官员可以通过以下几种方式获悉会员与考生的违规行为：

- 会员与考生必须在每年的职业行为陈述（PCS）中，对自己受到的法律调查、法律诉讼或者他人对自己的书面投诉进行自我披露。
- 职业行为调查官员获取对会员或考生的书面投诉信。
- 职业行为调查官员从公开渠道（比如媒体文章等）获取会员或考生行为不端的证据。
- CFA 考场的监考官撰写的在考试中可能存在违规的书面报告。

一旦调查开始，调查官员可能会要求接受调查的会员或考生进行书面解释。此后，CFA 协会指定的官员将根据调查结果决定：

- 不需要进行纪律处罚；
- 发警告信；
- 进行纪律处罚。

如果会员或考生不接受调查结果，调查结果会被提交至听证会，该听证会由 DRC 成员以及 CFA 协会志愿者组成。听证会将决定是否更改调查结果。此次听证会的决定作为终审结果，CFA 协会不再接受当事会员或考生的再次申诉。

CFA 协会的处罚措施包括公开警告、暂停会员资格以及吊销会员资格及收回 CFA 持证人资格。对于违规的考生还可能禁止该考生未来继续参加 CFA 项目的考试。

CFA 协会的职业伦理准则针对的是所有的会员与考生，也包括持证人。具体要求有以下几点：

- 首先，CFA 协会要求所有的会员及考生在与公众、客户及潜在客户、雇主、员工、同事以及其他全球资本市场参与者打交道的过程中，都要保持正直、专业、勤勉、尊重的品性，并且遵从道德准则。此外，还应将资本市场诚信及客户的利益置于个人利益之上，并且致力于维持资本市场的秩序及信誉。
- 第二，协会会员及考生应维护信用：不仅自己要守信，而且要鼓励他人诚实守信。

- 第三，协会会员及考生在进行投资分析时，要保持谨慎和独立，此处谨慎体现在进行投资分析及投资建议等相关活动时，应拥有充分的证据支持自己的观点，而独立是指协会会员及考生能够不受外界因素的干扰，坚持自己的独立判断。
- 第四，协会会员及考生应该保持并不断提高自己的专业能力（professional competence），同时致力于帮助他人提高专业能力。
- 最后，为了社会和资本市场的利益，协会会员和考生必须维护金融市场的稳定及秩序。

综上所述，我们可以看见几个关键词，第一个关键词是诚信正直（integrity）：不仅自己要诚信正直，还要努力维护整个资本市场的诚信；第二个关键词是信用（credit）：不仅自己要守信，而且要鼓励他人诚实守信；第三个关键词是谨慎独立（reasonable care and independence）；第四个关键词是有专业能力（professional competence）。

2. 七条职业伦理准则概述

> 备考指南
> 注意各大准则及相关细则的从属关系。

职业伦理准则涵盖七块内容，具体按图 2-1 图示划分。

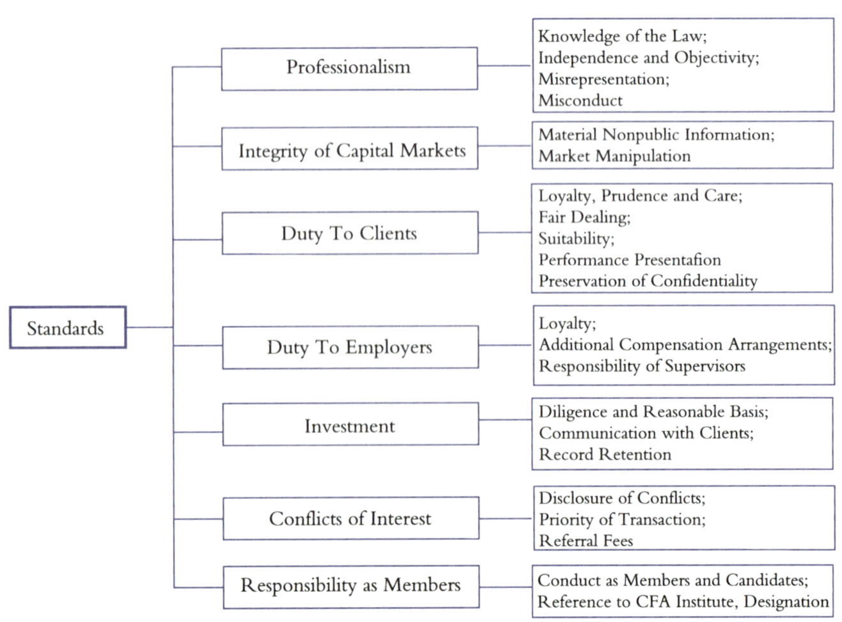

图 2-1　七大条准则

职业伦理准则内容提出了三方面的要求，分别是：对个人的要求、对客户和雇主的责任及投资过程中应注意的问题。

2.1 对个人的要求

以下准则 standard I–professionalism、II–integrity of capital markets 以及 VII–responsibility as members 提出的是对个人的要求：

必须要有职业操守。具备职业操守的前提是要知法守法，同时保持言行一致，不能有误导性称述（misrepresentation）和不当的行为（misconduct）。此外，还必须保持独立客观性。

个人还需要对资本市场的诚信负责，而这一过程涉及到了使用重大非公开信息的问题，也就是通常所说的内幕信息。在投资决策过程中，操纵市场的行为是受到明令禁止的。

准则 standard VII 要求 CFA 协会的会员或者考生应该努力维持 CFA 协会的名誉，不得做出有损协会名誉的行为，并且要按照协会的规定使用 CFA 的称号。

2.2 对客户和雇主责任

准则 standard Ⅲ及 standard Ⅳ探讨的是协会会员或考生对客户和雇主的责任，其核心是忠诚。协会会员或考生应当公平对待客户，提供适合客户的服务，事先披露相关信息并做好保密工作；而对于雇主也应保持忠诚，这体现在不应做有损雇主利益的事情。同时，考生和会员如成为管理者（supervisor），应当尽到自己监督的责任。

2.3 投资过程中应注意的问题

在投资过程中，我们要勤勉并且做充分的研究，及时保存好研究记录。当我们遇到利益冲突时，应该充分对其进行披露，并按照规定合理安排交易的顺序。

综上所述，职业伦理准则讨论的核心问题是——如何成为一个“好人”。不仅自己要行为端正，而且不能做一些让他人看起来可能会影响个人及行业声誉的行为。在下文中，我们会针对这些问题展开具体的讨论。

第 3 章 CFA 专业行为准则

— 备考指南 —
展示（demonstrate）职业伦理的应用、提出建议（recommend），以防止违规行为的产生。

本章知识点		讲义知识点
一、专业性	1. 知法守法	I(A). 知法守法
	2. 独立客观性	I(B). 独立客观性
	3. 错误性陈述	I(C). 错误性陈述
	4. 不当行为	I(D). 不当行为
二、对资本市场的诚信	1. 重大内幕信息	II(A). 重大内幕信息
	2. 市场操纵	II(B). 市场操纵
三、对客户的责任	1. 忠诚、谨慎和仔细	III(A). 忠诚、谨慎和仔细
	2. 公平交易	III(B). 公平交易
	3. 合适性	III(C). 合适性
	4. 业绩陈述	III(D). 业绩陈述
	5. 保密	III(E). 保密
四、对雇主的责任	1. 对雇主忠诚	IV(A). 对雇主忠诚
	2. 额外报酬安排	IV(B). 额外报酬安排
	3. 主管的责任	IV(C). 主管的责任
五、投资决策	1. 勤勉尽责、合理判断	V(A). 勤勉尽责、合理判断
	2. 与客户的沟通	V(B). 与客户的沟通
	3. 记录保存	V(C). 记录保存
六、利益冲突	1. 利益冲突的披露	VI(A). 利益冲突的披露
	2. 交易优先顺序	VI(B). 交易优先顺序
	3. 介绍费	VI(C). 介绍费
七、CFA 会员和考生的责任	1.CFA 会员和考生的行为准则	VII(A).CFA 会员和考生的行为准则
	2. 关于 CFA 协会和称号的引用	VII(B). 关于 CFA 协会和称号的引用

知识导引

在介绍以上七部分准则时，我们首先介绍准则的具体内容，再介绍准则的运用，最后介绍准则里推荐的行为方式并进行相关案例分析。

本章思维导图

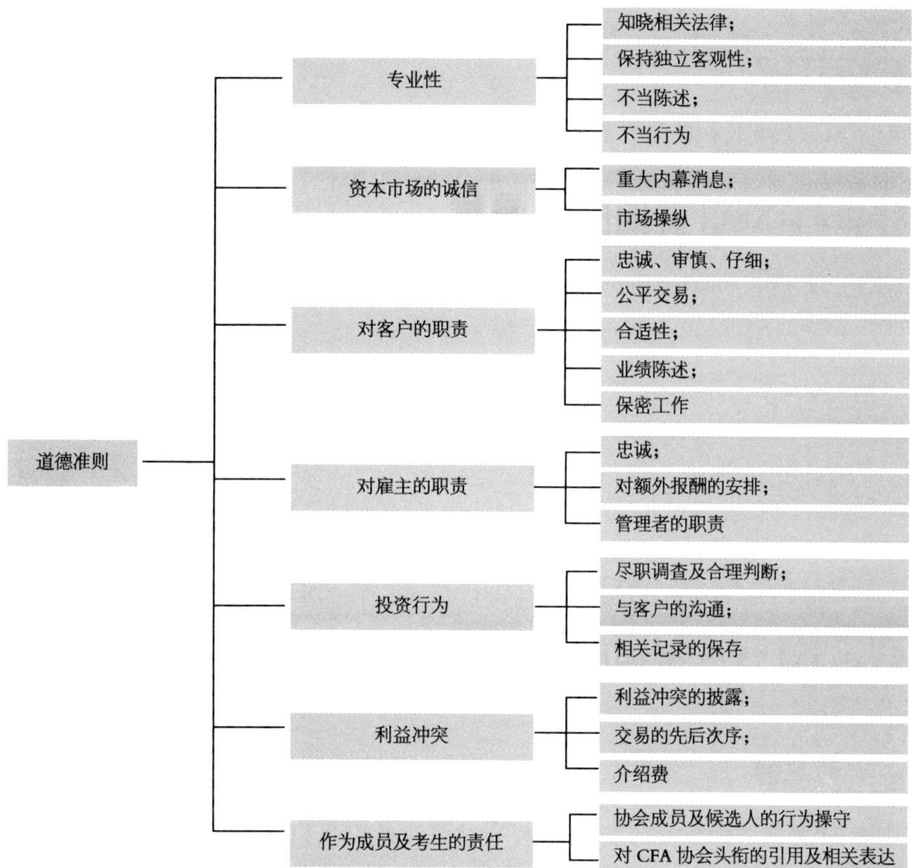
道德准则
专业性
知晓相关法律；
保持独立客观性；
不当陈述；
不当行为
资本市场的诚信
重大内幕消息；
市场操纵
对客户的职责
忠诚、审慎、仔细；
公平交易；
合适性；
业绩陈述；
保密工作
对雇主的职责
忠诚；
对额外报酬的安排；
管理者的职责
投资行为
尽职调查及合理判断；
与客户的沟通；
相关记录的保存
利益冲突
利益冲突的披露；
交易的先后次序；
介绍费
作为成员及考生的责任
协会成员及候选人的行为操守
对 CFA 协会头衔的引用及相关表达

1. 准则 I：专业性

— 备考指南 —
展示（demonstrate）对专业性的深度理解，解释（explain）协会会员及考生的职责，并提供建议（recommend），以防止违规行为的产生。

知识导引

standard I 主要讲述了个人行为中，对于职业化的要求——首先应当做到知法守法（I（A）knowledge of the law），其次是保证投资决策过程的独立与客观（I（B））independence and objectivity），最后是应当避免误导性陈述（I（C）misrepresentation）及不当行为（I（D） misconduct）。

1.1 I(A) 知法守法

1.1.1 I（A）内容

会员及考生都应该理解并遵守所有应遵守的法律法规，这其中包括 CFA 协会伦理准则的要求；如果法规与准则之间存在冲突，应该遵循最严格的规定，而且不能明知故犯；此外，还应避免自己涉入任何违法行为。

名师解惑

什么是明知故犯呢？CFA 协会对此的定义是“知道或者应该知道的”（know or should know）。如果某证券从业者违反了《证券法》，但他却辩称自己不知道相关法律规定，我们仍然认为他是违反法律的，因为作为一名从业者，是“理应知道”这些直接监管自己职业行为的法律法规。

1.1.2 I（A）导引

（1）权衡职业准则及当地法律

协会会员及考生必须知道并且“应该知道”从事业务所在的国家和地区的相关法律法规。

虽然应当知晓相关法律，CFA 协会并不要求会员与考生成为法律、合规及内控方面的专家，但要求从业人士必须了解与职业行为直接相关的法律法规。

CFA 协会要求会员和考生始终遵循职业准则与所有适用的法律法规中最严格

的要求。即使某种行为本身并不违法，但只要该行为违反了职业准则，就应当避免。比如你在某个岛国从事证券行业的工作，该岛国的法律没有禁止内幕信息交易。但此时你不能进行内幕交易，因为虽未违反当地法律，但却违反了职业准则的要求。

如果应当遵守的规则之间存在着传递关系，我们则应当将最后生效的法律与职业准则进行比较。这是一种比较复杂的情况，我们可以通过表 3-1 来说明。

表 3-1 规则之间的传递关系

工作地使用的法律	居住地使用的法律	应遵从的规则
虽然更为严格，但工作地法律规定要遵从居住地法律	相比工作地法律更不严格	使用居住地法律，若其要求低于准则要求，遵从准则
相对不严格，而且规定要遵从居住地法律	相比工作地法律更为严格	使用居住地法律，若其要求高于准则要求，遵从法律

假如你居住在中国，但是工作在新加坡。工作中所有的行为都要遵循新加坡法律的规定，如果新加坡的法律更严格，那么应该遵循新加坡的法律。倘若此时新加坡法律规定必须遵从居住地的法律，那么我们应该遵守中国的法律。此时，中国的法律就是最后一个生效的法律，将其与职业准则进行比较。如果中国的法律相对更严格，那就遵循中国的法律；如果中国的法律相对不那么严格，应该遵守职业准则的要求。

所以，如果存在着传递关系，首先应该判断最后生效的是哪种法律，然后再将之与职业准则进行比较，并遵从两者之中更为严格的一个。

（2）避免参与他人的违规行为

协会会员和考生发现他人有违规行为时，首先应该向直属上司或者是合规部门报告，并且可以考虑（非强制要求）劝说违规者终止不当的行为。如果违规问题已经上报，但是并没有得到妥善的解决，则应当避免自己涉入不当行为，做好文档记录，甚至做好辞职的心理准备。

如果协会会员和考生怀疑存在违规行为，首先应该向有关部门咨询，但这并不能免除自己的责任。举例而言，在你发现违规行为后可以向公司的合规部门咨询，但是合规部有可能提供的是不独立甚至错误的意见，你并不能因采纳了合规部的意见而免除你所担负的责任。

CFA 协会并没有规定必须向当地政府部门报告违法行为，但是否应该报告取决于法律的规定。如果法律规定一定要报告，则必须报告；如果法律规定首先遵循保密的义务，则不能报告；如果法律没有相关规定，CFA 协会推荐选择报告。

如果协会会员或考生发现违规行为而无动于衷，甚至参与其中，则会被认为助长了违规行为的发生，同样视为违规。

— 备考指南 —
发现违规行为却不作为（inaction），也违反了职业伦理准则要求。

（3）注意投资产品涉及的法律

当从事金融产品相关业务时，应该注意金融产品需同时符合产品注册地和产品销售地的法律规定。尤其在从事跨国交易时必须特别注意不同国家间的法律规定。

再者，负责投资品监管或者开发维护的人员应该对当地相关法律法规有所理解。

如果有关联企业帮助销售投资产品，则应该确保关联企业的行为能符合相关的法律法规。

此外，在进行跨境交易时，必须要做好尽职调查，以保证遵守各种法律法规。

1.1.3 I（A）推荐程序

这里主要分为对个人的推荐做法和对公司的推荐做法。

（1）对个人的推荐做法

- 及时获得信息：首先，应该制定或者鼓励公司制定一套完整的程序，使得所有员工都能够及时了解最新法律法规的变化。在许多时候，公司的法务部或合规部能够以备忘录的形式将公司制度及法律法规分发给所有员工。除此之外，还应该参加公司内部及外部的继续教育项目来保持自己信息灵通。
- 检查相关程序：鼓励员工定期检查公司书面化的合规政策，以确保公司政策能反映当下最新的法律要求和职业准则要求。
- 保存现有的文件：鼓励雇主保存当前的文件，以确保所有员工能够及时地获取当前最新法规。

（2）对公司的推荐做法

根据公司的性质与规模的不同，合规程序的完善与复杂性也会有不同。职业准则对于一些合规中的“两难”问题以及“在职揭发”（whistleblowing）问题都有一套比较完善的措施，因此协会鼓励雇主遵循 CFA 职业准则。

— 备考指南 —
whistleblowing 的出发点应当是为了维护资本市场诚信及秩序或客户利益，而非为了一己私利。

CFA 协会鼓励公司采取下列措施：

- 所有相关的法律法规都应该放在某一特设的地方或者发给所有的雇员。信息来源可以来自多方面，包括政府部门、行政机关、专业机构以及相关出版社等。
- 制定具体的应对违规行为的书面制度，以防止举报者遭到打击报复。

1.1.4 I（A）案例分析

Case 1 基金公司员工小王发现公司违反相关规定，在披露公司的资产管理业绩时夸大相关业绩。小王认为计算业绩是公司核算部门的工作，所以仍使用此数据招揽业务。小王的做法是否违反了 CFA 的职业行为准则？

解释：尽管业绩非该员工本人计算，但是以此来招揽业务违反了准则 I（A）；员工应该向公司合规部门和上级汇报；如无改进，则应避免参与这种行为；如果公司坚持用这个业绩来招揽业务，该员工则应该考虑辞职。

Case2 某分析师工作所在地的法律相比职业伦理准则更加严格，其工作所在地法律不允许参与股票的首次公募（IPO）。相比而言，职业准则允许参与股票的 IPO。那么这位分析师应该怎么做才不会违反 CFA 协会的职业行为准则呢？

解释：该分析师应该遵守更严格的规定，即遵守工作地法律。如果他参与股票 IPO，不仅违反当地法律，同时也违反了准则 I（A）。

1.2 I（B）独立客观

— 备考指南 —
将自己代入当事人角色，判断自身独立客观性是否会受到影响。

1.2.1 I（B）内容

我们必须在工作中保持谨慎和独立，为此，不能提供、索取或者接受一些可能被认为会损害自己或他人独立客观性的礼物、好处以及酬金。

1.2.2 I（B）导引

（1）礼物

我们最好能够拒绝所有可能会影响自己独立客观性的礼物。是否接受第三方的礼品取决于礼品的金额是否足以影响你的独立客观性。一般而言，低价值的礼物（modest gift）比如印有公司 logo 的笔记本是可以接受的；但高价值的礼物被认为会影响独立客观性。

来自客户的礼物需要区分是“事前”还是“事后”。“事后”是指因为基金经理当年取得不错的业绩，客户给出的礼物，此时礼物被视同“小费”，基金经理可以收，但需要向雇主披露；如果在接受礼物之前无法及时披露，则一定要在事后披露。披露的目的就在于让雇主能够评判礼物是否会影响雇员未来为该客户服务时的独立客观性。“事前”是指客户为了让经理当年取得好的业绩而给出的礼物，这被认为会影响独立客观性，不可接受。

名师解惑

如果公司对每次接受礼物的金额上限有要求，比如每次最多只能接受价值 100 美元的礼品，而对方连续送你好几次礼品，每次礼品价值都是 99 美元，这种看似遵守了公司的规定的行为仍然违反了 I（B）。因为该行为的目的并不是表达谢意，而是试图影响你的独立客观性，如果你接受了这样的礼物，那么就违反了 I（B）。

（2）买方客户的影响

买方客户是卖方研究报告的主要使用者，并且会支持卖方将研究评级上调。因为评级的上调会对买方持仓的股票有正面影响，且股票的表现直接决定了基金经理的行业声誉，所以买方客户（基金公司等）可能会对卖方分析师施加压力。

此处，卖方分析师应保持独立客观性，而买方基金经理则不应该影响卖方分析师的独立客观性，比如威胁采取事后报复行为等。

名师解惑

买方和卖方考试常用于以下情况：A 公司找到基金公司帮他们出一份研报，并支付研报费用。那么 A 公司就是买方，负责写研报的就是卖方。卖方写的研报要保持独立客观，不可以受买方施压的影响。

（3）基金经理和托管方的影响

负责聘用外部基金经理的人员不能接受任何形式的可能被认为影响独立客观性的礼物，包括娱乐活动。

基金经理以及基金的管理者推广自己的投资产品时，应该考虑推广活动是否会影响自己的独立客观性，因为在社交活动中难免遇到影响自身独立客观性的人。

独立的投资咨询公司通常会使用第三方托管机构作为他们的资金托管者，在选择第三方托管机构的过程中也要保持客观独立，不能接受影响独立客观性的礼物。

（4）研发部与投行部

研究部门与投行部门应该建立防火墙以降低可能的利益冲突，投行部不应该给研究部施加压力，迫使研究部发布对投行部有利的研究报告。因此投行部的总监不能兼任研究部门总监。防火墙的设立包括：工作地点的隔离，两个部门的汇报路径不能汇报给同一个上司以及研究部门的薪资结构不能挂钩投行部的业绩。

当研究部的人员与投行部的人员一起工作时，应该有效充分地披露并管理两个部门之间潜在的利益冲突。比如，当分析师参加投行部的“路演”活动时，只有在潜在利益冲突能够被充分披露并得到有效管理时才参加。

（5）业绩评估与度量

负责计量投资业绩的人员在评估基金经理业绩时可能会遇到影响他们独立客观性的情况。业绩评估人员通常会发现两种基金经理的不当操作：基金经理为了短期业绩使投资组合偏离投资策略（mandate），比如大盘价值型基金的基金经理为了短期业绩而投资小盘成长股；基金经理有选择地挑选业绩好的投资组合放入组合组。以上两种不当操作都是基金经理不希望业绩评估人员指出的。业绩评估部门不应受到基金经理的影响，他们必须要保持自己的独立客观性完成业绩评估。

（6）上市公司

分析师跟踪一家上市公司业绩时不能保证一定发布对其有利的研究报告，分析师必须给出客观独立的意见。

分析师不能把研究仅限于和公司管理层的交流上，而应该采取更广泛的方式，比如与供应商、客户以及竞争者交流等。

（7）评级机构意见

对公司进行评级时，不应该受到发起公司（需要评级的公司）的影响。另外，还要遵循业内有关如何分析及发布报告的标准程序。

如果评级公司有多个部门，部门之间应该建立防火墙，防止销售部对评级部的分析产生影响。

当我们使用评级机构的报告时，应该注意是否存在潜在利益冲突。

（8）招聘基金经理 / 应聘基金经理

协会会员或者考生在招聘外部基金经理或者应聘基金经理争取外部业务的过程中，也要保持独立客观性。在招聘的过程或募集资金时，我们不能索要礼物、好处或者其他会影响独立客观性的薪酬。在应聘基金经理的过程中，也不能主动去送礼物来影响对方的投资决策。有一个经典的例子叫做“Pay to Play”，讲的是基金经理为了管理政府养老基金贿赂政府官员和相关的利益主体，这就影响了政府官员的独立客观性，也违背了职业准则。

（9）发行方付费的研究报告

由发行方付费的研究报告最容易产生利益冲突，因为发行方可能会提出只发布对自己有利的研究报告，才会支付相关费用。但分析师应该秉承着独立客观的原则，研究报告的费用应当是固定的费用（flat fee），并且不能与研究结论直接或间接地挂钩。

由于容易存在利益冲突，应该充分披露这种研究报告的费用构成。

（10）差旅费

外部机构有时会把分析师的所有差旅费都报销掉。避嫌的最好办法是自己采用商用的交通方式，拒绝外部机构的差旅安排或特别招待，比如豪华商务机等。因为在这种情况下，分析师可能无法保证自身的独立客观性。但是也存在例外的情况，如果分析师无法采用商用的交通方式到达目的地完成信息收集的工作，比如实地调查，则可以接受外部机构安排的普通的差旅方式。

1.2.3 I（B）推荐程序

- 保证观点独立客观性：协会会员和考生应该保证自己意见的独立性，确保没有受到其他部门及外部公司的影响。
- 制定限制性清单：如果不愿对某家公司发表不利意见，那么应该将这家公司放入限制性清单（restricted list），并且对限制性清单中的公司只发布事实性信息。
- 限制旅行成本：最好能够使用商用的交通方式，而且不能让外部公司为你报销费用。如果能够用普通的交通方式，就不应该使用外部公司特意安排的交通方式，而且不能总是由外部公司招待分析师。
- 限制礼品的金额：如果商务礼品不会影响独立客观性则可以接受。同时，接受礼品的金额应该符合当地的习惯，并且需要判定每份礼品及其总金额是否超过限额。
- 限制员工投资：公司针对内部人员投资应该设立相关条例。如果允许员工参与 IPO 或买卖股票，那么必须有一个提前核准制。而且应该严格禁止参加股票上市前的私募，因为私募的机会很难得，应该让给客户。此外如果在私募阶段已经配售，那么在之后的分析中可能会影响到自己的客观独立。

— 备考指南 —
如果 IPO 已经是超额认购，应当优先保证客户认筹的份额得到满足，此时从业人员个人不能参与 IPO 的申购。

- 制定审查程序：公司应该有一套正式的书面检查程序，以确保所有的行为都符合公司制度。
- 设置相关人员：公司还应该设定一个合规专员以监督并报告违反规定的行为。

1.2.4 I（B）案例分析

Case 1　分析师在进行实地调查研究时，因为被调查的公司地处偏僻山区，所以公司主动安排了商务包机，并且给各位分析师安排了当地唯一一家汽车旅店，并支付了所有食宿费用。几乎所有的分析师都接受了这种招待，唯独一位分析师坚持要求自己独立支付食宿费用。那么这些接受招待的分析师是否违反了 CFA 专业行为准则？

解释：如果自己付钱，肯定没有违反客观和独立性；如果自己没有付钱，则要判断是不是违反 I（B）独立客观性。在本场景中，因为目的地偏僻，可以认为无法通过商业飞行抵达，此时可以接受对方的飞行安排；住的是公司附近唯一的旅店，并且是低价酒店；因此可以认为这样的安排仅仅是为了公务需要，不是为影响这些分析师特别准备的，没有任何额外的附加条件。所以，只要本人的独立客观性没有受到损害，就算自己没有付钱，也没有违反 I（B）。

Case 2　某分析师在一家投资公司工作，为一些非上市公司写研报。对方公司除了给出研报费用外，还提供奖金，而奖金取决于研究报告的推荐所吸引的新增业务量。

解释：这样的安排会影响到分析师的客观与独立性。对于发行方付费的研究报告，分析师需要时刻保持自己的独立客观性；同时，对于发行方付费的研究报告，分析师在报告中应该披露费用以避免可能存在的潜在利益冲突。

1.3 I（C）不当陈述

1.3.1 I（C）内容

不能明知道自己对投资分析、推荐以及决策做出的陈述是错误的，还去故意犯错，即不能故意进行误导性陈述。

1.3.2 I（C）导引

不当陈述是指不实的或者片面的陈述，又或者会造成误导的陈述。不当陈述包括以下几个方面：

- 保证投资收益。对于本身存在波动性的投资产品，不能保证投资收益；但如果产品本身确实能够保证收益（如银行存款）或者发行机构承诺补偿所有损失，则可以保证投资收益。

- 不能错误陈述自己能够提供的服务。比如，不能保证自己能够给客户提供“所有的”服务，因为没有一家公司能够为客户提供所有的服务。正确的做法是将自己能够提供的服务列一张清单告知客户。

- 不能错误陈述资质，包括个人和企业的资质。如果发现错误及时更正，就不算违反不当陈述，比如在宣传页或者名片中的打印错误。
- 如果使用第三方投资公司进行投资，那必须要披露第三方投资公司的名字和管理的范围等，不能把第三方投资公司所做的业绩归为自己的业绩。
- 在进行业绩报告的时候，要使用最合适的基准（benchmark），并且披露。对于一些比较复杂的组合，例如对冲基金（hedge fund），由于构成比较复杂，无法找到一个合适的基准，可以不提供基准，但是必须要披露原因。
- 对于社交媒体（social media），会员和考生必须注意在社交媒体上披露的内容必须是最新的，并且社交媒体上的内容同传统渠道披露的内容必须保持一致。
- 在使用模型的时候，对于模型的假设要保持完整性，不能遗漏一些可能发生的极端情况。同时，在业绩评估和归因的过程中，要建立严格的构建组合（composite）的标准。
- 实质上使用了其他人的成果，但是没有注明来源，这种做法就是抄袭（plagiarism），这也属于准则 I（C）的范畴。常见的抄袭行为包括：
    - 使用别人的研究成果且没有注明出处；
    - 只在报告中写“某知名分析师”或者“某投资专家”而不具体署名；
    - 根据别人的理念构建了一个模型，而未说明这个理念的来源；
    - 使用相关术语的定义而没有引用；
    - 未经对方同意的情况下引用他人的统计数据；
    - 使用图表而未注明来源；
    - 未经对方同意使用具有知识产权的表格或公式；
- 当使用第三方研究报告时，应该予以披露。一般来讲，使用他人的图表、统计结果以及模型时，需要引用并注明出处。但是一种情况例外，使用权威统计机构的原始数据无需特别注明，比如国家统计局公布的 CPI 数据等。

— 备考指南 —
如果原始数据（raw data）经过官方二次加工为图表或其他格式的信息，在使用时仍需要引用。

- 当引用媒体机构转载的信息时，有两种引用方式：
    - 引用相关媒体机构名及原作者名；
    - 引用原著。
- 分析师在为公司写研报时使用了公司同事的研报不需要引用，因为公司的同事完成的研报属于公司的资产，分析师用公司的资源为公司工作，不需要引用。

1.3.3 I（C）推荐程序

- 真实地陈述公司的资质，并且对于服务的内容应该有详细的清单。

- 有效地验证外部信息，因为外部信息可能会出现错误。
- 定期检查公司网页，确保网页信息真实准确。
- 对于抄袭的问题，应该保留副本并引用来源（知名机构提供的数据无需引用，如统计局）。如果自己对别人的研究成果做了总结，必须说明总结报告的思路来源。

1.3.4 I（C）案例研究

Case 1 某公司发出的宣传材料中有印刷错误，虚增了公司业绩，但是负责人事先不知情。负责人的行为是否违反了 CFA 协会的职业行为准则？

解释：没有违反 I（C），因为事先不知道材料中有错误。一旦发现错误，负责人必须采取措施停止宣传材料的发放，并且将错误通知给已经收到材料的各方。但是，如果经过很长时间仍然没有发现错误，可以认为他刻意隐瞒了错误，因为有足够的时间让他发现这个错误。

Case 2 业绩评估人员在向评级机构汇报业绩的时候，发现基金经理随意构建资产组合（composite）。基金经理没有说明为什么有些基金账户被放到组合里面，而有些基金账户被剔除。因此，这个组合的业绩不能反映基金经理的投资能力。相关人员的行为是否违反了 CFA 协会的职业行为准则？

解析：这是一种“Cherry Picking”的行为，公司应该有一个严格的标准来规定组合如何构建，从而来提高公司业绩汇报的质量。

1.4 I（D）不当行为

1.4.1 I（D）内容

不能有涉及到不诚实、欺诈、欺骗性质的行为，或者损害职业名誉、诚信以及专业性形象的行为。

1.4.2 I（D）导引

任何欺诈、盗窃、职务侵占行为都属于不当行为，不管和我们的职责范围是否相关。因为这些行为伤害了专业形象，损害客户利益。

对于个人破产，不一定是由于个人不诚信导致的，不一定违反本条准则；但如果是由于欺诈行为导致的法院判令赔偿而破产，则违反了 I（D），如果不是由于欺诈行为导致的，就没有违反 I（D）。

如果影响本职工作的行为，比如在工作间歇时喝醉酒，影响工作时的判断能力，伤害了职业形象和职业声誉，违反了 I（D）。

不得滥用本条款去处置与职业道德无关的个人、政治或其他争端。

1.4.3 I（D）推荐程序

- 应该有一套可执行的道德准则，每个人都应该明确所有对个人、机构有负面影响的行为都是不能容忍的。
- 制定一个违规的清单，并且分发给所有员工，以保证所有人都能明确什么样的行为是违反规定的。
- 对员工进行背景调查，以确保员工具有完善的品格以及在投资行业工作的能力。

— 备考指南 —
注意题干中是 drink alcohol 还是 abuse alcohol。喝酒不误事，并不违反职业伦理准则。但如误事，或者题干中出现 intoxicated 等可以判断饮酒过量的描述，可以合理判断为会影响工作，违反准则。

1.4.4 I（D）案例研究

Case 1 基金经理工作时间有客户拜访，中午基金经理招待客户在附近的餐馆就餐。用餐期间，与客户喝了一些酒。但基金经理酒量较差，影响了下午的工作，导致基金经理在判断投资市场时出现了一定失误。基金经理的行为是否违反了 CFA 协会的职业行为准则？

解释：违反 I（D），因为喝酒影响到了基金经理的专业判断能力。

2. 准则 II：对资本市场的诚信

— 备考指南 —
展示（demonstrate）对资本市场诚信条款内容的深度理解，解释（explain）协会会员及考生的职责，并提供建议（recommend）以防止损害资本市场行为的产生。

知识导引

Standard II 主要讲述了维护资本市场秩序时对个人行为的要求——不能使用内幕信息，以及不能操纵市场。

2.1 II（A）重大且非公开消息

2.1.1 II（A）内容

拥有能够影响投资价值的重大非公开信息时，不仅自己不能使用，也不能促使他人使用这些信息。

名师解惑

重大非公开信息，也就是我们通常所说的内幕信息，是不能在投资决策过程中使用的。否则会使得大多数没有掌握这些信息的人处于不利的地位。不过，“重大公开信息”、“非重大非公开信息”和“非重大公开消息”都是可以使用的。

2.1.2 II（A）导引

如果使用重大非公开信息进行交易或者促使他人交易，就会损害其他投资者的利益，使得其他投资者被迫离开市场，因为此时市场可能会受到拥有内幕信息的人的操控。

不能使用重大非公开信息直接买卖证券，同时不能用这些信息影响衍生品、共同基金或其他投资品的投资表现。

（1）什么是“重大”信息？

如果披露这条信息会影响一个证券的价格，或者一个理性的投资人会希望在投资决定前知道这个信息，那么这个信息就是重大信息。对于模棱两可的信息，即对价格没有实质性影响的信息，不视为“重大”信息。

重大信息的评判标准是——来源可靠并且对公司的影响明确。重大的信息包括公司的盈利预期、兼并收购、资产的变化等，还包括政府对于经济趋势的预测报告以及还未执行的大单交易等。

（2）什么是“非公开”信息？

在市场得到一个信息之前，这个信息是“非公开的”。信息一旦对外发布，就不属于内幕消息。需要注意的是，如果信息只向特定人群公布，例如：标的公司的管理层向特定的一群分析师公布的信息，这些信息被认为是选择性披露（selective disclosure），而选择性披露的信息不能视为公开的信息。

能够影响市场走势的著名分析师的意见，在未公开之前，也属于重大非公开信息。

竞争对手的预测和假设，一般被认为是噪音，不属于重大非公开信息。

（3）什么时候可以使用内幕消息？

公司在并购、贷款承销、信用评级、股票首次发行或者增发时，需要进行尽职调查。在尽职调查的过程中，协会会员或者考生可以使用由标的公司提供的内幕消息。

（4）马赛克（Mosaic Theory）理论

马赛克理论是指在分析的过程中可以使用重大公开信息以及非重大非公开信息从而得出的结论，即使这个结论是重大非公开消息，也不违反本条准则。

名师解惑

举例来说，如果去看牙医，牙医告诉我A公司要并购B公司，此时就应该分析这个信息是否来源可靠、对股价影响是否明确。并购对股价有清晰的影响，而牙医的消息不认为属于来源可靠，于是该消息不属于重大非公开消息。但假设牙医太太在A公司担任高管，那属于来源可靠，该消息为重大非公开信息。

（5）社交媒体（Social Media）

不能在诸如脸书（Facebook）、分析师个人微博或者公司的微博、微信等平台上发布内幕消息。如果在有会员资格限制的平台上发布信息，必须保证这些信息也可以从其他渠道获得。此外，还必须保证所发布的信息同公司其他渠道发布的信息是一致的。

（6）行业专家

当分析师对特定行业的知识不是很了解的时候，他们会咨询行业专家来了解行业的相关知识。比如医药行业的分析师会通过医生或者药品研发人员来了解医药相关知识。如果在这个过程中，行业专家把内幕消息透露给分析师，那么分析师不能使用这个内幕消息。分析师自身有责任判断所得到的信息是否为内幕消息，并且要自己负责不能接受或者使用内幕消息。比如，一个药品研发人员参加新药的开发，并且无意中把新药的研发进程透露给分析师，分析师不能使用这种消息，直到消息被公布。

（7）研究报告

能够影响市场走势的知名分析师的意见，在未公开之前，也属于重大非公开信息。作为这名分析师的顾客，是可以付费接受这样的信息的。只要分析师第一时间向其所有客户发布就不算违反该准则。如果不是其客户，要么自己进行研究，要么可以成为分析师的客户来获取这样的研究报告。

2.1.3　II（A）推荐程序

为了防止人们使用重大非公开信息，会员和考生应该督促信息的公开发布，公司应当有相应的合规程序与防火墙制度，限制个人交易并建立完善的报告与沟通制度。总的来说，为了防止人们使用内幕信息，公司首先要在内部建立一个完善的制度。

（1）鼓励公司采用内控制度

采用内控制度的原因在于防止滥用内幕信息。其中尤为重要的是，公司必须要审查个人交易以及公司自营交易，并将公司合规程序进行存档，还要监控公司部门间的交流。即使公司的规模不大，也应该具备完善的合规程序。

（2）防火墙

就算公司再小，也应该有一套完善的部门间交流制度与报告制度，对公司及个人交易进行审查，如有违规就要马上调查。

因此，对于一套完善的合规程序，至少应该包括以下几点：

- 部门间交流要在合规部的严格监控下进行；
- 通过“观察”、“限制”以及“谣言”清单对员工的个人交易进行审查；
- 公司的合规程序应当书面化并且归档，以限制部门间交流，并促进今后能够进一步完善合规机制；
- 当公司拥有重大非公开信息时，应该严格限制或审查自营交易。

名师解惑

制定防火墙的时候，要对内部产生实质性的控制（substantial control），比如涉及利益冲突的两个部门内部沟通的时候可以选择以合规部作媒介，合规部这类部门就处于中间地带，即 clearance area，与双方都没有利益冲突，是中立者。

（3）报告制度

有效的防火墙制度的目标就在于建立一套报告制度，使得只有得到授权的人员才能批准部门间的交流。如果部门间需要交流，必须严格遵守公司的合规制度，对此，相关人员应该首先咨询合规专员（compliance officer）来决定这样的信息交流是否必要，如有必要，合规专员一定要实施充分监管，即合规专员有权利和义务去决定这些信息是否可以分享。此外，为了保证其独立性，合规专员最好不要和公司的研究部以及投行部有过多的联系。

（4）个人交易的限制

由于公司员工可能会通过公司的业务交流获取重大非公开信息，所以公司应该限制或禁止员工的个人交易，并且应该对自营交易以及个人交易进行严格监管。如果公司未禁止个人交易，则所有的个人交易应当得到事先批准。

即使当地的证券法规没有相应的要求，员工也应该定期提交自己和家人的交易记录。如果公司拥有重大非公开信息，那么涉及到的主体应列入限制性清单。

（5）记录保存

公司应该保存部门间交流的书面记录。此外，还要对员工进行相应的培训，尤其是涉及敏感信息部门的人员，让他们知晓公司有合规制度，从而能够判断什么样的信息是重大非公开信息。

（6）自营业务的交易程序

当公司拥有重大非公开信息时，应该对其进行监管并限制自营交易（proprietary trading）。

对于拥有重大非公开信息的做市商，终止交易就意味着向市场释放信号。最好的做法是被动地应对市场（remain passive）——既不调整卖价（ask price），也不调整买价（bid price）。

对于拥有重大非公开信息的风险套利者来说，最好能够终止交易，如果不终止，那就必须证明自己有完善的内控程序并保存交易记录以便将来接受审查。

（7）与所有员工的交流

应该把公司的合规政策与指导文件分发给公司内部所有员工。此外，公司的合规政策还应该运用于员工培训，使员工能够识别重大非公开信息，或者能够意识到向主管及合规专员咨询的必要性。

2.1.4 II（A）案例分析

Case 1　分析师 A 的丈夫是一家会计事务所的审计师，这位审计师告诉他的妻子，最近有一家科技公司被给予了保留意见的审计结论。起初 A 没有太在意，后来 A 发现她的一个新客户持有了大量该公司的股票。A 查阅了互联网，发现没有此次审计相关的信息。这时分析师 A 应该怎么做才不违反了 CFA 协会的职业行为准则？

解释：这家科技公司被给予保留意见的审计结论是内幕信息，所以不能使用，否则就违反了 II（A）。

Case 2　某分析师与一家公司的高管在闲聊时得知，这家公司的盈利将会上升。分析师认为，高管应该知道内幕消息是不可对外泄露的，所以分析师判断，所获得的消息不是内幕消息。据此进行了交易。该分析师是否违反了 CFA 协会的职业行为准则?

解释：违反 II（A）。分析师的看法并不合理，他个人认为没有使用内幕信息并不意味着这个信息不是内幕信息。分析师应对消息是否属于重大非公开有自己的判断。

2.2　II（B）市场操纵

2.2.1　II（B）内容

CFA 会员以及考生一定不能有以下行为：

- 歪曲（distort）股价或者通过各种手段虚增（artificially inflate）交易量；
- 有误导市场参与者的意图。

市场操纵的行为包括：发布虚假或者误导性信息，通过歪曲定价机制来欺骗投资人及其他可能误导市场参与者的交易行为。

2.2.2　II（B）导引

市场操纵可以从两个方面进行，一种是基于交易的市场操纵，另一种是基于信息的市场操纵。市场操纵往往歪曲股价或者以各种虚增交易量的方式进行，并且有误导市场参与者的意图（with the intent to mislead market participants）。此处，“误导市场参与者的意图”是判断是否违反 II（B）的关键因素。

名师解惑

如果市场本身是无效的，可以通过套利的方式使得市场变得更有效，这时由于没有“误导市场参与者的意图”，因此是合理合法的交易策略。

此外，为了合理避税，可能会在会计期末卖出股票，并在下一会计期初再次买进，此时也没有“误导市场参与者的意图”，因此同样不违反II(B)。

同样，如果期货交易所为了增强流动性与做市商签订协议来确保最低交易量，并且协议内容向投资者及时披露，那么也不违反II(B)。总而言之，在判断是否存在恶意的市场操纵行为时，是否存在“误导市场参与者的意图”是关键因素。

2.2.3 II（B）案例分析

Case 1 期货交易所与做市商之间签署了一份协议，当做市商完成最低要求的交易量就减免佣金，协议的目的在于提高交易产品的流动性。期货交易所是否违反了 CFA 协会的专业行为准则？

解释：如果此协议没有对外披露，则违反了 II（B）。如果对外披露了这个协议，则没有违反 II（B），因为其目的不是损害投资者，而是为了提高更好的服务（增强流动性）。

Case 2 一个投资者大量持有一家小盘股公司的股票，这个投资者看空这家公司，想要在近期内出售这家公司的股票，但是担心大量抛售会使得这家公司的股票大跌。因此，他以家庭成员的名义新建了很多账户，并且通过这些账户相互之间买入或者卖出股票，并且在社交平台上发布了看好这家公司的评论，从而使这些股票能以较高的价格出售。该投资者的行为是否违反了 CFA 协会的职业行为准则？

解释：该名交易者以虚增交易量和散布虚假消息这两种方式对市场进行了操纵。

3. 准则 III：对客户的责任

— 备考指南 —
展示（demonstrate）对客户的职责条款内容的深度理解，解释（explain）协会会员及考生对客户的责任，并提供建议（recommend）防止损害客户利益行为的产生。

Standard III 讲述了协会会员和考生对客户的责任，强调了应当时刻以客户的利益为准，把自己想象为客户的代言人，在投资决策的过程中始终为客户的利益考虑。

知识导引

Standard III 主要讲述了对于客户的责任——应该时时刻刻为客户的利益着想，因为客户付费是为了获得专业服务，所以必须要将客户的利益置于首位。

3.1 III（A）忠诚、审慎和仔细

3.1.1 III（A）内容

CFA 会员以及考生有对客户忠诚的义务，必须对客户尽心尽职，并且要对投资决策做出谨慎的判断。此外，还要时刻为了客户的利益着想，将客户的利益置于雇主和自己的利益之上。

3.1.2 III（A）导引

CFA 协会对受托人的行为守则有着很高的要求，因为受托人是受他人之托、为他人争取利益的特殊团体。受托人要时刻为客户的利益着想，将客户的利益置于自己的利益之上。所以受托人在管理资产时，一定要严格按照事先约定的信托文件的要求执行。

受托人需要谨慎地管理客户资产。谨慎主要体现在，从事投资行业的专业人士必须要用他们的专业能力帮助客户作出决策，并且在投资决策过程中尽职尽责，保持勤勉的态度，避免损害客户的利益。在管理客户的投资组合时，受托方必须要根据事先了解的客户投资偏好来平衡风险与收益，尽可能在最小的风险之下取得最大的收益。

但是该条款并不是要求所有的人都尽到受托义务。当协会会员或者考生与客户是属于咨询关系时（advisory relationship），例如基金经理、分析师等，他们必须要履行受托义务。如果同客户仅是被动的履行交易指令的关系，那么会员或者考生就不需要履行受托义务，只需要遵循客户利益最大化的原则。

（1）判断实际的投资客户

为客户提供金融服务时首先要判断客户的身份，以决定受托人应该对谁负责。如果投资经理直接管理个人客户的资产，那么这里的客户就是个人客户，投资经理应该直接对其负责。如果投资经理负责的是信托基金或者养老金投资组合计划，那么真正的客户就不是雇请投资经理的基金公司，而是信托基金或者养老金计划的最终受益人（ultimate beneficiary）。另外存在无法准确地找到最终受益人的情况。当基金经理根据特定的募集说明书（specific mandate）进行投资管理时，便无法准确地找到最终受益人，此时该募集说明书就可以看作是最终受益人，基金经理应该按照说明书上的规定进行投资管理。

综上所述，投资经理应该对最终受益人，而非对中间人负责，并在处理投资建议时保持自己的独立客观性。

名师解惑

基金经理应当对信托基金最终受益人负责。比如 A 公司设立了一只养老金信托基金，需要雇佣一名基金经理来进行管理。那么基金经理就是受托人，基金经理的客户是 A 公司，但信托基金最终受益人是 A 公司退休的员工。基金经理在打理信托基金时，应当为退休员工利益考虑。

（2）管理客户的资产组合

一般来说，投资经理具备的专业知识较其客户更加丰富，这种差距使得客户往往处于不利的境地，所以投资经理要对客户忠诚，保持谨慎投资，对客户尽心尽职。而客户应该信任其委托的投资经理。在投资管理的过程中，投资经理要确保客户的目标符合客户自身实际情况，并控制好风险。制定的投资策略则应该与客户的当前情况与长期目标相吻合。

— 备考指南 —
基金经理应该定期追踪客户状况，及时更新投资策略。

投资经理应该为客户的利益着想，这方面的监管也尤为重要。有关部门应该设立政策以确保投资经理为客户寻找投资机会、进行买卖交易时做到客户利益的最大化。对于囊括众多产品的投资组合来说，投资经理应该确保投资组合整体的收益，而不是组合内某一种产品的收益，即投资经理应该在投资组合整体的角度进行决策。

（3）软美元政策

由于投资经理经常全权负责选择合适的经纪人来执行买卖交易，这中间很有可能会出现利益冲突。经纪商为了争取投资经理的业务，会将一部分佣金以某种服务的形式（比如研报）返还给投资经理以协助投资决策，这部分佣金就被称为“软美元”或“软佣金”（soft dollar）。

— 备考指南 —
最常见的“软美元”形式为有助于投资决策的研究报告。

需要明确的是，软美元是客户的资产，即使被用于购买某种服务，也应建立在帮助客户进行投资决策的基础上。因此，如果软美元没有用于为客户获益，那么投资经理就必须对客户披露这些信息。很显然，如果用相对正常水平更高的价格购买商品或服务，而没有使客户受益，则违反了准则 III（A）。

当客户要求投资经理雇请特定的经纪人来执行交易时，该行为被称作“客户指定经纪商”。这种情况并不代表投资经理没有义务为客户选择最佳的经纪商，投资经理应该替客户选择“执行最优”（best execution）的经纪商，在多个执行能力相同的经纪商当中选择“价格最优”（best price）的，从而做到客户资产组合的价值最大化。如果发现客户指定的经纪商并不是最好的，投资经理就有义务以书面形式通知客户。

（4）代理投票政策

基金公司经常将募集的资金投资于上市公司，因此基金的投资者就间接参与了上市公司的投资。由于基金投资者众多且份额较小，所以在参与公司的股东大会时，基金经理就会替客户行使股东投票权。此时，基金经理应该秉承认真负责的态度，为了客户的利益投票。

由于代理投票对客户是有经济价值的，因此必须保证投票的经济价值得到最大化。所以基金公司代理投票的政策就显得尤为重要。基金公司应该向投资者披露有关代理投票的政策。

名师解惑

若当事人没有站在客户利益的角度去行使投票权，而是出于管理层的角度行使了投票权 (votes client proxies on the side of management)，并且没有将这一事项向客户披露，那么当事人就违反了职业伦理准则的要求。

3.1.3　III（A）推荐程序

协会推荐的合规程序有以下三方面：（1）定期向客户披露账户信息；（2）获得客户同意；（3）制定合理的公司政策。

（1）定期披露账户信息

对于管理客户资产的人来说，应该至少每个季度向客户提交一份详细的书面说明，其中应该包括账户资金的进出情况，并向客户披露资产交易发生的时间和地点，将客户的资产 与其他方资产分开管理，包括会员及考生自己的资产。

（2）获得客户同意

如果资产管理人员不清楚什么是合适的处理方法，则应该采取设身处地为客户着想的原则，即思考如果自己是这名客户，会希望获得什么样的处理方法。如果仍有疑问，就应该将不清楚的地方写下来向客户披露并征求客户的同意。

（3）合理的公司政策

所有的公司制定政策时应该为客户着想，考虑所有会产生影响的因素，包括投资策略是否符合客户需求与实际情况、客户投资偏好以及资产组合产品的基本特点。

为了降低资产组合的非系统性风险，应该将投资分散化，除非分散投资与客户的投资目标不一致或者相悖。

在制定代理投票权（proxy voting）政策时，公司应当对投票权有明确的规定，并且按照客户以及最终受益人利益最大化的原则进行投票。

— 备考指南 —

基金经理代客参与股东大会行使投票权利的时候，应当在成本和收益之间进行权衡。

3.1.4　III（A）案例分析

Case 1　某公司的管理层让公司养老金的受托人用养老金的资金来购买该家公司的股票，进而抵御外部公司的收购。受托人认为这家公司的股价被高估了。

尽管如此，为了维持与这家公司管理层的良好关系，受托人仍然用养老金的资金购买这个公司的股票。受托人的行为是否违反了 CFA 协会的职业行为准则？

解释：受托人不应该用养老金购买股票，否则违反了 III（A）。不管在何种情况下该受托人都应该从养老金的最终受益人的角度出发来考虑问题，如果用养老金购买价格被高估的股票，损害的是养老金受益人的利益。所以总的原则是，管理养老基金要从最终受益人的角度考虑投资的合适性，而不是根据是否有利于受托人自己或者公司管理层来判断。

Case 2 由于彼此之间良好的商业合作关系，某投资管理公司将交易都指定给一个经纪商，但是这家经纪商的收费高于市场平均水平，而且提供的服务也很一般，比如研究报告质量与执行交易的能力等。为了补偿投资管理公司，经纪商为投资管理公司支付日常管理费用，包括租金等。基金管理公司是否违反了 CFA 协会的职业行为准则？

解释：投资管理公司不应将顾客的佣金用于为自己公司获利，而应该让顾客受益，因此违反 III（A）。

3.2 III（B）公平交易

3.2.1 III（B）内容

在进行投资分析、提供投资推荐和投资操作时应该公平对待顾客。公平就是不能歧视客户，使所有客户都有充分的时间对投资建议进行判断。

3.2.2 III（B）导引

— 备考指南 —
基金经理或投资顾问可以提供 VIP 服务。

公平（Fair）并不等于平等（Equality），有些 VIP 客户会得到更优质的服务，但这种优质服务不应该使其他客户处于不利地位，而且应该向所有的客户披露获得优质服务的途径。在所有与顾客交流的形式中，都应该保证客户被公平对待。此外，公平还涉及交易方式，这主要体现在分配超额认购的证券时应按照客户委托量的比例来分配，而不是按照客户的账户大小分配证券。

投资推荐报告的形式没有硬性规定，口头上的交流也可以被接受，但要保证所有客户都有机会对投资建议做出及时的反应。

因此，为了不违反 III（B），需要向客户披露书面化的交易分配方式和投资过程并标明时间；实行先来后到原则；对客户实行统一收费标准和相同成交价格；按照委托量的比例对交易进行分配；遵从客户利益优先原则进行交易并保留书面合规程序。以上的做法都是为了不损害客户的利益。

名师解惑

某基金公司的政策是新开户客户的账户在开立时间满一个月后才可以参与新股认购。这类政策在题干中通常会写已经获得公司董事会或合规部的同意，注意这依然属于没有公平对待客户，违反准则要求。并不因为公司同意这么做，就不违反准则。

（1）投资推荐

投资推荐可以是向客户分发的详细的研究报告，也可以是简报，甚至可以是口头上的交流。对外发布的推荐都需要保证公平性。

公平是指客户能对每一个推荐都能做出及时的反应，投资公司不偏袒或者歧视任何一个客户。如果投资推荐发生了重大修改，一定要通知当前所有的客户，尤其是那些已经根据投资公司之前的推荐做出投资决策的客户。如果客户的投资决策与投资推荐产生冲突，那么应该在执行交易前将最新的投资推荐通知给客户。

— 备考指南 —
基金经理此时应当尽量做到在第一时间将投资推荐的变化通知到所有的客户。

（2）投资行为

公平对待客户的同时，需要考虑客户投资的目标和自身情况。比如在参与新股发行或者再融资投资时，应该将这些机会分配给适合这类投资的客户，并且要符合公司大单交易的分配制度。

3.2.3　Ⅲ（B）推荐程序

首先，应该有一套相应的公司章程。其次，在制定章程时，应该注意以下几点内容：

- 应该限制知情者的人数。在信息没有得到公开发布之前，知道的人越少越好。这样，信息泄露的可能性就会减少；
- 缩短决策与披露的时间。其目的是为了防止有人偏袒某些客户。一般来说，详细的推荐报告从准备到发布需要2~3周时间，为了解决这一问题，可以事先发布简报（short summary report）
- 信息发布前的行为应在相关章程中进行公告。如果信息发布后给了所有客户足够长的时间对信息进行消化，然后再与某些客户详细讨论推荐的细节，这种行为是允许的，因为公司可能有不同级别的服务。

- 将信息同时披露给所有客户。
- 留有客户的持仓记录。
- 制定有关交易分配的规章并予以存档。如果公司的交易分配方案从根本上来讲就是不公平的，即使发布了，也不能免除责任。
- 建立系统性的账户审查程序，以检查是否有优待某些客户而损害其他客户利益的情况存在。由于公司可能有不同级别的收费标准和服务标准，因此公司应该清楚地披露各个收费标准下的服务内容。

3.2.4 III（B）案例分析

Case 1 基金经理在执行大单交易后没有及时分配证券至投资者的个人账户。由于是大单交易，基金经理将其分成了多笔，每笔交易的买价不相同。几天后，基金经理发现投资的证券价格上涨，有一部分交易开始产生了盈利。基金经理将盈利的交易分配给大客户，而将其他交易分配给其他客户。基金经理的行为是否违反了 CFA 协会的职业行为准则？

解释：违反了 III（B）。应该事先分配或者有一个公平的分配程序，比如把不同的交易价格加权平均，给到每个客户的交易价格应一致。

Case 2 一个汽车行业的分析师想要在社交媒体上扩张公司的知名度，打算使用社交媒体，比如微博、微信来发布信息。这个分析师最近分析了一家新能源公司，觉得这家公司的新技术会给汽车行业带来革命性的颠覆。在正式发布报告之前，他先在个人的 b 博客上发了篇简讯。该分析师是否违反了 CFA 协会的职业行为准则？

解释：这个分析师违背了 III(B)，在博客上先发布简讯就让博客的用户优先获得这个投资意见，对其他客户是不公平的。

3.3 III（C）合适性

3.3.1 III（C）内容

作为一名投资顾问，必须：

- 在做投资推荐之前，应该综合考虑客户及潜在客户的投资经验、风险及收益目标、财务状况，并且定期对客户重新评估、及时更新信息。
- 确保投资策略及产品适合客户的财务状况，并且与其书面的投资目标相一致。

- 站在客户整个投资组合而非单一投资品种的角度上，判断投资建议是否适合这位客户。

3.3.2 III（C）导引

投资顾问首先要了解客户的实际情况与投资预期，并站在整个投资组合的角度进行投资管理。

名师解惑

如果有一个客户下了投资委托，并且与其实际财务状况和风险承受能力并不吻合，那么投资顾问应该拒绝委托，或者从顾客那里获得书面的同意声明，声明内容需指出“合适性”并不在该客户的考虑范围之内。

（1）制定投资策略企划书（IPS）

如果从业人员为客户提供投资咨询服务，那么他们必须在服务之初就收集客户的信息。收集的信息主要指与投资决策相关的信息，包括客户财务现状、个人情况（比如年龄职业等）、风险偏好与承受能力及投资目标等。之后你需要将这些信息汇总并编写投资策略企划书 IPS（investment policy statement）。

— 备考指南 —
需要考虑客户风险偏好、风险承受能力、财富水平、投资目的等多方面的情况。

（2）了解客户的风险偏好与承受能力

提供咨询服务时最重要的就是将客户的风险偏好与风险承受能力相匹配。如果有一位投资者风险承受能力很弱，但是偏爱风险极高的投资产品，此时，我们就有义务劝说投资者不要进行这样的投资。

（3）更新 IPS

每年至少更新一次 IPS，且每当投资推荐与投资决策发生了重大改变时，都需要更新 IPS。

— 备考指南 —
基金经理至少每年更新一次IPS（regular update）；此外，当客户情况发生了重大变化时，需要及时更新 IPS。

（4）风险分散化的需求

由于我们需要分散投资的风险，所以要站在整个投资组合的角度考虑问题。但如果客户的投资目标就是纯粹的投机，不考虑风险分散因素，那么我们就无需为其考虑分散风险的需求。如果在制定 IPS 时，客户并没有提供完整的个人投资信息，那么我们仅仅根据他所提供的信息决定投资的合适性，是不违反 III（C）的。

（5）对于客户指定交易的处理方式

有些客户会指定一些交易让基金经理或者经纪人进行下单，如果这种交易同客户的 IPS 不相符合，协会会员或者考生可以根据以下两种情况来进行处理。

如果这笔交易对客户的整个投资组合没有影响或者影响很小，那么协会会员或者考生可以在同客户沟通并获得客户同意之后执行交易。如果该笔交易对客户的整个投资组合影响很大，那么协会会员或者考生需要及时同客户沟通更改 IPS，如果客户不同意更新 IPS，并仍然坚持这笔交易，那么会员或者考生可以剥离这部分资金交由客户自行管理。

3.3.3 III（C）推荐程序

有关合适性测试：

— 备考指南 —
收益率高的投资往往伴随着高风险。

合适性测试（suitability test）不仅要求投资专员考虑投资的潜在收益，还要考虑以下几点内容：

- 对于投资组合分散效果的影响；
- 将投资风险与客户的风险承受能力进行比较；
- 根据 IPS 所要求的投资策略判断此项投资的合适性。

3.3.4 III（C）案例分析

Case 1 投资顾问小王的客户的 IPS 表明该客户需要流动性高的投资，但是小王为了公司的利益，最终为客户投资了流动性差的产品（带有最少 3 年锁定期的 PE 投资）。小王的行为是否违反了 CFA 协会的职业行为准则?

解释：由于投资工具与投资目标不符，违反了 III（C）。

3.4 III（D）业绩展示

3.4.1 III（D）内容

协会要求在宣传投资业绩时，必须尽最大努力确保宣传的公平、准确和完整性。

名师解惑

比如说现在有两项投资，一项投资的收益率是 30%，另一项投资的收益是 3%，从表面上看 30% 的项目收益率更高，但如果 3% 收益在 5 个月中就可获得，而 30% 收益却要经过 50 年才能够获得，那么对这两种投资产品的选择就会发生改变。

内容展示的准确性体现在正确宣传。内容展示的完整性体现在不能只披露最佳时段的业绩，而忽视了表现平平甚至亏损时的业绩。内容展示的公平性意为需要用相同的尺度比较业绩。

3.4.2　III（D）导引

投资公司宣传的内容必须是公平、准确和完整的。不能明说或者暗示一定能获得和过去一样的收益率，不能错误地宣传过去的业绩或者期望的业绩；如果使用的是模拟业绩，必须说明这是模拟的业绩；从业人员跳槽加入新公司以后，在业绩宣传时可以使用原来公司的业绩，但是必须说明自己在原公司的职责且获得前雇主书面同意，同意其带走业绩相关的支持记录。

即使一个投资组合已经终止，我们仍应该将其纳入用于业绩展示的组合组中。

展示业绩时可以采取简报的形式（brief report），但如客户需要，必须无条件提供详细信息；最好的做法是简短的说明中包含一些参考信息。

投资公司披露业绩时，应该充分解释业绩的核算方式，比如：

- 如果是模拟的业绩，应该说明业绩是根据模型模拟出来的；
- 如果基金经理的业绩是在之前就职的公司获得的，则应该明确表示出来；
- 说明管理费用的核算方式和结构。

3.4.3　III（D）推荐程序

（1）遵循 GIPS 的规定

CFA 协会鼓励公司宣传历史业绩时遵循 GIPS（Global Investment Performance Standards）的规定，这是遵守 III（D）的最佳途径。

（2）不遵循 GIPS 时的要求

不遵循 GIPS 并不意味着就违反了准则 III（D），投资公司可以自愿选择遵守 GIPS，即遵循 GIPS 非强制性要求。但如果不遵守 GIPS，则要考虑以下几点：

- 对业绩进行宣传时，应该考虑到听众的认知水平和专业水准；
- 展示组合组的业绩而非单一账户的业绩；
- 应该把已经终止的投资组合纳入历史业绩中；
- 详细解释投资结果（投资结果是否为模拟的业绩，是否源于其他公司的业绩，管理费用的构成等）；
- 用于计算业绩的各项数据都要予以保存。

3.4.4 III（D）案例分析

Case 1 某公司呈报的业绩有选择地挑选了部分账户，将偶发的高业绩说成是经常性的，并且未指明利好的经济环境对业绩的正面影响。此外，该公司在送给潜在客户的宣传资料中表示“预计可以达到与过去一样的业绩”。该公司是否违反了 CFA 协会的职业行为准则？

解释：违反了 III（D）。呈报业绩时应该将公司同一投资风格的所有账户统统考虑进去，而不是挑选某些投资表现较好的账户，因此违反了 III（D）；同时，不能在宣传册中声称能够取得与过去一样的业绩，因为无法准确预测市场走势和基金的业绩，所以违反了 I（C）。

Case 2 对于业绩计量，一个公司有两种方式，分别是以时间加权的业绩计量方式和以货币加权的业绩计量方式。一个业绩分析师咨询部门领导采取哪种业绩计量方式。部门领导说哪种计量方式得到的结果最好，就采用哪种业绩计量方式。该公司是否违反了 CFA 协会的职业行为准则？

解释：该公司领导未考虑业绩展现时的公平和合理性，业绩计量的方法不应该根据计算结果来确定。

3.5 III（E）保密性条款

3.5.1 III（E）内容

应该对现在的、以前的以及潜在合格客户的信息进行保密，除非遇到以下情况，才能够披露客户信息：

- 信息涉及到违法行为；
- 法律要求披露信息；
- 客户允许披露。

3.5.2 III（E）导引

准则 III（E）要求对存量的、以前的以及潜在合格客户的信息进行保密。这些信息包括处理客户的商务或者个人事务时获得的信息以及客户出于信任告诉你的信息。

但是，如果法律要求披露或者这些信息涉及违法行为，那么就有义务向有关部门通报。同样，如果客户明确授权可以披露信息，那么就可以按照客户的指示提供相应的信息。

（1）遵守法律

从业人员和考生首先应该遵守相应的法律，如果法律要求披露，那么就必须披露；如果法律要求对任何信息都要保密，那么即使存在违法行为，我们也应该保密；如果有疑问，那么就应该在披露信息前咨询合规人员或者法务人员。

（2）信息安全

III（E）并没有要求从业人员和考生成为信息安全方面的专家，但是必须对雇主的规章制度有充分的了解。同时需要注意的是，公司的规模和运营方式不同，其针对信息安全设立的政策也会有不同。

（3）CFA 协会发起的调查

III（E）并非为了阻止我们配合 CFA 协会发起的调查。

如果法律允许的话，我们应该把 CFA 协会的职业行为调查项目（professional conduct program, PCP）视作准则的“延伸”（extension）。当 PCP 发起调查时，我们最好能够提供相应的信息以协助调查，而且 PCP 会保证提交的信息得到严格的保密，我们以协助调查的名义提交信息并不会违反 III（E）。

> — 备考指南 —
> PCP 进行职业行为调查的时候有两大原则：调查过程的保密性及调查程序的公平性。

3.5.3 III（E）推荐程序

在某些情况下，可能会透露一些在保密协议之外、且不涉及违法行为的信息，在透露这些信息之前，我们需要问自己：

- 信息透露到了什么程度？
- 如果透露一些在工作中获得的信息，那么这些信息是否和工作有关？
- 如果透露了这些信息，会不会改善对客户的服务水平？

总而言之，即使这些信息不违法，并且透露之后也不会对客户的利益造成实质性损害，也不应该传播闲言碎语。

在同客户交流的过程中，要选择最安全的交流方式，向客户说明公司并不一定具备所有沟通方式的条件，且公司所提供的交流方式并不见得是最安全的。

名师解惑

对于以往客户的信息，也应当保密。如果当事人所在国家法律严格要求应当对客户信息保密，即使客户违反了法律，也不应泄露客户信息。

3.5.4 III（E）案例分析

Case 1 分析师受聘为医疗中心的管理者提供投资建议。管理者将医疗中心的尚在讨论阶段的扩建计划透露给分析师，并委托其提供投资建议，该计划还未对外公布。此时，当地有一富商想捐款给医疗中心或者当地医院，但是想要知道这些机构各自的建设计划并绕开医疗中心的管理者。分析师应该怎么做才不会违反了 CFA 协会的职业行为准则？

解释：管理者将内部扩建计划告诉给分析师，是为了获得分析师更好的服务。分析师和管理者之间存在聘用关系，因此分析师有义务为其保密，如果分析师将扩建计划透露给第三方，则违反了 III（E）。

4. 准则 IV：对雇主的责任

— 备考指南 —

展示（demonstrate）对雇主的职责条款内容的深度理解，解释（explain）协会会员及考生对雇主的责任，并提供建议（recommend）防止损害雇主利益行为的产生。

雇员应该为雇主的利益考虑，首先要做到的是对雇主忠诚，不损害雇主的利益；与此同时，公司的管理者也应该对下属的行为负责。

4.1 IV（A）对雇主的忠诚

4.1.1 IV（A）内容

由于员工和公司之间存在着雇佣关系，所以我们应该为雇主的利益着想，不能有任何损害雇主利益的行为，比如在职时应避免同业竞争、离职后不带走雇主的财产等。

名师解惑

雇主的财产包括你在公司完成的研究成果。之所以将你的研究成果归类为雇主的资产，是因为你的研究成果是在职期间利用公司资源完成的且雇主支付了薪酬。

4.1.2 IV（A）导引

本条准则核心原则是：是否损害了雇主的利益，是否损害了雇主在专业能力方面的优势。

（1）在职时的独立竞争性业务

IV（A）规定在没有获得雇主书面同意的情况下，不得在其他机构或私下从事会与雇主产生竞争的业务，因为雇主的利益有可能因此受损。但是IV（A）并非禁止员工在职时参与竞争性业务，只是要求员工提前向雇主披露，并且对自己参与的业务的类型、期限以及预期获得薪酬做出详尽解释。只有在向雇主披露并获得雇主书面同意后，才可以参与竞争性行为（independent practice）。

名师解惑

如果在职期间，利用私人时间筹备自己的公司，尚无业务运营、且未影响本职工作，此种情况下不影响职业伦理准则要求。

（2）离职

在离职之前，员工以下行为将会违反IV（A）：

- 盗取公司的商业机密；
- 滥用公司的机密信息；
- 雇佣期终止前拉拢雇主的客户；
- 将公司的信息或者商业机会用于为个人牟利；
- 盗用客户清单；如果将客户清单记忆下来也是不允许的，因为信息来源仍然是公司内部。不过仅仅知道客户的存在以及客户的名字，不会被认为属于客户清单，除非协议中或者法律认定这些信息是机密信息。
- 带走雇主的有形或无形资产，即使是被否决的投资机会清单（rejected idea list）也不允许被带走。因为任何在职过程中的研究成果都属于雇主的财产。

员工离职后应该遵守公司有关离职的相关程序及要求，没有雇主的书面同意，不得将雇主的任何财产（包括文件等）带到新的公司。但是在职过程中获得的经验及技能可以在新公司中使用。

— 备考指南 —

如果利用了前雇主提供的资源开发了模型，离职前带走模型也需要获得前雇主的书面允许。

如果在职时为了工作的便利，将公司的文件储存在自己的电脑或者移动设备中，那么在离职后，应该将这些信息及时删除，除非获得雇主的书面同意。

（3）社交媒体的运用

越来越多的公司采用社交媒体同客户进行交流。如果员工管理公司的社交媒体账号，在离开公司的时候，需要把账号转交给公司；如果个人的账号和公司的账号混合使用，在离开公司的时候需要与雇主协商如何处理社交媒体账户的问题。

（4）在职时的检举揭发

如果雇主的行为损害了客户的利益或者资本市场的诚信，那么对雇主的检举揭发（whistleblowing）并不违反 IV（A）。如果怀疑雇主的行为会影响客户的利益或者资本市场的秩序，那么首先应该咨询公司的法务部门以决定适当的措施。

（5）雇佣关系的性质

IV（A）的应用是基于雇佣关系（比如公司与员工）以及协议关系（比如外包协议）的。作为协议关系的乙方（受命完成任务的一方），有责任遵守口头或者书面协议。

4.1.3 IV（A）推荐程序

应该鼓励公司制定以下的制度：

— 备考指南 —
即使员工离职后工作地的法律认为竞业协议是不合理的，只要员工和前雇主签署过这样的协议，就应当遵守协议内容。

- 竞争制度：在职过程中，员工必须明确自己私下向客户提供与雇主类似服务所受到的限制。如果雇主要求员工签署竞业协议，那么员工就应该在签署之前确定自己已经清楚知晓协议的细节。
- 合同终止制度：公司制度中应该对离职程序有明确的规定，包括员工离职时向客户以及其他员工发布离职信息的程序。公司制度中还应该对员工离职后的工作交接有明确的规定，以确保研究及管理工作能够继续顺利进行。
- 报告制度：员工应当关注公司制定的在职揭发的制度，雇主也应当采用业界最佳的做法。许多公司都会依法建立匿名报告制度，允许员工对雇主的不法行为进行揭发。
- 员工的分类。员工应该明确自己在公司内的职责与作用，同时，公司最好采用标准化的员工分类制度，以明确员工的职责。

4.1.4 IV（A）案例分析

Case 1　投资顾问小秦在离职前，联系了现在 4 个最大的客户，邀请他们转移到自己的新公司。小秦的行为是否违反了 CFA 协会的职业行为准则？

解释：在与雇主的雇佣关系中，雇员一定要为雇主的利益考虑，所以私下招揽雇主的客户是违反 IV（A）的。

Case 2　分析师小王在离职时，带走公司的客户清单、账户声明、推荐清单与计算机模型等。小王的行为是否违反了 CFA 协会的职业行为准则？

解释：这些都是雇主的资产，除非获得雇主的同意，离职的员工不得带走雇主的任何资产，包括员工自己的研究成果。

4.2 IV（B）额外报酬安排

4.2.1 IV（B）内容

在职过程中收到的一些礼物或者酬劳如果会对雇主的利益产生影响，或者被别人认为可能会产生利益冲突时，应该拒收。除非获得所有利益相关方的书面同意，才能够接受这些礼物或者酬劳。

— 备考指南 —
披露是为了让相关方判断当事人的独立客观性是否会受到影响。

4.2.2 IV（B）导引

如果礼物或者酬劳会损害雇主的利益，就不能接受，除非获得各方的书面同意。此处的“书面同意”是指能够被记录或者回溯的任何方式，包括电子邮件形式。

如果是第三方给予的礼物或者酬劳超过了一定的限额，则是不能接受的；但如果是客户给予的激励或者奖励性质的礼物或者酬劳，则要视情况而定：

- 如果披露了但没有获得同意，则违反了 IV（B）；
- 如果披露了并获得同意，则没有违反任何准则；
- 如果未披露，而且未获得同意，则同时违反了 I（B）、IV（B）和 VI（A）。

如表 3-2 所示。

表 3-2　准则要求对比

披露	同意	违反
√	×	IV（B）
√	√	–
×	×	I（B）、VI（A）、IV（B）

4.2.3 IV（B）推荐程序

如果从雇主之外的其他地方收到好处，那么必须在接受前向雇主披露。披露的信息需要得到提供好处的一方确认，包括客户的激励奖金。如果与客户签订的协议中包含额外奖励的条款，也必须向雇主披露，并说明额外报酬的来源、数量以及协议的期限等。

4.2.4 IV（B）案例分析

Case 1　证券公司 A 的一名分析师在上市公司 B 公司担任董事。上市公司 B 并不支付给分析师任何报酬，但是分析师的家人可以免费使用 B 公司的会所服务。

这名分析师没有向雇主披露。分析师是否违反了 CFA 协会的职业行为准则？

解释：非现金的好处也是好处，需要获得雇主的书面许可。此处由于该分析师没有向雇主披露并获得许可，所以违反了 IV（B）。

Case 一个分析师为 ABC 公司做研究报告，需要做实地考察。该分析师事先拒绝这家公司的食宿安排，在实地考察结束后，ABC 公司专门在公司总部附近的一家高档饭店宴请了这名分析师。分析师考察结束后向研究部的主管报告了宴请事宜，并在研究报告中披露了这个事实。

解释：由于充分披露，没有造成利益冲突，没有违反 IV（B）。

4.3 IV（C）管理者的责任

4.3.1 IV（C）内容

作为管理者，应该努力去发现并且阻止下属违反法律、法规以及职业伦理准则的行为。

4.3.2 IV（C）导引

（1）违规事项的处理程序

— 备考指南 —
如果没有建立有效的合规制度，是管理者的失职。

公司应当建立和实行书面化的合规制度，并定期检查来确保制度能够得到有效执行。

（2）合规程序

管理者有时可能会无暇顾及整个团队运营的方方面面，因此管理者可以将一部分管理职责委托给其他人，但是这不能免除管理者的监管职责。管理者需要指导被授权者如何进行监管。如果上司将部分管理职责下放给下属，而下属又无法很好地去履职，那么上司不能免除责任。此外，管理者必须要明确什么样的制度是充分有效的。

合理的制度必须包括以下几点：

- 职业伦理准则。
- 合规的政策和流程。
- 对所有员工进行合规培训。
- 绩效激励措施中除了财务指标外，也需包含鼓励道德行为的指标。
- 行业的最优化标准（GIPS，AMC 等）。
- 定期检查和更新合规制度。

（3）不适当的合规制度

如果公司制定的合规制度不完善、不充分，CFA 协会建议高层管理者采取更完善的管理制度，并提出相关改进建议。如果没有相应制度或者制度不完善的情况下，雇主打算提拔会员或考生成为管理者，会员及考生应该书面拒绝履行管理职责，直到公司建立并执行了合理的监管制度。此时，会员和考生可以协助公司建立符合公司经营情况的合规流程和内控制度。

（4）非投资相关政策的实行

监管者应当对投资相关与非投资相关政策同等地对待。

公司应该针对出勤以及工作所场的行为制定相关规定，比如某些特定职位需要实行强制休假制度。政策制度应对员工一视同仁，从而创造一个更良好的工作环境。

（5）监管的体系

当管理者发现下属有违规或可能出现违规行为时，应当立刻对下属的相关行为展开全

面调查以发现问题根源，并确认下属的违规程度。

另外管理者应该限制违规员工的行为或者对其加强监管，确保违规行为不会再次发生。

4.3.3 IV（C）推荐程序

（1）职业伦理准则或合规程序

为了确保能够创造出良好的道德文化而不是仅仅盲目地遵循规章制度，公司里的每个人都应该能够及时获取并且充分理解职业伦理准则中的内容。

— 备考指南 —

公司管理者应当考虑对员工进行培训，确保员工知晓公司政策的内容。

准则与合规程序的区别在于准则只是基本的概念，而合规程序是详细的、整个公司都应遵循的规则。

（2）有效的合规程序

如果发现了或理应发现违规行为却未按照合规程序采取措施，那就违反了 IV（C）。有效的合规程序应该包含以下特点：

- 清楚明了，容易理解；
- 有指定的合规专员；
- 明确管理层级，并且在管理者之间委派任务；
- 建立制衡机制；
- 概括合规程序所包含的范围并且记录对合规程序的监管和检测；

- 指出并概括符合规定的行为；
- 明确发现违规行为后应采取的措施及应执行的程序。

（3）管理者的责任

一旦公司制定了合规程序，管理者应该：

- 将合规程序分发给相关人员；
- 定期更新、优化流程；
- 经常对相关人员进行合规方面的培训；
- 将职业规范的评估纳入员工业绩考核中；
- 对员工行为进行审查；
- 一旦发现违规现象，就应该执行相应制度。

一旦发现了违规行为，管理者应该：

- 及时做出回应；
- 充分调查；
- 加强监管，或者在调查结果没有定论之前加强对违纪者的限制。仅仅做到口头警告是不够的。

名师解惑

管理者的职责这一准则要求监管者必须建立完备的公司内控制度和流程，并采取措施监督政策的实行，做好监督工作。若公司的管理层并没有为了防止下属出现违规行为而做出应有的努力，那么下属违规管理者也会受到牵连。

4.3.4 IV（C）案例分析

— 备考指南 —

Discretionary account 指的就是将账户资金交由基金经理管理的账户。

Case 1 研究部门的主管在研究结论公布前，口头告知公司的基金经理他的研究报告内容发生了变化。得知该消息后，某一个基金经理立即进行了交易，他首先为自己进行了交易，并为名下全权委托的客户（discretionary client）进行了交易。上述主管是否违反了 CFA 协会的职业行为准则？

解释：违反了 IV（C），公司没有建立规范的制度来阻止提前交易，公司设立合理规范的程序可以在一定程度上阻止内部人员违规操作。同时，由于该基金经理为自己和全权委托的客户交易，并没有考虑到其他客户的利益，违反了 III（B）。

5. 准则V：投资

Standard V 讲述了作为投资行业的从业人员，在进行投资决策分析时应该有什么样的态度。比如，研究报告必须有合理的研究基础，研究人员应该和客户有充分的沟通，并且将记录进行保存。

5.1　V（A）勤勉尽责与合理依据

5.1.1　V（A）内容

在做投资分析与推荐、投资行动过程中，应该要保持勤勉、独立并且进行深入的分析。所有的投资分析、推荐及行为都应该有合理、充分的研究调查作为基础。

5.1.2　V（A）导引

（1）勤勉与合理依据的定义

与判断投资产品的合适性一样，研究与分析报告的深入程度会根据投资品、证券以及提供的投资服务的不同而有所差异。在提供投资服务时，分析师会使用公司的资源，比如公司的研究报告、第三方研究报告、以及从公司的数量模型中得出的结果。在使用这些资源时必须要确保研究报告的合理性。

（2）投资推荐时的考量

在做投资决策时，分析师可以仅仅基于当时所能获得的信息做出决策。而一个尽职、合理的投资推荐则应该考虑可能发生的最坏情况。进行投资推荐时应当考虑以下要素：

- 公司的经营历史和财务状况的历史；
- 当前的经济周期情况；
- 共同基金的费用结构以及管理业绩的历史记录；
- 量化模型的输出结果及模型潜在的局限性；
- 资产证券化产品中标的资产的质量；
- 选取的同类型公司是否适合作为参照物。

（3）二手资料或第三方研究报告的运用

如果运用二手资料研究或者其他机构提供的研究报告，分析师必须尽力去判断研究报告的合理性。考察研究报告是否具有合理性，需要考虑以下几个方面：

- 报告使用的假设条件；
- 报告分析的严谨程度；
- 报告的日期和及时性；
- 投资推荐的独立客观性。

在评判二手资料及第三方研究报告是否完善时，可以由公司内部的其他相关人员来判断，除非你有理由怀疑由他人对研究报告的判断的合理及有效性。

为了保证研究报告的质量，CFA 会员及考生应该验证公司是否对研究报告供给方建立了及时、持续且有效的审查制度。

（4）使用基于量化模型的分析报告

首先，一定要理解量化模型中的参数，因为参数设置不同，可能会对结果产生重大影响。尽管 CFA 协会不要求我们成为量化建模的专家，但我们必须能够解释量化模型的重要性以及模型产生的结果是如何应用到投资决策过程中的。

其次，我们要考虑所有模型数据选取的样本区间，并且考虑极端情况下的结果。

最后，在所有的模型中，我们应该尤其注意建模时的假设限制以及分析时的严谨程度，以确保模型中已经包含了极端情况。

（5）开发量化模型

量化模型的开发者必须比量化模型的使用者更加懂得模型的原理，在审核模型的时候要表现出更高的审慎度，并且在模型发布之前必须进行系统地测试。量化模型的开发者需要对模型的准确程度负责。

作为模型的开发者，需要审核模型的输入项目，例如数据源、使用数据的时间期限、波动率、模型假设的严谨程度（即是否包含了极端情况）等。

（6）外部分析师的选择

在选择外部分析师时，应该对其进行审查。公司最好有对外部分析师的标准化审查流程，审查内容主要包括以下方面：

- 对外部分析师的职业伦理进行审查；
- 了解其合规制度以及内控制度；
- 评估其宣传的业绩表现是否真实；
- 审查是否按照投资策略进行投资；

（7）团队研究报告以及投资决策

对于经过勤勉分析的研究报告，团队中的分析师可以选择在团队报告中署名或者不署名。

名师解惑

团队研究报告的结论代表了团队中所有成员的一致意见，但这并不代表你个人的意见，即使你的名字已经包含在了这篇研究报告中。如果你认为这篇报告是经过充分研究的，而且整个过程是独立客观的，那就没有必要将自己的名字从报告中删除。所以，决定是否将自己的名字放入团队研究报告的原则是，只要研究的过程是充分的、严谨的，而不是“胡诌”的，即使你不同意研究报告的结论，也可以将自己的名字放入研究报告中。

5.1.3　V（A）推荐程序

公司要制定相关政策，以确保所有的研究报告、信用评级以及投资推荐都是基于充分的研究的。

公司应该为分析师（研究、投资或者信用分析师）以及制定尽职调查程序的法规部门制定一份详细的书面指引，以判断投资推荐是否有充分的调查研究。

公司应该有一个详细的标准来评判内部完成的研究报告的质量，判断研究报告内容是否有合理的基础并经过充分调查研究。此外，对于所有用于开发、评级的量化模型，都应该有一套详细的指引来对其进行情景测试（scenario testing）。

此外，对于外部信息，我们需要考量信息的质量、信息的合理性、充分性以及准确性。公司的制度应当对外部信息的审查时间和频率有所规定。

5.1.4　V（A）案例分析

Case 1　分析师小王在为客户推荐公司股票时，从市面上的热门股当中挑选合适的投资标的来迎合客户，小王的股票推荐是否违反了CFA协会的职业行为准则?

解释：仅仅是依赖于热门股做推荐是不严谨的，分析师必须做全面深入的研究，这样才符合勤勉和审慎的原则，所以这里小王违反了V（A）。

Case 2　一个模型的使用者不太懂模型，通常他在使用模型前都会去咨询模型的开发者。模型开发者在开发了A模型之后，马上去开发B模型，因此未根据市场变化及时更新A模型。过了几个月，数据诊断结果显示A模型出现了一些问题，模型开发者简单通过编码消除了模型警报后，马上又投身于B模型的开发工作。过了几个月后，A模型又出现问题，模型开发者彻底修正了A模型。但是，过去一段时间的投资决策时基于A模型得出的。模型的使用者和开发者是否违反了 CFA 协会的职业行为准则？

解释：模型使用者和模型开发者都违反了准则 V(A)。模型使用者要理解模型，模型开发者要定期地更新、修正模型；并且把模型的变更向投资者披露。

5.2 V（B）与客户的沟通

5.2.1 V（B）内容

该准则要求我们向客户与潜在客户披露投资分析、股票选择与投资组合构建的基本形式和原则，并且及时披露任何可能会对投资结果产生影响的重大变化。

我们需要谨慎地判断哪些因素对投资分析、投资推荐以及行为是重要的，并且在与客户的交流中把这些因素都包含进去。

在投资分析与推荐的过程中，我们需要区分事实与观点（facts and opinions）。

5.2.2 V（B）导引

（1）与客户交流投资过程

所有形式的交流都可以，包括详细的研究报告、电话、面谈或者电子邮件等形式。

应当让客户持续了解投资过程的变化。理解投资的基本特征对于适合性的独立判断尤为重要，这是需要让客户了解的内容，另外确定每一项投资对投资组合特征的影响也非常重要。

此外，还应当让客户了解外部顾问的专业性和分散化投资的技能。

（2）交流的不同形式

交流可以有不同的形式，如果以简报的形式（capsule form）给到客户，那么应当向客户说明，客户在有需要时可以索取详细的推荐信息。

（3）识别投资过程的风险和局限性

— 备考指南 —
投资承载量是指投资模型最大可以运作的资金上限，一旦超过资金上限可能会对模型造成负面的影响。

会员或者考生需要同存量以及潜在合格客户沟通投资过程的风险及其局限性。投资过程中的风险包括市场风险、杠杆风险、对手方风险、国别风险、行业风险、股票风险以及信用风险等。投资过程中的局限性包括流动性（liquidity）和投资承载量（capacity）。流动性指的是如果投资了流动性较差的资产，比如房地产，那就需要把这项投资进行披露。

（4）区分研究报告中的事实与观点

事实是描述客观状况，而观点是个人的主观判断。在量化模型中，我们要把统计的推论与事实区分开，并且向客户披露已知的分析过程中的局限性。

5.2.3　V（B）推荐程序

投资风格、限额、投资委员会、投资范围发生的改变都必须向客户和潜在客户说明，否则客户会以为公司仍旧保持着原先的投资风格。

为了方便事后调查，必须将与投资相关的数据保存下来，如果客户想要索取相关资料，应该向其提供。

5.2.4　V（B）案例分析

Case 1　为了简化研究报告，某投资顾问仅仅将每周排名前五的"买"和"卖"的推荐包含在报告中，没有说明使用的估值模型以及资产组合构建方案。这位投资顾问是否违反了 CFA 协会的职业行为准则？

解释：违反了 V（B）。虽然没有必要详细描述自己的投资是如何进行的，但是有必要告知投资者自己投资的基本过程以及逻辑，否则客户无法得知其中的局限性以及潜在的风险。

Case 2　某基金公司因为过去的成功投资吸引了更多的外部资金。基金经理为了能够在资产规模上升后仍然能保持流动性，基金经理将投资策略中对小盘股的定义和标准进行了修改，并且通知了现有及潜在合格客户。

解释：基金投资策略发生重大变更要及时通知客户，基金经理通知了所有客户，所以没有违反 V（B）。

5.3　V（C）记录保存

5.3.1　V（C）内容

必须保存相应的记录，以确保能够支持自己的投资分析、推荐以及投资行为。

5.3.2　V（C）导引

保存的记录可以是纸制的，也可以是电子的。

（1）新媒体上的记录保存

虽然法律条款里面没有对新媒体记录保存作规定，但是职业伦理准则要求会员和考生对于任何新媒体的记录都要进行保存，因为关于新媒体的法律条款的制定往往滞后于新媒体的出现，因此会员和考生有责任在法律条款欠缺的情况下保

— 备考指南 —
CFA 协会对于记录的保存形式没有硬性的规定。

存新媒体上的记录。新媒体的记录形式包括：电子邮件、短信、博客、微博等。

（2）记录是公司的财产

当员工离职后，不能带走公司的任何财产，包括原先在公司保存的记录，除非员工提前获得雇主的同意。

名师解惑

要注意的是，此处说的是员工需要获得“雇主”的同意。如果仅仅获得部门经理的同意，员工离职仍然不能带走公司的资产，因为部门主管并不能代表雇主。

（3）当地法律要求

如果当地法律没有对保存记录的年限有所要求，那么根据 CFA 协会的推荐记录至少应该保存 7 年，不过可以以任何形式进行保存。

名师解惑

如果当地法律要求至少保存 5 年，那么就应该至少保存 5 年，而不是 7 年。可能大家会认为应该遵守更严格的要求，也就是保存 7 年，但对于记录保存来说，应遵从当地法律的要求。

5.3.3 V（C）推荐程序

保存记录的责任是由公司承担而非个人承担的。公司必须将研究记录及其他文件予以归档，档案可以是电子形式，也可以是书面形式的。文档保存的目的在于有相关资料支撑自己的投资推荐。这样做能够帮助公司遵循保存内部与外部记录的要求。

5.3.4 V（C）案例分析

备考指南

IPS 不仅保护客户的权益，同时也保护了投资顾问。

Case 1 投资顾问张三的一位客户抱怨，他的指数型投资组合最近损失惨重。根据投资记录判断，实际的投资和客户 IPS 规定是一致的，但是最终亏损了。这位投资顾问是否违反了 CFA 协会的职业行为准则？

解释：如果投资经理依照了 IPS 进行投资，能够说明投资指数型产品的选择是合适的，并且有相应的留存记录，就没有违反 V（C）。

6. 准则 VI：利益冲突

如果与客户之间存在利益冲突，我们首先要做的是及时披露，披露的目的是为了让交易双方都能自行判断利益冲突的程度以及影响的范围。其次，我们应该注意交易的优先顺序——客户的交易顺序应该优先于雇主及个人。如果收取了介绍费则一定要进行披露。

— 备考指南 —
展示（demonstrate）对利益冲突条款内容的深度理解，解释（explain）协会会员及考生可能会面临的利益冲突，并对如何恰当地处理利益冲突提供建议（recommend）。

6.1　VI（A）利益冲突的披露

6.1.1　VI（A）内容

必须完整公正地披露所有可能损害独立客观性以及影响存量客户、潜在合格客户和雇主的行为。披露的内容必须是明显突出的（prominent），而且用平实语言（plain language）表述，并且能够有效传达相关信息。

6.1.2　VI（A）导引

我们应该尽可能避免潜在的和实际的利益冲突。比如说，如果有一家公司希望我们为其撰写研究报告，我们只能收取固定费用，而不能额外收费。如果我们收了额外的费用，写报告的时候就可能无法保证自己的独立客观性。此外，披露必须是完整详实的，而且必须用平实的语言，披露的内容不能让别人费解。

如果受托完成某家公司的研究报告，并且自己又是这家公司股票的受益人（比如自己或者直系亲属持有这家公司的股票），这样的情况就必须要对外披露。最好的做法是让公司委任其他分析师跟踪研究这家公司。这样可以避免影响到研究报告的结果。

（1）向雇主披露冲突

任何的利益冲突都会给 CFA 会员、考生和雇主造成问题。限制个人的交易、限制员工担任外部董事会成员可以一定程度上防止利益冲突的产生。

如果无意中发现冲突，就必须尽快对这些冲突进行报告，并且尽可能又快又有效地解决冲突。

（2）向客户披露冲突

— 备考指南 —
披露的目的是能够让客户进行更为客观的判断。

当我们无法有效避免冲突时，必须对其进行披露。需要披露的冲突包括：

- 董事的职务（directorship）：如果 A 公司分析师同时在 B 公司担任董事，该分析师针对 B 公司所写的研究报告就存在着利益冲突，因为该分析师可能会为了自己的利益而夸大 B 公司股票的表现，并且推荐买入。
- 投资银行服务（investment banking services）和公司金融（corporate finance）：如果 A 公司投行部正在为 B 公司提供上市或再融资服务，而 A 公司研究部同时为 B 公司写分析报告，其中就可能存在利益冲突。
- 做市商行为（market-making activities）：如果 A 公司在努力推销某支股票的同时还在写这支股票的分析报告，那其中必然发生利益冲突。
- 重要的潜在股票受益人（material beneficial ownership of stocks underlying）：如果 A 公司正在研究一支股票，但该公司高层同时大量持有这支股票，并且是重要的受益人，那么其中也会发生利益冲突。

6.1.3 VI（A）推荐程序

如果我们拥有购买股票的代理期权（agent options），那么这些期权的到期日（expiration date）和数量就应该在研究报告的附注中披露。如果在为某家公司提供上市服务后获得了该公司股票的期权，亦需要在研究报告中进行披露，因为一旦拥有了股票的期权，就具备了推荐购买这支股票的动机。

绩效奖金（incentive fee）的构成不能和顾客的利益产生冲突。如果有冲突，则必须向顾客披露；如果雇主不允许将其披露，我们就必须脱离相关工作，甚至可以考虑辞职。

公司的奖励机制要符合 CFA 的规章制度，避免与客户利益相冲突，因而建议公司把 CFA 的职业伦理准则作为制定规章制度的基础。

鼓励公司对外宣讲时对内部激励机制（compensation package）进行说明，即告知客户及潜在合格客户公司如何安排内部人员的奖金及工资。

如果公司收取的费用是根据资本收益或资本增值（业绩增长）来安排的，则应该对外披露。换句话说，如果股票涨幅对公司收取的佣金有正向影响，则应该对外披露。因为投资公司可能会为了多赚取利润，而写一些虚假的研究报告，这就存在着利益冲突。

6.1.4 VI（A）案例分析

Case 1 A 公司是一家证券公司，其研究所的分析师在写关于上市公司 B 公司的研究报告。同时 A 公司的部分高管担任了 B 公司的董事。这位分析师应该怎么做才能避免违反 CFA 协会的职业行为准则？

解释：这种情形很可能产生利益冲突，因此研究报告中必须披露与 ABC 公司的关系。

Case 2 某基金公司，其顾客都是长期投资者，而公司的激励制度基于短期目标的实现，比如基金经理的薪酬与季度业绩相挂钩。基金经理因此为该顾客选择了一些风险较高的短期投资工具。这种情况是否违反了 CFA 协会的准则？

解释：由于选择的投资工具与客户的目标不一致，违反了 III（C）；基金经理没有向投资者充分披露公司的短期盈利目标和自己的薪酬结构，违反了 VI（A）。

6.2 VI（B）交易的优先顺序

6.2.1 VI（B）内容

顾客和雇主的投资交易的优先级必须高于个人交易的优先级。也就是说，在投资管理时，应该先满足客户，再满足雇主，最后满足自己。

6.2.2 VI（B）导引

交易顺序应该是先客户，再雇主，最后才是个人。

名师解惑

如果一个人在管理客户的投资账户，某天公司发布了一份针对一只股票的研究报告。发布 7 分钟以后，他给自己买入了该只股票，这就违反了 VI（B）。因为我们必须要给予顾客足够长的时间来消化这个投资建议。那么究竟多长的时间才叫足够长的时间呢？一般来讲，一周到半个月左右比较合适；之后，就可以完成雇主的交易了，待雇主的交易完成后，才可以进行个人自己的交易。

（1）避免潜在的冲突

尽管顾客的利益和投资决策人员的利益可能存在冲突，投资经理、投资顾问以及相关从业人员只要遵守以下原则，就可以进行个人交易：

- 个人交易没有损害客户的利益；
- 相关人士没有从客户的交易中获得好处；
- 投资决策遵循了相应的法规要求。

（2）个人交易次于顾客交易

个人的交易优先级低于客户的交易，也就是说，首先应该为客户进行交易。

名师解惑

如果你的家人同时是你的顾客，你就应该一视同仁，不应为了避嫌对自己的家人区别对待，更不能将家人的交易延迟，否则就违反了公平交易原则（fair dealing）。而如果你是家人开设账户的最终受益人，则该账户视为自己的账户，必须在完成了客户和雇主的交易后，才能进行交易。

— 备考指南 —
家人账户是正常付费客户（normal fee paying），且自己不是该账户的受益人（beneficiary owner），这种情况下家人的账户视同普通客户，应一样受到公平的待遇。

（3）非公开信息

协会禁止会员和考生向任何可能使自己直接或间接获利的人传达非公开的信息，比如朋友、配偶及其他家庭成员。也就是说，如果有内幕信息，不能向家人亲戚或朋友透露。

6.2.3 VI（B）推荐程序

（1）基本步骤

- 限制员工参与超额认购的 IPO；
- 如果参加 IPO，在参加之前，员工应该提前获得公司的核准；
- 禁止参加定向增发；
- 设定封闭期（blackout period）和限制期（restricted period）。在此期间不允许研究人员进行股票交易。
- 公司应该有一套详细的汇报流程以及针对个人交易的批准制度，并且应该向投资者详细披露这方面的信息。

— 备考指南 —
这是因为 IPO 的份额有限制，此时已超额认购。员工的参与会减少客户申购的机会，所以限制员工参与。

（2）报告的要求

- 会员和考生应向投资者全面披露所在公司有关个人交易的政策。有关人员个人投资活动和政策的信息应得到全面、完整的披露以平息公众对投资人员个人交易利益冲突的合理担忧。

（3）政策披露

- 公司至少每年披露内部员工获得收益的股票的持仓情况。
- 双重交易确认。公司应要求投资人员的经纪商提供所有个人证券交易的副本或确认书，以及所有证券账户的定期报表副本。
- 交易前要提前核准。投资人员应检查所有个人的交易计划，以确认在执行交易前可能发生的冲突。

减少个人交易中的利益冲突并加强监管措施的最好方法就是建立汇报制度。比如，在员工汇报时设立“防火墙”，以防止研究部门的信息泄露到投资部门；比如，公司指派几名员工负责审查报告的传递流程；再者，即使公司允许跨部门的人员交流，也必须在中间区域（clearance area）进行，例如合规部门或法律部门，并且交流的内容要留下记录并存档，进而一定程度上防止别人猜测公司用内幕信息进行交易。

6.2.4　VI（B）案例分析

Case1　一名基金经理在为客户购置股票前，先为自己丈夫买入同样的股票，且他的丈夫并非自己的客户。这位基金经理的做法有没有违反 CFA 协会的准则？

解释：为自己丈夫购买股票可以使自己受益，该基金经理未优先考虑客户的利益，因而违反了 VI（B）。

6.3　VI（C）介绍费

6.3.1　VI（C）内容

我们必须向雇主，顾客和潜在合格顾客披露从产品或服务推荐中获得的或支付给他人的任何形式的报酬，好处或利益。

名师解惑

如果 Robert 把客户推荐给 A 公司，A 公司给 Robert 一笔介绍费（referral fee），Robert 可以收取这笔介绍费。此处我们要注意辨析介绍费与软美元的区别。软美元是当 Robert 和顾客存在信托关系的时候，经纪人给 Robert 的一部分非现金形式的好处，比如研究报告等，这些好处是顾客的资产，只能为顾客服务。而介绍费是 Robert 将业务推荐给第三方时，这家业务公司给他的好处，这与软美元是两个概念。另外，即使介绍费金额不大，也必须要事前对客户及雇主披露。

6.3.2　VI（C）导引

介绍费一定要事前披露，以便让顾客和雇主能够评估我们的独立客观性。披露的内容主要包括：

- 在服务的推荐中是否有任何偏袒（partiality），客户和雇主便能以此判断从业人员是不是为了拿介绍费，而有失偏颇地说某家公司的好话。
- 服务的总体成本。比如基金经理把 A 公司推荐给了第三方，A 公司因而收取了第三方支付的服务费 100 美元。同时 A 公司为了感谢推荐，给了基金经理推荐费 50 美元。该笔推荐费实质上也是客户承担的成本，所以有必要让顾客了解总体服务成本的构成和来源。

6.3.3 VI（C）推荐程序

CFA 协会鼓励雇主制定有关介绍费的制度及合规程序。公司可以完全禁止员工收取介绍费；如果不限制，至少应该明确申请收取介绍费的步骤。也就是说，员工可以拿介绍费，但必须提前申请，经过公司批准后才可以收取。

> — 备考指南 —
> 客户 IPS 应当至少每年更新一次。勿与介绍费更新频率混淆。

此外，雇主应该让所有专业投资者向客户披露所有已经通过审批的介绍费。投资人员必须定期（至少每季度一次）向客户披露收到的酬金数额和性质。

6.3.4 VI（C）案例分析

Case 1 A 公司的一名投资顾问将自己顾客介绍给了公司的资产管理部门，并因此拿到了介绍费，但是没有向顾客披露。这位投资顾问是否违反了 CFA 协会的职业行为准则？

解释： 违反 VI（C）。公司内部的介绍费也必须披露，披露的形式应该是书面的，披露的内容应具体说明收到多少好处，不能仅仅只告知存在介绍费。

7. 准则 VII：CFA 会员或考生的责任

> — 备考指南 —
> 展示（demonstrate）并解释（explain）CFA 会员及考生的职责，并对违规行为提供改进建议（recommend）。

本条准则主要讲述了作为 CFA 协会会员以及考生应该履行的职责及注意事项。比如正确使用 CFA 的称号等。

知识导引

准则 VII 同样讲述了对个人行为的要求，但其立足点在于协会会员及考生要维护 CFA 协会的荣誉并正确引用 CFA 称号。

7.1 VII（A）CFA 会员和考生的行为准则

7.1.1 VII（A）内容

CFA 会员与考生不能参与任何损害 CFA 协会或者 CFA 称号的声誉的行为，而且不能涉入任何损害 CFA 考试公正性、有效性的行为。

7.1.2 VII（A）导引

具体来讲，CFA 协会不允许以下行为：

- 在 CFA 考试或者 CFA 协会组织的任何考试中，自己作弊或者协助他人作弊；
- 不遵守 CFA 考试的考场规则及安全措施；
- 把 CFA 考试的保密信息，比如试题或考点，透露给 CFA 考生及公众；
- 在任何形式的交流过程中，没有准确使用 CFA 称号；
- 出于个人或者职业的目的，不恰当地利用与 CFA 协会的特别关系，比如有人利用 CFA 协会中的工作身份来为自己招揽客户等。
- 在个人述职或者 CFA 协会继续教育项目中使用误导他人的信息。

（1）保密信息

CFA 协会不允许透露有关考试的任何机密信息，包括考试中涉及的任何公式、考点等。但是 CFA 协会允许对考试本身发表意见，比如考试的难易程度等。

（2）其他 CFA 协会的规定

任何违反考试政策的行为，比如违反计算器使用政策、个人物品政策或者考生承诺等，都违反了 VII（A）。

（3）表达意见

CFA 协会并不阻止考生表达对 CFA 协会或者 CFA 项目本身的意见，只要不涉及保密信息，比如考试的具体内容。

— 备考指南 —

协会允许考生表达对考试的主观感受，比如认为某次考试很难。

7.1.3 VII（A）案例分析

Case 1 同学小张在考试前，将估值模型的公式写在了自己的手掌上。在考试时出现了相关的计算题。小张并没有掌握估值模型的公式，但通过自己的“笔记”，小张完成了这道题的作答，并且没有被监考老师发现。小张的行为是否违反了 CFA 的职业行为准则？

解释：这样的行为属于作弊行为，违反 VII（A）。

Case 2 某学生小李在考试结束后在论坛里发帖，其内容声称：第一，考试很难；第二，没有考到关于 IPO 的问题。小李的发帖是否违反了 CFA 的职业行为准则?

解释：第一句话不违反 VII（A），因为仅仅讨论考试的难易程度并不违反协会的规定。但是第二句话涉及到了考试的具体内容，属于机密信息，泄露机密信息违反 VII（A）。

7.2 VII（B）CFA 协会和称号的正确引用

7.2.1 VII（B）内容

— 备考指南 —
不可以借用 CFA 称号来吹嘘个人的能力比他人更优秀。

CFA 会员及考生不能作出误导性的陈述，或者夸大 CFA 协会、CFA 协会会员、CFA 称号及 CFA 考生资格的意义及作用。

7.2.2 VII（B）导引

使用 CFA 职称时需要注意以下几点：

- CFA 是一个形容词，不是一个名词。不能说“我是一名 CFA”，只能说我是一名“CFA 持证人（CFA Charterholder）”。
- CFA 必须大写。
- 不能将 CFA LEVEL I 作为自己的称号，只能说自己“通过了 CFA LEVEL I”。
- CFA 的字母之间不能用标点符号隔开，例如，不可以写作 C.F.A。
- 不可以改变专有名词或创造一个新词，例如，CFAer。
- 不可以将 CFA 作为公司名字中的一部分。
- 不应该把 CFA 称号写得比持证人的名字更明显，比如写得更大或用特殊字体。
- 不能对外宣称自己预计完成 CFA 所有级别考试的时间，以及有权使用证书的时间，比如对外宣传“估计两年内通过 CFA 三级考试”。
- 如果一个考生已经通过三级考试但仍未被协会允许使用 CFA 称号，则不能使用 CFA 称号。
- 在简历中使用 CFA 称号时，应该将获得称号的日期写入简历，并且说明 CFA 协会是称号授予的机构，比如可以写作“CFA, 2001, CFA Institute”，后面还可以加上地址，如“Charlottesville, Virginia, USA”。
- 只能在个人名片中或书信抬头处使用 CFA 标志（CFA Logo），公司的信笺不可以使用 CFA 标志。考生可以在简历中提及自己的称号。

- 如果考生一次性通过所有 3 个级别的考试并且想对此进行陈述，这并不违反 VII（B），因为这是事实陈述。但不允许据此夸大其竞争力或者暗示未来的投资业绩。
- CFA 会员应该每年向 CFA 协会交会费才能继续使用 CFA 称号。
- 从收到 CFA 协会的注册确认函开始，到考试成绩公布为止，可以自称为 CFA 协会考生。
- CFA 与其他称号，比如 CPA、FRM 等的先后顺序是无所谓的。

7.2.3　VII（B）案例分析

Case 1　某公司的公司的宣传材料中写道，公司所有高管都是 CFA 持证人并且都一次性通过三个级别的考试，并暗示了公司超常的专业能力和优秀的投资能力。

解释：“所有高管都是 CFA 持证人并且都是一次通过三个级别的考试”这种说法只要是陈述事实，就不违反 VII（B）。但是如果因此而暗示公司具有超常投资管理能力，就违反了 VII（B）。

第 4 章 全球投资业绩展示标准（GIPS）

本章知识点		讲义知识点
一、为什么制定全球业绩标准	理解 GIPS 存在的原因	全球投资业绩展示标准简介
二、谁能宣称遵守 GIPS	理解遵守 GIPS 的过程	
三、谁能从遵守中获益	理解遵守 GIPS 的好处	
四、组合组	理解组合组的定义	
五、合规的基本要求	理解合规的基本要求	
六、GIPS 验证	理解验证的规定	

知识导引

CFA 协会致力于以公平展示与完全披露为基础，建立一套可以被广泛接受的业绩评定标准。全球投资业绩标准（Global Investment Performance Standards, GIPS）便应运而生，并逐渐成为了投资管理公司在全球范围内推广投资管理业务的“护照”。

本章思维导图

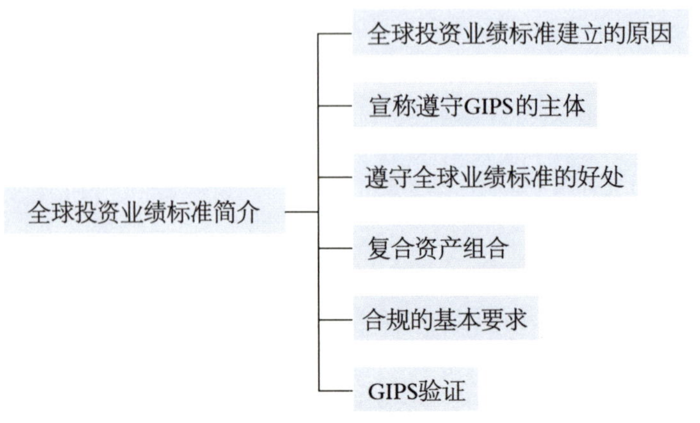

1. 为什么制定全球投资业绩标准 GIPS？

过去，整个投资行业没有一套标准化的投资业绩比较方法，所以很难有效地比较各投资公司的业绩。而 GIPS 是一套标准化的、全行业通行的准则，它将过去投资业绩的计算方式标准化，并呈现给存量和潜在客户，因而 GIPS 更适合用于公司间业绩的比较，亦有助于帮助客户找到最佳的投资经理人。

然而，依然存在阻碍公司业绩可比性的衡量方法，这些方法包括：

- 选择代表性账户：选择业绩最佳的投资组合来代表整个公司的投资业绩。
- 制造幸存者偏差：剔除因业绩过差而被迫提前终止的投资产品，呈现的均是因业绩尚可而未被终止的产品。
- 选取特定时间：刻意选取投资业绩表现优于其参照基准的时间，这也使得难以与其他公司业绩进行对比。

遵循 GIPS 可以确保业绩的公平呈现以及完全披露，投资管理公司也应当在与存量及潜在客户交流的过程中避免业绩的误导性陈述。

2. 谁能宣称遵守 GIPS？

任何管理资产的公司都可选择遵守 GIPS。遵守 GIPS 是自愿的行为，并不由法律或监管机构强制要求。

只有实际管理资产的公司能够对外宣称遵守了 GIPS。咨询机构在没有管理资产之前，是不能宣称遵守 GIPS 的。同样，计算机软件（以及软件提供商）不能宣称遵守 GIPS。尽管软件能够帮助公司遵守 GIPS，但只有管理资产的公司才能够宣称遵守 GIPS。

如果资产所有者与公司竞争业务，他们需要与公司一样遵守 GIPS。如果他们不竞争业务，但是需要向监督机构报告业绩，此时资产所有者可以选择是否遵守 GIPS。

宣称遵守 GIPS 是一个涉及公司整体的过程（firm–wide），仅有单一产品或者部分基金经理遵守了 GIPS，则不能对外宣称公司遵守了 GIPS。资产管理公司只有两种选择，即要么完全遵守 GIPS，要么选择不遵守 GIPS，没有“部分”遵守的说法。

如果公司选择遵守 GIPS 的所有规定，对外宣称时必须要以下列格式进行：

"[Insert name of firm] has prepared and presented this report in compliance with the Global Investment Performance Standards (GIPS)."

3. 谁能从遵守中获益？

GIPS 标准主要使三个主体获益：投资管理公司、潜在客户以及资产所有者和其监督机构。

- 遵守 GIPS 能够使公司获得与世界各地合规企业一起参与竞标的机会。持续遵守 GIPS 可以增强公司在业绩方面的内控管理。
- 投资者会更加信任遵守 GIPS 的公司的业绩披露方式，公司遵守 GIPS 有助于投资者在不同的投资管理公司之间进行业绩比较。
- 对于资产所有者及其监督机构：使用相同的原则向监督机构报告有助于理解监管下的风险来源和超额收益。

4. 组合组

组合组（composites）是 GIPS 中一个非常重要的概念，它是指由一个或多个资产组合（portfolio）构成的，代表某个特定的投资目标或投资策略的集合。组合组中一定要包含所有付费的（fee paying）、全权委托的（discretionary）资产组合，包括当前的和以前管理的资产组合。投资公司应该在评估投资业绩之前就决定组合组的构成，以防止投资公司公告业绩时只展示表现出色的资产组合，进而夸大公司的业绩。

名师解惑

所有付费的、全权委托的资产组合必须包含在至少一个组合组中；非付费的（non-fee paying）、全权委托的资产组合可以包含在组合组中；但非全权委托的资产组合一定不能包含在组合组中。

组合组是根据相同目标和（或）相同投资策略建立的资产池（asset pool），可以认为是投资组合的组合，它与资产组合的联系如下：

- 普通的投资组合是基于现代资产组合理论建立的各种资产（包括风险资产和无风险资产）的集合，主要考虑的因素是风险与回报的关系；组合组除了考虑风险和回报的关系，还考虑了既定投资策略和（或）目标的实现，因为组合组是多个具备同类投资策略和（或）目标的投资组合的集合。
- 普通的投资组合更多地从投资者角度出发，因此投资组合构建与个人的风险偏好有很大关系；但组合组是投资管理公司所做的选择，它体现了投资管理公司某个特定的投资策略和（或）投资目标。
- 组合组的收益率用其中所有投资组合的资产加权收益率（asset-weighted rate of return）来表示。
- 具有相同投资目标或投资策略的投资组合必须纳入同一个组合组中，以避免资产管理公司只将业绩较好的投资组合纳入其中，从而误导投资者。

5. 合规的基本要求

公司在声称遵守 GIPS 时必须考虑的问题包括：公司的定义；将公司关于 GIPS 合规的政策与程序文档化；实时遵守 GIPS 更新条款的要求；正确使用合规声明；当存在第三方验证机构时，正确使用验证声明。

公司的定义—要求做到：

- GIPS 标准必须在全公司范围内实施。

公司的定义—推荐做到：

- 鼓励公司采纳最广泛、最具有意义的公司定义。此定义范围应当包括在同一品牌下的所有区域（国家、地区等）办事处，不论个别投资管理公司的实际名称是什么。

合规声明—要求做到：

- 没有“部分合规”的说法，一家公司要么就完全遵守 GIPS，要么就选择不遵守 GIPS。

6.GIPS 验证

所谓 GIPS 验证（verification）是指由独立的第三方机构对投资管理公司的绩效评价程序进行检查与核实，投资管理公司不能进行自我验证。第三方验证使得公司宣称遵守 GIPS 的准则更为可信，经过验证的公司可以向现有和潜在客户提供更有力的合规保证，同时也能使公司的内控制度得到改善，增强公司的营销优势。

验证是在全公司范围下进行的，而不是针对个别投资组合。验证并不能保证特定投资组合业绩展示的准确性。验证的过程主要考察的是：

- 资产管理公司是否在全公司层面上遵守了 GIPS 对构建组合组的要求和条件；
- 公司制定的业绩计算方式、呈报机制及程序是否符合 GIPS 的规定。

名师解惑

本章主要介绍了全球投资业绩的标准，考生需要了解为什么制定全球投资业绩标准 GIPS，怎样才可以宣称遵守了 GIPS，并理解组合组的定义及 GIPS 验证的含义。

Part 02

第二部分　数量方法

知识导引

数量方法是金融领域的一门基础学科，它利用数学中的一些计量工具，例如：概率分布、期望值、方差和相关系数等，进而计算金融收益与风险，在现代金融实践中有重要的作用。

本章主要介绍了货币的时间价值，概率论与数理统计相关内容。通过本章学习，读者应掌握概率论与数理统计的基本内容和计算方法，掌握现金流的现值、终值、年金的相关计算，并熟练在金融实践中应用这些理论。

考点说明

数量分析是 CFA 中的一门基础学科，是金融分析的基础，所以数量分析在 CFA 一级中是很重要的一部分。

数量分析总共 7 个章节可被分为三大部分：第一部分是货币的时间价值，主要涉及金融基础知识及年金计算；第二部分是概率论，需要掌握各类概率计算及期望、方差、协方差与相关系数等基本概念；第三部分是数理统计，主要包括描述型统计学与推断型统计学相关概念和计算。

CFA 一级数量部分的每一个章节内容都很重要。第一部分的学习不仅在本章会有出题，也是权益类投资和固定收益投资等产品类课程的基础；第二部分和第三部分，即概率论与数理统计，是第二章考核的重点和难点，对于初步接触这部分知识的读者有一定难度，该部分不仅要求掌握基础计算，也要求考生掌握相关概念在金融中的应用。

第 5 章 货币时间价值

本章知识点		讲义知识点
一、利率的三种不同表达形式	1. 要求回报率	利率
	2. 折现率	
	3. 机会成本	
二、要求回报率的构成	1. 要求回报率的构成	
三、有效年利率	1. 有效年利率	有效年利率
四、单笔现金流的现值和终值	1. 现金流的现值	年金
	2. 现金流的终值	
五、年金	1. 普通（后付）年金	
	2. 先付年金	
	3. 永续年金	
六、货币时间价值的应用	1. 不等额现金流	
	2. 分段年金现金流	
	3. 养老金	
	4. 现金流可加性原则	

知识导引

金融专业里有一句话叫做“今天的一块钱不等于明天的一块钱”，意思是货币有时间价值。那货币的时间价值指的是什么呢？其实，在商品经济中，货币的时间价值是客观存在的。若将资金存入银行可以获得利息，将资金运用于公司的经营活动可以获得利润，将资金用于对外投资可以获得投资收益，这种由于资金运用实现的利息、利润或投资收益表现为货币的时间价值。由此可见，货币时间价值是指货币经历一定时间的投资和再投资所增加的价值，也被称“资金的时间价值”。

由于货币具有时间价值，今天的 100 元和一年后的 100 元是不等价的。今天将 100 元存入银行，银行提供给投资者的利息率为 10%，若一年计息一次，一年后投资者会得到 110 元，多出的 10 元利息就是 100 元经过一年时间的投资所增加的价值，即货币的时间价值。由这个例子可以推出：今天的 100 元与一年后的 110 元等价。由于不同时间的资金价值不同，所以对比资金价值大小时，必须将不同时间的资金折算至同一时间后才能比较大小。

在衡量货币的时间价值时，需要引入利率的概念，尽管不同风险的金融证券对应不同的均衡利率，但利率是计算货币时间价值的最有力工具。引入利率概念之后，将要介绍这一章里最重要的一个概念——有效年利率（effective annual rate, EAR），这是本章的一个重点。学习完利率之后，即可计算“今天的一块钱等于明天的几块钱”，这是有关现值和终值的转换问题，该计算部分为之后章节如计算债券价格打下了基础。同时，在利率的计算过程中，读者需要熟练掌握利用金融计算器计算常见的现金流问题。

本章思维导图

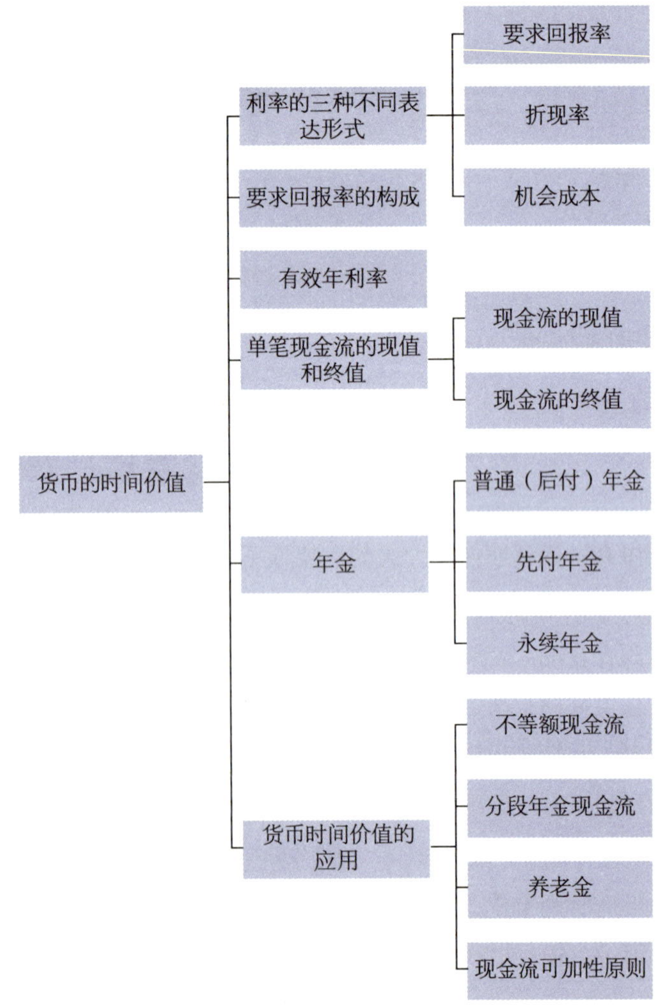

1. 利率的三种不同表达形式

1.1　要求回报率

要求回报率（required rate of return）指投资人对于风险投资所要求的收益率，它是准确反映未来现金流风险的报酬，也是使人们愿意进行投资活动所必需赚得的最低收益率（minimum rate of return）。比如客户找基金经理做投资，要求每年最低获得 8% 的收益率，这个 8% 的收益率被称为“要求回报率”。

要求回报率是客户赚取的收益，但是站在基金经理的角度就属于使用资金所付出的成本，所以要求回报率可以看成基金经理的资本成本（cost of capital）。所以客户希望要求回报率越高越好，基金经理希望资本成本越低越好。由于要求回报率的双重含义，所以决定要求回报率的基础是资金的供给和需求的水平。这是经济学中一个重要定理，被称为“价值规律”，其本意为需求和供给决定了商品价格是多少。对于资金也是一样的，资金需求和供给就决定了资金的价格，而资金的价格就是利率。

1.2　折现率

折现率（discount rate）是指将未来有限期预期收益折算成现值的比率。比如图 5-1，在 0 时刻，甲从银行借入 100 元，利率为 10%，此时在第一年年末（1 时刻），甲应该还银行 110 元（100（1+10%））。如果我们从 1 时刻往 0 时刻看，0 时刻的 100 元应该等于未来 1 时刻的 110 除以（1+10%）。通过除以（1+10%），把货币在未来的价值折算到现在，这个过程叫折现，对应的利率 10%，就是折现率的概念。所以，在 CFA 一级中利率与折现率可以通用。

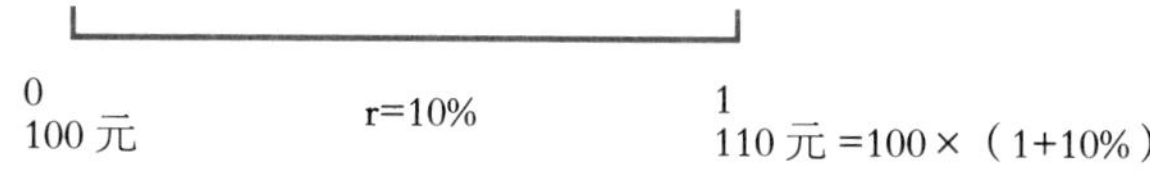

图 5-1　折现率示意图

比如当甲想借入一笔利率为 5% 的资金时，此人必须将未来所需要偿还的资金以 5% 为折现率折现到当前时间点，得到现在可获得的实际借款额。在给具体金融产品定价时，如：股票、债券等，较为常用的是未来现金流折现求和的定价方法，涉及折现问题，计算过程中会用到折现率。

1.3 机会成本

利率有时还被认为是即时消费的机会成本（opportunity cost），若一年期限的债券利率是 10%，将一笔钱投资债券与即时消费这一笔钱相比，投资债券一年后得到的 10% 利息是对储蓄投资行为的补偿。

机会成本不是通常意义上的“成本”，它不是一笔支出或费用，而是失去的收益。这种收益不是实际发生的，而是潜在的。

名师解惑

读者需要记住机会成本是两个相同风险水平（identical risk）中次优水平（next best）的收益率。其实机会成本是一个经济学概念，它代表的是今天不做某件事，而去做另外一件事情能够带来多大的收益，等同于今天来做这个事情所需花费的机会成本是多少。举个简单的例子，比如说大家今天去听金程 CFA 的课程，若听课带给大家的收益是 40；那大家也有可能去约会，约会带给大家带来的收益是 30；那也有可能在家睡觉，睡觉给大家带来的收益是 10。如果大家最终选择去听金程 CFA 课程而不是去约会或者在家睡觉，那去听课的机会成本就是 30，这 30 是其他未选择项目可以带给大家最大的收益，这 30 即为大家选择听金程课的机会成本，相当于大家放弃了收益为 30 的约会而选择了去听收益为 40 的金程 CFA 课程。

2. 要求回报率的构成

在基金经理给客户做投资的时候，客户往往会要求基金经理做投资的收益率要高于银行的存款收益率，如果投资的回报率还没有银行的存款利率高，客户将会把钱存入银行账户得到一个安全的收益。所以通常把银行定期存款的利率或者是美国国债的利率作为一个安全利率，将此安全利率称为无风险利率（risk-free rate, R_f）。

— 备考指南 —

在 CFA 一级中，美国国债的收益率，也可以视为无风险收益率。

那要求回报率是由什么组成的呢？首先客户要求的回报率被认为至少包含一个安全利率，即无风险利率。但这里面有一个问题，无风险利率又分为名义无风险利率（nominal risk-free rate）和实际无风险利率（real risk-free rate）。那如何区分名义和实际的无风险利率呢？比如现在银行的存款利率是 7%，那是不是就代表着真实购买力可以每年增值 7% 了呢？答案是否定的。假设预期的通货膨胀率（inflation rate）是 6%，其实投资在银行的存款所对应的真实购买力值上升了 1% 左右。所以这里的 7% 被称为名义无风险利率，而 1% 被称为实际无风险利率。即：名义无风险利率 = 实际无风险利率 + 预期的通货膨胀率。

如果客户把资金交给基金经理去投资，投资带给投资者仅仅一个无风险利率是不够的，投资者会要求基金经理投资一些风险资产，例如股票或公司债券等其他的金融产品。由于通常我们假设市场上的投资者为风险厌恶者，所以若投资者选择投资股票，并承担投资股票的风险，投资者相应会要求获得额外的补偿。由于承担风险所获得的收益率的补偿被称为风险溢价（risk premium），也就是风险资产的收益率超过无风险收益率的部分。风险越高，投资者需要的风险溢价就越高，对应风险资产的要求回报率就越高。

承担不同的风险，需要不同的风险溢价，数量中主要介绍三种风险。

第一个风险是流动性风险（liquidity risk）。由于市场规模的原因，金融工具在没有重大价格优惠的情况下无法购买或出售的风险，即实际交易买入或卖出价格可能与市场所示价格不同。例如，大盘股的流动性比小盘股要好，因为买卖交易的人很多。金融资产的流动性越小，与之对应的风险溢价会比较高，这说明投资者承担的流动性风险越高，投资者需要越高的风险溢价作为补偿。这个就是流动性风险溢价。

— 备考指南 —
其实市场上不仅仅这三种风险存在，更多风险种类读者将会在固定收益章节中详细学习。

第二个风险叫做违约风险（default risk），又名信用风险（credit risk）。在债券里面违约风险不仅仅是不还款的意思，也包括还款不足，或者是信用评级下降，都叫做违约风险。一般来说，金融产品或发行主体的信用评级越低，违约风险越高，与之对应的违约风险溢价就越高。

最后一个风险叫做期限风险（maturity risk）。“Maturity”是债券里面的一个专有名词：债券的期限。比如说，一个债券的持有期或者说有一个 5 年期的债券，债券对应的“maturity”就是 5。期限风险指的是金融产品时间期限越长，金融产品的投资人承担的风险就越大，对应期限风险溢价就越高。

— 备考指南 —
考生可以简单理解为：期限风险就是和时间相关的风险，时间越长，不确定性越高，风险就越高。记忆：夜长梦多。

名师解惑

风险资产的要求回报率由三部分组成：其一是实际的无风险利率（real risk-free rate），其二是预期的通货膨胀率（expected inflation），其三是投资的风险溢价（risk premiums），前面两项之和称为名义无风险利率（nominal risk-free rate）。总结为如下公式：

- 名义无风险利率 = 实际的无风险利率 + 预期通货膨胀率
- 要求回报率 = （实际的无风险利率 + 预期通货膨胀率）+ 风险溢价
- 要求回报率 = （实际的无风险利率 + 预期通货膨胀率）+（流动性风险溢价 + 违约风险溢价 + 期限风险溢价）

3. 有效年利率

有效年利率（effective annual rate, EAR）是指投资者投资一年所获得的复利下的真实收益率。

例如，某投资者去银行存款，银行对外公布的年利率是 10%，现在有几种计息情况。

情况一：

1 年计 1 次息，1 年后投资者可以拿到的实际收益率：（1+10%）−1=10%；

情况二：

1 年计 2 次息，即半年计息一次。首先应该算半年这个小期间上的本利和。银行一年的收益率是 10%，半年的收益率应该是 5%（10% ÷ 2），半年的本利和为 1+10% ÷ 2。

接下来按复利的形式滚两期，得到 1 年后投资者的总收益：$(1+10\% \div 2)^2$，则 1 年计息 2 次，资者可获得的一年收益率是 $(1+10\% \div 2)^2-1=10.25\%$。

情况三：

如果 1 年计 4 次息，那这一年之后投资者可以获得的实际收益率为 $(1+2.5\%)^4-1=10.38\%$。

由以上三种情况可知，银行的名义报价利率均为 10%，但是由于一年中的计息次数（m）不同，投资者最终获得的真实收益率（EAR）分别为 10%，10.25%

与 10.38%。

推而广之，有效年利率（EAR）受到两个因素的影响：一年中的计息次数 m，市场上各类产品的年化名义收益率（r），公式为：

$$EAR=(1+\frac{r}{m})^m-1$$

其中，$\frac{r}{m}$为每一个期间上的期间利率（periodic rate）。

名师解惑

当利率周期（一般是以“年”为单位计息）与计息周期（可能不一定是以“年”为计息周期，可能是以“半年”或者“季度”进行计息）不一致时，就出现了名义利率和有效年利率的概念。

利率周期，指利率是按什么周期计算的。若现在给出年利率为12%，“年”指的是这个利率周期是 1 年。CFA 一级中，市场产品所有给出的利率均可视为名义利率。名义利率通常是指以年为基础计算的利率。

有效年利率（effective annual rate）是将名义利率按不同计息周期调整后的利率。如果按照 1 年计息 1 次，则 12% 同时也是有效年利率，可以直接使用。如果利率不是 1 年计息一次，名义利率 12% 是不能直接使用的，要将它转化成有效年利率。

在金融市场中，由于产品交易速度增加，可能会产生连续复利（continosly compounding）的情况。连续复利计息通俗来说指时时刻刻分分秒秒都在运用复利进行计息。此时，一年中的计息次数 m 会趋于正无穷。而有效年利率在连续复利计息下的公式则变为：

— 备考指南 —
给定名义利率 r 不变，在连续复利计息下，EAR 取到最大值。

$$EAR=\lim_{m\to\infty}\left(1+\frac{r}{m}\right)^m-1=e^r-1$$

依据公式我们发现 EAR 的两个性质：

（1）随着名义利率 r 的上升，EAR 是不断上升的。

（2）随着计息次数 m 的上升，EAR 也是不断上升的。

EAR 这个概念其实很简单，指每年投资者可以获得的实际收益率。虽然银行给出每年的收益率是 10%，但是并不是每年只计 1 次息的，可能会有一个利滚利的过程，所以这个时候才有了 EAR 的计算。那如果计息次数越多的话，EAR 就会越大，就像滚雪球一样，利滚利的次数越多，那最后的这个本金就越多，得到的收益也就会越大。

在实务中，如果给定两类产品的投资风险是相似的，此时，理性的投资者会选择有效年利率 EAR 较高的产品进行投资。

名师解惑

▲ 计算：

- $EAR=(1+\frac{r}{m})^{m}-1$
- $EAR=e^{r}-1$ (continuously compounding)

▲ 定性：

- r 越大，EAR 越大；
- m 越大，EAR 越大；
- 当 m 趋于正无穷，连续复利计息时，EAR 取到最大值，等于 $e^{r}-1$。

4. 单笔现金流的现值和终值

由于货币的时间价值，现在的 1 元钱和将来的 1 元钱经济价值不相等。由于不同时间单位货币的价值不相等，所以，不同时间的货币收入不宜直接进行比较，需要将不同时间点的钱换算到相同的时间点，然后才能进行大小的比较和相关的计算。

在 CFA 考试中，终值（future value，FV）和现值（present value，PV）的计算一般都是采用复利方式。复利指的是不仅本金要计算利息，本期本金所产生的利息在下期也要加入本金一起计算利息，即通常所说的“利滚利”。在复利的计算中，设定以下符号：FV——终值，r——年化利率，PV——现值，N——期数，n——年数，m——一年计息次数。

4.1 终值

终值（future value, FV）是指一定数量的本金在一定的利率下，按照复利的方法计算出来的若干期以后的本金和利息。例如在 t=0 时刻公司将一笔资金（PV）

存入银行，年化利率为 r，如果每年计息一次，则时间点（t=N 时）的本利和就是复利终值（FV）。如图 5-2 所示。

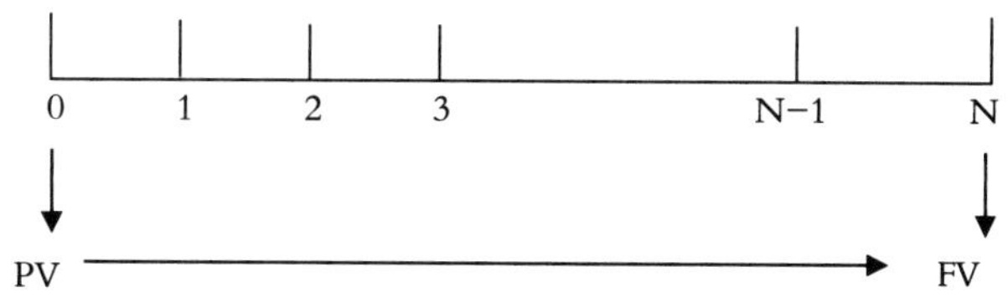

图 5-2 单笔现金流终值

情况一：

若每年一次复利，m=1，此时 $FV = PV(1+r)^n$

情况二：

若每年 m 次复利，此时，要先算一年中的真实收益率，即有效年利率 EAR，再按 EAR 进行利滚利。

1. $\text{EAR} = (1+\frac{r}{m})^m - 1$

2. 第 n 年年末的终值为 $\text{FV}=\text{PV}(1+\text{EAR})^n$，代入 EAR 的公式得：

$$FV_N = PV\left(1+\frac{r}{m}\right)^{mn}$$

情况三：

若连续复利计息，$EAR = e^r - 1$，代入 $\text{FV} = \text{PV}(1+\text{EAR})^n$ 得：$FV = PVe^{rn}$。

4.2 现值

现值（present value, PV）是指未来一定时间的特定资金按复利计算的现在价值，即为取得未来一定本利和现在所需要的本金。例如，将 n 年后的一笔资金 FV，按年利率 r 折算为现在的价值，这就是复利现值。$PV = FV/(1+r)^n = FV \times (1+r)^{-n}$

由终值求现值的过程，称为折现，折算时使用的利率称为折现率。

5. 年金

年金（annuity）是指一定时期内等方向等金额等时间间隔的收付款项。常说的按揭贷款、分期付款、发放养老金和支付租金这些均属于年金收付形式。年金是一系列特殊的现金流，这类现金流要同时满足三个条件：金额相等（equal amout）、相同的时间间隔（equal interval）、所有现金流的方向相同（same direction），即年金现金流均流入或者均流出。

在年金的计算中，设定以下符号：A——每期收付的现金流的金额；i——利率；F——年金终值；P——年金现值；n——期数。

5.1 普通（后付）年金

普通年金（ordinary annuity）是指每期期末有等额的收付款项的年金，又称后付年金。如图 5-3 所示。

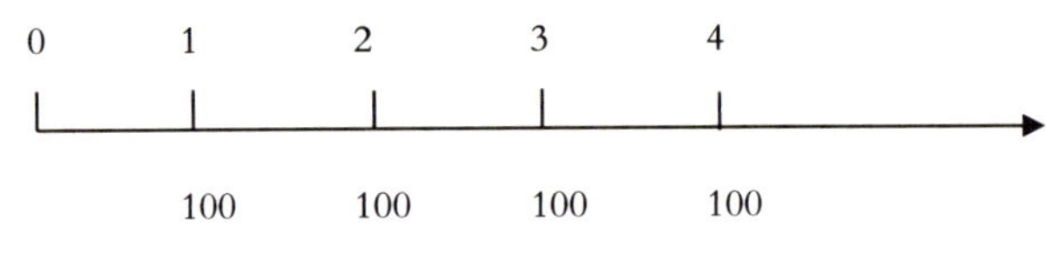

图 5-3 普通年金示意图

— 备考指南 —
每个时刻有双重含义：当期期末和下一期期初。
例如：1 时刻代表：第一期期末或第二期期初；0 时刻代表现在。

图 5-3 中，横轴代表时间，用数字标出各期的顺序号，竖线的位置表示支付的时刻。竖线下端数字表示现金流的金额及方向。通常用正号(+)表示现金的流入，用负号表示现金的流出（-）。上图表示总期数为 4，每期期末收到（流入）100 元的普通年金。

5.1.1 普通年金的终值

普通年金终值是指一定时期内每期期末等额收付款项的复利终值之和。例如，按图 5-3 的数据，假如 i = 6%，第四期期末的普通年金终值的计算见图 5-4。

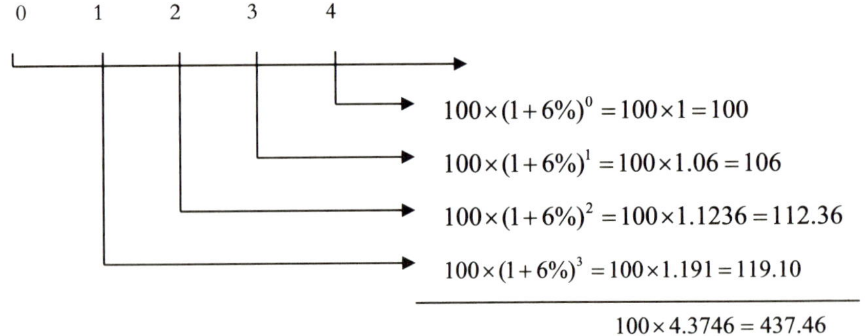

图 5-4 普通年金终值计算示意图

从图5−4可知，第一期期末的100元，有3个计息周期，其复利终值为119.1元；第二期期末的100元，有2个计息周期，其复利终值为112.36元；第三期期末的100元，有1个计息周期，其复利终值为106元；而第四期期末的100元，没有利息，其终值仍为100元。将以上四项加总得437.46元，即为整个年金的终值。

从以上的计算可以看出，通过复利计算年金终值的过程比较复杂，但存在一定的规律，由此推导出普通年金终值的计算公式。

根据复利终值的计算方法得到年金终值F的公式为：

$$F = A + A(1+i) + A(1+i)^2 + \cdots + A(1+i)^{n-1} \quad \cdots\cdots(1)$$

等式两边同乘（1+i），则有：

$$F(1+i) = A(1+i) + A(1+i)^2 + \cdots + A(1+i)^{n-1} + A(1+i)^n \quad \cdots\cdots(2)$$

公式（2）− 公式（1），则有：

$$F(1+i) - F = A(1+i)^n - A$$

$$F \times i = A\left[(1+i)^n - 1\right]$$

普通年金终值F的公式：

$$F = A \cdot \frac{(1+i)^n - 1}{i}$$

举个例子

【例】某公司每年年末在银行存入4 000元，计划在10年后更新设备，银行存款利率5%，到第10年末公司能筹集的资金总额是多少？

【解】$F = A \cdot \frac{(1+i)^n - 1}{i} = 4{,}000 \times \frac{(1+5\%)^{10} - 1}{5\%} = 50{,}312$(元)

在年金终值的一般公式中有四个变量F，A，i，n，已知其中的任意三个变量都可以计算出第四个变量。

【例】某公司计划在8年后改造厂房，预计需要400万元，假设银行存款利率为4%，该公司在这8年中每年年末要存入多少万元才能满足改造厂房的资金需要？

【解】$F = A \times \frac{(1+i)^n - 1}{i}$，$A = 400 \div \frac{(1+4\%)^8 - 1}{4\%}$；可以求得A=43.41(万元)

该公司在银行存款利率为4%时，每年年末存入43.41万元，8年后可以获得400万元用于改造厂房。

5.1.2 普通年金的现值

普通年金现值是指一定时期内每期期末收付款项的复利现值之和。例如，依照图 5-3 的数据，假如 i = 6%，其普通年金现值的计算如图 5-5。

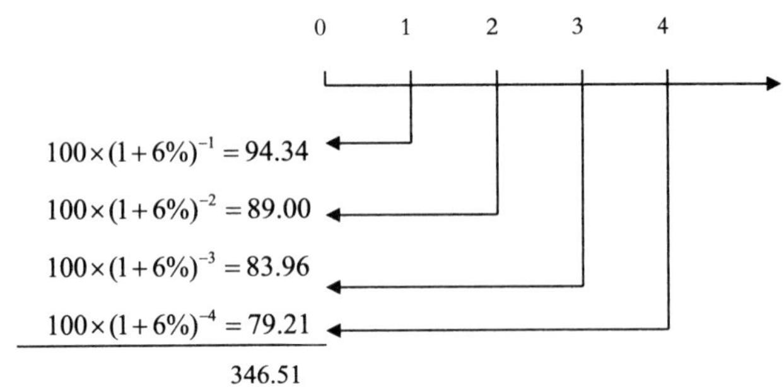

图 5-5 普通年金现值计算示意图

从图 5-5 可知，第一期期末的 100 元到第一期期初，经历了 1 个计息期，其复利现值为 94.34 元；第二期期末的 100 元到第一期期初，经历了 2 个计息期，其复利现值为 89.00 元；第三期期末的 100 元到第一期期初，经历了 3 个计息期，其复利现值为 83.96 元；第四期期末的 100 元到第一期期初，经历了 4 个计息期，其复利现值为 79.21 元。将以上四项加总得 346.51 元，即为四期的年金现值。

从以上计算可以看出，通过复利现值计算年金现值比较复杂，但存在一定的规律性，由此可以推导出普通年金现值的计算公式。

根据复利现值的方法计算普通年金现值 P 的计算公式为：

$$P=A\cdot\frac{1}{(1+i)}+A\cdot\frac{1}{(1+i)^2}+\cdots+A\cdot\frac{1}{(1+i)^{n-1}}+A\cdot\frac{1}{(1+i)^n}\cdots\cdots\cdots\cdots(1)$$

等式两边同乘（1+i），则有：

$$P\cdot(1+i)=A+A\cdot\frac{1}{(1+i)}+A\cdot\frac{1}{(1+i)^2}+\cdots+A\cdot\frac{1}{(1+i)^{n-2}}+A\cdot\frac{1}{(1+i)^{n-1}}\cdots\cdots\cdots\cdots(2)$$

公式（2）- 公式（1），则有：

$$P\cdot(1+i)-P=A-A\cdot\frac{1}{(1+i)^n}$$

$$P\cdot i=A\cdot[1-\frac{1}{(1+i)^n}]$$

普通年金现值 P 的公式：

$$P = A \cdot \frac{1-(1+i)^{-n}}{i}$$

举个例子

【例】某公司预计在8年中，将在每年年末从一名顾客处收取6,000元的汽车贷款还款，贷款年利率为6%，该顾客借了多少资金，即这笔贷款的现值是多少？

【解】$P = A \cdot \frac{1-(1+i)^{-n}}{i} = 6{,}000 \times \frac{1-(1+6\%)^{-8}}{6\%} = 37{,}259(元)$，在年金现值的一般公式中有四个变量P，A，i，n，已知其中的任意三个变量都可以计算出第四个变量。

5.2　先付年金

先付年金（annuity due）是指每期期初有等额的收付款项的年金，又称预付年金。如图5-6所示。

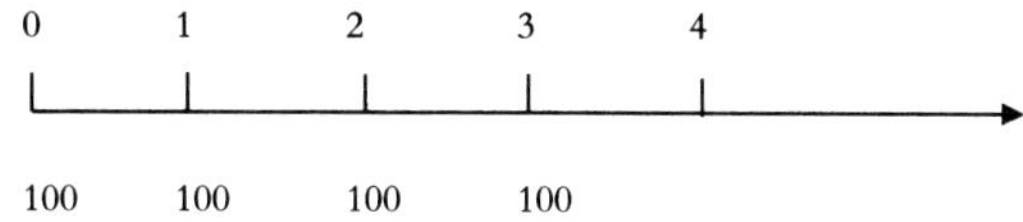

图 5-6　先付年金示意图

5.2.1　先付年金的终值

先付年金终值是指一定时期内每期期初等额收付款项的复利终值之和。例如，按图5-6的数据，假如i = 6%，第4期期末的年金终值的计算见图5-7。

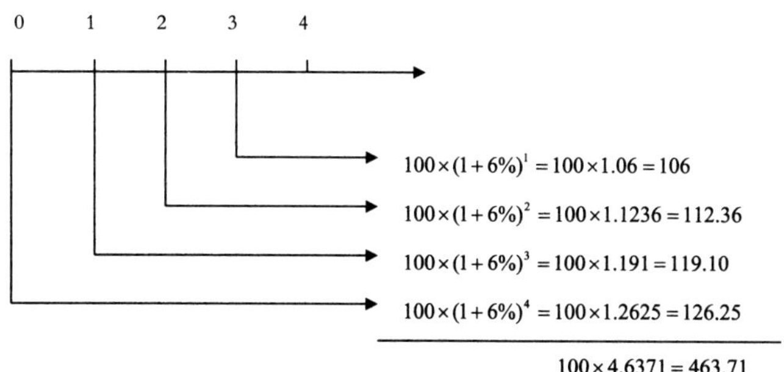

图 5-7　先付年金终值计算示意图

从图5-7可知，第一期期初的100元，有4个计息周期，其复利终值为126.25元；第二期期初的 100 元，有 3 个计息周期，其复利终值为 119.1 元；第三期期初的 100 元，有 2 个计息周期，其复利终值为 112.36 元；而第四期期初的 100 元，有 1 个计息周期，其复利终值为 106 元。将以上四项加总得 463.71 元，即为整个先付年金的终值。

先付年金与普通年金的付款期数相同，但由于其付款时间的不同，先付年金终值比普通年金终值多计算一期利息。因此，可在普通年金终值的基础上乘上(1+i)就是先付年金的终值。

普通年金终值 F 的公式：

$$F = A \cdot \frac{(1+i)^n - 1}{i}$$

先付年金的终值 F 的计算公式为：

$$F = A\frac{(1+i)^n - 1}{i}(1+i)$$
$$= A\frac{(1+i)^{n+1} - (1+i)}{i}$$
$$= A\frac{(1+i)^{n+1} - 1 - i}{i}$$
$$= A\left[\frac{(1+i)^{n+1} - 1}{i} - 1\right]$$

$$= A\frac{(1+i)^{n+1} - 1 - i}{i}$$
$$= A\left[\frac{(1+i)^{n+1} - 1}{i} - 1\right]$$

举个例子

【例】某公司租赁写字楼，每年年初支付租金 5,000 元，年利率为 8%，该公司计划租赁 12 年，求在第 12 年年末一共需支付的租金金额，即全部租金的期末值是多少？

【解】$F = A \cdot \left[\frac{(1+i)^{n+1} - 1}{i} - 1\right] = 5,000 \times \left[\frac{(1+8\%)^{12+1} - 1}{8\%} - 1\right] = 102,476$（元）

求得 102,476 元是 12 年末总租金金额，现在需要支付的租金金额（先付年金现值）需要用 102,476 元折现求出。102,476 元除以 1.08 的 12 次方，求得现在需要支付的总租金金额是 40,695 元。

5.2.2 先付年金的现值

先付年金现值是指一定时期内每期期初收付款项的复利现值之和。例如，依照图 5-6 的数据，假如 i ＝ 6%，其先付年金现值的计算如图 5-8。

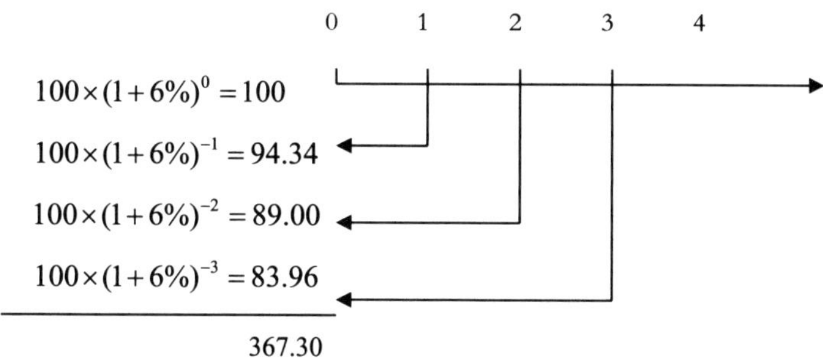

图 5-8 先付年金现值计算示意图

从图 5-8 可知，第一期期初的 100 元，没有计息期，其复利现值仍然为 100 元；第二期期初的 100 元到第一期期初，经历了 1 个计息期，其复利现值为 94.34 元；第三期期初的 100 元到第一期期初，经历了 2 个计息期，其复利现值为 89 元；第四期期初的 100 元到第一期期初，经历了 3 个计息期，其复利现值为 83.96 元。将以上四项加总得 367.3 元，即为四期的先付年金现值。

先付年金与普通年金的付款期数相同，但由于其付款时间的不同，先付年金现值比普通年金现值少折算一期利息。因此，可在普通年金现值的基础上乘上(1+i)就是先付年金的现值。

普通年金现值 P 的计算公式为：

$$P = A \cdot \frac{1-(1+i)^{-n}}{i}$$

先付年金现值 P 的计算公式为：

$$P = A \cdot \frac{1-(1+i)^{-n}}{i}(1+i)$$

$$= A\left[\frac{(1+i)-(1+i)^{-(n-1)}}{i}\right]$$

$$= A\left[\frac{1+i-(1+i)^{-(n-1)}}{i}\right]$$

$$= A\left[\frac{1-(1+i)^{-(n-1)}}{i}+1\right]$$

举个例子

【例】某人分期付款购买住宅，每年年初支付 6,000 元，20 年还款期，假设银行借款年利率为 5%，该项分期付款如果现在一次性支付，需支付现金是多少？

【解】

$$P = A\left[\frac{1-(1+i)^{-(n-1)}}{i}+1\right] = 6,000\times\left[\frac{1-(1+5\%)^{-(20-1)}}{5\%}+1\right] = 78,512(\text{元})$$

名师解惑

从以上的计算可以看出，先付年金与普通年金的付款期数相同，但由于其付款时间的不同，先付年金终值比普通年金终值多计算一期利息。因此，可在普通年金终值的基础上乘上（1+i）就是先付年金的终值。所以后付年金与先付年金的关系如下：

- $PV_{先付} = PV_{后付}(1+i)$
- $FV_{先付} = FV_{后付}(1+i)$

5.3 永续年金

永续年金（perpetuity）是指无限期支付的年金，如优先股股利。由于永续年金持续期无限，没有终止时间，因此没有终值，只有现值。永续年金可视为普通年金的特殊形式，即期限趋于无穷的普通年金。其现值的计算公式可由普通年金现值公式推出。

普通年金现值 P 的公式：

$$P = A \cdot \frac{1-(1+i)^{-n}}{i}$$

$$\text{当} n \to \infty \text{时}, (1+i)^{-n} \to 0$$

永续年金现值 P 计算公式为：

$$P = \frac{A}{i}$$

举个例子

【例】如果优先股息的投资者每年可分得 2 元，年利 6%，求该优先股的价值。

【解】P =2÷6%=33.33（元）

【例】如果一股优先股的投资者每季可分得股息 2 元，而报价年利率是每年 6%，对于一个准备买这种股票的人来说，愿意出多少钱来购买此优先股？

【解】P =2÷（6%÷4）=133.33（元）

6. 货币时间价值的实际应用

6.1　不等额现金流

图 5-9 展示了一个不等额现金流的现金流量图，不等同于年金的是，各个时间点的现金流金额是不相等的，这种现金流的形式叫做不等额现金流。不等额现金流的终值为各期现金流的终值之和，其现值也是各期现金流的现值之和。

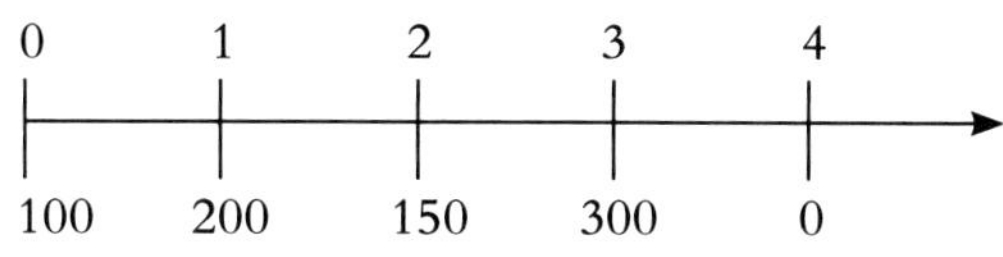

图 5-9　不等额现金流示意图

如图 5-10 所示，假设该金融产品的每期利率为 5%，在计算不等额现金流的终值时，首先将每期现金流看作单个现金流，分别求它们在第四期期末的终值，然后把所有终值相加即为整个不等额现金流的终值。

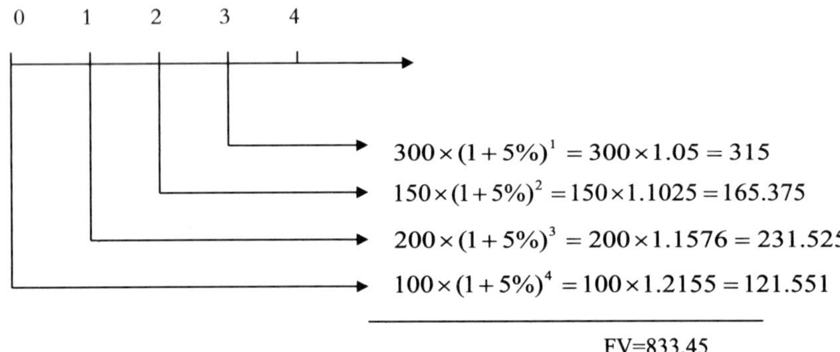

图 5-10　不等额现金流终值计算示意图

在计算不等额现金流的现值的时候，把每期现金流看作单个的现金流，先分别求它们的现值，然后把所有的现值相加即为整个不等额现金流的现值。具体计算流程如下图 5-11 所示。

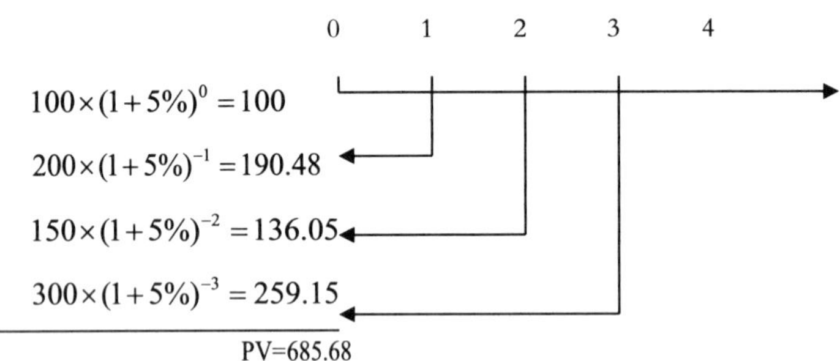

图 5-11　不等额现金流现值计算示意图

6.2　分段年金现金流

在现金流入和流出中，若某段时期现金流金额和方向保持一致，而另外一段时间现金流的现金流虽发生变化，但是在这段时间现金流方向是一致的，通常称这种现金流为分段年金现金流。

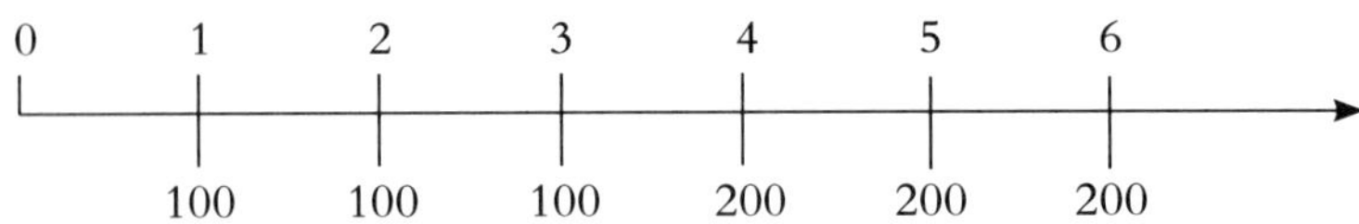

图 5-12　分段年金现金流示意图

如图 5-12 所示，共有 6 期现金流，前 3 期金额相等，后 3 期的金额相等。如果计算分段年金现金流现值，可以先计算在 t=0 时刻前 3 期年金的现值，再计算后 3 期年金的现值，然后将二者加总。如果计算终值，可以先计算 t=6 时刻前 3 期年金的终值，再计算后 3 期年金的现值，然后将二者加总。

名师解惑

从上面的学习中可以看出，不规则现金流其实就是特殊的分段年金现金流。在现实生活中，为了易于被客户接受，分段现金流更加普遍，比如年金类寿险、教育金等都是分段现金流。

6.3 养老金

抵押贷款、助学贷款或者退休金的货币时间价值计算具有相似性，以退休金问题为例，具体分析此类问题的计算过程。

举个例子

【例】一个 35 岁的投资者想在 25 年后退休（60 岁时）。如果投资者退休前每年的投资收益率为 12.5%，退休后每年的投资收益率为 10%。如果他想在退休后的 30 年中（从 60 岁到 90 岁）每年年初提取 25,000 元，那么在退休前的 25 年内每年年末应该存多少钱？

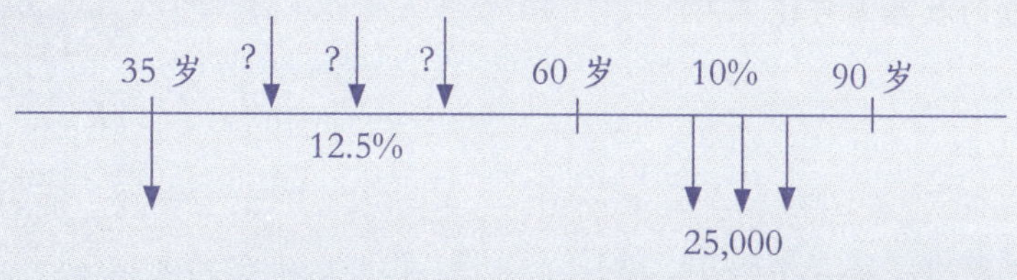

图 5-13　养老金问题现金流量图

【解】本题解题思路核心是在退休时间点上，在投资者 60 岁时，60 岁之前存入现金终值等于 60 岁之后取出现金的现值，因为投资者要在退休时间点准备好未来养老金（图 5-13）。

60 岁之后取出现金属于先付年金，n=30，i=10%，A=-25,000，可以求出先付年金的现值 $P=A\left[\frac{1-(1+i)^{-(n-1)}}{i}+1\right]=259,240$ 元。

在投资者 60 岁这个时间点，之后取出现金现值和之前存入现金终值是相等的，都是 259,240 元。

60 岁之前存入现金属于后付年金，n=25，i=12.5%，F=-259,240，$F=A\cdot\frac{(1+i)^n-1}{i}$，可以求出普通年金的 A 为 1,800 元。

利用金融计算器：

1. 30 → N，10 → I/Y，-25,000 → PMT，0 → FV，CPT → PV，PV=259,240。计算 60 岁到 90 岁之间取出现金流在投资者 60 岁时的价值，注意题中信息“每年年初”（先付年金 BGN 模式），利率是 10%。

2. 25 → N，12.5 → I/Y，259,240 → FV，0 → PV，CPT → PMT，PMT=-1800。第一步计算的现值 PV（259,240 元）实质是投资者 35 岁到 60 岁期间存入现金流的终值 FV，注意题中信息“每年年末”（普通年金 END 模式），利率是 12.5%。

名师解惑

以上类型的题目是 CFA 一级考试中的经典题型，其中融合了等价交换原理，涉及先付年金和后付年金的问题，特别注意计算器的年金模式，并且不同时期的收益率可能不同。

6.4 现金流可加性原则

现金流可加性原则（cash flow additivity principle）是指在同一时点上发生的现金流具有可加性。由于货币存在时间价值，不同时点上发生的现金流需按对应折现率折现到同一个时间点后，才可以相加减。

第 6 章 数据整理、可视化和描述

本章知识点		讲义知识点
一、数据类型	1. 结构化数据分类	数据类型
	2. 时间序列、横截面和面板数据	
	3. 结构性数据和非结构性数据	
二、数据可视化	1. 定量数据	数据可视化
	2. 分类（定性）数据	
	3. 可视化图像选择	
三、中心趋势	1. 众数	中心趋势
	2. 中位数	
	3. 平均数	
	4. 分位数	分位数
四、离散程度	1. 绝对离散程度	离散程度
	2. 相对离散程度	
五、偏度	掌握偏度的图形和性质	偏度和峰度
六、峰度	掌握峰度的图形和性质	

知识导引

描述型统计学需要描述一组数据的基本特点，最直观的方法就是画图画表。统计学家用表格的形式描述数据的关系，称为数据整理。其次，整理完数据后，统计学家可以了解每一个区间中落入多少个数据，此时通过一些图像来描述数据间的关系，这个过程称为数据的可视化。第三，通过计算一些统计指标，例如均值和方差，以数字形式描述数据的基本特征。本章主要要求读者会利用图表等工具对数据的特征进行描述或者可视化处理，最终为数据分析作出判断和预测。

本章思维导图

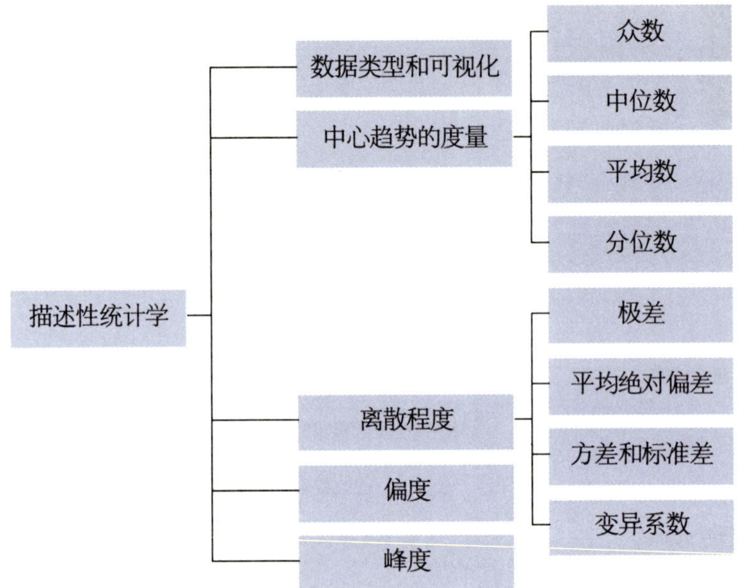
描述性统计学
数据类型和可视化
中心趋势的度量
众数
中位数
平均数
分位数
离散程度
极差
平均绝对偏差
方差和标准差
变异系数
偏度
峰度

1. 数据类型

随机变量（random variable）是一组可以用来测量、计数或分类并且取值不确定的数值。观测值（observation）是在某个时间点或指定时间段内对特定随机变量收集到的数值结果。例如，一次掷骰子可能获得的点数是一个随机变量 (x)，此时掷骰子点数的取值“2”被称为观测值。

1.1　结构化数据分类（图 6-1）

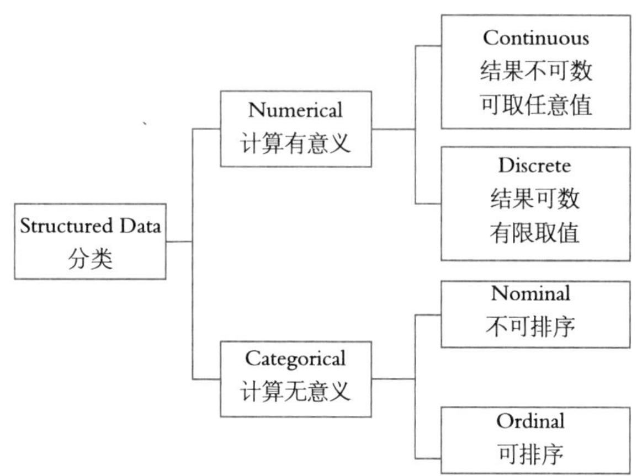

图 6-1　结构化数据分类

结构化数据类型可以分成两大类，分别是定量数据（numerical data or quantitative data）和分类（定性）数据（categorical data or qualitative data）。

定量数据是指表示测量或计数结果的数值，计算这类数据是有意义的。可以分为离散数据（discrete data）和连续数据（continuous data）。

离散型数据的取值结果是有限的而且是可数的。比如，掷骰子的结果：1、2、3、4、5、6，属于可数的离散型数据。如果要研究掷两次骰子点数总和为 6 的所有可能性，在不考虑顺序的情况下，可能性有：1+5=6，2+4=6，3+3=6，此时离散型数据可以计算。

连续型数据是不可数的，即数据取值可以取到小数点后无穷多位。比如，明天上证综指的股票收益率是连续型数据，这个收益率可以通过计算求得，而计算出的结果可能取到整个实数集，所以收益率的取值结果是不可数的，属于连续型数据。

分类（定性）数据是指描述一组观测值质量或特征的数值，可作为标签将数据集分组后进行汇总和可视化操作。计算这类数据是没有意义的。分类（定性）数据可以分为名义数据（nominal data）和排序数据（ordinal data）。

名义数据是分类值，并不表示逻辑或者排列顺序。比如一个班中把男生定义成 1，把女生定义成 2，以此分类男女性别，此时名义数据“1”和“2”只是做定性的区分，不代表 1 比 2 好或者 2 比 1 大，没有任何的比较关系并且相加之后（1+2=3）无意义。所以名义数据只能进行分类，不能进行大小比较和加减乘除。

排序数据可对观测值进行排序并分类。比如，达人秀比赛，会有第 1 名、第 2 名和第 3 名排序产生，其中 1 比 2 好，2 比 3 好。但不能说第 1 名加第 2 名等于第 3 名，这种加减的运算没有意义。所以排序数据只能进行大小比较，不能进行加减乘除的运算。

1.2 时间序列数据、横截面数据和面板数据

一维数组（one-dimensional array）指的是代表单一随机变量的数据类型，可分为时间序列数据和横截面数据。

时间序列数据（time-series data）是在固定间隔的时间上的离散数据的集合。比如，分析一家公司，把 2000 年到 2010 年每年的净利润历史数据找出来，这样会形成了一列数，因为这列数是根据时间进行排序的，所以这列数据就是时间序列数据。

截面数据（cross-sectional data），又名横截面数据，是在某个时间点上的某种数据的集合。比如，把 2010 年所有的医药行业里的上市公司净利润数据收集起来，这样就形成了一组数据，这些数据虽然是同一个年份的，但不是同公司的净利润，这组数据被称为横截面数据。

二维数组（two-dimensional rectangular array）又称数据表（data panel），指的是可供计算机处理和人为直观分析的数据。例如，面板数据（panel data）指的是将时间序列数据（表中第二列数据）和横截面数据（表中第二行数据）混合后的数据形式（表 6-1）。

表 6-1 数据表

时间段	公司 a	公司 b	公司 c
第一季度	13.53	0.84	−0.34
第二季度	4.36	0.96	0.08
第三季度	13.16	0.79	2.72
第四季度	12.95	0.19	0.09

1.3　结构性数据和非结构性数据

可以由表格呈现的数据类型称为结构化数据（structured data），一维数组和两维数组是典型的结构化数据。

不可以由表格呈现的数据类型称为非结构性数据（unstructured data）。非结构化数据的来源有以下三个（表6-2）。

表6-2　非结构化数据的来源

个人	商业行为	传感器
社交媒体	信用卡交易记录	卫星
网页搜索	企业法律法规诉讼案	步行交通

2. 数据可视化

数据可视化（data visualization）指的是以图形呈现数据，以此来增加分析者对数据的理解。有时“一张图片胜过千言万语”，在本节内容中，我们将讨论各种图表，这些图表对于理解分布、比较数据并找寻数据之间的潜在关系非常有用。接下来，我们介绍一些定量数据（numerical data）和分类数据（categorical data），以及将这些数据可视化的方式。

2.1　定量数据

表6-3　频数分布表

频数分布表（Frequency Distribution Table）				
区间	绝对频数	相对频率	累积绝对频数	累积相对频率
−10 – −5	3	0.97%	3	0.97%
−5 – 0	35	11.29%	38	12.26%
0 – 5	176	56.77%	214	69.03%
5 – 10	74	23.87%	288	92.90%
10 – 15	22	7.10%	310	100%
总值	310	100%		

表 6-3 为频数分布表（frequency distribution），分布表以表格的形式描述了一组数据在一定个数的区间中的分布。频率分布表可以通过以下步骤绘制：

1. 把所有数据从小到大进行排序。

2. 计算数据极差（range）= 最大值 − 最小值。

3. 确定区间的个数 k。

4. 计算区间的宽度，即组距 =range ÷ k。

5. 从最小值开始，加上组距，得到第一个区间的上限；然后把第一个区间的上限作为第二个区间的下限，加上组距，得到第二个区间的上限；以此类推，直至区间中包括了数据的最大值为止。

6. 计算每个区间当中落入的数据个数，得到绝对频数。并依次得到相对频率，累计绝对频数和累计相对频率。

7. 绘制表格。

完成上述步骤后，我们就可以得到一张频数分布表的区间和绝对频数，并通过一定计算，来完成完整表格。

首先第一列为区间（interval）。通过区间可以看出这组数据的最大值是 15，最小值是 −10，按照组距等于 5，将一组数据等分为 5 个区间。

第二列为绝对频数（absolute frequency）。绝对频数，指的是落在每一个区间中的观测值的个数。例如表格中的 35，代表落在 −5 到 0 这个区间中的数据总共有 35 个。将所有区间中的绝对频数累加之后，得到的是这组数据的总个数，也就是说这组数据一共有 310 个。

第三列为相对频率（relative frequency）。有了绝对频数之后，研究人员发现，除了要研究落在某个区间中的数据个数之外，还想研究，在总数据中，落在某个区间中的数据占比，所以引入了相对频率的概念。相对频率衡量落在某一个区间中数据的占比，通常用百分比的形式表示。例如 11.29% 表示的是，落在 −5 到 0 这个区间内的数据个数占 310 个总数据的比例为 11.29%。相对频率可以通过公式进行计算：

$$相对频率 = \frac{绝对频数}{总个数} = \frac{35}{310} = 11.29\%$$

通过比较相对频率的数值大小，研究人员可以直观了解落在每个区间中数据的占比，哪些区间中，数据的占比高，就说明在这个区间中数据的集中度，或者说数据密度，比较大。例如在上表中，有 56.77% 的数据落在 0 到 5 的区间中，即超过 50% 的数据集中在 0–5 这个区间内，或者说这个区间中数据的集中度（密度）

最大。

第四列为累积绝对频数（cumulative absolute frequency）指的是从第一个区间到现有区间所有绝对频数的总和，衡量的是小于等于现有区间上限的数据的总个数。比如上表中 −5 至 0 这个区间的累积绝对频率是 38，这个 38 代表的含义是小于区间上限 0 的所有的数据个数总共有 38 个。也就是从第一个区间开始一直到 −5 到 0 这个区间结束，所有绝对频数的总和，即 3+35=38。所以如果观测最后一个区间的累积绝对频数，就应该是所有区间的绝对频数之和，也就是整组数据的总个数。

第五列为累积相对频率（cumulative relative frequency）指的是从第一个区间到现有区间所有相对频率之和，衡量的是小于等于现有区间上限的数据的总占比。例如，12.26% 代表的就是 −10 到 −5 这个区间和 −5 至 0 区间的相对频率相加（0.97%+11.29%=12.26%），相当于小于等于 0 的数占总个数的比例为 11.26%。

累积相对频率的另外一种计算方法，可以用累积绝对频数除以总个数求得。

区间到 0 的累积相对频率 = 累积绝对频数 / 总个数 =38/310=12.26%

最后一个区间的累积相对频率一定是 100%，因为小于等于最大值的数包括了这组数据中所有的数，对应占比就应该是 100%。

为了更直观地表示各组数据之间的关系与分布，我们可以依据频数分布表来绘制图像。

2.1.1 柱状图和折线图

最常用的数据可视化图像是柱状图（histogram）和折线图（polygon）。

图 6-2 是柱状图，柱状图用矩形描述频数分布表中各区间的数据分布。横轴代表区间的上下限数据，组距确定了每一个矩形的底（宽度）。纵轴代表绝对频数（落在区间内的数据个数）或相对频率（落在区间内的数据占比），绝对频数或相对频率确定了每一个矩形的高度。所以在柱状图中，矩形越高，代表落在区间内的数据个数越多，或者占比越大，即代表在这个区间中数据分布的越集中，密度越大。

折线图用折现连接而成，直观地展示一组数据的变动趋势。首先找到每一个频数分布表中的区间的中点作为横坐标，找到绝对频数或相对频率作为纵坐标，通过确定横坐标与纵坐标来描绘出一组离散点，并把相邻两点用直线连接，得到一张折线图。通过折线图，可以观测到数据的变化趋势，本组数据分布是靠近均值的数据较多，而两边尾部的数据较少。

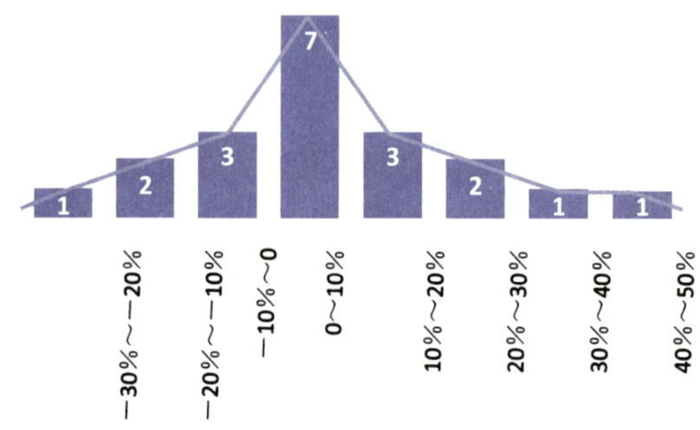

图 6-2 柱状图

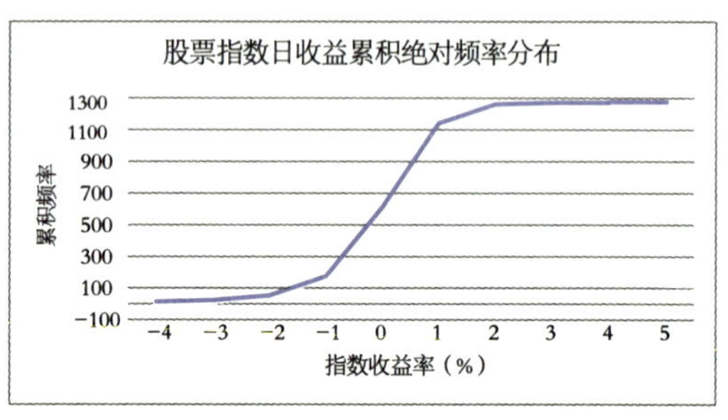

图 6-3 累积频率分布图

累积频率分布图（cumulative frequency distribution chart）中陡峭（平坦）的斜率表示相邻区间内观测值发生频率有较大（小）变化（图 6-3）。

2.1.2 散点图

散点图（scatter plot）是一种数据可视化的图形，用于显示两个变量之间的联合变动的关系，它可以显示出两个变量之间是否存在任何潜在关联（图 6-4）。

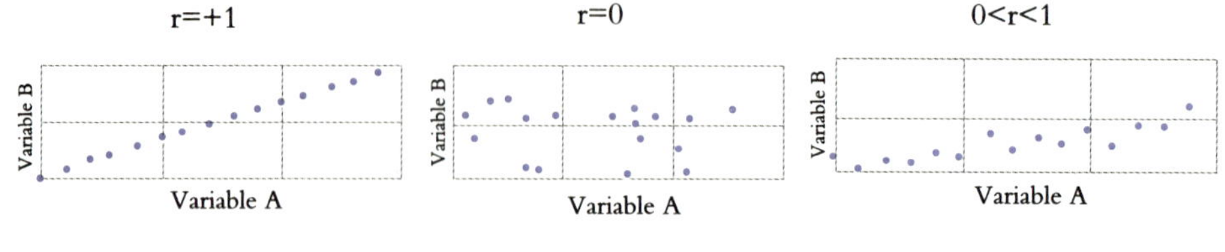

图 6-4 散点图

散点图矩阵（scatter plot matrix）是呈现和观察两个随机变量之间关系的一种有用工具，便于在一个组合视觉中检查所有成对关系（图 6-5）。

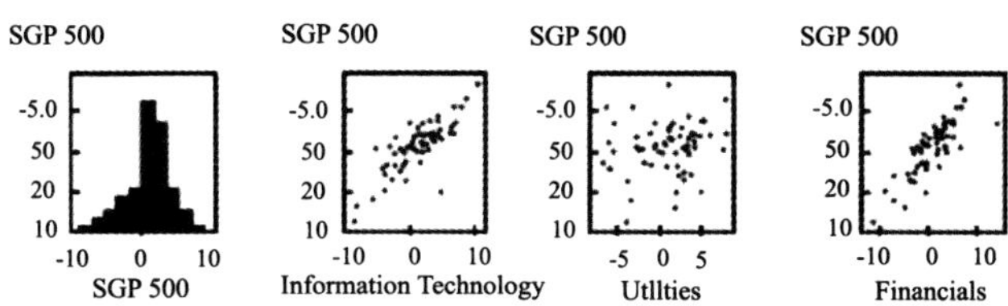

图 6-5　散点图矩阵

2.1.3　列联表

列联表（contingency table）是一种表格格式，可同时展示多个分类随机变量的频率分布，并用于找到随机变量之间的关系（表 6–4、表 6–5）。

联合频数（joint frequency）：73、26、183 和 33。联合频数指：同时满足两个条件的数据个数。比如，73 代表既是成长股又是低风险的股票总数。

边际频数（marginal frequency）：256、59、99 和 216。边际频数指：满足某一个条件的数据总个数。比如，99 代表成长股股票总数。

表 6–4　列联表

观测值				基于风格的相对频率			
	低风险	高风险			低风险	高风险	
成长股	73	26	99	成长股	74%	26%	100%
价值股	183	33	216	价值股	85%	15%	100%
	256	59	315				

表 6–5　列联表

基于总体的相对频率			
	低风险	高风险	
成长股	73/315=23.17%	8%	31%
价值股	183/315=58.10%	10%	69%
	81%	19%	100%

混淆矩阵（confusion matrix）是一个用来评估分类模型的性能的工具（表 6–6）。

表 6–6　混淆矩阵

	真实错误		
预测错误	是	否	总
是	300	40	340
否	10	1650	1660
总	310	1690	2000

独立性卡方检验(chi-square test of independence)当卡方检验统计量 > 关键值，结果是显著的。

表 6-7 列联表

观测值			
	低风险	高风险	
成长股	73	26	99
价值股	183	33	216
	256	59	315

利用列联表计算期望值：期望值（i,j）=（第 i 行总计数值 × 第 j 列总计数值）/ 总计数值 =（99 × 256）/315=80.46，见表 6-7。

2.2 分类（定性）数据

分类（定性）数据可以由多种图形进行展示和数据可视化，有柱状图（bar charts）、帕累托图（pareto chart），树图（tree-map），热力图（heat map）和线图（line chart）。

2.2.1 柱状图

帕累托图(pareto chart)是在一种将类别结果按频率降序排列的柱状图基础上，以一条累计相对频率的线呈现的折线（图 6-6）。

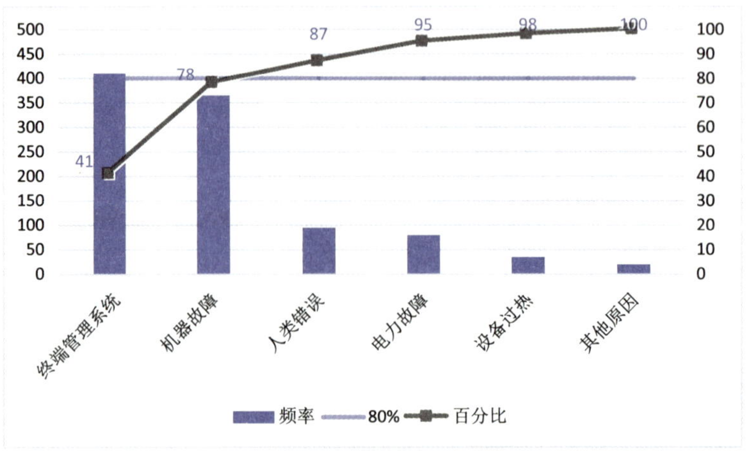

图 6-6 帕累托图

分组柱状图（group bar chart），又称聚集柱状图（clustered bar chart），见图6-7。

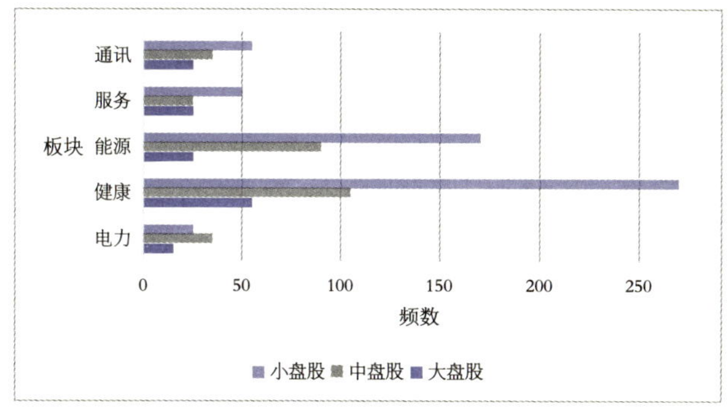

图 6-7　分组柱状图

堆积柱状图（stacked bar chart），见图 6-8。

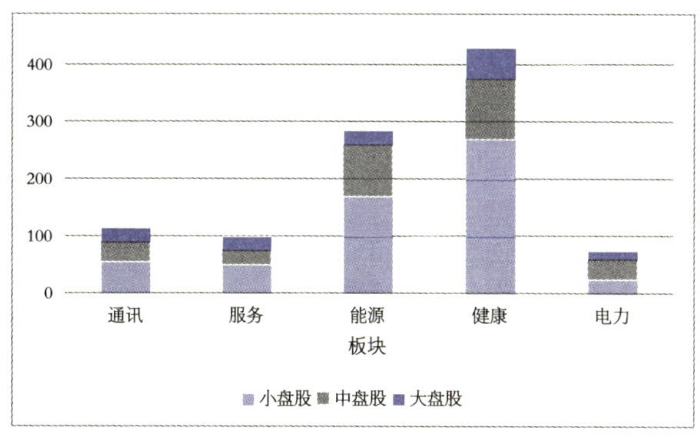

图 6-8 堆积柱状图

2.2.2　树图

树图（tree map）可以用来描述数据的分类，不同颜色的矩形表示不同类别数据组的差异，每个矩形的面积与相应数据组的频率成比例，见图 6-9。

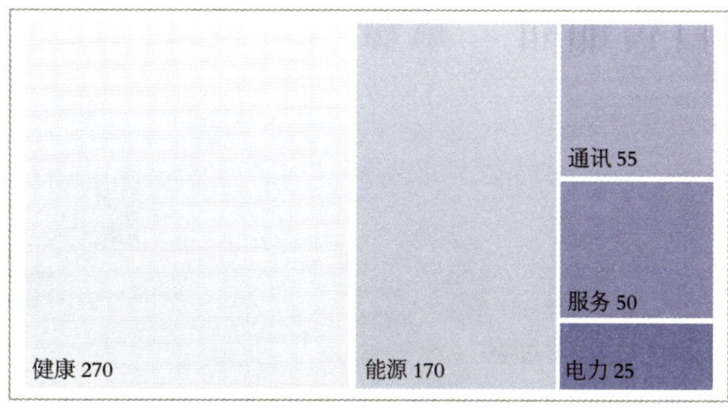

图 6-9　树图

2.2.3 热力图

热力图（heat map）可以用来描述数据的分类，它以表格形式汇总数据，并使用不同颜色表示数据，这种图形作用是可以将数据可视化，并显示频率分布和不同变量间的关联程度。见图 6-10。

	小盘股	中盘股	大盘股
通讯	55	35	25
服务	50	25	25
能源	1709	02	5
健康	2701	05	55
电力	25	35	15

0
50
100
150
200
250
300

图 6-10 热力图

2.2.4 线图

线图（line chart）可以显示两组数据数值和趋势的变化，有助于分析和比较（图 6-11）。

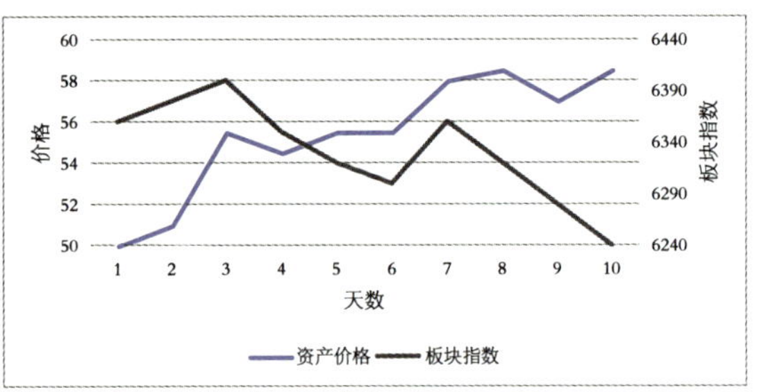

图 6-11 线图

气泡线图（bubble line chart）可以同时反映三个随机变量的关系。例如，下图将收入与每股收益的变化，也显示了每股收益是盈利还是亏损（图 6-12）。

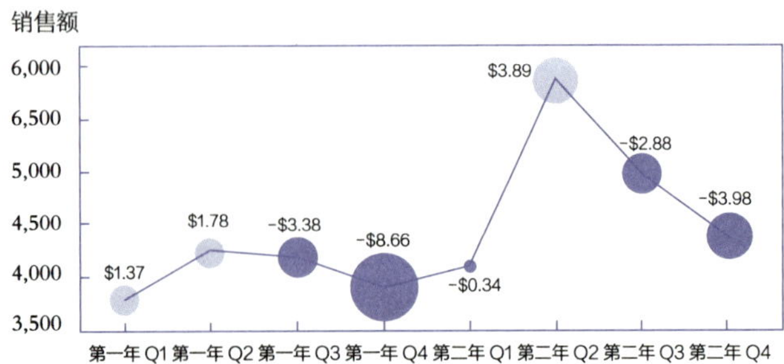

图 6-12 气泡图

2.2.5　词云

词云（word cloud）用于展示非结构化文本数据。字体越大，该词语的出现次数越多，词频越高。另外，分析者也可以添加额外信息，用不同颜色表示不同情绪（图 6–13）。

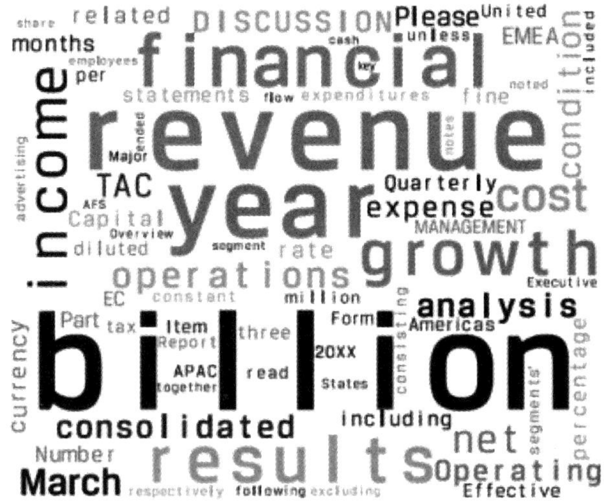

图 6-13　词云图

2.3　可视化图像选择

通过图 6–14 所示流程，分析师可以按照不同分布，不同数据关系，选择合适的图像对于数据进行可视化处理。

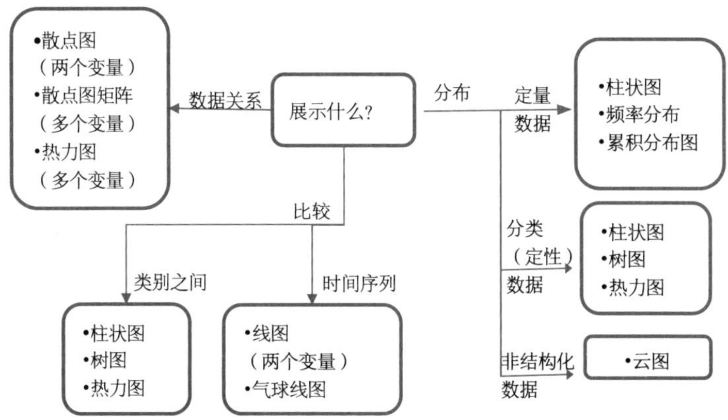

图 6-14　可视化图像选择

3. 中心趋势

3.1 众数

— 备考指南 —
“众数可能不是唯一的”这个特点是众数和平均值的一个重要的区别。

众数（mode）表示的是数据中出现的次数最多的某个数值。如果所有的观测值出现频率均不相同，那么这组数据中没有众数。众数可能不是唯一的，如果有多个数出现次数相同，一组数据中可能会有多个众数。

例如，观测值 1、2、3、4 中，所有数据出现次数相同，没有众数。

例如，观测值 1、2、2、2、3 中，众数为 2，2 共出现了 3 次。

例如，观测值 1、2、2、3、3 中，2、3 都出现了 2 次，众数就是 2 和 3。

由于众数可能产生无解或者多解的情况，所以下文引入了中位数与均值。

3.2 中位数

中位数（median）表示观测值依次排序后，处于中间位置的那个观测值。当观测值的个数为奇数时，中位数即处于中间位置的那个观测值；当观测值的个数为偶数时，中位数即为中间两个数的算术平均数。

举个例子

【例】求数列观测值 5，6，8，1，3，5，4 这组数据中的中位数。

【解】先将观测值进行排序，得到 1，3，4，5，5，6，8，由于观测值的个数为奇数，中位数即为 5。

【例】求数列观测值 1，3，2，6，4，8，2，5 中的中位数。

【解】先将观测值进行排序，得到 1，2，2，3，4，5，6，8，由于观测值个数为偶数，那么中位数为（3+4）/ 2=3.5。

3.3 平均数

平均数（mean）分为算术平均数（arithmetic mean）、几何平均数（geometric

mean）、加权平均数（weighted mean）和调和平均数（harmonic mean）四种。

3.3.1　算术平均数

公式：$\bar{X}=\frac{\sum_{i=1}^{N}X_i}{N}$

算术平均数有一个很重要的性质，即所有数据偏离算术平均数的数值之和等于 0，即：

$$\sum_{i=1}^{N}\left(X_i-\bar{X}\right)=0$$

举个例子

【例】某股票的收益率的数值为 10%，12%，14%，16%，18%，求算术平均值。

【解】则收益率的算术平均数为：$\bar{X}=\frac{10\%+12\%+14\%+16\%+18\%}{5}=14\%$

所有数据偏离算术平均数的数值之和为 0。

如上述例子中，(10%−14%)+(12%−14%)+(14%−14%)+(16%−14%)+(18%−14%)=0。

对于任何一个数据集来说，算术平均数是唯一的，而且其数值大小与数据集中每一个数据都有关，如果数据集中有异常值（outlier），将会使算术平均数发生很大的变化。

如上例中，某股票数据更新后的收益率为 10%，12%，14%，16%，150%，其中 150% 相比其余数据大很多，这样的数据就属于异常值。则新收益率的算术平均数为：$\bar{X}=\frac{10\%+12\%+14\%+16\%+150\%}{5}=40.4\%$。

由于异常值 150% 的存在，算术平均数从 14% 上涨到 40.4%。可见，异常值将极大影响算术平均数的大小。

3.3.2　加权平均数

公式：$\bar{X}_w=\sum_{i=1}^{n}w_iX_i$，其中：$\sum_{i=1}^{n}w_i=1$。

算术平均数是加权平均数的一种特殊情况，在算数平均数中，所有数据的权重都等于 1/N。而加权平均数中，每一个数据（X_i）前的权重（w_i）可以是不同的。用每一个数乘以对应的权重再求和，得到的就是加权平均数。

举个例子

【例】表 6-8 所示为一组数据及其对应权重，求这组数据的加权平均数。

表 6-8 数据权重示例

X_i	1	2	3	4
w_i	0.1	0.3	0.2	0.4

【解】$\bar{X}_w = 1\times0.1+2\times0.3+3\times0.2+4\times0.4=2.9$

在求解许多有关金融的问题时，利用加权平均数的方法得到的平均收益率，也被称为“期望收益率”。这一概念将在后文中为读者详细讲解。

3.3.3 几何平均数

公式：$G=\sqrt[n]{X_1\times X_2\times\cdots\times X_n}$，其中 $X_i\geq0$。

在计算金融产品的几何收益率的时候，研究人员发现收益率的取值是有正有负的，但是收益率的最小值为 −100%。因为无法直接保证所有的收益率都大于 0，所以必须对收益率数据进行其他处理之后才可以用来计算几何收益率。

在实际操作中，往往先把所有的收益率加 1 得到一组新的“收益率”，然后将这组“收益率”计算几何平均数，最后再减掉 1，最终得到几何收益率。

从金融含义上来说，每一个收益率先加 1 再连乘，实际上是计算复利收益，体现金融中“利滚利”的思想，所以计算出来的几何收益率也称之为平均复利收益率。

举个例子

【例】某股票的收益率分别为 10%，12%，14%，16%，18%，这支股票本段时间内的几何收益率为：

【解】$R_G=\sqrt[5]{(1+10\%)\times(1+12\%)\times(1+14\%)\times(1+16\%)\times(1+18\%)}-1=13.96\%$

3.3.4 调和平均数

调和平均数指的是“随机变量倒数的算术平均数的倒数”。

公式：$\bar{X}_H = n / \sum_{i=1}^{n}(1/X_i)$，其中 $X_i > 0$。

调和平均数在金融中主要用于计算等额投资时的平均购买成本（average cost）。

举个例子

【例】甲参与一项为期3年的定投，每年向某基金中投资100元。第一年，每份基金价格为5元；第二年6元；第三年7元。求甲三年购买基金的平均购买成本。

【解】由于甲每年向基金中投资相同的金额100元，所以满足计算调和平均数的要求：等额投资。此题要求的是平均购买成本，体现的就是调和平均数的思想。

三年的平均成交价格（P）从定义上应该等于投资的总成本除以购买基金的总份数：P=总成本/总份数。三年中每年投100元，总成本 =100×3=300元。

三年购买的基金总份数 = 第一年份数 + 第二年份数 + 第三年份数

第一年份数：$n_1 = \frac{\text{第一年投资额}}{\text{第一年单份基金价格}} = \frac{100}{5} = 20\text{份}$

第二年份数：$n_2 = \frac{\text{第二年投资额}}{\text{第二年单份基金价格}} = \frac{100}{6} = 16.67\text{份}$

第三年份数：$n_3 = \frac{\text{第三年投资额}}{\text{第三年单份基金价格}} = \frac{100}{7} = 14.29\text{份}$

三年投资基金总份数 =20+16.67+14.29=50.96份

甲三年购买基金的平均成交价格：$P = \frac{100\times 3}{\frac{100}{5}+\frac{100}{6}+\frac{100}{7}} = 5.89\text{元}$

在公式 $\frac{100\times 3}{\frac{100}{5}+\frac{100}{6}+\frac{100}{7}}$ 中，100元的投资同时在分子与分母中，可以约去。此时得到的公式为 $\frac{3}{\frac{1}{5}+\frac{1}{6}+\frac{1}{7}}$。其中5、6、7是基金每年的单价，分别是 X_1，X_2 和

X_3，所以投资每份基金的平均成本 $\bar{X}_H = \dfrac{3}{\dfrac{1}{X_1}+\dfrac{1}{X_2}+\dfrac{1}{X_3}}$。

如果拓展到 n 支股票，可以得到投资 n 支股票的平均成本为：$\bar{X}_H = n / \sum_{i=1}^{n}(1/X_i)$。

3.3.5 各类平均数对比

由同一组数据计算出的各平均数间的大小比较关系可以总结为：

— 备考指南 —
比大小这个结论很重要，考生可以通过字母表顺序进行记忆思路：
Arithmetic mean ≥ Geometric mean ≥ Harmonic mean;
即 A ≥ G ≥ H。

算术平均数≥几何平均数≥调和平均数。

只有当所有数据集中的数字都相同时，三者才会取到等号，不然就是严格的大于号。

在实务中，几何平均数通常用于评价基金经理过去业绩（past performance），因为对于收益率的几何平均数，其实就是复利收益率。而算数平均数与加权平均数通常用于预测资产组合未来的收益率。

举个例子

【例】以 100 元价格购买 A 股票，一年后价格上涨到 200 元，第二年末，股票的价格又回到 100 元，分别计算每年收益率的几何平均数和算术平均数。

【解】第一年的收益率＝ 200÷100-1 ＝ 100%

第二年的收益率＝ 100÷200-1 ＝ -50%

几何平均收益率为 $\sqrt{(1+100\%)\times(1-50\%)}-1=0$

算术平均收益率为（100%-50%）÷2=25%

3.4 分位数

分位数（quantile），亦称分位点（fractile），是指将一个随机变量的概率分布范围分为几个等份的数值点。在 CFA 一级中，分位数特指小于等于某一个数的占比。例如，60% 的分位数为 107，此时 107 的含义为：将一组数据从小到大排序，小于等于 107 的数的占比为 60%（图 6–15）。

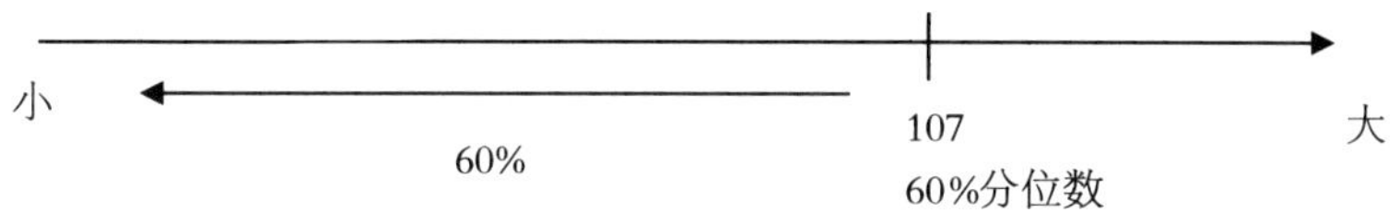

图 6-15　分位数示意图

计算分位数的目的是用来描述在观测值中特殊位置的数值大小。已知一组数据的大概范围，可将数据分为几段，然后可以进行分位数的求解。分位数的分类如下：

3.4.1　四分位数

四分位数（quartile）表示数据的间隔为 1/4。

3.4.2　五分位数

五分位数（quintile）表示数据的间隔为 1/5。

3.4.3　十分位数

十分位数（deciles）表示数据的间隔为 1/10。

3.4.4　百分位数

百分位数（percentile）表示数据的间隔为 1/100。

所有的分位数都可以转化为百分位数。例如，第三个四分位数，相当于把这组数据切成四段，然后求解在第三段和第四段这个交点上的数是多少，对应的百分数为 $\frac{1}{4}\times 3=75\%$。此时代表在第三个四分位数的左边，包含 75% 的数据。

考查分位数知识点的方式一般有两种：定性与定量。

首先我们看的是定性考法。如果考题中要求比较第三个四分位数和第四个五分位数的大小，此时应该如何考察？

第一步：要把所有的分位数的分母转化成相同的形式。一般我们统一转化为百分数。

第二步：画图比较各个百分数的大小。

计算题目描述的分位数所对应的百分数 y，例如第 m 个 n 分位数对应的百分数 y 的转化公式为：$y=\frac{1}{n}\times m=\frac{m}{n}$。所以第三个四分位数就是：1/4×3=75%，第四个五分位数是 1/5×4=80%。说明当把一组数据从小到大进行排序，小于等于第三个四分位数的只有 75% 的数值，而小于等于第四个五分位数的有 80% 的数值，所以第四个五分位数 (80%)> 第三个四分位数（75%）。

其次我们来看定量计算这种考法。当遇到这类型的题时，可以分为 4 步进行求解：

1. 按照从小到大的顺序将这组数据排序；

2. 计算题目描述的分位数所对应的百分数 y，例如第 m 个 n 分位数对应的百分数 y 的转化公式为：$y=\frac{1}{n}\times m=\frac{m}{n}$；

3. 计算分位数在数据中的位置 L_y，

$L_y=(n+1)\frac{y}{100}$，n 表示观测值的个数，y 为第二步求出的百分数；

4. 依据 L_y 与第一步已排序的数据，从左至右数出对应的分位数。

名师解惑

需要注意的是，在第三步中，计算分位数的位置 L_y 时，用的是n+1 而不是n。在老版本的CFA 教材中，这个公式用的是n，但是新版本更新为：n+1，我们简单了解一下原因。

例如，现在要计算一组从小到大排列的数列：1，3，5 中的 50% 分位数。我们知道 50% 的分位数是中位数，在这组数据中可以直观的判断是 3，也就是第二个数，所以位置 Ly 应该等于 2。

但是如果我们计算 L_y 时用 n 乘以对应的百分数：L_y=3×50%=1.5，也就是第 1.5 个数是 50% 的分位数，此时应该在第一个数 1 和第二个数 3 之间，而不是中位数 3。而当我们用 n+1 时，L_y=（3+1）×50%=2，此时才对应中位数 3。

所以计算分位数的位置 L_y 时，严格来说应该用 n+1 而不是 n，再乘以对应百分数。但是在部分中国教材中也有用 n 直接乘以对应的百分数来计算分位数的，这是对分位数的定义不同。在 CFA 考试中，我们以原版教材为准：$L_y=(n+1)\frac{y}{100}$。

举个例子

【例】某支股票的收益率为12%，16%，5%，8%，18%，14%，15%，23%，19%，25%，27%。求这组数据的第三个四分位数。

【解】

1. 按照从小到大的顺序将这组数据排序：

5%，8%，12%，14%，15%，16%，18%，19%，23%，25%，27%；

2. 计算题目中描述的分位数所对应的百分数 $y=\frac{1}{4}\times 3=75\%$

3. 计算分位数在数据中的位置 L_y。

$L_y=(n+1)\frac{y}{100}=(11+1)\times 75\%=9$ 依据 L_y 与第一步已排序的数据，从左至右数出对应的分位数。

5%，8%，12%，14%，15%，16%，18%，19%，23%，25%，27%。

所以这组数据第三个四分位数就是23%。这说明了在23%这个数的左边大概包含了75%的数据。

【例】某支股票的收益率为5%，8%，12%，14%，15%，16%，18%，19%，23%，25%。求这组数据求第三个四分位数。

【解】第一步与第二步同上例，从第三步开始计算不同于上例，因为分位数在数据中的位置不是整数。

3. 计算分位数在数据中的位置：

$L_y=(10+1)\times 75\%=8.25$

意味着75%的分位数在第8个数往右边移动0.25个位置的地方。

4. 依据与第一步已排序的数据，从左至右数出对应的分位数。

第八个数	第8.25个数	第九个数
19%	19%+0.25×（23%−19%）=20%	23%

当求出8.25时，既不能把小数点部分去掉，也不能随意进一位，第8.25个数是在第8个数（19%）和第9个数（23%）之间的某一个数。

求解过程利用了线性插值法（linear interpolation），这种方法指的是，用置于某个未知数上下的两个已知数来估计这个未知的数。线性（linear）

指的是直线估计（straight-line estimate）。

$$P_{75}=19\%+(8.25-8)\times(23\%-19\%)=20\%$$

19% 和 23% 之间的距离是 4%，再用 4% 乘以 0.25，然后再加上 19%，得到的即为第 8.25 个数，结果为 P_{75}=20%。P_{75}（20%）代表的意义是这组数据中第三个四分位数的值。也就是说 20% 作为第三个四分位数虽然不在数列中，但是依旧是这组数据的分位数。

4. 离散程度

在进行投资活动时，投资者不仅仅需要考虑投资金融产品的收益率，同时需要考虑金融产品的风险，正所谓“天下没有免费的午餐”，高额的收益率可能对应着常人无法承受的风险。如何定义投资风险并衡量投资风险呢?

投资者在投资过程中为了获取利润而时刻面临着风险，那么防范风险对于投资者来说变得尤为重要。投资者进行储蓄活动是为了防止未来消费的增加或者收入的下降，进行投资活动是为了防止通货膨胀，购买保险是为了预防未来的意外。可见风险无处不在，一般将“未来的某种不确定性”称为“风险”，在进行投资活动时，投资者最为担心的是未来收益率的不确定性。影响金融产品收益率的因素有很多，未来可能会发生各种各样的情况，金融产品的收益率会因之而改变。由于不确定性的存在，金融产品的收益率上下波动不定，收益率波动性可以用来衡量投资风险，不同波动性的定义对应着不同的投资风险度量。

例如，某金融产品的年收益率取决于国家经济增长情况，经济增长与收益率的关系如表 6-9 所示。

表 6-9　经济增长与收益关系

经济增长	增长	衰退	不变
收益率	10%	−15%	3%

未来可能出现三种经济变化的趋势，在不同趋势下，金融产品的收益率不同。投资者有可能有 10% 的收益率或者 3% 的收益率，也有可能承担 15% 的亏损，收益率的不确定性说明该金融产品有风险，如果投资者投资，则需考虑如何规避风险。

在金融中可以用数据的离散程度（dispersion）衡量投资风险（risk）。衡量数据离散程度的指标主要有极差、平均绝对偏差、方差和标准差。

4.1　绝对离散程度

4.1.1　极差

极差(range)是指一组数据的最大值和最小值之间的差值,用公式可以表示为:

Range = 最大值（Maximum value）－ 最小值（Minimum value）

极差是一种简便的测量离散程度的指标，极差越大，说明离散程度越大，反之离散程度越小。但是它有两大缺点。

第一，极差容易受到异常值的影响。如果一组数据中，大部分数据分布在 0 至 1 之间，但是数据中有一个极大值 100，此时极差的数值就会受到这个异常值的影响。第二，极差只利用了收益率的最大值和最小值，没有反映其他信息。数据的最大值与最小值之间的差距反映了数据最大的离散程度，但是根据极差无法全面把握金融产品的投资风险，所以我们引入了下面的指标。

4.1.2　平均绝对偏差

为了较为全面的了解数据离散程度，可以测算这组数据中每一个数据到均值的距离。由于直接把所有距离加总后总和依旧易受异常值的影响，所以可以对所有的距离取算术平均数，得到平均距离称之为平均绝对偏差（mean absolute deviation, MAD）。平均绝对偏差代表的是每一个数偏离其均值的平均距离。

公式表示为：$MAD=\frac{\sum_{i=1}^{n}\left|X_i-\bar{X}\right|}{n}$, i=1,...,n，其中 $\bar{X}=\frac{\sum_{i=1}^{n}X_i}{n}$，表示数据的算术平均数。

相比于只用最大值与最小值的极差来说，平均绝对偏差的计算运用了所有数据 $X_1 \sim X_n$，所以它给离散程度的度量提供了更多信息。

举个例子

【例】某金融产品 A 的收益率为：10%，15%，20%，-15%，0，而金融产品 B 的收益率为：10%，10%，20%，-15%，10%。分别求出 A 和 B 产品收益率的极差和平均绝对偏差。

【解】

A 产品：

$\bar{R}_A=(10\%+15\%+20\%-15\%+0)\div 5=6\%$

$Range_A=20\%-(-15\%)=35\%$

$MAD_A=(|10\%-6\%|+|15\%-6\%|+|20\%-6\%|+|-15\%-6\%|+|0-6\%|)\div 5$

$=(4\%+9\%+14\%+21\%+6\%)\div 5=10.8\%$

B 产品：

$\bar{R}_B=(10\%+10\%+20\%-15\%+10\%)\div 5=7\%$

$Range_B=20\%-(-15\%)=35\%$

$MAD_B=(|10\%-7\%|+|10\%-7\%|+|20\%-7\%|+|-15\%-7\%|+|10\%-7\%|)\div 5$

$=(3\%+3\%+13\%+22\%+3\%)\div 5=8.8\%$

虽然 A 和 B 的极差相同，但两者的 MAD 不相等（$MAD_A>MAD_B$），从偏离均值的平均程度判断，A 产品收益率的波动性要大于 B 产品收益率的波动性。

4.1.3 方差

由于 MAD 在计算过程中用到了绝对值，在研究过程中需要分类讨论。因此，将偏离均值的距离直接平方，从而引入了方差的概念。方差（variance, Var）的本质是求平均，求的是每个数偏离均值距离的平方的平均值，记为 Var（X）。在计算的过程中，方差分为总体方差（σ^2）与样本方差（s^2）用公式来表示为：

$$\sigma^2=\frac{\sum_{i=1}^{N}(X_i-\mu_X)^2}{N}$$

$$s^2=\frac{\sum_{i=1}^{n}(x_i-\bar{x})^2}{n-1}$$

其中 $\mu_X=\frac{\sum_{i=1}^{N}X_i}{N}$ 为总体均值，$\bar{X}$ 为样本均值。

举个例子

【例】某金融产品的收益率可能结果为：10%，15%，20%，-15%，0，试计算总体方差。

【解】$\mu = \frac{10\% + 15\% + 20\% - 15\% + 0}{5} = 6\%$

$$\sigma^2 = \frac{(10\% - 6\%)^2 + (15\% - 6\%)^2 + (20\% - 6\%)^2 + (-15\% - 6\%)^2 + (0 - 6\%)^2}{5} = 0.0154$$

可以注意到总体的方差公式中，分母是总个数 N，而样本的方差公式中，分母是样本容量（n）减 1。如果题目要求总体方差，此时运用的公式中分母为 5；若求样本的方差，运用的公式中分母为 n−1，即为 4。

4.1.4　标准差

方差去开正的平方根得到的统计量叫标准差（standard deviation, S.D.）。同样，总体标准差与样本标准差不同。

总体标准差 $\sigma = \sqrt{\sigma^2}$，样本标准差 $s = \sqrt{s^2}$。

在金融实务中，通常可以用方差或标准差来衡量某个投资组合的风险。方差或标准差越大，这个组合的投资风险越高。

4.1.5　半方差（Semi-variance）与半标准差（Semi standard deviation）

金融中，我们常常用方差或者标准差来描述投资风险，即真实收益率偏离期望收益率的程度。偏离程度越多，说明用期望收益率来预估真实值就越不准确，不确定性越高，对应的投资风险就越大。所以方差或者标准差越大，投资风险就越高。

方差和标准差描述的是对称的风险，也就是既描述大于平均值的风险，也描述了小于平均值的风险。但是在真实生活中，我们更关注的小于平均值的波动。因为小于平均值的数是那些很小的数，有可能会产生额外的损失。而大于平均值的数，是那些比较大的收益率，就算发生波动，也是额外的收益，投资者反而不太关注。因此，我们引入了半方差与半标准差，来描述均值以下的数据波动，也就是所谓的尾部风险（tail risk），或者又被称为下行风险（downside risk）。

计算样本半方差时，只使用小于等于均值的数据，用每一个数（Xi）减去均值（$\bar{X}$）的平方，求和再除以自由度（n−1）。公式如下：

$$\text{半方差} = \frac{\sum_{Xi \le \bar{X}}^{n} (X_i - \bar{X})^2}{n-1}$$

而半标准差则是，半方差开正的平方根。

$$半标准差=\sqrt{\frac{\sum_{Xi\le\bar{X}}^{n}(X_i-\bar{X})^2}{n-1}}$$

对于一个投资品来说，半方差或者半标准差越高，尾部风险就越高，发生极端亏损的可能性就越高。

4.1.6 目标半方差（target semi-variance）

有时，投资者有一个最低要求回报率，当真实收益率小于这个最低要求的心理底线时，投资者的满意度就下降。所以，投资者要考察的是所有小于最低要求回报率的波动。当投资者用某一个确定的目标收益率（B），代替平均值（$\bar{X}$）来计算半方差时，计算出的方差就是目标半方差。

— 备考指南 —
目标半方差只是把半方差中的均值（$\bar{X}$），替换成了投资者自己的目标收益率（B）而已，其他的计算均保持不变。

$$目标半方差=\frac{\sum_{Xi\le B}^{n}(X_i-B)^2}{n-1}$$

目标半方差，衡量的是数据小于等于某一个特殊值（B）的波动，同样衡量的也是不对称的下行风险。在金融实务中，目标半方差越高，说明投资者的下行风险越大。

4.2 相对离散程度

当需要比较两组数据离散程度大小的时候，如果两组数据的测量尺度相差太大，或者数据量纲（单位）不同，直接使用标准差来进行比较不合适。

举个例子

【例】比如政府发布一项修路任务，要求两个工程队 A 和 B 参与，工程队 A 接到了修 1,002 米路的要求。A 队修了三条路，第一条 1,001 米，第二条 1,002 米，第三条 1,003 米。工程队 B 接到了修 2 米路的要求。然后 B 施工队修了三条路，第一条路 1 米，第二条路 2 米，第三条路 3 米。哪个工程队修得好?

从直观上看，工程队 A 在千米级的施工要求中，误差为 1 米，也就是千分之一；而 B 修路队第一条路和第二条路的误差达到 100%，很显然是 A 修路队，误差小，修得好。

但是如果我们用均值与方差进行衡量时，我们发现A和B两条修路队的均值都达到了政府的要求。而通过计算可以求得第一组和第二组数据的方差均为0.6667，标准差均为0.8165，从方差的角度同样比较不出哪个工程队修路更优。

原因是两个修路队面临的量纲，或者说修路的规模不同。A修路队是千米级的量纲，B修路队是米级的量纲，由于单位的不同，所带来的的规模效应，影响了方差和标准差对于离散程度的衡量。

因此，研究人员引入变异系数来解决这个问题，变异系数(coefficient of varlation, cv)可以通过标准差除以均值计算，公式如下：$CV=\frac{s}{\overline{X}}$。

变异系数可以理解为每一单位的均值所包含的标准差是多少。由于标准差可以用来衡量投资组合的风险，所以变异系数在金融中亦可以理解为单位均值所对应的风险是多少。对于投资组合来说，变异系数越小，代表的是每获得一单位均值所承担的风险越小，投资组合对于风险厌恶的投资者来说就是越有利的。

变异系数衡量的是相对与一单位均值的离散程度，所以它是相对离散程度（relative dispersion）。

— 备考指南 —

变异系数是CFA一级中唯一一个衡量相对离散程度的统计量。

举个例子

【例】已知国债的平均收益率为0.2%，收益率标准差为0.36%。标准普尔500指数的平均收益率为1%，收益率标准差为7%。哪一类投资的相对离散程度较大?

【解】衡量相对离散程度的指标是变异系数CV。

国债：$CV_1=\frac{0.36\%}{0.2\%}=1.8$

标准普尔500指数：$CV_2=\frac{7\%}{1\%}=7$

标准普尔500指数的变异系数更高，它的相对离散程度更高。

名师解惑

变异系数这个知识点会考查对定义的理解和计算能力的掌握。

1. 变异系数公式：$CV = \frac{s}{\overline{X}}$。

2. 变异系数衡量：一单位均值所对应的标准差（风险）。

3. 对于风险厌恶者来说，变异系数越低越好。

4. 性质：(1) 相对离散程度；(2) 剔除量纲（规模效应）后的比值（scale-free）。

5. 偏度

偏度（skewness）也称为偏态、偏态系数，是统计数据分布偏斜方向和程度的度量，是统计数据分布非对称程度的数字特征。图 6–16 可以描述三种不同的对称情况。

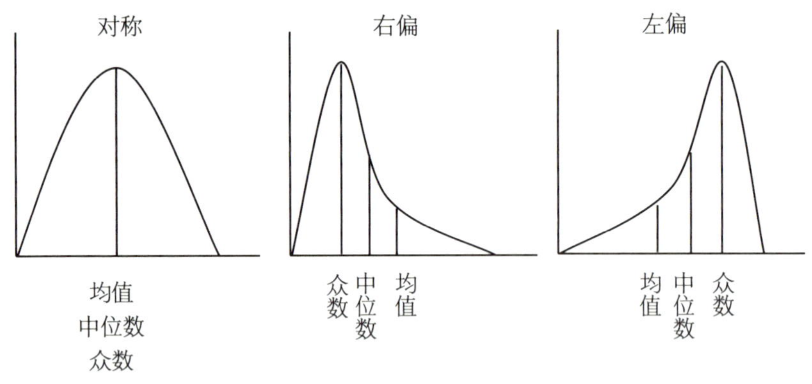

图 6-16 偏度

最左边的图表示"无偏（对称）"的情况，此时，中位数等于均值等于众数，三者重合共同作为分布的对称轴，而整体分布关于对称轴左右两边对称。

中间和右边的图表示的都是"有偏"的情况，分为两类：一种叫左偏（left skewed，negatively skewed），一种叫右偏（right skewed，positively skewed）。

左偏和右偏从图像上来看取决于分布的尾部（tail）。尾部是一组数据异常值（outlier）或极值（extreme value），通常表示那些极大地偏离均值（large deviation）且出现可能性非常小（infrequent occurance）的数据。如果数据中有较大的极值，即在均值右边出现异常值，此时右边有一条长长的尾巴，称为右偏。如果数据中有较小的极值，即在均值左边出现异常值，此时左边有一条长长的尾巴称为左偏，如图 6-16。

偏度作为一个统计量也可以通过公式进行计算。样本偏度（sample skewness）的计算公式为：

$$S_K=[\frac{n}{(n-1)(n-2)}]\frac{\sum_{i=1}^{n}\left(X_i-\bar{X}\right)^3}{s^3}\approx(\frac{1}{n})\frac{\sum_{i=1}^{n}\left(X_i-\bar{X}\right)^3}{s^3}$$

从数值上看，如果计算出的偏度大于零，表示分布右偏，所以右偏又名正偏；偏度小于零，表示分布左偏，所以左偏又名负偏。如果是对称的分布，例如正态分布（normal distribution），计算出的偏度等于零，又名无偏。

名师解惑

在考试中会重点考查偏度与中心趋势结合后相关的两条结论：

右偏：众数 Mode< 中位数 median< 均值 mean；

左偏：众数 Mode> 中位数 median> 均值 mean。

对于右偏的分布来说，由于出现极大值，会拉高均值，使均值大于中位数大于众数；

对于左偏的分布来说，由于出现极小值，会拉低均值，使均值小于中位数小于众数。

在金融实务中，如果一组收益率数据服从某个分布，投资者更喜欢右偏的分布。因为右偏的分布虽然出现了异常值，但是异常值在均值右边，即比较高的收益率，对于投资者来说是一种“惊喜”。如果是左偏的分布，异常值在均值左边，即非常低的收益率，或者是很大的负的收益，对于投资者来说会产生意料之外的亏损，也就是“惊吓”。所以，如果资产的收益率服从右偏的分布对于投资者来说是有利的。

6. 峰度

峰度（kurtosis）又称峰态系数，表征概率密度分布曲线在平均值处峰值高低的特征数。直观看来，峰度反映了峰部的尖度。如图 6-17，分布图形尖顶的部分的陡峭程度叫做峰度，峰度分为高峰（leptokurtic）和低峰（platykurtic）。高峰和低峰的划分标准，是与常峰（mesokurtic）进行比较。常峰指的是分布的峰度计算出来等于 3，其中一个比较有代表性的常峰就是正态分布，所以正态分布的峰度值为 3。

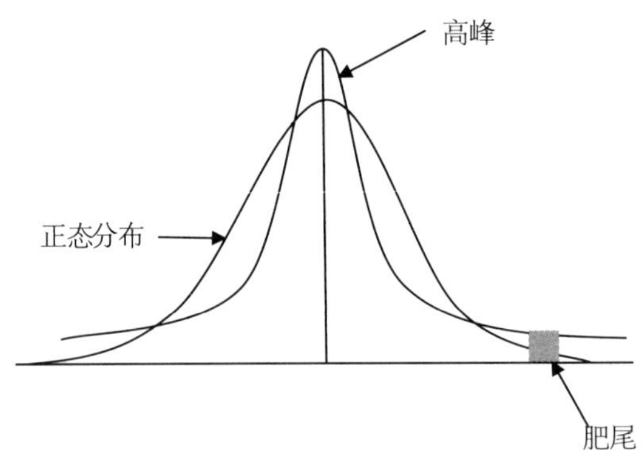

图 6-17　峰度

如果分布的峰部的尖度更陡峭，严格来讲，计算出的样本峰度大于 3，此时分布就称为高峰；如果分布的峰部的尖度更平坦，严格来讲，即计算出的样本峰度小于 3，此时分布就为低峰。

为了研究方便，研究人员引入超额峰度（excess kurtosis）来衡量数据峰度。

超额峰度 = 样本峰度 –3

定义超额峰度是为了和偏度的数学应用相互统一，两个指标都是通过和 0 作比较得到结论。如果超额峰度大于 0，就表示高峰；如果超额峰度小于 0，就表示低峰（如表 6-10 所示）。

表 6-10　峰度表

	高峰	正态分布	低峰
样本峰度	>3	=3	<3
超额峰度	>0	=0	<0

在统计学中，峰度衡量了随机变量概率分布的峰态。峰度高就意味着方差增大是由低频度的极端值（大于或小于平均值均可）引起的。所以，峰度的本质是在衡量一个分布极值出现的概率大小。

给定某个分布 R，它的方差与正态分布的方差相同，此时高峰等价于该随机变量的极端值比正态分布的更多，在分布图形上体现出肥尾，低峰等价于瘦尾。肥尾指 R 分布的尾部比正态分布的尾巴厚（如图 6–17 所示），即出现极值的可能性更高。瘦尾是指 R 分布的尾部比正态分布的尾部薄，即出现极值的可能性更低。

为什么高峰等价于肥尾呢？这里有一个前提条件，R 分布与正态分布的方差相同，即两组数据通过方差衡量出的离散程度相同。若 R 分布为高峰，说明这组数据在靠近均值的部分数据多，分布比较集中。为了保证总体的离散程度相同，则在远离均值的地方分布必须比较松散，即极值出现的可能性比较高，所以会出现“肥尾”的现象。

同理，当 R 分布与正态分布的方差相同时，如果 R 分布为低峰，说明靠近均值的部分数据少，分布比较松散。为了保证总体的离散程度相同，则在远离均值的地方分布必须比较紧密，即极值出现的可能性要比较低，所以会出现“瘦尾”的现象。

可见峰度的本质是在研究相同方差的条件下，极值出现的可能性。若分布为高峰，极值出现的可能性大，若分布为低峰，极值出现的可能性小。

而在金融实证研究中，股票收益率的分布实际上为高峰肥尾。但是在理论研究中，研究人员往往假设收益率服从正态分布，所以若理论中用正态分布的方差或标准差描述投资风险，将会低估“肥尾”现象，即低估极端值在实际投资中出现的概率。

第 7 章

概率论基础

本章知识点		讲义知识点
一、基本概念	1. 概率的性质	基本概念与胜算
	2. 概率的分类	
	3. 胜算	
二、两个事件与两个法则	1. 两个法则（乘法法则与加法法则）	概率的计算公式
	2. 两个事件（独立事件与互斥事件）	
三、全概率公式	1. 全概率法则（公式）	
	2. 贝叶斯公式	贝叶斯公式
	3. 期望	期望与方差
	4. 方差	
	5. 组合收益率的期望和方差	组合的期望与方差
四、协方差和相关系数	1. 协方差	协方差与相关系数
	2. 相关系数	
	3. 散点图	
	4. 相关性分析的局限性	
五、计数原理	1. 乘法法则	阶乘、组合与排列
	2. 阶乘	
	3. 标签问题	
	4. 组合	
	5. 排列	

◢ 知识导引

自然界和社会中发生的现象是多种多样的。有一类现象，在一定条件下必然发生，例如，向上抛一石子必然会下落，同性电荷必相互排斥，等等。这类现象被称为确定现象。

但是在自然界和社会上还存在着另一类现象。例如，在相同条件下抛同一枚硬币，其结果可能是正面朝上，可能是反面朝上，并且在每次抛掷之前无法肯定抛掷的结果是什么；又例如，用同一门炮向同一目标射击，各次弹着点不尽相同，在一次射击之前无法预测弹着点的确切位置。这类现象，在一定的条件下，可能出现不同的结果，而在试验或观察之前不能预知确切的结果，这类现象被称为不确定现象。

经过长期实践并深入研究之后，发现这类现象在大量重复试验或观察下，结果呈现出某种规律。例如，多次重复抛一枚硬币得到正面朝上的机会大致有一半，同一门炮射击同一目标的弹着点按照一定规律分布，等等。这种在大量重复试验或观察中所呈现出的固有规律性，就是下文所说的统计规律性。

这种在个别试验中其结果呈现出不确定性，在大量重复试验中其结果又具有统计规律性的现象，被称为“随机现象”。概率论与数理统计是研究和揭示随机现象统计规律性的一门数学学科。在前面一章，已经学习过了数理统计的一些基本概念，在这一章节将重点学习概率论的一些相关内容。

本章思维导图

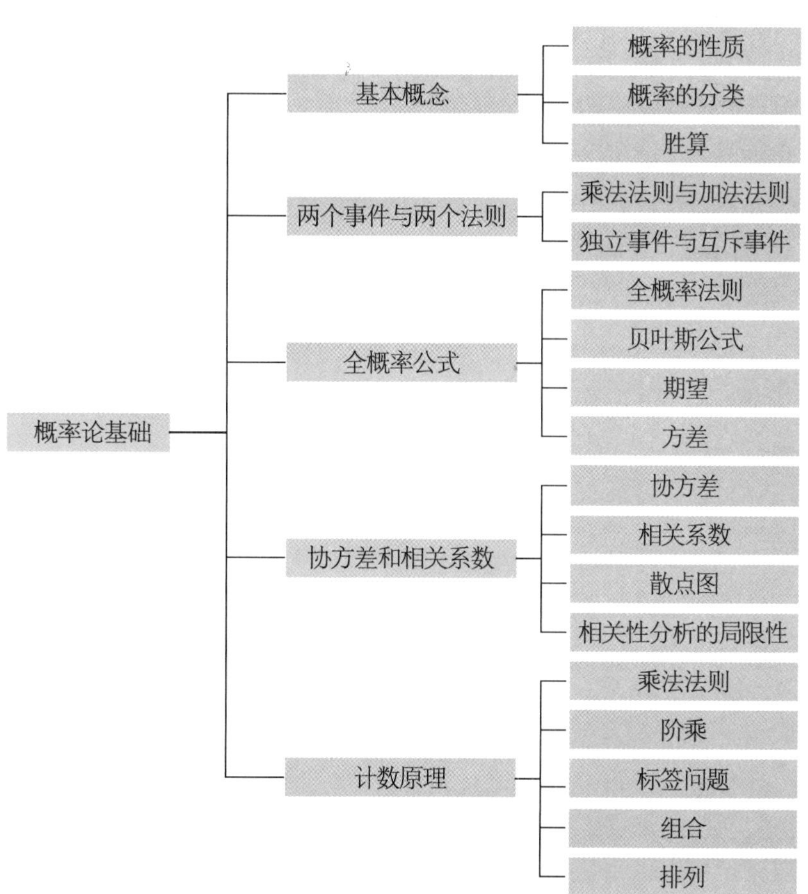

1. 基本概念

在日常生活中会出现两种不同的现象：一种是确定性现象，指当条件满足的时候必然会发生的现象，如："直角三角形斜边长的平方等于另外两边的平方和"；另一种是非确定现象，即可能出现也可能不出现的现象，也称为随机现象。例如，第二天股票市场的价格是不能预测的，抛硬币出现正面还是反面都是不确定的。

概率论的任务是研究随机现象发生的可能性，以及这种可能性的大小度量方式及其算法。

尽管随机现象在一次观察中其结果不确定，但是经过大量重复的试验和观察，又会呈现一定的规律性。

例如抛硬币的时候无法知道是出现正面还是反面，但是经过多次试验，发现当抛的次数越来越多的时候，正面出现的次数会占总次数的一半。

类似于抛硬币这种试验被称为随机试验，用 E 表示，它有如下特征：

（1）可在相同条件下重复进行；

（2）每次试验可能出现不同的结果，最终出现哪种结果在试验之前不能确定；

（3）事先知道试验可能出现的全部结果。

下面给出一些随机试验的例子：

E1：掷一颗均匀对称的骰子，观察出现的点数；

E2：从含有三件次品和三件正品的六件产品中任取两件，观测出现正品、次品的情况；

E3：观察某股票第二天是上涨，下跌还是不涨不跌。

定义 X 为随机变量（random variable），此时 X 是一个取值不确定的量。例如掷骰子一次所获得的点数就是一个随机变量 X。因为点数有 6 种不同的可能取值：1、2、3、4、5、6，这 6 个数值称为 X 的可能结果（outcome）。将掷一次骰子掷出点数为 2 称为事件（event），记为 X=2。事件也可以用 A，B，C 表示，例如将 X=2，这件事记为 E1。事件是概率论里面最为基本的概念，是进行分析的基础。

当事件 A 和事件 B 不能同时发生时，称 A 和 B 为互斥事件（mutually exclusive event）。如果 A 和 B 是互斥事件，意味着 A 事件发生时，B 事件一定不会发生；B 事件发生时，那 A 事件一定不会发生。比如说，掷一枚骰子，"掷出 1"

这个事件和“掷出 2”这个事件是互斥事件。因为掷出 1 时，那一定不会掷出 2，所以称为互斥事件。

当事件包括所有可能发生的结果时，称这个事件为遍历事件（exhaustive events）。比如说，掷骰子时的遍历事件是什么呢？就是取值等于 1、等于 2、等于 3、等于 4、等于 5、等于 6，相当于所有可能结果都被包含在内，这就是一个遍历事件。

1.1　概率的性质

由于随机变量 X 取到每一个结果的可能性是不确定的，所以把随机变量 X 取到某一个结果，或者说某个事件 E 发生的可能性称为概率（probability），记为 P(E)。概率有以下两个性质：

（1）所有事件的概率介于 0 和 1 之间，$0 \leqslant P(E) \leqslant 1$；

（2）对于互斥和遍历事件 $E_1, E_2, \cdots, E_n$，有 $\sum_{i=1}^{n} P(E_i) = 1$。

所有互斥且遍历事件的概率加总等于 1。比如说掷骰子，E_1 就代表事件 1，就是 1 朝上这个事件，事件 2 就是 2 朝上，依次类推，事件 6 就是 6 朝上。所以 $P(1)+P(2)+P(3)+P(4)+P(5)+P(6)=1$，因为掷骰子的结果一共就 6 种情况，把所有的取值都取到了，所以概率加总就等于 1。

1.2　概率的分类（图 7-1）

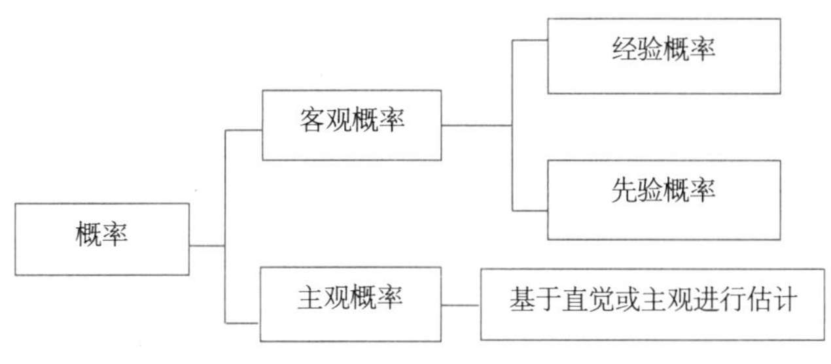

图 7-1　概率分类图

概率可以分为两大类，一类是客观概率（objective probability），一类是主观概率（subjective probability）。客观概率又可分为经验概率（empirical probability）和先验概率（priori probability）。经验概率和先验概率都是根据历史数据得出来的，而主观概率则加入了人的主观思考。

经验概率是通过试验从以前的数据中估算每个结果出现的概率。一般总结为：经验概率是分析过去，得到将来。例如，通过历史数据得到道琼斯工业指数 3 天里面有 2 天是上涨的，那就可以推测，明天上涨的概率为 2/3，这就叫做经验概率。本质是根据历史的一些数据，得到明天的规律。

先验概率是使用逻辑推理分析来预测每个结果出现的概率。一般总结为：先验概率是分析过去，得到过去的一个规律。比如说发现昨天道琼斯工业指数里面 30 支股票有 24 只是上涨的，那么可以说从昨天的 30 支股票里面抽到 1 只，那这支股票上涨的概率就是 24/30。其实，经验概率和先验概率最大的区别是：经验概率是分析过去得到将来，而先验概率是分析过去得到过去。

主观概率是通过个人主观的判断给出每个结果出现的概率。在做出判断的过程中，只要加入一点点主观的想法，那最后得到的概率都是主观概率。比如说根据历史数据得到一个概率，然后又加入了自己的推测，最后预测出来一个新的概率，那这个概率就属于主观概率，而非客观概率。

1.3 胜算

胜算（Odds）是概率的一种表现形式。一般而言，概率用一个介于 0~1 的数字来表示，这种方法很科学，但是不直观。如果用一个随机事件发生的概率除以其不发生概率，这个数值越大，说明这个随机事件发生的概率也越大，这样的表示方法脱离了概率的取值范围介于 0~1 的约束，反而变得很直观。

比如事件 A 发生的概率为 0.9，事件 B 发生的概率为 0.99，两件事情发生的概率都很大，但是从数值上看不明显。如果计算一下两个事件的胜算，发现事件 A 是 0.9/0.1=9，事件 B 是 0.99/0.01=99，这两个数就可以非常明显看出两个事件发生的概率大小。

但是如果事件 A 发生的概率为 0.1，事件 B 发生的概率为 0.01 呢？这个时候胜算的指标又变得不太明显了。如果计算一下两个事件的胜算，发现事件 A 是 0.1/0.9=0.111，事件 B 是 0.01/0.99=0.011，两个数值的相差不大。用这个方法来比较两个事情发生的概率大小，还没有直接比较原概率数据来得直接。

造成这个现象的原因来源于人对于数值大小敏感程度的天然偏见，一般而言，大于 1 的数据更加容易让人感受到数据大小的差异。后面假设检验章节的 F 检验方法也会用到类似思想。

为了解决这个矛盾，当一个事件的发生概率较大时（概率大于 0.5），用一个随机事件发生的概率除以其不发生概率得到胜算（英文上称之为 odds for）；当一个事件的发生概率较小时（概率小于 0.5），用一个随机事件不发生的概率除以其发生概率得到胜算（英文上称之为 odds against）；当发生的概率等于 0.5 时，两者也可以混用。

名师解惑

在现实生活中，还有一种说法叫做赔率。所谓赔率，是博彩公司根据球队某一时间段内取得的成绩（进球和胜负结果），经过严密计算得出的一种可以体现参赛双方逻辑关系的一组数值。

虽然很多的翻译工具还是将 odds for 译为赔率，在 CFA 中胜算和赔率的说法还是有很大区别的。

尽管赔率的计算的基本依据依然是概率，但是赔率是价值的一种体现形式。根据赔率的定义，赢利 = 投注额 × 赔率。但是胜算就没有此类说法。不仅如此，胜算只体现出了概率，但是赔率则体现出了除此之外的其他信息，诸如市场的供求，博彩公司的盈利等等。当然，值得一提的是赔率的说法中包含了胜、负、平三种情况，但是胜算则只考虑了成功和不成功两种情况。

名师解惑

在考试中，考生会用公式进行计算即可：

- Odds for：$E = P(E)/[1-P(E)]$
- Odds against：$E = [1-P(E)]/P(E)$

2. 两个事件与两个法则

概率的两个事件指的就是互斥事件和独立事件，概率的两个运算法则指的是加法法则和乘法法则。在学习这四个关键概率论知识点之前，我们先来为大家介绍概率论中两个基本的概率分类（无条件概率和条件概率）和一个概率论的常见分析工具（韦恩图）。

无条件概率（unconditional probability），也称为边际概率（marginal

probability），表示事件 A 单独发生的概率。也就是无需任何限制条件，A 事件自顾自发生的概率。

条件概率（conditional probability）是指在给定一定的限制条件下，A 事件发生的概率。例如，已知 B 事件发生的情况下，A 事件发生的概率，可以用 P(A|B) 表示。

例如，预测中国经济形势变好的概率为 70%。若将中国经济形势变好记为事件 A，经济形势变好这件事不受到任何限制条件的影响，这里的 70% 就是一个无条件概率，可以记为。若中国经济形势变好时，上证综指上涨的概率为 60%，若把上证综指上涨记为事件 B，则 60% 为条件概率。因为需要先给定中国经济形势变好，即事件 A 发生，才知道上证综指上涨（事件 B）会发生的概率为 60%，用数学符号可表示为：$P(B|A)=60\%$

韦恩图（Venn diagram），或译 Venn 图、温氏图、文氏图、范氏图，是在所谓的集合论（或者类的理论）数学分支中，在不太严格的意义下用以表示集合（或类）的一种草图（图 7−2）。

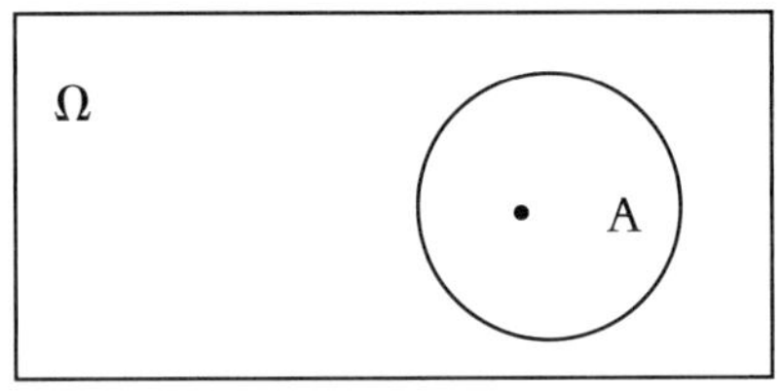

图 7-2　韦恩图

- 方框代表整体样本空间 Ω；
- 圆表示事件 A；
- 则如果某个结果落在圆内，表示事件 A 发生；
- 某个结果落在圆外，表示事件 A 不发生；
- 圆面积占方框面积的比值可表示事件 A 发生的概率 P(A)。

2.1　乘法法则

乘法法则（multiplication rule）可以用于计算联合概率（joint probability），联合概率就是事件 A 和事件 B 同时发生的概率，记为，其公式是：

$$P(AB)=P(A|B)P(B)=P(B|A)P(A)$$

这个公式表示事件 A 和事件 B 同时发生。联合概率韦恩图中可以展示为重叠部分的面积，如图 7−3。

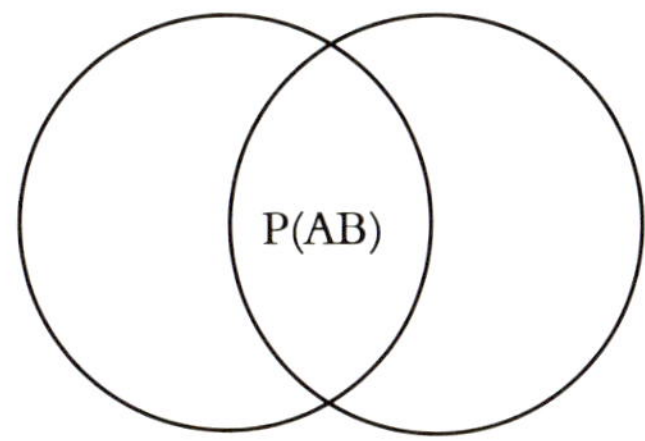

图 7-3 联合概率示意图

乘法法则体现了一种分步走的思想，可以分两种情况进行讨论：

情况一：

第一步：让事件 B 先发生，所以就有了事件 B 发生的概率 P(B)；

第二步：在事件 B 发生的条件下，事件 A 发生的概率为 P(A|B)；

所以事件 A 和事件 B 同时发生的联合概率 P(AB) 等于一个条件概率 P(A|B) 乘以一个非条件概率 P(B)。

情况二：

第一步：让事件 A 先发生，有 P(A)；

第二步：在事件 A 发生的条件下事件 B 发生的概率为 $P(B|A)$；两者相乘就可以得出事件 A 和事件 B 同时发生的概率。

举个例子

【例】已知有 16 个球。玻璃球 6 个：其中红色 2 个，蓝色 4 个；木质球 10 个：其中红色 3 个，蓝色 7 个。如果从中任取一个，定义事件 A 为“取到蓝球”，事件 B 为“取到玻璃球”，则有：P(A)=11/16，P(B)=6/16，P(AB)=4/16。

【例】如果已知取到的球是蓝球，那么该球是玻璃球的概率是多少？

定义：已知取到蓝球为事件 A，取到玻璃球为事件 B。此时求的是在事件 A 发生的前提下事件 B 的概率，即 P(B|A)。

依据乘法法则：P(AB)=P(B|A)P(A)

P(B|A)=P(AB)/P(A) =(4/16)/(11/16)=4/11

2.2 加法法则

加法法则（addition rule）可以计算事件 A 和事件 B 至少有一个发生的概率，记为 P(A or B)。加法法则示意图可以通过韦恩图来表示（图 7−4）。事件 A 和事件 B 当中至少有一个事件发生，对应的概率应该是图形的总面积。阴影部分总面积等于 A 圆面积 P(A) 加 B 圆面积 P(B)，但是中间两个圆相交的重叠部分被计算了两次。两圆相交的重叠部分表示 AB 事件同时发生的概率，即联合概率 P(AB)，所以公式必须减去一个 P(AB)。

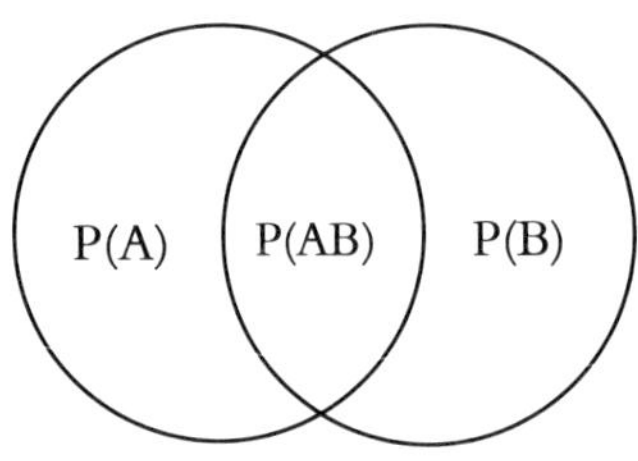

图 7-4　加法法则示意图

加法法则的公式为：P(A or B)=P(A)+P(B)−P(AB)。

2.3 互斥事件

互斥事件（mutually exclusive event）指的是 AB 两件事情不能同时发生。如果事件 A 和事件 B 为互斥事件，相当于如果事件 A 发生，事件 B 肯定不会发生，这种情况下，P(AB) 等于 0。其次，由于 A 发生的条件下，B 一定不会发生，也就是说给定 A 发生，B 发生的概率为 0，此时条件概率 P(B|A) 等于 0. 同理，条件概率 P(A|B) 也等于 0。所以在互斥事件中有以下结论：

$$P(AB)=P(A|B)=P(B|A)=0$$

此时，加法法则也会有对应变更。加法法则表示的是两个事件至少发生一件的概率，在互斥事件中等于两个非条件概率之和。即：P(A or B)=P(A)+P(B)−P(AB)=P(A)+P(B)。

2.4 独立事件

独立事件（independent event）指事件 A 和事件 B 的发生互不影响。不管事件 B 发不发生，事件 A 还是自顾自发生，所以事件 A 的条件概率等于事件 A 的无条件概率。独立事件的定义式：

$$P(A)=P(A|B),\ P(B)=P(B|A)$$

由于在独立事件中，事件的条件概率等于无条件概率，所以此时乘法法则将发生变形。依据乘法法则：

$$P(AB)=P(A)P(B|A)=P(B)P(A|B)$$

因为 AB 事件独立，所以：

$$P(A)=P(A|B),\ P(B)=P(B|A)$$

如果事件 A 与事件 B 独立，利用独立事件的定义式，此时 AB 两件事同时发生的联合概率独立事件满足以下公式：

$$P(AB)=P(A)P(B|A)=P(A)P(B)$$

事件彼此独立的意思就是指两个事件的发生没有任何关系，不会相互影响。利用事件独立性的性质，会使计算某些事件概率更方便。

举个例子

【例】甲、乙两人同时向一敌机开炮，已知甲击中敌机的概率为 0.6，乙击中敌机的概率为 0.5，求敌机被击中的概率。

【解】记事件 A 为“甲击中敌机”，事件 B 为“乙击中敌机”，事件 C 为“击中敌机”，显然 A，B 两个事件独立。

则事件 A 或者事件 B 的发生均可使事件 C 发生，运用加法公式，有：

$P(C)=P(A \text{ or } B)=P(A)+P(B)-P(AB)$

由独立性可以知道：$P(AB)=P(A)P(B)=0.6\times0.5=0.30$，于是

$P(C)=0.6+0.5-0.3=0.8$

独立事件和互斥事件之间是否存在关系？首先，独立肯定不等于互斥，独立是独立，互斥是互斥，它们含义不同。

此外，还有一个更深层的关系，如果两个事件是互斥事件，那它们一定不是独立事件。比如说，如果事件 A 和事件 B 是互斥事件的话，那就说明事件 A 发生的情况下事件 B 一定不会发生。因此事件 A 的发生对事件 B 的发生是有影响的。所以，这个时候事件 A 和事件 B 肯定不是独立事件。

另一个角度是通过公式来证明，如果事件 A 和事件 B 是互斥的，说明 P(AB) 等于 0。假设它们是独立的，那么 $P(AB)=P(A)\times P(B)$。既然 P(AB) 等于 0，就说明 P(A) 和 P(B) 中至少有一个等于 0，也就是 AB 两个时间当中至少有一个是不可能发生的事件。这和条件不相符，所以事件 A 和事件 B 肯定不是独立事件。所以说，互斥事件一定不是独立事件。

3. 全概率公式

3.1 全概率法则（公式）

全概率法则（公式）（total probability rule）主要用于计算某一个事件的无条件概率 P(B)。全概率公式的思想是将事件 B 切分成多个小事件的概率之和。例如，事件 B 受到 n 个事件 W_i 的影响，i=1,2⋯n。此时如果 W_i 同时满足两个条件：

1）W_1，W_2.... 两两互斥；

2）所有 Wi 构成遍历事件，即：$W_1 \cup W_2 \cup ....=\Omega$，

则称事件组 W_1, W_2,...W_n 是样本空间 Ω 的一个划分。

设 W_1, W_2,... 是样本空间 Ω 的一个划分，B 为任一事件，则全概率公式：

$$P(B)=P(W_1)P(B|W_1)+P(W_2)P(B|W_2)+\cdots+P(W_n)P(B|W_n)$$

名师解惑

全概率公式的思想可以通过韦恩图来解释（图 7-5）。

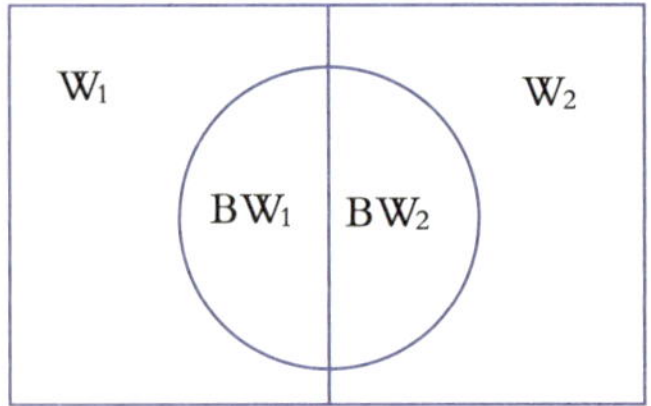

图 7-5 全概率法则示意图

设 $W_1, W_2,\ldots$ 是样本空间 Ω 的一个划分，B 为任一事件。

P(B) 为整个圆面积 = 左半边圆面积 + 右半边圆面积

$P(B)=P(BW_1)+P(BW_2)$，

依据乘法法则展开 $P(BW_1)$ 与 $P(BW_2)$，则

$P(B)=P(W_1)P(B|W_1) + P(W_2)P(B|W_2)$ 。

可由此推广到 n 个事件，如果事件 B 受到 n 个事件 $W_1, W_2,\ldots$

设 $W_1, W_2,\ldots$ 是样本空间 Ω 的一个划分，B 为任一事件，则全概率公式:

$$P(B)=P(W_1)P(B|W_1) + P(W_2)P(B|W_2) +\cdots+ P(W_n)P(B|W_n)。$$

全概率公式的意义在于：当直接计算 P(B) 较为困难，而 $P(W_i),P(B|W_i)$ (i=1,2,...) 的计算较为简单时，可以利用全概率公式计算 P(B)。

3.2 贝叶斯公式

投资者在进行投资时，常常基于自己的经验和知识进行投资判断，提出一些看法。这些看法被新的经验和知识改变或确证。贝叶斯公式（Bayes’ Fomula）可以处理新信息出现时，对当前看法的影响，继而做出相应的概率调整。在投资决策和其他很多商业领域中，例如基金业绩评估，贝叶斯公式都有着广泛的应用。贝叶斯公式主要用于计算条件概率，可以基于乘法法则变形得到。

乘法法则：P(AB)=P(A|B)P(B)=P(B|A)P(A)，所以要求的条件概率公式为：

$$P(A|B)=\frac{P(B|A)}{P(B)}\times P(A)$$

上式就是贝叶斯公式的定义式。其中：

- 事件 A 代表投资者要进行判断的事件，
- B 代表的是新信息，
- 当新信息 B 出现时，事件 A 发生的概率为条件概率 P(A|B)。

贝叶斯公式计算出的条件概率 P(A|B) 是在无条件概率 P(A) 的基础上，调整一个信息因子 $\frac{P(B|A)}{P(B)}$ 得来的概率，而若分母 P(B) 的概率未知，则可通过全概率公式求得。

举个例子

【例】假设世界上存在着某一种病，统计结果为人患病的概率是30%，人不患病的概率是70%。有一种针对这种疾病的快速诊断仪，这个诊断仪可以快速诊断出某人有没有患这种病。但是在这个世界上任何一种精密的仪器均可能有失误率，意味着这个机器诊断出来某个人患病却不能代表这个人百分之百的患病。对于上述的情况，有四种可能性，如表7-1所示。首先，如果某人真的患病，机器诊断出来患病的概率是0.8，机器没有诊断出来患病的概率是0.2；如果此人没有患病，机器测出来患病的概率是0.1，没患病的概率是0.9。求解：用机器诊断出某个人患病，而此人真的患病的概率是多少？

表7-1 机器检测患病情况统计

	机器测出有病	机器测出没病
有病（0.3）	0.8	0.2
没病（0.7）	0.1	0.9

【解1】用字母定义各个事件：

A：人真的患病，$\overline{A}$：人没患病，B：机器诊断人患病，$\overline{B}$：机器诊断人没患病

所以，人真的患病的概率：P(A)=0.3；人没患病的概率是：$P(\overline{A})=0.7$

人患病的情况下机器测出来人患病的概率，即在A发生的情况下B发生的概率：P(B|A)=0.8；

人没患病的情况下机器诊断出患病的概率，即在$\overline{A}$发生的情况下B发生的概率：$P(B|\overline{A})=0.1$。

要求机测出人患病的情况下，这个人真的患病的概率，即在事件B发生的情况下A事件发生的概率，即求解P(A|B)。

根据贝叶斯公式：$P(A|B)=\dfrac{P(B|A)\times P(A)}{P(B)}$

全概率公式：$P(B)=P(B|A)P(A)+P(B|\overline{A})P(\overline{A})$

可求解：

$$P(A|B)=\frac{P(B|A)\times P(A)}{P(B|A)P(A)+P(B|\overline{A})P(\overline{A})}=\frac{0.8\times 0.3}{0.8\times 0.3+0.1\times 0.7}=0.7742$$

所以机器测出来某人患病的情况下，这个人真的患病的概率是77.42%。

【解 2】在考试中，可以用二叉树的简便方法进行求解。题目要计算的条件概率指的是：在机器诊断出患病的情况下，这个人真的患病的概率。

解题思路：

首先，找到机器诊断出人患病的所有可能性，分为两条路径（图 7-6）。

路径 1：人患病，并且机器诊断出患病，概率为：$P(B|A)\times P(A)$

路径 2：人不患病，但机器诊断出患病，概率为：$P\left(B|\overline{A}\right)\times P\left(\overline{A}\right)$

接着，计算条件概率，在机器诊断出患病的情况下，这个人真的患病的概率 = 路径 1÷（路径 1+ 路径 2）

$$P(A|B)=\frac{P(B|A)\times P(A)}{P(B|A)P(A)+P(B|\overline{A})P(\overline{A})}=\frac{0.8\times 0.3}{0.8\times 0.3+0.1\times 0.7}=0.7742$$

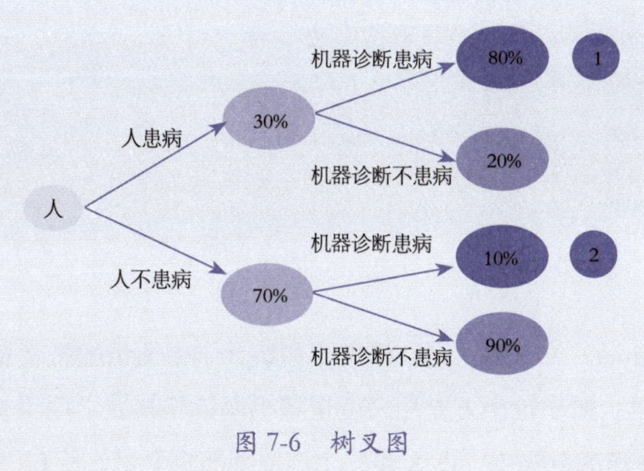

图 7-6　树叉图

3.3　期望

期望的本质是求一组数据的加权平均数。只不过在求期望的过程中，用随机变量取到每一个数的概率作为权重，所以期望又可以看成用每一个随机变量的可能取值乘以对应的概率再求和。随机变量的数学期望的本质是一个加权平均，记为：

$$E(X)=\sum x_i\times P(x_i)=x_1\times P(x_1)+x_2\times P(x_2)+\cdots+x_n\times P(x_n)$$

在金融中，可以用期望计算某一金融产品未来的平均收益率，衡量某一类投资给投资者带来的投资收益。

举个例子

【例】某债券，经济呈现良好态势时收益率是10%，经济呈温和态势时收益率是8%，经济呈现较差态势时收益率是3%，未来一年经济呈现良好态势的概率是30%，温和态势50%和较差态势20%，求未来一年债券的平均收益率。

【解】如表7-2。

表 7-2 债券收益率

经济形势	好	中	差
概率	30%	50%	20%
收益率	10%	8%	3%

求平均收益率，即为求债券的期望 E(R)：

E(R)= 30%×10%+50%×8%+20%×3%=7.6%

3.4 方差

方差（variance，Var(X)）是在概率论和统计学中衡量随机变量或一组数据离散程度的统计量。概率论中方差用来度量随机变量和其数学期望（即均值）之间的偏离程度。在概率分布中，设 X 是一个离散型随机变量，若 $E[(X-E(X))^2]$ 存在，则称 $E[(X-E(X))^2]$ 为 X 的方差，记为 D(X)，Var(X) 或 DX。其中 E(X) 是 X 的期望值。

单个随机变量X的方差的本质是求期望，方差公式中的E也是期望值“expected value”的缩写。只不过方差求解的是“X 与 E(X) 距离的平方和”这个整体的期望值，而期望的本质是求加权平均，用 X 每一个结果的概率作为权重乘以对应的 $(x-Ex)^2$ 再求和。所以离散型随机变量 X 的方差计算公式为：

$$\sigma^2=\sum_{i=1}^{N}P_i\left(X_i-E\left(X\right)\right)^2$$

举个例子

【例】某债券，经济呈现良好态势时收益率是10%，经济呈温和态势时收益率是8%，经济呈现较差态势时收益率是3%，未来一年经济呈现良好态势的概率是30%，温和态势50%和较差态势20%，求收益率的方差。

【解】如表7-3。

表7-3 债券收益率统计

经济形势	好	中	差
概率	30%	50%	20%
收益率	10%	8%	3%

求方差，即求Var(X)：

E(R)=10%×30%+50%×8%+20%×3%=7.6%

$Var(X)=30\%\times(10\%-7.6\%)^2+50\%\times(8\% -7.6\%)^2+20\%\times(3\%-7.6\%)^2=0.000604$

4. 组合收益率的期望与方差

期望与方差是金融里面衡量投资组合业绩和风险的两个主要指标。在计算组合收益率的期望和方差中，会用到包括全概率公式，方差的基本性质和排列与组合的相关知识，所以这部分的学习也是数量分析中较难的知识点。

4.1 资产组合的期望收益率

在投资组合中，R_p 可以看作投资组合的收益率，R_i 为组合中的证券的收益率，w_i 为该资产的投资权重。$E(R_p)$ 为投资组合收益率的数学期望，$E(R_i)$ 为组合中各个成分证券的期望收益率。若整个投资组合中包含 n 个资产的组合，期望收益率的公式为：

$$E(R_P)=E\left(w_1R_1+w_2R_2+\cdots+w_nR_n\right)=w_1E(R_1)+w_2E(R_2)+\cdots+w_nE(R_n)$$

$$E(R_P)=\sum_{i=1}^{n}w_iE(R_i)$$

4.2 资产组合收益率的方差

上文介绍了单个资产收益率的方差，也知道了可以用方差来衡量一个资产的风险。在投资的时候，往往一个组合中会有多个资产，那组合收益率的方差是如何计算的呢？当一个组合由两个资产构成的时候，其收益率的方差计算公式为：

$$\sigma_p^{\ 2}=w_1^{\ 2}\sigma_1^{\ 2}+w_2^{\ 2}\sigma_2^{\ 2}+2w_1w_2Cov_{1,2}=w_1^{\ 2}\sigma_1^{\ 2}+w_2^{\ 2}\sigma_2^{\ 2}+2w_1w_2\sigma_1\sigma_2\rho_{1,2}$$

通过公式可以看出，一个组合的风险取决于构成它的各个资产的权重、方差以及它们的相关系数。在其他条件都确定的情况下，资产之间的相关性越低，组合的方差，即风险也就会越小。

一个随机变量的标准差的平方即为其方差，因此组合的标准差公式为：

$$\sigma_P=\sqrt{w_1^2\sigma_1^2+w_2^2\sigma_2^2+2w_1w_2\rho_{1,2}\sigma_1\sigma_2}$$

当组合中的两个资产扩展到 n 个资产时，组合标准差的公式就表示为：

$$\sigma_p=\sqrt{\sigma_P^2}=\sqrt{\sum_{i=1}^{n}w_i^2\sigma_i^2+\sum_{i=1}^{n}\sum_{j=1}^{n}w_iw_jCov_{i,j}}$$

如果设组合中所有资产的权重都是相等的，即都为 1/n，那组合方差的公式就可以变形为：

$$\sigma_p^2=\frac{1}{n^2}\sum_{i=1}^{n}\sigma_i^2+\frac{n^2-n}{n^2}\overline{Cov_{i,j}}$$

当 n 趋近于无穷大时可以发现，组合的方差近似等于平均的协方差。此时，组合的方差主要受组合中两两之间的协方差的均值的影响，受单个资产方差的影响减弱。各项资产之间的协方差有正有负，它们会起相互对冲抵消的作用，但不会完全抵消。因此，可以通过扩大投资组合进行风险的分散化。

名师解惑

在 CFA 一级的考试中，由两个资产构成的组合的方差和标准差是考试的重点，所以其相关知识及计算要重点掌握。而三个资产构成的组合的方差虽然在一级考试中考得较少，但也要求掌握。其他多个资产构成的组合的方差公式只要了解其基本特征和一般表达式即可，通常一级考试不作要求。

5. 协方差和相关系数

5.1　协方差

协方差的英文单词 Covariance 是由方差 Variance 前面加了个前缀 co- 得来的。Co- 是同步的意思，所以 Variance 前面加一个 co-，表示的不再是一个随机变量或者说一组数据的离散程度，而是两个随机变量之间的相对变化关系。若两个随机变量 XY 为同向变化，即某一个随机变量的数值高于均值，另一个随机变量也高于均值，也就是平均来看两个随机变量相对于均值的变化方向是相同的，此时认为 XY 为同向变化。如果一个随机变量高于均值时，另一个随机变量低于均值，就说明这两个随机变量的变动是反向的。协方差用来描述随机变量变动的方向性：当两个随机变量的协方差大于零时，说明随机变量同向变化；当协方差小于零时，说明随机变量反向变化；如果协方差等于零，说明随机变量偏离期望值的方向彼此之间没有关系。

协方差作为一个统计量，和随机变量的均值、方差或标准差一样可以通过公式计算出具体的数值。协方差的本质是求期望，只不过求的是 $X_i-\overline{X}$ 与 $Y_i-\overline{Y}$ 两者乘积的期望。

X 和 Y 协方差的公式可以表示为：

$$Cov(X,Y)=E\left[\left(X_i-\bar{X}\right)(Y_i-\bar{Y})\right]=E\left[\left(\mathrm{X}-\mathrm{E}(\mathrm{X})\right)\left(\mathrm{Y}-\mathrm{E}(\mathrm{Y})\right)\right]$$

这个公式是计算协方差最基本的定义式，考试中的有一类经典的题目，就是依据定义式与联合概率分布表来计算 XY 之间的关系。

举个例子

— 备考指南 —
这类联合概率求解的考题非常重要，需要考生重点掌握。

【例】（给定联合概率函数计算协方差）假定两家公司的收益率的联合概率如表 7-4。

表 7-4　公司收益率联合概率

	X=20%	X=16%	X=10%
Y=25%	0.20	0	0
Y=12%	0	0.50	0
Y=10%	0	0	0.30

可以知道 X 公司的期望收益率为：

0.20×20%+0.50×16%+0.30×10%=15%，

Y 公司的期望收益率为：0.20×25%+0.50×12%+0.30×10%=14%（运用了全概率公式）

Cov(X,Y)=0.2(20-15)(25-14)+0.5(16-15)(12-14)+0.3(10-15)(10-14)=16（表 7-5）

表 7-5　公司收益率联合概率

情况	X 对期望的偏离	Y 对期望的偏离	偏离的乘积	联合概率	概率权重乘积
好	20−15	25−14	55	0.20	55×0.20=11
一般	16−15	12−14	−2	0.50	−2×0.50=−1
差	10−15	10−14	20	0.30	20×0.30=6
Cov(X,Y)=0.2(20−15)(25−14)+0.5(16−15)(12−14)+0.3(10−15)(10−14)=16					

在考试中，考生需要掌握有关协方差的两条性质。

1. 协方差的取值范围：Cov（X,Y）∈ (− ∞ ,+ ∞)

由于协方差本质是求期望，所以如果 X 或者 Y 的可以取到正无穷或者负无穷，计算出的协方差的取值范围也可以从负无穷取到正无穷的。

> 备考指南
> 协方差的取值范围可以与方差对比记忆。
> 方差取值范围：0~正无穷
> 协方差取值范围：负无穷 ~ 正无穷

2. 随机变量 X 自己与自己的协方差就是方差，即 $COV(X,X)=\sigma^2(X)$。

通过公式变形可以得出：

$$COV(X,X)=E[(X-E(X))(X-E(X))]=E[(X-E(X))^2]=\sigma^2(X)$$

名师解惑

关于协方差的考点，需要掌握以下四方面的内容：

（1）协方差度量的是两个随机变量变动的方向性；

（2）协方差的本质是计算期望：$Cov(X,Y)=E\left[\left(X_i-\bar{X}\right)(Y_i-\bar{Y})\right]$

经典题：当已知随机变量的联合概率时，要学会计算其协方差；

（3）数据本身的协方差等于数据的方差 $Cov(X,X)=\sigma^2(X)$；

（4）Cov（X,Y）∈（- ∞ ,+ - ∞)。

5.2 相关系数

协方差作为描述 X 和 Y 相关程度的量，在同一物理量纲之下有一定的作用，但同样的两个量采用不同的量纲使它们的协方差在数值上表现出很大的差异，为了改进协方差的这种缺点，剔除量纲的影响，因此引入了一个新的概念：相关系数（correlation），记为 Corr(X,Y)。

相关系数是最早由统计学家卡尔·皮尔逊（Karl Pearson）设计的统计指标，是研究变量之间线性关系的量。

名师解惑

什么是线性关系？

两个变量之间存在一次方函数关系，就称它们之间存在线性关系。更通俗一点讲，如果把这两个变量分别作为点的横坐标与纵坐标，其图象是平面上的一条直线，则这两个变量之间的关系就是线性关系。即如果可以用一个二元一次方程来表达两个变量之间关系的话，这两个变量之间的关系称为线性关系，因而，二元一次方程也称为线性方程。

在统计学中，我们一般用字母 r 表示样本 X 与样本 Y 之间的相关系数，用希腊字母ρ表示总体 X 与总体 Y 之间的相关系数。相关系数可以用 X 和 Y 的协方差除以 X 和 Y 的标准差之积求得，即：$\rho_{X,Y}=\frac{Cov(X,Y)}{\sigma_X\sigma_Y}$

名师解惑

不同的物理量纲，可以简单理解为数据的单位。例如，随机变量 X 的单位是米（m），Y 的单位也是（m），此时 E(X) 与 E(Y) 的单位也都是米。

X 与 Y 的方差等于每一个随机变量的取值减去均值的平方的期望，所以方差的单位就是平方米（m^2）。而标准差是方差开正的平方根，所以 X，Y 的标准差的单位与原单位相同，依旧是米（m）。

同理，协方差的基本公式为 $X_i-\overline{X}$ 与 $Y_i-\overline{Y}$ 两者乘积的期望，所以最终协方差的单位就是平方米（m^2）。

但是由于相关系数是协方差除以标准差之积，分子上的协方差的单位为平方米，分母上两个随机变量的标准差的乘积的单位也是平方米，所以分子分母单位上下约掉，最终，相关系数是一个不带单位的比值的概念。由于剔除了单位所产生的影响，所以我们把相关系数叫做剔除量纲影响的统计量。

相关系数通过除以标准差的乘积来剔除量纲的影响，最终得到的是一个不带单位的比值。而这种比值的计算又划定了相关系数的取值范围从 −1 到 1。

相关系数的正负号取决于 XY 之间变动的方向性。由相关系数的公式可知，分母为 XY 的标准差之积，而标准差是对方差取正的平方根，所以在计算相关系数的公式中，分母恒为正，则相关系数的正负性取决于协方差的正负性。当协方差大于 0，XY 之间同向变动，相关系数也大于 0；当协方差小于 0，XY 之间反向变动，相关系数也小于 0。

5.3 散点图

为了更直观地描述两个随机变量 AB 之间的关系，可以将 AB 用离散的点表示在直角坐标系中，这些离散的点构成的图像叫散点图（scatterplot）。不同的散点图将描绘两个随机变量 AB 之间不同程度的线性关系，下文将分五种情况进行讨论。

情况一：r=1，当相关系数等于 1 时，代表 AB 两个随机变量之间是完全正的线性关系，又名完全正相关（图 7–7）。

首先，AB 之间是正的关系，即平均来看，随着 A 的增加，B 是不断上升的。什么叫完全的线性关系呢？从散点图上看，所有的散点可以完全拟合成一条直线，没有任何一个点会偏离这条直线。此时 AB 的关系可以完全由一个二元一次方程来进行表示：B=kA+b。所以完全正相关有双重含义：第一，AB 之间的关系是严格的线性关系，A 每增加一单位，B 会等比例地增加；第二，AB 之间是同向变动，随着 A 的上升，B 是不断上升的，即在线性方程中的斜率 k 是一个大于 0 的数。画在散点图中，呈现的就是一条斜向上的直线。

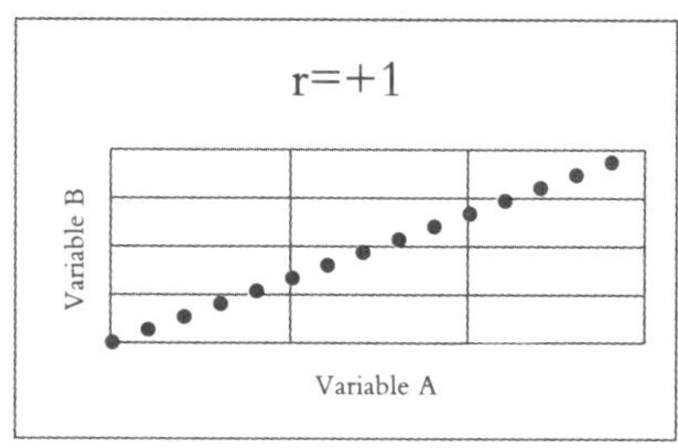

图 7-7

情况二：r=–1，代表 AB 两个随机变量之间是完全负的线性关系，或者是完全负相关（图 7–8）。

完全负相关也有双重含义：第一，AB 之间的关系是严格的线性关系，可以表示为 B=kA+b 这样一个一次方程，A 每增加一单位，B 会等比例地减少；第二，AB 之间是反向变动，即随着 A 的增加，B 是不断减少的，即在方程中，斜率 k 就应该是一个小于 0 的数。画在散点图中，呈现的就是一条斜向下的直线。

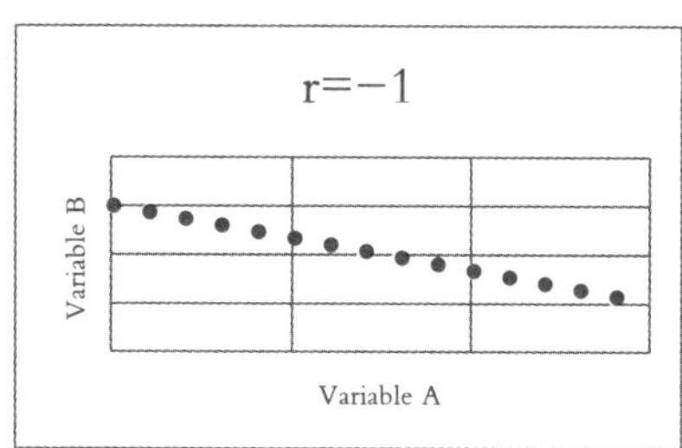

图 7-8

情况三：如果相关系数等于 0，则表示两个随机变量之间不存在线性关系。也就是说 AB 之间无法用一条直线来描述两者的关系。此时，相关系数等于 0 可以画出两类散点图。

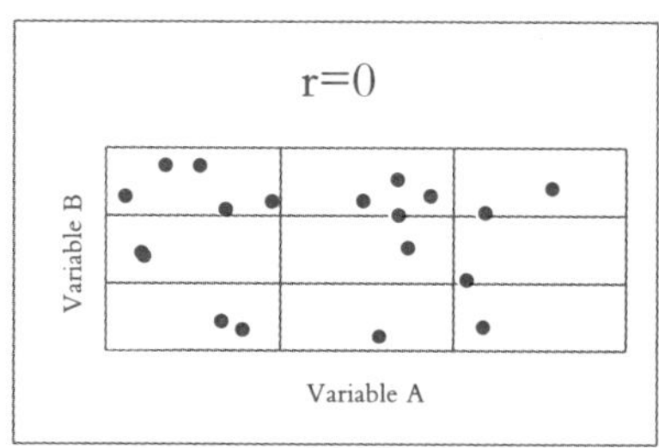

图 7-9

第一类为图 7-9，图中随着 A 的增加，B 既有可能上升也有可能下降，所以两个随机变量 AB 之间没有关系，或者说 AB 独立，此时 AB 两个随机变量的相关系数应该等于 0。

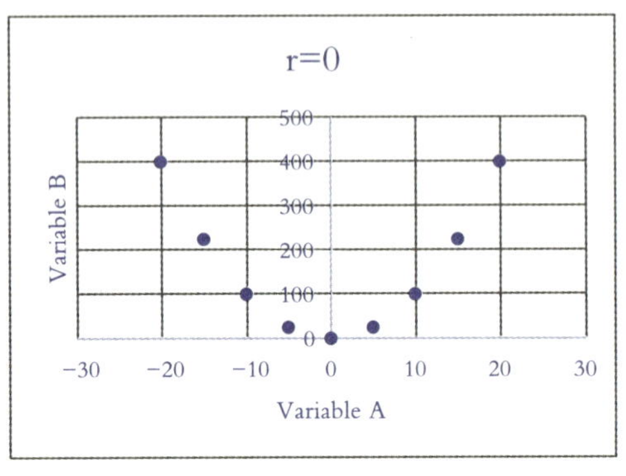

图 7-10

图 7-10，显示的是第二种相关系数等于 0 的情况。图中，AB 之间没有线性关系，所以相关系数等于 0，但是 AB 之间有很显著的非线性关系（实际：$B=A^2$）。

可见相关系数等于 0 其实代表两种情况：第一，两个随机变量独立；第二，两个随机变量不独立，只是没有线性关系，但是可能有其他显著的非线性关系。所以相关系数等于 0，仅仅代表两个随机变量之间不存在线性关系，但不排除两个随机变量之间可能会存在其他的非线性关系，只不过这种关系无法通过相关系数表示出来。如果两个随机变量是独立的，说明两者之间没有任何关系，既然没有任何关系，当然也就没有线性关系，所以可以直接得出相关系数等于 0。所以可以得出一条重要结论：两个随机变量之间独立可以推出两者的相关系数等于 0，但是两个随机变量的相关系数等于 0 不能反推出两者独立。

— 备考指南 —
考生可以通过数学表达进行记忆：
X 和 Y 独立→ ρ=0

情况四：0<r<1，代表 AB 之间有不完全的正的线性关系。形式如图 7-11。

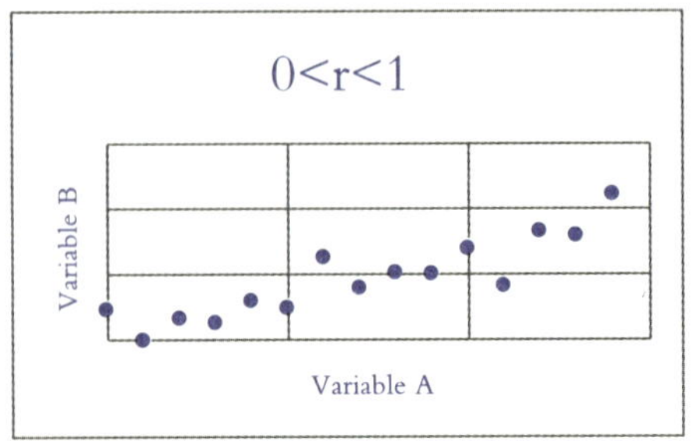

图 7-11

如图 7-11 所示，平均来看随着 A 的上升，B 大体上是不断上升的，两个随机变量之间呈现一种正相关的关系，但是所有的散点不能连成一条完整的直线，所以这并不是一种完全的线性关系。在这种不完全的正相关关系中，AB 之间的相关系数就在 0 至 1 之间。

情况五：$-1<r<0$。AB 之间有不完全的负的线性关系，如图 7-12。

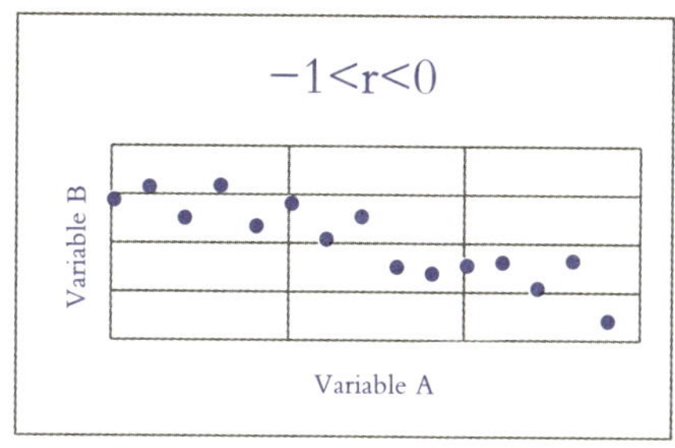

图 7-12

如图 7-12 所示，平均来看随着 A 的上升，B 大体上是不断下降的，两个随机变量之间呈现一种负相关的关系，但是所有的散点不能连成一条完整的直线，所以这并不是一种完全的线性关系。在这种不完全的负相关关系中，AB 之间的相关系数就在 −1 至 0 之间。

名师解惑

总结一下，相关系数表示的是两个随机变量之间的线性关系。

- 如果相关系数大于 0 而小于 1，表示随机变量之间存在正的线性关系；
- 如果相关系数小于 0 而大于 -1，表示随机变量之间存在负的线性关系；
- 如果相关系数等于 1（或者 -1），表示随机变量之间存在完全正（或者负）线性关系；
- 如果相关系数等于 0，表示随机变量之间不存在线性关系。

名师解惑

- 在学习相关系数时，很多同学会犯一个错误。比如说如果 Y=2X，那 X 和 Y 之间的相关系数等于几呢？有些同学会认为这个相关系数等于 2，这是不对的，它们的相关系数应该是等于 1 的。因为随着 X 增加一单位，Y 等比例增加 2 单位，所以 XY 之间是完全正相关的关系，所以相关系数等于 1。

◢ 再比如说，对于 Y=-0.5X 来说，随着 X 增加一单位，Y 等比例减少 0.5 单位，所以两者之间是完全负的线性关系，所以他们的相关系数是等于 -1 的，而不是 X 前面的系数 -0.5。

◢ 要知道相关系数代表的是两个随机变量之间的线性关系，而不是式子中 X 前面的系数是多少。

依据散点图可以发现，当相关系数等于 ±1 时，两个随机变量之间是完全的线性关系，画在图上可以完美拟合成一条直线，即最强的线性关系；当相关系数等于 0 时，两个随机变量之间没有线性关系，即最弱的线性关系。可见，通过相关系数的绝对值，可以判断线性关系的强弱，当相关系数的绝对值越趋于 1，线性关系越强，越趋于 0，线性关系越弱。

名师解惑

◢ 计算公式：$\rho_{X,Y}=\dfrac{Cov(X,Y)}{\sigma_X\sigma_Y}$。

◢ 相关系数衡量的是两个随机变量之间的线性关系。

◢ 相关系数的取值范围为：[-1,1]。

◆ 相关系数等于 1 时，表示完全正的线性相关；

◆ 相关系数等于 -1 时，表示完全负的线性相关；

◆ 相关系数等于 0，代表的是两个随机变量之间是没有线性关系的。但是相关系数等于 0 不等价于独立。

◢ 通过散点图可以判断相关系数的大致范围。

◢ 线性关系的强弱取决于相关系数的绝对值：

◆ $|\rho|\to 1$，线性关系越强；

◆ $|\rho|\to 0$，线性关系越弱。

5.4 相关性分析的局限性

相关性分析主要有三个缺点：异常值、伪相关和非线性关系。

5.4.1 异常值

如图 7-13，这些点很明显有正向关系，可是有一个偏离很远的点，削弱了这个正向关系，这样的点称之为异常值（outliers）。

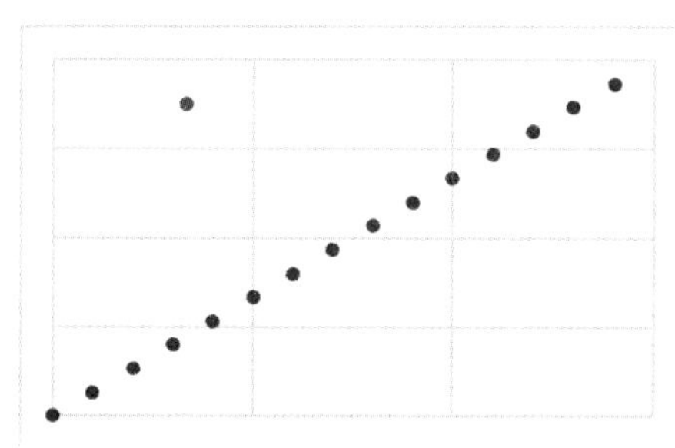

图 7-13 异常值

为了解决异常值问题，在数据分析时，通常有这样两个思路：

- 数据输入有问题，应当剔除异常值，此时该点在自然规律之外，所以要把该点去掉，去掉该点后，关系就变的显著明朗了。
- 异常值属于自然规律，不应该剔除异常值。此时异常值虽然会削弱相关性，但是该异常值是包含描述变量之间关系的信息的，就应当把该点考虑在内。

在相关系数分析中，异常值的处理尤其重要，不管是剔除异常值还是不剔除异常值，都体现了分析师处理数据的技巧。

5.4.2 伪相关

伪相关（spurious correlation）指这个相关是不存在的，是错误的，但是仅依靠相关性分析却承认了这样的相关。

常见的出现伪相关的原因有三点：

- 偶然相关。仅是因为偶然抽取到了特定的数据集后，算出两个原本不存在相关性的变量间的相关系数不为 0。
- 同时和别的数据运算导致相关。指两个原本不相关的变量，由于同时与同一个变量进行了加减乘除等运算后就变得相关。比如一个国家的总收入和总消费的关系不是很明显，于是想了一个办法，把总收入和总消费除以这个国家的人数，得到人均收入和人均消费，这个时候研究人均收入和人均消费的关系就明显了。直接找中国和美国 GDP 的关系可能并不能找到，原因主要在于两个国家人口规模差太多，虽然人均 GDP 中国差美国很多，但是乘了人口数量以后总 GDP

的规模就很大了，所以单独看两个国家的 GDP，是找不出什么规律的，但是把中国人均 GDP 和美国人均 GDP 做比较，关系就比较明显了。

- 间接相关。指的是事件 A 和事件 C 之间的相关关系并不是由于存在直接的相关关系，而是因为事件 A 和事件 C 同时都和第三个事件 B 相关，才在统计上造成了事件 A 和 C 的相关，A 和 C 实际上没有什么必然的联系。

名师解惑

伪相关的实质是相关性分析可能会将毫无因果关系的两个变量联系在一起。关于伪相关的三种情况可以借助三个例子来进行理解。

（1）偶然相关

比如曾经有个报告说女孩子的裙子长度和国家的 GDP 是有关系的，而且是个很明显的线性负相关关系，甚至还为这个线性关系准备了一套说辞。但其实这样的相关其实是一种伪相关。研究者抽到的长裙子样本可能来自于伊朗等国家，经济增长速度不是很快，但是裙子长可能是因为其穆斯林信仰；而抽到的短裙子样本可能来自于美国韩国等国家，经济增长速度快，但是裙子短可能是因为潮流文化对于女性穿着的影响。这种关系称之为偶然相关，偶然相关得出来的结论是没有经济学意义的，同时也很容易被其他数据所影响。

（2）同时和别的数据运算导致相关

如果两组总量数据之间没有明显的线性关系，把这两个数据同时除以一个其他数据（比如人口数），得到类似于人均的指标，可能会呈现出一定的线性关系，但原数据中这个线性关系是不存在的。如果因为人均数据之间存在线性关系，而误认为原总量数据之间也存在线性关系，这种现象也称为伪相关。

（3）间接相关

间接相关是比较有意思的一种伪相关。

比如有个很有趣的笑话，有一个人在吧台做长期的服务生，有一天，来了一个人在吧台喝闷酒，酒吧的服务员就问他：

“你是从事什么工作的？”

“我是做逻辑工作的。”

“什么是逻辑思维的工作呢？”

“好，我给你举个例子，你养狗吗？”

"养狗。"

"那说明你有一个非常和睦的家庭。"

"是的，我有一个非常和睦的家庭。"

"那你应该有一个漂亮的老婆。"

"是的，我有一个漂亮的老婆。"

"既然你有一个比较漂亮的老婆，说明你不是同性恋。"

"对的，我不是同性恋。"

"这就是逻辑，我从你养狗推断出来你不是一个同性恋。"

服务员大声叫好，这一步一步逻辑演绎，引人入胜。

过了一会儿来了另外一个人来酒吧喝酒，问"你们刚刚两个人在聊什么，很有趣的样子。"

服务生说："我们在聊逻辑工作，我发现这是一个很有意思的工作。"

"那你跟我说一下什么是逻辑工作？"

"没问题，你养狗吗？"

"我不养狗。"

"哦，说明你是同性恋。"

这个笑话很好的说明了伪相关。养狗和同性恋本身是没有显著线性关系的，但是中间嵌套了的每一层关系都非常有线性关系，让人误以为线性关系可以传导，实则不然。好比小时候玩的一场游戏，小朋友们排成一列，最前面的小朋友依次向后面的小朋友传递一句话，我们会发现最后一个小朋友获得的信息和第一位传话的小朋友之间，其实会产生巨大的差异。

5.4.3 非线性关系

非线性关系（nonlinear relationship）指的是相关系数不能很好地描述变量之间除线性关系以外的关系，就算两个变量之间实际存在非常强的相关关系，但只要这种相关不是线性相关，那可能算出来的相关系数依旧并不显著。

比如，$Y=X^2$，虽然这个相关系数 ρ 算出来等于 0，但很显然 Y 和 X 之间存在明显的相关关系。

名师解惑

关于 $Y=X^2$ 的相关系数等于 0 的结论需要进行一些补充说明。

其实这里的 ρ 不一定等于 0，ρ 是否等于 0 要看取值范围。

如图 7-14，如果取值范围是负无穷到正无穷，从这个广度来看，是找不到一条直线的，所以从这个角度 ρ 一定等于 0。

但是如果只找圈起来的那块，里面有无数个点，而且肯定能画出直线来，这条直线相关系数是很强的，只要取值的间隔够小，等于 1 都是有可能的，再极端一点，就取两个点，一定构成直线，所以相关系数等于 1。

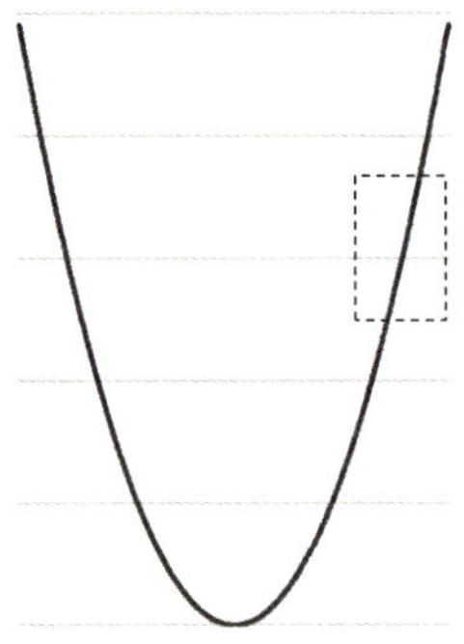

图 7-14　$Y=X^2$ 的相关系数

所以单纯的看函数 $Y=X^2$，是判断不出相关系数是多少的，需要去看取值范围。这个在学术界的争论一直很大，但是 CFA 的教材说地较为绝对，所以需要单独提一下。

6. 计数原理

计数原理是数学中的重要研究对象之一，是解决计数问题的最基本、最重要的方法，也称为基本计数原理，它们为解决很多实际问题提供了思想和工具。例如，排列、组合的定理及其应用，可以帮助考生解决简单的计数问题。

6.1 乘法法则

如果做第一件事有 n_1 种方法，做第二件事情有 n_2 种方法，做第三件事情有 n_3 种方法，第 k 件事情有 n_k 种方法，那么做这 k 件事情的方法为（$n_1 \times n_2 \times n_3 \times \cdots\cdots \times n_k$）种，这就称为乘法法则。

6.2 阶乘

阶乘是基斯顿·卡曼（Christian Kramp）于 1808 年发明的运算符号，是数学术语。一个正整数的阶乘（factorial）是所有小于及等于该数的正整数的积，并且 0 的阶乘为 1。自然数 n 的阶乘写作 n!。阶乘可以通过“分房间”的例子来记忆。

举个例子

【例】甲乙丙三人要分三间房间 101、102、103 总共有多少种分法?

【解】本题可以分三步来进行求解。

第一步：对甲来说，共有三种不同选则；

第二步：一旦甲选定 101 后，乙只有两间不同房间可以选择；

第三步：一旦乙选定 102 后，丙只有一间房可以选择。

依据乘法法则，总的可能为三步中的所有的可能性相乘。

总的方法为 $3\times2\times1=6$ 种

数学中，把 $3\times2\times1$ 记为 3！，称为 3 的阶乘（factorial）。

推广：如果 n 个人分 n 间房间，则有 $n!=n\times(n-1)\times\cdots\times1$ 种选法，所以 n 的阶乘用公式表示为：$n!=n(n-1)(n-2)(n-3)\cdots1$。

— 备考指南 —

数学中定义：

0！ =1

6.3 标签问题

标签（labeling）问题指把 n 个不同物体贴上 k 类不同的标签，计算总共有多少种贴法。

举个例子

【例】现在有 18 只股票基金，需要进行风险评级，分为 5 个风险等级：高风险（含 4 只股票基金），中高风险（含 4 只股票基金），平均风险（含 3 只股票基金），中低风险（含 4 只股票基金），低风险（含 3 只股票基金）。一共有多少种方法呢?

【解】首先假设所有的标签都是不同的，相当于 18 只基金贴 18 张不同的标签。根据乘法法则，可以得到总的方法为“18！”种。

但是注意到，同一类标签是一样的。比如高风险的四张标签是一模一样的，也就是说，高风险的标签贴法只有 1 种，但是如果将这四张标签看成是不一样的，高风险的标签贴法是 4！ =24 种。所以在 18！ 的总方法的基础上，除以 4！ 来剔除同类标签中的反复计算。同样的，低风险等其他四种标签的处理逻辑是相同的。也就是说，在所有的 18！ 方法中，有“4！×4！ ×3！ ×4！ ×3！”种方法是相同的。

因此，总的标号方法 = $\frac{18!}{4!\times 4!\times 3!\times 4!\times 3!}$种。

推广：有 n 个物品，需要标上 k 个标签，第一类为 n_1 个，第二类为 n_2 个，依此类推，$n_1+n_2+n_3+\cdots+n_k=n$，总的标签贴法数用公式表示为：

$$\frac{n!}{n_1!\times n_2!\times\ldots\times n_k!}$$

上式被称为多项公式（multinomial formula）。

6.4 组合

在标签问题中，有一种特殊的情况是只有两类标签，此时相当于为 n 个数贴上两类标签：是与不是。此时可以通过组合数（combination）进行计算。

举个例子

【例】班级中要大扫除，从5个同学中选2个人在周五进行大扫除，总共有几种选法。

【解】用A、B、C、D、E分别代表这5个同学，相当于给5位同学贴两类标签。3张“不用大扫除”标签和2张“要大扫除”标签。

根据组合公式，应该有 $\frac{5!}{2!\times(5-2)!}=10$ 种方法。

把 $\frac{5!}{2!\times(5-2)!}=10$ 记为：${}_5C_2$，称为组合数（combination）。

推广，如果现在从n个数中挑选r个数，此时选择的方法个数记为：${}_nC_r$。公式为：

$${}_nC_r=\binom{n}{r}=\frac{n!}{(n-r)!\times r!}$$

6.5 排列

如果在n个数中挑选出r个数，然后再给这r个数的每一个数分一个“房间”，此时可以用排列数（permutation）进行计算。

排列数综合运用了乘法法则，阶乘和组合数的概念。首先排列数本身有两个步骤，所以排列数的大小为第一步的方法数（n个数挑选出r个数）和第二步的方法数（分房间）的乘积。其中，第一步的方法数量其实就是组合数（${}_nC_r$），第二步的方法数量其实就是阶乘（r！）。

举个例子

【例】班级中要大扫除，从5个同学中选2个人分别在周四、周五进行大扫除，总共有几种选法。

【解】用A、B、C、D、E分别代表这5个同学，此时选出的2人，A在周四大扫除，B在周五大扫除；或者B在周四大扫除，A在周五大扫除，属于两种情况。也就是说挑选出的2个人的顺序是要考虑的。

所以本题是从5个人中计次序选2人。此时可以分两步走：

第一：给 5 位同学贴两类标签。3 张“不用大扫除”标签和 2 张“要大扫除”标签。总共 ${}_5C_2$ 种不同选法。

第二：对选出的“要大扫除”的人进行排列，共 2！种。

所以最终共有：${}_5C_2 2! = \frac{5!}{2!\times(5-2)!}\times 2! = \frac{5!}{(5-2)!} = 20$ 种

把 $\frac{5!}{(5-2)!}$ 记为 ${}_5P_2$，称为排列数（permutation）。

推广：从 n 个数中计次序地选 r 个数，这就是排列问题。公式为：

$$ {}_nP_r = \frac{n!}{(n-r)!} $$

简言之，从 n 个物品里选 r 个的方法，在考虑顺序和不考虑顺序的情况下分别采用组合公式和排列公式。而且排列与组合公式间的关系为 ${}_nP_r = {}_nC_r \times r!$。

名师解惑

（1）如果要把 n 个物品放到 n 个位置上，采用 n 的阶乘；

（2）如果要把 n 个物品进行标号，计算有多少种标号方法，需要采用多项公式；

（3）如果需要从 n 个物品中选取 r 个，不考虑顺序，采用组合公式；

（4）如果需要从 n 个物品中选取 r 个，考虑顺序，采用排列公式。

第 8 章 常见概率分布

<table>
<tr><th colspan="2">本章知识点</th><th>讲义知识点</th></tr>
<tr><td rowspan="2">一、基本概念</td><td>1. 概率分布函数</td><td rowspan="2">概率分布</td></tr>
<tr><td>2. 累积分布函数</td></tr>
<tr><td rowspan="2">二、离散分布</td><td>1. 离散均匀分布</td><td rowspan="2">离散分布</td></tr>
<tr><td>2. 二项分布</td></tr>
<tr><td rowspan="7">三、连续分布</td><td>1. 连续均匀分布</td><td>连续均匀分布</td></tr>
<tr><td>2. 正态分布</td><td>正态分布</td></tr>
<tr><td>3. 超亏风险和罗伊第一安全比率</td><td>第一安全比率</td></tr>
<tr><td>4. 对数正态分布</td><td>对数正态分布</td></tr>
<tr><td>5. 卡方分布</td><td rowspan="3">几个其他分布</td></tr>
<tr><td>6. 学生 t 分布</td></tr>
<tr><td>7.F 分布</td></tr>
<tr><td>四、模拟</td><td>蒙特卡洛与历史模拟法</td><td>蒙特卡洛模拟</td></tr>
</table>

知识导引

几乎在所有的投资决策中都会用到随机变量，例如股票收益率和每股收益均是读者非常熟悉的随机变量例子。为了能给出一个随机变量发生概率情况的表述，需要了解随机变量的概率分布。概率分布描述了一个随机变量可能出现的所有结果和对应的概率之间的一一对应的关系。例如掷骰子，它所有可能的取值是 1、2、3、4、5、6，然后再把它取每一个值对应的概率都描述出来，每一个取值对应的概率都是 1/6，这样的一个描述被称为概率分布。这一章将会介绍在统计学中几种常见的概率分布。

本章思维导图

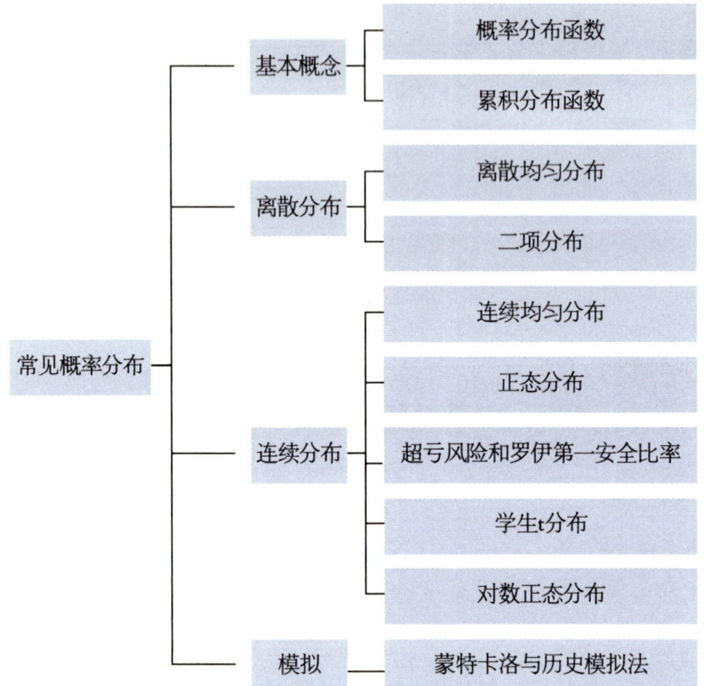
常见概率分布
基本概念
概率分布函数
累积分布函数
离散分布
离散均匀分布
二项分布
连续分布
连续均匀分布
正态分布
超亏风险和罗伊第一安全比率
学生t分布
对数正态分布
模拟
蒙特卡洛与历史模拟法

1. 基本概念

随机变量（random variable）是一个取值不确定的量。两种基本的随机变量类别为离散型随机变量（discrete random variable）和连续型随机变量（continuous random variable）。离散型随机变量的结果是有限的而且是可数的。比如说前面提到的掷骰子的问题，共有六种结果：1、2、3、4、5、6，属于可数的，所以这是一个离散型随机变量。连续型随机变量的结果是不可数的。比如明天上证综指的股票收益率，收益率可以通过计算求得，而计算出的结果可能取到整个实数集，所以收益率的结果是不可数的，属于连续型随机变量。

1.1　概率分布函数

每个随机变量是与能完全描述该变量的一个概率分布相联系的，可以从两个方面来理解这个概率分布。一个基本的观点是把它看做一个概率函数。

对于一个离散型随机变量，其概率函数可以简写为：p(a)=P(X=a)。

对于一个连续型随机变量，其概率函数可以用概率密度函数（probability density function, pdf），或者简称为概率密度进行描述，记为 f(x)。图 8-1 的 X 轴代表随机变量 X 的取值结果，Y 轴代表概率密度函数的数值 f(x)，此时曲线代表的是 X 的概率密度函数，而曲线与 X 轴上的区间所围成的阴影面积代表的是 X 取值在 a 和 b 之间的概率，记为 P(a<X<b)。

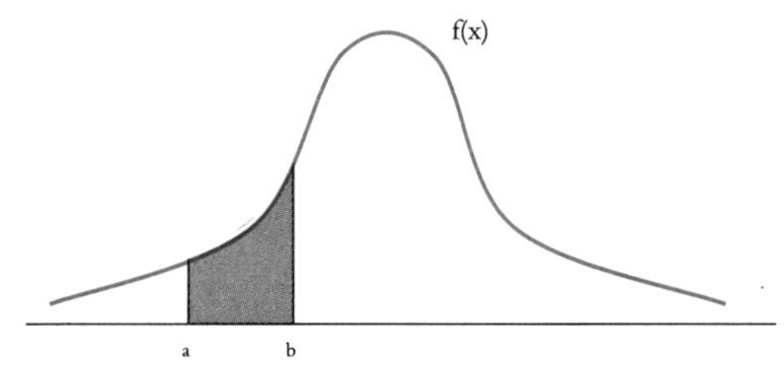

图 8-1　概率密度函数示意图

概率分布函数具有两个重要的性质：

（1）所有事件的概率介于 0 和 1 之间，0 ≤ P（E）≤ 1；

- 对于离散型随机变量：

— 备考指南 —
这里用离散型随机变量的表示方法来说明概率分布函数的性质，其实这两条性质不失一般性，既适用于离散型变量，又适用于连续型变量。

概率取 0 代表不可能发生，取 1 代表一定会发生。

- 对于连续性随机变量：

√ 即便某个数值结果可以取到（某件事是有可能发生的），但是取到某一个点 a 的概率依旧是 0，记为 P（X=a）=0。

√ 因此，对于连续随机变量，只能考虑某一个区间内的概率。如：P(EPS ≥ $2.6) = 0.6。

√ 而连续性随机变量在某区间上的概率也在 0 到 1 之间。

（2）若 $E_1, E_2, \cdots, E_n$ 互斥且遍历，有 $\sum_{i=1}^{n} P(E_i) = 1$。

取遍 X 所有的值的概率之和为 1，意味着将一个随机变量所有可能出现结果的概率值相加，其总和必须等于 1。

1.2 累积分布函数

如果要求解出现在一定范围内结果的概率值，而不是一个特定结果的概率值时，要用另外一种研究概率的工具，累积分布函数（cumulative distribution function, cdf），记为 F(x)。累积分布函数给出了一个随机变量小于等于某个特定值 x 的概率 F(a)= P(X ≤ a)。

— 备考指南 —
离散型和连续型随机变量，都把累积分布函数记为：F(x)=P(X ≤ x)。

那么累积分布函数是怎样和概率函数联系起来的呢？“累积”一词给出了答案。在频率分布中涉及到累积这一概念，说明累积是小于等于某一个数发生的概率。累积分布函数描述的是取值小于等于某一个特定数的概率是多少。为了求解 F(x)，就需要加总或者累积所有小于等于 x 这一结果的概率数值。

举个例子

【例】在密度函数中表示 F(b) 的数值。

【解】F(b) 是 X ≤ b 的概率，也就是密度函数中 b 左边的面积。如图 8-2 阴影部分面积。

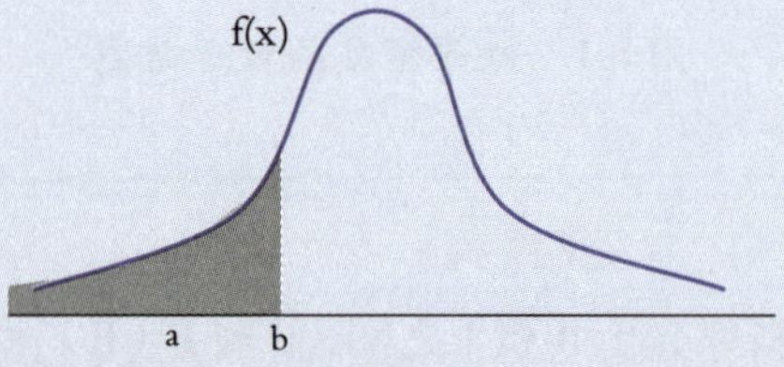

f(x)

a b

图 8-2 累积概率函数示意图

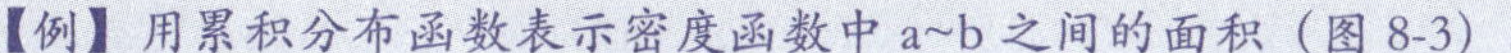
【例】用累积分布函数表示密度函数中 a~b 之间的面积（图 8-3）。

【解】a~b 之间的面积↔ $P(a<X<b)$。

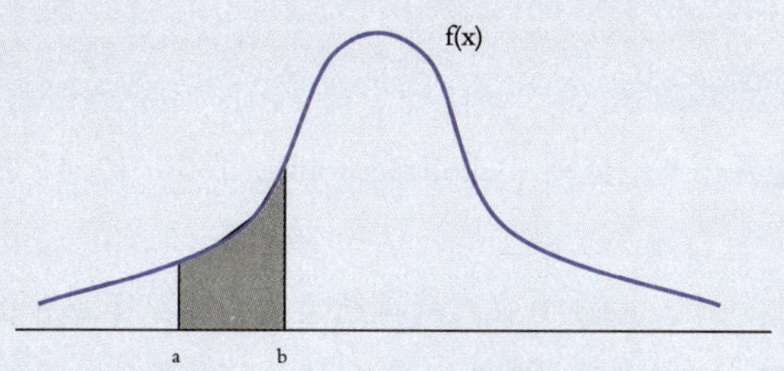

图 8-3 累积概率函数计算图

此时 a~b 之间的面积等于 b 左边的面积 F(b) 减去 a 左边的面积 F(a)，所以 $P(a<X<b)=F(b)-F(a)$。

2. 离散分布

离散分布（discrete distribution）指如果随机变量 X 的所有可能的取值是有限或者可列无穷多个，那么它分布函数的值域是离散的，对应的分布为离散分布。在 CFA 一级学习中，主要学习两种离散分布，一种是离散均匀分布，一种是二项分布。

2.1 离散均匀分布

所有概率分布中，最简单的概率分布就是离散均匀分布（discrete uniform distribution）。离散均匀分布是等可能有限个结果的分布。例如掷骰子，可能取到的值是 1、2、3、4、5 和 6，同时该随机变量取到任何可能值的概率对于每个结果来说是相同的（即它是均匀的），在掷骰子的例子中，对于所有的 X=1，2，3，4，5，6 均有 P(x)=1/6。推广来看，如果随机变量服从离散均匀分布，且有 n 种可能取值结果，则取到每一种结果的概率均为 1/n。

2.2 二项分布

2.2.1 伯努利分布

建立二项分布的基础是伯努利随机变量（Bernoulli random variable），它是用瑞士概率学家雅各布·伯努利（Jakob Bernoulli，1654–1704）的名字来命名的。一个随机变量如果只有两个结果，那就认为它是伯努利随机变量，记为 Y。最简单的一个例子是抛硬币。抛硬币只有两种结果，一种结果是正面朝上（Y=1），一种结果是反面朝上（Y=0），因为抛硬币属于只有两种结果的随机变量，所以把它叫做伯努利随机变量。再比如有一个项目要做，结果有可能成功，也有可能失败，所以此时项目是否成功也属于伯努利随机变量。可见伯努利随机变量的定义为：$Y=\begin{cases}1, & \mathrm{p}\\ 0, & 1-\mathrm{p}\end{cases}$。

其中：试验成功记为 1（是），试验失败记为 0（非）；成功的概率为 p，不成功的概率即为 1–p。此时，随机变量 Y 称为伯努利随机变量，做一次试验称为伯努利试验。

2.2.2 二项分布

如果研究员做 n 次独立伯努利实验，此时要研究 n 次试验中得到 x 次“Y=1”的概率，即 n 次试验中有 x 次成功的概率，可以用二项分布（binomial distribution）进行研究。二项分布是 n 个独立的是 / 非试验中成功的次数的离散概率分布，其中每次试验的成功概率为 p。这样的单次是 / 非试验又称为伯努利试验，即当 n=1 时，二项分布就是伯努利分布。而当 n>1 时，成功的次数记为随机变量 X，X 就服从二项分布，记为 X~B(n,p)。

其中：

- X 表示次独立的伯努利试验中“Y=1”的次数；
- n 表示做了多少次独立的伯努利试验；
- p 表示每一次伯努利试验中成功的概率，即 Y=1 的概率。

二项分布的概率函数，即重复 n 次的伯努利试验，如果一次事件发生的概率是 p，则不发生的概率 1–p，n 次独立重复试验中发生 x 次成功的概率是：

$$P(x)=P(X=x)={}_{n}C_{x}p^{x}(1-p)^{n-x}=\frac{n!}{(n-x)!x!}p^{x}(1-p)^{n-x}$$

举个例子

【例】抛100次硬币，正好有60次正面朝上的概率是多少？

【解】抛100次硬币，正面朝上的结果是不确定的，有可能是1次，有可能是2次，也有可能是100次，可以看出正面朝上的次数取值不确定，所以它就是一个随机变量，而这种随机变量是服从二项分布的。

如果单次正面朝上的概率为50%（p），那这100次里面60次正面朝上的概率是多少呢？

首先，要从100次里面选60次出来，也就是 ${}_{100}C_{60}$ 次。正面朝上的概率是p，它一共发生了60次，所以60次正面朝上的概率是 p^{60}；

其次，保证剩下40次反面朝上的。反面朝上发生的概率是1-p，一共发生了40次，那反面朝上的概率就是 $(1-p)^{40}$。所以，这100次里面60次正面朝上的概率就是：

$$P(60)=C_{100}^{60}p^{60}(1-p)^{40}$$

2.2.3 均值与方差

在投资中经常会用到两个描述变量，均值和方差，而二项分布的均值和方差也是一个重要的考点。表8–1中列出来了伯努利随机变量和二项随机变量的期望和方差。

表8–1 期望与方差

	期望	方差
伯努利随机变量	p	p(1− p)
二项随机变量	np	np(1−p)

— 备考指南 —

记忆方法：二项随机变量可以看作n个独立的伯努利试验，所以其期望和方差都为伯努利随机变量的n倍。

名师解惑

依据表中信息，伯努利随机变量期望与方差的推导如表8-2所示。

表8–2 伯努利随机变量发生概率

Y	1	0
概率	p	1−p

$$E(Y)=1\times p+0\times(1-p)=p$$

$$Var(Y)=E[(X-E(X))^2]=p(1-p)^2+(1-p)(0-p)^2=p(1-p)$$

3. 连续分布

3.1 连续均匀分布

若连续型随机变量在 a~b 的区间内，在任意相等长度区间上的概率相等，此时 X 服从连续均匀分布（continuous uniform distribution），或者说连续随机变量在某段区间上取到每一个取值的机会均相同。从严格的数学中，连续分布须要用密度函数来进行表达，因此在下文学习到任何的连续分布时，一定要掌握对应的密度函数以及密度函数形状的特征。

如果连续型随机变量 X 具有如下的概率密度函数，$f(x)=\begin{cases}\dfrac{1}{b-a} & a\le x\le b\\ 0 & \text{否则}\end{cases}$

或随机变量的累积概率分布函数为：$F(x)=\begin{cases}0 & x\le a\\ \dfrac{x-a}{b-a} & a<x<b\\ 1 & x\ge b\end{cases}$

则称 X 服从 [a,b] 上的均匀分布（uniform distribution），记作 X~U(a,b)。需要注意的是，对于任何一个连续的均匀分布，讨论的是其特定取值范围 a~b 的概率，即密度函数是既有上限 b，又有下限 a。连续均匀分布的密度函数是平行于 X 轴的一条线段，线段的下端 a，上端是 b，线段的纵轴是密度函数的取值，即 1/(b−a) 的数值。如图 8−4。

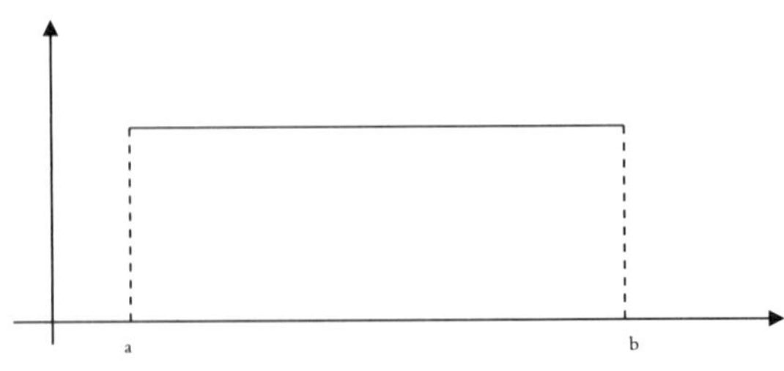

图 8-4 连续均匀分布密度函数图

若 X 在 a 到 b 上服从连续均匀分布，则 X 有以下性质：

（1）落在 [a,b] 内任一子区间 [c,d] 上的概率，为线段之比：P(c<X<d)= (d−c)/(b−a)。

且该概率只与区间 [c,d] 的长度有关，而与区间在整条线段中所处的位置无关。

（2）P(X<a or X>b)=0，超出取值范围外的为不可能发生的事件，概率为 0。

（3）期望值 E(X)=(a+b)/2，方差：$VAR(X)=(b-a)^2/12$ 。

举个例子

【例】随机变量 X 在 2~9 上服从连续均匀分布，连续型随机变量 X 取值在 3 到 5 之间的概率是多少呢？

【解 1】求 P(3 ≤ X ≤ 5)。

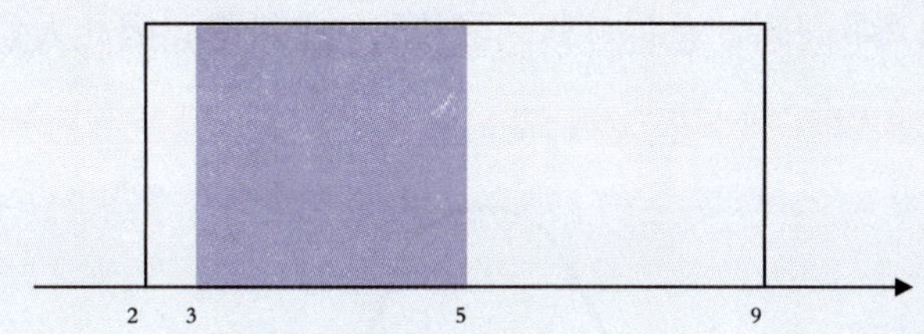

图 8-5 连续均匀分布密度函数

如图 8-5 所示，求变量 X 取值在 3 到 5 之间的概率相当于算中间阴影部分矩形的面积。

矩形的面积等于底乘以高。阴影部分的底 =5-3=2，但是它的高等于多少呢？

可以先看一下整个大矩形，底 =9-2=7。对于这道题，a=2，b=9，两条垂线之间取遍了所有可能取到的值，所以它的概率就是 1。已经知道在连续分布中，用面积表示概率，所以整个大矩形的面积是 1，则高 = 大矩形面积 / 大矩形的底 =1/7。阴影部分的矩形和整个大矩形是等高的，所以阴影部分的矩形的高也等于 1/7。

所以阴影面积 = 底 × 高 = P(3 ≤ X ≤ 5)=2/7。

【解 2】因为 X 服从连续均匀分布，所以概率为线段之比. 因此，只需要看一下 3 到 5 这一段的距离占整个距离（2 到 9 之间的距离）的百分比，即为变量 X 取值在 3 到 5 之间的概率。

求解公式：P(3<X<5)=(5-3)/(9-2)=2/7。

3.2 正态分布

3.2.1 正态分布的性质

正态分布（normal distribution），也称“常态分布”，又名高斯分布（Gaussian distribution），最早由 A. 棣莫弗在求二项分布的渐近公式中得到。C.F. 高斯在研究测量误差时从另一个角度推导出了它。P.S. 拉普拉斯和高斯研究了它的性质。正态分布是一个在数学、物理及工程、金融等领域都非常重要的概率分布，在统计学的许多方面有着重大的影响力。正态分布的密度函数图形如钟型，正态曲线呈钟型，两头低，中间高，左右对称，因其曲线呈钟形，因此人们又经常称之为钟形曲线（图 8–6）。

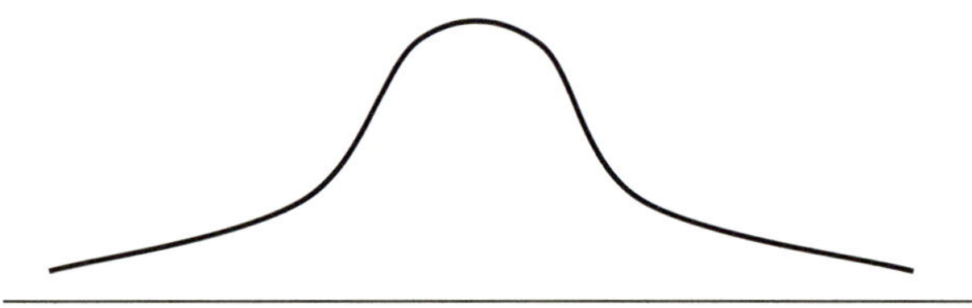

图 8-6 正态分布密度函数图

名师解惑

正态分布实际并不是由高斯首先提出的，这个概念最早产生于 1733 年，由德国的数学家和天文学家 Moivre 首次提出。但正态分布由德国数学家 Gauss 率先应用于天文学研究，故正态分布又叫高斯分布。现今德国 10 马克的钞票上还印有高斯头像及正态分布的密度曲线，向后世传达高斯对人类文明做出的贡献。

正态分布的密度函数为：

$$f(x)=\frac{1}{\sigma\sqrt{2\pi}}exp\left(\frac{-(x-\mu)^2}{2\sigma^2}\right) \text{ for } -\infty<x<+\infty$$

备考指南

考生在 CFA 一级中无需掌握正态分布的密度或累积函数，只要掌握性质即可。

在考试中，考生需要掌握正态分布的如下重要性质：

（1）正态分布由其均值和方差决定。当随机变量 X 服从正态分布，记为：$X\sim N(\mu,\sigma^2)$，表示随机变量 X 服从均值为 μ，方差为 σ^2 的正态分布；其概率密度函数由正态分布的期望值 μ 决定了其位置，其标准差 σ 决定了分布的幅度。

（2）正态分布关于均值左右对称，即随机变量落在均值两边的概率相等。正态分布的偏度（skewness）=0，峰度（kurtosis）=3，超额峰度（excess kurtosis）=0。

（3）服从正态分布的随机变量经过线性组合得到的新随机变量仍然服从正态分布。

（4）正态分布的尾部是与 X 轴的渐近线，即不管多大或多小的 X 的区间上永远能取到正的概率，所以正态分布的 X 的取值范围为 − ∞ 到 + ∞。

— 备考指南 —

记忆：正态分布的线性组合依旧服从正态分布。

若X服从正态分布，aX+b（a 和 b 为常数）也服从正态分布。

3.2.2 正态分布的置信区间

有了正态分布的概率密度函数，就可以知道正态随机变量取值落在某个区间的概率，被称为正态分布的置信区间（confidence interval, CI），置信区间描述的是区间与概率一一对应的关系。在正态分布中，区间沿用了切比雪夫不等式的思想，描述了均值 μ 周围 k 个标准差 σ 的一个区间，记为$\mu \pm k\sigma$。此时确定了 k，就可以确定区间内外所对应的概率。

可见：当 $X \sim N(\mu,\sigma^2)$，X 的置信区间可以描述为： $\mu \pm k\sigma$，其中 k 与概率是一一对应的关系，且在正态分布有以下表述：

- 服从正态分布的随机变量 X 落在均值周围正负 $\frac{2}{3}$ 个标准差的概率为 50%，称 X 的 50% 的置信区间为$\left[\mu-\frac{2}{3}\sigma,\mu+\frac{2}{3}\sigma\right]$；
- 服从正态分布的随机变量 X 落在均值周围正负 1 个标准差的概率为 68%，称 X 的 68% 的置信区间为$[\mu-\sigma,\mu+\sigma]$；
- 服从正态分布的随机变量 X 落在均值周围正负 1.65 个标准差的概率为 90%，称 X 的 90% 的置信区间为$[\mu-1.65\sigma,\mu+1.65\sigma]$；
- 服从正态分布的随机变量 X 落在均值周围正负 1.96 个标准差的概率为 95%，称 X 的 95% 的置信区间为$[\mu-1.96\sigma,\mu+1.96\sigma]$；
- 服从正态分布的随机变量 X 落在均值周围正负 2.58 个标准差的概率为 99%，称 X 的 99% 的置信区间为$[\mu-2.58\sigma,\mu+2.58\sigma]$。

举个例子

【例】一个互助基金今年的平均收益率是 10.5%，年收益率的标准差是 18%。如果收益可以近似看作正态分布，那么明年互助基金收益率在置信度为 95% 时的置信区间是多少？

【解】置信区间 CI=μ±kσ

10.5%±1.96×(18%)=-24.78% to 45.78%，p(-24.78%<R<45.78%)=95%

3.2.3 标准正态分布

正态分布的期望为 0，标准差为 1，称为标准正态分布（standard normal distribution），记为 N~(0，1) 或 Z 分布。给出标准正态分布的概率分布表，可以很方便的查出随机变量的概率。一般的正态随机变量，通过线性变化可以将其转化成标准正态分布进行计算，这一过程称为标准化（standardization）。

如果有一个正态分布 N(μ，σ²)，为了方便计算或者研究，将它转换成一个标准的正态分布 N(0,1)，就可以使用同一个概率分布表查表直接计算对应概率。下文简单推导如何将普通的正态分布标准化为标准正态分布。

X~ N(μ，σ²)，设 Z=aX+b~N(0,1)，为了便于计算人为规定 a>0。

此时要满足：

E(Z)=E(aX+b)=0

Var(Z)=Var(aX+b)=1

在讲解如何将一般正态分布标准化之前，先介绍一些期望和方差的性质。

（1）E(aX)=aE(X)，一个随机变量乘以一个常数 a，它的期望就等于 a 倍的 E(X)；

（2）E(aX+b)=aE(X)+b；

（3）Var(aX)=a^2Var(X)，一个随机变量乘以一个常数，它的方差就等于 a^2 倍的 Var(X)；

（4）Var(aX+b)= a^2Var(X)，在一个随机变量后面加一个常数，是不会影响这个随机变量的离散程度的，所以有没有 b 是没有关系的，Var(aX+b) 还是等于 a^2Var(X)。

所以，

E(Z)=E(aX+b)=aE(X)+b=aμ+b=0　　（1）

Var(Z)=Var(aX+b)= a^2 Var(X)=$a^2σ^2$=1　（2）

由（2）式可知 a=1/σ，代入（1）式解得 b=−μ/σ，可得：

$$Z = aX + b = \frac{X-\mu}{\sigma}$$

当 X~N（μ,σ²）且 μ 和 σ 分别是随机变量 X 的期望和标准差，对 X 进

行标准化的公式为 $Z=(X-\mu)/\sigma$，此时标准化后的随机变量 Z 服从标准正态分布，记为 Z~N(0,1)，Z 的均值为 0，方差为 1。

标准正态分布表给出了标准正态随机变量 Z 小于某个正数的概率，即密度函数中在 z 左边的面积的积分值，记为：$F(z)=P(Z<z)$，其中 $z \geqslant 0$。

根据正态分布的对称性，标准正态分布关于 0 对称，可以知道：

$$F(-z)=P(Z<-z)=P(Z>z)=1-P(Z<z)=1-F(z)$$

利用标准正态分布表，可以计算任意的随机变量在**某个区间的概率**。考试中标准正态分布表的数值一般会直接给出，考生可以直接代入进行计算求解。

— 备考指南 —

知识点“某个区间的概率”的考查可能是根据坐标轴上的某一个点求解，或者是根据坐标轴上两个点求解，具体的考查如下例所示。

举个例子

【例】随机变量 X 服从 N(6,4)，求 $P(3.5<X<9.34)$（已知 $P(x \leqslant 1.67)=0.9525$，$P(x \leqslant 1.25)=0.8944$）。

【解】$P(3.5<X<9.34)=P\left(\frac{3.5-6}{2}<\frac{X-6}{2}<\frac{9.34-6}{2}\right)$

$=P(-1.25<Z<1.67)=F(1.67)-F(-1.25)$

$=F(1.67)-(1-F(1.25))=0.9525-(1-0.8944)=0.8469$

3.3　超亏风险和罗伊第一安全比率

3.3.1　超亏风险

超亏风险（shortfall risk）是指资产组合的价值低于某个可以接受的最低值的风险。例如，甲投资 100 万要求的最低收益率是 6%，但真实的收益率只有 5%，此时甲面临超亏风险。假设投资者将任何低于 R_L 水平的收益率视为不可接受的，那么最优投资组合将最小化投资组合 R_P 低于临界值 R_L 的概率用符号来表示为 $P(R_P<R_L)$，投资者的目标是选择一个投资组合使得 $P(R_P<R_L)$ 最小化，即最小化超亏风险。

3.3.2　罗伊第一安全比率

金融中近似认为组合的收益率服从正态分布，就可以利用 R_L 位于期望投资组合收益率 $E(R_p)$ 下方的标准差的个数来描述 $P(R_P<R_L)$。而标准差的个数可以用罗伊第一安全比率（Roy’s safety-first criteria, SFR）来衡量：

$$SFR=\frac{E(R_P)-R_L}{\sigma_P}$$

其中：

- $E(R_P)$ 为投资组合的期望收益率；
- R_L 称为门槛收益率（threshold level return），即投资者要求的最低回报率；
- σ_P 为投资组合的标准差，衡量投资组合的风险。

$E(R_P)-R_L$ 表示组合的平均收益率与门槛收益率之间的距离，距离越远，发生超亏风险的可能性就越低，将这个距离除以 σ_P 得到 1 单位标准差（风险）下的距离，如图 8-7 所示。

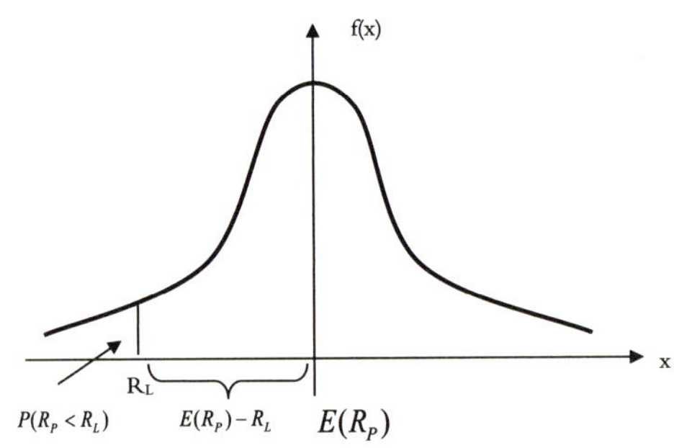

图 8-7　罗伊第一安全比率

罗伊第一安全比率（SFR）衡量 1 单位风险下，$E(R_P)$ 相比与 R_L 高出多少。罗伊第一安全比率越高，给定 1 单位风险，组合的收益率就离门槛收益率越远，越不容易发生超亏风险。在金融中，用罗伊第一安全比率可以选择出安全性较高的，即超亏风险较小的投资组合。

首先要满足两个条件：（1）投资组合的收益率近似服从正态分布；（2）在“安全第一”的要求下。此时，按罗伊第一安全比例选择最优投资组合，分为两步：

第一步：计算每个投资组合的 SFR；

第二步：选择最高 SFR 的组合。最大化 SFR 等价于最小化超亏风险发生的概率。

举个例子

【例】假设某投资组合的初始投资为 100 万，产生的现金流至少要能偿还 1 万元的房贷，并满足 1 万元日常生活开支。若投资组合 1 具有 12% 的预期收益率和 15% 的标准差，投资组合 2 具有 14% 的收益率和 16% 的标准差。在安全第一的要求下，哪个组合更好？

【解】门槛收益率 R_L= 最低要求的现金流 / 初始投资 =2/100=2%。

投资组合 1 的 SFR：(12-2)/15=0.667

投资组合 2 的 SFR：(14-2)/16=0.75

投资组合 2 的 SFR 更高，所以组合 2 更优。

【例】假设一个投资组合具有 14% 的期望收益率和 16% 的标准差。若这个投资组合收益率服从正态分布，求该投资组合收益率低于 2% 的概率。（已知 N(0.75)= 0.7734)

【解】投资组合收益率（用 x 表示）服从正态分布，均值为 14%，方差为 $(16\%)^2$。首先，对此正态分布进行标准化，公式为 z =(X-μ)/σ，此时标准化后的随机变量 z 服从标准正态分布，记为 Z~N(0,1)，z 的均值为 0，方差为 1。

然后，将 2% 带入公式 z=(X-μ)/σ，得出 z=-0.75。那么求投资组合收益率将低于 2% 的概率，其实就是求在标准状态分布中 z 小于等于 -0.75 的概率，也就是累计分布函数 F(-0.75) 的大小。

根据正态分布的对称性，F(-z)=1-F(z)，可以求出 F(-0.75) =1-F(0.75)=1-0.7734 =0.2266。

当然，如果题目中没有给到 0.7734 这个数据，此时需要查询标准正态分布的累积概率表，找到 z=0.75，对应表中概率为 0.7734。

3.4 对数正态分布

若随机变量 X 的自然对数（lnX）服从正态分布，那么正数 X 服从对数正态分布（lognormal distribution）。

名师解惑

对数正态分布作为一个连续型分布也可以用密度函数来进行定义。

随机变量 X 服从对数正态分布，其密度函数为：

$$p(x)=\frac{1}{x\sigma\sqrt{2\pi}}e^{\frac{(lnx-\mu)^2}{2\sigma^2}}$$

数学期望和方差分别为：

$$E(X)=e^{\mu+\frac{\sigma^2}{2}}$$

$$D(X)=\left(e^{\sigma^2}-1\right)e^{2\mu+\sigma^2}$$

对数正态分布从短期来看，与正态分布非常接近。但长期来看，对数正态分布向上分布的数值更多一些。

在 CFA 一级考试中只要掌握对数正态分布的密度函数的图像性质，无需掌握密度函数公式及期望与方差的计算。本书中为了方便考生了解，进行了补充说明，不作为考纲要求。

对数正态分布的密度函数图形如图 8-8 所示。CFA 一级考试不考查有关于对数正态分布的期望和方差求解。对于对数正态分布，考生只需要简单了解性质即可。

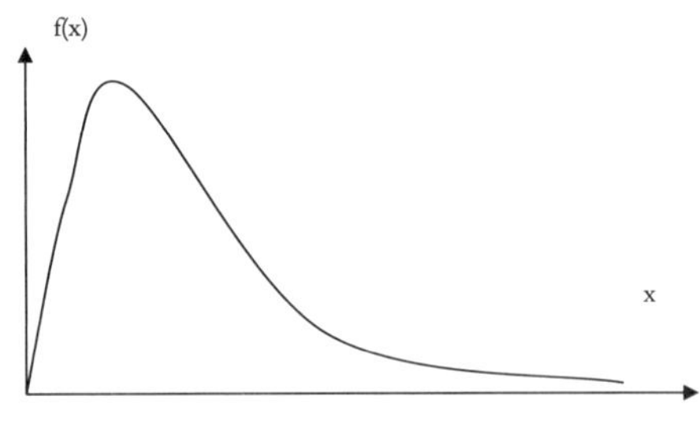

图 8-8 对数正态分布

对数正态分布的基本性质：

（1）如果随机变量 X 的自然对数服从正态分布，记为 $LnX\sim N\left(\mu,\sigma^2\right)$，那么 X 服从对数正态分布；

（2）对数正态分布的取值范围大于零，即 X>0；

（3）对数正态分布是右偏的，所以计算出的样本偏度（skewness）>0。

（4）对数正态分布常常用来描述股票价格的波动，而用正态分布来描述股票收益率的波动。因为正态分布的取值范围是负无穷到正无穷，但是股票的价格通常是恒大于 0 的，所以用对数正态分布来描述股票价格的变动，股票价格有可能为负值，不符合实际情况。而对数正态分布的取值范围是恒正的，所以用对数正态分布描述股票价格更合理。

3.5　卡方分布

卡方分布（Chi Square Distribution）主要用于统计推断，和对数正态分布类似，卡方分布主要描述的依然是那些大于 0 的随机变量（表 8−3）。

如果我们有 K 个独立的标准正态变量 $Z_1, Z_2, \cdots Z_n$，那么它们的平方和是服从卡方分布。记做：

$$U = \sum Z_1^2 = Z_1^2 + Z_2^2 + \cdots + Z_K^2 \sim X_{(K)}^2$$

表 8−3　卡方分布的期望和方差

	期望	方差
卡方随机变量	K	2k

虽然在描述的随机变量上和对数正态分布类似，但是在 K 比较小的时候，整体分布的形状和对数正态分布还是相差迥异的。图 8−9 为大家展示三种不同的卡方分布，对应的 K 值分别是 1，3，5。

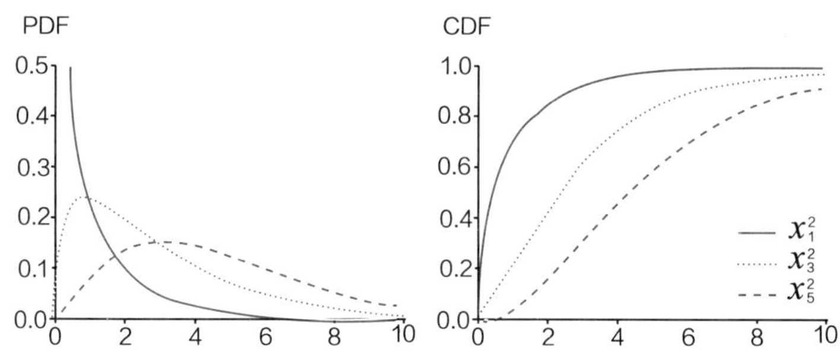

图 8-9　卡方分布在不同自由度中的密度函数（PDF）和累计概率函数（CDF）

3.6　t 学生分布

尽管标准正态分布的应用面十分广泛，但是对于小样本的分析往往会存在较大的误差，而 t 分布则有效地解决了这个问题。t 分布又名学生 t 分布（Student’ t−distribution），其实是标准正态分布的一个延伸，也可以被认为是标准正态分布的一般形式，换言之，标准正态分布是 t 分布的一种特殊形式。

学生 t 分布是由威廉・戈塞于 1908 年首先发表，当时他还在都柏林的健力士酿酒厂工作。学生（Student）正是他当时的笔名。之后 t 检验以及相关理论由罗纳德·费雪发扬光大，也正是他将此分布称为学生分布。

在定义上，t 分布使用了标准正态分布和卡方分布。如果 Z 是标准正态变量，而 U 是具有 K 个自由度的卡方变量，则随机变量 X 遵循具有 K 个自由度的 t 分布。

$$X=\frac{Z}{\sqrt{\frac{U}{K}}}$$

考点：

t 分布有以下四条性质：

（1）t 分布是对称的，对称中心 =0，偏度 =0；

（2）t 分布的概率密度函数是由其自由度（Degree of freedom）决定的；

（3）t 分布和标准正态分布相比，呈现低峰肥尾的形态，所以整体数据离散程度更大；

（4）当自由度增加时，t 分布会趋近标准正态分布（图 8-10）。

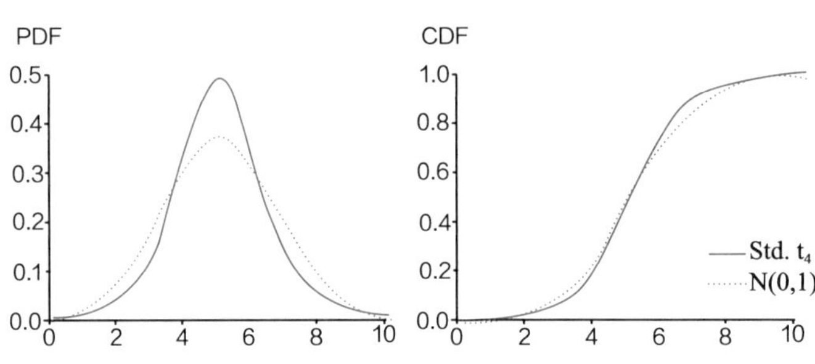

图 8-10 t 分布与标准正态分布

3.7 F 分布

如果 U_1 和 U_2 是分别具有 K_1 和 K_2 自由度的两个独立的 Chi-Squared 分布，则：

$$X=\frac{U_1/K_1}{U_2/K_2}\sim F\left(K_1,K_2\right)$$

从图 8-11 上看，其实 F 分布非常像对数正态分布，也是呈现右偏的形态。下图为大家展示了三个不同的 F 分布的概率密度函数和累计概率函数。由于 F 分布有两个自由度，这三个分布可以分别写作 F(3,10)，F(4,10)，F(3, ∞)。

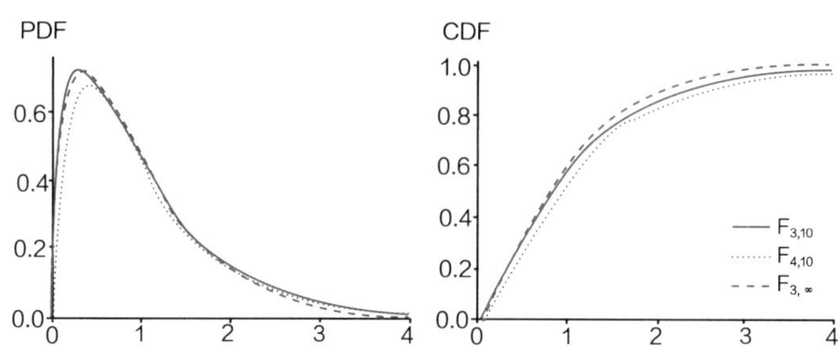

图 8-11 F 分布在不同自由度中的 PDF 和 CDF

随着自由度（K_1,K_2）的增加，F 分布的概率密度函数的形状也会变得更像钟形曲线。

4. 模拟

模拟简单来说是对真实过程的虚拟阐述。本书主要介绍的模拟方法为蒙特卡洛模拟。蒙特卡洛模拟（Monte Carlo simulation）最早在 1940 年代中期提出的一种模拟方法，以概率论与统计学的基本概念为基础，并以摩纳哥著名赌场蒙特卡洛赌场命名。在金融中，蒙特卡洛模拟法主要是用计算机技术来模拟复杂的金融系统的运行过程。

某分析师希望对某公司发行的债券进行定价。可以通过模拟的手段来实现。债券的价格可以用未来现金流折现求和得到。由于债券未来的现金流取决于票面利率、面值及债券还本期限。所以要得到债券的价格还需要知道的就是折现率，一般可用市场利率来代替。

第一步：找到多个市场利率，描绘出利率分布。

第二步：依据债券定价模型 $P=\sum_{i=1}^{n}\frac{CF_t}{(1+r)^t}$ 计算不同利率下对应的价格。

第三步：重复第二步得到多条路径，绘制债券价格波动的分布。

第四步：根据债券价格分布求出期望、方差等统计量，描绘债券的定价情况。

以上整个过程就可以看成一种模拟，通过模拟来对债券进行价格走势的分析。

怎样才能得到多个利率的值呢？一般有两种方法：蒙特卡罗模拟与历史模拟法。

历史模拟法（historical simulation）通过观察历史上真实利率，绘制利率分布。

而蒙特卡罗模拟则是由分析师通过随机数产生一些数据，并绘制分布，关键是分布不是历史上真实存在的，而是分析师假设得来的。根据这个利率的分布再用计算机去抽取多个利率，然后根据这些值去得到债券的价格，进而得到债券价格的分布，最后得到债券价格的均值。

所以，蒙特卡罗模拟和历史模拟后面的步骤是相同的，但是最关键的区别在于历史模拟中的数据是历史上真实存在的，而蒙特卡罗模拟中的数据不是历史上真实存在的，所以蒙特卡洛模拟可以用于模拟历史上没有真实发生过的事情。例如 2008 年经济危机、欧洲危机、美债评级下降等。

蒙特卡罗模拟最大的缺点是相对其他模拟比较复杂。此外需要注意，蒙特卡罗模拟不是一个通过分析而得出结论的方法。因为不是把历史上的数据拿来分析才得到的结果，而是一个经过统计和分布状况而得出结果的方法。

第 9 章 抽样和估计

本章知识点		讲义知识点
一、基本概念	抽样方法	抽样方法
二、中心极限定理	中心极限定理	中心极限定理
三、估计量的性质	1. 无偏性	估计量的性质
	2. 有效性	
	3. 一致性	
四、总体参数的点估计和区间估计	1. 点估计	点估计与区间估计
	2. 区间估计	
	3. 重抽样	重抽样
五、偏差	1. 数据挖掘偏差	偏差
	2. 样本选择偏差	
	3. 存活偏差	
	4. 前视偏差	
	5. 时间区间偏差	

知识导引

投资网站每日会更新全球各股票市场指数的最高价、最低价和收盘价。诸如标准普尔 500 指数和日经—道琼斯平均工业指数，这些指数代表的是市场所有股票的一个样本。虽然标准普尔 500 和日经指数并不能代表美国和日本市场中所有股票（总体），但可以作为反映整个总体表现的有效指标。作为分析师，习惯利用这些样本信息来评估全球不同市场的表现。然后，通过样本信息所计算出的任何统计量，只是相对应总体参数的一个估计。所以，一个样本是总体的一个子集，要通过对该子集的研究来推断出总体自身的结论。

从这一章开始讲解推断性统计的内容。推断性统计的概念是要用样本去推断总体。推断性统计的内容一共有两章，这一章将讲解抽样和估计，下一章讲解假设性检验。

本章思维导图

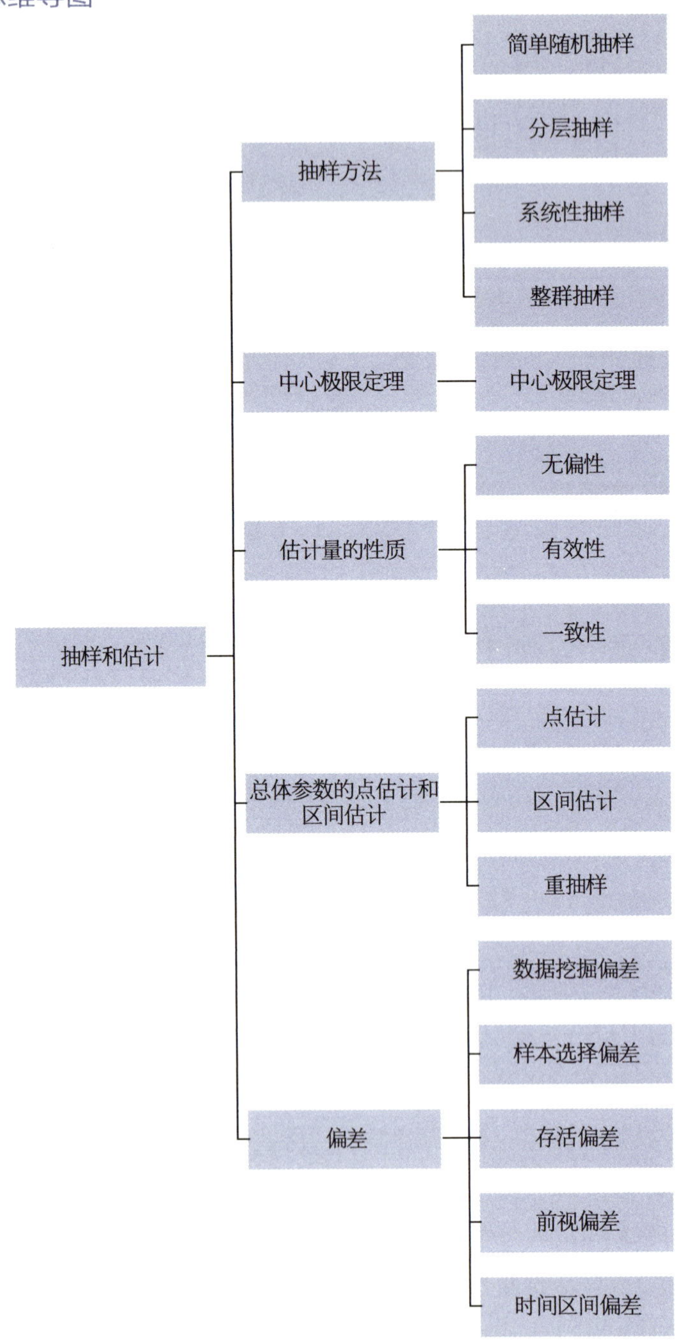
抽样和估计
抽样方法
简单随机抽样
分层抽样
系统性抽样
整群抽样
中心极限定理
中心极限定理
估计量的性质
无偏性
有效性
一致性
总体参数的点估计和区间估计
点估计
区间估计
重抽样
偏差
数据挖掘偏差
样本选择偏差
存活偏差
前视偏差
时间区间偏差

1. 基本概念

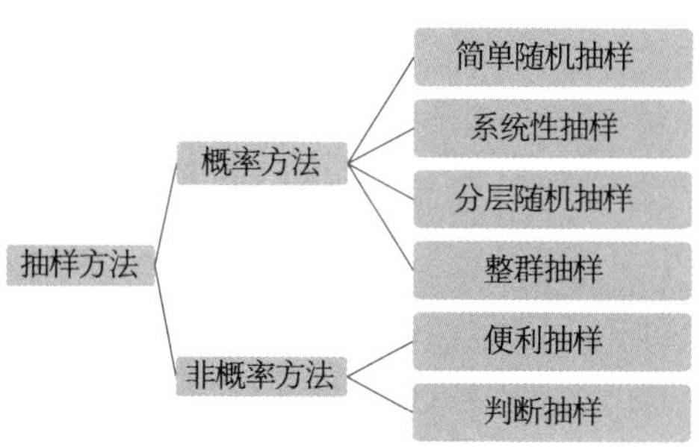

图 9-1 抽样方法的分类

抽样有两种方法：概率抽样（probability methods）和非概率抽样（non-probability methods），如图 9-1。使用概率抽样可以对总体中的每一个个体进行等概率抽样，所以概率抽样的结果可以代表总体特征。相比之下，非概率抽样则取决于概率以外的其他因素，例如对样本的人为判断或抽样的便利性，所以非概率抽样可能产生不具有总体特征的样本。综上，在其他条件相同的情况下，与非概率抽样相比，概率抽样可以产生准确性和可靠性更高的抽样结果。

1.1 概率抽样（图 9-2）

简单随机抽样（simple random sampling）是指遵循随机原则，保证抽到总体中每一个个体的概率相同。

系统抽样（systematic sampling）是指按照事先人为确定的规则抽样。例如，将总体按照某一顺序编号，平均分为 n 个部分后，抽取第一组的第 k 个数据，一次使用相等的间隔抽取后续数据。

分层随机抽样（stratified random sampling）是指先将总体按照一定标准（年龄、性别或地区等）分层，再在每一个层级中采用简单随机抽样，最后将各层抽到的数据汇总形成样本。

整群抽样（cluster sampling）是指将总体分成不同的群体（cluster），然后采用简单随机抽样的方式抽取 n 个群体进行研究。

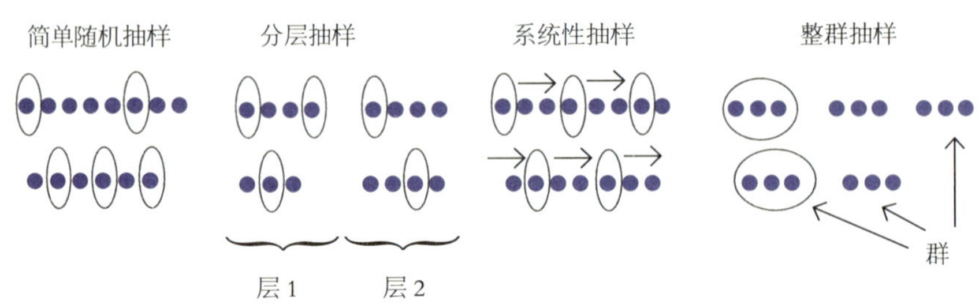

图 9-2 概率抽样方法

1.2 非概率抽样

便利抽样（convenience sampling）是指根据样本可获得性以及获得的便利性进行抽样，先抽取最容易抽到的样本。

判断抽样（judgmental sampling）是指根据分析者的知识和专业判断，主观判断并选择样本。例如，审计人员会特别关注一家公司特定部门的账目信息，可以从某一部门抽取信息研究。

2. 中心极限定理

中心极限定理（central limit theorem）首先由法国数学家棣莫弗提出。棣莫弗在1733年发表的卓越论文中使用正态分布估计大量抛掷硬币出现正面次数的分布。1812年，著名法国数学家拉普拉斯发表了巨著《Théorie Analytique des Probabilités》，扩展了棣莫弗的理论。直到十九世纪末，中心极限定理的重要性才被世人所知。1901年，俄国数学家里雅普诺夫用更普通的随机变量定义了中心极限定理，并在数学上进行了精确的证明。如今，中心极限定理在概率论中的应用十分广泛。

中心极限定理基本概念：

条件：

（1）已知总体期望值为 μ，方差为 σ^2；

（2）已知样本量 n 很大（$n \geq 30$）。

结论：

样本均值的抽样分布近似服从期望值为 μ，方差为 σ^2/n 的正态分布。

中心极限定理主要描述了样本均值在大样本下的分布。推断性统计学中希望通过来估计总体均值，所以了解的分布为估计部分打下基础。

中心极限定理有三个关键：

（1）无论总体是什么分布，只要样本量够大（n ≥ 30），样本均值就服从正态分布。

（2）样本均值的期望等于总体均值 ($E(\bar{X})=\mu$)；样本均值的方差等于总体方差除以样本量 ($Var(\bar{X})=\sigma^2/n$)。

（3）样本均值 $\bar{X}$ 的标准差被称为标准误（standard error, S.E.）。标准误在统计学中有两个基本公式：

总体方差（标准差）已知时：$\sigma_{\bar{x}}=\sigma/\sqrt{n}$

总体方差（标准差）未知时：$s_{\bar{x}}=s/\sqrt{n}$

其中，

σ 为总体（X）的标准差，$\sigma=\sqrt{\dfrac{\sum_{i=1}^{n}(X_i-\mu)^2}{N}}$。

s 为样本（X）的标准差，$s=\sqrt{\dfrac{\sum_{i=1}^{n}(X_i-\bar{X})^2}{n-1}}$。

名师解惑

标准差与标准误的意义、作用和使用范围均不同。

标准差（亦称单数标准差）一般用 SD（Standard Deviation）表示，是 X 的标准差。表示个体间变异大小的指标，反映了整个样本对样本平均数的离散程度，是数据精密度的衡量指标；

标准误一般用 SE（Standard error）表示，是 $\bar{X}$（样本均值）的标准差表示样本平均数对总体平均数的变异程度，可以反映抽样误差的大小，是估计结果精密度的指标。

中心极限定理是概率理论中最具有实践应用意义的理论之一，它为置信区间以及假设检验打下基础。通过中心极限定理可以用样本均值对于服从任意分布的总体的均值，做出近似的概率判断，因为在大样本下，样本均值的分布近似服从正态分布。

备考指南

一般来说“大样本”，样本量大于 30，可以满足中心极限定理的要求。

3. 估计量的性质

推断性统计学使用样本统计量作为基础来估计总体参数值，此时样本统计量被称为估计量（estimator）。由于抽取不同的样本，将得出不同的估计量，所以在现实应用中，要在多组估计量（estimator）中做出一个选择。估计量的优良性质有很多，本知识点将介绍三个性质：无偏性、有效性和一致性。

3.1 无偏性

无偏性（unbiasedness）是指估计量的期望值等于它所要估计的参数值，即 $E(\bar{X})=\mu$。例如，分析师想估计一下全中国人的平均身高，抽 100 个人作为样本。此时计算出两组样本均值。

第一组：$\bar{X}_1=168$，$\bar{X}_2=169$，$\bar{X}_3=170$，$E(\bar{X})_1=169$

第二组：$\bar{X}_4=169$，$\bar{X}_5=170$，$\bar{X}_6=171$，$E(\bar{X})_2=170$

假设总体均值（μ）为 170，则样本均值的期望，也就是第一组数据与第二组数据的平均值要尽可能接近总体均值。第二组样本均值的期望为 170，所以第二组数据是无偏的。

3.2 有效性

> — 备考指南 —
> 记忆方法：有效性可以简单记忆为估计量的方差最小。

有效性（efficiency）就是要求作为优良估计量的方差应该比其他估计量的方差小。无偏估计量可能有许多个，其中方差最小的那个无偏估计量称为最小方差无偏估计量，又称有效估计量。例如两组样本均值：

第一组：$\bar{X}_1=165$，$\bar{X}_2=170$，$\bar{X}_3=175$，$E(\bar{X})_1=170$

第二组：$\bar{X}_4=169$，$\bar{X}_5=170$，$\bar{X}_6=171$，$E(\bar{X})_2=170$

假设总体均值（μ）为 170。

此时两组数据都满足无偏性的定义，即样本均值的期望等于总体参数。但是由于第二组样本均值的方差更小，所以第二组的估计量比第一组更有效。

有效性的定义很好理解，无偏估计量的方差越小，代表它的离散程度越小，就说明它比较集中在总体均值的周围，估计量的有效性越好。

3.3 一致性

一个统计量的抽样分布是根据给定的样本容量决定的，不同的样本容量决定了不同的样本分布。无偏性和有效性是对于任何大小样本估计量抽样分布的普遍性质。一个估计量在样本大小为 10 时是无偏估计量，在样本大小为 1,000 时，同样也是无偏估计量。哪个无偏估计量更好一些呢？在这种情况下，一般选取样本容量更大的样本。因为随着样本容量越来越大，估计结果会越来越接近总体，这样就会越来越不像一个抽样，而是越来越像总体的一个普查，这样得到的样本统计量会更接近总体参数，这个性质被称为一致性。

一致性（consistency）的定义是：随着样本容量（n）的增大，样本估计量接近总体参数真正值的概率也会增大，极限概率值趋近于 1。从数值上表现为标准误（S.E.）将随着样本容量的增加而不断减少，此时说明估计量符合一致性。

4. 总体参数的点估计和区间估计

所谓估计是在抽样之后，根据样本统计量推断总体参数。比如要普查全中国人的平均身高，此时抽取 100 个中国人作为样本，得到这 100 个人的平均身高是 168 cm，而 168 cm 就是样本均值。那可不可以仅由这个样本均值“168 cm”推出全中国人的平均身高就是 168 cm 呢？这里需要分两种情况讨论。

4.1 点估计

首先，如果采用比较粗略的方法，可以直接让样本的均值等于总体均值，这种直接采用某一点对总体参数进行估计的方法，称为点估计（point estimate）。即直接使 $\bar{X}=\mu$ 此时通过抽样计算出的样本均值 $\bar{X}$ 被称作总体均值的点估计值（point estimate）。

点估计中，用一个点来代表一个整体，是一种很粗略的估计。因为样本统计量是一个随机变量，而总体参数是一个确定的常数。所以用随机变量直接估计常数是不可取的，故引入区间估计的方法。

4.2 区间估计

区间估计是一种更严谨的估计方法，它的基本思路是用一个区间和概率来估计总体参数的真实值。

名师解惑

这里举一个粗略的例子，解释说明区间估计的基本概念。

为了估计全中国人的平均身高，抽取一组 100 人的样本，计算出样本均值为 170 cm。此时，虽然不能确定全中国人的平均身高就是 170 cm，但是可以大致猜测，全中国人的平均身高在 170 cm 左右，例如在 165-175 cm 之间。用一个区间来描述总体参数，叫做区间估计。

由于不是每次抽样都能估计准总体参数，所以估计准确不是100%确信。所以在描述区间估计时，往往需要增加一个概率。而区间估计就是这样一种区间与概率的关系。

— 备考指南 —
置信区间和区间估计是相同概念。

在统计学中，一个概率样本的置信区间（confidence interval, CI）是对这个样本的某个总体参数的区间估计（confidence interval estimate）。而置信区间是指由样本统计量所构造的总体参数的估计区间。给定一组抽样数据，计算出的置信区间将以一定的概率覆盖总体参数的真实值。可见区间估计是区间与概率一一对应的关系，所以下文分为区间与概率两方面进行讲解。

4.2.1 区间

区间估计主要考查用样本均值估计总体均值，所以区间估计用的是样本均值的区间。

已知：当 $X \sim N\left(\mu,\sigma^2\right)$，X 的置信区间为：$\mathrm{CI}_X = \mu \pm k\sigma$

由中心极限定理可知，在大样本下，$\bar{X} \sim N\left(\mu,\dfrac{\sigma^2}{n}\right)$，此时的置信区间近似为：$\mathrm{CI}_{\bar{X}} = \mu \pm k \times \mathrm{S.E}$

又因为总体均值的确切数据未知，则用点估计的值来近似代替。

区间估计的一般公式为：

$$\text{点估计} \pm \text{置信因子} \times \text{标准误}$$

$$\text{point estimate} \pm \text{reliability factor (RF)} \times \text{standard error}$$

需要重点掌握均值的区间估计公式为：

$$CI_{\bar{X}} = \bar{X} \pm RF \times S.E.$$

如图 9-3 所示，置信区间描述以点估计为中心左右两边 RF 倍标准误的区间，此时置信因子 RF 取决于分布及概率，通常可以通过查表来获得。

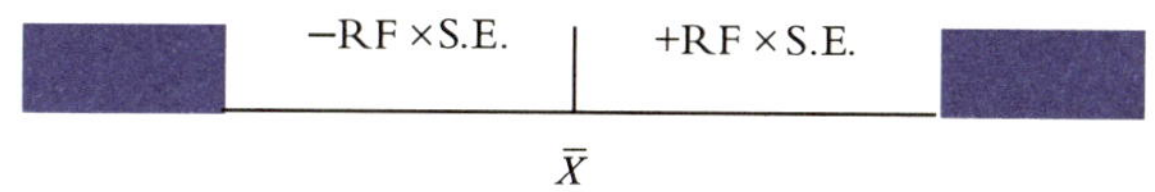

图 9-3 置信区间示意图

4.2.2 概率

由上图可知，置信区间内外各有一个概率。区间内的概率为置信度（degree of confidence，confidence level 记为 1−α），而区间外的概率为显著性水平（significance level，记为 α）。置信度的含义为：基于抽样数据构造的置信区间有 95% 的概率包含总体均值。即从 100 次抽样中估计了 100 个区间，其中大致有 95 个区间可以包含总体均值。

> — 备考指南 —
> 置信水平为 95% 与显著性水平为 5%，在考试中是完全等价的。

举例来说，如果在一次大选中川某的支持率为 55%，而置信水平 0.95 上的置信区间是（50%，60%），那么有 95% 的概率下这个区间内会包含川某的真实支持率，即区间估计准确预测了真实支持率。但是也有 5% 概率这个区间内没有包含真实预测率，所以置信区间预测的确信程度为 95%。

4.2.3 置信区间的计算

需要重点掌握单个均值的置信区间，可分两种情况：

当总体方差已知，$\bar{X} \pm z_{\alpha/2}\dfrac{\sigma}{\sqrt{n}}$

当总体方差未知，$\bar{X} \pm t_{\alpha/2}\dfrac{s}{\sqrt{n}}$

其中，$Z_{(\alpha/2)}$ 表示标准正态分布下的 α/2 的分位数；$t_{(\alpha/2)}$ 表示自由度为 n−1 的 t 分布下的 α/2 的分位数。Z 分布中有一些置信因子需要考生特别记忆（表 9−1）。

表 9−1 Z 分布的置信因子

置信度 1−α	显著性水平 α	置信因子 $Z_{\alpha/2}$
90%	10%	$Z_{0.05}=1.65$
95%	5%	$Z_{0.025}=1.96$
99%	1%	$Z_{0.005}=2.58$

考试中要特别注意几点：

（1）查表用的是 α/2 而非 α；

（2）在置信因子后乘的是样本均值的标准误 (SE) 而非样本或总体标准差 (SD)；

（3）t 分布与 z 分布的判断。

考生要根据选取样本的情况，判断其服从哪个分布，继而判断查询哪个分布表。判断规则如表 9-2 所示。

表 9-2　分布判断规则

类型	检验统计量	
	小样本 (n<30)	大样本 (n ≥ 30)
正态分布，总体方差已知	z 统计量	z 统计量
正态分布，总体方差未知	t 统计量	t 统计量或 z 统计量
非正态分布，总体方差已知	不可行	z 统计量
非正态分布，总体方差未知	不可行	t 统计量或 z 统计量

此处有三句口诀，可以帮助考生进行记忆：

（1）大样本下，t 分布与 Z 分布通用。

因为大样本下，随着 t 分布自由度（n−1）增加，t 分布会趋近于 Z 分布。所以若题目中没有明确给出 t 分布的值，可以用 z 分布的数值近似代替。

小样本下有两句话：

（2）总体方差已知用 z，总体方差未知用 t。

（3）非正态总体小样本不可估计。

因为在非正态总体的小样本中，中心极限定理不成立，此时样本均值的分布不定，无法用参数法估计总体均值。

举个例子

【例】从已知总体方差为 400 的正态分布中抽取了一个样本容量为 100 的样本，样本均值 $\overline{X}=25$。求 95% 的置信区间。

【解】

1. 判断分布：

n=100 大于 30，为大样本，且总体方差已知，用 z 分布。

2. 代入公式计算。

总体方差已知，$\bar{X} \pm z_{\alpha/2}\frac{\sigma}{\sqrt{n}}$

其中，$\bar{X}=25$；95% 的置信度下，$Z_{0.025}=1.96$；标准误 $\frac{\sigma}{\sqrt{n}}=\frac{\sqrt{400}}{\sqrt{100}}=2$。

因此，

置信区间具有下限：$\bar{X}-1.96\sigma_{\bar{X}}=25-1.96\times 2=21.08$

置信区间的上限：$\bar{X}+1.96\sigma_{\bar{X}}=25+1.96\times 2=28.92$

所以，95% 的置信区间为 (21.08,28.92)。

4.2.4 置信区间的宽度

置信区间的宽度（width）定义为上限至下限，而置信区间的一般公式为：

点估计 ± 置信因子 × 标准误

所以，置信区间的宽度 = 点估计 + 置信因子 × 标准误 –（点估计 – 置信因子 × 标准误）

即：置信区间的宽度 = 2× 置信因子 × 标准误

此时置信区间的宽度有以下性质：

（1）置信区间的宽度与点估计的值无关；

（2）置信区间的宽度与概率相关；

其他条件不变，置信度越高，置信因子越大，宽度越宽；

其他条件不变，显著性水平越高，置信因子越小，宽度越窄。

（3）样本容量越大，标准误越小，置信区间宽度越窄；

（4）总体标准差越大，标准误越大，置信区间宽度越宽。

置信区间是越宽越好呢，还是越窄越好呢？应该是越窄越好。因为置信区间越窄，给出的信息越明确。例如，如果说全中国人的平均身高在 140–190 cm 之间，几乎没有给出任何信息，但如果说全中国人的平均身高在 165–175 cm 之间，信息量就比较大。

如何降低置信区间的宽度呢？给定显著性水平不变，置信因子就是确定的，此时可以通过两个方法降低置信区间的宽度。

方法一：提升样本容量。

要使置信区间宽度降低，即使估计准确度上升。最准确的时候是普查，即样本容量最大，正好等于总体的时候。

方法二：降低总体标准差。

也就是说数据本身的离散程度较小，此时，估计起来更容易，则估计准确度上升，置信区间宽度降低。

4.3 重抽样

为了估计统计量的抽样分布，我们可利用中心极限定理将样本均值的分布近似看成正态分布。这个小节会介绍另一种方式估计分布的方式：重抽样（resampling）。重抽样是指从获取的原始样本中重复提取新样本，以便用于对总体进行估计。

4.3.1 自助法

自助法（bootstrapping）是指使用计算机模拟进行统计推断，而不使用已有的分析值，例如 z 统计量或 t 统计量，如图 9–4。自助法的步骤如下：

1. 从总体中随机抽取 n 个数作为样本，把这个样本集（sample）视为“（新）总体”；

2. 从（新）总体中，抽取第一个样本后放回，再抽取第二个再放回，以此类推，重复 n 次；重复抽样形成第一个样本集 1（样本容量和新总体相同，均为 n）

3. 不断重复第二步，形成 B 个样本集（样本 1，样本 2……样本 B）；

4. 计算每一个样本集的均值 $\bar{X}_i$（共 B 个），并计算所有 B 个样本均值的均值 E($\bar{X}_i$)。

4. 计算 B 个样本均值的标准差，即估计量的标准误：$\boldsymbol{S.E.}=\sqrt{\frac{1}{\boldsymbol{B}-1}\sum_{i=1}^{B}\left(\bar{X}_i-\mathrm{E}(\bar{X}_i)\right)^2}$

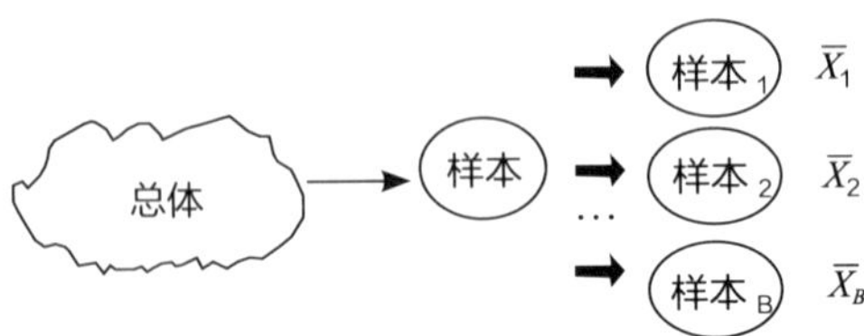

图 9-4 自助法

4.3.2 切片法

切片法（jackknife）是指基于原始样本，每次从原始样本中删除一个样本数据，用余下的数形成不同的新样本，如图 9–5。

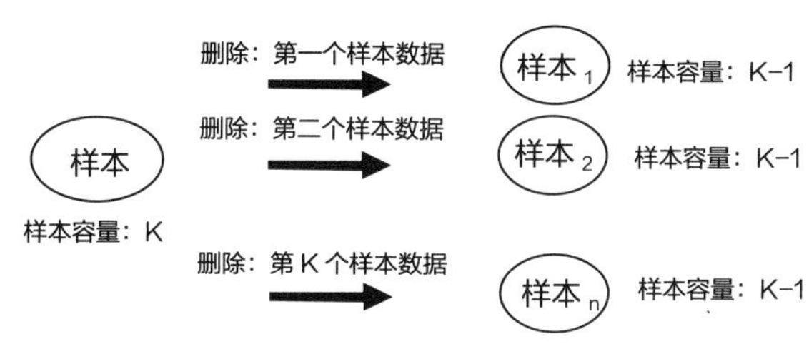

图 9-5　切片法

切片法通常用于减少估计量的偏差、求估计量的标准误和置信区间。

5. 偏差

在处理金融数据过程中，有效抽样的过程中是存在许多问题的。此处将讨论 5 个与抽样相关的问题：数据挖掘偏差、样本选择偏差、生存者偏差、前视偏差和时间区间偏差。这些问题在点估计、区间估计和假设检验中是非常重要的考查点，如果样本存在这 5 个偏差中的任何一个时，那么选取样本和研究后得到的点估计和区间估计以及其他任何结论都可能是不准确或者是错误的。

5.1　数据挖掘偏差

数据挖掘偏差(data-mining bias)用最简单的一句话概括即"把偶然当成必然"。如何理解呢？举例说明，以前，华尔街街口有一个咖啡馆，服务员发现，只要股票经纪人带的领带是宽的，那一天的股市会上涨；如果经纪人带的领带是窄的，那当天的股市会下跌。所以，这些服务员得到一个结论：股票经纪人的领带的宽度和股市涨跌是有关系的。这种情况下，服务员就将偶然当成了必然，形成数据挖掘偏差。

数据挖掘偏差指由于反复使用同一组数据进行建模和检测而产生的误差。一种最为常见的可造成数据挖掘偏差的情况，是对相同或者相关数据的过度研究使用。根据数据挖掘偏差研究得出的投资策略通常不会获得成功。即使如此，还是有不少投资从业者和研究者从事着容易遇到数据挖掘偏差问题的研究工作。因此，分析师需要了解和防范这类问题。

— 备考指南 —

数据挖掘偏差的题眼是：same database

5.2 样本选择偏差

— 备考指南 —
样本选择偏差与数据的获得性（availability）相关。

当分析师或者投资组合经理研究所关心的问题时，可能会根据不同研究目的（可能因为数据的可获得性不同），从分析数据中排除特定的股票、债券、投资组合或者某时间段数据。若因数据的不可获得，导致特定的资产被排除在分析之外时，由此产生的相关问题被称为“样本选择偏差”（sample selection bias）。由于研究中简单剔除抽不到的数据，造成抽样过程不再随机，会导致估计结果有一定的偏差。例如，研究者想了解上海市所有豪宅的装修水平是怎样的，但有一些豪宅的装修水平是没办法获取的，因为房主可能会拒绝研究人员的调查。发生这种情况下，就不得不把这些豪宅排除在外，后续研究只能基于剩余豪宅里的抽样量，研究得到的平均水平会有偏差，因为有些样本在最开始抽样的时候已经被剔除出，因此这个例子中描述的研究结果存在着选择偏差。

5.3 存活偏差

— 备考指南 —
存活性偏差指只抽取“活下来”的好数据，也就是剔除坏数据。所以存活性偏差可以看成样本选择偏差的一种特例。

存活偏差（survivorship bias）又被称为“幸存者偏差”，在构建对冲基金指数时，将那些停止运作的，失败的基金的数据排除在数据库外，此时研究就会导致存活偏差。

5.4 前视偏差

在研究时意外使用了当时还未公开的数据，所产生的偏差为前视偏差（look-ahead bias）。例如，分析师在 1 月 15 日，希望通过一家公司市盈率 P/E 进行估值。虽然 1 月 15 日的股票市场价格（P）可以通过观测二级市场数据得到，但是由于企业的每股净收益（earnings per share，EPS（E））的数据在年报中才会呈现。而当年的年报可能在当年的 3、4 月份才会向投资者公开，所以理论上分析师不能用 1 月 15 日的 EPS 数据进行研究。如果分析师用了 1 月 15 日的 EPS 数据，就产生前视偏差。

5.5 时间区间偏差

如果一个检验设计结论的成立是基于特定时间段，那么该检验设计就可能受到时间区间偏差（time–period bias）的影响。在研究时，数据的时间段既不能太长，也不能太短。太短的时间会导致无法反映中长期的周期性，或者长期时间序列的特征变化。过长的时间可能包括某种结构性的变化，造成早期数据与现有数据的不可比，或者早期数据无法反映现有的经济形势。过长或过短的时间序列数据，都会产生时间区间偏差。

第 10 章 假设检验

本章知识点		讲义知识点
一、假设检验的基本步骤	1. 第一步：提出假设	关键值法
	2. 第二步：确认分布和检验统计量	
	3. 第三步：找到显著性水平	
	4. 第四步：确认判断标准	
	5. 第五步：收集数据计算检验统计量	
	6. 第六步：得出统计学结论	
	7. 第七步：经济意义与投资决策	
二、基于 p 值的判断规则	基于 p 值的判断规则	P 值法
三、第一类错误和第二类错误	第一类错误和第二类错误	一类错误和二类错误
四、总体均值的假设检验	1. 单个总体均值的假设检验	其他假设检验
	2. 两个总体均值的假设检验	
五、总体方差的假设检验	1. 单个总体方差的假设检验	
	2. 两个总体方差的假设检验	
六、总体相关系数的假设检验	总体相关系数的假设检验	相关系数的显著性检验
七、参数检验和非参数检验	参数检验和非参数检验	参数检验与非参数检验
八、独立性检验	分类数据的独立性检验	独立性检验

知识导引

分析师经常会遇到一些有关金融市场如何运行的相互对立的观点。在这些观点中，一些观点来自人们对于市场的个人研究或者经验，另一些观点来源于与同事间的交流，而这些观点更多的是出现在金融和投资的相关专业文献之中。那么，通常一位分析师是如何来判断一个关于金融市场的陈述是正确的还是错误的呢？

当能够将一个想法或者论断浓缩为关于一个量（如对应的均值或者总体均值）的确定性表述时，这种想法被称为在统计上可以检验的陈述或者假设。分析师可能希望回答下列问题：

- 这个基金所对应的平均收益率是否不同于其基准平均收益率？
- 这支股票收益率的波动率是否在其加入指数之后发生了改变？
- 一个证券的买卖差价是否与市场中对该证券进行做市的交易商的数量有关？

为了回答这些问题，需要使用假设检验的概念和工具。假设检验是推断性统计中的一个主题。

假设检验的概念和工具提供了判断所获得的证据是否能够支持假设的一种客观方法。在对一个假设进行统计检验后，应该能判断在给定概率下能否拒绝原假设。假设检验已经成为投资这一门学科发展中的一个有用的工具。正如社会研究协会的罗伯特 L·卡恩（Robert L·Kahn）所说的，“只有当假设和数据相互紧密地联系在一起时，科学这个磨坊中才会研磨出有用的产品。”

与参数估计相比，假设检验是另一类重要的统计推断问题，在有些实际问题中，为说明总体的某些性质是否成立，首先提出假设，然后根据一定的规则和取到的样本数据去检验提出的假设是否合理，经检验最后得到结论。本章中将介绍假设检验的基本概念与流程。

本章思维导图

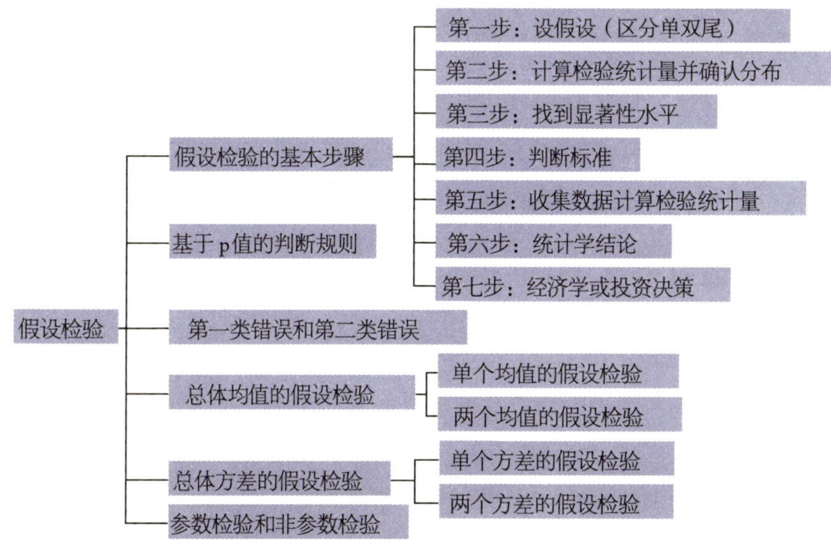

1. 假设检验的基本步骤

很久以前人们提出了一个疑问：太阳是否是从东方升起的呢？很多人都认为太阳是从东方升起的，但是从来没有人验证过，于是有个人就对此做了一个检验，检验太阳是否是从东方升起的。方法很简单，每天早上观察太阳升起的方向，连续观察了很多很多天，发现每天太阳都是从东方升起的，所以他就得出了结论：太阳就是从东方升起的。

假设检验（hypothesis testing）的过程与人们证明太阳从东方升起类似，从假设检验的名字中可以看到，它包含了两个名词——“假设”与“检验”。推断性统计是用样本估计总体，选取得到的样本是否能去估计总体需要经过检验。检验的第一步会提出一个假设，然后检验这个假设是否成立，最后得到一个关于假设是否成立的结论，这就是假设检验的过程。假设检验的步骤可以清晰地说明什么是假设检验以及如何进行假设检验，其具体步骤如下：

— 备考指南 —
考试中，对于假设检验的流程也有涉及，需要考生掌握，基本的步骤与流程。

（1）设定假设；

（2）判断合适的检验统计量以及其概率分布；

（3）确定显著性水平；

（4）阐述决策规则；

（5）收集数据，计算相应的检验统计量；

（6）做出统计决策；

（7）做出经济决策或投资决策。

本章接下来的内容将会围绕假设检验的步骤详细展开。

名师解惑

假设检验的步骤记忆起来比较困难，在这里举一个通俗易懂的例子便于读者记忆。

比如说男女生谈恋爱，女生找了一个男朋友，她想检验一下这个男朋友到底是不是他未来合适的老公。为了检验，她首先就做了一个假设，假设这个男朋友是她未来合适的老公。然后她就要去检验这个假设是否正确。既然要检验，应该有一个检验的标准，但有的时候，那些所谓的标准并不能看清楚一个人到底怎么样。比如说女生的标准经常是，这个人的学历怎么样啊，工作怎么样啊，家庭背景怎么样啊，等等。

因此，只能通过女生的标准，判断她有多大的把握来判断这个男朋友是她未来合适的老公。比如说这个女生希望检验一下她能不能有95%的把握说这个男朋友是她未来合适的老公。只要能达到这个95%的把握她就认定他了，就打算以后嫁给他了。这就是她定的标准，有了这个标准之后，她就要从某个方面来检验一下她的男朋友了。

于是这个女生就想了一个方法，她想观测一个月里面男朋友能有几天来接她下班。有人会说越多越好，其实多了也不好，大家想一下，如果一个月里有30天男朋友都来接她下班，那就说明他的工作可能不会太好，未来可能没有成长性，所以次数太多也不好；但是太少又说明他不在乎，所以次数太少也不好。这个时候这个女生就定了一个标准，只要她男朋友一个月里面有10到20天来接她下班，她就认为自己有95%的把握认定他了。这就是她最后选了一个总结标准：10到20天。既然检验方法选择好了，下面她就要开始检验了，看看一个月里面她男朋友到底有几天来接她下班。如果一个月里面来接她下班的天数在10到20之间的话，她就认为男朋友合格了；如果一个月里面来接她下班的次数小于10天或者大于20天，这个女生就把他排除掉，不选他作为未来的老公。这就是这位女生检验她男朋友是否是她未来合适的老公的整个过程，步骤和假设检验非常类似，有异曲同工之妙。

1.1 第一步：提出假设

为了推断总体的某些性质，研究者会提出关于总体性质的各种假设。假设检验（hypothesis testing）是根据样本提供的信息，对提出的假设得出判断的过程。

原假设（null hypothesis）是研究者怀疑其是否成立，想要拒绝的假设，相当于研究者怀疑什么，就把它设为原假设，记为H_0；备择假设（alternative hypothesis）是拒绝了原假设后得到的结论，记为H_a。

名师解惑

在统计学中，通常设定两个假设：原假设与备择假设。因为在数学中要证明一件事是很难的。但是如果要证明一个结论是假的，只需举个反例取推翻它。这就是“反证法”的思想。在假设检验中，也是沿用了“反证法”的思想。

研究员想要证明备择假设是真的，但是不会直接进行证明。而是通过设定备择假设的对立面，原假设。通过证明原假设的错误，来反推出备择假设的真。

所以研究员往往把认为正确的结论放在备择假设中，错误的结论放在原假设中。而假设检验就希望通过拒绝原假设来，验证备择假设的正确。

假设均是关于总体参数的，样本统计量是不需要进行假设的，因为当抽出一个样本的时候，可以通过直接计算相关的样本统计量。所以，假设是对总体做出定义。

在假设检验中有两类不同的检验，双尾检验与单尾检验。

1.1.1 双尾检验

如果研究员对于总体参数没有观点， 例如设定一个常数，此时，研究员不知道总体均值具体是大于还是小于 μ_0。μ_0 未知，则备择假设中设定的应该是 $\mu \neq \mu_0$。而原假设应该是备择假设的反面即：$\mu = \mu_0$。

在上述检验中，因为备择假设中是不等于（≠）号，此时如果有证据表明总体均值大于或小于，就能拒绝原假设。而研究员拒绝原假设之后，只能知道总体参数不等于 μ_0，但不知道总体均值到底是大于 μ_0，还是小于 μ_0，这种假设检验称为双尾检验（two-sided test, two-tailed test）。

1.1.2 单尾检验

如果研究员对参数有观点，例如，研究员认为总体均值大于常数 μ_0，则：

H_0：$\mu \leqslant \mu_0$，H_a：$\mu > \mu_0$

此时，若有证据表明总体均值小于 μ_0，是无法拒绝原假设的；只有当证据表明，总体均值大于 μ_0，才能拒绝原假设。

若研究员认为总体均值小于常数 μ_0，则：H_0：$\mu \geqslant \mu_0$，H_a：$\mu < \mu_0$

以上两种假设检验称为单尾检验（one-tailed test）。在拒绝原假设的时候，研究员除了知道总体均值不等于 μ_0 外，还能知道总体均值与 μ_0 的相对大小，是大于 μ_0，还是小于 μ_0。

可见，相比于双尾检验来说，单尾检验提供了更多的信息量，除了确定总体

均值不等于 μ_0 外，还给出了总体均值与 μ_0 的相对大小。

需要注意的是，在设假设时，等于号（=）一定是放在原假设中。这是假设检验中约定俗成的规定，考生可以依据这个规定来进行原假设与备择假设的判断。

举个例子

【例】Terry 认为自己的房子价值超过了 25 万美元，假设检验的备择假设应该是什么？

【解】假设检验的备择假设应该是 H_a: $\mu>250{,}000$。因为 Terry 已经有自己的观点，所以将想被证明和接受的观点放在备择假设中。原假设 H_0: $\mu \leqslant 250{,}000$ 是 Terry 不想得到的的观点。

名师解惑

等于号（=）一定是放在原假设（H_0）中；

把研究员认为正确的放在备择假设（H_a）中，把想要拒绝的放在原假设（H_0）中；

备择假设（H_a）中是≠，属于双尾检验；备择假设（H_a）中是>，<，属于单尾检验。

1.2　第二步：确定分布和检验统计量

检验统计量（test statistics, T.S.）顾名思义，是在统计学中用于检验假设量是否正确的量。检验统计量的定义为：一个检验统计量是一个由样本计算而来的量，其数值是决定是否拒绝原假设的一个基础。需要重点掌握单个均值的检验公式如下：$Test\ Statistic=\dfrac{\overline{X}-\mu_0}{S.E.}$。

其中，$\overline{X}$ 为通过样本计算出的样本均值；μ_0 为原假设或备择假设中设定的常数；S.E. 为样本均值（$\overline{X}$）的标准差，即标准误。由于标准误分两种情况进行讨论，所以单个均值的检验统计量也有两个公式：

— 备考指南 —
研究员在假设中设的（猜的）数值，为 μ_0。

总体方差已知，用 z 分布进行检验，$Test\ Statistic=\dfrac{\overline{X}-\mu_0}{\sigma/\sqrt{n}}$；

总体方差未知，用 t 分布进行检验，$Test\ Statistic = \frac{\overline{X} - \mu_0}{s/\sqrt{n}}$。

考试中，考生需要通过对于分布的判断，来确认应该用哪个公式进行计算。

— 备考指南 —
查表得出的数值叫关键值（critical value），将在后续小节中介绍。

检验统计量还有以下性质，需要考生掌握：

（1）检验统计量是根据样本统计量计算出来的，不是查表查出来的；

（2）检验统计量是一个随机变量。

因为检验统计量是根据样本统计量计算出来的，但抽取出来的样本是不确定的。比如说想估计一下全中国人的平均身高，抽取出来的第一个样本的均值是 168 cm，第二个样本的均值是 169 cm，第三个样本的均值是 170 cm，等等。可以抽取出好多个样本，从而有很多个样本统计量，所以样本统计量的取值是不确定的，取值不确定的量是一个随机变量。既然样本统计量的取值是不确定的，是一个随机变量，那么根据其计算出来的检验统计量的取值也是不确定的，是一个随机变量。所以，检验统计量是符合某种分布的。

常见的检验统计量的分布为：z 分布、t 分布、卡方分布（chi-square distribution, χ^2）或者 F 分布。

检验统计量分布判断会在后文中具体讲解。考生在此处只需要了解到：检验统计量作为一个计算数值，是一个随机变量，并服从特定分布即可。

举个例子

— 备考指南 —
此处要确保“=”放在 H_0 中。

【例】研究员希望检验全中国人的平均身高是否等于 170 cm。由于研究员对中国人的平均身高的具体大小没有观点，所以 H_a: $\mu \neq 170$，则 H_0: $\mu=170$。研究员通过抽取 100 人的样本，得到样本平均身高是 172 cm，总体方差为 1,600。计算检验统计量。

【解】由于总体方差已知，所以用 z 分布。

$$检验统计量 = \frac{\overline{X} - \mu_0}{\sigma/\sqrt{n}} = \frac{172-170}{\sqrt{1600/100}} = 0.5$$

1.3 第三步：找到显著性水平

在假设检验中，通常不能保证检验有 100% 的把握，所以一般需要规定一个允许犯错的程度，即有百分之多少的容错概率（1– 确信程度），确信程度是指区间估计中涉及的置信度（confidence level），也就是置信区间对应的概率。在假设检验中，可以通过置信度来确定显著性水平。如果置信度为95%，显著性水平为5%，相当于有5%的容错率；如果置信度为99%，显著性水平为1%，相当于有1%的容错率。

1.4 第四步：确认判断标准

假设检验的通过简单来说：如果计算出的检验统计量比由显著性水平确定的数值更极端，在密度函数中表现为落在分布的尾部，即可拒绝原假设。所以假设检验其实是把“通过样本计算出的检验统计量”与“由显著性水平确定的数值/关键值”两者之间进行比较，这个数值是判定接受原假设还是拒绝原假设的基本标准，这个判定标准被称为拒绝点（rejection point），又名关键值（critical value, CV）。如图10-1所示。

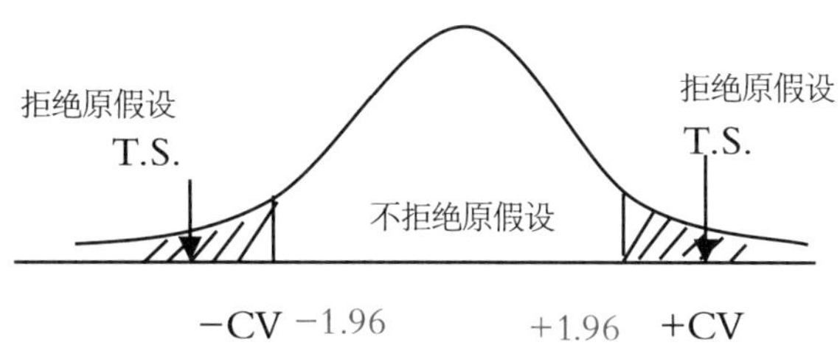

图 10-1 假设检验判断标准

关键值通过查表得到和样本无关。意味着把样本抽出来，样本的均值和样本的方差对关键值是没有影响的。查表得出的关键值和以下三个因素相关：

- 分布

不同的分布，对应不同的分布表，而分布表不同会对应得到不同的关键值。所以在查表时，首先要判断分布，检验统计量的分布就是关键值的分布。在CFA一级考试中，一般针对单个均值进行检验，主要是t分布与z分布的选择。而z分布与t分布的判断可以由区间估计的三句口诀判断：

（1）总体方差已知用z。

（2）总体方差未知用t。

（3）非正态总体小样本不可估计。

使用口诀需要注意一个特例，在大样本下，虽然总体方差未知用t分布，但是因为自由度随着样本容量的上升而上升，大样本下 t 分布会趋近于 z 分布，所以 t 分布和 z 分布在大样本下可以通用。

- 显著性水平 α

不同的 α 对应不同的关键值。显著性水平，确定了图中阴影部分的总面积。当检验统计量落在阴影部分中，说明相比与关键值检验统计量更极端，则可以拒绝原假设。图中阴影部分的面积称为拒绝域，当检验统计量落在拒绝域中即可拒绝原假设。而显著性水平确定了拒绝域的总面积，即大小。

- 单尾检验或者双尾检验

如果原假设已知在正态分布双尾检验中，α 等于 5%，意味着 95% 的置信度，对应的关键值是 ±1.96。

单尾检验的特点就是它的拒绝域在一边（要么在左边，要么在右边）。在正态分布单尾检验中，如果显著性水平 α 等于 5%，那它对应的关键值应该是多少呢？可以看下面单尾检验的图，由于正态分布是对称图形，当一边拒绝域的面积是 5% 的时候，另一边和它对应的应该也是 5%。在双尾检验中两边都是 5% 的情况下，置信度为 90%，对应的关键值是 ±1.65。所以，单尾检验中如果 α 等于 5%，如果拒绝域在右边，对应的关键值就是 1.65。

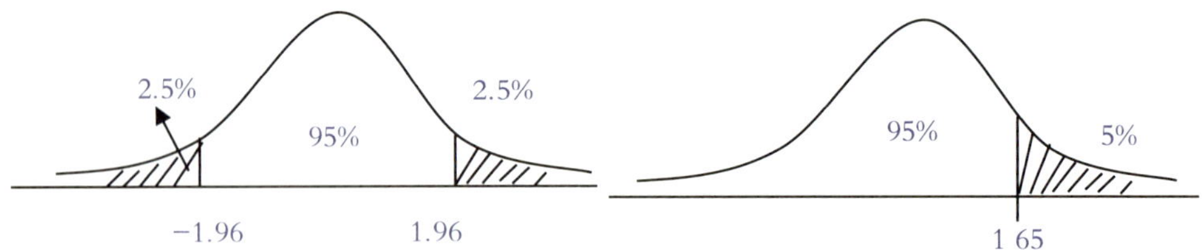

图 10-2　双尾与单尾的关键值与拒绝域

如图 10−2，在相同的正态分布与显著性水平（5%）的条件下，关键值还会受到单双尾检验的影响。而单尾与双尾检验的判断在“设假设”中已有讲解：

（1）备择假设（H_a）中是≠，属于双尾检验；

（2）备择假设（H_a）中是 >，<，属于单尾检验。

1.5　第五步：收集数据计算检验统计量

— 备考指南 —
这两类偏误在“偏差”部分已经进行了详细讲解，考生可以参阅这部分内容。

经济结论的质量高低除了与统计学模型相关之外，也与收集到的数据质量相关。首先，要考虑在收集与测量数据过程中是否有测量误差（measurement error）。其次，要注意在抽取数据的过程中是否有样本选择偏差与时间区间偏差。

1.6　第六步：得出统计学结论

通过数据研究，研究员可以计算检验统计量，再把检验统计量与查表得到的关键值进行比较，得出统计学结论。计算检验统计量和查表得到关键值之后，如何判断是否拒绝原假设呢？

如果是双尾检验，那么拒绝域在两边。以双尾的z检验为例，首先画出z分布（标准正态分布），如图 10-3 所示。

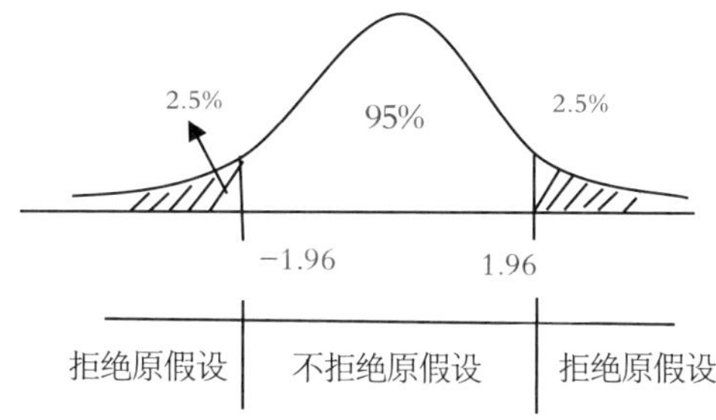

图 10-3　基于检验统计量和关建值的判断规则（双尾）

拒绝域的总面积应等于显著性水平 α。以 α=5% 为例，左右两块拒绝域的面积之和应等于 5%，此时，单边尾部面积应为（5%/2=2.5%），查 z 分布表可知交界处的数值为 ±1.96，其中 1.96 即为关键值。

如果从样本数据中计算得出的检验统计量落在拒绝域内（小于 −1.96 或大于 1.96），就拒绝原假设；如果检验统计量没有落在拒绝域外（在 −1.96 和 1.96 之间），就不能拒绝原假设。

如果是单尾检验，那么拒绝域在一边。拒绝域在哪一边，要看备择假设中是大于号还是小于号。如果备择假设中是大于号，则拒绝域就在右边；如果备择假设中是小于号，则拒绝域就在左边。如图 10-4 所示。

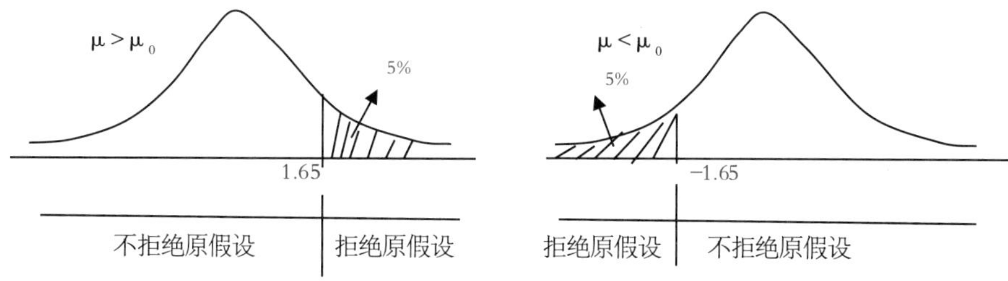

图 10-4　基于检验统计量和关建值的判断规则（单尾）

以单尾的 z 检验为例，假如原假设为 H_0：$\mu \le \mu_0$，备择假设为 H_a：$\mu > \mu_0$，那么拒绝域在右边，因为备择假设中是大于号（$\mu > \mu_0$）。拒绝域的面积还是等于显著性水平 α。以 α =5% 为例，因只有一块拒绝域，因此其面积应等于 5%，可知交界处的数值为 1.65。1.65 即为关键值。

如果从样本数据中计算得出的检验统计量落在拒绝域（大于 1.65），就拒绝原假设；如果检验统计量没有落在拒绝域（小于 1.65），就不能拒绝原假设。

总而言之，对于单个均值检验来说：

若计算的检验统计量的绝对值大于查表得到的关键值，就可以拒绝原假设，即结果在统计学中显著；

若计算的检验统计量的绝对值小于查表得到的关键值，就不能拒绝原假设，即结果在统计学中不显著。

需要注意的是，为了保证表述的严谨，研究员只能说“不能拒绝（fail to reject）”原假设，而不能说“接受（accept）”原假设。

名师解惑

单个均值检验：

|T.S.|>CV，reject null hypothesis，拒绝原假设；

|T.S.|<CV，fail to reject (do not reject, cannot reject) null hypothesis，不拒绝原假设。

1.7 第七步：经济意义与投资决策

统计学上的显著结论，不代表一定有经济含义。所以除了要做统计学中显著性的判断之外，研究员还要对经济意义做出结论与判断。例如，在统计学中发现某个投资策略可以获得正的超额收益，但是如果考虑了税收和交易成本之后，收益率可能就不是恒为正了。同时，过去的数据只能代表过去的结果，但是过去的策略在未来是否使用也需要分析师进行进一步探讨与分析。而这些问题都是假设检验所无法检验并得出结论的。所以假设检验只能提供统计学中的显著性结论，不一定说明有经济意义。

2. 基于 p 值的判断规则

上一小节讲解了基于检验统计量和关键值的判断规则，这是 CFA 一级考试最常考的一种判断规则，但在实际应用中，很少使用这一种决策规则。几乎所有统计软件都不需要输入显著性水平 α，因此统计软件无法计算出关键值，而只能计算出检验统计量。所以统计软件在计算出检验统计量之后，通常会进一步计算出 p 值，将 p 值与显著性水平 α 作比较，以决定拒绝还是不拒绝原假设，这就是基于 p 值和显著性水平 α 的判断规则。

P 值（p-value）就是当原假设为真时所得到的样本观察结果或更极端结果出现的概率。由于 p 值的本质是概率，所以 p 值代表的是密度函数尾部的面积，取值范围在 0-1 之间。

名师解惑

如果 P 值很小，说明原假设的发生的概率很小。而如果出现了原假设的情况，根据小概率原理，就有理由拒绝原假设。

小概率原理是指一个事件的发生概率很小。统计学上，把小概率事件看成在一次实验中，实际不可能发生的事件。事件一旦发生，说明原假设不成立。P 值越小，拒绝原假设的理由越充分。

计算 p 值的目的是与显著性水平作比较。如果 p 值≤ α，说明 p 值对应的尾部概率全部落在拒绝域中，因此拒绝原假设。如果 p 值＞ α，说明有一部分尾部概率没有落在拒绝域中，因此不能拒绝原假设。所以 p 值指的是，可以拒绝原假设的最小显

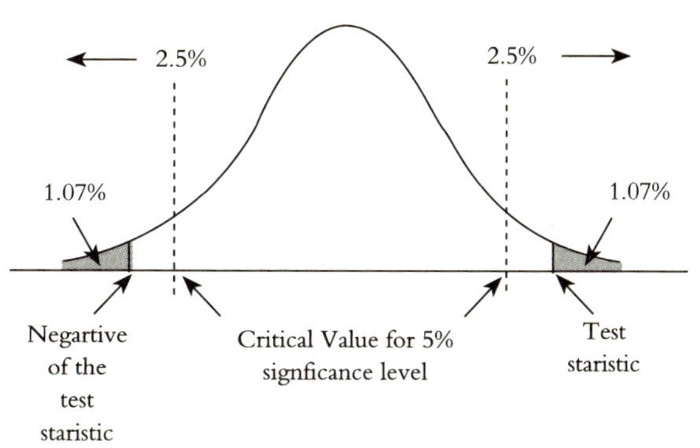

图 10-5 p 值示意图

著性水平。

如图10–5所示，一个假设检验对应的分布中，显著性水平 α 为5%，p值为2.14%。此时 p 值≤ α，说明p 值对应的尾部概率全部落在拒绝域中，因此拒绝原假设。

举个例子

【例】已知一个样本均值的双尾假设检验的 p 值为 1.68%，问下列哪一项说法是正确的？

（1）在 95% 的置信区间下，可以拒绝原假设；

（2）在 99% 的置信区间下，可以拒绝原假设；

（3）拒绝原假设的最大概率是 1.68%。

【解】“在 95% 的置信区间下，可以拒绝 H_0”这句话是正确的，因为 p 值为，显著性水平为 5%，满足条件“p-value ≤ α”，说明 p 值对应的尾部概率全部落在拒绝域中，因此拒绝原假设。

“在 99% 的置信区间下，可以拒绝 H_0”这句话是错误的，因为 p 值为 1.68%，显著性水平为 1%，p-value>α，说明有一部分尾部概率没有落在拒绝域中，因此不能拒绝原假设。

“拒绝原假设的最大概率是 1.68%”这句话是错误的，因为 p 值指的是，可以拒绝原假设的最小显著性水平。

3. 第一类错误和第二类错误

在做假设检验的时候可能会犯两种错误：第一类错误和第二类错误。

第一类错误（type I error）又称 I 型错误、拒真错误，是给定原假设为真的条件下，拒绝原假设，记为 P(I)=P(拒绝 H_0 | H_0 真)。第一类错误可以理解为拒真，或者错杀好人的概率。一类错误的概率通常是事先确定的，从数值上等于显著性水平（α）表示，即 P(I)= α。

第二类错误（type II error）又称 II 型错误、取伪错误，是在原假设 H_0 为假的情况下，反而没有拒绝原假设，记为 P(II)=P(不拒绝 H_0|H_0 假)。第二类错误可以理解为取伪，或者放走坏人的概率。二类错误发生的概率不能预先确定，但

是和第一类错误相关。

首先，第一类错误与第二类错误都是条件概率。

其次，在其他条件不变的情况下，如果要求犯第一类错误概率越小，那么犯第二类错误的概率就会越大。这个结论比较容易理解，当要求“错杀好人”的概率降低时，那么往往就会“放走坏人”。

检验的势（power of the test）定义为在原假设是错误的情况下正确地拒绝原假设的概率。检验的势等于1减去犯第二类错误的概率：power of the test=1−P(Type II error)。

表10-1可清楚地表示显著性水平和检验的势与第一类错误和第二类错误的关系。

表10-1　第一类错误与第二类错误

	原假设真	原假设假
拒绝原假设	第一类错误 P(I)= α	判断正确
不拒绝原假设	判断正确	第二类错误 Power of the test = 1−P(II)

4. 总体均假设检验

4.1　单个总体均值的假设检验

检验单个正态分布的总体均值，可以使用z检验或t检验。双尾和单尾检验的原假设和备择假设如下：

H_0：$\mu_1=\mu_2$，H_a：$\mu_1 \neq \mu_2$ 双尾；

H_0：$\mu_1 \geqslant \mu_2$，H_a：$\mu_1<\mu_2$ 单尾；

H_0：$\mu_1 \leqslant \mu_2$，H_a：$\mu_1>\mu_2$ 单尾。

如表10-2所示，表内信息总结了如何根据样本的特征选择检验类型：

表10-2　检验类型判断

正态总体	n<30	n ⩾ 30
已知总体方差（σ^2）	z检验	z检验
未知总体方差	t检验	t检验或z检验

表格可以概括为：

（1）总体方差已知，用z统计量的公式为：

$$Z=\frac{\bar{X}-\mu_0}{\sigma/\sqrt{n}}$$

其中：$\bar{X}$ 为样本均值；σ 为总体标准差；n 为样本容量。

（2）总体方差未知，用t统计量，总体标准差 σ 用样本标准差s代替，公式为：

$$t(n-1)=\frac{\bar{X}-\mu_0}{s/\sqrt{n}}$$

其中：n−1是t分布的自由度，在查表寻找关键值的时候需要用到自由度。

（3）总体方差未知，但样本容量足够大，t分布趋近于z分布，公式为：

$$Z=\frac{\bar{X}-\mu_0}{s/\sqrt{n}}$$

其中：总体标准差 σ 用样本标准差s代替。

4.2 两个总体均值的假设检验

两个均值的检验，大原则可以用t检验来完成，可以细分为两种情况。

4.2.1 两个总体独立

检验两个相互独立的正态分布总体的均值的情况，可以使用t检验来完成。双尾和单尾检验的原假设和备择假设如下：

H_0：$\mu_1=\mu_2$，H_a：$\mu_1\neq\mu_2$

H_0：$\mu_1\geqslant\mu_2$，H_a：$\mu_1<\mu_2$

H_0：$\mu_1\leqslant\mu_2$，H_a：$\mu_1>\mu_2$

其中 μ_1 为第一个总体均值，μ_2 为第二个总体均值。在计算检验统计量时，又要区分两种情况。

（1）如果总体方差未知但假定相等（$\sigma_1^2=\sigma_2^2$）

对于第一种情况，用t检验，其自由度为 n_1+n_2-2。t统计量的计算公式如下：

$$t_{n_1+n_2-2}=\frac{(\bar{X}_1-\bar{X}_2)-(\mu_1-\mu_2)}{\left(\frac{s_p^2}{n_1}+\frac{s_p^2}{n_2}\right)^{1/2}}$$

其中，

$s_p^2=\frac{(n_1-1)s_1^2+(n_2-1)s_2^2}{n_1+n_2-2}$，称为综合估计量（pooled estimator）；

s_1^2 为第一个样本的样本方差；

s_2^2 为第二个样本的样本方差；

n_1 为第一个样本的样本容量；

n_2 为第二个样本的样本容量；

$\bar{X}_1$ 第一个样本的样本均值；

$\bar{X}_2$ 第二个样本的样本均值。

（2）总体方差未知且假定不相等（$\sigma_1^2 \neq \sigma_2^2$）。

对于第二种情况，也用 t 检验，其自由度为 $\dfrac{\left(\dfrac{s_1^2}{n_1}+\dfrac{s_2^2}{n_2}\right)^2}{\dfrac{\left(s_1^2/n_1\right)^2}{n_1}+\dfrac{\left(s_2^2/n_2\right)^2}{n_2}}$。

t 统计量的计算公式如下：$t=\dfrac{\left(\bar{X}_1-\bar{X}_2\right)-\left(\mu_1-\mu_2\right)}{\left(\dfrac{s_1^2}{n_1}+\dfrac{s_2^2}{n_2}\right)^{1/2}}$

其中，

s_1^2 为第一个样本的样本方差；

s_2^2 为第二个样本的样本方差；

n_1 为第一个样本的样本容量；

n_2 为第二个样本的样本容量；

$\bar{X}_1$ 第一个样本的样本均值；

$\bar{X}_2$ 第二个样本的样本均值。

4.2.2　两个总体不独立（成对数检验）

如果两个总体相互不独立，做均值检验时要使用成对数检验（paired comparisons test）。由于 XY 不独立，所以不能将 XY 的均值拆分进行检验。此时可以通过把所有的 XY 作差得到一组新数据 D，对 D 这组数据进行单个均值检验，称为成对数检验（表 10–3）。

表 10–3　成对数检验

X	Y	D
X_1	Y_1	$D_1=X_1-Y_1$
X_2	Y_2	$D_2=X_2-Y_2$
…	…	…
X_n	Y_n	$D_n=X_n-Y_n$
u_x	μ_Y	$\mu_d=\mu_X-\mu_Y$

成对数检验中，检验 X，Y 的均值是否相等，等价于检验 d 的均值是否为 0，所以将两个均值的检验，转化为单个均值的检验。成对数检验也使用 t 检验来完成，双尾和单尾检验的原假设和备择假设如下：

H_0：$\mu_d=\mu_0$，H_a：$\mu_d \neq \mu_0$

H_0：$\mu_d \geqslant \mu_0$，H_a：$\mu_d<\mu_0$

H_0：$\mu_d \leqslant \mu_0$，H_a：$\mu_d > \mu_0$

t 统计量的自由度为 n−1，其检验统计量计算方法如下：

$$t=\frac{\bar{d}-\mu_0}{s_{\bar{d}}}$$

其中，

$\bar{d}$ 是第三组数据 d 的样本差值的均值；

μ_0 通常等于 0；

$s_{\bar{d}}$ 是 $\bar{d}$ 的标准误，即 $s_{\bar{d}}=\frac{s_d}{\sqrt{n}}$ 。

5. 总体方差的假设检验

5.1 单个总体方差的假设检验

要检验关于单个总体方差是否等于（或大于等于、小于等于）某个常数 σ_0，应使用 χ^2 检验（chi-square test）。χ 是希腊字母，中文翻译为“卡方检验”。双尾和单尾检验的原假设和备择假设如下：

H_0：$\sigma^2=\sigma_0^2$，H_a：$\sigma^2 \neq \sigma_0^2$

H_0：$\sigma^2 \geqslant \sigma_0^2$，$H_a$：$\sigma^2<\sigma_0^2$

H_0：$\sigma^2 \leqslant \sigma_0^2$，$H_a$：$\sigma^2>\sigma_0^2$

χ^2 统计量的自由度为 n−1，其检验统计量的计算方法如下：

$$\chi^2=\frac{(n-1)s^2}{\sigma_0^2}$$

其中，s^2 为样本方差，σ_0^2 为假设中设的常数，n 为样本容量。

5.2 两个总体方差的假设检验

想检验两个相互独立的正态分布总体的方差是否相等，可以使用 F 检验来完成。双尾和单尾检验的原假设和备择假设如下：

H_0：$\sigma_2^{\ 2}=\sigma_2^{\ 2}$，$H_a$：$\sigma_2^{\ 2} \neq \sigma_2^{\ 2}$

H_0：$\sigma_2^{\ 2} \geqslant \sigma_2^{\ 2}$，$H_a$：$\sigma_2^{\ 2}<\sigma_2^{\ 2}$

H_0：$\sigma_2^{\ 2} \leqslant \sigma_2^{\ 2}$，$H_a$：$\sigma_2^{\ 2}>\sigma_2^{\ 2}$

F 统计量的自由度为 n_1-1 和 n_2-1，其检验统计量的计算方法如下：

$$F = s_1^2 / s_2^2$$

其中：s_1^2 和 s_2^2 分别为第一个样本和第二个样本的样本方差。要注意，把较大的一个样本方差放在分子上（$s_1^2 > s_2^2$），即 F 统计量永远大于 1。因为这样设计，无论 F 检验是单尾检验还是双尾检验，就只需考虑右边的拒绝域。因此，无论 F 检验是单尾检验还是双尾检验，其拒绝域只在右边。

F 分布有两个自由度——分子自由度 n_1-1 和分母自由度和 n_2-1。哪个样本的样本方差在分子上，分子自由度就是其样本容量减 1；哪个样本的样本方差在分母上，分母自由度就是其样本容量减 1。

名师解惑

考试中，重点掌握每一种检验情况，应该用什么样的分布，详见表 10-4。

表 10-4 检验分布判断表

<table>
<tr><td rowspan="5">均值检验</td><td>单个正态总体，方差已知</td><td>$Z=\dfrac{\overline{X}-\mu_0}{\sigma/\sqrt{n}}$</td><td>N(0,1)</td></tr>
<tr><td>单个正态总体，方差未知</td><td>$t_{n-1}=\dfrac{\overline{X}-\mu_0}{s/\sqrt{n}}$</td><td>t(n−1)</td></tr>
<tr><td>两个正态总体，
独立，
方差未知但假设相等</td><td>$t=\dfrac{\overline{X}_1-\overline{X}_2-(\mu_1-\mu_2)}{\left(\dfrac{s_p^2}{n_1}+\dfrac{s_p^2}{n_2}\right)^{1/2}}$</td><td>$t(n_1+n_2-2)$</td></tr>
<tr><td>两个正态总体，
独立，
方差未知且假设不相等</td><td>$t=\dfrac{\overline{X}_1-\overline{X}_2-(\mu_1-\mu_2)}{\left(\dfrac{s_1^2}{n_1}+\dfrac{s_2^2}{n_2}\right)^{1/2}}$</td><td>$t\left(\dfrac{\left(\dfrac{s_1^2}{n_1}+\dfrac{s_2^2}{n_2}\right)^2}{\dfrac{\left(s_1^2/n_1\right)^2}{n_1}+\dfrac{\left(s_2^2/n_2\right)^2}{n_2}}\right)$</td></tr>
<tr><td>两个正态总体，非独立
成对数检验</td><td>$t=\dfrac{\overline{d}-\mu_0}{s_{\overline{d}}}$</td><td>t(n−1)</td></tr>
</table>

（续表）

方差检验	单个正态总体	$\chi^2_{n-1}=\dfrac{(n-1)s^2}{\sigma_0^2}$	χ^2 (n−1)
	两个正态总体，独立	$F=s_1^2/s_2^2$	$F(n_1-1,n_2-1)$

注：其中 $s_p^2=[(n_1-1)s_1^2+(n_2-1)s_2^2]/(n_1+n_2-2)$，$s_{\bar{d}}=s_d/\sqrt{n}$。

6. 总体相关系数的假设检验

本节中讲解对总体相关系数（ρ）的假设检验。在第二节的学习中，我们提到相关系数是描述一组数据线性关系的指标。

相关系数的取值范围为 −1~1，在相关系数中有三个特殊值，分别为 −1，0，1。若相关系数为 +/−1，那么这两组数据呈现出完美正相关或完美负相关；若相关系数为 0，则这两组数据不呈现出线性关系，但是不能说数据之间是独立的。可以看出，相关系数是否为 0，在整个数据分析中起到了至关重要的作用，这决定了对于数据是继续进行线性分析还是非线性分析。

— 备考指南 —
在 CFA 考试中，没有特别说明，对总体相关系数的检验做的都是显著性检验，即原假设为总体相关系数等于 0。

对于总体相关系数的假设检验，首先要做的是检验总体相关系数是否为 0，我们也称之为：总体相关系数的显著性检验。

第一步：设假设。H_0：ρ=0，H_a：ρ≠0，是一个双尾的假设检验。

第二步：计算检验统计量。t 检验的检验统计量的公式：

$$t=\frac{r-0}{\sqrt{\dfrac{1-r^2}{n-2}}}$$

其中，

r 为样本相关系数（基于样本计算出的 XY 的相关系数）；

n 为样本容量；

t 分布的自由度为 n−2。

— 备考指南 —
如果考试里，样本容量很大，即自由度非常大，也可以用 z 值替代此处的 t 学生分布表查表值。

第三步：查表得到关键值。

关键值取决于三个问题：

（1）分布，相关系数检验的分布为 t 分布，自由度是 n−2；

（2）确定好显著性水平 α，确定拒绝域总面积；

（3）判断单双尾，通常是双尾检验查双尾的 t 表格。

第四步：判断准则。

|T.S.|>CV,reject null hypothesis；拒绝原假设；

|T.S.|<CV, fail to reject (do not reject, cannot reject) null hypothesis；不拒绝原假设。

第五步：做出结论。如果拒绝原假设，拒绝后得到的结论是在 α 的显著性水平下，推断 ρ 显著地不等于 0。也即说明研究的两个变量存在明显的线性关系，可以继续进行回归。

举个例子

【例】现有两个变量 X 和 Y，两者间的协方差为 16，X 的标准差 4，Y 的标准差 8，样本容量 20，在 5% 的显著性水平下，如何对其相关系数进行显著性检验。

【解】第一步，找出原假设和备择假设，H_0：$\rho=0$，H_a：$\rho\neq0$，不能写成 H_0：r=0，H_a：$r\neq0$，因为假设检验针对的都是总体参数，而样本的数据是可以获取的，没有必要做假设检验。

第二步，算出检验统计量，$t=\dfrac{r-0}{\sqrt{\dfrac{1-r^2}{n-2}}}$，先求 r，$r=\dfrac{Cov(X,Y)}{s_Xs_Y}=\dfrac{16}{4\times8}=0.5$，代入 t 检验统计量的公式中，这里 n=20，就可以算出来 t=2.45。

第三步，画出拒绝域，这是双尾的 t 检验，在 5% 的显著性水平下，而且这里 n=20，属于小样本，所以不能用 z 值来代替，必须要去查 t 值表，这里的自由度就是 n-2。既然是 n-2，那么就找自由度是 18 的值，查表可得 2.101。

第四步，发现 2.45>2.101，所以拒绝原假设。

第五步，变量 X 和 Y 的线性相关关系显著。

7. 参数检验和非参数检验

参数检验是在已知总体分布的条件下（一般要求总体服从正态分布）对一些主要的参数（如均值、百分数、方差、相关系数等）进行的检验，有时还要求某些总体参数满足一定条件。如独立样本的 t 检验和方差分析不仅要求总体符合正态分布，还要求各总体方差齐性。上文所介绍的统计方法都是参数检验法。

比较两个总体间的差异，比较熟悉的方法是依据总体方差是否已知，选择使用正态 Z 检验或 t 检验法。但如果有明显的证据表明，这些参数检验法不能使用时又该如何呢？非参数检验法对此提供了解决方案。

非参数检验不考虑总体分布是否已知，常常不是针对总体参数，而是针对总体的某些一般性假设（如总体分布的位置是否相同，总体分布是否正态）进行检验。

非参数检验方法简便，不依赖于总体分布的具体形式因而适用性强，但灵敏度和精确度不如参数检验。一般而言，非参数检验适用于以下三种情况：

（1）序数排列类型的数据资料，这类数据的分布形态一般是未知的；

（2）检验的条件不是参数；

（3）当参数检验的条件无法满足时。

例如非正态总体小样本，一般无法估计其总体参数，于是使用非参数检验。

> — 备考指南 —
> 考生只需掌握斯皮尔曼排序相关系数属于非参数检验即可。

斯皮尔曼排序相关系数（Spearman Rank correlation coefficient）是根据等级资料研究两个变量间相关关系的方法，它是依据两列成对等级的各对等级数之差来进行计算的，所以又称为“等级差数法”。

斯皮尔曼等级相关对数据条件的要求没有积差相关系数严格，只要两个变量的观测值是成对的等级评定资料，或者是由连续变量观测资料转化得到的等级资料，不论两个变量的总体分布形态、样本容量的大小如何，都可以用斯皮尔曼等级相关来进行研究。

8. 分类数据的独立性检验

当面对分类数据时，由于分类数据不能进行加减乘除的运算，所以无法计算相关系数，所以我们不能用相关系数的显著性检验来判断数据是否独立。此时，针对分类数据我们可以通过非参数检验对独立性进行检验。该检验的步骤如下：

第一步：设假设。

原假设：分类数据之间没有关系，是相互独立的。

备择假设：分类数据之间是不独立的。

第二步：分类数据的独立性检验，需要使用卡方分布进行检验。

检验统计量的公式为：

$$\chi^2=\sum_{i=1}^{m}\frac{\left(O_{ij}-E_{ij}\right)^2}{E_{ij}}$$

对卡方检验的公式的说明如下：

- m 为表中的单元格数，即第一类中的个数乘以第二类中的个数；
- O_{ij} 为第 i 行和第 j 列每个单元格中的观测值；
- E_{ij} 为假设第 i 行和第 j 列的每个单元格中的期望值；
- 自由度为 (c−1)(r−1)，其中 c 是行数，r 是列数。

对于使用卡方检验的独立性测试，只有一个拒绝区域，在右侧。因为如果观察值和预期值之间是没有差异，那么观察值就应该等于期望值，计算出的检验统计量为零；如果观察值和预期值之间存在差异，将这些差异平方后，计算出的检验统计量为正值。

第三至六步：重复假设检验的一般步骤即可。具体学习过程可通过下面的例题进行详细说明。

举个例子

【例】假设根据两个类别观察 1590 只交易所交易型基金（ETF）的频率表（表 10-5）：规模类别有三组（小型、中型和大型）和投资类型类别有三组（价值、增长和混合）。使用 5% 的显著性水平来检验两个类别之间的独立性。

表 10-5　1590 只交易所交易型基金（ETF）的频率表

投资类型	基于市值的规模			总计
	小盘股	中盘股	大盘股	
价值型	50	110	343	503
增长型	40	122	200	362
混合型	56	149	520	725
总计	146	381	1063	1590

【解】

第一步：设假设：

原假设：规模和投资类型之间没有关系是独立的。

备择假设：两个类别（规模和投资类型）之间是不独立的。

第二步：检验统计量的公式为：

$$\chi^2 = \sum_{i=1}^{m} \frac{\left(O_{ij} - E_{ij}\right)^2}{E_{ij}}$$

第三步：由于是单尾检验且自由度等于(3-1)×(3-1)=4，得出卡方分布的5%的显著性水平的临界值为9.4877。

【解】接上：

第四步：如果计算出的检验统计量是大于9.4877的话，就可以拒绝原假设，否则将未能拒绝原假设。

第五步：带入数据计算检验统计量

由于每个单元格中的ETF数量（Oij），即观察到的频率，是给定的。因此为了计算卡方检验统计量，我们需要估计期望频率（Eij），即如果规模和投资类型完全独立，我们预计每个单元格中的ETF数量。Eij可通过考虑规模和投资类型的组合来计算，公式为：

$$E_{ij} = \frac{\text{i行的总频数} \times \text{j列的总频数}}{\text{总频数}}$$

表10-6　1590只交易所交易型基金（ETF）的期望频率表

投资类型	基于市值的规模			总计
	小盘股	中盘股	大盘股	
价值型	46.187	120.530	336.282	503.000
增长型	33.240	86.743	242.016	362.000
混合型	66.572	173.726	484.701	725.000
总计	146.000	381.000	1063.000	1590.000

根据频数表所对应的期望频数表（表10-6），带入上述统计量的公式中可求出卡方分布的统计量值为：χ^2 =32.137

第六步：根据样本数据计算出的检验统计量为32.137 > 9.4877，此时是可以拒绝原假设的，即两个类别（规模和投资类型）之间是不独立的。

第 11 章 线性回归分析

<table>
<tr><th colspan="2">本章知识点</th><th>讲义知识点</th></tr>
<tr><td rowspan="9">线性回归</td><td>1. 一元线性回归的基本概念</td><td rowspan="2">简单线性回归的基本概念</td></tr>
<tr><td>2. 线性回归模型的假设</td></tr>
<tr><td>3. 回归系数的估计</td><td>回归系数的估计</td></tr>
<tr><td>4. 虚拟变量</td><td>简单线性回归的基本概念</td></tr>
<tr><td>5. 假设检验</td><td rowspan="3">假设检验</td></tr>
<tr><td>6. 标准误</td></tr>
<tr><td>7. 判定系数</td></tr>
<tr><td>8. 因变量（Y）的估计</td><td>因变量的估计</td></tr>
<tr><td>9. 线性回归分析的不同函数形式</td><td>简单线性回归的不同形式</td></tr>
</table>

知识导引

本章讲的是线性回归分析中的一元线性回归。主要包含以下核心考点：首先，掌握什么是线性回归模型以及线性回归模型的假设条件；其次，对回归系数进行适当的估计和假设检验；最后，对因变量（Y）进行估计。

本章思维导图

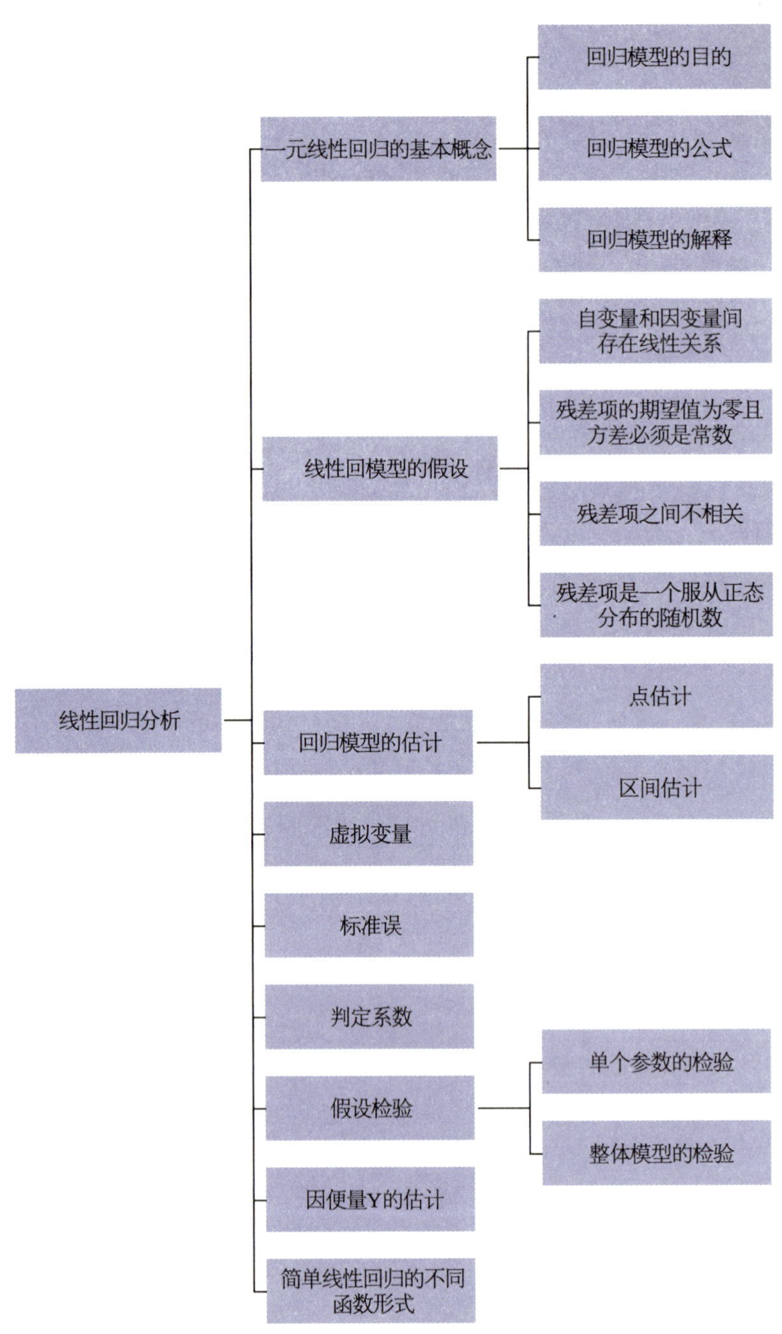
线性回归分析
一元线性回归的基本概念
回归模型的目的
回归模型的公式
回归模型的解释
线性回模型的假设
自变量和因变量间存在线性关系
残差项的期望值为零且方差必须是常数
残差项之间不相关
残差项是一个服从正态分布的随机数
回归模型的估计
点估计
区间估计
虚拟变量
标准误
判定系数
假设检验
单个参数的检验
整体模型的检验
因便量Y的估计
简单线性回归的不同函数形式

1. 一（单）元线性回归的基本概念

所谓线性回归，就是在不同变量之间寻找一个规律。举个例子，一条直线 Y=a+bX 就被认为是 X 和 Y 之间的一个规律，在这个线性回归方程中，如果确定了一个 X，在 a 和 b 都是常数且已知的情况下，就可以预测 Y，这就是一个线性回归。

回归分析在数学中是种很常见的分析方法，除线性回归外，也可以用于非线性回归，但在 CFA 学习中，主要介绍线性的回归方法。

1.1 回归模型的目的

回归的目的在于分析变量之间的关系，找到规律并据此预测未来。

1.2 回归模型的公式

一元线性回归（图 11-1）模型的公式为 $Y_i=b_0+b_1 X_i+\varepsilon_i$， $i=1,2,\cdots,n$。

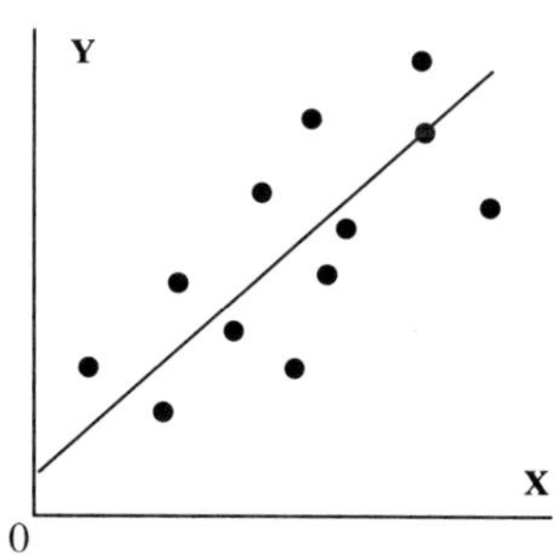

图 11-1 一元线性回归

其中，

自变量 X，也称作解释变量、独立变量、外生变量、预测变量。

因变量 Y，也称作被解释变量、依赖变量、内生变量、被预测变量。

一元线性回归（simple linear regression），又名单元回归，就是用一个自变量 X 的线性关系来解释因变量 Y 的变动。而多元（线性）回归（multiple linear regression）就是用两个或者两个以上的自变量的线性关系来解释 Y 的变动。例如，用收入和年龄来解释消费，那么收入和年龄是自变量，而消费就是因变量。

在回归方程中有许多参数，确定了这些参数就能描述自变量与因变量的关系。其中，b_0 称作截距系数（intercept coefficient），b_1 称作斜率系数（slope coefficient），它们被统称为回归系数（regression coefficient）。截距反映的是自变量等于 0 时 Y 的预估取值。而斜率反应因变量相对于一单位自变量变动的敏感性。例如，斜率 $b_1=2$，代表自变量 X 变动 1 单位，因变量 Y 变动 2 单位。

希腊字母 ε 表示残差（residual term），又名误差项（error term），误差项是真实的因变量（Y_i）与用回归直线预测的因变量（$\hat{Y}_i$）之间的差值。例如，真实值为 20，用回归线预估值为 19，此时 20 和 19 的差值 1，就是误差项。误差项代表了无法用自变量解释的因变量的变动。

残差等于 0，说明 Y 的实际值正好在直线上；

残差大于 0，说明 Y 的实际值在直线上方；

残差小于 0，说明 Y 的实际值在直线下方。

1.3 回归模型的解释

$$Y_i=b_0+b_1X_i+\varepsilon_i,\ i=1,2,\cdots,n$$

回归的本质是抽样估计。通过抽取一段时间 X 和 Y 的数据，回归出斜率和截距。由于抽取不同的样本 X 或样本 Y 会计算出不同的斜率和截距。所以这里算出的 b_0 和 b_1 只是对总体系数的一个估计，我们把样本中估计得到的截距系数和斜率系数记为 $\hat{b}_0$ 和 $\hat{b}_1$。实际中由于种种原因无法获得总体系数的真实值，例如总体数据量太大无法收集，投资人无法直接获取总体数据的线性函数等等，会转而通过样本系数的估计量去估计总体数据的系数。具体步骤包括：采集样本数据，获得样本的系数估计量，再对系数估计量进行假设检验，从而确定从样本中获取的规律是否适用于总体数据。

2. 线性回归模型的假设

2.1 假设一：自变量和因变量间存在线性关系

自变量和因变量之间的关系必须是线性的，因为线性回归模型无法衡量其他非线性关系。那么具体如何定义线性关系？线性回归需要保证回归系数之间是线性关系，而不一定方程的自变量和因变量是线性关系。

该如何理解？其实这里的思想是自变量和因变量可以通过转换满足线性的要求。比如 $Y=X^2$，此时自变量和因变量之间是非线性关系，但我们可以通过两边取自然对数，将变量转换为 lnY 和 lnX 后，方程变为 lnY=2lnX，此时新的变量之间就存在了线性关系。

再比如 $Y=b_0e^{b_1X}+\varepsilon$，此时就无法通过转换变量获得线性关系，因为无论如何转化，回归系数 b_0 和 b_1 也不可能是线性关系。所以本条假设要求在线性回归模型中的变量之间需要存在线性关系，非线性关系如果能转化为线性关系才能继续使用线性回归模型研究。

同时需要注意的是，该假设隐含了自变量不是一个随机数的假设。自变量 X 与残差项不应存在相关性，如果发生了 X 与残差项相关就说明残差项没有被正确定义。在线性回归中，残差项被假设是一个随机数，所以 X 就不应是一个随机变量，因为非随机数和随机数不相关。

在实际操作中，自变量很可能是一个随机数，所以协会进一步细化这个假设为“如果自变量是随机数，则自变量和残差项应不相关”。即隐含假设的核心是需要正确定义回归方程的残差，确保残差项和自变量不相关。

名师解惑

如何正确定义残差项？比如当前方程是 $Y=b_0+b_1X+\varepsilon$。如果残差项和自变量存在线性关系，即 $\varepsilon=a_0+a_1X+\mu$，将其带入原方程，原线性回归模型的残差项就不应是 ε，而应是 μ。

2.2　假设二：残差项的期望值为零且方差必须是常数

残差项的期望值为零，即 $E(\varepsilon_i)=0$。残差项的方差是常数，即残差的方差必须稳定。残差指每个点到回归出的直线的距离，如果残差的波动性保持一致，说明残差偏离度的变化不大，这个时候残差画出来应该如图 11–2(a) 所示。残差保持在稳定状态，则波动性是一个常数。如果波动性不是常数，就会变得有小有大，便如图 11–2(b) 所示。残差项的方差恒定，这被称为同方差性 (homoskedasticity)，如果违反这条假设，称为异方差性 (heteroskedasticity)，异方差性会导致我们对于回归系数的方差估计不够准确，从而影响对回归系数的假设检验。

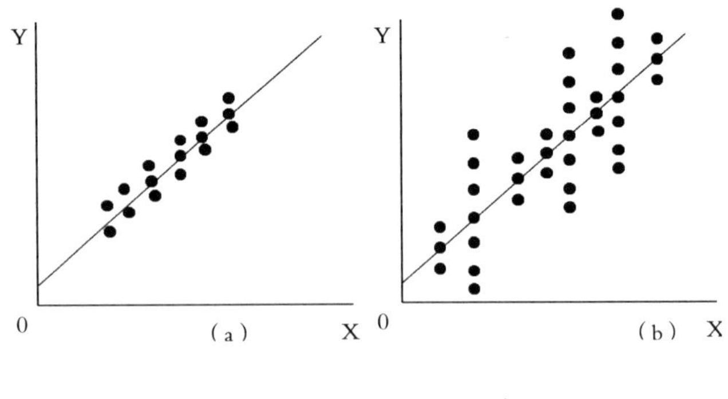

图 11-2 残差项的方差

2.3 假设三：残差项之间不相关

残差项之间不能有正的相关，也不能有负的相关，即 $Cov\left(\varepsilon_i,\varepsilon_j\right)=0(i\neq j)$ 。由于残差项的期望为 0，所以也可以表示为 $E(\varepsilon_i\ \varepsilon_j)=0\ (i\neq j)$。

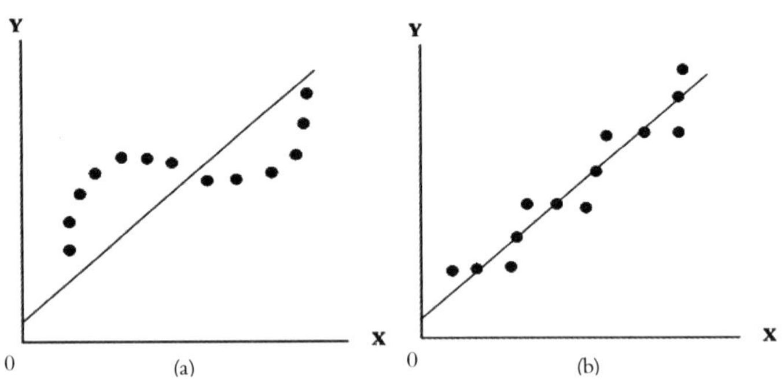

图 11-3 残差项之间正相关和负相关

如果残差项之间存在正相关，会呈现如图 11−3(a) 所示的图像：第一个残差是正数，第二个残差和第一个残差正相关，所以第二个残差也是正数，第三个残差又和第二个残差正相关，所以第三个残差也是正数，之后，第四个，第五个……都是正的；如果突然有一天残差变成负的，这个时候由于后面的残差和前面的残差正相关，所以后面的残差也变成负的。如果之后某一天残差又变正的，后面的残差又会变正。这样的图像也称之为波动被“平滑”了。

残差间也可能有负的相关关系，如图 11−3(b) 所示：第一天是正的残差，第二天就是负的残差，第三天正的，第四天负的，图形表示出来为锯齿状。

残差项之间存在相关性说明没有正确定义残差，从而使我们对于回归系数的方差估计不准确，影响对回归系数的假设检验。

2.4 假设四：残差项是一个服从正态分布的随机数

残差 ε_i 服从均值为 0，方差为 σ^2 的正态分布，即 $\varepsilon_i \sim N(0,\sigma^2)$。残差项的期望为 0，也可以表述为残差的均值是 0 或残差之和是 0。如果不为 0，说明回归直线两边的数据点分布并不均衡，此时得到的回归系数的估计值都是有偏的（biased）。

比如，E(ε)=0，那么 $\hat{Y} = b_0 + b_1X$；如果 E(ε)=a，那么 $\hat{Y} = b_0 + b_1X + a$。此时 b_0 的估计是有偏的。

3. 回归系数的估计

3.1 点估计

样本回归函数估计时常用的方法是最小二乘法（ordinary least squares，OLS）。通过最小二乘法可以得到点估计值。

$$\hat{b}_1 = \frac{Cov(X,Y)}{Var(X)};\hat{b}_0 = \bar{Y} - \hat{b}_1\bar{X}$$

单元回归可用德州仪器 BA II 金融计算器求解，具体使用方法。

◢ 数据输入的过程。

- 在计算器中启用数据输入键，即按键“DATA”。因为要启用按键“7”的第二个功能，所以前面加“2ND”，这样就进入了数据输入的界面。
- 数据输入要养成好习惯，先清空“CLR WORK”，再进行数据输入。
- 依次输入数据。最初显示的是 X01，先输入第一个 X 值，再按“ENTER”，然后再按向下的箭头，输入第一个 Y 值，再按“ENTER”。再往下一个箭头，就进入下一对数据的输入，继续进行这一步骤，直至输完所有数据。

◢ 数据统计功能。

- 数据统计功能为按键“STAT”，即“2ND”加上按键“8”，操作完成后，屏幕显示的是 LIN，表示的是英文单词 linear，说明这个功能只用来分析线性回归，不适合非线性回归。

- 按向下的箭头，出现 n。
- 继续向下，再看到 $\bar{x}$，接下来是 $S_x, \sigma_x, \bar{y}, n, S_y, \sigma_y$。
- 继续向下，就可以看到 a，往下还可以看到 b，这两个数字 a 和 b 分别是回归直线的截距和斜率。
- 再向下，看到 r，表示 x 和 y 之间的相关系数，准确地说是样本相关系数，所以样本相关系数也可以用计算器求得。

3.2 区间估计

区间估计的核心就是计算出置信区间：$\hat{b}_1 \pm t_c s_{\hat{b}_1}$。

其中：

$\hat{b}_1$ 就是利用 OLS 回归出的斜率的点估计的值 $\hat{b}_1 = \dfrac{Cov(X,Y)}{Var(X)}$

t_c 根据自由度和显著性水平通过查 t 分布表得到的系数，类似假设检验中的关键值。如果样本量比较大，也可以用 z 分布的查表值代替 t_c 值。

$s_{\hat{b}_1}$ 为 $\hat{b}_1$ 的标准误，题目中一般会直接作为已知条件给出。

一般情况下，$s_{\hat{b}_1}$ 越小，置信区间的宽度越窄，回归模型的拟合度越高。

t 分布表查表方法（表 11-1）

在 CFA 一级中，t 分布表给出的都是单尾所对应的概率。

表 11-1　t 分布表查表方法

t 分布（One-tailed probabilities）					
DF	P=0.1	P=0.05	P=0.025	P=0.01	P=0.005
1	3.0777	6.3138	12.7062	31.8205	63.6567
2	1.8856	2.9200	4.3027	6.9646	9.9248
3	1.6377	2.3534	3.1824	4.5407	5.8409
4	1.5332	2.1318	2.7764	3.7469	4.6041
5	1.4759	2.0150	2.5706	3.3649	4.0321
6	1.4398	1.9432	2.4469	3.1427	3.7074
7	1.4149	1.8946	2.3646	2.9980	3.4995
8	1.3968	1.8595	2.3060	2.8965	3.3554
9	1.3830	1.8331	2.2622	2.8214	3.2498
10	1.3722	1.8125	2.2281	2.7638	3.1693
11	1.3634	1.7959	2.2010	2.7181	3.1058
12	1.3562	1.7823	2.1788	2.6810	3.0545

（续表）

t 分布（One-tailed probabilities）					
13	1.3502	1.7709	2.1604	2.6503	3.0123
14	1.3450	1.7613	2.1448	2.6245	2.9768
15	1.3406	1.7531	2.1314	2.6025	2.9467
16	1.3368	1.7459	2.1199	2.5835	2.9208
17	1.3334	1.7396	2.1098	2.5669	2.8982
18	1.3304	1.7341	2.1009	2.5524	2.8784
19	1.3277	1.7291	2.0930	2.5395	2.8609
20	1.3253	1.7247	2.0860	2.5280	2.8453

比如，在总体方差未知的情况下，样本容量为 17，置信水平为 90% 的双尾检验中，查表具体方法如下：样本容量为 17，表明 t 分布的自由度 df=16；90% 的置信度，说明显著性水平 =1−confidence level=10%，那么单尾概率为 5%。在 t 分布表中，横向坐标表示的是右侧单尾的面积，纵向坐标表示的是自由度 df，因此根据上表可以确定所对应的 critical value 是 1.7459。

4. 虚拟变量

虚拟变量（indicator variable）又称哑变量（dummy variable），可以用于描述定性的自变量（X）。最简单的哑变量通常有两个取值 0 或 1：当特定条件为真时，取 1；反之，当特定条件为假时 1，取 0。

比如研究员在研究某服装厂服装销量的过程中发现该厂服装销量存在着很明显的季节因素，通常在过年的时候销量比较高，临近双 11 的时候销量也比较高，而其它一些时候销量低一些。于是研究员就认为服装的销量和季节是有关系的，因此在构造服装销量与季节的回归模型中引入了三个哑变量，X_1 X_2，X_3 这三个哑变量的取值范围都是 0 或 1，分别代表了第一季度、第二季度、第三季度，“1”表示当季的意思，“0”表示非当季。回归方程记作：$Y = b_0 + b_1X_1 + b_2X_2 + b_3X_3 + \varepsilon_i$。如果要计算第一季度的服装销售量，那么可以令 X_1=1，其它自变量 X_2，X_3 都等于 0 即可。因此，$b_0 + b_1$ 表示了第一季度的销量，$b_0 + b_2$ 表示第二季度的销量。而 b_0 表示的既不是第一季度，也不是第二季度、第三季度的销量。那是哪个季度？事实上，这个模型中的 b_0 并没有实际的经济学意义。当 X_1 X_2，X_3 都为 0 时，b_0

就表示第四季度的销量。因为服装的总销售量是可以被唯一确定的，当前三季度的销量都为 0 时，销量只会发生在第四季度。那么这个模型能不能再精简一点呢？或者说能不能再减少一个哑变量呢？这时候就不可以再精简模型了，如果只存在两个哑变量的话，则只能描述第一季度与第二季度的服装销量，第三季度与第四季度的销量就无从得知了。建模遵循的原则是大道至简，模型越简单越好，如果一个模型出现十个变量，二十个变量，甚至更多的变量，那这个模型的局限性一定非常大。但是模型简单也是有一个度的，如果只考虑季节性因素的话，模型至少需要三个哑变量。如果想研究服装销量与月份的关系，则至少需要十一个哑变量。

总结一下，如果在研究问题的时候把所有的问题分成了 N 类，那么模型就至少需要 N-1 个哑变量。如果回归方程中的截距项 b_0 =0，则模型需要 N 个哑变量才能构建。

5. 假设检验

5.1 单个参数的检验

$Y_i = b_0 + b_1 X_i + \varepsilon_i$ 单元回归中的是最重要的，b_1 若为 0，自变量和因变量之间没有线性关系，无法做单元回归。所以我们需要对 b_1 做显著性检验，一般有三种方法：关键值法、P 值法和置信区间法。

第一种方法，关键值法，即计算出检验统计量，再根据分布和显著性水平找出关键值，看检验统计量是否落在拒绝域中；

第二种方法，P 值法，计算得到的 P 值和显著性水平 α 相比较；如果 P 值小于 α，检验统计量落在拒绝域中；

5.1.1 关键值法（t 检验）

第一步：设假设。原假设：$b_1 = 0$，备择假设：$b_1 \neq 0$。

第二步：计算检验统计量（test statistics, T.S.）$t-statistic = \frac{\hat{b}_1 - 0}{s_{\hat{b}_1}}$。

第三步：查表得到的关键值（critical value，CV）。首先在斜率的显著性检验中我们用 t 分布，自由度为 n-2，即残差的自由度。

第四步：当检验统计量的绝对值大于查表得到的关键值时，即 | T.S. | > + t critical，我们可以拒绝原假设。

第五步：作出结论。拒绝原假设，说明显著，即斜率 b_1 显著不等于 0。

以上检验的是 b_1 是否等于 0 的问题。但有时候也可能需要检验斜率是否等于一个特定的值，比如 H_0：$b_1=1$，H_a：$b_1 \neq 1$，这时候只需把检验统计量公式中的假设值写成 1 就可以了，其它步骤都一模一样。

对于假设值为 0 的假设检验被称为显著性检验（significance test），所以如果题干中说的是进行显著性检验，此时默认原假设中假设值为 0。

5.1.2　P 值法

P 值是以检验统计量为边界的尾部面积，反应的是等于检验统计量或者比检验统计量更极端的数据发生的概率。一般题目中会直接给出，考生可用 P 值直接与 α 进行比较，如果 P 值小于 α，则拒绝原假设。

5.1.3　置信区间法

根据 $\hat{b}_1$ 的置信区间做出判断。如果观测值落在区间外，则拒绝原假设；如果观测值落在区间内，则无法拒绝原假设。

5.1.4　整体模型

如果模型中有多个自变量 X，此时如果用 t 检验对每一个自变量的斜率进行显著性检验，检验次数很多。所以，可以把所有斜率组合在一起检验，这个检验就被称为 F 检验。在研究 F 检验之前，我们需要先进行方差分析。

5.1.5　方差分析表

方差分析表（ANOVA table）用于检验样本的差异性，见表 11–2。

表 11–2　方差分析表

	自由度（df）	平方和（SS）	均方（MSS）
回归项	k	RSS	MSR=RSS/k
误差项	n−k−1	SSE	MSE=SSE/(n− k−1)
总和	n−1	TSS	

ANOVA 表中记录了回归、误差和总体的情况。

回归自由度是 k 代表了回归中自变量（X）的个数，因为此处主要探讨单元回归，所以只有一个 X（k=1），自由度就是 1。总的自由度等于 n−1，则残差的自由度是 n−k−1，因为此处是单元回归（k=1），所以表格中残差的自由度是 n−2。

平方和（sum of squares，SS），反映了各类偏离平方之后再求和的总数。图 11−4 中每个散点代表真实的样本数据点，实际发生的因变量值用 Y_i 来表示；使用回归直线预测出的因变量值用 $\widehat{Y}_i$ 表示；所有实际发生的 Y_i 的均值用 $\overline{Y}$ 表示。

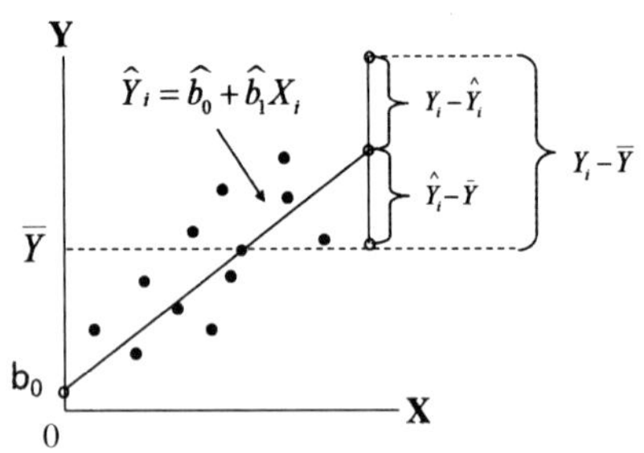

图 11-4 一元线性回归分析

此时我们定义：

$\sum(Y_i - \overline{Y})^2$ 是偏差总平方和（total sum of squares，TSS)，TSS 度量了实际的 Y_i 离均值 $\overline{Y}$ 的程度，代表了整个方差的总偏差。

$\sum(\widehat{Y}_i - \overline{Y})^2$ 是回归平方和（regression sum of squares，RSS)，RSS 度量了预测的 $\widehat{Y}_i$ 离均值 $\overline{Y}$ 的程度，代表了可以被回归方程（或者自变量）所解释的偏差。

$\sum(Y_i - \widehat{Y}_i)^2$ 是残差平方和（sum of squared errors，SSE)，SSE 度量了实际的 Y_i 偏离预测的 $\widehat{Y}_i$ 的程度，它代表了不能被回归方程（或者自变量）所解释的偏差。其中总偏差可以拆分为可以被回归方程解释的偏差与不能被回归方程解释的偏差之和，即 TSS=RSS+SSE。

MSS 称为均方平方和，一般用平方和除以对应的自由度，类似某一变量平均偏离程度或者方差的概念。其中，MSR，组内均方，可以看成回归的方差，用回归的平方和除以回归的自由度计算即可；而 MSE，组间均方，可以看成残差的方差，是用残差的平方和去除以残差的自由度来计算。

5.1.6 F 检验

F 检验可以检验回归模型所有自变量对于因变量的解释力度，既可以用于单元回归也可以用于多元回归。我们这里直接看多元回归中的情况，单元回归中只要让自变量 X 的个数 k 等于 1 即可。

如果有多元回归：$Y = b_0 + b_1X_1 + b_2X_2 + \ldots + b_kX_k + \varepsilon$ 其中 k 是自变量 X 的个数。

此时，如果需要检验模型整体显著性，可以用 F 检验，该检验的步骤如下。

第一步：设假设。

原假设：H_0：$b_1 = b_2 = b_3 = \ldots = b_k$，即所有回归系数都等于 0，此时说明没有任何一个自变量 X 可以解释因变量 Y，所以模型整体不显著，或者说过模型不好。

备择假设：H_a：至少有一个回归系数 $b_j \neq 0 (j = 1, 2, \cdots, k)$ 不等于 0，即至少有一个回归系数不等于 0，此时说明至少有一个自变量 X 可以解释 Y，所以模型整体显著，也就是模型是表现得好的。

如果在假设检验中拒绝了原假设，说明备择假设正确，就可以认为线性回归效果是显著的。

第二步：计算检验统计量。

$$F = \frac{MSR}{MSE} = \frac{RSS/k}{SSE/(n-k-1)}$$

当 F 检验统计量较大时，说明回归模型的 MSR 显著大于 MSE，也就是可以被回归方程所解释的方差（MSR）更大，模型的解释力度更强。

第三步：查表得到关键值。

F 分布取决于两个自由度（df_1，df_2）。其中，df1 代表分子的自由度，也就是回归的自由度（k）；df_2 代表分母的自由度，也就是误差项的自由度（n−k−1）。表头会描述该表的显著性水平（α）。利用显著性水平找到对应的 F 分布表（表 11−3），利用自由度就可以查表得到关键值。例如，自由度为（2，25）的关键值 =3.39。

表 11−3　F 分布表

	Df_1=1	2	3	4	5	…
Df_2=1	161	200	216	225	230	…
2	18.5	19.0	19.2	19.2	19.3	…
3	10.1	9.55	9.28	9.12	9.01	…
4	7.71	6.94	6.59	6.39	6.26	…
5	6.61	5.79	5.41	5.19	5.05	…
…	…	…	…	…	…	…
25	4.24	3.39	2.99	2.76	2.60	…
30	4.17	3.32	2.92	2.69	2.53	…
40	4.08	3.23	2.84	2.61	2.45	…
60	4.00	3.15	2.76	2.53	2.37	…
120	3.92	3.07	2.68	2.45	2.29	…
Infinity	3.84	3.00	2.60	2.37	2.21	…

第四步：如果检验统计量大于关键值，则拒绝原假设。注意，一般在模型整体检验中，默认 F 检验是单尾检验，图 11−5。

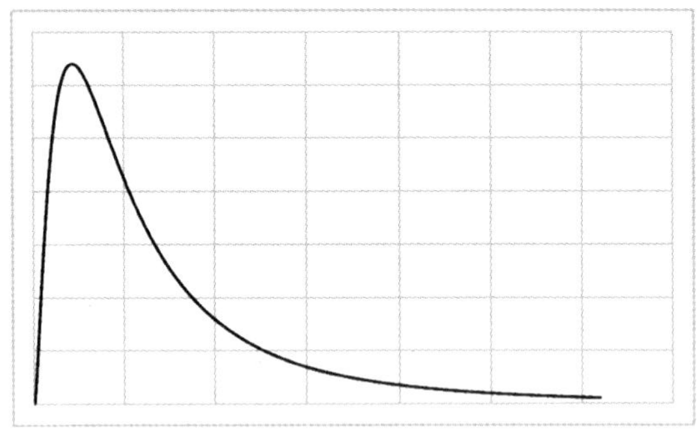

图 11-5　F 分布概率密度图

第五步：拒绝原假设，说明至少有一个斜率系数是显著区别于 0 的结论，模型是显著的。

在 F 假设检验中，主要有以下两个考点：

第一，通过 $F=\dfrac{MSR}{MSE}=\dfrac{RSS/k}{SSE/(n-k-1)}$ 来计算 F 值，所以各位读者需要掌握相关公式。

第二，通过查表找出 F 值，如果 F−statistic > Fα (k, n−k−1)，可以拒绝原假设。

6. 标准误

SEE（standard error of estimate, SEE），又称为标准误，本质是残差项的标准差。

$$\boldsymbol{SEE}=\sqrt{\frac{\boldsymbol{SSE}}{\boldsymbol{n}-\boldsymbol{k}-1}}=\sqrt{\boldsymbol{MSE}}$$

SEE 用于度量实际观察值偏离回归直线预测值的程度，SEE 越小，表示回归直线对真实数据偏离的越远，数据的拟合越好。

7. 判定系数

判定系数（coefficient of determination，R^2）又称为 R-squared。

$$R^2 = \frac{RSS}{TSS} = 1 - \frac{SSE}{TSS}$$

R^2 等于回归的平方和除以总偏差平方和，反映了可以被回归线所解释的偏差在总偏差中的占比。如果 R^2 等于 0.63，则表示回归线可以解释 63% 的 Y 的变动，而不能被回归线解释的部分占比只有 37%（1−63%）。

由于 R^2 是一个比值，所以它的取值范围是 0 到 1。对于模型来说，如果判定系数越大，说明可以被回归模型解释的占比越高，回归模型的拟合程度越好。

Multiple R，相关系数，指的是真实的 Y 与回归线预测的 $\widehat{Y}_i$ 之间的线性相关程度。Multiple R 越大，代表真实值与回归线估计值之间的相关性越高，说明估计值与真实值越接近，回归模型拟合度越好。

Multiple = $\sqrt{R^2}$ >0

在单元回归中，由于只用一个自变量解释 Y，所以所有 $\widehat{Y}_i$ 的变动都取决于自变量 X 的变动。因此，真实的 Y 与回归线预测的 $\widehat{Y}_i$ 之间的相关系数，等价于 Y 与自变量 X 之间的相关系数。所以，在单元回归中，$\text{Multiple R} = |r_{x,y}|$，或者可以记为：$R^2 = r_{XY}^2$。如果斜率大于 0，XY 同向变动，Multiple R $= |r_{x,y}|$；如果斜率小于 0，XY 反向变动，Multiple R $= -r_{XY}$。

8. 因变量（Y）的估计

回归的目的是为了最终预测出因变量（Y），对于因变量有两种估计方法，点估计和区间估计。

点估计即直接将样本估计量代入回归模型表达式即可，$\hat{Y} = \hat{b}_0 + \hat{b}_1 X$。

而区间估计则是计算置信区间 $\hat{Y} \pm (t_c \times s_f)$，$s_f$ 其中表示预测的标准差，公式为：

$$s_f = SEE \times \sqrt{1 + \frac{1}{n} + \frac{(X - \bar{X})^2}{(n-1)s_X^2}} = SEE \times \sqrt{1 + \frac{1}{n} + \frac{(X - \bar{X})^2}{\sum (X_i - \bar{X})^2}}$$

，从公式中可以看出 s_f 是 SEE 的函数，因此 SEE 越大，s_f 就越大，两者是同向变化的关系。

9. 简单线性回归的不同函数形式

并非每一组自变量和因变量之间都有简单明了的线性关系。

事实上，我们经常在经济和金融数据中看到非线性关系。比如。考虑公司在一段时间内的收入，收入是独立的变量（Y），时间是独立的变量（X）。几年来，收入以每年 15% 的速度增长，但随后增长率最终下降到每年 5%。如果直接用简单的线性模型估计的话，将会低估某段自变量范围内的因变量收入，和夸大其他自变量范围内的因变量收入。可通过需要修改因变量或自变量使他们之间的关系依旧可以使用线性回归进行分析。

有几种不同的函数形式可用于潜在地转换数据，以便在线性回归中使用。这些转换包括使用因变量的对数（即自然对数）、自变量的对数、自变量的倒数、自变量的平方或自变量的微分等。一级中，我们说明并讨论了三种常用的函数形式，每种形式都涉及对数的转换：

◢ Log-Lin Model：

- $\ln Y = b_0 + b_1 X$，因变量为对数，自变量为线性；

◢ Lin-log model：

- $Y = b_0 + b_1 \ln X$，因变量为线性，自变量为对数；

◢ Log-log model：

- $\ln Y = b_0 + b_1 \ln X$，因变量和自变量均为对数形式。

Part 03

第三部分　经济学

知识导引

微观经济学主要研究个体消费者，企业，或者产业的经济行为，以及生产和收入分配的情况。分析单个生产者如何将有限资源分配在各种商品的生产上以取得最大利润；单个消费者如何将有限收入分配在各种商品消费上以获得最大满足；单个生产者的产量、成本、使用的生产要素数量和利润如何确定；生产要素供应者的收入如何决定；单个商品的效用、供给量、需求量和价格如何确定等等问题。

宏观经济学研究整体经济。宏观经济学的目标是解释同时影响许多家庭、企业和市场的经济变化。宏观经济学家解决各种问题：为什么一些国家的平均收入高，而另一些国家的平均收入低？为什么物价有时上升迅速，而在另一些时候较为稳定？为什么生产和就业在一些年份扩张，而在另一些年份收缩？如果可能的话，政府可以用什么方法来促进收入增长速度、维持低通货膨胀率和就业稳定呢？这些问题涉及整体经济的运行，本质上都属于宏观经济范畴。

在 2023 年，CFA 考试中新增了地缘政治章节，地缘政治是地理学和地理学方法在国际关系中的应用，是地理学、政治学和国际关系学相连接的产物，也是我们分析国际经济和国际关系的基础。

国际经济学研究的是全球的经济，主要关注的是各个国家之间的贸易和经济活动的相互影响。主要涉及的内容包括国际收支平衡表的编制、汇率的计算、以及如何改善国家的贸易赤字等。

考点说明

经济学知识点的量比较多，也比较杂，但每年考试还是会有比较固定的侧重范围。对于经济学这门课，我们要把握要点，重点复习考试常考知识点。

经济学共有 8 章，分别讲了微观、宏观以及国际经济学。微观经济学主要研究个体消费者，企业，或者产业的经济行为，以及生产和收入分配的情况。宏观经济学研究整体经济。国际经济学研究的是全球的经济，主要关注的是各个国家之间的贸易和经济活动的相互影响。

第 12 章 供给与需求分析

<table>
<tr><th colspan="2">本章知识点</th><th>讲义知识点</th></tr>
<tr><td rowspan="3">一、需求和供给曲线</td><td>1. 需求函数和曲线</td><td rowspan="3">需求与供给</td></tr>
<tr><td>2. 供给函数和曲线</td></tr>
<tr><td>3. 市场均衡</td></tr>
<tr><td rowspan="3">二、弹性</td><td>1. 需求的价格弹性</td><td>需求价格弹性</td></tr>
<tr><td>2. 需求的收入弹性</td><td>收入弹性</td></tr>
<tr><td>3. 需求的交叉弹性</td><td>交叉价格弹性</td></tr>
<tr><td rowspan="3">三、收入效应和替代效应</td><td>1. 收入效应</td><td rowspan="4">收入效应和替代效应</td></tr>
<tr><td>2. 替代效应</td></tr>
<tr><td>3. 总效应</td></tr>
<tr><td>四、吉芬商品和韦伯伦商品</td><td>了解吉芬商品和韦伯伦商品的特征</td></tr>
<tr><td rowspan="2">五、收益和成本</td><td>1. 经济成本 = 显性成本 + 隐性成本</td><td rowspan="2">产品、收入、成本、利润最大化</td></tr>
<tr><td>2. 会计利润 = 总收入 − 总会计成本</td></tr>
<tr><td rowspan="2">六、盈亏平衡及关停</td><td>1. 长期关系和短期关系</td><td rowspan="3">盈亏平衡点和关停点</td></tr>
<tr><td>2. 关键点和结论</td></tr>
<tr><td>七、规模经济与规模不经济</td><td>了解规模经济与规模不经济的区分</td></tr>
</table>

知识导引

在本章中将会学到基本的经济学理论，包括需求函数和需求曲线，供给曲线和供给函数，以及相关弹性的计算，包括价格弹性、收入弹性与交叉弹性。弹性的计算和相关定性判断是历年考试当中必考知识点，同时需要了解针对不同弹性将商品进行的不同维度的分类。厂商供给分析部分主要掌握厂商的关停点和盈亏平衡点相关的计算和判断，同时了解边际效应递减和规模经济等相关基本概念即可。

本章思维导图

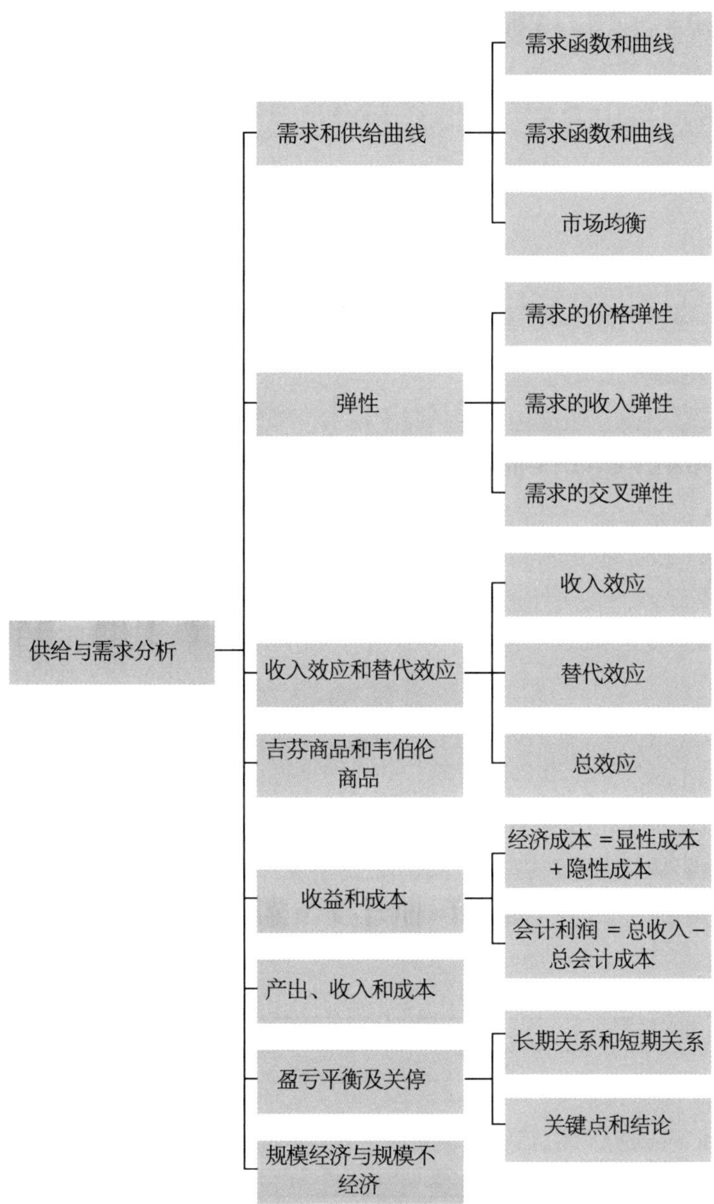
供给与需求分析
需求和供给曲线
需求函数和曲线
需求函数和曲线
市场均衡
弹性
需求的价格弹性
需求的收入弹性
需求的交叉弹性
收入效应和替代效应
收入效应
替代效应
总效应
吉芬商品和韦伯伦商品
收益和成本
经济成本＝显性成本＋隐性成本
会计利润＝总收入－总会计成本
产出、收入和成本
盈亏平衡及关停
长期关系和短期关系
关键点和结论
规模经济与规模不经济

1. 供给和需求的基本概念

经济学中将所有可交易的物品分为商品和生产要素，而任何一种商品或服务都有一个交易市场，因此按照物品的分类，可以将市场分为商品市场和要素市场这两类。

要素市场是生产要素交易的市场。在资本主义私有制经济体制中，家庭拥有生产资料，包括土地，劳动力，实物资本以及用于生产的原材料。要素市场主要对生产要素而非商品进行交易，比如土地、资本、劳动力与原材料等。要素市场的买方主要是厂商，通过购买生产要素以生产最终商品或中间商品；卖方主要是家庭，通过向买方出卖劳动力而获得经济补偿（工资等）。

商品市场是提供产品的市场。在经济学的视角下，公司是生产要素的买方，通过购买生产要素进行生产加工，最终生产出中间商品或最终商品及服务。中间商品及服务是指不能直接使用，需要经过加工的用于生产其他产品的物品，而最终商品指的是能够直接被家庭购买及使用的商品。现实生活中，中间商品有计算机芯片、机械零部件等，而最终商品包括衣服、香烟等。由此可见，商品市场中的交易双方主要是家庭和公司。公司既可扮演商品市场中的买方（购买中间商品再加工），也可作为卖方（销售最终商品及服务）；而家庭（households）一般作为买方，购买最终商品及服务。如图 12-1 所示。

— 备考指南 —
简单了解基本的金融市场的资金循环及商品循环。

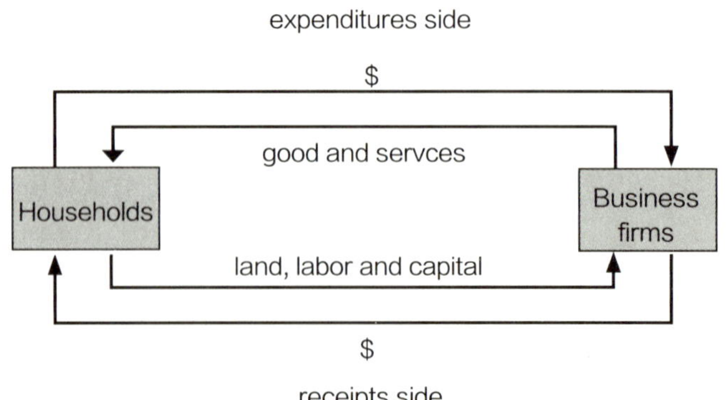

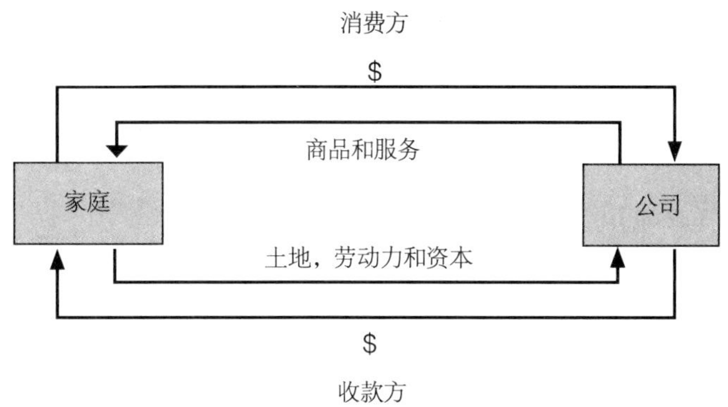

图 12-1 经济体中生产要素循环简图

在劳动力的要素市场中，家庭作为卖方，而厂商是买方。在商品市场中，厂商是卖方，而家庭是买方。当厂商认为其销售收入大于其生产成本时，就会愿意提供产品及服务。家庭认为当商品给其带来的价值高于自己支付的价格时，就会愿意购买商品及服务。此时，双方就会有交易，而且如果买方所认定的商品价值高于卖方，则交易会使双方都受益。

按照上述的分析方法，在劳动力要素市场中，当家庭认为他们所能获得的收益大于所放弃的闲暇时间时，他们就会提供劳动力。而厂商认为，当雇佣工人所带来的收益大于用工成本时，就会雇佣工人。此时，厂商支付给家庭的经济补偿就是家庭收入，也是厂商的生产成本。

此外，当家庭消费小于收入时，节省下来的部分称为储蓄。储蓄能为家庭积累资本，如果用作投资或出借，将会获得其他收入，比如利息、红利及资本利得等。家庭之所以要储蓄，是因为他们认为储蓄所带来的未来收入大于现在所放弃的消费。

金融机构及市场的存在主要是为了将人们的储蓄转化为资本投资。资本市场是进行长期资本交易的市场，企业利用资本市场出售债券或股票，融资并用于生产。当企业认为融资带来的价值大于融资成本时，就会选择利用资本市场融资。

2. 供给曲线和需求曲线

从上部分对要素市场及商品市场的分析中可以得出，消费者和厂商的经济行为的相互作用表现为商品市场和要素市场的供求关系的相互作用，也就是说，通过这种相互作用，最终能够得到市场的均衡价格。任何商品的价格都是由供给和需求两方面的共同作用所决定的。

— 备考指南 —
这四个知识点在CFA一级的经济学中非常重要，弹性相关的计算、影响因素等都是考试中常考的知识点。

考试小技巧

- 需求价格弹性、需求交叉弹性、需求收入弹性的计算和解释；
- 需求价格弹性、需求交叉弹性、需求收入弹性的影响因素；
- 比较替代效应和收入效应；
- 区别正常商品和劣质商品（包括吉芬商品）。

2.1 需求函数与需求曲线

商品需求的最大特点就是：一般来说，一种商品的价格越高，该商品的需求量就会越小，反之，需求量越大。这个特点几乎是普适的，因而被称作为需求定律。但一个商品的需求量并非只由这个商品的价格所决定，而是由多个因素决定，比如其他商品价格及收入水平。

一种商品的需求是指消费者在各种可能的价格水平下，愿意而且有能力购买的商品数量。

需求函数：$Q^d_x = f\left(P_X, I, P_Y \ldots\right)$

其中，Q^d_x 表示 X 商品的需求数量；P_X 指 X 商品的价格，P_Y 指 Y 商品的价格；I 指收入水平。

关于消费者的收入水平，一般来说，收入水平越高，商品需求量就会越大，反之亦然。而关于其他相关商品 Y 价格，其影响就不一定了，因为 Y 商品可能与 X 商品是互补品，也可能是替代品，其影响是不一样的。

假设 $Q_{汽油} = 9 - 1.5P_{汽油} + 0.02I + 0.11\ P_{巴士} - 0.008P_{汽车}$，其中 $Q_{汽油}$ 指消费者对汽油的需求量，$P_{汽油}$ 是汽油的价格，$P_{巴士}$ 是公交的价格，$P_{汽车}$ 是汽车价格。

如果 I=40，$P_{巴士}$ =25，$P_{汽车}$ =26，则得出需求函数 $Q_{汽油}$=12.34- 1.5$P_{汽油}$，经过

变换得到其反函数 $P_{汽油}=8.23-0.667Q_{汽油}$。此时需要注意，需求函数的反函数的图形才是需求曲线，所以需求曲线的斜率为 −0.667，而非 −1.5。如图 12−2 所示。

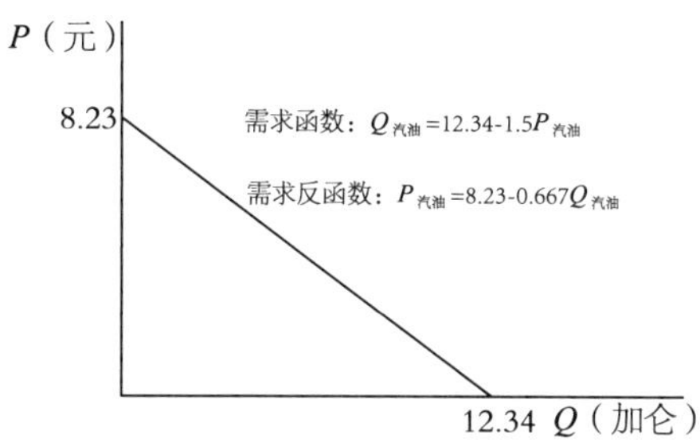

图 12-2　需求曲线示意图

需求曲线的平移（shift）指的是需求曲线的平行移动，即需求曲线的斜率没有发生变动，通常由收入的变动、其他商品（互补品或替代品）价格等方面引起。需求曲线点沿着线移动（movement along）通常由于商品自身价格的变动引起。

> — 备考指南 —
> 引起需求曲线的平移（shift）会由非纵坐标因素引起，而需求曲线点沿着线移动（movement along）则是由于需求曲线的纵坐标引起的。

2.2　供给函数与供给曲线

供给是指厂商在一定时期内在一定的价格条件下，生产者愿意并可能为市场提供某种商品或服务数量，一般来讲，商品的价格越高，厂商就越有利可图，也就更愿意生产更多的商品。因此商品价格越高，供给量越大。

$$供给函数：Q^S_x=f\left(P_X, W, P_Y \cdots\right)$$

其中，Q^S_x 表示 X 商品的供给数量；P_X 指 X 商品的价格，P_Y 指 Y 商品的价格；W 指厂商的人工成本。

关于厂商的人工成本，一般来说，人工成本越高，厂商的供给量则越小，反之亦然。而关于其他相关商品 Y 价格，一般指的是厂商生产所需的原材料成本，这些成本越高，则厂商的供给量则越小。

假设 $Q^S_{桌子}=-300+1.5P_{桌子}-8W-0.2P_{木材}$，其中 $Q^S_{桌子}$ 的是厂商对桌子的供给量，$P_{桌子}$ 指的是桌子的价格，W 指的是厂商的人工成本，$P_{木材}$ 指的是木材的价格。

如果人工成本 W=12，木材价格 $P_{木材}=150$，则得出供给函数 $Q^S_{桌子}=-426+1.5P_{桌子}$，经过变换得到供给函数的反函数 $P_{桌子}=284+0.667Q^S_{桌子}$。此时需要注意，供给函数的反函数画出的图形才是供给曲线，所以供给曲线的斜率为 0.667，而非 1.5。如图 12−3。

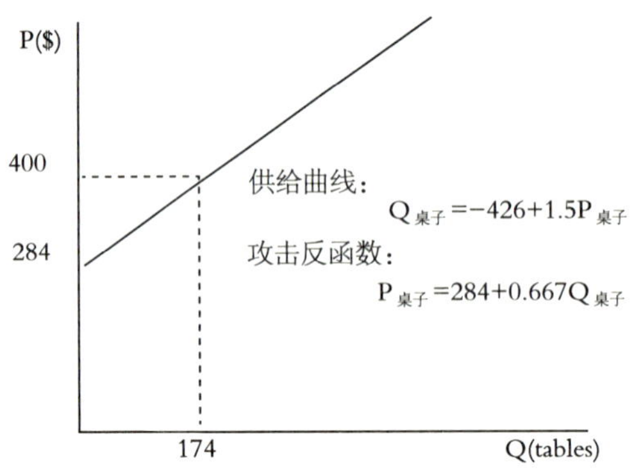

图 12-3　供给曲线示意图

— 备考指南 —
关于所有曲线的平移和点在线上移动，平移均是由于非纵坐标因素的变化因素，而点在线上移动则是由于纵坐标因素的变化引起。

供给曲线的平移（shift）指的是供给曲线的平行移动，即供给曲线的斜率没有发生变动，通常由人工成本、原材料成本等方面引起。供给曲线点沿着线移动（movement along）通常由于商品自身价格的变动引起。

3. 弹性

假设因为某些国际政治因素使得国内成品油价格上涨，如果不考虑全面通货膨胀的风险，那么国内私家车主会对此如何反应？很明显，车主会少消费汽油，那么到底会减少多少消费呢？这就可以通过本章的讨论来进行解答。

弹性是衡量买卖双方对市场变化的反应程度。对于上述问题，通过研究发现，成品油需求量在长期的变化大于短期的变化，也就是说，成品油（如汽油）在长期中消费的减少量一部分是因为人们开车不那么频繁了，而另一部分是因为许多车主转而购买大排量汽车的替代品——节能型小排量汽车。这两种现象都能反映在需求曲线及其弹性上。

下面主要针对需求的弹性进行讨论。图 12–4 为弹性的种类。

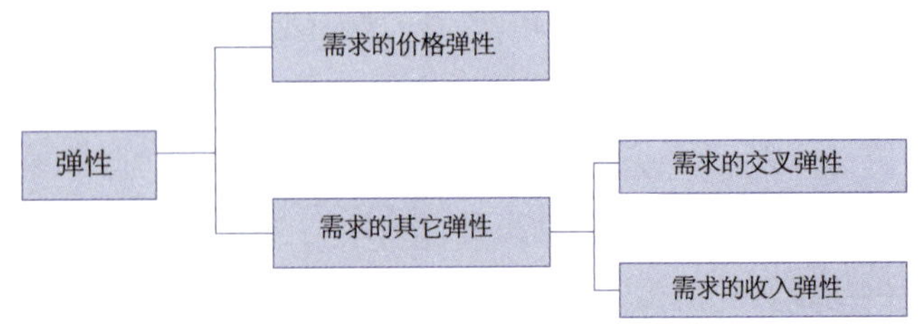

图 12-4　弹性的种类

3.1 需求的价格弹性（Own-Price Elasticity of Demand）

3.1.1 需求价格弹性的概念与计算

根据需求定律，一个正常商品的价格下降会使其需求量上升，需求价格弹性反映了其需求量的变化量。如果变化很大，则说明此商品是富有弹性的；反之，如果变化较小，则说明此商品缺乏弹性。因此需求弹性的计算可以表现为需求变动的百分比与价格变动百分比的比率，即：

$$\varepsilon_d=\frac{\text{需求量变化百分比}}{\text{价格变化百分比}}=\frac{\%\Delta Q}{\%\Delta P}=\frac{(Q_1-Q_0)/(Q_1+Q_0)/2}{(P_1-P_0)/(P_1+P_0)/2}$$

在计算弹性的时候，可以分为弧弹性和点弹性，在计算弧弹性的时候需要注意，在计算变动的百分比时，一般采用中点法，即：

> — 备考指南 —
> 点弹性的计算需要注意，计算百分比时需要采用中值法。

$$\text{变化百分比}=\frac{\text{终值-初值}}{\left(\frac{\text{终值+初值}}{2}\right)}$$

下面例子可以很好的解释为什么在计算弹性时，变化的百分比需要采用中点法：

A 点：P=\$4，Q=120

B 点：P=\$6，Q=80

从 A 点变动到 B 点时，价格上升 50%，数量减少 33%，需求价格弹性为 33/50=0.66；而从 B 点变动到 A 点是，价格下降 33%，数量增加 50%，需求价格弹性为 50/33=1.52。由于计算变动百分比时分母的值不同导致最终弹性不同。为了避免这种情况，在计算变动百分比时把分母取平均。此时，无论从 A 点到 B 点，还是从 B 点到 A 点，价格和数量的变动百分比都是 40%，所以需求价格弹性为 1。注意，已经把计算弹性时结果的负号去掉，即计算出来的弹性表示为绝对值。实际上由于自身商品的价格和自身商品的需求量之间呈反向关系，所以本身价格弹性计算出来为负值。

相比弧弹性，点弹性的计算方式更加简单，计算公式为：

$$\varepsilon_d=\frac{\%\triangle Q}{\%\triangle P}=\frac{\triangle Q/Q}{\triangle P/P}=\frac{\triangle Q}{\triangle P}\times\frac{P}{Q}$$

其中 $\frac{\Delta Q}{\Delta P}$ 表示 Q 对 P 求一阶导，即需求函数的斜率，也就是 P 前面的系数，而 P 和 Q 就是题目要求计算点弹性对应的点。根据公式计算出来的点弹性表示的就是需求曲线上该点的弹性是多少，而弧弹性表示的是两点之间的弹性是多少，点弹性和弧弹性的含义是不一样的。

很明显，从上述弹性计算公式可以得出如下结论（表 12−1）。

表 12−1 需求价格弹性的几种形态

$\lvert e_d \rvert>1$	富有弹性	价格增加，需求量减少的比例更大
$\lvert e_d \rvert=1$	单位弹性	价格增加，需求量减少相同的比例
$\lvert e_d \rvert<1$	缺乏弹性	价格增加，需求量减少的比例更小
$\lvert e_d \rvert=\infty$	完全弹性	水平的需求曲线
$\lvert e_d \rvert=0$	完全无弹性	垂直的需求曲线

- 当弹性$\lvert \varepsilon_d \rvert >1$时，表示当价格变化 1 个百分比单位，需求量的变动会大于 1 个百分比单位，称为富有弹性。
- 当弹性$\lvert \varepsilon_d \rvert <1$时，表示当价格变化 1 个百分比单位，需求量的变动会小于 1 个百分比单位，称为缺乏弹性。
- 当弹性$\lvert \varepsilon_d \rvert =1$时，表示当价格变化 1 个百分比单位，需求量的变动为 1 个百分比单位，称为单位弹性。
- 当弹性$\lvert \varepsilon_d \rvert =\infty$，如果商品价格上涨，需求量马上变为 0，称为完全弹性。此时呈现一条水平的需求曲线。
- 当弹性$\lvert \varepsilon_d \rvert =0$，纵使价格变化幅度再大，需求量也不会有变化，称为完全无弹性。此时呈现一条垂直的需求曲线。

需求价格弹性的几种形态图形如图 12−5。

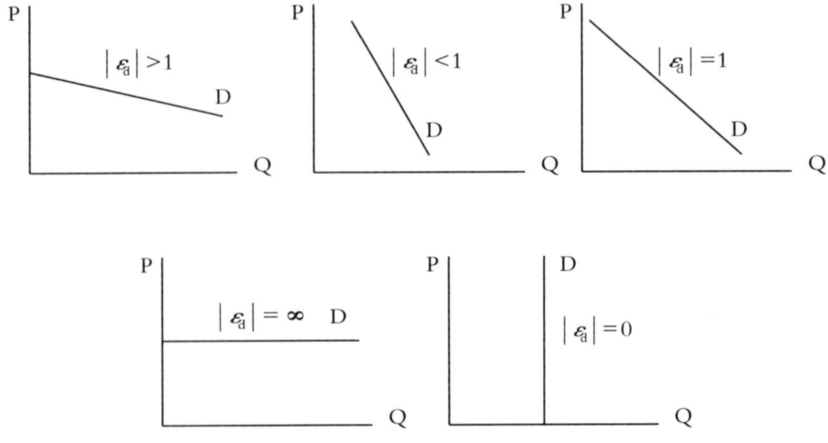

图 12-5 不同弹性大小示意图

3.1.2　线性需求曲线的弹性与总收益

线性需求曲线上，各个点的弹性是否相同？答案是否定的，根据点弹性的计算公式，$\varepsilon_d=\frac{\%\triangle Q}{\%\triangle P}=\frac{\triangle Q/Q}{\triangle P/P}=\frac{\triangle Q}{\triangle P}\times\frac{P}{Q}$，如果是线性的需求曲线，斜率$\frac{\Delta P}{\Delta Q}$不变，那么取倒数后$\frac{\Delta Q}{\Delta P}$同样认为是常数，因此线性需求曲线上的各个点的点弹性根据 P 和 Q 的不同而不同。

图 12–6 展示了一条线性需求曲线的弹性。

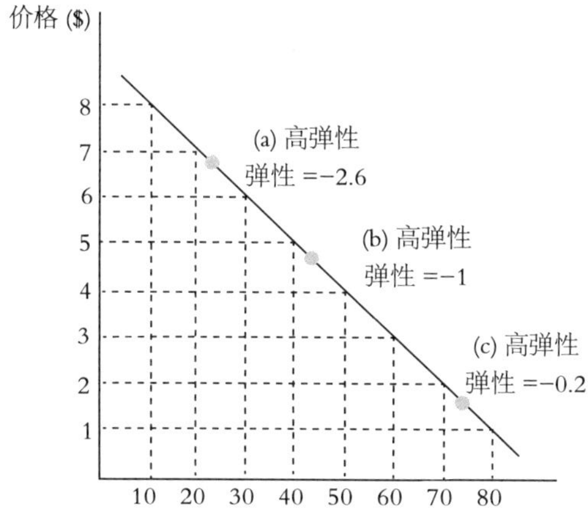

图 12-6　同一条需求曲线上的弹性变动示意图

从图 12–6 中可以观察到，在价格低于 \$4.5 时，需求是缺乏弹性的，因为$|\varepsilon_d|<1$；而当价格高于 \$4.5 时，需求是富有弹性的，因为$|\varepsilon_d|>1$。当价格等于 \$4.5 时，需求是单位弹性的，因为$|\varepsilon_d|=1$。

此外，当价格逐渐从低到高接近于 \$4.5 时，由于价格弹性比较小，所以价格即使上升很多需求量也只下降一点点，因此总收益（TR=P×Q）会上升。比如当价格为 \$1，TR=1×80=\$80；当 P=\$3，TR=3×60=\$180；当 P=\$4.5，TR=4.5×45=\$202.5。

当价格从 \$4.5 开始逐渐升高，由于价格弹性比较大，所以价格上升一点点需求量就会下降很多，因此总收益会下降。比如当 P=\$5，TR=5×40=\$200；当 P=\$7，TR=7×20=\$140。

— 备考指南 —
弹性 >1，P 下降，TR 上升；
弹性 <1，P 上升，TR 上升；
弹性 =1，TR 最大。

由此可见，线性需求曲线上一定会存在单位弹性点，而该点总收益 TR 最大。价格高于此点时，价格下降，但弹性大于 1，导致需求量上升幅度较大，从而总收益 TR 上升；价格低于此点时，由于弹性小于 1，导致价格上升幅度较大时需求量仍没有明显下降，从而总收益 TR 增加。

3.1.3 需求价格弹性的影响因素

根据经验，可以总结出一些影响需求价格弹性的一般规律。

（1）替代品的可获得性会影响需求的价格弹性。有替代品的商品往往需求富有弹性，因为当此商品价格上涨时，消费者可以选择其替代商品，从而对该商品的需求（依赖性）不那么强。比如烟草没有合适的替代品，所以烟草的需求价格弹性较小。

（2）商品价格占收入的比例会影响需求的价格弹性。当商品价格占收入比例较大时，消费者对其价格的敏感程度较大，即需求价格弹性较大。比如当房价上升时，由于房子价格占居民收入比例较大（因为房子价格普遍比较高），所以很多居民就会买不起房子，对于房子的需求量就会大幅下降。相比之下，对于柴米油盐这些商品，由于他们本身价格相对较低，占居民收入比例相对较小，因此即使这些商品的价格上升，大多数居民还是可以消费购买它们的，所以这些商品的需求量不会有大幅度的下降。

（3）时间会影响需求的价格弹性。商品的需求往往在长期更具有弹性。在成品油价格上涨时，短期内在一些公共交通不发达的地区，私家车仍是首选，那么消费者可能仍会选择自驾出行。而随着时间的推移，人们会选择公共交通或选购节能省油的汽车，甚至搬至离上班地点更近的地方，因此汽油的需求量会随之减少。

3.2 需求的收入弹性（Income Elasticity of Demand）

需求收入弹性衡量消费者需求量变动对收入变动的敏感程度，用需求量的变动百分比与收入变动百分比之比来表示，即：

$$\varepsilon_I=\frac{\text{需求量变化百分比}}{\text{收入变化百分比}}=\frac{\Delta Q/Q}{\Delta I/I}=\frac{\Delta Q}{\Delta I}\times\frac{I}{Q}$$

虽然需求的价格弹性几乎都是负数，需求的收入弹性可能会是正数或者负数。根据需求量的正负可以将商品分为几类。

1. 需求的收入弹性为正的商品，被称为正常商品（Normal goods）

在正常商品当中，又以 1 为界，分为必需品（Necessity）和奢侈品（Luxury）

（a）收入弹性在 0–1 之间的商品为必需品，收入弹性较小。表示即使消费者收入很低，也要消费生活必需品，并且即使收入提高，必需品的消费需求量也不会增加很多。

（b）收入弹性大于 1 的商品称为奢侈品，收入弹性较大。表示即使收入只增加一点点，但是对于该商品的需求量也会增加很多。

2. 需求的收入弹性为负的商品，被称为劣质商品（Inferior goods）。劣质商品的收入弹性为负，表示当收入水平增加的时候，对于该商品的需求量反而是减少的，收入与需求量之间呈现反向变化。

需要指出的是，不同商品在一定的收入范围内具有不同的收入弹性，同一商品在不同的收入范围内也具有不同的收入弹性。收入弹性并不取决于商品本身的属性，而取决于消费者购买时的收入水平。这是因为，收入水平提高时，本来被认为是奢侈品的东西也许会被认为是必需品，本来被认为是正常品的东西也许会被认为是劣等品。

假设收入从 \$10000 涨到 \$15000，而对苹果的消费量由原来的 100 斤上涨到 120 斤，根据以上信息，判断苹果是必需品还是奢侈品。

$$\text{收入弹性} = \frac{(120-100)/110}{(15000-10000)/12500} = 0.23 < 1$$

所以，苹果是必需品（necessity）。

3.3　需求的交叉弹性（Cross-price elasticity of demand）

需求交叉弹性衡量一种商品需求量对于另一种商品价格变动的敏感程度，用一种商品需求量变动的百分比与另一种商品价格变动的百分比之比来表示。如果以 A 和 B 代表两种商品，用ε_c代表 A 商品的需求量对 B 商品的价格敏感程度，则需求交叉弹性的公式为：

$$\varepsilon_c = \frac{\text{A商品需求量变化百分比}}{\text{B商品价格变化百分比}} = \frac{\Delta Q_A / Q_A}{\Delta P_B / P_B} = \frac{\Delta Q_A}{\Delta P_B} \times \frac{P_B}{Q_A}$$

交叉弹性的正负取决于这两种商品之间的关系是替代品还是互补品。

替代品是指可以互相替代的商品，如肯德基和麦当劳的快餐。替代品的需求交叉弹性为正，因为当麦当劳价格上涨时，其替代品肯德基的需求量会增加。

互补品是指需要协同作用的商品，如汽车和汽油。互补品的需求交叉弹性为负，因为当汽油价格上涨时，互补品汽车“无用武之地”，因此需求量随之减少。

— 备考指南 —
可以将互补品看做是同一商品，其正负应当同商品自身价格弹性正负号相同。

假设某一地区桔子价格从 \$5.5 每斤降到 \$4.5 每斤，那么香蕉的需求量从 105,000kg 下降到 95,000kg，那么两者的交叉弹性为：

$$\varepsilon_c = \frac{(Q_1^1 - Q_0^1)/(Q_1^1 + Q_0^1)/2}{(P_1^2 - P_0^2)/(P_1^2 + P_0^2)/2} = \frac{(95,000-105,000)/(95,000+105,000)/2}{(4.5-5.5)/(4.5+5.5)/2} = 0.5$$

此时两者的交叉弹性系数为正，说明桔子和香蕉是替代品。

3.4 收入效应与替代效应

假设现在有两种正常商品，巨无霸汉堡和烤鸡翅，当巨无霸价格下跌时，消费者可能会有两种反应：

（1）巨无霸价格下跌，说明收入相对增加，就可以购买更多的巨无霸和烤鸡翅（收入效应）。

（2）巨无霸价格下跌，烤鸡翅的价格相对上涨，那么放弃一份烤鸡翅可以换得更多的巨无霸，应该少买烤鸡翅而多买巨无霸（替代效应）。

这两种想法都有道理，分别代表了收入效应与替代效应。巨无霸价格下跌使得消费者的相对收入增加，从而需求量增加的效应称为收入效应，这种效应使得人们消费更多的巨无霸和烤鸡翅。同时，巨无霸的价格相对于烤鸡翅更便宜，此时的替代效应使得人们减少烤鸡翅的消费而增加巨无霸的消费，如表 12-2 所示。

— 备考指南 —
对于收入效应而言，结合收入弹性更好理解。

表 12-2 巨无霸价格下跌时的收入效应与替代效应

商品	收入效应	替代效应
巨无霸	消费者收入更高，购买更多巨无霸（假设巨无霸是正常商品）	巨无霸相对便宜，消费更多
烤鸡翅	消费者收入更高，购买更多烤鸡翅（假设烤鸡翅是正常商品）	烤鸡翅相对昂贵，消费更少

3.5 正常商品和劣质商品

是否收入增加时，商品的需求量就一定增加？答案是否定的，这是因为虽然绝大多数商品都是正常商品（收入提高，需求量增加），但也有些商品是劣质商品（收入提高，需求量减少）。

需求的收入弹性系数可正可负，并可据此来判别该商品是正常品还是劣等品：

- 正常品：如果某商品的需求收入弹性系数为正，即 >0，表示随着收入水平的提高，消费者对此种商品的需求量增加，该商品称为正常品。

- 劣等品：如果某商品的需求收入弹性为负，即 <0，表示随着收入水平提高，消费者对此种商品的需求量反而下降，该商品称为劣等品。

无论对于正常商品还是劣质商品而言，替代效应总是会由于自身商品价格降低时，消费者会购买更多的自身商品，以替代其相应的替代品。而收入效应的作用则依赖于该商品属于正常商品还是劣质商品。对于正常商品而言，当自身商品价格降低时，名义收入水平不变，实际收入水平增加，由于正常商品的收入弹性为正，所以对于该商品的需求量将会增加，因此收入效应加强了替代效应的作用，共同形成一条斜率为负的需求曲线；但对于劣质商品而言，当自身商品价格降低时，由于劣质商品的收入弹性为负，所以在实际收入水平增加时对于该商品的需求量将会降低，因此收入效应和替代效应的作用方向相反，收入效应削弱了替代效应的作用。

吉芬商品（Giffen goods）是劣质商品的一种，不过和一般的劣质商品不同，吉芬商品的收入效应要强于其替代效应，从而导致其需求量随着价格上涨反而上升。其最为典型的案例是大饥荒年代的主食类商品，在大饥荒的背景下，供给相对短缺，经济萧条，消费者的收入也非常有限，如果主食价格上涨，消费者只能放弃其他副食品，转而购买更多主食，因此需求量反而上升。

— 备考指南 —
要掌握吉芬商品的特点，以及同韦伯伦商品的。

除了以上三种商品，还要研究韦伯伦商品。韦伯伦商品通常指一些能展示人们社会地位的“炫耀性”商品，比如法拉利跑车、游艇、私人飞机等。商品的价格越高，人们对其需求量也就越大，因为此时这种商品给人们带来的效用已经不仅仅在于其实际的使用价值，而更多的在于高价格所体现出来的高规格、高品位、高地位上面。很容易想象，如果法拉利跑车降价促销，那么其价格体现出的品味就会有所下降，人们也就不愿意购买；而如果涨价，则其代表的品味就会上升，人们对其需求量也就会加大。

韦伯伦商品和吉芬商品有一个共同点，即两种商品的需求曲线都是向上倾斜的，也就是需求曲线的斜率为正。同时韦伯伦商品与吉芬商品有两点不同。首先，吉芬商品是劣等品，而韦伯伦商品显然不是；其次，消费者选择理论能够解释吉芬商品的存在，但无法解释为什么会有韦伯伦商品。

表 12-3　几种商品的特点比较

商品	替代效应	收入效应	总效应	需求曲线的形状
正常商品	正	正	正	向下倾斜
一般劣质商品	正	负	正	向下倾斜
吉芬商品	正	负	负	向上倾斜

（将自身商品价格上涨，自身商品需求量下降的现象定义为正的效应，反之为负的效应）

— 备考指南 —
吉芬商品的最大特点就是需求曲线是向上倾斜的。
韦伯伦商品的需求曲线也是向上倾斜，但是吉芬商品有理论依据，但是韦伯伦商品并没有。

4. 厂商供给分析

考试小技巧

- 描述边际收益递减的现象；
- 确定和描述关停和盈亏平衡点；
- 描述规模经济和规模不经济如何影响成本。

4.1 边际收益递减

企业需要靠销售商品及服务来获得收益，而商品的生产则涉及到生产要素的使用。生产过程中最主要的生产要素是：

- 土地：厂房设备等的所在地。
- 劳动力：包括熟练工与非熟练工，以及管理人员。
- 资本：这里指的是实物资本——企业的有形资产，比如机器设备及厂房等。而非金融资本。
- 材料：直接投入生产的原材料，比如生产用水、铁矿石等。

为了简化分析过程，主要考虑两个因素——资本 K 和劳动力 L。厂商的生产函数则是这两个因素共同决定的，是它们的函数，可以表示为：$Q=f(K，L)$

这个函数就称为企业的生产函数。把其中一项变量固定，比如 K，那么只有 1 个工人时的产量就是第一个单位劳动力的边际产出（Marginal product）。当继续招募一个工人，所增加的总产出就是第二个工人的边际产出。

那么边际产出的是否会变化呢？答案是肯定的。当一个企业只有少数员工时，由于组织合作的作用，边际产出可能会递增。但是总有一个临界点，超过这个点时，每招募一个新员工，边际产出是递减的，这可能是由于此时的组织机构过于庞大，效率降低而造成的，把这种边际产出减少的规律称为边际产出递减规律。当继续招募新员工，甚至可能会出现边际产出为负的现象，减少企业的总产出。如图 12-7。

— 备考指南 —
边际产出递减的概念需要掌握。

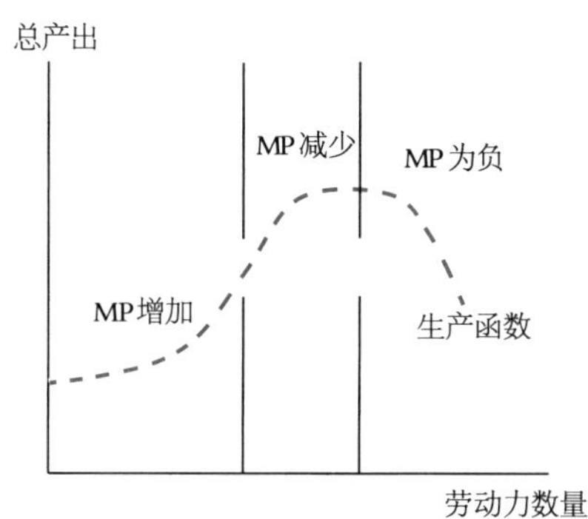

图 12-7 资本 K 固定，劳动力 L 可变的情况下的生产函数

4.2 基本概念介绍

4.2.1 会计利润、经济利润和正常利润

> — 备考指南 —
> 重要考点是当企业的经济利润等于 0 时的会计利润，即正常利润。

会计利润指的是总收入减去会计成本（显性成本），即企业利润表中确认的净利润，计算公式为：

会计利润 = 总收入 − 总会计成本（显性成本）

其中显性成本是支付给除所有企业股东以外的经济资源所有者的货币额，如工资费用、营销费用、生产费用等，显性成本反映的是生产过程中真实发生的成本。

比如小王经营一家快餐店，每个月的收入为 10 万美元，店面租金 3 万美元，员工工资 3 万美元，假设没有其他费用，则显性成本为 6 万美元，会计利润为 4 万美元。这样的计算方法与一般编制企业利润表的方法相同，是站在会计的角度上看问题。

在上例中，假设小王不仅有能力开快餐店，同时还精通心理学，拥有心理咨询师的资质。如果去当一名全职心理咨询师，他每小时能赚取 100 美元，那么相对于开快餐店来说，在快餐店工作 1 小时，就会放弃心理咨询师的每小时 100 美元收益，这种放弃的收益也应该是其成本的一部分，称为隐性成本，也是机会成本的一部分。所以如果从经济学的角度看问题，经营快餐店的总成本应该是显性成本与隐性成本之和，此时的总成本就称为经济成本。

所以可以看到，经济学和会计学对利润分析的角度是不同的：经济学的角度下，成本包括显性成本与隐性成本；而在会计学的角度下的成本只是显性成本。

在探讨经济利润时，是站在经济学的角度上看问题的。所以经济利润应该考虑到隐性成本的因素：

$$经济利润 = 收益 - 经济成本 = 收益 - (显性成本 + 隐性成本)$$
$$= 会计利润 - 隐性成本$$

对于私有公司来说，隐性成本包括投入资本的机会成本、时间的机会成本以及老板的企业家才能。而对于上市公司来说，基本上股东要求的回报就是最大的隐性成本。如图 12-8 所示。

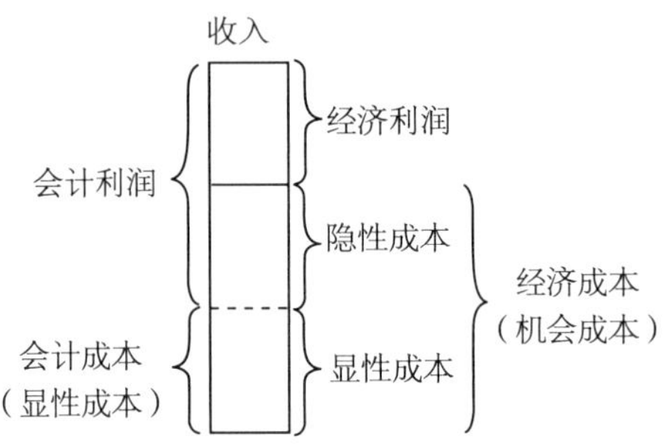

图 12-8　经济利润、会计利润、经济成本

当经济利润等于 0 时的会计利润定义为正常利润（normal profit）。根据上图，从数学角度来看的话，其实正常利润即能覆盖掉隐性成本的利润水平。

4.2.2　利润最大化

利润最大化相关问题可以从两个角度进行分析：

首先，从总收益 TR 和总成本 TC 角度展开：当总收益和总成本二者之间差值达到最大时，就获得了最大利润。

其次，还可以从边际收益 MR 和边际成本 MC 的角度展开：当 MR=MC 时，实现利润最大化，下文将详细展开讨论。

4.2.3　总成本、平均成本、可变和固定成本、边际成本

既然企业生产商品或提供服务，那么肯定会产生成本，所以要对企业的成本进行分析。可以从以下 3 个角度着手分析：（1）总成本 TC；（2）平均成本 AC；（3）边际成本 MC。

总成本由两个部分组成，总固定成本 TFC 和总可变成本 TVC，即：

$$TC=TVC + TFC$$

总固定成本是不会随着产量的变化而变化的成本，是无论怎样（短期内）企业都要支付的费用。企业中常见的固定成本有厂房、机器设备、固定利息费用和

管理人员工资（不随产量变化而变化）等。

总可变成本会随着产量的变化而变化。企业中最大的可变成本是生产人员工资（随着产量增长而增长）、原材料成本等。总可变成本可随着产量的增加而增加，也可随着产品需求降低而降低（因为产量降低）。如图 12–9 所示。

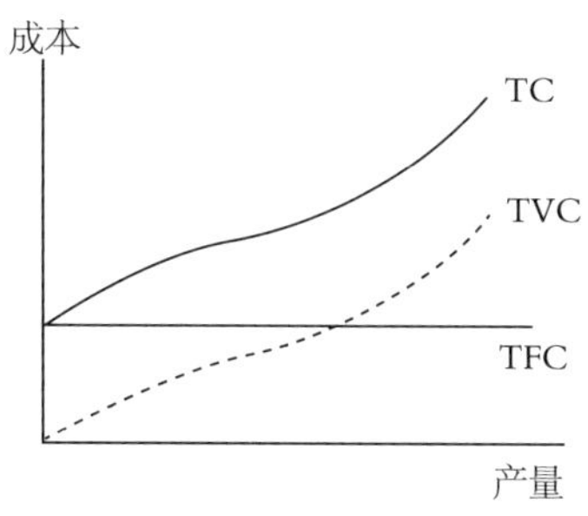

图 12-9 总成本、总固定成本与总可变成本

平均成本的算法很直观，直接把相应的总成本除以产量即可。

平均总成本：ATC=TC/Q

平均固定成本：AFC=TFC/Q

平均可变成本：AVC=TVC/Q

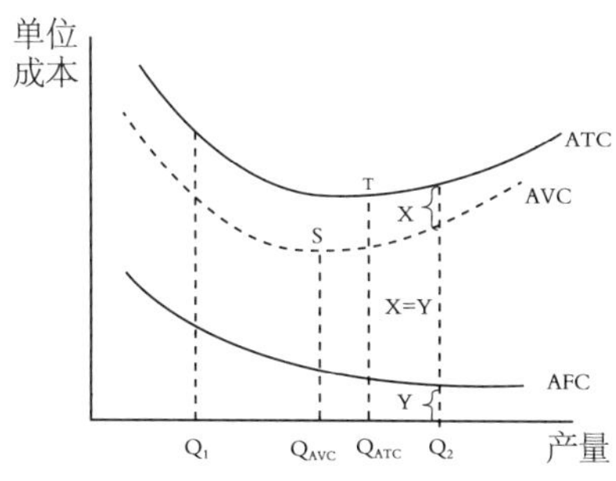

图 12-10 平均成本、平均固定成本与平均可变成本

由上图 12–10 可见，首先，AFC 曲线向下倾斜。这是因为 TFC 不变，随着 Q 的增加，AFC 必然逐渐降低。

其次，ATC 和 AVC 曲线都是 U 形的，这是因为 AVC 先是随着产量的增加而降低，随后再升高。至于 ATC，则是在 AVC 的基础上加上 AFC，最后将逐渐与 AVC 趋近并收敛。

由于 ATC=AVC + AFC，所以图中 X=Y。

此外，还可以从边际成本的角度对企业成本进行分析。和边际收益的分析类似，边际成本是多生产一单位产品所额外增加的成本，计算公式为：

$$MC = \frac{\Delta TC}{\Delta Q}$$

— 备考指南 —
这些和 MC 有关的结论需要记忆和掌握。

下图 12-11 描述了 MC 与 ATC 和 AVC 的关系。从图中可以得出一些重要的结论：

- MC 曲线先下降，当超过 Q_{MC} 时才会上升。这是因为前期由于产量较低，可以通过劳动力的分工合作来达到效率的优化，而当投入越来越多的劳动力时，可能会由于边际收益递减的原因使得边际成本递增。
- MC 曲线交于 ATC 和 AVC 的最低点。可以分析出，当 MC 低于 AVC（或 ATC）时，AVC（或 ATC）是处于下降通道的。反之亦然，当 MC 高于 AVC（或 ATC）时，AVC（或 ATC）是处于上升通道的。
- MC 曲线高于 AVC 曲线的部分，可作为完全竞争厂商的短期供给曲线。

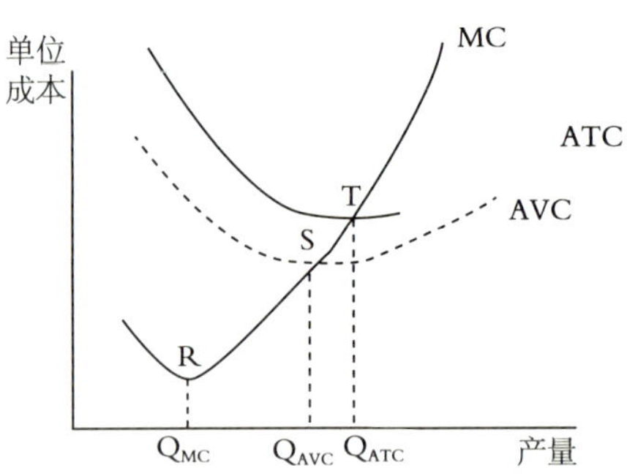

图 12-11　平均总成本、平均可变成本与边际成本

4.2.4　完全竞争和非完全竞争市场下的收益

对于一个处于完全竞争市场中的企业来说，由于自身没有定价能力（下一章将详细论述），是价格接受者（Price taker），所以不论销售量如何，都会对所有消费者收取相同价格，因此多卖出一单位产品，将获得相当于 1 个单位 P 的收益，即 MR=P。再根据 AR=TR/Q 可以得出：

AR=MR=P。图 12-12 就是完全竞争市场中的单个企业的需求曲线和边际收益曲线。

图 12-12 完全竞争市场需求曲线

讨论了完全竞争市场中的需求曲线与边际收益曲线之后，有必要进一步讨论在非完全竞争市场中的情况。在非完全竞争市场中，厂商拥有一定的市场占有率，对于价格有一定的决定权，要根据不同的销量决定不同的售价，因此，厂商是价格搜寻者（Price seeker）。厂商为了卖出更多数量的产品，就需要相应降低价格，即呈现向下倾斜的需求曲线（图 12–13）。

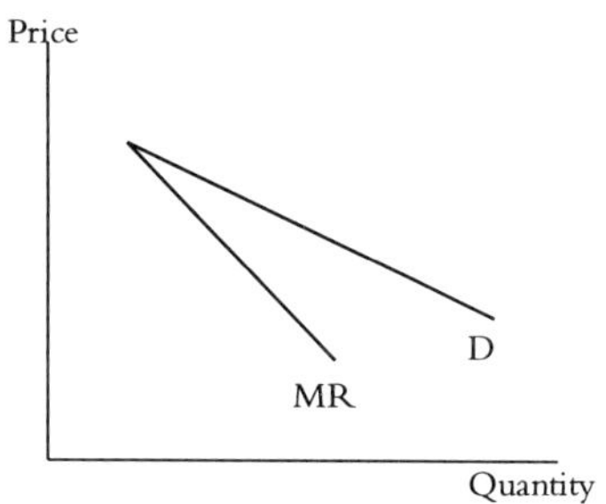

图 12-13 平均收益曲线与边际收益曲线

在非完全竞争市场中，销量上升时，平均收益 AR（或需求曲线）与 MR 都会下降，只不过下降的速率不同，可以通过数学的方法证明：MR 曲线斜率的绝对值是需求曲线或 AR 曲线的斜率绝对值的两倍。证明如下：

$$P = a - bQ$$

$$TR = PQ = (a - bQ) \times Q = aQ - bQ^2$$

$$AR = \frac{PQ}{Q} = a - bQ$$

$$MR = \frac{dTR}{dQ} = a - 2bQ$$

根据边际收益的定义，边际收益是总收益对需求量求一阶导数，得出边际收益曲线的斜率为 −2b，而平均收益曲线的斜率是 −b。由此可得边际收益曲线斜率的绝对值是需求曲线斜率绝对值的二倍。

4.3 利润最大化，关停及盈亏平衡点

上文已经讨论过短期内厂房规模等固定成本无法改变，因此只能在特定生产规模下由 MR=MC 决定其产量；而在长期时，厂房的规模可以发生改变，厂商此时可以选择平均总成本更低的一种生产规模。

通常会假设企业经营在短期内，资本 K 是不会改变的，比如一些厂房及设备一般不会在短期内有变动（规模变动）。而在长期时，任何生产要素都是可变的，比如企业可以通过扩张生产规模、或者变卖资产等方法改变一些短期内无法变动的要素。

前面已经介绍过，在完全竞争的环境中，任何企业都是价格接受者，即无论企业生产多少产品，其产品价格都是相同的，而且价格既等于平均收益，也等于边际收益。

— 备考指南 —

关于利润最大化相关结论

· MR>MC 时，企业增加生产；

· MR<MC 时，企业减产；

· MR=MC 时，企业达到利润最大化。

企业都是以利润最大化为目标的，而且并不是生产越多利润越大，因为从上图可以看出，企业的总成本也是随着产量的增加而增加的。那么如何决定企业在利润最大时的产量呢？可以通过 MR=MC 的方法来决定最大利润时的产量。

为什么可以用 MR=MC 作为最大利润的判定条件呢？MR 边际收益表示当每多生产 1 单位商品时，带来的总收益的增加额；MC 边际成本表示当每多生产 1 单位商品时，带来的总成本的增加额。

- 当边际收益 > 边际成本时，多生产一单位产品所获得的收益完全能覆盖所带来的成本，因此企业一定会增加生产；
- 当边际收益 < 边际成本时，多生产一单位产品的收益小于成本，因此企业一定会减产；
- 当边际收益 = 边际成本时，企业会选择不再扩大生产，同时也不会减少生产，企业的产量达到一种稳定状态，此时企业达到利润最大化。

根据下图 12−14，当企业的 MR=MC 时，厂商利润最大，此时它们交点的产量 Q 即利润最大的产量，Q 点时的总成本为 C，价格为 P。因此，企业此时的利润为正，等于 (P−C)*Q，即图 12−14 中矩形 PCBA 的面积。

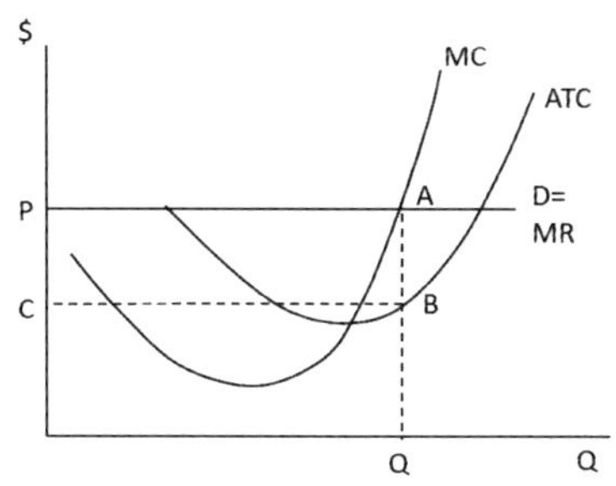

图 12-14 完全竞争环境下的经营决策

显而易见，如果当需求曲线正好与 MC 曲线交于 ATC 的最低点时，P=C，因此经济利润为零，即盈亏平衡点。如下图的盈亏平衡点（Breakeven）。

如果利润最大化时的产量所决定的价格处在下图 P_1 和 P_2 之间，那么企业的经济利润为负。此时有两种经营决策，分别是短期和长期。短期时，由于一些成本是固定的（例如机器、厂房等，在短期内不易变卖掉），只要总收益大于总可变成本 TVC，至少一些固定成本会被覆盖，所以厂商将会继续生产；长期由于任何要素都可变，企业可以采取关停的措施以避免损失。

如果利润最大化点所对应的价格为 P_2，甚至低于 P_2，说明厂商的收益连可变成本都覆盖不了，所以无论是短期还是长期，都应该停产并且退出这个市场，所以 P_2 又称为关停点（Shutdown point）。如图 12-15 所示。

— 备考指南 —
完全竞争情况下，我们更倾向从平均成本的角度去分析盈亏平衡点以及关停点。

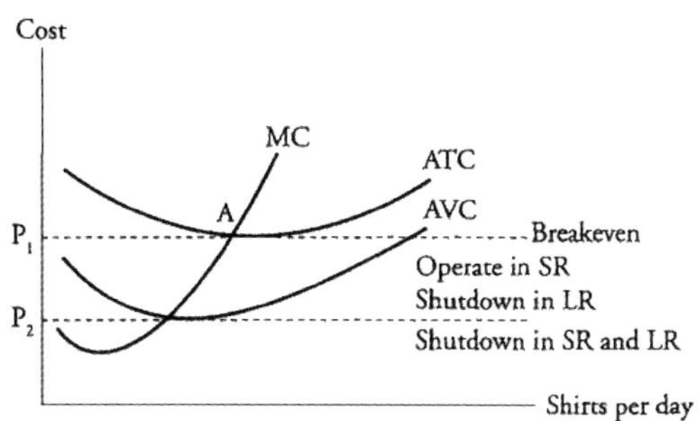

图 12-15 关停点的确定

上述情况讨论了完全竞争环境下的经营决策，那么在非完全竞争下应该如何决策呢？非完全竞争情况下，他的需求曲线并不与边际收益曲线重合，这是与完全竞争环境不一样的地方。但是，决策方法都是一样的：通过 MR=MC 决定利润最大化时的产量 Q_e，在此点时的价格 P_e 由需求曲线决定。如图 12-16 所示。

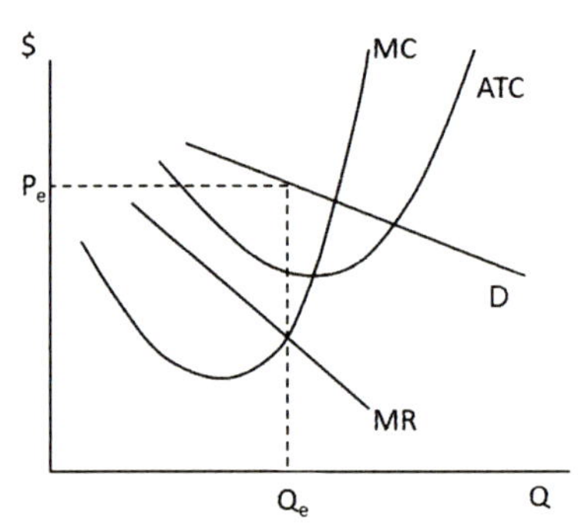

图 12-16 非完全竞争环境下的经营决策

— 备考指南 —
非完全竞争下，我们更多的会从总收入、总成本方面进行讨论，基本讨论方式类似。

非完全竞争环境下，厂商的经营决策与完全竞争环境时相同，在此不重复讨论。因此，关于企业的盈亏平衡以及停产决策可以总结如表 12-4。

表 12-4 企业在不同成本构成情况下的决策

收入、成本关系	短期决策	长期决策
TR ≥ TC	留在市场	留在市场
TVC<TR<TC	留在市场	退出市场
TR<TVC	停产	退出市场

4.4 规模经济与规模不经济

在前文中已经介绍，企业的成本会随着时间的变化而变化。对于许多企业，总成本在固定成本和可变成本之间的划分取决于时间。比如通用公司，在几个月的时间内不太可能改变工厂规模，生产更多汽车的唯一方法就是多雇佣工人。因此，工厂的固定成本在短期内是一定的。当时间跨度从月变为年时，通用公司可以通过改变工厂规模，建立新厂或关闭旧厂，即原先的固定成本在长期是可变的。

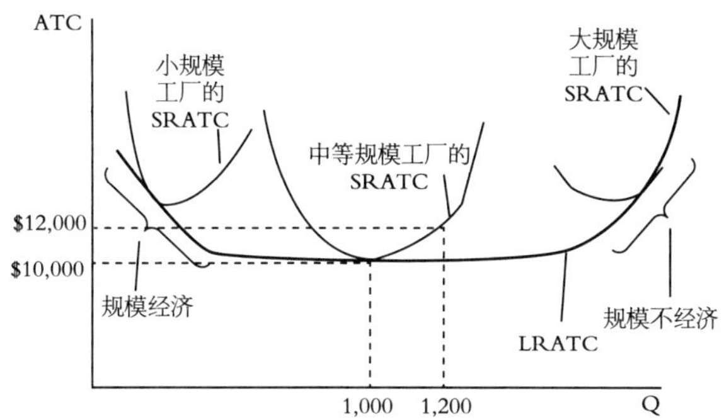

图 12-17　厂商长期与短期内平均总成本曲线图

从图 12-17 中可以看出，短期内有三条平均总成本曲线 SRATC，分别是小型工厂、中型工厂和大型工厂，同时还有一条长期平均总成本曲线 LRATC。所有的 SRATC 曲线都在 LRATC 曲线之上，之所以会产生这种现象，是因为企业在长期时有更大的灵活性。也可以说，在长期时，企业可以选择自己想要的 SRATC 曲线；而在短期时，在特定的规模下只有一条 SRATC 曲线。比如，在通用公司还是一个中型公司时，若想把产量从每天 1000 辆增加到 1200 辆，企业规模无法变化，因此只有依靠多雇佣工人来解决。但由于边际产出递减的规律，每辆车的总成本从 $10000 上升到 $12000。但是在长期中，通用公司可以改变企业规模来缩减成本，使其下降至 $10000。

在上图中，观察到一个企业的生产成本如何随着规模而变动。当 LRATC 曲线随着产量的增加而下降时，说明企业存在着规模经济；当 LRATC 曲线不随产量的增减而变化时，称之为规模收益不变；当 LRATC 曲线随着产量的增加而增加时，称之为规模不经济。

为什么会有这种情况呢？在企业规模较小时，工人可以通过专业分工来获得效率的提升，因此企业的平均成本下降，处于规模经济状态；而当企业规模较大时，组织结构也相当庞大，管理中难免会出现组织协调问题，因此产量越大，成本越高，处于规模不经济状态。

现在再来讨论一下在长期时，如果企业能够进入或退出市场，将会发生怎样的情况。如果市场上有企业获得经济利润（超额收益），则会有新企业进入，从而导致商品供应量上升，价格随之降低，经济利润不断被蚕食。相反，如果市场上有企业亏损，那么一些现有的企业会退出市场，从而导致商品供给减少，价格回升，利润增长。

第 13 章 厂商与市场结构

本章知识点		讲义知识点
一、完全竞争市场	理解完全竞争市场的性质	市场结构与完全竞争市场
二、垄断竞争市场	理解垄断竞争市场的性质	垄断竞争市场
三、寡头垄断市场	1. 拐折需求曲线模型	寡头垄断市场
	2. 古诺双寡头模型	
	3. 纳什均衡	
	4. 主导厂商模型	
四、完全垄断市场	1. 完全垄断市场的性质	完全垄断市场
	2. 价格歧视	
	3. 政府管制	
五、市场集中度	1. 企业集中度指标	市场集中度
	2. 赫芬达尔－赫希曼指数	

知识导引

在本章中将会学到完全竞争市场中的企业是价格接受者，不具有定价能力。而在垄断竞争、寡头垄断到完全垄断市场中，厂商在市场中的竞争能力会越来越强，逐渐会从价格接受者转变为价格搜寻者，也就是说具有定价能力。在本章中，将分别对完全竞争市场、垄断竞争市场、寡头垄断市场以及完全垄断市场逐个进行分析，来考察厂商在这些市场中如何生产才能使自己的利润最大化。此外，还会对市场集中程度进行分析，分别探讨两种市场集中程度指标的计算和它们的优缺点。

本章思维导图

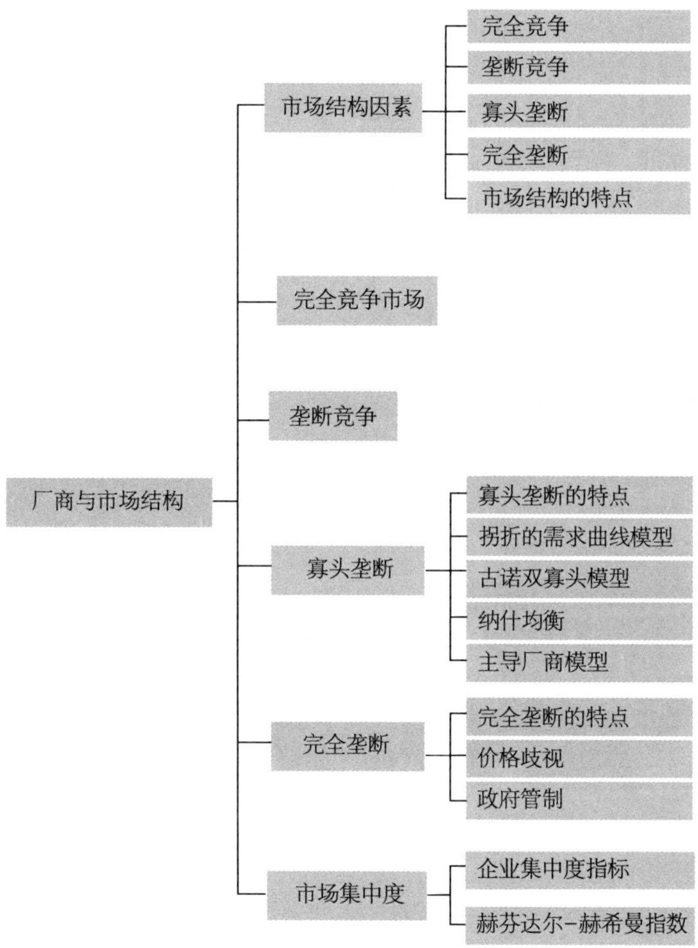
厂商与市场结构
市场结构因素
完全竞争
垄断竞争
寡头垄断
完全垄断
市场结构的特点
完全竞争市场
垄断竞争
寡头垄断
寡头垄断的特点
拐折的需求曲线模型
古诺双寡头模型
纳什均衡
主导厂商模型
完全垄断
完全垄断的特点
价格歧视
政府管制
市场集中度
企业集中度指标
赫芬达尔-赫希曼指数

1. 厂商与市场结构的基本概念

在经济分析中，根据不同市场结构的特征，通常将市场结构分成 4 种：完全竞争、垄断竞争、寡头垄断以及完全垄断。决定市场类型划分的主要因素主要有：市场上的厂商数目、产品差别程度、对价格的控制程度、其他厂商进入市场的难易程度以及非价格竞争。关于完全竞争、垄断竞争、寡头垄断以及完全垄断市场的划分，可以用下表 13-1 来概括。

— 备考指南 —

本张表格中所包含的信息是考试中常考内容，需要记忆。

表 13-1 四种市场之间的比较

市场类型	厂商数目	产品差别程度	对价格的控制程度	进入市场的难易程度	非价格竞争
完全竞争	很多	同质产品	没有	容易	无
垄断竞争	较多	有差别	一些	比较容易	广告、产品差异
寡头垄断	数量较少	有差别或无差别（可以看作是同质产品）	比较大	不容易	广告、产品差异
完全垄断	一个	唯一产品，无法替代	相当大，但经常受到管制	几乎不可能	广告

名师解惑

厂商的数量及相对规模会对市场结构产生影响。从数量的角度来说，一个市场中厂商的数量越多，可以认为其竞争程度越激烈，比如完全竞争市场。而从相对规模的角度来说，规模越大，其竞争能力越强，比如对于大型汽车制造商，如大众和通用几乎在全球范围内都有工厂，竞争能力较强；而对于一些规模较小的汽车制造商，竞争能力则较弱。

在垄断竞争市场中，有较多的厂商供应商品，但厂商数量一般小于完全竞争市场。垄断竞争市场的特点是商品可能是有差异的，厂商可以根据这些差异点进行广告推广。

当价格由整个市场而非某个厂商决定时，厂商就没有定价能力，只能成为价格接受者（price taker）。因此，完全竞争市场的厂商都是价格接受者，其需求曲线和边际收益曲线重合，并处于水平状态。在垄断竞争市场中，产品差异化的程度决定了其影响价格的能力。

在寡头垄断市场中，虽然若干厂商能够统一价格，但这种价格联盟很容易破裂，后面谈到的“囚徒困境”就是在探讨这一问题。在完全垄断市场中，厂商拥有定价能力，因此成为价格搜寻者（price seeker）并且边际收益曲线向下倾斜的程度比需求曲线更大。

2. 完全竞争市场

根据上表 13-1，完全竞争市场的特点是：

- 厂商数量很多；
- 厂商提供同质商品；
- 厂商对价格没有控制，是价格接受者；
- 其他厂商很容易进入市场；
- 没有非价格竞争的形式。

比如农副产品市场可以近似视为是完全竞争市场，农副产品市场上的产品几乎完全能够符合上述的 5 个条件。

在前面已经介绍过，完全竞争厂商的需求曲线和边际收益曲线、平均收益曲线重合，并且都平行于横轴。这是由于厂商是价格接受者，所以不论生产多少产品，其定价 P 都不会改变。再根据 TR=P × Q 得知：

$MR=\frac{dTR}{dQ}=P$，而 $AR=\frac{TR}{Q}=P$，故 D=MR=AR，如图 13-1。

图 13-1　完全竞争市场需求曲线、边际收益曲线与平均收益曲线

— 备考指南 —
MR=MC 的结论推导需要了解。

那么如何决定短期内企业利润最大化的产量呢？可以通过 MR=MC 或者 TR — TC 最大化来决定，具体见图 13-2。

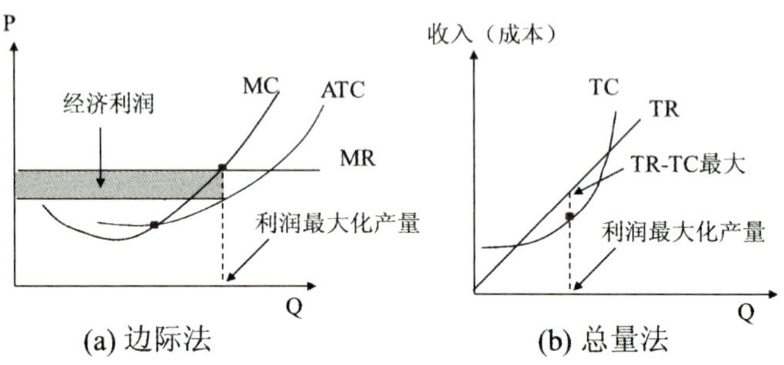

图 13-2 完全竞争市场下厂商收益与成本情况示意图

由于完全竞争市场的进入壁垒很低，所以即使短期有厂商获得经济利润，长期也会马上有新的厂商进入市场分割利润这块儿蛋糕，因此长期厂商不会获得经济利润。厂商都会在成本最低点，即平均总成本与边际成本的交点处进行生产。

即使 MR=MC，也可能会出现经济损失的情况。当价格 P 处于下图的 P_1 与 P_2 之间时，虽然蒙受经济损失，但短期内厂商不至于退出市场；而如果 P 低于 P_2 时，厂商会马上决定退出市场。因此，对于厂商来说，其短期供给曲线就是图 13−3 (a) 中 MC 曲线高于 AVC 曲线的部分；而对于整个市场来说，短期供给曲线是所有厂商供给曲线的叠加，如下图 13−3(b) 所示。

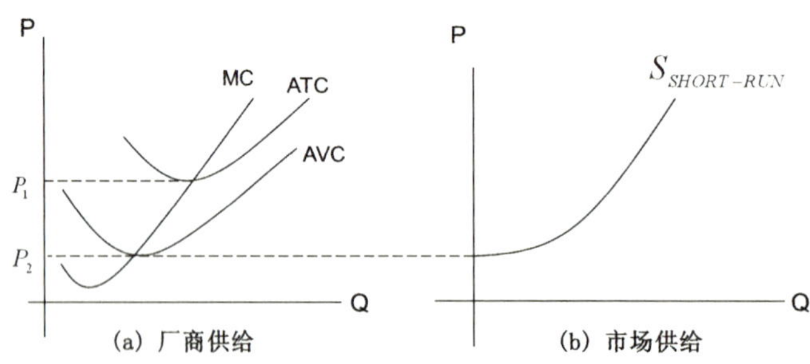

图 13-3 厂商的边际成本、平均总成本与平均可变成本。

厂商如何在长期应对需求的永久性变化呢？在长期时，厂商可以通过改变生产规模已应对需求的变化。如图 13−4，当需求永久性从 D_0 增加至 D_1 时，价格上涨至 P_1。由于是完全竞争市场，厂商是价格接受者，所以厂商收到的价格也是 P_1，从而产生了经济利润。在长期内，完全竞争市场的经济利润不可能一直存在，由于其他厂商的涌入，导致商品供给量增加，供给曲线从 S_0 移动到 S_1，价格再一次回复至均衡水平 P_0。

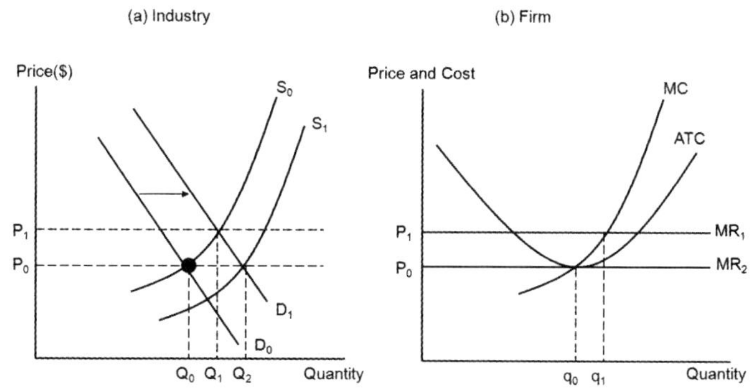

图 13-4　长期内厂商行为变化示意图（完全竞争市场）

3. 垄断竞争市场

垄断竞争市场的特点是：

- 厂商数量较多；
- 各家厂商提供的商品基本相同，同时也存在差异，企业需要付出比完全竞争、完全垄断市场更高的产品推广费用；
- 进出市场需要负担一定的成本，并非完全没有壁垒；
- 厂商有一些定价能力；
- 厂商根据其商品的差异性进行推广（广告）。

之前已经分析过，在非完全竞争时，厂商是价格搜寻者（price seeker），其需求曲线是向下倾斜的，并且不再和边际收益曲线重合。

与完全竞争市场一样，企业利润最大化的产量由 MR=MC 来决定，若这个产量对应的市场价格高于企业的平均总成本，则产生经济利润。虽然垄断竞争市场有一些进出壁垒，但并不大，只要市场上存在经济利润，还是会有厂商涌入这个市场，导致经济利润逐渐消失，最终使得厂商只能获得正常利润（市场价格 = 平均总成本）。所以对垄断厂商而言，短期体现出垄断市场的利润特点，即存在经济利润；但是长期体现出完全竞争市场的利润特点，即只能获取正常利润，如图 13–5。

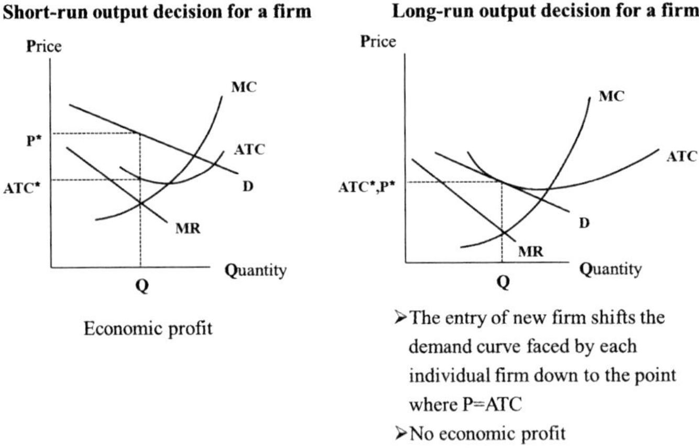

图 13-5　短期内与长期内厂商的产出决策（垄断竞争市场）

需要注意的是，即使垄断竞争在长期时利润特点和完全竞争一样，即经济利润为零，但是具体情况和完全竞争是不同的。在完全竞争中，由于需求曲线水平，企业依旧按照最低成本 P_{pc} 进行生产，产量为 Q_{pc}。而垄断竞争中，需求曲线向下倾斜，无法与平均总成本曲线相切于最低点，最终的价格为 P_{mc}，且产量为 Q_{mc}。从下图中可以很容易观察到，$Q_{mc}<Q_{pc}$，且 $P_{mc}>P_{pc}$。这就说明垄断竞争市场在长期均衡时，会保留一定的产能，并且均衡价格高于完全竞争时的均衡价格，如图 13−6。

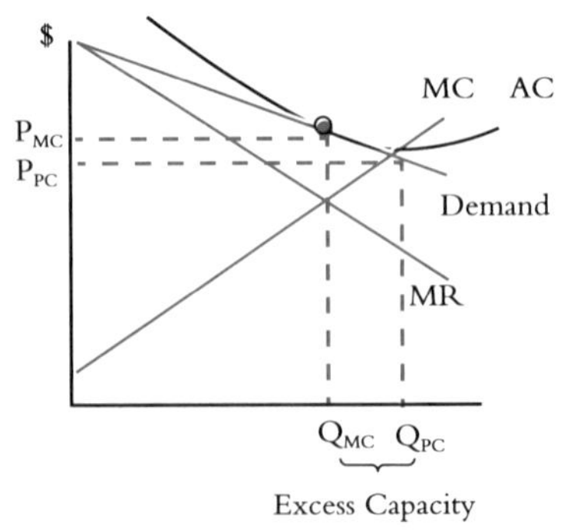

图 13-6　垄断竞争市场中厂商的均衡产量与价格

为了持续获得经济利润，厂商会愿意对产品进行创新，以体现差异化并提高售价。当然，这需要消费者的配合：如果消费者的需求曲线的弹性较小，厂商完全可以通过提高产品售价以增加其经济利润。而在长期时，由于市场上替代商品及“山寨”商品的存在，企业的经济利润就被瓜分，此时企业则需要持续不断地进行产品创新以求获得经济利润。

4. 寡头垄断市场

考试小技巧

- 拐折需求曲线的特点；
- 纳什均衡产生的原因及其特点。

寡头垄断市场的特点是：

- 只有少数厂商供应商品；
- 一家厂商供应的商品可以完全被其他厂商的产品所替代，但也可以有品牌等其他方面的区别；
- 进入市场很难，通常需要高成本及高壁垒。比如钢企需要大量初始的固定成本投资，因而进入壁垒很高；
- 厂商通常拥有较强的定价能力，但其定价策略会相互影响；
- 可以通过市场化推广以及一些非价格竞争策略实现商品的差异化。

在分析寡头垄断的过程中，需要简单介绍 4 种模型：

- 拐折需求曲线模型；
- 古诺双寡头模型；
- 纳什均衡模型（囚徒困境）；
- 斯塔克伯格主导厂商模型。

— 备考指南 —

此模型不作为考试重点，简单了解即可。其他三个模型的主要结论需要掌握。

4.1 拐折需求曲线模型

— 备考指南 —

由厂商涨价，其他企业的商品相对比较便宜，能够获得更高市场占有率，因此不跟随厂商降价，其他厂商若不跟随，降价的厂商会获得更多市场占有率，因此其他厂商将会跟随。

上文介绍过，虽然寡头垄断企业具有较强的定价能力，但如果一家企业的定价策略有所改变，其他厂商就会研究这家企业的定价策略，从而制定相应政策予以应对，其基本的假设就是市场中的企业“跟跌不跟涨”。从事家电销售的电商基本上是属于寡头垄断行业，因为这个行业中的厂商不多，国内知名的电商主要包括京东商城、苏宁易购、国美和亚马逊等。而且进入这个市场很难，已经成立的电商基本上已经拥有稳定的客户群，新进入的企业不仅要投入大量的固定成本，还要设法争夺客户群，所以进入壁垒很高。可以通过下面的实例来解释拐折的需求曲线模型。

2012 年 8 月 15 日，国内知名电商京东商城与苏宁易购展开了万众瞩目的价格战。8 月 14 日晚，京东刘强东首先表态“大家电三年零毛利，即日起京东所有大家电保证比国美、苏宁连锁店便宜 10% 以上”，而紧接着苏宁易购李斌回应称“全品类价格低于京东”。随着“战事”的愈演愈烈，国美和易讯也加入到了价格战的行列中，分别宣称“全线商品价格比京东低 5%”和“大家电 /3C 比京东便宜”。

从上述的“815 价格战”的实例中可以看出：京东宣布降价后，各大电商都有积极回应，并且采取跟随策略——降价。可以试想一下，如果京东不是降价而是涨价的话，那么其他电商一般不太会采取涨价策略，因为此时客户会因为嫌京东的价格高而转向其他的电商。很显然，在既定价格下，如果一家寡头厂商降价，其他寡头也会选择降价；如果一家寡头涨价，则其他寡头不会跟着涨价。

为什么会产生拐折的需求曲线，可以做如下的分析推导，如图 13-7。

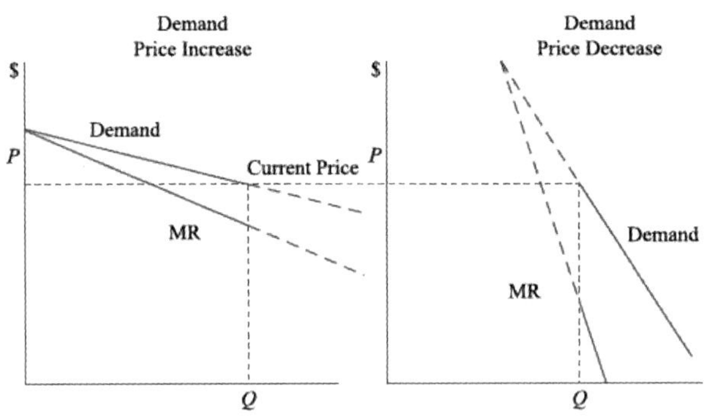

图 13-7　消费者应对价格上涨与下跌时的需求曲线

上左图反映的是消费者应对价格上涨时的需求曲线。当一家寡头的价格从既定价格开始上涨，消费者就会立即转向其他寡头，所以需求的价格弹性很大；上右图中，反映了消费者应对价格下跌时的需求曲线，因为一家寡头的价格一旦从既定价格开始下跌，其他寡头会采取“跟跌”策略，此时对于这家寡头来说，客户群并没有显著增加，因此需求的价格弹性较小。

将上左图与上右图的实线部分拼接起来，就会得到拐折需求曲线模型，如图 13-8。

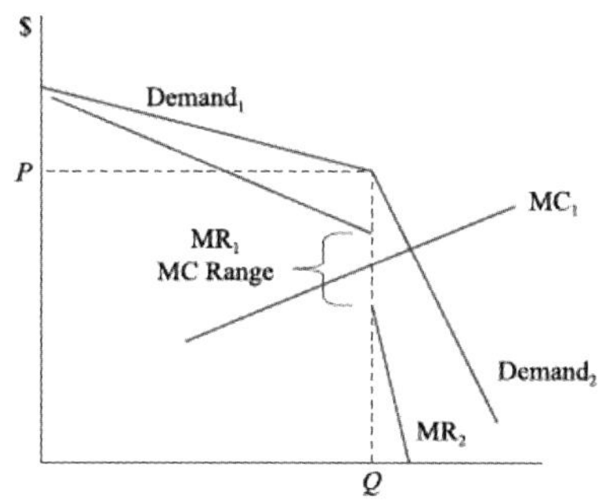

图 13-8　拐折的需求曲线

在上图的拐折需求曲线模型中，可以观察到 MR 曲线是不连续的，存在一个缺口，称为边际成本范围（MC range）。对于任意穿过这个缺口的边际成本曲线，厂商都会以利润最大化的价格——即需求曲线拐折处的价格 P 进行商品供给，供给数量为 Q。

但是，拐折需求曲线模型也有缺陷，因为它并不能解释拐折处的价格是如何决定的。

4.2　古诺双寡头模型

古诺模型假设，企业通过假设其他厂商的供给量不会改变来决定自己的利润最大化产量。在双寡头模型中，假设两家厂商拥有同样的边际成本，且边际成本恒定。任何一家厂商都知道另一家厂商在前一段时期内的供给量，并且假设对方的供给量在将来也不会改变。古诺模型还假设，厂商会同时决定各自的利润最大产量，根据数学推导，可以求出两家厂商处于稳定均衡状态时的产量。

考虑以下情形，假设市场需求函数为：

$$Q_D = 450 - P$$

假设市场上仅有两家寡头厂商 A 和 B，并且两者的 MC 为常数，且均等于 30，所以 $Q_D = Q_A + Q_B$，将上式进行转换：

$P = 450 - Q_D = 450 - Q_A - Q_B$，并且 MC=30

对于 A 厂商来说，$TR_A = PQ_A = (450 - Q_A - Q_B)Q_A = 450Q_A - Q_AQ_B - Q_A^2$

并且 $MR_A = \frac{\Delta TR_A}{\Delta Q_A} = 450 - 2Q_A - Q_B$，如果要利润最大化，必须 $MR_A = MC = 30$

对于 B 厂商来说，$TR_B = PQ_B = (450 - Q_A - Q_B)Q_B = 450Q_B - Q_AQ_B - Q_B^2$

并且$MR_B=\frac{\Delta TR_B}{\Delta Q_B}=450-2Q_B-Q_A$，如果要利润最大化，必须$MR_B=MC=30$

联立方程组得到：

$450-2Q_A-Q_B=30$

$450-Q_A-2Q_B=30$

在古诺模型的假设下，$Q_A=Q_B$

$450-2Q_A-Q_A=450-Q_A-2Q_A$

可以解得$Q_A=Q_B=140$，$Q=280$，$P=170$

此时市场均衡价格$P=170$，均衡数量$Q=280$，称为古诺均衡。古诺均衡与完全竞争、完全垄断的价格数量水平不同：古诺均衡价格高于完全竞争时的价格，低于完全垄断的价格；古诺均衡数量高于完全垄断数量，低于完全竞争的数量。

4.3 纳什均衡

当厂商各自为自己做出最佳决策时，便达成了纳什均衡。

— 备考指南 —
纳什均衡的判断需要掌握。

名师解惑

有一种博弈称为囚徒困境，这个博弈说明了为什么合作是困难的，即使合作使所有人的状况变好时，也往往不能合作。考虑有两个囚犯A和B，如果未经审讯获得证据，就无法进行起诉。现在审讯员将A和B分别关在两个独立的房间内进行审问，双方都不知道对方做出的选择。审讯员给他们的选择是（表13-2）：

- 如果A承认罪行而B不承认，则A能获得自由而B判处10年监禁；
- 如果B承认罪行而A不承认，则B能获得自由而A判处10年监禁；
- 如果双方都不承认，都会被判处6个月监禁；
- 如果双方都承认，都会被判处2年监禁；

表13-2 囚徒困境

	B不承认	B承认
A不承认	A被判处6个月 B被判处6个月	A判处10年 B获得自由
A承认	A获得自由 B判处10年	A判处2年 B判处2年

在这样的情形下，由于双方都在独立的审讯室内作抉择，因此无法进行合谋。A 肯定会为了自己的利益考虑而选择承认，因为承认后将获得自由；而 B 在同样的环境下也会做出同样选择，最终选择承认。因此 A 和 B 都承认的结果为各自判处 2 年监禁。像这样双方都承认的结果就是纳什均衡，因为双方都不会选择不承认而减少罪行。

这种情形在现实中很常见，比如石油输出国组织（OPEC）。OPEC 是世界上大部分的石油生产国形成的一种同业联盟，其宗旨是协调和统一成员国的石油政策，维护各自的和共同的利益，即通过合谋（collusion）以期望达到最大利润。成立之初，OPEC 成员包括伊朗、伊拉克、科威特、沙特阿拉伯和委内瑞拉。现有的成员国：沙特阿拉伯、伊拉克、伊朗、科威特、阿拉伯联合酋长国、卡塔尔、利比亚、尼日利亚、阿尔及利亚、印度尼西亚和委内瑞拉。

与任何一个卡特尔形式相同，OPEC 力图通过各成员国之间的协议减少国际原油供给量以提高原油价格。但是 OPEC 面临的问题与囚徒困境相同，虽然整个组织想维持原油的高价格，但是其成员国都受到因增产而得到总利润增加的诱惑，因此其成员常常在协议的背后偷偷“打小算盘”，通过增产而各自违背协议。很明显，对于各方来说，选择违背协议最终损失的还是自己的利益，因为国际市场上原油供给量的增加会导致油价下跌，这样并不能使违背协议的国家获得最大的利润。

4.4 主导厂商模型

最后一个寡头垄断模型是主导厂商模型。在这个模型中，存在一个市场占有率极高、生产成本很低的大型企业，称之为主导厂商（领导者），而另一些小规模企业称为竞争厂商（或追随者）。主导厂商决定市场价格，而追随者根据市场价格决定其产量。

— 备考指南 —
“主导厂商决定市场价格，而追随者根据市场价格决定其产量”这个结论需要掌握。

如图 13-9，领导者认为追随者的产量会随着价格的降低而减少，所以其需求曲线 D_{DF} 与市场需求曲线有关系，并且推出领导者的边际收益曲线 MR_{DF}。领导者根据 $MR_{DF}=MC_{DF}$ 的方法决定其利润最大化时的产量 Q_{DF} 及价格 P*，而追随者只能根据领导厂商决定好的价格 P* 来决定其产量 Q_{CF}。

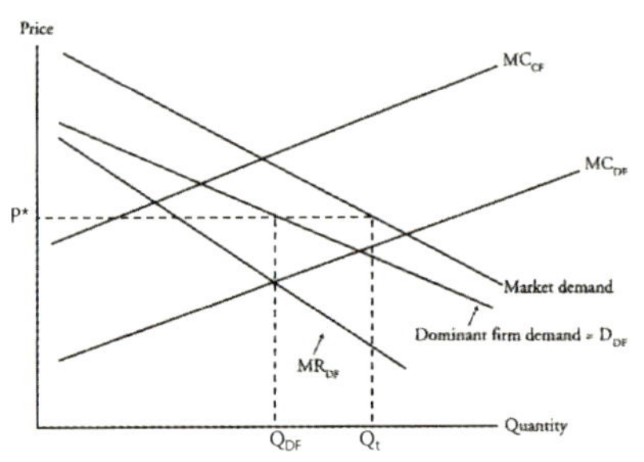

图 13-9 主导厂商与追随厂商的边际成本对比

虽然短期内追随者可以通过主动降价以增加产量，而且领导者也会随之降价，但是这种情况在长期内显然不可行。因为可以从图中看到，追随者的边际成本 MC_{CF} 显著高于领导者的边际成本 MC_{DF}，因此长期时追随者一定会因为亏损而选择减产，甚至退出市场。所以在长期内，追随者主动降价只能导致其市场占有率的下降而领导者的市场占有率将会上升。

5. 完全垄断市场

考试小技巧

- 完全垄断市场的特点；
- 价格歧视种类及特种；
- 政府对价格的管制。

5.1 完全垄断的特点

> 备考指南
> 完全垄断市场的特点必须要掌握。

市场上只有一个厂商供应高度差异化的产品（无替代品）。如果有一家药厂研制出了抗艾滋病的新药，就能完全对这个市场进行垄断。

进入壁垒很高，主要体现在较高的进入成本。

来比较一下完全竞争市场与完全垄断市场的配置有效性。在完全竞争市场中，供给曲线 S 是所有厂商供给曲线的叠加，并且与边际成本曲线 MC 一致。其均衡数量 Q_C 及价格 P_C 由供求曲线的交点决定。由于所有厂商都以 P_C 价格出售，所以不能通过降低供给量来提高售价。

在完全垄断市场中，由于只有一家供应商，其定价能力非常强，但是否价格越高利润越大？并非如此，利润最大化的数量 Q_M 及价格 P_M 还是以 MC=MR 来决定的。从图 13–10 中可以看出，$Q_M<Q_C$，因此资源配置无效，会产生无谓损失（deadweight loss DWL）。

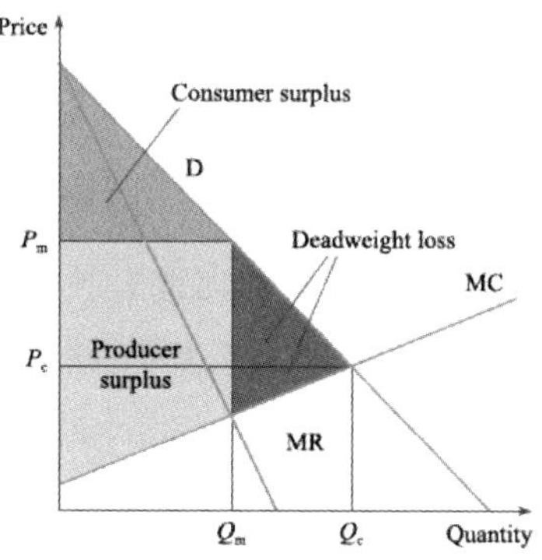

图 13-10 完全竞争与完全垄断的配置有效性比较

上文中介绍过，由于完全竞争市场中厂商是价格接受者，需求曲线平行于横轴。而在非完全竞争市场中（此处指完全垄断），厂商面临着向下倾斜的需求曲线和边际收入曲线。与完全竞争不同，完全垄断时厂商是价格搜寻者，而且拥有极大的价格制定权，但并不是价格收取得越高越好，因为价格太高消费者会无力承受，从而放弃消费。因此厂商会制定使得其利润最大化的价格和产量。那么看到这里，可能会有疑问，如何决定完全垄断厂商的利润最大产量及价格呢？有两种方法：单一价格决定法与价格歧视法。

5.2 单一价格决定利润最大化时的产量

当使用单一价格决定利润最大产量时，仍旧用惯常的手法，即 MR=MC。之前讨论完全竞争及垄断竞争时，由于进入壁垒较低，长期中经济利润会被新进入的厂商所瓜分；而完全垄断则不同，进入壁垒非常高，因此不会有新厂商进入这个市场瓜分经济利润，完全垄断厂商可以在长期中独享这份经济利润。

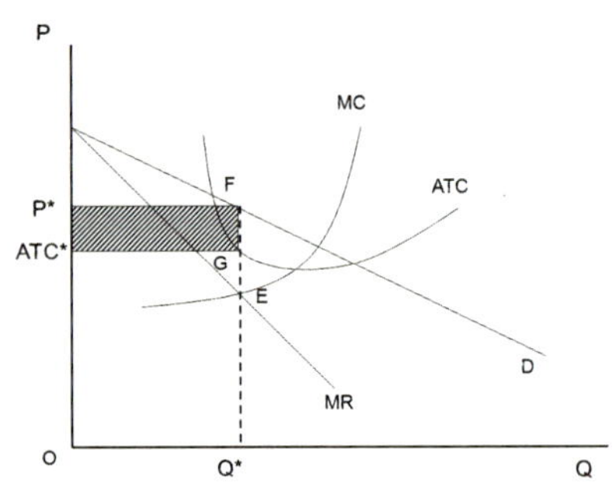

图 13-11 单一价格决定法（完全垄断市场）

图 13-11 显示，当 MR=MC 时，决定了利润最大时的产量 Q*，从而找到了价格 P*。P* 与 ATC 之间的矩形阴影部分就是经济利润。为了确保经济利润 >0，则必须保证 P>ATC。

5.3 价格歧视

— 备考指南 —
三种价格歧视的特点。

企业以不同价格把同一商品卖给不同客户，尽管对每个客户的生产成本是相同的，这就是价格歧视。典型的例子包括电影票的学生票与普通票的价格不同，健身房对会员与非会员收取不同的价格等。

当一种物品在完全竞争市场上出售时，价格歧视是不可能的，因为完全竞争市场上所有企业都以同样的价格出售同一种商品，没有一个企业愿意向任何一个客户收取更低的价格，因为企业可以以更高的市场价格出售该商品；反之，如果企业想要向客户收取高于市场的价格，则没有人会去买。所以说，能够实行价格歧视的企业一定在市场上拥有很强的垄断能力。价格歧视的动机就在于供给者尽量攫取更多的消费者剩余，使其转化为生产者剩余。

一般来讲，价格歧视的成立必须基于如下假设：

- 需求曲线向下倾斜，即必须是非完全竞争市场；
- 至少两组不同的客户，并且拥有不同的价格需求弹性，也就是说他们对某种商品的价值认同是不同的；
- 不存在低价收购的客户向其他客户兜售的情况。如果存在，其他客户就会以低于自己认同的价格购买商品，消费者剩余无法转移至厂商。

我们常见的价格歧视有三种，一级价格歧视，二级价格歧视和三级价格歧视。

一级价格歧视指的是供给者攫取了所有的消费者剩余，即对每一位消费者都会收取不同的价格，且这个价格均是消费者愿意支付的最高价格，从而消费者无法获得消费者剩余。但是在现实生活当中，一级价格其实很难遇到，因为厂商无法完全将每一个消费者分隔开，同时无法获取每一位消费者愿意支付的最高价格。

— 备考指南 —
三种价格歧视的基本概念需要掌握，能够根据背景信息判断具体价格歧视的类型。

二级价格歧视是基于购买量的价格歧视，垄断厂商按购买的数量不同征收不同的价格，但是购买相同数量产品的每个人都支付相同的价格。比如，电信公司对客户每月上网流量征收不同的价格，比如说打包价 5G 之内的流量一个价格，如果使用量超过了 5G，再每单位征收一个价格。

三级价格歧视是基于不同市场的价格歧视，即对于同一商品，完全垄断厂商根据消费者的特征不同或者地域不同等，征收不同的价格。比如旅游景点的门票，对老年人和学生可以凭借老年证和学生证享受对应折扣，而其他游客则需要支付全价。

二级价格歧视和三级价格歧视是日常生活当中比较常见的价格歧视类型。

5.4　自然垄断

当一个企业能以低于其他企业的成本为整个市场提供一种商品时，其他企业无法在这个市场上继续生存，由此产生的垄断称为自然垄断（natural monopoly）。这里提到的成本是指平均总成本，在上一章的内容中介绍过，当企业的长期平均总成本 LRATC 下降时，会存在规模经济的现象，即每多生产一单位产品会带来平均总成本的降低，如图 13–12。

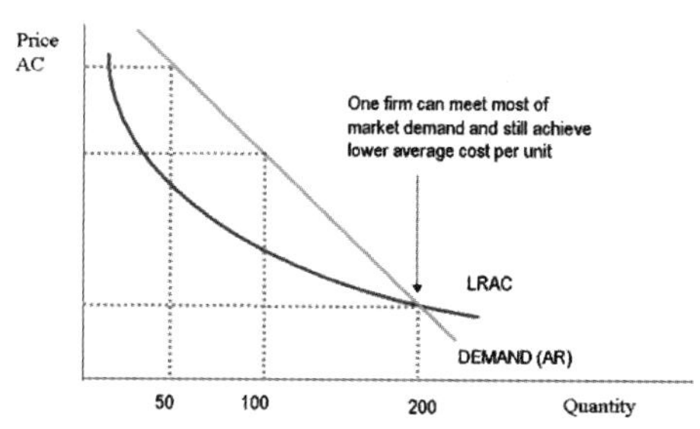

图 13-12　自然垄断市场中需求曲线与平均成本曲线

自然垄断的典型例子就是电信企业建设宽带网络。为了向市民提供光纤上网的服务，必须将光纤铺设到每家每户。而如果有多家企业参与到其中进行竞争，则每家电信企业都要支付铺设光纤的固定成本。因此，只有一家企业提供这项服务时，总成本才是最低的，而且当一家新企业进入这个市场后，平均成本会增加。

5.4.1 平均成本定价法

要知道，垄断厂商是不会收取最高价格的，因为其追求的不是最高价格，而是最大利润，所以在没有政府监管时，垄断厂商会根据 MR=MC 来决定利润最大化时的产量 Q_m 和 P_m，但是此时资源并未得到有效配置，产生了相当于△ abc 面积大小的无谓损失。

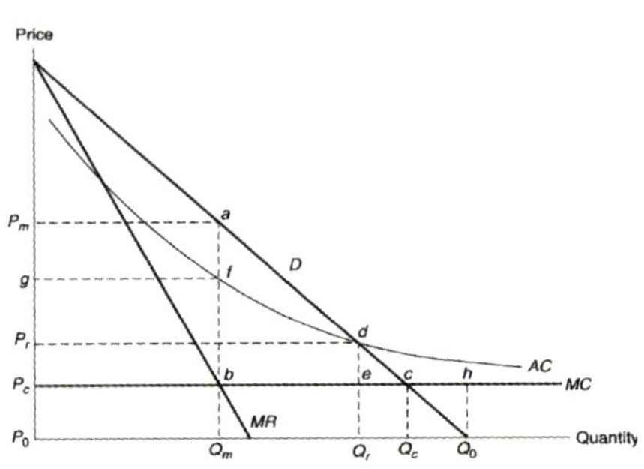

图 13-13 垄断市场中厂商的成本情况

那么既然政府要对垄断厂商进行监管，那么一定是对其售价与供应数量进行管制，以减少整个社会的无谓损失。为了达到该目的，政府通常采用的方法是平均成本定价法 (average cost pricing)，或称为公平回报定价法（fair return pricing）。

— 备考指南 —

平均成本定价法会导致：

· 产量增加，价格下降；

· 社会福利增加；

· 垄断厂商获得正常利润，P=ATC。

平均成本定价法是一种最基本的监管方法。在这种监管要求下，企业被要求不能以 MR=MC 来制定价格和供应数量，而是根据 ATC（或者图中的 AC）与需求曲线的交点。此举意在迫使垄断厂商放弃经济利润而只赚取正常利润。从图 13−13 中可以看到，平均成本定价法下，企业制定的价格为 P_r，而供给量为 Q_r，相比没有监管时的 P_m 和 Q_m，供给量明显增加，价格下降，整个无谓损失缩小至相当于△ dec 面积大小。

5.4.2 边际成本定价法

除了平均成本定价法外，政府还可以采取边际成本定价法（marginal cost pricing），即使得厂商的价格再下降至边际成本曲线 MC，供应价格为 P_c，数量为 Q_c。从图中可以清楚地看到，当采用边际成本定价法时，企业提供商品的价格

P_c<ATC，因此会产生经济损失。任何一家企业，在长期内如果一直蒙受经济损失，一定会退出市场。所以为了防止企业离开市场，政策制定者可以通过各种方式鼓励企业继续留在这个市场，最常见的一种方式就是政府给予垄断者补贴，而补贴的金额应当等于企业经济损失的部分。

6. 市场集中度

在市场中经济学家通常使用市场集中度的方法来衡量企业的垄断能力或定价能力。下面就来介绍两种最常用的市场集中度的计算方法。

考试小技巧

- N 个公司集中程度指标与 HHI 指标的计算；
- N 个公司集中程度指标与 HHI 指标的缺点。

6.1　N 个公司集中程度指标

N 个公司集中程度指标的计算方法很简单，就是根据题意，用市场中份额最大的前 N 家企业的占有率相加即可，通常取 N=4。根据四企业集中度判定方法是，当四企业集中率超过 40%时，则被认为是寡头垄断市场；当四企业集中率低于 40%时，则被认为是垄断竞争市场。可以观察以下例子，如表 13-3。

表 13-3　市场集中度计算

公司	市场占有率（%）
A	30
B	20
C	20
D	20
E	5
F	5

根据四企业集中度的算法，可以算出其集中度为 30 + 20 + 20 + 20=90%，

垄断能力较强。

但是四企业集中度的算法有局限性，因为它对企业的合并所产生的影响并不敏感。

如果B和C公司合并，四企业集中度为30+(20+20)+20+5=95%，与90%相比，对于合并所产生的影响不太敏感。

如何解决这个问题从而更好地度量行业的集中度呢？可以通过赫芬达尔—赫希曼指数（Herfindahl–Hirschman Index, HHI）来解决。

6.2 赫芬达尔—赫希曼指数（HHI 指数）

HHI 的计算方法也比较简单，将市场上所有厂商的市场占有率的平方相加即可。若题目中有特殊说明，比如求三企业的 HHI 指数，则需要将市场中排名前三的厂商的市场占有率加总。根据表 13–3 数据，若要求求该市场的 HHI 指标，则该行业的 HHI 指标为：

$$HHI = 0.3^2 + 0.2^2 + 0.2^2 + 0.2^2 + 0.05^2 + 0.05^2 = 0.215$$

如果 B 公司和 C 公司合并，则该行业的市场集中度为：

$$HHI = 0.3^2 + 0.4^2 + 0.2^2 + 0.05^2 + 0.05^2 = 0.295$$

所以 HHI 对于公司合并所产生的影响比较敏感。

— 备考指南 —
关于市场集中度的两种计算方法，均需要掌握：
· 计算方法
· 缺点

名师解惑

N 个公司集中程度指标和 HHI 指标共同的局限性在于没有考虑进入壁垒的因素。即使集中度较高，也不能说明行业内的企业垄断能力强，因为如果进入壁垒很低，会有新企业进入这个行业并加剧竞争。由于进入壁垒很低，其他厂商可能会观察市场内企业的定价，从而伺机进入这个市场。所以，即使企业拥有高市场占有率，商品的需求弹性低，集中度高，也不能完全说明其具有很强的垄断能力。

第 14 章
总产出、价格与经济增长

<table>
<tr><th colspan="2">本章知识点</th><th>讲义知识点</th></tr>
<tr><td>一、总产出及收入</td><td>了解国内生产总值</td><td>国内生产总值</td></tr>
<tr><td rowspan="3">二、总需求、总供给与均衡</td><td>1. 总需求和总供给</td><td rowspan="2">总需求曲线、总供给曲线</td></tr>
<tr><td>2. 总需求与总供给曲线的移动</td></tr>
<tr><td>3. 均衡 GDP 与价格</td><td>总需求与总供给的组合</td></tr>
<tr><td rowspan="2">三、经济增长与可持续性</td><td>1. 生产函数与潜在 GDP</td><td rowspan="2">经济增长</td></tr>
<tr><td>2. 经济增长的来源</td></tr>
</table>

知识导引

本章将讨论经济学家和决策者用来监测整体经济状况的一些数据，这些数据反映了宏观经济学家试图解释的经济变动。本章考察国内生产总值，即 GDP，它衡量了一国的总收入。GDP 是最受瞩目的经济统计数字，因为它被认为是衡量经济社会福利的最好的指标之一。

本章思维导图

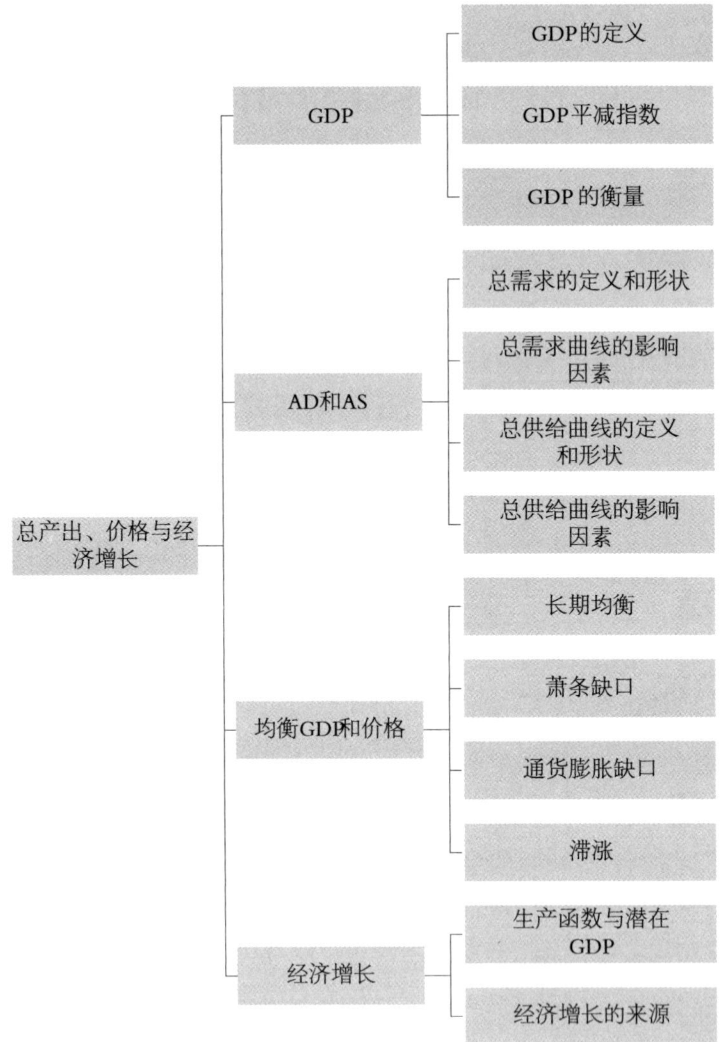
总产出、价格与经济增长
GDP
GDP的定义
GDP平减指数
GDP 的衡量
AD和AS
总需求的定义和形状
总需求曲线的影响因素
总供给曲线的定义和形状
总供给曲线的影响因素
均衡GDP和价格
长期均衡
萧条缺口
通货膨胀缺口
滞涨
经济增长
生产函数与潜在GDP
经济增长的来源

1. 总产出及收入

总产出是所有生产的商品和提供的劳务的价值总和。总收入是所有生产要素提供者在生产商品及提供劳务的过程中所赚取的报酬。由于产出的价值总和归结于所有的生产要素，所以总产出和总收入一定是相等的。

总支出是衡量一段时期内支付给国内生产的商品和劳务的总额，要注意的是，总支出不仅包括了国内居民的支出，还包括了国外的净支出（以净出口的方式，即国外消费者购买国内商品的净额）。总支出必须和总产出和总收入相等，因此，通过以上分析可以得出，总产出、总收入和总支出在数量上是相同的，只不过划分方法不同。

考试小技巧

- GDP 的定义；
- GDP 平减指数的计算；
- 收入法和支出法衡量 GDP。

1.1 国内生产总值

可以从两个不同角度来看国内生产总值（GDP）衡量了什么：

- 在一定时期内一个经济体新生产的所有最终商品及劳务的市场价值；
- 在一定时期内一个经济体内所有家庭、企业及政府的收入总和。

— 备考指南 —
GDP 的基本定义需要了解，区分 GDP 和 GNP 相关概念。

直观地说，GDP 衡量了一个经济体中产出和收入的流动，它代表了一段时期内所有经济活动的价值。如何体现这种价值，一定是由这段时期内购买新生产出来的商品和劳务进行衡量的，前一期的商品销售与再出售是不包括在内的。同时，政府的转移支付（对失业、退休人口等的补助）是不包含在 GDP 的计算中的。

GNP 是指由一国国民所拥有的生产要素在一定时间内生产并销售的最终产品和服务的市场价值总和，包括本国国民（企业和个人）在本国和外国投资带来的产出。

由于 GDP 衡量了最终商品和服务的市场价值，这里的重点词是“最终”和“市场价值”，所以，计算机芯片的价值并没有直接包含在 GDP 中，而是包含在成品计算机的价格中。

由于政府提供的各种服务在市场中没有标价，但同样为社会创造了价值，所以用其成本计入 GDP，比如政府提供的警力服务。

GDP 可以由两种方式决定：支出法和收入法。如果用支出法，GDP 可以通过将商品及劳务的支付价格加总得到；而如果用收入法，则 GDP 可以通过将家庭及企业、政府的收入加总得到，包括工资收入、利息收入和经营利润等。由于总支出 = 总收入，因此两种方法可以得到同样的结果，但实际上由于计算方法的问题，会导致两种方法的计算结果不一致。

此外 GDP 还有其他两种不同的方法：最终产出价值法（value of final output）与价值附加法（sum of value added）。

表 14-1　最终价值法与价值附加法

生产阶段	销售额（$）	价值附加（$）
原材料	200	200
生产制造	300	100
批发零售	550	250
价值附加总和		550

表 14-1 中分别列示了最终价值法与价值附加法的计算过程：从原材料的采购到生产制造，对企业的总价值是 $300，而价值附加为 $300−$200=$100；从生产制造到最终的批发零售，从销售额来看企业最终收到 $550，而价值附加为 550−300=$250。将各阶段的价值附加相累加，就得到了总价值 $550。

1.1.1　名义 GDP 与实际 GDP

使用支出法计算得到的 GDP 称为名义 GDP——一段时期内所有以当前市场价值计量的商品及劳务的总价值。由于用到了当期的市场价值，所以名义 GDP 的算法并没有去除通货膨胀的因素，会受到当期价格变动的影响，使得计量不准确。为了消除这一影响，经济学家用实际 GDP 来衡量——假设价格在讨论期内不变化时的 GDP。

由此可见，名义 GDP 的计算公式为：

$$\text{第t年的名义GDP} = \sum_{i=1}^{N} P_{i,t}Q_{i,t}$$

$$= \sum_{i=1}^{N}(\text{第t年商品i的价格}) \times (\text{第t年商品i的产量})$$

实际 GDP 的计算需要确定一个基期，由于在计算实际 GDP 时假设价格在讨论期内是不变的，所以需要用基期的价格来计算：

$$\text{第t年的实际GDP} = \sum_{i=1}^{N} P_{i,t-5} Q_{i,t}$$

$$= \sum_{i=1}^{N} (\text{第t-5年商品i的价格}) \times (\text{第t年商品i的产量})$$

注意，上述计算是基于基期和计算期相差 5 年，即如果计算 2011 年的实际 GDP，需要采用 2006 年的价格。当然，实际计算中相差不一定要 5 年。

与实际 GDP 相联系的就是人均实际 GDP，定义为实际 GDP 除以人口。这个指标通常用于衡量一个国家居民的生活水平。

此外，一个新的概念将被引入，即 GDP 平减指数（GDP deflator）。GDP 平减指数用于名义 GDP 与实际 GDP 的相互转换，其计算公式为：

$$\text{第t年GDP平减指数} = \frac{\sum_{i=1}^{N} P_{i,t} Q_{i,t}}{\sum_{i=1}^{N} P_{i,t-5} Q_{i,t}} \times 100 = \frac{\text{第t年名义GDP}}{\text{第t年实际GDP}} \times 100$$

注意，此处仍假设基期和计算期相差 5 年。

假设 2011 年的名义 GDP 为 14.5 万亿美元，而实际 GDP 为 13.3 万亿（以 2006 年为基期），则通过公式可以计算得出 2011 年 GDP 平减指数为 14.5/13.3 × 100=109.02。

假设 2006 年的名义 GDP（基期的名义 GDP 即实际 GDP）为 12 万亿美元，则 GDP 的年复合增长率为：

$$\left(\frac{13.3}{12}\right)^{\frac{1}{5}} - 1 = 2.08\%$$

1.1.2　GDP 的组成

— 备考指南 —
GDP 的收入法和支出法是必考内容。

既然已经讨论过 GDP 的计算，接下来关注一下它的组成。任何经济活动中，总少不了这四个部门：家庭部门、商业部门、政府部门以及国外部门。与之相对应，经济学家将 GDP（用 Y 表示）分为四个组成部分：消费 C、投资 I、政府支出 G 和净出口 NX（出口减进口，即 X—M）：

$$Y = C + I + G + NX$$

GDP 中每一部分的支出都属于这四个部分之一，所以这四个部分组合必然等于 GDP。

以上的计算方法是基于支出法的，除此之外，GDP 还可以由收入法计算：

GDP=Gross domestic income (GDI)
= Net domestic income+Consumption of fixed capital (CFC)+Statistical discrepancy

其中 GDI 是国内总收入，即所有生产要素在生产最终产出时所得的收入。CFC 是固定资本消耗，即在生产过程中实物资本的折旧，经济活动中的收入将有一部分重新投入实物资本以补偿折旧损失。由于收入法和支出法计算的 GDP 在理论上一定相等，所以才有了统计误差（Statistical discrepancy）这一项，将两种方法计算得出的 GDP 配平。

— 备考指南 —
统计误差到底算在收入法中还是支出法中，具体需要看题目信息，但是在 CFA 中更倾向于认为统计误差体现在收入法中。

总国内收入=员工薪酬
+总运营盈余
+总混合收入
+税收减生产补贴
+税收减产品和进口补贴

其中，员工薪酬包括所有的工资及福利。总运营盈余衡量的是公司整体的资本回报。总混合收入包括农业收入，除去租金的非农业收入和租金收入。税收减生产补贴，这里的税收主要包括财产税和工资税。税收减产品和进口补贴，这里的税收主要包括销售税、燃料税和关税。

个人收入（Personal income）是广义的衡量家庭收入的一种方式，它是消费者购买力的一个决定因素。

家庭可支配收入（Household disposable income, HDI）是个人收入减去税，指的是税后个人收入，是衡量家庭储蓄或消费能力的经济指标。由于扣除了个人所得税，所以它是更精确的衡量个人消费或储蓄能力的指标。

2. 总需求、总供给与均衡

在这一节，总需求与总供给模型将会被建立并用来讨论均衡产出与价格是如何达到的。总需求 AD 表示一定价格水平下，经济活动中四大部门对商品及劳务的需求，即家庭、企业、政府和国外消费者；同样，总供给 AS 表示一定价格水平下，经济活动中四大部门愿意提供的商品及劳务总量，对于家庭部门来说，总供给表示家庭成员在一定工资率（资本成本）的水平下愿意提供的劳动力（资本）。

考试小技巧

- 总需求、总供给曲线的特点以及影响因素。

2.1　总需求

总需求（AD）表示一定价格水平下，经济活动中四大部门（家庭、企业、政府和国外消费者）对商品及劳务的需求。

在微观经济学中，一般而言，商品的价格越高，需求量越低，即会产生较低的价格使我们能够在给定的收入水平下购买更多的商品。这个结论，在宏观经济学的总需求的分析中并不适用，因为此时收入不是固定的。相反，总收入 / 支出（GDP）将与价格水平一起在模型中被确定。因此，我们需要用不同的方式来解释价格和需求量之间的关系。

总需求（AD）曲线表示同时满足两个条件时的总收入和价格水平的组合（图14-1）。首先，总支出等于总收入；其次，可用的实际货币供应量由家庭和企业自愿持有。在 GDP 的学习中，我们已经知道了 GDP=C+I+G+(X−M)，其中 C 表示消费者在最终产品和服务上的支出，I 表示国内私人部门的投资总额，G 表示政府在最终产品和服务上的支出，X 为出口量以及 M 为进口量。

我们假设政府支出（G）是外生的，由政府政策决定。为了解释总需求曲线向下倾斜的原因，通过分析经济中的价格水平如何影响 GDP 的组成部分中消费（C）、投资（I）和净出口（X−M）的变化，发现总需求曲线的向下斜率由三个效应产生：财富效应、利率效应和实际汇率效应。我们假设名义货币供应量保持不变。

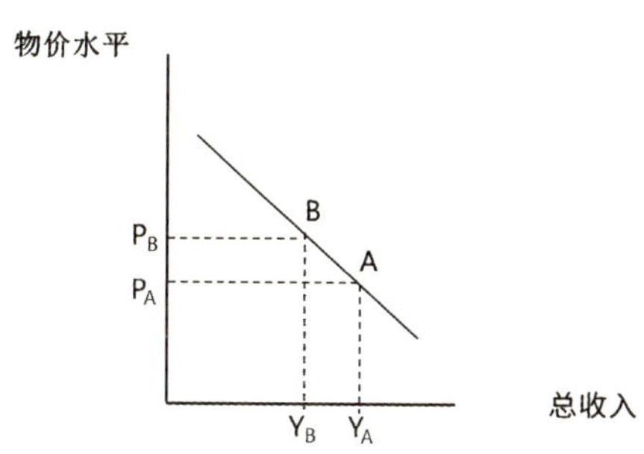

图 14-1　总需求曲线

下面我们将展开介绍这三个效应。

2.1.1 财富效应

财富效应是基于货币的名义购买力的概念，即包括消费者持有的实物或银行账户货币的名义价值。货币的名义购买力总是不变的，即一元钱总是价值一元钱。但是，货币的实际购买力并不是固定的，它随商品和服务的价格进行波动。

比如，原来我们手里有 100 元，一袋面粉的价格是 50 元，100 元可以买两袋面粉，此时 100 元值 2 袋面粉；假设一袋面粉的价格涨到 100 元，同样的 100 元现在只值 1 袋面粉。也就是说，虽然我们手里的货币持有量是不变的，但随着价格水平的上涨，我们实际拥有的财富是减少的，可购买的商品和服务的数量是下降的，从而使得人们减少消费量，引起总需求 Y 是发生下降的。反之，如果一袋面粉的价格降到 25 元，同样的 100 元现在值 4 袋面粉，此时实际货币持有量不变，但我们的实际财富是增加的，与之对应可购买的商品和服务的数量是上升的，从而刺激人们消费量增加，即人们的总需求 Y 是上升的。

因此，我们把这种价格水平的变化以及由此产生的货币持有量的实际购买力发生变化的关系称之为财富效应，可总结为：货币持有量不变，价格水平上涨，货币的名义购买力不变，但对应的实际购买力是下降的，使得人们可购买的商品和服务的数量减少，从而引起总需求下降。故由于财富效应的存在，AD 曲线的斜率是向右下方倾斜的。

2.1.2 利率效应

当价格水平发生变化时，除了人们手中持有的货币的实际购买力会发生变化外，人们对货币的需求量也会发生相应的变化。比如，如果今天购买一份午餐需要 30 元（30 元等于一份午餐），那么我们需要有 30 元才能吃到午餐。现在，假设午餐价格翻倍至 60 元（60 元等于一份午餐），那么当价格水平上涨以后，想要购买一顿午饭就需要更多的货币，因此我们对货币的需求是增加的，但由于名义的货币供应量是固定不变的，故价格水平上升将使得货币的价格也就是利率会发生上涨；反之，如果午餐价格下降到 15 元（15 元等于一份午餐），此时如果持有多余的货币在手中，就意味着我们放弃了把货币借贷给他人可以获得的投资收益，故此时我们对货币的需求是下降的，由于货币供应量是保持不变的，故价格水平下降将使得利率发生下降。

以上是利率的变化对国内私人部分的影响。在利率上升时，私人部门借贷资金的成本增加将导致可投资的盈利项目减少，从而使得私人部门的投资就会减少。此外，更高的利率也会降低消费，尤其是通过贷款购买的汽车或住宅房地产等大宗商品的消费。反之，如果利率下降，那么企业就有更多有利可图的项目可供投资，消费者支出也会增加。

另外，利率变化也将对外国部门产生一定的影响。当利率上升时，会吸引国外投资者来本国进行投资，从而使得在外汇市场上本币的需求是增加的，这种需求的增加会导致本国货币升值。本币升值，将使得本国的出口量下降进口量增加，即本国的净出口额是下降的。反之，当利率下降时，会产生类似但相反的效果。

以上就是利率效应。即更高的价格水平引发了更大的货币需求，从而导致较高的利率。较高的利率将会降低私人部门对投资和消费支出的需求，从而使得私人部门对商品和服务的需求减少；相反，较低的价格水平使得货币的需求下降，从而导致较低的利率。较低的利率增加了私人部门对投资和消费支出的需求，从而导致私人部门对商品和服务的需求增加。故由于利率效应的存在，AD 曲线的斜率是向右下方倾斜的。

2.1.3 实际汇率效应

国内物价水平的变化还将影响实际汇率发生变动。

国内物价水平的提高（假设国外价格水平不变）将导致实际汇率（外币是基础货币，本币是报价货币）下降，实际汇率可以通过报价的名义汇率调整价格水平后得到，此时本币是升值的。本币升值使得国内产品在其他国家变得更贵，导致出口量减少；同时本币升值也降低了国外商品在国内的价格，导致进口量增加。因此，国内物价水平提高的最终结果是净出口下降，即国内商品和服务的需求量下降。反之，国内价格水平的下降会导致实际汇率上升，本币发生贬值，导致国内商品在其他国家更便宜，而国外商品在国内更贵，从而出口量增加进口量减少，综合后的结果是对国内商品和服务的需求增加。这就是实际汇率效应。

即由于实际汇率效应的存在，当物价水平上升时，对国内商品和服务的需求量是下降，AD 曲线的斜率是向右下方倾斜的。

2.2 总供给

总供给曲线表示在各种价格水平之下，厂商愿意生产的数量。此处必须区分极短期总供给 VSRAS（very short run aggregate supply）、短期总供给 SRAS（short run aggregate supply）与长期总供给 LRAS（long run aggregate supply），见图 14-2。

在非常短期内，企业可以增加或减少产出而不改变价格，因此 VSRAS 是具有完全弹性的。经过稍长的一段时期，某些成本因素会从不变转为可变，因此价格水平也会发生相应的变化，因此供给曲线从 VSRAS 转变为 SRAS。

经过一段时期，短期内不易变动的工资与其他要素成本因素开始容易变动。所以在长期时，当价格水平变化时，工资与其他要素成本也随之改变，使得价格升高无法改变总供给量（如果要素成本不变，价格升高会导致总供给升高）。所以，长期总供给曲线是完全无弹性的。

长期总供给水平下的产出水平称为潜在 GDP（potential GDP）或完全就业 GDP（full employment GDP）。

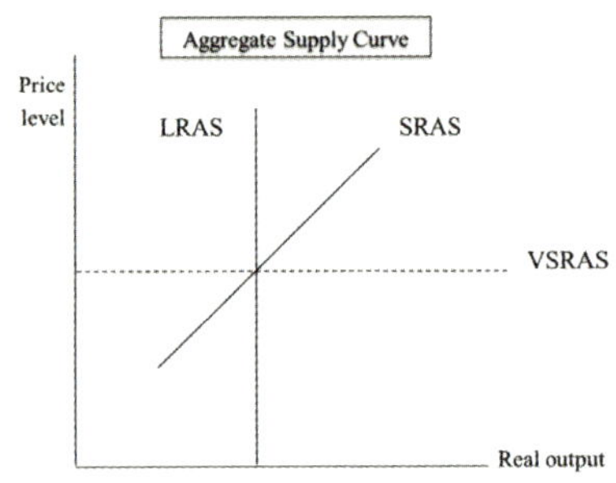

图 14-2 极短期总供给曲线、短期总供给曲线与长期总供给曲线

2.3 总需求与总供给曲线的移动

— 备考指南 —
总供给曲线和总需求曲线的移动影响因素需要掌握。

在这一节中，要解决以下三个问题：

- 什么造成了经济增长或衰退；
- 什么造成了通货膨胀以及失业率水平的变化；
- 什么因素决定了经济的可持续增长率以及如何度量。

为了要解决以上问题，需要先理解有哪些因素能够引起总需求、总供给曲线的移动。

2.3.1 总需求曲线的移动

总需求曲线（AD Curve）向右下方倾斜表示物价水平下降增加了商品及劳务的总需求量。但是其他许多因素也影响物价水平既定时的商品及劳务的需求量。

给定物价水平时，当一种因素变动，商品及劳务的需求量也会发生改变，于是总需求曲线就发生移动，见图 14-3。

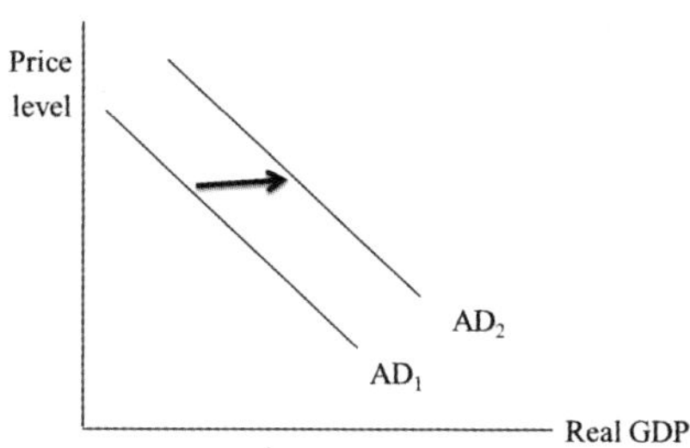

图 14-3　总需求曲线的移动

- 家庭财富。当家庭财富增加时，比如家庭成员持有的股票、不动产以及其他金融资产的升值，储蓄的比例减少，而消费 C 的比例增加，所以导致了总需求的上升，总需求曲线 AD Curve 向右平移。
- 消费者及企业对未来的预期。消费者对未来的预期表现取决于对未来工资增长的预期，如果预期未来工资增长，那么现在就会增加消费。因为他们认为未来的工作会更稳定、工资更高，所以会增加现在的消费。企业对未来的预期体现在对未来经济形势的判断，如果预期未来经济向好，那么未来的销售额会增加，他们现在就会投资厂房并招聘更多工人以应对未来大量的订单，因此投资 I 会增加。所以从消费者层面上来讲，预期未来工资上涨导致现在消费 C 的增加；而从企业层面上讲，预期未来经济向好导致现在投资 I 的增加，这两方面因素都能导致总需求曲线向右平移。
- 资本利用率。资本利用率衡量了经济生产能力的利用程度。当企业已经拥有过剩的产能，就不会投资建厂。相反，当企业正在或者接近完全利用水平时，就会为了扩张产能而增加固定资产的投资，随之而来的便是投资 I 的增长和总需求曲线 AD 的向右平移。
- 财政政策。扩张性的财政政策是指减少政府财政预算余额，或者说增加预算赤字。政府通常通过减税的方法增加可支配收入以及消费 C，而此时政府支出 G 的增加也会导致总需求曲线的向右平移。
- 货币政策。当实行扩张性货币政策时，短期货币供给的增加降低了利率，这种利率的下降使得融资成本降低，从而刺激了投资支出 I，使得总需求曲线向右平移。

- 汇率。本币贬值导致国内商品价格相对国外商品下降，因此对于国外消费者来说更具有吸引力，净出口 X−M 增加直接导致了国内总需求的增加，总需求曲线向右平移。
- 全球经济的增长。如果外围经济持续增长，则本国的出口就会增加，从而使得总需求增长，总需求曲线向右平移。

因此，对于总需求曲线的移动，可得出如下结论：

- 消费引起的移动：在物价水平既定时，使消费者支出增加的事件（减税、股市上涨等）使总需求曲线向右移动；相反，使消费者支出减少的事件（增税、股市低迷等）使总需求曲线向左移动。
- 投资引起的移动：在物价水平既定时，使企业投资增加的事件（对未来的乐观，由于货币供给增加引起的利率下降等）使总需求曲线向右移动；相反，使企业投资减少的事件（对未来的悲观，由于货币供给减少引起的利率上升等）使总需求曲线向左移动。
- 政府支出引起的移动：政府对商品与劳务支出的增加（增加对国防及基础建设的投资等）使总需求曲线向右移动；相反，政府对商品与劳务支出减少（减少对国防及基础建设的投资等）使得总需求曲线向左移动。
- 净出口引起的移动：在物价水平既定时，增加净出口的事件（国外经济繁荣等）使总需求曲线向右移动；相反，减少净出口的事件（国外经济衰退等）使总需求曲线向左移动。

2.3.2 总供给曲线的移动

总供给曲线（AS Curve）分为长期总供给曲线和短期总供给曲线，而且引起各自移动的因素也不完全一致。能使长期总供给曲线移动的因素同时也能使短期总供给曲线移动，而使短期总供给曲线移动的因素并不一定都能使长期总供给曲线移动。以下分别对造成短期总供给曲线和长期总供给曲线移动的因素进行分析。

— 备考指南 —
对于总供给曲线的移动需要分长短期进行分类讨论。

引起短期总供给曲线移动的因素有（表 14-2）：

- 名义工资的变化。由于工资可以被认为是企业最大的成本，所以工资的变化必然会导致短期总供给曲线的变化。名义工资的增加会提高生产成本，导致 SRAS 曲线向左移动。另外要注意，名义工资的变化对 LRAS 曲线没有影响。
- 劳动生产率。劳动生产率的增加会导致单位劳动成本的降低，因此企业会增加商品供给，SRAS 曲线向右移动。
- 其他生产要素成本的变化。除了劳动力成本，其他要素成本对于企业的短期供给也具有很大的影响，原材料价格就是其中十分重要的一环。当原材料价格下跌时，企业生产成本随之下降，企业就愿意在各单位价格上生产更多的产品，因此，SRAS 曲线向右移动。反之，则向左移动。

- 未来产品价格预期。当企业预期未来产品价格增长，他们不一定会盲目扩充产能，因为他们关注的是自己能够卖出的价格，而非总体价格水平。因此，如果卖价高于总体价格水平，则企业会增产；反之，如果卖价低于总体价格水平，则企业会减产。但是总的来说，由于上述两种因素都可能存在，所以公司无法卖得高于总体价格水平，也不会低于这个水平，所以，上述两种因素导致的 SRAS 曲线的移动只是暂时的。所以结论是预期未来价格的升高会导致 SRAS 曲线暂时性地向右移动。

- 企业赋税与政府补贴。如果政府对企业课税减少，则企业愿意在现有的价格水平下提供更多的商品，即 SRAS 曲线向右移动；而政府补贴起到与减税相同的效果。

- 汇率变化。在国际贸易中，汇率扮演着十分重要的角色，因为其变化能引起企业生产成本乃至总供给的改变。当人民币汇率处于上升通道时，其相对购买力提高，因此购买原材料及中间商品的成本就会降低，从而导致中国国内生产成本降低，SRAS 曲线向右移动。

引起长期供给曲线移动的因素有（表 14-2）：

长期总供给曲线所处的位置取决于经济的潜在生产水平。潜在 GDP 衡量了经济的生产能力，并且是完全就业状态下的真实 GDP。潜在 GDP 并非一个静态的概念，它每年会随着经济资源的增长以一个稳定的比率增长。因此，任何会改变经济资源的因素都会导致 LRAS 曲线的平移。

- 劳动力供给。如果一个经济体中劳动力数量增加，在完全就业的情况下，商品及劳务的供给也会增加，LRAS 曲线向右移动。而劳动力的技能增长会导致一定劳动力水平下生产率的提高，从而增加潜在产出，LRAS 曲线也向右移动。

- 自然资源的变动。经济的生产取决于自然资源，包括土地、矿藏和天气。新矿藏的发现使 LRAS 曲线向右移动；恶劣的天气使 LRAS 曲线向左移动。在许多国家，重要的自然资源是从国外进口的，这些资源的可获得性的变化也使总供给曲线发生移动。

- 实物资本的存量。给定劳动力数量的前提下，经济体中累积资本存量的增加会使得潜在产出增加，LRAS 曲线向右移动。

- 科学技术。使得现代经济产量更高的最重要原因就是技术的进步。电脑的普及使人们能够在当前的劳动、资本和自然资源的条件下，生产出更多的商品及提供更多劳务，它使得 LRAS 曲线向右移动。

表 14-2　影响长期与短期总供给曲线移动的因素

— 备考指南 —
在记忆影响长期 AS 曲线的因素，可以结合影响经济增长的因素进行记忆。

相关因素增加	导致 SRAS 移动	导致 LRAS 移动	原因
劳动力供给	向右	向右	资源增加
自然资源供给	向右	向右	资源增加
人力资本供给	向右	向右	资源增加
实物资本供给	向右	向右	资源增加
生产率和技术	向右	向右	改善生产效率
名义工资	向左	无影响	劳动力成本增加
其他要素价格	向左	无影响	生产成本提高
预期未来价格	向右	无影响	预期成本增加及定价能力增强
企业税	向左	无影响	生产成本提高
补贴	向右	无影响	降低生产成本
汇率	向右	无影响	降低生产成本

2.4 均衡 GDP 与价格

通过介绍总需求与总供给模型，有了分析经济活动波动所需的基本工具。通过讨论总需求曲线移动与总供给曲线移动可以解释下列四种市场形态。

本节将具体讨论四种可能的宏观均衡形态：

- 长期完全就业；
- 短期萧条缺口；
- 短期通货膨胀缺口；
- 短期滞涨。

之所以要讨论以上四种形态，是因为在不同的形态下，资产及金融市场的表现都会不同，所以有必要对其进行分析。

— 备考指南 —
长期均衡下以及集中不均衡状态需要掌握出现情况以及产生原因。

2.4.1 长期均衡

如图 14-4 所示，均衡产量和物价水平在长期中是由总需求曲线和长期总供给曲线的交点决定的，在这一点时，产量为潜在实际 GDP，劳动力和资本都得到充分利用，处于长期完全就业（周期性失业为零）状态。

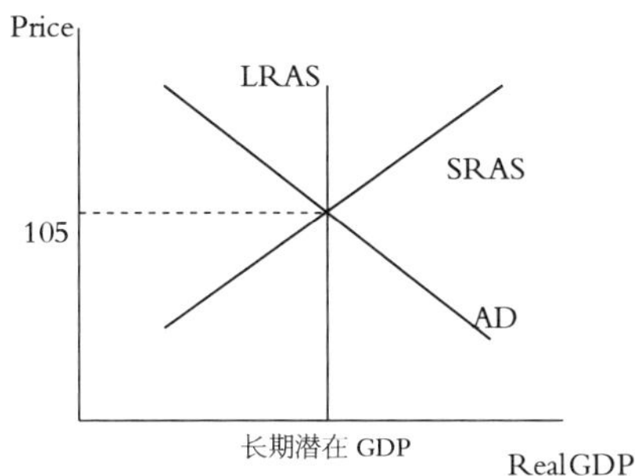

图 14-4 短期总供给曲线与长期总供给曲线（长期均衡）

由于经济总是处于短期总供给曲线上，即短期总供给曲线也通过这一点，这表示预期物价水平已经调整到了这种长期均衡，即当一个经济处于长期均衡时，预期物价水平必定等于实际物价水平（图中的 P=105），从而总需求曲线与短期总供给曲线的交点和总需求曲线与长期总供给曲线的交点重合。

2.4.2 萧条缺口

实际 GDP 和物价的周期性波动是由 AD 曲线和 SRAS 曲线的共同移动所造成的，从图 14–5 中可以看出，当 AD 曲线向左移动时，产出和物价都会低于处于长期均衡状态时的水平，即物价从 105 下跌至 103。

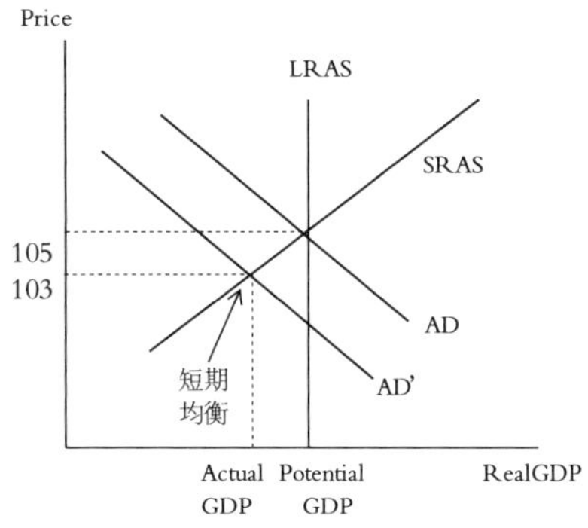

图 14-5 总需求曲线的移动（萧条缺口）

当物价处于 103 时，新的 AD 曲线和 SRAS 曲线也有交点，此时的产出水平低于潜在 GDP 的水平，而新均衡点对应的 GDP 与潜在 GDP 之差称为萧条缺口。

既然上面提到新均衡是 AD 曲线与 SRAS 曲线的交点，属于短期的变化，那么长期会怎么变化呢？目前有两种争论（图 14−6）：

第一种争论是说经济可以通过自我调节自动回归到长期均衡状态，不需要干预；

另一种说法是政府应该通过积极的财政政策与货币政策对其进行调节。

两种说法都有道理。首先，第一种说法的依据在于物价水平的下跌及失业率的提高会导致工人们愿意接受更低的工资，其结果是要素成本的降低导致 SRAS 曲线向右移动，恢复到长期均衡状态。

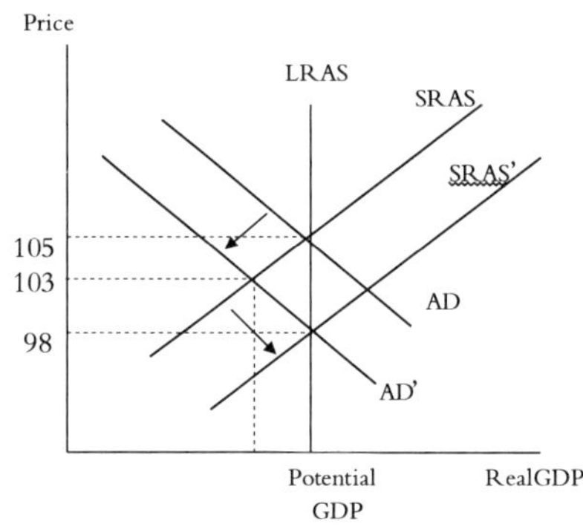

图 14-6　总需求曲线与短期总供给曲线的移动

而第二种说法的道理在于上述的自动调节机制历时过长，所以政府可以通过在短期内实行经济刺激政策直接将 AD 曲线拉回长期均衡状态。

- 在财政政策方面，政府可以通过减税及增加政府投资；
- 在货币政策方面，政府可以通过降息或者增加货币供给的方式刺激总需求，使其回归至原来的长期均衡状态。

2010 年当世界金融危机愈演愈烈时，中国政府的“4 万亿”政策及美联储的量化宽松政策都属于积极的货币政策。但是通过政府干预的方式调节经济也有一些问题，主要在于政策的时滞效应可能会导致过度调节。

当经济处于萧条缺口时，理性的投资策略应该是什么呢？

- 由于经济处于萧条缺口，国内需求不足，物价下跌，企业利润一般会下滑，所以应该放弃投资周期性行业，转而投资防御型行业。因为周期性行业受经济形势的冲击较大。
- 由于商品价格下跌，所以应该减少大宗商品及相关企业的投资；
- 由于央行可能会降息，所以应该增加投资级债券和长期政府债券的持有量，因为此时高收益债券（垃圾债）受到经济衰退的冲击较大，很有可能违约；而相同情况下，当利率下跌，长期债券的价格上涨比短期债券更多。

2.4.3 通货膨胀缺口

总需求的增加导致经济扩张，实际 GDP 与就业率上升，如果此时由于经济的迅速扩张导致产出水平高于经济的实际生产能力——潜在 GDP，通货膨胀就由此产生。

在图 14-7 中，AD 曲线向右移动导致新均衡点 2 偏离原先均衡点 1，价格水平由 105 升至 110 水平，此时的短期实际 GDP 高于长期均衡时的潜在 GDP，它们之间的差距就称为通货膨胀缺口。

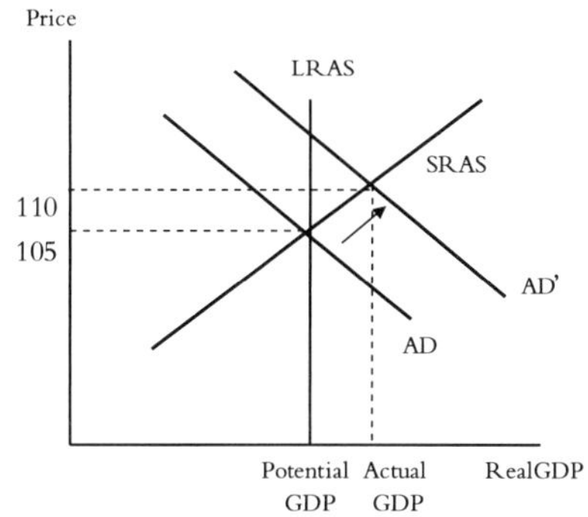

图 14-7 总需求曲线的移动（通货膨胀缺口）

但是，实际 GDP 不会一直维持在这样的水平，因为整个经济体已经在超负荷利用资源，比如过量雇佣劳动力以及机器设备的持续运转。随着物价 / 工资水平的持续上升，企业的生产成本一直处于高位，因此企业会根据实际情况调整产量，SRAS 曲线向左移动，从而使得实际 GDP 又恢复到长期均衡状态，但物价会因此而升高至 117 水平（图 14-8）。

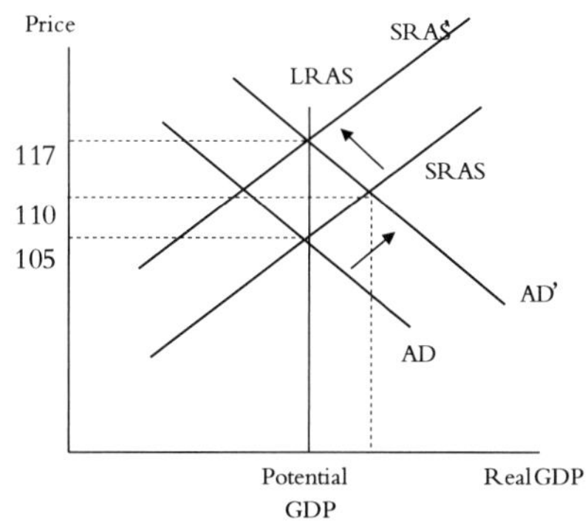

图 14-8 总需求曲线与短期总供给曲线的移动（通货膨胀缺口）

以上恢复均衡的最终结果是物价水平的上升，那有没有办法使得物价水平不至于上升呢？与紧缩缺口一样，一国的政府或者央行同样可以通过紧缩性的财政政策及货币政策对总需求进行控制，其运作机制是减少总需求，使 AD 曲线向左移动至最初均衡水平，而不改变总体物价水平。具体的做法与紧缩缺口时的措施正好相反：

- 在财政政策方面，政策制定者可以增税或减少政府支出；
- 在货币政策方面，央行可以通过调节商业银行的法定准备金，从而达到减少其可贷资金以及更高的利率水平，从而收紧货币的流动性。

当经济处于通货膨胀缺口时，理性的投资策略应该是什么呢？

- 当经济处于通货膨胀缺口时，商品价格上升，一般来说企业的利润也会随之上升，所以应该投资大宗商品或相关公司。此外，还可以投资一些周期性行业的公司，因为它们会随着经济形势的向好而受到正面影响。
- 央行可能会采取紧缩性的货币政策，因此利率会上升。此时应该投资高收益债券，并减少投资级债券的持有量。因为经济形势的向好使得高收益债券的违约风险降低。

2.4.4 滞涨

滞涨所带来的最大问题就在于高通胀与高失业率的同时存在，并且难以改善，它还会带来实际 GDP 和企业盈利能力的下降。

下面的分析描述了滞涨的成因。

滞涨通常是由短期总供给 SRAS 的突然减少造成，而产生这种情况的原因是多样的，可能是由于基础原料价格与石油价格的非预期上涨造成。如图 14−9 所示，原材料价格的非预期上涨使得 SRAS 曲线向左移动，从 $SRAS_0$ 移动到 $SRAS_1$，从而均衡点从原来的 1 点移动到了 2 点，此时实际 GDP 从 GDP* 减少至 GDP_1，并且价格从 P_0 上升至 P_{SR}。从长期来看，实际 GDP 的降低以及失业率的上升，使得工资水平有下降压力，并且重新使 SRAS 曲线向右移动到原来的位置。但是这种自动回归的机制速度过于缓慢，所以政府往往会通过积极的货币政策及财政政策刺激 AD 曲线向右移动，从 AD_0 移动到 AD_1，重新回归至长期均衡水平，但此时物价水平继续升高至 P_{LR}。由此可见，政府可以通过一系列刺激政策改善经济状况，提高实际 GDP 并降低失业率，但因此产生的代价就是导致更高的通胀率。

在高通胀率形成之后，政府可能会通过一些紧缩性的财政政策或货币政策来抑制通胀，但是紧缩性的政策又会带来经济的进一步萧条。所以在实体经济中，滞胀往往是比较难治理的，会使政府陷入两难的境地。

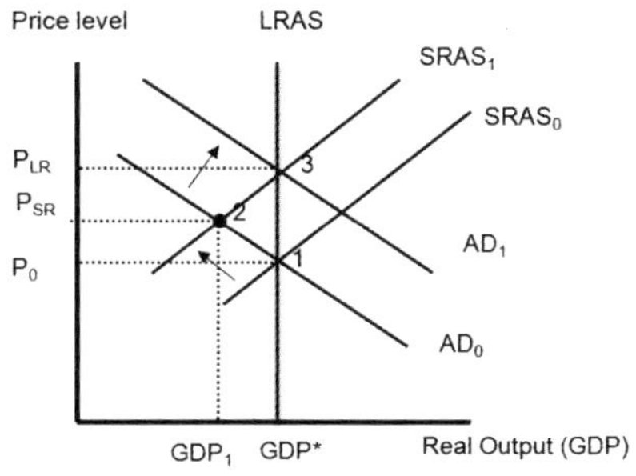

图 14-9 滞涨的传导机制

下面的例子是关于 20 世纪 70 年代的石油危机（图 14-10）。20 世纪 70 年代中期到 80 年代早期，全球经济经历了滞涨阶段，失业率和通胀水平持续在高位。

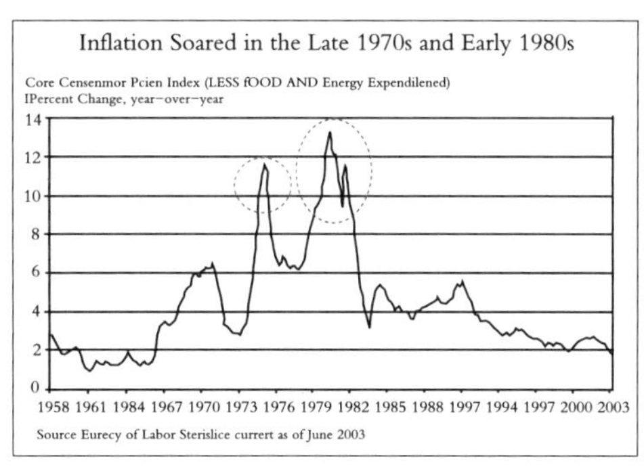

图 14-10 20 世纪 70 年代石油危机引发的滞涨

产生这种情况的原因就在于原油价格暴涨导致的物价普遍上涨，从而 SRAS 曲线向左移动达到新的均衡点，此时实际 GDP 降低，失业率升高，由此导致了全球的经济衰退，但是由于石油危机导致的通胀过于严重，所以政府首先采取的措施并不是积极的货币政策，而是紧缩性的货币政策来抑制高通胀，但这个政策导致了经济的进一步恶化。

一般而言，滞涨一直是困扰政府的问题，因为不管采取哪种措施都会使政府面临两难的境地，降低通胀水平将带来失业率的上升，而刺激经济所采取的扩张措施又会导致通胀水平的上升。

由于实际 GDP 的变化是由 AD 曲线和 AS 曲线的移动造成的，所以需要对以上的内容进行总结，关注 AD 曲线和 AS 曲线的移动对实际 GDP 及物价造成的影响。

首先，最基本的要素在于（表 14-3）：

- AD 曲线向右移动会造成实际 GDP 的上升、失业率降低，物价上涨；
- AD 曲线向左移动会造成实际 GDP 的下降、失业率上升，物价下跌；
- AS 曲线向右移动会造成实际 GDP 的上升、失业率降低，物价下跌；
- AS 曲线向左移动会造成实际 GDP 的下降、失业率上升，物价上涨。

— 备考指南 —
关于总供给及总需求的整体变化需要掌握。

表 14-3　总供给及总需求的变化对实际 GDP 与总体价格水平的影响

总供给的变化	总需求的变化	对实际 GDP 的影响	对总体价格水平的影响
增加	增加	增加	无法确定
减少	减少	减少	无法确定
增加	减少	无法确定	减少
减少	增加	无法确定	增加

其中，“无法确定”表示实际影响不一定，取决于总需求或总供给相对作用的强弱。

3. 经济增长与可持续性

前面的分析所专注的范畴是经济的短期变化，接下来的部分将专注经济的长期增长。一般而言，经济的增长并非越快越好，因为过快增长会有相应的代价，比如高通胀率及环境污染等，所以要关注经济的可持续增长率。经济的可持续增长率是由经济的生产容量或者说潜在 GDP 的增长率来衡量的，但是潜在产出的计算没那么简单，下文将展开讨论。

考试小技巧

- 生产函数与潜在 GDP 之间的关系；
- 影响经济增长的因素。

3.1　生产函数与潜在 GDP

经济增长到底与哪些因素相关？经过人们的分析研究，发现劳动力、资本及技术对经济增长有着很大的作用，由此，可以得到生产函数：

$$Y = A \times f(L, K)$$

其中，Y 代表经济总产出，L 代表劳动力，K 代表可用资本，A 代表全要素生产率（total factor productivity, TFP）。全要素生产率是一个乘数，它主要受到科技进步或社会制度等软实力的影响。但是上述公式仍旧是一个“总体”的概念，并没有去除劳动力数量的影响因素，因此需要引入“人均”的概念，人均产出可以表示为：

$$Y / L = A \times f(K / L)$$

— 备考指南 —
科布道格拉斯生产函数是我们二级经济学中重点内容，在一级只需要掌握基本的公式，以及字母含义即可。

其中，Y 代表人均产出，即劳动生产率，K/L 代表人均资本。

此外还需要介绍一个生产函数的重要假设——要素的边际生产率递减。边际生产率递减表示每多增加一单位的要素投入，其产出是随着要素投入量的增加而递减的。当资本稀缺时，资本的生产率会高于其他相对富余的要素，但是当资本投入持续增加后，其边际生产率会转而出现下降，这种增加资本投入的行为被称为资本深化型投资（capital deepening investment）。

由边际生产率递减而得出以下两个重要结论：

— 备考指南 —
重要结论需要记忆。

- 长期可持续增长并不能只依靠资本深化型投资，因为加大资本投入只能带来边际生产率的递减；
- 发展中国家由于资本缺乏，此时投入新资本的资本生产率相对发达国家来说较高，其经济增长率也相对较高，但从长期来看，发达国家和发展中国家的收入水平会接近发达国家的收入水平。

由于边际生产率递减的原因，人均潜在 GDP 的增长最终取决于技术的进步或者全要素生产力的提高。根据生产函数，罗伯特索洛（Robert Solow）推导出了下列等式来说明潜在 GDP 的增长取决于哪些因素：

$$\begin{aligned}\text{潜在GDP增长} = &\text{技术进步}\\ &+W_L(\text{劳动力增长})\\ &+W_C(\text{资本增长})\end{aligned}$$

将上述公式变形后得到：

人均潜在 GDP 增长 = 技术进步 + W_C（资本 / 劳动力的增长率）

其中，W_L 和 W_C 分别代表劳动力和资本所占要素的比重；资本 / 劳动力比率衡量了每个工人的资本数量。

3.2 经济增长的来源

— 备考指南 —
这里和影响长期供给曲线的原因相同。

经济增长的原因可主要归结为以下 7 个因素：

- 劳动力供给：劳动力是指 16 周岁以上，正在工作或者正在积极主动找工作的人数。经济增长的来源可以用劳动总工时数来表示，它用劳动力与人均劳动工时的乘积来衡量。

- 人力资本：除了劳动力的数量，劳动力的质量也很重要。人力资本是指工人在教育、培训和生活经历中累计取得的知识和技能，衡量了劳动力的质量。一般来说，受教育程度越高，生产率越高，也越容易适应技术的革新。

- 实物资本储量：实物资本储量指用于生产商品及提供劳务的厂房、机器设备的累计量，只要每年的净投资（总投资减折旧）大于零，实物资本储量就会增加。所以，具有高投资比例的国家应该有逐渐增加的实物资本储量以及高 GDP 增长。

- 技术：上一节的生产函数公式及其衍生公式指出技术的进步对经济增长的贡献非常显著。

- 自然资源：用于生产的自然资源通常可分为可再生与不可再生资源两类，可再生资源，比如森林，不可再生的资源，比如，煤。拥有大量生产性自然资源的国家通常有更高的经济增长率。

- 公共基础设施：比如道路、供水系统、公共交通、机场和公用事业等这些都属于公共基础设施的范畴。即便是有些基础设施是由私人拥有或运营的，但依旧可以对经济产生相同的影响。由于公共基础设施几乎没有替代品并且能产生显著的规模经济，因此它们具有自然垄断的特征。其另外一个关键特征是会产生外部性（外部性是指生产和消费活动对不直接参与特定交易、活动或决策的其他人产生的溢出效应），这种外部性对私人部门商品和服务的生产可以起到一个补充的作用，从而提高私人资本的生产率。因此，公共基础设施的建设可以对经济增长起到促进作用。

- 推动经济增长的其他因素：在当下经济的发展过程中，人们较为关注的是研发所产生的公共教育的正外部性。比如，一个行业中的某家公司的研发成果将会溢出并影响整个行业中所有公司可用的知识存量，从而可提高潜在的 GDP 增长。这表明，经济增长的关键点在于一定量的研发投入是可能会带来恒定或不断增加的回报，使得经济将不再受到边际生产率递减的约束。

任何事物都有两面性。同样，外部性也会对经济增长产生负面影响，比如环境污染、气候变暖等。一个国家的经济环境可以在影响经济增长方面发挥重要作用。在当今全球化发展的今天，由于环境问题的恶化，对全球经济都带来了经济活动、粮食生产、健康和适宜人们居住方面的成本，这使得每个国家都就将面临一个选择：采取必要措施来减少这些负面外部性将会导致短期内经济增长放缓，但当前不改善负外部性的话将会对长期可持续的 GDP 增长产生负面影响。

另外，缺乏适当的机构、不健全的法律和政治环境同样也会限制了经济增长，尤其是在发展中国家，比如不发达的金融市场；对外贸易的开放程度；政治的稳定性、产权和法律制度都将影响一国的创新活动和经济增长。

第 15 章 经济周期

本章知识点		讲义知识点
一、经济周期概述	1. 经济周期特点	经济周期与它的四个阶段
	2. 经济周期类型	
	3. 经济周期的四个阶段	
二、信贷周期	1. 描述信贷周期	信贷周期
	2. 信贷周期的应用	
	3. 政策后果	
三、经济周期的波动	1. 就业	经济周期的波动
	2. 实物资本投资	
	3. 存货销售比率	
四、经济周期理论	1. 新古典主义学派	经济周期理论
	2. 凯恩斯学派	
	3. 货币主义学派	
	4. 奥地利学派	
五、经济指标	1. 经济先行指标	经济指标
	2. 经济同步指标	
	3. 经济滞后指标	
	4. 利用指标衡量经济周期	
六、失业与通胀	了解失业与通货膨胀的概念	失业与通胀

知识导引

本章将就经济周期各个阶段的特点进行分析。考生需要判别何为经济先行指标、同步指标以及滞后指标，并解释其特征。此外，考生需要通过某些经济指标判断当前或者未来所处的经济周期的特征。

本章思维导图

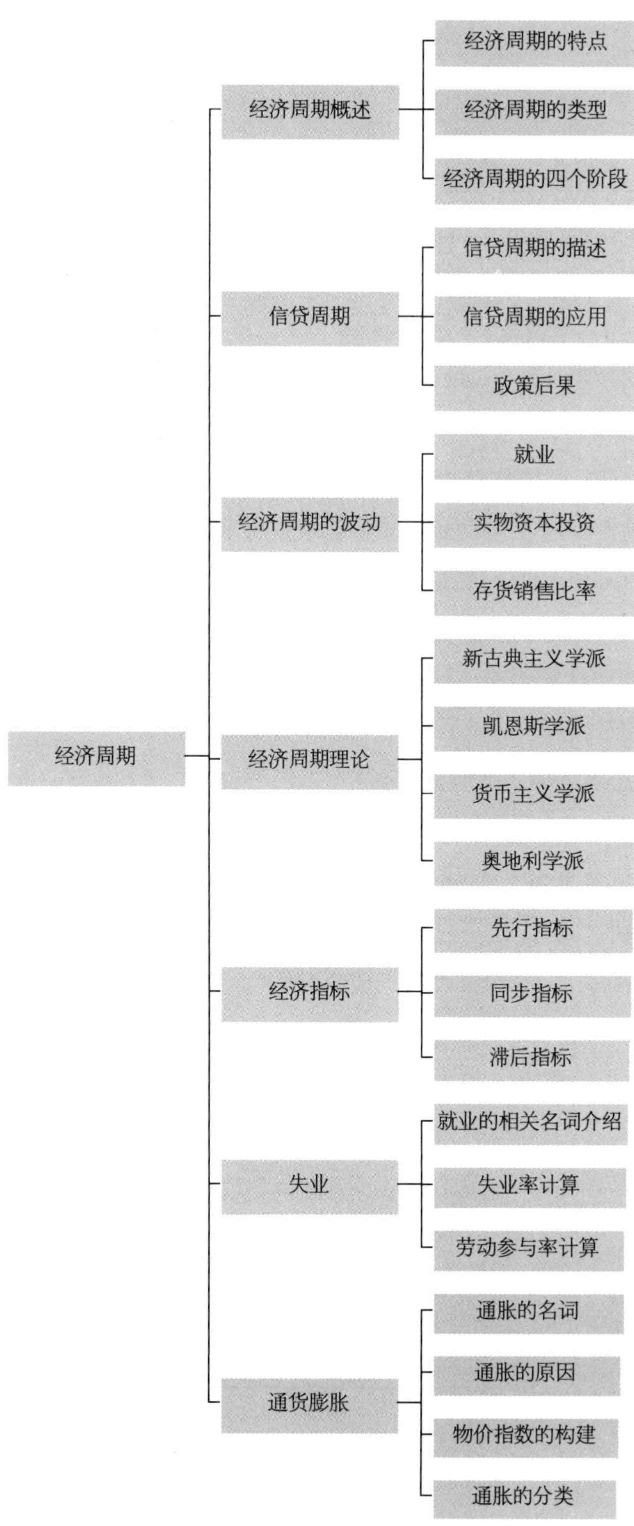
经济周期
经济周期概述
经济周期的特点
经济周期的类型
经济周期的四个阶段
信贷周期
信贷周期的描述
信贷周期的应用
政策后果
经济周期的波动
就业
实物资本投资
存货销售比率
经济周期理论
新古典主义学派
凯恩斯学派
货币主义学派
奥地利学派
经济指标
先行指标
同步指标
滞后指标
失业
就业的相关名词介绍
失业率计算
劳动参与率计算
通货膨胀
通胀的名词
通胀的原因
物价指数的构建
通胀的分类

1. 经济周期概述

经济周期，指的是经济活动中的出现的周期性扩张和收缩，影响经济的广泛领域的一种经济现象。是国民总产出、总收入和总就业的波动，是国民收入或总体经济活动扩张与紧缩的交替或周期性波动变化。下面的章节将着重讨论何为经济周期以及不同经济周期的特征。

1.1 经济周期的特点

- 经济周期，主要依赖于商业活动。
- 每个周期都有相应的阶段顺序，在扩张（expansion）或上升（upswing）和收缩（contraction）或下降（downturn）之间交替。
- 这些阶段在整个世界经济中几乎同时发生。
- 周期是反复发生的，每次周期发生的强度和持续时间并不完全相等，从一年到十年或十二年不等。

如何判断经济开始进入衰退期或扩张期，取决于一个国家或地区是否连续两个季度实际 GDP 减少或增长。如果连续两个季度实际 GDP 增长，则能够说明经济已经开始进入扩张期；而如果连续两个季度实际 GDP 减少，则说明经济已经开始进入衰退期。

因此，可以得出：经济周期有两个主要的部分：扩张（或上升），和收缩（或下降），以及两个关键的转折点，顶峰（peak）和低谷（trough），如图 15-1。

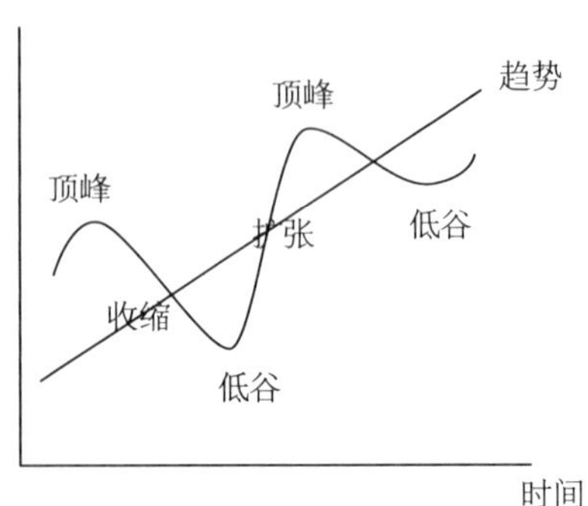

图 15-1 经济周期的各个阶段

1.2 经济周期类型（图 15-2）

本节主要介绍三种经济周期类型，分别是古典周期、增长周期、增长率周期。

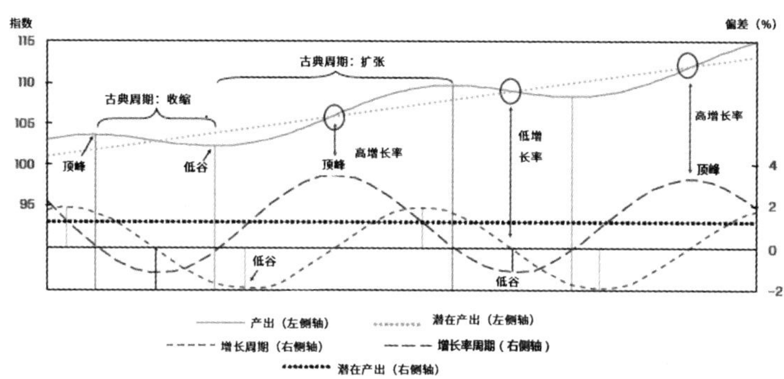

图 15-2 经济周期

古典周期，它指的是经济活动水平在扩张和收缩之间的波动，可以用 GDP 进行衡量。通常是经济处于扩张期的时间要长一些，处于收缩期的时间会短一些。

增长周期，指的是经济活动围绕长期潜在或趋势增长水平的波动，即实际经济活动在多大程度上低于或高于经济活动的趋势增长。当前，经济学家们将增长周期分解为两个部分，一部分由长期趋势驱动，另一部分则反映短期波动。同古典周期相比，顶峰通常会更早到达，低谷则更晚到达；另外，在增长周期中，经济处于趋势增长上方和下方阶段的时间长度是相似的。

增长率周期，经济活动中的经济增长率的波动。经济学家通常用经济增长高于或低于潜在增长来反映上升或下降。根据图示，可观测到：通常顶峰和低谷会更早到达，且扩张阶段的增长率是大于收缩的衰退率的。

1.3 经济周期的四个阶段

经济周期，可以分为 4 个阶段，分别是复苏（recovery）、扩张（expansion）、放缓（slowdown）和收缩（contraction），见表 15-1。

（1）当经济处于复苏阶段时，经济从低谷开始，经济活动逐渐增加，此时实际产出是低于潜在产出的。

（2）在经济逐渐上升的过程中，各项经济活动开始增速，当实际产出高于潜在产出时，表明经济已经进入到了扩张阶段。此时，消费者增加支出，企业也将增加招聘和投资，物价和利率也将开始上涨。

（3）随着经济的持续扩张，生产要素可能出现短缺。当实际产出相对于潜在产出到达最高时，经济扩张达到顶峰。随后由于生产要素的短缺和经济活动的减速，将使得实际产出开始下降。通胀放缓，价格水平可能出现下降。

（4）当实际产出下降到低于潜在产出时，表明经济进入收缩阶段。此时，消费者和企业信心下降，企业将会通过减少工时和裁员来降低成本。如果经济活动下降的幅度比较大时，将进入经济衰退当中；如果经济下降的幅度比较温和，那么这个收缩期将短于扩张期。

表 15–1　经济周期的四个阶段

	复苏	扩张	放缓	收缩
经济活动	GDP、工业生产及其他经济活动从衰退转为扩张	经济活动显示经济增长加速	经济活动显示经济增长减速	经济活动显示经济下滑
就业率	裁员减少，但是失业率依旧较高。起初为了满足市场需求，企业倾向于超时工作以及聘用临时工	企业逐渐开始招募新员工，失业率开始下降	企业招聘的速度放缓，但是失业率继续下降，但下降速度放缓	企业缩短工时并停止招聘，甚至开始裁员，失业率上升
消费者及企业支出	住房、耐用消费品以及轻型生产设备的订单开始增加	更多产品的订单量开始增长，企业开始增加重型机械设备的订单	资本支出迅速扩张，但是支出的增长率开始下降	工业生产、住房以及耐用消费品和机械设备的订单开始减少，然后其他资本支出再开始减少
通货膨胀	通胀率并不高，并可能持续下降	通胀率开始缓慢回升	通胀率进一步加速上涨	通胀率开始下降，但是存在时滞

2. 信贷周期

在这一节中，一级只需要掌握信贷周期的概念，会对它进行描述即可。

2.1 描述信贷周期

信贷周期，它描述了信贷不断变化的可得性和定价。私营部门信贷（贷款的可用性和使用）的增长，这对私人部门中的企业投资和家庭购买房地产来讲，都是至关重要的。

因此，它们与描述实际GDP波动的经济周期中的实际经济活动有关。当经济强劲或向好时，贷款人（即银行）以优惠条件提供信贷的意愿很高。相反，当经济出现疲软时，贷款人会通过降低信贷的可用性和提高融资成本来收回或“收紧”信贷。市场利率的上涨往往会导致房地产等资产价值下降，从而导致经济进一步疲软和违约率上升。这些都反映了信贷在建设融资和房地产购买中的重要性。

2.2 信贷周期的应用

宽松的信贷条件通常会导致资产价格和房地产泡沫破裂，比如1997–1998年的亚洲危机；以及2008–2009年的全球金融危机。同样，资本市场的资金流出和提出主要是由于在经济疲软阶段企业的基本面表现较弱引起的。

在一个相互联系彼此交融的世界中，我们发现衰退和复苏的持续时间和规模通常是由经济周期和信贷周期之间的联系决定。特别是，尤其是伴随着房价和股价的暴跌，经济衰退往往持续的时间更长、程度更深。同样，在复苏阶段，信贷和房价的快速增长往往使得经济增厚长的更加强劲。然而，尽管各个经济变量之间彼此密切相关，有助于解释经济扩张或收缩的规模，但它们并不总是与传统经济周期同步。比如，经过研究和数据分析可发现，信贷周期往往比经济周期更长、更深、更剧烈，即信贷周期的平均长度大多比经济周期的长度长。

2.3 政策后果

投资者之所以关注信贷周期的阶段，是因为：

（1）有助于他们了解住房和建筑市场的发展；

（2）有助于他们评估经济周期扩张和收缩的程度，特别是如果经济衰退与信贷周期的收缩阶段同时发生，那么经济衰退的情况将会是比较严重的程度；

（3）有助于他们更好地预测决策者的行动。

传统上，货币政策和财政政策都是为了降低经济周期的波动性。而当下，旨在抑制金融繁荣的宏观审慎稳定政策则变得越来越重要。

3. 经济周期的波动

经济活动和对外贸易部门的活动随着经济的发展而变化。本节概括介绍了生产商品和服务所需资源的使用在经济周期的不同阶段中通常是如何演变的。我们首先关注企业的情况，探索库存波动、就业和实物资本投资与经济波动之间的一些联系。

3.1 就业

就业率的变化是滞后于经济周期变化的。

当经济开始出现放缓时，企业仍然会继续招聘，但招聘的速度较慢。因此，在这一阶段失业率会继续下降，但下降速度缓慢。

当经济进入收缩期时，企业并不会马上裁员，而是会选择通过减少工作时间，来降低劳动成本。这主要从两方面原因考虑：一方面是由于企业认为这可能只是暂时性的经济衰退，在不久的将来还会恢复，届时寻找和培训新员工的成本会很高，因此即使是现有工人没有得到充分利用，维持雇佣现有工人可能更具成本效益；另一方面辞退工人对于忠诚度有很大的影响，而且如果不辞退工人，工人就会感激并且更努力地工作，从而提高生产效率。随着经济的持续收缩，企业就会考虑削减不必要的成本，比如过量的人力成本、广告营销费用等；此时，企业产能利用率将很低，很少有公司会投资新设备。并且银行也认为当下的破产风险较高，不愿意放贷，加剧了经济疲软。

总需求下降可能会抑制工资或工资增长以及投入品和资本品的价格。一段时间后，所有这些投入价格将相对较低，同时政府也可能会降低利率，尝试刺激经济复苏。随着价格和利率的下降，消费者和企业可能开始购买更多商品和投资生产，总需求可能开始上升。这一阶段是经济周期的转折点：总需求开始增加，经济活动增加。但在经济刚刚开始复苏的阶段，企业并不会立刻雇佣新的员工，而是增加现在工人的工作时间，因此这一阶段中的失业率仍然是高于平均水平的。

随着经济进入扩张阶段，企业逐渐开始雇佣新的工人和购买生产设备来增加生产，此时失业率开始下降。

3.2 实物资本投资

有形商品（如房地产、厂房和设备）的资本支出通常随经济周期波动。由于企业利润和现金流对经济活动的变化非常敏感，因此资本支出对经济活动的变化也非常敏感。事实上，投资是 GDP 中最具有顺周期性和波动性的组成部分之一。企业的支出决策是由经营状况、预期和产能利用率水平驱动的，所有这些都会在整个周期内波动。

在复苏期间，企业的资本支出是比较低的，但随着经济形势的好转，企业逐渐开始增加新的资本支出。这一阶段中，企业的资本支出关注的是效率而非产能。通常情况下，最初的资本支出订单是报废率高的设备，如软件、系统和技术硬件。

在扩张阶段，客户订单和产能利用率增加。企业开始关注产能。随着需求的增加，企业当前的产能结构可能不是最优的，因此需要在新型设备上进行支出。订单先于实际发货，因此资本设备订单是资本支出未来方向的一个广受关注的指标。

在经济放缓阶段，企业在满负荷运转或接近满负荷运转时继续下新资本设备订单。只是这个增加的速度是放缓的。

在收缩的早期阶段，企业会选择通过减少在维护上的花费或推迟更换接近使用寿命的设备来降低他们的固定资产存量，同时将暂停资产设别的新订单订购，同时会取消一些现有订单，使得最初的削减幅度可能会很大，会加剧经济的低迷。随着收缩的不断加剧，企业将进一步的削减重型设备支出，运行“精益生产”的模式，以在收缩结束时以最少的工人数量产生最大的产出。

3.3 存货销售比率

相对于经济规模而言，存货总量较小，但企业的积累和削减的速度与频率都很快。存货存变化反映了销售增长（或下降）与生产增长（或下降）之间的差异。其中一个关键指标是存货－销售比率（inventory-sales ratio）。

当经济开始放缓时，销售量放缓的速度大于产出的速度，此时会出现产能过剩的情况。此时企业应对经济形势的措施往往是减产并且不再增加新库存。虽然企业已经开始减产，但前期的存货还是会慢慢累积，由于销售开始疲软，存货销售比会高于正常水平。在收缩阶段，企业的生产速度低于处理不需要的库存所需的销售量。此时，存货销售比开始回落到正常水平。

在复苏阶段，销售下滑放缓产量增长紧随其后，但滞后于销售增长。因为销售复苏超过了生产，在这一阶段存货销售比开始下降，低于正常水平。

在扩张阶段，销量增长速度加快，产量以跟上销售增长也将快速增长并补充成品库存。存货销售比趋于稳定。从上述分析中可以看出，持续增加的存货销售比是一个消极的信号，它表示企业难以控制自身的存货量或者销售持续低迷，也通常暗示了企业可能会面临财务困境。如果存货销售比持续降低则表示企业对自身的存货量控制得很好或者销售持续高涨，因此是一个积极信号。

4. 经济周期理论

4.1 新古典主义学派

新古典主义学派（Neoclassical School）对于经济周期的最重要观点就是经济周期只是对长期均衡的暂时性偏离，最终“看不见的手”会重新调配资源，经济也会恢复到长期均衡状态。如果经济处于衰退期，工资率就会受到下调的压力，从而使得短期总供给向右移动，重新恢复到原来的长期均衡状态；如果经济处于扩张期，工资率会受到上调的压力，短期总供给向左移动，回到原来的长期均衡状态。他们还认为，总需求与总供给的移动主要是由技术的变革驱动的。

尽管新古典主义学派的观点很有道理，但是实际上 1930 年美国经济的大萧条和新古典主义学派的观点大相径庭。大萧条造成了美国经济持续多年的不景气，失业率大幅攀升，对经济的影响程度与持续时间大大超过了新古典主义学派的论断。新古典主义理论不认为会有长时间的萧条，但实际上真实发生了。

新兴古典主义学派（New Classical School）考虑到了理性预期下，个人效用最大化的因素。

新兴古典主义学派引入了真实经济周期理论（Real Business Cycle Theory, RBC），强调供给曲线变动的重要性。他们认为技术进步、自然灾害、投入要素的相对价格的变化、其他供给约束或企业预期的变化都将会导致供给曲线位置的变化。因此，RBC 理论认为，扩张和收缩代表经济在应对外部实际冲击时的有效运行；任何时候的经济活动水平都与预期效用最大化相一致。因此，新兴古典主义学派（包括 RBC 理论）的政策建议是，政府不要以自由裁量的财政和货币政策干预经济。

因为他们认为货币和财政政策将在很大程度上延迟影响经济，即在决策者意识到经济正在发生什么与他们制定并实施计划之间存在着一段时间的滞后，而且政策需要时间才能真正对经济产生影响。任何政策行动都有可能对经济产生太晚的影响，而不是让产出更接近长期路径，而是可能放大下一个周期。

4.2 凯恩斯学派

凯恩斯学派（Keynesian School）对新古典主义学派的理论做了重大改进，以解释30年代的大萧条。他认为新古典主义学派观点的缺陷在于忽视了政府的作用。新古典主义学派认为经济的衰退只是暂时的，总会通过“无形的手”将经济重新调整至均衡状态，因此政府无需进行干预。而凯恩斯主义者却不这么认为，通过观察工资及物价水平，发现在衰退阶段时很难通过市场的力量重新回复均衡。他还发现一个有趣的现象——工资具有下降黏性（downward sticky），即经济衰退时一般不会先下调工资，因为没人愿意看到自己降薪。即使人们接受降薪，也不会使经济走出困境，因为降薪将会导致总需求的减少，进一步加深了经济衰退。因此无法通过增加短期总供给的方法使经济回到原来的均衡状态，此时政府的作用就显现了出来——政府可以通过积极的财政政策（财政赤字）推动总需求，使总需求曲线向右移动。虽然凯恩斯也认同政府即使不作为，经济在长期也会自动恢复均衡，但他提出“从长期来看，我们活不了这么久”，说明人们遭受的痛苦历时过长，还不如通过政府的作用加速进行调整。

— 备考指南 —
只有凯恩斯学派主张政府干预。

对于经济周期，凯恩斯学派认为影响经济周期的主要因素是由于人们的预期改变而造成的AD曲线的移动。凯恩斯主义者认为经济波动主要由市场上人们对经济预期的变化而造成。当市场上对于经济过于乐观，就会造成过度投资和生产；相反，如果对于经济过度悲观，就会造成投资和生产不足。

新凯恩斯学派（New Keynesian School）继承了凯恩斯学派的主要观点，并提出了新观点，不仅工资具有“下降黏性”，所有的生产要素价格都具有“下降黏性”，因此短期总供给曲线更不容易向右移动，经济也越难恢复到原来的均衡状态。

4.3 货币主义学派

— 备考指南 —
货币主义与凯恩斯学派的对比是重中之重。

货币主义学派（Monetarist School）认为造成经济周期的总需求的变化是由货币供给的增长速度造成的。这与凯恩斯学派的观点主要在四个方面存在冲突：

- 货币主义学派认为，凯恩斯学派没有认识到货币供给的重要性。如果货币供给的增长过快，只会带来暂时性的经济增长；而如果货币供给过慢，经济将会进入衰退阶段；
- 凯恩斯的模型并没有考虑到效用最大化，因此不合理；
- 凯恩斯主要关注短期，而忽视了政府干预所带来的长期成本，比如政府债务的增长以及增加的融资成本；
- 凯恩斯有关政府采取积极财政政策的措施可能并不及时，由于或多或少存在时滞，政策的效果可能会在经济走出困境之后才得到体现，最终又导致刺激过度。

因此，货币主义学派提倡央行应该制定一个保持稳定的货币供给增长的政策。

4.4 奥地利学派

奥地利学派（Austrian School）考虑到了两个因素——货币供给和政府干预。他们认为经济周期主要是由政府干预造成的。当政府错误地调降利率或过量发行货币，造成企业的过度投资及生产，导致了产能过剩，因此企业会在未来减少产量，从而进入新的经济衰退期。

5. 经济指标

在宏观经济周期的分析中，离不开对经济指标的分析，因此有必要研究一下各个经济指标的意义及其用途。

经济指标主要分为先行指标（leading economic indicators）、同步指标（coincident economic indicators）以及滞后指标（lagging economic indicators）。顾名思义，先行指标能够提前预示下一波经济走向；同步指标的变化与经济周期的变化保持时间上的一致；而滞后指标只有在经济周期有所发展以后才能够在指标中显现出来。

— 备考指南 —
三种经济指标中更喜欢考先行指标。

在上文中，已有提到一些经济指标，比如 CPI、存货销售比、平均每周工时等。接下来将详细解释这些经济指标，并对它们进行总结。

考试小技巧

- 经济先行指标、同步指标以及滞后指标的判别。

5.1　经济先行指标

根据世界大型企业联合会（Conference Board）的规定，可以将经济先行指标分成 10 种，以预测未来经济的动向：

- 制造业每周平均工时：由于企业倾向于先调整工时，实在不得已时才会调整工人的数量，因此这个指标优先于实际经济周期的动向。
- 平均周申请失业金人数：这个指标相当敏感，一旦申请失业金人数上升，就预示经济将要进入衰退期；相反，指标一旦下降，就预示经济将要进入扩张期。
- 制造商新增消费品和原材料订单：由于商品需求量的增减基本显示了经济走势，而商品生产首先需要有订单，因此订单量的多少就决定了将来能够生产多少商品，也间接预示了下一波经济走势，所以是先行指标。
- ISM 新订单指数：供应管理协会（ISM）对其成员进行民意调查，以建立制造订单、产出、就业、定价和可比服务指标的指数。基于调查的结果反映了最终销售新订单的月度变化。新订单的减少可能表明需求疲软，并可能导致衰退。
- 非国防重工业制造商的新订单：与“制造商新增消费品和原材料订单”相同，都间接预示着经济的下一波走势。

- 密歇根大学的消费者预期指数：这个指数是仅有的完全基于预期的领先指数。由于消费者预期将会影响到未来消费的多少，因此这是一个先行指标。
- 新增私人住宅的营建许可：由于大多数地方政府都要求私人住宅在开工前必须得到相关批准，所以获批数量就间接预示着建筑行业、房地产行业的未来走势。
- 标准普尔 500 股票指数：由于股指有着预示经济走势的作用，所以标普 500 指数能够间接预示美国经济的走势。
- 领先信贷指数：脆弱的金融体系会放大负面冲击的影响，导致经济大范围衰退。因此，银行对信贷的控制是较为严格的。因此，当信贷较容易获得时，意味着央行执行的是宽松的货币政策，那么意味着未来经济向好发展的。也就是信贷变化是先于经济变化的，因此信贷指数是经济的先行指标。
- 10 年期国债利率与隔夜拆借利率（联邦基金利率）的差额：如果经济向好，投资者对长期投资的需求增加，那么长期利率上升，10 年期国债收益率上升而隔夜拆借利率变动不大，因此两者利差增加。所以这是一个先行指标。

5.2 经济同步指标

同步指标与经济的变化基本同步，能够体现当前经济形势。同步指标经常用于判定当前经济周期所处阶段，主要分为 3 种：

- 实际个人收入：这个指标需要去除政府转移支付的影响，比如低收入人群的补贴等。这个指标同步显示了当前经济状况，是一个同步指标。
- 工业生产指数：工业生产指数衡量制造业、矿业与公共事业的实质产出，衡量的基础是数量，而非金额，反映的是某一时期工业经济的景气状况和发展趋势。
- 制造与贸易总额：制造与贸易总额衡量了一个经济体当前的实际产出，因此是同步指标。

5.3 经济滞后指标

顾名思义，滞后指标在经济周期出现一段时间之后才对其有所反应，通常滞后期为一个季度到一年。之前已经讨论过的失业率就是典型的滞后指标，因为当经济开始向好时，企业并不会马上招工，而是等到这波经济形势明朗之后，企业才会考虑是否招工，所以刚开始进入上行通道时，失业率并不会马上下降，通常会滞后一段时间。同样，当经济开始进入下行通道时，企业由于并不清楚这波形势是否会持续，所以不会马上裁员，而是采取压缩工时的方式降低成本，所以失业率不会马上上升。

常见的经济滞后指标有以下 7 种：

- 平均失业周期：与失业率相同，平均失业周期是一种滞后指标。
- 存货销售比：当经济进入下降通道，需求相对不那么旺盛，企业需要一定的时间才能有所反应并减少生产，因此存货开始增加，销售额减少，存货销售比增加。由于这中间存在一定的时差，所以是滞后指标。
- 单位劳动成本的变化：这个指标衡量每工时的劳动报酬与每工时的产出之比，即每单位产出所给予的报酬。由于工资具有“下降粘性”，所以企业倾向于先降低用工时间，并不会马上开始裁员，使得产量下降时，现有劳动力过剩，导致了成本上升，这种情况往往会持续到经济衰退的早期阶段。而当经济进入复苏后期时，劳动力市场出现用工紧缺，此时工资上涨的压力也会造成用工成本的增加，因此这个指标在周期性拐点都存在明显的滞后性。
- 通货膨胀：由于指数中包含了变化更稳定的服务业，使得指标的调整速度变慢，一般滞后于经济周期，所以通胀是属于滞后指标的。
- 平均贷款基本利率：基本利率又称优惠利率，是银行提供给信用等级最高的贷款客户的贷款利率。属于滞后指标。
- 工商业逾期未偿还的贷款数：这些贷款通常用于企业的存货生产，所以与存货销售比的分析一样，都是属于滞后指标。
- 分期付款债务余额与收入比：由于一般消费者只有在有信心偿还时才去借款，因此经济刚进入上升通道时，投资者仍以为经济处于低谷期，只有在上升趋势明显时，才有信心去借款。因此这个指标是滞后指标。

5.4　利用各种指标衡量经济周期

既然已经介绍了先行、同步于滞后指标及其用途，那么也应该在实例中对它们进行应用。表 15-2 中，包含了各种经济指标，需要逐一对其进行分析。

— 备考指南 —
考试中更喜欢结合几种经济指标考察当前经济周期的阶段。

表 15-2　不同经济周期阶段的经济指标

指标	最近一月	上月
企业订单数	+1.2%	+0.5%
采购经理指数 PMI	+1.0%	+0.3%
失业率	−0.3%	0.0%
个人收入	+0.3%	+0.1%
消费者物价指数 CPI	0.0%	−0.1%
工业生产指数	+0.2%	0.0%

在上述各指标中，企业订单数与PMI是先行指标，失业率与CPI是滞后指标，个人收入与工业生产指数是同步指标。

从表15-2中可以看出，企业订单数和PMI开始以较大速率上升，预示着经济进入上升通道。而作为滞后指标的失业率和CPI显示经济已经走出谷底。根据同步指标可以判断经济目前正在处于上升趋势。

因此，根据上述各种指标的综合分析，可以得知目前经济已经由衰退转入扩张，并且未来将持续扩张。

6. 失业与通货膨胀

由于许多国家的政府都声称自己的宏观经济政策是控制失业率和通货膨胀率，因此本节将讨论失业率和通货膨胀的意义和关系。

考试小技巧

- 掌握劳动力、就业、失业等相关名词；
- 掌握失业率、劳动参与率的计算；
- 掌握通货膨胀的相关名词；
- 掌握CPI指数的相关计算；
- 熟悉成本推动型以及需求拉动型通货膨胀的区别。

6.1 失业

失业率的问题将会涉及到以下一些基本概念。

就业（Employed）：拥有工作的人数，但通常不包括在非正式部门工作的人，比如开黑车、打黑工等。

劳动力（Labor Force）：拥有工作，或者正在积极找工作的人。不包括退休人员、儿童、赋闲在家的父母亲、学生、以及其他既没有工作也不愿意找工作的人。

失业（Unemployed）：目前没有工作，但是正在积极寻找工作的人。失业主要分为长期失业与摩擦性失业。长期失业表示已经失业3~4个月，但仍在积极找工作的人群；而摩擦性失业表示失业后虽然有适合的工作等着他们，但由于信息不对称劳资双方都无法找到对方。

失业率（Unemployment Rate）：失业人数占到总的劳动力人数的比例（具体见下文）。

劳动参与率（Participation Rate）：劳动力除以劳动适龄人口。各个国家对劳动适龄人口的定义不同，一般将其定为16~64周岁（具体见下文）。

就业不足（Underemployed）：有工作但是其能力远超其工作职责，比如大学教授扫马路。这里需要注意，就业不足不算做失业人口，因为这部分人员虽然能力超过其工作职责，但是是有工作的，属于就业人口。

丧志工人（Discouraged Worker）：由于找工作屡屡受挫而放弃继续找工作的人。这可能是由于经济不景气所造成的。一般将其排除在劳动力的统计之中，也就是说在计算失业率时这部分人群不包括在内。但是当经济景气时，这部分人群又可能重新找工作，此时他们又算在劳动力之内。

自愿失业（Voluntarily Unemployed）：主要包括自愿退出劳动力大军的人群，可能是因为工资过低而不愿工作或者提前退休的人群。

接下来讨论一下失业率与劳动参与率的计算。

— 备考指南 —
失业率与劳动参与率的计算公式需要重点掌握。

根据上述失业率的介绍，可以得到失业率的计算公式：$失业率=\frac{失业人口}{劳动力}$

劳动力包括了已经就业及正在找工作的失业人群。

同样，根据对劳动参与率的介绍，可以得到劳动参与率的计算公式：

$$劳动参与率=\frac{劳动力}{劳动适龄人口}$$

在了解了有关失业的一些概念后，可以得出一个有趣的结论。上文介绍的丧志工人是指暂时放弃找工作的人群，这部分人群是不包括在失业人口和劳动力的统计范围内的。而当经济形势好转时，企业开始大量招工，整个社会对劳动力的需求也逐渐增加，因此这部分原本找不到工作的人很有可能重新燃起对工作的希望并开始积极地找工作，此时他们会包含在失业人口与劳动力的统计范围之内的，此时反而会导致失业率的上升。这是由于失业率 <1，当这部分人群包含在失业人口与劳动力的统计范围之内时，分子和分母同时加上相同的数，导致失业率上升。

由于企业在进入衰退阶段时不会马上裁员，所以失业率只是反映了上一个经济周期的情况，因此称之为经济滞后指标。

6.2 通货膨胀

通货膨胀是指总体物价水平在一定时期内持续上升。如果物价水平突然上涨但并非持续现象，那么不能称为通货膨胀；而如果只有一种商品的价格水平存在着非持续性上涨，也不能称为通货膨胀。所以，通货膨胀是一个经济体中总体物价水平的持续性上涨。既然已经提出了通货膨胀的概念，那么通货膨胀如何去度量？对此，选择用物价指数来度量。通货膨胀率就是物价指数的变化率，它衡量了总体物价水平变化的速率。

- 如果物价上涨的速度非常快，并且伴随着非常高的通货膨胀率，此称之为恶性通货膨胀（hyperinflation）；
- 如果通货膨胀率持续降低，但仍然保持大于零，即物价上涨的速率在持续降低但物价仍旧在上涨，此称之为反通货膨胀（disinflation）；
- 如果通货膨胀率持续小于零，即总体物价水平在持续下降，此称之为通货紧缩（deflation）。

这里要特别注意通货紧缩与反通货膨胀的区别。

6.2.1 物价指数的构建

衡量通货膨胀的物价指数有很多种，比如个人消费支出（personal consumption expenditures, PCE）、生产者物价指数（producer price index, PPI）、批发价格指数（wholesale price index, WPI）、消费者物价指数（consumer price index, CPI）等。其中最常用的指数是消费者物价指数 CPI。

关于消费者物价指数 CPI（以下简称 CPI）的构建，主要有三种方法，分别是拉氏价格指数（Laspeyres index）、帕氏价格指数（Paasche index）以及费雪指数（Fisher index），下文将着重讨论它们的构建方式以及区别。

拉氏价格指数构建 CPI 时，最大的特点就是使用基期的一篮子商品数量，其计算公式为：

— 备考指南 —
CPI的计算需要掌握，对比 CPI 和 GDP 计算的差异。

$$CPI = \frac{基期商品数量 \times 当前商品价格}{基期商品数量 \times 基期商品价格} \times 100$$

具体请看以下例子，见表 15-3。

表 15-3

商品	基期数量	当期数量	基期价格（$）	当前价格（$）
汉堡包	4	4	3	4
热狗	5	4	1	2
薯条	3	5	3	3
炸鸡翅	2	1	2	3

如果用拉氏指数计算 CPI，则基期商品数量 × 当前价格 =4×4 + 5×2 + 3×3 + 2×3=41；基期商品数量 × 基期价格 =4×3 + 5×1 + 3×3 + 2×2=30，因此，CPI=41/30×100=137。

由于基期的 CPI 设定为 100，所以通胀率 =137/100−1=37%。

这种基于基期商品篮子的计算方式称为拉氏指数。

除了拉氏指数外，计算 CPI 也可以采用帕氏指数方法。帕氏指数与拉氏指数最大的区别就在于它使用了当前商品篮子而非基期商品篮子，计算公式为：

$$\text{CPI} = \frac{\text{当前商品数量} \times \text{当前商品价格}}{\text{当前商品数量} \times \text{基期商品价格}}$$

上题中如果采用帕氏指数计算 CPI，当前商品数量 × 当前商品价格 =4×4 + 4×2 + 5×3 + 1×3=42；当前商品数量 × 基期商品价格 =4×3 + 4×1 + 5×3 + 1×2=33。

所以用帕氏指数计算的 CPI=42/33×100=127。

由于许多国家对于消费篮子的统计通常都滞后，因此指数的计算存在着以下一些问题：

— 备考指南 —
CPI 指数计算存在的问题是考试中常考的定性知识点，需要掌握。

- 替代偏差（Substitution Bias）：微观经济学指出当一种商品存在替代品，且此商品价格升高的话，那么消费者会转向价格稍低的替代品。而拉氏指数中假设商品篮子是固定的，并没有考虑到这个因素，所以计算出的 CPI 较实际偏高。
- 质量偏差（Quality Bias）：产品价格的上涨不仅由于通货膨胀的因素，还可能是由于产品质量的提高。但是拉氏指数没有考虑考产品质量给价格带来的影响因素，所以计算出的 CPI 较实际偏高。
- 新产品偏差（New Product Bias）：由于新产品不断上市，因此同样金额的新产品比旧产品给消费者带来的效用更高，而拉氏指数基于固定的基期商品篮子，满足同样效用所需要的金额更高，因此也造成了计算的 CPI 偏高。

为了解决质量偏差，可以采用享乐定价法（hedonic pricing）来解决。通过不断的将新产品加入到一篮子商品当中，新产品偏差可以得以解决。替代品偏差则可以由费雪指数来解决，费雪指数是拉氏指数 I_L 与帕氏指数 I_P 的几何平均，即 $\sqrt{I_L \times I_P}$。

同样的题目如果用费雪指数计算，则 $CPI = \sqrt{137 \times 127} = 132$。

6.2.2 成本推动型通货膨胀

下面讨论成本推动型通货膨胀和需求拉动型通货膨胀。首先对成本推动型通货膨胀进行介绍。

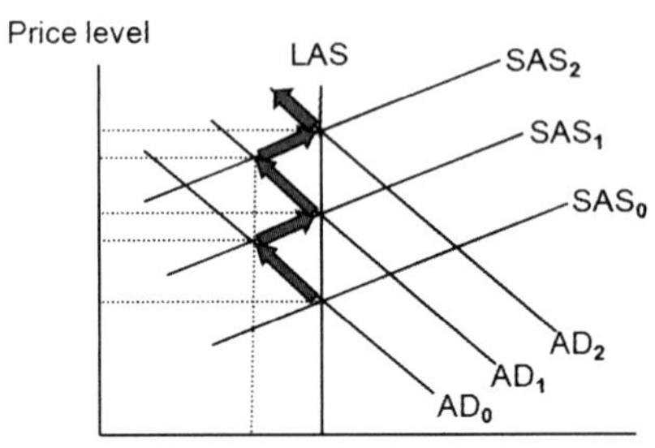

图 15-3 成本推动型通货膨胀

如图 15-3，由于工资增长或者其他生产要素价格的上涨推高了企业的生产成本，因此短期供给曲线首先从 SAS_0 移动到 SAS_1。

此时如果政府为了刺激国内需求而采取扩张性的政策，那么 AD 曲线就会由原来的 AD_0 移动到 AD_1，均衡点回到了长期均衡水平，产量也再次恢复到长期均衡，但总体物价水平上升。

因此，成本推动型通货膨胀的特点是首先由要素成本的增加导致短期总供给曲线向左移动，然后政府出台相应政策应对总需求不足，其结果是导致物价水平提高。

分析师可以用公开的小时工资、周工资以及劳动生产率数据来评判通胀压力。如果只讨论工资水平，并不能完全说明实际的通货膨胀水平，因为并没有反映实际的劳动生产率。因此必须将工资水平与劳动生产率结合起来，组成一个新指标——单位劳动成本（unit labor cost），它是每工时的劳动报酬与每工时的产出之比，即每单位产出所给予的报酬。

另外，通胀压力的另一个来源是预期通货膨胀水平。如果预期通胀水平上升，人们则会提高对工资的要求；相反，如果预期通胀水平下降，人们会降低对工资的要求。那么如何去度量预期通胀水平呢？一种方法是依靠过去的通胀水平来预测未来趋势，并且假设市场参与者都根据各自的经历去预测。另一种方法是进行市场调查，尽管这种方法的偏差较大。还有一种方法是将通货膨胀保护债券（TIPS）的利息收益与没有通胀保护债券的利息进行比较，来判断未来的通货膨胀预期。比如，今天 10 年期普通债券的收益是 4.5%，而 10 年期 TIPS 收益 2%，则它们之间的差值 2.5% 表示了未来 10 年中每年平均通胀率。但是这种方法也有其局限性，主要因为 TIPS 的市场较小，容易受到市场上其他因素的影响。

6.2.3 需求拉动型通货膨胀

上文中已经介绍了成本推动型通货膨胀，接下来要讨论需求拉动型通货膨胀。

— 备考指南 —
需求拉动型通货膨胀产生原因在于需求的骤增，控制需求即可控制通胀。

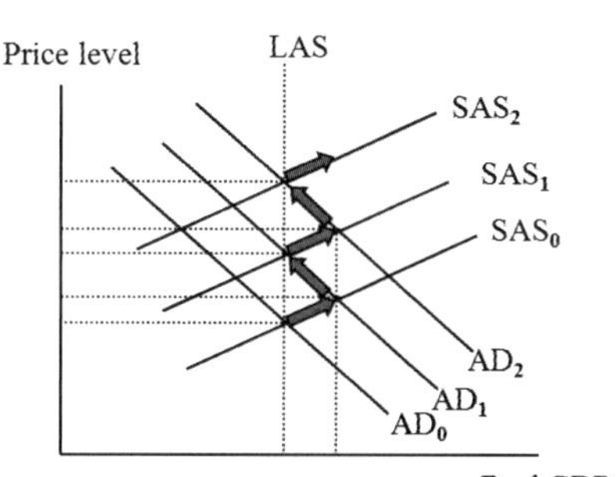

图 15-4 需求拉动型通货膨胀

如图 15-4，在初始状态时，AD_0 与 SAS_0 相交于长期供给曲线，如果受到市场上其他力量的影响，比如货币供给、政府支出增加，那么总需求就会受到刺激，而总需求曲线从 AD_0 移动到 AD_1，与 SAS_0 相交，达成新的短期均衡。

但此时的均衡并不稳定，因为工资水平并没有及时地随着物价的上涨而上涨，所以短期总供给将会下降，短期总供给曲线从 SAS_0 会减少到 SAS_1，与 AD_1 相交，再次回到长期均衡状态，产量处在潜在 GDP 水平。如果此时央行再次推行扩张性政策，那么 AD_1 会继续向右移动，导致新一轮的需求拉动型通胀。

因此，可以得出的结论是，需求拉动型通胀主要是由过量的货币追逐少量的商品造成，如果货币供给的增速超过名义的经济增速，则存在通胀压力；相反，如果货币供给增速放缓，并且低于名义经济增速，那么可能存在反通货膨胀或者通货紧缩。

第 16 章 货币政策与财政政策

本章知识点		讲义知识点
一、货币政策	1. 货币创造过程	货币创造过程 费雪效应
	2. 中央银行的作用	中央银行的目标
	3. 紧缩性及扩张性货币政策	货币政策工具
	4. 货币政策的局限性	货币政策的限制
二、财政政策	1. 概述	财政政策工具
	2. 财政政策工具及宏观经济	
	3. 财政政策的局限性	财政政策的局限性
三、货币政策与财政政策的关系	掌握两者相结合对经济的影响	货币政策与财政政策的结合

知识导引

本章将详细地考察政府的政策工具，这些政策工具包括货币政策和财政政策。不仅要了解财政政策如何影响储蓄、投资和长期经济增长，货币政策如何影响长期物价水平，还要了解这些政策工具在实际应用过程中的局限性。

本章思维导图

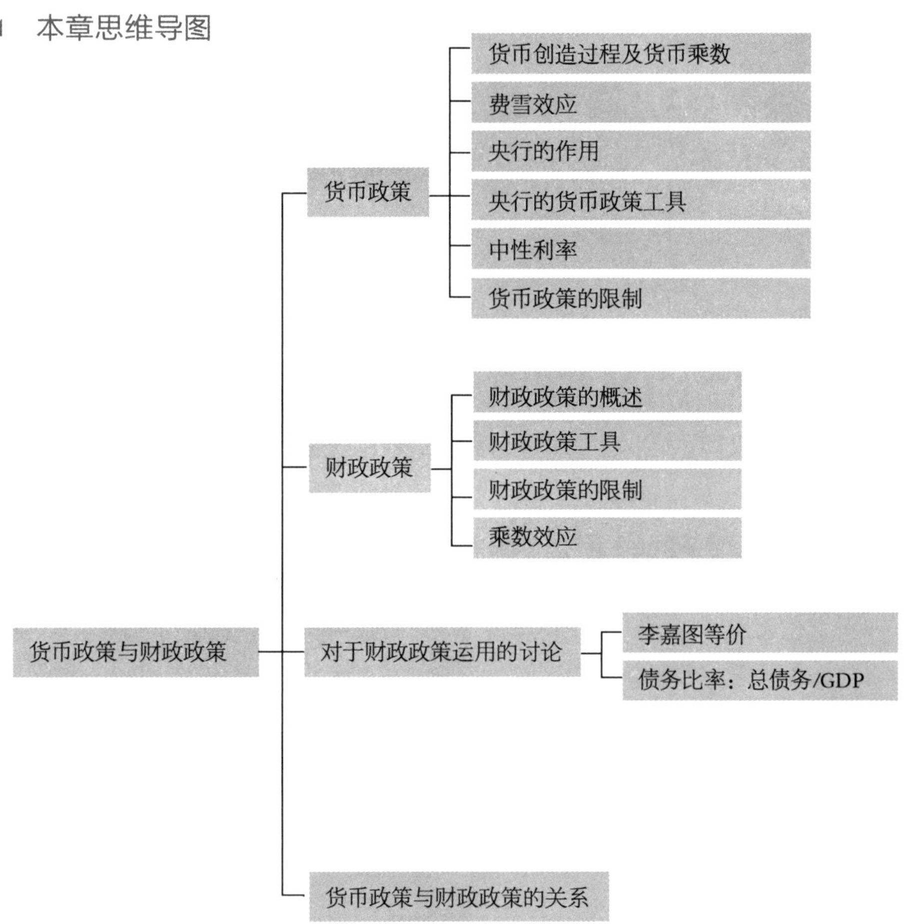
货币政策与财政政策
货币政策
货币创造过程及货币乘数
费雪效应
央行的作用
央行的货币政策工具
中性利率
货币政策的限制
财政政策
财政政策的概述
财政政策工具
财政政策的限制
乘数效应
对于财政政策运用的讨论
李嘉图等价
债务比率：总债务/GDP
货币政策与财政政策的关系

1. 货币政策

货币政策是指政府或中央银行为影响经济活动所采取的措施，尤指控制货币供给以及调控利率的各项措施。本章先对货币进行讨论，然后再讨论中央银行的作用。

考试小技巧

- 货币乘数；
- 货币数量论；
- 影响货币需求与供给的因素；
- 费雪效应；
- 货币政策工具；
- 货币政策的局限性。

1.1 货币

人们已经习惯了用货币进行交易，试想一下如果没有货币，那么人们的生活将会变得如何。其中最重要的结果就是商品的流动性大幅降低，经济活动也将不再像现在这般繁荣。因此货币对于人们的生活无疑是非常重要的。为了了解货币，首先要明白货币的作用。

1.1.1 货币的功能及其创造过程

备考指南
基本了解货币的功能即可。

货币主要有 3 个方面的作用：

- 货币可以作为交易的媒介；
- 货币可以作为记价单位，使得商品的价值有一个可以量化的指标；
- 另外，货币还可以作为价值的贮藏，因为可以将收到的货币储存起来，以便今后购买商品。

一般而言，货币可以作为交易的媒介，它首先必须要：

- 大家都认同其作为交易的媒介；
- 难以伪造；

- 相对其价值来说，其重量很轻；
- 可以分割。

下面的例子阐述了货币是如何制造的。

首先，银行是有法定准备金要求的，它限制了银行的放贷能力。假设所有银行每收到 100 元的存款，只能放出其中的 80 元贷款，剩下 20 元留作准备金，以抵御挤兑风险，即银行的法定准备金率是 20%。

现在假设某人将 1000 元存入第一家银行，那么银行将把 200 元留作法定准备金，最多贷出 800 元；收到 800 元贷款的人将所有的钱都存入第二家银行，这家银行又把 800×20%=160 元留作法定准备金，并将 800−160=640 元贷出；收到 640 元贷款的人将其存入第三家银行，银行将 640×20%=128 元留作法定准备金，将 640−128=512 元贷出，按照这种模式继续进行下去……

以此类推最终 1000 元的现金将会转化为 $\frac{1000}{1-80\%}=5000$ 元，货币就由此创造了出来。如果最初的现金是 1 元，则最终会得到 5 元，这就是货币的乘数效应，其计算公式为：

$$货币乘数=\frac{1}{法定准备金率}$$

从上述公式中可以看出，法定准备金率越高，货币乘数越小。

1.1.2 货币的分类

此处，可以将货币分为狭义货币和广义货币两种。狭义货币是指流通中的货币加上流动性高的现金储蓄。而广义货币是指狭义货币加上其他能够用于购买商品的流动资产。

— 备考指南 —
不同国家的货币分类不太一样，CFA 对于货币的分类不作为重点掌握。

由于各国金融系统的不同，狭义货币与广义货币的分类也就不同。根据美联储的分类方法，狭义货币 M1 仅限于流动性最高的货币形式，包括公众手中持有的货币、旅行支票、活期存款以及其他能够开具支票的存款。M2 包含了 M1，并且另外加上储蓄账户、$100,000 以下的定期存款以及货币市场共同基金。而欧洲央行也有自己的分类方法，如表 16−1。

表 16−1 货币的分类

	M1	M2	M3
流通货币	√	√	√
隔夜存款	√	√	√
两年以上定期存款		√	√
3 个月以下活期存款		√	√
回购协议			√
货币市场基金份额			√
两年期以下债券			√

1.1.3 货币数量理论

在上文中已经介绍了货币的形成，本节中将介绍货币与物价的关系，因此需要引入货币的数量理论。

可以考虑一下，普通的 1 元现金每年有多少次用于支付商品及劳务？货币在不同人手中流通的速度称为货币的流通速度（velocity of money）。通过名义 GDP 除以货币量 M，就能得出货币流通速度 V。在前几个章节的内容中，已经知道名义 GDP 是 GDP 平减指数乘以实际 GDP，因此，可以得到货币流通速度的计算公式：

$$V=\left(P\times Y\right)/M$$

其中，V 代表了货币流通速度，P 代表了物价水平（GDP 平减指数[①]），Y 代表产量（实际 GDP），M 代表货币量。

为了说明这个公式的意义，假设一个经济体一年内生产了 1000 个汉堡包，每个售价为 10 元，经济体内总货币量为 2000 元。那么货币流通速度为：

$$V=(10\text{元}\times 1000)/2000\text{元}=5$$

这个公式表明人们每年用 10000 元购买汉堡包，而只用 2000 元进行交易，因此平均每 1 元换手 5 次。

将上述公式整理后，就能得出货币数量方程：

$$M\times V=P\times \mathrm{Y}$$

> — 备考指南 —
> 掌握由此部分推出的货币主义的基本思想，即通胀只和政府超发货币有关即可。

货币数量方程将货币量、货币流通速度和经济中物品与劳务产出的价值联系在一起。在大多数情况下，货币流通速度是稳定的，因此货币供给量 M 的增加会使得 P×Y 同比例上升。而产量 Y 主要由要素供给和生产技术决定的，因此不受 M 的影响，所以 M 的增加使得物价 P 上升。这就是所谓的货币中性理论（money neutrality）。

1.1.4 货币需求与货币供给

> — 备考指南 —
> 三种货币需求的概念需要了解，和利率之间的关系也需要掌握。

货币需求是人们愿意以货币形式，而非债券及股票形式持有的货币数量。人们持有货币的原因有三种，分别是：

- 交易性需求：为了进行商品交易而持有的货币。当实际 GDP 上升时，人们对商品消费的需求增加，进而货币的需求也会增加。因此货币的交易性需求是 Y 的增函数。

---

① 名义GDP既反映经济中生产的商品及劳务的数量，又反映其价格；实际GDP由于把价格固定在基年的水平，只反映了生产的数量；GDP平减指数是名义GDP除以实际GDP，只反映了商品与劳务的价格。

● 预防性需求：为了抵御将来的不确定事件而持有的货币。一个经济体越庞大，那么其可能遇到的风险也就越大，因此需要更多的货币来抵御未知的风险。

● 投机性需求：投机性需求是指为了抵御金融工具自身所具有的风险（如债券价格的涨跌），而持有货币的需求。如果债券或其他投资产品的收益率 r 上升，则人们愿意将手中多余的货币投资于这些金融产品，而减少手中的货币持有量。如果这些金融产品的可预期风险增加，比如债券的违约风险增加，则人们宁愿选择不去投资这些产品，货币需求增加。因此，投机性需求与预期收益率呈反向关系。

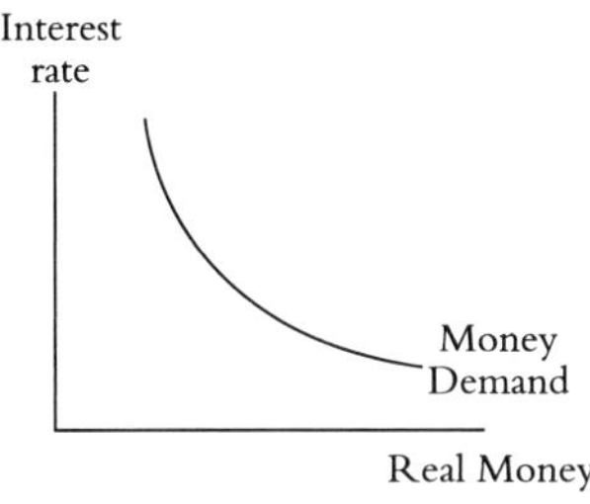

图 16-1 货币需求量与利率之间的关系

通过上述的分析，可以得知货币需求是与收益率 r（或者货币的收益率，即利率 i）呈反向关系的。如图 16-1，当使用现金而不是带有利息的债券形式来持有财富时，就会失去本来可以获得的利息收入。利率上升增加了持有货币的机会成本，因此货币需求量减少；利率下降减少了持有货币的机会成本，因此货币需求量增加。所以货币需求曲线向右下方倾斜。

一般而言，货币供给是受到中央银行限制的，这里先不讨论央行是如何实施具体货币政策的，假设央行直接控制货币供给，使得经济体中的货币供给量固定在央行设定的水平上，因此其不取决于其他经济变量，尤其是利率。一旦央行做出了决策，无论现行利率是多少，货币供给量都是相同的。用一条垂直的供给曲线表示固定的货币供给量（图 16–2）。

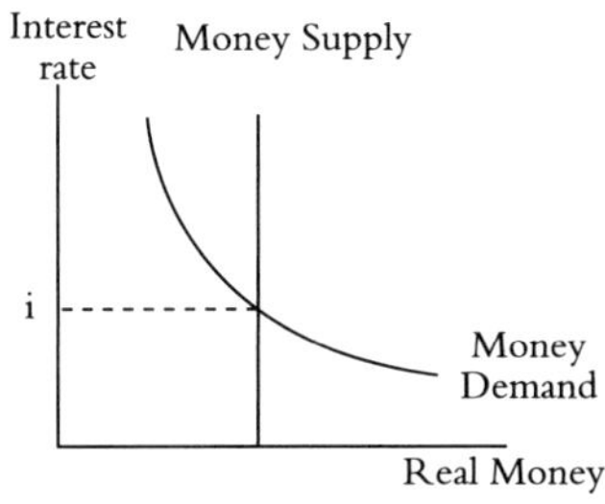

图 16-2 货币的需求曲线与供给曲线

当货币供给曲线与需求曲线相交时，称为货币市场均衡，此时的利率水平（图16-3中10%的利率水平）就是均衡利率，在此利率水平下，货币需求量正好与货币供给量相等，都是3千亿美元。

如果利率水平高于10%，此时货币供给高于货币需求，即人们手中持有的货币量增加，就会倾向于投资，从而拉低利率，直至重新回到均衡状态。

如果利率水平低于10%，货币需求高于货币供给，即人们手中持有的货币量低于他们想要持有的数量，因此会卖出投资产品并收回现金，从而使得利率上升至均衡水平。

上述讨论都是基于货币供给不变的情况下进行的，那么货币供给量的增加将会带来什么结果呢？如果央行增加货币供给至6千亿美元，货币供给曲线向右移动，均衡利率就会从10%降低至5%，则在原先10%的利率水平下，将会存在过量的货币供给。

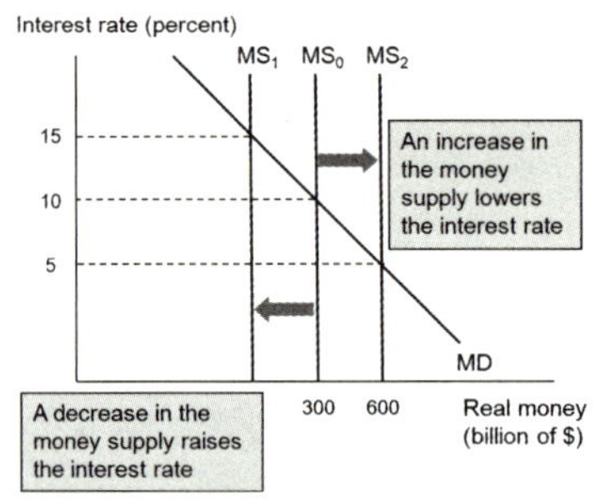

图16-3　货币供给曲线的平移

1.1.5　费雪效应

— 备考指南 —
费雪方程式反映了名义利率和实际利率之间的关系。

上文已经提及了货币中性理论——货币供给增加的长期效果只是导致物价上涨，而并不会影响实际GDP以及货币流通速度。费雪效应与货币中性理论直接相关，它描述了名义利率在长期的变化只是因为预期通货膨胀的变化，其潜在含义就是实际利率在长期来说是稳定的。如果将名义利率用 R_{nom} 表示，实际利率用 R_{real} 表示，预期通货膨胀率用 P 表示，则三者之间的关系为：

$$R_{nom}=R_{real}+P$$

根据货币中性理论，货币供给的增长在长期并不会影响 R_{real}，但会影响 P，进而影响 R_{nom}。此外还需要注意的是，投资者有可能无法准确预期通货膨胀水平，因此需要加上风险溢价（risk premium, RP）对上式进行修正：

$$R_{nom}=R_{real}+P+RP$$

1.2 中央银行的作用

中央银行作为一个国家金融系统中极其关键的一环，主要有以下几方面的作用：

— 备考指南 —
了解央行在经济金融体系当中所起到的作用。

- 独占货币发行权；
- 作为政府和其他银行的银行：央行为政府以及国内其他银行提供银行业务；
- 政策制定者以及支付系统的监管者：在许多国家，央行制定银行的准备金制度。同时，央行还是国内支付系统的监管者，以确保国内清算系统与国际银行间交易的正常运行；
- 最后的借款来源（lender of last resort）：央行的印钞能力可以使资金短缺的银行获得贷款，即提供了最后的借款来源；
- 黄金和外汇储备持有者；
- 货币政策的执行者：央行制定货币政策并且予以执行。

央行扮演了很多的角色，那么扮演这些角色的目的又是什么呢？目的就在于控制通货膨胀，维持国内物价水平的稳定，这是各国央行的普遍目标。因为高通胀会导致一个国家经济环境的不稳定。预期的通货膨胀会导致菜单成本与皮鞋成本。而未预期的通货膨胀会导致：

- 借贷双方之间财富的转移：如果贷款方没有将未预期的通胀计入贷款利率中，那么借款人将来的还款会偏少，造成了双方财富的转移。
- 造成了贷款利率的风险溢价：如果通货膨胀很难预期或者变动非常大，那么贷款方会要求在贷款利率的基础上增加一个风险溢价以补偿不确定性。因此利率会升高，经济活动减少。
- 降低市场价格的信息透明度：未预期通胀将会反映在市场价格中，而市场参与者对此并不知情。

1.2.1 货币政策实施工具

— 备考指南 —
三种央行执行货币政策的工具，公开市场操作是最常用的。

央行主要通过三种工具来执行货币政策，分别是公开市场操作、政策利率和准备金。

- 央行实施货币政策最直接也是最常用的就是公开市场操作。公开市场操作是指向商业银行或指定做市商买卖政府债券的行为。当央行从其他金融机构买入政府债券，就要支付相应数额的货币资金，因此这种行为就相当于向市场上投放货币；当央行向其他金融机构卖出政府债券，就会收到相应数额的货币资金，因此这种行为就相当于从市场上收拢货币。通过公开市场操作，央行可以直接影响货币供给，进而影响利率。

- 央行实施货币政策的目的就在于控制货币供给量，从而影响市场利率。而央行可以通过设定一个官方基准利率（也称政策利率）来影响短期及长期利率，并最终影响经济活动。政策利率是央行向商业银行出借资金的利率。通过制定一个政策利率，央行可以控制货币市场中的货币供给量。政策利率越高，商业银行面临流动性短缺的问题时就会受到更大的损失，因此就会降低商业银行出借资金的意愿，广义货币数量就会减少。

- 第三种控制货币供应量的方法是法定准备金要求。在货币的创造过程中已经学到，如果法定准备金越低，那么货币乘数越大，对货币供给量的影响也会越大。因此，改变准备金率对于整个货币市场来说容易造成较大的冲击，在发达国家中不常使用。

1.2.2 货币政策传导机制

货币政策的传导机制是利率影响经济增长和通胀率的过程，它主要分为 3 个阶段，见图 16-4。

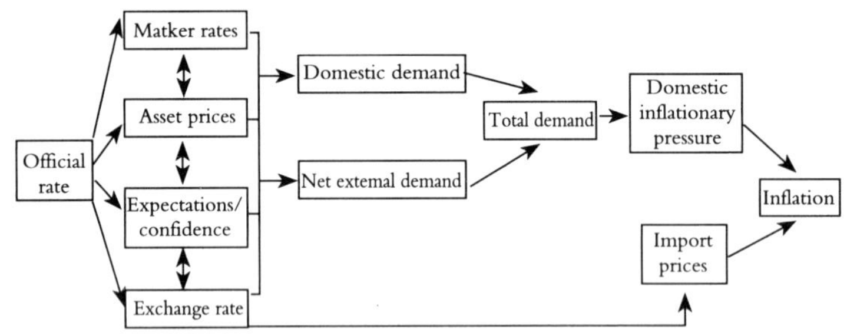

图 16-4 货币政策的传导机制

第一个阶段是政策利率的变化可能会同时影响到市场利率、资产价格、市场参与者的预期以及汇率。如果政策利率上升，那么市场利率也会上升，一些金融资产（比如债券）的价格会下跌。市场参与者可能会因此对未来经济增长持悲观态度，同时利率升高造成了本币升值，国内出口商利润下滑。

第二个阶段：由于资产价格下跌，居民财富下降，那么国内需求也会下降。由于汇率的升高，导致国外消费者不愿意购买国内的商品，因此国外需求也会下降，总体来说，会造成总需求的降低。

第三个阶段：由于总需求的下降，国内通货膨胀压力会减少。同时，更强的本币（本币升值）会使进口商品的价格相对较低。两者的共同作用使得通货膨胀率降低。

1.2.3 中央银行的有效性

央行的目标是控制通货膨胀和维持物价稳定，那么如何去控制，最好的方法就是设定一个通胀目标，并且通过一系列货币政策来达到这个目标。为此，一个有效的中央银行，应该有如下特点：

- 独立性：央行在达成其目标的过程中必须要具备独立性，这里的独立性是指必须独立于任何的政治影响，因为有时央行的目标会与政府的目标相左。例如，央行认为目前的通货膨胀水平过高，可能会采取紧缩性的货币政策，而紧缩性的货币政策会降低经济增速，并且失业率会升高，而对于政府来说，其目标是刺激经济增长并降低失业率。因此，央行会受到政府的压力，而为了维持其控制通货膨胀与稳定物价的目标，央行应该具备较强的独立性。央行的独立性可以从两个方面进行考量，分别是操作独立和目标独立。操作独立是指央行有自行设定政策利率的权力；而目标独立是指央行可以自行定义通货膨胀的算法，并制定具体措施来维持目标通胀水平。例如，欧洲央行同时具备操作独立与目标独立，而大多数其他国家的央行只能保持操作独立。
- 公信力：央行的公信力体现在其行为遵从其目标。如果一个担负巨额债务的政府能够代替央行设定通胀目标，那么央行很有可能无法控制通胀，因为政府有动机通过通货膨胀来减少自身债务余额。
- 透明度：央行的透明度能够提高其公信力，它体现在定期向公众披露通货膨胀报告。央行需要定期对当前经济指标发表意见，以达到良好的透明度及公信力。

1.3 紧缩性及扩张性货币政策

如果央行确信目前的经济活动会导致通货膨胀，那么就会提高利率，从而降低流动性与总需求，这样的货币政策称为紧缩性货币政策；而如果央行认为经济将进入通货紧缩状态，那么就会降低利率，从而增加流动性与总需求，这样的货币政策称为扩张性货币政策。

> 备考指南
> 货币政策的有效性和货币政策方式需要了解和掌握。

政策利率的高低必然有一个参照物，这个参照物称为中性利率。中性利率是一个既不会增加也不会降低经济增长率的利率。当政策利率大于中性利率时，即为紧缩性货币政策；当小于中性利率时，即为扩张性货币政策。

那么这个中性利率由哪些因素构成呢？目前一致的观点是由经济实际增长趋势率（real trend rate of growth of the underlying economy）以及长期预期通胀（long-run expected inflation）构成：

中性利率 = 经济增长趋势率 + 目标通胀率

假设通胀目标设定为每年 3%，而分析师对经济长期可持续增长率的预测为 2%，那么中性利率将是 5%。如果政策利率低于 5%，则被认为是扩张性货币政策；如果高于 5%，则被认为是紧缩性货币政策。

1.4 货币政策的局限性

货币政策的局限性首先体现在其传导机制上，央行采取的货币政策只能影响短期利率，然后依靠短期利率去影响长期利率，但是货币政策可能无法达到预期的效果，因为长期利率的变化往往是基于对未来通胀的预期。例如，当短期利率下降时，如果债券市场的参与者相信央行正在失去对通胀的控制，他们就会倾向于卖出长期债券，从而导致长期收益率上升；相反当短期利率上升时，市场预期经济将大幅放缓，债券市场的参与者可能会对长期债券需求增加，从而导致长期收益率下降。基于以上的情况，短期利率可能无法按央行的期望去影响长期利率，从而导致了货币政策的失效。

> — 备考指南 —
> 流动性陷阱是最常考的货币政策的局限性。

同样，央行的扩张性货币政策也可能无效，即央行增加货币供给，起不到刺激总需求的作用。这里，需要引入流动性陷阱的概念。流动性陷阱是指当央行增加货币供给之后，虽然人们手中的现金多了，但仅仅是“持币观望”，并未投资债券，债券的价格和收益率也未受影响，因此总需求未被刺激。流动性陷阱的假设条件是人们对货币的需求弹性无穷大，即使货币的价格——利率保持不变，人们也愿意持有增加的货币，而并不是将其进行投资。在这种条件下，很显然原本的扩张性货币政策没有起到预期的效果。这种现象经常与通货紧缩联系在一起。

通货紧缩是指一段时期内物价的持续下降，通货紧缩的问题一直困扰经济学家，因为名义利率最低只能降至零，但如果经济仍不见起色，这时已无法再通过降低利率的方法来刺激经济。通货紧缩使得债务增加，而价格的持续下降会使消费者延迟消费，导致国内总需求不足，进而面临更大的通缩压力，此时就会出现流动性陷阱——即使降低利率，人们也只是持币观望。日本在上世纪 90 年代所遇到的情况就是这样的——低消费增长、物价下跌以及债务上升。

增加货币供给无法起到预期效果的另一个原因是，即使银行拥有更多的可贷资金，鉴于目前经济形势不景气，也不会将资金贷出。自从 2008 年信用危机爆发之后，许多国家的央行都将利率降低至接近于零，但是银行却不愿将资金投入实体经济。

为了解决这一问题，美国政府就实行了量化宽松政策（quantitative easing）。在第一轮量化宽松中，美联储（Fed）创造了超过一万亿美元的储备，主要是将其贷给它们的附属机构，然后直接购买抵押贷款支持证券（ABS），以此鼓励银行放贷并降低抵押贷款利率。通过这种方法，稳定了银行体系，这些超额储备使得银行不必通过贷款来恢复其流动性。

2. 财政政策

除了货币政策，财政政策也能对经济起到较大的影响。财政政策是指通过政府支出与税收政策的调整来影响经济。

考试小技巧

- 扩张性与紧缩性财政政策的形式；
- 政府支出工具与收入工具；
- 财政政策实施的优势与劣势；
- 实施财政政策的难处。

2.1 财政政策的概述

既然财政政策能够影响经济，那么它又是如何影响的呢？前面已经提到过，总需求会受到政府支出与税收的影响，因此一个扩张性的财政政策可以有以下几种形式：

> **备考指南**
> 财政政策的干预方式需要了解，同时要明确区分哪些干预方式是货币政策，哪些干预方式是财政政策。

- 削减个人收入所得税；
- 减少消费税；
- 减少企业所得税；

- 增加公共支出等。

但是，这些措施也并非有效，因为即使政府想通过减税方案来拉动内需，国民可能和政府对经济形式的预期并不相同，他们可能会认为经济会持续低迷一段时间，因此即便得到了减税的好处，也不会增加消费，因此经济在短期内可能无法恢复。对于财政政策的实施，目前有两个学派：凯恩斯主义者与货币主义者。凯恩斯主义者认为财政政策对总需求、产出和就业率有很大的影响（当国内就业容量较大时）；货币主义者认为财政政策只是暂时性地对总需求产生影响，而货币政策才是控制经济发展的有效方法。

政府支出 G 与税收 T 之差小于零，代表税收大于支出，体现为政府净收入，是预算盈余，因此是紧缩性财政政策；而两者之差大于零则表示政府净支出，是预算赤字，也是扩张性财政政策。财政政策也有着自动稳定器（automatic stabilizer）的作用，比如当经济衰退并且失业率上升时，政府支出以及转移支付的增加会使得总需求增加，从而对经济发展起到正面影响。

2.2 财政政策工具

政府支出工具主要包括：

- 转移支付：转移支付是通过社会保障系统向国民发放的福利，主要包含养老金、住房优惠、贫困家庭税收优惠和收入保障、失业补助等。转移支付为政府提供了一种重新分配财富的方法。另外要注意，转移支付并不包含在 GDP 的计算中，也不被认为是政府对商品及劳务的支出。
- 经常性政府支出：是指政府对某些商品及劳务的支出，包括医疗、教育及国防等。
- 资本支出：主要是指基础设施建设，包括公路、医院、监狱、学校等。
- 政府收入有以下几种形式：
- 直接税：直接税是直接向收入、企业利润进行征税，其中包括资本利得税和企业所得税。
- 间接税：间接税是指消费商品及劳务时所征收的税，例如燃油消费税、酒精及烟草税、增值税。

2.2.1 各种财政政策的优势与劣势

财政政策的优势在于：

- 间接税能够在公布调整方案后立即进行调整，并且可以马上影响人们的消费行为；
- 间接税能够很快地实行也就意味着政府能够以低成本或者零成本获得税收收入。

但是，财政政策也有其劣势，具体体现在：

— 备考指南 —
时滞效应是财政政策最大的劣势。

- 直接税和转移支付需要较长时间去执行，使得财政政策难以在准确的时机去执行；
- 资本支出方案需要经过很长时间才能得到实行，通常需要几年时间。因为从发现经济上的问题，到制定方案并最终执行，每个环节都有一定的时滞性。

2.2.2 乘数效应

当政府支出一笔金额后，会产生一系列的影响，其中最主要的影响是增加了接受订单公司的就业和利润。当工人收入以及企业收入增加时，他们对收入增加的最直接反应是增加消费，因此，还刺激了国内其他企业产品的需求。由于政府支出每一元可以增加的商品及劳务的消费大于一元，所以政府支出对总需求有乘数效应。

这里，需要先引入一个边际消费倾向 MPC 的概念——家庭可支配收入中用于消费而不用于储蓄的比例。与其对应的是边际储蓄倾向 MPS——家庭可支配收入中用于储蓄而不用于消费的比例。国民对于收入的处理可归类为消费和储蓄，因此很容易得知，MPC + MPS=1，并且 MPC 与 MPS 都在 0 到 1 之间。

对于每一元的额外支出，对总收入的影响是 1/(1−MPC)，由于 MPC<1，因此这种效应对总收入产生的影响 >1。这个乘数 1/(1−MPC) 就称为支出乘数。

一般而言，政府的税收将会减少人们的可支配收入 YD，因此可以得到：

$$YD=(1-t)Y$$

其中，t 表示税率，Y 表示总收入。如果与 MPC 的概念结合起来，可以得出，如果政府支出增加了 1 元，那么 YD 就增加了（1−t），消费会增加 MPC(1−t)，因此会导致总需求的增加。而总需求的增加又会导致 YD 增加额外的 (1−t) MPC(1−t)，从而导致消费又会增加 MPC(1−t)MPC(1−t)。这种循环累积的作用能够在经济中以 MPC(1−t) 的速度传播开来，最终使得每增加 1 元的政府支出或者税收，会导致产出 Y 变化 $\frac{1}{1-MPC(1-t)}$ 元，这就是所说的财政乘数。举例说明，假设税率 t 是 15%，边际消费倾向 MPC=80%，那么财政乘数就是 1/[1−0.8(1−0.15)]=3.125，这意味着政府支出增加了 1 亿元，则总收入 Y 将会增加 3.125 亿元。

— 备考指南 —
财政乘数的计算需要注意，计算时要包含税率。

2.3 李嘉图等价

政府债务大于政府税收收入会导致财政赤字，财政赤字的增加也就意味着未来存在着更大的税收压力。如果政府减少了 100 亿元的税收，而增加了 100 亿元的债务，那么会对经济产生什么影响？这就取决于国民对此事的预期。如果国民认为 100 亿元的债务将来还会通过征税的方式偿还本金和累积的利息，那么这就无异于延迟征税，因此国民会预期将来税务负担加重，导致现在多储蓄少消费。这种情况就称为李嘉图等价（Ricardian equivalence）。根据李嘉图的观点，消费者是考虑未来预期的，因此他们的支出不仅基于当期收入，而且还基于其预期的未来收入。因此消费者认为，政府今天借贷意味着未来更高的税收，政府减税并通过借债筹得资金，进而加大开支刺激经济的作法，实际上并没有减少税收负担，仅仅是重新安排了税收的时间，也就不会刺激消费者更多地支出。但是，李嘉图等价在实际中是否正确仍旧值得研究。

2.4 对于财政政策运用的讨论

财政赤字表示政府支出大于政府收入，之间的差额需要由债务工具来填补，这就会产生将来的利息费用以及本金的偿还。当政府借债过多时，其偿还能力就可能会受到质疑。一般用债务比率（总债务占 GDP 的比重）来衡量一个国家的负债情况。经济的增长同时能够带来税收的增长，如果政府债务的实际利率高于实际 GDP 的增长率，那么债务占比会逐年加大；而如果政府债务的实际利率低于实际 GDP 的增长率，则债务占比会逐年降低。

2.4.1 是否应该考虑政府债务大小的问题?

政府债务一方面能够增加未来的偿还压力，但同时也能增加当前的实际产出，因此对于是否要关注一个国家债务大小，就有以下几种争论。

认为需要关注债务大小的原因：

- 高债务占比会导致未来的利息支付压力，也可能会增加未来增税的可能性。这种预期会导致企业及工人的劳动意愿下降以及长期经济增长率的下降；
- 如果市场对政府失去信心，那么央行就会通过“印钞”的方式来填补财政赤字，很明显，这会导致未来严重的通货膨胀；

- 政府借债增加会推高市场利率，从而使得私人部门融资成本增加，私人投资就会相应减少，这就是挤出效应（crowding out effect）。

— 备考指南 —
理解挤出效应对财政政策的影响。

认为不需要关注债务大小的原因：

- 如果政府债务大部分由国民所持有，那么债务问题可能并没有想象的那么严重；
- 如果政府债务的一部分被用于投资生产性项目或者用于增加人力资本，比如培训等，那么未来的产出增长就有可能覆盖利息支出与本金偿还；
- 如果当前的税制急需改革，那么政府赤字可能正好给税制改革提供了一个契机；
- 财政赤字可能对总产出没有影响，因为根据上文所述的李嘉图等价原则，消费者可能会增加当期储蓄，从而正好抵消了财政赤字；
- 如果存在着较高的失业率，即产出处于低于潜在 GDP 的水平，那么政府债务反而会增加就业率，因此并没有将资本从生产性用途中转移出去。

2.4.2 实施财政政策的局限性

前文已提到了自动稳定器的概念，自动稳定器的作用主要体现在，当经济衰退时，失业率上升，政府会减少税收并加大开支，刺激总需求的增长，同时会带来预算赤字；当经济扩张时，失业率下降，政府会增加税收，这会降低预算赤字，同时总需求降低。这个过程的特点就在于完全是自动完成的，无需政策制定者选择合适的财政政策予以应对。

与自动稳定器相对应的，还有自主性财政政策（discretionary fiscal policy），它需要政策制定者对当前的经济形势进行判断，并采取相应的财政政策：当经济处于衰退期时，就应该采取扩张性的财政政策来予以应对；当经济处于扩张期时，就应该采取紧缩性的财政政策来予以应对。

但是，这样的财政政策存在着一些问题，主要包括：

- 确认上的滞后（recognition lag）：政策制定者可能无法完全掌握当前的经济形势，因此可能在经济放缓或过热的数月之后，政策制定者才会意识到这个问题，因此存在确认上的时滞；
- 行动上的滞后（action lag）：政府制定财政政策需要前期讨论、投票表决等过程，因此从认识问题再到真正去执行政策，存在着行动上的时滞；
- 影响上的滞后（impact lag）：财政政策可以说是政府的“一厢情愿”，政府只是政策制定者，真正影响经济的还是企业以及工人。财政政策实施后，企业和工人需要一段反应的时间，这段时间就是政策影响上的时滞。

由于财政政策从制定到最终影响经济会存在时间滞后，所以真正对经济产生影响时，经济可能已经步入了下一个周期。比如在经济快要进入谷底时，政府采取了扩张性的财政政策，但真正显现出效果的时候可能已经是经济扩张时期，因此会过度刺激总需求，没有达到预期效果。

此外，还有一些其它因素，会抑制财政政策的有效性：

- 很难同时兼顾失业率与通货膨胀两个目标：当政府同时关注失业率以及通胀水平，当总需求朝着完全就业水平的方向增加，可能会导致工资及物价的上涨，从而导致通货膨胀。

- 逐渐升高的融资成本：如果预算赤字占 GDP 的比重已经很高，但依然需要债务融资时，市场会要求一个更高的补偿，导致融资成本升高。从图 16-5 中可以看出，在 2011-2012 年来由于西班牙国内经济形势持续恶化，西班牙政府 10 年期国债收益率持续走高，这意味着投资者对于政府是否有能力偿还债务表示悲观，因此其国债收益率会持续攀升。

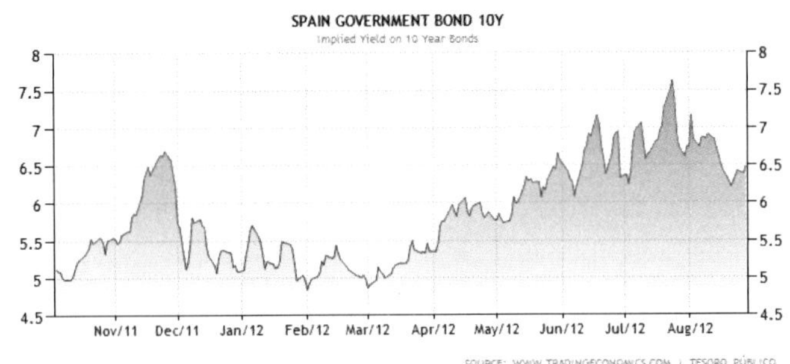

来源：http://www.tradingeconomics.com/spain/government-bond-yield
选取：2011 年 10 月至 2012 年 9 月作为研究区间

图 16-5 西班牙政府债券收益率水平走势图

- 供给不足：如果是由于无法获得足够的劳动力而非需求不足，导致产生了未利用资源，那么自主性财政政策将无法刺激总需求的增加，因此是无效的。这样的政策反而会导致通货膨胀有上升压力。

- 挤出效应：正如上文所论述的一样，政府借债会导致贷款利率的攀升，从而导致私人部门的融资成本增加，因此私人部门的投资会减少，反而会对产出 Y 造成负面影响。

- 难以准确衡量充分就业水平：由于充分就业水平难以衡量，因此政府可能会对实际上已经处在充分就业的经济实行刺激政策，进一步推高通胀水平。

一般而言，财政政策包括税收与支出的制定。当税收超过（低于）政府支出，则是预算盈余（赤字）。但是，政府实施财政政策的意图并不能通过当前的财政赤字或者盈余来判断。因为如果一个经济体处于衰退期，税收减少，转移支付增加，由此导致财政赤字。但这种财政赤字并不能被认为是扩张性的，因为这是衰退期自然而然的结果，而非政府干预。因此，为了判断政府的财政政策，经济学家经常用结构性（周期调整）预算赤字进行衡量，即假设经济正处于完全就业情况下的赤字情况。

3. 货币政策与财政政策的关系

既然货币政策与财政政策都有扩张性与紧缩性之分，那么它们之间就有四种组合。虽然货币政策与财政政策都能够改变总需求，但它们影响总需求的渠道不同，影响力也不同。

— 备考指南 —
货币政策和财政政策结合起来对国家经济的整体影响需要掌握。

- **扩张性的货币政策与扩张性的财政政策结合**

两种政策都是扩张性的，会导致更大的扩张性效果，使得总需求增加。由于扩张性货币政策，利率会降低，私人和公共部门都会扩张。

- **紧缩性的货币政策与紧缩性的财政政策结合**

两种政策都是紧缩性的，利率会升高，投资减少。此外，高额税收以及政府支出的降低也会导致总需求减少。

- **紧缩性的货币政策与扩张性的财政政策结合**

如果政府采取减税措施或者增加政府支出，那么扩张性的财政政策会导致产出Y的增长。但是此时货币政策是紧缩性的，它会一定程度上抑制财政政策的效果，利率会上升，导致私人部门总需求的降低（投资I减少）。

- **扩张性的货币政策与紧缩性的财政政策结合**

扩张性货币政策带来低利率，如果将扩张性的货币政策与紧缩性的财政政策相结合的话，私人部门的需求会增加，导致实际GDP的增加，而公共部门的需求则会减少，产出到底会怎么变化还是没有定论，取决于两种政策的相对强度。

对于财政与货币政策会对经济产生的影响，总结如表16–2。

表16–2 不同货币政策与财政政策组合对经济指标的影响

货币政策	财政政策	利率	产出	私人部门投资	政府支出
紧缩	紧缩	升高	降低	降低	降低

（续表）

货币政策	财政政策	利率	产出	私人部门投资	政府支出
宽松	宽松	降低	升高	升高	升高
紧缩	宽松	升高	升高 *	降低	升高
宽松	紧缩	降低	看情况	升高	降低

* 注释：在 CFA 中认为政府的财政政策占到国民收入的比例更高，因此对于产出影响更高，在紧缩性货币政策和宽松的财政政策结合的情况下，产出更多体现出升高的情况。

第 17 章 地缘政治

本章知识点		讲义知识点
一、合作与全球化	1. 地缘政治的介绍	政府和合作
	2. 国家政府与合作	
	3. 政治合作的特点	
	4. 合作动机	
	5. 利益层次	
	6. 全球化的特点	全球化
	7. 全球化的动机	
	8. 全球化中的代价	
二、全球化与合作的类型	1. 自给自足	地缘政治的影响因素
	2. 霸权主义	
	3. 多边主义	
	4. 双边主义	
三、地缘政治工具	1. 国家安全工具	地缘政治工具
	2. 经济工具	
	3. 金融工具	
	4. 地缘政治风险与比较优势	
四、地缘政治风险	1. 地缘政治风险类型	地缘政治风险
	2. 评估地缘政治威胁	
	3. 地缘政治风险的表现	
	4. 地缘政治风险指数	
	5. 应对地缘政治风险	

知识导引

国际环境在不断变化。新兴市场经济体的增长、全球化和民粹主义的兴起等趋势影响了公司、行业、国家和地区集团面临的一系列机遇和威胁。它们可能会受到监管变化、贸易流中断甚至冲突的影响。因此，学习与了解地缘政治成为当下的一种趋势。

本章思维导图

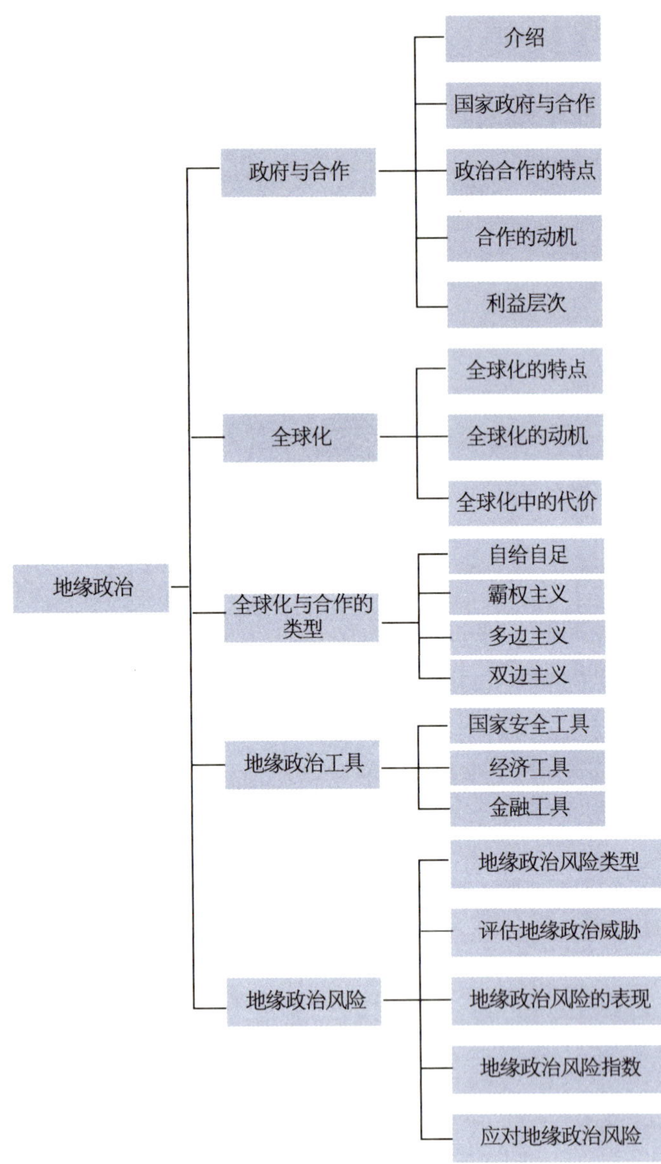
地缘政治
政府与合作
介绍
国家政府与合作
政治合作的特点
合作的动机
利益层次
全球化
全球化的特点
全球化的动机
全球化中的代价
全球化与合作的类型
自给自足
霸权主义
多边主义
双边主义
地缘政治工具
国家安全工具
经济工具
金融工具
地缘政治风险
地缘政治风险类型
评估地缘政治威胁
地缘政治风险的表现
地缘政治风险指数
应对地缘政治风险

1. 合作与全球化

1.1 地缘政治的简介

地缘政治学是研究地理如何影响政治和国际关系的学科。在地缘政治学领域，分析师研究的是从事政治、经济和金融活动的个人、组织、公司和国家政府，以及它们之间的相互作用。这些关系对投资很重要，因为它们是投资业绩的重要驱动因素，包括经济增长、经营绩效、市场波动和交易成本。

地缘政治风险是指与影响国际关系正常和平进程的行为者之间的紧张局势或行动有关的风险。当支撑国家关系的地理和政治因素发生变化时，政治风险往往会上升。政策的改变、自然灾害、恐怖行为、盗窃或战争都可能导致这种转变。

投资者研究地缘政治风险，正是由于它对投资结果有着切实的影响。在宏观经济层面上，这些风险影响资本市场状况，包括经济增长、利率和市场波动。资本市场条件的变化反过来又会对资产配置决策产生重要影响，包括投资者对地理风险敞口的选择。在投资组合层面上，地缘政治风险会影响投资策略是否适合投资者的目标、风险承受能力和时间范围。地缘政治风险的可能性越高，会增加或减少资产类别的预期回报率，或影响行业或公司的经营环境，从而影响其对投资策略的吸引力。

1.2 国家政府与合作

国家内部和国家之间的关系可能很复杂。根据地缘政治的定义，把与地缘政治风险相关的行为者分为两类：国家行为者和非国家行为者。

国家行为者，通常指的是对国家安全和资源行使权力的国家政府、政治组织或国家领导人。比如南非总统、英国首相等。而非国家行为者，通常指的是参与全球政治、经济或金融活动，但不直接控制国家安全或国家资源的行为者。比如非政府组织、跨国公司、慈善机构和商业领袖等这样的“有影响力的个人”。

这些行为者不仅会受到彼此关系的影响，还会受到其他盟友和对手因素的影响。因此理解和辨认一个国家所面临的威胁和机会可以帮助分析师评估地缘政治风险出现的可能性。

1.3 政治合作的特点

国家行为者之间的关系可以是合作性质，也可以是竞争性质。合作是各国共同努力实现共同目标或目的的过程。这些目标从战略或军事考虑到经济影响或文化偏好，往往有着很大的不同。鉴于国家目标和利益的广泛性，它们之间的相互作用可能很复杂，从而产生潜在的地缘政治风险。

政治合作，指的是参与合作的各国在多大程度上就经济行为和互动的规则努力达成标准化协议。比如，设定统一关税；就国际贸易、移民或监管达成一致的协议；并允许信息自由流动，包括技术转让。

而政治不合作的国家，通常指的是一个不赞同执行标准化规则甚至武断的国家，包含但不限于限制货物、服务、人员和资本跨境流动；报复；缺乏技术交流等。

1.4 合作的动机

一个国家想要与其邻国或其他的国家行为者合作的动机，通常由这个国家的国家利益、目标和野心来决定，具体会涉及到军事、经济和文化三个层面。

1.4.1 国家安全或军事利益

国防涉及保护一个国家，包括其公民、经济和机构免受外部威胁。这些威胁行为有军事袭击、恐怖主义、犯罪、网络安全，甚至自然灾害等。

地理因素对一个国家的国家安全方式以及选择合作方式等方面均发挥着重要作用。比如瑞士这样的内陆国家，在获取重要资源方面广泛依赖其周边国家，而这种依赖可能会使其政治合作对维持国际资源进入和经济增长甚至对人民生存方面更为重要；而与贸易路线高度相关的国家，如新加坡，巴拿马等，则可能会利用其地理位置作为参与国际贸易中的一个杠杆武器。

1.4.2 经济利润

在国际层面上，跨国公司在全球范围内的运营能力也越来越重要。因此，选择合作以支持其经济利益的国家则会更侧重于以下两个因素：要么希望通过贸易获得必要资源，要么希望通过参与标准化为其公司或行业创造全球竞争环境。

地球上的物理资源，包括宜居的地理和气候以及获得食物和水等资源，这些都是维持经济可持续增长所必需的。各国国家的物理资源禀赋是不平等的。一些国家如美国、俄罗斯、澳大利亚和中国，在资源利用方面相对自给自足；而其他国家如西欧、日本和土耳其，在化石燃料等关键生产要素方面高度依赖其他国家；还有一些国家如沙特阿拉伯，拥有丰富的化石燃料资源，但许多基本需求都依赖其他国家。不同的资源禀赋条件使得各个国家拥有不同的谈判主权，这对国家之间的合作关系会产生一定的影响。一个拥有大量资源的国家在与另一个资源匮乏的国家建立合作时，就会发现自己拥有更多的政治影响力。另外，如果资源丰富的国家使用或出售资源使国内部分群体获益更多时，容易导致国内政治不稳定，使得政体可能变得更加脆弱。

标准化是为产品或服务的生产、销售、运输或使用遵循统一协议的过程。当合作的相关方同意共同遵守这些协议时，就产生了标准化。标准化有助于支持扩大跨境经济和金融活动，如贸易和资本流动，从而支持更高的经济增长和生活水平。规则标准化可以采取多种形式，从监管合作到流程标准化，再到操作标准化。另外，标准化也可能由非国家行为者推动，比如巴塞尔银行监管委员会。

1.4.3 文化渗透

此外，文化也是促成国家合作的一方面因素。比如一个国家可以通过输出软实力，在不使用武力或胁迫的情况下“影响另一个国家的决定”。软实力可以通过文化项目、广告、旅游补助和大学交流等行动逐步建立。例如，韩国在全球地铁系统中宣传访问韩国首都首尔。这些广告通过宣传韩国制造的产品、音乐表演和演员来鼓励其他国家与韩国进行文化和商业的互动。

1.5 利益层次

一个国家的国家利益，就是它的一系列目标。因此，国家利益中包含了广泛的相互关联的因素，不仅有自然资源的需要、国家的生存需要、明确国家边界的需要或国家本身需求，还有经济和社会因素。这些广泛的联系都可能会让一个国家在众多的重要需求之间产生冲突，从而对地缘政治行动者及其动机的评估变得复杂化。

我们可以将一个国家的国家利益目标按重要程度进行分层，生存所必需的目标位于利益层级的顶端，而美好但非必需的目标则位于利益层级的较低位置。政府按利益层级来指导其行为。他们会选择在有利于本国目标层面上进行合作，当两种需求导致合作策略冲突时，会优先考虑利益层级较高的目标。例如，以关税统一形式进行的合作可能会使该国单独受益，但如果这些国家处于军事冲突中，将会导致合作的成本变高。

不同国家有着不同的资源、目标，这意味着他们也将有不同的优先利益层级。比如 A 国可能会优先获得食物和水，而 B 国则可能会优先考虑不受外国影响的独立性。更重要的是，这些优先利益层级可能会随着政治领导层的更迭或全球事件的变化而改变。对于投资者来说，要了解这些资源、目标会如何随着时间的推移相互作用，甚至相互冲突，以及当中可能会面临地缘政治风险。

一个国家政治周期的长短对优先利益层级的确定有重要影响。许多国家的政治周期只有短短几年，这意味着气候变化或解决收入不平衡等长期风险很难与短期内可以实现的项目达成一致。为了地缘政治风险分析的目的，决策者的动机可能会影响一个国家的合作和非合作选择，进而可以塑造地缘政治关系。评估一个国家行为者的需求层次及其可能发生的变化，有助于我们了解其动机和优先利益层级。

1.6 全球化的特点

全球化是全世界人民、公司和政府之间互动和融合的过程。其标志为产品、信息、就业和文化的跨境传播。自 2008 年以来，全球化遭遇了阻力，其中包括全球金融危机的影响导致了对跨境活动的审查增加，以及民族主义的抬头，都降低了一些国家使用进口产品或服务的需求。由于全球贸易不能百分之百地占全球经济活动的比重，这将意味着即使没有特别的干扰，全球化的扩张也可能放缓步伐。

除了宏观经济影响外，全球化在微观经济层面也很明显。一般，汽车这种商品通常在一个国家组装，但零件来自世界各地。全球化进程为全世界的投资者提供了机会，他们可以投资于工程、生产，甚至供应链管理和物流过程。

全球化还具有文化和交际特征。虽然很难衡量这些特征，例如信息或文化的传播，但在我们的日常生活中看到它们并不困难。比如社交媒体允许南非用户与一家日本音乐团体合作跳舞；更快、更实惠的旅行增加了世界各国公民之间的互动。

全球化的特点是经济和金融合作，包括积极的商品和服务贸易、资本流动、货币兑换以及文化和信息交流。参与全球化的行动者很可能超越国界，进入新市场、获得人才或学习。相反，反全球化或民族主义是在排斥或损害其他国家利益的情况下，促进一国自身的经济利益。民族主义的特点是经济和金融合作受限，他们会更专注于国内生产和销售、有限的跨境投资和资本流动以及货币兑换。

1.7　全球化的动机

选择参与全球化的公司和投资者等非国家行为者会考虑以下三个潜在收益：

1.7.1　增加利润

公司可以通过增加销售额或降低成本这两种方式来创造更高的利润。

一方面，公司选择参与全球化，以便为其产品和服务获得新客户，从而增加本公司产品和服务的销售额。

另一方面，全球化允许公司进入低税收的经营环境，降低劳动力成本，或寻求其他供应链效率收益。对于资本密集型产品的生产流程，公司可以通过生产更多产品来实现规模经济，达到降低平均成本的目的。比如汽车制造商就可以从全球销售机会中受益，同时降低每辆汽车的销售成本。

1.7.2　获得资源和市场

在上面，我们了解到，各国可能必须合作的经济利益中就包括获得资源。即如果这些资源在母国不容易获得或负担不起，那么非国家行为者可能会选择通过全球化以改善资源的获取机会。

另外，非国家行为者也可以在国外寻求市场准入或投资机会。例如，一个国内市场回报率较低、财富不断增加的国家可能更倾向于接受跨境风险，比如对股票或债券等外国资产的短期投资，或者到外国进行直接投资。

1.7.3　固有增益

内在收益是一项活动的附加值，它产生的利益是不包含在利润本身范畴中的。它不仅可以有助于全球化的势头，还可以成为一种稳定力量来增加行为者之间的同情心，减少地缘政治威胁的可能性。比如，个人的成长或教育就是一个很好地内在收益的例子，个人可以从拓展视野、体验新的地方或学习新的想法中获得更多的收益。

无论全球化的利润驱动还是内在驱动，这些因素最终都可能产生倍增效应。除此之外，减少全球企业和组织之间的壁垒的过程也可以提供总体经济效益，例如增加选择、更高质量的商品、增加企业之间的竞争、提高效率和增加劳动力流动。

1.8 全球化中的代价

虽然全球化带来了许多好处，但对于个别经济体或部门来说，也可能会产生与之相关的成本。全球化过程存在以下四种潜在劣势：

1.8.1 经济和财政收益的不平等累积

在微观经济学中，学习的纳什均衡原理，即当所有行动者寻求利润最大化和效率时，总的经济活动就会得到改善。然而，总体的改善并不意味着每个参与者都能够有所改善。如果一家公司将工厂迁往另一个国家，它会在新国家创造就业机会，但在国内却会减少就业机会，而新国家的公司将不得不与外国公司竞争劳动力。

1.8.2 较低的环境、社会和治理标准

在低成本国家运营的公司通常是按照这些国家的当地标准进行运营的。如果一个国家的环境保护或公司治理标准低于另一个国家，公司最终会在这方面降低生产标准。这种情况下，虽然更可衡量的公司利润是增加的，但该活动的总体影响可能是负面的。例如，许多欧洲国家在碳排放方面的标准比世界其他国家更为严格。想象一下，一家总部位于欧洲的公司决定在另一个环境法规更宽松，劳动力成本更低的国家进行生产，该公司决定按照当地标准而不是本国标准行事，这个行为可能会导致公司可以获得更多利润，却降低了环境保护质量。

1.8.3 全球扩张的政治后果

虽然一些国家可能会受益于劳动力利用率的提高，但随着公司迁往国外，其他国家可能会失去工作。也就是说，全球化将可能导致国家内部和国家之间的收入和财富不平等以及机会差异。这些后果可能体现在国家的地方政治中，从而有可能会导致政治和经济合作减少，严重时还会导致政治合作破裂。

1.8.4 相互依赖

加强经济和金融合作，公司将可能会严重依赖其他国家的资源来构建其供应链。那么如果供应链出现中断，包括暂时的政治不合作，都将导致企业可能无法

自己生产商品，严重时甚至会影响到整个行业的供给。比如稀土金属主要在中国生产，用于发光二极管灯和大多数电子显示器；而智利则主要负责生产可再生能源建设所必需的铜。以上这些产品的生产中断，都将可能会扰乱依赖这些资源的整个行业。

跨国公司可能会采用以下多种策略来加强其供应链。

首先，跨国公司可能会通过建立新的关键必需品的供应链。在新型冠状病毒流行期间，处方药、个人防护设备和其他必需品的突然短缺，要求世界各国需要在国内重建相应的“基本”供应链，以应对紧急情况，而寻求降低制造和采购风险的公司可能会把生产部门重新迁回母国。

其次，跨国公司可能会重建全球化生产。同样对生产中断、劳动力成本上升或政治风险的担忧，这些都将可能会促使公司重建或加强其供应链。例如，新冠疫情将加速全球产业分工格局的调整与重构，全球产业链布局将进一步呈现出区域化、分散化的趋势。

最后，跨国公司还可以选择加大对关键市场的投入。随着时间的推移，一些贸易伙伴的劳动力成本和生产率均出现上升，再加上庞大的市场规模、支持协调的有形基础设施、完善的供应链以及在其他地方重建供应链所需的投资成本巨大，一些公司可能会考虑增加对关键市场的投资与合作，而不是增加与其他新市场的合作与投资。

2. 全球化与合作的类型

根据政治合作与不合作、全球化与民族主义这两组因素，可以把世界上的国家划分到四个象限中，分别对应四种类型：自给自足、霸权主义、多边主义和双边主义。

在地缘政治风险方面，每种类型都有自己的成本和收益。一般而言，更依赖跨境货物和资本流动的地区、国家和行业的经济增长率和投资回报都将受益于更大的全球合作。这种经济活动的相互依存性虽然可能会降低合作国家之间相互进行金融、或政治攻击的可能性，但是一旦发生冲突，往往会使合作行为者比那些不太依赖合作和贸易的行为者更容易遭受到地缘政治风险的影响。可以说，生产渠道的多样化在提供抵御风险屏障的同时，也提供了更多风险发生的接触点。

地缘政治风险分析从根本上讲是动态的，分析师需要了解各方在相关框架内的动向，以便能够恰当地评估地缘政治风险的可能性和影响。因此，地缘政治行动者在利用全球化带来的潜在内在收益和有利收益的同时，还要处理许多有时无法预见的后果，两者之间面临着微妙的平衡。

2.1 自给自足

自给自足描述的是那些寻求政治自给自足的国家，很少或根本没有对外贸易或补贴。国有企业控制着国内战略性产业。这种自给自足的国家使其在政治上更加强大，包括完全控制技术、商品和服务供应以及媒体和政治信息的能力。在某些特定情况下，自给自足阶段可以为一个国家提供更快的经济和政治发展。例如，改革开放前的中国，就很少进行政治合作或全球化。然而，自给自足的立场并非是没有代价的。中国的自给自足立场导致了国内产生大量的减贫，因此最终还是走向了经济和金融合作。

2.2 霸权主义

霸权主义国家往往是整个地区乃至全球的领导者，他们利用自己的政治或经济影响力来控制资源。国有企业往往控制关键的出口市场。霸权体系可以为霸权国家本身和国际体系提供宝贵的利益。对于霸权国家本身来说，经济和政治的主导地位可能对全球事务产生重要影响。而对于全球体系来说，与霸权规则和标准保持一致的国家可以享受领导者提供的奖励回报，包括监控和执行霸权标准的稳定力量。尽管如此，霸权体系可能会付出代价。随着霸权主义在国际体系中影响力的增强或减弱，它们可能会变得更具竞争力，进而增加地缘政治风险的可能性。

2.3 多边主义

多边主义描述了参与互利贸易关系和广泛的规则协调的国家。私营企业与多个贸易伙伴充分整合到全球供应链中。可以以新加坡为例进行分析：

首先，新加坡的要素禀赋使其高度依赖合作和创新来生存。该国的自然资源有限，包括水和可耕地，这也就意味着该国必须依靠农业技术园区和复垦土地进行农业生产，并依靠贸易伙伴提供生产投入。

其次，地理因素也有助于新加坡的经济开放。新加坡是一个具有多元文化的移民国家，位于许多重要的全球贸易路线的交汇处，促使英语成为全球经济的通用语言。

最后，新加坡的开放性提高了其作为潜在合作伙伴的吸引力。新加坡拥有高度稳定的政治制度。政府战略性的参与到经济体系中，以实现经济活动的一致优先顺序和对企业友好的制度治理。

2.4 双边主义

双边主义，指的是两国之间进行政治、经济、金融或文化合作的行为。参与双边主义的国家可能与许多不同的国家有着合作关系，但它们之间的协议都只涉及双方，并没有多个合作伙伴。各国往往是存在于双边主义和多边主义之间的是地区主义，即一组国家相互合作。例如，区域集团可能同意相互提供贸易利益，并为该集团以外的国家增加壁垒。而只有相对较少的国家会完全符合双边模式。因为加强政治合作往往会更有利于促进全球化进程。

3. 地缘政治工具

地缘政治学的工具，一共涉及国家安全、经济和金融三个类型。在每种类型的工具中，都有合作与不合作两种性质。促进合作的工具，指的是可以增加国家间流动的工具，比如通过条约、贸易协议、资本条款和批准的移民增加商品、服务、资本或劳动力的流动。而不合作的工具则指的是那些减少国家间流动的工具。

3.1 国家安全工具

国家安全工具，是指通过对国家资源、人民或边界的直接或间接影响来胁迫国家行为者的工具。当发现国家安全工具是处于活动状态时，则说明它们在分析时正在被使用，此时分析师就要特别关注它所带来的影响。

国家安全工具中最极端的例子是武装冲突。它是一种直接和积极的国家安全工具，涉及一个国家的内部或外部两方面的影响。第一影响是有形基础设施的中断或破坏，这可能对一国的资本存量和重建资本存量的能力造成长期损害。第二个影响是来自武装冲突地区的移民，这可能会改变国际货物、服务、资本和劳动力的流动，甚至还会可能影响导邻国和接受难民的国家。

除了像武装冲突这样的直接的国家安全工具外，还有如间谍活动这样的间接的国家安全工具，通过利用间谍获取政治或军事信息。

此外，并非所有的国家安全工具都是以非合作方式使用。军事联盟，就常常被用来在直接冲突中提供援助，也可以在一开始的时候就阻止冲突的发生。比如，北大西洋公约组织就是欧盟、美国、英国和加拿大之间的一个联盟，用于讨论成员国之间以及成员国与外部国家之间的潜在冲突并将其缓和。

3.2 经济工具

经济工具，是指通过经济手段强化合作或非合作立场的行为。在国家行为者中，经济工具包括多边贸易协定，如南方共同市场，或由世界贸易组织推动的全球关税规则协调。高度合作的经济工具还可能包括欧盟等这样的共同市场和或欧元等这样的共同货币。

此外，经济工具也有属于非合作性质的。国有化，是将一项产业从私人控制变更为国家控制的过程，属于主张经济控制的一种非合作方式，通常在被视为对经济安全或竞争力至关重要的部门中最为常见，如能源部门。例如，阿根廷政府就于 2012 年将本国最大的能源公司重新国有化。

3.3 金融工具

金融工具，是指通过金融机制来加强合作或非合作的行动。合作性质的金融工具有跨境货币自由兑换和允许外国投资。而非合作性质的金融工具有限制进入本国货币市场和限制外国投资。

如果合作性金融工具能够鼓励形成安全、经济或金融领域内的合作，就可能降低地缘政治风险。但如果一个国际体系过于依赖某一特定金融工具的话，就可能使得该国际体系变得更加脆弱。美元的主导地位就是这样一个例子。国际银行间市场承载着大量以美元计价的交易，货币自由兑换有助于促进更广泛的金融活动和合作，而美元对汇率的重要性也使其他国家更容易受到美国货币政策变化的影响。这就是意味着美国执行紧缩的货币政策将可能导致那些没有或无法维持美元储备的国家出现流动性短缺。

3.4　地缘政治风险与比较优势

地缘政治风险和工具可以将比较优势向某个方向倾斜。例如，地缘政治风险敞口有限的国家或地区可能会吸引更多的劳动力和资本。而那些地缘政治风险敞口较高的国家可能会遭受劳动力和资本的损失。比如在叙利亚难民危机事件中，德国承担了百万难民，其中为德国的劳动力市场带来了新鲜的血液，为德国的经济增长率带来了新的可能。

4. 地缘政治风险

在讨论地缘政治风险对投资环境的影响之前，我们先讨论地缘政治风险的类型，然后讨论评估这些风险的方法以及它们在投资组合中的表现方式。

4.1　地缘政治风险类型

地缘政治风险有三种基本类型：事件风险、外部风险和主题风险。

4.1.1　事件风险

事件风险，指的是某个日期的政治事件（如选举、新立法）或其他日期驱动的里程碑（如节假日或政治周年纪念日）所产生的风险。这些政治事件的日期都是可以预先确定下来的，并且往往还会导致投资者对该国合作立场的期望发生变化。因此，分析师通常使用政治日历来作为评估事件风险的起点。

事件的可预测性并不一定会改变其可能性、影响速度或对投资者影响的大小，但确实可以给投资者更多的时间准备应对措施。例如，英国“脱欧”公投，就是一个已知的事件风险，计划在 2016 年 6 月 23 日举行。人们都很清楚这次选举的利害关系，如果最终的投票结果为“赞成”，那么多年来的政治合作措施很可能会瓦解，因此大多数投资者预计投票结果会是“反对”。而事实与预测结果恰恰相反，从而导致了投资者对英国合作立场的预期发生了巨大变化。

4.1.2 外部风险

外部风险，是一种突发性或未预料到的风险。它会影响一国的合作立场，或非国家行为者的全球化能力，或两者兼而有之。例如突然起义、入侵或自然灾害的后果。

日本的“3.11”大地震，造成大量人员伤亡、房屋和生产资本损失。地震所引发了的海啸导致了福岛核电站发生爆炸与泄露，进一步对人身、财产和环境产生了更大的损害，并扰乱了市场供应链。而随着事故造成的环境成本越来越明显，这一事件促成了在环境问题上政治合作的立场转变。事件发生后不到三个月，德国决定在 2022 年完全淘汰核能；比利时计划在 2025 年前退出核能，意大利、西班牙和瑞士等国则选择不重新引入核能项目。

4.1.3 主题风险

主题风险，反映的是在一段时间内演变和扩大的已知风险。像气候变化、移民模式、民粹主义势力的崛起以及恐怖主义的持续威胁都属于这一类风险。

网络威胁，指的是任何试图通过未经授权访问或未经授权使用计算机系统而试图暴露、更改、禁用、破坏、窃取或获取信息的行为，是主题风险的另一个例子。它始于互联网和计算机使用的扩大，随着时间的推移，攻击的规模、规模和复杂程度都在增加。现在，每年被网络攻击窃取或影响的记录数量高达数十亿。例如，2017 年 9 月的艾克菲数据泄露事件（艾克菲是一家美国消费信贷报告公司）。起初，数据泄露事件对艾克菲公司的影响最大，包括为受影响的客户建立保护和信用监控。随着时间的推移，这一事件也引发了更广泛的影响，其他公司也都相应增加了网络安全方面的开支，并制定了更强有力的流程，包括软件的更新升级。

4.2 评估地缘政治威胁

地缘政治风险始终存在于投资环境中，并可能以多种不同的方式不同的层面影响投资。为了进行评估地缘政治所带来的威胁，投资者可以从以下三个方面进行分析讨论：

4.2.1 风险发生的可能性

地缘政治风险发生的可能性，描述的是风险发生的概率。随着时间的推移，地缘政治风险变得的高度不可预测，这样让对风险的测量工作变得更像是艺术而非科学。但总的来说，高度协作和全球化的国家不太可能经历地缘政治风险，因为合作伙伴间产生这些风险的政治、经济和财政成本更高。另外，这种相互联系的合作也可能使多边主义国家更容易受到某些风险的影响，且多重风险敞口可能会增加风险发生所带来的影响程度。

此外，内部政治稳定、经济需要和政府行为者的动机在增加地缘政治风险的可能性方面发挥着重要作用。前面所学习的三种风险类型中，不同的风险类型对投资者所产生的潜在影响是不同的，其中网络风险可能是最有可能发生并影响特定投资策略的风险，而像英国“脱欧”公投的这样事件风险所带来的风险发生的可能性是比较小的。因此，风险发生的可能性应结合风险传播的速度和所带来的影响大小共同考虑。

4.2.2 风险传播的速度

地缘政治风险所传播的速度，描述的是它影响投资者构建和改变投资组合的速度。简化分析下，我们主要分析讨论短期的“高速”影响、中期和长期的“低速”影响。

在短期内，我们可能会观测到特定事件所造成的市场波动会影响到整个行业甚至整个市场。其中，黑天鹅风险就是一种罕见且难以预测但具有重要影响的事件。在这个过程中，具有适当风险承受能力的投资者可能会因这些事件而对其投资选择做出战术性改变，但不太可能涉及到长期改变。

具有中期影响的风险可能会开始破坏公司的流程、和投资机会，从而使得该公司的估值偏低。这些风险往往分布在特定行业，也意味着它们对一些公司的影响要大于其他公司。

长期风险往往可能会对环境、社会、治理和其他方面产生重大影响，从而可能会影响投资者的资产配置，包括长期资产类别和投资风格的选择；但对投资组合的短期直接影响较小。

例如，英国“脱欧”公投的结果产生了一系列的直接影响，特别是英镑贬值和其他形式的市场波动。但随着时间的推移，中长期的低速影响对投资者来说是更加明显和持久，其中更高的交易成本和资本资源的自由流动受限都将对投资成果和整体经济增长产生重要影响。

4.2.3 影响的大小与性质

地缘政治风险对投资者投资组合的影响可以通过许多不同的方式表现出来。投资者在衡量风险对投资过程的重要性时，应考虑其影响的大小，其中能够产生较大影响的风险可能值得对其驱动因素和动机进行广泛研究，影响较小的风险可能不值得。此外，风险影响的大小还可能因外部因素的变化而加剧。例如，地缘政治风险往往会对经历全面收缩或经济衰退的市场将产生更大的影响。

地缘政治风险的影响在本质上可能是离散的或广泛的。离散影响是指只影响到一家公司或一个部门，而广泛影响则是将可能波及到一个部门、一个国家甚至整个全球经济。例如收到网络攻击的公司和投资策略一定会受到网络威胁的影响，甚至会导致整个市场中所有寻求规避网络威胁的公司和投资者都将增加监控、尽职调查和安全成本。

因此，在评估投资组合管理中的地缘政治风险时，投资者应同时考虑地缘政治风险的这三个因素——可能性、速度和影响的大小与性质。面对对投资组合影响很小的高可能性风险可能不值得进行广泛分析和关注，而发生可能性较低但会对投资组合产生重大影响的风险则可能需要建立适当的应对方案。处于这些极端情况之间的风险，投资者可根据自我的目标和风险承受能力来确定优先层级。

4.2.4 情景分析与跟踪指标

由于地缘政治风险很少是以线性方式发展，因此很难监控和预测其可能性、速度和对投资组合的影响，也很难通过相应的行动来解决这些变化。因此，许多投资者可以通过采用情景分析和路标来跟踪和预测。

- 情景分析

情景分析，指的是在特定的环境或状态下来评估投资组合结果的过程。它可以增强投资团队对其优先顺序和行动要求的信念，从而帮助团队在适当的时候做出良好的投资决策。

情景分析具体可采用定性分析、定量测量或两者兼有的分析形式。

定性场景构建可以从事件的简单框架开始。例如，风险所产生的最大影响结果可能是什么？这种风险发生的可能性有多大？该事件会产生持续的尾部风险还是短期冲击？一旦事件发生，市场将如何恢复等等。

定量情景分析则可能因复杂程度的不同而产生较大的差异。简单定量情景中有一种形式叫做程式化情景，在这种情景中，投资组合敏感性是根据与投资组合相关的一个关键因素进行衡量，如利率、资产价格或汇率。另一种方法则是利用极端事件的情况来帮助构建投资组合弹性的定量测试。由于地缘政治风险对投资组合中的证券存在次要和关联影响，定量情景将可能会变得复杂。

良好的情景构建可以促使投资者改变其风险优先顺序，不仅可以跟踪风险，还可以决定哪些投资组合策略可能是更有价值的。在这个过程中，还将需要投资者持续投入时间和资源。

- 跟踪指标

为了建立投资组合对意外变化的弹性，资产管理经理需要提前设定流程，以便快速调整方向。换句话说，制定应对风险的计划可以帮助投资者减少地缘政治事件对投资结果的影响。

跟踪指标，描述的是地缘政治风险所变化的程度。分析师可以把跟踪指标想象成红绿灯。如果定量或定性证据表明风险发生的可能性、速度或影响较低，则指标就会闪烁“绿色”或“无需采取行动”；而如果指标呈现“琥珀色”，则表明风险的可能性、速度或影响处于中等水平，则可能需要对该风险采取更高的谨慎和准备。随着风险的可能性、速度或影响增加，制定行动计划可能会是一个必要的措施。

投资团队可通过识别指标来区分信号和噪声，并在指标闪烁“红色”时作出反应。例如，在市场环境的风险发生转向时，确定下一步应采取的行动或进行相应的沟通就变得非常重要。一个好的路标是围绕场景预先做出的关键假设，并标记出该场景是否正在发生。

以英国“脱欧”公投为例进行分析：在 2014 年之前，英国的地缘政治风险指标已经亮起“绿灯”，表明此时英国内部对加入欧盟的态度是存在分歧，虽然存在有可能发生破坏性的地缘政治变化，但没有明确确定要减少与欧盟的政治合作。当 2015 年公投宣布时，该路标颜色逐渐发生变化，可判断出该风险变得更可能，潜在速度也更快，此时投资组合经理应提高对该事件的关注度。2016 年 5 月，当电话民意调查显示“脱欧”投票正走向多数时，路标“变红”，投资组合经理可为选举日制定相应的行动计划。

4.3 地缘政治风险的表现

地缘政治风险对投资者投资组合的影响也是多方面的。

高速地缘政治风险，最有可能通过资产价格的迅速变化表现为市场波动。通常受影响的资产价格是商品、外汇、股票和债券价格。

低速地缘政治风险，可能对投资者投入产生更长期的影响。持续的影响可能会导致收入减少、成本增加或两者兼而有之，从而对公司的估值产生负面影响。比如2019新型冠状病毒的传播就是如此，虽然风险资产估值在疫情期间有所改善，但流动性和消费的中断对公司收入和供应链产生了长期影响。

另外，对于被认为存在地缘政治风险的国家、地区或部门，组合投资流面临更大的价格波动，因此投资者将考虑更高的风险溢价。这也是新兴市场的资产价格通常低于被认为风险威胁较低的发达国家资产价格的一个关键原因。

4.4 地缘政治风险指数（GPR）

美国联邦储备理事会（Federal Reserve Board of Governors）的两位分析师基于对地缘政治紧张局势及其对经济事件影响的新闻报道统计，构建了地缘政治风险指数（GPR）。该指数的目的是衡量媒体、公众、全球投资者和决策者所感知的实时地缘政治风险。

通过构建地缘政治风险指数，分析师得到了三个重要结论：

（1）高水平的地缘政治风险降低了美国的投资、就业和股市价格水平。

（2）单个企业在地缘政治风险敞口更大的行业的投资出现大幅下降，并且企业面对特定地缘政治事件时也会减少相应的投资。

（3）通过研究地缘政治事件本身的不利影响以及不利事件所产生的威胁发现，随着时间的推移，不利事件所产生的威胁具有更大的影响力。

4.5 应对地缘政治风险

将地缘政治风险纳入投资组合管理流程的最后一步，是要求将地缘政治风险分析转化为适合投资者目标、风险承受能力和范围的投资行动。

采取自上而下的方法，资产管理者可以在其资产分配策略中考虑地缘政治风险。其中，风险发生的可能性、速度和影响可能会影响关键资本市场以及资产管理者对某些国家或地区的定位。例如，长期采取多边主义的国家可能被视为更可靠的投资地区，资本流动也会增加。相比之下，那些持续遭受军事威胁的国家，其经济和投资增长潜力可能较低。因此，资产管理者将倾向于向预期风险状况较低的国家分配更多的资本。

在投资组合管理层面，资产管理者可以将地缘政治风险视为多因素模型中的一个因素。而在提出买入或卖出建议时，分析师也可能会将相对地缘政治风险敞口视为其分析中的一个因素，另外不利事件的破坏性威胁同样也可能影响估值、市场情绪或经济周期相关因素的置信区间。

因此，对于风险承受能力较低的投资者，无论是通过低波动性投资选择还是通过对冲，减少地缘政治风险敞口都可能是适当的。

对于一个具有长期视野的投资者来说，像外部冲击这样的地缘政治事件可能是一个买入机会。相反，对于即将退休的投资者来说，同样的外部冲击可能会对其最终投资组合价值产生重大负面影响。

第 18 章 国际贸易与资本流动

<table>
<tr><th colspan="2">本章知识点</th><th>讲义知识点</th></tr>
<tr><td>一、国际贸易与资本流动的定义</td><td>了解国际贸易与资本流动的概念</td><td rowspan="5">比较优势与绝对优势</td></tr>
<tr><td rowspan="4">二、国际贸易</td><td>1. 国际贸易的利于弊</td></tr>
<tr><td>2. 绝对优势和比较优势</td></tr>
<tr><td>3. 李嘉图模型</td></tr>
<tr><td>4. 赫克歇尔 – 俄林模型</td></tr>
<tr><td rowspan="3">三、贸易限制</td><td>1. 贸易限制的原因</td><td rowspan="3">贸易限制</td></tr>
<tr><td>2. 贸易限制的种类及影响</td></tr>
<tr><td>3. 贸易集团、共同市场与经济联盟资本限制</td></tr>
<tr><td rowspan="3">四、国际收支平衡</td><td>1. 经常账户</td><td rowspan="3">国际收支平衡</td></tr>
<tr><td>2. 资本账户</td></tr>
<tr><td>3. 金融账户</td></tr>
<tr><td rowspan="3">五、国际贸易组织</td><td>1. 国际货币基金组织</td><td rowspan="3">国际组织和贸易集团</td></tr>
<tr><td>2. 世界银行</td></tr>
<tr><td>3. 世界贸易组织</td></tr>
</table>

知识导引

人与人之间需要通过交易买卖来维系日常生活，国与国之间同样需要各种交易来满足国家间的各种需求。随着国家的经济开放和世界经济的发展，国家之间的交易及资金往来日趋密切，了解国际贸易与资金流动成为当下一项重要课题。

本章思维导图

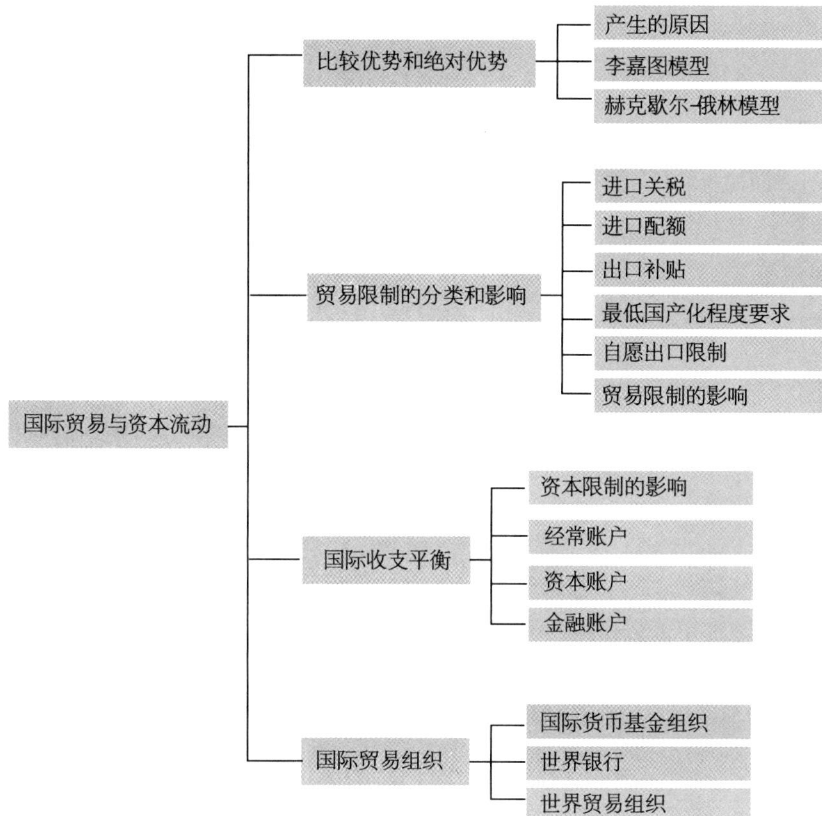
国际贸易与资本流动
比较优势和绝对优势
产生的原因
李嘉图模型
赫克歇尔-俄林模型
贸易限制的分类和影响
进口关税
进口配额
出口补贴
最低国产化程度要求
自愿出口限制
贸易限制的影响
国际收支平衡
资本限制的影响
经常账户
资本账户
金融账户
国际贸易组织
国际货币基金组织
世界银行
世界贸易组织

1. 国际贸易相关名词

在学习具体的国际贸易和资本流动相关知识之前，首先要了解相关的基本概念。

进口（Import）：公司、个人或政府从国外生产者购买的商品和服务。

出口（Export）：国外的公司、个人或政府从本国生产者购买商品或服务。

自给自足的封闭性经济（Autarky or Closed Economy）：不与他国产生贸易往来的国家。

自由贸易（Free Trade）：一个政府对于进出口没有任何限制或者对进出口不征收额外费用。

贸易保护（Trade Protection）：一个政府对进出口施加约束、限制和收费。

世界价格（World Price）：世界价格就是商品或服务在世界上通行的价格。

国内价格（Domestic Price）：国内价格就是商品或服务在国内的价格，如果本国允许国际贸易，那国内价格可能等于世界价格；如果本国不允许国际贸易，国内价格就不等于世界价格。

净出口（Net Export）：净出口是指一个国家一段时期内的出口总额减去进口总额。

贸易盈余（Trade Surplus）：净出口是正数，即出口的产品总额高于进口的产品总额 .

贸易赤字（Trade Deficit）：净出口是负数，即出口产品的总额小于进口产品的总额。

贸易条件（Terms of Trade）：又称贸易比价或交换比价，是指同一市场中出口价格指数与进口价格指数之比，基数为 100。

外国直接投资（Foreign Direct Investment, FDI）：外国投资者对于本国的投资。

2. 国际贸易

考试小技巧

- 绝对优势与比较优势的含义；
- 李嘉图模型与赫克歇尔—俄林模型各自考虑的因素。

2.1 国际贸易的利与弊

贸易究竟能带来什么好处呢？

- 从交换和专门化分工中取得好处：首先是交换，比如说挪威，挪威位于北欧，是一个相当寒冷的国家，它的地理条件不允许它生产柑橘，但挪威人想吃柑橘怎么办呢？他们就需要从别的国家进口柑橘。其次就是专业化分工，什么是专业化分工？行业间相对劳动生产率不同的国家会在不同的产品生产中进行专业化分工。所以，两个国家分别生产他们有优势的产品，然后互换，就能互惠互利。
- 从经济规模上获益：开放了国际贸易后，企业就能在别的国家拓展消费群体，为他们的产品打开新市场。国际贸易使各国在较小的产品范围内进行专业化生产，从而产生规模经济的效应。
- 对于出口大国，势必会改善国内就业率、出口利润的增加同时会增加工人工资。
- 尽管一个国家在整体上获得好处，但是国际贸易使得国家内部的某些特殊团体受损却是极有可能的。那究竟有哪些坏处呢？
- 国内厂商的商品与进口商品竞争：国内厂商生产的商品会与进口商品产生竞争，导致企业利润下降；
- 失业率增加：本国生产者会受到国际贸易竞争的压力，导致利润下滑，进而裁员；
- 工人需要增加新的技能：因为受到国外厂商的竞争，对本国产品的质量和创新提出更高的要求，所以工人们需要学习新的技能来竞争其他岗位。

2.2 绝对优势和比较优势

— 备考指南 —
国际贸易的比较优势判断是重点。

绝对优势（Absolute Advantage）：一国生产某种产品所需的资源成本比别国生产同样产品所需的资源成本要少，该国就具有生产这种产品的绝对优势。

比较优势（Comparative Advantage）：如果一个国家在本国生产一种产品的机会成本（用其他产品来衡量）低于在其他国家生产该产品的机会成本，则这个国家在生产该种产品上就拥有比较优势。

名师解惑

绝对优势和比较优势的区别是什么呢？

首先，绝对优势理论认为，国际贸易和国际分工的原因及基础是各国间存在的劳动生产率和生产成本的绝对差别。一国如果在某种产品上具有比别国更高的劳动生产率，该国在这一产品上就具有绝对优势。但比较优势理论认为，国际贸易的条件并不限于劳动生产率上的绝对差别，而是只要各国之间存在劳动生产率上的相对差别。这里的相对差别具体就由机会成本来衡量。那么什么是机会成本呢？一般而言资源是有限的，所以在生产一个产品的同时一定会放弃生产另一种产品，所放弃生产另一种产品的收益就是机会成本。

其次来详细解释下比较优势理论。例如，南美洲国家拥有种植香蕉的比较优势，而美国拥有生产电脑的比较优势。那么，如果南美洲国家为美国生产香蕉，而美国为南美生产电脑，那么两地的生活水平质量都会提高。所以，比较优势的原理可以理解为，如果每个国家都出口本国具有比较优势的商品，那么两国间的贸易就能使两国同时受益。所以，每个国家应该专门生产本国机会成本低的商品并用这些商品与别国交换本国机会成本高的商品。如果一个国家能出口那些具有比较优势的商品和进口本国没有比较优势的商品，那么这个国家就能从国际贸易中获利。因此只要国与国之间生产同一商品的机会成本有差异，两个国家就能通过交易来获得收益。

表 18-1 阐述了比较优势理论的模型。

表 18-1　A 国与 B 国生产 X 产品与 Y 产品的情况（比较优势）

产品 \ 国家	A	B
X	10	9
Y	5	3

A 国和 B 国同时能生产 X 产品和 Y 产品。

A 国用同样的资源能生产 10 个 X 产品或 5 个 Y 产品。那么生产 1 个 Y 产品的机会成本就是 1Y=10/5X=2X。

B 国用同样的资源能生产 9 个 X 产品或 3 个 Y 产品。那么生产 1 个 Y 产品的机会成本就是 1Y=9/3X=3X。

同样生产 Y 产品，A 国要放弃 2 个 X，B 国要放弃 3 个 X。所以，A 国生产 Y 产品的机会成本低。因此，A 国应该专注生产 Y 产品，B 国应该专注生产 X 产品。

所以，只要生产产品时有不同的机会成本，各国就有自己有比较优势的产品。如果这两个国家按照各自的比较优势进行专业化分工，那么，这两个国家通过贸易不仅可以增加生产量和消费量，还可以实现国民收入的增加与国民福利的提高。

2.3　李嘉图模型（Ricardian Model）

— 备考指南 —
两个模型的基本思想需要掌握。

比较优势理论是由大卫－李嘉图提出的。李嘉图模型指出国际间的劳动生产率的不同是国际贸易产生的唯一因素。李嘉图模型中唯一生产要素就是劳动力，所以两国机会成本的差异就在于劳动生产率的差异，那为什么两国的劳动生产率会有差异呢？那就是两国的技术水平的差异。

— 备考指南 —
李嘉图模型认为国际贸易的唯一影响因素是劳动生产率，而劳动生产率由技术水平决定。

李嘉图模型认为技术水平的差异导致了机会成本的差异，从而产生了两国比较优势的差异。但是随着时间的推移，国际间技术的交流，技术水平的差异会逐步缩小。

2.4　赫克歇尔－俄林模型（Heckscher-Ohlin Model）

如果像李嘉图模型所假设的那样，劳动是唯一生产要素，那么产生比较优势的唯一原因就是各国之间劳动生产率的不同。但是，随着各国技术交流的加强，许多国家在生产技术上不相上下，并且随着资本主义生产关系的出现，资本越来越成为一种重要的生产要素。于是，出现了赫克歇尔—俄林模型（Heckscher－Ohlin model，又称资源禀赋理论，简称：H — O 理论、H — O 模型）。

— 备考指南 —
赫克歇尔－俄林模型假定只有两种生产要素——劳动力和资本影响国际贸易。

H — O 模型假定只有两种生产要素——劳动力和资本，它认为生产商品需要不同的生产要素而不仅仅是劳动力，资本也在生产中起到了重要作用并影响到劳动生产率和生产成本。

一个国家拥有充裕的某种生产要素，而生产某产品正好需要密集使用这种生产要素，那么这个国家就在这个商品上拥有比较优势，并且可以专注生产这种产品，然后出口这种产品。什么称之为拥有充裕的生产要素呢。比如：

- 一个国家的资本相对更充裕，那么该国就应该出口资本密集型产品；
- 一个国家的劳动力相对充裕，那么该国就应该出口劳动力密集型的产品。

3. 贸易限制

考试小技巧

- 贸易限制的种类及其对国家福利的影响差异;
- 自由贸易区、关税同盟、共同市场、经济同盟以及货币联盟的特点区分。

3.1 贸易限制的原因

从经济角度来看，无论是出口还是进口，自由贸易给双方都带来了净收益。可是在现实生活中，自由贸易往往会受到许多国家的限制，这是为什么呢？限制自由贸易的原因如下：

- 新兴产业（infant industry）：在大多数发展中国家，面对来自发达工业化国家产品出口的猛烈冲击下，为保护本国新兴产业的生存与发展，政府会实行关税，使其在同外国企业竞争下存活并有机会发展成为具有国际竞争力的产业规模。
- 国防（national security）：保护那些对国防至关紧要的生产商（比如军工类及通讯安全类企业）来确保自己的国防工业不受国际贸易的影响。因为国防涉及国家安全，所以有保护的必要。
- 保护国内工作岗位（protecting domestic jobs）：在与国外企业的竞争下，一些本国企业会失去竞争力，很多员工就面临失业。但这个观点也有问题，因为随着这些工作机会的消失，其他工作机会将会被创造，在没有贸易限制的情况下本国消费者将会得到更低的价格。
- 保护本国行业（Protecting domestic industries）：本国行业里的公司会要求实行贸易限制措施来获得保护。但这样会对消费者有不利的影响，因为消费者将支付更高的价格。

其他关于贸易限制的观点：

- 会使得外国也实行贸易限制来报复本国；
- 政府会从关税中取得收益；
- 政府补贴的效果会被外国增加进口关税的政策所抵消；
- 防止了外国用低于生产成本的价格出口（倾销）；

综上所述，自由贸易对于全球经济是有利的，因为专注化生产更充分有效地利用了资源。

3.2 贸易限制的种类及其影响

【进口关税（Tariff）】

进口关税是指外国商品进入本国时，政府对其征税。

【进口配额（Quota）】

进口配额是指限制一段时期内进口商品的数量。

【出口补贴（Export Subsidies）】

出口补贴是指政府支付给出口企业的补贴。

【自愿出口限制（Voluntary Export Restraints, VER）】

出口国“自愿”限制其出口量，寄希望于避免贸易伙伴的关税及配额限制。

3.2.1 关税

对于进口商品征收关税会增加进口商品价格，降低进口数量，并增加国内商品的供给量。由于进口数量降低，国内商品供给量增加，并且商品价格升高，国内生产商就会因此获益，国外出口商利益受损。同时，政府会获得关税收入。但是，关税毕竟不利于资源的有效配置，因此会产生无谓损失。

关税对福利（welfare）的影响有以下几点：

- 国内厂商获利；
- 国外出口商受到损失；
- 国内政府获得关税收入；
- 消费者剩余的减少大于生产者剩余的增加与政府收入之和。

3.2.2 进口配额

进口配额（import quotas）就是政府用行政的手段来决定本国可进口产品的数量。

— 备考指南 —
配额、关税对财富效应的影响是重点。

关税与进口配额看似一样，实际上两者有很大区别。对于关税，关税使进口商品价格上升，这部分价格上升形成的收入归政府所有。但对于进口配额，这部分收入将归进口商所有，除非本国政府采取进口许可证有偿拍卖的做法。如果政府将配额卖给国内厂商，那么进口配额等同于关税。

通过图 18-1 来详细解释进口关税或配额对财富效应的影响。

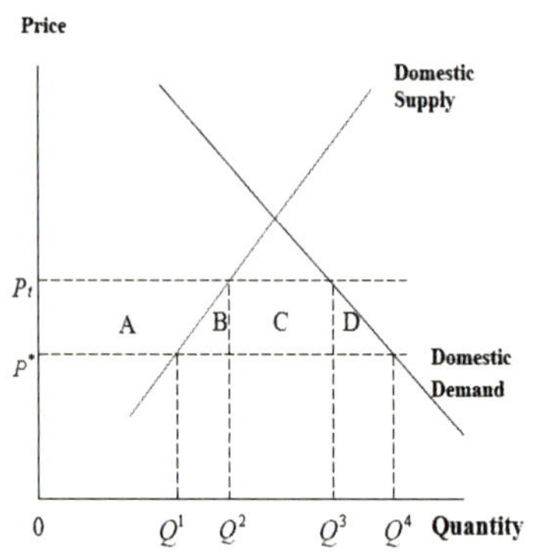

	Importing Country
Consumer surplus	-(A+B+C+D)
Producer surplus	+A
Tariff revenue or Quota rents	+C
National welfare	-B-D

图 18-1　进口关税与配额对财富效应影响

名师解惑

从图 18-1 上看，施加进口关税或进口配额前，价格是 P*，供给在 Q^1 的位置，需求在 Q^4 的位置，所以进口量为 Q^1Q^4，。施加进口关税后，价格是 Pt=P*+ 关税，供给在 Q^2 的位置，需求在 Q^3 的位置，所以进口量变为 Q^2Q^3。在实行进口关税以后，消费者盈余减少了（A+B+C+D），生产者盈余增加了 A，政府的关税收入或可能的配额租收入为 C，国民福利减少（B+D）。所以，关税或配额尽管使一部分群体获利，但在总体上是损害社会福利的（表 18-2）。

— 备考指南 —
总结表格需要熟记。

表 18-2

	进口国
消费者剩余改变	－（A+B+C+D）
生产者剩余改变	+A
关税收入或配额租	+C
国民福利改变	－（B+D）

3.2.3 关税和配额对大国和小国的影响

这里所说的大小并不是指传统意义上面积、人口或 GDP 的大小，而是指市场需求的大小。小国是世界市场上的价格接受者，因为它对于某些商品的需求量相对于全球范围来讲还是太小，所以即使它对外施加进口关税，也不影响世界价格。例如，巴西国土面积很大，但是在汽车市场它是小国，因为巴西国内对于汽车的需求量的变化不足以影响世界价格。

大国就是世界市场上的价格决定者，因为大国对于某一产品有大量需求，并且进口量相当大，以至于会影响到世界价格。在理论上，大国可以通过施加关税影响世界价格。当大国施加关税后，会提高商品价格，使得对于某商品的需求量大量减少，消费量也大量减少。于是，这种商品的出口国为了保持它的市场份额被迫降低价格来提高出口量，因此世界价格会降低。

世界价格的降低改变了贸易条件，同时也使出口国和进口国的收入再次分配。即出口国（小国）的一部分利益流入进口国（大国）。因此，对于大国来说，如果实行进口关税，那么其国内福利可能会增加。而对小国来说，国内福利必然下降。

但是产生这一结果有两个假设条件：

- 贸易伙伴不会报复，即出口国不会在其他商品上施加关税来报复进口国；
- 关税导致的净损失小于贸易条件改善所带来的收益。

在这里，关税和配额的分析是一样的。总而言之，由于贸易条件的改善，大国征收关税有可能会提高整个社会的福利水平；小国如果征收关税，则会导致福利水平的下降。

3.2.4　出口补贴

— 备考指南 —
出口补贴的定义以及对本国福利的影响需要掌握。

出口补贴（Export subsidies）是政府发放给本国出口商的，其目的是为了刺激出口。

出口补贴虽然使国内生产者获益，但是抬高了商品的价格并减少了出口国的消费盈余。

政府插手自由贸易一般是为了收入再分配，为了增进对本国经济至关重要的产业的发展，或者为了国际收支平衡等。但是不管实施关税和出口补贴的动机是什么，它对社会福利都产生了不利影响。因为它干扰了自由市场贸易，使交易背离比较优势原则，所以减少了社会福利。

本国出口商为了多获得补贴就会多出口本国商品到外国，因为本国出口商每出口一单位的商品就能收获世界价格加上单位补贴。

但是这些补贴会导致社会福利的损失，其原因如下：

- 首先对于小国：由于补贴，价格在市场上就会变为国内价格加出口补贴。国内生产商收到补贴导致出口量增加，但是国内消费者的消费量减少，同时政府也要支付补贴。因此，国内福利降低。

- 对于大国，由于补贴，生产量增加。由于大国的生产量变动足以影响世界价格，所以产量增加，世界价格就会降低。由于价格降低，大国生产者的收益减少。与此同时，大国消费者盈余减少，并且政府花费出口补贴。因此，国内福利降低。

所以，无论是对于大国还是小国，福利都会减少，并且大国损失更严重。因为对于大国来说，世界价格的降低意味一部分补贴流入到外国市场，因此外国消费者就收到更低的世界价格。

总而言之，本国的出口补贴使本国的福利降低，外国的福利增加，并且政府收入也会随之降低。

3.2.5 自愿出口限制

— 备考指南 —
VER 的产生主要因为如果国家不签订 VER，那么这部分配额也无法出口。

自愿出口限制（Voluntary export restraint，VER）是进口配额的一种特殊形式，它是出口国自愿对出口产品实行配额。

对进口国来说，由于对方出口国自愿限制出口，因此进口量也就自然减少。自愿出口限制对进口国国内市场的价格、生产、消费的影响都跟配额相同。

3.2.6 各种贸易限制的影响（表 18–3）

— 备考指南 —
表格的总结需要掌握。

表 18–3 各种贸易限制的影响

	关税	进口配额	出口补贴	自愿出口限制
影响到的国家	进口国	进口国	出口国	进口国
生产者盈余	增加	增加	增加	增加
消费者盈余	减少	减少	减少	减少
政府收入	增加	不明（取决于进口许可证是否出售给进口商）	减少（政府支出增加）	没有改变（配额租转移至国外）
国内福利	在小国，福利减少	在小国，福利减少	减少（在大国，福利减少更多）	减少
	在大国，福利可能增加	在大国，福利可能增加		
价格	增加	增加	增加	增加
本国消费量	减少	减少	减少	减少
本国生产量	增加	增加	增加	增加
贸易	进口减少	进口减少	出口增加	进口减少

3.3　贸易集团、共同市场与经济联盟

国际自由贸易在整体上改进了经济福利，但是同样损害到了一些群体，比如一些技术落后的企业和工作者等。于是，通过一系列国际谈判，一些贸易组织，区域贸易协定应运而生。根据各种不同的限制条件可以把贸易联盟分为以下几种类型：

— 备考指南 —
对国际贸易集团等简单了解即可。

3.3.1　自由贸易区（Free trade areas, FTA）

成员国之间的进出口没有任何限制，比如北美自由贸易协议（NAFTA）。

3.3.2　关税同盟（Customs union）

成员国之间的进出口没有任何限制；

所有联盟国对非联盟国采取同样的贸易限制，例如比利时、荷兰和卢森堡三国建立的比荷卢经济联盟 (Union Economique Benelux) 。

3.3.3　共同市场（Common market）

成员国之间的进出口没有任何限制；

所有联盟国对非联盟国采取同样的贸易限制；

联盟国之间的劳动力和资本流动没有任何限制，例如南方共同市场（MERCOSUR）。

3.3.4　经济联盟（Economic Union）

成员国之间的进出口没有任何限制；

所有联盟国对非联盟国采取同样的贸易限制；

联盟国之间的劳动力和资本流动没有任何限制；

联盟国之间为联盟建立共同的机构和经济政策，例如东南亚国家联盟。

3.3.5　货币联盟（Monetary Union）

成员国之间的进出口没有任何限制；

所有联盟国对非联盟国采取同样的贸易限制；

联盟国之间的劳动力和资本流动没有任何限制；

联盟国之间为联盟建立共同的机构和经济政策；

联盟国之间采用同一种货币，例如欧盟。

3.4 资本限制

随着世界经济的发展，国际资本流动的数量和频率也急剧上升。国际资本流动是指一个国家与另一个国家之间，以及国际金融组织之间资本的流入和流出。资本限制可以视作是一种特殊的贸易行动。国际资本流动促进了全球范围内资本的优化配置，促进了财富效应，增强了资本的流动性和国际金融市场的一体化。但各国政府也有许多理由限制资本的流出和流出。例如一国在发展有关战略或国防相关的项目时，就非常介意国外资本的介入。

所以，同贸易一样，一些国家同样在国际资本流动上实行了资本管制。这些管制包括：

- 禁止完全的外商独资；
- 禁止本国公民对外投资，或者在对外投资收益上收税；
- 禁止外商在本国特定的行业里投资；
- 禁止外商将在本国经营获得的收益带离本国。

总体来说，资本限制和贸易限制一样，对总的社会福利会有所损害。

然而，在短期内，可以帮助发展中国家避免在经济膨胀的情况下，流入大量外资，而在市场不济和金融危机的时候大量外资流出本国。

4. 国际收支平衡

国际贸易需要用货币进行收付。国际收支可以用来反映：

- 一国与他国之间的商品、服务等的交易行为；
- 该国所持有的货币、黄金、特别提款权的变化，以及与他国债券、债务关系的变化；
- 无需偿还的单方转移项目和相应的科目。

因此，国际收支平衡表是反映一个经济实体在一定时期内以货币形式表示的全部对外经济往来的一种统计表。

> — 备考指南 —
> 国际收支平衡表的借贷记账在 CFA 中无需掌握，简单了解即可。

国际收支平衡表（Balance of payments, BOP）就是以复式记账法记录与世界上其他国家在一定时间内进出口的收支，金融投资交易以及财务交易等的簿记系统，每个分期通常是一个季度或一年。

每次交易分为借方（debit）和贷方（credit）。

按照复式记账原理，一笔经济交易往往会同时涉及两个项目，借方与贷方，借方的总和和贷方的总和应该是相等的，所有在国际收支平衡表上的项目的净账户必须等于0（表18-4）。

表18-4 复式记账法下国际收支平衡表的借方与贷方项目

借方	贷方
资产增加，负债减少	资产减少，负债增加
进口的商品与服务的价值	进口的商品与服务的付款
购买的国外金融资产	国外金融资产的付款
收到外国的付款	出口商品和服务的价值
外国欠本国的债务增加	外国偿还债务的付款
偿还外国债务的付款	欠外国债务的增加

4.1 国际收支账户的组成部分

4.1.1 经常账户

对商品及劳务在国际间的流动进行记录的账户。

— 备考指南 —
各个项目所包含的具体内容需要掌握。

经常账户的子账户包括：

- 货物及服务（Merchandise）：包括一般商品、用于加工的货物，服务包括旅游、交通、业务及工程服务等；
- 收入（Income receipts）：稳定现金流的收益，包括从国外股票和债券等金融投资上获得或支出的股利或利息收益；
- 单方面转移支付（Unilateral transfers）：单方向的资产转移，比如国外经济援助，礼物以及其他单方面资金汇入。

4.1.2 资本账户

主要记录资本转移，以及购置或处置非生产性、非金融资产，其中包括：

- 资本转移（Capital transfers）：包括债务豁免，以及移民时带来或带走的商品和金融资产；

- 非金融资产的购买及出售：包括各种无形资产如专利、版权、商标、经销权以及租赁和其他可转让合同的交易。

4.1.3 金融账户

金融账户记录投资流动，包括：

- 政府在国外拥有的资产。包括黄金，外汇，国外证券，在国际货币基金组织 IMF 的准备金，其他长期资产，国外直接投资，和对外国银行的索求权等；
- 外国在本国拥有的资产。分为国外官方资产和在本国的其他资产。这些资产包括本国政府和公司的证券，在本国的直接投资，本国货币和本国银行偿付的本国欠外国的负债。

4.2 国民经济帐户与国际收支平衡表

这里主要涉及到的是经常账户赤字或者盈余。如果一个国家私人部门及政府的储蓄小于投资总额，那么其差额必定依靠向国外借债来弥补。向国外借债会导致资本项下盈余（capital account surplus），而且会产生贸易赤字（trade deficit）。这点可以从下面的公式得出：

$$X-M=(S-I)+(T-G)$$

其中，S 表示私人部门净储蓄，T 表示政府部门净储蓄，$I+G$ 表示投资总额。私人部门储蓄低、大量政府赤字以及较高的国内投资会导致经常账户赤字的增加。

当本国储蓄不足以支持本国投资时，可以通过产生经常账户赤字的方法来进口产品，以满足投资需要，形成国内资产。即使用国外在本国的投资来弥补经常账户赤字。

还有一种方法，就是利用对外债务，实际上就是用国外资本弥补本国的储蓄缺口。所以，利用国外债务为国内的高消费低储蓄来融资，增加了本国的债务，但没有增加国家将来的生产力。但如果利用国外债务投资于生产性资源，这样增加债务的同时也伴随着未来生来力的增加。

5. 国际贸易组织

由于 1930 年代的金融危机，导致当时的国际贸易，货币交流严重减少，所以到 1940 年代，世界经济急需增强交流。在此情况下，WTO 等众所周知的国际性组织应运而生。

— 备考指南 —
简单了解国际贸易组织相关基本知识。

5.1 国际货币基金组织

首先来介绍国际货币基金组织（International Monetary Fund, IMF）。IMF 与世界银行同时成立、并列为世界两大金融机构之一。

国际货币基金组织的主要职能有：

- 为国际货币问题的合作提供论坛；
- 促进国际贸易的增长，促进就业，服务于经济增长和脱贫；
- 维持汇率稳定和开放的国际支付体系；
- 在成员国处于困境时，在适当的保障措施下，临时性将外汇借给成员国，以帮助成员国解决国际收支问题。

在 2007−2009 年全球金融危机之后，国际货币基金组织对其业务进行了重新定义和深化，主要包括：

- 加强贷款条件的审核；
- 改善对全球、区域和国家的经济监测；
- 帮助解决全球经济失衡的问题；
- 分析资本市场的发展；
- 评估金融领域的漏洞。

5.2 世界银行

世界银行是世界银行集团（World Bank Group）的俗称，“世界银行”这个名称一直是用于指国际复兴开发银行 (IBRD) 和国际开发协会 (IDA)。

世界银行的主旨是帮助发展中国家脱离贫困。为了使发展中国家更好的发展和吸引商业投资，世界银行的主要职责：

- 增加监管；
- 实行法律及司法制度来鼓励商业发展；
- 保护个人财产权利并且增强契约精神；
- 发展足够强大的金融系统，用以支持从小型到大型企业的融资需求；
- 打击腐败。

5.3 世界贸易组织

世界贸易组织（World Trade Organization, WTO）。与世界银行和国际货币基金组织这些联合国附属组织不同，WTO 是一个由成员驱动的独立于联合国的国际组织，其全部决策由成员国政府一起决定，而其规则是通过成员国之间的谈判达成。WTO 是唯一一个处理国家间全球贸易规则的国际组织。它主要的职能是确保国际贸易能自由地、平稳地和可预期地流通。

WTO 的争端解决程序专注于解释协议和承诺，并确保各国的贸易策略遵循这些协议和承诺，并基于此来处理贸易间的摩擦问题。多边贸易体系是 WTO 的核心协议，该协议由绝大多数贸易国经协商一致同意，并在各国国会获得批准。WTO 还要求各国政府将其贸易政策保持在各方都可接受的范围内，以保障各国的利益。这些协议和约束确保了国家贸易政策的规范以及国际贸易交流的正常运行。

第 19 章 汇率

本章知识点		讲义知识点
一、外汇市场和参与者	了解外汇市场与参与者	基本概念与计算
二、汇率的计算	1. 名义汇率和实际汇率	
	2. 间接标价法和直接标价法	
	3. 即期汇率和远期汇率	
	4. 汇率的变化	
	5. 交叉汇率	
	6. 远期升水和贴水	
	7. 利率平价	利率平价
	8. 基于利率平价公式的套利总结	
三、汇率制度	了解各种汇率制度的区分	汇率制度
四、汇率对国家的国际贸易和资金流通的影响	1. 汇率与贸易余额——弹性法	汇率的影响
	2.J 曲线	
	3. 汇率与贸易余额——吸收法	

知识导引

在当前世界经济格局下，过去国与国之间“老死不相往来”的局面早已一去不复返，取而代之的是相互依存、相互交流的开放世界。不论是在国际贸易，还是在任何的国际交往中，货币所起的作用就是在国际范围内行使购买手段、支付手段和储蓄价值的职能。外汇的波动将会影响国家间的进出口贸易。比如人民币升值了，国人出国旅游就更便宜，也能购买更多的进口商品。对于学习金融的同学来说更是密切相关，因为汇率对短期资本投资影响很大，如果人民币贬值我国投资者和外国投资者就不愿意持有人民币计价的各种金融资产，而将它们转换成外汇，由于大家都转兑成外汇，这样又加剧了外汇供给的紧张局面，更加促使人民币贬值。

本章思维导图

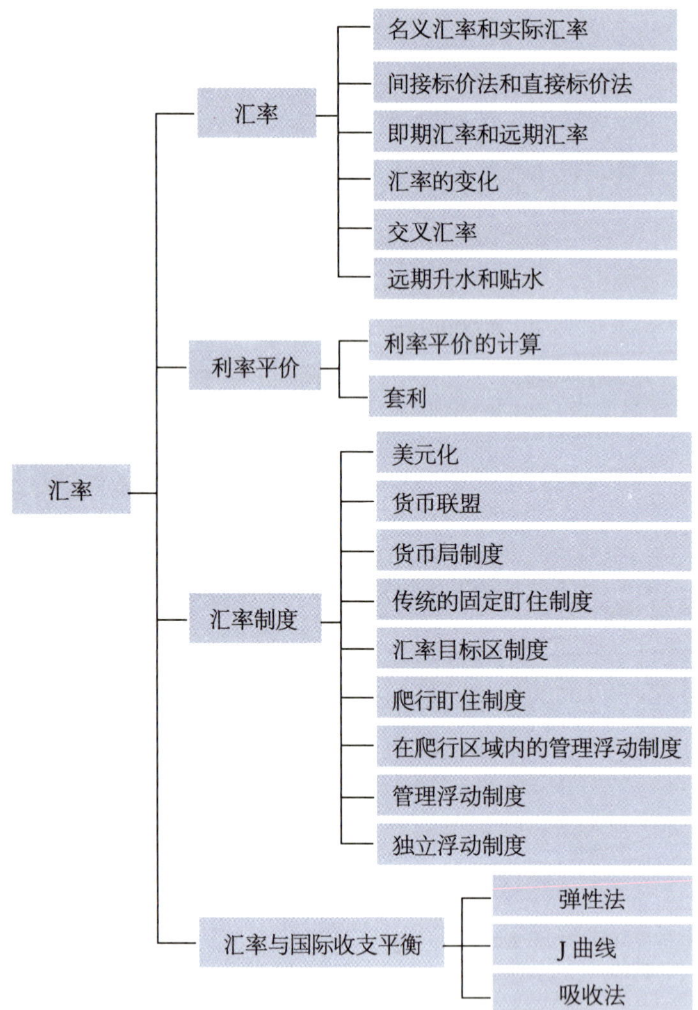
汇率
汇率
名义汇率和实际汇率
间接标价法和直接标价法
即期汇率和远期汇率
汇率的变化
交叉汇率
远期升水和贴水
利率平价
利率平价的计算
套利
汇率制度
美元化
货币联盟
货币局制度
传统的固定盯住制度
汇率目标区制度
爬行盯住制度
在爬行区域内的管理浮动制度
管理浮动制度
独立浮动制度
汇率与国际收支平衡
弹性法
J 曲线
吸收法

1. 外汇市场

1.1 外汇市场的参与者

卖方（Sell Side）：外汇服务的提供者，并非传统意义上的卖东西的一方，这里指大型跨国银行。

买方（Buy Side）：需要并接受外汇服务的一方，并非一般意义上的买方。

外汇市场的价格不稳定，给外汇购买者带来不少风险。所以很多购买者选择进入远期外汇市场来减少这些风险，称之为对冲（hedge），又叫套期保值。这些购买者知道在将来的某一个日期将收到或支出一笔外汇，为了避免可能发生的汇率变动带来的不确定性，他们就于现在签订外汇远期合约，锁定未来的交易价格。有些市场参与者风险承受能力相对较高，同样也能利用汇率价格的波动来赚取利润，能否获利取决于市场参与者对远期外汇价格的预测能力。

外汇市场上参与者包括卖方和买方。卖方主要是大型跨国银行；而买方包括以下一些机构：

- 企业（corporations）：在多个国家开展业务的公司，日常业务收支所用的货币往往会与总部所在国的货币不一致。例如，为了支付位于中国工厂的工人工资，戴尔公司可能需要人民币。如果戴尔公司只在美国出售电脑而获得美金，他们就必须在外汇市场上用美元购买人民币。

- 投资账户（investment accounts）：许多用外币交易或持有外国证券的投资账户可以利用货币衍生工具进行投机和对冲。投资账户中包括：
    - 实际货币账户：共同基金，养老金，保险公司及其他不使用金融衍生品的机构账户。
    - 杠杆账户：使用各种金融衍生品，承担更多外汇波动风险，同时具有更高的预期收益的账户。

- 政府和政府机构：包括一些有外汇交易、投资或投机需求的主权财富基金及养老基金。

- 中央银行：中央银行有时也会根据政府政策干预外汇市场从而在短期内影响汇率。由于汇率变动对一国的进出口贸易和资本流动等有着直接的影响，并转而影响到国内的生产、投资和价格等，所以各国中央银行为了避免汇率波动，尤其是短期内的剧烈起伏波动对国内经济造成的不利影响，往往对汇率进行干预。

- 零售市场：一些私人和小型机构可能为了出游、跨国投资或投机交易而进行外汇交易。

2. 汇率的计算

考试小技巧

- 名义汇率与实际汇率之间的转换；
- 直接标价法与间接标价法的判断；
- 即期汇率与远期汇率、交叉汇率的计算；
- 利率平价公式的运用；
- 汇率与国际收支平衡。

2.1 名义汇率和实际汇率

— 备考指南 —
名义汇率和实际汇率的相互转化需要掌握。

外汇汇率（Foreign Exchange Rate）：外汇汇率是一个国家的货币折算成另一个国家货币的比率，即用一国货币所表示的另一国货币的兑换比率。换言之，汇率就是两种不同货币之间的比价，它反映一国货币的对外价值。

名义汇率（Nominal Exchange Rate）：名义汇率是从市场上观察到的外汇价格。

实际汇率（Real Exchange Rate）：实际汇率就是名义汇率去除了通货膨胀因素以后的汇率，它并不是在外汇市场上观察到的价格，而是货币真正的购买能力。

比如，在银行看到 7CNY/USD，此时 CNY 称为标价货币（price currency），而 USD 就是基础货币（base currency），这种标价方法表示 7 人民币可以购买 1 美金。

在银行看到的汇率叫做名义汇率。但是国家与国家之间存在着不同程度的通货膨胀，为了更清楚了解汇率改变导致的购买力的变化，在名义汇率的基础上剔除通货膨胀因素得到实际汇率，它表示了货币实际的购买力。对于名义汇率与实际汇率之间的关系，可用如下公式进行表示：

$$S^{R}{}_{X/Y}=S^{N}{}_{X/Y}\times\left(\frac{CPI_{Y}}{CPI_{X}}\right)$$

这个公式怎么理解呢？首先可以观察到的汇率表示为$S^{N}{}_{X/Y}$，就是用 X 标价的 Y 的名义汇率，在去除掉物价因素之后，就能得到实际汇率S^{Real}：

$$S^{Real} = \left(S^{N}{}_{X/Y} / CPI_X\right) / CPI_Y = S^{N}{}_{X/Y} \times CPI_Y / CPI_X$$

下面通过实际例题来解释。

举个例子

【例】基期时，美国和英国的 CPI 都是 100，汇率是 \$1.70 每英镑。三年后，汇率是 \$1.60 每英镑，美国 CPI 已经升至 110，而英国已经升至 112。实际汇率是多少？

【解】实际汇率为 \$1.60 * 112/110 = \$1.629 每英镑

通过将题目中的数字代入 $S^{Real} = S^{N}{}_{X/Y} \times CPI_Y / CPI_X$，得出英镑的汇率变为 \$1.629 每英镑，相比较原来的 \$1.60 每英镑，英镑相对于美金升值了 \$0.029。

那英镑升值了说明了什么问题呢？英镑升值了，英国人手中英镑的购买力相对美金更强了，因此美国的商品对于他们变得便宜了。相对的，美国人就觉得英国的商品贵了。所以，英国就会增加从美国进口，减少出口，相对的，美国就增加出口，减少了进口。总而言之，实际汇率的改变影响了国家间的进出口等经济问题。

2.2 间接标价法和直接标价法

直接标价法（Direct Quote）：是指以本国货币来表示的固定数量的外国货币。

间接标价法（Indirect Quote）：就是以外国货币来表示的固定数量的本国货币。

基础货币（Base Currency）：在报价中数量固定在一个单位表示的货币，即参考对象货币。

标价货币（Price Currency）：用来标价的货币。表达方式为一单位的基础货币可兑换多少单位的标价货币。

— 备考指南 —
直接标价法可以记忆为 DC/FC。
间接标价法可以记忆为 FC/DC。

在日常生活中，直接标价法随处可见。比如去商店买东西，一支笔的价格是两块钱（￥2/ 支），这就是直接标价。我们用 DC 代表本币，用 FC 代表外币，当汇率的标价形式为 DC/FC 时，即为直接标价法，此时参考对象为外币，而标价货币为本币；反之当汇率的标价形式为 FC/DC 时，即为间接标价法，此时参考对象为本币，而标价货币为外币。因此可得出结论：对于直接标价法，基础货币为外币；对于间接标价法，基础货币为本币。

另外直接标价法和间接标价法是可以相互转换的。如果要将间接标价法转换成直接标价法，只需要计算其倒数（在计算器上使用[1/x]这个按键）即可。

2.3 即期汇率和远期汇率

即期汇率（Spot Rate）：即期汇率是指当前市场上两种货币的比价，用于外汇的现货买卖。

即期市场（Spot Market）：即期市场是指货币交易买卖成交后双方立即交割的市场。实际上，交割期为交易后的两个工作日。

远期汇率（Forward Rate）：远期汇率是指当前约定，在将来某一时刻（比如 1 个月后、3 个月后或 6 个月后）交割外汇时所用的两种货币比价，用于外汇远期交易和期货买卖。

远期市场（Forward Market）：远期市场是指在未来某一日进行外汇交易的市场。交易双方达成协议在未来某一日进行货币交易。

如果即刻把人民币换成美金，那么所用来兑换美金的汇率就是即期汇率。如果约定好在 6 个月后再兑换美金，这时所用到的汇率是远期汇率。进行即期汇率交易的市场就是即期市场，同样的，进行远期交易的市场就是远期市场。

2.4 汇率的变化

下面通过举例来说明汇率的百分比变化。一般采用直接标价法来计算汇率变化。USD/EUR 由 1.42 变动至 1.39，1 欧元对应的美元价值的百分比变化就是 1.39/1.42−1=−0.0211=−2.11%。

通过计算，得出从 1.42 到 1.39，降低了 2.11%。以上是以美金计价的欧元价值。因为 1 欧元相对的美金价格降低了，所以欧元相对于美金贬值了（depreciation）2.11%，如今 1 欧元只能少购买 2.11% 的美金，但不能单纯说美金升值了 2.11%。可以看出，在直接标价法下，1 欧元可以兑换 1.39 美金，但是在间接标价法下，这一关系则相反。例如，X 与 Y 的汇率由 1X=3Y 变成 1X=2Y，所以 X 贬值了 33%。但从间接标价法看，1Y=1/3X 变成 1Y=1/2X，Y 升值了 50%。所以，两种货币的升值贬值幅度是不同的。根据上面的例子，经计算得美元的升值比率为2.16%，具体算法如下：

先将汇率转换至EUR/USD，那么汇率由0.7042 EUR/USD变动至0.7194 EUR/USD，然后计算美元的升值幅度为0.7194/0.7042−1=0.0216=2.16%。

2.5 交叉汇率

— 备考指南 —
交叉汇率的计算需要掌握。

交叉汇率的计算是对三种货币两两之间的比价之间进行转换。

举例如下：

USD/AUD = 0.60，MXN/USD = 10.70

MXN/AUD = (USD/AUD) × (MXN/USD) = 0.60 × 10.70 = 6.42

因此通过交叉汇率计算出，墨西哥比索与澳元之间的汇率为MXN/AUD=6.42；

CHF/USD = 1.7799，NZD/USD = 2.2529

CHF/NZD = (CHF/USD) / (NZD/USD) = 1.7799 / 2.2529 = 0.7900

同样，可以通过交叉汇率计算出，瑞郎与新西兰元之间的汇率为CHF/NZD=0.7900

2.6 远期升水和贴水

— 备考指南 —
升水和贴水的概念和计算需要掌握，可以有百分比的形式，也可以有绝对数值的形式。

远期升水是指一种货币的远期汇率（Forward Rate）高于即期汇率（Spot Rate），升水表示该货币在远期升值；相反，远期贴水是指一种货币的远期汇率低于即期汇率，贴水表示该货币在远期贬值。

当远期汇率高于即期汇率时，称该货币远期升水；反之，当远期汇率低于即期汇率时，则称该货币远期贴水；当两者相等时，则称为远期平价。升水或贴水的大小为远期汇率与即期汇率的差。

下面通过举例来说明：

AUD/EUR的即期汇率是0.7313，1年期远期汇率报价为即期汇率基础上加3.5个基点。那么AUD/EUR远期汇率为0.7313 + 0.00035 = 0.73165，由于以AUD计价的欧元价格在1年以后更高，因此欧元远期升水，澳元远期贴水。

需要注意的是，一个基点（basis point，简称bp）表示0.01%，即1bp=0.0001。

一种处于远期升水的货币称为“强”货币，相反，处于远期贴水的货币称为“弱货币”。

以下例子可以用来说明汇率的变化问题：

如果从 3X/Y 变动到 2X/Y，也就意味着汇率从 1Y=3X 变化到 1Y=2X，Y 相对于 X 就贬值了，那么 Y 货币处于远期贴水，属于“弱”货币；X 货币相对于 Y 升值了，X 则是“强”货币。

2.7 利率平价（Interest Rate Parity）

当任意远期升水或贴水正好抵消两国利率之间的差异，以至于投资者投资任何一种货币都能获得相同收益时，利率平价就成立。

假设有一单位的本国货币（用 d 表示）可以投资，第一种方案是按照国内无风险利率 i_d 进行投资，在投资期末获得（$1+i_d$）数量的本国货币；第二种方法是先将这 1 单位的本国货币按照即期汇率转换为 $S_{f/d}$（1 单位的本国货币所对应的国外货币量，即期汇率用 S 表示）的国外货币（用 f 表示），然后再按照国外的无风险利率 i_f 投资，收到 $S_{f/d}$（$1+i_d$）数量的国外货币，最后按照远期汇率 $F_{f/d}$ 将其转化为 $S_{f/d}(1+i_f)(\frac{1}{F_{f/d}})$ 数量的本国货币。根据无套利原则，这两种投资的结果应该相同，即 $1+i_d=S_{f/d}(1+i_f)(\frac{1}{F_{f/d}})$。因此，如果汇率以 f/d 形式标价，那么存在以下关系：

$$\frac{F}{S}=\frac{1+i_f}{1+i_d}$$

这个公式的意义在于，将即期汇率、远期汇率与本国和国外的利率水平联系了起来。如果 $i_f > i_d$，则按照 f/d 形式标价的国内货币将远期升水，国外货币远期贴水。

因此，结论是利率较高（低）的国家的货币将会在远期市场上贴（升）水交易。

以上结论是基于无套利原则所得出的结论，那么如果存在套利机会，即在利率平价理论不成立的情况下，又会如何呢？如果 $1+i_f>\frac{F}{S}(1+i_d)$，就存在套利空间，套利空间大小为 $(1+i_f)-\frac{F}{S}(1+i_d)$，投资者会将目光都集中到国外货币，从而导致国外货币需求量上升，外币升值，最终导致套利空间逐步缩小，利率平价依旧成立。

2.8　基于利率评价公式的套利总结

可以得出以下结论：

- 如果$\frac{F}{S}>\frac{1+r_X}{1+r_Y}$，$\frac{F}{S}\times(1+r_Y)>1+r_X$，那么借X货币，毛利为$\frac{F}{S}\times(1+r_Y)-(1+r_X)$；
- 如果$\frac{F}{S}<\frac{1+r_X}{1+r_Y}$，$\frac{S}{F}\times(1+r_X)>1+r_Y$，那么借Y货币，毛利为$\frac{S}{F}\times(1+r_X)-(1+r_Y)$。

— 备考指南 —
利率平价的套利需要重点掌握。

通过上述两个公式可得出结论，当利率平价公式不成立时，存在套利空间。

首先看第一个公式，假设向银行贷款借了X货币来投资Y货币，需要在到期后归还银行以X货币计量的利息率，也就是r_X。用X货币以即期汇率S（X/Y的形式标价）购买了Y货币，然后在Y国家的银行按照无风险利率r_Y进行储蓄。一段时间以后，从Y国家的银行取出Y货币，用远期汇率F（X/Y的形式标价）换成X货币来归还借X应付的利息1+ r_X，而在Y国银行储蓄得到的收益是$\frac{F}{S}\times(1+r_Y)$。

如果收益$\frac{F}{S}\times(1+r_Y)$大于借款本息（1+ r_X），就能通过套利获得收益。

第二个公式，就是从Y国家的银行借Y货币来投资X的情况，和以上从X国的银行借X货币来投资Y是一样道理。

3. 汇率制度

接下来所涉及的是汇率的制度，其中两种制度是针对自身不发行货币的国家，另外七种制度是针对自身发行货币的国家。

— 备考指南 —
记忆不同国家汇率制度可以通过找到对应的实例进行。

- 自身不发行货币的国家
  - 一个国家可以使用别国的货币，称为美元化（dollarization）。由于不发行自己的货币，这个国家无法自行制定货币政策。这里的“美元”泛指一切被选择作为替代货币的强势货币，其中主要是美元，因为大多数实行美元化的国家所选择的替代货币是美元。
  - 一个国家可以和其他一个国家一起组成某个货币联盟（monetary union），从而使用同一种货币，例如欧元区国家统一以欧元作为本国的法定货币。但是这样会使得成员国丧失制定自己的货币政策的能力。
- 发行自己货币的国家

◆ 货币局制度（currency board system, CBS）是指政府以立法形式明确规定，承诺本币与某一确定的外国货币之间可以以固定比率进行无限制兑换，并要求货币当局确保这一兑换义务的实现的汇率制度，比如香港。在香港，货币当局委托三大商业银行（中国银行、汇丰银行、渣打银行）进行发港币，只有当三大商业银行持有相等数量的美金的情况下才能发行港币。

◆ 传统的固定盯住制度（conventional fixed peg arrangement）是指盯住单一货币或者一篮子货币，汇率波动最大幅度不超过中心汇率的 +/−1%。它分为直接干涉与间接干涉。直接干涉（direct intervention）是金融局利用在外汇市场买卖货币来将本国货币保持在 +/−1% 的波动幅度内。而间接干涉（indirect intervention）包括利用利率政策，外汇交易管理条例和劝说国民持有外汇的行为来调控汇率。

◆ 汇率目标区（target zone）：是指政府设定本国货币对其他货币的中心汇率（central rate）并规定汇率上下浮动幅度的汇率制度（e.g.，+/−2 %）。

◆ 爬行盯住（crawling peg）是指政府按预先宣布的固定范围对汇率作较小的定期调整或对选取的定量指标的变化作定期的调整，使汇率逐步趋向于目标水平的汇率制度安排。其本质是汇率是在不断调整变化从而达到一定目标水平。爬行盯住又分为被动爬行盯住与主动爬行盯住。被动爬行盯住（passive crawling peg）是随着时间的推移，货币当局可以根据需要对汇率进行一系列的调整。主动爬行盯住（active crawling peg）是货币当局通过增加对于本国通货膨胀的预测来影响通胀预期从而影响汇率。

◆ 在爬行区域内的管理浮动（management of exchange rate within crawling band）是指货币当局允许汇率变动区间随着时间的增长而增加。

◆ 管理浮动（managed floating rates）是指货币当局试图根据一些特定的指标来影响汇率。在缺乏一些特定的目标汇率或事先决定的汇率路径的情况下，这些指标包括国际收支账户、通货膨胀、就业率等。

◆ 独立浮动（independently floating）是指汇率由市场决定，一国的货币不予其他任何国家的货币发生固定的联系。货币当局的干预目标在于缓和汇率变动速率和阻止汇率过度波动。

4. 汇率对国家的国际贸易和资金流通的影响

4.1 汇率与贸易余额——弹性法

弹性法的核心思想是在分析是否能够改善贸易赤字时，要考虑进出口商品或服务是否具有较高的需求弹性，另外需要满足马歇尔－勒纳条件。如果本币贬值，出口商品将会更便宜，出口量将会上升，同时进口商品将会更贵，进口量将会下降。从出口和进口的数量上来看，这样的推理似乎可以改善贸易赤字，但实际上能否改善贸易赤字，不是以进出口商品的数量此消彼长进行判断的，而是以进出口商品的收入和支出是否能够抵消来做判断的，因此需要综合考虑数量和价格的因素。

从出口的角度分析，如果本币贬值，将会降低出口商品的价格，如果出口商品的需求弹性较大，则价格下降将带来需求量的大幅提高，从而带来较高的出口收入。另外从进口的角度分析，如果本币贬值，将导致进口商品的价格上升，从而降低进口量，如果进口商品的需求弹性较大，则价格上涨将带来需求量的大幅下降，从而减少购买进口商品的支出。综上所述，当本币贬值时，出口商品的需求弹性大，导致出口收入的大幅上升，同时导致了进口开支的大幅下降，两者结合，可以有效的改善贸易赤字。

弹性法改善贸易赤字需要满足马歇尔－勒纳条件（Marshall-Lerner condition）。其公式为：

$$\omega_X \varepsilon_X + \omega_M(\varepsilon_M - 1) > 0$$

其中 ω_M 表示进口量占进出口总量的权重，ε_M 表示进口商品的弹性，而 ω_X 代表出口量占进出口总量的权重，ε_X 表示出口商品的弹性。只有当马歇尔－勒纳条件成立时，本币贬值才能使得本国贸易赤字得到改善，即净出口增加。回顾微观经济学中的知识，需求弹性较大的商品，通常是具有较多替代品的商品或价格与收入比相对较高的商品（如奢侈品），如果本国主要的进出口商品为这些种类商品时，通过本币贬值的方法，对于改善贸易赤字具有显著的效果。

— 备考指南 —

关于J曲线和吸收法的内容考试概率较低，简单了解基本概念。

4.2 J曲线（图 19-1）

即使满足了马歇尔－勒纳条件，本币的贬值起初会造成国际收支的进一步恶化，只有经过一段时间后，才能真正起到改善国际收支的作用。

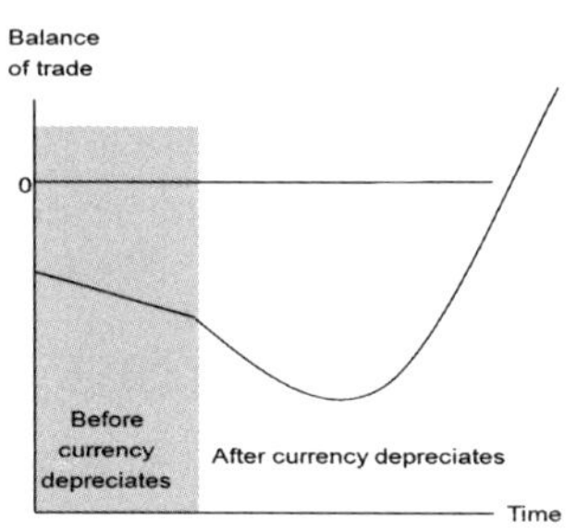

图 19-1 J 曲线

因为进出口合同都是之前签订好的，因此本币贬值只能使得已签订的出口订单赚取更少的外汇，已签订的进口订单支付更多的外汇，因而存在时滞性的问题，只有在重新签署新订单时，本币贬值才开始有效果。例如中国向美国出口成衣，订单在 2 月份签订，在 5 月份结算，如果在 3 月份的时候，中国的本币发生了贬值，由于订单的数量在 2 月份已经签订好了，因此无法变化，最终将导致之前签署的订单在结算时，收到更少的外汇，从而使得国际收支进一步恶化。只有当重新签订贸易合同后，贸易赤字才会有所改善。

4.3 汇率与贸易余额——吸收法

吸收法认为，由于国内商品和劳务的消费大于生产，因此必须进口国外的商品和劳务来补足国内需求，故出现贸易逆差。其逻辑是通过 GDP 支出法等式：Y=C+I+G+(X−M)，变形得到 X−M=Y−(C+I+G)，也可表示为 BT=Y−E，表示总产出中先由国内部门 (C+I+G) 吸收掉一部分，剩下的部分才用到国际贸易中。

Y 表示国内产出或者国内收入；E 即为 C+I+G，表示国内对商品及劳务的吸收，即国内消费总支出；BT 即为 X−M，表示贸易余额。

该公式表明，国际收支最终要通过改变收入或支出来调节，或增加收入或减少支出。所以，如果要通过货币贬值来改善国际收支，货币贬值必须能够使国民收入高于支出。但是，货币贬值是否有效果，取决于经济是否处于充分就业（full employment）。

- 如果经济未达到充分就业：

政府可通过货币贬值，使得外国商品的价格上升，消费者对本国商品的需求上升，总收入上升，从而储蓄上升，贸易赤字改善。

政府通过本币贬值，以本币计价的资产购买力下降，从而居民的总财富下降，为了应付总财富下降，居民选择降低消费而储蓄上升，从而国际贸易赤字改善。

- 如果经济达到了充分就业：

如果经济已经达到了完全就业，此时国家没有多余的闲置资源用于提高总产出，因此只能通过减少吸收来改善国际收支。

通关宝®系列

CFA 一级中文精读（中）

金程金融研究院 编著
汤震宇 洪波 王慧琳 主编

团结出版社

CFA 一级中文精读　中册

编　　著：金程金融研究院

主　　编：汤震宇　洪　波　王慧琳

责任主编：

《财务报表分析》责任主编：汤震宇

《企业理财》责任主编：洪　波

《组合管理》责任主编：王慧琳

About the Author

作者简介

汤震宇

复旦大学会计学博士、金程教育创始人、首席培训师。研究领域广泛，职业学习者，终身教书匠；征战各类证书考试，探索快速学习之道。持有证书包括：CFRM（注册金融风险管理师）、FRM（金融风险管理师）、CTP（国际财资管理师）、CAIA（特许另类投资分析师）、CMA（美国管理会计师）、RFP（美国注册财务策划师）、经济师，2004 年通过 CFA 三级考试。20 余年金融、会计讲台一线培训经验，以最有效的讲解直击问题之本质、探求原理之真谛。

洪　波

CFA 持证人，英国纽卡斯尔大学国际金融分析硕士。拥有丰富的金融从业经验，曾服务于摩根大通证券研究部和毕德投资咨询公司，从事行业与公司的分析和研究。现任金程教育副总裁，分管产品研发和师资教学工作，十余年来，深入讲解 CFA 一二三级所有科目，对 CFA 的知识体系、教学考研方法有深入的理解，拥有丰富的实战与教学经验，并原创了许多独特的教学案例与学习方法，被 CFA 培训业界广为引用。

王慧琳

金程教育 CFA 资深培训师。CFA 持证人，美国约翰霍普金斯大学金融学硕士、上海财经大学经济学学士，一次性高分通过 CFA 全级别考试。学术背景深厚，对于考试重点和应试技巧有自己的心得。负责 CFA 全级别多科目授课及研发工作，负责主编出版出版物，并参与多家知名金融机构的内训项目。授课逻辑清晰，受到了学员的一致好评。

目录

CONTENTS

第四部分　财务报表分析

第五部分 公司金融

第六部分　投资组合管理

Part 04

第四部分　财务报表分析

知识导引

财务报表分析是衡量公司在其行业及经济环境中的表现的过程，它的目的是为了帮助分析师做出正确的决策或建议。通常情况下，分析师的这些决策和建议与对该公司的投资有关。更具体一点，这些建议关注的是：是否要投资该公司的债券或股票？花多少钱投资这些债券或股票？债券投资者关心的是公司还本付息的能力，而股权投资者更关心的是公司支付股利的能力和股票的升值空间。总而言之，财务报表分析主要关注的是公司赚钱的能力。公司的收益至少要覆盖其资金成本及负债，并支持其业务的发展，把握发展机会。

考点说明

财务报表分析在 CFA 一级考试中占比 13%–17%，重要性不言而喻，而且在 CFA 二级考试中，财务报表分析在考试中的占比为 10%–15% 左右，所以读者在准备 CFA 一级考试过程中务必打好财务基础，对二级考试也大有裨益。

本书将财务报表分析分为十二个章节进行讲解。第 20 和第 21 章侧重理论知识的理解，从会计准则的角度简要阐述财务报表的基础内容；第 22 章至 25 章详细阐述三大报表的核心内容以及解读财务报表分析中的具体指标；第 26 章至 29 章则重点解读资产负债表中四大重点科目，包括存货、长期资产、所得税以及长期负债；第 30 至 31 章侧重实务分析，分析公司财务报表质量。

从备考的角度而言，第 22 至 29 章为整个财务的核心知识点，涉及比较多的计算，历年来是 CFA 考试的重中之重。财务报表分析历来是 CFA 一级考试中的重点和难点，涉及的知识点既有广度又有深度，需要引起考生的高度重视。特别是对于非财经背景的考生，在初次接触财务内容时可能会有诸多困难，解决这些困难需要完成知识点的学习，理解哪些交易和业务会使会计账户增长，哪些会使会计账户下降，掌握交易对三大报表和各类财务指标的影响。同时，我们建议所有考生在学习中勤于思考，深入理解，多做习题。

第 20 章 财务报告分析介绍

<table>
<tr><th colspan="2">本章知识点</th><th>讲义知识点</th></tr>
<tr><td rowspan="2">一、财务报表分析的作用</td><td>1. 了解财务报告和财务报表分析的作用</td><td rowspan="10">1. 财务报告和财务报表分析的目的
2. 财务报表的要素
3. 财务报表要素的度量方式
4. 会计恒等式及权责发生制</td></tr>
<tr><td>2. 了解会计准则的两套系统</td></tr>
<tr><td rowspan="3">二、编制基础</td><td>1. 权责发生制</td></tr>
<tr><td>2. 收付实现制</td></tr>
<tr><td>3. 配比原则</td></tr>
<tr><td rowspan="5">三、重要财务报表</td><td>1. 理解资产负债表的定义、构成元素</td></tr>
<tr><td>2. 理解利润表的定义、构成元素</td></tr>
<tr><td>3. 理解现金流量表的定义、构成元素</td></tr>
<tr><td>4. 了解综合收益表的定义、构成元素</td></tr>
<tr><td>5. 了解股东权益变化表的定义、构成元素</td></tr>
<tr><td rowspan="6">四、财务报表分析补充信息</td><td>1. 了解财务报表附注所披露的信息</td><td rowspan="6">财务报表分析所需信息</td></tr>
<tr><td>2. 了解管理层分析与讨论报告所披露的信息</td></tr>
<tr><td>3. 了解中期报告所披露的信息</td></tr>
<tr><td>4. 了解股东委托书所披露的信息</td></tr>
<tr><td>5. 了解公司报告及新闻稿所披露信息</td></tr>
<tr><td>6. 了解其他财务报告所披露的信息</td></tr>
<tr><td rowspan="3">五、审计</td><td>1. 财务报表审计的定义与目标</td><td rowspan="3">审计和财务报表分析</td></tr>
<tr><td>2. 审计意见类型</td></tr>
<tr><td>3. 公司内部控制制度</td></tr>
</table>

知识导引

本节简单介绍了财务报表分析的基本知识，包括财务报告和财务报表分析的基本目的，资产负债表、利润表、现金流量表等财务报表的基本知识以及财务报表中的补充信息。这些信息均是分析师在进行基本面分析时所需要的信息，基本面分析从公司财务报表的信息出发，这些报表包括：已审核的财务报告、被监管部门要求的其他披露和任何未经审计的管理层意见。本节所讲的财务报表分析基础，能使分析师更好地理解从财务报表中获取的信息。

本章思维导图

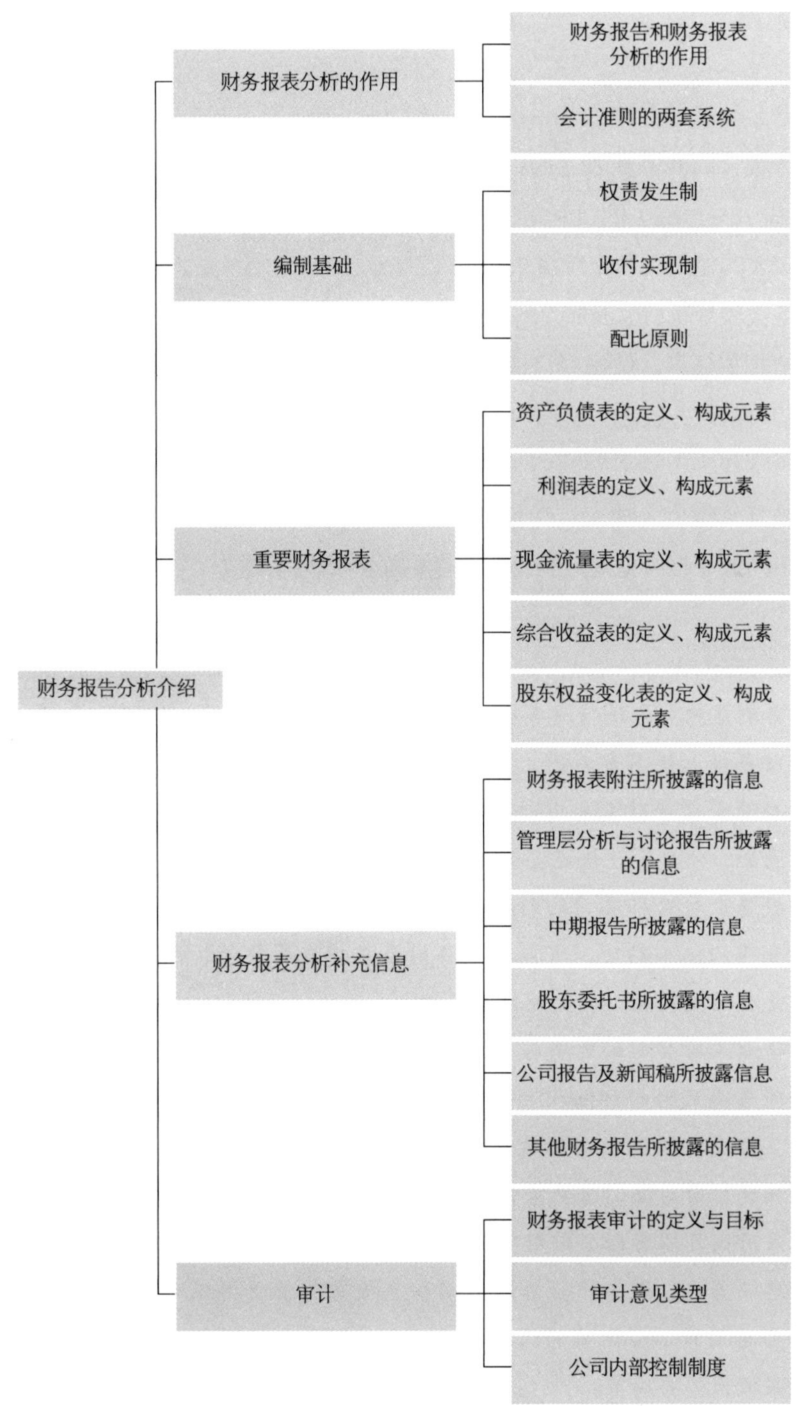

— 备考指南 —
注意财务报告与财务报表分析的概念辨析。
财务报告的关键词是provide information
财务报备表分析的关键词是分析：也就是要evaluate公司过去现在的业绩，并forecast未来，最终做出经济决策。

1. 财务报告和财务报表分析的作用

1.1 财务报告与财务报表分析的作用

国际会计准则委员会（International Accounting Standard Board, IASB）在2010年“财务报告的准备和表达的框架”里是这样描述财务报告作用的：“财务报告（financial reporting）的目标是提供一个实体关于财务状况和业绩表现的信息，从而帮助报表的使用者做出经济决策。”

财务报表分析（financial reporting analysis）是使用公司财务报告里提供的信息，以及其他相关信息，做出经济决策。分析师使用财务报表数据估计一个公司的过去表现和目前财务状况，从而对公司获取利润和产生未来现金流的能力形成认识。

分析师作为市场重要的信息中介，通过各种渠道搜寻公司的公开信息与内部信息，并且凭借个人能力、经验将这些信息汇总为投资报告，供投资者参阅。而公司发布的财务报告就是分析师最重要的公开信息来源。

名师解惑

各利益相关方进行财务报表分析的目的是什么？

财务报表使用者不同，他们对财务报表进行分析的目的也不尽相同。公司经营管理者对本公司财务报表进行分析，可以发现经营管理过程中存在的隐患，为日后改进这些问题提供了方向。

投资者对目标公司的财务报表进行分析，将分析结果与同行业公司或者行业平均水平对比，可以预测公司未来的发展前景。也就是说，他们关注的是公司盈利能力和长期增长能力。

债权人对公司的财务报表进行分析，可以得到公司的经营风险与财务风险等各类风险的详细状况，债权人可以根据公司的风险状况做出贷款决策，主要关注的是公司偿债能力。也就是说，债权人更为注重公司的短期经营状况，因为他们需要保证债务本金与利息的安全。

政府则可以借助公司财务报表分析的结果了解公司的税收情况。

总而言之，财务报表作为公司信息披露的最重要组成部分，包含了大量与公司经营活动相关的信息，对其进行深入分析，各利益相关方可以根据结果做出必要决策。

名师解惑

财务报告(Financial Report)和财务报表(Financial Statement)有差别吗?

两者是有差别的，财务报表属于财务报告范畴，但是财务报告不仅仅限于财务报表，范围更加广泛。例如，公司管理层的业绩预测报告属于财务报告，但并非财务报表。

1.2　会计准则的两套系统

在世界范围内，国际会计准则与美国会计准则作为最为流行的两大会计准则系统，已经呈分庭抗礼之势，各国的会计准则大多取法于这两套会计准则。国际会计准则(IFRS)由国际会计准则委员会(IASB)制定，而美国会计准则(U.S.GAAP)由财务会计准则委员会（ FASB ）制定。中国的会计准则更接近于国际会计准则。两套准则在一些方面存在显著差异，CFA 一级考试中也多有涉及，下文也会有进一步的详细介绍，考生应当引起足够重视。

2. 编制基础

2.1　权责发生制

权责发生制（ accrual basis ）的原则是要求当公司取得收入或发生费用时即予以记录，而不考虑是否有真实现金流发生。权责发生制原则主要是从时间上规定会计确认的基础，其核心是根据权责关系的实际发生期间来确认收入和费用。所以采用这一原则进行收入与成本费用的核算，能更准确地反映特定会计期间的财务状况和经营成果。

2.2　收付实现制

与权责发生制相对的概念称为收付实现制（ cash basis ）。在会计核算中，收付实现制是以款项（现金）是否已经收到或付出作为计算标准，来确定本期收益和费用的一种方法。凡在本期内实际收到或付出的一切款项，无论其发生时间早晚或是否应该由本期承担，均作为本期的收益和费用处理。

简单来说，权责发生制与权力义务的转移相关，权利义务转移时大概率确认收入，并匹配确认费用。收付实现制以现金的流入和流出为基础确认收入与费用，如表 20-1。

表 20-1 权责发生制与收付实现制下确认收入与费用的区别

	权责发生制	收付实现制
确认收入的条件	已经赚取时	收到现金时
确认费用的条件	实际发生时	支付现金时

2.3 配比原则

配比原则（matching principle）：某个会计期间或某个会计对象所取得的收入应与为取得该收入所发生的费用、成本相匹配，以正确计算在该会计期间、该会计主体所获得的净损益。

配比原则以权责发生制为基础，并与权责发生制共同作用来确定本期损益，最终受持续经营与会计分期两个前提的制约。收入在发生时而不是在收账时确定，与之相配比的，费用成本就是为取得该项收入而实际发生的费用，不必考虑费用是否已经以现金形式付出，即会计主体必须按照权责发生制的原则对各期的收入费用进行核算。

而按照权责发生制算出的费用并非全部都是期间费用或产品成本，只有按照配比原则确定的与本期收入或产品收入相对应的费用才是期间费用或产品成本。我国上市公司在粉饰财务报表时，提早确认收入和延迟确认费用是操纵盈余的主要手段。

3. 重要财务报表

在公司财务状况评估的过程中，分析师主要依托于企业提供的财务报表进行分析，主要的报表包括资产负债表、利润表、现金流量表、综合收益表以及股东权益变动表。其中资产负债表、利润表和现金流量表是主要的三张报表，也就是我们所说的三大报表。

3.1 资产负债表（Balance Sheet, B/S）

资产负债表通常可以分为左右两边，左边为公司的资产，右边为企业的负债与股东权益。企业的资产负债表反映企业在某一特定时点上的资源（资产）、债务（负债），以及企业所有者对剩余资源的要求权（股东权益）。其中，资产、负债、所有者权益是资产负债表中的三个会计要素。

— 备考指南 —

资产负债表反映某一时点上的存量值，可看作是企业财务状况的即时“快照”，即静态报表。

- 资产（Assets）

资产是由某一特定主体过去的交易或者事项形成的，由企业拥有或者控制的，预期会给企业带来经济利益流入的资源。资产是企业经济利益流入的根源。

- 负债（Liability）

负债是由某一特定主体过去的交易或者事项形成的，预期会导致经济利益流出企业的现时义务。负债是企业利益流出的根源。

- 所有者权益（Owners’ Equity, Equity）

所有者权益是某一主体的资产减去负债后的剩余权益，又称股东权益，净资产（net asset）。股东权益代表的是股东对企业的所有权。它与负债不同，是对企业净资产或剩余资产（资产减去负债后的余额）的所有权或利益。

名师解惑

需要注意的是，从资产负债表中不能得知企业的资产、负债、所有者权益发生变化的原因；同时，虽然资产负债表中也有现金的相关信息，但只是某一个时点的结果，不能说明一段时间内现金的来源与去向。这时，利润表与现金流量表显得格外重要。

资产负债表中的三个会计要素，资产、负债与所有者权益，有以下关系：

资产 = 负债 + 所有者权益

Asset=Liability + Equity

资产 = 负债 + 所有者权益被称为会计恒等式。其中，会计恒等式的左边是企业的资产。资产可以看作是企业资金的存在形式，即企业的“钱到哪里去”。应收账款、存货、设备机器厂房等资产项目都显示了企业对资金的不同使用方式与资金的存在形式。

— 备考指南 —
企业赚取的利润一部分作为股利分派，余下部分计入“所有者权益”下的“留存收益”账户。“留存收益”的概念会在第 23 章《理解资产负债表》中详细说明。

会计恒等式的右边可以看作是企业资金的来源，即“钱从哪里来”。不管是银行借款、企业发行债券还是增加股本、获得留存收益（retained earnings）等等，都显示了企业获取资金的渠道。

而企业的目的就是使用从负债和股东权益获得的资金，经过有效的经营组织管理，高效地将资金在不同资产项目中分配，创造最大利润，继而使股东价值最大化。

3.2 利润表（Income Statement, I/S）

— 备考指南 —
利润表反映企业在一定会计期间的流量值，可看作特定时期内企业运营的“录像”，即动态报表。

企业的利润表反映企业在一定会计期间的经营成果，它动态地反映资产负债表中资产、负债、权益变动。主要包括：收入、费用和利润。

利润表按照权责发生制进行确认和计量，没有提供经营活动产生的现金信息。利润表中反映的投资损益与财务费用等信息，只是反映了企业投资活动与筹资活动的成效与结果，没有反映投资活动与筹资活动本身情况，即投资的方向、规模与筹资的方式、规模等。

3.3 现金流量表（Cash Flow Statement, CFS）

企业的现金流量表揭示了会计主体在特定时期内现金流入和流出的情况，它通过提供有关经营、投资和筹资活动的信息，来解释现金变动的原因。

在现金流量表中，现金类型分为经营活动现金流（Cash Flow from Operating Activities, CFO）、投资活动现金流（Cash Flow from Investing Activities, CFI）和融资活动现金流（Cash Flow from Financing Activities, CFF）。CFO 是公司日常经营活动所产生的现金流，CFI 是公司为了维持规模或者保持增长而发生的现金流，CFF 是公司为了获得外部资金而发生的现金流。

3.4 三大报表编制基础

资产负债表与利润表反映企业财务状况和经营成果，都以权责发生制为编制基础。现金流量表以收付实现制为编制基础。因为制定原则不同，在一定程度上存在企业账面盈利、报表利润与实际现金之间的差别。企业呈现在利润表上的净利润实际上由两部分组成——应计（Accrual）利润与现金（Cash）利润，应计利润受会计假设、管理层判断等多方面因素影响，可操纵性强，弹性空间大；现金利润则更具有客观性，因此对现金流量表的分析尤为重要。

3.5 复式记账法

由于会计恒等式"资产 = 负债 + 所有者权益"需要恒成立，所以会计中一笔业务与交易至少同时影响两个账户。由于 CFA 一级考试，不要求掌握做账，这里简单通过三个例子，帮助读者理解复式记账法（double-entry accounting）。

举个例子

【例】某公司花费现金 100 元，购入一个设备，用于生产。

【解】这笔业务对会计恒等式有两方面的影响。

影响一：花出现金 100 元，现金减少 100，资产减少 100 元，会计恒等式左边减少 100 元。

影响二：购入设备，设备作为固定资产列示，固定资产增加 100 元，资产又增加 100 元。所以等式一边，一增一减，等式仍然平衡。

【例】某公司向银行借款 100 万元。

【解】这笔业务对会计恒等式有两个方面的影响。

影响一：借到现金 100 万元，现金增加 100 万元，总资产增加 100 万元。

影响二：未来产生要向银行还本付息的义务，则产生负债 100 万元。所以资产增加 100 万元，负债增加 100 万元，等式两边同增同减，等式仍然平衡。

【例】某公司通过生产经营赚到净利润 10 万元。

【解】这笔业务对会计恒等式有两个方面的影响。

影响一：赚到了 10 万元现金，现金增加 10 万元，总资产增加 10 万元。

影响二：假设没有分红，利润表中净利润增加了 10 万元，联动到资产负债表中的留存收益，留存收益增加 10 万元，则权益增加 10 万元。

所以资产增加 10 万元，留存收益增加 10 万元，导致权益增加 10 万元，等式两边同增同减，等式仍然平衡。

综上所述，复式记账法要求一笔业务至少影响两个会计账户，使会计恒等式平衡。平衡的口诀为：等式一边，一增一减，等式仍然平衡；等式两边，同增同减，等式仍然平衡。

3.6 综合收益表

综合收益表（Statement of Comprehensive Income，或称全面损益表）揭示除所有人投资和所有人派得（如发行股票，回购股票和支付股利等）以外的权益变动。

在国际会计准则（IFRS）下，利润表和其它综合收入可以合并为一张报表——综合收益表。也可以先列示利润表，然后将利润表的最后一项净利润和其他综合收入合并，列示为综合收益表。净利润（net income，NI）和其它综合收益（other comprehensive income，OCI）的当期发生额会被分类汇总到股东权益变动表的相应位置，最后期末余额结转到资产负债表的股东权益内。

在美国会计准则（U.S.GAAP）下的做法与 IFRS 下类似，但是公司也可以在股东权益变动表中呈报综合收益。

— 备考指南 —

综合收益相关内容，请参见“利润表”的“综合收益”部分。

名师解惑

之所以会出现所谓的 OCI，是因为一些项目会在较长时间内持续变动（如可供出售的金融资产的盈亏），如果列示在短期的利润表中，则会造成利润表总体信息的扭曲与失真，影响或者误导报表使用者。

3.7 股东权益变动表

股东权益变动表（Statement of Changes in Owners’ Equity），又称所有者权益变动表，是指反映构成所有者权益的各组成部分当期的增减变动情况的报表。该表解释在某一特定时间内，股东权益如何因企业经营的盈亏及现金股利的发放而发生变化，是说明管理层是否公平对待股东的重要信息。

4. 财务报表分析补充信息

4.1 财务报表附注

财务报表附注（financial statement notes/ footnotes）是财务报表不可或缺的一部分。财务报表附注包括对财务报表中信息进一步详细的披露。在很多时候，报表附注的内容比报表正文更加重要。具体包括：

> — 备考指南 —
> 年报中的附注部分也必须经过审计。

- 提供管理层使用的会计政策（accounting policy）、会计估计（accounting estimate）和会计假设（accounting assumption）的相关信息；
- 提供诸如公司兼并与转让、法律诉讼、股票期权计划、重要客户、承诺事项和或有负债、员工福利计划、第三方关联交易等信息；

和财务报表一样，财务报表附注内容也需要审计。

4.2 管理层讨论与分析

管理层讨论和分析（Management Discussion and Analysis, MD&A）是指美国证监会（Securities and Exchange Commission, SEC）要求在年度财务报表披露中必须提供的管理层对于公司的深度分析，主要是对公司的财务绩效、环境等进行评价。近年来公司公布年度报告时，该部分所占比重越来越大，也引起了学术界的广泛关注，同时得到了一些有意义的研究成果。

管理层讨论与分析主要说明了影响公司战略的重大事项（significant events）、重大风险（material uncertainty）及管理层对于公司过去、现在及未来经营状况的评述与预测。具体包括：

- 经营结果，包括销售和费用趋势以及各类费用占销售收入的百分比；
- 资本来源和财务的灵活性，包括讨论公司未来现金流的趋势；
- 商业趋势概览，主要是对公司所处行业未来发展前景的预测；
- 要求管理层进行主观判断的以及将对财务列报产生重要影响的关键性会计政策；
- 对未来的经营和财务状况产生重大影响的通货膨胀、价格变动以及其他重要事件以及不确定性因素的讨论。

需要注意，MD&A 中的有些内容是未经审计机构审计的。

4.3 中期报告

除了年度财务报表，分析师还应该分析评价公司的季度报告和半年度报告。这些中期报告（Interim Report）包含了更新的主要财务报表和附注相关信息，但在美国并不强制要求审计。

4.4 股东委托书

股东委托书（Proxy Statements）是股东大会召开时，股东因故不能参加，委托他人或其他股东代表自己参加股东会并行使表决权的书面证明，通常是当上市公司有重大事项需要股东投票时分发给股东的文件。股东委托书是关于董事会成员选举、薪酬、管理层资质、股票期权发行的很好的信息来源。股东委托书主要提供了关于管理层和董事的相关薪酬（management compensation）、管理层和董事的利益冲突（conflicts of interest）、以及股东大会投票（voting）等信息。

4.5 公司报告及新闻稿

公司报告及新闻稿（Corporate Reports and Press Releases）由企业管理层撰写，经常被视为公共关系材料和广告材料，比如盈余预测（earnings guidance）。公司经常在财务报表发布之前，预先发布盈余预测。一旦公司对外发布盈余情况，公司将举行电话会议，并由高级管理层回答相关提问。

4.6 其他相关信息

分析师还应给出有关经济状况和公司所处行业的评价信息，并将公司与市场竞争者比较。这些必要信息可从统计报告、同业竞争者发布的相关信息等渠道获得。

5. 美国财务报告的专业术语

公司年度报表被称之为 10-K 表（Form 10-K），但其并非是公司公开发布的年度报告。10-K 的格式高度标准化，公司与公司之间差别不大。

季度报表称之为 10-Q 表（Form 10-Q）。

重大事项报告称之为 8-K 表（Form 8-K）。美国证券法规定，当上市公司（内部或外部）发生重大事件，可能会影响投资者决策时必须递交 8-K 表，该报告应该在重大事件发生后的 5-15 天内递交。8-K 表格所涉及到的重大事件包括：

- 公司控股权的转移；
- 破产；
- 更换会计师事务所；
- 董事辞职且要求公司披露其辞职原因；
- 其他具有实质性意义的重大事件，诸如取得与处置主要资产、管理层变动、公司治理情况等。

股东委托书（DEF-14A）。SEC 要求公司股东在股东大会之前收到股东委托书。委托书是股东授权另一方投票的授权书。这些信息通常包括需要股东投票的提案、管理层和主要所有者的证券所有权详情、董事简历和高管薪酬披露。

6. 审计

6.1　财务报表审计的定义与目标

审计是独立（independent）的审计公司对客户公司财务报表作出的独立评价。审计的目标是由审计师提供关于客户公司财务报表公正性和可靠性的观点。

这里需要注意的是，此处的审计指代的是外部审计，独立的审计公司由董事会聘请，审计公司审核管理层的工作业绩（即财务报表）以达到为股东负责的目的。

内部审计隶属于组织的董事会或最高管理层，接受其指导和监督并取得其支持，以确保内部审计机构的独立性。内部审计机构接受董事会或最高管理层的领导，保持与董事会或最高管理层的良好关系，协助董事会或最高管理层履行职责，实现董事会、最高管理层与内部审计在组织治理中的协同作用。

6.2 审计意见类型

— 备考指南 —
了解四大审计意见的特征。看到英文关键词要会判断。

审计意见指审计师在完成审计工作后，对于鉴证对象是否符合鉴证标准而发表的意见。对财务报表审计而言，审计意见针对的是：财务报表是否已按照适用的会计准则编制，以及财务报表是否在所有重大方面公允表述，反映了被审计者的财务状况、经营成果和现金流量情况。

公司之所以需要审计，是因为在现代公司制度下，委托代理问题广泛存在，股东必须确保董事会与管理层以公司价值最大化为经营目的。

- 标准无保留意见

标准无保留意见（unqualified opinion，又称 clean/clear/standard opinion）说明审计师认为财务报表在所有重大方面公允地反映了公司的财务状况、经营成果和现金流量，是上市公司最希望看到的审计报告。

- 保留意见

如果报表有任何不遵守会计准则的地方，会计师会发布保留意见（qualified opinion），并在审计报告中做出解释。

- 否定意见

如果报表严重不符合会计准则或者存在重大错误，会计师可以发布否定意见（adverse opinion）。

- 无法表示意见

所谓无法表示意见（disclaimer of opinion），是指审计人员在审计过程中因未搜集到足够的审计证据，无法对被审计公司的会计报表发表确切的审计意见，所出具的一种不发表评价意见的审计报告，即对会计报表不发表肯定、保留和否定审计意见的审计报告。在学术研究中，一般将其视为对公司具有负面影响的审计意见。

6.3 公司内部控制制度

— 备考指南 —
在 U.S.GAAP 下，审计师必须对公司内部控制情况出具相关意见。

完善有效的公司内部控制制度（internal control system）能够保证公司出具正确的财务报表，内部控制是管理层的重要责任。

萨班斯——奥克斯莱法案（Sarbanes Oxley Act）对公司内部控制的规定：

- 公司管理层必须执行与维持有效的公司内控系统；
- 对管理层如何评估公司内控系统的描述；
- 管理层对最近几年公司内控系统有效性的评估；
- 审计师对管理层出具的与公司内控系统相关报告的评估结果；
- 能够保证公司呈报翔实可靠的财务报告。

7. 财务报表分析框架

财务报表分析框架包括以下六个步骤：

- 首先要明确财务报表分析的目的，需要解决什么问题，即“要做什么事”，列出分析的时间限制与预算资源。一般来说，进行财务分析的目的是解读财务信息，并以此作为决策依据。由于不同的财务报表用户与企业的利益关系不同，作出的决策不同，分析的目的也不同。
- 收集数据。该环节需要根据报表分析的目的，尽可能广泛的收集各类信息，为之后的分析工作提供帮助。这一步骤是分析过程重要的一环，所谓“garbage in, garbage out（垃圾进，垃圾出）”，翔实可靠的信息对后续分析工作大有益处。
- 处理数据。该环节主要是利用第二步所收集到的数据，对财务报表做合适的调整，使得不同公司的财务报表具备可比性，同时计算相关财务比率等。
- 分析解释数据。基于处理数据得到的结果（相关财务比率等），结合第一步骤明确的报表分析的目的，对处理后的数据进行分析。
- 报告结论或建议。这是分析师的最终产出成果，结合报表分析的过程，最终给出最终的结论或者投资意见。比如以投资某家上市公司股票为目的，最终通过分析数据得到的信息，最终给出投资建议（买入、持有或者卖出）。
- 持续跟进，更新分析内容。根据最新的市场行情，定期重复这些步骤，必要时改变结论或投资建议。

— 备考指南 —

给雷财务比率，既是“处理数据”步骤中的输出值，也是“分析解释数据”时的输入值。

第21章 财务报告准则

本章知识点		讲义知识点
一、财务报告目标	了解财务报告和财务报表分析目标	财务报告准则设置机构及监管机构
二、准则设置机构和监管机构	1. 了解会计准则制定机构的主要作用	
	2. 了解监管机构的主要作用	
三、国际财务报告准则的框架	1. 了解财务报表的定性特征	会计准则基本框架
	2. 了解财务报告会计要素的计量	
	3. 了解财务准则的限制条件	
四、财务报表的一般性要求	1. 了解 IAS 要求公司包括的财务报表	
	2. 了解 IAS NO.1 中对财报准备和呈报的要求	

知识导引

财务报告准则为报表撰写者提供了准备报表所要遵守的准则及财务报告必需的账户类型，使报表使用者能从中获得充分的信息，以做出相应的决策。和特定的会计准则相比，本节所关注的财务报告准则的框架拥有更宽泛的范围，这些准则可使分析师更好地对报表元素及所涉及的交易（这些交易可能包括新发展的且暂未被准则所强调的项目）进行估值。

本章思维导图

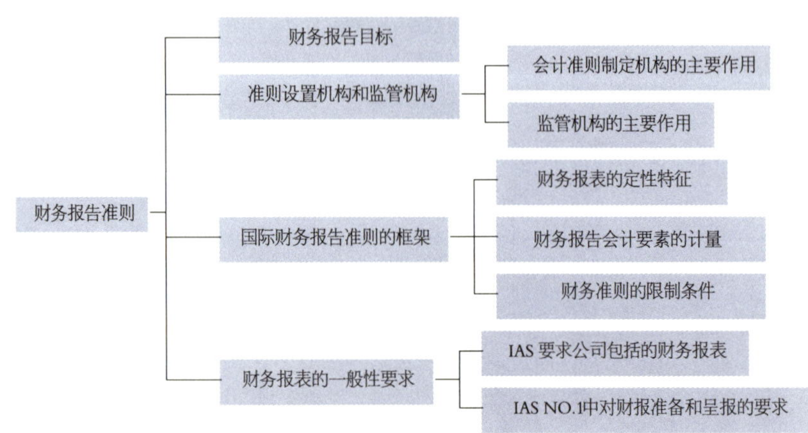

1. 财务报告和财务报表分析目标

在第 20 章中已经提到，根据 IASB 的描述，财务报告的主要目的是为了提供相关的财务信息，从而财务报告的使用者可以根据财务报告提供的信息做出决策。而财务报表分析的主要目的是根据财务报告提供的信息，评估公司过去及现在的业绩，预测企业未来的业绩，最终做出经济决策。

2. 准则设置机构和监管机构

2.1　会计准则制定机构

会计准则制定机构（Standard-setting Bodies）是建立财务报告准则的会计师和审计师的专业性组织。全球有两个主要的准则设置机构，即美国的财务会计准则委员会（FASB）和国际会计准则委员会（IASB）。

- 在美国，财务会计准则委员会（Financial Accounting Standards Board, FASB）制定了公认会计准则（U.S. Generally Accepted Accounting Principles, U.S. GAAP）。财务会计准则委员会是一个独立的组织，由财务会计基金会管理。虽然美国证券交易委员会（SEC）很少干预 FASB 对会计准则的制定，但是 SEC 依旧保留有制订准则的权利。
- 国际会计准则委员会（International Accounting Standards Board, IASB）制定了国际会计准则（International Financial Reporting Standards, IFRS）。国际会计准则委员会是一个独立的非盈利组织，其目标是为了提供高质量的会计准则，确保准则条款是透明、可比、并且有利于做决策。

2.2　监管机构

监管机构（regulatory authorities）属于政府机关，拥有法律权力，可以强制执行财务报告准则。监管部门可以要求财务报告按照一套特定的会计准则编制，也可以自行制定可接受的会计准则。

- 美国证券交易委员会（Securities and Exchange Commission, SEC）

美国证券交易委员会是监管美国证券市场和资本市场的主体，需要通过制定一系列的法律法规进行监管。SEC主要制定了1933年证券法、1934年证券交易法和2002年萨班斯—奥克斯莱法案（Sarbanes-Oxley Act of 2002），而萨班斯法案标志着美国证券法律根本思想开始从“披露”转向“实质性管制”。

- 国际证监会组织（International Organization of Securities Commissions, IOSCO）

— 备考指南 —
严格来说，国际证监会组织不属于监管机构，没有法律强制效力。

国际证监会组织是由多个国家的监管机构组成的国际组织，不具有立法权，主要目标是指导各国证券及资本市场的监管。国际证监会关于金融市场的监管基于三个主要目标：保护投资者，确保市场的公平、有效、透明及降低系统性风险。

3. 国际财务报告准则（IFRS）的框架结构

3.1 定性特征

— 备考指南 —
相关性与忠实表达是财务报告最为重要的两类基本定性特征。

为了明确财务报告提供的信息对于报表的使用者来讲是有用的，国际财务报告准则明确了两个基本的、最重要的财务报告的定性特征，包括相关性（relevance）和忠实表达（faithful representation）。

- 相关性（relevance）

信息应当是及时的、细致的、重要的，从而影响报表使用者的经济决策，帮助他们评估过去、现在和未来的事件，或者纠正过去的评价。换句话说，只要是报表使用者在做经济决策之前想要知道的信息，都是相关的。

- 忠实表达（faithful representation）

信息应当没有重大错误或偏差，反映经济现实，真实地和完整地反映公司的财务状况，包括对交易和事件的确认符合实质重于形式（substance over form）、中立性（neutrality）、预测的谨慎性（prudence）和完整性（completeness）。

国际财务报告准则框架也明确了四个强化定性特征（enhancing quality characteristic），包括：可比性（comparability），可验证性（verifiability），及时性（timeliness）和可理解性（understandability）。这四个特征是在相关性与忠实表达基础上的进一步强化。

- 可比性（comparability）

财务报告应当符合同一企业不同时期可比（纵向可比），不同企业相同会计期间可比（横向可比）的要求。

- 可验证性（Verifiability）

指对于独立的第三方观察者，使用相同的方法可以得到类似的结果。如同自然科学的实验，在相同的条件下，采用相同的方法重复实验，如果能够得到相同的结果，这一结果才是可靠的。

- 及时性（Timeliness）

指财务报告需要在“过期”以前发布并使用。财务报表信息的价值很大程度上取决于它的时效性，只有那些能够及时满足经济决策需要的信息才有价值。此外，如果企业迟迟不在规定的时间内发布财务报告，就有可能被投资者与监管当局认为存在重大经营失误，严重者会被追加处罚。

- 可理解性（Understandability）

对于具有商业与会计基本知识且愿意钻研报表信息的使用者来说，财务报告必须是可以被理解的。一份晦涩难懂的财务报告肯定不能达到帮助报表使用者做出正确决策的目的。然而，在财务报表中，不应该忽略一些有用但是复杂的信息。

名师解惑

相关性、忠实表达（可靠性）、可比性、可验证性、及时性与可理解性是一份高质量财务报告的基本属性，这部分虽然在 CFA 考试中属于需要记忆的知识，但是考生必须充分把握这些性质背后的深刻会计机理，尽可能地从本质把握这些属性。

另外，与预算决策过程类似，企业在编制会计报表的时候也存在限制条件，要遵循成本——收益原则。如果精确记录一项资产所要花费的成本（人力成本等）甚至超过了资产本身的价值，则可以简略处理。换句话说，面面到位、精细正确的财务报表固然有益，但是其内在价值要是不能抵销编制成本，则是不合算的。我们在编制财务报表时需要再三权衡。

3.2 会计要素的计量

财务报告要素（financial reporting element）包括资产、负债、所有者权益、收入和费用，不再赘述其概念。以上要素的计量基于以下会计计量方法：

- 历史成本（historical cost）：购买资产的时候支付的价款。
- 摊余成本（amortized cost）：在历史成本的基础上，调整长期资产的折旧、

— 备考指南 —
在中国，部分会计书中把利润也归为要素。这里沿用的是 CFA 考试的概念。

— 备考指南 —
会计要素的计量方法需要考生掌握名词解释。

无形资产的摊销、资产减值等因素之后的成本。

● 重置成本（replacement cost）：当前要获取相同的资产所需支付的价款。

● 可变现价值（realizable value）：可变现价值是对资产来说的，是企业处置资产可取得的价款。

● 现值（present value）：对于资产来说，现值是未来现金净流入以一定折现率折到当期的价值；对于负债来说，现值是未来现金净流出以一定折现率折到当期的价值。

● 公允价值（fair value）：熟悉市场情况的买卖双方在公平交易的条件下和自愿的情况下所确定的价格，或无关联的双方在公平交易的条件下一项资产可以被买卖或者一项负债可以被清偿的成交价格。

3.3 限制条件（constraint）

● 编制财务报表的过程中，不同的特征之间可能存在矛盾。

例如，为了达到相关性要求，信息必须及时；然而要确保信息是可靠的，就需要一定时间来验证，这就体现了相关性和可靠性的矛盾。财务报告需要在相关性与可靠性之间达到平衡。将历史成本法计价与公允价值计价两种方式进行对比可以很好地说明问题。

当资产以历史成本计价，可以保证较高的可靠性，即重视反映历史状况。但是资产入账与现有状况存在时间差，宏观经济环境、行业发展状况、企业经营情况可能已经发生巨大变化，以历史成本计价的特定资产价值（如对企业发展至关重要的无形资产）的相关性较低。

资产以公允价值入账，则可以保证较高相关性，但是可靠性不佳，企业管理层可能会通过这一方式虚增企业资产，夸大利润总额。于是，在编制财务报表时，需要权衡这历史成本法与公允价值法的利弊。

● 财务报告的使用者从这些信息中获得的好处应该大于它的准备成本。

从某种程度上来说，财务报告具有“公共产品”的特征，财务报告一经发布，使用者几乎可以无偿地获得这些信息，并且在“消费”（使用）时具有非排他性。但是，编制财务报告也需要成本，而财务报告使用者是不付费或者很少付费的。从整个社会来说，报告的使用者从信息中获得的好处应大于财务报告的编制成本，这符合成本—收益原则。

● 公司无形和不能量化的信息无法直接从财务报表中获得。

比如，公司人力资源的能力无法在财务报告中反映出来，因为并不是每样资产都是可以用货币计量并反映在企业的财务报表当中的。

4. 财务报表的一般性要求

4.1 IAS 要求的报表包括

- 资产负债表；
- 综合收益表；

在国际准则下，企业既可以单独制作一张综合利润表，也可以由两张报表构成，包括一张利润表外加一张综合利润表，以利润表中的净利润作为起点进行列示。

- 现金流量表；
- 所有者权益变动表；
- 解释性附注，包括会计政策的说明和其他批注。

4.2 IAS NO.1 要求的基本原则

IAS 会计准则中（国际准则 IFRS 的前身），对财务报表准备的基本原则做了明确规定，包括以下八个基本原则：

- 公允表达（Fair Presentation）

指依据确认资产、负债、收入、费用时所需要的准则对影响会计主体的交易与重大事项进行公正合适的表达与呈现。

- 持续经营假设（Going Concern Basis）

持续经营假定企业主体在可以预见的将来无限期地经营下去，该假设提供了企业未来的前景，为财务工作的正常活动做出了时间规定。例如，决定固定资产折旧年限为 5 年，就是假设公司能够持续经营下去；如果公司明天就破产，那么折旧年限就无意义。

- 权责发生制（Accrual Basis of Accounting）

除了现金流量表，权责发生制用于编制其他财务报表，例如：资产负债表和利润表。

- 重要性与聚集性（Materiality and Aggregation）

重要性指财务报告应当尽量避免错报漏报那些可能会影响财务信息使用者决策的重要信息。也就是说，在选择会计方法和程序时，要考虑经济业务本身的性质和规模，根据特定的经济业务对经济决策影响的大小，来选择合适的会计方法和程序。

如果一笔经济业务的性质比较特殊，不单独反映就有可能遗漏一个重要事实，不利于所有者以及其他方面全面掌握这个企业的情况，就应当严格核算，单独反映，提请注意。

但是，如果一笔经济业务的金额在收入、费用或资产总额中所占的比重很小，就可以采用较为简单的方法和程序进行核算，甚至不一定严格采用规定的会计方法和程序，或与类似业务合并核算，称为聚集性。

重要性原则与会计信息成本效益直接相关。坚持重要性原则，就能够使提供会计信息的收益大于成本。对于那些不重要的项目，如果也采用严格的会计程序，分别核算，分项反映，就会导致会计信息的成本高于收益。

- 不可抵消（No Offsetting）

不可抵消意味着在编制资产负债表和利润表时，除非准则允许，资产和负债不能相互抵消，收入和费用不能相互抵消。

- 报告频率（Reporting Frequency）

通常情况下，财务报告至少需要每年报告一次。

- 可比信息（Comparative Information）

企业提供的财务报表信息应当是可比的，也就是需要在报表中包含过往会计年度的信息，方便使用者比较不同年份间公司的财务数据。

- 一致性（Consistency）

这里强调不同时期的一致性。企业当期的项目（科目）与前期的项目（科目）可以进行对比分析，即企业在不同阶段应该采用一致的会计政策或会计估计。

第 22 章 理解利润表

<table>
<tr><th colspan="2">本章知识点</th><th>讲义知识点</th></tr>
<tr><td rowspan="3">一、利润表的构成</td><td>1. 理解利润表的构成</td><td rowspan="3">利润表基本形式及构成</td></tr>
<tr><td>2. 常见会计科目</td></tr>
<tr><td>3. 特殊项目</td></tr>
<tr><td>二、收入确认的一般原则与方法</td><td>收入的确认原则</td><td rowspan="2">权责发生制及收入确认原则</td></tr>
<tr><td>三、费用确认的一般原则与方法</td><td>掌握费用确认的一般原则和方法</td></tr>
<tr><td rowspan="2">四、每股收益计算</td><td>1. 掌握基本每股收益的计算方法</td><td>基本每股收益计算</td></tr>
<tr><td>2. 掌握稀释每股收益的计算方法</td><td>稀释每股收益计算</td></tr>
<tr><td>五、同比利润表分析</td><td>掌握同比利润表的制作方法</td><td rowspan="2">同比利润表的编制</td></tr>
<tr><td>六、综合性收益</td><td>了解综合性收益的相关内容</td></tr>
</table>

知识导引

利润表反映了公司在一段时期内开展业务的财务成果，它展示了公司在这段时期内产生了多少收入和费用。利润表有时也可被叫做“损益表”。在国际准则下，利润表可表示为：一张单独的利润表，且后面跟着一张以利润和损失（来自于利润表）为开头的综合收益表；或利润表只是综合收益表中的一部分。美国准则下，利润表也可有另外的表示方式。本节主要讨论利润表，但是也会讨论综合收益表。

本章思维导图

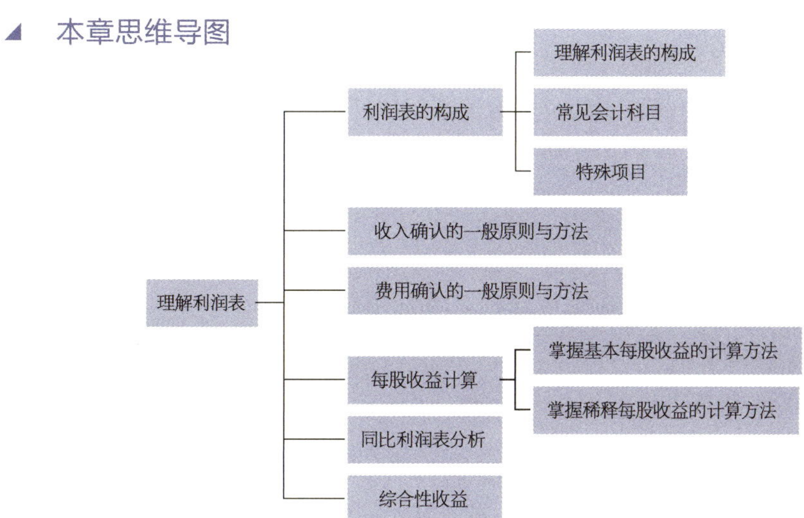

1. 利润表的构成

利润表（income statement）展示在一段时间回见内公司的业务活动的经营成果，主要包括收入与费用、利得与损失以及利润（收益）。

利润表是一张动态报表，记录的信息与企业的日常经营活动息息相关，得到的净利润最终会反映到资产负债表所有者权益项目的变动上，所以利润表经常被认为是最重要的一张财务报表。利润表中的会计要素有两类：收入与费用。在每类会计要素下，细分为对应的会计科目，然后按照一定的顺序进行列示，最终计算出净利润（net income，NI）。

1.1 利润表会计要素

- 收入（revenue）

企业在日常活动中形成的，会导致所有者权益增加的与所有者投入资本无关的经济利益的总流入，来源于销售商品或提供劳务。

- 费用（expenses）

企业在日常活动中发生的、会导致所有者权益减少的与向所有者分配利润无关的经济利益总流出。费用可以认为是企业为了获得收入而付出的代价，包括销售成本、经营费用、息税费用等。

费用可按两种方式分类，按自身属性来归类（grouped by nature）或按照功能来归类（grouped by function）。

按属性分，即把相同属性的费用归类在一起。例如，把所有的折旧费用（包括生产设备的折旧和行政设施的折旧等）都用“折旧（depreciation）”来表示，则此归类法属于按自身特性来归类。

按功能分，指把费用分为生产相关的费用与生产无直接关系的费用。例如，把和销售货物相关的费用（包括材料费、人工费、和货物相关的折旧费及销售人员的工资等）全都用“销售成本（cost of goods sold, COGS）”来表示，则此归类法属于按功能来归类。

表 22-1 呈现了常用的基本利润表格式。

表 22-1　利润表

净收入

- 销售成本（COGS）
毛利润
- 经营费用（SG&A）
经营利润
+ 其他收入（非主营业务）
息税前利润
- 财务费用（利息）
+/- 非经常项目收入（税前）（线上，above the line）
税前利润
- 所得税费用
可持续的经营性净利润（线 the line）
+/ - 已终止经营业务收入（税后）（线下，below the line）
+/ - 会计标准变更的影响（税后）（线下，below the line）
净利润（线下，below the line）

1.2　利润表常见会计科目

在会计要素这个大类下，还有一些子类，即会计账户（account），又称会计科目。以下简单罗列以下基本的利润表中的会计账户。

1.2.1　净收入

净收入（net revenue）等于企业变卖商品赚取的总收入扣除预计退货、现金折扣或商业折扣（cash or volume discount）等项目后的余额。净收入反映企业通过主营业务赚取的收入，一般作为利润表的第一行进行列示，所以又称为“top line”。

— 备考指南 —
净收入又名“净销售收入（net sales）”。

1.2.2　销售成本（COGS，cost of sale, COS）

企业当期已售商品的成本，即为制造这些产品所直接投入的原材料、劳动力及分摊的制造费用等支出。COGS 反映企业经营主营业务付出的成本。

1.2.3　毛利润（Gross Profit）

毛利润 = 净收入 - 销售成本。当利润表上有此科目时，则该利润表使用的是多步格式（Multi-stage Format），而非单步格式（Single-stage Format）。

1.2.4 经营费用

经营费用指和企业日常经营有关的，非主营业务费用，例如：销售管理费用（selling，administrative and general cost, SG&A）。

1.2.5 经营利润（Operating Income）

经营利润 = 毛利润 − 经营费用，对非金融公司来说，经营利润不考虑财务费用、所得税及营业外收支所得的利润。

1.2.6 其他收入（Other Income）

其他收入不仅指可能由日常经营活动所引起的收入，也包括不是由日常经营活动引起的收入。例如，食品企业以较低的价格为贫困山区的孩子提供爱心早餐，政府会酌量给予企业一定补贴，这部分补贴即属于与企业日常经营活动相关的其他收入。如果该企业处置食品加工设备得到一定的利得，则属于与日常经营活动无关的其他收入。

1.2.7 息税前利润（earnings before interests and taxes，EBIT）

息税前利润这一概念要与经营利润（operating income）区分开来，在 CFA 考试中，一般情况下将经营利润与息税前利润等同，但是在有些情况下二者会有差别——当题目中出现营业外收支项目时，需要用经营利润减去营业外收支才能得到息税前利润，这一点需要引起注意。另外，EBIT 在财务分析中非常重要，这其实是不考虑公司借贷因素的盈利能力，使借债比例不同的公司具有更强的可比性。

1.2.8 财务费用

财务费用一般指利息费用，这里的利息费用是所谓的“净值”（net）概念，公司既有利息收入（银行存款等）也有利息支出，需要抵扣得到净利息费用。

1.2.9 税前利润（earnings before tax，EBT）

税前利润是指扣除所得税前，会计报表中企业所有经营活动产生的收益。

1.2.10 所得税费用（tax expenses）

所得税费用为公司当期通过会计准则计算出的应当缴纳的所得税。

1.2.11 可持续的经营性净利润

从经营利润中减去各类经营费用，则最终可以得到经营性净利润，经营性净利润可以被称为“线”。线上列示的所有项目都是按照税前的数额进行列示，线下列示的所有项目都是按照税后的数额进行列示。

1.2.12 净利润（net income，NI）

简单来说，在利润表中核算净利润的过程如下：净利润＝收入－日常费用＋其他收入－其他费用＋利得－损失。净利润一般为利润表的最后一行，又称“bottom line”。

1.2.13 少数股东损益（minority interest，MI）

少数股东损益，当母公司拥有子公司的控股权，但是并非100%控股时，那些按照比例属于其他外部股东的权益在母公司利润表中表现为少数股东损益。在这种情况下，母公司计算净利润时，应当在总的净利润中减去少数股东损益，得出的是真正归属于母公司的净利润。

1.3 特殊项目

在利润表中有两类特殊项目：非经常性项目与终止经营业务，分别在“线上”及“线下”进行列示。除此之外，若在会计期间内，发生会计变更影响利润表数额的，也需调整在利润表中。

1.3.1 非经常项目（Unusual or Infrequent Items）

非经常项目指的是发生频率不高，或者是特殊项目，该项目在利润表中处于“线上（above the line）”，也就是说应当在税前列示，通常不会对现金流量造成影响。例如：

- 出售资产、处置业务所造成的利得或损失；

在处置一项资产时，销售价格与账面价值之间的差异称为利得（销售价格大于账面价值）或损失（销售价格小于账面价值）。利得会增加企业经济利润，损失会减少企业的经济利润。

利得与损失一般由企业非日常经营活动形成的一次性（non-recurring）的经

济利益流入或经济利益流出。

- 处理商业部门的收益或损失，如员工遣散成本、工厂关闭成本等；
- 出售在附属部门的投资的收益或损失；
- 环境污染罚款；
- 资产减值、销账（write offs，资产毁损消失）、调帐（write downs，资产减少）及重组费用。

1.3.2 终止经营业务（Discontinued Operations）

终止经营业务，也称之为“非持续性经营活动”，其中一个常见类型就是企业或生产线的清理。终止经营是指管理层决定处置，但是还未具体执行，或者在该经营活动产生收入或损失后在当期完成处置。与这些部门相关的净收益以及处理的收益或损失必须与持续经营项目分开披露，并放到损益表中“线下（below the line）”，按税后数额列示。

当公司做出正式的终止经营计划的日期称为开始计量日（measurement date），在开始计量期和实际处置日（actual disposal date）之间称为逐步退出期（phase-out period）。从开始计量期日起，到处置日结束，期间产生的所有收益和费用均属于终止经营项目（图 22-1）。

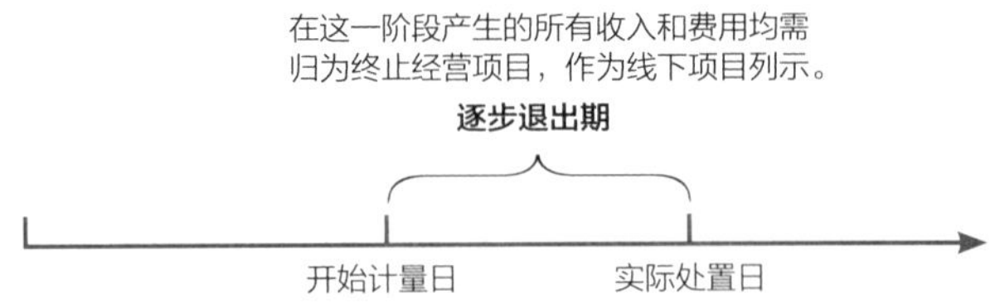

图 22-1　终止经营项目列示图示

1.3.3 会计标准变更

- **会计政策变更**：比如存货计量方法从 LIFO 变到 FIFO。会计政策变更要求追溯调整。所有的前期财务报告要重新表述以反映新政策下的变化。
- **会计估计变更**：是管理层判断的变更，比如折旧期限的变更。会计估计的变更不用追溯调整，不用重述以前年度的财务报表，所以一般不需要在线下调整。
- **会计差错更正**：会计前期差错更正通过重述以前年度财务报表来实现，不会对当期利润表产生影响。此外，还要求披露调整的收益和对净利润的影响，直接在期初留存收益中调整。

三类会计变更若影响之前会计期间的数额，称为追溯调整（retrospective adjustments）。会计政策变更可能需要追溯调整，会计估计变更无需追溯调整，会计差错更正必须进行追溯调整。

2. 收入确认的一般原则与方法

根据国际准则给出的定义，收入是指企业在日常活动中形成的、会导致所有者权益增加的、与所有者投入资本无关的经济利益的总流入。为了增强不同准则下的可比性，美国准则和国际准则在收入确认的方面已趋于一致，通过五个步骤来确认收入。

- 第一步，识别与客户订立的合同；
- 第二步，识别与合同相关的各单项履约义务；
- 第三步，确定交易价格；
- 第四步，将交易价格分摊至各单项履约义务；
- 第五步，在企业履行了履约义务时确认收入。

如果合同有权利的一方会在资产负债表中确认合同资产，有义务的一方则确认合同负债。

> **备考指南**
> 这里的五个步骤可以分为两项重点：
> 1. 权利义务已经转移
> 2. 收回款项可以确信
> 其中，第一步、第二步和第五步主要与收入的确认有关，明确在什么时候确认对应的收入；而第三步和第四步主要与收入的计量有关，即需要确认多少收入。

名师解惑

确认收入时，合同资产列示在资产负债表上。只有在除付款外的所有履约义务都已履行时，应收款才出现在卖方的资产负债表上。

合同资产类似“应收账款”。二者的相同点是，两者都是一种收款权。但是应收账款是一种无条件的收款权，“欠债还钱，天经地义”，对方一定要还钱，不然属于违约。而合同资产是有条件的收款权，只有完成了合同义务之后，才有权收钱。

总体来看，新收入准则的主要修订内容如下：

第一，以控制权转移替代风险报酬转移作为收入确认时点的判断标准。原有收入准则关注的是风险的转移，现行准则关注“控制权”的变更。

第二，将现行收入和建造合同亮相准则纳入统一的收入确认模型，不再区分传统的收入确认与长期建造合同。但是在新收入准则中具体确认中，依旧沿用了长期建造合同中经典的完工百分比法（percentage of completion，POC），只不过名称发生变更。

— 备考指南 —
在 CFA 考试中，需要考生更多关注总额和净额收入确认的区别。

第三，更清晰的实务指引：针对总额还是净额确认收入，多重要素的安排与合同成本等作出明确的规定。

在收入的确认方法下，前三个步骤涉及重要考点，下文进行详细说明。

第一步：识别与客户订立的合同

根据会计准则，合同是合同当事人之间的具有商业实质的协议和承诺。它确定了各方的义务和权利，包括付款条件。在新收入准则下，一定是以合同为前提，如果合同有法律约束力，明确了双方的权利和义务，才谈收入。而收入确认原则：企业应当在履行了合同中的履约义务，即在客户取得相关商品控制权时确认收入。

名师解惑

取得商品控制权：指的是客户可以使用该商品或者是从中获得几乎全部的经济利益，比如说客户可以把商品卖了换钱，这就算是可以从商品获得几乎全部的经济利益，也包括有能力阻止其他方主导该商品的使用并从中获得经济利益。

在评估客户是否在某个特定时间获得资产控制权时，需要从一下几个方面进行考虑：

- 企业有权从客户那里收钱；
- 客户依法具有所有权；
- 客户对有形资产有了真实控制；
- 客户承担该资产所产生的风险，同时享受对应的所有权回报；
- 客户已接受资产。

收入确认需要同时满足以下 5 个条件。

（1）合同各方已批准并承诺履行该合同义务，即合同各方都“签字画押”。

（2）合同明确了各方与所转让的商品（或提供的服务）相关的权利和义务。

（3）合同有明确的与所转让的商品相关的支付条款。合同中有明确条款限定，例如：合同总价是多少钱？付款方式是什么？

（4）合同具有商业实质。

典行的不具有商业实质的交易为循环交易（round-trip transaction）。例如新浪和网易互相交换各自的头条广告位。由于交换的商品、交换的时间与交换的对手方都是一致的，此时这类交换不具有商业实质，不能按照头条广告为的公允价值确认收入。

（5）企业因向客户转让商品而有权取得的对价很可能（probable）收回。国际准则和美国准则两个准则对"很可能（probable）"的定义是有所差异。国际准则认为"probable"指的是"很有可能"，即事件发生的可能性大于事件不发生的可能性。而根据美国准则，"probable"指的是事件有可能发生，即只要事件发生的可能性大于0即可。因此，同样的经济合同在两种准则下，有可能产生不同的会计处理。同理，企业只有在收入很可能不会随后转回时才能确认收入。

— 备考指南 —
在CFA一级的环境中，合同的法律约束力，主要考察"有可能（probable）"收回款项。

举个例子

【例】

在国际准则下，甲同学从淘宝商城B店买了一个充电宝，约定7天之内无条件退款，退款时甲同学不用支付运费或其他形式的赔偿，同时，甲同学用了2天的充电宝，发现了另外一个更加物美价廉的充电宝（来自X店家），准备入手。请判断B店家收回款项是否probable。

【解析】

在国际准则中，probable即事件发生的可能性大于事件不发生的可能性。在例题中，甲同学看到了另外一个物美价廉的充电，更有可能退回自己手上的充电宝，所以B店家很有可能收不到甲同学的款项，此时，合同没有法律约束力，B店家不应确认收入。

但是在美国准则下，甲同学可能怕麻烦，继续留用B店的充电宝，即收回款项的可能性大于0，此时，B店家在美国准则下，收回款项是probable的。

第一步：识别合同中的难点【合同变更】

新收入准则提供了关于合同变更是新合同还是修改现有合同的指导。合同变更指的是原合同范围（商品数量、工期等）、或者合同价格的进行变更。但是若涉及与已经转让的商品或服务不同的、新的商品或服务，则应视为一项新合同。

举个例子

【例】

原建造合同造价为 100 万元，成本为 60 万元，预计 3 年完工一座大桥。现由于疫情原因，合同成本上升为 80 万元，工期延长 6 个月。请问属于合同变更还是新合同?

【解析】

在本例中，涉及到成本和工期的变更，除了造桥之外，没有额外的新商品或服务产生。所以属于合同变更。

【例】

若上述施工队为了覆盖部分固定成本，选择在疫情期间，利用工地，加工口罩卖钱。口罩合同产生的收入约 100 万元。请问属于合同变更还是新合同?

【解析】由于生产口罩产生了新的商品，所以口罩部分的 100 万元应该作为新合同，单独确认收入。

第二步：识别合同中的单项履约义务

在合同开始日（这个日期非常重要，一般情况下就是合同签订成立那天），识别该合同所包含的各单项履约义务，只有一项履约义务后期就不用分摊，有两项或两项以上，就要分摊。然后确定各单项履约义务是在某一时段内履行（计算履约进度分期确认收入），还是在某一时点履行（一锤子买卖），最后在履行了各单项履约义务时分别确认收入。

举个例子

【例】

甲公司为财务软件开发公司，与客户签订价款为 14 万元的合同。合同中包括销售软件（单独售价 12 万元）、3 年期软件维护（单独售价 8 万元）。甲公司是否应将每个具体项目视为应分配收入的单独履行义务?

【解析】

这里就有两个单项履约义务，一个是销售软件、一个是软件维护服务。

【例】

B 公司与客户签订建造一幢写字楼的合同。合同中确定要提供的各种货物和服务，如施工的预备项目、管道、电线怕布排、室内装潢和建筑单个组件的施工。关于“确定履行义务”，B 公司是否应将每个具体项目视为应分配收入的单独履行义务？

【解析】

由于施工的预备项目、管道、电线怕布排、室内装潢和建筑单个组件的施工均为建造大楼的一部分，无法独立拆分，所以应把整个合同作为整体，确认收入。

怎样判断是否为单项义务呢？在实务操作中，除了以下三类，其他都应该拆分开来进行确认。以下三类应作为整体确认：

（1）企业需提供重大的服务以将该商品与合同中承诺的其他商品进行整合，形成合同约定的某个或某些组合产出转让给客户。

例如，建造办公楼时，砖头、水泥和人工等商品或服务彼此之间不能单独区分，都是作为构成办公楼的整体转让给客户，所以应以整个办公楼作为一项履约义务。

（2）该商品将对合同中承诺的其他商品予以重大修改或定制。

例如，某软件要与客户现有的计算机系统相兼容，需要对现有系统进行重大修改。此时，为了运行软件而作出的定制化重大修改的承诺在合同层面是不可明确区分的。

（3）该商品与合同中承诺的其他商品具有高度关联性。

例如，书籍出版过程中的校稿和审核修改，需要不断改进，不断返工才能最终成稿，此时这几样步骤不可拆分，就作为一项大的履约义务，整体确认收入。

第三步：确定交易价格

交易价格：是指企业因向客户转让商品而预期有权收取的对价金额。

企业代第三方收取的款项（如：增值税，是替国家收的）以及企业预期将退还给客户的款项，应当作为负债进行会计处理，不计入交易价格。

在 CFA 一级的考试中，需要大家关注以下三类收入确认。

① 扣减相关的现金折扣与商业折让后余下的净额，确认为企业收入。

② 长期建造合同的确认。

举个例子

【例】

甲公司签署建造合同造价为 100 万元，成本为 60 万元，预计 3 年完工一座大桥。假设收回款项可以确信，第一年实际发生的成本为 30 万，问第一年应确认收入多少?

【解析】

在长期建造合同的确认中，依旧遵循原准则的完工百分比（POC）法，但是这个方法的名字在新准则中不再使用。

POC 法确认步骤：

（1）计算完工百分比

完工百分比（%）= 当期实际发生的成本（Ci）/ 预计总成本（TC）

= 30/60 = 50%

（2）计算当期收入

当期收入（Ri）= 完工百分比（%）× 预计总收入（TR）

= 50%×100 = 50 万

（3）计算当期利润

当期利润（Pi）= 当期收入（Ri）- 当期实际发生的成本（Ci）

= 50 - 30 = 20 万

③ 净额与全额确认收入。

在全额收入报告制度（gross revenue reporting，毛收入）下，公司按总额报告销售收入和成本。在净收入报告制度（net revenue reporting，净收入）下，公司的销售收入中仅仅报告总收入和进价成本的差额。两种报告模式下，利润总额一致，但是在毛收入报告中，销售收入更高。

美国准则规定只有同时满足符合以下四个条件的企业，才能按全额收入报告制度确认收入：

- 是销售合同的直接义务方；
- 承担存货风险及信用风险；
- 能够自主选择供应商；
- 有权力自由确定合理的价格。

在 CFA 考试中，需要学员准确判断交易价格，我们通过例子来进行说明。

举个例子

【例】

旅行社要定头等舱的机票，每张机票的票价是一万美元，从航空公司的进货成本为 9000 美元。票务中介人（如携程）需额外支付 50 美元每张的销售成本。请问在美国准则下，携程应该报告的销售收入为多少美元？

【解析】

在毛收入报告下，携程会报告 10000 美元的收入，9050（进货成本 9000+ 销售成本 50）美元的成本费用。此时利润 =10000-9050=950 美元。

但是在例题中，携程不能用毛收入进行报告。因为毛收入报告，在美国准则下要同时满足 4 个条件：是销售合同的直接义务方；承担存货风险及信用风险；能够自主选择供应商；有权力自由确定合理的价格。

但是，在销售机票的过程中，携程只是中间方，承担航运任务的是航空公司。所以携程不满足第一个条件。

同时，携程不承担存货风险。也就是说，机票万一卖不出去，主要承担损失的是航空公司。基于这两个原因，携程应用净收入报告制度列报收入。

净收入报告制度下，

销售收入 =10000-9000=1000 美元

销售成本 =50 美元

利润 =1000-50=950 美元

名师解惑

这里说的毛收入报告和净收入报告具体指的是什么呢？举个例子。在四十多年前 500 强企业的榜单上，排在前面的有很多日本商社，比如三菱商社、三井物产之类企业，商社的实质类似于投资银行、贸易公司，是日本的一种经济形式。比如说企业进口重油，用来燃烧发电用，一船重油可能几千万美金，利润丰厚。如果按照毛收入报告的话，可能就需要报告收入几千万美金，但这其实是荒谬的，因为商社是在替别人运作业务，只能收取手续费，比如说百分之一，这项交易如果是 5000 万。如果按照净收入报告，那么就应该报告 50 万美金，收的手续费是 50 万，而不应该报告销售收入 5000 万，给对方 4950 万，两者之差是 50 万。应该直接把手续费报告为收入。这就称为净收入报告。采用净收入报告之后，日本商社的排名就靠后很多。

U.S. GAAP 规定了毛收入，就是全额能使用的地方。首先公司自身一定是合同的义务方，如同上面进口重油的例子，其实也取决于合同是谁签订的。还有其他条件，如承担存货风险及信用风险，如果公司买下商品，转为存货，然后转让出去，那就可以确认为收入。公司可以选择供应商，是东京电力还是三菱商社选择。然后是价格是谁定的，比如东京电力和沙特阿拉伯签订的协议，三菱商社只是起到一个中介的作用，那么三菱商社报告的就应该是净收入。只有三菱商社满足以上四个条件，才就可以把整船重油作为收入。

第四步：将交易价格分摊至各项履约义务

（与计量有关）如果第二步中识别合同中的履约义务有两项或两项以上，就要进行交易价格的分摊。一般按照单独售价的比例分摊。需要注意的是，这里的“单独售价”不是公允价值，而是按照合同单独销售的价值。所有单独售价之和有可能不等于合同总的交易价格。随着时间的推移，单独售价也有可能发生变化，一般按照合同开始日（也就是合同生效日）确定。

第五步：履行履约义务确认收入

新收入准则中规定的履约义务包括两种形式：

一是在一段时间内履行的履约义务，也被称之为“时段履约”；二是在一定时刻履行的履约义务，也被称之为“时点履约”。两种不同的履约义务的收入确认的方式也有所不同。“时点履约”就是 CFA 考试中最常见的一次性确认总收入的方法，规定的是在某一个时刻点履行履约义务，一般是在客户取得了对商品的控制权时确认收入。而最典型的“时段履约”为长期建造合同。此时收入、成本和利润都会在一段时间内，按照一定的方法分摊到不同的会计期间确认收入。

3. 费用确认的一般原则与方法

费用是指企业在日常活动中发生的、会导致所有者权益减少的、与向所有者分配利润无关的经济利益的总流出。费用确认一般采取配比原则（matching principle），即特定事件对收入与费用的影响应在同一会计期间内确认。另外还有两条相关的标准：（1）与本期活动相联系的成本属于当期费用；（2）与未来各期收入不相关的成本属于当期费用。

当然，配比原则的缺陷在于在实际应用中往往需要估计，如设备的使用寿命等，因此一些会计项目有可能被操纵。

与收入确认一样，费用确认也需要大量的预测。既然涉及到预测，公司就有可能推迟或加速费用的确认。推迟费用确认增加了当前的净收益。分析师必须考虑费用预测变动的潜在原因。分析师还应该将公司的费用预测与同行业其它公司相比较。

名师解惑

公司的财务高层在会计规则允许的范围内具有一定的操纵空间。早一点确认或者晚一点确认收入费用其实就是做会计操纵。财务经理可以把财务报表做得好看，比如说利润率变高了，销售收入增长快了。但财务经理也可以把数据做得难看，难看也是操纵。

为什么要做难看呢？举个例子，国外的阶级矛盾很严重，劳资双方经常发生冲突，资本家和工会在谈判的时候，资本家就会把账做得难看，说今年亏钱了，大家都不容易，你们加工资少加点吧。

再比如，中国的石化企业，处于垄断地位，老百姓都知道他们赚得盆满钵满，但是他们的账目总是严重亏损，甚至每年向国家要求巨额补贴，这就是将账目利润做少点的典型例子，其实是他们为了避免因垄断地位而受到严厉监管的政治行为。

4. 每股收益计算

4.1 基本每股收益

每股收益（earnings per share, EPS）是普通股股东每持有一股所能享有的企业净利润或需承担的企业净亏损，通常被用来反映企业的经营成果，衡量普通股的获利水平及投资风险，是投资者做出相关经济决策的重要的财务指标之一。计算每股收益的基本公式为：

基本每股收益 =（净利润 – 优先股股利）/ 流通在外的加权平均普通股股数

计算基本每股收益的分子，指普通股股东能够获得的收益。首先需要把优先股红利从当年的净利润中剔除，因为优先股股利最终不归属于普通股股东。需要注意的是，普通股股利在上述公式中是不需要剔除的，因为对于普通股股东而言，不管是普通股股利，还是留存收益，都是普通股股东能够分享得到的部分。所以在净利润中扣除属于优先股股东的部分，余下的部分都不需要从分子部分扣除。

— 备考指南 —
企业当期净利润中扣除股利预留的部分增加留存收益的期末余额，留存收益的概念会在第 23 章《理解资产负债表》中详细说明。

计算基本每股收益中，分母是流通在外的加权平均普通股股数，（weighted average number of common shares outstanding，WACSO）。什么是 WACSO 呢？WACSO 是指以流通在外的时间为权重，进行加权平均后的普通股股数，而不是普通股年初或年末流通在外的股数。通过按发行时间加权平均，基本每股收益可以考察全年平均的净收益的贡献。例如，甲公司在 7 月 1 日发行 3000 股普通股，所收取的价款对 6 月 30 日以前已获得的净收益并无贡献，只对 7 月 1 日以后的净收益有贡献。因此在计算 WACSO，需要按照流通在外的时间进行加权平均。

4.1.1 需要加权平均的情况

年度内公司有发行新股和股票回购交易时，加权平均流通在外股数应分段计算。分段原则是，只要股数有增减变动，即为新的一段期间. 并计算该段时间实际流通在外股数的全年加权平均股数。

举个例子

【例】发行新股

甲公司于 2019 年 1 月 1 日有 10000 股流通在外的普通股。若甲公司在 7 月 1 日发行 3000 股普通股，则 2019 年的 WACSO 是多少？

【解】

1 月 1 日流通在外的普通股，流通了一整年，权重为 12/12，

则以 10000×12/12=10000 股计算。

7 月 1 日增发的 3000 股股票，只流通了下半年，则权重为 6/12，

则以 3000×6/12=1500 股计算。

WACSO=10000+1500=11500 股。

【例】股票回购

甲公司 2019 年 1 月 1 日有 50000 股普通股流通在外，3 月 1 日发行新股 5000 股，5 月 1 日回购股票 2000 股。求 WACSO。

【解】

1 月 1 日至 3 月 1 日：50000×2/12=8333 股；

3 月 1 日至 5 月 1 日，发行新股 5000：（50000+5000）×2/12=9167 股；

回购股票 2000 股，5 月 1 日至 12 月 31 日：(55000-2000)×8/12=35333 股；

将以上加总，得到全年加权平均股数为 52833 股。

4.1.2　无需加权平均的情况

和增发或者回购股票不同，股票股利还是股票分割都不会使股东权益发生变动，只是增加了股数。由于公司的股东权益总额仍与以前相同，为便于比较，所有发放股票股利或股票分割前流通在外的股数无需用时间加权，但均应追溯调整。具体地说，有以下三种情况：

（1）年度内不论何时发生股票股利或股票分割、均视为在 1 月 1 日发生。

（2）年度内发行新股，其后有股票股利或股票分割，则视为自发行日起分配股票股利或进行股票分割。

（3）若发放股票股利或股票分割以后再发行新股购回库藏股票，则新股应按实际流通在外期间计算全年加权股数。

如果是在会计年度结束以后，财务报表公布以前发布股票股利或股票分割。在计算每股股利时，加权平均股数应按发放股票股利或分割后的股数计算。若列示两年的比较报表，则上年度的报表应根据本年度发放股票股利和股份分割情况作相应调整。

举个例子

【例】股票分割

甲公司2019年1月1日有50000股普通股流通在外，7月1日做股票分割，1股折2股（2-for-1 split）。求WACSO。

【解】

7.1做的股票分折无需加权平均，但需要追溯调整。

WACSO=50000×2=100000股。

4.2 稀释与反稀释证券

稀释证券（Dilutive Securities）：是指可转换债券、可转换优先股、股票期权、认股权证等执行或转换为普通股将引起每股收益下降的这一类有价证券。

反稀释证券（Antidilutive Securities）：是指执行或转换后将引起每股收益增加的有价证券。反稀释引起每股收益额增加，高于用其他方法报告的每股收益的金额，因此在计算原先的每股收益额和完全稀释的每股收益额时，要把所有反稀释证券排除掉。

简单来说，基本每股收益和稀释后的每股收益之间的差异，决定了是否需要考虑各种可转换证券和认股权证。

— 备考指南 —
考试中大家掌握稀释与反稀释的判断即可。

稀释证券是指：通过公式计算的DEPS（稀释每股收益）<BEPS（基本每股收益）；

反稀释证券是指：通过公式计算的DEPS（稀释每股收益）>BEPS（基本每股收益）。

4.3 稀释每股收益

如果所有稀释性金融工具被转换，将产生的每股收益称为稀释每股收益

（diluted earnings per share, DEPS）。相比之下，基本每股收益是根据母公司普通股东的报告收益和流通在外的加权平均总股数计算得出的，而稀释每股收益是在基本每股收益的基础上调整得到，主要调整可能转化为普通股的有价证券，包括：

- 可转换债券（convertible debt）
- 可转换优先股（convertible preferred stock）
- 期权（option）
- 认股权证（warrant）

本节将介绍可转换优先股、可转换债券、期权和认股权证有关的三类 DEPS 的计算问题。计算 DEPS 时需要注意：每一个具有潜在稀释作用的金融工具都必须单独考虑；需要判断稀释与反稀释的问题。

— 备考指南 —

CFA 一级中，期权与认沽权证的处理方法类似，所以看成一类。

考试小技巧

若考试中需要计算稀释每股收益，分以下步骤：

（1）计算基本每股收益；

（2）用公式计算稀释每股收益；

（3）真正的 DEPS=（公式计算的稀释每股收益，基本每股收益）min，两者取小。

如果公司证券在发行后某个特定时期内可转换为公司的普通股，就称为可转换证券。可转换证券主要包括可转换优先股（convertible preferred stock）和可转换债券（convertible bond），它们把债券的优点和债券持有者用之换取股票的权利结合在一起。

可转换证券计算 DEPS 的常用方法是“假定转换法”（if-converted method），即假设可转换证券年初已调换成普通股（如在年中发行，则假设自发行日即转换），因而增加普通股流通在外股数，但同时因节省税后利息费用和优先股利，增加了普通股所能享受的净收益，以所增加的净收益除以所增加的普通股流通在外股数，得到可转换证券调换成普通股后的每股收益，若这一新计算出的每股收益比基本每股收益低，则具有稀释作用。我们将在后续的小节中详细阐述计算方法。

4.3.1 可转换优先股

对可转换优先股而言，如果可转换优先股股东将手里的优先股转换为普通股，则在计算稀释每股收益时，分子部分不再需要扣除这部分支付给可转换优先股股东的股利，同时分母部分需要加上这部分优先股转换成普通股的股票数量。公式：

$$\text{可转优先股 DEPS=}\frac{\text{净利润}-\text{优先股股利}+\text{可转换优先股股利}}{\text{WACSO}+\text{可转换优先股新转换出的普通股股数（}\Delta\#\text{）}}$$

如果：（可转换优先股股利 / 可转换优先股转换的普通股股数）< 基本每股收益，意味着该可转换优先股是稀释证券，则 DEPS= 公式计算出的 DEPS，否则 DEPS=BEPS。

需要注意的是：

基本每股收益的分子包括普通股股东可支配收入（持续经营性收入减去优先股股利）。

而在计算稀释每股收益时，稀释证券的存在会引起发行在外的加权平均流通股股数的变化，因此分母同样要调整。可转换优先股如果是稀释证券，则对应优先股的股利应该加回分子。

举个例子

【例】某公司 2001 年有净收益 11,560 元，全年有 2,000 股流通在外的普通股。同时，该公司还有 1,000 股面值 100 元，收益率 10% 的优先股，其中 200 股为可转优先股。每张优先股可以转换为 2 股普通股。所得税率为 40%。求 DEPS。

【解】

第一步：计算基本的每股收益。

$$\text{BEPS=}\frac{11{,}560-10\%\times100\times1{,}000}{2{,}000}=0.78\text{ 元/股}$$

第二步：计算稀释的每股收益。

计算 DEPS=

$$\frac{11{,}560-10\%\times100\times1{,}000+10\%\times100\times200}{2{,}000+200\times2}=\frac{3{,}560}{2{,}400}=1.48\text{元/股}$$

因为计算出的 DEPS>BEPS，可转优先股为反稀释证券，则 DEPS=BEPS=0.78 元 / 股。

4.3.2 可转换债券

对可转换债券而言，如果持有可转换债券的债权人选择将手里所持有的可转换债券转换为普通股，则企业不需要给这部分债权人支付利息，因此分子部分需要将少支付的利息费用加回。同时由于利息具有抵税的作用，少支付利息费用会导致企业税前利润上升，从而多交税。因此在分子部分加回的利息费用需要调整税的影响，即加回税后利息费用。同时分母部分需要调整由于债权人选择将手中债权转换为普通股而导致的普通股股数的增加。公式：

$$\text{可转债 DEPS}=\frac{\text{净利润}-\text{优先股股利}+\text{可转换债券利息}（1-\text{所得税税率}）}{\text{WACSO}+\text{可转换优先股新转换出的普通股股数}（\Delta\#）}$$

如果：[可转换债券利息 ×（1– 所得税税率）]/ 可转换债券转换的普通股股数 < 基本每股收益，意味着该可转换债券是稀释证券，则 DEPS= 公式计算出的 DEPS，否则 DEPS=BEPS。

举个例子

【例】某公司 2001 年有净收益 11,560 元，全年有 2,000 股流通在外的普通股。同时，该公司还有 1,000 股面值 100 元，收益率 10% 的优先股。在 2000 年，以面值发行了 60 份面值 1,000 元，收益率 8% 的可转换债券，每张债券可以转换为 100 股普通股。所得税率为 40%。

【解】

第一步：计算基本的每股收益。

$$\text{BEPS}=\frac{11{,}560-10\%\times100\times1{,}000}{2{,}000}=0.78\text{元/股}$$

第二步：计算稀释的每股收益。

如果可转换债券在 2001 年初被转换成普通股，增加的股数 =60×100=6,000 股。

可转换债券的利息费用应该加回净收益中，增加的净收益 =（60×1,000×0.08）×（1-0.4）=2,880 元。

稀释的每股收益为（11,560-10,000+2,880）/（2,000+6,000）=0.56 元 / 股。

因为计算出的 DEPS<BEPS，可转债为稀释证券，DEPS=0.56 元 / 股。

4.3.3 股票期权和认股权证

与认股权证相比，股票期权更广义。认股权证是券商创设的，或者由股票发行公司以外的外部机构创设的，股票期权是由股票发行公司自己创设的。期权和认股权证在 CFA 一级中可以看成无差别的，两者的本质是与投资者约定好未来可以以一个固定的价格，即认购价格（K），买入公司的股票。

期权与认股权证是否具有稀释作用，需要视认购价格和普通股市价而定。若认购价格小于当年普通股市价，则使用期权（行权）是有利的，则持有人会行使权力，期权与认股权证就有稀释作用，否则就没有稀释效果。

股票的市价每年都在变动，而认购价格是固定的，所以期权和认股权证可能在某年具有稀释作用，而在另一年却具有反稀释作用，这样一来，二者是否应列入基本每股收益的计算，在每年都不确定。

— 备考指南 —
库存股（Treasury Stock），又称库藏股，是指由公司为主体回购市场上公司自己发行的股份，且购回股份未注销。

为确定期权和认股权证是否具有稀释作用，通常可采用库存股法（treasury stock method）加以验证。所谓库存股法，就是要确定行使期权和认股权证后，公司在外流通的普通股股票是否增加，如果增加，则每股收益就要减少，即具有稀释作用。反之，如果在外流通普通股股票减少，则每股收益就要增加，具有反稀释作用。

采用库存股法计算期权和认股权证的稀释每股收益时，认股权证和期权的行权对于企业的影响有以下两个假定：

（1）在期权和认股权证持有人决定行权时，企业会收到现金，同时发行股票；

（2）公司会使用收到的现金回购股票，回购价格是以当期时长平均价格进行回购。

最终在库存股法下，稀释每股收益只需要调整分母部分的在外发行的普通股股数，调整数量等于期权或权证行权后增发的股票数，扣除掉因回购减少的股票数。因此，计算稀释每股收益的分母需要调整，增加部分的计算分为几步：

（1）计算行权后公司收到的对价（proceeds）

对价 = 认购价格（K）× 执行期权和认股权证增加的股数（#）

（2）库存股法假设：公司用 proceeds 按平均市价收回库存股票

$$以平均市价回购股数（repo \#）= \frac{对价}{平均市价}$$

（3）由于期权或认股权证真正增加的在外流通股股数

增加的在外流通股股数（△ #）= 执行期权和认股权证增加的股数（#）− 以平均市价回购股数（repo #）。

期权与认股权证 $DEPS=\dfrac{\text{净利润}-\text{优先股股利}}{WACSO+\Delta\#}$

需要注意的是，在期权和认股权证的情况下，分子就无需再调整了。

举个例子

【例】

某公司 2001 年有净收益 11,560 元，全年有 2,000 股流通在外的普通股。同时，该公司还有 1,000 股面值 100 元，收益率 10% 的优先股。同时公司在年初发行 1,000 份股票期权，每份期权约定可以以 15 元每股的价格购买 10 股普通股。2001 年平均市价为 20 元 / 股。

【解】如果行使期权净增加的股数为：1,000×10=10,000 股

如果行使期权收到的现金（proceeds）为：10,000×15=150,000 元

收到的现金回购的股数为：150,000/20=7,500 股

行使期权净增加的股数为：10,000-7,500=2,500 股

稀释的每股收益 =（11,560-10%×100×1,000）/（2,000+2,500）=0.35 元 / 股

— 备考指南 —
期权与认股权证只要行权，就有稀释作用，所以无需额外判断稀释每股收益（DEPS）与基本每股收益（BEPS）的大小。

5. 同比利润表

同比利润表（Common-size Income Statement）分析指的是将利润表转化为百分比的形式进行编制，即将利润表中的每一项除以该报表中最大项目销售收入得到。具体同比利润表可见表 22-2：

表 22-2 同比利润表

	同比利润表
销售收入	100%
销售成本（COGS）	（20%）
毛利润（gross profit）	80%
其他经营费用	（15%）
经营利润率（EBIT）	65%
利息费用	（5%）
税前利润（EBT）	60%
税费	（18%）
净利润（NI）	42%

— 备考指南 —
括号在会计报表中可表示负数，所以（20%）含义为 -20%。

同比利润表中可以反映出企业的盈利情况，比如毛利润率，经营利润率以及净利润率等。

- 毛利润率（Gross Profit Margin）

毛利润率是毛利润（收入 − 销售成本）除以总收入。

$$毛利润率=\frac{销售收入-COGS}{销售收入}$$

- 经营利润率（Operating Profit Margin）

$$经营利润率=\frac{经营利润}{销售收入}$$

- 税前利润率（Pretax Margin）

$$税前利润率=\frac{税前利润率}{销售收入}$$

- 净利润率（Net Profit Margin, Profit Margin, Return on Sales）

$$净利润率=\frac{净利润}{销售收入}$$

净利润率反映的是企业每增加一美元的收入为该企业带来多少净利润。较高的边际净利润代表了较高的利润率。

以上这些财务比率都可以用于衡量企业在不同阶段的盈利水平，也可以用于企业与企业之间的横向对比。这些财务比率越高反映了企业获得了较高的利润。在这些财务比率中，不同的毛利率反映出各家公司战略的不同。

名师解惑

为什么毛利率对公司来说非常重要，如何通过分析毛利率得到公司的战略？

比如一个公司的毛利率是 70%，另一个公司 30%，这说明什么？

第一层意思是毛利率高，盈利能力高，至少是在扣减费用之前是这样的。

第二层意思说明业务模式不一样。从公司战略来说，有三大类，第一是成本领先，第二是差异化，第三个是专一化。一个公司毛利率比较高，一般是差异化的策略，毛利比较低的话，说明公司可能采用成本领先的策略。

如果是差异化的策略，意味着公司要花更多的研发、销售、广告费用，会在 SG&A 后面继续扣除，如果毛利率不够高的话，也就不能支撑起差异化的战略。所以过低的毛利会影响后续公司的产品质量和运营状况，不能支撑公司的差异化战略。可见，公司的毛利是非常重要的。

6. 综合收益

综合收益（comprehensive income）指来自交易而并非所有者投入或分配的权益变动额，包括某一期间内，剔除所有者的投资和返还给所有者资本后的全部权益变动。综合收益的概念是帮助区分来自持续经营的收益和其他资产或负债变动产生的收入。

在每个会计期末，公司的净利润通过留存收益影响股东权益，所以任何影响净利润的交易都会影响股东权益。尽管如此，并非所有的会计交易都显示在利润表上，例如，包括在其它综合收益（other comprehensive income）里的交易不在利润表中列示，但是影响股东权益，这就引入了综合收益。

综合收益是净收益（净利润）与其它综合收益的总和，即：

综合收益 = 净收益 + 其他综合收益

注意：净收益来源于利润表，最终通过留存收益影响股东权益，净收益表现的是公司在短期内变动情况。而其他综合收益来源于资产负债表，直接影响股东权益，指的是公司在长期且经常性发生的变动情况。然而，如果将长期且经常发生的变动情况直接计入净收益，虽然更加具体，但是反而会对报表使用者造成干扰与影响，所以我们才另外创立“其他综合收益”项目。

其它综合收益的来源如下：

— 备考指南 —
在实务中，OCI 有多项来源，这里列示的 CFA 一级中要求大家掌握的部分。

- 外币折算的利得和损失（外币汇兑损益）：这里并不是指出口行为的应收账款是美元，美元汇率变动造成的损益。比如说一家中国公司用人民币做会计报表，但是在美国还有个子公司，美国的子公司用美元做会计报表，年末将会计报表合并的时候，要将美元转换为人民币，会产生汇率的损益，即在跨国投资时，合并国外子公司财务报表时因为汇率转换造成的利得或损失。

- 对最少养老金负债的调整：是公司对养老金的承诺和义务，比如职工退休之前工资的 5%，公司对养老金的确认所产生的综合性收益。养老金是典型的长期项目，所以应该计入其他综合收益。

- 来自现金流套期保值衍生品的未实现利得和损失。如在未来举债时将浮动利率互换为固定利率。

- 来自可供出售金融资产的未实现利得和损失。

- 在国际准则（IFRS）下有一项特有的其他综合收益。如果公司用重估价值法（revaluation model）计量固定资产（即，用公允价值衡量固定资产），超过固定资产购买原值的变动，计入其他综合收益。

第 23 章 理解资产负债表

本章知识点		讲义知识点
一、资产负债表的组成	了解资产负债表的组成	资产负债表的基本形式及构成
二、资产负债表的编制形式	了解资产负债表的格式	
三、金融资产的确认与计量	类金融资产的基本分类及计量	金融工具的会计计量
四、同比资产负债表	掌握同比资产负债表分析	同比分析法

知识导引

资产负债表可提供和公司的资本来源相关的信息。通过分析资产负债表，分析师可评估一个公司是否有资金支持其短期的营运、偿还未来的债务并给股东创造价值。资产负债表上的资产和负债使用的计量方法可能不同，需要分析师特别注意。

本章思维导图

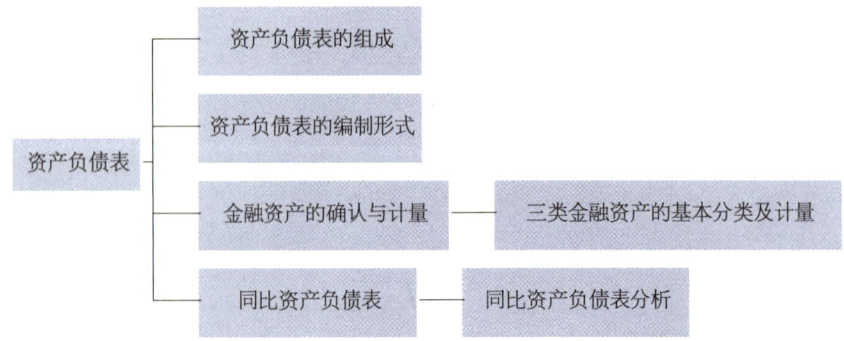

1. 资产负债表的组成

资产负债表（Balance Sheet, B/S）反映企业在某一特定时点上的资源（资产）、债务（负债），以及企业所有者对剩余资源的要求权（股东权益）。左边是资产（Assets），代表资源的去向；右边是负债（Liability）和股东权益（Owner's Equity），代表资源的来源。

— 备考指南 —
CFA 一级考试中，考生只需了解各会计科目的基本概念即可，对具体做账没有详细要求。

1.1 资产

资产（Assets）是某一特定主体由于过去的交易或事项而获得或控制的未来可能实现的经济利益。资产可分为流动资产与非流动资产（长期资产）。

1.1.1 流动资产（Current Assets）

流动资产是指按照合理的估计，会在一年以内或在一个正常营业期间（按照孰长标准，即两者相比应选期间长者为衡量资产的标准）以内，转变为现金或在正常经营周期内将被耗用的资产。正常经营周期指从现金转变为存货，由存货转变为应收账款，应收账款最后又转变为现金这样一个循环所经历的平均周期。

流动资产包括的内容按流动性强弱排列如下：

现金及现金等价物（Cash and Cash Equivalents）：包括现金、活期存款。现金是最具有流动性的资产，包括可转让支票、支票存款账户中的非限定用途的存款余额以及现钞。此外，我们也会把短期、流动性很强、市值变化很小的证券作为现金等价物，如短期国债。

短期投资（Short-term Investment）：又称有价证券，是指会在一年以内或在一个正常营业期间内出售的债权或股权投资，以市值计价。企业持有有价证券是为了使类似现金的资源保值增值。只有那些企业管理部门计划在当期变卖为现金的证券才能分类为有价证券。

应收账款（Accounts Receivable, A/R）：是指由于销售产品或提供劳务应向客户收取的账款，即客户所欠款项。是权责发生制下出现的账户，此时企业应当履行的义务（发出货物或者提供服务）已经完成，但是尚未从客户那里收到现金。此时企业会确认收入，同时确认应收账款。若应收账款无法回收，应该计提坏账准备（allowance for bad debts expense），并在资产负债表中与应收账款一并列示，使报表使用者准确了解无法收到的应收款大概会有多少。

名师解惑

需要注意，应收账款的备抵账户名称叫做坏账准备，而与之相关的利润表科目叫做坏账费用（bad debt expense），需要区分对应名称。

存货（Inventory）：存货是指企业在生产经营过程中为销售或生产经营耗用而储存，或停留在生产过程中的各种物资。存货在商业企业中，主要是商品存货。在制造企业则包括材料、在产品、产成品和制造用品等项。

— 备考指南 —
若钱已付，但企业没有享受对应服务，或者收取对应商品，则产生未来收货的好处，即产生一项资产：预付费用。

预付费用（Prepaid Expenses）：指在使用经济资源之前提前支付的款项。若企业已经支付相关的费用，但是并未收到对应商品，或者未享受对应服务。此时在利润表中不确认对应费用，而是在资产负债表中，确认一项资产，即预付费用。在未来享受服务或者收到商品的时，才会确认费用。常见的预付费用有：保险费、杂志费等。

1.1.2 非流动资产

非流动资产（Non-current Assets）：也称长期资产，是指超过一年时间才能转换为现金或长期占用现金的资产。可划分为四大类：固定资产、无形资产、长期投资和其他资产。

固定资产（Property, Plant and Equipment, PP&E）：指使用期限较长（一般高于一个会计期间），单位价格较高，并且在使用过程中保持原有实物形态的资产。一般包括地产、厂房或设备。

无形资产（Intangible Asset）：指企业用于经营业务的无实物形态的特殊权利或优越条件。它们虽然没有物质实体，但可给企业未来带来经济利益。无形资产包括专利权、专营权、版权、租赁权、商标、商誉、研究和开发成本等等。

长期投资（Long-term Investment）：是指除短期投资以外的投资，包括持有时间准备超过 1 年（不含 1 年）的各种股权性质的投资、不能变现或不准备随时变现的债券、长期债权投资和其他长期投资。（对外）长期投资，通常是为了保持商业联系或控制其他企业而购买其他企业的股票和债券。只有管理部门计划长期持有的对外投资才归为长期资产类，这一点与短期投资（有价证券）不同。

其他资产：企业有时候会有一些资产，无法划分为上述任何一种的资产类型。

这些资产称为其他资产，包括非流动性应收款项和非流动性预付款项，递延资产等。

1.2 负债（Liability）

负债是某一特定主体由于过去的交易或事项而产生的，预期会导致经济利益流出企业的现时义务。企业通常支付现金来偿还负债，也可以通过支付货物或劳务偿还。大多数负债都是货币性的，要求支付一定数量的货币资金。那些一年以内需偿还的负债以到期需支付货币价值入账。如果负债到期日超过一年，则按未来现金流出量的贴现值入账。负债一般分为流动负债和长期负债两类。

1.2.1 流动负债（Current Liability）

流动负债是指那些在一年或超过一年的一个营业周期内必须用现有的流动资产偿付或用其他流动负债替换的责任。流动负债包括以下几个项目：

应付帐款（Accounts Payable, A/P）：欠供应商或服务提供者的款项，在权责发生制下产生，是指企业已经从供货商那里收到了原材料，但是尚未支付对应款项。可以简单理解为，应该付但是还没有付给供应商的钱。

应付工资（Wages Payable）：应付工资是企业在一年内应付给职工的工资总额，包括工资总额中的各种工资、津贴、资金等和按工作成绩提取的工资。

应付股利（Dividends Payable）：该科目用以记录企业经董事会或股东大会决议确定分配的、但尚未实际支出的现金股利和利润。企业分配的股票股利，并不通过本科目核算。股票股利在分析时无需进行任何账务处理，只在对外呈报的会计报表中予以披露。

长期负债的流动部分（Current Portion of Long-term Debt）：指的是长期负债当中，在未来一年当中需要偿付的部分。

短期借款（Short-term Borrowing）：企业向银行或其他金融机构借入的期限在一年以下的借款称为短期借款。对于企业而言，短期借款主要是为了维持正常的生产经营，或者为抵偿某种债务。

预收账款（Unearned Revenue）：预收账款是企业商品销售尚未发生或劳务尚未提供，而向购货方收取的货款或定金。预收账款也是基于权责发生制下的账户之一，此时企业虽然收到对应现金，但是由于没有发出货物或者提供服务，暂时无法确认收入，所以在资产负债表中确认一项负债，即预收账款。

应交税金（Tax Payable）：企业在某个会计期间应负担税额的总称，包括增值税、消费税、营业税、所得税、资源税、土地增值税、城市维护建设税、房产税、土地使用税、车船使用税、个人所得税等。

其他应交款与其他应付款（Other Payables）：其他应交款是企业除应交税金、应付股利等以外的其他各种应交的款项，包括应交的教育费附加、矿产资源补偿费等。其他应付款是企业应付或暂收其他单位或个人的款项，如应付租入固定资产和包装物的租金、存入保证金等。

1.2.2 长期负债（Non-current Liability，Long-term Liabilities）

长期负债（Long-term Liabilities）指那些在一年或超过一年的一个营业周期后必须偿还的债务。长期负债通常有两种：资产筹措负债和营业负债，长期负债以将来要支付现金的现值计价。

筹资协议相关的负债：与资本筹措有关的长期负债一般要求定期连续偿还本金和利息。包括应付票据、应付债券和贷款协议。

经营活动有关的负债：包括从企业营业活动中产生的债务，大部分是服务性质的，例如退休金（养老金）债务，非退休金计划的退休后福利债务，递延税金，以及产品售后担保。

1.3 股东权益（Stockholders' Equity）

股东权益（Stockholders' Equity）是某一主体资产减去负债后的剩余权益。股东权益相关的会计科目如下：

1.3.1 实缴资本

实缴资本（Contributed Capital）：指股东向企业投入的现款或其他财产。实缴资本中包括股本与资本公积——股本溢价。股本（Capital）：指股东实缴出资当中等于股票面值的部分。资本公积——股本溢价（Additional Paid-in-capital）：指股东实缴资本超过股票面值的部分。

通常情况下，对于股份有限公司：**股本 + 资本公积——股本溢价 = 实缴资本**

1.3.2 留存收益

留存收益（Retained Earnings，R/E）：是指净收益减去股利分配后的余额，又可表示为盈余公积和未分配利润的和。留存收益是企业未分配的利润，也就是过去累计的净利润减去已宣布的股利，包括现金股利和股票股利。除非有特别的限制，留存收益是法定用于支付股利的来源。留存收益的本质是公司赚的钱，除了分给股东回报的一部分之后，又留在公司继续生产。其实就是内部股权融资。相当于赚来的钱，又投回到公司里面，用于扩大再生产。

1.3.2.1 BASE 法则

与留存收益相关的一个重要的法则（BASE 法则）需要读者掌握，该法则会辅助读者理解后文相关的会计处理。

BASE 法则：B 表示 Beginning，即资产负债表项目的期初值；A 表示 Addition，指的是导致该项目当期增加的因素；S 表示 Subtraction（扣减），即导致该资产负债表项目减少的因素；E 表示 Ending，也就是该资产负债表项目的期末值。此时对于任意资产负债表科目，得到通式：B+A−S=E。

BASE 法则可以应用于计算留存收益的期初与期末值。公司赚取的净利润主要有两个去向：第一，留存在公司作为留存收益累积起来；第二，作为股利分派给股东。所以对于公司来说，赚取净利润会导致留存收益的增加，即增量 A；而向股东分红会导致公司留存收益的减少，即减项 S，所以留存收益的 BASE 法则如下：

R/E（beginning）+NI（addition）−dividend（subtraction）=R/E（ending）

公式中，留存收益的期初值加上当期净利润，减去当期公司宣告的股利，等于留存收益的期末值。

名师解惑

股利分为两类。第一类为宣告股利（dividends declared），属于上市公司已经宣告将要发放，但是还未正式发放的股利。第二类为实际支付股利（dividends paid），是当年上市公司实实在在，以现金或者其他等价形式，已经支付给股东的股利。

若题目给出了宣告股利，优先选用宣告股利作为留存收益 BASE 法则的计算依据；若没有给出宣告股利，才用当期实际支付股利代替。

1.3.3 库存股

库存股（treasury stock），又称库藏股，是指由公司为主体回购市场上公司自己发行的股份，且购回股份未注销。可见库存股的存在会使属于股东的权益减少，即库存股会抵减权益的价值。若公司权益的期初值为9000万，其他条件不变，当期回购100万的库存股，则公司期末权益为8900万。通常库存股在回购后并不注销，而由公司自己持有，在适当的时机再向市场出售或用于对员工的激励。库存股没有投票权，也没有分红权。

1.3.4 少数股东权益

少数股东权益（minority interest）：在母公司拥有子公司股份不足100%，即只拥有子公司净资产的部分产权时，子公司股东权益的一部分属于母公司所有，即多数股权，其余仍属外界其他股东所有，由于后者在子公司全部股权中不足半数，对子公司没有控制能力，故被称为少数股东权益。简而言之，少数股东权益就是不归属于母公司的权益。该项目只在合并报表中出现，作为所有者权益的增加量，使合并报表的数字更能翔实客观地向报表使用者展现公司实际掌握的资产、负债、以及收入费用状况。

1.3.5 其他综合收益

其他综合收益（other comprehensive income）其他综合收益当中所包含的项目在“理解利润表”这一节“综合收益”部分已经具体介绍，这里不再赘述。

资产负债表对投资者和借贷者都很重要，但分析师必须理解其局限性。不是所有的资产负债都在资产负债表上报告，还有一些资产未按公允价值报告，在实际使用时应当注意。

名师解惑

在资产负债表中，各项应收款项（receivable）可以统称为应计收入（accrued revenue）。各类应付款项（payable）可以统称为应计费用（accrued expense）。

应计收入可以理解为：与货物与服务相关的权利义务已经转移，所以应该确认收入，但是相关款项还未从客户那里收取，则公司产生未来要收钱的好处，即各类应收资产。

而应计费用可以理解为：与货物与服务有关的权利义务已经转移，所以应该与收入相匹配确认费用，但是相关款项未从公司流出，则公司产生未来要付钱的责任（坏处），即各类应付负债。

2. 资产负债表的编制形式

资产负债表在编制过程中，主要有两种形式，一种是报告式，一种是账户式。

- 报告式（Report Format）：指垂直列示资产、负债和所有者权益项目的一种格式，即上资产、下负债和所有者权益的格式。具体的报告式资产负债表形式可以见表 23-1。

表 23-1 报告式资产负债表

资产	
流动资产	X
非流动资产	X
资产总计	X
负债和所有者权益	
流动负债	X
非流动负债	X
所有者权益	X
负债和所有者权益总计	X

报告式便于编制比较资产负债表，可在一张表中，平行列示连续的若干期资产负债表，而且易于使用括弧旁注方式注明某些特殊项目。其缺点是资产和权益间的恒等关系并不一目了然。许多国家的企业在实务中采用报告式。我国上市公司年报中一般也采用报告式资产负债表。

- 账户式（Account Format）：即按照“T”型账户的形式设计资产负债表，资产在左边，负债和权益在右边。账户式资产负债表的优点是能使会计恒等式关系一目了然，尤其是易于比较流动资产和流动负债的数额和关系，但是要编制比较资产负债表则颇为不便（表 23-2）。

表 23-2 账户式资产负债表

资产负债表			
流动资产	X	负债	X
非流动资产	X	所有者权益	X
资产总计	X	负债及所有者权益总计	X

在编制资产负债表的过程中，将流动资产、非流动资产、流动负债、非流动负债按照不同用途和来源分出类别，进而编制资产负债表，称为分类资产负债表（classified balance sheet）。

一般情况下，在编制资产负债表过程中，资产和负债均按照流动性从高到低进行排序，但是并不是强制要求，比如国际准则下也允许流动性从低到高的排序，这种报告方式称为基于流动性的报告（liquidity-based presentation）。一般银行等金融类企业会使用这种报告方式对资产负债表进行列示。

3. 金融资产的确认与计量

— 备考指南 —
掌握金融资产的基本确认方法，与计量方法。

金融工具（financial instrument）是指形成一方的金融资产并形成其他方的金融负债或权益工具的合同。在本章这一部分重点关注的是金融资产，比如一家公司对另一家公司或其投资方发行的股票的投资等。在国际准则下，如果相关金融资产在特定日期产生的合同现金流量仅为对本金和以未偿付本金金额为基础的利息的支付（solely of principle andinterest），则该类金融资产需要用摊余成本进行计量。而美国准则下这一类金融资产称为持有至到期投资（held to maturity, HTM）。

国际准则下，以公允价值进行计量且其变动计入其他综合收益的金融资产（fair value through other comprehensive income, FVTOCI），其价值以公允价值进行计量，并且未实现的损益计入其他综合收益中。企业持有这类金融资产是既以收取合同现金流量为目标又以出售该金融资产为目标。这一类金融资产在美国准则下称为可供出售金融资产（available for sale, AFS）。

国际准则下，如果金融资产不属于以上两种分类，则将会分类至以公允价值进行计量，且变动计入当期损益（fair value through profit or loss, FVTPL）的金融资产。此类金融资产以公允价值进行计量，当其公允价值变动时，浮盈浮亏，即未实现的损益将会计入利润表中。这一类金融资产在美国准则下被称为交易性金融资产（trading security, TS）。

对于金融资产相关的会计处理，不同金融资产损益的会计处理方式总结为表23-3。

表 23-3　不同金融资产的损益的会计处理方式

分类	初始计量	后续计量	
		已实现的利得或损失	未实现的利得或损失
持有至到期金融资产（HTM） 以摊余成本计量的金融资产	摊余成本	利润表	不报告
交易性金融资产（TS） 以公允价值进行计量，且变动计入当期损益的金融工具（FVTPL）	公允价值	利润表	利润表
可供出售金融资产（AFS） 以公允价值进行计量且变动计入其他综合收益的金融资产（FVTOCI）	公允价值	利润表	权益（OCI）

4. 同比资产负债表

同比资产负债表（common-size balance sheet）是指将普通资产负债表每一个项目转化为百分比的形式，在编制时通过每一项除以利润表当中最大项目总资产得到。具体同比资产负债表见表 23-4 所示。

— 备考指南 —
掌握 common-size 的三大报表制作方法。

表 23-4　同比资产负债表

资产	
流动资产	60%
非流动资产	40%
资产总计	100%
负债和所有者权益	
流动负债	45%
非流动负债	30%
所有者权益	25%
负债和所有者权益总计	100%

第 24 章 理解现金流量表

<table>
<tr><th colspan="2">本章知识点</th><th>讲义知识点</th></tr>
<tr><td>一、现金流量表的功能</td><td>了解现金流量表的功能</td><td rowspan="4">现金流的分类</td></tr>
<tr><td rowspan="3">二、现金流量表的构成</td><td>1. 掌握经营活动现金流包含内容</td></tr>
<tr><td>2. 掌握投资活动现金流包含内容</td></tr>
<tr><td>3. 掌握融资活动现金流包含内容</td></tr>
<tr><td rowspan="2">三、CFO 计算</td><td>1. 分别使用直接法和间接法求 CFO</td><td rowspan="2">间接法计算经营活动现金流
直接法计算经营活动现金流</td></tr>
<tr><td>2. 直接法和间接法的对比</td></tr>
<tr><td rowspan="2">四、计算 CFI 和 CFF</td><td>1. 掌握投资活动现金流的计算方法</td><td>投资活动现金流的计算</td></tr>
<tr><td>2. 掌握融资活动现金流的计算方法</td><td>融资活动现金流的计算</td></tr>
<tr><td>五、解释同比现金流量表</td><td>掌握同比现金流量表的理念</td><td>同比分析法</td></tr>
<tr><td rowspan="2">六、FCFE、FCFF 和现金流比率</td><td>1. 掌握股东自由现金流的理念和计算方法</td><td rowspan="2">自由现金流</td></tr>
<tr><td>2. 掌握公司自由现金流的理念和计算方法</td></tr>
</table>

知识导引

现金流量表是必须呈报的财务报表，它和利润表在记账规则上有很大的不同：利润表采用的是权责发生制，而现金流量表采用的是收付实现制。虽然如此，两个报表之间有相辅相成的关系：利润表可反映一个公司的盈利能力，而现金流量表可反映一个公司的盈利质量。同时，现金流量表和资产负债表也有着紧密的联系：现金流量表的净现金流是资产负债表上的现金来源。

本章思维导图

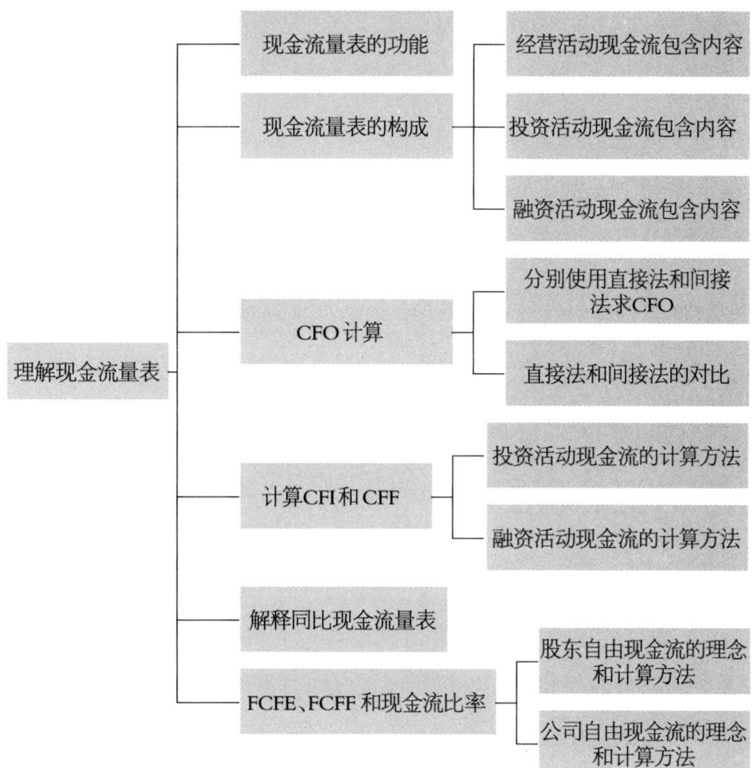
理解现金流量表
现金流量表的功能
现金流量表的构成
经营活动现金流包含内容
投资活动现金流包含内容
融资活动现金流包含内容
CFO计算
分别使用直接法和间接法求CFO
直接法和间接法的对比
计算CFI和CFF
投资活动现金流的计算方法
融资活动现金流的计算方法
解释同比现金流量表
FCFE、FCFF和现金流比率
股东自由现金流的理念和计算方法
公司自由现金流的理念和计算方法

1. 现金流量表的功能

— 备考指南 —
筹资活动现金流，又称“融资活动现金流”。

现金流量表（cash flow statement）反映现金的来源和使用。现金流量是指公司在某段时间内的现金流入和现金流出。现金流量表按照企业的主要活动——经营活动、投资活动、筹资（融资）活动来反映现金收支。

现金是企业日常经营活动的“血液”，现金的收支状况直接与企业的经营发展息息相关，对企业来说，现金流量表的作用有如下几点：

- 提供企业在一段会计期间内现金流的收支情况。
- 提供企业经营、投资及筹资的信息。
- 说明净利润与现金变动的关系。通常现金和净利润是同步变动的。高收益可能导致现金流入，反之亦然。但是也可能出现公司净利润高而现金减少，净利润低而现金增加。有些公司净利润高但现金不足导致破产，说明了现金流量信息的重要。
- 预计未来现金流量。用来付账的是现金而不是报告的会计利润。在许多情况下，过去的现金收付是预计未来现金收付的合理依据。
- 评价经营决策。如果经营者的投资决策正确，企业就会获利；如果投资决策不正确，企业就会受损。现金流量表反映企业在固定资产上的投资，让投资者和债权人能够根据现金流量信息来评估经营者的决策。
- 确定支付股利和还本付息能力。股东对发放股利感兴趣，而债权人则希望按时收到本息。现金流量表有助于投资者和债权人预测企业的支付能力。

2. 现金流量表的构成

— 备考指南 —
掌握 US GAAP 下各类现金流的分类。

根据国际财务报告准则和美国公认会计准则规定，公司的现金流可以分为经营活动现金流、投资活动现金流和融资（筹资）活动现金流。以下介绍美国准则的现金流业务分类，国际准则与美国准则的分类略有不同，考生重点掌握后续对比表格即可。

2.1 经营活动现金流

经营活动是指企业在正常业务范围内进行的经济行为，如购买货物、销售产品、支付职工工资、缴纳税款等。经营活动现金流（operating cash flow，CFO）指的就是来自企业经营活动的现金流，这一类现金流一般列在现金流量表中最前面，因为它在大多数企业中都是数额最重要的现金来源。如果公司的经营活动在相当长时期内不能产生大量现金流入，可能意味着公司陷入困境。

2.1.1 CFO 流入

- 来自客户的收款：销售商品或提供劳务所取得的现金收入，其中销售货物退款发生的现金支出应抵扣本项目的现金收入，不单独反映。
- 企业进行权益性投资和债券投资收到的现金，股利收入和现金利息收入。
- 企业出售交易性金融投资品之后产生的现金流入，及购买时产生的现金流出。

2.1.2 CFO 流出

- 为购买货物等业务当期所支付的现金，包括当期购买货物支付的现金、前期购买货物于当期支付的现金，为购买货物而预付的现金等。
- 以现金方式支付职工的工资和其他劳动报酬等。
- 企业向外部实际支付的现金利息支出，抵减银行存款利息收入后以净额反映（已资本化的投资借款利息应在筹资活动产生的现金流量中反映）。
- 已按规定当期实际支付的、除增值税以外的各种税金。
- 企业购买货物实际支付的增值税进项税额以及实际支付给税务部门的增值税税金（应归属于投资的增值税支出，应在投资活动产生的现金流量中反映）。
- 企业发生的除上述各项支出以外的、用现金支付的、用于经营活动的费用，如支付的差旅费、保险费等。

这里需要注意，在美国准则下，经营活动现金流包括股利收入、利息收入和利息支出。但注意不包括股利支付，这部分现金流在美国准则下被归属为融资活动现金流。

2.2 投资活动现金流

> — 备考指南 —
> CFA 一级考试中，投资活动可以理解为与长期资产买卖相关的活动。

这里的投资活动，指期限在 3 个月以上的债券投资、全部权益性投资以及购置和处理固定资产、无形资产的行为。而投资活动所产生的的现金流将归属为投资活动现金流（investing cash flow，CFI）中。投资者认为投资是很关键的活动，因为公司的投资决定其未来前景。大量购买固定资产意味着扩张，通常是好兆头。长期低水平的投资活动表明公司没有补充固定资产。了解现金流动情况能帮助投资者和债权人评价经营者的经营方向。

2.2.1 CFI 流入

- 企业以现金方式收回的对外投资本金（不含交易性金融资产）。
- 出售固定资产、无形资产而取得的现金，扣除以现金支付的有关费用和税金后的现金净额。

需要注意的是，出售固定资产对企业而言并不一定是坏事，比如公司为摆脱不盈利的分公司而出售资产对于公司而言就是好事。出售资产究竟对该公司有利还是不利，应该从公司的经营特点上重新评估。

2.2.2 CFI 流出

- 为购建固定资产、无形资产而支付的现金或偿付的应付款。
- 购买股票、持有期超过 3 个月的债券支付的现金，同时包括对合资或附属企业的投资。

2.3 融资活动现金流

融资活动是指企业进行的与筹集资金有关的行为，包括吸收资本、分配红利、发行债券、借款、还贷或清算债务等，而筹资活动产生的现金流均计入融资活动现金流（financing cash flow，CFF）中。

2.3.1 CFF 流入

- 企业发行股票筹措资金而收入的现金，委托发行股票所取得的现金应以净额列示。

- 企业发行债券筹措资金而收入的现金，委托发行债券所取得的现金应以净额列示。
- 向银行等金融企业或外部机构借入长短期款项所取得的现金。

2.3.2 CFF 流出

- 当期支付的现金股利。
- 以现金偿付的借款或债券本金。

这里需要注意的是，企业支付的利息，在美国准则下属于经营活动现金流，而本金的偿还则需要计入融资活动现金流当中。

企业为发行股票、债券或借款及其他筹资活动而以现金支付的费用，委托发行股票或债券，如采用发行收入扣除费用的结算办法，其发行费用直接在筹资收入中抵扣，不在本项目反映。

- 依法回购本企业的股票（购买库藏股）支付的现金。

2.4 美国准则与国际准则现金流分类的差异

国际准则下总体现金流的分类比美国准则更自由。例如利息收支与股利的收支都是既可以统一计入 CFO，也可以按各自的属性分别确认 CFI 与 CFF。

但是税收支出的确认在国际准则下更严格。国际准则下，由经营活动产生的税收确认为 CFO 的流出；由投资活动产生的税收确认为 CFI 的流出；由融资活动产生的税收确认为 CFF 的流出（表 24-1）。

— 备考指南 —
掌握 US GAAP 与 IFRS 下现金流分类对比。

表 24-1 在 U.S.GAAP 与 IFRS 下现金流的分类

项目	US GAAP	IFRS
利息收入	+CFO	+CFO 或 +CFI
利息支出	−CFO	−CFO 或 −CFF
股利收入	+CFO	+CFO 或 +CFI
股利支出	−CFF	−CFO 或 −CFF
税收支出	−CFO	−CFO，−CFI 及 −CFF

名师解惑

非现金投资和融资活动如何报告？

非现金投资和融资活动不影响现金的流入和流出，所以不在现金流量表中报告。

比如，公司用向卖方融资的形式购买房地产，或者债务与权益的互换，在会计分录上表现为借贷双方都是非现金项目，所以不影响现金流量。

非现金交易必须在附注或补充说明中披露。分析师应该将公司的非现金交易纳入到对过去和现在表现的分析中，并在预测未来现金流时考虑它们的影响。

3. 使用直接法与间接法计算经营活动现金流

— 备考指南 —
掌握直接法与间接法 CFO 计算。

表达现金流量表有两种方法：直接法（direct method）和间接法（indirect method）。两种方法在 U.S. GAAP 下和 IFRS 下都是被允许的。在计算现金流的时候，直接法可以用于 CFO，CFI 和 CFF 的计算，但是只有 CFO 经营活动现金流可以使用间接法进行编制。

3.1 直接法编制现金流量表

在使用直接法编制经营活动现金流量时（如表 24-2），会按照经营活动现金收支的类别来列示，从而反映企业经营活动现金流的变化。在现金流出的项目中，“支付借款利息”金额的确认就可以通过分析企业的银行存款及相关帐户的本期付款内容来求得。这种方法比间接法易于理解，但工作量较大，需要记录所有现金收支的具体细节。

在使用经营活动现金流时，主要考察美国准则下，五类现金流的计算，总结为“一收四支”。“一收”指的是从客户那里收到的现金，“四支”分别指的是支付给供货商的现金、支付给员工的现金、支付给银行的利息和支付的相关税费。

备注：表格中的变动值 = 期末值 − 期初值。

表 24-2

直接法计算经营活动现金流	
从顾客手里收到的现金	净销售额 − 应收账款的变动值
− 支付给供货商的现金	− 销售成本（COGS）+ 应付账款的变动值 + 包括在销售成本中的折旧费 − 存货变动值
− 支付给员工的现金	= − 薪酬费用 + 应付薪酬的变动值
− 支付的利息	= − 利息费用 + 应付利息的变动值
− 支付的税	= − 所得税 + 应付税费的变动值 + 递延所得税负债的变动值 − 递延所得税资产的变动值
= 经营活动现金流（CFO）	

— 备考指南 —

考生可重点掌握"从顾客那里收到的现金"以及"支付给供货商现金"的计算。

— 备考指南 —

递延所得税资产与递延所得税负债将在"所得税分析"部分进行讲解。

名师解惑

这些公式可以通过 BASE 法则推导得到，最常考到的现金流计算是从客户处收到的现金，以及支付给供货商的现金。

● 从客户处收到的现金，根据应收账款的 BASE 法则

A/R 的期末值 = A/R 期初值 + 销售收入 − 从客户处收到的现金

因此从客户处收到的现金 = 销售收入 − A/R

其中 A/R= A/R 期末值 - A/R 期初值

● 支付给供货商的现金，根据应收账款的 BASE 法则

A/P 期末值 = A/P 期初至 + 当期购买量 − 支付给供货商的现金（1）

为了计算当期购买量，由于从供货商处购买的商品最终会转化为企业的存货，因此需要通过存货的 BASE 法则计算得到。

存货期末值 = 存货期初值 + 当期购买量 − 销售成本（2）

将（1）和（2）结合之后可以得到

- 支付给供货商的现金 = - 销售成本 - 存货 + A/P

3.2 间接法编制经营活动现金流

在间接法下编制经营活动现金流时，是从当年的净利润出发，调整到经营活动现金流。净利润作为利润表中项目，是基于权责发生制进行编制的，而经营活动现金流是现金流量表组成部分，是基于收付实现制进行编制的，因此间接法编制经营活动现金流的本质就是从权责发生制调整到收付实现制。

在间接法编制经营活动现金流的时候，需要调整利润表中相关项目以及资产负债表中相关项目。

3.2.1 利润表调整

在利润表中主要调整两类收入和费用：

（1）非现金类收入和费用。

因为这一类收入和费用并没有产生对应的现金流，虽然在计算净利润的时候进行了计算，但是计算现金流的时候是无需计算的。因此需要在净利润的基础上将非现金收入减去，同时将非现金费用加回。

（2）需要调整利润表中非经营性的利得和损失。

因为这里计算的是经营活动现金流。因此需要将非经营性利得减去，同时将非经营性损失加上。

3.2.2 资产负债表调整

在调整完利润表中相关内容之后，需要调整资产负债表中相关项目，因为一部分现金为了维持企业的正常运营，产生流动资产或偿付流动负债，而这一部分资金并没有进入到利润表当中，因此需要进行调整。这一部分主要调整的是存货、应收账款和应付账款。

（1）应付账款的增加意味着我们向供货商借了钱，因此 A/P 的变动应当用加号；

（2）而应收账款的增加和存货的增加，都意味着花钱买了资产，因此应收账款和存货的变动都需要用减号。

最终具体的间接法计算流程可以用表 24-3 表示。

表 24-3 间接法计算 CFO

间接法计算 CFO	
净利润	
+ 非现金费用（比如，折旧、摊销及减值）	利润表项目调整
− 非现金收入	
+ 非经营活动损失	
− 非经营活动利得	
−Δ A/R	资产负债表项目调整
−Δ 存货	
+Δ A/P	
= 经营活动现金流（CFO）	

3.3 比较直接法和间接法的优缺点

在美国准则和国际准则下，均鼓励企业在编制现金流量表的时候使用直接法进行编制，同时允许间接法的编制。两个准则下均鼓励直接法的主要原因是直接法的主要好处是包括公司的经营现金流的收入和支出，为分析师的分析提供了更多信息。但是间接法聚焦于净收入与经营现金流的差别，从而有利于分析师判断净收入的质量。

需要注意的是，在 U.S.GAAP 下，即使使用直接法，也必须要披露经营活动中的净收入现金流的调整过程（间接法）。在 IFRS 下则不要求。但是在 IFRS 下，当期支付的所得税可以根据相关税费的产生原因，归类为经营活动现金流、融资活动现金流或投资活动现金流。在 U.S.GAAP 下，当期支付的所得税归属为经营活动现金流（表 24-4）。

表 24-4

直接法与间接法的披露要求	
美国准则	鼓励使用直接法，但是也允许使用间接法。 如果使用直接法，则必须在报表附注中披露间接法的计算结果。
国际准则	鼓励使用直接法，但也允许使用间接法。

考试小技巧

用间接法计算现金流是每年 CFA 一级考试的必考点，考生需要引起高度重视，时刻牢记间接法的规则——流动资产增加额要从净利润中减掉，流动资产减少额要加回到净利润中去，流动负债增加额要加回到净利润中去，流动负债减少额要从净利润中减掉。

4. 计算投资活动现金流量

CFI 主要出现在对固定资产（fixed asset）的购买（purchase）及处置（disposal）过程中。计算公式可以通过以下方法推导

固定资产的期末账面价值 = 固定资产的期初账面价值 + 当期购买的新固定资

产 - 处置旧固定资产的账面价值 - 折旧费用 公式（1）

+ 利得 /– 损失 = 处置旧固定资产的所得款项 - 处置旧固定资产的账面价值 公式（2）

其中当期新购买的固定资产假设全以现金支出，则属于 CFI 的流出，而处置旧固定资产的所得款项属于 CFI 的流入。两者之和应该等于总的投资活动现金流。

由（1）式：用“–”表示购买固定资产时 CFI 的流出。

– 当期购买的新固定资产 = – 固定资产的期末账面价值 + 固定资产的期初账面价值 – 处置旧固定资产的账面价值 – 折旧费用 （3）

由（2）式：用“+”表示处置旧固定资产所得款项，即 CFI 的流入。

处置旧固定资产的所得款项 =+ 利得 /– 损失 + 处置旧固定资产的账面价值（4）

（3）+（4）得：

CFI = 处置旧固定资产的所得款项 – 当期购买的新固定资产

= – 固定资产的期末账面价值 + 固定资产的期初账面价值 – 折旧费用 + 利得 /– 损失

— 备考指南 —
此公式为处置固定资产时的 CFI 计算公式，需要考生掌握。

5. 计算融资活动现金流量

公司借款的增减、新发股票、回购股票以及发放股利等筹资活动会引起 CFF 变化。考试中，重点掌握与分发股利相关的 CFF 变化计算公式如下：

支付的股利（CFF 流出）= 宣布分发的股利（dividend declared）– 应付股利变化值（△ dividends payable）

其中，“宣布分发的股利”可以通过留存收益的 BASE 法则计算，即：

期末留存收益 = 期初留存收益 + 净利润 - 宣布分发的股利

一般来说，在 CFA 考试中，应付股利变化额为 0，此时支付的股利 = 宣布分发的股利。

名师解惑

现金流量表的分析

经营活动现金流（CFO）与净利润的差额可以反映公司盈余的质量。如果公司盈余很多但是经营活动现金流很少，则分析师需要提高警觉。

投资活动现金流（CFI）的净流出反映了企业扩张步伐加快，对产业未来有乐观期许，分析师有理由认为企业在未来存在较高增长，但是也应该高度关切投资项目的质量。

融资活动现金流（CFF）反映的企业获取外部融资的途径，在一定程度上反映了企业对风险的态度。

6. 同比现金流量表

同比现金流量表（common-size cash flow statements）和同比利润表、同比资产负债表一样，都是将普通报表转化为百分比形式的报表。而同比现金流量表的编制有两种方式，首先，可以将现金流量表每一项转化为销售收入的占比，或者将每一项流入转化为总流入的占比，将每一项流出转化为总流出的占比。因此同比现金流量表的计算公式如下所示：

$$\frac{\text{cash flow statement account}}{\text{revenues}}$$

$$\frac{\text{cash outflow}}{\textit{total}\text{ cash outflows}} \qquad \frac{\text{cash inflow}}{\textit{total}\text{ cash inflows}}$$

7. 自由现金流

营运现金流超过资本支出的部分一般称为自由现金流。为了对一家公司或其权益性证券进行估值，可以通过对自由现金流折现求得。对公司整体进行估值，用公司的自由现金流（free cash flow to firm，FCFF），对权益性证券进行估值，用股东自由现金流（free cash flow to equity，FCFE）。

7.1　公司自由现金流

— 备考指南 —
重点掌握 FCFF 与 FCFE 从 CFO 出发计算公式。CFO 可用间接法求得。

自由现金流是在财务分析和估价模型中非常重要的概念。它是用来衡量公司在支付所有必要的现金流出后可被任意支配的现金量。公司自由现金流对所有投资者（股东与债权人）来说可用的自由现金流。计算公式如下：

FCFF = NI + NCC + Interest ×（1−tax rate）− FC INV− WC INV

其中，

NI= 净收入；

NCC= 非现金费用（折旧与摊销），non−cash charge；

FC INV = fixed capital investment，固定资产投资（净资产买入）；

WC INV = working capital investment，营运资本投资。

由于NI+NCC−WC INV可以近似看成CFO，所以公司自由现金流又可以写成：

FCFF = CFO + Interest×（1−tax rate）− FC INV

7.2 股东自由现金流（FCFE）

股东自由现金流指对股东来说可用的自由现金流。计算公式如下：

FCFE = CFO – FC INV + net borrowing

通过与 FCFF 的公式比较，FCFE 与 FCFF 之间有如下转换关系：

FCFE = FCFF + Interest×（1−tax rate）− net borrowing

第 25 章 财务报表分析方法

<table>
<tr><th colspan="2">本章知识点</th><th>讲义知识点</th></tr>
<tr><td>一、了解各类财务报表分析工具</td><td>了解同比报表分析</td><td>同比分析法</td></tr>
<tr><td rowspan="5">二、财务比率分析</td><td>1. 掌握盈利能力比率的计算和作用</td><td rowspan="5">财务指标</td></tr>
<tr><td>2. 掌握营运能力比率的计算和作用</td></tr>
<tr><td>3. 掌握流动能力比率的计算和作用</td></tr>
<tr><td>4. 掌握长期偿债能力比率的计算和作用</td></tr>
<tr><td>5. 掌握估值比率的计算和作用</td></tr>
<tr><td>三、可持续增长率</td><td>掌握可持续增长率的计算</td><td rowspan="3">杜邦分析法及信用分析</td></tr>
<tr><td>四、杜邦财务分析体系</td><td>掌握杜邦分析法体系</td></tr>
<tr><td>五、企业信用分析</td><td>了解 Z-score 的评判标准</td></tr>
</table>

知识导引

财务分析技术可用来衡量一个公司的业绩和业绩趋势。分析师可使用分析工具来处理获取的财务数据，从而对公司的业绩、信用风险等方面做出清晰的判断，最后基于分析结果来做出投资决策。这些财务数据的第一来源是公司的年报，包括财务报告、脚注及管理层的批注等。本节关注的是财务报告上呈现的财务数据（美国准则和国际准则下）。然而，这些报表上的数据并不能给分析师提供财务分析所需的一切信息。因此，分析师需要把这些报表和其他信息相结合，才能对公司的情况做出较为准确的判断。

在进行财务报表分析的时候，常用的财务报表分析思路有三类：同比报表分析、财务比率分析以及杜邦分析法。

◢ 本章思维导图

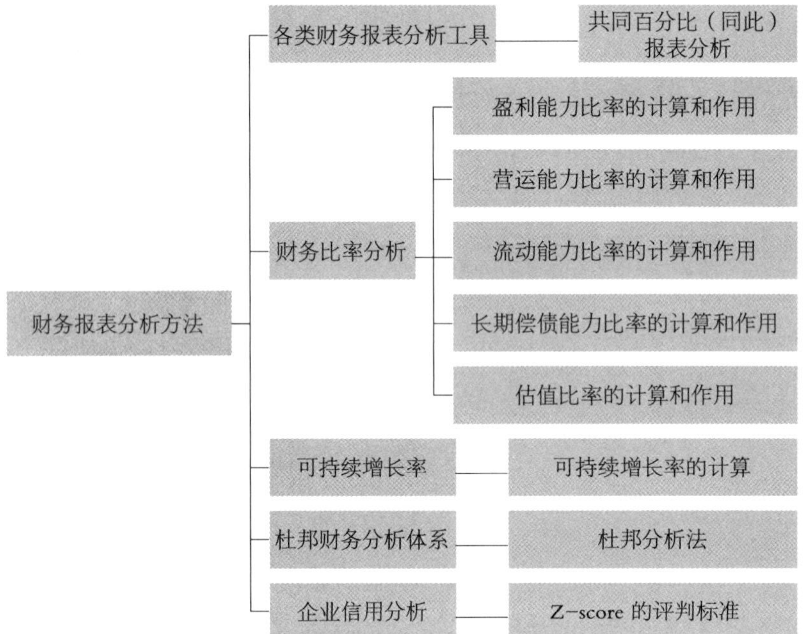
财务报表分析方法
各类财务报表分析工具
共同百分比（同此）报表分析
财务比率分析
盈利能力比率的计算和作用
营运能力比率的计算和作用
流动能力比率的计算和作用
长期偿债能力比率的计算和作用
估值比率的计算和作用
可持续增长率
可持续增长率的计算
杜邦财务分析体系
杜邦分析法
企业信用分析
Z-score 的评判标准

1. 同比报表分析

同比报表（common-size statements）是将报表当中所有项目以百分比的形式进行列示，从而体现报表当中所有科目所占的比例，而非绝对数值。在前面利润表、资产负债表和现金流量表当中，具体介绍了对应同比报表的编制思路：

同比利润表体现的是利润表中每一项目占到销售收入的比例；

同比资产负债表体现每一项目占到总资产的比例；

而同比现金流量表则体现为每一项目占到总收入的比例，或者是每一项流出占到总流出，每一项流入占到总流入的比例。

2. 财务比率分析

— 备考指南 —
掌握各类财务指标的分类、计算、及含义。

财务比率分析是通过计算出的财务比率进行对应的分析，从而体现企业的经营状态。通常来讲，财务比率分析会分析企业五个方面的经营状况，包括盈利能力比率（profitability ratio），营运能力比率（activity ratio），流动能力比率（liquidity ratio），长期偿债能力比率（solvency ratio）和估值比率（valuation ratio）。

财务比率分析是财务报表分析的重要分析工具，通过比率的变化可以发现企业自身状况的变化，同时通过对比其他企业的财务指标，可以反映企业在同行业所处的水平。需要注意的是，财务比率并不是单纯看一个比率就可以得到结论，通常需要多个指标一起分析，相互之间达到平衡。

2.1　盈利能力比率（profitability ratio）

盈利能力是指企业获取利润的能力，企业的盈利能力越强，则其给予股东的回报越高，企业价值越大。常见的盈利能力有几个指标：

2.1.1　毛利润率（gross profit margin）

$$毛利润率=\frac{毛利润}{销售收入}=\frac{销售收入-COGS}{销售收入}$$

该指标反映了公司的基本成本结构，同时反映了企业产品或商品销售的初始获利能力，是企业净利润的起点。从产品角度看，企业的产品越具有市场竞争力，产品价格会更高，毛利润率也会更高；从成本角度看，较高的毛利润率也能够反映出企业在产品成本控制方面具有比较优势。

— 备考指南 —
CFA 一级中经营利润近似 EBIT。

2.1.2 经营利润率（operating profit margin）

$$经营利润率=\frac{经营利润（EBIT）}{销售收入}=\frac{销售收入-COGS-其他经营费用}{销售收入}$$

如果企业的经营利润率上升速度高于毛利润率，意味着企业对其他经营费用的控制能力有所提升，反之，如果经营利润率的上升速度低于经营利润率，则意味着企业对经营费用的控制有所恶化。

2.1.3 税前收益率（pretax margin）

$$税前利润率=\frac{税前利润（EBT）}{销售收入}=\frac{EBIT-利息费用}{销售收入}$$

2.1.4 净利润率（net profit margin）

$$净利润率=\frac{净利润（NI）}{销售收入}$$

净利润中包括了企业所有的重复发生和非重复发生的利润，在计算净利润率来预期企业未来的盈利能力时，通常需要对非重复发生的收入和费用进行调整，从而能够更好的反映企业未来的盈利能力。

2.1.5 总资产回报率（return on asset, ROA）

— 备考指南 —
而在后续的杜邦分析法介绍时，我们用到的是第一个公式对 ROA 进行计算。

总资产回报率体现的是每单位资产给企业带来的收益情况，ROA 越高，意味着企业资产获取利润的能力越高。在大多数的数据库中，ROA 的计算公式如下：

$$ROA=\frac{净利润}{平均总资产}$$

其中，平均总资产等于总资产的期初值与期末值的算术平均值，即：

$$平均总资产=\frac{总资产的期初值+总资产的期末值}{2}$$

但是由于净利润当中扣除了给到债权人的利息部分，反映的是最终归属于股东收益，而总资产的资金来源于债权人和股东，因此从匹配的角度出发，部分分析师会将分子的净利润进行调整，将 ROA 的计算公式变为：

$$ROA=\frac{净利润+利息费用（1-税率）}{平均总资产}$$

此时，分子上反映股东及债权人的共同税后利润，而分母上是股东和债权人的总资本，分子分母的匹配度更高。

其次，为了剔除不同公司税率的影响，可以在利润上加回税收，用税前利润，代替税后利润，此时分子上是 EBIT，则 ROA 也可以用以下公式进行计算：

$$ROA=\frac{EBIT}{平均总资产}$$

2.1.6 净资产收益率（Return on Equity, ROE）

净资产收益率或称股东权益报酬率，反映的是一单位股东投资所带来的收益，是衡量企业盈利能力的主要指标之一。

$$ROE=\frac{净利润}{平均净资产}$$

其中，$平均净资产=\frac{净资产的期初值+净资产的期末值}{2}$

进行净资产收益率分析时，应该考虑以下几方面：

- 净资产收益率反映所有者（股东）投资的获利能力，该比率越高，说明所有者投资带来的收益越高。
- 净资产收益率是从所有者角度考查企业盈利水平高低，而总资产收益率则从所有者和债权人两方面来共同考查整个企业盈利水平。在相同的总资产收益率水平下，由于企业采用不同的资本结构形式，即债权人与股东出资的比例不同，会造成不同的净资产收益率。

2.1.7 总资本回报率（return on total capital, ROTC）

总资本回报率（ROTC）衡量了企业资本的获利能力，总资本包括短期和长期的付息债务和所有者权益，而分子部分会使用息税前利润来进行计算。具体的计算公式如下：

$$总资本回报率=\frac{EBIT}{平均总资本}$$

> — 备考指南 —
> 总资本中的债务只包括付息债；总资产中的负债既包括付息债又包括不付息的债务，如应付账款等。

2.2 营运能力比率（activity ratio）

营运能力比率（activity ratio）反映的是企业的经营效率，是对企业资金周转状况进行的分析。资金周转得越快，说明资金利用效率越高，企业的经营管理水平越高。营运能力比率包括应收账款周转率、存货周转率、固定资产周转率和总资产周转率等。

在计算营运能力比率的时候，用利润表中的流量值作为分子，资产负债表中的存量值作为分母。这时由于利润表反映一段区间的盈利情况，而资产负债表中值反映期末的累计量，为了使分子分母的度量统一，通常分母的资产负债表数值需要用期初和期末的平均值。

需要掌握的营运能力指标及其计算方式如表 25-1。

表 25-1　营运能力指标计算

营运能力指标	分子	分母
存货周转率	COGS	平均存货
存货周转天数	该段期间的天数（通常用 365）	存货周转率
应收账款周转率	销售收入	平均应收账款
应收账款周转天数	该段期间的天数（通常用 365）	应收账款周转率
应付账款周转率	当期购买的存货	平均应付账款
应付账款周转天数	该段期间的天数（通常用 365）	应付账款周转率
营运资本周转率	销售收入	平均营运资本
固定资产周转率	销售收入	平均固定资产
总资产周转率	销售收入	平均总资产

— 备考指南 —
公式在“存货”部分详细讲解。

其中，当期购买的存货，可以通过 BASE 法则计算。存货期初值 + 当期购买的存货 − 销售成本 = 存货期末值；

营运资本（working capital，WC）= 流动资产 − 流动负债。营运资本反映公司用现有流动资产偿还完所有流动负债后，剩余的可以用来运营的净额。营运资本越多，一般表示公司的短期偿债能力越强。

2.2.1　应收账款周转率与应收账款周转天数

应收账款周转率（receivables turnover）又称为应收账款周转次数，指年度内应收账款转为现金的平均次数，它说明应收账款的变现速度。应收账款周转天数（days of sales outstanding, DSO）又称收账期（collection period），指企业从发生应收帐款到收到现金平均需要多少天。

一般而言，企业的应收账款周转率越高，平均收账期越短，说明企业的应收账款回收得越快；反之，则企业的营运资金过多地停滞在应收账款上，会严重影响企业资金的正常周转。

2.2.2　存货周转率与存货平均周转天数

存货周转率（inventory turnover）也叫存货周转次数，是企业一定时期的销售成本与平均存货的比率。存货周转率可用来测定企业存货的变现速度，衡量企业的销货能力及存货是否储备过量。存货周转率与企业获利能力直接相关，一般情况下，存货周转率越快，则利润率越大，营运资金中用于存货上的金额就越小，企业资金周转得就越快，营运能力就越强。

存货周转天数（days of inventory on hand, DOH）反映的是企业从产生存货到存货卖出平均需要的天数。较长的存货周转天数表示公司资金被束缚在存货上，即公司存货可能是过时的或不合时宜的。而非常短的周转时间可能意味存货不足，这可能延误了向顾客交货的时间，并影响销售。

2.2.3　应付账款周转率与应付帐款周转天数

应付账款周转率（accounts payable turnover），是指应付账款在一定期间内的周转次数，如一年内全部应付账款共被结清了几次。付款周期（average payment period），即应付账款周转天数，是指一笔应付账款从发生到因被支付而消灭平均经历多长时间。如公司应付账款周转率低于行业平均水平，说明公司较同行可以更多占用供应商的货款，显示其重要的市场地位，但同时也要承担较大还款压力，反之亦然。

2.2.4　总资产周转率

总资产周转率（total asset turnover）是指企业在一定时期，销售收入与平均资产总额的比率。比率带有鲜明的行业特征，资本密集的制造行业平均比率约为1，而零售行业的平均比率接近10。在进行财务分析时，必须将特定公司的比率与行业平均水平或可比公司的指标相比，分析才有意义。

2.2.5　固定资产周转率

固定资产周转率指企业在一定时期，销售收入与平均固定资产总额的比率。这个指标也必须在同一行业之间比较，且需考虑使用租赁资产的影响。过低的固定资产周转率说明部分资金冻结在过剩的固定资产里，过高的周转率说明可能使用了已提足折旧的设备。

2.2.6 营运资本周转率

营运资本周转率是销售收入与营运资本（流动资产 – 流动负债）平均余额的比率。它反映的是营运资本的利用效率。该指标在不同行业之间区别很大，因此必须与同行业的其他企业或者行业平均水平进行比较。

营运资本周转率越大，表示资产的利用效率越高，如果资产增加，导致周转率降低，则可能是因为过度投资或资产没有充分有效利用。

2.3 流动能力比率（liquidity ratio）

流动能力比率（liquidity ratio）反映了企业偿还短期债务的能力，主要侧重分析企业偿还流动负债的能力。常见的流动能力比率包括流动比率、速动比率和现金比率。除此之外，这一部分还介绍了安全偿付期、经营周期和现金周期这三个指标。

2.3.1 流动比率

$$流动比率=\frac{流动资产}{流动负债}$$

流动比率（current ratio）：用来测度公司通过变现流动资产（将流动资产转化为现金）清偿流动负债的能力，反映了公司在短期运营中避免无力偿还债务的能力。流动比率越高，则企业偿债能力越强。如果流动比率小于 1，说明公司营运资金为负（因为此时流动资产小于流动负债），面临流动性危机。流动比率过低固然不好，但流动比率也不是越高越好，因为流动比率过高，表明企业滞留在流动资产里的资金过多，未能有效加以利用，反而有可有降低企业获利能力。

2.3.2 速动比率

$$速动比率=\frac{速动资产}{流动负债}=\frac{现金+短期投资（现金等价物）+应收账款}{流动负债}$$

速动比率（quick ratio）：也叫做酸性试验比率（acid test ratio），意在表明可用来偿付近期负债的流动性较好的资产数量。其中，分子是速动资产，包括流动性最好的三类资产：现金、短期投资（即现金等价物）以及应收账款。速动资产是在流动资产的基础上，剔除掉了存货等无法及时转变为现金的流动资产，剩余流动资产的变现效率更高。速动比率是比流动比率更严格的流动性测度方法。若 A 公司的速度比率等于 1，B 公司的流动比率等于 1，通常说明 A 公司的流动性更强。

2.3.3　现金比率

若企业应收款项和存货的变现能力都存在问题，如应收账款收回的可能性很小，存货不能变卖或已抵押出去，只有采取极端保守的态度，计算现金比率（cash ratio）。现金比率也是衡量短期偿债能力的指标。

现金比率的计算公式为：

$$现金比率=\frac{现金+短期投资（现金等价物）}{流动负债}$$

2.3.4　安全偿付期（Defensive Interval）

安全偿付期用速动资产除以日均的营业支出，反映现有的速动资产能够满足多久的日常营业支出。计算公式为：

$$安全偿付期=\frac{速动资产的期末余额}{预期下期日均营业支出}$$

日均营业支出可以按下面的公式计算：

$$日均营业支出=年度营业支出\div 365$$

其中，营业支出 = 销售成本 + 销售费用 + 管理费用。

预计下期营业支出可以用企业披露的盈利预测数据，如果盈利预测数据无法取得，也可以用本年数据替代，只要该比率计算时运用一致，一般不会影响分析的基本结论。

2.3.5　经营周期与现金周期

经营周期（operational cycle, OC），又称营业周期，是指企业从取得存货、到完成对存货的加工转化、最后出售存货并收取得货款的一个周期。而现金（周转）周期（cash conversion cycle, CCC）则是指支付购货款到取得货款的周期。

这两个周期指标与前面我们刚刚分析过的平均收账期、平均存货周期和平均付款期指标之间的关系、及这两个周期指标之间的相互关系如图 25-1 所示。

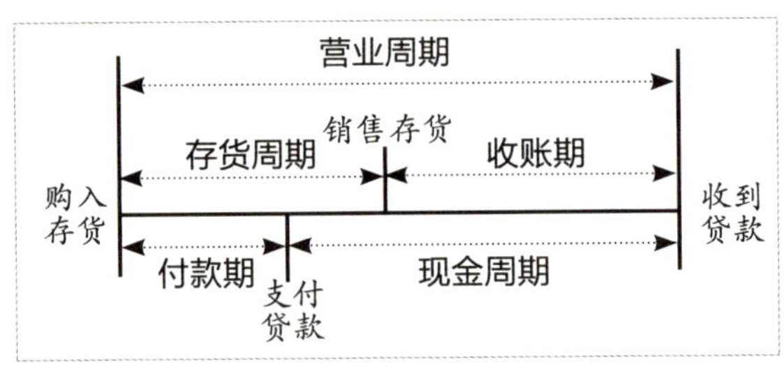

图 25-1 经营周期与现金周期

从该图我们可以看出，经营周期与现金周期两个财务指标是对我们前面介绍过的收账期、付款期和存货周期的高度概括，能够综合地反映企业的营运资本管理效率。

名师解惑

流动比率、速动比率等流动性比率是反映企业静态的流动性比率，而经营周期、现金周期这两个比率则从动态方面反映了企业资产的流动性，因此这两个比率不仅可用于评价企业营运资本管理的效率，而且还可以和前面介绍过的流动性比率、资本结构比率结合起来，用于评价企业的流动性与偿债能力。

根据图 25-1 对几种流动资产周期关系的揭示，我们可以将这两个周期的计算公式写为：

经营周期 = 平均存货周期 + 平均收账期 = 存货周转天数 + 应收账款周转天数

现金周期 = 经营周期 - 平均付款期

= 平均存货周期 + 平均收账期 - 平均付款期（应付债款周转天数）

由于现金周期等于经营周期减去平均付款期，所以可以看成剔除付款期后经营周期的净额，所以现金周期又名“净经营周期（net operating cycle）”。

2.4 长期偿债能力比率

对企业流动比率进行分析，可以得知短期偿债能力，但是对企业的长期偿债能力同样重要。能够反映企业长期偿债能力的指标包括负债权益比率、资产负债率、权益乘数、利息保障倍数和固定支出保障倍数等。

2.4.1 负债权益比率（debt to equity ratio）

负债权益比率是负债总额与股东权益总额的比率，也称产权比率。其计算公式为：

$$负债权益比率=\frac{负债总额}{股东权益总额}$$

从公式中可以看出，该比率反映了债权人所提供资金与股东所提供资金的对比关系，因此可以揭示企业的财务风险以及股东权益对债务的保障程度。该比率数值越低，说明企业长期偿债能力越强，财务状况越好，债权人贷款的安全越有保障，企业财务风险越小。

2.4.2 资产负债率（debt to asset ratio）

资产负债率是企业负债总额与资产总额的比率，也称为负债比率或举债经营比率，它反映企业的资产总额中有多少是通过举债而得到的。其计算公式为：

$$资产负债率=\frac{负债总额}{资产总额}$$

资产负债率反映企业偿还债务的综合能力，这个比率越高，企业偿还债务的能力越差；反之，偿还债务的能力越强。

2.4.3 权益乘数（financial leverage）

股东权益比率是股东权益与资产总额的比率，该比率反映企业资产中有多少是所有者投入的。其计算公式为：

$$股东权益比率=\frac{股东权益总额}{资产总额}$$

股东权益比率的倒数，称作权益乘数，即资产总额是股东权益的多少倍。权益乘数越大，说明股东投入的资本在资产中所占比重越小，即公司债务占比越高，长期偿债能力越差。其计算公式为：

$$权益乘数=\frac{资产总额}{股东权益总额}$$

2.4.4 Debt-to-EBITDA 指标

Debt-to-EBITDA 指标的计算公式为：

$$\text{debt-to-EBITDA指标}=\frac{债务}{\text{EBITDA（息税折旧摊销前利润）}}$$

其中债务是企业的负债，而息税折旧及摊销前利润（earnings before interest, tax, depreciation and amortization, EBITDA）指的是在不扣除企业的利息、税费、折旧及摊销的情况下，企业能够获得的利润，而 EBITDA 和企业的经营性现金流数额接近。

Debt-to-EBITDA 指标反映的是以息税折旧及摊销前利润（EBITDA）为基础，衡量企业的债务需要多久能够完全清偿。

2.4.5 利息保障倍数（interest coverage ratio）

利息保障倍数也称利息所得倍数，是息税前利润与利息费用的比率。其计算公式为：

$$\text{利息保障倍数}=\frac{\text{税前利润}+\text{利息费用}}{\text{利息费用}}=\frac{\text{EBIT}}{\text{利息费用}}$$

其中，

税前利润是指交纳所得税之前的利润总额。

而利息费用不仅包括财务费用中的利息费用，还包括计入固定资产成本的资本化利息。但有时为了方便计算，税前利润 + 利息费用总和可用 EBIT 代替。

利息保障倍数反映了企业的经营所得支付债务利息的能力。如果这个比率太低，说明企业难以保证用经营所得来按时按量支付债务利息，这会引起债权人的担心。一般来说，企业的利息保障倍数至少要大于 1，否则，就难以偿付债务及利息，若长此以往，甚至会导致企业破产倒闭。

2.4.6 固定支出保障倍数

与利息保障倍数类似，固定支出保障倍数（fixed charge coverage ratio）不仅考虑利息费用，还考虑其他固定支出，比如租金等。计算公式为：

$$\text{固定支出保障倍数}=\frac{\text{EBIT}+\text{固定支出}}{\text{利息费用}+\text{固定支出}}$$

固定支出保障倍数和利息保障倍数类似，越高的固定支出保障倍数反映出企业的偿债能力越强，为企业的债务提供了更多保障。一般来说，固定支出保障倍数要小于利息保障倍数，因为由于固定支出的增加，会导致企业偿债能力变差。

2.5 估值比率（valuation ratio）

估值比率（valuation ratio）一般应用于公司估值，并且在相对估值法中应用最为广泛，在权益估值部分会有详细介绍，这里仅作简单了解，如表 25–2。

表 25–2 一些常见的估值比率

	分子	分母
市盈率 P / E	每股价格	每股收益
市现率 P / CF		每股现金流
市销率 P / S		每股销售额
市净率 P / BVPS		每股账面价值

P/E 是市盈率，用市场价格除以每股净收益（EPS）。

P/CF 是市现率，分母中的 CF 不是总的现金流，而是每股净现金流量，每股净现金流 = $\frac{\text{CFO}-\text{优先股股利}}{\text{WASCO}}$

P/S 市销率，是每股价格除以每股销售额。

P/BVPS 是市净率，用市场价格除以每股权益的账面价值，即权益（资产负债表中的账面价值）/WACSO。

这些指标又被成为价格乘数（price multiple），站在普通股股东角度看问题，主要可以用于对公司的普通股市值进行估值。

3. 可持续增长率

可持续增长率（sustainable growth rate）衡量的是企业在长期平稳增长阶段的增长速度，在计算可持续增长率时，假设企业不增发新股、不改变企业的经营效率（资产周转率不变），同时企业的资本结构也不改变的情况下，企业可以达到的增长率，通常可持续增长率用 g 表示。

可持续增长率的计算公式为：

可持续增长率 g=ROE × 利润留存率 =ROE ×（1– 股利支付率）

根据留存收益的 BASE 法则可知，企业获得的净利润会有两个去向，一个是作为股利支付给股东，另外就是留在企业内部用于企业未来发展，而这一部分引起了留存收益的改变。

股利留存率等于留在企业内部的净利润（留存收益）占净利润的比例，而股利支付率等于分派给股东的股利占到净利润的比例，因此股利留存率和股利支付率两者之和为 1。

4. 杜邦分析法

分析师通常利用杜邦分析体系，将企业的 ROE 拆分成一系列的财务比率，每种比率有其特殊的含义，从而帮助分析师明确企业净资产收益率的变化是由什么原因引起的。常用的杜邦分析拆分可以分为两分法、三分法和五分法。

4.1 杜邦分析两分法

— 备考指南 —
重点掌握三分法及五分法的计算。

杜邦分析的两分法揭示了净资产收益率（ROE）和总资产收益率（ROA）之间的关系，根据 ROE 和 ROA 的计算公式可以得到：

$$\text{ROE}=\frac{\text{净利润}}{\text{总资产}}\times\frac{\text{总资产}}{\text{权益}}=\text{ROA}\times\text{权益乘数}$$

ROA 反映了企业总资产的利用效率，而权益乘数则反映了企业的财务杠杆，反映企业的长期偿债能力。杜邦分析两分法说明，当企业总资产盈利能力（ROA）保持不变时，通过提升财务杠杆，即权益乘数增加，股东的回报率（ROE）会有所上升。所以许多公司通过举杠杆来放大股东收益率。

4.2 杜邦分析三分法

杜邦分析的三分法将 ROE 拆分成三个因子的乘积，具体拆分因子为：

$$\text{ROE}=\frac{\text{净利润}}{\text{销售收入}}\times\frac{\text{销售收入}}{\text{总资产}}\times\frac{\text{总资产}}{\text{权益}}=\text{净利润率}\times\text{总资产周转率}\times\text{权益乘数}$$

其中净利润率反映了企业的盈利能力，而由净利润率的提升所引起的 ROE 的上升对于企业来讲是正向的影响。

总资产周转率是营运指标，反映了企业的经营效率。总资产周转率的上升意味着企业经营效率的上升，而由总资产周转率引起的 ROE 的上升对企业来讲也是正向影响。

权益乘数反映的是企业的财务杠杆，而权益乘数的上升意味着企业债务比例的上升，会增加企业的风险，因此权益乘数的上升引起的 ROE 的上升并不一定是正向的。

4.3　杜邦分析五分法

杜邦分析的五分法将 ROE 拆分为五个因子的乘积，具体的拆分因子为：

$$ROE=\frac{净利润}{税前利润}\times\frac{税前利润}{息税前利润}\times\frac{息税前利润}{销售收入}\times\frac{销售收入}{总资产}\times\frac{总资产}{权益}$$

=税收负担×利息负担×经营利润率×总资产周转率×权益乘数

其中税收负担 = 1− 税率 $=\frac{净利润}{税前利润}$

利息负担 = 1− 利息率 $=\frac{税前利润}{息税前利润}$

注意，如果净利润占到税前利润的比例上升，此时税收负担上升，意味着此时企业少交税了，也就是税率下降，税收负担下降，对于企业而言是好事。因此税收负担的上升导致 ROE 的上升对企业来说是一个正向的影响。

同理，当税前利润占到 EBIT 的比例上升，则意味着企业利息占到 EBIT 的比例下降，利息负担下降，而利息负担上升，对于企业而言是好事。因此利息负担的上升导致 ROE 的上升，对企业来说是正向影响。

经营利润率也是一个反应企业盈利能力的指标，经营利润率的上升导致 ROE 的上升，对企业而言是一个正向影响。

五分法中另外的两个因子和三分法的因子相同，所代表的的含义和对企业的影响也是相同的。

5. 企业信用分析

信用分析主要衡量公司偿还债务的能力。在对公司进行信用风险分析时，可以通过与管理层会面，前往公司实地考察、咨询评级机构等方式进行信用评估和分析。在对企业进行信用分析时，最常用的指标是 Z−score。Z−score 是由纽约大学的欧德曼教授于 1968 年提出，用于检测公司破产的概率。该指标能够帮助债权人对企业的财务状况进行分析，并且评判企业当前的信用情况及破产风险。

具体的 Z−score 计算公式为：

$Z = 1.2\ A + 1.4\ B + 3.3\ C + 0.6\ D + 1.0\ E$

其中 A = WC / TA——营运资产占总资产比率

B = （R/E） / TA——留存收益占总资产比率

C = EBIT / TA——息税前利润占总资产比率

D = MV of Equity / BV of Debt——普通股市值对负债比率

E = Revenue / TA——总资产周转率

根据实证经验，Z-score 小于 1.81 的时候，认为企业的破产概率较大。

6. 其他现金流比率

其他现金比率这部分是和经营活动现金流有关的一些财务比率，这一部分当中将经营活动现金流（CFO）替换成净利润 NI，则可以找到他对应的含义，具体可以参考财务比率分析这一章节。

6.1 业绩比率

$$现金收入比=\frac{经营活动现金流}{净收入}$$

$$资金现金回报率=\frac{经营活动现金流}{平均总资产}$$

$$权益现金回报率=\frac{经营活动现金流}{平均总权益}$$

$$现金营业利润比=\frac{经营活动现金流}{营业利润}$$

$$每股现金流=\frac{经营活动现金流-优先股股利}{加权平均普通股股数}$$

6.2 覆盖比率

$$偿债覆盖率=\frac{经营活动现金流}{总负债}$$

$$利息保障倍数=\frac{经营活动现金流+已付利息+已付税费}{已付利息}$$

$$再投资覆盖率=\frac{经营活动现金流}{长期资产支付的现金}$$

$$股利支付=\frac{经营活动现金流}{已付股利}$$

$$债务偿还=\frac{经营活动现金流}{现金长期偿债}$$

$$投资融资覆盖率=\frac{经营活动现金流}{投资活动现金流出+融资活动现金流出}$$

第 26 章 存货分析

本章知识点		讲义知识点
一、存货成本的计量	1. 掌握产品成本包含内容	区分生产成本和期间成本
	2. 掌握期间成本包含内容	
二、存货的计价方法	掌握存货的各种计价方法	不同的存货估值方法
三、存货盘存方法	掌握存货的盘存方法和相关结论	永续盘存制和定期盘存制
四、存货的减值与回转	1. 美国准则国际准则存货减值的判断	存货减值问题
	2. 美国准则国际准则存货回转的区别	
五、LIFO 和 FIFO 的互相转化	1. 掌握后进先出储备及相关调整公式	后进先出储备及先进先出和后进先出之间的转换
	2. 掌握后进先出“清算”	
六、不同存货计价方式变更	了解不同存货计价方法变更的会计处理	

知识导引

对于很多公司而言，存货扮演着十分重要的角色。按照所处工序的不同，存货可被分为三种：原料、在制品和完成品。虽然公司既可选择分别报告这三种状态的存货，也可选择把这三种存货合并成一项来报告，但是如果公司选择了后者，则需要在报表的脚注中对三种状态的存货进行披露。比较不同公司存货价值不是一件容易地事，因为各公司使用的存货计量方法可能不同。在没有通货膨胀和通货紧缩的情况下，计量方法的不同不会对存货的账面价值产生影响。然而，货物的价格却是在不断变化的，所以计量方法的不同会影响存货期末的账面价值和销售成本。因此，分析师需要掌握存货的各种计量方法（包括它们对财务报表和各种指标的影响），以便能够更好地衡量一个公司的业绩，并把该公司的业绩和同行的业绩作比较。

本章思维导图

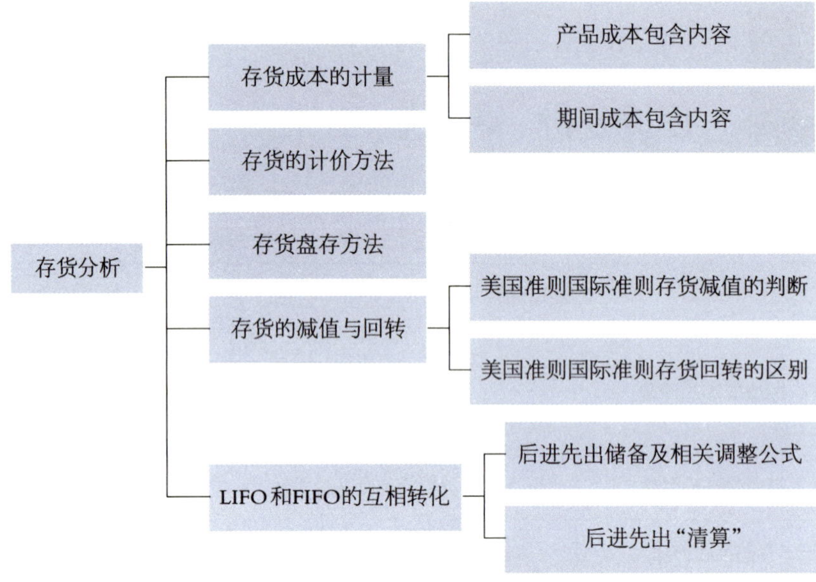
存货分析
存货成本的计量
产品成本包含内容
期间成本包含内容
存货的计价方法
存货盘存方法
存货的减值与回转
美国准则国际准则存货减值的判断
美国准则国际准则存货回转的区别
LIFO和FIFO的互相转化
后进先出储备及相关调整公式
后进先出“清算”

1. 存货初始计量

存货指企业在正常生产经营过程中持有以备出售的产成品，或者为了出售仍然处在生产过程中的在产品，或者将在生产过程或提供劳务过程中耗用的材料等有形资产。

存货初始计量部分主要考量的问题是到底哪些成本需要记录在资产负债表中的存货科目下，而哪些成本需要直接计量在利润表当中。

1.1 产品成本

生产成本（product costs）指取得产品过程中发生的全部成本，这一部分成本将直接计入存货账户，体现在资产负债表中。这些成本包括：

- 购买存货的成本扣除掉销售折扣和退回
- 人工成本与间接费用（overheads），举例来说，一个工厂下属车间的一些事务需要行政部管理，则行政费用中可以可靠计量和配比的部分需要纳入存货成本，这体现了配比原则。
- 其他使得存货处于可使用状态的必要成本，例如运费和安装费用等。

注意：在将产品成本资本化入存货项目后，只有当存货被卖出并且确认收入之后，才可以确认费用，对应费用为销售费用（COGS）。

1.2 期间成本

在存货计量过程中，并不是所有与存货相关的成本都可以直接计入资产负债表的存货项目下，一些成本在发生时就已经费用化在利润表中，这一部分被称为期间成本（period costs），包括：

- 非正常原材料损耗（abnormal waste）；
- 仓储成本（storage cost，在存货达到可销售状态后，库存成本需要费用化记录在利润表中）；
- 管理费用；
- 销售费用。

在判断和存货相关的费用是记为生产成本体现在资产负债表中，还是作为期间费用体现在利润表中，判断标准是看存货是否达到了可销售状态。

存货达到可销售状态之前所有的费用都需要记为生产成本，体现在资产负债表中。特例是非正常损耗。非正常损耗是相对于正常损耗（normal waste）而言的，正常损耗是存货生产过程中必不可少的费用，因此这一部分是需要资本化。非正常的损耗并不是存货生产过程中必需的成本，因此非正常损耗是需要费用化在期间费用中的。

而存货达到可销售状态之后的所有费用需要费用化记录在期间费用中。比如，达到可销售状态之后的库存成本，及一些很难分摊到存货生产成本中的期间费用，如管理费用等。

2. 存货计价方法

销售成本（cost of goods sold, COGS）在国际准则下也称为销售成本（cost of sales, COS），反映的是当期出售存货需要转结至利润表中的数额。存货的部分生产成本在起初计入“存货”这个资产负债表科目，但是当存货出售后，要使这部分成本重新体现在利润表中。可见，存货成本的资本化不是不确认费用，而是递延确认费用。是当存货出售后，才确认费用，此时对应的费用就是销售成本（COGS）。

COGS 与初期存货、当期购买额及期末存货有关，根据 BASE 法则可知：

期末存货 = 期初存货 + 当期购入存货 − 销售成本（当期出售存货转结至 COGS）

所以，COGS= 期初存货 + 当期购入存货 − 期末存货。

存货计价方法主要用于计算存货成本在 COGS 与期末存货间的分配。简单来说就是，当存货卖出之后，多少成本需要从存货结转到 COGS 中，多少成本留在期末存货中。存货的计价方式有四种，分别是：个别计价法（specific identification）、先进先出法（FIFO）、后进先出法（LIFO）和加权平均成本计价法（AVCO）。

关于存货的计价方法，有以下几个方面需要注意。

首先，国际准则和美国准则下对这四种计量方式的使用有不同要求。美国准则下这四种计价方式都是允许的，但是国际准则下只允许个别计价法，先进先出法和加权平均成本计价法。换句话说，后进先出法在美国准则下是允许使用的，但是在国际准则下是不允许使用的。

第二，存货计价方式和存货的真实流转是没有关系的，比如说在先进先出法下，卖出的存货可能是最近刚刚购买进来的存货，但是记录的时候是按照最先购买的存货成本进行结转的。

第三，公司在对相同性质与用途的存货计价时，必须使用相同的存货计价方法；对不同性质和用途的存货计价时，则可以用不同的计价方式。

2.1 个别计价法

个别计价法（Specific Identification），又称个别识别法，是指对发出的每一件存货，分别认定其单位成本的方法。如果公司能够准确计量每一件商品的价值，则可使用该方法。

一般来说，使用个别计价法的产品单位价值较高，且不同商品之间差异较大，相互之间无法替代。比较常见的采用个别计价法的商品包括珠宝、古董、二手车、定制化商品等。

2.2 加权平均成本计价法

加权平均成本计价法（Weighted Average Cost, AVCO）的思路是先计算出这段期间的存货平均单位成本，再根据销售商品的数量和库存数量计量销售成本和存货价值。

第一步：$\text{存货平均成本}=\dfrac{\text{期初存货购买成本}+\text{当期购买存货成本}}{\text{期初存货数量}+\text{当期购买数量}}$

第二步：当期销售成本（COGS）= 当期销售商品数量 × 存货单位成本

第三部：期末库存存货成本 = 期末库存存货数量 × 存货单位成本

2.3 先进先出法

先进先出法（First-in, First-out, FIFO）是以“先购入的存货先发出”这样一种存货流转假设为前提，对发出存货进行计价的一种方法。它的基本假设是最先采购的单位会最先出售，而最近（后期）采购的单位会作为存货留存在仓库当中。

因此在物价不断上涨的情况下，计入销售成本（COGS）的是价值较低的存货成本，而较高成本的存货留存在资产负债表中存货部分。

在通货膨胀的环境中，老存货成本低，新存货成本高。所以，在 FIFO 下，资产负债表存货部分能够体现当前存货的价值，但是 COGS 中体现的是存货成本较低的老存货，从而导致企业采用 FIFO 报告的利润偏高。出于这种原因，一些企业更倾向于采用先进先出法进行计量，但是这种情况下是需要多缴纳税金。

先进先出法的优点是存货以最近的采购价格计价，因此资产负债表的存货资产价值就更接近其现行重置成本。

2.4 后进先出法

后进先出法（Last-in, First-out, LIFO）是以“后购入的存货先发出”这样一种存货实物流转假设为前提，对发出存货进行计价的一种方法。它的基本假设是最近采购的单位最先出售，而最早采购的单位仍然作为存货留在仓库里。因此在物价不断上涨的情况下，计入销售成本的是最近购买的存货的价值，成本较高，而留在资产负债表存货部分的价值较低。

在通货膨胀的环境中，LIFO 下，意味着 COGS 能够更加贴近当前存货的市场价值，当期报告的利润是偏低的，而资产负债表存货价值是被低估的。

在考试中，重点掌握 LIFO 和 FIFO 两种计价方式对比，对比总结如下表：

表内结论成立需要两个条件：

条件一：存货数量不变或上涨；

条件二：价格持续上涨，即通货膨胀（通胀）的环境。

表 26-1 是先进先出法与后进先出法下对财务报告的影响总结。

— 备考指南 —
若通货紧缩（通缩）中，所有结论相反。

表 26-1 FIFO 与 LIFO 下对财务报告的影响

	LIFO	FIFO
利润表	COGS 较低	COGS 较高
	EBIT 较低	EBIT 较高
	当期税费较低	当期税费较高
	净利润较低	净利润较高
资产负债表	存货期末余额较低	存货期末余额较高
	营运资本较低	营运资本较高

（续表）

		LIFO	FIFO
现金流量表		CFO 较高	CFO 较低
财务比率	盈利指标	毛利率和净利率较低	毛利率与净利率较高
	流动性指标	流动比率较低	流动比率较高
	偿债能力指标	D/A 和 D/E 较高	D/A 和 D/E 较低
	营运能力指标	存货周转率较高	存货周转率较低

关于存货计价方式的对比，这里主要记忆一下几个主要结论，而其他结论均可以通过主要结论推导得到。

在物价持续上涨，且存货数量不变或不断上升的情况下，

（1）COGS：LIFO>FIFO

因为 LIFO 下，后买进来的比较贵的存货先转结到 COGS 中，而 FIFO 是转结先买入的比较便宜的存货，所以 LIFO 计量的 COGS 相比 FIFO 下的 COGS 偏高。

（2）利润：LIFO<FIFO

由于 LIFO 下的 COGS 较高，从而 LIFO 下的利润较低。

（3）期末存货：LIFO<FIFO

LIFO 下的期末存货中保留的是较早买入的便宜的存货，因此相比 FIFO，资产负债表中存货价值在 LIFO 下较低。

（4）无论当前处于物价持续上涨还是持续下降的状态，AVCO 下的 COGS 和期末存货价值都处于 LIFO 和 FIFO 之间。

3. 存货盘存方法

存货盘存有两种方法，一种是定期盘存制（periodic system），另一种是永续盘存制（perpetual system）。

定期盘存制指的是定期对存货进行盘点，从而确定存货的销售成本和存货价值。一般这个盘点的时点为每个月的月末、每个季度的季度末，或者是每年的年末。在定期盘存制下，需要建立“采购账户（purchase）”来记录存货的采购。

永续盘存制是指只要存在存货数量的变动，就需要进行存货的盘点。因此在永续盘存制下，存货价值与 COGS 是实时更新的，存货的购买和销售直接记录在存货账户，不需要通过“采购账户”进行记录。

在考试当中，通常会将两种存货的盘存方式和四种计价方式结合起来进行考察，通常有三个结论需要掌握。

首先，不管是在永续盘存制下还是定期盘存制下，FIFO 和个别计价法下的结果是一样的。

其次，LIFO 在永续盘存制和定期盘存制下的结果一般不同，在特殊情况下相同。

第三，加权平均计价法在永续盘存和定期盘存制下的结果是最不可能相同的。

表 26-2 总结了永续盘存制和定期盘存制两种盘存方法的对比，这个对比是考试中比较常考的点。

表 26-2　两种存货盘存制度的对比

定期盘存制	永续盘存制
● 定期对存货进行盘点，从而确定存货的销售成本和存货价值 ● 需要“采购账户”	● 存货价值与销售成本需要时刻更新 ● 存货的购买与销售直接记录在存货账户中 ● 不需要“采购账户”
三个结论 1. 两种盘存方式下，FIFO 和个别计价法得到的结果相同。 2. 两种盘存方式下，LIFO 的结果一般不同，特殊情况下相同。 3. 两种盘存方式下，AVCO 的结果最不可能相同。	

4. 存货的减值与回转

存货减值意味着存货的当前价值低于其账面价值，这时需要将存货的账面价值调减至当前价值，而这一步骤称为存货减值。而美国准则和国际准则对于存货当期价值的衡量是不同的。

4.1　存货减值

4.1.1　国际准则

在国际准则下，存货的账面价值计量以成本和可变现净值（net realizable value, NRV）孰低原则进行计量。可变现净值（NRV）即可以看成存货的账面净值，是指在日常活动中，以预计售价（selling price）减去进一步加工成本和预计销售费用（selling cost）以及相关税费后的净值，也就是我们将存货卖出之后真正获得的价值。存货的可变现净值在 CFA 中有简化的计算公式为：

存货可变现净值 = 存货估计售价—至完工估计将发生的成本—估计销售费用

按照国际准则的要求，当我们销售存货之后，赚取的资金小于存货的账面价值，也就是存货的可变现净值小于其成本时，存货就发生了减值。这时需要将存货的账面价值调减至其可变现净值，而存货原成本和可变现净值的差额将会计入利润表中（通常计入到 COGS 当中，也可以单独列示）。

当存货的可变现净值高于其成本的时候，意味着存货并没有发生减值，因此不需要进行对应的会计处理，存货账面价值依旧以原生产成本进行列示。

4.1.2　美国准则

从 2016 年 12 月 15 日之后，美国准则下的存货减值和国际准则基本保持一致，用存货的账面价值和可变现净值比较判断是否减值。唯一的区别是：美国准则下的存货一旦减值之后不允许回转。

但是如果美国准则下，公司用后进先出法（LIFO）或者零售价格法（retail inventory method）计量存货，此时应该把存货原始的账面价值和市场价值（market）比较。美国准则下的市场价值定义如下：

当重置成本（replacement cost，RC）大于可变现净值时，存货市场价值等于可变现净值；

当重置成本小于可变现净值减正常利润的时候，存货市场价值等于可变现净值减正常利润；当重置成本处于可变现净值和可变现净值减正常利润之间时，存货市场价值等于重置成本。

当存货市场价值低于其成本时，存货发生减值，因此需要将其账面价值调整至存货的市场价值，同时存货原生产成本和市场价值之差会记录在利润表中，增加 COGS，体现减值损失（impairment loss）。

如果存货的市场价值高于其成本，则存货未发生减值，资产负债表中依旧记录该存货的成本。

举个例子

【例】存货减值实例

Z 公司存货的成本是 210 元，预计销售价格是 225 元，预计的销售费用是 22 元，重置成本是 197 元，产品正常利润是 12 元。求在国际准则与美国准则的后进先出法下存货的价值是多少？

【解】

国际准则下的判断标准为存货的可变现净值和成本孰低为原则。

存货的成本为 210 元。

可变现净值 = 预计销售价格 - 预计销售费用 =225-22=203（元）

因此在国际准则下，存货发生减值，存货减值到 203 元，并且在利润表中记录 7 元的减值损失。

美国准则的后进先出法下是市场价值和成本孰低原则。

存货的成本为 210 元。

重置成本 =197，可变现净值 =203，可变现净值减正常利润 =203-12=191（元）

此时重置成本处于可变现净值和可变现净值减正常利润之间，因此存货的市场价值就是重置成本（197 元）。

此时市场价值（197）小于成本（210），存货发生减值，减值到 197 元，并且确认 210-197=13 元的减值损失。

资产负债表中存货下降 13 元。，而利润表中 COGS 增加 13 元。

【例】承上例，如果对题目进行修改。重置成本 =205 元，其他条件不变。

【解】美国准则下，重置成本大于存货的可变现净值，此时市场价值应当等于可变现净值，此时存货减值到 203 元。

【解】如果重置成本 =180 元，其他条件不变。

因为重置成本（180）小于下限可变现净值减正常利润（191），所以市场价值等于可变现净值减正常利润 191，此时存货减值将减到 191 元。

4.2 存货减值的回转

存货减值之后，如果其市场价值又出现回升的状况，此时意味着存货减值之后发生了回转，而美国准则和国际准则对于回转的要求是不同的，具体体现为表26−3。

表 26−3　存货减值的回转会计处理

	国际准则	美国准则
减值	允许	允许
回转（reverse）：回转后的存货价值低于成本	允许	不允许
回转（write up）： 回转后的存货价值高于成本	不允许	不允许
美国准则有特例：农产品和森林产品以及矿产和矿产生产商的库存或者大宗商品的交易员等可以按照可变现净值确认存货成本。	允许回转后的存货价值高于原值。	

考试小技巧

表 26-4 为考生总结了美国准则与国际准则下，存货减值与回转的内容。

— 备考指南 —
掌握两种准则下，存货减值方法的异同点。

表 26−4　U.S.GAAP 与 IFRS 下存货价值判定

U.S. GAAP	IFRS
取以下两者的较低值： 成本或市场价值。	取以下两者的较低值： 成本或可变现净值。
市场价值： ● 若重置成本 > 可变现净值， 市场价值 = 可变现净值； ● 若可变现净值 < 可变现净值 － 产品正常利润（NPM）， 市场价值 = 可变现净值 − 产品正常利润（NPM）； ● 若可变现净值 − 产品正常利润（NPM）< 重置成本 < 可变现净值， 市场价值 = 重置成本。	可变现净值： 可变现净值（NRV） = 估计售价 —至完工估计将发生的成本 —估计销售费用
● 若原有账面价值 > 市场价值 存货减值至市场价值，减值后的存货价值记录在资产负债表中，减值损失记录在利润表中。 在后续计量中，不允许超过存货原值的回转。 例外：大宗商品、农产品等可以按 NRV 进行存货计量。	● 若原有账面价值 > 可变现净值 存货减值至可变现减值，减值后的存货价值记录在资产负债表中，减值损失记录在利润表中。 在后续计量中，允许以原值为限，进行减值回转。

5. LIFO 和 FIFO 的互相转化

5.1 后进先出储备

— 备考指南 —
掌握 LIFO reserve 相关的三个公式。

由于分析师在分析报表时，通常需要将报表调整至可比状态。在美国准则下，若企业使用 LIFO，但是国际准则下不允许使用 LIFO，所以美国准则下，需要披露后进先出法（LIFO）向先进先出法（FIFO）的调整，也就是后进先出储备（LIFO reserve）。后进先出储备指的是先进先出法下存货的账面价值和后进先出法下存货的账面价值之差。

根据后进先出储备的定义式如下：

后进先出法储备（LIFO reserve）= 先进先出法存货（INV_{FIFO}） − 后进先出法存货（INV_{LIFO}）

除了存货部分的调整，考生还需要掌握关于 COGS 和净利润的调整，具体公式如下：

$$INV_{FIFO} = INV_{LIFO} + \text{LIFO reserve} \quad (1)$$

$$COGS_{FIFO} = COGS_{LIFO} - \Delta \text{ LIFO reserve} \quad (2)$$

$$NI_{FIFO} = NI_{LIFO} + \Delta \text{ LIFO reserve} \times (1-\text{Tax rate}) \quad (3)$$

在考试中，考生经常容易记错以上公式，考生可以按照通胀环境中的 LIFO 与 FIFO 相关的会计对比结论进行记忆。通胀环境中的结论为：

- 期末存货：FIFO>LIFO；
- COGS：FIFO<LIFO；
- 利润：FIFO>LIFO。

公式（1）是根据 LIFO reserve 的定义得到。在物价持续上升的状态下，LIFO 下的存货价值低于 FIFO 下的存货价值，因此从 LIFO 调整到 FIFO 的时候，需要在 LIFO 的存货价值加上一个正数得到 FIFO 下的存货值，而这个值就是 LIFO reserve。

公式（2），计算 COGS 在 LIFO 与 FIFO 下的转换。在物价上升的状态下，FIFO 下的 COGS 必须要在 LIFO 下的 COGS 的基础上减去一个正数 △ LIFO reserve，才能得到。而且由于 COGS 是利润表中的项目，属于流量项目，与此相对应，LIFO reserve 作为存量，必须使用当期变动值（△ = 期末值 − 期初值）表示流量。

公式（3），当 LIFO 向 FIFO 转变时，由于 FIFO 下 COGS 变少△ LIFO reserve，则 FIFO 下税前利润增加了△ LIFO reserve。但是在计算净利润（NI）需要考虑税收因素，所以 FIFO 下净利润的增加额应该是税后的增加额，即△ LIFO reserve（1−T）。其中 T 为税率。

举个例子

【例】后进先出储备（LIFO reserve）计算

后进先出法下期末存货为 7,000 元，期末后进先出法储备为 5,000 元，期初后进先出储备为 3,000 元，税率为 40%。求先进先出法下存货期末值，净利润增加额与 COGS 减少额。

【解】

先进先出法下存货 =7,000+5,000=12,000（元）

净利润增加额 = （5,000-3,000） × （1-0.4） =，1,200（元）

COGS 降低额 =5,000-3,000=2,000（元）

5.2 后进先出“清算”

如果企业的年末存货比正常情况下低或存货价格下降，也就是买入的存货数量小于卖出的存货数量。此时由于没有新的存货可卖，后进先出法下将逐步确认老存货的成本，所以销售成本会逐年降低。则此时，后进先出法下 COGS 无法反应当前的存货价值，当前的存货数量会逐年降低，近期利润被人为拉升，这种情况被称为后进先出“清算”（LIFO liquidation）。

分析师一旦觉察到这种情况，需要高度关注公司后续运营情况，因为一般来说，后进先出“清算”是管理层为了尽可能增加企业当前利润（盈余管理）而采取的激进行为，是一种会计操纵。因为很明显，以存货数量急速下降为代价带来的利润短期内迅速增加趋势在未来不可持续。分析师需要根据公司当下存货的实际价格对销售成本等项目进行调整，以还原企业真实的经营状况。

— 备考指南 —

LIFO liquidation 一般是在美国准则下发生，同时一般是在价格上涨环境中。是一种操纵盈余的坏现象。

6. 不同存货计价方法的变更

存货价值的变更属于会计政策的变更，当会计政策发生变更时，需要对会计报表进行追溯调整，从而增加之前年度会计报表的可比性。但是在美国准则下，当企业将其他的存货计价方式调整为后进先出法时，不需要进行追溯调整。

第 27 章 长期资产分析：资本化决策

本章知识点		讲义知识点
一、长期资本支出	1. 资本化与费用化的会计处理	资本化和费用化
	2. 资本化与费用化对报表影响	
	3. 利息费用资本化	
二、历史成本法	1. 固定资产的资本化与费用化	
	2. 固定资产折旧	折旧和摊销方法
三、无形资产与研发费用	1. 无形资产的分类和计量	无形资产
	2. 研发费用处理	
四、长期资产减值与回转	1. 长期资产减值步骤	长期资产减值问题
	2. 长期资产回转	
	3. 商誉的减值与回转	
五、长期资产价值重估	了解重估价值法的会计处理	重估值模型
六、投资性房地产	了解投资性房地产的会计处理	投资性房地产
七、长期资产的终止确认	了解长期资产的终止确认的理念	重估值模型
八、财务报表披露	了解固定资产和无形资产在 IFRS 和 U.S. GAAP 的披露与列报	重估值模型

知识导引

长期资产是未来能给公司带来经济利益的资产，且持续时间一般超过一年。长期资产可分为有形资产（包括厂房、设备和土地等）、无形资产（包括商标和专利等）和金融资产（包括股票和债券等）。本节主要关注的是有形资产和无形资产的会计计量，包括长期资产的定义与分类，各类长期资产初始计量、后续计量及终止确认的问题，不同计量模式间的转换与披露。其次，要站在分析师的角度，分析不同的计量方法对财务指标的影响。

本章思维导图

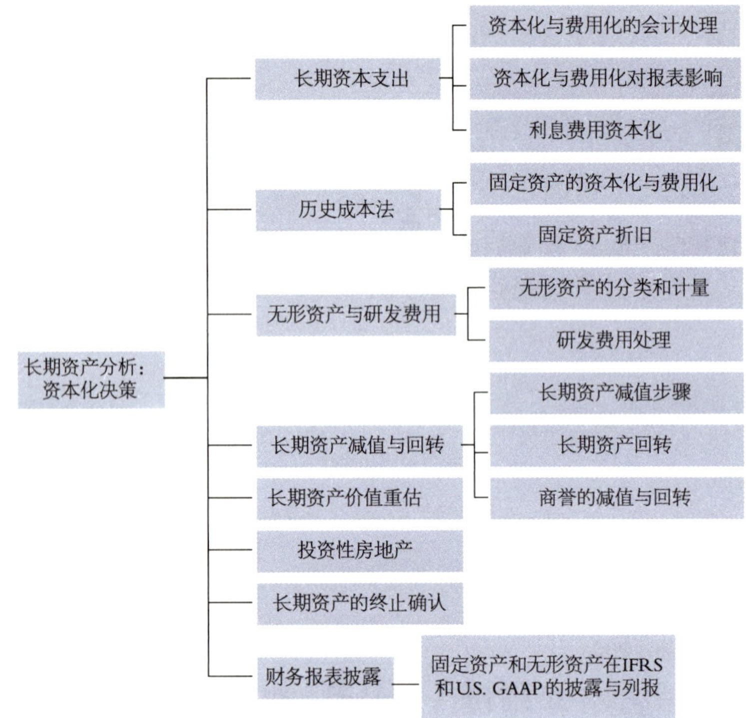

长期资产分析：资本化决策
长期资本支出
资本化与费用化的会计处理
资本化与费用化对报表影响
利息费用资本化
历史成本法
固定资产的资本化与费用化
固定资产折旧
无形资产与研发费用
无形资产的分类和计量
研发费用处理
长期资产减值与回转
长期资产减值步骤
长期资产回转
商誉的减值与回转
长期资产价值重估
投资性房地产
长期资产的终止确认
财务报表披露
固定资产和无形资产在IFRS和U.S. GAAP的披露与列报

1. 资本化与费用化

1.1 资本化与费用化的会计处理

企业的一笔支出，如果能在当期确认为新增资产，称为资本化（capitalize）；如果直接作为费用确认在利润表或损益表中，称为费用化（expense）。

如果当期的一项支出，预期在未来能够创造经济价值，则将其资本化。资本化是指将支出的成本，按资产计入资产负债表。长期资产其实就是资本化了的支出。根据支出性质的不同，企业将这些资本化的支出分别计入固定资产、无形资产或其他资产，并在其使用年限中将这些支出分摊入成本或费用。同时，长期资产购入时的现金按投资现金流支出（-CFI）计入现金流量表。

如果当期的一项支出，不能为未来创造经济价值，或者创造的经济价值高度不确定，则该支出应当在发生当期费用化。费用化（expense）支出在利润表中按照费用全额呈报，在现金流量表里按经营现金流支出（-CFO）计入。这体现了会计的稳健性原则，资本化与费用化的会计处理如表 27-1。

表 27-1 资本化与费用化的会计处理

	资本化	费用化
B/S（0 时刻）	形成资产（asset）	无影响
I/S	0 时刻：无影响 后续：陆续确认成本	全额确认费用
CFS	存货：CFO 流出 长期资产：CFI 流出	CFO 流出

名师解惑

从本质上来讲，将一项支出成本资本化还是费用化的关键是该项成本引致的“经营成果”能否在未来为企业带来确定的经济利益。因为一项资产应满足一个基本的条件——能为企业带来未来的经济利益。

需要注意的是，资本化不是不确认费用，而是递延确认费用。购入长期资产的成本不是在当期一次性全额确认在利润表中，而是在整个使用年限（如 5 年、10 年）陆续摊销，所以在资本化下，费用和利润的波动性更小，或称更平滑（smooth）。

举个例子

【例】企业花 400 元现金于 0 时刻购入一个设备。试确认在资本化与费用化下，这笔业务对三大报表的影响。

【解】

资本化：

B/S：确认 400 的固定资产。设备的历史成本 =400 元。

I/S：0 时刻：不影响利润表。

1 时刻：设设备可以使用 4 年，按直线折旧法折旧，无残值。

则每年的折旧费用 = 400/4 = 100 元。1 时刻确认 100 的折旧。

CFS：CFI = - 400 元。

费用化：

B/S：无影响；I/S：费用 =400 元；CFS：CFO = -400 元。具体对比如表 27-2。

表 27-2 资本化与费用化对比

资产负债表（资产账面价值）		
年份	资本化	费用化
0	400	0
1	300	0
2	200	0
3	100	0
4	0	0

利润表	
资本化（折旧）	费用化
0	0
100	400
100	0
100	0
100	0

1.2 资本化和费用化对财务报表的影响

表 27-3 资本化和费用化对财务报表的影响

财务报表	项目	资本化	费用化
资产负债表	总资产	较高	相反
	股东权益	较高	
	杠杆比率（D/A 或 D/E）	较低	
利润表	利润波动率	较低	
	净利润（第一年）	较高	
	净利润（后续年份）	较低	
现金流量表	总现金流	一样	一样
	CFO	较高	相反
	CFI	较低	

— 备考指南 —
掌握资本化与费用化对财务报表的影响。

表 27-3 总结了长期资产的资本化与费用化对于财务指标的影响，这里只介绍资本化的情况，费用化的结论正好相反。

1.2.1 资产负债表

- 由于资本化影响资产负债表，增加了资产总额，所以资产的账面价值上升，资本化下总资产较高。
- 因为资产 = 负债 + 权益，由于负债不变，资本化下资产高，股东权益高。
- 杠杆比率反映债务与资产（权益）之比，由于分子债务不变，分母上升，杠杆比率下降。

1.2.2 利润表

- 资本化下，将总支出分摊到整个资产的使用年限进行确认。如例题中，每年确认 100 的折旧，所以费用的确认比较平滑，利润的波动率就会相应降低。
- 在第一年，由于资本化下只确认 100 元的折旧，费用化下全额确认费用 400 元，所以资本化下费用低，利润高。对应的净利润、ROA、ROE 都高。
- 后几年中，资本化下有折旧费用，费用化下无费用，资本化下费用高，利润、ROA、ROE 都比较低。

1.2.3 现金流量表

- 不考虑税，净现金流（net cash flow）一样。
- 资本化下，400 元的现金流出属于 CFI 的流出，CFI 流出多，CFI 较低。
- 由于净现金流不变，资本化下，CFI 较低，CFO 较高。

1.3 利息费用资本化

如果公司建造一项资产自用或者转卖，则建造过程中借款的利息可以资本化。资本化的利息不作为利息费用反映在利润表上。而是在后续几年作为折旧或者 COGS 反映在利润表上。若成本资本化为“存货”，在存货出售时，确认 COGS；若资本化为“固定资产”，则确认折旧。

美国准则与国际准则下，利息费用资本化的处理略有不同。美国准则下，应该将所有建造过程中的利息费用资本化，但是在国际准则下，应该按利息费用与利息收入的净额资本化。

举个例子

【例】甲公司建造一间厂房，用于自用，归类为固定资产。建造期间产生利息费用 1000 元，利息收入 400 元。计算美国准则与国际准则下应该资本化的利息。

【解】

美国准则：资本化的利息 =1000 元

国际准则：资本化的利息 =1000-400=600 元

备考指南
利息费用的现金流量表处理参见“理解现金流量表”部分。

资本化的利息（capitalized interest）按投资现金流支出（−CFI）计入现金流量表，而正常的利息费用通常作为经营现金流支出（−CFO）计入现金流量表。所以利息费用资本化相对于费用化下，会导致 CFI 流出多，CFI 减少，而 CFO 增加。

备考指南
Interest coverage ratio=EBIT/I。

在分析师的角度，分析师不认可利息费用资本化。因为利息费用是企业必要支出，不能因为资本化就不考虑在企业的偿债能力中。所以分析师在计算利息保障倍数（interest coverage ratio）时，分母上的利息 = 资本化利息 + 费用化利息。

2. 历史成本法

历史成本原则（principle of historical cost）亦称原始成本原则或实际成本原则，是指以经济业务发生时的取得成本为标准进行计量计价，即用历史上资产的价值确认在资产负债表中。

名师解惑

按照历史成本法的计量要求：

资产的取得、耗费和转换都应按照取得资产时的实际支出进行计量计价和记录；

负债的取得和偿还都按取得负债的实际支出进行计量计价和记录。

在历史成本法计量长期资产价值时，可以用资产账面价值来描述固定资产在会计报表上的余额价值。账面价值（carrying/book value, CV）是指资产列报在资产负债表上的余额。比如，对于某个机器来说，假设没有发生减值，此时账面价值 80 等于列报在资产负债表上的历史成本（100）扣除累计折旧（accumulated depreciation, A.D.）（20）的余额。

资产账面价值 = 历史成本 − 累计折旧 − 减值（如果有）

2.1 长期资产的资本化与费用化

历史成本（historical cost）是指长期资产初始购入成本。

购买长期资产时，可能包括各类支出。要确定长期资产的历史成本，即确定这些支出中资本化的部分，列示在资产负债表中，形成长期资产。长期资产中，资本化与费用化的大原则为“达到可使用状态”。

达到可使用状态之前的支出，应该资本化。例如，包括购买价、运输费、安装费、保险费等，都应该进行累加，计入资产负债表，形成长期资产的历史成本。

达到可使用状态之后的支出，应该费用化。例如，折旧、维护修理费用与人员培训费用，这些费用都是在长期资产达到可以使用状态之后产生的，应该一次性确认在利润表中，作为费用全额列示，如图 27-1。

但是在“达到可使用状态”的大原则下也有例外：对于机器的改良支出（asset enhancement costs）虽然是达到可使用状态之后，但是也是需要资本化的。因为改良后的机器将有性质变更，例如预计使用年限的增加，残值变化，或用途变更，这些属于改良后的新机器达到可使用状态的必要开支，也应该资本化，即额外加入资产的账面价值。

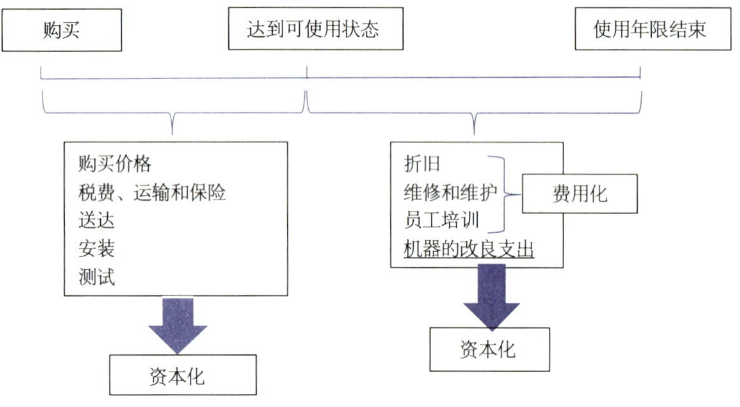

图 27-1　资本化与费用化

2.2　固定资产折旧

折旧（depreciation）指在固定资产的使用寿命内，按照确定的方法进行价值分摊，并计折旧额。

固定资产折旧是重要的经营费用项目，尽管资产记录折旧的当期并不发生现金支出（以为在买入资产时，所有现金已经在 0 时刻一次性支付，而固定资产的折旧通常从 1 时刻开始发生），但是折旧确实是一项重要的费用。分析师需要格外注意，企业财务报告中的折旧费用是否与实际的“经济折旧”吻合。也就是说，在资产使用期内，折旧费用的记录是否与资产的实际价值减少额一致。

从本质上来说，固定资产折旧就是固定资产价值“流入”生产的商品中的过程。而这一价值转换的过程常常会受到人为因素影响，企业管理层可能会出于种种目的，对折旧方法、折旧估计等进行操控。

2.2.1 折旧方法

2.2.1.1 直线折旧法（straight-line method, SL）

直线折旧法，又名直线法，是普遍采用的折旧方法。适用于运行正常、为企业每年提供的净收益基本一致的厂房和设备资产。直线法的突出特征是每一会计期都计提相等的折旧费用，其计算公式如下：

— 备考指南 —
在 CFA 考试中计算折旧时不要遗忘减去残值，这是考生经常犯的错误。

$$直线折旧法 = \left(\frac{1}{使用年限}\right) \times（历史成本 - 残余价值）$$

其中：

$\left(\frac{1}{使用年限}\right)$为直线折旧法下的折旧率，使用年限为资产使用年限；

残值（salvage value, residual value or scrap value）是指在一项资产使用期满时预计能够回收到的残余价值，也就是在固定资产使用期满报废时处置资产所能收取的价款。

名师解惑

直线法计算折旧是基于这样的假设，即该固定资产每年为企业带来的经济效益相同，但这样的假设显然有悖于一般的经济现实。一般而言，固定资产在前期的工作效率较高，所带来的经济效益当然也较高；而在后期，由于固定资产的损耗，其工作效率就可能下降，而所带来的经济效益也可能减少。直线法折旧显然没有考虑一般的经济现实。

当然由于直线法折旧方法计算比较简单，目前仍为大部分企业所采用。

举个例子

【例】一台机器在当年 1 月 1 日以 12,000 元购买，估计使用年限是 5 年，估计残值是 2,000 元，求直线法下的折旧。

【解】

直线法下，每年的折旧额相同 $=\frac{1}{5}\times$（12,000 - 2,000）=2,000（元）。

2.2.1.2 加速折旧法（accelerated depreciation methods）

— 备考指南 —
内生无形资产的会计处理参见“研发费用”部分。

加速折旧法是将厂房设备资产使用年限确定后，逐年递减的计提折旧。加速折旧法与直线折旧法最大的区别是：加速折旧法下，资产前期多提折旧、后期少提折旧。

名师解惑

与直线法相比，加速折旧法更加符合配比原则（收入与费用匹配），因为通常来说，资产在使用前期能够创造更多价值，并且资产在前期的维护与修缮费用较少，所以在前期多提折旧是合理的；资产使用后期，一方面，由于老化，资产创造的价值少于前期，另一方面，维护与修缮费用增加，应当少提折旧。

— 备考指南 —
双倍余额递减法是CFA 一级中最主要的加速折旧法。

- 双倍余额递减法（double declining balance，DDB）

双倍余额递减法下的折旧率相当于直线法下折旧率的两倍，但不是按资产原值减去折旧进行折旧，而是按期初账面价值（beginning net book value）计算折旧。

每年折旧费用的公式为：

$$\text{双倍余额递减法}=\left(\frac{2}{\text{使用年限}}\right)\times(\text{初期账面价值})$$

其中，

$\left(\frac{2}{\text{使用年限}}\right)$是双倍余额递减法下的折旧率。对比直线折旧法下的$\left(\frac{1}{\text{使用年限}}\right)$，很显然是 2 倍的关系。

期初账面价值是资产的历史成本折旧之后的账面余额。通常在 CFA 一级的计算中，可以用期初资产的账面价值来计算当年的折旧费用。

举个例子

【例】一台机器在当年 1 月 1 日以 12,000 元购买，估计使用年限是 5 年，估计残值是 2,000 元，使用双倍余额递减法计算折旧。

【解】

第一年：[12,000-0]×2/5=4,800（元）

第二年：[12,000-4,800]×2/5=2,880（元）

第三年：[12,000-7,680]×2/5=1,728（元）

注意：双倍余额递减法在前几年计算折旧的时候，不需要考虑残值。

第四年：[12,000-9,408]×2/5=1,036（元）（理论折旧）

但是在第四年时可以发现，在第三年的账面净值2,592元（12,000-9,408）的基础上减去第四年的理论折旧费用1,036元，得到第四年末的账面净值是1,556元。此时第四年年末资产的账面价值＜残值2,000元，这不符合残值的定义。所以第四年实际的折旧限额为592元。

第四年：2,592-2,000=592（元）（实际折旧）

第五年：不折旧。

由此可见，在双倍余额递减法下，前几年是不考虑残值的，但是在最后几年要考虑残值，并依据残值调整最终的真实折旧费用。

2.2.1.3　工作量法（units-of-production method）

以工作量法计提折旧的固定资产，一般认为其在工作时的损耗是较为平均的，但在工作以外基本无法提供经济效益。

公式为：$工作量折旧法=\frac{当期产量}{总产量}\times(历史成本-残值)$

举个例子

【例】一台机器在当年1月1日以12,000元购买，估计使用年限是5年，估计残值是2,000元。机器总产量为800,000件，第一年产量为135,000件，使用工作量法计算第一年折旧。

【解】

$$第一年折旧=\frac{当期产量}{总产量}\times(历史成本-残值)$$

$$=\frac{135,000}{800,000}\times(12,000-2,000)=1,687.5$$

综上所述，所有的折旧方法在最终都要考虑残值，即所有折旧方法的总折旧相同，均为历史成本减残值，只是在每个使用期上的折旧率不同。

2.2.1.4 直线折旧与加速折旧的对比

> — 备考指南 —
> CFA 一级考试中，重点掌握直线法与加速折旧法的基本对比。

分析师认为不同的折旧方法会影响折旧费用，进而影响财务指标。直线法与加速折旧在整个资产使用年限上的总折旧费用相同，但是加速折旧法在前几年折旧速度比较快，即前几年折旧费用比较高，后几年的折旧费用比较低。所以本节以表格形式，总结了两类折旧方法对企业财务报表的影响，如表 27-4。

表 27-4 总结的是在资产使用的前几年（早期），直线法与加速法对财务报表中重要科目的影响。如果是后几年，所有结论与表格中给出的结论相反。

> — 备考指南 —
> 折旧费用的高低，导致了后面所有指标的不同。所以考生可以重点记忆折旧费用的结论，其余结论可以推导得出。

表 27-4 使用直线法与加速折旧法对企业财务报表的影响

财务报表项目（早期）	直线法	加速折旧法
折旧费用	较低	较高
净利润	较高	较低
资产额	较高	较低
所有者权益	较高	较低
总资产收益率	较高	较低
净资产收益率	较高	较低
总资产周转率	较低	较高
现金流量	相同	相同

名师解惑

在使用直线法折旧时企业的税前利润与使用加速折旧法折旧时企业的税前利润是不同的，因此，使用两种不同方法的企业的所得税费用也不相同。那么，为什么使用两种不同方法的企业的现金流量却是相同的呢?

要回答这个问题，首先要了解所得税的概念。企业所得税费用是会计上的概念，而企业所实缴所得税（即现金流量表中的税费流出）由税法确定，所以两者不同。

在美国，税务当局颁布了一套修正的加速成本回收体系，它规定了企业在纳税时所必须采用的折旧方法，因此不管企业在财务报告中采用何种折旧方法，在税收报告中必须采用这套规定的加速成本回收体系。

在财务报告中，企业的所得税费用会因为采用不同的折旧方法而不同，但在税务报告中，企业必须按照该体系计提折旧来计算企业的应纳税所得额。因此，不管企业在财务上采用何种折旧方法，其应纳税所得额是一致的，因此企业的应交所得税也是一致的，即企业向税务当局缴纳的所得税——现金流出，也是一致的。所以，企业采用何种折旧方法对于企业的现金流量没有影响。

2.2.2　使用年限和残值的估计

固定资产的使用寿命和残值的高低将影响折旧费用，并进一步影响利润，由于两者属于会计估计，所以不同的估计值给公司一些操纵利润的空间。

通常情况，过分长的使用寿命或者过分高的残值，会使折旧费用降低，利润上升，此时，分析师应当警惕是否有高估净利润的情况。

2.2.3　折旧方法的披露

折旧方法的选择是企业基于其对经营活动特点的判断，因此企业应选择符合自身经营活动特点的折旧方法。若企业发现原有的折旧方法不再适合经营活动特点时，可以改变折旧方法。

公司可以改变折旧应用的方法，但是需要特别指出的是，折旧方法的转变是一种会计政策的转变，必须对累计影响效果进行调整。

- 对于新的固定资产改变折旧方法，对于旧的固定资产仍采用原来的折旧方法，将影响对未来收益的预期。
- 对于现存的资产改变折旧方法。如果公司改变了所有资产的折旧方法，则将发生以下变化：
    - 公司应当披露折旧方法改变对前期收益的影响（追溯调整）；
    - 当前的折旧费用将改变；
    - 因为这种改变表明会计政策发生了变化，所以对过去收益的累计影响应当以税后净额列示在利润表上；
    - 对未来收益的估计将改变。

公司也可以通过改变固定资产的预计使用寿命或残值，影响当期的折旧费用与利润。这两项改变被认为是会计估计而非会计原则的改变。过去收益无须重述，但是当前收益要改变，并且未来收益的估计也要改变，因此分析师要警惕在这种改变下利润操纵的可能性。

名师解惑

如果是对新购置的资产使用新的折旧方法，没有累计影响的效果，也没有特别的披露要求。但如果是对所有的资产使用新的折旧方法，必须披露累计的效果、对净收益的影响和对税收影响。

例如，从加速折旧法到直线法转变，由于是从一种稳健的折旧方法到一种激进的方法，对披露的要求更加严格。如果这种转变只涉及到新购置资产，不需要任何处理，但如果转变是针对所有已经存在的资产，则会:

(1) 折旧费用减少;

(2) 由于折旧费用减少，会增加由于会计原则调整的净收益，但增加的净收益反映在持续经营收益下方，而增加持续收益收益;

(3) 资产收益率和净资产收益率增加。尽管资产和权益会增加，但由于净收益的增加更大，这些指标将会增加。

2.2.4 长期资产使用年限

— 备考指南 —
以下三个公式，可以作为补充知识点进行记忆。

旧资产使用效率的降低将削弱公司的竞争能力。对一个分析师来说，了解公司什么时候需要替换重要的固定资产，可以实现预测公司的融资需求。通过以下几个指标，分析师可以计算公司长期资产的各类使用年限指标，为固定资产的更新提供依据。

$$预计总使用年限=\frac{历史成本}{年均折旧费用}$$

$$预计已使用年限=\frac{累计折旧}{年均折旧费用}$$

$$预计剩余使用年限=\frac{账面净值}{年均折旧费用}$$

且:

预计总使用年限 = 预计已使用年限 + 预计剩余使用年限

举个例子

【例】假设当年的固定资产的历史购买成本是 40,000 元，年均折旧费用是 2,000 元，累计折旧是 10,000 元。试计算预计总使用年限。

【解】

方法一：预计总使用年限 =40,000/2,000=20（年）

方法二：预计总使用年限 = 预计已使用年限 + 预计剩余使用年限

预计已使用年限 =10,000/2,000=5（年）

预计剩余使用年限 =（40,000-10,000）/2,000=15（年）

预计总使用年限 =5+15=20（年）

3. 无形资产与研发费用

无形资产（intangible asset）是指企业拥有或者控制的没有实物形态的资产。无形资产具有广义和狭义之分，广义的无形资产包括货币资金、应收账款、金融资产、长期股权投资、专利权、商标权等，因为它们没有物质实体，而是表现为某种法定权利或技术。但是，会计上通常将无形资产作狭义的理解，即将专利权、商标权、商誉等称为无形资产。

国际准则和美国准则下都要求只有外购的无形资产才能直接资本化为无形资产，如果是内生（internally generated）的无形资产，例如企业自行研发的交易软件，要按照“研发费用”的要求进行会计处理。

— 备考指南 —
内生无形资产的会计处理参见“研发费用”部分。

3.1 无形资产

只有外购的无形资产才应资本化为无形资产，列示在资产负债表中。国际准则与美国准则对于无形资产的分类略有不同，主要差别在于对商誉的处理。国际准则下，商誉不属于无形资产，应单独列为一项资产。美国准则下，商誉列为不可辨认的无形资产。

在 U.S.GAAP 下的无形资产的分类是考试重点，总结如表 27-5。

表 27-5 无形资产分类

U.S.GAAP 无形资产分类	
可辨认无形资产	有限使用年限（摊销）
	无限使用年限（不摊销）
不可辨认无形资产	商誉

美国准则（U.S.GAAP）下，无形资产首先可分为可辨认的无形资产（identifiable intangible asset）与不可辨认的无形资产（unidentifiable itangible asset）。可辨认的无形资产指可以与公司分离的，可以单独外购的无形资产，如专利、商标、版权等。不可辨认的无形资产指那些不能单独外购分离交易的无形资产，典型例子是商誉（goodwill）。

可辨认无形资产中又可以细分为两类：有限使用年限的无形资产，如专利和版权；没有使用年限或使用年限是不确定的无形资产，如商标权。

若无形资产有使用年限，可以在整个使用年限上进行摊销（amortization）。摊销与折旧类似，指在无形资产的使用寿命内，按照确定的方法对应计摊销额。通常情况无形资产由于没有实物形态，所以假定无残值，用直线法摊销。则无形资产的每期摊销额公式：

$$\text{摊销额}=\frac{\text{历史成本}}{\text{预计使用年限}}$$

若无形资产没有使用年限，或使用年限不确定，如商标权。此时商标权无需摊销，但是需要每年进行减值测试（annual impairment test）。

在 CFA 一级中，美国准则下的不可辨认的无形资产只需掌握一类，即商誉。商誉与企业的兼并收购业务密不可分，属于不可分离交易的无形资产，即不可辨认的无形资产。商誉通常没有固定的使用年限，所以也不能进行摊销。但是商誉需要每年进行减值测试，且在进行减值测试时不能孤立地检测，而必须结合实际业务实体来测试。商誉的减值与回转将在后续部分中进行讲解。

3.2 研发费用

研发费用（research and development cost, R&D cost）是研究费用（research cost）与开发费用（development cost）的统称。研发费用的经济价值有很大的不确定性，因此一般而言，研发费用不予以资本化。

美国准则与国际准则对于研发费用的处理不同，在考试中，考生掌握表 27–6 即可。

表 27–6 研发费用总结

<table>
<tr><th></th><th>研究费用</th><th>开发费用</th></tr>
<tr><td>美国准则</td><td colspan="2">费用化</td></tr>
<tr><td>（美国准则）特例：
软件开发费用</td><td rowspan="2">费用化</td><td rowspan="2">满足一定条件后，
可以资本化</td></tr>
<tr><td>国际准则</td></tr>
</table>

4. 长期资产减值与回转

虽然，现代的会计计量是以历史成本为基础的，但若长期资产的期末账面余额大于其内在价值，即其所能带来的未来经济利益的净现值，说明在这一时点上企业向财务信息的读者所表述的长期资产的价值被高估了。

— 备考指南 —
掌握两个准则下长期资产减值的异同点，掌握回转的相关条件与要求。

为反映这一经济事实，企业可能需要调整资产期末账面余额，使之反应内在价值，则长期资产有可能发生减值（impairment）。

名师解惑

长期资产是资本化的支出，这些支出将在企业受益年限中逐渐计入成本或费用，未计入成本或费用的部分按原成本减去已折旧或摊销金额列示于资产负债表。但如果从另一个角度来看，即从资产定义的角度来看，所谓资产即是能为企业带来未来经济利益的一种资源。从这个意义上说，资产的内在价值应该等于其所能带来的未来经济利益的净现值。

当有证据表明资产账面价值无法恢复时，应当确认资产减值损失。账面价值在以下几种情况下可以认为无法恢复：

- 资产由于使用用途改变、物理转变或市值大额的削减；
- 商业环境或者法律环境的不利转变；
- 大笔的成本支出；
- 预期与资产有关的收益率将大幅下降，以往年度及当期的经营亏损、现金流量负值或今后长期预测的重大的经营亏损、现金流量负值。

当出现上述迹象时，企业应进行减值测试。

4.1 长期资产减值

一般而言，企业应当在资产负债表日，判断资产是否存在减值迹象（impairment indicator），若有减值迹象需进行减值测试（impairment test）。但是有两类例外情况：第一，对于商誉和使用寿命不确定的无形资产，无论是否存在减值迹象，每年都应当进行减值测试（annual impairment test）；第二，对于持有待售（held-for-sale）

的长期资产，无论是否有减值迹象，应立即进行减值测试，如表 27-7。

表 27-7　长期资产减值

普通长期资产	（例外）商誉 & 无限使用年限的无形资产
有减值迹象，才进行减值测试	每年减值测试
持有待售资产：没有折旧与摊销；立即减值测试。	

名师解惑

同时满足下列条件的非流动资产应当划分为持有待售。

（1）企业已经就处置该非流动资产作出决议；

（2）企业已经与受让方签订了不可撤销的转让协议；

（3）该项转让将在一年内完成。

长期资产的减值在美国准则与国际准则下的会计处理不同，需要考生进行区分，并判断减值后与减值前对财务报表数据及财务指标的影响。

4.1.1　IFRS 下的长期资产减值步骤

第一步：进行减值测试。

如果资产的账面价值（carrying value of assets）> 可回收价值（recoverable amount），则发生减值。

可回收价值 = max{ 公允价值（fair value）– 销售成本，使用价值（value in use）}

其中，

公允价值 – 销售成本：变卖资产后获得的净好处，与存货下的“可变现净值”类似；

使用价值：如果企业继续使用该项资产所能得到的未来现金流现值。

对于理性的公司，会选择两者中的更高者。因为如果长期资产的使用价值高，则持续使用；如果资产的变卖减值高，则变卖换钱。所以长期资产的可回收价值是两者取其高。

第二步：计算减值损失。

此时长期资产的账面价值会调整为可回收金额，同时在利润表中确认减值损失

减值损失（impairment loss）= 资产原账面价值 − 可回收价值。

4.1.2 U.S.GAAP 下的长期资产减值步骤

第一步：进行减值测试。

如果资产的账面价值 > 继续使用该项资产产生的未折现现金流之和，则发生减值。

第二步：计算减值损失。

长期资产的账面价值会调整为公允价值，同时在利润表中确认减值损失。

减值损失 = 资产原账面价值 − 资产公允价值

如果资产公允价值不能获得，则使用该项资产所能得到的未来现金流的现值，即折现现金流之和代替公允价值。

— 备考指南 —

美国准则下，长期资产的减值测试与减值损失的标准不同。减值测试是与“未折现现金流”相比；减值损失的计算是以“折现现金流”为基础。需要考生进行区分。

举个例子

【例】一项资产的历史成本为 450,000 美元，累计折旧为 50,000 美元，与资产相关信息如表 27-8 所示。

表 27-8 资产信息

公允价值	395,000
销售成本	15,000
预计未来现金流（未折现）	412,500
使用价值	392,500

分别计算美国准则与国际准则下的减值测试后的资产价值。

【解】账面价值 = 450,000 - 50,000 = 400,000（美元）

IFRS

公允价值减销售成本 = 395,000 - 15,000 = 380,000（美元）

使用价值 = 392,500 美元

可回收成本 = max （380,000, 392,500） = 392,500（美元）

账面价值 > 可回收成本，发生减值。

账面价值（新） = 392,500 美元

减值损失 = 7,500 （I/S）美元

U.S.GAAP

预计未来现金流（未折现）= 412,500 美元

账面价值 < 预计未来现金流（未折现），没有发生减值。

账面价值 = 400,000 美元

【例】如果修改一下题目，将预计未来现金流（未折现）变为 397,500 美元。

【解】此时预计未来现金流（未折现）=397,500 美元 < 账面价值 =400,000 美元，美国准则下长期资产发生减值。

此时账面价值（新）会调整为长期资产的公允价值，即 395,000 美元。

同时在利润表中确认减值损失 =400,000 － 395,000=5,000（美元）。

4.1.3 长期资产减值对财务比率的影响

对长期资产计提资产减值准备主要是为了更公允地表示企业财务状况，便于企业财务报表的使用者了解企业的资产质量及盈利能力。

在 CFA 一级考试中，减值主要有两方面的影响。第一，减值后，长期资产的账面价值下降；第二，在利润表中确认减值损失，当期减值损失上升，净利润下降。

具体来看，减值准备对企业的财务报表产生影响，主要体现在以下几个方面：

- 由于计提减值损失，当期利润降低；
- 由于长期资产的账面净值减少，增加了长期资产及总资产的周转率；
- 由于所有者权益减少，增加了企业的负债与所有者权益比率及资产负债率；
- 由于计提减值准备，长期资产在未来使用年限内计提的折旧或摊销也减少，增加了之后年度的利润。

由于减值会影响利润，而管理层在很大程度上能够控制减值确认的时间和数量，因此减值的确认也是利润控制的工具之一。

4.2 长期资产回转

减值是把资产的账面价值减记至其内在价值的过程，若未来资产的内在价值上升，此时，是否可以提高资产的账面价值呢？将原有减值损失加回账面价值的过程，称为回转（reverse）。在 U.S. GAAP 与 IFRS 下长期资产减值回转的规定也是不同的。

4.2.1 IFRS 下的长期资产回转

在 IFRS 下，无论固定资产是企业持有且使用还是待售，资产减值损失均允许转回（除了商誉），但是转回的额度必须小于等于之前的减值损失，且损失计入利润表。读者可以理解为，减值的回转必须以资产的原账面价值为界限。例如，原有资产的账面价值为 100 万元，第一年减值 10 万元，此时第二年若可以回转，最多回转 10 万元，回转之后资产的账面价值是不能超过原有的 100 万元。

4.2.2 U.S.GAAP 下的长期资产回转

在 U.S. GAAP 下，如果这项固定资产由企业持有并且使用，则资产的减值损失不允许转回；如果这项资产由企业持有并待售，则资产减值损失允许转回。

名师解惑

U.S. GAAP 之所以这么规定，是因为持有待售的资产在短期内就能在利润表里面体现转回的这部分减值损失，所以先转回是可以的。然而企业持有并且使用的资产，这部分转回的减值损失可能永远不能实现，虚增了资产，所以不允许转回。

美国准则下持有使用的长期资产不允许回转，国际准则下则允许资产（除商誉）以原始账面价值为限进行回转。由于资产减值的回转会增加当期资产的账面价值，减少当期费用，增加利润。这表明在减值转回会计原则规定方面，U.S. GAAP 相对 IFRS 更为稳健。

4.3 商誉减值与回转

商誉是指能在未来期间为企业经营带来超额利润的潜在经济价值，或一家企业预期的获利能力超过可辨认资产正常获利能力（如社会平均投资回报率）的资本化价值。商誉是企业整体价值的组成部分。在企业合并时，它是购买企业投资成本超过被合并企业净资产公允价值的差额。在 U.S. GAAP 与 IFRS 下，对商誉这一特殊长期资产的减值流程相关规定不同。

备考指南

商誉的减值在 CFA 二级中会详细讲解，一级中简单了解即可。

4.3.1 IFRS的商誉处理

在IFRS下，如果商誉的账面价值大于可回收金额，则表明商誉发生减值，企业应确认商誉减值损失。

资产的账面价值应减记至可收回金额，减记的价值即为资产减值损失。

在IFRS下，商誉禁止转回以前期间已确认的商誉减值损失。

4.3.2 U.S.GAAP的商誉处理

在U.S. GAAP下，如果商誉的账面价值大于商誉内含公允价值（implied fair value of goodwill），则应当减值。

商誉减值损失 = 账面价值 − 内含公允价值。

商誉减值损失确认后，调整后的商誉账面价值就成为商誉新的会计核算基础，且禁止转回以前期间已确认的商誉减值损失。

名师解惑

商誉内含公允价值的存在是因为商誉是一个不可辨认的无形资产，即不能分离交易，所以商誉的公允价值无法直接计算。通常采用报告单位公允价值减去其净资产公允价值的余值计算得到。

5. 长期资产价值重估

备考指南

重估价值法是国际准则下特有的计量方法；美国准则不允许使用。

在IFRS下，长期资产可以按公允价值记录，这种计量方法称为重估价值法（revaluation model）。

当公司采用重估价值法计量长期资产时，对财务报表的影响需要分类讨论。

第一，低于长期资产历史成本的变动，无论是资产价值的降低还是上升，统一计入利润表；

第二，高于长期资产历史成本的变动，无论是资产价值的降低还是上升，统一计入OCI，在权益中单行列示，不影响利润表的数额。如图27-2所示。

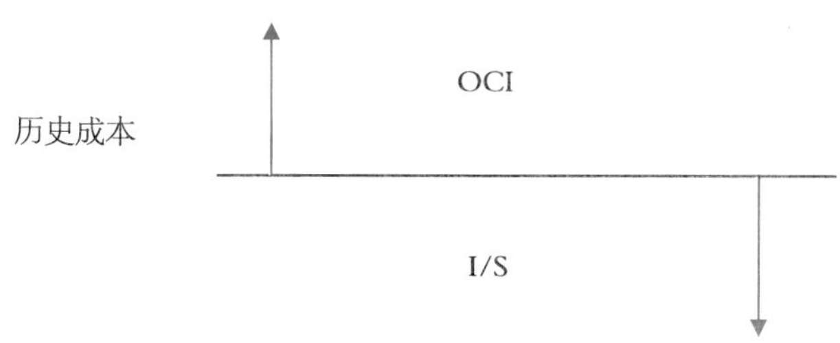

图 27-2　重估价值法图例

重估资产价值上升（upward revaluation）可能导致：

- 当期总资产和股东权益升高；
- 当期杠杆比率降低；
- 后期较高的折旧费用和较低的盈利性；
- 后期较低的 ROA 和 ROE。

— 备考指南 —
若重估资产价值下降（downward revaluation）此时所有结论相反。

6. 投资性房地产

在 IFRS 下，如果持有的资产是用于收租金（rental income）或资本增值（capital appreciation）的房地产，可以归为投资性房地产（investment property）。在 U.S.GAAP 下，不区分投资性房地产与普通房地产，统一归类为固定资产，并以历史成本法进行计量。可见，投资性房地产是国际准则下特有的科目。

6.1　投资性房地产的计量

在 IFRS 下，对于投资性资产，企业可以选择以成本模式（cost model）或者公允价值模式（fair value model）计量，一旦选定后必须保持会计政策的一致性。且对于同一个会计主体，所有的投资性房地产需要用相同的计价方式进行计价。

6.1.1　成本模式

成本模式与 PPE 的成本计量完全一致，本节不再赘述。

6.1.2 公允价值模式

> 备考指南
> 公允价值与重估价值法的计量不同，是考试的重点。

如果投资性房地产公允价值可以可靠获得，则投资性房地产可以按照公允价值进行计量。但是投资性房地产的公允价值法与 PPE 的重估价值法（revaluation model）略有不同。

公允价值法与重估价值法的相同点在于，两者都是 IFRS 下特有的方法，且均用公允价值计量长期资产。

公允价值法与重估价值法的不同点为：

（1）公允价值法用于计量投资性房地产，而重估价值法计量的是普通固定资产（PPE）

（2）重估价值法下，高于历史成本的增值应该确认在其他综合收益中；但是公允价值法下，超过原值的增值部分直接进入到利润表中，并且无需提取折旧。

公允价值法与重估价值法的区别可以通过图 27-3 说明。

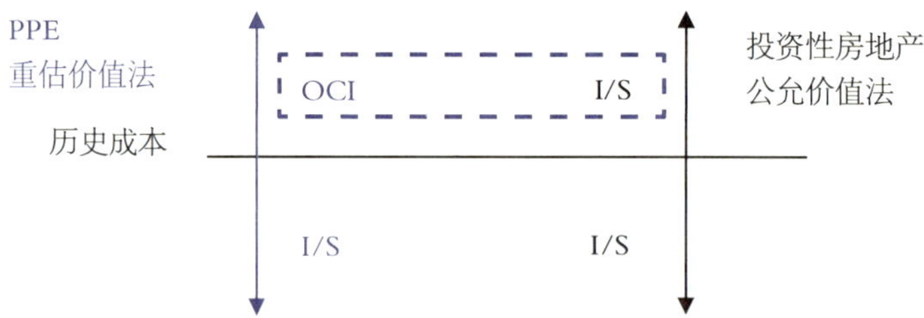

图 27-3 重估价值法与公允价值法对比

6.2 房地产的计量方法的转换

不同的房地产之间可以重分类，即投资性房地产、普通固定资产与存货之间可以相互转换。关于投资性房地产转换的处理（公允价值模型）处理如表 27-9。

表 27-9 长期资产不同性质之间的转换

转换前	转换后	财务处理方法
自用	投资性房地产	按照资产重估处理：确认利得时，升值部分不能超过之前确认的损失额度
存货	投资性房地产	如果公允价值与账面价值不同，则将差异值确认为利得或损失
投资性房地产	自用或者作为存货	在新的分类下，以转换日的资产公允价值记为成本

7. 长期资产的终止确认

资产的终止确认包括资产最终被处置（丢弃）、出售或与其他资产进行交换。

如果是出售长期资产，此时资产的市场价值可能和账面价值不相等，市场价值和账面价值之差会记作利得或者损失。这里需要注意，处置长期资产的利得和损失会反应在利润表中，但是出售长期资产收到的资金，称为对价（proceeds），则计入投资性现金流（CFI）流入。

如果是丢弃长期资产，则和出售类似，只不过这时不会收到对价。此时资产负债表中资产价值降低，同时在利润表中确认损失。

如果是资产交换，此时旧资产的账面价值与旧资产的公允价值（或新资产的公允价值）之间的差值记为利得或者损失。在资产负债表中，应当将旧资产相关账户移除，同时确认公允价值。

8. 财务报表披露

无形资产与有形资产的历史成本法下，涉及到一系列会计估计与会计方法的确定问题，这些问题都会披露在财务报表的附注当中。分析师在分析时，可以通过附注，确认长期资产的计量方法、折旧方法、残值估计及预计使用年限等一系列信息。

8.1　在 IFRS 下的披露：

- 估算的基础；
- 使用年限或折旧率；
- 账面价值和累计折旧；
- 从期初到期末的维持费用一致；
- 如果使用重估模型，公司必须披露：重估时间，公允价值如何确定，使用历史成本模型的账面价值。

8.2 在 U.S.GAAP 下的披露：

- 在一定时期内的折旧费用；
- 在自然状态下和运行中的主要资产种类的余额，比如土地、技术改进、厂房、机器和家具等；
- 主要资产或总资产的累计折旧；
- 主要使用的折旧方法。

第 28 章 所得税分析

本章知识点		讲义知识点
一、所得税会计的相关术语	1. 了解所得税会计的相关术语	会计利润、应纳税所得额和其他术语
	2. 永久性差异与暂时性差异	暂时性差异和永久性差异
二、递延所得税的会计处理方法	1. 资产负债表观	递延所得税资产和递延所得税负债
	2. 利润表观	
三、所得税费用计算	所得税费用计算	税率改变的问题和有效税率
四、税率变化对报表影响	1. 税率变化对 DTA 与 DTL 影响	
	2. 税率变化对所得税费用影响	
五、税损转结与计价备抵	税损转结与计价备抵的基本概念	暂时性差异的回转
六、分析师角度	DTA 与 DTL 不能回转的处理	
七、永久性差异	法定税率与有效税率	税率改变的问题和有效税率
八、两大准则下所得税的区别	了解 IFRS 和 US GAAP 下所得税的区别	暂时性差异的回转

知识导引

所得税是利润表中的一项重要项目。政府制定的所得税法，是在公平税负的基础上对某些产业采取鼓励政策、对那些对宏观经济发展不重要的产业采取限制政策，而会计原则则是为报表使用者提供有助于决策的会计信息，两者对企业收入和费用的处理、资产和负债的计列，在某些方面有不同的规定。于是，特定期间的应税所得和会计记录的账面收益往往是不同的。本节主要论述所得税的会计处理。

本章思维导图

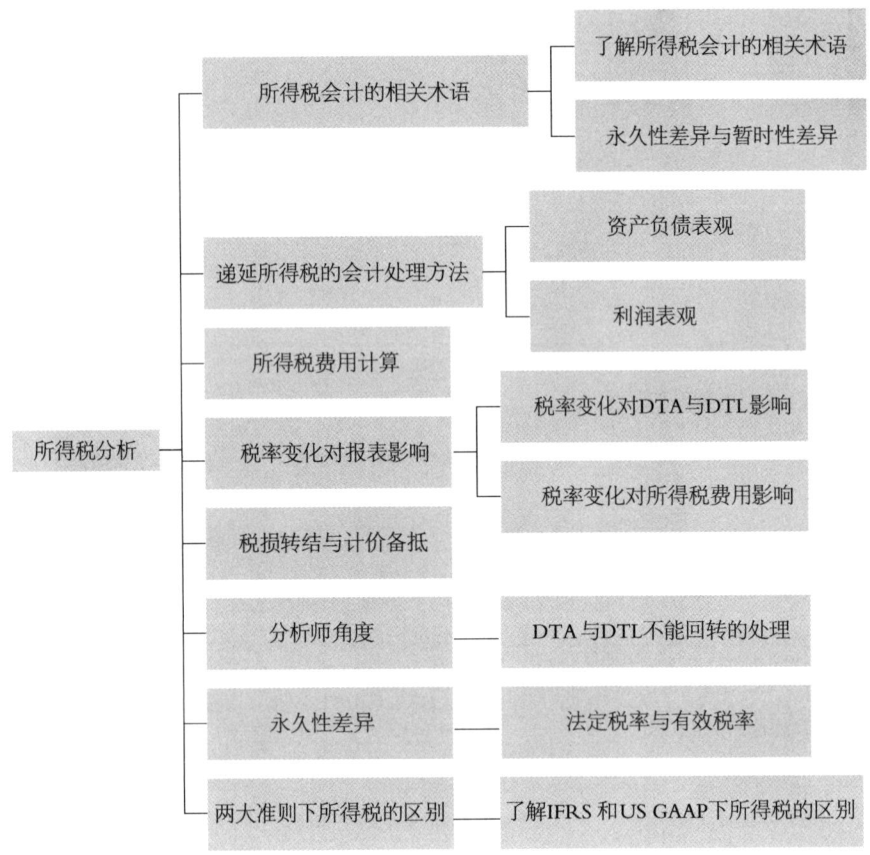
所得税分析
所得税会计的相关术语
了解所得税会计的相关术语
永久性差异与暂时性差异
递延所得税的会计处理方法
资产负债表观
利润表观
所得税费用计算
税率变化对报表影响
税率变化对DTA与DTL影响
税率变化对所得税费用影响
税损转结与计价备抵
分析师角度
DTA与DTL不能回转的处理
永久性差异
法定税率与有效税率
两大准则下所得税的区别
了解IFRS和US GAAP下所得税的区别

1. 术语解释

所得税会计处理中，由于税法与会计上对同一笔业务的确认方法与确认时间不同，会产生差异。所以在学习税务章节时，需要首先掌握常用的会计与税法名词和术语的对比，才能更好地理解后续内容。表 28-1 罗列了与考试相关的会计准则与税务机关的术语。

表 28-1 会计与税法术语对照表

会计准则		税务机关	
Financial statement	财务报表	Tax return	纳税申报单
Pretax income	税前利润	Taxable income	应纳税所得额
Income tax expense	所得税费用	Taxes payable	应付所得税
Carrying value	账面价值	Tax base	计税基础

1.1 会计相关术语

1.1.1 税前利润

税前利润（pretax income）是指依据会计准则确定的，不考虑当期所得税费用，并在利润表中列示的当期损益。税前利润的英文别称有很多，比较常见的有“accounting profit”，“earnings before taxes”，“EBT”，“income before tax”等。

1.1.2 所得税费用（income tax expense）

所得税费用（income tax expense）是指依据会计准则确定的，计算当期净利润时，在税前收入基础上应当扣除的部分。所得税费用的基本公式为：

所得税费用 = 当期应交税费 + 递延所得税负债变化额 - 当期递延所得税资产变化额

1.1.3 账面价值

账面价值（carrying value）为按照会计核算的原理和方法计量的资产与负债的价值。

1.1.4 递延所得税资产

递延所得税资产（deferred tax asset, DTA）是指应税所得超过税前利润，代表当期或以前年度已支付的所得税，并且在未来可以转回或用来抵减应付所得税，预期在未来会导致现金流入。递延所得税资产可以理解为：未来少交税，相当于企业经济利益的流入，产生资产，即 DTA。

1.1.5 递延所得税负债

递延所得税负债（deferred tax liability, DTL）是指应税所得少于税前利润，即代表当期或以前年度已确认但未支付的所得税费用，必须在未来支付，预期在未来会导致现金流出。递延所得税负债可以理解为：未来多交税，相当于未来企业预期产生经济利益的流出，形成负债，即 DTL。

1.1.6 计价备抵

计价备抵（valuation allowance, VA）是美国准则下特有的项目。若未来递延所得税资产的差异无法回转，则无法享受递延所得税在未来带来的“少交税”的好处，此时可以通过计提计价备抵，抵减递延所得税资产的价值。计价备抵是用于抵减递延所得税资产价值的备抵账户。

1.2 税法相关术语

1.2.1 应纳税所得额

应纳税所得额（taxable income）是指按照国内税法规定计算的应纳税金额，通常等于应纳税额收入减可抵扣费用。

1.2.2 应付所得税

应付所得税（taxes payble），指应该向税务当局缴纳的所得税金额。应付所得税需分为变动额与累计额进行理解。

依据税法计算出的应付所得税，一般为当期应付所得税的变动额，即这个数额只反映当期应交税费，可记为 taxes payable，又称 current tax expense。

应付所得税（变动额）＝应纳税所得额 × 所得税税率

[current tax expense = taxable income × tax rate （%）]

把每一期应付所得税的变动额累加起来，得到的是应付所得税的累计额（taxes payable）。应付所得税的累计额是资产负债表中的会计科目，作为一项负债列示。通常情况下，企业的应付所得税应该在当期足额缴纳，即缴费完成后，taxes payable 的下一期期初值应该为 0，所以应付所得税的变动额与累计额往往在数值上是相等的。

1.2.3　计税基础

计税基础（tax base），又称税基，一项用于税收报告目的资产或负债的净额，可以看作资产与负债在税务报表中的账面价值。

1.2.4　实缴所得税

实缴所得税（income tax paid）为公司当期实际支付给税务部门的所得税，一般以现金的形式支出，包括支付和退回的税费。实缴所得税是按税法要求确定支付的金额，一般以现金的形式支付，所以应列示在现金流量表中。

1.2.5　税损转结

税损转结（tax loss carry forward），又称“税损移后扣减”，指当前净应税损失可以用来抵扣未来的应税所得，由于未来应税所得减少，所以未来少缴税，产生递延所得税资产。

名师解惑

有关具体术语的含义会在后文中详细讲解。本节中，考生只需掌握各类概念的中英文对照表，并了解哪些术语与税法有关，哪些术语与会计准则相关即可。

1.3　永久性差异和暂时性差异

确认一笔交易时的确认方式和确认时间，在财务报告与税务报告上有差异，这种差异可能导致会计与税法上税费、相关资产和负债的差异。当会计准则和税务机关在不同的时间确认收入和支出时，通常会产生两类差异：暂时性差异与永久性差异。

1.3.1 暂时性差异

暂时性差异（temporary difference）是由税法和公认会计准则在收入与费用确认时间上的差别而产生的。经过一段时间以后，用于财务报告和纳税申报的两套收入或费用的总额，最终将趋于一致，也即在某一年度所产生的暂时性差异，在以后年度会回转。

1.3.2 永久性差异

对于某些经济事项，会计上根据公认会计准则确认为收入或费用，而所得税法则认为不是收入和费用；相反，有些经济事项，公认会计准则不能确认为收入或费用，而所得税法规定必须作为收入或费用，计入应税所得。这样，税法规定与公认会计准则之间永远存在着一定差异，即为永久性差异（permanent difference）。

对于暂时性差异，考虑所有有关会计期后，（税法）应纳税所得额（taxable income）与（会计）税前利润（pretax income）的总额相等。但是在每一个会计期间上不一致，所以暂时性差异将产生 DTA 与 DTL。

而对于永久性差异来说，应纳税额所得额与税前利润是永远不一致的。永久性差异并不产生递延所得税，但是会引起企业实际税率（effective tax rate）与法定税率（statutory tax rate）的差异。

2. 递延所得税资产和递延所得税费用

根据 IFRS 或 U.S.GAAP，为了调和暂时性差异，会计报告主体在资产负债表上，创建了一项称为递延所得税资产（deferred tax asset, DTA），以下简称 DTA；或递延所得税负债（deferred tax liability, DTL），以下简称 DTL。DTA 与 DTL 是整个所得税分析的核心重点。

DTA 与 DTL 的产生原因可以从两个角度理解，利润表观（I/S approach）与资产负债表观（B/S approach）。

2.1 利润表观

利润表观从利润表入手，在单个会计期间上，通过会计上的所得税费用（income

tax expense）与税法上的当期应付所得税（taxes payable）的不同判断 DTA 与 DTL。

2.1.1 递延所得税资产的形成原因

如果本期税前利润小于应纳税所得额，即本期支付所得税费用小于实际支付所得税，并且可转回，从而产生递延所得税资产。递延所得税资产（DTA）可以理解为：现在在税法上多交税，以后少交税。现在税法上多交税，说明税法上的利润，相比会计上的利润更多。所以产生递延所得税资产（DTA）有 2 种可能：

（1）税法上先记收入与利得（会计上后记）。

由于税法上先记收入与利得，税法上利润高，现在多交税。未来由于暂时性差异可以回转，所以，未来少交税，产生 DTA。

（2）税法上后记费用与损失（会计上先记）。

由于税法上后记费用与损失，税法上利润高，现在多交税，未来少交税，产生 DTA。

2.1.2 递延所得税负债的形成原因

如果本期税前利润大于应纳税所得额，即本期所得税费用大于实际支付所得税，并且可转回，从而产生递延所得税负债。递延所得税负债（DTL）一般可以理解为：现在在税法上少交税，以后多交税。现在税法上少交税，说明税法上的利润，相比会计上的利润更少。所以产生递延所得税负债（DTL）有 2 种可能：

（1）税法上后记收入与利得（会计上先记）。

由于税法上后记收入与利得，税法上利润低，现在少交税。未来由于暂时性差异可以回转，所以，未来多交税，产生 DTL。

（2）税法上先记费用与损失（会计上后记）。

由于税法上先记费用与损失，税法上利润低，现在少交税，未来多交税，产生 DTL。

由于递延所得是资产与负债相关的差异未来可以回转，所以属于暂时性差异。

在本节中，我们用“费用”、“收入”等利润表科目，理解 DTA 与 DTL 产生的原因，属于利润表观（I/S approach）。利润表观通常可用于 DTA 与 DTL 的定性判断。

举个例子

【例】如果公司在计算税前会计所得时采用直线法，而在确定应税所得时采用加速折旧法，产生 DTA 还是 DTL？

【解】

会计上直线折旧法，相比加速折旧法前几年折旧少；

税法上加速折旧法，相比直线折旧法前几年折旧多。

但在整个资产使用寿命期内，会计上的折旧总额与报税的折旧总额相等。所以属于可以回转的暂时性差异，有可能产生 DTA 或 DTL。

由于税法上前几年折旧多，税法上先记费用，产生 DTL。

【例】产品售后服务保证费用（包修，包退，包换发生的费用），产生 DTA 还是 DTL？

【解】

根据权责发生制，会计上一般应与销货配比，在销售产生的时候就应该预提这些费用。

但是，税务局往往是不承认的，税法规定必须等到实际发生保修费用时才能计列。

所以税法上后记费用，产生 DTA。

2.1.3 DTA 与 DTL 的计算（利润表观）

由于利润表为流量表，反应的是某一段时间企业整体的经营状况。所以通过利润表观计算出的 DTA 与 DTL 本质上是流量的数值，反应某段时间内，DTA 与 DTL 的变化情况，可以记为：ΔDTA 与 ΔDTL。本节通过一道例题，来对此进行讲解。

举个例子

【例】甲公司甲公司有一生产设备，原价 400 万元，预计使用年限 4 年，在财务报表中用直线折旧法进行折旧，在税法报表中用加速折旧法进行折旧。折旧表格如表 28-2。

表 28-2　折旧费用计算表　　　　单位：万元

会计（直线）			税法（加速）
第 0 年	0		0
第 1 年	100		200
第 2 年	100		150
第 3 年	100		50
第 4 年	100		0

求：4 年间的 DTA 与 DTL，设税率为 30%。

【解】

由于两类报表的折旧费用不同，产生暂时性差异，则会产生 DTA 与 DTL。为了简化问题，方便读者理解，本题作出如下假设：

（1）甲公司每年的收入保持不变，均为 500 万元。

（2）除折旧费用外，其他费用均为 0。

此时，甲公司的第一年财务报告与税用报告如下。

第 1 年：				
会计			税法	
收入	500		收入	500
折旧费用	100		折旧费用	200
税前利润	400		应纳税所得额	300
所得税费用（税率 30%）	120	ΔDTL=120−90=30（万元）	应付所得税	90

由于税法上的应付所得税小于会计上的所得税费用，所以税法上现在少交税，以后多交税，产生 DTL。所有年份会计与税法的对比如表 28-3。

表 28-3　会计与税法对比　　　　单位：万元

第 1 年				第 2 年		第 3 年		第 4 年	
会计		税法		会计	税法	会计	税法	会计	税法
收入	500	收入	500	500	500	500	500	500	500
折旧	100	折旧	200	100	150	100	50	100	0
税前利润	400	应纳税所得额	300	400	350	400	450	400	500
所得税费用	120	应付所得税	90	120	105	120	135	120	150
ΔDTL=30				ΔDTL=15		ΔDTL=−15		ΔDTL=−30	

其中，第 3 年比较特殊，具体处理如下：

第 3 年：				
会计			税法	
收入	500		收入	500
折旧费用	100		折旧费用	50
税前利润	400		应纳税所得额	400
所得税费用（税率 30%）	120	ΔDTL=120−90=30（万元）	应付所得税	135

第三年，由于税法上的应付所得税大于会计上的所得税费用，所以税法上在第三年多交税，以后少交税，理论上应该产生 ΔDTA=135-120=15（万元）。但是由于之前两年产生了 DTL，所以要先把之前年度的 DTL 回转掉，此时 ΔDTA=15 万元，等价于 ΔDTL=-15 万元，所以这里用负号表示 DTL 的回转。

通过例题，我们可以直观感受到，利润表观下产生的 DTA 与 DTL 从数值上等于税法上的应付所得税与会计上所得税费用之间的差值。但是 DTA 与 DTL 的判断，需要通过税法上相比与会计上交税的多少，来进行进一步判断。而且，由于利润表中的数字为流量值，所以计算出的 DTA 或 DTL 也是流量值即变动额的概念。

举个例子

【例】依据上例，求甲公司在第三年年末的 DTL。

【解】

由于利润表观下计算出的是 DTL 的变动额，而 DTL 本身作为一项负债是累计额的概念，所以第 3 年年末的 DTL 为前几年变动额之和。

所以，DTL_3=30+15-15=30（万元）。

通过本题，读者可以直观地感受暂时性差异的概念。暂时性差异是未来可以回转的差异，暂时性差异才会产生 DTA 与 DTL。如何理解“未来可以回转”呢？

下表展示了整个设备使用期间（4 年中），DTL 的变动额与累计额的数值。DTL 的累计额就是就是列式在资产负债表上，递延所得税负债的具体数值，如表 28–4。

表 28–4 递延所得税负债变动额与累计额 单位：万元

	第 1 年	第 2 年	第 3 年	第 4 年
ΔDTL（变动额）	30	15	−15	−30
DTL（累计额）	30	45	30	0

通过计算，DTL 的累计额在整个资产使用期结束之后，即第 4 年年末，重新转成 0。所以第一年由于暂时性差异产生的 DTL 在 4 年年末可以完全回转至 0，这个现象符合暂时性差异的特征。

2.2 资产负债表观

由于 DTA 与 DTL 为资产负债表项目，所以应以累计额列示在资产负债表中。为了直接计算出累计额，有关 DTA 与 DTL 的计算可用资产负债表观（B/S approach）。

资产负债表观从资产负债表入手，在单个会计期间上，通过会计上资产与负债的账面价值(carrying value，accounting base)与税法上资产与负债的计税基础(tax base)的不同，判断 DTA 与 DTL。

资产负债表观是 DTA 与 DTL 的本质，目前通用的是这种方法。账面价值与计税基础的差额形成暂时性差异。

2.2.1 资产的计税基础

资产的计税基础是指企业收回资产账面价值过程中，计算应纳税所得额时按照税法规定可以自应税经济利益中抵扣的金额，即某项资产在未来期间计税时可以税前扣除的金额。

举个例子

【例】

资产的历史成本 = 600 元，折旧（会计）=150 元，折旧（税法）=300 元，所得税率 30%，求账面价值与税基，并判断 DTA 与 DTL。

【解】

账面价值 = 600-150 = 450（元）

资产税基 = 600-300 = 300（元）

资产的账面价值（accounting base）> 资产税基，资产账面价值更高，资产账面价值反应未来经济流入，未来经济利益流入企业，未来多交税，产生递延所得税负债（DTL）。

DTL= 暂时性差异 × 税率 =| 账面价值 - 计税基础 |× 税率 =|450-300|×30%=45（元）

2.2.2 负债的计税基础

负债计税基础是指负债的账面价值减去未来期间计算应纳税所得额时按照税法规定可予抵税的金额。其计算公式为：

负债计税基础 = 负债的账面价值—将来负债在兑付时可抵扣的金额

举个例子

【例】

预收账款 = 100 万美元，美国税法规定预收账款计入当期应纳所得税额，所得税率 30%

账面价值 = 100 万美元

负债税基 = 0

负债的账面价值 > 负债税基，负债账面价值反应未来企业的预期经济流出，未来经济流出多，未来少交税，视为递延所得税资产（DTA）。

DTA= 暂时性差异 × 税率 =| 账面价值 - 计税基础 |× 税率 =（100-0）×30%=30（万美元）

名师解惑

哪些会计处理会对公司递延所得税项目产生影响?

诚然，财务报表与税表中折旧方法的不同是导致递延所得税项目的主要原因，但是公司的其他行为也会对递延所得税产生影响。

当对一项资产进行减值处理时，减值损失便立刻在利润表中确认，但是在税表中却并非如此。只有等到这项资产被处置后才可以将这部分损失确认，在这种情况下，资产账面价值小于资产税基，则会增加DTA。

重组也是一样，当公司宣告重组时，重组相关费用必须要在利润表中确认，但是，除非这笔费用实际支付，否则在税表中不能确认，这也会增加DTA。

职工退休福利和递延酬劳在职工赚得时就已经列示于财务报表上，但是并没有从税表中减去，直到这笔费用实际给付给职工，才能在税表中确认，这同样使公司的资产账面价值小于资产税基，增加了DTA。

2.2.3 DTA与DTL的计算（资产负债表观）

我们沿用上例，计算DTA与DTL在资产负债表观下的数值。

举个例子

【解】

折旧表格如表28-5。

表28-5 折旧费用计算表 单位：美元

会计（直线）			税法（加速）
第0年	0		0
第1年	100		200
第2年	100		150
第3年	100		50
第4年	100		0

会计与税法上的暂时性差异，产生DTA与DTL，在资产负债表中的计算公式为：

DTA/DTL= 暂时性差异 × 税率（30%）

	会计（账面价值）		税法（计税基础）
第 0 年	400		400
第 1 年	300（400−100）	DTL=|300−200| × 30%=30	200（400−200）
第 2 年	200（300−100）	DTL=|200−50| × 30%=45	50（200−150）
第 3 年	100（200−100）	DTL=|100−0| × 30%=30	0（50−50）
第 4 年	0（100−100）	DTL=|0−0| × 30%=0	0

可见通过资产负债表计算出的 DTA 与 DTL，直接就是累计额的概念，无需通过累加重新计算存量值，所以资产负债表观是一种更简便的计算方法，考试中使用起来也更方便。但是通过资产负债表观的公式，我们无法直接判断公司产生的是 DTA 还是 DTL，需要考生通过其他的方法另行判断。

考试小技巧

- DTA/DTL 的数额 =| 账面价值 - 计税基础 |× 税率，其中 | 账面价值 - 计税基础 |= 暂时性差异。
- DTA 与 DTL 的资产负债表观判断：（口诀）
  - 会计上现在多记资产，少记负债，产生 DTL；
  - 会计上现在少记资产，多记负债，产生 DTA。

3. 所得税费用计算

任何递延所得税资产或负债均基于暂时性差异。因为税款将在未来的某个日期可收回或支付，所以它只是一个暂时性差异，未来可以回转，并产生了递延所得税资产或负债。资产负债表上递延所得税资产或负债的变动，反映了以前期间确认的金额与本期确认的金额之间的差额。递延所得税资产和负债的变动与应付所得税（变动额），共同确定公司在损益表中报告的所得税费用（或抵免）。

所得税费用＝应付所得税（变动额）＋递延所得税负债变动－递延所得税资产变动

— 备考指南 —
掌握所得税费用计算。

其中，

应付所得税（变动额）= 应纳税所得额（当期）× 税率（当期）

（current tax expense = taxable income（当期）× tax rate（当期））

递延所得税资产 / 递延所得税负债 =| 账面价值 − 计税基础 | × 税率（未来）

（DTA/DTL=|carrying value−tax base| × tax rate（未来））

Δ 值 = 期末值 − 期初值

这个公式说明，会计上的所得税费用不是通过税前利润乘以税率直接求得的，而是在税法的应付所得税的基础上，调整 DTA 与 DTL 得来。公式的记忆方法为：

（1）等式的左边都是利润表的科目，等式的右边全是资产负债表的科目。

（2）资产类科目的变动额是减，负债类是加，这里与间接法计算 CFO 原理是一样的。

4. 税率变化对财务报表的影响

递延所得税资产和负债的计量是以现行税法为基础。但如果税法或新所得税税率随后发生变化，则必须根据这些变化的影响调整现有的递延所得税资产和负债。那么所得税率变化会对所得税费用及财务报表会产生何种影响？

4.1 对 DTA 与 DTL 的影响

由于 DTA/DTL=|carrying value−tax base| × tax rate，若未来税率发生变化，此时不会影响暂时性差异 |carrying value−tax base|，但是会影响 DTA 与 DTL，进而所得税费用的数值。

新的递延所得税资产 = 旧的递延所得税资产 / 旧的递延所得税税率 × 新的递延所得税税率

$$\left(\text{New DTA or DTL}=\frac{\text{old DTA or DTL}}{\text{old tax rate}}\times\text{new tax rate}\right)$$

以上公式可以这么理解。根据刚才的资产负债表观，DTA 是暂时性差异乘以税率得来的。所以当税率发生调整的时候，只需要把原来的税率除掉，乘以新的税率就是新的 DTA 和 DTL 了。公式中，先依据老 DTA 与 DTL 与老税率计算出暂时性差异，再乘上新税率，得到新的 DTA 与 DTL 的数值。

依据公式，所得税率增加时，DTA 与 DTL 会同时增加，税率降低时 DTA 与 DTL 会同时减少。

4.2 对所得税费用的影响

所得税费用 = 应付所得税变动额 + 递延所得税负债变动额 − 递延所得税资产变动额

（income tax expense= Δ tax payable （current tax expense） + Δ DTL− Δ DTA）

4.2.1 未来税率增加

未来税率增加不会影响当期税费（current tax expense），因为当期税费的计算是当期的应纳税额所得额乘以当期税率，与未来税率无关。但是未来税率上升将使 DTL 与 DTA 同时增加，增加的递延所得税负债会增加所得税费用，增加的递延所得税资产会减少所得税费用，即同时大于 0。此时税率变化对会计上的所得税费用的影响，需要分情况讨论。

（1）当递延所得税负债规模大于递延所得税资产时（常态），所得税率的增加会导致所得税费用增加，从而降低净利润和股东权益。

（2）当递延所得税负债规模小于递延所得税资产时，所得税率的增加会导致所得税费用减少，从而增加净利润和股东权益。

4.2.2 未来税率减少

同理，未来税率减少不会影响当期费用，但是会使 DTA 与 DTL 同时减少。此时税率变化对会计上的所得税费用的影响，也需要分情况讨论。

（1）当递延所得税负债规模大于递延所得税资产时（常态），所得税率减少的会导致所得税费用减少，从而提高净收益和股东权益。

（2）当递延所得税负债规模小于递延所得税资产时，所得税率减少的会导致所得税费用增加，从而降低净收益和股东权益。

5. 税损转结与计价备抵

税法上可能有税损转结条款（tax lost carry forward），简单来说就是以前年度的亏损在以后可以抵税。如果公司在 2018 年发生了 500 万元的亏损，如果 2019 年公司税前收益 300 万元，此时，300 万元不用交税，因为要先抵扣之前 500 万元的亏损。如果 2020 年公司税前收益 300 万元，此时 300 万元中的 200 万元还是不用交税（抵扣余下的 18 年损失），只有余下的 100 万元要交税。可见税损转结可以抵扣未来的税前收益，产生未来少交税的好处，即形成 DTA。

但是税损转结不是无限期抵扣的，不同国家在税法上对于税损转结的时间有不同规定，一般以前年度的损失在 5-7 年内要抵扣完。所以假设是 2011 年由于税损转结产生的 DTA，到 2017 年就不能继续抵减税前收益，所以到 2017 年这部分 DTA 的价值变为 0。此时，就需要减少 DTA 的账面价值，即递延所得税资产的减值。

递延所得税资产的价值抵减，在美国准则中用计价备抵（valuation allowance）进行抵减。如果 DTA 回转的可能性小于 50%，则应当确认计价备抵，它作为递延所得税资产的抵消账户，来衡量这些资产实现的可能性。当计价备抵存在时，则 DTA 的账面价值降低，资产价值降低。

名师解惑

减值会减少经营活动产生的收益，因此减值的变化也常常作为管理层操纵收益的手段。当公司报告大量递延所得税资产时，分析师应该仔细研究公司的财务状况，并确定这些资产实现的可能性。同时，分析师要确定减值的变化是否在经济上公允。

6. 分析师角度

在分析师角度要考察未来 DTA 与 DTL 是否可以回转，如果回转的可能性比较小，分析师需要处理。

如果 DTA 回转的概率小于 50%，应计提计价备抵，抵减资产价值。

如果 DTL 可以回转，正常确认为负债；若 DTL 不能回转，分析师角度，可以看成未来税务局不需要企业多交税，相当于税务局给企业注资，形成所有者权益。

考试小技巧

对 DTL 来说，如果暂时性差异在未来几乎没有可能转回，则在会计上将其视为股东权益，如果在未来可以转回，则将其视为负债。

对 DTA 来说，如果在将来有很大的可能性（超过 50%）不能实现，那么 DTA 需要减去计价备抵。计价备抵是作为 DTA 的备抵账户（contra account）而存在的，管理层需要根据公司以往和目前的经营状况决定这一账户的额度。

需要指出的是，计价备抵账户只与 DTA 相关，与 DTL 无关，且 DTA 与 DTL 不可以互相抵消。

7. 永久性差异

永久性差异是指某一会计期间，由于会计制度和税法在计算收益、费用或损失时的口径不同，所产生的税前会计利润与应纳税所得额之间的差异。这种差异在本期发生，不会在以后各期转回。永久性差异不会产生递延所得税资产与负债，但是会产生有效税率与法定税率的不同。

企业的法定税率（statutory tax rate）指由税务机关的法规条文规定的税率。与之相对的概念为有效概率（effective tax rate），有效税率为企业所得税费用与税前利润之比，公式：

$$有效税率 = \frac{所得税费用}{(税前利润)}$$

$$[\text{effective tax rate} = \frac{\text{income tax expense}}{\text{pre} - \text{tax income (EBT)}}]$$

由于存在永久性差异、避税港等问题，企业报告的有效税率往往和法定税率不同，会计准则要求披露这种差异的协调，它能帮助分析师更好地预测企业未来收益和现金流。

名师解惑

递延所得税项目的披露在分析师分析财务报表时起到什么作用?

由于财务报表与税表对收入与费用的不同规定,递延所得税项目在各类企业中广泛存在,而且在很多情况下该类项目的数额较大,分析师在分析预测过程中必须重点关注。如果递延所得税负债或资产期望能在未来转回,它们在会计报表上是以未贴现值列示的,出于分析的目的,我们需要把它贴现为现值,两者的差异反映在股东权益中。一般而言,如果递延所得税负债不能在未来转回,企业的负债比率也应相应调低。

8. IFRS 与 U.S.GAAP 下所得税的区别

IFRS 与 U.S.GAAP 下所得税的区别如表 28-6。

表 28-6 美国与国际准则所得税对比

	U.S.GAAP	IFRS
固定资产与无形资产重估	不允许重估。	递延税记入权益。
递延所得税资产的确认	全额确认;若预计部分或全部的所得税资产在未来不会回转,则递延所得税资产会减少。	若以前年度的损失在将来可被用于抵税,则确认递延所得税资产。
递延税在资产负债表上的列报	可被分为流动性资产 / 负债或非流动性资产 / 负债,分类依据是标的资产或标的负债的性质。	取净值,并且被分类为非流动性资产 / 负债。

在国际准则中在以前若有税损转结(tax loss carry forward)才能确认成 DTA,亏损确认能够抵税才能算是 DTA,所以对 DTA 确认的要求比较严格。US GAAP 对 DTA 确认放得比较宽,但是如果有什么问题的话需要用计价备抵(valuation allowance)。从这一点上说国际准则更保守一点。但是在其他绝大部分情况下还是美国准则更保守一点。

DTA 与 DTL 的具体分类:国际准则把 DTA 和 DTL 都作为非流动科目(non-current),而美国准则可能是流动科目(current),也可能是非流动科目(non-current)。

第 29 章 长期负债

<table>
<tr><th colspan="2">本章知识点</th><th>讲义知识点</th></tr>
<tr><td rowspan="6">一、长期负债：债券</td><td>1. 债券术语</td><td rowspan="2">债券的基本介绍——平价、溢价和折价债券</td></tr>
<tr><td>2. 债券的会计处理</td></tr>
<tr><td>3. 债券对财务报表的影响</td><td rowspan="4">1. 发行成本和公允价值报告选择
2. 债券的终止确认和债券条款</td></tr>
<tr><td>4. 债券发行成本及债券的终止</td></tr>
<tr><td>5. 债券条款</td></tr>
<tr><td>6. 长期债券在负债项的披露</td></tr>
<tr><td rowspan="3">二、租赁</td><td>1. 租赁方式的选择</td><td>美国准则和国际准则下的租赁分类</td></tr>
<tr><td>2. 承租人的会计处理</td><td>承租人角度的租赁会计处理</td></tr>
<tr><td>3. 出租人的会计处理</td><td>出租人角度的租赁会计处理</td></tr>
<tr><td>三、退休金计划</td><td>了解退休金计划的基本框架</td><td>养老金计划</td></tr>
</table>

知识导引

长期负债可能会影响企业未来的经济利益，且持续时间超过一年。在企业的财务报表上，长期负债一般包括长期债务（例如应付债券和应付票据）、租赁、养老金（即退休金）负债和递延所得税负债。本节主要关注应付债券和租赁，也会涉及一些养老金负债的知识。

本章思维导图

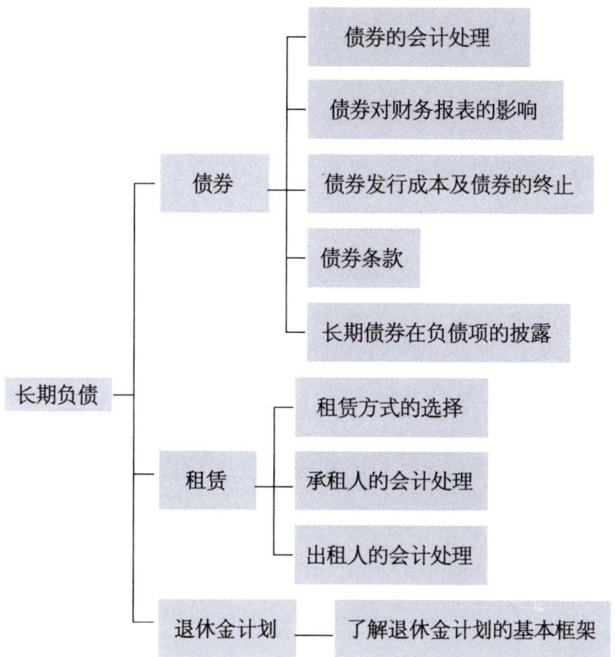

考试小技巧

本节首先介绍了和负债相关的概念，考生要能够理解和区分不同种类（平价、溢价和折价）的债券，并掌握不同债券在财务报表上的记账方式及对各财务指标的影响。本节的第三部分和租赁相关，考生重点掌握融资性租赁对承租人的会计处理，了解出租人相关租赁准则。最后，考生还应简单了解退休金计划的分类，及简单的会计处理。

1. 债券的术语

债券是一家公司（或其他借款实体）承诺未来向其贷款人（即债券持有人）支付现金，以换取当前收到现金的合同承诺。债券合同的条款包含在一份称为契约的文件中。公司发行债券收到的现金，以发行时债券的价值（价格）为基础。发行时的价格通常为公司承诺兑付的未来现金流的现值。公司发行债券通常有到期时间（maturity），在债券到期时，公司通常需要偿还面值。债券的一些基本术语如下：

- 票面利率（coupon rate）：指列示于债券票面上的利率，用来计算债券息票（coupon）。
- 票面利息（coupon payments, coupon）：票面利息即息票，指按期给付给债券持有者的利息，由票面价值乘以票面利率计算所得。

$$coupon=coupon\ rate \times face\ value$$

- 实际利率（effective interest rate）：实际利率，又名借款利率（borrowing rate），是使两种承诺兑付的现金流（息票 + 面值）的现值与其销售价格相等的贴现率。发行时的市场利率通常可以看作公司发债所产生的实际利率。

在债券存续期内，票面利率是固定的，而债券的市场利率会不断变化，同时债券的市场价值也会不断发生变化。

债券信息总结如表 29-1。

表 29-1 债券信息总结

不随时间变化而变化	随着时间变化而变化
面值	债券价格
票面利率与实际利率	市场利率
息票	实际利息

2. 债券的会计处理

— 备考指南 —
三类债券的具体问题，在固定收益部分详细讲解。
财务中，只要掌握债券的会计处理即可。

债券的本质是一种特殊的契约，约定公司还款方式，公司发行债券，相当于在 0 时刻按债券的发行价格向投资者融资，未来以约定好的票面利率还息票与本金。此时，依据发行价格与面值的关系可以分为三类债券。

当发行价格 > 面值，债券溢价发行（issue at premium）。

当发行价格 < 面值，债券折价发行（issue at discount）。

当发行价格 = 面值，债券平价发行（issue at par）。

2.1　溢价发行债券的会计处理

一张 3 年期的债券，票面利率 10%，面值 1000 元，按年付息，发行时的市场利率 8%。如图 29-1。试求债券的发行价格。

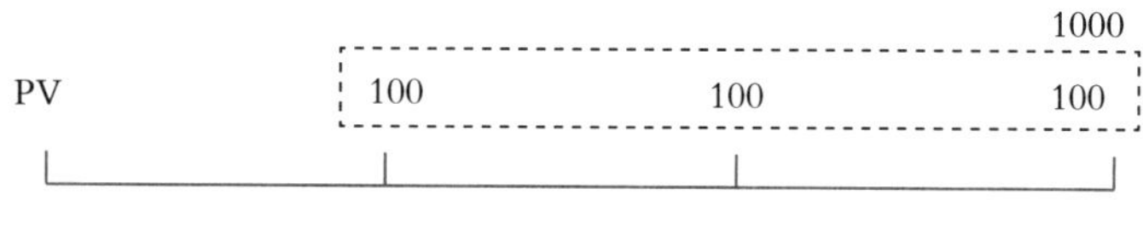

图 29-1　债券现金流图

债券的发行价格可以用发行时的市场利率（即实际利率）对未来现金流折现求和求得。

债券按年付息，此时每年的息票 =1000×10%=100 元，而第三年年末，还要另外还 1000 元的面值给投资者。此时，对未来的现金流折现求和的现值，即为债券发行价格。

$$\text{price}=\frac{100}{(1+8\%)^1}+\frac{100}{(1+8\%)^2}+\frac{100+1000}{(1+8\%)^3}=1051.54$$

或者可以通过金融计算器，N=3，I/Y=8，PMT=100，FV=1000，CPT，PV=−1051.54 得到。

债券价格大于面值 1000 元，此时债券溢价发行。

BASE 法则摊销表格

在会计中，站在公司（发行者）的角度，应按面值 + 溢价部分确认应付债券（bond payable）=1051.54。未来，债券将在整个持有期内按 BASE 法则进行摊销，如表 29-2。

— 备考指南 —
Base 法则适用于任意的资产负债表科目，其中 B+A−S=E。

表 29-2　溢价债券摊销　　　单位：元

溢价债券	期初值（B）	增量（A）	减量（S）	期末值（E）
	应付债券	实际利率（8%）	息票	应付债券
Year 1	1051.54	84.12	（100）	1035.66
Year 2	1035.66	82.85	（100）	1018.52*
Year 3	1018.52	81.48	（100）	1000
*：由于四舍五入问题，导致最终结果有略微差异				

第一年：应付债券的期初值为 1051.54 元，

当年利息费用 = 应付债券期初值 × 实际利率 =1051.54 × 8%=84.12（元），

当年偿付息票 = 面值 × 票面利率 =1000 × 10%=100 元，

则 100 元的息票中有 84.12 元还利息，余下部分还本金，

所以，应付债券期末值 =1051.54+84.12−100=1035.66（元）。

第二年：应付债券的期初值为 1035.66（第一年的期末值），

当年利息费用 = 应付债券期初值 × 实际利率 =1035.66 × 8%=82.85（元），

当年偿付息票 = 面值 × 票面利率 =1000 × 10%=100（元），

则 100 元的息票中有 82.85 还利息，余下部分还本金，

所以，应付债券期末值 =1035.66+82.85−100=1018.52（元）。

第三年：应付债券的期初值为 1018.52 元（第二年的期末值），

当年利息费用 = 应付债券期初值 × 实际利率 =1018.51 × 8%=81.48（元），

当年偿付息票 = 面值 × 票面利率 =1000 × 10%=100（元），

则 100 元的息票中有 81.48 还利息，余下部分还本金，

所以，应付债券期末值 =1018.52+81.48−100=1000（元）

可见，若在第三年年末将 1000 元面值偿付完成，此时发行者（公司）与投资者两清。

会计确认方法

溢价发行债券通过 BASE 法则摊销完成之后，将研究其具体会计确认方法。

2.1.1 资产负债表科目

B 列与 E 列分别为应付债券的期初与期末值，反应某个时点发行者相对于投资者的欠款，应确认在资产负债表中。严格来说，资产负债表对与应付债券的确认分为两个细分科目。

（1）应付债券——面值：确认债券面值 1000 元，在整个 3 年中保持不变；

（2）应付债券——债券溢价摊销（amortization of premium）：确认债券超出面值的溢价部分，并在 3 年中，按 BASE 法则进行摊销。此时：

第一年：期初值 =51.54（元），

当年摊销 = 息票 − 利息费用 =100−84.12=15.88（元），

期末值 =51.54−15.88=35.66（元）。

第二年：期初值 =35.66（元），（第一年期末值）

当年摊销 = 息票 − 利息费用 =100−82.85=17.15（元），

期末值 =35.66−17.15=18.52（元）。

第三年：期初值 =18.52（元），（第二年期末值）

当年摊销 = 息票 − 利息费用 =100−81.48=18.52（元），

期末值 =18.52−18.52=0（元）。

其中，应付债券的面值与债券溢价摊销两部分结合，构成了债券的摊余成本（amortized cost），即在 BASE 法则中的 B 列或 E 列的数值。

溢价债券摊余成本 = 面值 + 债券溢价摊销

2.1.2　利润表科目

利润表中应确认（A 列）即每年的利息费用（interest expense）

当年的利息费用 = 应付债券期初摊余成本（B 列）× 实际利率（发行时的市场利率）

所以：

第一年：当年利息费用 = 应付债券期初值 × 实际利率 =1051.54 × 8%=84.12（元），

第二年：当年利息费用 = 应付债券期初值 × 实际利率 =1035.66 × 8%=82.85（元），

第三年：当年利息费用 = 应付债券期初值 × 实际利率 =1018.52 × 8%=81.48（元）。

2.1.3　现金流量表科目

会计角度，把每年按面值与票面利率计算出的息票全额确认为经营活动现金流的流出。

所以，第一年、第二年、第三年由于债券形成的 CFO=−100 元；

第三年年末偿还的面值，看成本金的偿还，由于发债属于融资活动，所以融资活动现金流流出 1000 元，记为 CFF−1000 元。

2.1.4　分析师角度

分析师并不认可现金流量表的确认方法。以第一年为例，在会计中 100 的息票全额确认为 CFO 的流出。但是在分析师角度，第一年真正的利息只有 84.12 元，而余下的 15.88 元属于本金的还款。所以分析师认为只有 84.12 元应该确认为 CFO 的流出，15.88 元应该确认为 CFF 的流出，如表 29−3。

表 29-3　分析师角度看溢价债券摊销　　　　单位：元

分析师	会计	结论
CFO=−84.12	CFO=−100	CFO 低估
CFF=−15.88	CFF=0	CFF 高估

所以分析师认为，对于溢价债券来说，会计上 CFO 流出过多，会计处理低估了 CFO，高估了 CFF。

2.2　折价发行债券的会计处理

一张 3 年期的债券，票面利率 10%，面值 1000 年，按年付息，发行时的市场利率 12%，如图 29-2。试求债券的发行价格。

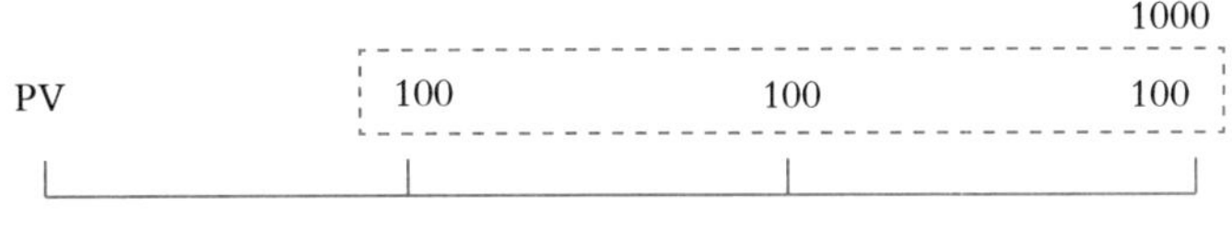

图 29-2　债券现金流图

债券的发行价格可以用发行时的市场利率（即实际利率）对未来现金流折现求和求得。

债券按年付息，此时每年的息票 =1000 × 10%=100（元），而第三年年末，还要另外还 1000 元的面值给投资者。此时，对未来的现金流折现求和的现值，即为债券发行价格。

$$price=\frac{100}{(1+12\%)^1}+\frac{100}{(1+12\%)^2}+\frac{100+1000}{(1+12\%)^3}=951.96$$

债券价值同样可以使用金融计算器进行计算，即 N=3，I/Y=12，PMT=100，FV=1000，CPT，PV=−951.96。

债券发行价格小于面值 1000 元，此时债券折价发行。

BASE 法则摊销表格

在会计中，站在公司（发行者）的角度，应按面值 + 溢价部分确认应付债券（bond payable）=951.96。未来，债券将在整个持有期内按 BASE 法则进行摊销（表 29-4）。

表 29-4

折价债券	期初值（B）	增量（A）	减量（S）	期末值（E）
	应付债券	实际利率（12%）	息票	应付债券
Year 1	951.96	114.24	（100）	966.20
Year 2	966.20	115.94	（100）	982.14
Year 3	982.14	117.86	（100）	1000

第一年：应付债券的期初值为 951.96 元，

当年利息费用 = 应付债券期初值 × 实际利率 =951.96 × 12%=114.24（元），

当年偿付息票 = 面值 × 票面利率 =1000 × 10%=100（元），

意味着企业当期应支付给债权人利息费用 114.24 元，但是只支付了 100 元的息票，差额 14.24 元作为新增负债。

所以，应付债券期末值 =951.96+114.24−100=966.20（元）。

第二年：应付债券的期初值为 966.20 元（第一年的期末值），

当年利息费用 = 应付债券期初值 × 实际利率 =966.20 × 12%=115.94（元），

当年偿付息票 = 面值 × 票面利率 =1000 × 10%=100（元），

意味着企业当期应支付给债权人利息费用 115.94 元，但是只支付了 100 元的息票，差额 15.94 元作为新增负债。

所以，应付债券期末值 =966.20+115.94−100=982.14（元）。

第三年：应付债券的期初值为 982.14（第二年的期末值），

当年利息费用 = 应付债券期初值 × 实际利率 =982.14 × 12%=117.86（元），

当年偿付息票 = 面值 × 票面利率 =1000 × 10%=100（元），

意味着企业当期应支付给债权人利息费用 117.86 元，但是只支付了 100 元的息票，差额 17.84 元作为新增负债。

所以，应付债券期末值 =982.14+117.86−100=1000（元）。

可见，若在第三年年末将 1000 元面值偿付完成，此时发行者（公司）与投资者两清。

会计确认方法

溢价发行债券通过 BASE 法则摊销完成之后，将研究其具体会计确认方法。

2.2.1 资产负债表科目

B 列与 E 列分别为应付债券的期初与期末值，反应某个时点发行者相对于投资者的欠款，应确认在资产负债表中。严格来说，资产负债表对与应付债券的确认分为两个细分科目。

（1）应付债券——面值：确认债券面值 1000 元，在整个 3 年中保持不变；

（2）应付债券——债券折价摊销（amortization of discount）：确认债券低于面值的折价部分，并在 3 年中，按 BASE 法则进行摊销。此时：

第一年：期初值 =48.04 元，

当年摊销 = 息票 − 利息费用 =114.24−100=14.24（元），

期末值 =48.04−14.24=33.8（元）。

第二年：期初值 =33.8 元，（第一年期末值）

当年新借本金 = 息票 − 利息费用 =115.94−100=15.94（元），

期末值 =33.8−15.94=17.86。

第三年：期初值 =17.86 元，（第二年期末值）

当年新借本金 = 息票 − 利息费用 =117.86−100=17.86（元），

期末值 =17.86−17.86=0。

其中，应付债券的面值减去债券折价摊销，构成了债券的摊余成本（amortized cost），即在 BASE 法则中的 B 列或 E 列的数值。

折价债券摊余成本 = 面值 − 债券折价摊销

2.2.2 利润表科目

利润表中应确认（A 列）即每年的利息费用。

当年的利息费用 = 应付债券期初摊余成本（B 列）× 实际利率（发行时的市场利率）

所以：

第一年：当年利息费用=应付债券期初值 ×实际利率=951.96×12%=114.24（元），

第二年：当年利息费用=应付债券期初值 ×实际利率=966.20×12%=115.94（元），

第三年：当年利息费用=应付债券期初值 ×实际利率=982.14×12%=117.86（元）。

2.2.3 现金流量表科目

会计角度，把每年按面值与票面利率计算出的息票全额确认为经营活动现金流的流出。

所以，第一年、第二年、第三年由于债券形成的 CFO=−100（元）；

第三年年末偿还的面值，看成本金的偿还，由于发债属于融资活动，所以融资活动现金流流出 1000（元），记为 CFF−1000（元）。

2.2.4　分析师角度

分析师并不认可现金流量表的确认方法。以第一年为例，在会计中 100 元的息票全额确认为 CFO 的流出。但是在分析师角度，第一年利息流出应为 114.24 元，由于还款只还 100 元，余下的 14.24 元属于当年新借入的款项。所以分析师认为有 114.24 元应该确认为 CFO 的流出，14.24 元应该确认为 CFF 的流入，如表 29–5。

表 29–5　分析师角度看折价债券摊销　　　　单位：元。

分析师	会计	结论
CFO=−114.24	CFO=−100	CFO 高估
CFF=+14.24	CFF=0	CFF 低估

所以分析师认为，对于折价债券来说，会计上 CFO 流出过少，会计处理高估了 CFO，低估了 CFF。

2.3　平价发行债券的会计处理

一张 3 年期的债券，票面利率 10%，面值 1000 元，按年付息，发行时的市场利率 10%，如图 29–3。试求债券的发行价格。

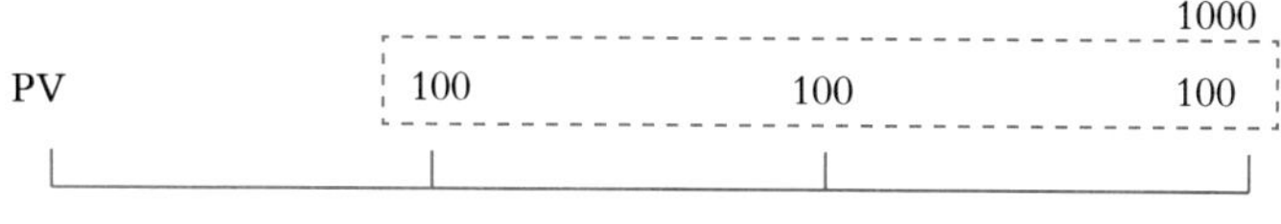

图 29-3　债券现金流图

债券的发行价格可以用发行时的市场利率（即实际利率）对未来现金流折现求和求得。

债券按年付息，此时每年的息票 =1000 × 10%=100（元），而第三年年末，还要另外还 1000 元的面值给投资者。此时，对未来的现金流折现求和的现值，即为债券发行价格。

$$price=\frac{100}{(1+10\%)^1}+\frac{100}{(1+10\%)^2}+\frac{100+1000}{(1+10\%)^3}=1000$$

债券发行价格等于面值 1000 元，此时债券平价发行。

BASE 法则摊销表格

在会计中，站在公司(发行者)的角度，应按面值确认应付债券 =1000 元。未来，债券将在整个持有期内按 BASE 法则进行摊销（表 29–6）。

表 29–6

平价债券	期初值（B）	增量（A）	减量（S）	期末值（E）
	应付债券	实际利率（10%）	息票	应付债券
Year 1	1000	100	（100）	1000
Year 2	1000	100	（100）	1000
Year 3	1000	100	（100）	1000

第一年、第二年、第三年：应付债券的期初值为 1000 元，

当年利息费用 = 应付债券期初值 × 实际利率 =1000×10%=100（元），

当年偿付息票 = 面值 × 票面利率 =1000×10%=100（元），

所以，应付债券期末值 =1000+100−100=1000（元）。

在第三年年末将 10000 元面值偿付完成，此时发行者（公司）与投资者两清。

会计确认方法

溢价发行债券通过 BASE 法则摊销完成之后，将研究其具体会计确认方法。

2.3.1 资产负债表科目

应付债券的摊余成本：确认债券面值 1000 元，在整个 3 年中保持不变。

2.3.2 利润表科目

利润表中应确认（A 列）即每年的利息费用。

当年的利息费用 = 应付债券期初摊余成本（B 列）× 实际利率（发行时的市场利率）

三年中，每年的利息费用均为 100 元。

2.3.3 现金流量表科目

会计角度，把每年按面值与票面利率计算出的息票全额确认为经营活动现金流的流出。

所以，第一年、第二年、第三年由于债券形成的 CFO=−100 元；

第三年年末偿还的面值，看成本金的偿还，由于发债属于融资活动，所以融

资活动现金流流出 1000 元，记为 CFF-1000 元。

2.3.4 分析师角度

对于平价债券来说，分析师认可现金流量表的确认方法。以第一年为例，在会计中 100 元的息票全额确认为 CFO 的流出。在分析师角度，第一年利息流出正好也为 100 元，两者没有差异，如表 29-7。

表 29-7 分析师角度看平价债券摊销 单位：元

分析师	会计	结论
CFO=-100	CFO=-100	CFO 正确
CFF=0	CFF=0	CFF 正确

所以分析师认为，对于平价债券来说，会计确认没有问题，不存在 CFO 或 CFF 的高估与低估的问题。

考试小技巧

会计角度：

- 完成 BASE 法则摊销表格

其中，

B/E 列确认在资产负债表中，作为债券摊余成本；

A 列确认在利润表中，作为利息费用，

S 列确认在现金流量表中，作为 CFO 的流出，

期初发行债券收到现金，确认为 CFF 的流入，

期末归还的面值，确认为 CFF 的流出。

分析师角度：

溢价债券：CFO 低估，CFF 高估；

折价债券：CFO 高估，CFF 低估；

平价债券：CFO 与 CFF 无高估低估现象。

2.4 零息债券的会计处理

零息债券是指票面利率为 0 的债券，通常为深度折价债券，所以零息债券可以看做是特殊的折价发行债券（pure-discount bond）。因此，零息债券的会计处

备考指南

零息债券可以看成深度折价债券，所有会计处理和结论都与折价债券类似。

理与折价债券类似，可以直接按照折价债券的处理方法进行记忆即可。

名师解惑

零息债券的会计处理也可以参考以下过程。

发行时以折现现值入账，折现率为公司发债时的市场利率。

总的利息＝支付总额－收到总额＝面值＋支付的所有利息－发行收入

尽管是零息债券，但是每年还是要确认利息费用。

利息费用 = 折现率 × 期初摊余成本

当零息债券发行的时候，虽然它存在利息费用，且在利润表上体现出来，但不影响经营性现金流，债券发行的现金收入全部直接计入融资性现金流（CFF）。

在到期时，以面值支付债权人，相应的现金流出计入融资性现金流（CFF）。所以在公司存在折扣债券发行时，经营性现金流（CFO）被高估而融资性现金流（CFF）被低估。

3. 债券发行和摊销对财务报表的影响

— 备考指南 —
重点掌握债券的发行与摊销对三大报表会计科目的影响。

债券发行和摊销对财务报表的影响如表 29–8、表 29–9、表 29–10。

表 29–8 对现金流量表的影响

	融资性现金流（CFF）	经营性现金流（CFO）
债券发行时	现金流增加（债券发行价格）	无影响
支付利息	无影响	减少（票面利息，coupon）
本金偿还	减少（面值，face value）	无影响

表 29–9 对利润表的影响

平价发行	溢价发行	折价发行
实际利率 = 票面利率	实际利率 < 票面利率	实际价率 > 票面利率
利息费用 = 票面利息	利息费用 = 票面利息 – 溢价摊销	利息费用 = 票面利息 + 折价摊销
利息费用固定	利息费用渐减	利息费用渐增

表 29-10　对资产负债表的影响

<table>
<tr><th>平价发行</th><th>溢价发行</th><th>折价发行</th></tr>
<tr><td rowspan="2">摊余成本 = 面值</td><td>摊余成本 = 面值 + 溢价</td><td>摊余成本 = 面值 − 折价</td></tr>
<tr><td>摊余成本逐步减少，
在到期日回归面值</td><td>摊余成本逐步增加，
在到期日回归面值</td></tr>
</table>

4. 债券发行成本及债券的终止（提前赎回）

4.1　发行成本

债券发行成本（issuance cost）包括法律费用、审计费用、印刷费用及发行佣金等费用，在 US GAAP 与 IFRS 下，对债券发行成本的处理是不同的。

在 US GAAP 下，将发行费用资本化，确认为一项资产，并在债券存续期中作为费用在利润表中摊销。

在 IFRS 中，则直接将发行费用从债券发行价格中扣除，提高了债券实际利率，此时，可将发行成本看作是不可摊销的折价。

而在现金流量表中，US GAAP 与 IFRS 的处理方式一致，都将债券发行成本从债券发行价格中抵扣。

举个例子

【例】C 公司发行一张 100 万美元面值的债券，发行价格为 98 万美元，发行成本为 5000 美元。在美国准则与国际准则下，债券如何影响资产与负债。

【解】

表 29-11 是对债券对资产负债的影响。

表 29-11　对资产负债表的影响

U.S.GAAP	IFRS
资产 现金 975,000 美元 Deferred charge 5,000 美元	资产 现金 975,000 美元
负债 债务 980,000 美元	负债 债务 975,000 美元

4.2 提前赎回

公司有可能在债券到期日之前提前赎回债券。公司提前赎回债券的理由主要有三种。第一，当市场利率持续降低，公司通常有动机提前赎回债券，重新以较低的融资成本发行债券，借入新的款项。第二，当公司经营有足够的资金，无需进行借款时，公司会提前赎回债券，降低利息费用。第三，公司有能力发行股票，股票的融资成本虽然比较高，但是没有固定的偿付义务，对公司的偿债能力压力小，所以如果公司有能力发行股票，则公司有可能将债券终止。

当债券在到期日之前被提前赎回，则债券赎回价格与账面价值之间的差异，应该作为利得或损失（记为 gain / loss），列示于利润表中。

举个例子

【例】A 公司用 1,045,000 美元现金回购债券，债券在回购日的账面价值为 998,000 美元。求债券的回购对利润表的影响。

【解】

债券回购，即债券的提前偿还。

A 公司债券的账面价值为 998,000 美元，即账面上 A 公司需要偿还 998,000 美元，

但是在市场中，A 公司实际回购价格 1,045,000 美元，即 A 公司的实际还款为 1,045,000 美元。

由于 A 公司还钱多，产生损失 Losses = 1,045,000 美元 - 998,000 美元 = 47,000 美元，

所以这种提前偿还，在 A 公司的利润表上产生了 47,000 美元的损失。

若债券有发行成本，在提前赎回时，也需要考虑。

在 US GAAP 下，一旦债券提前赎回，未被摊销的债券发行成本必须被冲销（write-off）并计入利得与损失计算。冲销发行成本会减少利得或者增加损失。

在 IFRS 下，发行成本无需在提前赎回时处理，因为发行成本已经在发行时扣减在债券成本中，并影响实际利率，不作为单项资产列示。

5. 债券条款

债务条款是债券持有人对发行者（issuer）做出的限定条约，债务条款通过限制公司投资，股利支付或其他决策来保护债权人（债券持有人）。债券条款可以有效降低违约风险，降低借贷成本。债券条款包括肯定条款（affirmative covenants）与限制条款（negative covenants），一般在财务报表附注中列示。

肯定条款（affirmative covenants）包括：

- 保证债券本金与利息可以按时支付；
- 要求公司的某些重要财务指标（current, debt-to-equity, and interest coverage ratios）保持在一定范围内；
- 担保物的安全。

限制条款（negative covenants）包括：

- 增加股利支付或股票回购；
- 发行更多债券；
- 收购合并；
- 一些资产的出售，租赁或处理；
- 提前偿还相关条款（sinking fund agreement and priority of claims）。

很明显，限制性条款中的增加股利支付、股票回购、收购合并等行为都将导致公司大量现金流出，而发行更多债券、资产的出售则会导致资产总额下降、负债总额上升，这些行为都会显著削弱公司偿债能力，对债券持有人不利。

如果公司违反债券条款，债权人有权利要求其立刻归还本金。债券条款有助于抑制公司管理层伤害债券持有人的不良动机。

6. 长期债券在负债项的披露

长期债券在资产负债表中归于一类，其中一年内到期的长期债券计入流动负债。除此以外，公司还需要在财务报告附注中披露更多的信息，如：

- 负债性质；
- 到期日；

- 名义利率及有效利率；
- 赎回权及转换权；
- 债券持有人所作的限制；
- 资产抵押证券化；
- 每五年的债权到期数。

名师解惑

市场利率变化如何对债券公允价值（市场价值）产生影响？

债券账面价值由发行时点的市场利率决定，如果在债券存续期内，市场利率不发生变化，则债券在资产负债表上的“负债”体现为公允（市场）价值。然而，这一假设并不符合实际情况，市场利率变化的频率很快。由债券的定价公式可知，利率上升导致债券公允价值下降，利率下降导致债券公允价值上升，造成债券账面价值与公允价值之间的差异。在 US GAAP 与 IFRS 下，这种差异（gain/loss）列示于利润表。公司在市场利率较低时发行债券更有利，因为一旦未来利率上升，则公司可以以较低的价格赎回债券，从而减少债券债务，使得股东权益上升，资产负债率下降，反之则反是。对分析师来说，使用公司债券的市场价值（公允价值）进行分析更为合适。

但是市值变化的损益并不反映资产负债表中，于是出现债务的账面价值不等于市值的情况。

7. 租赁方式的选择

租赁（lease）是资产所有人（出租人 lessor）与寻求使用资产的另一方（承租人 leasee）之间的合同。作为租赁的一部分，出租人授予承租人使用资产的权利。资产的使用权可以是长期的，如 10 年，也可以是较短的，如 2 个月。承租人通过定期向出租人支付租金，换取资产使用权。可见，租赁就是一种融资形式，使承租人能够购买租赁资产的使用权。

7.1 承租人的租赁方式

租赁方式主要有两种：经营租赁（operating lease）与融资租赁（financial lease）。两类不同租赁方式的选择主要取决于承租人。根据国际财务报告准则和美国公认会计准则，租赁会计发生了显著变化。根据先前的规则，如果租赁被归类为经营性租赁，则公司无需报告与租赁相关的资产和负债，所以经营性租赁又被称为表外融资（off-balance financing）。但是依据新的会计准则，在 IFRS 与 U.S.GAAP，承租人租赁的会计处理发生了显著变化。本节以会计新准则的规定进行讲解。

在 IFRS 下，承租人的报表中不区分经营租赁与融资租赁，统一作为融资租赁进行确认。

在 U.S. GAAP 下，区分经营租赁与融资租赁，区分标准为资产的实际所有权是否发生转移。即资产的实际所有权是否从出租人，转移至承租人。通常情况下，承租人满足以下任意一条，即应确认为融资租赁，否则确认为经营租赁。

- 出租人在租约末期将资产所有权转移至承租人（title transfer）；
- 承租人在期末可以以低于市场价值较多的价格购买租赁物；
- 租赁期限大于等于资产使用期的 75%；
- 租金的折现值（租赁价值）大于等于租赁物公允价值的 90%。

需要注意，美国准则下虽然区分经营租赁与融资租赁，但是不存在表外融资。因为在新准则下,经营性租赁的承租人需在其资产负债表上报告一项“使用权(right of use, ROU）”资产和一项租赁负债，按固定租赁付款的现值进行初始计量。所以在新准则下，经营租赁也需要体现在资产负债表中，作为表内资产与负债进行列示。

7.2 出租人的租赁方式选择

对于出租人来说，如果已知承租人将该项租赁列为融资性租赁，当同时满足：

- 可以确定如期收回租金款项；
- 租赁的资产可以使用且成本确定（无重大未确定或有损失）。

两个条件时，可以将该租赁当做融资租赁处理。

否则，均作为融资租赁进行会计处理。

名师解惑

经营性租赁看做是租房，在 3 年租房期满后，房子的所有权没有发生实际性转移，依旧属于房东（出租人）。

而将融资性租赁看做是向银行融资买房。向银行贷款买房，贷款期结束，则房子的所有权转移给买方（承租人）。或者在贷款期结束时，买方可以以较大折扣买入房子。

8. 承租人的会计处理

8.1 融资租赁

将租赁分类为融资租赁（IFRS 与 U.S.GAAP 共有）的标准为：租赁资产的利益和风险已经转移给承租人。在美国准则与国际准则下，融资租赁的会计处理类似。融资租赁的具体处理方法可以按资产负债表、利润表与现金流量表三张报表来进行分析。

8.1.1 资产负债表

由于融资租赁属于表内融资，所以需要在资产负债表中确认资产与负债。资产与负债的初始数额一般等于未来固定租金折现求和的现值。

$$资产 = 负债 = 未来租金折现求和的现值 = \sum_{t=1}^{n}\frac{CF_t}{(1+r)^t}$$

8.1.2 利润表

由于在 0 时刻租入资产时，承租人在资产负债表中确认资产与负债，未来整个租赁期内，资产端与负债端都需进行对应摊销，但是摊销方法不同。

资产端作为固定资产，需用各类折旧方法进行折旧，确认折旧费用。

负债端做为负债，与公司发行债券的摊销方法类似，通常需用 BASE 法则进行摊销。BASE 法则的摊销中，A 列的数额将做为公司的利息费用，确认在利润表中。B 列 E 列确认在资产负债表中，作为融资租赁负债端的摊余成本。S 列确认在现金流量表中。

> 备考指南
> BASE 法则的摊销可以参见债券章节，在后面的例题中也会详细说明。

所以融资租赁下，公司在利润表中确认的总费用等于资产端产生的折旧费用，加上负债端产生的利息费用。

总费用 = 折旧费用 + 利息费用

8.1.3　现金流量表

融资租赁中，公司支付的租金一般以现金的方式支出，总的租金支出需要确认在现金流量表中。

总租金需要分为与本金相关的金额及与利息相关的金额分门别类进行确认。

与本金摊销相关的金额，在美国准则与国际准则下统一确认为融资活动现金流（CFF）的流出。

而与利息费用相关的金额，在美国准则中必须确认为经营活动现金流（CFO）的流出；而在国际准则中，既可以确认为CFO的流出，也可以确认为CFF的流出。

举个例子

【例】若金程教育租入一个设备，租期为4年，折现率为10%，每年年末向出租人支付1000元租金。试以融资租赁的方式进行会计确认。

【解】

$$0\text{ 时刻：资产} = \text{负债} = \sum_{t=1}^{4}\frac{1000}{(1+10\%)^t} = 3170\text{（元）}$$

资产端需进行折旧：假设预计使用年限为4年，残值为0，用直线折旧法进行折旧。

每年的折旧费用为3170/4=792.5（元），确认在利润表中，

负债端BASE法则进行摊销，摊销表格如表29-12。

表29-12　融资租货在资产负债表的体现　　单位：元

年份	B（期初值）	A（增量） 利息费用（10%）	S（减量） 当期租金	E（期末值）
第一年	3170	317	（1000）	2487
第二年	2487	249	（1000）	1736
第三年	1736	174	（1000）	910
第四年	910	91	（1000）	0

其中：B列E列确认在资产负债表中，作为融资租赁负债端的摊余成本的期初值与期末值，具体数值见表29-12。

A 列的数额将做为公司的利息费用，确认在利润表中，

第一年：利息费用 =317 元，

第二年：利息费用 =249 元，

第三年：利息费用 =174 元，

第四年：利息费用 =91 元，

S 列确认在现金流量表中，（设 IFRS，利息相关现金流确认为 CFO）

第一年：CFO=-317，CFF=317-1000=-683（元）

第二年：CFO=-249，CFF=249-1000=-751（元）

第三年：CFO=-174，CFF=174-1000=-826（元）

第四年：CFO=-91，CFF=91-1000=-909（元）

融资租赁对利润表的总影响如表 29-13。

表 29-13　融资租赁在利润表的体现　　单位：元

折旧费用（资产）	利息费用（负债）	总费用
792.50	317	1109.5
792.50	249	1041.5
792.50	174	966.5
792.50	91	883.5
3170	830.00=4000-3170	4000

融资租赁对现金流量表的影响如表 29-14。

表 29-14　融资租赁在现金流量表的体现　　单位：元

CFO（利息）	CFF（本金）	Total CF
317	683	1,000
249	751	1,000
174	826	1,000
91	910	1,000
830	3170	4,000

8.2　经营租赁（U.S.GAAP 特有）

美国准则承租人如果把租赁资产确认为经营租赁，则在新准则下，也需要在其资产负债表上报告一项使用权资产（right-of-use, ROU）资产和一项租赁负债，

其数值为固定租赁付款的现值。根据美国公认会计准则，承租人自租赁期开始之后，确认单一租赁费用（lease expense），并对租赁成本在整个租赁期内进行直线摊销。

9. 出租人的会计处理

9.1 IFRS

根据IFRS，出租人将每项租赁分类为融资租赁或经营租赁。

对于融资租赁，出租人在开始时就终止确认基础租赁资产，并在资产负债表中确认包含应收租赁款（lease receivable）和相关残值。同时，出租人在租赁期内，还需要在利润表中，确认融资收入，例如，租赁期应收租赁款的利息收入。

此外，如果出租人是制造商或经销商，此时出租人还需额外确认营业收入（revenue）与营业成本（COGS）。营业收入为租赁资产的价值，营业成本等于租赁资产的账面价值。营业收入减去营业成本的差额应确认为“出售利润或损失”，即毛利润（gross profit）。

对于经营租赁，出租人将租赁收入确认为收入，并将相关成本，例如，租赁资产的折旧，确认为费用。

9.2 U.S. GAAP

根据美国公认会计准则，出租人将租赁分为三类：销售类型（sales-type）、经营（operating）或直接融资（direct financing）。

9.2.1 销售型租赁（sale-type lease）

如果一项融资租赁，以后各期租金的现值大于租赁资产的账面价值，则将此项租赁称为销售型租赁。顾名思义，销售型租赁中，租赁资产使同为出售，所以出租人是租赁资产的制造商或经纪人。

在租赁初期，出租人确认毛利润等于总租金收入的现值减去租赁资产的成本（账面价值）。在资产负债表上，将租赁资产移除，列入“应收融资租赁款”账户，确认的净投资为总租金收入的现值加上残值的现值。每一期收到租金时，租金的本金部分（净投资收回金额）减少应收融资租赁款，在现金流量表上作为投资现金流入（CFI）确认。同时租金的利息部分在利润表上确认为利息收入，作为经营现金流入（CFO）确认。租金的利息部分等于应收融资租赁款起初余额（净投资）乘以租赁利率。

在期末，资产的残值继续作为资产的一部分。如果出售资产，获得的收入作为投资现金流的流入（CFI）。

销售型租赁实际上是出租人对承租人同时进行销售与融资的一项行为。于是，在销售型租赁中，出租人的总利润由两部分组成——销售毛利与利息收入。

9.2.2 直接融资租赁（direct financing lease）

如果一项融资租赁，以后各期租金的现值等于租赁资产的账面价值，则将此项租赁称为直接融资租赁，此时出租人不是以销售为目的，不是销售商或经纪人，大多为专门的租赁公司或者金融机构，他们的租赁资产也是从第三方（制造商或者经纪人）购得。直接融资租赁是出租人对承租人的一项融资行为。如果一项租赁是直接融资租赁，在租赁之初不能确认毛利润，所有的利润都来源于利息收入。

在直接融资租赁初期，与销售型租赁一样，出租人确认毛利润等于总租金收入的现值减去租赁资产的成本（账面价值）。在资产负债表上，将租赁资产移除，列入“应收融资租赁款”账户，每一期收到租金时，租金的本金部分（净投资收回金额）减少应收融资租赁款，在现金流量表上作为投资现金流入（CFI）确认。同时租金的利息部分在利润表上确认为利息收入，作为经营现金流入（CFO）确认。

在直接融资租赁中，由于出租人仅仅为承租人提供了融资功能，则出租人的利润只是利息收入，不会赚取其他差价。

9.2.3 经营性租赁

在经营性租赁中，对出租人来说，承租人的租金支付被简单地归入租赁收入，同时，租赁资产仍然保留在出租人的资产负债表上，并且在使用期内每年提取折旧。

将直接融资租赁与经营性租赁进行比较，如果租赁的其他条件相同，仅仅是由于租赁类型的不同，则对出租人来说，在整个租赁期内二者获得的总利润相同，但是在租赁期的前段时间内，直接融资租赁下的利润较高，经营性租赁下的利润较低，在租赁期的后段时间内，情况相反。原因在于，在直接融资租赁下，由于净投资（可以看做是本金）较高，前段时间内利息收入较高，经营性租赁下，每期利润恒定，等于每期租金减去折旧费用，如表 29-15。

表 29-15 租赁对于出租人和承租人财务报表的影响

	资产负债表	利润表	现金流量表
承租人			
所有 IFRS 租赁和 US GAAP 融资租赁	确认“ROU”资产及租赁负债	资产端产生折旧费用 负债端产生利息费用	租赁负债的降低归属为 CFF 的流出 支付的租赁费用中的利息费用部分可以归类为 CFO 或者 CFF（根据准则不同有不同归类）
US GAAP 经营性租赁	确认“ROU”资产及租赁负债	确认单独一行租赁费用（将租赁费用直线摊销）	所有租赁相关的现金流均归为 CFO 的流出
例外： 短期租赁，和国际准则下租赁金额较小租赁	不影响资产负债表	确认租金费用	支付的租金费用归属为 CFO 的流出
出租人			
IFRS 和 US GAAP 经营性租赁	将资产保留在资产负债表中	确认租赁收入 确认租赁资产的折旧费用	收到的租金收入归属为 CFO 的流入

10. 退休金计划的基本框架

一般来说，按照养老金给付的确定方式分，养老金计划分为贡献确定型（defined contribution plan, DC 计划）与收益确定型（defined benefit plan, DB 计划）。

— 备考指南 —
重点掌握两类养老金的定性判断。

10.1 贡献确定型

贡献确定型养老金计划（DC 计划）要求企业定期（如每年）提取一定金额的养老基金（如职工工资的一定比例）交给信托机构，职工退休时从信托机构领取养老金，至于其金额多少由企业提取的该职工的养老基金总额及其产生的利息决定。但企业不承诺未来养老金的具体发放金额。

这笔养老基金的数额取决于一系列因素，包括职工工作年限、年龄、工资水平等。从公司的角度看，养老金费用就是这笔每期打入职工账户的金额。

在 DC 计划下，养老金账户的投资决定由职工直接做出，所以投资风险也全部由职工承担，企业不能确定未来支付给职工的养老金数额，因为这取决于养老金账户资产产生的投资收益。

10.2 收益确定型

与 DC 计划相反，收益确定型养老金计划（DB 计划）不要求企业定期提存养老基金，但是要求企业承诺职工退休时支付具体数量的养老金金额，既约定具体的养老金给付（benefit）。

在此计划下，公司必须在未来按期支付给职工固定的养老金数额。因此，公司需要估算未来的养老金负债，而预测养老金负债需要一系列变量，诸如未来工资水平、职工周转率、职工退休年龄、死亡率以及合适的折现率。在 DB 计划下，雇主承担所有的投资风险。

在DB 计划下,未来养老金负债的现值(defined benefit obligation)称之为“DBO”。

在 DB 计划下，养老金费用与以下变量相关：

- 雇员的服务成本：指雇员在当期付出工作成本而获得的利益现值，该成本会增加 defined benefit obligation （DBO）。
- 利息费用：从本质上来说，养老金计划是雇主对雇员的一项负债，既然是负债，则会发生利息费用，同样会增加 benefit obligation。
- 养老金资产的期望收益：显而易见，如果养老金资产的期望收益越高，则在未来会降低养老金费用。
- 由于精算假设的变化而导致的 gain/loss：在计算 DBO 过程中，如果一些前提假设（如退休年龄、工资增长率等）发生了变化，那么因此而导致的 gain/loss 会对养老金费用产生影响。

第 30 章 财务报告质量

本章知识点		讲义知识点
一、财务报告质量	1. 财务报告质量与盈利质量的定义	财务报告质量
	2. 财务报告总体质量排序	
	3. 激进与保守的会计处理	
二、低财务报告质量	1. 低财务报告质量的原因	
	2. 此财务报告质量的管理机制	
三、常用的财务警示	常用的财务警示及识别方法	

知识导引

分析师通常可以获得基于美国准则或国际准则的报表（且不存在操纵），但是报表的质量各有差异。高质量的财务报告可帮助分析师较为准确地分析出某公司的真实业绩和未来的增长潜力；而低质量的财务报告或缺乏必要的信息，或记录了不准确的信息，从而误导报表使用者。财务报告质量问题已经引起了国际的广泛关注和各国财务规则、证券法规的高度重视。相关的规则参见美国的 GAAP 和国际的 IFRS 标准。其中，美国的萨班斯法案第 302 章有专门条目要求上市公司 CEO、CFO 按季认证，向证交会提交的财务报告是否公正属实。

本章思维导图

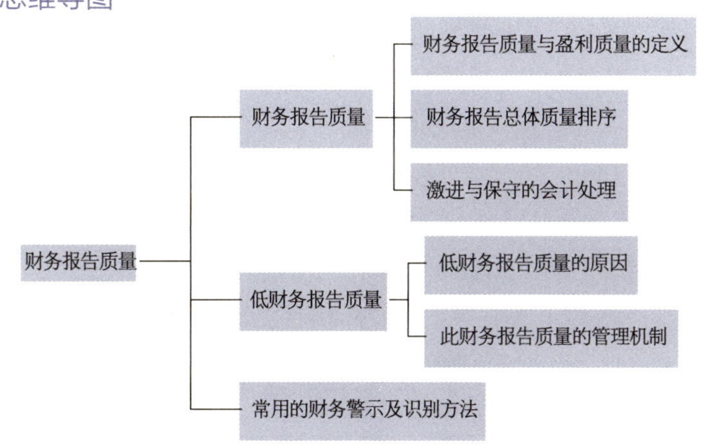

1. 财务报告质量

1.1 财务报告质量与盈利质量

财务报告质量的高低其实取决于两类质量，第一是财务报告质量，第二是盈利质量。

财务报告质量（financial reporting quality）高低，与财务报告中的信息质量有关，这些信息不仅包括财务报表所提供的信息，也包括附注中的信息。高质量的报告提供了决策有用的信息，这些信息是相关的（relevant），真实公允（faithful representation）地反映了公司在报告期内活动的经济现实以及公司在报告期末的财务状况。

盈利质量（earnings quality）是指公司实际经济活动产生的收益和现金以及由此产生的财务状况。盈利质量的高低取决于两点：其一是利润高低，其二为盈利的可持续性。若甲公司当年利润很高，但是绝大部分来自于变卖某项资产的利得，由于利得是不可持续的，甲公司的盈利质量是比较低的。

盈利质量的判断要以高质量的财务报告为基础。如果财务报告本身质量低，此时财务信息本身有可能是错误或虚假的，那么利润的高低其实不具有参考性，会妨碍分析师对公司盈利质量作出评估。

1.2 财务报告总体质量的排序

考察财务报告总质量，可从财务报告质量与盈利质量两个维度进行考察。财务报告质量指的是财务报告的编制是否通用会计准则（conform to GAAP），是否提供经济决策的有用信息（decision-useful）。盈利质量考察盈利是否充足（adequate）且可持续（sustainable）。财务报告总体质量从高到低排序如表 30-1。

表 30-1 财报质量

表财务报告质量排序	Quality
遵循通用会计准则，提供有用的决策信息，同时有充足的盈利	高
遵循通用会计准则，提供有用的决策信息，但是盈利质量较低或不可持续	
遵循会计准则，但是包含有偏向性的会计选择	
遵循会计准则，但是有进行盈余操纵	
没有遵循会计准则	
虚假交易	低

1. 财务报告符合会计准则、提供有用的信息、且盈利充足且可持续，即高财务报告质量、高盈利质量的报告，这是最好的报告。

2. 财务报告符合会计准则、提供有用的信息，但盈利不可持续或不充足，即高财务报高质量、低盈利质量。

3. 财务报告符合会计准则，但包含偏向性的会计选择（biased accounting choice）。偏向性的会计准则通常表现为以下两类。

（1）激进（aggressive）或保守（conservative）的会计选择。如果在审查期间提高公司的报告业绩和财务状况，则认为这些选择是“激进的”。例如，公司通过延长固定资产预计使用年限，减少折旧来增加公司利润，就是属于激进的会计选择。

如果选择会降低公司在报告期内的业绩和财务状况，则认为选择是“保守的”。例如，公司通过提前确认费用，降低当期利润，属于保守的会计选择。

激进与保守的会计选择都会使公司当期的利润无法公允反映公司现状，属于低财务报告质量的表现。

（2）盈余平滑（smoothing）。另一种偏向性选择是低估收益波动性，即所谓的盈余“平滑”。保守的会计选择，可在公司经营状况良好的时候低估收益，建立隐藏的储备，在公司经营困难的时候，用隐形储备冲抵损失，起到盈余平滑的效果。

有偏向地选择会计政策、会计估计使财务报告提供的信息不再是忠实表述的，即低财务报告质量。由于财务报告本身的质量较低，分析师无法判断盈利质量的高低。

4. 财务报告符合会计准则，但存在盈余操纵（earning management）。

盈余操纵是指有意影响报告盈余及其解释的行为。盈余操纵与有偏向性的会计准则是非常类似的，主要是程度不同，盈余操纵的程度更重。若公司存在盈余操纵，说明管理层有意夸大或减少财务报表的数字，公司财务报告质量更低。

5. 偏离会计准则（departures from GAAP）。

偏离会计准则的财务报表是质量极低，分析师不应使用这类报表进行不可采信的财务报告。这样的情形包括不符合会计准则的报告（non-compliant accounting）与财务造假的报告（fabricated reports）。

1.3 激进与保守的会计处理

激进的会计处理会提升公司整体的财务状况与经营业绩。激进的会计准则对本期有利，对后期不利。通常激进的选择会增加本期收入、利润、经营现金流

（CFO）、资产或 / 和所有者权益；减少费用，和 / 或降低资产负债表上报告的债务水平。但是在后期，激进的选择可能导致公司报告的业绩和财务状况下降。

保守的会计处理会降低公司整体的财务状况与经营业绩，即本期不利，对后期有利。保守的选择会降低本期收入、利润、经营现金流（CFO）、资产或 / 和所有者权益；增加费用，和 / 或降低资产负债表上报告的债务水平。但是在后期，保守的选择可能导致公司报告的业绩和财务状况提升。

对于分析师来说，公允反映现状的财务报告是最理想的。但相比而言，投资者可能更喜欢或被认为更喜欢保守的会计选择，因为在未来业绩提升时有额外惊喜。相反，管理层可能做出或被认为做出激进的会计选择，因为它们会增加公司报告的业绩和财务状况。

表 30-2 简单总结了激进与保守的会计处理。

表 30-2　会计处理对比

	激进	**保守**
当期费用	资本化	费用化
资产的预计使用年限	长	短
残值	高	低
折旧方法	直线法	加速法
确认减值	递延确认	提前确认
计提的坏账准备	少	多
DTA 的计价备抵	少	多

2. 低财务报告质量

2.1　低财务报告质量的原因

通常，发布低质量财务报告时存在三个条件：机会（opportunity）、动机（motivation）和合理化（rationalization）。

2.1.1　机会

机会可能是内部条件的结果，如内部控制不佳或董事会效率低下，也可能是外部条件的结果。如会计准则，为不同的选择提供了余地，或对不适当的选择造成的后果最小。

2.1.2　动机

出于个人原因或公司原因，满足某些标准的压力可能导致动机。例如，高管为了提升 KPI 或个人绩效奖金，可能会通过盈余操纵提升盈余；或公司为了满足债务融资条件，人为降低公司实际的杠杆比率。

2.1.3　合理化

合理化通常表现为个人内在驱动力。若公司高管要选择盈余操纵，他必须说服自己或向自己证明选择的合理性。

2.2　低质量财务报告的管理机制

注册要求（registration requirements）。市场监管机构要求上市公司在发售证券前进行证券登记注册。

披露要求（disclosure requirements）。市场监管机构要求上市公司定期公开财务报告，并进行必要的信息披露。

审计要求（auditing requirements）。市场监管机构要求公司的财务报表附有审计意见，证明财务报表符合相关会计准则。

管理评论（management commentaries）。法规要求上市公司的财务报告需包括管理层的分析与讨论，对公司过去与现状进行评述，披露未来公司战略及风险。

责任声明（responsibility statements）。法规要求负责公司文档备案的一名或多名人员出具声明，阐述各自的义务与责任。

文件的监管审查（regulatory review of filings）。监管者进行审查程序，以确保公司各类文件遵守相关规则。

执行机制（enforcement mechanisms）。监管机构被授予各种权力来强制执行证券市场规则，确保市场公平有效，并保护投资者的权益。

3. 财务警示

会计选择使经理能够影响财务结果的报告。一些选择提高了报告期内的业绩和财务状况（激进的选择），而另一些选择则提高了报告期后的业绩和财务状况（保守的选择）。通过一些财务警示，分析师可以判断企业财务报告质量的高低。

希望在报告期内提高业绩和财务状况的经理可以：（激进）

- 过早确认收入；
- 利用非经常性交易增加利润；
- 将费用推迟到后期；
- 以更高的价值衡量和报告资产；
- 以较低的价值衡量和报告负债。

希望在报告期内降低业绩和财务状况，或在后期提高绩效和财务状况的经理可以：（保守）

- 将当前收入推迟到后期（给“雨天（rainy days）”预留收益）；
- 提前确认费用，为提高未来绩效“制作时序表（setting table）”。

如果发现有以上警示现象存在，并不一定表明财务欺诈，但是如果有太多此类现象同时存在，远离这样的公司应是明智的选择。

名师解惑

权责发生制会计中包含诸多预估和主观判断因素，为进行账面操纵提供了机会，而经营活动现金流量活动情况则不包含预估因素。相对而言，现金流量活动不容易进行账面操纵。

第 31 章 财务报表分析：应用

<table>
<tr><th colspan="2">本章知识点</th><th>讲义知识点</th></tr>
<tr><td rowspan="3">一、评估历史业绩</td><td>1. 历史业绩的评估思路</td><td rowspan="4">财务报告质量和财务报表分析</td></tr>
<tr><td>2. 数据来源</td></tr>
<tr><td>3. 数据处理方法</td></tr>
<tr><td>二、预测未来业绩</td><td>了解预测未来业绩的基本概念</td></tr>
</table>

知识导引

前面的一些章节介绍了大量的财务比率，分析师能够用这些比率的水平和趋势来评价公司过去的财务表现。财务比率的趋势（纵向比较）以及与同行业其他公司或行业平均值的比较（横向比较）能够反映公司的一些重要策略。比如，生产个人电脑的两家公司，生产高端电脑的公司会有更高的毛利率，也会在研发和广告上有更多的费用支出。

本章思维导图

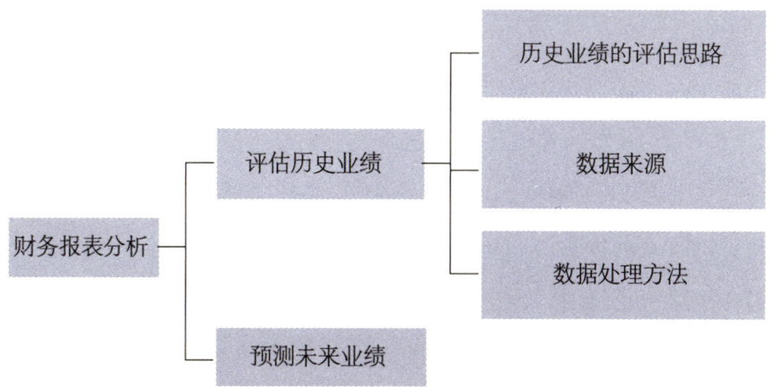

1. 评估历史业绩

分析师出于多种原因对一家公司过去的财务业绩进行分析。

1. 财务绩效的横截面分析（cross-sectional analysis）指在同行业竞争对手间进行横向比较，有助于理解公司在市场估值法（market-based valuation）下的可比性。

名师解惑

市场估值法将在“权益投资”部分中进行详细讲解。市场估值法即相对估值法，是指用行业的价格乘数，例如市盈率、市净率或市销率指标来对企业进行估值的方法。

这种方法要求运用可比公司的价格乘数，通过横向分析，分析师可以判断哪些公司是目标估值公司的可比公司。

2. 对公司历史绩效的分析可以为公司的前瞻性分析提供基础。

对一家公司的商业和经济环境及其历史的评估可能给分析师提供以下信息。第一，历史信息是预测未来的有效基础；第二，分析师的预测可以基于过去趋势，或在历史趋势的基础上进行一些调整。但是在重大收购或剥离的情况下，对于初创公司或在动荡行业中运营的公司，过去的业绩可能与未来的业绩不太相关。

3. 横截面分析和趋势分析可以为评估公司管理层的质量和绩效提供信息。

1.1 历史业绩评估思路

对公司过去业绩的评估不仅涉及到发生了什么事（即公司的具体业绩表现），还涉及到为什么发生这些事，需要分析产生业绩表现背后的原因，以及业绩如何反映公司的战略。业绩评价需要评估业绩是否优于或低于基准（benchmark）。基准的选定是比较自由的，例如公司自身的历史业绩、竞争对手的业绩或市场预期均可作为业绩评价基准。

分析历史业绩的一些关键的问题包括：

- 公司的盈利能力、效率、流动性和偿付能力指标在分析期间是如何变化的，为什么会变化?

- 公司盈利能力、效率、流动性和偿付能力的水平和趋势如何与同行业其他公司的相应结果进行比较? 什么因素可以解释这些差异?

- 绩效的哪些方面对公司在其行业中的成功竞争至关重要，与这些关键绩效方面相比，公司的表现如何?

- 公司的商业模式和战略是什么? 它们是如何影响公司的业绩的，如销售增长、效率和盈利能力?

1.2 数据来源

分析师可以通过以下数据回答上述问题。

- 公司(及其竞争对手)的财务报表。
- 公司投资者关系(investor relation)的材料。
- 公司新闻稿和非财务报表监管文件。如代理人。
- 行业信息。例如，来自行业调查、贸易出版物和政府来源。
- 消费者信息。例如，来自消费者满意度调查。
- 分析师直接收集的其他一手信息。例如，通过现场访问。

1.3 数据处理方法

处理数据的方法通常包括:

- 创建同比财务报表;
- 计算财务比率;
- 审查或计算行业特定的指标。

2. 预测未来业绩

未来财务业绩预测可以用于:

(1)确定企业整体价值;

(2)计算企业权益价值或股票市值;

(3)信贷分析。

在项目融资或收购融资中，信贷分析可以确定公司的现金流是否足以支付其债务的利息和本金，并评估公司是否有可能遵守财务契约。

分析师预测的数据来源包括，公司对未来的预期、公司过去的财务报表、行业结构和前景以及宏观经济预测。

对公司近期业绩的预测可作为市场估价或相对估价法的输入数据。具体预测方法如下：

（1）依据历史销售额增长趋势，预测明年的销售额。

（2）使用同比利润表（common-size income statement）预测主要支出项目（expense）或特定销售利润（例如：毛利润或营业利润）。一般通过假定百分比不变，或恒定增长进行，用百分比乘以当年的销售额进行费用与利润的预测。

（3）计算收入（Sales）、每股收益（EPS）或息税折旧摊销前利润（EBITDA）。

（4）运用价格乘数，与收入、EPS 与 EBITDA 数据，对企业估值。

对公司未来业绩的更复杂预测涉及对多个时期业绩组成部分进行更详细的分析，例如，按产品线划分的销售和毛利率预测、基于历史模式的运营费用预测以及根据必要的债务融资、利率和适用的税收计算利息支出。此外，预测应包括适用于主要假设的敏感性分析。

Part 05

第五部分　公司金融

知识导引

公司金融是在市场经济条件下，研究以现代化企业——公司为代表的企业理财行为，包括公司如何组织好筹资、投资、营运资金管理、利润分配管理等理财活动和如何处理好公司与其相关利益主体的经济关系。

考点说明

公司金融整体课程内容较为简单，主要是站在企业内部人员角度，对企业的运营、融资、治理架构和其他因素等进行全面分析。公司金融部分涉及概念与理论的部分较多，但也有一些与计算相关的内容，在考试中属于拉分科目，需要考生把握考点，尽可能满分通过。

公司金融共分为八个章节。第 32 章主要介绍了公司的组织方式和公司股东与债权人之间的关系。第 33 章节为公司治理及环境、社会和治理（environmental, social, and governance, ESG）一体化，主要讲解公司的组织架构以及 ESG 相关问题，以定性概念为主，相对比较次要。后续章节分别为资本预算、资本成本、杠杆的度量、营运资本管理是公司金融课程的主要考点。

其中，第 34 章介绍了商业模式和商业风险。第 35 章资本预算主要介绍企业项目评估的方法，通过各类指标，评价企业项目好坏，判断是否值得投资。第 36 章讲解营运资本也就是短期的资产与负债的管理，要求企业能够保证短期资金的流动性。第 37 章部分公式与财务报表分析科目中的公式重复，相对来说与财务报表分析方法的章节关联较多，其余部分以定性概念考察为主。第 37 章资本成本是企业理财的重难点所在。主要介绍公司的加权平均资本成本（WACC）的计算，以及各类融资手段的具体资本成本计算，整体计算量比较大，需要考生引起足够重视。第 38 章介绍了资本机构，包括 MM 理论，优序融资理论和静态权衡理论。第 39 章讲解杠杆的度量，需要掌握三类杠杆，经营性杠杆、财务型杠杆与总杠杆的计算和性质。

第 32 章 公司组织方式和所有权

<table>
<tr><th colspan="2">本章知识点</th><th>讲义知识点</th></tr>
<tr><td rowspan="5">一、公司组织方式</td><td>1. 个人独资公司</td><td rowspan="4">商业结构</td></tr>
<tr><td>2. 普通合伙</td></tr>
<tr><td>3. 有限合伙</td></tr>
<tr><td>4. 有限公司</td></tr>
<tr><td>5. 上市与非上市公司</td><td>上市与非上市公司</td></tr>
<tr><td rowspan="3">二、公司所有人</td><td>1. 债权人</td><td rowspan="3">借款人和所有者</td></tr>
<tr><td>2. 股东</td></tr>
<tr><td>3. 债券人和股东的冲突</td></tr>
</table>

框架总结

1997 年，工程师兼计算机科学家 Martin Eberhard 和 Marc Tarpenning，创办了一家名为 NuvoMedia 的公司，生产一款电子书阅读器火箭电子书，就是亚马逊推广的 Kindle 电子书的前身。NuvoMedia 成立三年后，以 1.87 亿美元的价格售出。不久，两位企业家决定成立一家新公司，这家公司专注于制造电动汽车，他们以发明家尼古拉特斯拉命名这家公司。

埃隆・马斯克致力于电动跑车商业化在其后加入团队。除了给特斯拉投资了 630 万美元外，马斯克还帮助公司筹集了更多资金。由于未公开的冲突，埃伯哈德（Eberhard）和塔彭宁（Tarpenning）在特斯拉公司（Tesla）推出了首款跑车的 2008 年辞职，同年，由马斯克接任首席执行官并领导特斯拉于 2010 年公开募股，募集资金 2.26 亿美元。

特斯拉的故事是企业如何起步和成功的典型案例。企业通常由具有重要知识或技术专长的创始人发起创办，随着企业的发展，资本为需要为增长提供资金。

最初资金通过私人渠道筹集，这些私人投资者经常参与公司的管理，但最终，需要更多的资本公司来收购，或直接上市。

本章我们将研究公司不同的组织形式的特点，以及非上市公司如何走向上市，或者上市公司如何主动退市的方法。同时，我们会研究公司如何向资本募集资金，以及不同出资人对风险和收益的不同观点是如何影响公司决策的。

本章思维导图

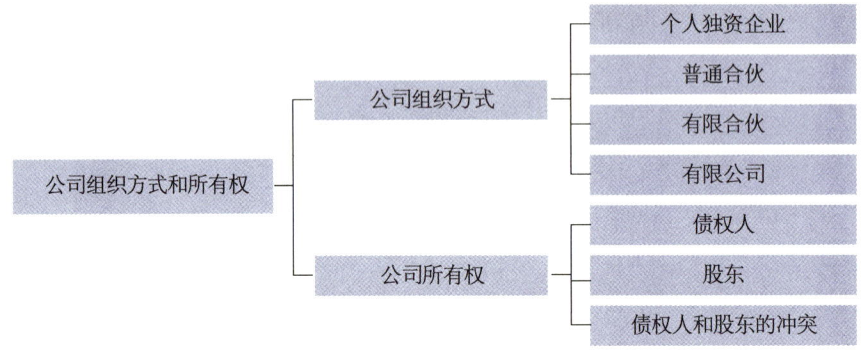

1. 公司组织方式

公司的组织方式（business structure）又称企业组织形式，主要包括：独资企业、合伙企业和有限公司，其中合伙企业还分为普通合伙和有限合伙。虽然考试的重点是有限公司，但我们还是要简单了解一下其他的组织方式。企业用何种方式组织运营主要取决于四个方面：

（1）法律关系——所有者与公司之间的法律从属关系。主要研究公司是否可以脱离所有者独立行使法律的权利和承担相关义务。

（2）所有者 – 经营者关系——所有者和企业经营者之间的关系。公司采取任何组织方式都涉及两项权利：所有权和经营权，它们是公司运营的基础。

（3）商业责任——个人由于公司行为产生的负债程度。责任可以是无限或有限的。无限责任是指当企业的全部财产不足以清偿到期债务时，投资人应以个人的全部财产用于清偿，实际上就是将企业的责任与投资人的责任连为一体。有限责任是"无限责任"的对称，指债务人以法律规定的财产范围对某种债务承担责任。例如，股东只以股东出资为限为公司负担债务。有限责任使个人资产独立于业务负债，因此个人资产受到保护。

（4）税收——企业产生的利润或亏损的处理税务目的。

2. 个人独资企业

最简单的商业结构是个人独资企业（sole proprietorship），也称为独资企业（sole trader）。在独资企业中，所有者个人出资需要经营业务，并对同时充分参与企业的财务回报和风险。个人独资企业的出资人对企业债务承担无限责任，所以当企业的全部财产不足以清偿到期债务时，投资人应以个人的全部财产用于清偿，实际上就是将企业的责任与投资人的责任连为一体。

独资企业的一个例子是家族企业。由家庭成员开展业务和运营日常业务，所有者可能会使用个人储蓄、信用卡债务，还有银行或其他家人和朋友的贷款为公司提供资金保障。如果企业经营良好，所有者保留所有收益（利润），并按个人所得税要求缴税。同时，所有人有无限责任并保留所有与业务相关的风险，意味着她需要以个人资产偿还企业欠下的所有债务。

独资企业的主要特点包括：

- 无法人身份。

法人是具有民事权利能力和民事行为能力，依法独立享有民事权利和承担民事义务的组织。法人的本质是法人能够与自然人同样具有民事权利能力，成为享有权利、负担义务的民事主体。个人独资无法人身份，即组织不能独立于所有人独立享有权益和履行义务。

- 所有人独立经营业务。
- 所有人保留所有收益并承担所有风险。
- 组织本身作为个人收入征税的企业利润，不需要交公司税。
- 操作简单性和灵活性。
- 通过个人方式非正式融资。
- 业务增长受到所有者融资能力和个人风险的限制。

如果个人无法提供公司发展所需资源，公司发展会受到极大限制。

3. 普通合伙

普通合伙企业（general partnership）有两个或两个以上的所有者。普通合伙企业和独资企业类似，主要区别在于它们允许其他所有人提供额外的资源，并在不同合伙人间分担业务风险。普通合伙企业的例子是专业服务企业（如法律、会计、医药）和小型金融或金融咨询公司。此类企业有少数合伙人，通过等额出资的方式建立业务，为企业提供资本支持。

普通伙伴关系的主要特点包括：

- 无法人身份，不能独立享受权利和履行义务；
- 通过合伙协议设定合伙人对公司资产的所有权；
- 多个合伙人共同经营的业务；
- 合伙人分担所有风险和经营责任；
- 合伙人分享所有收益，利润作为个人收入征税；
- 合伙人出资和或者提供专业知识；
- 业务增长受到合作伙伴资源能力和风险的限制。

4. 有限合伙

另一种特殊类型的合伙企业，称为有限合伙企业（limited partnership）。有限合伙企业必须至少有一名普通合伙人（general partner）承担无限责任。如果企业破产，普通合伙人需要用自己的个人资产偿还负债。同时，普通合伙人还会负责企业管理，享有公司的主要控制权。

剩余合作伙伴可以成为有限合伙人（limited partnership）只承担有限责任，这意味着他们最多损失投资于有限合伙企业的资金，不会用个人资产抵公司债。

全部的合伙人有权分享利润，通常，考虑到普通合伙人对业务的管理责任，普通合伙人的利润分红比例往往会更大。

房地产和专业服务咨询企业（如法律、会计、医药）、小型金融公司和对冲基金一般会采取有限合伙制。

有限合伙企业的主要特征包括：

- 无法人身份，不能独立享受权利和履行义务；
- 通过合伙协议设定合伙人对公司资产的所有权；
- 经营业务，承担无限责任；
- 有限合伙人有限责任，但缺乏对业务运营的控制；
- 所有合伙人分享回报，利润作为个人收入征税；
- 合伙人出资和提供专业知识；
- 业务增长受到普通合伙人 / 普通合伙人融资能力和风险偏好的限制。

如果这一小部分合伙人无法提供公司经营所必须的资源和资金，公司未来发展将会受限。

5. 有限公司

有限合伙的一种演变模式是公司，在许多国家称为有限责任公司（limited liability company，LLC）或公司（corporation）。在美国有限责任公司和公司还有微妙的区别，有限责任公司的所有者只缴纳个人所得税，但是公司的利润既要交公司税又要交个税。与有限合伙企业一样，公司（和美国有限责任公司）的所有者责任有限，个人资产收到保护，同时，公司有更多的机会获得所需的资本和专业知识，来推动增长。因此，公司是大型组织的首选形式。例如，跨国企业集团、全球资产经理和区域证券交易所（海外为主）一般都是公司制的。公司可以分为三类上市盈利性公司、非上市盈利性公司和非盈利性公司。

5.1 非营利组织

虽然创建公司通常是为了回报利润，但有些公司旨在促进公共利益、宗教利益、或慈善使命。这些被称为非营利公司（Nonprofits）或非营利组织，包括私人基金会。像营利性公司一样，非营利组织有一个董事会，可以雇佣员工。

5.2 盈利性组织

大多数公司都是“营利性的”，或有动机为所有者赚钱（盈利）业务的一部分。虽然公司可以从事任何类型的法律业务，但它们在开始时出于盈利动机和特定目的而创建。

营利性公司可以是上市也可以非上市的。主要区别是现有股东的数量以及公司是否在证券交易所上市。在某些国家，如英国和澳大利亚，如果股东人数超过50人，该公司无论是否是在证券交易所上市都被归类为上市公司。在美国等许多其他国家，上市公司主要是通过是否在公开的证券交易所上市来定义的。

- 司法身份（Legal Identity）

公司是通过向监管机构提交公司章程而成立的权威因此，公司被视为独立的法律实体来自其所有者。就法律而言，公司拥有许多个人拥有的权利和责任，可以从事许多相同的活动。例如，公司可以签订合同、雇佣员工、起诉和被起诉，借贷、投资和纳税。大公司经常在许多不同的地区开展业务地区和受监管司法管辖，包括：公司注册成立、开展业务，或证券上市等。

- 所有者 - 经营者的分离（Owner - Operator Separation）

企业由所有者（股东）、大股东构成的董事会和管理层共同组成。在公司中，所有者基本上不从事企业的日常运营，而由职业经理人真正运营管理公司。这种所有者 - 经营者的分离，使所有者能够利用杠杆撬动更多资源来运行业务，同时允许双方共享业务风险和回报。

- 企业责任（Business Liability）

在公司中，风险由所有所有者共同承担，所有者承担有限责任，所以所有人可能损失的最大金额是他们对公司的投资。所有者也通过股票作为凭证，分享公司的回报。所有者享有的收益应该是公司偿还完所有负债之后的剩余价值，同时，如果公司破产，也没有义务要归还所有人的本金。

- 资本融资（Capital Financing）

所有权和管理权的分离允许公司比其他业务结构更容易获得资本。因为只有投入资本个人才能入主加入企业，但是组建和运营公司的成本比其他业务结构更高。一般，当企业的资本要求超过了个人或小部分合伙人所能筹集的资金时，企业会选择公司组织方式来方便发行股票和债券，以筹集更多资金。股东已将其资本交换为已发行的股权，债券持有人将其资本交换为已发行的债务证券。他们都是公司证券的投资者。

- 税收（Taxation）

公司制最大的问题是双重征税。公司赚取的利润除了要交公司税之外，股东个人还需要缴纳个人所得税。比如，一家中国公司今年的税前经营利润是 100 万，公司税是 30%，所有的净利润 100% 作为股利分派给股东，股东收到的股利的税率是 25%，求公司经营利润的有效税率。

首先，计算公司税 =30%×100=30 万。缴纳公司税之后，公司的税后净利润为 70 万将全部作为股利发放给股东，股东需要缴纳 25% 的个人所得税 =70×25%=17.5 万。所以公司缴纳的总税费是 47.5 万（17.5 万 +30 万），公司的有效税率 = 总税费 / 经营利润 =47.5/100=47.5%，大于法定公司税率 30%。主要原因是公司制中既交了公司税，又交了个人所得税，所以站在股东和公司整体的角度，双重征税制度会导致更高的有效税率。

公司的主要特征包括：

- 独立的法律身份；
- 所有者 – 经营者分离，实现更大、更多样化的资源配置；
- 有一定的风险控制；
- 企业责任由多个有限责任所有人共同承担；
- 股权投资的收益要求和财务风险；
- 双重征税制度导致的税收劣势；
- 作为个人收入征税的分配（股息）；
- 无限制地获取资金和无限的商业潜力。

6. 上市与非上市公司

上市的公司在一级市场发行股票通过首次公开募股（initial public offering，IPO）在证券交易所（二级市场）公开交易。首次公开募股是指公司股票首次在交易所上市向公众提供股票募集资金。上市与非上市公司的主要差异如下：

- 是否在交易所上市和股权转让；
- 股票是否发行；
- 注册和披露要求。

6.1 是否在交易所上市和股权转让

公司股票在交易所上市之后，买卖双方可以直接在二级市场中直接进行交易，因此公司股票在二级市场上市后，会更加容易进行转让。投资者只需要执行买入订单，就可以成为上市公司的股东，而股东可以通过执行卖出订单来减少或者清算自己手中的公司所有权。

通常如果公司股票的流动性较好，投资则在短时间内即可完成交易。但是，如果公司的股票流动性不足，交易并不频繁，那么投资者试图买入或者卖出这家公司的大量股票，则需要花费较长时间。

对于非上市公司而言，公司股票并不在二级市场中直接进行交易，因此公司的股票价值并不对外公开，投资者无法轻易的买入或者卖出非上市公司的股票。因此会导致非上市公司的股权转让的困难程度比上市公司更大。如果非上市公司的股东想要买入或者卖出该公司的股票，则需要找到对手方，并且双方对于交易价格需要达成一致。而投资者需要足够的耐心，才能够找到交易的对手方。因此通常持有非上市公司的股票的投资者通常都有一段锁定期，需要等待公司的股票被另一家公司用现金或者股权进行收购，或者等到这家公司上市，才能够顺利出售。

- 上市公司市值（market capitalization）和企业价值（enterprise value）的计算

  市值（market capitalization）= 当前每股股票的价格 × 在外流通的总股票数

  企业价值（enterprise value）= 股票市值 + 债券市值 − 现金

6.2 股票是否发行

公司股票上市之后，上市公司为了获得更多的资金，会选择在二级市场中增发股票。由于上市公司增发的股票可以在二级市场中进行交易，股票能够保持较好的流动性，因此上市工作能够比较容易进行增发股票获得额外的资金。而对于非上市公司，由于非上市公司的股票无法在二级自由交易，因此非上市公司在一级市场中增发股票进行融资能够获取的资金量远小于上市公司的公开募集，同时非上市公司的投资者持有的时间相对会更长一些。

非上市公司的投资者通常被邀请通过私下配售购买公司股份，具体的配售条款在一份称为私人配售备忘录（private placement memorandum, PPM）的法律文件中概述。私人配售备忘录也称为发售备忘录，描述了业务、发售条款，最重要的是，描述了在公司进行投资所涉及的风险等。由于投资非上市公司的证券需要面临较大风险，因此只有合格投资者可以进行投资。合格投资者是那些成熟的投资者，他们能够承担更大的风险，减少对监管监督和保护的需求。要被视为合格投资者，投资者必须具有一定的收入或净值水平，或拥有一定的专业经验或知识。

6.3 注册和披露要求

在注册和披露方面，由于上市公司必须向监管机构注册，因此，他们需要遵守更高的合规性和报告披露的要求。比如说在美国，上市公司必须要按照SEC（美国证监会）的要求，每个季度披露必要的财务信息。同时，上市公司也必须要披露一些其他信息，比如公司高管的股票交易信息等。

而对于非上市公司，相关的监管和披露要求并没有上市公司的要求高。虽然说对于上市公司相关的监管规则也适用于私营公司，但私营公司没有义务向公众披露某些信息。当然，非上市公司会乐意向投资者披露相关信息，特别是在他们希望将来能够筹集到更多资金的时候，但非上市公司通常不需要向监管上市公司的监管机构提交相关文件。

6.4 公司上市方法

如果一家非上市公司想要成为上市公司，通常会有三种方式，包括：

- 首次公开发行（initial public offering, IPO）

大多非上市公司通常会选择使用 IPO 流程在交易所上市。要完成首次公开募股（IPO），公司必须满足交易所要求的具体上市要求。IPO 过程中会涉及到投资银行的参与，而投资银行的参与通常会承担证券的承销或担保发行这样的工作。公司进行 IPO 后，通过发行新股能够收到资金，而公司可以将通过新股发行获得的资金用于新的投资。一旦 IPO 流程完成，公司就会从非上市公司变为上市公司，公司的股票将开始在交易所上市交易。

- 直接上市（direct listing, DL）

直接上市不涉及承销商，没有投资银行的介入，所以公司的上市流程更简单，上市速度快。其次，因为没有中间方赚差价，直接上市的成本比 IPO 更低。但是因为没有大券商和投行做担保，市场中的投资者未必了解公司，所以不一定愿意购买公司股票，所以公司股票能不能发出去，能发多少钱，都是不确定的。

IPO 一般允许公司新发股票，向公众募集资金。但是直接上市只允许公司将原有的非上市的股票在交易所重新上市交易。直接上市过程中，公司本身不会发行新股，不募集新的资本，所有交易所中的股票都是由原有股东出售得到的。

- 并购

当一家非上市公司被另一家上市公司收购时，非上市公司的股东可以获得原有上市公司的股票，实现间接上市，这种上市方法就是我们常说的“借壳上市”。那家原本已经上市的公司被称为“壳”，壳公司可以有自己的业务，也可以是没有业务的空壳公司。

在并购上市的过程中，有一类称为 SPAC 上市。发起人可以先设立特殊目的收购公司（special purpose acquisition company, SPAC），让其通过 IPO 上市融资，然后用获取的资金购买其他的非上市公司，帮助非上市公司实现间接上市的目的。

名师解惑

这里简单介绍一下SPAC上市的流程。感兴趣的考生可以简单了解一下，考试不考。

从 2020 年起，美国华尔街兴起一种新的并购上市的方法，又被称为“造壳上市”，帮助不满足IPO或者直接上市要求的非上市公司“短平快”地完成上市。

首先，发起人（sponsor）设立特殊目的收购公司（special purpose acquisition company, SPAC）作为上市平台“壳”。SPAC 的发起人（创世热）主要是对冲基金、私募基金、大型投资机构或著名企业家。因为 SPAC 的设立主要用于收购其他公司，没有其他生产经营的要求，所以其本质上是一家空壳公司，又称“空白支票”公司，没有生产经营相关的资产或负债，只有出资人的现金及其他投资品组成的净资产。当 SPAC 的净资产大于 500 万就满足了美国纳斯达克上市的标准，SPAC 本身可以通过递交申请正常上市。

其次，SPAC 递交上市申请，完成上市流程。通过发行股票 SPAC 向市场公众募集资金。投资者买入 SPAC 的股票，成为 SPAC 的股东。这些新股东不直接参与 SPAC 的运营，只出钱不出力，有点类似于私募股权基金中的有限合伙人（limited partner，LP）。而原来设立 SPAC 的发起人会直接参与 SAPC 公司的管理，又出钱又出力，帮助管理其他普通股东的资金。因此，发起人承担了私募股权基金中的普通合伙人（general partner，GP）或者基金经理的角色。需要注意的是，SPAC 从新股东那里募集到的资金必须放在计息的信托账户中，且只能用于收购目标公司。

最终上市之后，SPAC 会寻找市场中值得收购的非上市公司，也被称为目标公司（target company）。SPAC 的目标公司一般是有真实业务的非上市公司，有传统的经营性资产和负债。只不过这些目标公司可能不愿承担 IPO 上市的复杂流程或者高昂的成本，或者本身资质无法达到直接上市标准，所以需要用 SPAC 这个“壳”来实现间接上市。

一般要求 SPAC 在两年之内找到合适的目标公司完成并购，如果并购成功，目标公司在未来经营良好并赚取利润，SPAC 的股东也能从中分一杯羹。

市场上的普通投资者可以通过购买 SPAC 的股票，把自己的钱给到 SPAC 的发起人，由发起人帮他们收购非上市公司，并由此获利。因此，SPAC 允许普通投资者投资非上市公司。如果 SPAC 的发起人在一定期限（比如 18 个月）无法找到合适的目标公司，SPAC 会宣告失败，并进行清算。此时，SPAC 会将收到的资金返还给投资者，并有可能附带一定的利息。

名师解惑

如果 SPAC 投资成功，SPAC 的股东可以赚取非上市公司的利润，相当于购买了非上市公司的股票；如果 SPAC 投资失败，股东可以获取清盘之后的本金和利息，相当于购买了债券，所以 SPAC 的投资收益与可转债的特点也是类似的。但是如果 SPAC 亏损过多，投资者也有可能面临无法“回本”的风险。

SPAC 投资的主要风险是，一开始投资者不知道 SPAC 将要收购的目标公司，甚至不知道目标行业，所以投资 SPAC 有点类似“拆盲盒”。投资者主要应该关注发起人（也就是基金经理）的资质以及过往的业绩，或者根据 SPAC 高管的背景或这些人在媒体上的评论等对目标公司做出猜测，要把自己的钱交给信得过的 SPAC 管理者打理。

6.5 上市公司的退市

上市公司面临证监会更严格的监管和披露要求，同时，因为需要按季度披露财务数据，有可能导致公司管理层过分关注短期业绩而忽略公司长期表现，所以部分公司为了经营得灵活性，会选择退市重新成为非上市公司。

如果一个或者多个投资者买入了上市公司所有流通在外的股份，上市公司就完成了私有化，成为非上市公司。上市公司的私有化可以通过杠杆收购（leveraged buyout, LBO）或者管理层收购（management buyout, MBO）完成。这两个过程都会涉及借入大量资金、举杠杆融资来收购上市公司的股份。只不过杠杆收购的投资者与购买的公司没有关联，而管理层收购一般是由目标公司当前的管理团队出面，收购公司股份。

只有在投资者认为公开市场低估了股票价值，且融资成本足够低且具有吸引力时才会发生收购。虽然为了说服原有股东卖出股票，收购者可能会支付溢价，但是由于协同效应或者节省成本带来的好处足以弥补这部分溢价的坏处。如果公司之后可以获得比较理想的估值，那么这些公司有可能会在几年后重新上市。

就目前的趋势看，大多数的发展中国家的上市公司数量呈现上升趋势，但是发达国家的上市公司数量则呈现下降趋势。为什么发达国家的上市公司会变少呢？主要有以下一些原因：

- 并购：当一家上市公司被另一家非上市公司并购之后，上市公司的数量就会减少。

- 杠杆收购或者管理层收购。杠杆收购和管理层收购会导致一家上市公司重新成为非上市公司，因此也是上市公司数量减少的原因之一。

- 有些非上市公司会自己选择仅仅维持非上市的状态，因为保持非上市的状态能够满足他们当下对于资本的需求，可以通过风投、私募股权、私募债券等获得他们需要的资金，同时可以规避严格的监管压力以及上市的成本。

- 最后，公司选择保持非上市的状态，能够避免上市公司的投资者过于短视的问题，因为非上市公司的投资者通常持股时间会更长。并且保持非上市的状态能够给公司的管理层更大的灵活性，同时做决策时也会更加负责任。

7. 债权人和股东

如果投资者购买了公司的债券，相当于和公司签订了具有约束力的合同，公司承诺未来定期会支付给投资者利息和本金。此时债券投资者人称为债权人（lender，creditor），公司称为债务人（borrower）。这种融资方式被称为债务融资。

公司通过发行股票获取资金的方式称为股权融资。持有公司股票的投资者按照持股份额拥有了公司一定比例的净资产，这类投资者称为公司的所有人（owner）或者股东（shareholder）。

债务融资和股权融资最主要的区别是：

首先，公司需要按照合同约定的义务偿还债权人本金和利息，而属于股东的股利发放是没有法定义务的。因此，债权人具有优先求偿权，而股东只有剩余求偿权。也就是说，股东需要在所有其他利益相关者（包括债权人（利息 / 本金）、供应商（应付账款）、政府（税收）和员工（工资）获得付款后，剩余的资本才能够分配给股东。所以债权人的投资风险比股东低，相应的企业的债务融资成本也更低。

其次，企业支付给债权人的利息是可以进行税前扣除的，因此可以帮助企业抵扣一部分的税款，产生税盾的好处。但是企业分配给股东的股利是无法税前扣除，无法帮助企业抵扣税款。

最后，股东对于企业拥有永久的控制权，并且有权利投票选举董事会来帮助监督公司管理层的行为。而债务融资有到期期限，一般债权人也没有投票权，不直接参与公司的运营。

7.1　投资者角度的股票和债券的风险收益关系

债券投资者的收益是固定的利息和本金，金额和支付时间都是事先以合同的形式与公司约定好的，并不会随着企业盈利能力的好坏而改变。因此，无论企业未来的盈利能力有多强，债权人只能收取固定的利润。当企业的财务状况维持在比较健康稳定的情况下，或者说公司有对这笔债务提供足够的抵押品，那么债券能够为投资者提供更加可预测的现金流和收益，债券的投资风险也更低。

股票投资者可能面临的最大损失仅限于投资者购买公司股票所花费的金额，但是如果未来公司的股票价格上涨，股票投资者可以获得的收益是没有上限的。普通股股东只有剩余求偿权，因此公司在盈利之后，企业在履行了给付债权人的强制合同义务之后（支付利息），股东有权获得企业的资产和盈利的全部剩余价值。公司盈利越多，股东能够获得的收益也就越多。

然而，投资者投资股票所面临的风险也更大，因为公司并没有向股东强制分配股利或者偿还其投资资本的义务。由于股东只有剩余求偿权，因此在最坏的情况下，公司如果面临破产，股票投资者有可能失去全部本金。但是由于股票投资者对公司只承担有限责任，因此投资者的损失不可能超过其购买公司股票的成本。

表 32-1 总结了投资者角度股票和债券风险与收益的特点。

表 32-1　投资者角度股票和债券风险与收益的特点

	股票投资	债券投资
潜在收益	无上限	有上限，以利息 + 本金为限
最大损失	初始投资额	初始投资额
投资风险	较高	较低
投资目标	股东价值最大化	定期还本付息（稳定现金流）

7.2 发行者角度的股票和债券的风险收益关系

站在发行者（公司）的角度看，由于债券投资者的收益是有限的，公司未来支付的现金流更加可预测，所以债务融资的成本低于股票融资的成本。而股票融资，不仅会有较高的发行成本，而且增发的股票会产生新的股东，稀释老股东的所有权，同时也会降低老股东能够分享的利润。因此，公司更愿意进行债务融资，而不是股权融资。

第二，公司债务融资的风险要高于进行股票融资。因为发行债券，会增加企业负债，通过增加杠杆的方式增加了公司的风险。如果公司陷入困境，无法履行对债券持有人的承诺义务，债券持有人有权迫使公司采取某些行动，如破产和清算。而股票则不强制公司支付股利或偿还初始投资，因此在企业成立的初期，如果没有稳定的可预测现金流，企业没有能力偿还债务，更有可能选择股票融资。

表 32-2 总结了发行者角度股票和债券风险与收益的特点。

表 32-2　发行者角度股票和债券风险与收益的特点

	股票融资	债券融资
融资成本	较高	较低
吸引力	会稀释现有股东的利益，但是在公司没有稳定现金流时，会是企业唯一的融资方式	在企业有稳定现金流的时候，会更加倾向于进行债务融资
投资风险	风险较低，企业不会被强制进行破产清算	风险较高，会增加企业的杠杆风险
投资目标	股东价值最大化	定期还本付息（稳定现金流）

7.3　股东和债权人之间的利益冲突

股东和债权人之间可能发生潜在的利益冲突，主要体现在股东和债权人的风险偏好是不同的。

由于股东的最大损失就是他们的投资金额，但是收益是没有上限的，因此他们倾向于管理层承担更高的风险，投资能够带来更高潜在回报的项目。甚至在极端情况下，股东希望公司能够进行债务融资，同时用债务融资获得的资金来发股利或者进行股票回购。

而债权人的收益是有上限的，不管公司获得多少的盈利，债权人能够获得的固定的收益，因此，债券持有人倾向于管理层投资风险较低的项目，以增加现金流的确定性，来保证自己能够按照约定收到本金和利息。由于债券持有人对管理决策没有控制权，他们通常依靠债务条款来保护自己的利益，避免自己的利益受到损害。

第 33 章 公司治理和 ESG 一体化

— 备考指南 —
本节主要讲解和公司治理相关的理论，考生要重点掌握这些定性知识点。

本章知识点		讲义知识点
一、公司治理简述	了解公司治理的基本理念	基本概念
二、不同的利益相关者	了解不同的利益相关者	
三、利益相关者之间的关系	了解利益相关者之间的关系	委托代理和其他关系
四、利益相关者的管理	1. 了解利益相关者管理的一般方法	利益相关人管理
	2. 公司治理和利益相关者的管理框架	
	3. 了解利益相关者管理的机制	
五、公司治理结构和利益相关者管理机制	1. 较差的结构和机制带来的风险	
	2. 有效的结构和机制的好处	
	3. 分析师所考虑的问题	
六、投资过程中的环境、社会和治理（ESG）因素	1.ESG 投资分类	ESG 相关事项
	2. 投资分析中的 ESG 因素	
	3.ESG 实施方法	

知识导引

很多企业的失败都和无效的公司治理有关。针对这个现象，相关部门出台了一系列的规章制度来加强公司治理、规范金融市场秩序来保护投资者的利益。除此之外，投资者也越来越关注和企业相关的环境、社会和治理因素。

本章思维导图

公司治理和ESG一体化
公司治理简述
不同的利益相关者
利益相关者之间的关系
利益相关者的管理
一般方法
管理框架
机制
公司治理结构和利益相关者管理机制
较差结构和机制带来的风险
有效结构和机制的好处
分析师应该考虑的问题
投资过程中的ESG因素
ESG投资分类
投资分析中的ESG因素
ESG实施方法

1. 公司治理简述

— 备考指南 —
描述公司治理。

公司治理（corporate governance）可以被定义为公司内部控制和管理系统，指公司管理中所使用的内部控制和管理程序的系统。它提供了一个定义公司组织中管理层、董事、控股股东及少数或非控股股东的权利、角色及责任的框架，核心在于处理内部人员和股东之间的利益关系。

公司治理的实践在不同的国家或地区会有所不同，甚至在同一个国家也会存在不同的公司治理系统。世界上大多数国家或地区所采用的公司治理系统除了受到当地的历史、文化、法律、政治和其他该区域的特定影响外，或多或少受到了股东理论或利益相关者理论的影响。

— 备考指南 —
CFA 协会现阶段比较推崇利益相关者理论。

股东理论（shareholder theory）认为，一个公司管理者最重要的责任是确保股东利益回报最大化。利益相关者理论（stakeholder theory）认为不仅需要考虑股东的利益，还需要考虑其他利益相关者，如客户、供应商和员工等的利益，需保证所有利息相关者的利益最大化。

2. 不同的利益相关者

2.1 股东

在利益相关者理论中，股东（shareholder）依旧是最重要的利益相关者。股东是权益资本的提供者和公司的拥有者，有权享有公司的资产扣除所有负债后的剩余价值，他们的关注点在于企业的日常经营能否实现股东利益最大化。

2.2 债权人

债权人（creditor）是一个公司债务融资的提供者。债权人不具有投票权，对公司运营的影响也非常有限，他们只享有对利息和本金的索偿权。他们更希望公司能够稳定的经营，能够产生足够的现金流来偿还债务。

2.3 管理者和员工

管理者和员工（managers and employees）是公司日常经营的最直接参与者。高级管理者希望在实现他们的报酬最大化的同时能保住职位；级别较低的员工更关注他们是否能得到合适的薪酬，合理的晋升和良好的工作环境等。

2.4 董事会

董事会（board of directors）由股东选举产生，其主要任务是保护股东的利益、确定战略方向、监管管理层的业绩，在履行好对股东和公司的责任的同时在商界维护好公司的声誉。董事会的职能和责任包括：

- 董事的职责是指董事有谨慎责任和忠诚的义务。
- 董事是由股东选出，指导战略方向，并监督管理层业绩。
- 董事会要确保高管和主要领导人连续性的计划。
- 董事会授权给管理层日常经营的权利，同时还要辅助完善战略方向。
- 董事会在评估管理层业绩时要与公司的长期利益相联系起来。

2.5 客户

客户（customer）希望以合理的价格得到满足他们需求的产品或服务。他们的关注点在于公司能否提供持续的产品支持、产品保证以及售后服务。

2.6 供应商

供应商（supplier）主要关注在将产品或服务交割给公司后，公司能否按照条款及时付款。供应商通常都希望同公司建立公平、透明而且对双方都有利的长期合作关系。和债权人一样，他们关注的是公司能否产生持续稳定的现金流的能力。

2.7 政府或监管机构

政府或监管机构（governments/regulators）力图保护社会公众的利益，保证国家的经济发展。其关注点在于公司是否遵纪守法。由于公司会向政府交税，因此政府也被认为是公司的利益相关者之一。

3. 利益相关者之间的关系

— 备考指南 —
描述委托代理人关系、其他利益相关者之间的关系及个利益相关者之间可能出现的矛盾。

3.1 委托代理人关系

委托人（principal）雇佣代理人（agent）代表委托人行事，目的是希望代理人能够为委托人实现利益最大化，委托代理人关系（principal–agent relationship）描述的是委托人与代理人之间的关系。在公司治理中，最主要的委托代理人关系发生在股东与管理者之间。委托人是股东，代理人是管理者，股东委托管理者管理公司，但是管理者可能会与股东之间存在利益冲突。管理者可能会为了实现个人利益最大化而损害股东的利益。

3.2 股东，董事会，管理者之间的关系

传统的股东理论认为，管理层的主要职责在于最大化股东的利益，但在某些情况下管理层可能会出于对自身利益的考虑而损害股东的利益。

首先，股东可以通过对自己的资产配置来构建自己的投资组合，所以他们有较高的风险承受能力。但管理者可能会出于保障就业，提升绩效等原因，而具有风险厌恶的倾向，这种倾向会导致管理层的行为与创造公司价值的目标相背离。

其次，管理层对公司业务更了解，具有很大的信息优势，这种信息优势会使得管理者做出有利于自己但会损害股东利益的决策，因为管理者有“信息不对称”的优势。

另外，董事会的决策能力可能会受内部人士的影响，这种影响会妨碍董事会成员履行其监督控制管理层的义务。

最后，如果董事会成员更偏向于听从某些具有很大影响力的股东，其他股东的利益就有可能会受到影响。

3.3　控股股东和少数股东之间的关系

控股股东和少数股东之间可能会存在利益冲突。相较于控股股东的意见，少数股东的意见会显得无足轻重或被忽视。

控股股东对董事会成员的选举有较大的影响，少数股东很难选举出能真正代表自己的董事会成员，以控股股东为主导所做的决定会影响到公司及少数股东的权益。例如，在进行收购交易（takeover transaction）的过程中，收购协议中的条款可能会对控股股东更有利。

关联交易是另外一个控股股东将自身利益置于少数股东利益之前的例子。

多级股权结构（multiple-class structure）可以有效避免控股股东的控制权被稀释，但会导致控股股东与少数股东间的利益冲突。

— 备考指南 —
后文中会详细介绍双级股权结构。

为了减缓控股股东与少数股东间的投票权冲突，许多公司采用累积投票制度（cumulative voting system）保护小股东的利益。累积投票制是股东实行选举权的形式之一。是指每个股份持有者按其有表决权的股份数与被选人数的乘积行使选举权力。选举者既可以将这一定数的权力进行集中投票，也可以分散投票。例如，股东会需选 7 名董事，某股东持有 100 股普通股，这样他就有了 700（100×7）票的权力。他可以把 700 票集中投一名候选人，增加了某候选人当选的可能性。累积投票制度允许少数股东联合起来，投某位候选人，增加了该候选人当选的可能性，保护少数股东的利益。

3.4　股东和债权人之间的关系

股东和债权人有不同的风险承受能力。股东获取剩余价值，所以倾向高风险项目，以获得更高的回报潜力。而债权人赚取稳定的利息与本金，更关注公司产生稳定现金流的能力，所以偏向盈利稳定，风险较低的项目。

3.5　客户和股东之间的冲突

股东可能会出于对自身利益的考虑而决定提高产品的价格，或降低产品安全性来达到降低成本的目的。但这样做会造成客户和股东之间的利益冲突。

3.6 客户和供应商之间的冲突

若公司为其客户提供过于宽松的赊销付款条件，可能会导致公司无法按时偿还供应商货款，影响公司运营。

3.7 股东和政府或监管机构之间的冲突

公司可能会通过粉饰财务报表的方式来降低税收负担，使股东受益。银行的股东倾向于较低的股权出资，而监管机构希望银行的股东有更高的股权出资。

4. 利益相关者的管理

4.1 利益相关者管理的一般办法

利益相关者管理包括识别、排序和理解利益相关者群体的利益需求，并在此基础上进行利益相关者的管理。通常通过与利益相关者多交流，平衡不同利益相关者之间的需求的方式来减少可能存在的冲突。

4.2 公司治理和利益相关者管理框架

为了帮助平衡各类利益，公司治理和利益相关者管理框架反映了一个法律、合同、组织和政府基础设施，定义了每个集团的权利、责任和权力。

法律基础设施（legal infrastructure）指由法律建立起的基础设施，界定不同的权利。

合同基础设施（contractual infrastructure）由签订的合同的内容所形成的基础设施，界定不同的权利。

组织基础设施（organizational infrastructure）指的是内部系统，治理程序和采用的实践措施，公司在管理利益相关者的关系时采用的程序。

政府基础设施（governmental infrastructure）是指政府把规定强加给公司的措施。

其中合同与组织基础设施是公司可控的两类，而法律与政府基础设施受到法律法规与政府行为的影响，公司的可控性相对较差。

4.3 利益相关者管理的机制

股东可以通过参加股东大会，参与公司决策，来保护自身利益。股东大会分为两类，年度股东大会（general meetings），通过普通的少数服从多数（simple majority）的机制来进行决策；临时股东大会（extraordinary general meeting），通过绝对多数投票机制（supermajority vote）的进行投票决策。当股东无法出席股东大会时，可以通过代理投票制度（proxy voting），行使投票权。代理投票是一种允许不能出席会议的股东授权另一个人代表他们投票的过程。代理人投票是投资者参加股东大会最常见的形式。

其他管理利益冲突的机制有：董事会计划；审计委员会机制；报告和透明度机制；关联方交易政策；薪酬政策；股东对于薪酬的话语权机制；员工的劳动合同；与客户和供应商的合同协议；相关法律法规机制等。

4.3.1 董事会管理机制

董事会（board of directors）是公司治理结构的核心组成部分。董事会是股东和经理之间的纽带，是公司内部股东的监督工具。随着公司治理在投资领域的相关性不断增强，董事会的职责也越来越重要。由于董事会行使监管权，所以需要尽可能与被监管者，即公司高管进行区分。董事会的监管权与执行权的分离称为“独立性”，为了保持独立性，董事会成员中需含有独立董事（independent director）。独立董事是一种特定类型的非执行董事，与本公司在雇佣、所有权或报酬方面没有重大关系。

— 备考指南 —
考生只需简单了解对应名词解释即可。

董事会下设各委员会的职责：

- 审计委员会：审计委员会（audit committee）确保公司向股东提供的信息完全、准确、可信、相关和及时，同时审计委员会成员必须都是独立董事。
- 薪酬委员会：投资者需要确定公司的薪酬委员会（remuneration/compensation committee）由独立董事组成，他们根据管理层的职责和业绩制定薪酬。
- 提名委员会：提名委员会（nomination committee）负责聘用新董事及独立董事，所有成员均由独立董事构成。
- 治理委员会：治理委员会（governance committee）负责制定公司治理准则和监督公司准则的完善、董事会及委员会的章程、公司的道德规范和利益冲突

— 备考指南 —
审计委员会、薪酬委员会、提名委员会为三大专业委员会。专业委员会成员要求是独立董事。

政策。对于公司的政策，治理委员会要定期复审，监督完善，并提出必要的改进措施和建议。

- 风险委员会：风险委员会（risk committee）负责确定风险政策、风险状况和风险偏好；建立企业的企业风险管理制度（enterprise risk management, ERM）并监督其实施。监督公司风险管理功能的运行状况，定期接收报告，并把其调查结果和建议报告给董事会。

投资委员会：投资委员会（investment committee）负责评审管理层倡导的重大投资机会，考虑其对公司的可行性，并建立和修改公司的投资策略和政策。

4.3.2 员工管理机制

通过管理与员工的关系，公司寻求遵守员工应有的权利，并减轻违反这些权利的法律或声誉风险。管理员工关系还有助于确保员工履行对公司的责任，并有资格和动机以公司的最佳利益进行工作行事。

4.3.3 客户和供应商的管理机制

公司的客户和供应商签订了合同协议，其中规定了合作所依据的产品和服务、价格或费用以及付款条件、各方的权利和责任、售后关系以及任何担保。合同还规定了当任何一方违反合同条款时应采取的行动和可用的追索权。

社交媒体已经成为一种强大的工具，客户、所有者和其他利益相关者越来越多地使用它来表达或保护他们的利益，或增强他们对公司事务的影响力。例如，负面的媒体关注可能会对公司或其管理者和董事的声誉或公众认知产生不利影响。通过社交媒体，这些利益相关者可以立即传播信息，而无需花费多少成本或精力，因此在影响公众情绪方面，他们能够更好地与公司管理层竞争。

4.3.4 政府部门管理机制

作为其公共服务角色的一部分，政府和监管机构制定了公司必须遵守法律法规并监督公司是否遵守。这些法律可能涉及或保护特定群体的权利，如消费者或环境。服务、产品或经营更有可能危及公众或特定利益相关者利益的行业或部门通常受到更严格的监管框架的约束。这些行业的例子有银行、食品制造商和医疗保健公司等等。

5. 公司治理结构和利益相关者管理机制

5.1 较差的公司治理结构和利益相关者管理机制存在的风险

5.1.1 内部控制不健全的风险

如果一个公司的内部控制或监管机制效率不高的话，某些利益相关者或群体为了自身利益就可能会损害公司或其他利益相关者的利益。

5.1.2 决策缺乏效率的风险

在缺少有效监管的情况下，相对于公司或股东来说，管理层有更多机会做出与公司股东利益不相符的决策来为自身谋取利益。管理层过度自信、薪酬政策不合理等都会成为这种问题的诱因。

5.1.3 法律、监管和声誉风险

在进行监管的过程中，如果监管机制存在缺陷或对发现的问题没能及时报告，会导致公司面临法律、监管或声誉损害的风险（legal, regulatory, and reputational risks）。

5.1.4 违约和破产风险

较差的公司治理结构，比如在公司经营过程中没能兼顾债权人的利益，可能会影响公司的财务状况及偿债能力，增加违约和破产风险（default and bankruptcy risks）。

5.2 有效的公司治理结构和利益相关者管理机制带来的好处

5.2.1 提高公司运营效率

有效的公司治理结构能确保企业的决策和经营活动都在适当的监督和管控之下进行，这样不仅能够降低公司经营管理的风险还能提高运营效率（operational efficiency）。

5.2.2 提升公司内控能力

正常运转的审计委员会和有效的审计系统可以使得公司的内控能力得到提升。

5.2.3 提升公司业绩

有效的公司治理和利益相关者管理机制可以帮助公司提高业绩，降低管理成本。另外，健全的薪酬政策有助于激励管理层做出有助于提升公司价值的决策。

5.2.4 降低违约风险和债务成本

健全的公司治理结构不仅能够减少债权人之间的利益冲突、保护债权人的权利，同时能降低公司的债务成本和违约风险。

5.2.5 提升估值和股票表现

公司治理实践的改进增加了将公司信用评级从投机性提高到投资级的可能性，从而显著降低了债务成本。对拥有财务专业知识的经验丰富的审计委员会有相关的积极影响，即拥有此类委员会的上市公司在危机期间更有可能取得积极的市场业绩。董事会的独立性和多样性通常是企业估值的关键因素，尤其是对于首次公开发行（IPO），并且在企业价值创造和价值保护方面发挥着重要作用。

5.3 在分析公司治理结构和利益相关者管理问题时分析师应考虑的问题

— 备考指南 —
描述在分析公司治理和利益相关者管理问题时应考虑的因素。

5.3.1 公司的经济所有者和控制权

一般来说，上市公司的每一股股票代表一票投票权。也就是说，任何股东的投票权与该股东所持有股票的比例是相同的。但也有例外的情况会使得公司的经济所有权与控制权（economic ownership and voting control）相分离。

较为常见的多级股权结构为双级股权结构（dual class structure）。双级股权结构是指公司发行 A、B 两种不同的股票，其中由公司主要控制人持有的 B 股，拥有 10 倍或百倍于普通 A 股的投票权。由于 B 股的投票权更多，所以控股股东可以持有少部分 B 股，即能掌握公司的话语权，是有利于控股股东的一种股权结构。

采用双级股权结构（dual class structure）的著名案例有阿里巴巴（Alibaba）和脸书（Facebook），以及采用三级股权结构的康卡斯特（Comcast）和谷歌（Google），这类公司在新股发行时，控股股东的投票权被稀释的程度会减轻。

双级股权结构（dual-class structures）的特点是“同股不同权”，通常有两种实现机制。

（1）一种机制是投票权和所有权分离：A 股为常见的普通股，此时股票持有者的持股数量和他所拥有的投票权是相同的，即一股一票；B 股票持有者的每一股股票都有不止一票的投票权，即一股多票。Facebook 采用的是这种机制。

（2）另一种实现双级股权结构的机制是：持有某 B 股票的人可以选举出大多数的董事会成员。在这种机制下股票所有者的部分投票权会被剥离给这类股票的持有者，例如，阿里巴巴的合伙人制度。

双层股权结构的支持者和批评者意见不同，支持者认为这种系统能促进公司稳定，有利于长期战略投资，有效隔绝来自外部投资者的短期压力。批评者认为这种结构会导致控股股东与少数股东之间的利益冲突。

5.3.2　董事会成员

董事会成员（board of directors representation）的独立性、任期、经验、问题和多样性可能带来有用的投资观点。相反，如果有多个董事与公司从事关联方交易，投资者可能有理由担心出现的任何利益冲突。

5.3.3　薪酬与公司业绩

分析师应考虑支付给高管的报酬与公司的业绩（remuneration and company performance）之间是否有关。如果公司业绩和高管薪酬不挂钩，那么意味着高管没有动力增加公司业绩，对于企业未来发展并不好。

5.3.4　投资者的构成

具有不同特征的投资者可能对公司的发展起到促进或限制作用。

5.3.5　股东权利的强弱

股东权利的大小（strength of shareholders' rights）也会影响到项目决策和公司的发展。

5.3.6　长期风险管理

在长期风险管理过程中，分析师应注意公司面临长期环境风险、人力资本风险，以及对待投资者和其他利益相关者的态度。

6. 在投资过程中的环境、社会和治理因素

— 备考指南 —
描述环境、社会和治理因素在投资分析中的应用。

分析公司在投资过程中是否对环境、社会和治理因素（ESG）有充分的考虑，有助于综合理解公司所面临的风险。

6.1 ESG投资分类

ESG整合或投资（ESG integration or ESG investing）可分为三类。

可持续投资（sustainable investing, SI）或负责任的投资（responsible investing, RI）指的是在投资过程中考虑ESG因素。

社会责任投资（socially responsible investing, SRI）指不投资那些涉及违背道德伦理或价值观的公司或行业，比如烟草和武器。

影响力投资（impact investing）指投资那些不仅能带来财务回报，还能有针对性的实现社会或环境的目标的项目。

6.2 投资分析中的ESG因素

环境因素：应考虑包括自然资源管理、污染防治、节水、节能减排以及是否遵守环境安全和监管标准等因素。

社会因素：主要考虑在工作和生产过程中的人权和福利问题。

6.3 ESG实施方法（ESG Implementation Methods）

负面筛选法（negative screening）指某些违背ESG投资理念的行业或部门，比如化石燃料提取、生产可能侵害人权或造成环境污染的公司排除在外。

正面筛选法（positive screening）并不剔除特定行业，通常通过ESG排名或评分方法实施，是根据特定的ESG标准，只将符合标准的部门、公司或实践纳入基金或投资组合。

最佳筛选法（relative/best-in-class approach）主要选择相对于同业，ESG绩效较好的部门、公司或项目的投资。专注于在每个行业内找到最佳代表。

主题投资（thematic investing strategies）通常只考虑单一因素，如能源效率或气候变化。

影响力投资（engagement/active ownership）是指投资那些不仅能带来财务回报，还能有针对性地实现社会或环境目标的项目，比如气候债券或绿色债券。

第34章 商业模式和风险

<table>
<tr><th colspan="2">本章知识点</th><th>讲义知识点</th></tr>
<tr><td rowspan="4">一、商业模式</td><td>1. 价值取向</td><td rowspan="4">商业模式</td></tr>
<tr><td>2. 价值链</td></tr>
<tr><td>3. 盈利能力</td></tr>
<tr><td>4. 其他影响因素</td></tr>
<tr><td rowspan="3">二、风险因素</td><td>1. 宏观经济风险</td><td rowspan="3">风险因素</td></tr>
<tr><td>2. 商业风险</td></tr>
<tr><td>3. 财务风险</td></tr>
</table>

框架总结

分析师需要清晰描述的公司的商业模型才能对公司可持续发展做出判断。评价公司的商业模式可以包含以下方面，例如，公司的运营方式、公司的战略、目标客户、潜在客户、关键合作伙伴、风险和财务状况。

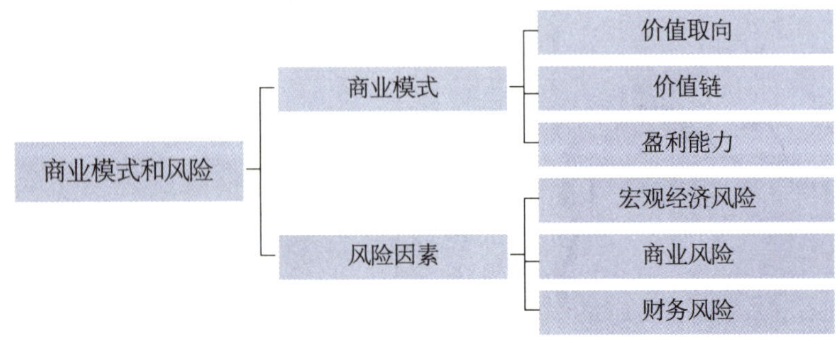

1. 商业模式

1.1　公司商业模式的定义

商业模式（business model）没有精确的定义，但其本质上描述了企业如何组织起来为客户提供价值，一般需要包含以下四点：

- 公司的目标客户；
- 企业如何为他们服务；
- 公司的关键资产和供应商；
- 公司支持部门的业务逻辑。

商业模式清楚地表明了公司提供了什么样的产品和服务，如何满足客户需求，公司内部如何运作，如何产生收入和利润，以及在同行业的竞争对手。

制造商、批发商、零售商、专业公司或连锁餐厅均属于比较容易理解的传统业务模式。然而，数字技术的发展催生了新的服务和市场，也改变了大多数企业的经营方式。在许多情况下，技术打破了现有的商业模式，允许新的参与者与缺乏应对能力或敏捷性的大型知名玩家对抗。

1.2　商业模式的主要特征

分析师可从“价值取向、价值链和盈利能力”三个方面分析公司的商业模式。分析师可以在年度报告中的《管理层讨论与分析》部分了解高管对公司商业模式的剖析，这部分会提供有关公司所处行业情况、公司主营业务模式、分销渠道、市场需求及未来运营风险等多方面的内容。

名师解惑

《五粮液：2021 年年度报告》节选

第三节 管理层讨论与分析

一、 报告期内公司所处的行业情况

2021 年，国内外宏观经济下行压力加大，白酒行业产量同比下降、收入增速平稳，2021 年白酒产量 715.63 万千升，同比下降 0.59%；收入 6,033 亿元，同比增长 18.6%（数据来源于国家统计局）。行业进一步向优势企业、优势品牌、优势产区集中，名酒企业竞争优势更加明显、确定性更高。

二、报告期内公司从事的主要业务

（一）概述

本公司主要从事白酒生产和销售。根据中国证监会颁布的《上市公司行业分类指引》，白酒行业属于“酒、饮料和精制茶制造业”（C15）。报告期内，公司主要业务未发生变化。公司主要产品“五粮液酒”是我国浓香型白酒的典型代表。同时，公司根据生产工艺特点开发了五粮春、五粮醇、五粮特曲、尖庄等品类齐全、层次清晰的系列酒产品，满足了不同层次消费者的多样化需求。

（二）品牌运营情况

1. 五粮液产品

2021 年，公司坚持“以高质量的市场份额提升为核心”，大胆探索创新，稳步推进重点工作，市场基础不断夯实。一是文化故事持续丰富，品牌价值不断凸显。通过全方位、立体化的品牌文化传播，品牌价值在多个权威榜单排名中增幅显著。二是产品战略持续深化，竞争地位不断提高。经典五粮液完成了高地及重点市场选商及前期试销工作，并进入市场全面布局和正式销售阶段，进一步提高了五粮液的品牌价值和行业竞争地位。三是渠道运营持续转型，销售质量不断提升。在完成了终端基础建设工作之后，开始全面向商家移交终端工作，进入以商家为主体、厂方配合的终端精细化运营管理阶段。四是消费培育持续加大，团购体系不断完善。公司不断完善品鉴会形式和内容，持续加大意见领袖的圈群培育，努力把“团购”打造为行业营销标杆。

2. 系列酒产品

2021 年，系列酒坚持“三性一度”“三个聚焦”以及“打造四大全国性品牌”战略，各项工作开创了新局面。一是经营质量持续提升，销售收入稳步增长。二是品牌价值加速回归。品牌结构显著优化，品牌矩阵持续完善，品牌形象大幅提升。三是市场基础持续夯实。商家结构不断优化，有效构建厂商利益共同体，核心终端打造成效明显，经销商品牌专属团队不断壮大，渠道支撑更加有力。四是市场动销更加良性。基于“一瓶一码”的数字化营销实现新突破，产品开瓶扫码量持续增长，市场份额稳步提升。

（三）主要销售模式

经销模式：包括传统渠道运营商模式、专卖店模式、KA 卖场等，主要在线下销售。

直销模式：包括团购销售模式，直接面向团体消费者销售产品；线上销售模式，通过天猫、京东等电商平台销售产品。

三、核心竞争力分析

公司拥有独有的五大竞争优势，构成了五粮液独有的传统核心竞争力。一是独有的自然生态环境使五粮液独具唯一性；二是独有的 600 多年明初古窖池的微生物群繁衍至今从未间断；三是独有的五种粮食配方酿造出品质完美的世界名酒五粮液；四是独有的酿造工艺使五粮液十里酒城上空形成了独有的微生物圈；五是独有的和谐品质使五粮液成为中华文化的典型代表。2021 年，公司坚持围绕市场提质增效赋能，品质支撑、科技创新、文化建设、产业生态、团队建设明显加强，市场支撑能力得到提升；顺应消费升级，营销创新与时俱进，产品结构、品牌推广、渠道建设、消费培育、数字化转型、厂商关系取得新突破，市场潜能有效激发，核心竞争力持续增强，企业高质量发展根基进一步夯实。

四、主营业务分析

2021 年是“十四五”开局之年，也是公司创新发展、转型发展、跨越发展的关键一年。面对复杂严峻的宏观形势，在省委省政府、市委市政府的坚强领导下，公司立足新发展阶段、贯彻新发展理念、融入新发展格局，进一步聚焦主业、做强主业，持续补短板、拉长板、升级新动能，以高质量的市场份额提升为统领，抢抓行业结构性繁荣机遇，取得稳中有进的新发展，实现了“十四五”良好开局。2021 年，公司实现营业收入 662.09 亿元，同比增长 15.51%；实现归属于上市公司股东的净利润 233.77 亿元，同比增长 17.15%。

资料来源：http：//vip.stock.finance.sina.com.cn/corp/view/vCB_All Bulletin Detail. php?stockid=000858&id=8156326

分析师的重点是了解公司的商业模式以进行评估实施的有效性以及对回报和公司风险。但是需要注意，分析师们不能只依赖管理层对其商业模式的描述，而应该培养自己的独立分析能力，才能对公司有客观、全面的理解。

2. 价值取向

公司的价值取向（value proposition）是指由公司产品和服务为目标客户提供了什么样的价值，使这些客户在考虑了价格和竞争对手后，更愿意买公司的产品。价值取向差异很大，主要与以下因素相关：

- 目标客户。
- 产品本身（如能力、性能、特点、风格）以及相应的服务和支持（例如，“高接触”或“低接触”客户服务，根据客户要求和产品类型，或服务、维修、备件等）。
- 销售流程（例如，购买方便，无麻烦退货）。
- 相对于竞争对手的定价。

2.1 目标客户和市场

要确定公司的目标客户，分析师可以问自己三个问题。

- 公司将为哪些地区提供服务？
- 公司将服务哪些细分市场？
- 公司将为哪些客户群体提供服务？公司的主要客户是企业或者机构（B2B）还是直接面向消费者（B2C）？

在消费市场中，通常将目标人口按营销定义进行细分，例如，高收入郊区家庭。在许多情况下，产品或服务特有的特点导致市场被自动分割（segmentation）。例如，如果某国对电动汽车进行补贴，该国就会有更多早期的电动汽车使用者。

如果老牌公司无法有效服务（甚至无法识别）特定的客户群体，新准入者就有了更多商业机会。同时，公司选择商业模式还会引入其他相关因素或经营风险。例如，该公司是否面临高进入壁垒、客户群变化或市场竞争加剧的风险。

2.2 公司提供了什么

商业模式应定义公司提供的产品或服务区别于竞争对手产品的条款，并参考需求其目标客户。这有助于分析师了解识别关键竞争对手和相关风险。例如如果没有“护城河”或竞争壁垒，可能会有很高的模仿或替代风险，存在于公司提供的产品或服务中，且差异化程度低，或者，目标客户的需求和对公司报价的偏好可能会发生变化。

名师解惑

以五粮液为例，大部分投资者会简单将其归类为酒类。但年报更详细描述了公司行业划分“属于‘酒、饮料和精制茶制造业’（C15）。”其次，对公司产品进行了差异化描述：“五粮液是我国浓香型白酒的典型代表。同时，公司根据生产工艺特点开发了五粮春、五粮醇、五粮特曲、尖庄等品类齐全、层次清晰的系列酒产品，满足了不同层次消费者的多样化需求。”这种细致的描述和产品的细分对分析师来说更加精确和有用。

如果公司在描述其产品时使用过于宽泛的术语或目标市场，夸大差异化，或参考平台或网络的描述，可能都是为了迷惑价值投资者，所以分析师必须独立分析和评估业务。

2.3 销售模式：渠道策略

一家公司的渠道策略是指该公司出售其产品的“方式”，就是这样它怎样接触到它的客户？渠道策略通常包括两个主要功能：（1）销售公司的产品和服务（2）交付给客户。

在评估一家公司的渠道战略时，要从每一个流程的功能、可能涉及的资产和可能涉及营销的不同公司三个角度来进行划分（图 34–1）。

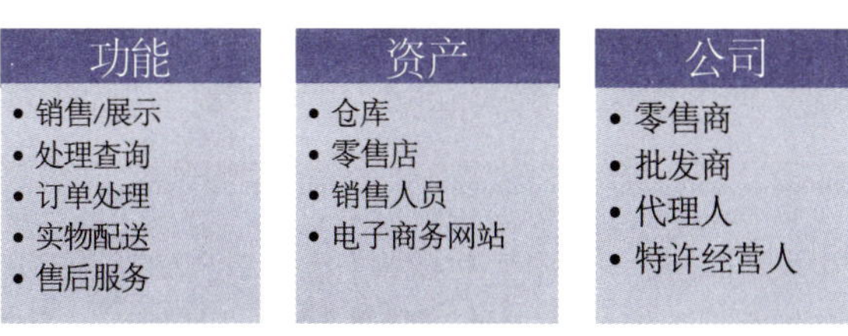

图 34-1

传统的渠道战略（traditional channel strategy），即“经销模式”通常反映在成品流，也就是说商品如何从制造商到批发商、零售商，最终触达客户。每个节点都有自己的物理设施，并进行商品买卖。例如五粮液的经销模式：包括传统渠道运营商模式、专卖店模式、KA 卖场等，主要在线下销售。

另一些制造商采用直接销售（direct sales）策略，即直接向最终客户销售绕过的分销商或零售商，这个过程又称“脱媒”（disintermediate）。

直接销售一般适用于复杂或高利润产品或服务，如工业设备、药品、，和人寿保险等。这也是 B2B 市场中的一种常见策略，因为机构市场潜在客户相对较少，商家更容易直接触达。五粮液采取的直销模式主要包括团购销售模式，直接面向企业团体消费者销售产品，例如：与华为集团、吉利集团、深圳同心俱乐部等龙头企业就是五粮液的主要团购客户。直销因为减少了中间环节，所以往往成本更低。在五粮液的年报中显示公司传统经销模式毛利率为 79%，而直销模式毛利率更高达 85%。

在电子商务领域，另一种做法是转运配送（drop shipping）。转运配送是当零售商不直接持有库存商品，当客户需要商品时，零售商作为中间方将客户订单发给第三方供应商，由第三方供应商直接将商品发送给顾客，零售商赚取中间差价。

公司把数字和物理渠道渠道结合使用用于完成销售的策略称为全渠道战略（omnichannel strategy）。例如，五粮液就是将传统经销模式和直销模式进行了有机结合，同时公司认为持续优化终端，拓展新兴渠道，完善团购网络、抢占高地市场是公司的核心竞争力之一。

2.4 公司定价模式

公司的定价模式简单来说就是我的产品应该卖多少钱？商业模式需要提供足够的定价细节，例如：公司的价格相比竞争对手是溢价、折价还是平价？公司的商业模式如何支撑合理定价？

定价方法通常基于价值或成本。基于价值的定价（value-based pricing）尝试根据客户收到的价值设置定价。例如，处理人身伤害的律师事务所可以按照客户获取的索赔来收取律师费，客户的获取的赔偿是律师给客户带来的价值，所以这是一种基于价值的定价。第二类公司基于成本定价（cost-based pricing）。例如，心理咨询室、财务咨询公司可能会选择通过服务的时长向客户收费。

- 价格歧视

价格歧视（price discrimination）是指公司针对不同客户群体收取不同的价格。理论上，价格歧视的目标是区分不同客户的支付意愿，最大化公司的收入。此类常见的定价策略包括：

分层定价（tiered pricing）通常会向不同的买家收取不同的价格基于购买量，例如批发商的进货价格比零售商更低。

动态定价（dynamic pricing）在不同的时间收取不同的价格。例如，在长假期间酒店、机票或电影院等人流量激增的场所，会选择更高的溢价。

拍卖 / 反向拍卖模式（auction/reverse auction models）通过竞价确定价格。数字技术进一步支持了这种模式。例如在淘宝中可以利用合理的算法，给不同的消费者推荐个性化的商品，甚至同类商品对不同的消费者报价也可以完全不同。

- 多种产品定价

如果公司销售多种或复杂产品可使用一些组合化的定价模型。

捆绑（bundling）是指组合多种产品或服务，以便客户被激励或要求一起购买。捆绑特别适用于互补性产品，例如提供免费早餐的酒店客房；公寓需要额外收费租赁家具；有线电视和互联网服务。

剃须刀和刀片的定价（razors-and-blades pricing）结合了设备的低价（如剃须刀、打印机、净水器或游戏机）和高利润定价重复购买耗材（刀片、打印机墨水、滤芯、软件）。

可选商品定价（Optional product pricing）是指客户在购买时（或之后）可以选择进一步购买的增值服务，例如汽车内饰或餐厅的配菜。

3. 价值链

评估公司的商业模式不仅需要考虑价值主张（目标是谁？公司在哪里？销售什么？销售多少？），还要考虑公司如何设计组织架构以实现该价值：

- 哪些资产和能力（如技术人员、技术）是公司需要执行其商业模式？
- 这些是自有 / 内包，还是租用 / 外包？

3.1　价值链和供应链

价值链（value chain）是指公司内部为客户创造价值的系统和流程。价值链仅包括由单个公司（single firm）履行的职能，这些职能可能是客户重视的，但不一定涉及产品运输或产品生产加工。需要注意的是，企业的价值链不同于供应链。供应链（supply chain）指的是产品生产过程的顺序，包括生产和向最终客户交付实物产品，可能涉及到公司内部和外部的上下游等多家公司（multiple firms）。

3.2 价值链分析模型

价值链分析研究公司如何把自己的价值取向传递给客户以及如何从中盈利。它包括：确定公司开展的具体活动，估算与每项活动相关的增值和成本，以及识别竞争优势的机会。评估价值链，我们需要考虑9大维度，包括五项主要活动（Five primary activities）和四项支持活动（four primary "support" activities）。

迈克尔·波特（Michael Porter）1985年出版的《竞争优势》（Competitive Advantage）一书定义了五项主要活动：入境物流、操作、出境物流、营销，以及销售和服务。此外，公司的四个主要"支持"活动是采购、人力资源、技术开发和坚实的基础设施。

- 盈利能力和单位经济性

在审查时，商业模式还应揭示公司预期如何产生它的利润。分析师将要检查利润率、盈亏平衡点和单位经济性，即以个体产品为单位确认收入和成本。

4. 商业模式

4.1 商业模式创新

目前学术界很多关于商业模式的讨论都集中在创新模式上，即新的商业模式如何可与新业务一起引入或适应现有市场。数字技术催生了许多新业务，如：软件、内容、数字广告、数据和相关服务、以及广泛的基于互联网的社区和市场。这些服务并不是全新的，例如，之前的有线电视也可以播放视频和广告，但数字技术改变了这些服务和提供这些服务的经济性，更具体地说，数字技术改变了"何处"和"如何"传播信息，从根本上降低企业之间的沟通、交换信息的成本。数字技术带来的好处如下：

公司选址更灵活。数字通信，尤其是，电子商务使客户能够更轻松地从公司购物，无依赖本地实体店，所以公司的选址更为灵活。

外包更容易。因为物流能力的增强，公司可以很容易把部分业务外包给外地甚至外国的其他公司，降低人力成本。

数字营销可以通过算法识别客户，精准触达某一具体的客户群体，所以比传统广告信息沟通效率更高，广告成本更低，转化率更高。

互联网效应。互联网效应（network effect），又名网络效应，是指随着用户数量的增加，网络对用户的价值也会相应增长，互联网使很多公司更容易触达客户，变得更强。

网络效应除了体现在互联网新兴行业中，也在许多较老的非互联网企业中发挥作用，包括：电话服务、信用卡、房地产代理和证券交易所。

互联网效应可以描述为“单边（one-sided）”、“双边（two-sided）”或“多边（multi-sided）”。“单边”是指互联网只对某一个单一的、同质的客户组产生价值，例如只有对做饭感兴趣的人才会在“下厨房”APP中分享信息。“双边”或“多边”平台一般会满足至少两方或两方以上的客户组的需求，例如，阿里巴巴会撮合买卖双方的交易，同时保证买卖双方的利益。

4.2　商业模式分类

自有品牌或“合同”制造商（private label or “contract” manufacturers）负责制造产品，再由其他公司负责运营和销售产品。海外生产商如果要在本地销售产品，一般会采取这种做法。

经营许可（licensing arrangements）是指公司将使用别人的品牌来换取版税。这在玩具销售中很常见例如，制造商可能购买著名电影角色、运动队或品牌的名称，并在相关类别（如体育用品）的产品中使用。

增值转销商（value added resellers）不仅分销产品，还处理产品安装、定制、服务或支持。这在复杂的服务密集型产品中很常见，例如施工机械、供暖/空调系统和其他专业设备。

特许经营模式（franchise models）是指经销商或零售商征得母公司的同意出售相应产品，一般具有严格定义和排他性。特许经营通常是用于多地点服务密集型业务以处理销售和服务，并使用母公司（特许人）的业务型号和品牌。

电子商务（E-commerce business models）是一个非常广泛的类别，包括各种基于互联网的直接销售模式。以下是电子商务中的几个关键商业模式变体：

- 联盟营销（affiliate marketing，联营）是一种特殊类型的“绩效营销”，它指向营销人员或代理支付报酬以实现定义的结果（例如：潜在客户量、点击量或实际销售额）。

- 市场业务（marketplace businesses）创建网络连接买家和卖家并促成交易，但是公司本身无需持有货物或商品。典型例子包括：阿里巴巴和亿贝（eBay）等。
- 聚合商（aggregators）与市场业务相似，但聚合商一般使用自己的品牌重新营销的产品和服务。例如，优步或滴滴打车，所有车主都在同一平台下，使用滴滴打车的名字。

平台商业模式（platform business models）是指搭建对客户有价值的平台，随着使用人数增加，平台价值会进一步凸显。例如，中国的微信消息和支付平台之所以有价值主要是因为有大量用户在使用。平台业务基于网络，可以区别于传统业务或“线性”业务（linear business）。例如，软件公司通常有一个本质上是线性的商业模式，而一个平台业务的价值体现在网络中，是由越来越多的公司外部的网络使用者共同创造的。

众筹业务（croudsourcing）使用户能够直接作用于产品、服务或在线内容。例如在线游戏、产品开发、开源软件或知识共享平台，例如：百度百科是由相关用户自由编辑内容，并用于其他人的搜索结果。其中许多示例涉及“用户社区”，即支持产品或服务用户之间的自愿协作，通常是几乎没有监督。

混合业务模式（hybrid business models）结合平台和传统“线性”业务的混合模式也是常见的。例如，亚马逊的核心业务既有传统元素（商品分销）和平台要素（在线营销和广告）。

5. 商业风险

管理层、债务人和股权投资者认为的风险来自企业外部的经济环境（宏观风险）和行业风险，以及内部的经营风险以及业务融资方式（财务风险）。

宏观风险（macro risk）是指来自政治、经济、法律和其他制度方面的风险影响经济体、国家或地区所有业务的风险因素。主要的宏观风险是经济活动（以 GDP 变化衡量）和相关需求的变化，主要由于业务的地理位置、交易利率、政治不稳定或法律或金融框架的差距产生。虽然宏观风险基本上适用于该国的所有企业，但一部分非周期性行业对经济活动水平（如公用事业、消费品）相对不敏感，而周期性行业则更为敏感（例如，资本货物和非必需消费品商品，如珠宝和度假旅行）。

业务风险（business risk）是指公司经营成果与期望值，与业务融资方式无关。

在会计方面，业务风险反映了营业利润（EBIT）水平的风险，通过潜在通过经营杠杆放大。业务风险既包括外部的行业风险和也包括公司内部的特定风险。

5.1　行业风险

行业风险主要指由于本行业的需求波动和经营变化所产生的风险。分析师体现在定义行业时必须非常小心，例如，在汽车零部件领域，制动器、轮胎、和娱乐系统的竞争环境和经营环境截然不同，有着不同的竞争对手，所以需要对这些行业进行细分。行业风险一般受到以下因素的影响。

- 周期性

周期性（cyclicality）是许多行业的一个特征，尤其是非必需商品；住房耐用商品，如汽车和电器；和资本密集型的设备等。这些产品通常寿命长，需求并不迫切，收到经济周期波动的影响更大。企业试图以不同的方式缓解周期性的影响。一些公司签订长期客户或对冲风险来稳定收入，另一些公司尽可能最小化固定运营成本，例如，通过外包或与工人和供应商签订灵活的合同。通常，具有周期性（或收入不可预测）的公司倾向于采取更为保守的资本结构，降低债务比例，降低义务性的现金流出，提升流动性。

- 行业结构

行业结构（industry structure）对行业的整体风险有影响。我们可以用经济学中的指标 HHI 来衡量行业集中度，等于行业中所有公司市场份额的平方和。HHI 较低的行业，集中度也更低（即存在许多小型公司，不存在大龙头），此时公司间的竞争也会更为激烈。

- 竞争强度

竞争强度（competitive intensity）影响整个行业的盈利能力。分析师可以通过 ROIC 或者经营利润率等指标表述行业的盈利能力，指标越低的行业，盈利能力越差，一般代表竞争越激烈。

- 价值链内的竞争动态

价值链内的竞争动态（Competitive dynamics within the value chain）主要体现在“波特五力”模型中。该模型从现有竞争对手、供应商议价能力、客户议价能力、新准入者威胁和替代品五个方面，描述了影响公司价值链的五大因素。

- 长期增长和预期需求增长的下降

长期增长和预期需求增长的意外下降（或绝对下降）可能导致产能过剩和更

激烈的竞争。长期增长有助于实现长期盈利，尽管也可以吸引更多的竞争。

- 其他行业风险

其他行业风险，包括对行业需求和盈利能力的监管和其他潜在外部风险。

5.2 公司特有风险

公司特定风险因业务的性质、规模和成熟度而异。它们通常与公司的市场地位和商业模式密切相关。一般来说，对于规模较小的企业来说，这些风险可能更大，在其行业中的主导地位较低，或处于发展的早期阶段（即利润潜力甚至收入潜力尚未证实）。特定公司风险类别包括：

竞争风险（competitive risk）可以定义为失去市场份额或定价权导致公司缺乏竞争优势。定价权类似于需求的价格弹性也就是公司要提高价格所导致的需求下降的程度。当市场份额和定价能力较低时或下降，竞争压力和风险水平普遍较高。

产品市场风险（product market risk）是指新产品或服务的市场将达不到预期。对于早期创业公司来说，产品市场风险通常是他们唯一的也是最大的业务风险的来源。这类风险随着公司从概念上的进步而下降，如果产品通过严格的产品测试和市场测试，再进行商业启动、创收，最后扩大规模推出，此时这类风险会有所降低。分析师在分析风险时还应考虑产品的生命周期可能会因消费者偏好、产品过时，或专利保护结束。

执行风险（execution risk）源于管理层无法履责导致业务不达预期的风险。其他业务风险会加剧执行风险。小型或早期业务，市场地位疲软或恶化，处于高度竞争的行业可能比大型、成熟、稳定的企业的执行风险更高。分析员还应寻找可能导致运营成本下降的具体问题风险，如公司是否过度依赖关键供应商或某几位高层管理人员。

资本投资风险（capital investment risk）往往出现在成熟企业，这类企业有大量的现金流，但当前缺乏好的投资项目，管理层会倾向于乱花钱，并投资于利润不足或者风险过高的项目。

ESG风险传统上侧重于治理风险，关注价值最大化，平衡股东和管理层间的利益冲突。不可能完全消除治理风险，但分析师通常会寻求强大的独立性董事、首席执行官和董事长角色分离、适当的激励高管激励等，促使高管与股东利益绑定。分析师还必须考虑企业因为无法满足社会需求而产生的风险，以及由于环境和社会责任所带来的不利预期。

经营杠杆（operating leverage）是指公司的营业利润相对于收入的变化。对于固定成本较高的企业，经营杠杆上升。经营杠杆的具体计算会在后续章节中详细讲解。

6. 财务风险

财务风险(financial risk)是指由于公司的资本结构变化，特别是从债务水平(以及其他类似债务涉及固定合同付款的义务，如租赁和养老金义务），产生的风险。由于借债需要固定支出利息，这些固定的财务费用导致净利润和现金流的变化比营业利润更大，放大了变动的敏感性。财务风险可以用财务杠杆衡量，公司借债越多，财务性的固定支出（利息费用）越高，公司的财务杠杆越高。财务杠杆的具体计算会在后续章节中详细讲解。

财务杠杆过高的公司，因为有可能无法偿还本金和利息或按时履行其财务义务，会增加公司的违约风险，降低公司的评级。同时，由于公司违约风险增加，银行会提升借款利率，还可能导致公司无法获得所需的融资，产生融资风险。即使没有违约，过度财务杠杆影响公司的财务能力，并导致公司成为财务状况不佳，难以保护现金、维持关键客户和员工。

财务风险与利润和现金流量的变动密切相关，而这些都取决于收入和运营现金的可预测性或波动性流量，即业务风险。因此，公司的财务风险反映了宏观风险和业务风险的共同作用。

第 35 章 资本预算

— 备考指南 —

考生需要对不同的项目进行区分、掌握资本预算的原则、了解项目间的相互作用、掌握评估资本项目价值的几大方法（尤其注意 NPV 和 IRR 的对比），并能灵活运用净现值方法。

本章知识点		讲义知识点
一、资本预算程序	了解资本预算的程序	资本分配流程
二、项目分类	1. 维持性项目	
	2. 成长性项目	
三、资本预算的五项原则	1. 基于增量现金流的决策	
	2. 现金流计算中应该考虑的因素	
	3. 现金流计算中不应考虑的因素	
	4. 分析税后现金流	
	5. 现金流发生的时机	
四、项目间的相互作用如何影响资本项目的价值评估	1. 独立项目与互斥项目	
	2. 项目次序	
	3. 无限资金与资本定量配给	
五、项目的评估方法	1. 净现值法	项目评估方法和 NPV 概况
	2. 内部收益率法	
	3. ROIC	
六、净现值图	掌握净现值图	
七、IRR 与 NPV 的差异	NPV 和 IRR 的比较	
八、NPV 与股票价值评估的关系	解释 NPV 在股票价值评估中的重要性	
九、实物期权	了解实物期权的类型	实物期权 ★
十、项目评估的常见错误	了解项目评估的常见错误	

知识导引

资本预算是财报分析的基础之一，不仅因为它在公司的投资决策（公司投资的项目期限通常大于或等于一年）中扮演着重要的角色，还因为资本预算涉及的理论和方法也同样适用于估值。

本章思维导图

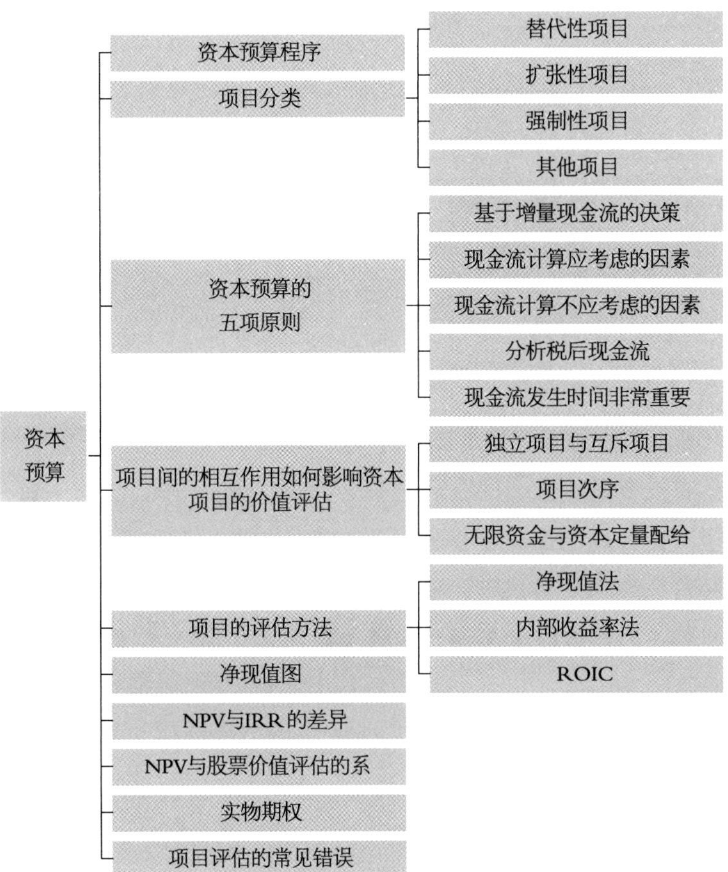
资本预算
资本预算程序
项目分类
替代性项目
扩张性项目
强制性项目
其他项目
资本预算的五项原则
基于增量现金流的决策
现金流计算应考虑的因素
现金流计算不应考虑的因素
分析税后现金流
现金流发生时间非常重要
项目间的相互作用如何影响资本项目的价值评估
独立项目与互斥项目
项目次序
无限资金与资本定量配给
项目的评估方法
净现值法
内部收益率法
ROIC
净现值图
NPV与IRR的差异
NPV与股票价值评估的系
实物期权
项目评估的常见错误

1. 资本预算程序

资本预算（capital budgeting）是识别、评价那些现金流收入在一年以后的长期资本项目的过程。公司对影响未来盈利的任何决策，比如是否购买新机器、是否向异地扩大业务、是否将公司总部迁至另一城市、是否更换送货卡车等等，都可以用资本预算分析的方法进行检验。资本预算程序对公司未来发展具有重要意义，管理层需要根据宏观经济态势、行业发展前景、公司具体情况作出最合理的决定。

此处“资本”不是传统意义上的股权与债权融资，而是指公司购买的长期资产，如固定资产等。资本预算决策是公司管理层面临的最重要的决策之一，因为固定资产投资具有投资额度大、回收周期长等特点，投资一旦完成，将在未来相当长的时间里决定公司的产出水平和财务收支。如果投资决策出现失误，则会加大公司的经营风险与财务风险；相反，正确的投资决策可以给公司股东带来长久收益。此外，公司战略大多通过投资决策实现，而资本预算程序同样起着举足轻重的作用。

资本预算程序的实施步骤：

第一步：产生创意（generating ideas）：公司需要通过多种渠道获得未来投资项目列表，初步选取可能给公司带来最大收益的投资项目。

第二步：分析项目建议（analyzing individual proposals）：该步骤是资本预算程序的关键一环，在全面搜集与投资项目相关的信息基础上对其未来现金流进行预测，从而评估项目的盈利能力。需要特别指出的是，资本预算程序重视现金流量，而财务会计强调收入与利润。

第三步：制定公司范围的资本预算（planning the capital budget）：根据投资项目现金流的时间、公司资源的可获得性以及公司整体战略规划等因素，进一步对投资项目进行筛选。

第四步：监督决策的执行、进行事后审查（monitoring and post-auditing）：一旦实施投资决策，则可能会出现一些原先在资本预算决策中未考虑的因素，为了确保项目的顺利实施，需要对其进行监督和审查。

2. 项目分类

2.1 维持性项目

替代性项目（replacement project）的主要目的是为了保证公司能够进行正常的持续运营活动和有效降低公司运营成本。同时，替代性项目是为了维持公司既有规模而必须进行的投资，即所谓的“保值投资”。

— 备考指南 —
区分不同类别的资本预算项目。

强制性项目（mandatory project）常常是由于政府管制或者公司的保险政策等原因，所必须投资的项目。一般考虑的是安全与环保问题，例如化工厂的污水处理设备投资，这类项目的最大特征是常常不盈利或微利。公司投资这类项目理论上不应当以股东利益最大化为目的，如果当地法规完备，这类投资项目一般无法避免。执行该项目时常常会带来极高的成本，因此公司最好能够关闭与此类项目相关的部门，或者与一些盈利较高的项目一起纳入资本预算过程。

2.2 成长性项目

扩张性项目（expansion project）用来加快公司业务增长，其需要根据产品市场的未来需求进行合理决策。扩张性项目包括投资于现有产品与服务。更关键地的是投资于新产品与新服务。扩张性项目投资可以看作“新增投资”，资本预算情况需要详细分析。

不同于替代性项目是为了维持公司运营，扩张性项目的目的是用来增加公司业务的规模，这种资本预算所面临的不确定性比替代性项目更大。

新产品和服务（new products or services）。若公司需要建立新项目，例如CFA培训机构想要拓展实务计算机编程课程，则这些新投资项目的现金流，估算起来会变比扩张性项目更困难，新项目面临更大的不确定性及风险，与之相关的决策也将更加复杂。

部分项目常常无法准确估算现金流，所以无法用一般的决策方法进行决策，这类项目被称为其他项目（other projects）。如偏好项目（pet project）（取决于公司管理层的个人偏好）或是风险太高以至于无法用一般预算决策方法决策的项目（如一些复杂的研发决策）。

3. 资本预算的原则

— 备考指南 —
描述资本预算的基本原则。

3.1 基于增量现金流的决策

资本预算的决策基于现金流（cash flow），而非会计利润（accounting income）。因为相比于会计利润，现金流更不容易被操控，而且通常在资本预算估值中，净现值（NPV）是对现金流而不是会计利润的折现。

在计算项目的净现值时，所运用的现金流量不是项目产生的总现金流，而是因项目而产生的现金流量的“增量”。增量现金流（incremental cash flow）指由决策引起的公司未来现金流量的变化，也称为相关现金流量。增量现金流可以理解为，公司新项目与老项目现金流上的差异，或是公司投资这个项目和拒绝这个项目的现金流量的差额。

举个例子

【例】打印店投资一个替代项目，用四台自动打印机替换四台手动打印机。原手动打印机产生现金流100万，新自动打印机产生现金流120万。求项目的增量现金流。

【解】

增量现金流 = 120-100 = 20万元

3.2 现金流计算中应该考虑的因素

在计算投资项目现金流时，应该包含（include）两个因素：机会成本和外部性。

3.2.1 机会成本

机会成本（opportunity costs）是指当把一定的经济资源用于生产某种产品时，放弃生产另一些产品所放弃的最大收益。

一项资产（asset）往往有多种用途，比如一个仓库可以自用，也可出租或者出售。

一旦这项资产用于某个项目或者某种用途，就丧失了其他使用方式所能带来的潜在收入。这些丧失的收入有充分的理由被看成是成本，因为公司失去了其他利用这项资产的机会，所以称之为“机会成本”。机会成本虽无真正意义上的现金流支出，但是仍然应该折算成金额，并在计算增量现金流时作为现金流的流出被剔除。

3.2.2 外部性

项目的外部性（externality）是指项目带来的可能增加或减少公司其他经营活动利润的间接效应，分为正外部性（增加利润）与负外部性（减少利润）。在资本预算过程中，应当充分考虑外部性对项目增量现金流的影响。

举例来说，如果公司新产品的推出对老产品的销售收入与利润造成负面影响。如吉列公司推出电动剃须刀，造成消费者减少购买传统剃须刀。称之为侵蚀效应（cannibalization），这是负外部性的一种表现形式。

— 备考指南 —
侵蚀效应是指新项目侵蚀了原有产品市场份额的现象。

相反，如果公司的新产品销售能对老产品的销售与利润产生正面影响。如吉列公司推出新品种剃须泡，从而带动了传统剃须刀的销量。称之为协同效应（synergy），这是正外部性的表现形式。

— 备考指南 —
协同效应是指新项目增加了公司原有项目的销量和现金流。

3.3 现金流计算中不应考虑的因素

在计算投资项目现金流时，应该剔除（exclude）两个因素：沉没成本和融资成本。

3.3.1 沉没成本

需要特别指出的是，在资本预算过程中，“沉没成本”（sunk cost）不予考虑。沉没成本是指公司已经发生的不可收回的成本。无论项目决策是否继续进行，沉没成本已经或即将支付，与未来用于决策的增量现金流无关，所以无需考虑在现金流的计算中。例如，为了评估项目可行性而支付给第三方咨询机构的咨询费用，就属于沉没成本。

3.3.2 融资成本

在计算净现值（NPV）时，税后的现金流是用“必要收益率”贴现的，这部分收益率往往反映公司使用资金的融资成本。所以融资成本（financing costs）是反映在项目要求回报率（required rate of return）中的，无需在计算现金流时重复

— 备考指南 —
在计算现金流时不需要考虑融资成本，因为在折现率中体现了融资成本。

剔除，所以在考虑项目现金流时，不需要考虑融资成本。

3.4 分析税后现金流

税务占用的现金流是流向政府的，切企业的税费支出无法避免。所以在计算项目内在价值时，用于折现的增量现金流应当为税后（after-tax basis）的现金流，只反映最终流向所有者或是公司的真实的增量现金流。

3.5 现金流发生的时机

由于货币具有时间价值，不同时间点的现金流，代表的价值不同，所以现金流发生的时机（timing）会影响最终项目的真实价值，在计算项目价值时，要尽可能准确地预测现金流发生的时机。

4. 项目间的相互作用如何影响资本项目的价值评估

— 备考指南 —

解释互斥项目、项目次序和资本配给是如何影响资本项目的评估与选择的。

4.1 独立项目与互斥项目

独立项目（independent projects）是指相互之间没有关系的项目，可以按照其各自盈利能力对每个项目进行价值评估。如 X，Y 和 Z 三个项目彼此独立，但是三者各自都可盈利，那么这三个项目都可以接受。

互斥项目（mutually exclusive projects）是指在所有可能的项目中只有一个可以被接受，项目之间是相互竞争关系。若 X 和 Y 之间为互斥关系，公司只会选择盈利相对多的那个项目，而不接受盈利相对较少的项目。

4.2 项目排序

某些项目必须按照一定的次序采纳，即今天投资的项目创造了未来投资于其他项目的可能性。比如：今天投资的 A 项目盈利，就为明年投资 B 项目创造了可能性；如果今天投资的 A 项目不盈利，B 项目就不会在明年被采纳。在项目决策中需要明确项目实施的顺序（project sequencing）。

4.3 无限资金与资本定量配给

如果公司有无限资金（unlimited funds），就可以采纳所有预期收益率大于资本成本的项目。而许多公司的融资有限，那么必须进行资本定量配给（capital rationing）。定量配给是通过一定的方式合理分配资源，目标是为了尽可能有效分配资金，来实现股东价值最大化。

5. 项目评估方法

5.1 净现值

— 备考指南 —
计算单个项目的净现值，并解释计算结果。

5.1.1 基本概念

净现值（net present value），可以简记为 NPV，是指特定方案下，现金流入的现值与现金流出的现值之间的差额。净现值的计算方法如下：

（1）依据现金流入和流出，分别按预定折现率折算为它们的现值；

（2）计算现金流入现值与流出现值的差额。

用公式表示为：

$$NPV=-C_0+\frac{C_1}{(1+r_1)}+\frac{C_2}{(1+r_2)^2}+\ldots+\frac{C_T}{(1+r_T)^T}=\sum_{i=0}^{T}\frac{C_i}{(1+r_i)^i}$$

NPV 表示净现值；C_i 表示第 i 年现金流量，并用“+”表示现金流入，“–”表示现金流出；r_i 表示第 i 期的贴现率；T 表示投资项目的寿命周期。

5.1.2 NPV 的判断准则

净现值反映的是 0 时刻，项目给企业带来的净价值。所以对于单个项目来说，如果净现值为正数，即折现后现金流入大于折现后现金流出，项目赚钱，应该投资。如果净现值为负数或等于 0，即折现后现金流入小于等于折现后现金流出，项目不赚钱，则不接受对应项目。

若企业涉及多个项目的判断，则需要区分独立项目与互斥项目。

独立投资项目：

- 当 NPV<0 时，拒绝该投资项目；

- 当 NPV ≥ 0 时，接受该投资项目。

互斥投资项目：

- 选择 NPV>0 的项目中，NPV 最大的一个项目进行投资。

举个例子

【例】某公司拟投资一个项目，假设该项目的存续期为 3 年，期初投资为 2,000 万元，第 1 年的现金流入为 800 万元，第二年的现金流入为 900 万元，第三年的现金流入为 1,000 万元。该公司的资本成本为 10%，则该项目是否值得投资？

【解】

$$NPV=-2{,}000+\frac{800}{1.1}+\frac{900}{1.1^2}+\frac{1{,}000}{1.1^3}=222.39\text{万元}$$

对于独立项目来说，该项目的净现值大于 0，是可以接受的好项目。

5.1.3 净现值的优缺点

净现值方法的优点很多。第一，净现值同时考虑了资金的时间价值和整个投资期限的现金流；第二，使用净现值方法可以更为直观地展示投资项目给公司股东带来的实际价值，有效区分了股东与债权人的各自利益归属。

净现值是资本预算最常用、最重要的方法，但是这种方法并不是完美的。NPV 方法最主要的缺点是，此方法只考虑了项目投资对股东权益绝对金额的贡献，没有考虑到项目占用资金的多少，也没有考虑到投资年限的差异。若 A 项目的 NPV 为 500 万，B 项目的 NPV 为 501 万，此时只看 NPV 应该投 B 项目。但若 A 项目的初始投资为 1000 万，B 项目的初始投资为 1 亿，通常可知，B 项目单位初始投资赚取收益的能力较差，即资金盈利能力（profitability）比较差，这种盈利能力的差别无法通过净现值法衡量。

5.2 内部收益率法

— 备考指南 —
计算单个项目的内部收益率，并解释计算结果。

5.2.1 基本概念

所谓内部报酬率（internal rate of return，IRR），又叫内含收益率，是使得项目的净现值为 0 时使用的折现率，即在该折现率下，未来现金流的折现现值和项目的初始投资相同。用公式表示为：

$$NPV=-C_0+\frac{C_1}{(1+IRR)}+\frac{C_2}{(1+IRR)^2}+\dots+\frac{C_T}{(1+IRR)^T}=\sum_{i=0}^{T}\frac{C_i}{(1+IRR)^i}=0$$

上式中，C_i 表示第 i 年现金流量；IRR 表示内部报酬率；T 表示投资项目的寿命周期。

5.2.2 内部报酬率的判断准则

内部报酬率的本质是一个折现率，或者可以看成所有现金流的再投资收益率（reinvestment rate）。因为现金流要以内部报酬率进行折现，就说明默认每个期间上的利率都是内部报酬率，即所有现金流需以内部报酬率利滚利进行再投资。

由于内部报酬率的本质是项目的收益率，所以对于单个项目，设 k 为项目融资的融资成本或投资者要求的最低回报率，企业应该投资那些 IRR 大于 k 的项目。此时，说明项目的内部报酬率大于融资成本，即项目赚钱。

对于多个项目，内部报酬率的判断也应分为独立项目与互斥项目进行判断。

独立投资项目：

- 当内部报酬率小于要求回报率时，拒绝该投资项目；
- 当内部报酬率大于要求回报率时，接受该投资项目。

互斥投资项目：

- 选择的项目中 IRR 最大的一个项目进行投资。

— 备考指南 —
独立项目与单个项目的判断标准对于所有指标都相同。后文不再赘述。

举个例子

【例】某公司拟投资一个项目，假设该项目初始投资额为 350 万元，未来 5 年的现金流入分别为 100 万元，94 万元，87 万元，99 万元和 195 万元，求该项目的内含报酬率。

$$NPV=-350+\frac{100}{(1+IRR)}+\frac{94}{(1+IRR)^2}+\frac{87}{(1+IRR)^3}+\frac{99}{(1+IRR)^4}+\frac{195}{(1+IRR)^5}=0$$

利用金融计算器：进入 CF 功能键，CFO=−350，CO1=100，F01=1；C02=94，F02=1；C03=87，F03=1；C04=99，F04=1；C05=195，F05=1。

IRR（CPT）=17.026（%）

可知项目的IRR为17.026%。

5.2.3 内部报酬率的优缺点

内部报酬率的优点

IRR考查的是1单位投入资金的所赚取回报，通常以百分比（%）的形式列示，体现了企业1单位投资的赚钱能力，即盈利能力（profitability）。所以，IRR弥补了NPV未考虑项目占用资金数量的缺陷，因为内部收益率表现的是比率（%），不是绝对值。

名师解惑

需要注意一个内部报酬率较低的方案，可能是由于其初始投资规模较大，而产生较大的净现值（NPV）。所以在比较各个方案时，将内部收益率方法与净现值方法结合起来考虑，是比较理想的决策方法。

内部报酬率的缺点

（1）IRR的再投资假设与现实不符（unrealistic reinvestment rate）

在计算过程中，将计算得出的内部报酬率值默认为再投资回报率（reinvestment rate），这可能与现实情况不符。因为计算NPV时使用的折现率（再投资收益率）与项目风险相关，风险越高折现率越高，体现了市场中真实的资金供求关系，属于现实的再投资假设。但是IRR作为折现率，是通过“计算”得出的数额，且是人为使NPV等于0的特殊情况，与市场中真实的风险无关，所以IRR有可能是“不现实”的。

（2）内部报酬率可能产生无解或多解的情况

一个项目可能无法计算出内部报酬率或者有多个内部报酬率，此时内部报酬率指标失效。多个内部收益率（multiple IRR）与项目的现金流模式（cash flow pattern）相关。项目的现金流模式分为传统现金流（conventional cash flow）与非传统现金流（unconventional cash flow）。传统现金流指的是在初始投资完成后，整个投资期内，项目的现金流符号不变。如果项目投资现金流的方向发生多次改变，既发生了现金流入又发生了现金流出，即“非传统现金流”。非传统现金流涉及现金流符号的多次变动，将造成了多个IRR的情形。

举个例子

【例】考虑以下项目，其发生如下现金流：

C_0=-22,000 元，C_1=15,000 元，C_2=15,000 元，C_3=15,000 元，C_4=15,000 元，C_5=-40,000 元；求 IRR。

【解】

该项目的现金流符号在第 1 期由负变为正，在第 5 期由正变为负，即现金流量的符号改变了两次，通过计算可得使该项目的净现值为 0 的内部收益率有两个，即 5.62% 和 27.78%。有两个内部报酬率的原因是现金流量的符号出现了两次变化。

实际上，项目现金流量的符号变动几次，项目的最多可能有几个 IRR。也就是说，如果项目现金流为“−CF0、CF1、−CF2”，则现金流符号改变两次，则这个项目最多有两个 IRR，即可能有 0 个、1 个或者 2 个 IRR。

— 备考指南 —
根据代数理论，如果现金流改号 M 次，那么就可能会产生最多 M 个正的内部收益率。

由于内部报酬率的这些特征，在对互斥项目进行评估时，IRR 可能与 NPV 方法得出的结果不一致，此时优先选用 NPV 作为项目评估指标。因为 NPV 反映了项目可以带来的绝对价值，体现项目实实在在给公司带来的好处（表 35−1）。

名师解惑

表 35−1　投资决策方法的比较

评价指标	决策准则	优点	缺点
净现值法（NPV）	NPV ≥ 0，项目是可行的； NPV ＜ 0，项目是不可行的	考虑了现金流量发生的时间； 提供了一个与企业价值最大化目标相一致的客观决策标准； 理论上是最正确合理的方法	没有考虑到项目占用资金的多少； 也没有考虑到投资年限的差异
内部收益率法（IRR）	如果 IRR ≥ r，项目是可行的； IRR ＜ r，项目是不可行的	反映企业的盈利能力； 以比率呈现	可能出现多个内部收益率问题； 不现实的再投资假设

5.3 投入资本回报率

投入资本回报率（ROIC，return on invested capital）是用于度量公司的盈利能力的指标之一，反应的是企业的资本投入（包括股权和债权）转换成利润的能力，即企业每投入 1 元的资本，能够赚得多少的利润。

投入资本回报率的计算公式如下：

$$投入资本回报率（ROIC）= \frac{税后经营利润}{平均投入资本的账面净值}$$

其中在计算企业的投入资本时，使用的是投入资本的账面净值，即资产负债表中记录的具体数值。同时，投入资本包括普通股、优先股和债务总额。

在企业进行投资决策时，如果得到的投入资本回报率大于了企业的融资成本，意味着企业从投资者那里获得的资本能够获得更高的回报，从而增加公司价值，该项投资时有利可图的。反之，当计算得到的投入资本回报率小于了企业的融资成本，意味着此时企业为投资者获得的回报率较低，降低企业价值，这项投资无法给企业带来好处。

6. 净现值图

— 备考指南 —
解释净现值图示。

有 A、B 两个项目，不同折现率（discount rate）下的净现值（NPV）如表 35-2 和图 35-1 所示。

表 35-2

折现率	项目 A	项目 B
0%	600.00	800.00
5%	360.85	413.00
10%	157.64	98.35
15%	−16.66	−160.28

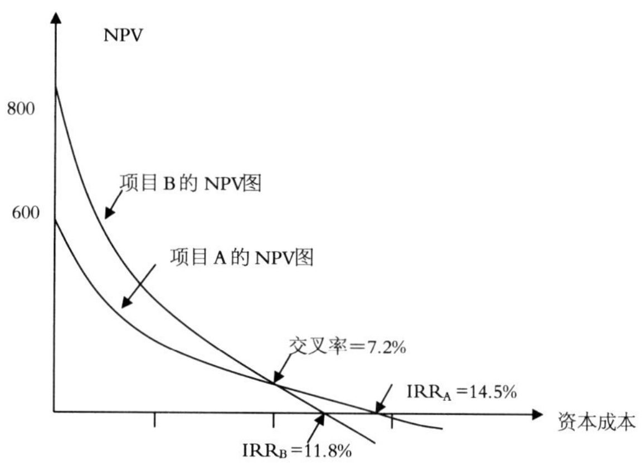

图 35-1　净现值图

净现值图（NPV profile）表现的是净现值（NPV）与资本成本（cost of capital）之间的关系，即在不同的折现率下项目的净现值。净现值图有以下特征，需要考生掌握：

- 净现值图的横轴为折现率，即资本成本；纵轴为项目的净现值 NPV。
- 净现值图中曲线与 y 轴的焦点为：当贴现率为 0 时，这两个项目的净现值正好等于各自未折现的现金流量（包括期初的流出和生产经营期间的流入）之和。所以 A 项目的现金流总和为 600，小于 B 项目的 800。
- 当贴现率为 7.2% 时，NPV_A=NPV_B。7.2% 代表两个项目 NPV 相等时的折现率，称为交叉率（crossover rate）。

交叉率的计算方法如下：

举个例子

【例】假设项目 A 和项目 B 的现金流如表 35-3。

表 35-3

时点	0	1	2	3
项目 A	0	600	0	0
项目 B	0	0	0	800

试计算两个项目的交叉率。

【解】

交叉率为两个项目 NPV 相等时的折现率，设为 r。

$$NPV_A=0+\frac{600}{(1+r)^1}+\frac{0}{(1+r)^2}+\frac{0}{(1+r)^3} \quad (1)$$

$$NPV_B=0+\frac{0}{(1+r)^1}+\frac{0}{(1+r)^2}+\frac{800}{(1+r)^3} \quad (2)$$

使（1）－（2）＝0，对应折现率 r 为交叉率。则有：

$$0=(0-0)+\frac{600-0}{(1+r)^1}+\frac{0-0}{(1+r)^2}+\frac{0-800}{(1+r)^3} \quad (3)$$

公式（3）中的分子为 A 项目各时点现金流减 B 项目各时点现金流，所以我们可以构建一个新 C 项目。C 项目的现金流为 A 的现金流减 B 的现金流。则 C 项目的现金流如表 35-4。

表 35-4

时点	0	1	2	3
项目 A	0	600	0	0
项目 B	0	0	0	800
项目 C= 项目 A- 项目 B	0	600	0	−800

所以项目 C 的 NPV 为：$NPV_C=0+\frac{600}{(1+r)^1}+\frac{0}{(1+r)^2}+\frac{-800}{(1+r)^3}$

C 项目 NPV 的公式正好是（3）式的等号右边的公式，所以使项目 C 的 NPV 等于 0，求得的折现率即为交叉率。换句话说，交叉率就是项目 C 的 IRR。

由金融计算器：

CF0=0，C01=600，F01=1；C02=0，F02=1；C03= - 800，F03=1；IRR（CPT）=15.47，则 crossover rate=15.47%。

综上所述，两个项目交叉率的求解分两步：

第一步：将两个项目的现金流作差，得到第三个新项目；

第二部：运用金融计算器求第三个新项目的 IRR，即为交叉率。

- 当贴现率分别为 14.5% 和 11.8%时，A，B 两个项目的净现值降为 0，因此，14.5% 和 11.8% 分别为 A，B 两个项目的内部收益率（IRR）。

7.NPV 与 IRR 的差异

本节简单解释净现值法方法和内部报酬率方法在评价独立项目和互斥项目时各自的优缺点。

— 备考指南 —
比较 NPV 法和 IRR 法在评估独立项目和互斥项目时的异同，并描述两种方法各自存在的问题。

首先，对于相互独立的项目（independent projects），用净现值法（NPV）和内部报酬率法（IRR）会得出一致的结论。

第二，评估互斥投资项目（mutually exclusive projects）时，净现值法（NPV）和内部报酬率法（IRR）有时会得出相反的结论，形成这种差异原因主要有三点。

（1）二者对再投资回报率（reinvestment return rate）的假设不同；

（2）两个项目大额现金流出现的时机不同；

（3）因为项目的初始投资规模不同。

8. 实物期权

实物期权是一种资本预算期权，它让管理者有权在未来进行决策，从而改变资本预算决策当前的价值。除了在零时刻对资本预算进行决策外，管理者还可以在未来某个时间点，根据或有的某个经济事件或信息进行决策。实物期权就像金融期权，赋予持有人进行决策的机会，但并没有义务。公司只有在期权能够带来利润的情况下才会行权。

8.1 择时期权

通过择时期权（timing option）允许公司选择延期开展项目。例如一个公司要建一个工厂，可以选择半年后建，也可以一年后建，这个时间对企业是有价值的。

8.2 规模期权

规模期权（sizing option）是根据项目实际的运营情况，可以通过此期权对项目进行规模调整，包括放弃期权（abandonment option）和扩张期权（expansion option）。

- 放弃期权：如果放弃项目所带来的现金流超过继续投资所产生的现金流，此时应该执行放弃期权。
- 扩张期权：与放弃期权相对，如果追加项目投资可以持续增加企业的净现值，此时可以执行扩张期权。

8.3 灵活期权

灵活期权（flexibility option）指在企业运营过程中还有其他的选择权，分为定价权和生产权两种。

定价权（price-setting options）项目有自由定价的权力。如果市场上的需求大于供给，公司可以自由提价赚取更多收入。

灵活生产权（production flexibility options）指企业有灵活调整产量的权力。例如在市场需求高时，公司可以通过轮岗的方式扩大生产；联系上下游匹配供求；有自由更新新产品；或者可以用更便宜的原材料替换老材料，降低成本。

8.4 基础期权

基础期权（fundamental option）的投资决策取决于相关资产表现。例如，由于原油的价格很高，页岩油和页岩气在美国很盛行。当原油的价格高于美国的页岩油和页岩气的生产价格时，就有开采的商业价值。如果原油价格低于页岩油和页岩气的开采价值时油和页岩气，则没有开采价值。

8.5 含权项目估值

在考虑项目的净现值的时候，要把选择权的价值考虑进来，从而得到整个项目的净现值，公式如下：

项目整体净现值 = 不含全项目净现值（基于先进流折现）= 期权价值 - 期权成本

项目的净现值为传统的净现值；期权价值为四种实物期权所带来的价值；在计算净现值时，要以项目整体的净现值为准，如果项目整体的净现值大于零，这个项目是可投资的；如果项目整体的净现值小于 0，则项目不可投资。

举个例子

【例】

公司现在计划开展一个新项目，该项目的预期净现值为-20万元。如果该公司额外投资15万元，就可以获得一个选择权，可以选择在A区、B区和C区的任意一区开展项目，这将带来极大的便利，并能有效节约项目实施的成本。若没有该期权，则公司只能在B区开展该项目。若该实物期权的价值为60万元，那么项目的整体价值应该为多少？

【解】

这里题目其实相当于求解的是这个项目整体的净现值。

项目整体的净现值 = 传统的净现值 + 期权价值 - 期权成本

=- 20万 +60万 -15万 = 25万

因为这个项目的整体净现值是正的，所以这个项目是可投资的。

9. 项目评估的常见错误

- 市场反应：在评估项目时没有考虑到竞争对手可能采取的措施，或是市场中加入了更多的竞争者。这些市场上的变化都会影响公司的利润水平；
- 模版错误：公司在对项目进行分析时往往会套用标准化的分析模版，但可能不适合某些特殊的项目；
- 宠物项目：指公司领导所偏好的项目，这些项目不一定能盈利。通俗来说，即领导喜欢但是没有经济意义的项目；
- 做决策时使用内含报酬率：当内含报酬率与净现值的决策产生分歧时，应以净现值作为参考；
- 间接费用：大公司项目的成本必须包括所产生的管理时间、信息技术支持、财务系统和其他支持。结果这些项目很难去度量其价值，高估或低估这些期间成本可能会降低投资决策能力；
- 折现率使用错误：对一个项目的现金流进行折现时，折现率应与项目的风险水平相一致；

- 沉没成本和机会成本：这也是大多数分析中最大的错误。与决策相关的成本都应考虑在内，不需考虑沉没成本；
- 忽略其他的投资选择：在资本预算的过程中，有一个好的投资想法是最关键的步骤。但很多其他好的投资途径都没有被考虑在内；
- 现金流估计错误。

第 36 章 营运资本和流动性

<table>
<tr><th colspan="2">本章知识点</th><th>讲义知识点</th></tr>
<tr><td rowspan="3">一、企业的融资来源</td><td>1. 了解内部融资来源</td><td rowspan="3">企业融资来源</td></tr>
<tr><td>2. 了解外部融资来源</td></tr>
<tr><td>3. 选择融资方式时考虑因素</td></tr>
<tr><td rowspan="3">二、运营资本管理</td><td>1. 稳健型策略</td><td rowspan="3">营运资本方法</td></tr>
<tr><td>2. 激进型策略</td></tr>
<tr><td>3. 配合型策略</td></tr>
<tr><td rowspan="2">三、流动性管理</td><td>1. 流动性来源</td><td rowspan="3">流动性方法和管理</td></tr>
<tr><td>2. 影响流动性的因素</td></tr>
<tr><td>四、短期获取资金的选择</td><td>掌握企业进行短期融资的主要目标</td></tr>
</table>

知识导引

获取资金是企业维持正常经营的基础，公司在获取资本时，可以通过短期或者长期的融资方式获得资金，而企业短期获取资金的途径能够反应企业营运资本管理的有效性。本章主要介绍企业获取资本的途径，企业对于自身流动性的管理，以及应当如何评判企业的流动性。

本章思维导图

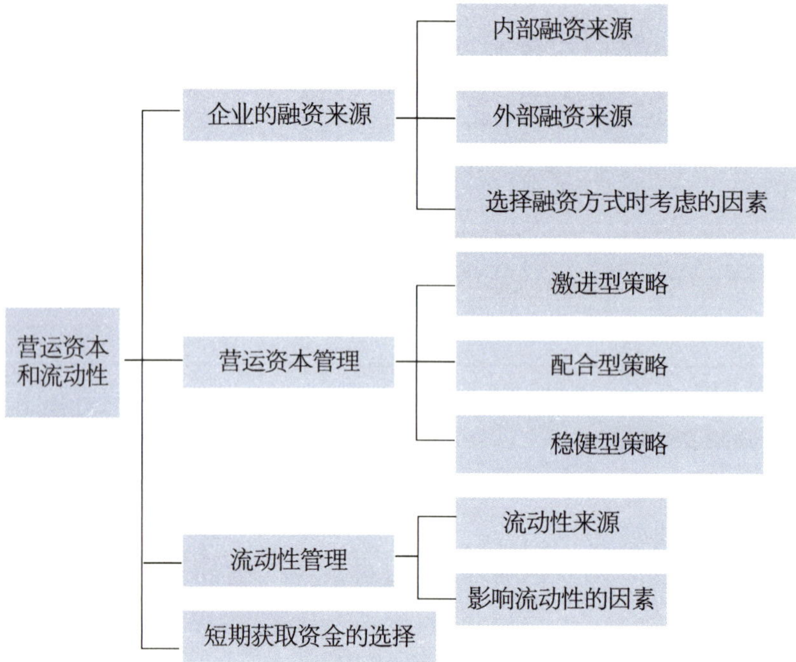
营运资本和流动性
企业的融资来源
内部融资来源
外部融资来源
选择融资方式时考虑的因素
营运资本管理
激进型策略
配合型策略
稳健型策略
流动性管理
流动性来源
影响流动性的因素
短期获取资金的选择

1. 企业的融资来源

企业融资的来源从大的方向上来看，可以分为内部资金来源及外部资金来源。企业的内部资金来源主要包括税后的经营活动现金流、应付账款、应收账款以及存货和有价证券的出售。外部的融资来源包括向金融机构的借款、资本市场的借款、以及其他一些获取资金的方式，比如租赁。

1.1　内部融资来源

1.1.1　税后经营活动现金流

税后经营活动现金流 = 净利润 + 折旧费用（非现金费用）– 支付的股利。

这部分现金流越高，可预测性越强，代表企业自身获取内部融资的能力越强，企业的流动性也越好。

1.1.2　应付账款和应收账款

应付账款（accounts payable）是企业因购买原材料、接受劳务等产生的债务，是企业应当付给供应商的资金。供应商为了鼓励公司尽早还款，会对提前还款的买家提供一定的折扣，这种折扣被称为现金折扣。

现金折扣的报价方式为“2/10 net 60”，其含义为：如果应付账款能在 10 天内支付，则买方可以获得 2% 的还款折扣。如果买方没有得到折扣优惠，那么则应等到最后截止日 60 天时，再进行支付。

应收账款（accounts receivable）可以认为时应付账款的反面，是客户欠企业的资金，因此一个企业的应付账款，意味着是另一个企业的应收账款。

通常来讲，面对应付账款，企业偏好自己付款时间越长越好，此时企业可以保留更高的流动性。而面临应收账款，企业希望可以尽快收款，从而给自己提供流动性。

1.1.3　存货

存货同样是企业流动资产的一个重要组成部分，公司需要等待一段时间才能够将存货变现。企业在持有存货的同时会产生持有存货的成本，因此企业持有的存货量较多，会导致企业成本上升，经营效率下降。因此企业会控制持有存货的数量。存货在出售之后，首先会形成应收账款，当客户真正支付款项后，存货才能够真正实现变现。

1.1.4 有价证券

企业持有的有价证券，比如股票或者债券，能够在二级市场快速变现，转变成现金，因此有价证券能够为企业提供流动性。同时，由于有价证券能够赚取一定的投资收益，因此相比持有现金，持有有价证券能够为企业带来更高的收益。

1.2 外部融资方式

1.2.1 从银行短期融资

无承诺信贷额度（uncommitted lines of credit）：银行并无义务借出款项，如果公司经营状况恶化，银行可以拒绝借款。

承诺信贷额度（committed lines of credit）：承诺信贷额度是银行信贷额度的形式，大多数公司将其称为常规信贷额度（regular lines of credit）。它们比未承诺的信贷额度更可靠，因为其享有银行的正式承诺，可通过确认函（acknowledgment letter）作为年度财务审计的一部分加以核实，并添加在公司年报的附注中（footnotes）。承诺信贷额度是无担保的，并且是预付款，没有任何处罚，它的借款利率是一个协商拟定的利率。与无承诺信贷额度不同，常规信贷额度通常要求支付承诺费（commitment fee），来补偿银行承担的风险。

循环信贷额度（revolving lines of credit）：借款人可在承诺有效期内多次使用银行所承诺贷款金额，并且可以反复使用偿还的贷款。只要借款人在某一时点所使用的贷款不超过全部承诺即可，相当于长期借款。所以循环信贷额度是最可靠的信贷额度。

银行承兑票据（banker's acceptances）：主要用于出口企业，能够从买家银行那里得到货款保证。

保理（factoring）：公司通过出售应收账款给银行，换取短期资金。

1.2.2 从非银行机构短期融资

一般小公司或者是信誉不是很好的公司使用非银行金融机构进行短期融资。这种融资方式的成本比其他融资方式高，那些在普通银行拿不到短期贷款的公司通常使用这种融资方式。

而规模较大且信誉较好的公司则可以通过发行商业票据（commercial paper）来进行短期融资，直接将商业票据卖给投资者或者卖给经纪人，商业票据的利率一般比银行贷款利率低。

除此之外，企业还可以通过发行股票、发行债券等方式获取资金，同时也可以通过一些复合证券，比如优先股、可转债、可转换优先股等进行融资，也可以通过租赁等方式获得流动性。

1.3 选择融资方式时考虑的因素

企业在进行融资方式的选择时，主要需要考虑的因素有以下一些因素（表36-1）：

表 36-1

公司个体因素	宏观经济因素
公司规模	税收
资产风险	通货膨胀
上市股权还是非上市股权?	财政政策
资产负债管理	货币政策
债务到期时间	
汇率风险	
代理成本	
破产清算风险	
发行成本	

2. 营运资本管理

营运资本（working capital）是指和公司运营有关的流动资产减去流动负债的差额。公司营运资本的多少通常由公司的特定业务模型决定。一些企业需要在库存和应收账款方面进行大量投资，而其他公司则不然。零售企业，尤其是那些有实体店、大量库存或者大量依赖赊销赊购的零售企业，一般需要更多的营运资金。相比之下，软件公司、只有在线门店的公司、拥有大量无形资产和少量实物资产的企业，往往无需太多营运资本储备。

> — 备考指南 —
> 考生须掌握三类营运资本管理策略的定性判断。

公司的流动资产可以细分为两类：永久性流动资产（permanent current

assets）和临时性流动资产（variable current assets）。永久性流动资产是指企业所必须持有的最低限额的现金，存货以及应收账款等，无论企业的生产如何受季节等因素的影响，永久性流动资产的持有量都是相对稳定的。但永久性流动资产并非绝对固定不变，它一般要随着企业规模的扩大按一定的比例增加。临时性流动资产又称为季节性流动资产，是指由于公司季节性需求增加，而额外增加的流动资产，比如，增加的存货或者由于赊销收入增加而增加的应收账款等。

管理层需要判断用长期还是短期的负债来为这两类流动资产融资，一般采取三种不同的融资策略：稳健型策略（conservative）、激进型策略（aggressive）和配合型融资策略（moderate）。

名师解惑

正常的投资和融资管理一般要考虑所有流动和非流动的资产，以及所有长期和短期的负债。但是在 CFA 一级中，我们只考虑流动资产和长期及短期的负债，对于非流动资产我们不在营运资本管理部分讨论。

2.1 稳健型策略

稳健型策略是指企业全部流动资产主要用长期负债或权益性资本筹资，此时公司会倾向于持有大量流动资产。因为公司的资产属于一年之内变现的流动资产，所以现金流入速度快；而公司的债务期限长，很久之后才需要偿还本金，现金流出速度慢，此时，公司账面上剩余的现金变多，为公司提供短期财务灵活性，降低财务风险。但由于长期债的利率一般高于短期债，所以稳健型策略会增加公司的融资成本，降低股东回报。

2.2 激进型策略

激进型策略是指企业全部流动资产主要由短期负债筹集，此时公司持有的流动资产会大大减少。因为公司资产端期限延长，变现速度变慢，现金流入速度慢；而负债期限短，需要快速偿还本金，现金流出速度快，所以公司的短期财务灵活性下降，不容易抵御市场压力和风险。但是由于短期负债利率低，融资成本更低，所以公司的股东回报会增加。

稳健型和激进型策略的优缺点见表 36-2。

表 36-2

稳健型的优点（激进型的缺点）	稳健型的缺点（激进型的优点）
稳定的、长期负债； 不需要定期再融资； 降低再融资风险。	长期债的融资成本会比短期债更高。
未来的融资成本签订在合同中保持不变。	股权融资成本高。
未来购买存货所需的营运资本确定性高。	已有较多的长期债，公司未来不容易借钱。
未来才有偿还本金的压力，降低了短期的现金需求。	延长存货交付周期确保财务状况。
持有大量流动资产，在金融危机中增加财务灵活性。	长期债需要更多限制性条款会限制公司的运营。

名师解惑

公司在选择稳健或者激进的方法时，主要参考以下几点。

市场状况。市场状况良好，公司面临的短期财务风险小，此时会采取比较激进的策略，增加股东回报。市场状况变差，公司需要更多的流动性应对短期偿债压力，此时会采取稳健的策略。

收益率曲线。如果公司预期未来市场利率不变或者温和上升，公司应该采取稳健策略。公司应该通过签订长期固定的借债合同锁定现在市场中比较便宜的借款利率，避免未来由于市场利率上涨带来的高昂的融资成本。反之，如果公司预期未来市场利率下降，则公司应该采取激进策略，即公司先借短期债，在到期之后，再重新签订新的短期借款合同，通过短期债的不断滚动和延展（rollover）达到借长期债的效果。由于市场利率下降，公司新签订的短期借款利率会不断下降，节省公司的融资成本。

现金管理。如果公司使用稳健策略，由于锁定长期利率，未来现金流出是固定的，可以增加未来预期的确定性。但是如果公司希望加快现金周转速度，减少现金周转周期（cash conversion cycle），公司可能需要采取激进的方法，降低存货和应收账款的存量，来减少两者的周转周期。

管理层的偏好。部分公司的管理层偏好使用长期债代替股权融资，因为增发股票会稀释老股东的权益，此时管理层会多借长期债（稳健型策略）。

2.3 配合型策略

配合型融资策略是指负债匹配（liability-matching），即融资方式的期限选择与资产投资的到期日相匹配。在该策略中，临时性流动资产通过短期负债融资，永久性流动资产通过长期负债或权益性资本融资。在该策略下，公司持有的流动资产总量在保守和激进的两种方法之间。

2.4 三类策略对比

— 备考指南 —
杜邦分析法已经在财务报表分析部分介绍。

不同的营运资本管理策略对股东回报的影响，可以通过杜邦分析法来研究。股东回报率（ROE）= 净利率 × 总资产周转率 × 财务杠杆。当公司采取稳健策略时，营运资本上升时，总资产周转率下降，所以股东回报率下降。而激进型策略会导致公司营运资本下降，总资产周转率上升，从而增加股东回报。

表 36-3 总结了三种不同的策略对公司流动资产、融资需求、融资成本、财务灵活性、财务风险和股东回报的影响。

表 36-3

融资策略	流动资产总量	融资需求	融资成本	财务灵活性	财务风险	股东回报
稳健	↑	↑	↑	↑	↓	↓
配合	↔	↔	↔	↔	↔	↔
激进	↓	↓	↓	↓	↑	↑

3. 流动性管理

3.1 流动性来源

- 流动性的一级来源（primary source of liquidity）：一级来源指，来源于公司日常销售收入，应收账款和短期投资等项目的收回，产生的日常经营类的现金。
- 流动性的次级来源（secondary source of liquidity）：次级来源往往是“不健康”的流动性，如清算的短期或长期资产、债务条款再协商、公司重组等。

如果公司的流动性来源于一级来源，则一般不会影响公司的日常经营活动。

但是如果公司流动性诉诸于次级来源，则会显著改变公司的经营现状与财务结构，表明公司的财务状况正在恶化中。

3.2 影响流动性的因素

- “拖式”影响（drags on liquidity）：所有对现金流入期限或速度的影响，比如未收回的应收账款（坏账）作废的存货等等，该效应会降低企业日常经营活动中可用资金的数量。
- “拉式”影响（pulls on liquidity）：产生加速现金流出的影响，如商业信用（对供应商的赊账）的数量受到限制或降低。

4. 短期获取资金的选择

企业进行短期融资的主要目标有以下几个方面：

- 确保有充足的能力解决企业高峰时期对于现金的需求。
- 保留充分的信贷来源，从而保证企业有能力应对接下来的资金需求。
- 确保企业获取资金的成本维持在较低水平。

影响企业短期借款策略的因素主要有以下几个因素：

- 公司规模及信用状况。
- 法律环境。
- 借款可得性——企业的借款是否依赖于单一债权人。
- 借款选择的灵活性。

第 37 章 资本成本

<table>
<tr><th colspan="2">本章知识点</th><th>讲义知识点</th></tr>
<tr><td>一、资本成本的概念</td><td>资本成本的概念</td><td rowspan="3">加权平均融资成本</td></tr>
<tr><td rowspan="2">二、权重计算方法</td><td>1. 市值与账面价值</td></tr>
<tr><td>2. 资本结构</td></tr>
<tr><td rowspan="2">三、债务成本的计算</td><td>1. 掌握持有至到期收益率法</td><td rowspan="3">债务和优先股融资成本</td></tr>
<tr><td>2. 债券评级法</td></tr>
<tr><td>四、优先股成本的计算</td><td>掌握优先股成本的计算</td></tr>
<tr><td rowspan="3">五、普通股成本的计算</td><td>1. 资本资产定价模型</td><td rowspan="6">普通股融资成本</td></tr>
<tr><td>2. 风险溢价法</td></tr>
<tr><td>3. 股利增长模型法</td></tr>
<tr><td rowspan="2">六、单一经营法</td><td>1. 贝塔系数 β</td></tr>
<tr><td>2. 单一经营法的计算</td></tr>
<tr><td>七、股权发行费用</td><td>掌握计算发行费用的方法</td></tr>
</table>

知识导引

公司通过投资能创造经济利益的项目来获得资金，以支持自身的发展。通常情况下，投资这些项目的资金来自于其他的资金拥有者，而使用这些借款就要支付资本成本。因此，投资的项目能为公司创造多少价值取决于两个因素，一个是项目的投资回报，另一个则是投资这个项目所需的资本成本。若投资回报高于资本成本，则该项目能为公司创造价值；反之，若投资回报低于资本成本，则该项目就会降低公司的价值。

因此，在估算项目的价值时，分析师需要谨慎衡量该项目的资本成本。资本成本不是统一的，因为不同的现金流面临的风险不同，其对应的资本成本也就不同。很多情况下，分析师是以公司各项目的平均资本成本为基础，根据特定项目的风险相应地调高或调低资本成本。

本章思维导图

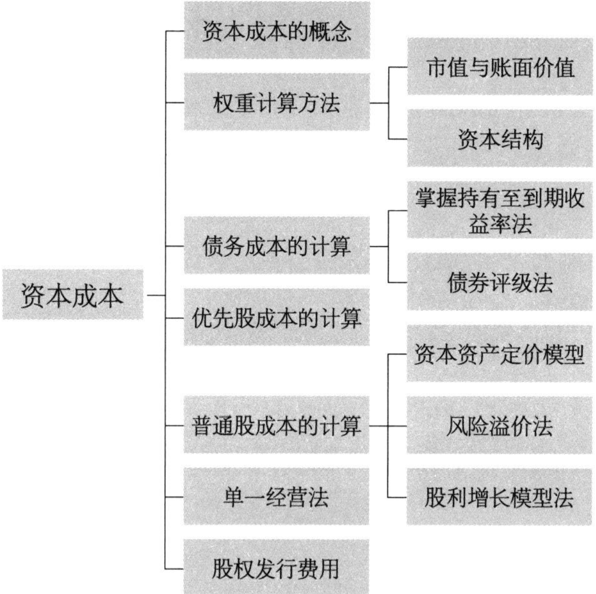
资本成本
资本成本的概念
权重计算方法
市值与账面价值
资本结构
债务成本的计算
掌握持有至到期收益率法
债券评级法
优先股成本的计算
普通股成本的计算
资本资产定价模型
风险溢价法
股利增长模型法
单一经营法
股权发行费用

1. 资本成本的概念

资本成本（cost of capital）是指为了补偿资本提供者——债权人和股东而让渡的资本使用权而给予的收益率。简单来说，资本成本是指企业（公司）为筹集和使用资金而付出的代价。从广义来讲，企业筹集和使用任何资金，不论短期还是长期的资本，都要付出代价。狭义的资本成本仅指筹集和使用资金（包括自由资本和借入长期资金）的成本。

公司整体的资本成本，可以用加权平均资本成本（weighted average cost of capital，WACC）来衡量。WACC 就是公司的现有证券的融资成本加权平均，所构成的期望收益。WACC 反映公司整体投资风险，若项目的风险与公司整体风险相似，则可以用 WACC 作为折现率，计算项目的 NPV。

— 备考指南 —
计算一个公司的 WACC，并解释计算结果。

WACC 用公式表示为：

$$WACC=(\omega_d)[r_d(1-t)]+(\omega_p)(r_p)+(\omega_e)(r_e)$$

其中，

$WACC$——加权平均资本成本；

ω_d——债务融资的百分比；r_d——债务资本成本；t——公司的边际税率；

ω_p——优先股融资的百分比；r_p——优先股资本成本；

ω_e——普通股融资的百分比；r_e——普通股资本成本。

公司资本成本具有以下特征：

- 资本成本是公司取得资本使用权的代价；
- 资本成本是公司投资者要求的最低报酬率；
- 不同资本来源的资本成本不同；
- 不同公司的筹资成本不同。

例如，一个公司的 WACC 为 12%，就表示给定公司整体的投资风险，项目的投资回报必须超过 12%，才能为公司赚取利润。从本质上来看，公司的 WACC 代表了公司必须支付给投资者（包括债权人和股东）的税后平均回报。

在计算 WACC 时要考虑债务的税后融资成本。由于债务的利息部分为税前列支的费用，所以会产生税盾的好处，所以税收会直接影响债务成本。若债务的税前融资成本为 10%，边际税率为 30%，则债务的税后融资成本为 7%（10%×（1−30%））。

优先股和普通股的股利收益都是税后扣除的，所以没有税盾效应，所以优先股与普通股的税前与税后的融资成本相同，不需要剔除税赋的影响。

2. 权重计算方法

2.1　市值与账面价值

在计算各类资本的权重时，原则上应采用证券的市场价值（market value）计算。但当债券和股票的市场价值非常接近账面价值（book value）时，则可以用账面价值近似计算权重。

2.2　资本结构

有时，债务与股权融资的比例会以资本结构（capital structure）的形式给出。资本结构指的是公司债务融资与股权融资的比例。例如，公司的资本结构为50%，说明公司的债务融资（D）占股权融资（E）的一半。此时债务融资的权重为1/3（1/（1+2）），而股权融资的权重为2/3。

公司的资本结构分为目标（target）资本结构、预期（forecast）资本结构、现有（current）资本结构与可比（comparable）资本结构。这四类资本结构都可以作为计算权重的基础。但是使用时有一定的优先级。

（1）优先使用目标资本机构

目标/最优资本结构就是最大化股价，也就是WACC最小时的资本结构，即各种融资所占的最优比重。为维持最优资本结构，如果当前负债率（debt ratio）低于目标资本结构（target capital structure）时，公司应发放贷款或者新发债券；如果当前负债率高于目标资本结构，则公司将通过权益融资（equity financing）降低负债率。

（2）预期资本结构

预期资本架构反应企业对于未来经营状况的预测。

（3）现有资本结构

（4）可比资本结构

当前三者都不存在时，可以找行业中可比公司的资本结构来代替。

举个例子

【例】假设某公司目标资本结构如表 37-1。

表 37-1

融资方式	市值	账面价值
债权	￥500,000	￥400,000
优先股	￥300,000	￥250,000
普通股	￥800,000	￥500,000

试计算各类融资方式的在 WACC 中的权重比例。

【解】

运用市值进行计算。

总资本：￥1,600,000=500,000 + 300,000 + 800,000

债务比例：￥500,000 ÷ ￥1,600,000= 31%

优先股比例：￥300,000 ÷ ￥1,600,000= 19%

普通股比例：￥800,000 ÷ ￥1,600,000= 50%

3. 债务成本的计算

— 备考指南 —

YTM 相关内容会在“固定收益”部分详细讲解。

公司发行新债的债务成本使用的由发行时的市场利率（market rate）决定，而非票面利率（coupon rate）。当债券的其他信息（如发行价、发行期数等）都能可靠计量时，我们可以使用持有至到期收益率（yield-to-maturity, YTM）法来求得该债券发行时的市场利率；当债务的发行价、发行期数等信息无法可靠得到时，我们可以使用债券评级法（debt-rating approach）来求得该债券发行时的市场利率。

名师解惑

注意：无论使用上述哪种方法，我们求得的市场利率都是税前的债务成本，把税前的债务成本扣除对应的税之后，得到的才是加权平均资本成本（WACC）中的税后债务成本：r_d（1-t）。

3.1　持有至到期收益率法（YTM 法）

当公司发行新债时，如果该债券的发行期数、发行价、年金和票面值都已知，我们可以使用金融计算器的年金键来计算它的持有至到期收益率。持有至到期收益率即该债券的折现率（I/Y）。债券的折现率对债权人来说是该债券的收益率，对公司来说就是税前的债务融资成本（cost of debt, r_d）。因此，公司的税前债务成本等于该债券的持有至到期收益率。即：r_d=YTM。

举个例子

【例】公司发行一张三年期债券来进行债务融资，债券的发行价为 \$1025，息票额为 \$100，票面值为 \$1000，一年一计息，求该公司的税前债务成本。

【解】税前债务成本 r_d=YTM，在金融计算器中输入以下数值：

在用金融计算器时，应先清空历史数据（2ND,FV），再使用对应的功能键来求解。

N= 3, PV= -1025, PMT= 100, FV= 1000，计算 CPT I/Y= 9.01。

由于用金融计算器求得的利率（I/Y）都是期间利率，所以需要注意年化问题。

r_d=YTM=(I/Y)×m，m 为一年中的计息次数。

题干中说一年计息一次，即 m=1，所以本题中的税前债务成本 =9.01%。

【例】承上例，若边际税率为 30%，则税后债务融资成本为？

【解】税前债务融资成本 =9.01%

税后债务融资成本 $= r_d \times (1-t) = 9.01\% \times (1-30\%) = 6.307\%$

3.2　债券评级法

当公司发行新债时，如果该债券的发行期数、发行价、年金和票面值这些信息无法全部被可靠获得时，我们可以在市场中找到相同评级，相同到期时间的债券，用它的持有至到期收益率来当做该公司新债的收益率，也就是该公司的债务融资成本。这种方法被称为债券评级法（debt-rating approach）。

例如，甲公司准备发行一张评级为 AA 的 7 年期债券，债券 C，但是由于之前未发行过相似债券，所以无法准确计算出该债券的融资成本。此时，甲公司可以到债券市场中，找到另一评级为 AA 的 7 年期债券，债券 D。债券 D 的持有至到期收益率（YTM）可以通过该债券的市场价格、票面利率及面值计算求得。则甲公司新发行的债券 C 的税前债务融资成本应该等于债券 D 的持有至到期收益率。

4. 优先股成本的计算

— 备考指南 —
优先股：股利分配优先，清偿顺序优先。

优先股（preferred stock）指的是公司在分派股息和清算公司财产时比普通股享有优先权的股份。对持续经营的企业而言，“优先权”意味着只有在优先股股东获取股利后，普通股东才有资格获得股利。优先股的股息（Dividend）通常是固定的，所以优先股和债券在收益的波动性方面比较类似。但是不同于债券的是，在确定公司应纳税所得额时，优先股股利不能作为一项利息费用从而免于纳税，所以优先股没有税盾效应，在计算优先股融资成本的时候不用扣减税率。优先股融资成本（cost of preferred stock, R_p）的计算公式为：

$$R_p = \frac{D}{P_0}$$

这里 D 为优先股股利，P_0 是优先股的当前价格。

5. 普通股成本的计算

普通股指企业新发行的普通股时，依据公司投资风险，股东所要求的回报率，普通股成本（cost of common equity, r_e）有三种计算方式：CAPM 模型、风险溢价法及股利增长模型法。

5.1 资本资产定价模型法

普通股定价的方法之一是使用资本资产定价模型（capital asset pricing model, CAPM）计算股票的期望收益率。CAPM 的基本公式如下：

$$E(R_i)=R_f+\beta_i\times[E(R_m)-R_f]$$

CAPM 认为，股票的收益率取决于贝塔系数（β_i）描述的系统性风险。系统性风险越高，股票需要更高的期望收益率来进行补偿。通常 CAPM 计算股票融资成本分为以下步骤：

（1）估计无风险利率 R_f。

注意：这里的无风险是指没有信用风险（credit risk），即不存在违约的风险，但是包含了通货膨胀的风险（inflation risk）。

（2）估计该股票的贝塔系数 β_i。

贝塔系数描述的是市场组合收益率变动一单位，个股收益率变动多少，反映的是个股收益率相对于市场组合收益率的敏感性，所以通常用它来衡量该公司的系统性风险。

贝塔系数的基本计算公式为：

$$\beta_i=\frac{cov_{i,m}}{\sigma_m^2}$$

其中，

$cov_{i,m}$ 为个股 i 的收益率与市场组合 m 收益率的协方差；

σ^2_m 市场组合收益率的方差。

（3）估计预期市场收益率 $E(R_m)$。

市场组合的期望收益率通常可以用市场中的大盘股指收益率来替代。例如，中国可以用上证综指收益率，美国可以用标普 500 指数的收益率来作为市场收益率。

— 备考指南 —
考题中可能给出市场风险溢价（market risk premium），就是 $E(R_m)-R_f$。

（4）用 CAPM 计算出该普通股的期望收益率作为普通股的融资成本。

CAPM 的公式非常简单，具有很好的理论解释。但是，资本资产定价模型存在以下问题：

首先，股东资产投资多样化可能并不充分，因此，除了市场风险，股东可能还存在其他非系统风险，如果这样，公司实际的投资风险不能用 β 衡量，CAPM 模型有可能低估权益资本成本。

其次，即使此模型是有效的，也很难准确地获得公式中一些因素的估计值：对无风险利率究竟是使用长期国库券的利率还是短期国库券的利率存在争议；很难估计公司的 β 值；很难估计市场风险溢价。

5.2 风险溢价法

根据某项投资“风险越大，要求的报酬率越高”的原理，普通股股东对企业的投资风险大于债券投资者，因而会在债券投资者要求的收益率上再要求一定的风险溢价。依照这一理论，投资者可以依据债券的融资成本计算股权融资成本，这个方法称为风险溢价法，又称“债券收益调整法”（bond yield plus risk premium）。此时，股票融资成本公式为：

$$R_e = R_d + RP$$

其中，

— 备考指南 —
债务融资成本（R_d）可以通过 YTM 法进行计算（参见“债务成本的计算”）。

R_d：债务融资成本，通常为税前融资成本；

RP：RP 为 risk premium 的缩写，风险溢价反映由于股票的投资风险，所带来的超过债券收益的溢价部分。所以 RP 从数值上等于股票收益率相比于债券收益率的历史风险溢价。

风险溢价（RP）的估计相对比较困难。一般认为，某企业普通股风险溢价对其自己发行的债券，大约在 3%–5% 之间。当市场利率达到历史性高点时，风险溢价通常较低，在 3% 左右；当市场利率处于历史性低点时，风险溢价通常较高，在 5% 左右；而通常情况下，常常采用 4% 的平均风险溢价。

举个例子

【例】甲公司债务融资成本为 9%，股票相对于债券的风险溢价为 4%。依据风险溢价法，试估算公司股票的融资成本。

【解】$R_e = R_d + RP = 9\% + 4\% = 13\%$

— 备考指南 —
当假定每年的股利都按固定增长率 g 增长时，这类特殊的股利贴现模型，被称为高登股利增长模型（Gordon growth model，GGM）。

5.3 股利增长模型法

股利增长模型法是依据股利贴现模型（dividend discount model，DDM）的思路来计算股权融资成本的。一般假定股利以固定的增长率（g）递增，这里的 g 可以看成“财务报表分析”中的可持续增长率，此时股权融资成本的计算公式为：

$$R_e = \frac{D_1}{P_0} + g$$

其中，R_e：股权融资成本；D_1：下一期股利；P_0：当期市场价格；g：可持续增长率。

若考试中没有给出稳定的固定增长率 g，可以通过 g=ROE×b 求解，其中 ROE 为净资产收益率，b 为股利留存率。

举个例子

【例】某公司普通股目前市价为 56 美元，估计年增长率为 12%，本年发放股利 2 美元，求股权融资成本。

【解】预期第一年的 D_1=2×（1+12%）=2.24（美元）

$$R_e=\frac{D_1}{P_0}+g=2.24/56+12\%=16\%$$

6. 单一经营法

当分析师使用资本资产定价模型来估算股权成本时，他或她必须估算贝塔系数。依据 CAPM 模型，个股期望收益率与贝塔系数密切相关。

6.1　贝塔系数

公司或项目的贝塔系数受商业风险（business risk）和财务风险（financial risk）两部分影响。

公司或项目的商业风险（business risk）可再细分为销售风险（sales risk）和经营风险（operatingrisk）。销售风险是与收入的不确定性有关的风险，受产品需求弹性、收入周期性和行业竞争结构的影响。经营风险是与公司固定资产结构比例相关风险，受固定经营成本和可变经营成本的共同影响，固定经营成本相对于可变经营成本越大，经营收入和现金流的不确定性越大。

财务风险是指由于使用具有固定成本的融资（如债务和租赁）而产生的净收入和净现金流的不确定性。一家严重依赖债务融资而非股权融资的公司承担着巨大的财务风险，换言之，财务风险受到公司资本结构的影响。

对于公司或项目来说，通过两个不同的贝塔可以描述商业风险与整体风险。

在 CAPM 模型中使用的贝塔，考察的是公司整体的风险，既衡量了公司的商业风险，又衡量了财务风险，这个贝塔称为权益贝塔（系数）（equity beta，$\beta_{权益}$）。若对于公司或项目进行“去杠杆”，即剔除财务杠杆后，只余下商业风险，此时，可以通过资产贝塔（系数）（asset beta, $\beta_{资产}$）来衡量商业风险。由于资产贝塔中只含有商业风险，所以资产贝塔又被称为无杠杆贝塔（unleveraged beta；而权益贝塔既含有商业风险，又含有财务风险，所以权益贝塔被称为杠杆贝塔（leveraged beta）。

6.2 单一经营法的计算

— 备考指南 —
单一经营法，加杠杆与去杠杆的计算公式需要考生掌握，几乎每年必考。

— 备考指南 —
权益贝塔系数的回归会在“投资组合”部分详细讲解。

— 备考指南 —
CFA 一级中，考生无需掌握线性回归的方法。通常可比公司的权益贝塔会在题目中直接给出。

权益贝塔系数是通过个股风险溢价与市场组合的风险溢价做线性回归求得的。对于上市公司股票的收益率可以通过市场价格求得，但对于非上市公司，公司的个股收益率就没有那么容易获得，对应的权益贝塔系数的求解也变得比较困难。在 CFA 中，我们主要通过单一经营法（pure-play method）来计算非上市公司的权益贝塔系数。可以分为以下步骤：

（1）找到可比公司（comparable company），如 B 公司。

可比公司是与 A 公司具有相似商业风险的公司。通常情况下可比公司为上市公司，这样可以更方便计算可比公司（B 公司）的贝塔系数。

（2）通过线性回归求得可比公司（B 公司）的权益贝塔（equity beta，$\beta_{权益}$）。

（3）去杠杆。

通过剔除 B 公司的杠杆，计算 B 公司的资产贝塔系数（asset beta, $\beta_{资产}$）。

$$\boldsymbol{\beta}_{资产}^{B}=\frac{1}{1+\dfrac{B公司负债}{B公司权益}(1-B公司税率)}\times\boldsymbol{\beta}_{权益}^{B}$$

（4）由于 A 公司与 B 公司的商业风险相似，可以近似认为两者的资产贝塔相同。

$$\beta_{资产}^{A}=\beta_{资产}^{B}$$

（5）加杠杆。

在 A 公司的资产贝塔上，加上 A 公司的杠杆，得到 A 公司的权益贝塔。

$$\boldsymbol{\beta}_{权益}^{A}=[1+\frac{\mathbf{A}公司负债}{A公司权益}(1-\mathbf{A}公司税率)]\times\boldsymbol{\beta}_{资产}^{A}$$

（6）A 公司的权益贝塔可以作为 CAPM 的贝塔，带入公式，求解 A 公司的股权融资成本。

考试中有关单一经营法，考生只需掌握去杠杆与加杠杆的公式即可。需要注意的是，去杠杆去的是可比公司（B公司）的杠杆，而加杠杆加的是A公司的杠杆，考生考试时要注意使用的数据不同。

名师解惑

与任何其他组合一样，组合贝塔系数等于组合中每个单项的贝塔的加权平均，所以有：

$$\beta_{资产}=\frac{负债}{负债+权益}\times\beta_{负债}+\frac{权益}{负债+权益}\times\beta_{权益}$$

但若考虑税务因素，由于债务的利息在公司计算应纳税所得额（taxable income）之前扣除，换句话说，利息有抵税的效用，所以因此会产生节税的好处。若公司违约，债权人损失的并不是全部债务金额（负债），而是税后债权（after-tax debt），即Debt（1-t），t为税率。所以计算贝塔系数时，要考虑负债的税盾效果。则资产贝塔变为：

$$\beta_{资产}=\frac{负债(1-t)}{负债(1-t)+权益}\times\beta_{负债}+\frac{权益}{负债(1-t)+权益}\times\beta_{权益}$$

在实际中，负债的贝塔很低，一般假设为零。

此时整理可得：$\beta_{资产}=\dfrac{1}{\dfrac{负债}{权益}\times(1-t)+1}\times\beta_{权益}$（去杠杆）

对于含有财务杠杆的企业，即有部分债务融资的企业，$\frac{负债}{权益}\times(1-t)+1$一定大于1，所以$\beta_{资产}<\beta_{权益}$。上式变形，有：$\beta_{权益}=\beta_{资产}[1+(1-t)\times\frac{负债}{权益}]$加杠杆）。

7. 股权发行费用

发行费用（Flotation Cost）企业进行新的融资所需的成本。一般包括法律咨询费、会计咨询费或投行承销佣金等。对优先股和债券来说，发行费用一般不纳入筹资总额中，因为所占比率很小（小于1%）。而普通股需要将此成本纳入筹资

— 备考指南 —
说明并解释对待发行费用的正确方式。

总额中（一般为 5%）。

若公司发行普通股时，含有发行成本，有两种处理方式：

（1）**作为初始现金流一次性流出**。

发行费用属于一次性的费用，是项目初始时的一个现金的流出。所以，正确对待发行费用的方法是把它看作项目起初的成本。

（2）**调整发行新股时的股权融资成本**。

但是在考试中，有时发行成本可以结合股利增长模型，进行计算，公式为：

$$R_e = \frac{D_1}{P_0(1-F_c)} + g$$

式中：R_e：股权融资成本；D_1：下一期股利；P_0：本期股票价格；F_c：普通股筹资发行成本费用率；g：可持续增长率。

第 38 章
资本结构

<table>
<tr><th colspan="2">本章知识点</th><th>讲义知识点</th></tr>
<tr><td rowspan="5">一、资本结构和企业生命周期</td><td>1. 内部及外部因素</td><td rowspan="5">资本结构</td></tr>
<tr><td>2. 初创阶段</td></tr>
<tr><td>3. 增长阶段</td></tr>
<tr><td>4. 成熟阶段</td></tr>
<tr><td>5. 特殊情况</td></tr>
<tr><td rowspan="5">二、MM 理论</td><td>1. 加权平均资本成本</td><td rowspan="5">MM 理论</td></tr>
<tr><td>2. 无税假设下的 MM 理论</td></tr>
<tr><td>3. 考虑税收的 MM 理论</td></tr>
<tr><td>4. 财务危机成本</td></tr>
<tr><td>5. 代理人成本</td></tr>
<tr><td rowspan="2">三、优序融资理论和静态权衡理论</td><td>1. 优序融资理论</td><td>优序融资理论</td></tr>
<tr><td>2. 静态权衡理论</td><td>静态权衡理论</td></tr>
</table>

知识导引

资本结构反映的是企业各种资本的构成和比例关系，一般意义上，指的是企业权益资本和债务资本之间的比例关系。

资本结构是公司金融中非常重要的一块内容。这是因为影响一个企业价值不仅仅是投资，融资也会影响企业的价值，即资本结构的变动同样会影响企业价值。

在本章中，我们将主要学习研究资本结构如何影响企业价值的相关理论，以及资本结构的影响因素。

本章思维导图

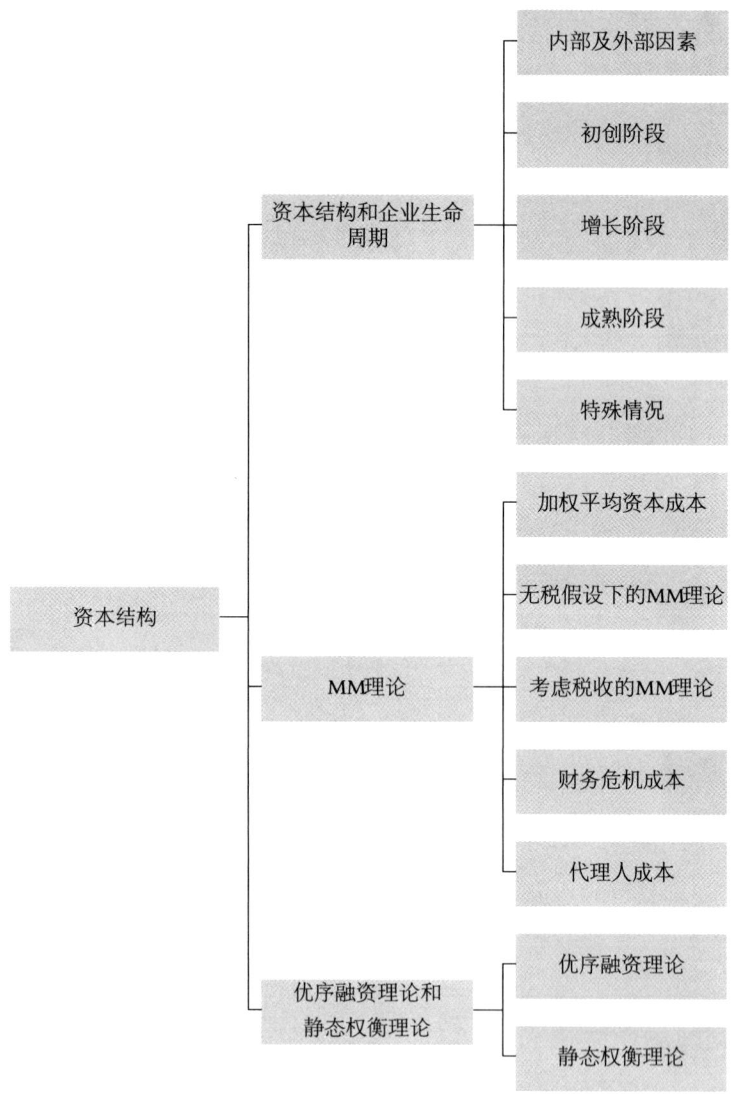
资本结构
资本结构和企业生命周期
内部及外部因素
初创阶段
增长阶段
成熟阶段
特殊情况
MM理论
加权平均资本成本
无税假设下的MM理论
考虑税收的MM理论
财务危机成本
代理人成本
优序融资理论和静态权衡理论
优序融资理论
静态权衡理论

1. 资本结构与企业生命周期

企业的资本结构会受到很多因素的影响，主要包括企业生命周期、企业的资本成本、融资相关因素以及其他利益相关者利益影响等。

一家公司的资本结构是指一家公司债权融资除以权益融资的比例。影响公司资本结构及其偿债能力的因素很多，包括其业务的性质和稳定性、成熟度、资本强度以及其市场地位的优势。此外，资本存在显著差异跨行业的结构。是什么导致公司的资本结构不同呢？影响公司资本的主要内部和外部因素（表 38–1）。

表 38–1

内部因素	外部因素
公司业务模式	市场状况 / 经济周期
已有杠杆	监管限制
公司税率	同行业 / 竞争对手杠杆
公司的资本结构策略	
企业生命周期	

1.1　内部因素

公司商业模式中固有的风险会极大地影响公司的影响其偿债能力的资本结构。不同的关键因素商业模式包括以下方面的差异：收入、收益和现金流敏感性，资产类型，以及资产所有权。

1.1.1　收入和现金流敏感性

收入和现金流相比于经济周期的敏感性，决定了企业的偿债能力。企业收入越可预测，现金流越稳定，越能够按时还本付息，偿债能力就越强。此时，企业资本结构中的负债比例越高。

成熟型企业（例如：微软或中国一些大型国企）或者非周期性企业（包括：医疗和通讯等行业）一般有比较稳定现金流和收入，不容易受到市场波动的影响，所以公司的偿债能力强，财务风险比较小，一般未来更容易借债，借债的融资成本也更低。

反之，非周期性企业（例如汽车行业或建材行业的公司）的收入和现金流容易受到经济周期的影响，波动比较剧烈，不容易稳定偿债，所以公司为了降低风险，会选择减少负债。

最后，相比腾讯视频会员等订阅性（subscription-based）的商业模式，按使用计费（pay-per-use）的商业模式（比如小型理发店和服装店等）的收入不稳定性更强，偿债能力更低，所以会选择减少负债在资本结构中的比例。

> — 备考指南 —
> 经营杠杆相关的在本章的公式和后续公式不太一样。一般考试中的计算应该用之后章节的经营杠杆的公式。

总而言之，公司经营越稳定，经营风险越低，公司越能够承担财务风险，能够借入更多债。公司的经营风险可以用经营性杠杆来衡量，经营杠杆 = 经营性固定成本 / 总成本。一般情况下，公司的固定成本占总成本的占比越高，公司的经营杠杆越高，公司的经营风险就越大。下表展示了不同的商业模式对于资本结构中负债的影响。

1.1.2 资产类别

公司资产可大致分为有形资产（tangible asset）或无形资产（non-tangible asset）、同质化资产（fungible asset）或非同质化资产（non-fungible asset）、流动（liquid asset）或非流动（illiquid asset）。有形资产是可辨认的实物资产，如物业、厂房和设备、存货、现金和有价证券，鉴于无形资产不以实物形式存在，如商誉和专利 / 知识产权产权。同质化资产就是可以复制的属性一样的资产，例如货币。非同质化资产就是不可互相替代的特殊的资产，比如艺术品。流动资产指可以快速变现的（一般 1 年之内）的资产，一般包括可交易的金融资产或货币市场基金等。而非流动资产是指变现速度比较慢的资产，例如房地产和长期固定资产都是属于这一类别。

有形资产能够作为优质抵押品的资产，能够产生现金流的资产以及容易交易变现的资产都可以增加公司的偿债能力，所以有形资产较多的公司可以增加负债。同质化的高流动性资产更容易在市场上交易变现，公司可以用这类资产产生的现金流来偿债，所以这类资产更多的公司越有可能多借债。

1.1.3 资产所有权

对于一些公司，管理层可能选择不拥有资产，而是“外包”资产所有权转移给第三方，从而减少资产负债表资产。资产外包可使公司转向可变成本结构，以较低的运营杠杆率衡量，从而降低业务风险。“轻资产”公司（asset-light company）是指只拥有最低限额的固定资产，这类公司可以最大限度地提高其灵活性和能力快速扩展。轻资产公司由于固定资产少，经营杠杆低，所以可以降低公司的经营风险，提升公司承担财务风险的能力，公司可以选择增加负债（表 38-2）。

表 38-2

分类	影响因素	未来借债能力
商业模式	收入现金流波动高（低）	降低（增加）
	例如可预测性高（低）	增加（降低）
	经营杠杆高（低）	降低（增加）
资产类别	同质化、有形、流动性和交易性高（低）的资产	增加（降低）
资产所有权	公司外包（拥有）固定资产	增加（降低）

1.1.4 其他因素

其他影响公司借债能力的因素包括：公司现有的杠杆、公司税率、公司管理层制定的资本结构政策和第三方的债务评级。公司现有的杠杆越高，说明公司现在的风险已经比较大了，未来借债的潜力就比较低。下表罗列了衡量公司现有负债和未来资本结构的指标（表 38-3）。

表 38-3

未来借债能力	未来借债能力
高（低）流动性	增加（降低）
高（低）盈利性	增加（降低）
高（低）杠杆	降低（增加）
高（低）利息保障倍数	增加（降低）

公司借债越多，支付的利息费用上升，税前利润下降，公司就可以少缴税，所以负债会由税盾（tax shield）而产生的少缴税的好处。一家公司的税率越高，就越有可能选择多借债以享受税盾效果。

公司新的负债与公司未来的资本结构密切相关，所以如果公司管理层确定了未来资本结构的政策和目标，也会影响公司负债多少。

最后，第三方的评级机构会对公司的信用风险和偿债能力进行评估。一般信用评级越高的公司，信用越好，信用风险越低，借债的成本越低，此时公司未来会选择多借债。

名师解惑

国际上目前较为权威的信用评级机构包括：美国标准普尔公司(Standard & Poor’s Financial Services LLC)、美国穆迪投资服务公司（Moody’s Investors Service）、日本公司债券研究所（Japan-Bond-Research-Institute）、加拿大债券级别服务公司（Dominion Bond Rating Service）、和上海远东资

信评估公司（Shanghai Far East Credit Rating Co., Ltd）等。其中，美国标准普尔和穆迪公司的评级在世界范围内应用最为广泛，按照信用风险高低，对公司甚至国家和地区进行信用等级划分。标准普尔公司信用等级标准从高到低可划分为：AAA 级、AA 级、A 级、BBB 级、BB 级、B 级、CCC 级、CC 级、C 级和 D 级。穆迪投资服务公司信用等级标准从高到低可划分为：A 舰级、Aa 级、A 级、Baa 级、Ba 级、B 级、Caa 级、ca 级和 c 级。两家机构信用等级划分基本相同，BBB 级或者 Baa 级以上（包括该级别）的债券称为投资级债券，属于信用好、违约风险小的债券，适合市场上大部分的投资者。BBB 级或者 Baa 级以下（不包括该级别）债券称为投机级债券，又名垃圾债（junk bond）或者高收益债券（high-yield bond），属于信用低、违约风险大的债券，一般只有整体经济表现良好时，由风险承受力高的机构或个人投资。

1.2 外部因素

1.2.1 市场状况 / 经济周期

公司的资本结构受到利率和当前宏观经济环境的高度影响。公司的债务成本等于基准无风险利率（rf）加上公司自己的信用利差。市场基准利率越高，公司的债务融资成本越高。经济情况越差，公司经营状况下降，信用风险上升，信用利差上升，此时公司的债务融资成本也会上升。

1.2.2 监管限制

一些公司的资本结构由政府或其他监管机构监管。金融公司、公用事业公司和房地产开发商的一些关键财务决策，例如，与资本结构、支付政策和定价相关的内容，通常是监管机构制定的指导方针。例如，金融机构通常必须按照监管机构的定义，保持一定水平的偿付能力或资本充足率。同样，地方政府对公用事业公司的监管可以通常通过与设置相关的规则和法规影响其资本结构定价 / 费率。

1.2.3 行业 / 同行公司杠杆

公司经营的行业可能会对其资本产生重大影响，一般公司的资本结构应该与可比公司拥有相当相似的资本结构。例如，汽车行业的公司倾向于以财产形式拥有大量有形、不可替代的固定资产，厂房和设备，债务占资本结构中的比例比较高。

1.3　企业生命周期

处于不同生命周期阶段的企业会呈现出不同的特征，对于企业资本结构的要求也是不同的，具体不同生命周期阶段对于企业资本结构的影响总结为表 38-4。

表 38-4　不同生命周期阶段对企业资本结构的影响

生命周期阶段	初创期	成长期	成熟期
财务状况			
收入的增长率	收入累积的初始阶段	收入高速增长	收入增长速度较慢
现金流	通常为负	状况改善	现金流为正，可预测
商业风险	风险较高	商业风险适中	风险较低
财务杠杆			
资金可得性	获取资金途径非常受限	获取资金途径受限，较初创期有所改善	获取资金途径较多
融资成本	融资成本较高	融资成本适中	融资成本低
特殊情形	n/a	融资时需要提供抵押，通常使用应收账款、固定资产进行抵押	可以无需通过抵押获取资金，通常通过银行贷款或者发行债券获取资金
典型资本结构特征 *	债务融资比例接近 0%	债务融资比例在 0%~20%	20%+
* 这些比率都是基于市场价值计算的			

1.4　企业的资本成本

公司管理层在进行日常管理时，希望寻求的是股东价值最大化，因此希望找到最优资本结构，从而能够最小化公司的加权平均资本成本（WACC）。

1.5　融资相关因素

实务中，企业在金融融资决策的时候，会考虑资本结构和使用杠杆的其他因素，比如公司规模等。

1.6 利益相关者利益

公司在进行资本结构相关利润决策时，主要以股东利益最大化进行决策，可能会以其他利益相关者的利益为代价。因此股东进行资本结构决策时，较好的公司治理体系下，应当全面考虑利益相关者的利益。

2.MM 理论

2.1 加权平均资本成本

对于一家公司而言，其资金主要来源于权益资本和债务资本。每种资金来源都有各自对应的成本。资本成本是指企业（公司）为筹集和使用资金而付出的成本。公司整体的资本成本，可以用加权平均资本成本（weighted average cost of capital，WACC）来衡量。

$$WACC=\frac{D}{V}r_d\left(1-t\right)+\frac{E}{V}r_e$$

上述公式中，r_d 代表债务资本成本，r_e 代表股权成本，D，E，V 分别表示债务、股权和公司市值。

债务资本所产生的利息由于是在税前列支的，所以利息是有税盾作用。在债权的资本成本后要乘以（1−t），因此，从税后的角度看，债券的成本等于 $r_d\times$（1−t）。

注意这里的各类资本成本都是指边际成本，即每新增一单位的融资所对应的成本。其中对债务和股权资本成本进行加权后得到的是公司整体的资本成本。

对公司财务负责人而言，一个很重要的目标就是要找到最优的资本结构（optimal capital structure），使公司的资金成本降到最低。由于公司所投资项目的收益率是一定的，盈利与否就取决于资金成本。例如，某公司虽然找到了一个收益率高达 20% 的项目，但是因为该项目的成本是 30%，所以项目实际是亏损的；另一个项目的收益率只有 10%，但是由于该项目融资成本只有 2%，所以项目是盈利的。因此，公司需要找到一种最优的资本结构，降低公司的资本成本，进而实现公司自身价值的最大化。

公司价值可以通过对未来公司自由现金流折现求得，以加权平均资本成本作为折现率，公司资本成本越小，企业价值越大。

$$EV=\sum_{i=1}^{\infty}\frac{FCFF}{(1+WACC)^{i}}$$

2.2　无税假设下的 MM 理论

在 1958 年，美国经济学家莫迪格里尼（Modigliani）和米勒（Miller）提出，在一定的假设条件下，公司的资本结构与该公司的价值无关。

2.2.1　假设条件

投资者对项目将来产生的现金流预期一致。

股票和债券在完美市场交易，市场上没有交易费用或税费，信息透明，无破产成本。

无代理成本，即管理层会以股东利益最大化为出发点作决策。

公司能够以无风险利率借贷资金。

融资决策和投资决策是相互独立的。

2.2.2　MM 理论 I：公司价值不受到资本结构的影响

$$V_{levered}=V_{unlevered}$$

如果存在完美的资本市场，公司的资本结构不会对公司价值产生影响，债权人和股东同时都在以无风险利率进行交易。因此，对于一家公司而言，100% 股权的资本结构和 40% 股权加 60% 的债务在本质上没有区别，因为投资者可以通过举债的方式对这家公司进行股票投资，从而达到预期的资本结构。

2.2.3　MM 理论 II：股权融资成本随着债务资金的占比上升而上升

假设一家公司的资本全部为股权融资，此时公司的资本成本为 r_0，即 $WACC = r_0$：

$$WACC=\frac{D}{V}r_d+\frac{E}{V}r_e=r_0$$

再将公式反推出 r_e，得到：

$$r_e=r_0+(r_0-r_d)\left(\frac{D}{E}\right)$$

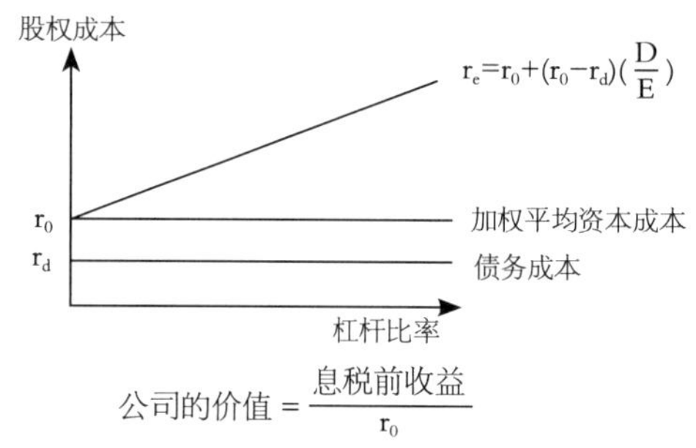

股权成本和杠杆比率的关系（在 MM 理论二无税的情况下）

图 38-1 股权成本和杠杆比率的关系（MM II without tax）

当公司债务资本占比为 0 时，公司的加权平均资本成本等于股权的资本成本。对于一家公司而言，借债越多就意味着杠杆越大，进而导致公司破产的几率就越大。如图 38-1 所示，在无税假设下，股东的要求回报率和杆杆比率（D/E）是线性关系（表示为图中的斜线），且股东的要求回报会随着杠杆的上升而上升，因为股东在投资过程中承担了更高的风险。

随着债务资金在公司资本中所占的比率上升，股东的要求回报率会随之上升。虽然债务资本的融资成本较低，但是股权资本成本的上升会抵消债务融资的低成本效果，进而维持保持稳定的加权平均资本成本（WACC）。因此，加权平均资本成本是一条水平的直线。

假设盈利能力保持不变，对于一家公司而言，将来产生的现金流就是 ebit，将未来现金流折现可得到公司的价值。由于加权平均资本成本是一条水平的直线，即，所以最终公司的价值为：

$$V=\frac{EBIT}{r_0}$$

对于一家公司所面临的系统性风险同样可以对股权资金和债务资金的系统性风险进行加权平均求出：

$$\beta_a=\frac{D}{V}\beta_d+\frac{E}{V}\beta_e$$

根据 MM 理论，一家公司的资本成本并非由资本结构决定，而是由该公司所面临的风险和债务水平所决定的，同样将此公式反解得出股权资本的系统性风险：

$$\beta_e=\beta_0+\left(\beta_0-\beta_d\right)\left(\frac{D}{E}\right)$$

2.3　考虑税收的 MM 理论

2.3.1　MM 理论 I

在考虑到税收后，由于利息是在税前列支，而股东的股利是在税后列支的。因此，在 MM 理论其他假设不变的情况下，利息的税前列支就意味着公司可以获得税盾（tax shield），即公司因为借债而可以少缴税。而税盾金额的表达式为：

税盾的金额 = 利率 × 债务的金额 × 税率

举个例子

【例】

公司 a 的息税前利润是 100 元，利息是 10 元，税率是 20%；而公司 b 的息税前利润是 100 元，利息是 0 元，税率也是 20%。公司 a 的税盾的金额是多少？

【解】

方法一（表 38-5）：

表 38-5　公司 a、b 税盾金额计算

	公司 a	公司 b
息税前利润	100	100
利息	10（100×10%）	0
税前利润	90	100
税（税率 =20%）	18（90×20%）	20（100×20%）
净利润	72	80
因为两家公司的税前利润相差 10 元（100−90 求得），而税后的净利润只相差 8 元（80−72 求得），所以税盾的好处（金额）=10−8=2 元		

方法二：

税盾的金额 = 利率债务的金额税率 = 利息税率 = 10×20% = 2 元。

假设公司债务总额不变，而由于债务资本都会产生税盾效果。因此，可以将该公司的税盾看作永续年金，其现值的表达式为：

$$所有税盾的现值=\frac{利率\times 债务的金额\times 税率}{利率}=税务的金额税率$$

$$(PV_{tax\ shield}=\frac{r_d\times D\times t}{r_d}=D\times t)$$

因此，公司在有杠杆的价值就应该等于其无杠杆的价值加上税盾的好处：

$$V_L=V_U+t\times d$$

基于 MM 理论在有税条件下的理念，公司的债务比例越大，税盾效应带给企业的价值增加越大，所以企业的资本结构应该完全为债务资本。

2.3.2 MM 理论 II

在有税的情况下，公司的债务会给其带来税盾的好处。因此，虽然随着债务的增加，股东的要求回报率和股权比例的变化会相互抵消；但是债务越多，税盾的作用越大，因此，在有税的情况下，债务越多，加权平均资本成本越小。在图 38-2 中表示为：代表加权平均资本成本的直线呈一个下降的趋势，这种情况下，公司应该全借债。

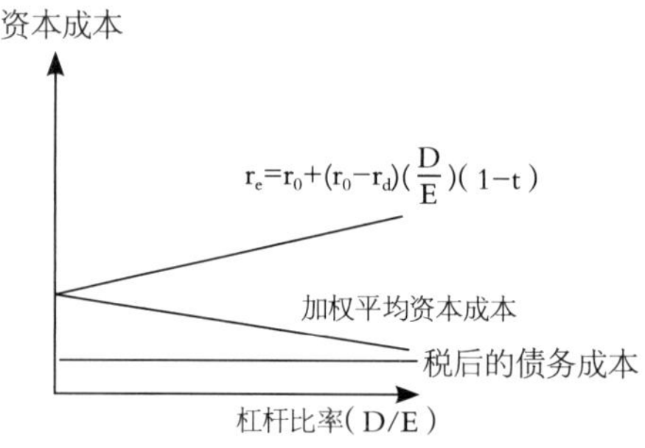

图 38-2 股权成本和杠杆比率的关系（MM II with tax）

此时公司的加权平均资本成本在考虑到税盾效果后就为：

$$r_e=r_0+(r_0-r_d)\times\frac{D}{E}\times(1-t)$$

但是这个理论有一个重大的缺陷：没有考虑到财务危机（financial distress）的成本和破产成本。在没有财务危机的成本和破产成本的情况下，上述结论是成立的。

考虑到税收后，一家公司所产生的现金流就要在 EBIT 的基础上扣减税的影响，即乘以（1−t）得到税后现金流，再以加权平均资本成本作为折现率将现金流折现得到公司价值：

$$V=\frac{EBIT\times(1-t)}{r_0}$$

举个例子

【例】

有一家a公司，在期初的时候没有借债，此时的股东的要求回报率是8%，而税率是20%。现在财务负责人要调整资本结构，使公司的杠杆比率变为1：4（即d：e＝1：4），而债券的利率是5%。此时的股东的要求回报率是多少？

【解】

借债为0时的股东要求回报是8%，即 $r_0=8\%$。

$$r_e=r_0+(r_0-r_d)\times\frac{D}{E}\times(1-t)=8\%+(8\%-5\%)\times\frac{1}{4}\times(1-25\%)=8.5625\%$$

如果题中给了税率，就考虑乘上（1-t）；没给就不考虑。

【例】

现有一家b公司，期初时的杠杆比率（D：E）为1：5，此时的债务融资利率为5%，股东要求回报率为8%，税率为25%。首席财务官现在准备将杠杆比率调为1：4，此时的借债利率变为5.4%（D：E从1：5变成了1：4，说明债务增加了，此时银行给的借款利率会增加）。股东的要求回报率是多少？

【解】

实际上这一题只比上一题多了一步。根据结构变之前的信息可得出：

$$r_e=r_0+(r_0-r_d)\times\frac{D}{E}\times(1-t)=r_0+(r_0-5\%)\times\frac{1}{5}\times(1-25\%)=8\%$$

可解出：r_0=7.61%。

因此，$r_e'=7.61\%+(7.61\%-5.4\%)\times\frac{1}{4}\times(1-25\%)=8.02\%$。

2.3.3 MM理论的总结

公司价值在不考虑税的情况下，与资本结构不相关，$V_{levered}=V_{unlevered}$。而在考虑税的情况下，利息费用可以抵税，因此需要尽可能使用债务融资从而降低资本成本。

公司的加权资本成本在不考虑税的情况下，随着债务的增加，股东的要求回报率会上升；而股东要求回报率的上升会抵消公司对债务的使用，最终加权平均资本成本不变。股权的资本成本为：$r_e = r_0 + (r_0 - r_d) \times \frac{D}{E}$。

公司的加权资本成本在考虑税时，由于税盾的效果，公司应尽可能使用债务融资从而降低加权平均资本成本。此时股权的资本成本为：$r_e = r_0 + (r_0 - r_d) \times \frac{D}{E} \times (1-t)$。

2.4 财务危机成本

在 MM 理论的基础上经济学家提出了应该考虑财务危机成本（costs of financial distress）。而这里的财务危机成本是指“预期的财务危机成本”，因为危机在此时还未发生，所以财务危机成本包括两个部分，成本和发生的概率。

2.4.1 成本

分为直接成本和间接成本。直接成本指和破产直接相关的成本。例如，破产后上法庭打官司，有诉讼费、律师费等等。间接成本指因公司破产，导致消费者可能会对公司失去信心，员工和供应商会离开等等。

在 MM 理论中如果忽略财务危机和破产的成本，结论是全债务融资的资本结构最好，因为债务有税盾的作用。然而，如果考虑到财务困境，借债太多，公司就会破产，这个税盾的好处就会被抵消。

MM 理论都是默认市场是完美的，所以公司破产了会被立刻接手然后继续正常运转。然而，在现实中，如果公司一旦破产，顾客、员工和供应商都会离开，导致无法被接手。

2.4.2 破产概率

与公司杠杆水平相关，如果借债越多，杠杆越高；固定成本就越高，就要卖掉更多的东西来分摊固定成本，公司就越有可能破产。

资产容易在二级市场（second market）中转移的公司，即有大量安全的有形资产（tangible asset）的公司破产概率会更低一些。例如，假设房地产市场保持平稳，房地产企业就可能会借入大量债务，因为房子可以作为固定资产出售。而如果是高科技企业破产，企业技术人才流失，公司会面临大幅贬值，因为公司的价值主要来自于这些优秀的员工，而收购没有核心价值的科技公司是没有意义的。因此，如果公司的有形资产占比高，它的破产成本就会较低。

2.4.3　结论

财务危机成本的加入完善了 MM 理论，MM 理论表示债借得越多越好，因为有税盾；但是后来的经济学家认为并不对，因为有破产成本。因此，公司必须根据自身情况来制定决策，如果公司有大量的、安全的、易转手的有形资产，可以有较高的债务融资比例。

2.5　代理人成本

代理人成本（agency costs）指帮投资者管理公司的人不会完全为了投资者的利益去工作。因此，代理人成本主要发生在公司的股东和管理者之间。

2.5.1　代理人成本

- 监管费用（monitoring costs）：指股东为确保管理层的决策是出于股东利益最大化，所耗费的监管成本。
- 约束成本（bonding costs）：指管理层为了使股东相信双方利益一致所产生的费用。例如，管理层的股权激励费用，签订竞业禁止协议等。
- 残余损失（residual losses）：指监督成本和约束成本的之外的其它成本。例如，一家工厂雇佣员工，虽然请了监督员或者以奖金来激励员工，但是员工仍然可能由于心态或其他原因，没有付出全部的努力去工作。

由于参与损失的存在 ，即使董事会进行了严格监管，或者通过股权激励和竞业协议对高管进行管理，公司仍然无法完全消除代理人成本。

2.5.2　减少代理人成本的方法

公司经营得越好，代理人成本就越低。债务用得越多，代理人成本就越低。有两个原因：第一，因为公司借债要按时还本付息，所以借的债越多，高管手里的钱越少；第二，如果公司借债，则该公司的债权人会监督高管，且银行也会监督公司（看财务报表、实地勘察等），所以公司的所有者更放心。因此，从破产成本的角度考虑，公司的借债应该少一点；但是从代理人成本的角度考虑，公司的借债应该多一点，然后用多赚的钱还债。

3. 优序融资理论和静态权衡理论

3.1 优序融资理论

对于公司的经营情况，管理层了解的信息多于公司的股东和债权人，从而产生信息不对称（information asymmetry）的问题。如果公司的信息不对称程度越高，投资者会要求更高的投资收益，因为在投资过程中会有更高的代理人成本。

优序融资理论（pecking order theory），也称为啄食顺序理论，它是指公司管理层因为不愿意向市场释放负面信息（即要维护信息不对称的情况），所以会优先采用释放信息最少的融资方式。

内部股权（internally generated equity）：管理层最偏好的融资方式，因为这是信息披露最少的方式。例如，公司只需要发放足够的股利（一般和往年保持基本一致即可），即可把剩下的资金当作留存收益，而留存收益需要披露的信息是很少的。如果管理层使用这种方式进行融资，公司的债务就会减少。

债务融资（debt）：管理层在融资方式上的次优选择。虽然借债要向银行披露信息，但是由于披露的信息有限。而管理层多次使用借债的方式融资，公司的债务水平就会上升。

外部股权（external equity）：这是披露信息最多的融资方式。因为公开发行股票，需要招股说明书，并定期披露公司信息；即使公司要进行私募，也会有投资者来调查公司的情况，从而是的公司披露了更多的信息。

综上所述，公司会先选择信息披露最少的是内部融资，其次是借债，最次是外部股权融资。当管理层决定发新股，会被认为是负面的信号，因为如果公司的股票被高估，此时发行股票对公司来说是有利的，但对投资者来说不利。

3.2 静态权衡理论

3.2.1 概述

静态权衡理论（static trade-off theory）认为：对于公司来说，债借得越多，税盾（$r \times D$）的效果就越明显；但是债借得越多，公司破产的可能性就越大。因此，有杠杆的公司的价值就应该是无杠杆的公司的价值加上税盾的好处，再减去破产成本（破产的成本是用破产的成本乘以概率求得）的现值（因为此处的破产成本是未来预期的成本）。公式可写作：

$$V_L = V_U + (t \times D) - PV(costs\ of\ \ financial\ distress)。$$

3.2.2　相关图形的解读（图 38-3、图 38-4）

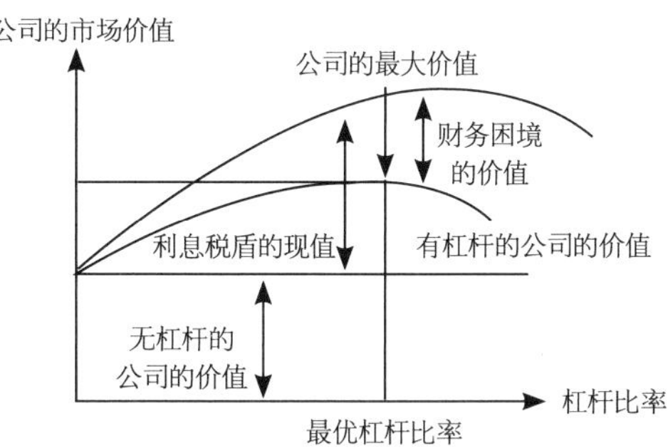

图 38-3　公司的价值和杆比率的关系

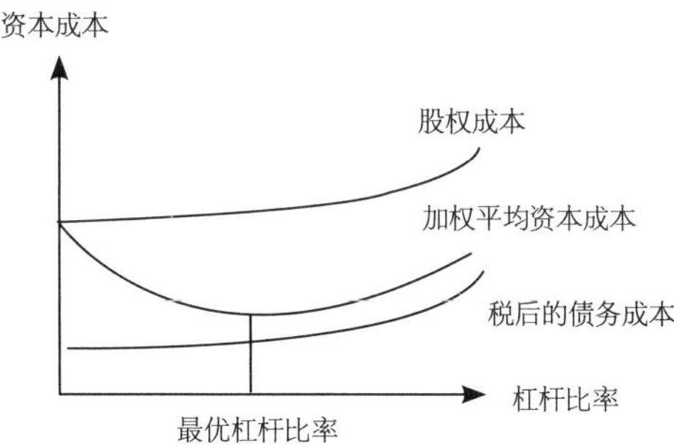

图 38-4　资本成本和杆比率的关系

当债务不多时，税盾的好处是很明显的；而债务过多时，税盾的好处就很难体现了。例如：现有资金 100 万，再去借入 20 万是完全没有问题的，因为完全有能力偿还；但是如果已经在有 80 万的债务的情况下再去借 10 万，那就很糟糕了，说不定这些债务就会导致破产。

如果考虑破产成本：在刚开始的时候，公司的价值会随着杠杆比率（D/E ratio）的升高而升高，因为债务有税盾的作用（早期的时候，税盾的好处很明显，因为破产是几乎不可能的，而它的坏处几乎不会显现）；但是当杠杆比率到达某个点的时候，如果债务再增加，公司破产的概率就会越来越高；此时，破产的坏处会抵消掉税盾的好处，所以公司的价值会开始下降。

虽然动态权衡理论推出了一个公式，但其实只是为了说明一个定性的概念。它的理念是：“公司价值和杠杆比率的关系”的图形如果有最高点，公司就存在最优资本结构；而这个最优资本结构的点，就是加权平均资本成本的最低点（加权平均资本成本最低就是公司价值最大化，公司价值最大化就是资本最优）。

3.2.3 结论

因此，动态权衡理论认为，虽然税盾是有好处的，但是公司还要考虑破产成本。该理论有一个非常大的贡献就是证明了最优资本结构是存在的，所以首席财务官去寻找公司最优资本结构的工作是有意义的，只是这个理论无法解释最优资本结构是多少。

名师解惑

后来的经济学家们是在 MM 理论的基础之上又加入了一些新的考量因素：破产成本，代理人成本，信息不对称。最后引出了静态权衡理论。

MM 理论说：百分之百的债务是最好的。但是现实中没有税的情况是不存在的，所以 MM 理论没有税的情况下的推导是没有意义的。在现实中有税的情况下，MM 理论认为百分之一百的债务是最好的。但是百分之一百的债务是有问题的，因为没有考虑破产成本。因此，如果考虑到破产成本和税盾的效果的话，最好的理论是静态权衡理论，它说明了公司存在最优资本结构。

第 39 章 杠杆的度量

本章知识点		讲义知识点
一、杠杆效应	了解杠杆效应的基本概念	杠杆和风险
二、经营杠杆比率	掌握经营杆杆比率的计算和应用	
三、财务杠杆比率	掌握财务杠杆比率的计算和应用	
四、总杠杆	掌握总杠杆的计算和应用	
五、盈亏平衡分析	掌握两类盈亏平衡点的计算	盈亏平衡分析

— 备考指南 —

考生除了要掌握这三大杠杆的性质、度量、应用外，还要知道和它们相关的风险，并会计算盈亏平衡点和经营性盈亏平衡点。

知识导引

对于分析师来说，研究一家公司的杠杆是很有必要的。首先，通过研究一家公司杠杆的使用程度，分析师可以发现该公司的风险和回报的特点。其次，通过研究某公司的经营杠杆和财务杠杆，分析师可了解管理层对该公司的未来规划是怎样的。第三，在对一家公司进行估值时，分析师需要预测该公司在未来产生的现金流且评估这些现金流所面临的风险，而了解该公司的杠杆使用情况有利于分析师找到适用于这些现金流的折现率。

本章思维导图

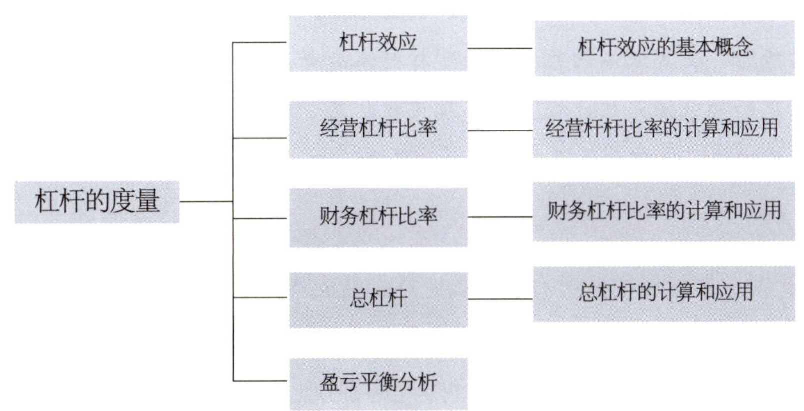

1. 杠杆

杠杆效应是指由固定成本引起，可以提高公司期望收益，同时也增加公司风险的现象。公司杠杆主要分为两类：经营杠杆（operating leverage）与财务杠杆（financial leverage）。经营杠杆是由与产品生产或提供劳务有关的固定性经营成本所引起的，而财务杠杆则是由债务利息等固定性融资成本所引起的。

两种杠杆均具有放大盈利波动性的作用，从而影响公司的风险与收益。简单来说，杠杆可以使公司在经营状况良好时"锦上添花"，在经营状况恶化时"雪上加霜"，公司管理层在使用杠杆时需要特别谨慎。

2. 经营杠杆比率

商业风险（business risk）是指与营业收益（operating earnings）相关的风险。商业风险一般包括销售风险与经营风险。

- 销售风险（sale risk）是指公司销售的不确定性。
- 经营风险（operating risk）是指企业未使用债务时经营存在的内在风险，是由固定经营成本造成的经营性收入的不确定性。固定经营成本相对于可变经营成本的比重越大，公司的经营性风险就越高。

名师解惑

影响经营风险的常见因素有产品需求、产品售价、产品成本、调整价格的能力、固定成本的比重。经营杠杆本身并不是经营风险变化的来源，经营风险的来源是生产经营的不确定性。经营杠杆的存在会放大息税前利润的变动性，也就放大了企业的经营风险。

备考指南

这里直接用销量做分母，是由于假设售价不变。所以营业收入变化的百分比，就是销量（Q）变化的百分比。

与产品生产或提供劳务有关的固定性经营成本是引发经营杠杆效应。而经营杠杆放大了企业的经营风险。经营杠杆系数度量了经营杠杆效应：

$$\text{经营杠杆系数(DOL)}=\frac{\text{息税前利润变化的百分比}}{\text{营业收入变化的百分比}}=\frac{\Delta EBIT/EBIT}{\Delta Q/Q}$$

上式为 DOL 的定义式，DOL 在实际计算中，还有计算式：

$$\text{DOL}=\frac{S-TVC}{S-TVC-F}=\frac{EBIT+F}{EBIT}$$

其中，Q= 销售单位商品的数量；S= 销售额；TVC = 总变动成本；F= 固定成本。

名师解惑

DOL 的计算式与定义式的互相转换。P 为商品单价。

$$\text{DOL}=\frac{\Delta EBIT/EBIT}{\Delta Q/Q}=\frac{(P-V)\Delta Q/EBIT}{\Delta Q/Q}=\frac{(P-V)Q}{EBIT}$$
$$=\frac{S-TVC}{S-TVC-F}=\frac{EBIT+F}{EBIT}$$

3. 财务杠杆比率

财务风险是指由于企业运用了债务筹资方式而产生的企业丧失偿付能力的风险，而这种风险最终是由普通股股东承担的。影响财务风险的一个基本因素是债务利息或优先股股息这类固定性融资成本。固定性融资成本会引发财务杠杆效应，而财务杠杆会放大财务风险。

财务杠杆系数度量了财务杠杆效应：

$$\text{财务杠杆系数}(DFL)=\frac{\text{每股净收益变化的百分比}}{\text{息税前利润变化的百分比}}=\frac{\Delta EPS/EPS}{\Delta EBIT/EBIT}$$

上式为 DFL 的定义式，DFL 在实际计算中，还有计算式：$\text{DFL}=\frac{EBIT}{EBIT-I}$

名师解惑

DFL 的计算式与定义式的互相转换。

$$\text{财务杠杆系数(DFL)}=\frac{\Delta \text{EPS}/\text{EPS}}{\Delta \text{EBIT}/\text{EBIT}}=\frac{\text{Q(P}-\text{V)}-\text{F}}{\text{Q(P}-\text{V)}-\text{F}-\text{I}}=\frac{\text{EBIT}}{\text{EBIT}-\text{I}}$$

4. 总杠杆比率

高杠杆比率（degree of total leverage, DTL）考察了经营杠杆和财务杠杆的共同作用和连锁作用，直接考察了营业收入的变化对每股收益的影响程度。

$$总杠杆系数(DTL)=\frac{每股收益变化的百分比}{营业收入变化的百分比}=\frac{\Delta EPS/EPS}{\Delta Q/Q}=DOL\times DFL$$
$$=\frac{S-TVC}{S-TVC-F-I}$$

名师解惑

经营杠杆、财务杠杆以及总杠杆的计算公式需要熟记，这里提供一个简易的小技巧。

- 经营杠杆$=\frac{S-TVC}{S-TVC-F}$，如果没有固定成本支出，F=0，即没有杠杆，如果F>0，则经营杠杆大于1，存在杠杆。
- 财务杠杆也是一样，财务杠杆$=\frac{EBIT}{EBIT-I}$，如果没有利息支出，I=0，即没有杠杆，如果I>0，则财务杠杆大于1，存在杠杆。
- 总杠杆$\frac{S-TVC}{S-TVC-F-I}$，只要F和I中有一项大于0，则总杠杆大于1。

5. 盈亏平衡分析

— 备考指南 —
计算盈亏平衡的销量。

盈亏平衡分析（breakeven analysis）主要反映公司收入与成本相等的销量，分为（总）盈亏平衡销量与经营性盈亏平衡销量。

（总）盈亏平衡的销量（breakeven quantity，Q_{BE}）是收入等于总成本时的销售量，即销售需要覆盖所有固定成本，既包括经营性的固定成本，也包括财务性的固定成本。

$$盈亏平衡销量（Q_{BE}）=\frac{固定经营成本+固定财务成本}{单价-单位产品可变成本}$$

产品的边际贡献（contributed margin）等于单价减去单位产品可变成本，当边际贡献覆盖固定成本时，对应的销量为盈亏平衡销量。

经营性盈亏平衡销量（operating breakeven quantity，Q_{OBE}）是边际贡献可以覆盖固定经营成本的销量。此时，分子上只考虑经营性的固定成本，公式为：

备考指南

计算经营性盈亏平衡销量。

$$经营性盈亏平衡销量（Q_{OBE}）=\frac{固定经营成本}{单价-单位产品可变成本}$$

Part 06

第六部分　投资组合管理

知识导引

金融专业中有一个基本思想是“不能把所有鸡蛋放在同一个篮子里”，即做投资时要多样化、分散化进行投资。当基金经理从客户手里拿到一笔资金，需要投资在不同的市场类别，如股票、债券、外币、期权、贵金属、衍生性金融产品、房地产、土地等。由不同类别的资产，按照一定比例构成的资金集合被称为投资组合（portfolio）。所以基金经理的主要目的就是获得一个优质的投资组合。何为优质？优质的资产投资组合的理想状态是：具有高流动性、平稳及较高收益率、低风险等特征。当然，鱼和熊掌不可得兼，如何才能实现这样的投资组合目标，这就是投资组合管理这门学科所要进行研究的。

投资组合管理主要介绍了投资组合管理的一些基本概念、步骤和理念，并就构建组合时所要考虑的方方面面进行了简单阐述。

投资组合管理的学习从介绍投资组合观开始，引入了近代投资组合中最重要的三个投资理论：马科维茨的现代组合管理理论，威廉夏普的资本市场理论和资本资产定价模型（CAPM）。这三大理论是现代金融学的开山鼻祖，也标志着金融学与经济学的互相独立。

其次，针对组合管理的外沿问题进行展开，包括投资政策说明书的撰写、风险管理、技术分析及金融科技（fintech）等。组合管理是一门外沿广博的学科，除了需要对金融有深入理解外，还必须对数学、风险管理、计算机技术有一定了解，是需要读者进行广泛终身学习与实践的学科。

在 2022 年，加入了“行为金融学”，主要研究了情感与认知对于投资决策的影响。

考点说明

投资组合管理是一门几乎涵盖之前所有科目知识的学科，在难度上也是较大的，但是许多考生从思想上没有引起足够的重视。近几年，组合的考题有明显向难的趋势，考题多变灵活有内涵，需要考生对于理论内容进行比较深入的推演和理解，是考试时不容易得分的科目。

第 40 章 投资组合管理总览

<table>
<tr><th colspan="2">本章知识点</th><th>讲义知识点</th></tr>
<tr><td>一、投资组合观</td><td>投资组合观</td><td>投资组合观</td></tr>
<tr><td>二、投资组合管理过程</td><td>计划、执行和反馈</td><td>投资组合管理流程</td></tr>
<tr><td rowspan="2">三、投资者分类</td><td>1. 个人投资者</td><td rowspan="7">投资者类型和集合投资品</td></tr>
<tr><td>2. 机构投资者</td></tr>
<tr><td rowspan="2">四、资产管理行业</td><td>1. 主动管理和被动管理</td></tr>
<tr><td>2. 资产管理行业趋势</td></tr>
<tr><td rowspan="3">五、共同基金及集合投资产品</td><td>1. 开放式基金与封闭式基金</td></tr>
<tr><td>2. 共同基金</td></tr>
<tr><td>3. 其他投资产品</td></tr>
</table>

知识导引

本节概述了投资组合观和资产管理行业，包括投资者分类、投资组合管理过程和投资产品。投资组合方法对投资者实现其投资目标很重要。

本节先概述了投资组合管理过程中的步骤。接下来，本节介绍了两个投资组合管理中的基础问题。第一个是了解客户，本节主要介绍了个人投资者和以银行、养老金为代表的的机构投资者；第二个是介绍资产管理行业，包含主要的资金管理方式和行业的发展趋势。最后，我们描述了共同基金和资产管理公司提供的其他类型的集合投资产品。

在 CFA 一级的学习中，要根据个人投资者对其投资组合的风险和收益的贡献来评估他们的投资业绩。同时，还要明白投资组合多样化可以使投资者在不减少组合收益的情况下降低投资组合的风险。但是，在经济危机时期，资产之间的相关性将会增加，这将有损投资组合多样化的效果。

本章思维导图

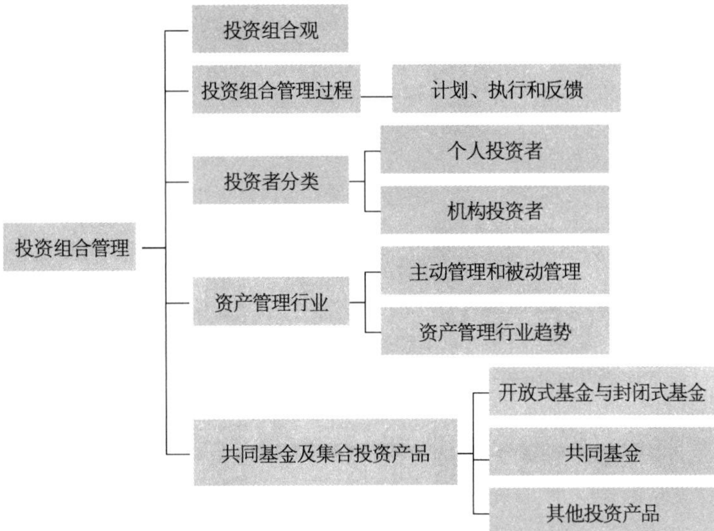
投资组合管理
投资组合观
投资组合管理过程
计划、执行和反馈
投资者分类
个人投资者
机构投资者
资产管理行业
主动管理和被动管理
资产管理行业趋势
共同基金及集合投资产品
开放式基金与封闭式基金
共同基金
其他投资产品

1. 投资组合观

个人和机构面临的最大挑战之一是决定如何投资以满足未来需求。对于个人来说，目标可能是为了准备养老金。对于保险公司等机构而言，其目标是以保险索赔的形式为未来负债提供资金。而基金会则希望能够满足大学等机构的持续支出需求。不管最终目标是什么，所有投资者最终都要思考投资的基本原则。问题是：应该投资于单个证券，单独评估每个证券？还是应该采用投资组合方法？CFA 协会认为，应该通过“组合观”（portfolio approach），即站在整个投资组合的角度评估风险与收益。

一般银行的风险容忍度比较低，偏向投资于那些具有稳定性收益的金融产品。如果一个基金经理说：“银行往往投资于那些低风险低收益的资产，因为衍生品的风险相对较大，所以不能投资期货。”这句话是否正确呢？站在组合观的角度思考，这句话是不对的。因为衍生品有一个重要的作用就是对冲风险，站在整个组合的角度，投资衍生品可以帮助银行降低整个投资组合的风险，因此对于银行来说，如果没有特殊的法律法规要求，可以投资衍生品。

构建投资组合的主要目的是分散风险（diversification）。通过构建组合，由于不同资产类别间不是完全正相关（相关系数不等于 1），此时整体组合的风险会低于各类资产的加权平均，有分散风险的效果。资产两两间的相关系数越低，分散化效果越好。但是在金融危机出现时，投资者信心下降，资产之间的相关性（correlation）上升，此时分散化效果会变差。

绝大多数投资者都会同意这样一个观点：他们要通过投资赚取尽可能多的钱。尽管“赚钱”这一概念在投资既成事实之后显得简单无比——只需要查一查账上的利润就行了，但在投资之前，这个概念是模糊的，因为根本无从知晓可能赚多少钱，几乎所有的投资都无法确定未来的收益。这样，尽管所有的投资者都想取得尽可能高的收益率，他们同样会想方设法去规避风险。所以，毫无疑问，那些具有潜在高投资收益率的资产管理公司必定会隐含更高的风险，这就是所谓风险——收益的均衡关系。

“风险”和“预期收益率”这两个概念很难被十分精确地定义或测量，但是它们却可以从直觉上去理解。在下面的学习中，将更加精确地对这些概念进行定量分析；本节只需要定性理解这些概念。投资者必须考虑多种投资资产，因为每种资产都有其独特的风险及收益特征。

面对投资决策，投资者会有不同选择，这是因为他们在风险与收益的取舍上会有不同的意愿。将“承担高风险，获取高收益的意愿”称为“风险容忍”（risk tolerance），相应的，可以将“对风险敬而远之的态度”用“风险厌恶”（risk aversion）这一概念来形容，相当于不愿意接受风险的意思。对一个投资者进行观察，如果可以清楚地知道资产的风险和收益，就可以通过观察投资者投资于不同风险及收益特征的资产，来评估投资者的风险厌恶程度（或风险容忍能力）。如果没有上述数据，也没有对投资风险及收益的完美洞察力，对投资者的风险厌恶程度就只能完全凭臆测了。

2. 投资组合管理过程

任何管理业务流程都离不开三大要素，即计划、执行和反馈。同样，这也是投资组合管理流程的基础，但是详细的投资组合管理流程可以涵盖组合管理的方方面面，图 40-1 为读者展示了一个相对全面的投资组合管理流程。

— 备考指南 —
描述（describe）投资组合的管理过程。

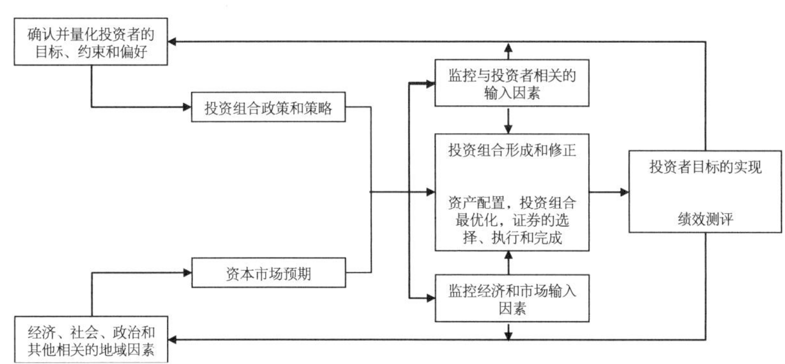

图 40-1 投资组合管理流程图

2.1 计划

计划（planning step）这一步骤具体表现在图 40-1 左边的四个框中。具体而言，“确认并量化投资者的目标、约束和偏好”以及“投资组合政策和策略”指的是与投资者相关的输入要素，“资本市场预期”和“经济、社会、政治和其他相关的地域因素”指的是经济和市场输入。

投资计划的首要任务就是确认并量化投资者的目标和约束。投资目标就是投资所追求的产出。在投资中，其目标只要与风险和收益相关。约束条件是指对投资者进行特定投资全部或者部分能力的约束。比如，一个投资者可能会因政府管制而不得不集中持有某资产，或因为政府法律文件而造成的种种投资约束。这种约束可能是内部的，比如客户具体的流动性要求、投资期限及特殊的情况；也可能是外部的，比如税收情况和法律法规要求。在后面的第四节中会详细讲解到投资目标和约束条件的细化过程。

一旦客户的目标和约束被确定下来，经理人的下一个任务便是完成投资策略说明。投资策略书（IPS）是所有投资决策制定的指导性文件。除了投资目标和约束条件，它还可能涵盖许多其他的问题。比如说，投资策略书通常会涉及报告要求、再平衡的指导方针、投资情况汇报的频率和格式、经理人薪酬、投资策略和所偏好的投资风格或经理人风格。一份典型的投资策略书包含以下要素：

- 客户的简要说明；
- 确立政策和知道方针的目的；
- 当事人的职责和投资责任，尤其是那些与受托人责任、汇报、操作效率和具有可说明性的相关事项，此处的当事人包括客户、有关的投资委员会、投资经理人和银行保管人；
- 对投资目标和约束的说明；
- 对投资业绩和投资策略书本身进行回顾的安排；
- 投资业绩评估时使用的评估方法和基准；
- 在优化战略性资产配置时需要考虑的各种要素；
- 投资策略和投资风格；
- 基于投资组合反馈的信息，平衡指导方针。
- 形成资本市场预期。

基金经理在计划阶段的第三项任务是形成资本市场预期。对众多资产品种的长期风险和收益特征进行预测，这些预测构成了选择给定的风险水平下预期收益最大化或是在给定预期收益基础上风险最小化的投资组合的基础。

计划部分的第四项（最后一项任务）是决定战略性资产配置。这时，经理人会结合投资策略说明和资本市场预期来决定各目标资产种类的比重。可允许的资产类别权重的上限和下限常常可以用风险控制机制来加以界定。投资者不仅会考虑单一周期内其所拥有资产配置的收益风险特征的前景，也会对多个时期的情况加以考察。单一周期的情况较为简单。多个周期的则必须考虑到随着不同时期再平衡的投资组合变化而产生的流动性、税收和收益上的序列关联性（长期和短期的依赖关系），而且执行起来的成本会更高。

2.2 执行

— 备考指南 —
此阶段会进行资产配置。

在前图 40-1 中代表“执行”（execution step）这一步骤的是“投资组合形成和修正”。到此步时，经理人会结合投资策略和资本市场预期来为投资组合挑选具体的资产——投资组合选择 / 构造决策。投资组合经理人根据分析师输入的信息形成其决策，交易柜台则执行这些决策——投资组合执行决策。随后投资组合会根据投资者的实际情况或者资本市场预期的变化进行修正，因此，执行步骤总是不断地与反馈步骤相互影响。

在做出投资组合选择和构造决策时，经理人会使用投资组合最优化技术。投资组合最优化在将预期融入各种策略上扮演着核心角色，同样也出现在了图 40-1 的“投资组合形成和修正”方框中。

有时，某一投资组合的实际资产配置会特意地、临时性地与其战略性资产配置有所区别。例如，资产配置会短期偏离投资者的现实状况，从而使资产配置发生一定的变化。这种临时性的配置会一直保持着，直到现状恢复到投资策略说明中描述的情况后，才会被调整到战略性资产配置的水平。如果这种变化是永久的，那么经理人必须更新投资人的投资策略说明，临时性的资产配置方案将会成为新的战略性资产配置方案。

2.3 反馈

对任何的商业行为而言，反馈（feedback step）和控制都是为达到目标极其重要的组成部分。在投资组合管理中，这一步由两要素构成：监控和再平衡、业绩评估。

2.3.1 监控和再平衡

监控和再平衡包括了通过信息反馈管理潜在投资机会的不间断风险敞口，以确保客户现期的目标与约束能够持续得到满足和实现。两类因素将会被控制：一是与投资者相关的因素，比如投资者的情况；二是经济、市场的输入要素。

修正投资组合的一大动因是投资者情况改变而产生了投资目标和约束的变

动。投资组合经理人需要一种适当的方法来及时了解投资者现状的变化情况。例如，养老金计划的终止或是配偶死亡会引发客户对投资期限和税收考虑上的突变，投资策略书必须列出这些变动的发生，以此作为适当修正的基础。

经济和市场输入要素的变化常常会引起投资组合修正，这是相对容易预测到的。投资经理人又一次需要对资产和经济、市场要素的风险属性进行系统的回顾。预期的变化也会导致投资组合的调整与修正。但当资产价格发生变化时，即使预期并未发生变化也必须进行修正。确切的再平衡时机和变动数量可以通过回顾该时期或者根据投资组合管理及与战略性资产配置约束范围之间的偏差的特定规则确定，当然也可以是根据经理人的判断得出。例如，假设原本配置政策要求投资组合包含 70% 的股票和 30% 的债券，如果所持股票的价值增加了 40% 而债券增加了 10%，那么，此时的投资组合大约是 75% 的股票和 25% 的债券。为使投资组合符合投资政策，必须根据长期政策中的权重进行再平衡。在任何情况下，再平衡决策都是非常重要的，必须将诸多因素考虑在内，比如，交易成本和税收情况。符合规则的再平衡对投资目标的实现有着很重要的影响。

2.3.2 业绩评估

投资业绩必须由投资者进行阶段性的评估，以对投资目标的实现情况和投资组合的管理技巧进行评价。

对投资组合管理技巧的评价包括了三部分。业绩度量包括投资组合收益率的计算。业绩归因则研究投资组合业绩形成的原因，包括确定投资组合业绩的来源。业绩评估是按经理人是否根据基准（可参照组合）运营投资组合相关情况进行的评价。

通常可以根据其总收益测量投资组合的业绩，主要来自于三种途径：战略性资产配置的相关决策，择时和证券选择。但是，投资组合管理常常是根据基准操作的，或者对一些实体而言，是根据一连串有计划的负债或特定的固定收益率目标操作的。所以，相对业绩评估和绝对业绩评估常常担负着极其重要的角色。

考虑到相对业绩可能会问这样的问题：“相对投资经理人的基准，经济部门高估或低估了什么呢？”或是“经理人做出这些决策的基本原理是什么？他们的决策有多准确？”投资组合评估也可以根据特定风险模式进行，比如多因素模型，它试图通过对一系列风险因素的敞口来解释资产收益。

与经理人评定同时发生的是对基准的不间断回顾，以确保其持续的适用性。对于一些基准而言，这种回顾包括了对基准中涉及的经济部门和次级部门决定方法、证券的分类及其变动频率的全面彻底的理解。对于任何一个基准而言，投资者需要弄清楚对经理人的投资命令而言，这个基准是否仍然是一个公正的评定标准。

名师解惑

在投资组合管理过程这一部分当中，考生需要掌握每一步过程中都包含了哪些具体内容，比如说要知道投资政策说明书是属于计划步骤，业绩评价则是属于反馈步骤。

3. 投资者分类

投资组合管理过程可能适用于不同类型的投资客户。这些客户被广泛地分为个人（或零售）和机构投资者。每类投资者都有独特的特点和需求。

3.1　个人投资者

个人投资者（individual investor）投资和构建投资组合的动机多种多样。短期目标可以包括提供儿童教育，为大采购（如汽车或房子）储蓄，或创业。大多数人的个人投资计划的重要组成部分是提供退休养老金，保证退休后的生活水平。在美国，许多公共和私营公司的雇员通过确定贡献型养老金计划（defined contribution，以下简称 DC 计划）进行退休投资。

备考指南

有关美国两类养老金（DB与DC计划）参见“财务”的“长期负债”部分。

名师解惑

DC 计划是以员工名义制定的退休计划，通常由员工和雇主共同出资。例如，美国的 401（k）计划、英国的集团个人养老金计划和澳大利亚的养老金计划。根据 DC 计划，个人将在工作时投资部分工资，期望利用积累的资金在退休期间提供收入或将部分财富转移给他们的继承人。

DC 计划的关键是员工接受投资和通胀风险，并负责确保计划中有足够的资产满足退休后的需求。所以，DC 计划的本质是个人管理的养老金账户，属于个人投资者。

为个人投资者提供服务的基金经理通常直接向投资者提供服务，或通过金融顾问和 / 或退休计划提供者等中介机构分销其产品。个人投资者的分销网络在全球各不相同。

在美国，财务顾问是个体户，或受雇于国家或经纪公司，例如交易商、银行和信托公司。此外，也有部分财务顾问网络平台和托管公司获取客户。

在欧洲大陆，个人理财产品的分销主要通过零售渠道或私人银行附属的财务顾问推动。在英国，理财产品通过独立顾问或代表银行或保险集团的顾问销售；瑞士和北欧国家的零售分销主要通过大型区域和私人银行推动。在许多亚洲市场，零售分销主要由大型区域零售银行和具有私人银行业务部门的全球性银行主导。

在全球范围内，许多财富管理公司和资产管理公司的目标是高净值投资者。这些客户通常需要更多的定制投资解决方案以及税务和房地产规划服务。

3.2 机构投资者

机构投资者（institutional investor）主要包括确定收益养老金计划（DB plan）、捐赠基金（endowment fund）与基金会（foundation）、银行、保险公司、投资公司和主权财富基金（sovereign wealth funds）。每类机构投资者都有独特的目标、资产配置偏好和投资策略需求。

3.2.1 养老金

养老金计划（pension fund）通常分为确定贡献型计划（DC 计划）和确定收益型计划（DB 计划）。

DC 计划的投资风险由个人承担，属于个人投资者。而 DB 计划是由公司发起的计划，为员工提供退休时预先确定的福利。未来的养老金是确定的，因为 DB 计划要求计划发起人（公司，雇主）明确规定对参与计划的退休人员提供退休福利。一般来说，雇主负责为 DB 计划提供资金，并承担相关风险。DB 计划致力于向成员支付稳定的养老金，而美国准则规定，DB 计划的公司需要设立养老金计划资产（plan asset）来覆盖未来有可能出现的养老金给付义务。所以管理 DB 计划的基金经理需要确保有足够的资产来支付到期的养老金。如果 DB 计划中不断纳入新成员，计划可能有无限长的时间范围；如果计划已经对新成员关闭，则计划可能有有限的时间范围。

名师解惑

目前的趋势是，计划发起人越来越喜欢 DC 计划，而不是 DB 计划，因为 DC 计划通常对公司具有较低的成本 / 风险。因此，DB 计划在将养老金资产的市场份额一直在被 DC 计划不断挤压。尽管如此，无论是公共的还是私人的，DB 计划仍然是资产管理公司的主要资金来源。

3.2.2　捐赠基金与基金会

捐赠基金（endowment fund）是帮助非营利机构提供指定服务的基金。捐赠基金由已注册的组织持有，用于某些特定的非营利目的。他们靠一个或多个赞助人捐赠来融资，并通常由教育、文化和慈善机构以及那些专门为实现基金特别目的而设立的机构来管理。

> — 备考指南 —
> 基金会承受风险的能力较高，投资期限较长。

相比之下，基金会（foundation）是拨款实体。基金会通常是由个人或者其他机构的捐赠或投入资产而形成的，对某些特定的时间或者相关人员提供包括慈善赠予在内的多种形式的财务资助而专门设立的机构。与捐赠基金不同，基金会的成立并不一定由非营利机构成立或者完全资助既定的慈善活动。基金会可以由个人成立，并专门资助某个宗教的教义普及活动，还可能仅仅在一段时间内对某些既定的活动进行资助。

捐赠基金和基金会通常会将其大部分资产用于另类投资。这种对另类投资的大规模配置主要反映了捐赠和基金会的典型长期投资期限的特点。

基金或基金会的典型投资目标是维持基金的实际（通货膨胀调整）资本价值，同时产生收入以资助机构的目标。大多数基金会和捐赠都是为了拥有永久的生命而建立的。

3.2.3　银行

银行是接受存款和贷款的金融中介机构。银行的超额准备金通常投资于相对保守和期限很短的固定收益投资，其目标是获得高于应承担利息义务的超额回报。流动性是银行最关心的问题，它们随时准备满足存款人的提款要求。许多大型银行都设有资产管理部门，为客户提供零售和机构产品。

> — 备考指南 —
> 银行承受风险的能力较低，流动性需求较高。

3.2.4 保险公司

保险公司可以分为两大类：人寿保险公司（life insurers）和财产和意外伤害保险公司（property and casualty （P&C） insurers）。保险公司的一般账户（general account）的资金来源为投保人的保费（premium）。为了赔偿投保人，保险公司的一般账户通常被保守地投资于比较安全的证券，例如债券、货币基金等。

人寿保险公司、P&C 保险公司和其他专业保险公司（如再保险公司）的一般账户资产配置均不同，因为不同的保险类型对应不同的负债期限及流动性。

与一般账户相比，保险公司的盈余账户（surplus account）是它的资产和负债之间的差额。保险公司的盈余账户通常可以设置高于一般账户的目标收益，因此可以常投资于风险更高的资产，如股票和私募基金、房地产、基础设施和对冲基金。

（1）人寿保险公司

人寿保险公司（life insurance company）通常通过投资其卖出的保单中注明的义务做套期保值。人寿保险公司会投资于那些当其人寿保单承保范围扩大时，收益率也相应升高的资产，以此来降低自身的风险。例如，如果人寿保险公司签发一份保单，将死亡险的赔付与消费价格指数联系在一起，这样公司就要承受通货膨胀的风险。因此，人寿保险公司要去搜寻当通货膨胀率上升时收益率也提高的资产，借此来消除其保单与价格指数之间的联系所带来的风险。

（2）非人寿保险公司

非人寿保险公司（non-life insurance company），如财产险和意外损失保险公司，也将保费基金用于投资，这主要是因为他们在收取保险金后可能要支付索赔的款项。通常，他们对待风险的态度比较谨慎。

在养老计划和保险公司投资目标之间有普遍的共同点，他们都需要对可预测的长期债务进行保值。他们的投资策略通常要求投资于不同期限的债券来为这些债务保值。

3.2.5 主权财富基金

主权财富基金（sovereign wealth funds，SWF）是指国有投资基金或投资于金融或实物资产的实体。主权财富基金通常不管理特定的负债义务，如养老金，并且根据政府目标（例如，预算稳定或未来发展项目）的供资情况，具有不同的投资范围和目标。

名师解惑

表 40-1 总结了不同类型的投资者的特点，CFA 一级考试中最常考的是养老基金、银行、基金会和保险公司这四类投资者的风险容忍度和投资期限。

表 40-1 各种投资者的特点

投资者	风险容忍度	投资期限	流动性需求	收入需求
个人投资者	取决于个人	取决于个人	取决于个人	取决于个人
确定收益型养老基金	高	长	低	取决于年龄
银行	低	短	高	付利息
基金会	高	长	低	支出水平
保险公司	低	寿险——长 非寿险——短	高	低
共同基金	取决于基金	取决于基金	高	取决于基金

4. 资产管理行业

投资组合管理流程和投资者类型是资产管理行业的广泛组成部分，是全球金融服务行业的一个组成部分。

— 备考指南 —
描述资产管理行业的主要管理方法和行业发展趋势。

资产管理行业竞争激烈。行业内企业的范围很广，从“纯正”的独立资产管理者到除了核心业务活动之外，还提供资产管理服务的多元化商业银行、保险公司和经纪公司。鉴于该行业日益全球化，许多资产管理公司在世界各地都设有投资研究机构和分销办事处。资产管理人通常被称为买方公司，因为它使用（购买）卖方公司的服务。卖方公司是向客户（即买方公司）出售证券并提供独立投资研究和建议的经纪人 / 交易商。

资产管理公司提供广泛的战略。专业资产管理公司可能专注于特定的资产类别（如新兴市场股票）或投资风格（如定量投资），而“全方位服务”管理公司通常提供多种资产类别和风格。资产管理公司的另一种类别是“多精品结构”，其中一家控股公司拥有多家资产管理公司，这些公司通常具有专门的投资策略。多精品结构允许个别资产管理公司保留其独特的投资文化，通常是股权，同时也受益于控股公司的集中、共享服务（如技术、销售和营销、运营和法律服务）。

4.1 主动管理与被动管理

通过基本面研究、定量研究或二者的结合，主动资产管理者通常试图超越预先确定的绩效基准，如标准普尔 500 指数或多个基准指数的组合。与主动型经理人不同，被动型经理人试图复制市场指数的回报。尽管被动管理在资产份额上有所上升，但由于与主动管理相比，管理费用较低，其在行业收入中的份额仍然很小。

除了传统的市值加权风险敞口，资产管理公司越来越多地提供其他策略。其中一些其他策略，通常被称为智能贝塔（smart beta, β）策略，是基于诸如规模、价值、动量或股息特征等因素制定的。智能贝塔策略涉及使用简单、透明、基于规则的策略作为投资决策的基础。通常，与被动市值加权策略相比，智能贝塔策略具有更高的管理费用和更高的投资组合周转率。

4.2 资产管理行业趋势

资产管理行业在不断发展，并不断受到社会经济趋势、投资者需求变化、技术进步和球资本市场扩张的影响。本节将重点讨论三个关键趋势，包括被动投资的增长、投资过程中的“大数据”应用以及财富管理行业中出现的智能投顾。

4.2.1 趋势一：被动投资的增长

被动资产的管理集中在一个相当小的资产管理者群体中，并倾向于集中于股权投资。支持被动投资增长的一个关键因素是被动管理成本低，为投资者节省了大量资产管理费用。另一个因素是许多活跃的资产管理公司面临着挑战，即如何产生更高的超额回报，特别是在一些更有效的市场，如美国大盘股中，主动管理获取超额回报变得越发困难，投资者倾向于选择跟踪指数。

4.2.2 趋势二：投资流程中的“大数据”应用

— 备考指南 —
大数据相关定义参见“投资管理中的金融科技”中“大数据”部分。

数据计算能力和数据存储能力的指数级增长为资产管理者提供了更多的信息来源。网络中几乎每天都会创建和捕获大量包含投资者潜在价值信息的数据。这些数据既包括传统的结构化数据（结构清晰，可以通过表格等形式储存和展现），也包括非结构化数据（媒体数据、聊天数据和传感器数据等）。“大数据”指的是利用这些巨大的数据集分析原因并得到结果。

4.2.3　趋势三：智能投顾

智能投顾，也称为机器人顾问，代表使用自动化和投资算法提供多种财富管理服务的技术解决方案，特别是投资规划、资产分配、税务损失收集和投资策略选择。由机器人顾问提供的投资和咨询服务通常反映投资者的一般投资目标和风险承受偏好（通常从投资者问卷中获得）。机器人顾问平台的范围从专门的数字投资咨询平台到提供数字投资咨询和人力理财顾问服务的混合产品。

5. 共同基金及集合投资产品

投资公司是一种金融中介机构，它将个人投资者的资金集中起来，投资于众多证券或其他资产之中。“集中资产”是证券投资公司背后的核心含义。在投资公司所建立起来的证券组合之中，每个投资者按照投资数额比例享有对资产组合的要求权。这些投资公司为小型投资者们提供了这样一种机制：他们可以联合起来，以获得大规模投资所带来的好处。

尽管投资公司把个人投资者的钱集中起来管理，但投资公司同样需要在投资者之间分清投资者对资产的要求权。投资者购买投资公司的股份，他们的所有权是按照购买份额的多少来划分的。每一份额的价值被称为净资产价值（net asset value, NAV）。净资产价值是资产市值减债务之后的价值在每一份额上的体现。

$$\text{净资产价值}=\frac{\text{资产市值}-\text{负债}}{\text{已发行在外的股份总数}}$$

5.1　开放式与封闭式基金

基金可以设置为开放式基金或封闭式基金。如果是开放式基金（open-end fund），它将接受新的投资资金，并以投资时基金净资产的价值发行额外股份。封闭式基金（close-end fund）是在设立基金后不接受新的投资资金。新投资者通过购买现有股票进行投资，基金投资者通过向其他投资者出售股票进行清算。因此，已发行股票的数量不变。封闭式基金可以根据股票需求以溢价或资产净值折价出售。

每种基金都有利弊。开放式基金结构使规模增长变得很容易，因为投资者可以随时申购基金份额。但过于自由的现金流给投资组合经理管理现金流带来了压力。因此，开放式基金往往不完全投资，而是保留一些现金用于应对投资者可能的赎回。封闭式基金没有这些问题，但它们的增长能力有限。

除了开放式或封闭式基金外，共同基金可以分为有佣金基金（load fund）或无佣金基金（no-load fund）。两者的主要区别在于投资者是否支付了购买、持有或赎回基金股份的销售费用。对于无负载基金，投资基金或赎回基金不收取费用，但根据基金净资产价值的百分比收取年费。负载基金是指除年费外，投资于基金和/或从基金赎回收取一定百分比费用的基金。此外，负载基金通常通过零售经纪人出售，他们会收到部分预付费。总的来说，负荷资金的数量和重要性随着时间的推移而下降。

5.2 共同基金

— 备考指南 —
共同基金会按照投资的资产划分种类。

共同基金是当前投资公司最主要的形式，大约占了投资公司资产的 90% 左右。每一种共同基金都会有其特定的投资策略，这在其募股说明书之中得以描述。例如，货币市场共同基金持有货币市场中的短期低风险工具，而债券基金则持有固定收益证券。有些基金甚至规定了更狭窄的投资范围。例如，一些固定收益基金主要持有国库券，而另一些则主要持有抵押支持证券。

基金管理公司会管理一系列共同基金或“基金复合体”。他们组织起整个基金系列，并向投资者收取管理费来运作基金。通过将一系列共同基金集合于同一个管理模式下进行管理，管理公司使得投资者们可以很容易地在市场的不同部分中分派其资产，以及在不同基金间转换资产的过程中，使用同一个账号来记录名下的收益。

下面介绍一些投资策略不同的基金种类。

5.2.1 货币市场基金

货币市场基金（money market fund）投资于货币市场证券，持有人可以凭此基金签发支票。净资产价值固定于每股份 1 美元，因此与股份赎回相关联的资本利得（损失）也就无须纳税。

5.2.2 权益基金

权益基金（stock mutual fund）主要投资于股票市场——尽管出于谨慎的考虑，

基金管理者也可以将其投资于固定收益或其他种类的证券。通常，基金总要持有一些货币市场证券以保证其流动性，来满足那些潜在的赎回需要。

传统上来讲，股票基金可以按其对资本利得或现时收入的偏好不同来进行分类。收入型基金倾向于持有提供高股利收入公司的股票，以获取较高的现时收入。而成长型基金则宁愿放弃现时收入，更看好资本利得的前景。虽然这种分类仅是字面意义的不同，但在现实生活中，与之相关的风险水平的不同值得一提：成长性的股票所对应的成长型基金较收入型基金要更具风险偏好，并且，一旦遇到经济环境变化，它的反应也会更加剧烈。

5.2.3 固定收益基金

固定收益基金（bond mutual fund），顾名思义，这种基金偏好固定收益资产。但在其中，仍然有非常大的细化空间。例如，许多基金集中投资于公司债券、国库券、抵押支持债券和市政债券（免税）。事实上，有些市政债券基金仅仅投资于某一特定州（甚至某一市）的债券，以满足该州居民希望规避债券利息和联邦税收。许多基金还会根据证券期限的不同，选择短期、中期或长期债券，或者根据信用风险的不同，选择从非常安全的证券或是高回报率的垃圾债券中的一些证券进行投资。

5.2.4 均衡及收入基金

有一些基金是为个人投资者整个的证券组合而设计的。因此，它既持有权益证券，又持有固定收益证券，两者之间保持一个相对稳定的比例。按照文森伯格（Wiesenberger）的理论，这种基金可以被分为收入型基金（income fund）或平衡性基金（balanced fund），收入型基金是为了保证本金的安全以及获得尽可能合理的现时投资收入；而均衡型基金则在不影响长期发展及现时收入的前提下实现风险最小化。

5.2.5 资产分配基金

资产分配基金（asset allocation fund）与平衡型基金的相似之处是，资产分配基金也同时持有股票和债券。但是，根据管理者对各个市场相对表现的预测，分配给每一市场的投资额比例将会剧烈变动。这样，这种基金的业绩与市场时机的选择有很大的关系，因此并不是低风险的投资工具。

5.2.6 指数基金

指数基金试图与整个市场指数的表现相对应。按照不同的证券在某一特定指数中的权重，该基金即相应地购买同样比例的该证券。对于小型投资者来讲，指数基金是执行一个被动投资策略的低成本方式，这意味着不需要进行过多的证券分析。当然，指数基金也可以用于非权益指数。

5.3 其他投资产品

除了共同基金以外，现在越来越多的其他类投资产品也逐渐受到投资者的青睐。接下来会介绍一些常见的其他投资产品。

5.3.1 对冲基金

对冲基金（hedge fund），也称避险基金或套利基金，是指由金融期货和金融期权等金融衍生工具与金融组织结合后以高风险投机为手段并以盈利为目的金融基金。它是投资基金的一种形式，属于免责市场产品。对冲基金采用各种交易手段（如卖空、杠杆操作、程序交易、互换交易、套利交易和衍生品等）进行对冲、套期来赚取巨额利润。这些概念已经超出了传统的规避风险、保障收益操作范畴。加之发起和设立对冲基金的法律门槛远低于共同基金，使其风险进一步加大。为了保护投资者，北美的证券管理机构将其列入高风险投资品种行列，严格限制普通投资者介入。如规定每个对冲基金的投资者应少于 100 人，最低投资额为 100 万美元等。在一个最基本的对冲操作中，基金管理人可能在购入一种股票后，同时购入这种股票的看跌期权。看跌期权的效用在于当股票价位跌破期权的执行价格时，看跌期权的持有者可将手中持有的股票以期权的执行价格卖出，从而使股票单边下跌的风险得到对冲。

对冲基金已成为一种新的投资模式的代名词，即基于最新的投资理论和极其复杂的金融市场操作技巧，充分利用各种金融衍生产品的杠杆效用，承担高风险，追求高收益的投资模式。

5.3.2 交易所交易基金

交易所交易基金（exchange traded fund, ETF）指的是可以在交易所交易的基金。交易所交易基金从法律结构上说仍然属于开放式基金，但它主要是在二级市场上以竞价方式交易，并且通常不允许现金申购及赎回，而是以一篮子股票来申购或赎回基金份额。对一般投资者而言，交易所交易基金主要还是在二级市场上进行买卖。

5.3.3 并购基金

并购基金（buyout fund）是专注于对目标企业进行并购的基金，其投资方法是通过收购目标企业股权，获得对目标企业的控制权，然后对其进行一定的重组改造，持有一定时期后再出售。并购基金与其他类型投资的不同表现在，风险投资主要投资于创业型企业，并购基金选择的对象是成熟企业；其他私募股权投资对企业控制权无兴趣，而并购基金意在获得目标企业的控制权。

5.3.4 风险投资基金

风险投资基金（venture capital fund）又叫创业基金，是当今世界上广泛流行的一种新型投资机构。它以一定的方式吸收机构和个人的资金，投向于那些不具备上市资格的中小企业和新兴企业，尤其是高新技术企业。风险投资基金无需风险企业的资产抵押担保，手续相对简单。它的经营方针是在高风险中追求高收益。风险投资基金多以股份的形式参与投资，其目的就是为了帮助所投资的企业尽快成熟，取得上市资格，从而使资本增值。一旦公司股票上市后，风险投资基金就可以通过证券市场转让股权而收回资金，继续投向其它风险企业。

5.3.5 专款理财账户

专款理财账户是指高净值客户把自己的所有财富或者财富的大部分交给一个投资经理为其管理的一种账户。因为这种账户是一个投资经理对一个客户专门负责，所以投资是为了满足单个特别客户的投资目标和限制条件，因而将其称为专款理财账户，也称为独立管理账户（separately managed account, SMA）。

大型机构投资者通常是 SMA 的主要使用者。SMA 使资产经理能够实施符合投资者特定目标、投资组合限制和税务考虑（如适用）的投资策略。例如，投资于资产管理公司的大额权益策略的公共养老金计划可能具有社会责任投资偏好。在这种情况下，计划发起人可能希望排除某些行业，如烟草和国防，同时根据环境、社会和治理（environmental, social and governance, ESG）等因素考虑其他有利的公司。

— 备考指南 —

在 CFA 一级考试中，大家只需要掌握专款理财账户的几个特点即可：
对资金的投入量有要求（一般是高净值客户）；
有专门针对于单个投资者的投资政策建议书（IPS）。

第 41 章 现代投资组合理论

<table>
<tr><th colspan="2">本章知识点</th><th>讲义知识点</th></tr>
<tr><td>一、均值 - 方差模型</td><td>均值 - 方差模型</td><td rowspan="10">风险与回报</td></tr>
<tr><td rowspan="2">二、主要收益率</td><td>1. 持有期收益率</td></tr>
<tr><td>2. 平均收益率</td></tr>
<tr><td rowspan="2">三、货币加权收益率与时间加权收益率</td><td>1. 货币加权收益率</td></tr>
<tr><td>2. 时间加权收益率</td></tr>
<tr><td>四、投资组合中资产的特点</td><td>资产的特点</td></tr>
<tr><td rowspan="4">五、资产收益率的期望、方差和协方差</td><td>1. 单个资产的期望收益率</td></tr>
<tr><td>2. 单个资产收益率的方差</td></tr>
<tr><td>3. 两个资产收益率的协方差和相关系数</td></tr>
<tr><td>4. 投资组合收益率的方差和标准差</td></tr>
<tr><td>六、资产组合的方差和相关系数的关系</td><td>方差与相关系数的关系</td><td rowspan="4">现代投资组合理论</td></tr>
<tr><td>七、风险厌恶</td><td>风险厌恶、风险中性和风险偏好</td></tr>
<tr><td>八、最小方差前沿与有效前沿</td><td>最小方差前沿与有效前沿</td></tr>
<tr><td>九、无差异曲线</td><td>无差异曲线</td></tr>
</table>

知识导引

单个资产收益的风险情况往往与其他资产收益的风险情况相关。如果单独评估每种资产的预期而忽视了它们之间的相关性，很可能会对投资者投资总头寸的风险和收益预期产生错误的认识，所以，站在投资组合的角度看待风险和收益是非常重要的。

这部分研究的历史渊源可以追溯到诺贝尔经济学奖获得者哈里 - 马克维茨的著作（1952）。马克维茨和之后的研究者们，例如杰克 - 特雷诺和诺贝尔经济学奖得主威廉 - 夏普，开创了现代投资组合理论（modern portfolio theory, MPT）

的先河。这是一种建立在有效利用风险之上的理性投资组合决策的分析方法。

现代投资组合理论给投资管理带来了一场革新：第一，在专业投资活动中，人们开始意识到投资组合在达成投资目标方面的重要性；第二，现代投资组合理论有助于知识的传播和定量分析方法在投资组合管理中的使用。如今，定量和定性概念在投资管理实务中作为相互补充的部分而存在着。

在投资组合选择理论的发展过程中，马克维茨主要研究了单一投资周期。包括诺贝尔经济学奖得主罗伯特－默顿在内的其他学者则就多个投资周期背景下的投资组合动态进行研究。这些后续贡献极大地丰富了现代投资组合理论的内涵。

本章思维导图

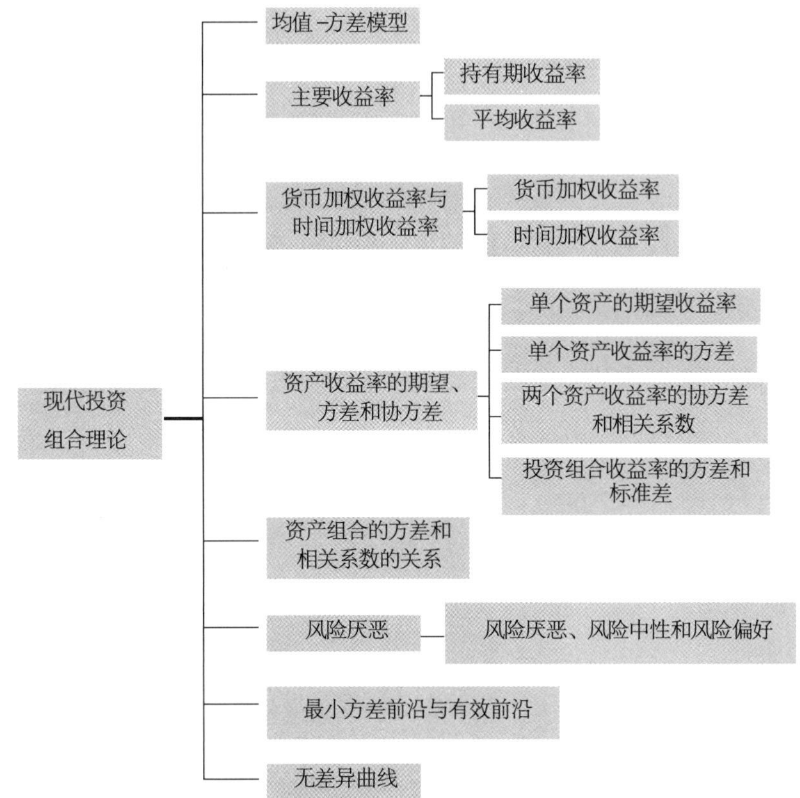

1. 均值 - 方差模型

1952 年，25 岁的哈里 – 马克维茨（Harry Markowitz）在芝加哥大学攻读经济学博士学位。这一年，他在《金融杂志》上发表了《资产组合的选择》一文，首次提出了均值 – 方差模型。马克维茨用收益率的期望值来度量收益，用收益率的标准差来度量风险，开创了投资组合理论的先河。1990 年，马克维茨凭此获得了诺贝尔经济学奖。

均值 – 方差分析法是指：要决定投资于什么样的投资组合（买哪些资产，以及各个资产的权重），只需要知道 3 件事情：（1）各个资产的期望收益率；（2）各个资产收益率的方差（或标准差）；（3）任何两个资产收益率的协方差（或相关系数）。

所谓均值 – 方差模型，其实是均值 – 标准差模型。马克维茨在平面直角坐标系上将投资组合的收益率和风险（标准差）一一表示了出来。其中坐标轴 X 轴上是收益率的标准差，用来度量风险，Y 轴上是收益率的期望值（均值），用来度量收益，如图 41–1 所示。

图 41-1　均值 - 方差模型坐标轴

对任何一个资产或资产组合，可以计算其收益率的期望值和标准差，在马克维茨均值 – 标准差二维空间上找到一个点与之对应。

2. 主要收益率

2.1 持有期收益率

— 备考指南 —
计算和解释（calculate and interpret）主要的收益测量方式和他们的适用状况。

持有期收益（holding period return, HPR）是投资者持有某一投资工具一段时间所带来的总收益除以初始投资得到，包括利息收入或股利收入和资本利得或损失。持有期收益率的公式为：

$$HPR=\frac{P_1-P_0+CF_1}{P_0}$$

名师解惑

持有期收益率这个概念很好理解，就是持有一种金融产品一段时间，能够带来的收益率是多少。持有期收益率的计算公式用一句话总结，即为持有的整个期间能带来的总收益。比如买了一支股票，P_1-P_0 就是这个期间股价的变化，是一个资本利得或损失。而 CF_1 在股票里面就是期末获得的红利，这就意味着这段期间不但股价涨了，还拿到了股利。所以，收益来自于两个部分，一部分是资本利得，一部分是红利。这两个部分相加才是整个持有期间的收益。而 P_0 是期初的价格，也是购买股票的成本，所以用总的收益除以购买成本，就可以得到持有期的收益率。

2.2 平均收益率

平均收益率（average return）可以分为算数平均收益率和几何平均收益率。

2.2.1 算术平均收益率

算术平均收益率（arithmetic mean return）的定义式为：$\overline{R}=\frac{R_1+R_2+R_3+...+R_n}{n}$

算术平均值有一个很重要的性质：所有数据偏离算术平均值的数值之和等于 0：

$$\sum_{i=1}^{N}(R_i-\overline{R})=0$$

某股票的收益率在某一段时间内为 10%，12%，14%，16%，18%，则收益率的算术平均值为：

$$\overline{R}=\frac{10\%+12\%+14\%+16\%+18\%}{5}=14\%$$

所有数据偏离算术平均值的数值之和为：

$$(10\%-14\%)+(12\%-14\%)+(14\%-14\%)+(16\%-14\%)+(18\%-14\%)=0$$

显然对于任何一个数据集来说，算术平均值的大小是唯一的，而且其大小与数据集中每一个数据的大小都有关，如果数据集中有异常值（相对其他数据来说特别大或者特别小），那么将会使得算术平均值发生很大的变化。

如上例中股票的收益率数据为 10%，12%，14%，16%，50%，则收益率的算术平均值为：

$$\overline{R}=\frac{10\%+12\%+14\%+16\%+50\%}{5}=20.4\%$$

可以看出，异常值对于算术平均值的大小有非常大的影响。

2.2.2 几何平均收益率

几何平均收益率（geometric mean return）的定义式为：

$$\overline{R}=\sqrt[n]{(1+R_1)\times(1+R_2)\times(1+R_3)\times\ldots\times(1+R_n)}-1$$

某股票的收益率为 10%，12%，14%，16%，18%，其几何平均收益率为：

$$\overline{R}=\sqrt[5]{(1+10\%)\times(1+12\%)\times(1+14\%)\times(1+16\%)\times(1+18\%)}-1=13.96\%$$

几何平均收益率实际上是计算复利收益率，在计算多期投资平均收益率时，应该使用几何平均收益率，而在计算单期投资平均收益率时，应该使用算术平均收益率。

由代数知识可得出结论，对于同样的数据集，几何平均收益率是不大于算术平均收益率的，只有当数据集中所有的数据都相等时，两者才相等。

举例说明几何平均收益率和算术平均收益率的区别。

以 100 元价格购买 A 股票，一年后价格上涨到 200 元，第二年末，股票的价格又回到 100 元，分别计算每年收益率的几何平均值和算术平均值。

第一年的收益率＝ 200 ÷ 100−1=100%

第二年的收益率＝ 100 ÷ 200−1=−50%

几何平均收益率为：$\sqrt{(1+10\%)\times(1-50\%)}-1=0$

算术平均收益率为：（100%−50%）÷2=25%

因此可以得到如下两个结论：

- 几何平均收益率小于算术平均收益率；
- 几何平均收益率表示了实际的收益率，因为实际的收益率是0%，而算术平均收益率则得到了正的收益率。

名师解惑

学习了算术平均收益率和几何平均收益率的特点，那应该如何选择适合的应用场景呢?

一般来说，如果想总结概括过去几年的平均收益率，则用几何平均计算过去收益比较合理。例如，过去三年年收益分布为5%，12%，9%时，几何平均收益为 $[(1.05)(1.12)(1.09)]^{1/3}=8.63\%$ 。

当基于未来几年的预期收益进行未来收益计算时，算数平均收益率会更好。如：未来两年收益分别为100%，-50%，几何平均收益率为 $[(1+100\%)(1-50\%)]^{1/2}-1=0\%$ ，代数平均收益为 $(100\%-50\%)\div 2=25\%$ 。

总结：如果根据历史数据去预测下一期的收益率，常用算术平均收益率；如果根据历史数据去描述过去的平均业绩表现，常用几何平均收益率。

3. 货币加权收益率和时间加权收益率

3.1 货币加权收益率

货币加权收益率（money-weighted rate of return, MWRR）实质上在计算内部收益率（internal rate of return, IRR），即NPV等于0的折现率，用公式可以表示为：

> **备考指南**
> 计算和比较这两种收益率，适用于不同的业绩评估情形。

$$V_0=\frac{C_1}{1+R_D}+\frac{C_2}{(1+R_D)^2}+\ldots+\frac{C_N+V_N}{(1+R_D)^N}$$

其中：

R_D：货币加权收益率（相当于贴现率）；

V_0：证券组合的初始市场价值；

V_N：证券组合的期末市场价值；

C_N：子期间 N 内证券组合产生的现金流（现金流入减去流出），N=1，2⋯ N。

等式左边是证券组合期初市值（V_0），等式右边是所有投资期间的现金流加上期末证券组合的市值（V_N）折现求和的现值。

计算货币加权收益率时，并不需要知道整个投资期内每一个子期间的证券组合的市值，只要知道整个投资期的期初市值与期末市值即可。

举个例子

【例】在 2015 年初，一个证券组合的市场价值为 1 亿美元，仅仅在 2015 年末和 2016 年末有现金的变动，投资者分别撤出资金 100 万美元，在 2017 年末，组合的市场价值为 \$129,635,164，那么该证券组合的货币加权收益率可以通过下式计算出来：

$$\$100,000,000=\frac{\$1,000,000}{1+R_D}+\frac{\$1,000,000}{(1+R_D)^2}\ldots+\frac{\$129,635,164}{(1+R_D)^3}$$

求解为 9.68%，即该组合的货币加权收益率为 9.68%。

运用金融计算器：

进入现金流计算模式：CF

清空设置：2nd+CE|C（CLR WORK）

输入数值：

CF0=-\$100,000,000

C01=\$1,000,000；F01=1

C02=\$1,000,000；F02=1

C03=\$129,635,164；F03=1

IRR（CPT）= 9.68（%）

3.2 时间加权收益率

时间加权收益率（time-weighted rate of return, TWRR）衡量在评估期内的初始证券组合市场价值的复利增长率。在衡量时，TWRR 类似于几何平均的计算方法，所以也被称为“几何收益率”。用公式表示为：

$$TWRR=\sqrt[n]{\prod_{i=1}^{N}(1+HPR_i)}-1$$

其中，

HPR_i：子期间 i 的组合投资收益，i = 1，2，3…N；

N：评估期内的子期间数；

n：整个持有期年数。

如果在评估期内证券组合不存在增资和提款撤资的情况，而且所有的投资收益都被再投资时，货币加权收益率和时间加权收益率则有相同的结果。货币加权收益率存在的问题在于受到了一些不可控因素的影响，具体而言，客户的任何增资或提款行为都会影响计算的收益率。所以，如果基金经理能控制现金流的大小、方向和时间，则用货币加权收益率来衡量其业绩较为准确；如果基金经理不能控制现金流的大小、方向和时间，则用时间加权几何收益率来衡量其业绩较为准确。

另外，在衡量过去投资业绩时，用几何平均来计量更为准确；用过去业绩来预测下一期收益率时，用算术平均来计量更为准确。

举个例子

【例】如果投资组合在第一、二、三和四年的收益率分别是 12%，25%，-15% 和 -2%，那么时间加权收益率为多少呢？

【解】计算过程如下：

$$TWRR=\sqrt[4]{(1+12\%)\times(1+25\%)\times(1-15\%)\times(1-2\%)}-1=3.92\%$$

名师解惑

在考试中，需要重点掌握这两个收益率之间的区别。货币加权收益率对于现金流的大小和方向更加敏感，基于这个特点，对于可以自由支配现金流的基金经理而言，货币加权收益率更加能够表现其投资业绩。反过来，若是基金经理不能自主支配现金流（比如定投类产品或者是投资者对于现金流有明确约束的），那么此时时间加权平均收益率更能描述其投资业绩。

4. 投资组合中资产的特点

— 备考指南 —
描述（describe）投资者在构建投资组合时主要考量的因素。

上文已经介绍，在进行投资时要同时考虑收益和风险，一般用期望收益率来衡量投资收益，用方差或标准差来衡量风险。表 41-1 中列出了一些常见的投资资产的风险和收益。

表 41-1 常见的投资资产的风险和收益

英国机构投资者资本市场预期		
资产类别	期望收益率（%）	标准差（%）
1. 英国股票	10.0	15
2. 非英国股票	8.0	12
3. 中期债券	4.0	7
4. 长期债券	4.5	8
5. 国际债券	5.0	9
6. 不动产	7.0	10

这是一个英国机构投资者的资产配置方案，可以看到在这不同类型的资产当中，资产的收益越高，相对应的风险就越大。在这 6 项资产中，英国股票的期望收益率最高（10%），而他的标准差也最大（15%）；相比之下，中期债券的期望收益率最小（4.0%），而它的标准差也最小（7%）。正如前文所说，“天下没有免费的午餐”，想要得到高收益，就必然要承担高风险。

用期望收益率和方差来进行评估是一种比较简单的方法。其实，资产的收益率并不服从正态分布，他的分布通常是左偏，且峰度要大于正态分布。因此，其分布在左边尾巴处会有很多异常值。

此外，在进行投资时，流动性也是一个重要的考虑因素。因为，流动性会影响资产的价格，进而影响资产的收益率。这一点在新兴市场中尤为重要。

5. 资产收益率的期望、方差和协方差

— 备考指南 —
计算和解释（calculate and interpret）资产收益率的均值、方差及协方差。

5.1 单个资产的期望收益率

前面已经介绍了算术平均收益率的计算，其实算术平均收益率只是加权平均收益率的一种特殊情况，其权重都等于 1/N。对于加权平均收益率，所谓加权就是每一个收益率乘以权重，然后再加总。这里的权重就不一定是 1/N 了。比如某资产共有 10 个可能出现的收益率，其中 3% 出现了两次，那 3% 的概率就是 0.2（2/10），因为出现了两次，所以这里就把上面算术平均收益率里面的 1/N 变成了 w_i 而已。加权平均收益率经常被用在金融领域中计算平均收益率，也称为期望收益率。这里介绍一个概念，如果观测值表示了随机变量所有可能的取值，当权重取为每种取值的概率时，加权平均值就称为随机变量的数学期望，记为：

$$E(X)=\sum x_i \times P(x_i)=x_1 \times P(x_1)+x_2 \times P(x_2)+\ldots+x_n \times P(x_n)$$

比如说，有一个金融产品，经济好的时候收益率是 10%，经济一般的时候收益率是 8%，经济差的时候收益率是 3%，然后再结合三种经济环境发生的概率来计算平均收益率，这种情况就适用加权平均数的公式来求解，即每一个对应的取值乘以相应概率，然后加总即可。

举个例子

【例】股票收益率为 10%，11%，12%，权重为 0.1，0.5，0.4，求收益率的加权平均值。

【解】$\overline{R}_w=0.1\times10\%+0.5\times11\%+0.4\times12\%=11.3\%$。

【例】已知某股票第二天的收益率情况为：

发生的概率	30%	30%	40%
第二天股票收益率	10%	0%	-20%

股票的第二天收益率的数学期望等于：

$E(R)=10\%\times30\%+0\%\times30\%+(-20\%)\times40\%=-5\%$

资产组合的期望收益率计算公式为：

如果有 $R_P=w_1R_1+w_1R_1$，那么有 $E(R_P)=w_1E(R_1)+w_2E(R_2)$。

即随机变量之和的数学期望等于随机变量数学期望之和。此公式的原理也适用存在多个随机变量的情况。

在投资组合中，R_P 可以看作投资组合的收益率，R_1 和 R_2 为组合中的证券的收益率，w_1 和 w_2 分别为其价值权重。$E(R_P)$ 为投资组合收益率的数学期望，$E(R_1)$ 和 $E(R_2)$ 为组合中证券收益率的数学期望。

5.2 单个资产收益率的方差

方差是收益率偏离其均值的距离的平方的平均距离。用公式来表示为：

$$\mathrm{Var}(R)=\sigma^2=\frac{\sum_{i=1}^{N}(R_i-\mu_R)^2}{N}$$

其中 $\mu_R=\frac{\sum_{i=1}^{N}R_i}{N}$，称为收益率 R 的均值。

公式中的均值实际上就是收益率的期望值，只是假设收益率取每种可能的结果的概率为 1/N。

例如，某金融产品的收益率可能结果为：10%，15%，20%，−15%，0，可以得到：

$$\mu_R=(10\%+15\%+20\%-15\%+0)\div 5=6\%$$

$$\begin{aligned}\sigma^2&=\frac{\sum_{i=1}^{N}(R_i-\mu_R)^2}{N}\\&=\frac{(10\%-6\%)^2+(15\%-6\%)^2+(20\%-6\%)^2+(-15\%-6\%)^2+(0-6\%)^2}{5}\\&=1.54\%\end{aligned}$$

对于方差而言，总体方差和样本方差也有区别。总体方差如上文的定义，而样本方差则为：

$$s^2=\frac{\sum_{i=1}^{n}(R_i-\overline{R})^2}{n-1}$$

5.3 两个资产收益率的协方差和相关系数

— 备考指南 —

投资组合中资产间的相关性会影响整个组合的风险水平。

协方差的英文单词“covariance”是由方差（variance）前面加了个前缀 co- 得来的。co- 是同步的意思，所以 variance 前面加一个 co-，表示的不再是一个随机变量或者说一组数据的离散程度，而是两个随机变量之间的一个随机关系。其实，协方差度量的是两个随机变量变动的同向性。所谓同向性，是指一个随机变量高于均值时，另一个随机变量也高于均值，因此说明这两个随机变量变动方向是同向的；如果一个随机变量高于均值时，另一个随机变量却低于均值，则说明这两个随机变量的变动方向是反向的。综上所述，协方差用来描述随机变量变动方向的同向性：当两个随机变量的协方差大于零时，说明随机变量偏离其期望值的方向相同；当协方差小于零时，说明随机变量偏离其期望值的方向相反；如果协方差等于零，说明随机变量偏离期望值的方向没有关系。

掌握了协方差的概念之后，就要考虑如何计算协方差。首先回顾前面学过的方差的计算。求方差就是求一个期望，是距离平方的期望，或者叫做距离平方的均值。而所谓距离的平方是指随机变量 X 到均值 $(X_i-\overline{X})$ 的距离的平方，其期望值就是方差。而所谓协方差，其度量的是两个随机变量之间的关系，那就不能只包含一个距离了，要包含两个距离。所以，协方差的公式应该是这样的，表示一个资产在一定时期内的收益率到均值的距离 $(R_{t,1}-\overline{R_1})$，乘以另一个资产同一时期内的收益率到均值的距离 $(R_{t,2}-\overline{R_2})$，即 $(R_{t,1}-\overline{R_1})(R_{t,2}-\overline{R_2})$ 的期望，因此两个资产收益率的协方差的公式为：

$$\mathrm{Cov}_{1,2}=\mathrm{E}[(\mathrm{R}_{t,1}-\overline{\mathrm{R}_1})(\mathrm{R}_{t,2}-\overline{\mathrm{R}_2})]$$

这是用期望的方法求得两个资产收益率的协方差，如果用两个资产收益率的历史数据来计算协方差，那么这两个资产收益率的协方差的公式则为：

$$\mathrm{Cov}_{1,2}=\frac{1}{n-1}\sum_{t=1}^{n}[\mathrm{R}_{t,1}-\overline{\mathrm{R}_1}][\mathrm{R}_{t,2}-\overline{\mathrm{R}_2})]$$

协方差还有两个知识点需要掌握。第一点，由公式可以知道，随机变量与其本身的协方差就是方差：$\mathrm{COV}(X,X)=\mathrm{E}[((X-\mathrm{E}(X))\times((X-\mathrm{E}(X))]=\sigma^2(X)$。第二点，关于协方差的取值范围，可以从负无穷到正无穷。相比之下，方差的取值范围是从 0 到正无穷，方差是不可能取到负数的。

从上面的讲解中可知协方差的取值范围是从负无穷到正无穷的，取值范围特别的广，正是由于这个原因，才引入了一个新的概念，叫做相关系数（correlation）。当把协方差进行标准化之后，就可以得到相关系数。具体方法是，两个随机变量的相关系数等于它们的协方差除以它们的标准差之积，即：$\rho_{1,2}=\dfrac{\mathrm{Cov}_{1,2}}{\sigma_1\sigma_2}$。

协方差用于衡量两个随机变量变动的同向性，而相关系数则用于衡量两个随机变量之间的线性关系。如果两个随机变量能用加减的关系来表示，那它们之间就是线性关系，而乘除、乘方等关系就不属于线性关系。比如说有两个随机变量 X 和 Y，Y+X 表示的是线性关系；Y−2X 表示的也是线性关系；但是 X×Y 就不一定是线性关系了。

协方差的取值范围是从负无穷到正无穷的，而相关系数是协方差经过标准化后得到的，取值范围从 -1 到 1。另外需要了解几个特殊的相关系数的值所代表的含义。如果相关系数等于 -1，表示两个随机变量之间是完全负相关的关系，或者叫做完全负的线性关系。可以理解为 Y 可能等于几个负的 X 加上一个常数，例如，Y=-aX+b 其含义就是 X 和 Y 之间是完全负的线性关系。

如果相关系数等于 1，表示 X 和 Y 之间是完全正的相关关系。比如 Y=aX，如果 X 增加了 1，那 Y 就会增加 a。如果相关系数等于 0，表示两个随机变量之间不存在线性关系。

这时，需要考虑一个问题，如果两个随机变量的相关系数等于 0，那能不能说这两个随机变量之间是独立的呢？答案是否定的。相关系数等于 0，仅仅只代表它们之间不存在线性关系，但是它们之间可能会存在其他的关系。而如果两个随机变量是独立的，那就说明它们两个之间没有任何关系。所以，相关系数等于 0，不代表两个随机变量就一定是独立的。

总结一下，相关系数表示的是两个随机变量之间的线性相关关系。如果相关系数小于 1 且大于 0，表示随机变量之间存在正的线性关系；如果相关系数小于 0 且大于 -1，表示随机变量之间存在负的线性关系；如果相关系数等于 1（-1），表示随机变量存在完全正（负）线性关系；如果相关系数等于 0，表示两个随机变量之间不存在线性关系。

名师解惑

相关系数这个考点，需要掌握以下四方面的内容：

第一个，要掌握相关系数的计算方法；

第二个，要知道相关系数衡量的是两个随机变量之间的线性关系；

第三个，要知道，相关系数的取值范围是从 -1 到 1 的。相关系数等于 1 时，表示完全正相关；相关系数等于 -1 时，表示完全负相关；

第四个，要知道相关系数等于 0，则表示两个随机变量之间是没有线性关系的，但是它们之间可能有非线性的关系，只是这种关系无法通过相关系数得以体现。所以，相关系数等于 0 不代表两个随机变量是独立的。

5.4 投资组合收益率的方差和标准差

上文介绍了单个资产收益率的方差，也知道了可以用方差来衡量一个资产的风险。在投资的时候，往往一个组合中会有多个资产，那组合收益率的方差是如何计算的呢？当一个组合由两个资产构成的时候，其收益率的方差计算公式为：

— 备考指南 —
投资组合内资产间相关性为正会提高组合的风险，若相关性为负可以降低组合的风险。

$$\sigma_p^2 = w_1^2\sigma_1^2 + w_2^2\sigma_2^2 + 2w_1w_2COV_{1,2} = w_1^2\sigma_1^2 + w_2^2\sigma_2^2 + 2w_1w_2\sigma_1\sigma_2\rho_{1,2}$$

通过公式可以看出，一个组合的风险取决于构成它的各个资产的权重、方差以及它们的相关系数。在其他条件都确定的情况下，资产之间的相关性越低，组合的方差，即风险也就会越小。

一个随机变量的标准差的平方即为其方差，因此组合的标准差公式为：

$$\sigma_p = \sqrt{w_1^2\sigma_1^2 + w_2^2\sigma_2^2 + 2w_1w_2\sigma_1\sigma_2\rho_{1,2}}$$

又因为 $\sigma_1\sigma_2\rho_{1,2} = COV_{1,2}$，此时，

$$\sigma_p = \sqrt{w_1^2\sigma_1^2 + w_2^2\sigma_2^2 + 2w_1w_2\sigma_1\sigma_2\rho_{1,2}}$$

当组合中的两个资产扩展到 n 个资产时，组合标准差的公式就表示为：

$$\sigma_p = \sqrt{\sigma_p^2} = \sqrt{\sum_{i=1}^{n} w_i^2\sigma_i^2 + \sum_{i=1}^{n}\sum_{j=1}^{n} w_i w_j Cov_{i,j}}$$

如果设组合共有 n 各资产，且所有资产的权重都是相等的，即都为 1/n；两两之间的协方差相同，$COV_{i,j}$；且所有个体资产的方差都相等 σ_i^2，那组合方差的公式就可以变形为：

$$\sigma_p^2 = \frac{1}{n}\sigma_i^2 + \frac{n^2 - n}{n^2}Cov_{i,j}$$

当 n 趋近于无穷大时可以发现，组合的方差近似等于协方差。

各项资产之间的协方差有正有负，它们会起相互对冲抵消的作用，但不会完全抵消。因此，可以通过扩大投资组合进行风险的分散化。

名师解惑

在 CFA 一级的考试中，由两个资产构成的组合的方差和标准差是考试的重点，所以其相关知识及计算要重点掌握。而三个资产构成的组合的方差虽然在一级考试中考得较少，但也要求掌握。其他多个资产构成的组合的方差公式只要了解其基本特征和一般表达式即可，通常一级考试不作要求。

6. 资产组合的方差和相关系数的关系

如果一个组合由两个资产构成，组合的方差和标准差的计算公式为：

$$\sigma_p^2 = w_1^2\sigma_1^2 + w_2^2\sigma_2^2 + 2w_1w_2COV_{1,2} = w_1^2\sigma_1^2 + w_2^2\sigma_2^2 + 2w_1w_2\sigma_1\sigma_2\rho_{1,2}$$

$$\sigma_p = \sqrt{w_1^2\sigma_1^2 + w_2^2\sigma_2^2 + 2w_1w_2\sigma_1\sigma_2\rho_{1,2}}$$

在两个资产构成的组合中，当相关系数取一些特殊值时，有以下关系：

- 当 $\rho_{1,2}$=1，则 $\sigma_p = w_1\sigma_1 + w_2\sigma_2$
- 当 $\rho_{1,2}$=0，则 $\sigma_p = \sqrt{w_1^2\sigma_1^2 + w_2^2\sigma_2^2}$；
- 当 $\rho_{1,2}$=−1，则 $\sigma_p = \left|w_1\sigma_1 - w_2\sigma_2\right|$。

值得思考的是，当 $\rho_{1,2}$=−1 时，σ_p 是否可能为 0 呢？答案是肯定的，只要将 w_1，w_2 做适当的配比，就有可能使得组合的方差（或标准差）为 0。这就意味着当两个资产是完全负相关时，必定能找到某个资产配置的权重，使得组合风险为 0，即无风险投资品种。随着 $\rho_{1,2}$ 下降，投资组合的最小风险一直下降，直到 0 为止。因此可得出结论，相关系数越低，投资组合的风险就越小，组合分散风险的效果就越好。

如果将由两个资产构成的组合的期望收益率和标准差放在坐标图中表示，如图 41−2 所示。

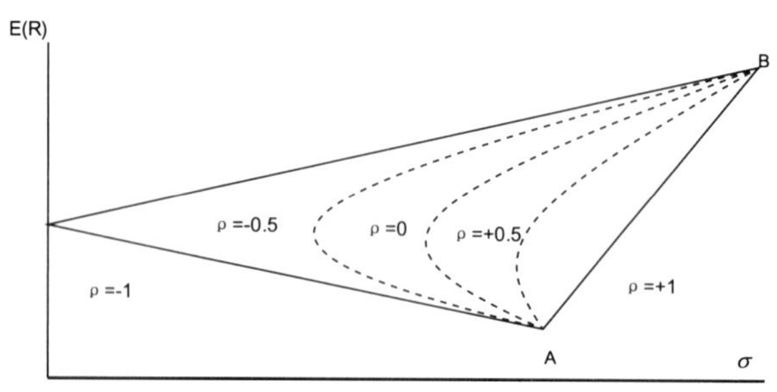

图 41-2　资产组合的相关系数

从图 41−2 中可以看出，当两个组合的相关系数等于 1 时，即 ρ=−1 时，两个资产的投资组合将呈一条直线，直线上的每一个点表示不同权重组合的投资组合。如果把 100% 的资金投资于资产 A（0% 配置资产 B），那么“投资组合”就是 A 点。随着 A 的权重越来越小，B 的权重越来越大，投资组合的点就沿着直线向右上方移动。直到 B 的权重达到 100%（A 的权重为 0%），那么“投资组合”就到达 B 点。

如果资产 A 和资产 B 的收益率的相关系数等于 −1，即时，一定能找到一点，使得投资组合的标准差为 0，这时，两个资产的投资组合将呈一条折线。

如果资产 A 和资产 B 的收益率和相关系数在 −1 到 1 之间，那么两个资产的投资组合将呈一条向左上方弯曲的曲线。曲线上的每一个点表示资产权重不同的投资组合。而且相关系数越小，曲线越往左边弯曲。

7. 风险厌恶

风险厌恶（risk aversion）是一个人在承受风险时，其风险偏好的特征。可以用它来测量人们为降低所面临的风险而进行支付的意愿。在降低风险的成本与收益的权衡过程中，厌恶风险的人在相同的成本下更倾向于选择低风险。对具有相同预期回报率的投资项目进行选择时，风险厌恶者一般选择风险最低的项目。而对于具有同样风险的资产，则钟情于具有高预期收益率的资产。

— 备考指南 —
解释（explain）风险厌恶。

与风险厌恶者相反，风险偏好（risk-seeking）者通常主动追求风险，喜欢波动的收益胜于稳定的收益。他们选择资产的原则是：当预期收益相同时，选择风险大的，因为这会给他们带来更大的效用。风险中性（risk-neutral）者通常既不回避风险，也不主动追求风险。他们选择资产的唯一标准是预期收益的大小，而不关注风险状况如何。

8. 最小方差前沿与有效前沿

如果将全世界所有风险资产都在同一个坐标轴中进行体现，就可以得到一个面，把这个面叫做可行集，如图 41-3 所示。

— 备考指南 —
描述（describe）和解释（interpret）全球最小方差组合和有效前沿。

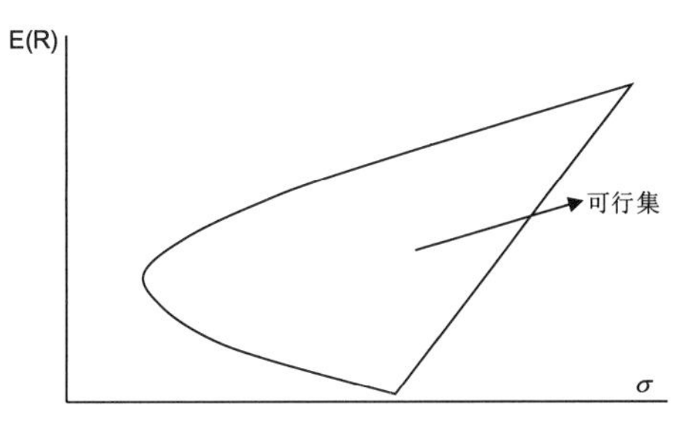

图 41-3 可行集 1

如果做一条和横轴平行的直线，和可行集的边界交于 A、B 两点（如图 41−4 所示），可以发现两点的预期收益率是完全相同的，但是他们的风险不同，A 点在左边，他的风险相比 B 点更小一些。

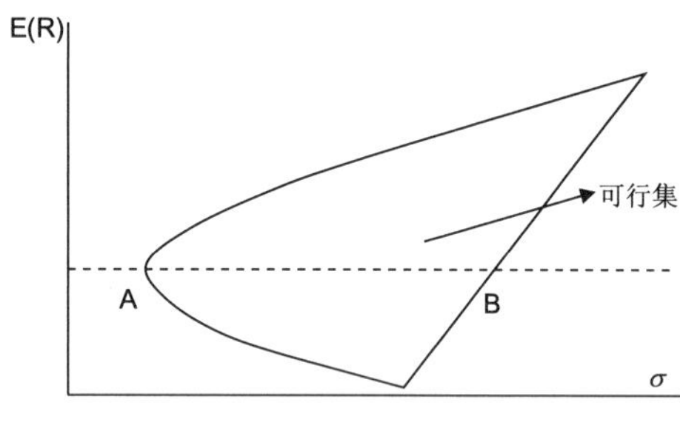

图 41-4　可行集 2

把所有具有相同收益率的组合作比较时，会发现位于可行集最左边的组合有更低的风险。在收益率一定的情况下，都会追求最小的风险，投资于那些风险更小的组合。因此，只有可行集最左边的点是有效的，右边所有的点都是无效的。把最左边的点都连在一起形成一条曲线（如图 41−5 所示），这条曲线称为最小方差前沿（minimum variance frontier）。最小方差前沿是最左边的一条曲线，这条曲线上的点代表所有风险资产的组合，在相同收益率水平下，这条曲线上的组合具有最小方差，因此称为最小方差组合。最小方差前沿上每个点都是所有风险资产的组合，各个点的区别是各风险资产的权重不同。

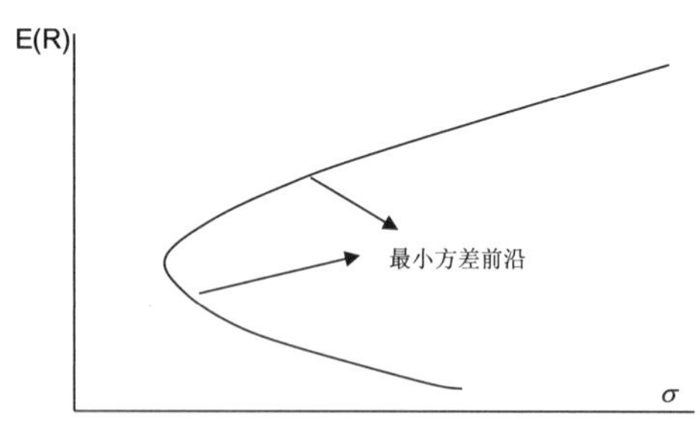

图 41-5　最小方差前沿

上文已经分析过，投资者应该投资于那些最小方差前沿上的点，因为对于相同收益率水平，最小方差前沿上的组合的风险最小。但是，是否最小方差前沿上的每个点都值得投资呢？显然，最小方差前沿的下半部分并不值得投资，因为对于相同风险水平下，最小方差前沿的上半部分的组合的收益率都比下半部分来的高。因此最小方差前沿只有上半部分才是有效的。

那么，从哪里开始算上半部分呢？类似的，可以做无数条与纵轴平行的直线，让他们都与最小方差前沿相交，会发现在最小方差前沿最左边的拐点处有一条直线和最小方差前沿相切，只有一个交点（即切点 C），这个切点叫做全球最小方差组合（global minimum variance portfolio）（如图 41–6 所示）。全球最小方差组合是所有资产组合中风险最小的一个组合，因为它在最左边，这一点就是上半部分与下半部分的分界点。上半部分的点在风险水平一定的情况下，具有更高的期望收益率。如图 41–6 所示，组合 A 和组合 B 具有相同的风险，但是组合 A 在最小方差前沿的上半部分，具有更高的收益率。

— 备考指南 —
全球最小方差组合以资产的市场价值为权重。

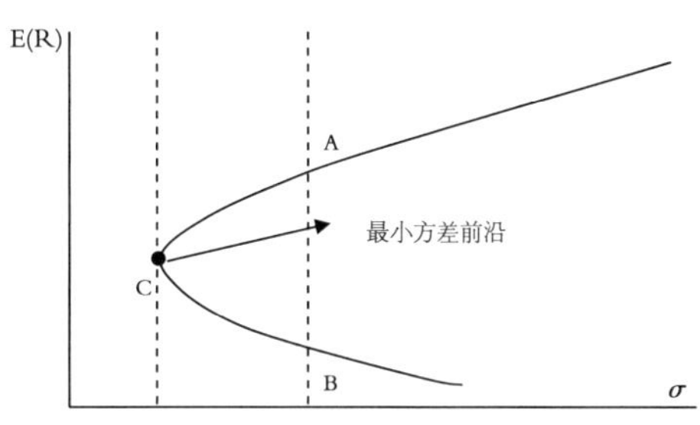

图 41-6 全球最小方程组合

从全球最小方差组合开始，最小方差前沿的上半部分就称为马克维茨有效前沿，简称有效前沿（efficient frontier）。有效前沿是能够达到的最优的投资组合的集合，它位于所有资产和资产组合的左上方，如图 41–7 所示。

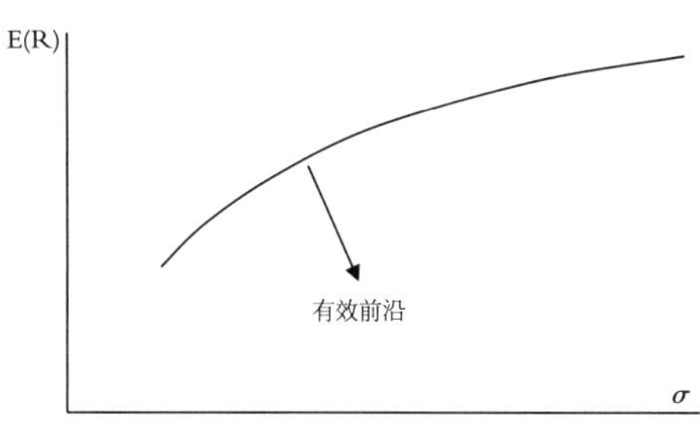

图 41-7 有效前沿

所有的单个资产都位于有效前沿的右下方，有效前沿的左上方无法利用现有市场上的风险资产来获得。在一定的期望收益率 E（R）水平下，有效前沿上的投资组合风险最小；在一定的风险水平下，有效前沿上的投资组合期望收益率水平最大。

有效前沿上的投资组合称为有效组合（efficient portfolio），其特点是包含了所有风险资产，所以称有效组合是完全分散化（well-diversified, fully-diversified）的投资组合。

名师解惑

这部分内容要记住以下两点：1. 最小方差前沿上的点在收益率水平一定的情况下，风险最小；2. 有效前沿上的点有两个特点：相同收益率水平下，风险最小；相同风险水平下，收益率最大。

9. 无差异曲线

— 备考指南 —
解释（explain）如何基于投资者的效用来选择最优资产组合。

马克维茨在进行均值－方差模型研究的时候，首先对投资者行为进行了研究，假定了投资者的效用函数。

$$U = E(r) - \frac{1}{2}A\sigma^2$$

其中，

U：效用，投资者投资产品获得的整体满足感；

$E(r)$ 产品带来的期望收益率；

σ^2 产品带来的投资总风险，用产品收益率的方差描述；

A：风险厌恶系数（risk aversion coefficient），反应投资者每承担一单位投资风险，效用的减少量。若承担单位风险，效用减少得越多，说明投资者的风险厌恶程度越高，A 越高。

对于三类不同的投资者

风险厌恶者，A>0；

风险偏好者，A<0；

风险中性者，A=0。

若将效用函数表示在直角坐标系中，可以描述投资者的主观偏好，横轴为描述的风险，纵轴为 E（R）期望收益率。则：

$$E(r) = \frac{1}{2}A\sigma^2 + U$$

若假设 U 保持不变，U 可以看成常数，方程描述的就是期望收益率与标准差的二次函数关系。在马科维茨的理论中，投资者是风险厌恶的，则 A>0，抛物线开口向上。这条开口向上的抛物线上所有的投资组合都有相同的效用，即对投资者来说都是“无差异”的。所以将这条抛物线称为“无差异曲线（indifference curve）”。

不断地改变效用（U），随着U的上升，抛物线截距不断向上平移，则可以画出多条无差异曲线，如图41-8所示。

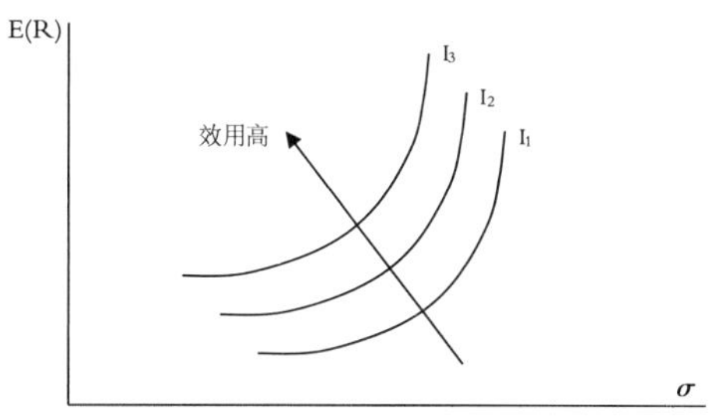

图41-8 无差异曲线

无差异曲线具有以下性质：

- 无差异曲线有无数条；
- 无差异曲线不相交；
- 越往左上方的无差异曲线，效用越高；
- 每个投资者的无差异曲线不同；
- 越厌恶风险的投资者来说，其无差异曲线较陡峭，越不厌恶风险的投资者的无差异曲线则会相对平缓。

第 42 章 资本市场理论

<table>
<tr><th colspan="2">本章知识点</th><th>讲义知识点</th></tr>
<tr><td>一、资本市场理论的假设</td><td>资本市场理论的假设</td><td>CAPM 和 SML</td></tr>
<tr><td>二、资本配置线</td><td>资本配置线</td><td rowspan="3">CAL，CML</td></tr>
<tr><td>三、两基金分离定理</td><td>两基金分离定理</td></tr>
<tr><td>四、资本市场线</td><td>资本市场线</td></tr>
<tr><td>五、系统性风险和非系统性风险</td><td>系统性风险和非系统性风险</td><td rowspan="2">系统性风险和非系统性风险</td></tr>
<tr><td>六、计算 β 系数</td><td>计算 β 系数</td></tr>
<tr><td>七、资本资产定价模型与证券市场线</td><td>资本资产定价模型与证券市场线</td><td>CAPM 和 SML</td></tr>
<tr><td rowspan="4">八、投资绩效评估</td><td>1. 夏普比率</td><td rowspan="4">绩效评估指标</td></tr>
<tr><td>2.M−squared alpha 指标</td></tr>
<tr><td>3. 特雷诺比率</td></tr>
<tr><td>4. 詹森阿尔法</td></tr>
</table>

知识导引

本节基于上部分马克维茨理论，进一步引出两个主要理论。

首先本书介绍了资本市场理论，在资本市场理论的假设下确定资本市场线，最终利用资本市场线指导投资者构建投资组合。

其次通过资本市场线，明确资产投资的风险可分为系统性风险和非系统性风险，并通过资本资产定价模型确定了资产期望收益率与系统性风险的一一对应。利用这层关系，本文提出了四种有效指标来衡量投资组合的绩效。

本章思维导图

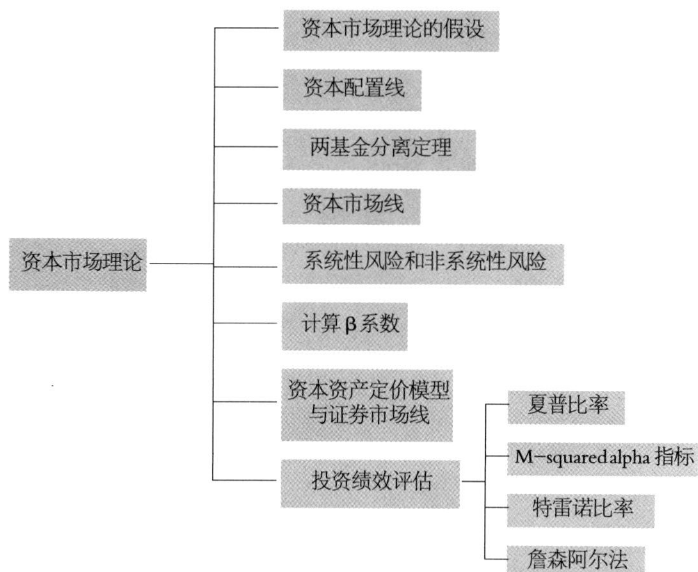
资本市场理论
资本市场理论的假设
资本配置线
两基金分离定理
资本市场线
系统性风险和非系统性风险
计算β系数
资本资产定价模型与证券市场线
投资绩效评估
夏普比率
M-squared alpha 指标
特雷诺比率
詹森阿尔法

1. 资本市场理论的假设

马克维茨的现代投资组合理论（modern portfolio theory）的问题在于难以付诸实际应用，因此威廉·夏普（William Sharpe）在现代投资组合理论的基础上加上了无风险资产，得到了资本市场理论（capital market theory）。

威廉－夏普在资本市场理论中作了以下 7 条前提假设：

（1）所有的投资者都是马克维茨投资者。即所有投资者都以马克维茨均值－方差分析框架来分析证券，追求效用最大化，属于风险厌恶者，他们购买有效前沿与无差异曲线的切点的最优组合。因此威廉·夏普的资本市场理论是以马克维茨现代投资组合理论为基础的。

（2）投资者可以以无风险利率无限借贷。在马克维茨所认为的世界里，世界上所有的资产都是风险资产，没有无风险资产。在威廉·夏普所认为的世界里，第一次引入了无风险资产。无风险资产的风险（标准差）为 0，收益率为无风险收益率 R_f。

（3）所有投资者具有同质化的期望。即任何投资者使用相同的计算方式，得出相同的最优风险投资组合。

（4）所有的投资者的投资期限相同，都为一期。

（5）资产无限可分。即投资者可以买 0.1 股股票，可以买 0.01 股股票等。

（6）无摩擦市场。主要指市场交易过程中，没有税和交易费用。

（7）投资者是价格的接受者，即投资者的买卖行为不会改变证券价格。

资本市场理论的 7 条前提假设可以归结为两条：一是所有投资者都是同质化的；二是市场是有效的。

这 7 条假设既是资本市场理论的前提假设，也是资本资产定价模型（capital asset pricing model, CAPM）的前提假设，因此显得尤为重要。

2. 资本配置线

— 备考指南 —

描述（describe）在有风险的资产组合中引入无风险资产的意义。

马克维茨有效前沿上的投资组合仅包含了所有风险资产，威廉－夏普对马克维茨有效前沿作了改进，引入了无风险资产。

无风险资产位于纵轴上，其标准差为 0，收益率为无风险收益率。夏普想要计算出无风险资产与任意风险资产（或资产组合）X 组合后的情况如何。

假定风险资产 X 的权重为 w_x，那么无风险资产的权重为 $1-w_x$。因此可以计算组合的期望收益率为：

$$E(R_p)=(1-w_x)R_f+w_xE(R_x)=R_f+w_x[E(R_x)-R_f]$$

进而计算组合的方差：

$$\sigma_p^2=w_x^2\sigma_x^2+(1-w_x)^2\sigma_f^2+2w_x(1-w_x)\sigma_x\sigma_f\rho_{x,f}$$

由于无风险资产的标准差为 0（$\sigma_f=0$），所以右边第二项和第三项都等于 0，因此可得：

$$\sigma_p^2=w_x^2\sigma_x^2$$

两边开方计算标准差，得到：

$$\sigma_p=w_x\sigma_x$$

变形得到：$w_x=\dfrac{\sigma_p}{\sigma_x}$，代入到上文公式中 $E(R_P)$（组合的期望收益率），得到：

$$E(R_p)=R_f+\left(\frac{E(R_x)-R_f}{\sigma_x}\right)\times\sigma_p$$

从该式子中可以得出，无风险资产与任一风险资产 X 组合后得到一条直线，这一条直线被称为资本配置线（capital allocation line, CAL）。资本配置线上的点表示无风险资产与风险资产 X 的线性组合，其截距是无风险收益率 R_f，斜率是 $\dfrac{E(R_x)-R_f}{\sigma_x}$（如图 42-1 所示）。值得注意的是，资本配置线的斜率就是风险资产 X 的夏普比率（Sharpe ratio）。

— 备考指南 —
解释（explain）资本配置线。

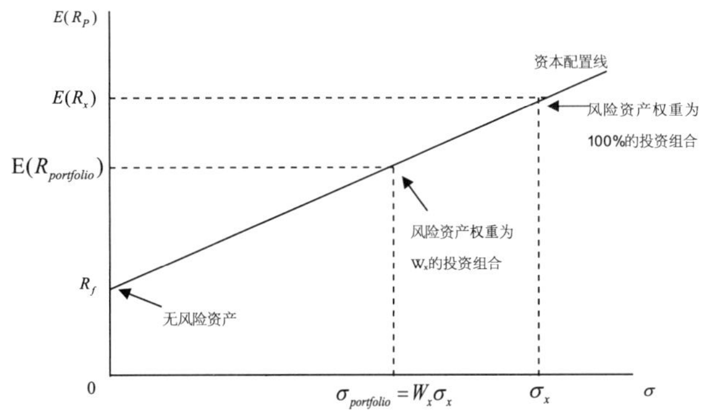

图 42-1 资本配置线

每一个投资者对于收益和风险都有不同的预期和偏好，因此，每一个投资者都有不同的最优投资组合，以及不同的资本配置线（如图 42-2 所示）。有效前沿上的点表示所有投资者最优的风险资产组合，取无风险资产与有效前沿上的点相连，可以得到无数条资本配置线。

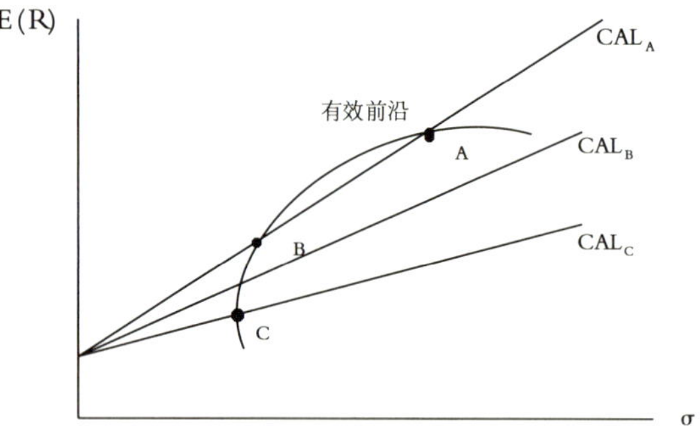

图 42-2 无数条资本配置线

在这无数条资本配置线中，最优资本配置线（optimal/dominant CAL）是与有效前沿相切的那条资本配置线。因为，在相同的风险水平下，最高的 CAL 线期望收益率最高（即在相同的风险水平下，收益率最高），因此是最优资本配置线（如图 42−3 所示）是资本配置线与有效前沿的切线。

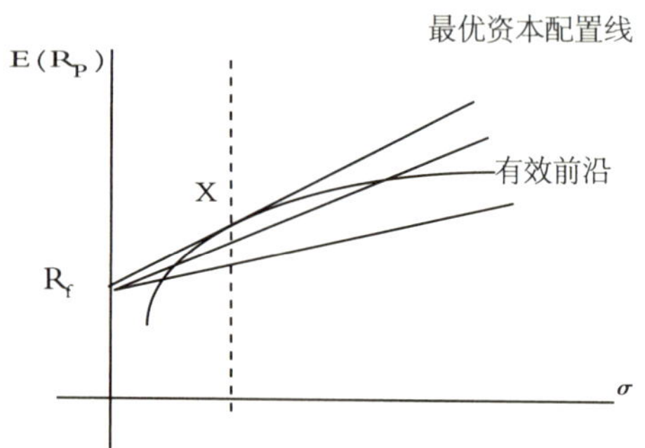

图 42-3 最优资本配置线

名师解惑

对于 CAL 线，要掌握以下几方面内容：

- CAL 是 capital allocation line 的缩写。
- CAL 上的所有点，代表一个组合，这个组合是由一个有效前沿上的风险资产和一个无风险资产构成的。
- CAL 公式描述的线上的组合风险（σ_p）和收益（$E(R_p)$）之间的关系。

- 选取有效前沿上不同的风险资产与无风险资产做组合，可以得到无数条 CAL。
- 最优 CAL 是与有效前沿相切的那一条，切点称为最优风险组合（optimal risky portfolio）。

资本配置线是证券市场的客观世界，而投资者的效用函数是投资者的主观愿望。将投资者的效用函数（无差异曲线）与资本配置线结合起来，其切点就是使得投资者效用最大的投资组合，就是属于投资者的最优组合（optimal portfolio）。

3. 两基金分离定理

两基金分离定理是指，在所有风险资产组合的有效组合边界上，任意两个分离的点都代表两个分离的有效投资组合，而有效组合边界上任意其他的点所代表的有效投资组合，都可以由这两个分离的点所代表的有效投资组合生成。

简而言之，一个投资者的对于风险资产的配置与投资者主观的风险厌恶或偏好程度无关。也就是说无论投资者是否偏好风险，投资者对于风险资产的配置都是唯一的，只会配置最优资本配置线与有效前沿的切点，即最优风险组合。

所以对于理性的投资者而言只会投资两类资产：无风险资产以及最优风险资产组合，通过不断调整两类资产之间的权重配比，我们可以得到完整的最优资本配置线。

4. 资本市场线

— 备考指南 —
解释（explain）资本市场线。

不同的投资者有不同的最优资产组合以及不同的资本配置线，那么到底应该选取哪一个风险资产组合并结合无风险资产来构建投资组合呢？对于投资者来说，最佳的资本配置线是与有效前沿相切的一条直线，这条直线在任一资本配置线的左上方，也在有效前沿的左上方，因此它效用最高。这条最优资本配置线取代了马克维茨有效前沿，成为了新的有效边界。

但是如果投资者对于某一资产未来的收益、方差或者资产间相关系数的预期不同时，不通投资者有可能会画出不同的有效前沿，此时用无差异曲线与有效前沿相切。

当所有的投资者对于收益的期望和方差以及风险资产之间的相关性具有相同的预期时资本配置线与有效前沿就有唯一一条切线，这条切线称为为资本市场线（capital market line, CML）。其公式为：

$$E(R_p)=R_f+\left(\frac{E(R_M)-R_f}{\sigma_M}\right)\times\sigma_p$$

其中，资本市场线与有效前沿的切点为 M，则点 M 称为市场组合（market portfolio）。市场组合包含了市场上所有的风险资产，每一类资产的权重是该类资产市值除以整体市场组合的总市值。在实际生活中，由于资本管制，或者做空限制等因素，我们很难找到完美的市场组合，通常可以用股票指数来近似代替，例如在美国可以用标准普尔 500 指数替代，在中国可以用上证综指。

名师解惑

需要注意的是，股票指数中只含有股票这一类风险资产。但是在真正的市场组合中应该包括除了股票以外的风险资产，例如，债券、衍生品或基金等。所以用大盘股指作为市场指数只是一种近似代替，用于计算，但是在进行定性的概念分析时，市场组合不等于大盘股指，而是应该包含市场上所有风险资产。

CML 线的横坐标是投资组合的风险（σ_p），纵坐标是投资组合的期望收益率（$E(R_p)$）。从公式中可以看出，CML 线的斜率是 σ_p 前面的系数 $\frac{E(R_M)-R_f}{\sigma_M}$，即为市场组合的夏普比率。而且 CML 线上任一个组合的夏普比率都等于市场组合的夏普比率。

因为 CML 线取代了马克维茨有效前沿成为了新的有效边界，因此 CML 线上所有的组合都是有效组合，即所有的组合都是充分分散风险的资产组合。

CAL 线和 CML 线之间既有联系又有区别。他们的区别在于：CAL 线是由无风险资产与任意最优的风险资产组成的，即无风险资产与有效前沿上的任何一点的连线；而 CML 线是由无风险资产和市场组合所构成的，其假设前提是所有的投资者都有相同的预期。CAL 线和 CML 线也有很多联系，所以说 CML 线是一条特殊的 CAL 线，具体表现在它是 CAL 线与有效前沿相切时得到的。

因为不同投资者有不同的偏好，因此有不同的无差异曲线，他们各自的无差异曲线与 CML 线的切点就是各个投资者的最优投资组合。因为市场组合包含了所有的风险资产，而各个资产的权重是他们的市值权重，是已经确定好的，所以投资者无法决定市场组合中各个资产的权重配比，他们只能在无风险资产与市场组合之间做配比。因此，投资于一个无风险资产和市场组合这样的投资组合称为消极型投资（passive investment）。投资者不去主动选择，而是根据市场组合（大盘）进行配比。常见的购买指数的投资就是一种消极型的投资方式。

名师解惑

例如在标准普尔 500 指数中，可口可乐的市值为 260 亿美元，沃尔玛的市值为 3366 亿美元，标准普尔 500 的总市值是 23.55 万亿美元，那可口可乐的市值权重就是 0.1104%，沃尔玛的是 1.4293%。标准普尔 500 指数是一种市场组合，他所包含各个股票的市值权重是已经确定的，单个投资者是无法改变的。因此购买标准普尔 500 指数，相当于一种消极的投资，投资者不会主动地去选择股票，而是跟随指数，指数里有哪些成份股就投哪些股票。

资本市场线上任何点都是无风险资产与市场组合的线性组合。在资本市场线上，位于无风险资产和市场组合之间的任意一点表示部分钱投资于市场组合（即风险资产），部分钱投资于无风险资产，相当于把钱存入了银行，把这种组合称之为贷出组合（lending portfolio），如图 42-4 所示的 X 组合；位于市场组合右边的任意一点表示以无风险利率融资（卖空无风险资产），就相当于从银行贷款，来投资市场组合，把这种组合称之为借入组合（borrowing portfolio），如图 42-4 所示的 Y 组合。因为 Y 组合借钱全部投资于了风险资产，而 X 组合一部分投资于风险资产，一部分投资于无风险资产，所以相比之下 X 组合（即贷出组合）的风险厌恶程度更高，而 Y 组合（借入组合）的风险厌恶程度相对较低。

> **备考指南**
> 投资者的风险偏好水平会影响其组合中无风险资产的配置。

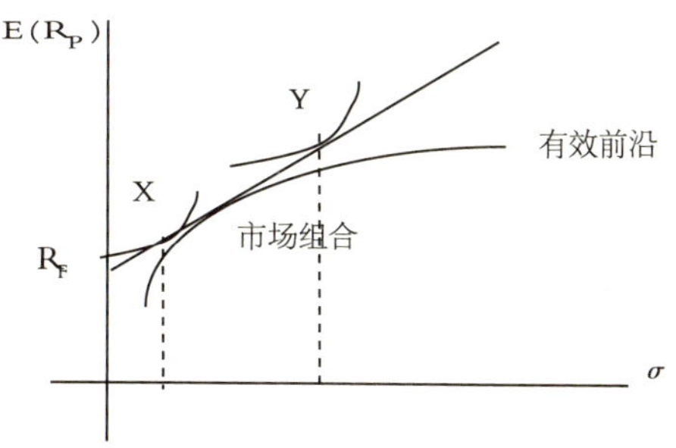

图 42-4 贷出组合与借入组合

名师解惑

CML 线是 CFA 一级组合管理中的一个考试重点和难点，要求大家要掌握以下几方面的内容：

- 知道市场组合的特点：a. CML 线和马克维茨有效前沿的切点；b. 市场组合包含了所有的风险资产；c. 市场组合中的资产的权重是按市值配比，投资者无法决定；
- 知道 CML 线的表达式；
- CML 线上的任何一点的夏普比率都等于市场组合的夏普比率，即 CML 线的斜率；
- CML 线上的组合都是有效组合，即都是充分分散化的组合；
- 知道 CAL 线和 CML 线的相同点和不同点；
- 掌握贷出组合和借入组合，以及消极型投资。

5. 系统性风险和非系统性风险

— 备考指南 —
解释（explain）系统性风险和非系统性风险。

威廉－夏普观察到，通过构造资产组合，可以降低风险，但不能完全消除风险。可以通过构建资产组合分散掉的风险称为非系统风险，不能通过构造资产组合分散掉的风险称为系统风险，两者关系如下：

总风险 = 系统性风险 + 非系统性风险

要知道“天下没有免费的午餐”，投资者要求在承担风险的时候得到风险补偿，即风险溢价。非系统性风险可以通过构造资产组合分散掉，是可以避免的风险，因此，承担非系统性风险不能得到风险补偿。风险补偿只能是对于不可避免的风险的补偿，即承担系统性风险的补偿。当组合中资产的数目逐渐增多的时候，非系统风险就会被逐步分散，但是无论资产数目有多少，系统性风险都是固定不变的（如图 42-5 所示）。

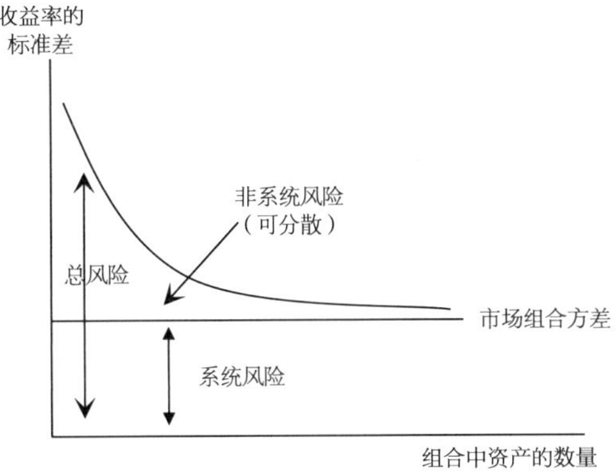

图 42-5 系统风险和非系统风险

在进行上述分析的时候，其前提假设是，非系统性风险是可以分散掉的，且没有分散成本，因此没有对非系统性风险给予补偿，所以只有系统性风险才能获得补偿。由此，可以得到一个结论，资产的均衡收益率取决于该资产或组合的系统性风险，而并不是由方差衡量的总风险决定的。

名师解惑

前文讲述的 CML 线，是基于均值 - 方差模型为基础进行讨论的，用方差来衡量总风险。但是 CML 线上的市场组合是一个完全分散化的资产组合，其非系统性风险都被分散掉了，只有系统性风险。而 CML 线上的任一组合都是对无风险资产和市场组合做配比得到的，因为无风险资产是没有风险的，市场组合只有系统风险，所以由这两者构成的组合也就只含有系统性风险，因此，CML 线上的任一组合只有系统性风险，没有非系统性风险。

6. 计算 β 系数

研究资产的系统性风险和非系统性风险的目的，本质上是找出资产的合理预期收益率，所以这其实是一个为风险进行定价（pricing of risk）的过程。

> — 备考指南 —
> 计 算（calculate）和解释（interpret）贝塔系数。

一个资产的预期收益率可能受到多个因子影响。比如宏观因素、基本面因素、统计因素等，通过多个因素建立起的收益率模型称为多因子模型（multi-factor model）。当然，在这些众多因素中如果只找到最重要的一个因素来解释收益率，这个模型称为单因子模型（single-index model）。

6.1 多因子模型

多因子模型的表达形式如下：

$$E(R)-R_f=\beta_{i,1}F_1+\beta_{i,2}F_2\cdots+\beta_{i,k}F_k$$

其中，F_i 是因子，$\beta_{i,1}$ 是收益率对因子的敏感程度。

这些因子可以包含宏观经济因子（例如 GDP 增长，利率，通货膨胀率等），基本面因子（比如利润增长，广告投入，研发费用，专利等）和统计因子。

6.2 单因子模型

单因子模型是以市场风险作为唯一影响资产收益率的因素，其公式如下：

$$E(R)-R_f=\beta_{i,1}[E(R_m)-R_f]$$

— 备考指南 —
了解市场模型的构建以及主要思想。

单因子模型的另一个主要应用是市场模型（market model）。市场模型的表达式如下：

$$R_i=a_i+\beta_i F_m+\varepsilon_i$$

在市场模型中的 β 系数其实就是本节学习中系统性风险的雏形。贝塔系数(beta coefficient)，是一种风险指数，用来衡量某支股票或股票基金相对于整个股市的价格波动情况。β 系数是一种评估证券系统性风险的工具，用以度量一种证券或一个投资证券组合相对总体市场的波动性。

贝塔系数是统计学上的概念，它所反映的是某一投资对象相对于大盘的表现情况。其绝对值越大，显示其收益变化幅度相对于大盘的变化幅度越大；绝对值越小，显示其变化幅度相对于大盘越小。如果其值为负，则表示其变化的方向与大盘的变化方向相反；大盘上涨时股票下跌，大盘下跌时股票上涨。由于投资于基金的目的是为了取得专家理财的服务，并获得优于大盘的业绩表现，贝塔指标可以评估基金经理降低投资波动性风险的能力。

在计算贝塔系数时，除了基金的表现数据外，还需要反映大盘表现的指标业绩数据。根据投资理论，全体市场本身的 β 系数为 1，若基金投资组合净值的波动大于全体市场的波动幅度，则 β 系数大于 1。反之，若基金投资组合净值的波动小于全体市场的波动幅度，则 β 系数就小于 1。β 系数越大的证券，通常是投机性较强的证券。

以美国为例，通常以标准普尔 500 指数（S&P 500）代表股市，贝塔系数为 1。如果某个共同基金的贝塔系数是 1.10，表示其波动是股市的 1.10 倍，即上涨时比市场表现优 10%，而下跌时则比市场表现差 10%；若贝塔系数为 0.5，则基金的波动情况是市场波动的一半。β= 0.5 为低风险股票，β= 1.0 表示为平均风险股票，而 β= 2.0 表示高风险股票，大多数股票的 β 系数介于 0.5 到 1.5 之间。贝塔系数衡量股票收益相对于业绩评价基准收益的总体波动性，是一个相对指标。β 越高，意味着股票相对于业绩评价基准的波动性越大。

单项资产系统风险用 β 系数来计量，以整个市场作为参照物，用单项资产的风险收益率与整个市场的平均风险收益率作比较，即：

$$\beta_i = \frac{Cov_{i,mkt}}{\sigma_{mkt}^2} = \left(\frac{\sigma_i}{\sigma_{mkt}}\right) \times \rho_{i,mkt}$$

其中，是单个资产的贝塔值，是单个资产和市场组合之间的协方差，是市场组合的方差，是单个资产的标准差，是单个资产和市场组合之间的相关系数。

以 1 为分界点，当 β 取值不同时，具有不同的含义：

- $\beta = 1$，表示该单项资产的风险收益率与市场组合平均风险收益率呈同比例变化，其风险情况与市场投资组合的风险情况一致；
- $\beta > 1$，说明该单项资产的风险收益率高于市场组合平均风险收益率，即该单项资产的风险大于整个市场投资组合的风险；
- $\beta < 1$，说明该单项资产的风险收益率小于市场组合平均风险收益率，即该单项资产的风险程度小于整个市场投资组合的风险。

在实践当中，经常使用回归模型来估计单个资产的贝塔值。回归模型是 CFA 二级中要求掌握的内容，在此只做简单介绍。

回归的基本思想是寻找两组数据之间的规律，如图 42–6，十年之内按月抽取市场组合的超额收益（$R_m - R_f$）与资产的超额收益（$R_i - R_f$）的数据（共 240 组），再将这些数据标注在坐标轴上，并通过最小二乘法的原理，在坐标轴上找到一条最优的拟合直线，使得坐标轴上的所有的点，到这条直线的距离的平方和最小。得到的这条直线就称为资产（证券）特征线（asset （security）characteristic line, SCL），这条直线的斜率即为贝塔值。

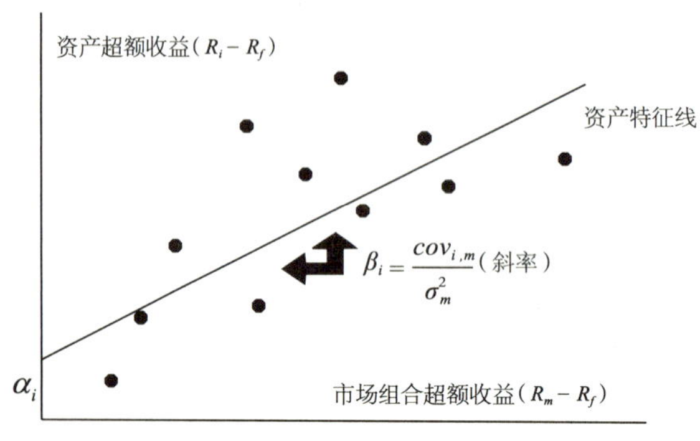

图 42-6　β 的衡量和资产特征线

7. 资本资产定价模型与证券市场线

— 备考指南 —
解释(explain)资本资产定价模型和证券市场线。

马克维茨的现代投资组合理论的世界观和夏普的资本市场理论世界观中，解释的都是回报率与总风险（标准差度量总风险）的关系。既然风险溢价只与系统性风险有关，因此应该将解释变量由度量总风险的标准差换成一个度量系统性风险的指标，再观察回报率与系统性风险的关系。而资本资产定价模型就是使用作为度量系统性风险的指标。

资本资产定价模型与现代投资组合理论的假设条件是相似的，主要包括：

- 市场上的投资者都是风险厌恶、效用最大化的理性人；
- 市场是无摩擦的，即没有交易成本及税；
- 投资者只投资一个相同的单一期限；
- 投资者有相同的市场预期；
- 所有的可投资资产可无限分割，因此非系统性风险可被有效分散；
- 投资者都是价格接受者。

资本资产定价模型研究系统性风险与资产期望收益率的关系。因此其以横轴为 β，纵轴为 $E(R_i)$ 建立坐标轴，在坐标轴上一定可以找到一点 M，即市场组合，另外无风险收益的 $\beta=0$，因此 R_f 表示在 Y 轴上，画一条连接 M 和 R_f 的直线，这条直线就称为证券市场线（security market line, SML），这条直线的斜率即为图 42-7 中的①/②，其中①代表 $E(R_m)-R_f$，②代表市场组合的 β，因此可由 β 的计算公式 $\beta_m=\frac{Cov_{m,m}}{\sigma_m^2}=\frac{\sigma_m^2}{\sigma_m^2}=1$ 计算出市场组合的 β 值为 1（变量与自身的协方差等于变量的方差），因此资本市场线的斜率即为 $E(R_m)-R_f$，表示市场组合的超额收益。

而证券市场线的表达式，即为资本资产定价模型的公式：

$$E(R_i)=R_f+\beta_i[E(R_m)-R_f]$$

资本资产定价模型的作用就是通过资产与系统性风险的敏感性程度（β），并结合无风险收益，为资产定价，即使用资本资产定价模型确定资产的期望收益率，也表示为资产合理的收益率（图 42-7）。

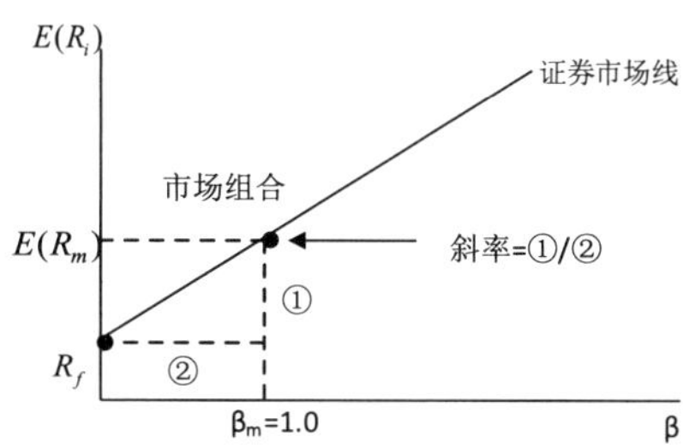

图 42-7 证券市场线

证券市场线最重要的一个应用就是用来判断一个资产的定价是否合理。如果一个资产的定价合理，其应当位于 SML 线上，如图 42-8 中的 A 点所示。如果一个资产的收益率被低估，则其价格被高估（收益率可理解为资产的折现率，当前折现率低，则资产价格高，将来可能回归合理价格，因此价格可能下降），应当位于 SML 线下方，如图 42-8 中的 B 点所示。同理如果一个资产的收益率被高估，则其价格被低估，应当位于 SML 线上方，如图 42-8 中的 C 点所示。对于价格被高估的资产应该卖出，价格被低估的资产应该买入。

— 备考指南 —
证券市场线是利用收益率来判断高估还是低估，与通过价格判断高估低估有差别。

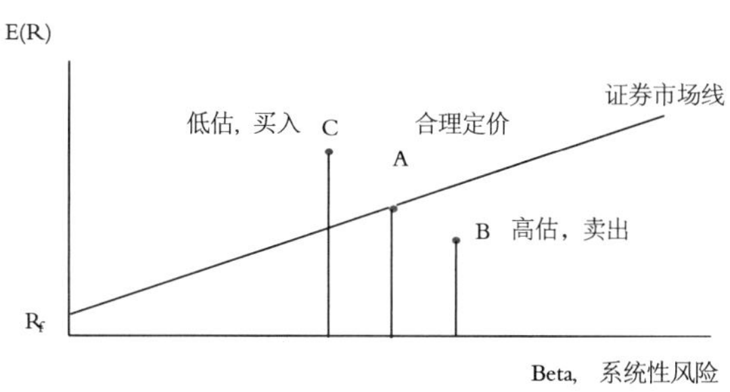

图 42-8 资产价格的评估

另外证券市场线与资本市场线都是向上倾斜的直线，但两者有极大的差异。证券市场线 SML 描述了单个资产的风险溢价与市场风险之间的函数关系。用于评估单个资产（单个资产是高度分散化的投资组合中的一部分）风险的不是该资产的标准差，而是资产对整个组合的标准差的贡献，这种贡献可以用资产的β值来衡量。证券市场线既适用于组合，又适用于单个资产。可以用证券市场线来给资产确定一个最合理的预期收益率。证券市场线是基于资本资产定价模型的，斜率是市场组合的风险溢价。

资本市场线描述了有效组合（由最优风险组合与无风险资产所构成的整个组合）的市场溢价与组合标准差之间的函数关系。之所以可以得到资本市场线，原因在于：标准差可以用来有效地衡量组合的风险，因而可以作为衡量整个组合的风险的辅助工具。资本市场线是用来进行资产配置（在无风险资产和市场组合之间进行资产配置）的一个工具。因为资本市场线上的组合都是有效组合，它构成了一个新的有效前沿。而资本市场线的斜率是市场组合的夏普比率。将证券市场线和资本市场线的区别总结如下表 42-1 所示。

表 42-1　证券市场线和资本市场线的区别

	证券市场线（SML）	资本市场线（CML）
风险的衡量	系统性风险（用 β 值衡量）	总风险（用标准差衡量）
应用	决定资产最合理的预期收益率（定价）	决定最优资产配置权重（资产配置）
定义	资本资产定价模型的曲线	有效前沿
斜率	市场组合的风险溢价	市场组合的夏普比率

名师解惑

证券市场线是 CFA 一级组合管理中的考试重点，主要掌握三个方面的内容：证券市场线的公式；SML 线和 CML 线的不同点；证券市场线的应用——资产定价的高估与低估。

8. 投资绩效评估

— 备考指南 —
计算和解释（calculate and interpret）四种投资绩效评估指标。

在进行投资绩效评估时，需要综合评估投资的风险和收益。常用的绩效评估的指标包括夏普比率、M^2 alpha 指标、特雷诺比率和詹森阿尔法。

8.1 夏普比率

夏普比率（Sharpe ratio）是资本配置线（CAL）的斜率，它度量的是单位风险的超额收益。夏普比率的公式是：

$$夏普比率=\frac{R_P-R_f}{\sigma_P}$$

夏普比率的分子是资产组合的平均收益率超过无风险收益率的部分，称为超额收益（也称风险溢价）。资产组合的平均收益率之所以会超过无风险收益率，是因为承担了风险。把超额收益除以总风险的度量，即为单位风险的超额收益。

— 备考指南 —
夏普比率和M^2alpha指标衡量的是总风险。

夏普比率综合衡量了投资的风险和收益，被广泛用于绩效评估。夏普比率越高越好。根据资本市场理论，最有效的投资组合位于资本市场线（CML）上，即组合的夏普比率等于市场组合（M）的夏普比率。在实践当中，如果投资绩效特别好的话，那么投资组合就会位于资本市场线的上方，也就意味着组合的夏普比率高于市场组合的夏普比率。

夏普比率使用总风险来度量风险，因此其适用于评估那些没有充分分散化的投资组合的绩效。另外夏普比率无法直接判断绩效的优劣，需要与一定的基准进行比较，如果某投资组合的夏普比率大于基准的夏普比率，则该投资组合的绩效优于其基准。

另外，如果已知一个资产和市场组合的相关系数和市场组合的夏普比率，可以用资本市场线的公式来计算该资产的夏普比率。将前文学习的资本资产定价模型进行变形，表示为市场组合超额收益与资产超额收益之间的关系，公式变形为：

$$\beta_i[E(R_m)-R_f]=E(R_i)-R_f$$

再将 β 的表达式 $\beta_i=\frac{Cov_{i,M}}{\sigma_M^2}=\rho_{i,M}\frac{\sigma_i}{\sigma_M}$ 代入到上面的式子中，得到：

$$E(R_i)-R_f=\rho_{i,M}\frac{\sigma_i}{\sigma_M}[E(R_M)-R_f]$$

等式两边同除单个资产的标准差就可以得到：

$$\frac{E(R_i)-R_f}{\sigma_i}=\rho_{i,M}\frac{[E(R_M)-R_f]}{\sigma_M}$$

最终等式的左边即为单个资产的夏普比率，而等式的右边则是市场组合的夏普比率乘以单个资产和市场组合的相关系数（$\rho_{i,M}$）。所以，单个资产的夏普比率也可表示为：

单个资产的 i 的夏普比率 =$\rho_{i,M}\times$ 市场组合的 M 的夏普比率

8.2 M^2 alpha 指标

在实践当中，如果投资组合 P 的绩效特别好，那么它就会位于资本市场线的上方。此时，用无风险资产和风险组合 P 做组合，得到一条资本配置线，如图 38–9。在这条资本配置线的延长上，构建一点新组合 P*，使 P* 与市场组合 M 具有相同的总风险 σ_M（如图 42–9 所示）。M^2alpha 就是 P* 与市场组合 M 之间的垂直距离，也就是两者的纵坐标之差，所以 M^2alpha 其实就是两个风险相同的组合 P* 和 M 的收益率的差值。用公式表示为：$M^2alpha=E(R_{P^*})-R_M$。

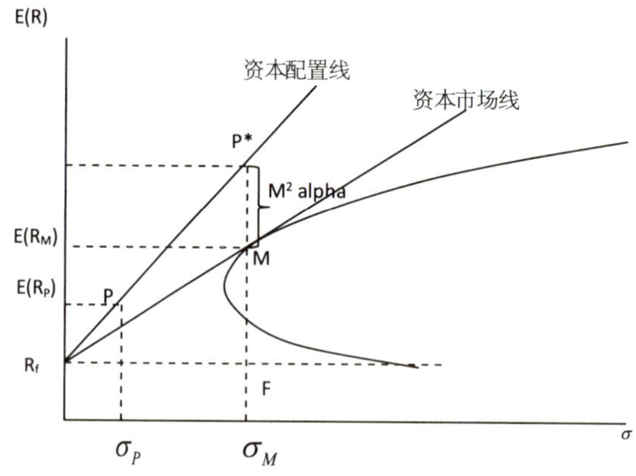

图 42-9　M^2alpha 指标

名师解惑

M^2 alpha 指标的推导

为了得到 M^2alpha，学者首先定义了 M^2 指标（M-square）。M^2 指标是新组合 P* 的收益率，可以通过以下方法进行推导。

首先，P* 与原组合 P 在同一条资本配置线上，两者的斜率（夏普比率）相同。

$$\frac{E(R_P)-R_f}{\sigma_P}=\frac{E(R_{P^*})-R_f}{\sigma_{P^*}}$$

则 $M^2=E(R_{P^*})=\dfrac{E(R_P)-R_f}{\sigma_P}\times\sigma_{P^*}+R_f$

又因为 P* 的标准差等于市场组合（M）的标准差（$\sigma_{P^*}=\sigma_M$），

所以，$M^2=\frac{E(R_P)-R_f}{\sigma_P}\times\sigma_M+R_f$。

为了比较原组合和市场组合的业绩表现，我们定义 $M^2alpha=E(R_{P*})-R_M$。则

$$M^2alpha=M^2-R_M=\frac{E(R_P)-R_f}{\sigma_P}\times\sigma_M-(R_M-R_f)$$
$$=\sigma_M\times\left(\frac{E(R_P)-R_f}{\sigma_P}-\frac{R_M-R_f}{\sigma_M}\right)=\sigma_M\times(SR_P-SR_M)。$$

由于 P* 和 M 的标准差相同，则两个组合的风险相同。所以当 $M^2alpha>0$，意味着 P* 的收益率（M^2）大于市场组合的收益率（R_M），此时说明 P* 比市场组合 M 表现得更好。

又因为 P* 和原组合 P 得斜率相同，夏普比率相同，所以 P* 和原组合 P 表现得一样好。所以只要 P* 比 M 表现得好，就能够说明原组合 P 比市场组合 M 表现得好。

由上述推导可知，

$$M^2alpha=\frac{E(R_P)-R_f}{\sigma_P}\times\sigma_M-(R_M-R_f)=\sigma_M\times(SR_P-SR_M)$$

— 备考指南 —
考生只需要掌握 M^2 alpha 的计算公式即可。

M^2alpha 与夏普比率一样也使用标准差来度量投资组合的总风险，在标准差中既考虑了系统性风险，又考虑了非系统性风险，因此适用于评估那些没有充分分散化的投资组合的绩效。由于 M^2alpha 公式中使用市场组合的夏普比率作为基准，因此可以直接判断投资组合绩效的优劣。M^2alpha 的数值大于零，表示该投资组合（P）的绩效优于市场组合（M），且 M^2alpha 指标越大越好。另外 M^2alpha 与夏普比率有一定的联系，两者都是用标准差来衡量总风险与收益之间的关系，而当夏普比率越大时，M^2alpha 指标也会越大，所以 M^2alpha 和夏普比率的业绩评估结论往往是一致的。

8.3 特雷诺比率

夏普比率的分母使用总风险度量风险，如果换成系统性风险的度量 β，这就是特雷诺比率（Treynor Measure）。这也就意味着，特雷诺比率是在以 β 系数为横轴的坐标图上，投资组合 P 与无风险收益率的连线的斜率。特雷诺比率的公式为:

— 备考指南 —
特雷诺比率和詹森阿尔法衡量的是系统性风险。

$$特雷诺比率 = \frac{R_P - R_f}{\beta_P}$$

特雷诺比率用于度量单位系统性风险的超额收益。根据资本资产定价模型，如果一个资产定价合理，那么其特雷诺比率应为市场风险溢价 $[E(R_M)-R_f]$。如果一个资产价格被低估(收益率被高估)，那么它的特雷诺比率应大于市场风险溢价。如果一个资产价格被高估（收益率被低估），那么它的特雷诺比率应小于市场风险溢价。

另外特雷诺比率使用 β 来衡量风险，因此其适用于度量充分分散化的投资组合（只有系统性风险），特雷诺比率的值越大越好，另外特雷诺比率不可直接用于判断投资组合绩效，需要结合一个基准才能进行判断。即投资组合的特雷诺比率大于基准的特雷诺比率，则认为该组合的绩效优于基准。

8.4 詹森阿尔法

詹森阿尔法（Jensen’s α）又称为超额收益率，它可以看作是总风险补偿 (R_p-R_f) 与系统性风险的风险补偿 $\beta_p(R_M-R_f)$ 之差，即非系统性风险的风险补偿。其公式为：

$$\alpha = (R_p-R_f)-\beta_p(R_M-R_f)$$

如果一个资产的定价是合理的，那就位于 SML 线上，詹森阿尔法值为 0；

如果一个资产的价格被低估（收益率被高估），其位于 SML 线的上方，詹森阿尔法值大于 0；

如果一个资产的价格被高估（收益率被低估），其位于 SML 线的下方，詹森阿尔法值小于 0（如图 42-10 所示）。

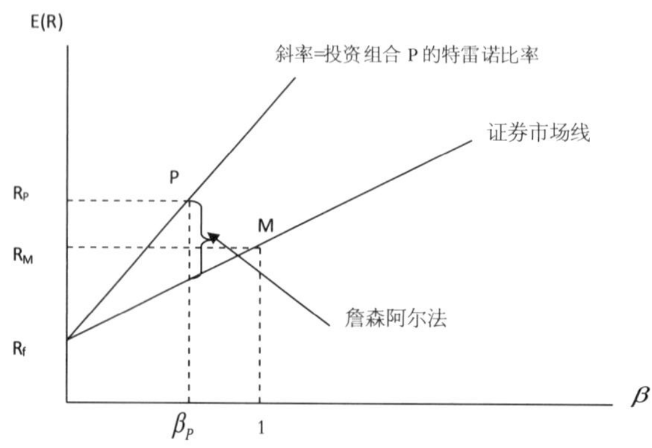

图 42-10　詹森阿尔法

将公式变形，可得到另一个角度的解读，具体变形过程如下：

$$\alpha=(R_p-R_f)-\beta_p(R_M-R_f)=R_p-[R_f+\beta_p(R_M-R_f)]=R_p-E(R_p)$$

通过变形后的公式，可以理解为詹森阿尔法用于衡量投资组合真实的收益率与用资本资产定价模型计算出的期望收益率的差值。如果詹森阿尔法大于零，则表示投资组合的表现优于其市场预期表现，且这个指标是越高越好的指标。

由于詹森阿尔法的公式中使用资本资产定价模型来作为基准，因此其适用于度量充分分散化的投资组合。再者詹森阿尔法公式中使用投资组合的期望收益率作为基准，因此其值只要大于零，就代表投资组合的业绩优于其基准，可直接用于比较判断。

将四种指标的特点总结如下表 42-2。

表 42-2　四种投资组合业绩评估的比较

	度量的风险类型	适用的投资组合	判断条件	性质
夏普比率	总风险	未充分分散的组合	需要和基准比较才能得出结论。	间接指标
M^2 alpha	总风险	未充分分散的组合	可以直接和 0 比较。	直接指标
特雷诺比率	系统性风险	充分分散的组合	需要和基准比较才能得出结论。	间接指标
詹森阿尔法	系统性风险	充分分散的组合	可以直接和 0 比较。	直接指标

名师解惑

投资业绩的评估这部分的内容大家要掌握以下两个方面：

- 四个指标的计算公式；
- 四个指标性质的辨析。考生要知道夏普比率和 M^2alpha 指标是和 CML 线相联系的，用标准差（方差）衡量总风险；而特雷诺比率和詹森阿尔法是和 SML 线相联系的，用 β 值衡量系统性风险。

第 43 章 投资组合的构建

<table>
<tr><th colspan="2">本章知识点</th><th>讲义知识点</th></tr>
<tr><td>一、投资政策说明书</td><td>投资政策说明书的内容</td><td rowspan="3">IPS 内容、投资风险与目标</td></tr>
<tr><td rowspan="2">二、投资目标</td><td>1. 风险目标</td></tr>
<tr><td>2. 收益目标</td></tr>
<tr><td rowspan="5">三、投资限制</td><td>1. 投资期限限制</td><td rowspan="9">投资限制、资产配置、ESG</td></tr>
<tr><td>2. 税收限制</td></tr>
<tr><td>3. 流动性限制</td></tr>
<tr><td>4. 法律限制</td></tr>
<tr><td>5. 特殊需求限制</td></tr>
<tr><td rowspan="3">四、组合构建</td><td>1. 资产配置</td></tr>
<tr><td>2. 个股选择</td></tr>
<tr><td>3. 环境、社会和公司治理</td></tr>
<tr><td>五、积极与消极的投资策略</td><td>积极与消极的投资策略</td></tr>
</table>

知识导引

投资组合管理分为计划、执行、反馈三个步骤。本节重点讲解“计划”步骤，即根据投资者的情况，为投资者制定投资政策说明书（Investment Policy Statement，以下简称 IPS）。IPS 相当于投资的“合同”，规定了基金经理与客户的权利义务，并明确客户的基本情况及基金经理的投资策略，是组合管理中的“总纲性”文件，未来的所有投资活动将围绕 IPS 开展。

本章思维导图

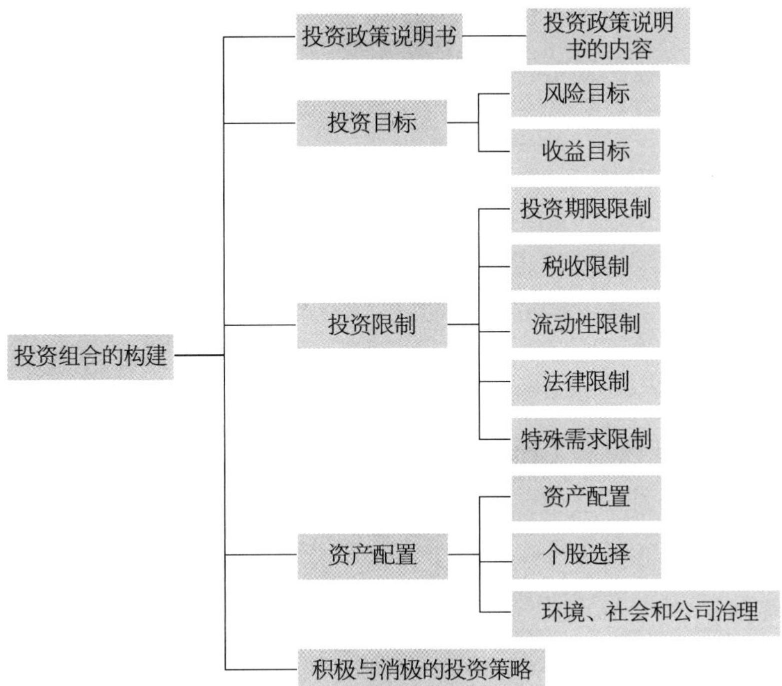
投资组合的构建
投资政策说明书
投资政策说明书的内容
投资目标
风险目标
收益目标
投资限制
投资期限限制
税收限制
流动性限制
法律限制
特殊需求限制
资产配置
资产配置
个股选择
环境、社会和公司治理
积极与消极的投资策略

1. 投资政策说明书

— 备考指南 —
描 述（describe）IPS 的主要内容。

IPS 作为组合管理的纲领性文件，需要在“计划”步骤中完成撰写。在 IPS 中详细的列明了投资者的风险和收益的目标以及投资限制，为基金经理的投资规划提供了客户信息，同时它也为衡量投资经理业绩提供了一个客观标准。

IPS 是根据投资者的个人情况制定的，各个投资者的个人情况不同，因此 IPS 需要量身定制。IPS 并没有标准化的格式，但是 CFA 协会建议大部分的 IPS 中都应包含了以下内容：

- 介绍（introduction）。介绍部分将会对客户的基本情况进行描述。包括客户的名字、性别、年龄、职位、基本收入与负债状况等。
- 目的陈述（statement of purpose）。这一部分将会对撰写 IPS 的目的进行陈述。例如，客户进行组合管理主要目的是为了增值保值，还是为了能够覆盖未来的负债。
- 责任和职责的陈述（statement of duties and responsibilities）。这一部分将会详细的写明顾客、顾客资产的管理者以及投资经理的责任和职责各是什么。
- 流程（procedures）。本节说明了保持 IPS 更新方法以及应对各种突发事件应遵循的程序。

— 备考指南 —
投资目标与投资限制统称："RRTTLLU" 这两部分将会在接下来的内容中详细讲解。

- 投资目标（investment objectives）解释客户的投资目标，包括收益目标（return）与风险目标（risk）。
- 投资限制（investment constraints）陈述限制客户达到投资目标的各种因素，一共有五个，分别是投资期限（time horizon）、税务问题（tax situation）、流动性（liquidity）、法律问题（legal and regulatory）和特殊需求（unique circumstance）。
- 投资指导方针（investment guideline）。这一部分将会提供一些有关政策如何执行的信息，以及一些投资过程中将会被排除掉的特殊资产类型。
- 评估和复审（evaluation and review）。这一部分将会对如何得到投资结果的反馈信息进行说明。
- 附录（appendices）

— 备考指南 —
考生需要重点掌握附录中的内容。

（1）战略性资产配置（strategic asset allocation）

许多投资者都会指定一个独特的战略性资产配置方式，也被称为组合方针，这是根据投资者投资目标进行资产配置时的基准。

（2）再平衡政策（rebalancing policy）

在附录中，还会写明若市场价值发生变化，会导致组合中资产权重发生变化，此时要将资产权重调整回战略性资产配置的权重，称为再平衡。

IPS 是投资组合管理的基石，任何一项投资组合管理都是以 IPS 的构建作为起点。在具体构成内容中，尤以两个投资目标（风险目标和收益率目标）和五个投资限制（投资期限限制，税收限制，流动性限制，法律限制和特殊需求限制）这七项为重中之重。在记忆上，常用这七项内容的英文首字母缩写（risk, return, time, tax, liquidity, legal, unique，即 RRTTLLU），来描述投资者的基本状况。下文将主要围绕着投资目标和投资限制这两大块内容来展开。

2. 投资目标

投资目标可分为风险目标和收益目标，两者是相互依赖的，无法被分开讨论。风险目标约束了投资者收益目标的高低。

— 备考指南 —
描述（describe）如何给客户制定风险和收益目标。

2.1 风险目标

风险 - 收益框架的第一要素是风险目标（risk objective），因为它很大程度上决定了收益目标。风险目标的描述方法可以是绝对的，也可以是相对的。

绝对风险目标（absolute risk objectives）指不与任何基准（benchmark）比较的风险目标，通常以数字的形式呈现，例如：

- 用标准差描述。例如，年收益率的标准差不可大于 10%。
- 用损失的绝对限制表述。例如，未来 2 年内任何时候的损失都不可大于 5%。
- 用损失的概率表述。例如，未来 2 年内损失大于 5% 的概率要小于 10%。

相对风险目标（relative risk objectives）是相对于某个基准（benchmark）的风险目标，一般在描述中会明确某一个指数作为基准，例如：

- 用循迹误差（tracking error，TE）表述。例如，未来 2 年内的月收益率与当月标准普尔 500 指数收益率的差异的标准差不可大于 2%。
- 用损失的绝对限制表述。例如，未来 2 年内任何时候的收益率都不可低于无风险收益率。

- 用损失的概率表述。例如，未来 2 年内收益率比标准普尔 500 指数收益率低 2% 以上的概率要小于 10%。

以上风险目标都用于描述投资组合的风险，是对客观产品世界的描述，用数字来度量的标准。

若要对客户的风险承受程度进行描述，可用风险容忍度（risk tolerance）来描述，分为高（above-average）、中（average）和低（below-average）三档。风险容忍度与投资者承担风险的意愿和能力两个方面相关。

承担风险的意愿（willingness to take risk）是投资者的主观愿望，受投资者心理状况的影响。承担风险的能力（ability to take risk）是由投资者的客观因素决定的，例如年龄、家庭状况、收入支出状况、现有财富状况、是否有养老金和商业保险、身体健康状况等。

在考试中，衡量某个客户是高、中还是低风险容忍度就通过意愿与能力两个角度判断。风险承受意愿和风险承受能力中有任何一个属于低风险，客户就属于低风险容忍度的投资者。

名师解惑

在实际生活中，判断投资者整体的风险容忍度比考试中要复杂很多。分为几种不同情况。

情况一：当投资者承担风险的意愿大于承担风险的能力时。要对其进行指导说明，根据投资者承担风险的能力来进行投资。

情况二：如果投资者承担风险的能力大于承担风险的意愿时，要再细分为两种情况进行判定。

第一种情况，如果投资者的收益目标和投资者承担风险的意愿相符的话，就按照投资者承担风险的意愿来进行投资，但是要对其进行重新评估；

第二种情况，如果投资者的收益目标和投资者承担风险的能力不相符的话，就要对其进行指导说明，并按照投资者承担风险的能力进行投资。

总结来看，实际生活中对风险容忍度的判断，如表 43-1 所示。

表 43-1 投资者风险风险容忍度

	承担风险的能力	
承担风险的意愿	低于平均水平	高于平均水平
低于平均水平	风险容忍度低于平均水平	重新评估
高于平均水平	重新评估	风险容忍度高于平均水平

2.2 收益目标

收益目标（return objective）指的是投资者的要求的回报率。投资者的收益率目标应该与其风险目标相一致。比如，高收益率目标暗示着其资产配置伴随着相对于其风险目标而言更大的预期风险水平。而且预期的投资组合收益率应该能够满足其必须赚得的收益目标或债务需要。

投资者要求多少收益，被称为规定预期收益率（stated return desire）。这种需求可能是现实的，也可能是不切实际的。比如，投资者为满足高消费需求或较高的终极财富目标可能有超过平均水平的收益率需求，就像说“想要 20% 的年收益”。咨询师或投资组合经理人必须不断根据该投资者的能力对这种高收益率的需求进行评估，以确定其风险和固定收益率需求的合理性，尤其是涉及资本市场预期时。

投资者想要实现多少收益，这一数目被称为要求收益率（required return）或收益率要求（return requirement）。要求比需求更加严格，因为有要求的投资者通常要求实现的收益至少要在平均水平之上。例如养老金项目的责任人必须为当前和未来的养老金领取者赚得基于精算假设得出的平均收益。

收益目标吸收了规定预期收益率、要求收益率和风险目标的内容，形成了一种可测量的每年总收益。

与风险目标类似，收益目标的描述也可以是绝对和相对的。

绝对的收益目标的描述方法有：

- 用名义收益率表示。例如，年总收益率不低于 8%；
- 用实际收益率表示。例如，年总收益率至少比通货膨胀率高 2%。

相对收益率目标是与某个基准相对比的收益目标，例如，年总收益率至少比标准普尔 500 指数收益率高 3%。

3. 投资限制

对于不同的家庭或机构来说，即使它们对待风险的态度是相同的，它们也会选择不同的投资组合，这是由它们所处的不同的环境所决定的。这些环境因素包括税收状况、对流动性的需求、对投资组合所带来的收入现金流的不同要求以及

— 备考指南 —
描述（describe）投资过程中的限制条件。

各种各样的制度限制。这些环境因素给投资者的选择带来了限制。总的来说，投资目标和投资限制共同决定了一个适当的投资策略。

投资限制总是和投资者所处的环境相关。例如，一个家庭中有孩子要上大学，那么它就对流动性有一个较高的要求，因为这个家庭需要现金去缴纳学费。而在另一些情况中，投资限制是外部强加的。例如，银行与信托公司在其资产组合中所能持有的资产类型要受法律规定的限制。而最后一种限制来自于自身。所谓“社会投资”意味着投资者不能持有那些在伦理上受到谴责的公司的股票。用来判断一家公司的股票是否不适于进入资产组合的标准包括：是否参与核能生产、生产烟草或酒精、参与制造污染的活动等。

下面讨论五种比较普遍的限制因素。

3.1 投资期限限制

投资期限（time horizon）是指预先计划的投资清偿日。个人投资者的“投资期限”的例子可以是需要为大学教育筹资的时间或是一个工薪族的退休日。对于一所大学或一家医院的捐赠款来说，投资期限可能和一个主要的建筑工程的融资时间有关。当投资者们在不同期限的资产中进行选择时，投资期限是必须考虑的一个因素。例如，一种债券的到期日如果恰好与需要现金的时间相重合，这一债券对投资者来说无疑更具吸引力。

3.2 税收限制

税收问题（tax situation）是投资决策的中心问题。任何投资策略的业绩好坏都以税后收益率来衡量。对于面临高税率的家庭投资者和机构投资者来说，避税和税收延付，将对投资策略起到至关重要的作用。

3.3 流动性限制

— 备考指南 —
买卖价差可以反映流动性的高低。

流动性（liquidity）是指资产能够以一个合理的价格顺利变现的能力，它是一种投资的时间尺度（卖出它需要多长时间）和价格尺度（与公平市场价格相比的折扣）之间的关系。

当确实需要对流动性进行测量时，会考虑到当需要立刻卖出这一资产时的折扣幅度。现金和货币市场工具，如国库券和商业票据，其买卖差价约为价格的 1%，是最具流动性的资产，房地产则是流动性最差的资产之一。在一些较为极端的例子中，办公大楼和制造业建筑有可能面临高达 50% 的流动性折价。

不管是个人投资者还是机构投资者，他们都需要依据个人情况考虑短时间内需要现金的程度。从这种可能性入手，他们将在其投资组合中安排所需要的流动性资产的最小比例。

3.4 法律限制

职业投资者和机构投资者需要考虑法律（legal and regulatory）的限制。第一，也是最重要的法规，即《审慎管理人法规（prudent investor rule）》。

名师解惑

《审慎管理人法规（prudent investor rule）》在 CFA 一级当中不用重点掌握，这里简单进行介绍。

《审慎管理人法规（prudent investor rule）》是指替他人理财的职业投资者们负有信托责任而将其投资限定到那些被谨慎的投资者所认可的资产中去。这一法规被有意地设置为不具特定性。每一个职业投资者必须随时准备在法庭上为某一投资策略辩护，而其解释又会随着不同时间的标准变动而变化。

此外，还有适合各种机构投资者的特定法规。例如，美国的共同基金持有的任何上市公司股票不得超过基金总资产的 5%。

有些时候，自我加强的法规也会影响投资决策。例如，共同基金需要在募股说明书中描述其投资策略，而这些策略指导相当于为自由选择投资组合加了一个限制。

3.5 特殊需求限制

特殊需求（Unique Circumstances）是指每个投资者都会面对独特的投资环境，这是很自然的。

假设有一对航空工程师夫妇，在同一家航空工程公司拥有高收入的职位。整个家庭的所有人力资源将会与同一个周期性行业（航空业）息息相关。因此，这对夫妇则需要在航空业景气时对航空业衰退的风险进行规避。相似的情况同样会发生在拥有华尔街公寓的主管们的身上。因为在这一地区，房屋价格的高低取决于证券业的波动，由于工作收入和房租收入都取决于华尔街的证券市场表现，这种情况下这些主管就会面临更大的证券市场风险。

为了响应绿色金融的号召，部分客户要求基金经理在组合管理中考虑环境、社会和公司治理（environmental, social, and governance, 以下简称 ESG）相关内容。有几种实施方法可以在投资组合中表达 ESG 考虑因素。

最古老的形式是否定性筛选（negative screening）（或排除性筛选）指排除某些行业，或排除偏离公认 ESG 标准的公司。

另一种常见的方法是“同类最佳（best-in-class）”，即根据 ESG 的考虑，在行业内找出排名（或得分）最有高的公司，找到 ESG 做得最好的公司进行投资。

股东参与（shareholder engagement），又称主动所有权（active ownership），是由基金经理积极参与公司对话与运营，包括探讨有关 ESG 问题。简单来说，就是在 IPS 中规定基金经理以什么样的形式帮助客户参与公司管理，例如设定一些与投票相关的条款。

主题投资（thematic investing）和影响力投资（impact investing）侧重于与 ESG 问题积极相关的目标、主题和趋势的投资。

ESG 整合（ESG integration），是指将定性和定量的 ESG 因素统一考虑到传统的安全和行业分析中。ESG 整合的重点是识别 ESG 因素产生的风险和机遇，并确定公司是否按照可持续的商业模式，正确管理其 ESG 资源。

4. 组合构建

— 备考指南 —
描述（describe）资产配置过程中主要方法。

对于投资者来说，从不同的资产类别中选择投资组合的资产类型，并对资金进行配置是很重要的。一种比例为 7 比 3 的股票债券投资组合与比例为 3 比 7 的股票债券投资组合相比，具有不同的预期收益、风险和现金流形式。对于某个特定的投资者来说，选定合适的资产配置，取决于该资产配置的特征与投资者的 IPS 中所描述的投资目标及投资环境是否匹配。

4.1 资产配置

资产配置分为两类：战略性资产配置与战术性资产配置。两者的相同点在于，都是对于资产大类，例如股票、债券、房地产等进行权重分配，不涉及到个体证券的选择。

在战略性资产配置（strategic asset allocation）中，投资者的目标收益、风险容忍度以及投资的约束将被整合到长期资本市场期望中去，然后得到符合 IPS 的资产配置。它的目的是既满足投资者的投资目标也符合投资的约束性条件。

名师解惑

了解了一些关于战略性资产配置的基本概念之后，可以更好地区分战略性资产和战术性资产配置。

表 43-2 战略性资产配置

战略性资产配置		
资产类别	目标配置百分比	允许范围
国内股票	50%	46%–54%
国际股票	10%	9%–11%
现金等价物	2%	0%–5%
国内中期债券	25%	22%–28%
国内长期债券	8%	6%–10%
国际债券	5%	3%–7%

表 43-2 给出了战略性资产配置的一个例子。通常来说，如表所示，战略性资产配置指出了每种资产的目标百分比以及这个百分比的允许范围。指出这个百分比的允许范围是一种风险管理机制。因为在这个范围之外的配置可能蕴含战略性资产配置截然不同的风险特性，如果资产类别的权重超出了允许的范围，那么投资组合就得进行重新调整。

战略性资产配置，即选择投资组合，是资产组合管理中的第一要素。它是在广泛的资产类别中施行资产组合管理的一个步骤。战略性资产配置是建立投资组合的起点，也是许多投资者在资产组合管理中加入自己想法的一个步骤。机构以及个人投资者经常认为战略性资产配置是投资过程中一个核心元素。

资产配置的第二种主要方法是战术性资产配置（tactical asset allocation），是根据资产类别相对表现的短期期望，对资产类别的权重进行偏离战术性资产配置的调整。

4.2 个股选择

证券选择是通过选择预期回报更高的证券，试图产生比资产类别基准更高的回报，即超额收益。例如，如果一个投资经理希望这支股票比基准股票表现更好，他可能会决定超配 IBM 股票，使 IBM 在真实组合中的权重偏离股票基准的权重。为了有足够的现金买股票，他可能会抛售另一支表现比较差的股票。

显然，若基金经理偏离基准组合的权重，主要是为了获得超额收益，这种超越基准的证券回报会产生额外的不确定性，并产生额外风险。所以注重个股选择的策略，会带来更高风险，也更取决于基金经理的投资水平（skills）。

4.3 环境、社会和公司治理

在前文的学习中讲到了环境、社会和公司治理（Environment、Social Responsibility、Corporate Governance，即 ESG）的几种操作方法。ESG 投资是社会责任投资的基础，是绿色金融体系的重要组成部分。绿色金融体系要求基金经理在进行组合构建时，除了要考虑经济效应，还要考虑 ESG 相关问题。ESG 的实施方法要求投资经理就证券的选择、股东权利的行使和投资策略的选择提供一套指导方针。考虑到企业通常不需要披露 ESG 数据，要详细完整地考虑 ESG 问题，在实际操作中可能很困难。

5. 积极与消极的投资策略

> **备考指南**
> 积极的投资策略要经常调整仓位，会产生较高的交易成本。

不管是个人投资者还是机构投资者，他们必须面临一个其投资组合实行积极的或消极的管理的选择。

消极的管理方式（passive management）是基于这样一种信条：证券价格总会非常接近于一个“公平”的水平。投资者们不用去花费大量的时间或其他资源来“击败市场”，即发现那些错误定价的、具有不同寻常的风险收益特征的证券。只要承受风险一定会得到补偿，那么选择一个适合的风险承受能力的投资组合相对来说是符合投资者需求的。

在消极的组合管理中，投资者寻找一个投资组合，该投资组合能涵盖整个证券市场。通常消极的组合管理可以通过跟踪市场上已有的指数来实现。

和消极型的投资策略相反，积极管理（active management）假设基金经理能够通过挖掘市场信息，打败市场（beat the market）。

第 44 章 个人行为偏差

本章知识点		讲义知识点
一、个人行为偏差	1. 认知错误	行为金融学基础知识、认知错误
	2. 情感偏差	
	3. 异常情况	市场异常

知识导引

在本章内容中，考生需要掌握的重点是认知错误和情感偏差包含的类别，以及投资者需要如何处理这些偏差。在考试中，题目通常会给出背景信息，问投资者出现的行为金融学偏差是哪一种以及如何处理偏差。对于认知错误这类偏差，投资者需要改正，而对于情感偏差这类偏差，投资者无法改正，只能适应这一类偏差。

对于认知错误和情感偏差下的行为金融学偏差，可以总结为表 44-1。

表 44-1

认知错误 cognitive error	固执己见的错误 belief perseverance（RICCH）	保守性偏差（conservative bias）
		确认性偏差（confirmation bias）
		代表性偏差（representative bias）
		控制错觉（illusion of control bias）
		后视偏差（hindsight bias）
	信息处理错误 processing biases（FAMA）	沉锚效应和调整偏差（anchoring & adjustment bias）
		心理账户（mental accounting bias）
		框架依赖（framing bias）
		可得性偏差（availability bias）
情感偏差 emotional biases（LOSSER）		损失厌恶（loss aversion bias）
		过度自信（overconfidence bias）
		自控（self-control bias）
		现状偏差（status quo bias）
		获得性偏差（endowment bias）
		后悔厌恶（regret-aversion bias）

本章思维导图

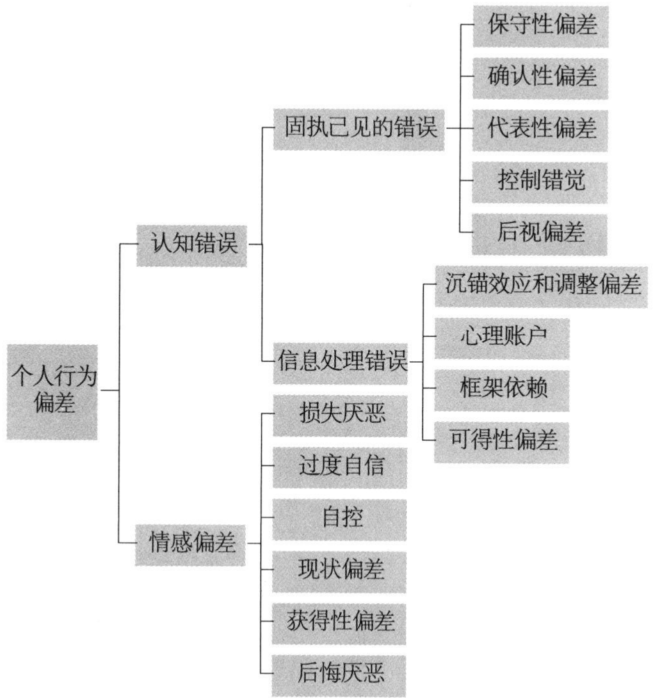
个人行为偏差
认知错误
固执己见的错误
保守性偏差
确认性偏差
代表性偏差
控制错觉
后视偏差
信息处理错误
沉锚效应和调整偏差
心理账户
框架依赖
可得性偏差
情感偏差
损失厌恶
过度自信
自控
现状偏差
获得性偏差
后悔厌恶

1. 认知错误与情感偏差

在金融决策时，无论是个人投资者和金融服务机构，他们都会表现出一些行为偏差。行为偏差可以分为两种：认知错误（cognitive errors）和情感偏差（emotional biases）。

在缺乏能力或信息的情况下（例如，适当的统计分析技术或足够的数据），分析者很难处理信息并得出理性的投资决策，此时会产生认知错误，不过此类偏差容易被纠正。认知错误可以分为固执己见偏差（belief perseverance biases）和信息处理偏差（information-processing biases），这两类偏差会在接下来的内容详细介绍。

由于在处理信息和得出决策的过程中，投资者会受到个人冲动或直觉的影响，此时会产生情感偏差（emotional biases），这类偏差很难被纠正。

名师解惑

本章行为金融学原为三级的一个章节，考题给出描述信息后通常不会要求我们辨析，而是会给出几个选择，我们需要根据题目描述选择出最有可能的偏差。因此考试时不会将两个特别相近的偏差放在一起进行辨析。

其次，这一部分内容涉及很多心理学实验，需要注意的是这些实验无需进行记忆，只需要了解对应这些偏差的题眼和关键词，在考试中能够正确的选择出对应偏差即可。

1.1 认知错误

在行为金融学中，认知错误被进一步细化为两大类，一类是固执己见型偏差，而另一类是信息处理偏差。由于这两类错误都属于可以被改正的认知错误，因此出现这两类错误都应该改正。

1.1.1 固执己见的错误

固执己见的错误(belief perseverance bias)主要包括中主要包括五类偏差，包括:

- 保守性偏差

保守性偏差（conservative bias）是指一旦下定结论，当有新的信息进来，结论很难被改变。因此，保守性偏差可以理解为投资者一旦下定结论之后，哪怕有新的信息产生，也很难改变原有的结论。

比如一个分析师在分析某家公司的股票时得出结论，即这家公司的股票被低估了。而后面有新的信息出现，预示着这家公司的股票被高估了。但是因为分析师原先下了股票被低估的结论，这时尽管一个新的信息产生，分析师依旧维持他原先的结论，即这个公司的股票被低估了。这个例子说明了保守性偏差。

辨识保守性偏差，需要记忆两个题眼，一个是“新信息”，另一个是“老信息”。最初的结论是基于原有老信息得出的，而随着新信息的进入，分析师并没有改变原有结论。因此，一般在看到“新信息”和“老信息”，会想到考点可能是保守性偏差。

对于保守性偏差，可以采用正确分析（properly analyzing）和权衡新信息（weighting new information）来发现与更正。

- 确认性偏差

确认性偏差（confirmation bias）指的是投资者一旦先入为主地对某件事情下了结论，那么这个投资者更倾向于去找支持这个结论的论据。意味着在得出结论之后，投资者只能接受支持原有结论的信息，而自动忽略那些和原有结论相冲突的信息。

名师解惑

比如一个分析师在分析某家公司股票时，得出这只股票时被低估的结论，于是分析师只会去关注那些支持这家公司股票被低估的信息。比如分析师看到这家公司的市盈率（P/E）比较低，销售收入上升等信息。但是分析师会自动忽略和他原有结论相冲突的信息，比如这家公司的杠杆比率是上升的，同时公司高管大规模的选择离职等信息。

由于上述这个例子并没有侧重于强调“新信息”还是“老信息”，只是强调分析师寻找支持自己原有结论的信息，而忽略了和原有结论相悖的信息，因此不能从保守性偏差这个角度来分析此类问题。

确认性偏差是人人都有可能会出现的偏差，同时这种偏差对个人生活有不同的影响。比如，人们经常说的“牛市无利空”，这种说法是确认性偏差真实体现。

当股票行情一片大好的时候，利空消息的产生通常会被投资者自动忽略，在投资者眼中，接收到的信息是央行加息和央行回购等利好信息，这些信息均支持牛市这个投资者心中原有的结论。这时投资者的行为体现了确认性偏差。

在2014和2015年的时候，股市出现了一波大牛市，而且这波大牛市是一波“杠杆牛”，意思是投资者是纷纷借钱买的股票。在2015年6月份，证监会出台了清查配资的政策，由于这一波牛市是“杠杆牛”，因此，出现清查配资的情况会对这场牛市的根基造成很大的影响，因为清查配资之后会不允许大家再举杠杆买股票了。以上这个消息应当是一个利空消息，但是当时一大部分的投资者的牛市逻辑都还在心中，因此投资者自动忽略了这个利空消息的出现，依旧认为当前股市是牛市，接收到的信息都是验证自己原先结论的信息。投资者依旧会选择持续加仓，致使最终产生了较大的损失。以上这个例子反映的是确认性偏差。

对于确认性偏差的修正，可以尝试寻找推翻已有的投资决策，或者从另一个角度、来源进行研究来证实投资决策。

名师解惑

现实生活中，确认性偏差的例子也非常多。比如面试，通常来说面试的时间大概是30分钟左右，但是通常在面试到10分钟左右时间的时候，面试官已经决定了是否录用面试者，而剩下的时间都在验证自己最初得出的结论是否正确。因此在剩下的20分钟里，很容易有确认性偏差，面试官很容易找到支持他最初决策的证据，而那些和最初决策冲突的信息，面试官会选择自动忽略。

- 代表性偏差

代表性偏差（representative bias）有两种类型，一种是“套模板”，另一种是“拿过去推未来”。最常见的代表性偏差是用“过去推未来”，它指的是自身过去的一些经验会影响到投资者现在或者将来的投资决策。

代表性偏差涉及到心理学实验的原型，比如古话说的“一朝被蛇咬十年怕井绳”，如果某人曾经被一个戴眼镜的人伤害过，那么这个人更有倾向性地认为戴眼镜的人都是坏人，这个例子说明了最典型的代表性偏差，即用过去推未来。

在另外一个心理学实验的例子中，参与人员是印度的大学生，问：心脏病和心脑血管疾病哪一个更危险。根据这些印度大学生做出的选择，心里学家发现，选择心脏病更危险的那些大学生，周围有亲人或者朋友是因为心脏病去世的；而选择心脑血管疾病更危险的那些大学生，周围有亲人或者朋友是因为心脑血管疾病去世的。在这个心理学实验中，影响测试者最终结论的是过去已经发生的事件，因此是用过去经验推测未来的例子。这个例子很好地说明了代表性偏差。

第三个例子同样有关心理学实验，主人公名叫程宝，今年 31 岁，主修哲学，同时程宝是一个非常坦率，聪明，热衷公益事业，并且参加过反核武器游行的人；在心理学的实验中，受访者程宝被问到：最有可能从事的职业是什么。相应给出两个选项，一个是银行出纳，另一个是银行出纳并且非常热衷于女权运动。这个题目中虽然没有任何的背景信息，提示受访者程宝参与过和女权主义有关的活动，但是绝大多数的受访者都选择了第二个选项。受访者选择第二个选项的原因是题目信息提到程宝参加过反核游行类的活动，同时大多数的受访者会认为参加过反核游行的人更有可能去参与女权运动的活动，因此更多的人选择了第二个选项。这个例子同样反映了代表性偏差。

在 CFA 考试中，代表性偏差有一个题眼，考试的时候考到代表性偏差通常都是以这样的形式来考察：例如，有一个投资品在过去几年的表现非常好，从而投资者推测这个投资产品在未来的表现同样会非常好，遇见像这种题目的背景信息，一般会涉及到代表性偏差。再比如，一个公司过去是成长型公司，投资者一般会认为这个公司以后还是成长型公司，这种情况也属于典型的代表性偏差。

对于代表性偏差的发生，往往是完全基于个人、特定信息或小样本的观点的预测。为了修正代表性偏差，可以获取较为广泛的新信息重新分析投资决策，使用较为简单的分类方式而不是带有心理压力进行较为复杂的分析。

名师解惑

很多时候，代表性偏差的例子可以从保守性偏差的角度解释。比如上文提到的例子，其中某投资产品在过去几年业绩表现非常好，从而投资者推测，这个投资产品的未来业绩表现同样会非常好。如果用保守性偏差进行解释，指的是有新信息进来，投资者依旧拒绝新信息；在没有考虑新信息的情况下，投资者认为投资产品过去表现好，那么在未来，此投资产品一定表现的同样好。

需要注意，首先这两个偏差不太可能同时考察。其次，对保守性偏差更加侧重的是新信息和老信息这两个关键词，而代表性偏差指的是用过去推未来，二者侧重点有所不同。

- 控制错觉

控制错觉（illusion of control bias）指的是投资者认为自己做的事情会对最终事件的结果产生影响，这里所谓的“控制”，指的是对最终事件结果的控制。

有一个心理学实验，在实验过程中，实验组织者找到一些刚刚买完彩票的彩民，问是否愿意将自己买的彩票以原价卖出，而大多数的彩民给出的回答是不愿意以原价卖出。在这种情况下，这些彩民表现出了“控制错觉”偏差。彩民认为自己购买的彩票对应数字是天注定的数字，如果以原价卖出，意味着自己放弃了赚取 500 万的一个机会。因此对于这部分彩民来说，他们会认为是自己购买这注彩票并对最终的开奖结果产生影响，这就是控制错觉。心理学家进一步与这些彩民进行了沟通，对于这部分彩民最终愿意以多少的价格将自己刚刚购买的彩票卖出呢？结果是最终彩票的价格翻了四倍，这些彩民才愿意卖出自己购买的彩票。

名师解惑

在后续的“情感偏差”中，有一种控制叫做自控（self-control），这里的自控指的是对消费和储蓄的控制。在控制错觉中，控制指的是对结果的一种控制。因此在区分自控和控制错觉的时候，如果看到了消费和储蓄，那么对应的概念应该是自控；而如果看到的是一个最终的结果，那么对应概念应当是控制错觉。

控制错觉的题眼是最终事件的结果。例如，题目可能给出：有一个投资者买了某个公司的股票，因为投资者买了这个公司股票，因此这个公司股票的价格一定上涨。这个例子属于典型的控制幻觉例子，投资者认为自己购买股票的动作影响了股票的价格。

为了修正控制错觉，投资者要认识到资本市场的复杂性，优秀的投资者无法控制收益。在投资的过程中寻找与自己意见相左的观点并记录好投资决策。

- 后视偏差

对于后视偏差（hindsight bias）的理解，有事后诸葛亮、后见之明或者马后炮的意思，意味着事后才去考察，发现最初自己得出的结论是正确的。日常生活有很多关于后视偏差的例子，比如 2014 和 2015 年的中国股市牛市行情是从 2014 年 6 月开始的，而央行下半年的一次降息动作加速了牛市的产生，而那个时候很多投资者看到央行降息，觉得降息是一个利好的消息，认为股票价格会上涨。但是大部分投资者在那个时候没买入，而当大盘指数涨到了 4000 点的时候，才发现央行第一次宣布降息也就是大盘指数只有 2000 点左右时，那个时刻才是最佳入市的时机，很多投资者会感叹道“我就知道当时降息之后股票价格一定会上涨”。但是在当时那个时间点，很多投资者都没有进行对应的投资操作，而这样的偏差被称为后视偏差。

对于后视偏差的修正，不论投资结果好坏，要详细记录投资决策内容、原因和具体时间作为依据，便于事后分析。

- 小结

讲到这里，固执己见中的五个偏差均有介绍。对于这五个偏差，可以对应的记忆一个单词，即“ricch”。r 指的是代表性偏差（representative bias）；i 指的是控制错觉（illusion of control bias）；两个 c，其中一个 c 指的是保守性偏差（conservative bias），另一个 c 指的是确认性偏差（confirmation bias）；h 代表的是后视偏差（hindsight bias）。

名师解惑

对于“RICCH”这个单词，可以简单的记为 RICH，原本只不过在单词中多了一个“C”。RICH 这个单词意味着富有、有钱，而对有钱人，更容易出现固执己见这样的偏差，正所谓有钱任性。对于归属于固执己见这一类认知错误，可以通过这种方式记住。

1.1.2 信息处理的错误

关于信息处理的错误（processing error），同样可以通过一个单词来记忆，也就是 fama，而这个单词考生应该再熟悉不过了，fama 是 fama french 三因素模型的发现者之一。

- 沉锚效应和调整偏差

沉锚效应和调整偏差（anchoring & adjustment bias）指的是投资者在对某人某事做出判断时，易受第一印象或第一信息支配。沉锚效应中，这里需要有对应的“锚”，也就是对事件的第一印象。对于沉锚效应，考试中有一个题眼，题目中会事先给出一个数值（default number），而这个数值会影响到后续投资者的判断。

沉锚效应涉及了几个很典型的心理学实验。在第一个实验中，心理学家找了一些人判断同一个杯子值多少钱。但是在要求测试者给出自己的预测之前，心理学家会先问测试者一个问题，比如，受访者社保账户的最后一位是多少。在这个心理学实验中，心理学家发现对于那些社保账户最后一位比较大的测试者，最终预测的杯子的价值会偏高；而对于那些社保账户最后一位比较小的测试者，最终预测出的杯子价值会偏低。而在这个心理学实验中，社保账户的最后一位数字相当于是测试者的一个“锚”，而测试者最终给出对于杯子价值的预测，会受到先报出的社保账户最后一位数字大小的影响。

第二个实验的受访者是一些大学生，这些大学生被问到非洲有多少个国家，但是在回答之前，他们需要在一个转盘上转出随机数，而这个转盘经过心理学家的处理，最终只能转出 15 或者是 75 这两个数字。如果转出来的数字是 15，那么这些大学生给出的关于非洲有多少个国家的答案在 15 左右；而那些转出 75 的大学生，最终给出的答案在 45 个国家左右。这里可以看出，其实这一批受测试大学生均被最初转转盘的数字结果“锚”定住了。

沉锚效应在现实生活中有很多应用，比如地产中介在带客户看房的时候，先会带着客户看几个条件不好、交通不便但是房租非常高的房租，接着才会带你看一些条件较好，交通方便而且价格比较适中的房子，这个时候房客会很容易决定购买或租定。从这个例子可以看出来，中介在带房客看房的时候，相当于在人为地给房客下“锚”，而最开始看的那些房子相当于中介的“锚”。

名师解惑

这里需要注意的是，有些“锚”可能也没有被意识到。比如我们需要估计 1×2×3×……×8，那么受访者估计出来的最终结果平均在 512，但是如果问道估计 8×7×6×……×1，那么受访者给出的结果平均在 2200 左右。两种问法最终估计出来的结果有很大差异，原因是这些大学生在毫无觉察的情况下被锚定了。

沉锚效应和之前介绍的保守性偏差比较相像，在考试中不会特别的明确的区分沉锚效应和保守性偏差。对于沉锚效应，一定要有一个锚定的值，而保守性偏差判断的题眼是新信息和老信息，而两者均会描述投资者受到原先因素的影响较大。

在考试中，对沉锚效应最常考查的方式是说分析师对一个公司未来增长的预期是 28%，在一个新信息进来之后，分析师重新做了预测，说未来的增长大约是 27.89%。在这种有明确数字的情况下，会更像沉锚效应，因为分析师的估计应当是被自己初始估计的 28% 锚定住了。但是如果题目给出的选项中没有沉锚效应，那么就应当选择保守性偏差。

对于沉锚效应，可以有意识地提出检测锚定偏差的问题，例如，“我是基于理性分析持有该股票，还是试图获得锚定的价格（购买价格或高水位）？”也要明确过去的资产价格和投资评级对未来的投资决策没有决定性作用，这些信息不应该显著影响未来投资交易。

- 心理账户

心理账户（mental accounting bias）指的就是投资者会将钱放在不同的账户中，同时不同账户之间的投资策略是不一样的。比如养老的钱会放在一个账户中，教育的钱会放在一个账户中，日常生活的钱放在一个账户中，同时旅游的钱放在另外的账户中。这几个不同账户由于投资者的风险承受能力不同，所以投资策略以及风险承受能力也不同。

对于心理账户偏差的修正，可以采用关注整体收益率而不是部分投资收益率的方式避免这种偏差。

- 框架依赖

框架依赖（framing bias）指的是通过不同的表述方法，带来的感受和决策结果也不同。例如，小和尚念经时想抽烟，一个烟民抽烟时不忘念上两句经文。同样是多次尝试，但“屡败屡战”和“屡战屡败”表述给人感觉不同。一个将军在打仗时，有两条路可以选择，一条路有 2/3 的概率可以活命，而另一条路有 1/3 的概率会死，如果你是将军你会选择哪一条路呢？作为一个理性的投资者，会发现这两条路活着和死的概率是一样的，但是会有更多的人会选择第一条路，因为 2/3 的概率可以活命这种说法听着更吸引人。以上是框架依赖的例子。

对于框架依赖的修正，可以向自己提问：是否只关注收益或者损失？应该关注投资产品未来的前景。

- 可得性偏差

可得性偏差（availability bias）指的是在向别人推荐产品的时候，首先想到的是最容易想起来的事情；而他没有推荐的产品，可能推荐人不容易想到的产品。

如果投资者需要基金经理推荐一只基金，从传统金融学角度看，分析师应该将市场上所有的基金都找出来，分析标准差和预期收益率，最终推荐一个合适的基金给投资者。但是从行为金融学角度分析，分析师在给投资者推荐基金的时候，推荐的很有可能是他最先想到的基金，比如他刚刚研究过的一个基金。这种偏差即是可得性偏差。

可得性偏差最重要的一个题眼，是推荐给其他人的东西，一定是推荐人最容易想到的东西。比如说买一个基金，这个基金可能是投资者在电视上或者杂志上经常看到的基金，如果买了这样一个基金，那么投资者最可能犯的偏差即可得性偏差。因为投资者选择基金的时候最好的方法是将所有的基金分析比较，但是最终投资者很有可能选择的是在电视上杂志上做广告的那只基金。比如“汇添富，会添你财富”一则广告，投资者经常在广告上传达一些与商品优质的思想，那么投资者在买基金的时候，买汇添富的概率大大提高，因为投资者在买基金的时候第一个想到的是汇添富这个广告及印象。

对于可得性偏差的修正，可以在做投资决策之前进行细致的研究和分析，并且聚焦于长期投资，避免这种偏差的产生。

名师解惑

关于可得性偏差的例子在现实生活中很多，比如医生看了一本研究肺癌的书，在接下来的一段时间里，如果这个医生看到有人咳嗽，第一反应可能会怀疑这个人是不是得肺癌，这种行为属于可得性偏差。

- 小结

信息处理错误部分的四个偏差在本小结均有介绍，对于这四个偏差，可以对应一个单词，以便记忆，即“fama”。这里 f 指的是框架依赖（framin bias）；两个 a，其中一个 a 代表的是可得性偏差（availability bias），另一个 a 代表的是沉锚效应与调整（anchoring & adjustment bias），而 m 代表的是心理账户（mental accounting bias）。

无论这一部分的“fama”，还是前面章节跟大家讲的“ricch”，这些错误均属于认知错误的部分，投资者应该改正这些偏差。

1.2 情感偏差

行为金融学的另一部分偏差属于情感偏差（emotional bias），对于这一类偏差，投资者如果发现有情感偏差，应当适应这些偏差；而如果投资者存在认知错误，应当去改正这一类偏差。

- 损失厌恶

对于投资者来说，等额的收益和损失，10 万的损失和 10 万的收益，虽然都是 10 万元，但是投资者更厌恶 10 万的损失，这体现为投资者在面临 10 万的利得的时候会更加厌恶风险，而面临 10 万的损失时，投资者会体现出风险偏好的特性，这体现了损失厌恶。

损失厌恶的另外一种体现中，投资者会更倾向于实现已经得到的利得，而不愿意实现产生的损失。比如说购买者投资 10 万元，投资了一只公司的股票，当股价 涨到 11 万之后，由于回调价值下降到了 10 万 9 千元，此时投资者更倾向于赶紧将账户中的浮盈实现，将已经赚得的 9000 元落袋为安。但是如果是相反的情况，价值 10 万的股票跌到了 9 万元，而如果这个时候又涨回了 1000 元，那么多数的投资者不会赶紧将这一部分的损失实现，而是期待未来股票的涨幅能够回本。

对于损失厌恶的修正，可以对未来损失和收益概率、基本面分析等进行真实考量，用严格方法分析投资并做出理性决策。

- 过度自信

过度自信主要有两种表现形式，第一种是对于预测的过度自信（prediction overconfidence），另一种是对确定性过度自信（certainty overconfidence）。

预测的过度自信在考题中是有一个题眼，考题可能会描述：分析师对于未来企业销售的增长率做出了预测，最终预测值是确定的数值“27.98%”，这时，题目有可能考察的是预测性的过度自信。如果是一个合理的预测，题目一般给出的信息会是一个区间，比如分析师认为企业下一年的销量增长率大约是在 25%–30% 之间，一般情况下分析师会对销量做出的较为宽泛的预测，而一个精确到两位小数的预测数值反映了分析师对公司下一年销量增长的预测过于自信，因此反映出来的是预测的过度自信。

需要注意，存在一个预测区间也可以认为分析师是过度自信的。比如分析师在预测下一年的销量增长率的时候，认为增长率在 25.68%–25.71% 之间，但是这个预测区间的波动范围只有 0.03%，范围过窄了。这个时候我们依旧认为分析师存在预测的过度自信这个偏差。

确定性的过度自信指的是对于最终结果的过度自信，而在考试中，确定性的过度自信一般不会考察，特别是不会将其和控制错觉结合起来进行考察。

过度自信和前面讲解的控制错觉比较相像，控制错觉认为投资者对最后的结果有控制权。正是因为过度自信，投资者才会相信自己的行动会最终影响到事情的结果。在考试中，一般不会将控制错觉和过度自信结合起来考察。

过度自信第二种表现形式是自我归因。自我归因（self–attribution bias）可以从两个维度进行衡量，一个维度是自我提升（self–enhancing），另一个维度是自我保护（self–protecting）。

举个例子说明上述内容，如果一家公司的业绩比较好，公司的高管层一般会认为正是因为自己的存在和相关决策，从而使公司的业绩表现比较好。这种情况属于自我提升的一种，将所有的功劳都归因于自己，自我提升。

如果公司今年的业绩并不好，而管理层进行反思后，称今年业绩不好和自己完全没有关系，完全是由于其他一些因素导致的。这种情况体现的是另外一种自我归因，即自我保护。

由上述例子可以看出，自我归因这个偏差较好记忆，如果最终结果比较好，那么其中原因是因为当事人做了好决策；如果最终结果不好，那么其中原因是由于其他因素，和当事人并没有关系。这两种情况均属于自我归因。

综上所述，过度自信的偏差分类可以总结为图 44-1。

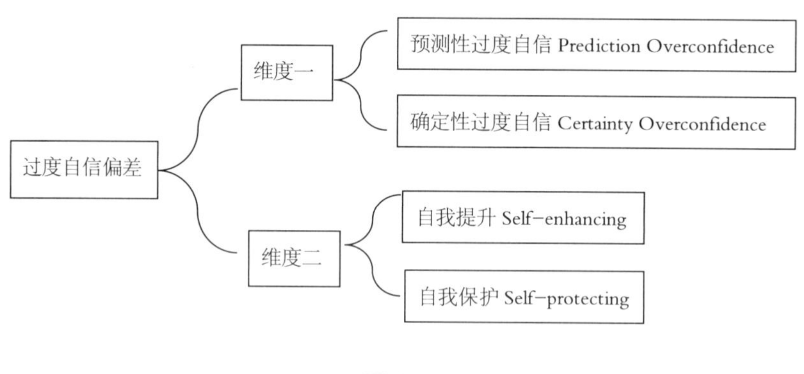

图 44-1

过度自信涉及到了一些心理学实验的原型的。第一个实验中，心理学家找了一些会开车的人作为参者，记录参与者对于自己开车技术的评价。评价分别对应给出的三个选项，分别是平均水平之上，平均水平，以及平均水平之下。从客观角度世界中，处于平均水平之上和处于平均水平之下，会开车的人应当是各占50%。在实验结果中，心理学家发现，有 70% 的受访者认为自己的开车技术处于平均水平之上。以上这个实验的结果是过度自信的一种体现。

心理学家在实验之后继续做了后续研究，他们在医院中找到了一些出了车祸的人作为参与者，同样，记录参与者对于自己开车技术的评价，评价分别对应给出的三个选项，分别是平均水平之上，平均水平，以及平均水平之下。记录的结果显示依旧是有 70% 的参与者认为，自己的开车技术处于平均水平之上。当问到为什么选择开车技术处于平均水平之上后还会出车祸，并且躺在医院？这些参与者答道：不是自己的开车技术有问题，而是旁边的司机超车，或者闪光灯乱打造成了车祸。从以上例子中可以看出，对于这一类的受访者，他们是过度自信的，实验结果出现了过度自信偏差，它归属于自我保护型，即受访者倾向于将车祸原因归结于其他人的问题，而非自己的原因。

对于过度自信偏差的修正，可以采用检查交记录的方式，如果发现历史业绩不好，此时就没有那么自信了。也要做到客观，为此在事后对成功及失败的投资都要进行分析。

名师解惑

关于过度自信的题眼可以总结为下列三个。

首先，关于预测性的过度自信，只要在题目中看到一个非常精准的预测值而没有预测区间，或者预测出的区间波动范围比较窄，意味着可能出现预测性过度自信的偏差。

其次，关于自我保护和自我提升的过度自信，如果有好的结果，参与者会归因于自己，而出现坏的结果后，参与者会归因于他人，这两个均是自我归因方式的过度自信。

第三，如果在题目中，一些陈述中出现“我很了解这个行业”等这样的陈述，也属于过度自信的偏差。

- 自我控制偏差

自我控制的偏差（self-control bias）指的是由于去发纪律性，无法追求长期目标。如果题目考查此类偏差，题眼通常是受到人性的影响，自控能力较差，一次选择现在消费而非储蓄（忍不住将请花掉），由于无法达成长期目标，更倾向于冒险。

对于自我控制偏差，可以确保有合适的投资计划，并且预留一定资金预算（capital budget）。

- 现状偏差

现状偏差（status quo bias）即所谓的“惰性，懒”。由于惰性是无法改掉的，因此现状偏差属于情感偏差中的一类。

有一个寓言故事可以说明现状偏差，有一家人，老公是特别懒的一个人，他的吃穿住行都由妻子来进行打理。有一天妻子需要出远门，在出远门之前为丈夫准备好了足够的饭，而由于丈夫比较懒，所以妻子为丈夫准备的大饼提前挂在了丈夫的脖子上，这样丈夫饿了低头就可以吃到饼。当妻子回到家后，发现她丈夫还是饿死了，因为她丈夫将前面的大饼吃完了，但由于他太懒了，在他面前的大饼被吃完之后，他懒得将饼转一圈，去吃后面的大饼。

这一则寓言故事讲的是有关人类的惰性，即“现状偏差”。在考试中有对应的题眼，可能分析师会问投资者多久会检查自己的投资组合，而分析师问这个的目的是想要确认投资者是否存在现状偏差。如果投资者称自己每周或者每天会看一下自己的投资组合，那么认为这个投资者检查的频率相对很高，即没有现状偏差；但是如果投资者说自己是每年或者每两年检查一下自己的投资组合，那么意味着这个投资者存在现状偏差。

对于现状偏差，可以采用量化的形式，将投资组合构建以便得到风险降低和收益加强的次数提升，并得到合理的投资决策。

- 获得性偏差（endowment bias）

获得性偏差（endowment bias）指的是投资者不仅仅将自己的投资产品视为投资产品本身，而是给投资产品赋予了一定的情感。

比如，有一个投资者，在 2007 年的时候用 48 元买入了中石油的股票，直到现在还没有解套；而一段时间之后投资者去世了，中石油的股价目前大致在 8 元左右。于是这些股票作为遗产，由投资者的儿子继承。如果投资者的儿子继承了这些石油股票，儿子不仅仅将这些股票视为是普通的股票。由于这些股票是他爸爸留下的遗产，因此，儿子会对这些石油股票产生特殊的情感，可能会将这些股票视作是他爸爸给他的爱。因此，儿子不太可能会卖出中石油的股票，而是想一直拥有。从正常投资角度思考，投资者是否卖出股票，取决于是否看好这个公司的股票及发展前景。如果看好的话就买入，如果不看好就卖出。而上述石油股票例子中，儿子不太可能将股票卖出，因为这些股票被赋予了一种特殊的情感。这种偏差被称为获得性偏差。

在考试中经常出现一些题眼来考获得性偏差。首先，在上述例子中，父亲将自己投资的中石油股票作为遗产留给儿子，股票从而被赋予特定的情感，这是第一类获得性偏差的考法。其次，如果投资者将过去成功的投资赋予一定的情感，这种情况同样属于获得性偏差的表现。比如一个投资者在很早的时候购买了苹果公司的股票，持有到现在赚了很多钱。这个时候投资者会对苹果公司赋予一定的情感，如果投资者想卖的话，投资者可能会犹豫，因为投资苹果公司是一项非常成功的投资，因此投资者会在其中赋予一些特殊的情感。那么这种情况同样是获得性偏差的一种表现。

对于获得性偏差的修正，可以问自己：现在愿意买，我愿意购买这个资产么？

- 后悔厌恶

后悔厌恶（regret aversion）主要是指投资者在做完一件事情之后非常的害怕后悔。后悔厌恶可以从两个层面进行理解，一个是过失懊悔（regret of commission），指的是因为做了这件事情而后悔，另一个是疏失懊悔（regret of omission），指的是因为没有做这件事情而后悔。

对于投资而言，投资者如果投资一家公司的股票，会担心购买之后由于价格下跌，如果真的股价下跌，投资者会产生后悔的情绪，即过失懊悔；如果没有投资这家公司的股票，投资者会担心价格上涨，如果股票价格真的上涨，自己却没有投资这家公司的股票，继而产生后悔的情绪，即疏失懊悔。因此对于后悔厌恶可以发现，不管是投资者最终是否购买了对应公司的股票，都会后悔，就叫做后悔厌恶。

对于现状偏差的修正，可以采用量化的形式，将投资组合构建以便得到风险降低和收益加强的次数提升，并得到合理的投资决策。

关于后悔厌恶的考题会出现一些题眼，出现频率较高的题眼，一般是说投资者在过去投资金融产品时，产生了巨大的亏损，而这个投资者在将来做投资的时候，不会再投资于这个产品，即便站在现在的时间点，这个投资可能是一个非常好的投资品。这个例子体现的是投资者的害怕，投资者在经历亏损后，害怕投资这个产品会再次亏损，因而会产生害怕的心里，并伴随后悔投资这个产品，因此这个例子反映的是后悔厌恶。另外一个题眼是指投资者会担心市场的波动会对自己的投资组合产生一定的影响，因此，对于投资者最好的选择是什么都不做。这个例子体现出的是后悔厌恶，因为投资者不管做了什么，最终都会后悔。

名师解惑

张爱玲的小说中有类似后悔厌恶的例子。书中有一个人物叫正保，而正保说，人，这一生会喜欢两个类型的女孩子，一个叫红玫瑰，一个叫白玫瑰。红玫瑰象征着热情似火的爱情，白玫瑰象征着柔情似水的爱情。无论正保娶了红玫瑰还是娶了白玫瑰，最终他都会后悔：如果娶了红玫瑰，那么红玫瑰就变成了墙上的蚊子血，而白玫瑰就变成了床前的明月光；如果正保娶了白玫瑰，白玫瑰就变成了衣角上的白米粒，而红玫瑰就变成了心头的一个朱砂痣。这个例子体现的是一种后悔厌恶。

后悔厌恶和代表性偏差在某些程度上比较相近。代表性偏差指的是拿过去推测未来，而在上述例子中，用代表性偏差解释同样可以。因为投资者在过去投资了这个产品，相应的产生了巨大的亏损，所以在未来会拒绝投资这个产品。因为投资者过去是一个比较差的产品，那么投资者继而认为在未来此产品同样比较差。

在CFA协会的出题规律中，代表性偏差通常侧重考察的是积极的一面，即认为过去某产品是一个好的投资产品，那么投资者继而认为在未来投资产品同样是好产品；而后悔厌恶更倾向的消极的一面，即担心未来会给投资者带来一个更大的损失。

- 小结

以上是有关情感偏差部分的讲解。情感偏差可以单纯的记忆为"losser"。其中l代表的是损失厌恶（loss aversion）；o代表的是过度自信（overconfidence）；在两个s，一个s代表的是自控（self-control），另一个s代表现状偏差（status quo bias）；e代表的是获得性偏差（endowment bias）；r代表的是后悔厌恶（regret aversion）。情感偏差，和认知错误不同，投资者需要适应情感偏差而不是改正。

2. 市场异常

市场异常（anomalies）的现象是对有效市场假说的一种明显背离，较为常见的例子是投资的业绩表现有连续的超额收益率，并且这种业绩表现是可预测的。

有一些典型的现象支持了"市场异常"这个理论。它们分别是：动量异常、金融泡沫及危机、价值股和增长股的收益特征。

而一些现象认为市场的波动不一定属于市场异常，以此来反对"市场异常"这个理论。产生市场波动的原因有：资产定价模型，统计，暂时性市场不均衡。

接下来的内容是对这两方面的论述。

2.1 支持市场异常现象

- 动量异常

当未来价格走势与近期价格波动相关时，我们认为未来的价格走势有动量（趋势）效应（momentum）。

由于历史事件对未来事件有一定影响，此时会发生可用性偏差（availability

bias），它是指近期发生的事件对未来的价格走势影响更大，过去的事件对未来的价格走势影响较小。

遗憾(regret)指的是一种错过机会的感觉,通常是事后诸葛亮偏见的一种表现,反映了人们倾向于认为过去的事件是自己可以预测到的。当市场发生一定波动时,投资者觉得自己本可以预测这些影响投资决策的市场波动，从而增加利润或减少损失，在这种情况下后悔万分。当资产在前一年表现良好时，投资者可能会因没有持有该资产而感到遗憾，情绪化使得投资者去弥补这种遗憾，在这种情况下买入或者是卖出资产，那么这些市场交易行为可以解释短期趋势，可能是市场异常现象的一种表现形式。

- 金融泡沫及危机

金融泡沫和危机是由投资者恐慌性交易，过度买入或者卖出导致的市场异常现象，这种情况下投资者会承受明显超额收益或者损失。

金融泡沫的发生有着合理的解释。虽然理性投资者可能会预计市场在未来会崩盘,但不知道具体时间。在一段时间内,由于卖空的成本、投资者不情愿承担长期损失、无法在市场上获得合适的投资工具，无法有效套利并发现错误定价。以上的因素都可以解释过去技术和房地产泡沫的发生。另外一个原因是投资经理非常在意个人的短期业绩表现行为，在一次次业绩达标的过程中，也对金融泡沫做出一定贡献。

在金融泡沫过程中有一些典型的现象，包括：过度自信、过度交易、低估风险、拒绝接受与自己投资意见相互矛盾的信息以及遗憾。

- 价值股和增长股的收益特征

股票可以分为两大类：价值型（value stocks）和成长型（growth stocks）。价值型股票的典型特征是低市盈率、高账面价值和低市盈率。成长型股票通常具有与价值型股票相反的特征：高市盈率、低账面价值和高市盈率。

通过观察的市场现象，价值股相对于成长股的长期表现更好，价值股异常（value stock anomalies）属于市场异常现象，因为投资者可以通过投资价值股而获得长期的超额收益。

在支持价值股异常的观点中，光环效应（halo effect）指的是对某些特征的好感可以扩展到其他特征。例如，一家拥有良好成长记录和股价表现的公司，被视为具有持续、高预期收益率的良好投资标的。

在支持价值股异常的观点中,国内偏好(home bias)指的是在全球投资市场中,投资者表现出对国内证券的强烈偏好，例如，投资者偏向投资那些总部距离自己较近的公司。

2.2 反对市场异常现象

持有反对观点的人认为，并非每个每场上的波动或者偏差都属于异常现象。

- 资产定价模型

市场异常现象可能由资产定价模型（asset pricing model）引起。定义市场现象属于异常还是正常情况取决于分析者使用的资产定价模型。发现市场有异常现象可能是一种错觉，因为有时合理地将资产定价模型中的某些变量变化，在这种情况下可以使得市场异常现象（连续的超额收益率）消失。另一种情况是资产定价模型中的超额收益不是异常现象，而是补偿风险的收益部分。例如，fama french 三因素资产定价模型中，规模和账面市值因素并不是错误定价，而是对风险的补偿，其中对风险的理解可以是：具有这些特征的公司在经济衰退期间遭受困境的可能性更大。

- 统计问题

市场异常现象可能由统计问题（statistical issues）引起。有时在分析的过程中，我们可以获得的数据为小样本，在这种情况下对于总体的估计有可能存在不结果准确的情况；另外在选择样本时，可能受到选择性偏差、生存偏差。数据挖掘的影响；另外，对于衡量目标资产的基准收益率的选择也是有潜在问题的，例如目标资产和基准收益率应该有相同的投资期限。

- 市场暂时性不均衡

市场异常可能由市场暂时性不均衡（temporary disequilibria behavior）引起。一些市场异常现象虽然会暂时存在数年，但最终会消失。

第 45 章 风险管理介绍

<table>
<tr><th colspan="2">本章知识点</th><th>讲义知识点</th></tr>
<tr><td rowspan="2">一、风险管理总览</td><td>1. 理解风险</td><td rowspan="3">定义风险管理</td></tr>
<tr><td>2. 风险管理</td></tr>
<tr><td>二、风险治理</td><td>风险治理</td></tr>
<tr><td rowspan="2">三、风险的识别与度量</td><td>1. 风险分类</td><td rowspan="2">风险类型、衡量和风险缓释</td></tr>
<tr><td>2. 风险度量和修正</td></tr>
</table>

知识导引

风险与风险管理是经济活动不可分割的一部分。生活中充斥着各种各样的风险，本节主要关注那些与投资活动相关的经济与财务风险。

风险管理步骤与其风控工具使金融市场上复杂的经济金融问题显得更加明了易懂。

经营与投资活动的成功需要审慎的去选择可承受的风险并进行风险管理。一个发展良好的风险管理体系与企业的长远发展是紧密相关的。好的风险管理会顺其自然的产生更优的决策，也会使公司在利益与风险掌握一个良好的平衡。

本章思维导图

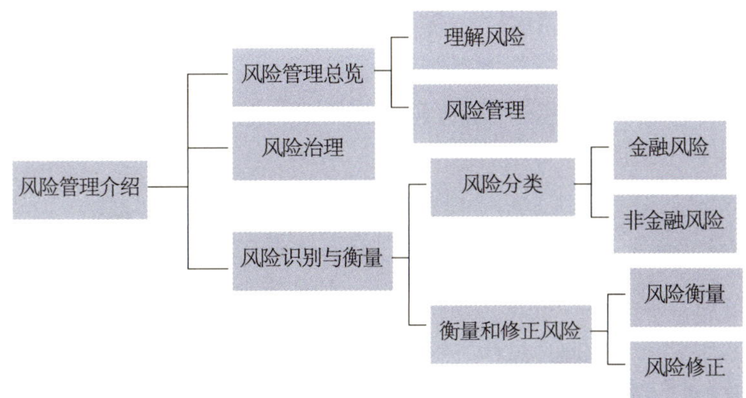

1. 风险管理总览

— 备考指南 —
由于系统性风险不能被完全消除，考试中出现有关“消除”风险的描述一般是错误的。

风险与风险管理对于良好的经济与投资活动而言是至关重要的。需要注意的是，所谓的风险管理并不能消除风险（eliminate risk）。

承担可承受的风险是董事会、管理层、或者投资经理，乃至个人投资者所采取的一种积极应对风险的方式。但是，风险应该要被完全理解和审慎管理。

1.1 理解风险

风险（risk）的定义：风险是在系列活动中的不确定性（uncertainty），而不是损失。在金融中有一句话叫做“天下没有免费的午餐”。这句话描述了在有效的市场中，风险与收益的关系。在有效市场中，风险和收益是关联的，本质为高风险才会有高收益、高回报。

风险敞口（risk exposure）是指暴露在某一特定风险之下的头寸的总和，是直面风险的数额。

1.2 风险管理

风险管理（risk management）是指，确定一个组织想要的风险水平、衡量该组织当前拥有的风险水平、采取行动将实际风险水平修正到目标风险水平，并监控修正后的实际风险水平的过程。可见风险管理涉及到确定风险容忍程度（risk tolerance）、度量风险、管理风险水平与监控新风险水平四个流程。风险管理并不是一味的减少风险或规避风险，而是在风险容忍度允许的情况下，最大化组织的整体效用（utility）。

在 CFA 一级中，考生需要重点掌握企业风险管理的基本框架。CFA 协会认为每一个风险管理框架应该包括以下要素：

风险治理（risk governance）是风险管理的基础，是一个自上而下的过程，通常由管理层完成。

风险基础设施（risk infrastructure）是指风险管理的基层管理人员与系统，主要目的为：跟踪风险敞口、进行定量风险分析，以评估组织风险状况。

风险识别和度量（risk identification and measurement）是风险管理定量分析的核心，但除此之外，也需要定性分析所有潜在风险源和组织风险敞口。大部分复杂的风险管理量化模型都会在这个步骤进行应用，这是整个风险管理流程中最主要的定量分析部分。

政策和流程（policies and processes）是将风险治理扩展到组织的日常运营和决策流程中，包括一些定量的或流程性的限制、要求、约束和指导方针，以确保风险活动符合组织预先确定的风险承受能力和监管要求。

风险监控、缓释和管理（risk monitoring, mitigation, and management）的过程是风险框架最明显的方面，也是最困难的方面之一。积极监控和管理风险需要将风险治理、识别与衡量、基础设施、政策和流程结合起来，并在风险敞口和风险驱动因素不断变化的情况下，不断审查和重新评估。如果发现真实的风险敞口（risk exposure）与公司风险承受能力（risk tolerance）之间不一致，需要采取行动使其恢复一致。

交流反馈（communications），关键风险问题的沟通必须在组织的各个级别持续进行。

战略分析和整合（strategic analysis and integration）使风险管理成为提高绩效的有效工具。风险管理流程如图 45-1。

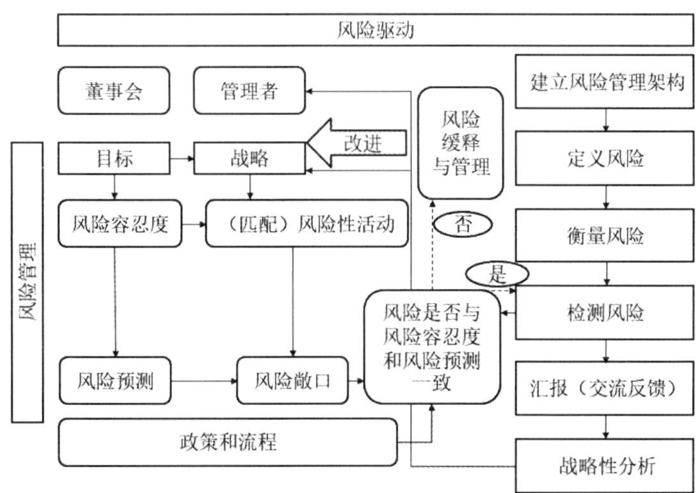

图 45-1　风险管理流程

2. 风险治理

风险治理（risk governance）是一个自上而下的过程（top-down process），包括：明确公司风险承受能力，指导风险管理的活动，并确保风险管理活动与整体公司目标一致（aligns risk management activities with the goals of the overall enterprise）。

风险治理属于风险管理的基础（foundation），通常由高管或董事会参与完成，包括了管理层对于风险的一个宏观评估以及设定一个企业角度的风险容忍度。

风险容忍度（risk tolerance）是有效风险治理（effective risk management）的关键要素。它指出了哪些风险是可接受的，哪些是不可接受的，以及整个组织风险暴露的程度。

风险预算（risk budgeting）指的是一切根据客户风险特征，配置投资组合和资产的方法。而做出风险预算的目标是均衡调控，给资产的配置匹配上相应的风险，在风险可承受范围内，达到预期收益最大化。

3. 风险的识别与衡量

风险的识别与衡量是为了完成好的风险管理，公司设有首席风险师（chief risk officer，CRO），负责为企业建立和实施风险框架，并管理风险活动。另一个提升风险管理效果的方法是提供定期论坛，讨论管理层的风险框架和关键风险问题。此时，设立风险管理委员会（risk management committee）是良好风险治理的关键要素。

风险控制应该从整个公司的角度出发，即企业风险管理（enterprise risk management），以此来确保整个公司利益最大化。而不是只考虑了某个部门的风险控制，更不是各部门之间相互独立的风险控制。

3.1 风险分类

— 备考指南 —
判断各类风险的分类。

风险识别是流程的第一个重要部分，本节中考生需要掌握两类风险：金融风险及非金融风险。

3.1.1　金融风险

金融风险（financial risk）由市场风险，信用风险和流动性风险组成。

> 备考指南
> 一级考试中，只需掌握三类金融风险。除了这三类以外的风险，都可以视同为非金融风险。

市场风险（market risk）。由资产价格变动所引起的风险都可以被归类为市场风险。资产价格变动可以理解为如：利率变动将引起债券价格变动、股票价格、汇率变动所引起的货币价格变动，以及大宗商品如玉米、大豆或石油价格等变动。

名师解惑

这种分类不是说利率、股价变动、汇率变动与大宗商品价格变动是市场风险的潜在驱动力。市场风险通常由经济或行业的某些基本经济条件变动，特定经济事件发生或特定公司的发展所引起。

信用风险（credit risk），又名违约风险（default risk）是指交易对手不支付所欠款项所产生的风险。

流动性风险（liquidity risk）是指由于市场环境的恶化或市场参与者的缺乏，投资者不得不以低于基础价值的价格出售资产的风险。

3.1.2　非金融风险

非金融风险（non-financial risk）发生在组织内部或者来源于外部条件，诸如环境，社区，监管者，政治家，供应商和消费者等。

> 备考指南
> 非金融风险简单了解概念即可。

非金融风险由多种风险组成，其中包括：结算风险（settlement risk）、操作风险（operational risk）、法律风险（legal risk）、监管风险（regulatory risk）、会计风险（accounting risk）、税务风险（tax risk）、模型风险（model risk）、尾部风险（tail risk）、主权风险（sovereign risk）和政策风险（political risk）。

操作风险（operational risk）来源于组织内部的操作失误，包括人为的、系统的或者流程的。

偿付风险（solvency risk）是指一个组织因为没有足够的现金偿还债务而无法继续运营的风险。

除了面临这里列出的组织风险，个人还面临健康风险、死亡率或长寿风险，财产保险和意外伤亡风险。

风险不一定是独立的，因为许多风险的之间存在因果关系。风险和风险之间有相互的作用，例如在金融危机时，房地产价格下跌属于市场风险，但是由于房价下跌导致抵押品质量下降，加剧市场中的信用风险。而市场信用风险的上升，会进一步打压金融资产的价格，加剧市场风险。这样一种多个风险之间的互相促进称为风险间交互（interactions between risks）。风险间交互会因为具有非线性关系不断加剧，并危害整个金融体系。

3.2 风险度量和修正

— 备考指南 —
描述（describe）常见的风险测量方法。

在风险识别之后，紧接着风险管理的步骤是风险的度量和修正，不度量风险就不能修正风险，最终使得承担的风险和风险承受能力相匹配。本节介绍了风险度量的一部分定量指标，及风险修正的基本方法。

3.2.1 风险度量

风险度量的主要目的是，确定企业经济活动中正在承担的实际风险，是否符合预先定义的风险承受能力。常见的风险度量指标包括：

标准差 σ（sigma）度量投资组合的总风险，既包括系统性风险又包括非系统性风险。每一类资产有可能有特定的风险度量指标。例如，度量股票市场的系统性风险指标可以用 β（beta）来衡量。β 系数表示个股收益率相对于市场组合收益率的变动的敏感性，β 越高，个股的系统性风险越高。与债券利率风险相关的风险度量指标为久期（duration）；与衍生品相关的风险度量指标有 δ（delta），γ（gamma），υ（vega）和 ρ（rho），这些风险度量指标将在《固定收益》与《衍生品》科目中进行详细讲解。

在险价值（value at risk，VaR）是对投资组合或企业利润分布的尾部大小的度量，下文简称 VaR。VaR 描述了在一定概率水平下，一段时间之内金融资产可能出现的最小损失。如果在险价值过高，企业的下行风险（downside risk）或者尾部风险（tail risk）就越高。VaR 的定义包含三个要素：

（1）以货币单位表示的金额

VaR 是以美元或人民币等货币单位衡量，同时是一个大于 0 的数，代表损失的数值大小。

（2）时间段

VaR 值的数字大小表示了损失的大小。金融资产持有的期限大小不同，损失也不同。所以，计算 VaR 值需要明确损失计算的期限大小。不仅如此，即便是期限大小相同，在不同时间段的资产收益率分布也不尽不同，这也会影响到最终 VaR 的数值大小。

（3）概率

VaR 值的含义为，一定概率下，某段时间中的最小损失。例如银行一天内的 5%VaR 为 300 万英镑（£3 million at 5% for one day），记为 one-day $VAR_{5\%} = £3million$。此时 VaR 的含义为，银行有 5% 的可能性，在一天内，至少损失 300 万英镑。这里有一个关键词为“至少”，VaR 在 CFA 一级中通常表示 5%（小概率）下的最小损失，即当 5% 的极端情况发生时，最少要损失 300 万，也有可能损失更多，例如 400 万、500 万。所以 VaR 考虑的是 5% 的极端情况中的最好的情况，没有考虑更极端的情况。为此，引入新概念：条件在险价值。

条件在险价值（conditional value at risk, CVaR）是一种常见的衡量尾部损失的指标。CVaR 的定义为超过 VaR 损失的所有损失结果的加权平均值，即对大于 VaR 的损失取期望。CVaR 虽然衡量的是损失，但是从数值上看表示为大于 0 的数。由于 CVaR 衡量的是比 VaR 更大的损失，所以是左尾更偏左的部分，即绝对值更大的损失，所以 CVaR 通常大于 VaR。

3.2.2 风险修正

风险修正（risk modification）是使实际的企业风险与企业风险承受能力保持一致的过程，是风险管理的重要手段，包括：风险规避（risk prevention and avoidance）、风险接受（risk acceptance），如自保险（self-insurance）与风险分散（risk diversification）、通过保险进行风险转移（risk transfer），通过衍生品进行风险转嫁（risk shifting）。

风控员需要权衡风险修正的成本与收益，考虑整体最终风险和风险管理目标，来确定最优风险修正办法。

第 46 章 技术分析

<table>
<tr><th colspan="2">本章知识点</th><th>讲义知识点</th></tr>
<tr><td>一、技术分析的假设和要素</td><td>技术分析的假设和要素</td><td rowspan="4">技术分析基础内容</td></tr>
<tr><td rowspan="3">二、技术分析的特征</td><td>1. 技术分析和基本面分析的差别</td></tr>
<tr><td>2. 技术分析的优点</td></tr>
<tr><td>3. 技术分析面临的挑战</td></tr>
<tr><td rowspan="4">三、股价图形分析</td><td>1. 折线图</td><td rowspan="4">图表</td></tr>
<tr><td>2. 条线图</td></tr>
<tr><td>3. 蜡烛图</td></tr>
<tr><td>4. 点数图</td></tr>
<tr><td rowspan="3">四、股价趋势分析</td><td>1. 趋势的含义</td><td rowspan="5">趋势和模式</td></tr>
<tr><td>2. 趋势线的画法</td></tr>
<tr><td>3. 支撑位与阻力位</td></tr>
<tr><td rowspan="2">五、股价形态分析</td><td>1. 反转形态</td></tr>
<tr><td>2. 盘整形态</td></tr>
<tr><td rowspan="4">六、市场指标分析</td><td>1. 基于价格的指标</td><td rowspan="4">指标</td></tr>
<tr><td>2. 动量震荡指标</td></tr>
<tr><td>3. 情绪指标</td></tr>
<tr><td>4. 资金流量指标</td></tr>
<tr><td rowspan="2">七、投资组合的应用</td><td>1. 市场间分析</td><td rowspan="2">投资组合管理应用</td></tr>
<tr><td>2. 投资组合的应用方式</td></tr>
</table>

◢ 知识导引

证券投资的技术分析法认为股票价格的变化取决于市场的供求关系，所有影响股票价格的因素都已反映在股票价格和交易量的变化之中。技术分析法还认为股票市场的变化有一定规律，市场变化的历史还会重演，过去股票市场变化的规律和形态会在一定条件下会再度出现。

因此技术分析主要是利用逻辑学、数学的方法去发现过去股票价格形态重现的时机，可以用于分析股票市场的短期波动，帮助投资者选择投资的时机。

技术分析法也有其不足之处，人们批评技术分析法缺乏可靠、周密、有说服力的理论依据，它的分析指标没有统一标准，预测市场变动的准确率也不高。尽管如此，仍有不少市场参与者对技术分析法倍加青睐，也不乏预测成功的实例。

在实际投资过程中，投资者会将技术分析将基本面分析结合应用，发挥两个分析方法各自的优点。

本章思维导图

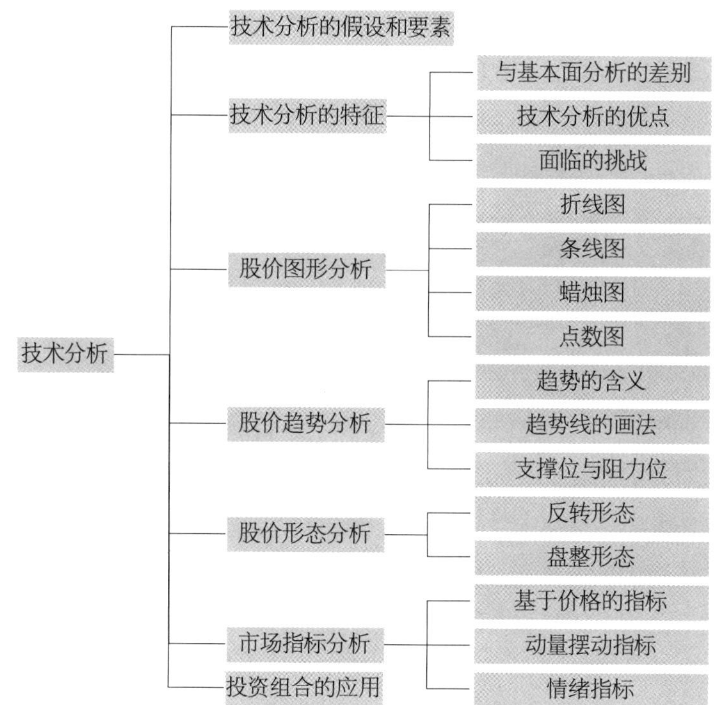

1. 技术分析的假设和要素

技术分析本质是量价分析。即通过分析历史的交易量与历史价格，来预测未来资产的价格走势。历史价格由市场上交易双方的供求关系决定，而交易量会对交易价格产生影响。

一般来说，买卖双方对价格的认同程度是通过成交量加以确认的。认同程度大，成交量大；反之，成交量小。双方的这种认同程度反映在价量关系上就形成价升量增、价跌量减的规律性变化。根据这一规律，当价格上升而成交量不能随之放大时，意味着价格的上升得不到买方认可，价格上升缺乏动力；当价格下跌而成交量不能伴随放大却一再萎缩时，表明价格下降已得不到卖方认同，价格将止跌回稳。时间既可消耗能量，又可积蓄能量，随着时间的推移，双方的力量对比会发生变化，证券价格的运动趋势也会改变。

1.1 技术分析的假设

技术分析作为一种投资分析工具，是以一定的假设条件为前提而存在的。

（1）价格反映市场上所有投资者的行为

此时价格是由“市场上投资者的买卖行为”，或者说“对资产的供求关系”决定的，供需变化体现在交易价格和交易量两个方面，而投资者的买卖行为既与投资者的理性分析有关，也与非理性行为有关，无论理性或是非理性的行为都会影响市场价格。

（2）有效市场假说不成立

— 备考指南 —
有效市场假说在《权益》科目中进行详细说明。

技术分析的本质是分析历史上的交易价格走势，通过历史数据来预测未来，获取超额收益（abnormal return）。若分析师通过挖掘历史数据可以获取超额收益，则说明现有的市场价格无法完全反映资产的历史信息，此时说明有效市场假说（efficient market hypothesis）不成立。所以只有当有效市场假说不成立时，技术分析才能获取超额收益（excess return）。如果市场符合弱势有效，说明所有历史信息和交易量已经完全反应在资产价格上，如果使用技术分析投资，仅仅可以获得正常收益（normal return），而没有超额收益。

（3）历史会重演

这一假设建立在对投资者心理分析的基础上，即当市场出现和过去相同或相似的情况时，投资者会根据过去的成功经验或失败教训来做出目前的投资选择，市场行为和证券价格走势会出现历史重演。因此，技术分析法认为，根据历史资料概括出来的规律已经包含了未来证券市场一切变动的趋势，所以可以根据历史预测未来。这一假设也有一定的合理性，一位投资者的心理因素影响着投资行为进而影响证券价格。

2. 技术分析的特征

2.1 技术分析和基本面分析的差别

基本面分析认为证券的供给和需求由其内在价值决定，如期望收益率和风险等信息，可以通过对于公司盈利和其他公开数据的分析，预测股票的内在价值变动。而技术分析就是指基于历史价格和交易量变动等因素来估计判断未来证券价格波动的一种分析方法。技术分析、基本面分析和有效市场分析的区别在于：证券价格反映新信息的速度不同。有效市场分析认为证券价格反映信息的速度最快，基本面分析方法次之，而技术分析方法下的证券价格反映新信息的速度最慢。

如果市场的流动性对技术分析的应用有积极作用。

相比专业的机构投资者，散户投资者依赖技术分析的程度更高，因为没有机构投资者研究深入的信息，此时价格波动对他们的影响程度更大，并以此为依据进行投资交易。而机构投资者对流动性较高的股票更感兴趣。

2.2 技术分析的优点

技术分析是证券投资分析中常用的一种分析方法，各种理论和技术指标都经过几十年甚至上百年的实践检验，在今天看来仍然具有参考意义。技术分析主要有以下优点：

简单便捷。技术分析是基于市场上真实的交易量与价格进行分析判断，所以对应的数据都是市场中的历史数据，很容易获取。

数据客观。由于用历史数据进行分析，无需分析师的主观预测判断，所以技术分析是一种更客观的分析方法。

不用处理会计问题。技术分析不对财务数据进行分析，所以不受到财务报表造假的影响，也不会受到盈余操纵，或会计准则的影响。

适用于分析未来现金流预测困难的资产，如大宗商品。大宗商品（如：玉米大豆）很难预测其未来现金流，也就是很难通过现金流折现的方法计算商品的内在价值。若没有商品的内在价值，基本面分析就无法进行，所以一般大宗商品、外汇交易等多用技术分析来进行走势预测。

2.3 技术分析面临的挑战

技术分析的缺点是考虑对象的范围相对较窄，对长远的市场趋势难以进行有效的判断。基本面分析主要适用于周期相对比较长的市场预测、以及预测精确度要求不高的领域。相对于基本面分析，技术分析更适用于短期的行情预测，要进行周期较长的分析则必须参考基本面分析，这是应用技术分析最应该注意的问题。

此外，由于技术分析依据量价分析，当市场流动性较差，或者市场易于操纵时，历史价格无法公允反映市场上投资者的行为，此时历史价格将被扭曲，导致技术分析的不准确。

3. 股价图形分析

— 备考指南 —
描 述（describe）技术分析中不同类型的图形。

股价图形分析是将股票价格记录和绘制在特定的图标上，通过对图标上走势的分析来预测股票价格的变化趋势，从而决定买卖行为的一种技术分析法。图形的横轴均为时间（time）纵轴可以是价格（price）或者交易量（Volume），在价格的分析方面，投资者会根据需求调整纵轴的标度（Scale）。

3.1 折线图

折线图（line chart）又称为点线图，一般是将每日的收盘价（closing price）画在坐标上，并将逐个点连接成线，这是一种最简单的图形，可以反映股票价格的简单走势。

图 46-1 是美元走势图，纵轴是美元价格，横轴是时间，当美元价格在 1.330

和 1.348 之间没有任何上涨和下跌的趋势时，可以称为盘整期（donsolidation）。

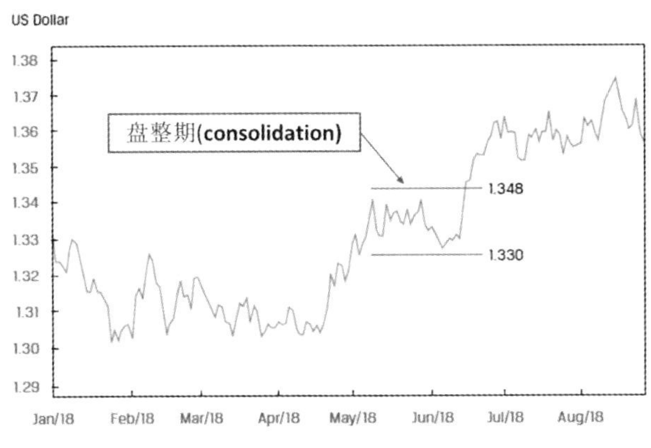

图 46-1 线性图

3.2 条形图

条形图（bar chart）又叫棒状图（图 46-2），中间的竖线部分的点表示当期最高价（high），下端点和最低价（low），左侧横线代表开盘价（opening price），右侧横线代表收盘价（closing price）。条形图相比直线图的好处是在条形图上可以反映 4 个价位：最高价、最低价、开盘价与收盘价，而直线图只能反映收盘价。通过比较当天的开盘价和收盘价，条形图可以反映当个交易日内股票价格的走势，如果开盘价高于收盘价，则说明当天整体股票价格下跌；若开盘价低于收盘价，则当天整体股票价格上涨。

图 46-2 条形图

3.3 蜡烛图

蜡烛图（candlestick line）又称 K 线图或阴阳线，是目前普遍使用的图形，K 线图较细腻地表现了交易过程中买卖双方的实力对比和价格波动状况，可用于判断买卖双方的强弱程度，并作为投资决策的参考。

K 线的结构分为实体、上影线和下影线三部分，实体部分表示一定时期（一日、一周、一月、一年等）的开盘价和收盘价，上影线的上端顶点表示同一时期的最高价，下影线的下端顶点表示最低价。依据一定时期开盘价与收盘价的关系分类，又将 K 线分为白线与黑线两种，收盘价高于开盘价用白色表示，称为阳线；收盘价低于开盘价，用黑色表示，称为阴线。图 46–3 和图 46–4 为阴阳线和 K 线图。

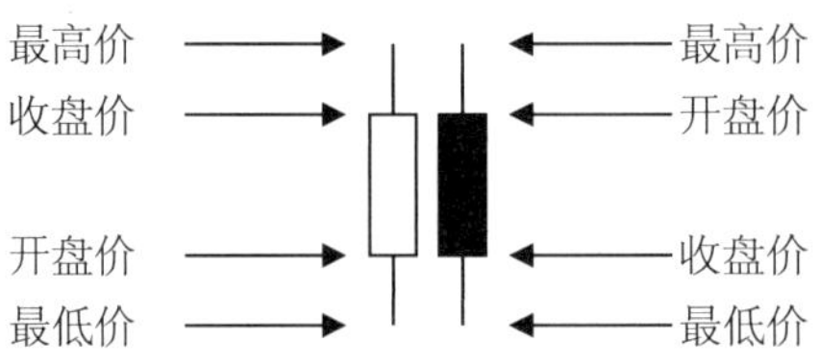

图 46-3　阳线、阴线

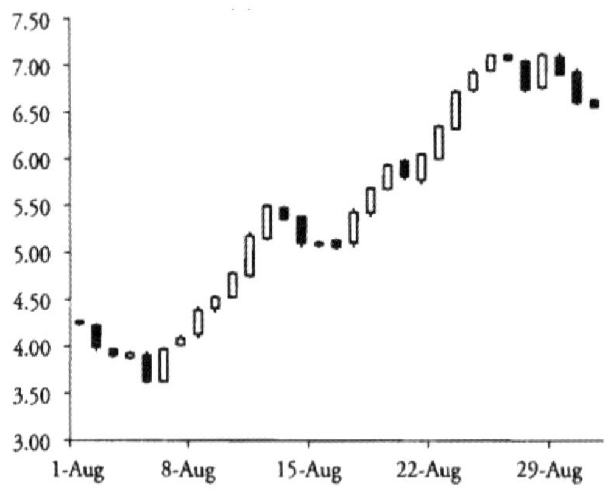

图 46-4　K 线图

3.4 标度（图 46–5）

根据分析者的需求，查看数据的方式可以将纵轴分为线性标度（Linear scale），又称算术标度（Arithmetic scale）和对数标度（Logarithmic scale）。

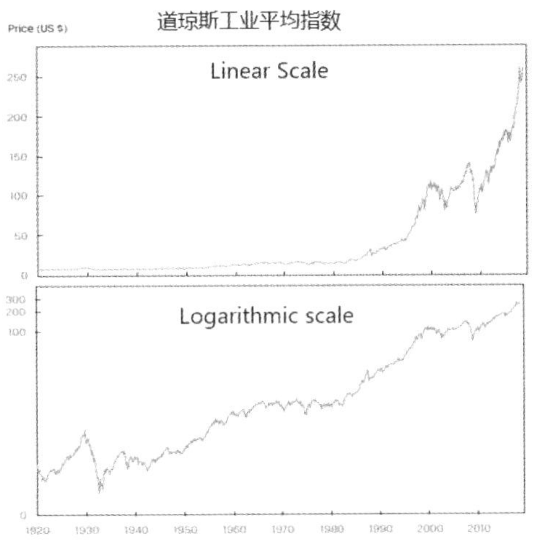

图 46-5

3.4.1 线性标度

线性标度又称算术标度，指的是纵轴上相等的距离表示相等的单位变化。线性标度更适合短期价格图表展示，而不是长期价格图表展示。例如，短期内价格从 35 美元到 50 美元较窄范围波动的趋势展示。

简单举例，股价今天是 100 元，第二天涨 1 元，第三天跌 1 元，第三天股价还是 100 元，变动幅度等金额（1 元）。

3.4.2 对数标度

对数标度指的是纵轴上相等的距离表示相等的百分比变化。对数标度适用长期价格图片展示，而不是短期间隔图表走势。例如，长期时间段价格较宽范围（从 0 美元到 250 美元）内呈现趋势变化。

简单举例，股价今天是 100 元，第二天涨了 10%，第三天跌了 10%，第三天股价不是 100 元，而是 99 元（100×1.1×0.9=99），变动百分比等数值（10%）。

在数据相同的情况下，对比线性标度中“变动幅度等金额”的例子，对数标度对应的结果 99 元小于线性标度对应的结果 100 元，所以对数标度会较早形成突破（波动更大）。

对比线性标度和对数标度，线性标度在纵轴上表示每一单位价格，对应的距离是相同的，例如从 100 元到 110 元（10 厘米），从 100 元到 121 元（21 厘米），价格差和距离差成比例，此时为 1：1 关系（10：10 和 21：21）。而对数标度不同，在纵轴上表示每一单位价格，对应的距离不相同，例如，100 元到 110 元（10 厘米），从 100 元到 121 元（20 厘米），价格差和距离差不成比例。但是对数标度，在纵轴上表示每一单位价格变化率，对应的距离相同，例如，100 元到 110 元（10 厘米，110/100=1.1，增长了 1.1 倍 =10 厘米），从 100 元到 121 元（20 厘米，121/110=1.1，110/10=1.1，增长了 2 个 1.1 倍 =20 厘米），价格变化率和距离差成比例。

4. 股价趋势分析

4.1 趋势的含义

备考指南

解释（explain）趋势的含义，压力位、支撑位等概念。

趋势是指股票价格的波动方向。若确定了一段上升或下降的趋势，则股价的波动必然朝着这个方向运动。上升的行情中，虽然也时有下降，但不影响上升的大方向；同样，下降行情中也可能上升，但不断出现的新低使下降趋势不变。

一般说来，市场变动不是朝着一个方向直来直去，中间肯定要有曲折，从图形上看就是一条曲折蜿蜒的折线，每个折点处就形成一个峰或谷。由这些峰和谷的相对高度，可以看出趋势的方向。

4.2 趋势线的画法

趋势线主要分为两类：上涨趋势线与下跌趋势线。上涨趋势线（uptrend line）是连接最低点的斜向上的一条线，即每一次最低点都比上一次高，说明每一次价格的上涨都比上一次更剧烈，此时，股价进入上涨趋势。下跌趋势线（downtrend line）是连接最高点的斜向下的一条线，即每一次最高点都比上一次低，说明每一次价格的反弹都比上一次更弱，此时，股价进入下跌趋势。

名师解惑

尽早及尽可能准确地画出趋势线对判断未来股价走势有很重要的意义，问题的关键在于选择两个具有决定意义的点。决定上升趋势时需要两个反转低点，即当股价下跌到某一低价，旋即回升，随后再下跌，没有跌破前一个低点，再度迅速上升，将这两个低点连接成直线就是上升趋势线。

同样，决定下跌趋势时则需要两个反转高点，即股价上升到某一价位开始下跌，随后回升却未能突破前一高点，再度迅速下跌，将这两个高点连成直线就是下降趋势线。总之，找出最先出现或最有意义的两点是画好趋势线的关键。

最早的趋势线画出以后，有时不能得到股价的确认，还需做出修正。如果股票价格在画出趋势线后的短短几天内跌破上升趋势线或涨过下降趋势线，说明股价仍在盘整，尚未真正形成趋势。真正趋势的形成是股价变动在一定时期内始终在上升趋势线的上方，甚至始终与趋势线保持一段距离，或是在下降趋势线下方或保持一段距离。通常，过于陡峭的趋势线需要修正的机会较多。

4.3　支撑位与阻力位（图 46-6）

在一段时间内，股票价格会多次出现上升到某一价位就不再继续上升，或下跌到某一价位就不再下跌的情况，这就表明股价运动遇到了阻力和支撑。所谓支撑位（support level），是指股价下跌到某一价位附近，会出现买方增加、卖方减少的情况，从而使股价暂停下跌甚至反弹上升。所谓阻力位（resistance level）是指股价上升到某一价位附近会出现卖方增加、买方减少的情况，从而使股价上涨受阻甚至反转下跌。在股价得到支撑和受阻的价位附近画出趋势线称为支撑线（support line）或阻力线（resistance line）。

有的时候阻力位和支撑位两者之间也会发生转换。当股价跌破支撑位时，原有的支撑位就变成了新的阻力位，股票未来上涨后重新突破阻力位的压力变大。同时，如果股价突破阻力位，原有阻力位变成新的支撑位。金融中把这种情况称之为支撑位阻力位的互相转换（change in polarity）。

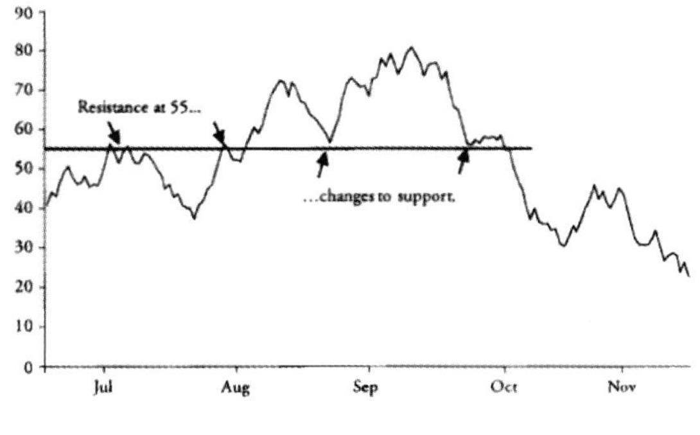

图 46-6　支撑与阻力

5. 股价形态分析

— 备考指南 —
描 述（describe）常见的图表形式。

股价形态是记录股票价格的图形表现的某种形状，这种形状的出现和突破对未来股价移动的方向和变动幅度有技术上的分析意义。

5.1 反转形态

反转形态（reversal patterns）的出现表示股价运动将出现方向性转折，即由原来的上升行情转变为下跌行情，或由原来的下跌行情转变为上升行情。反转形态出现的前提条件是原来确实存在着股价上升或下降的趋势，而当股价运动打破了一条重要趋势线时，可认为大势将发生翻转。通常反转形态的规模越大，即形态中股价波动幅度大，形态跨越区域大，形成时间长，则形态潜在的能量也越大，一旦反转后价格变动也越剧烈；反之，则股价变动幅度也越小。反转形态主要有头肩顶、头肩底、双重顶、双重底、三重顶、三重底等。

（1）头肩顶和头肩底

头肩顶（head and shoulders pattern）形态的前提条件是，股价在长期上升后堆积了大成交量，获利回吐压力增强，上升趋势慢慢失去能量，升幅趋缓。

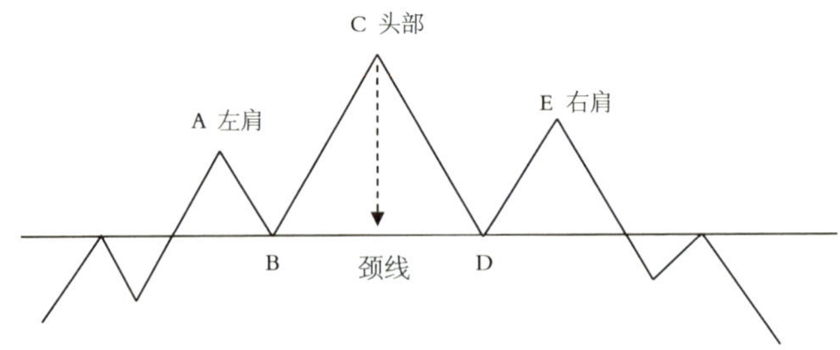

图 46-7 头肩顶

如图 46-7 所示，头肩顶的形成是左肩成交量大，随后出现股价回落至 B 点。股价回升创新高（C 点），价位超过左肩但成交量却有所减少，头部形成。股价第三次上升，价位达到与左肩相似的高度即回落，成交量显著下降。在两肩的颈部 B 点和 D 点之间画一条趋势线，即颈线（neckline）。当股价第三次下跌急速穿过颈线时，头肩顶完成。在头肩顶图形中，技术分析师都会设定一个价格来作为结束投资的目标价格（price target）。目标价格的计算公式为：**目标价格 = 经线价格 –（头部价格 – 经线价格）**。而一个头肩顶图形的大小是头部价格和颈线价格之间的差额。

头肩底（Inverse head and shoulders pattern）是头肩顶的相反形态，是股价从长期下跌状态中反转上升的主要形态。头肩底与头肩顶的显著区别在于成交量的变化，股价在形成左肩、头部与第一次反弹时，成交量没有明显增加，甚至有所减少，形成头部后反弹，形成右肩，成交量萎缩，突破颈线上升时必须有大成交量配合（如图 46–8 所示）。头肩底图形的目标价格的计算公式是：**目标价格 = 经线价格 +（经线价格 – 头部价格）**。

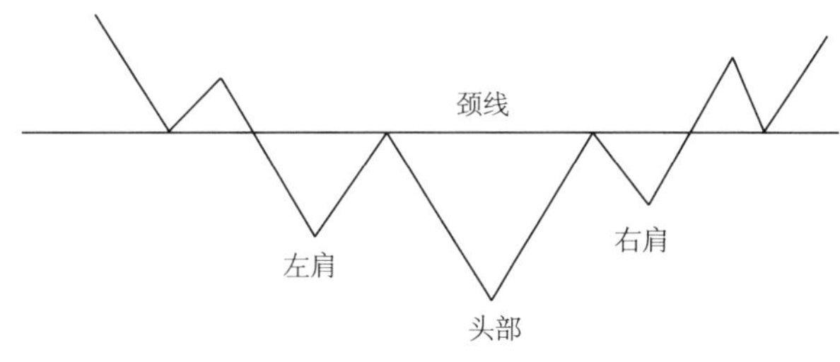

图 46-8 头肩底

（2）双重顶和双重底

双重顶和双重底（double tops and bottoms）都是基本的反转形态。双重顶又称为 M 头，在它形成前已有一段上升趋势。当股价上升至第一个峰顶，在此价位附近堆积了大量的筹码，股价必然回跌，成交量随之下降，股价再度上升至第一峰顶附近，不能创新高，成交量虽有放大却不及第一峰顶，随后是第二次下跌，双重顶基本形成。

双重底又称 W 底，是双重顶的相反形态。它与双重顶的最大区别在于股价从下向上突破颈线时必须有成交量放大配合，否则它的有效性降低。

（3）三重顶和三重底

三重顶和三重底（triple tops and bottoms）比双重顶和双重底多一个顶部和底部，完成形态所需时间较长，常出现在长期或中期趋势的反转过程中。

三重顶的三个顶峰之间时间跨度不一定要相等，三个顶点的股价水平也不一定要完全相等，只要相近即可，但三个顶峰的成交量有逐渐减少的趋势，当第三个顶峰成交量非常小的时候，就出现了下跌的征兆。重要的是当股价跌破颈线，即跌破两个谷底的支撑价位时，三重顶形态才算完成。预计股价跌破颈线后的最小跌幅为从顶部最高价至颈线的距离。

三重底是三重顶的相反形态，当他的第三个底部完成，股价向上突破颈线，并有成交量增加相配合，突破的有效性才能被确认。

5.2 盘整形态

在市场的波动中，不一定会如上部分所述的那样发生价格的反方向运动。可能由于多空双方的力量相差不大，当市场的波动幅度过大时，将其拉回保持原来的走势。这种情况，称为盘整形态（continuation patterns），主要的盘整形态包括楔形盘整、旗形盘整和矩形盘整。

（1）旗形盘整。它是盘整形态中比较常见的一种形态，发生在急速上升或者下降的过程中，形成的类似旗状，如图 46-9 所示。旗形包括上升旗形和下降旗形两种，对于上升旗形，前期的快速增长形成旗杆，经过短期的盘整之后，继续保证增长趋势，是对后市看好的形态。下降旗形则是相反的效果。

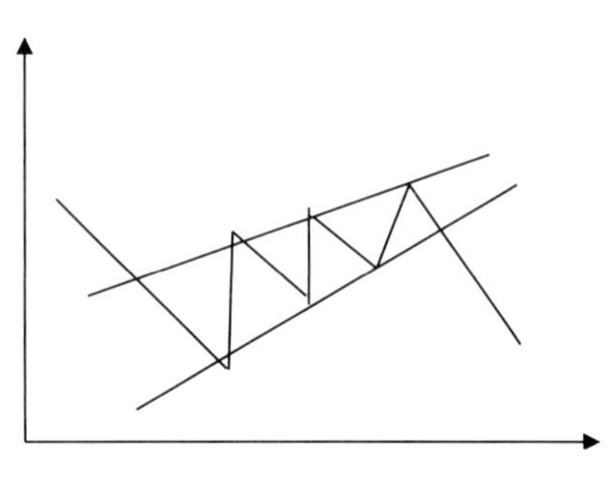

图 46-9　旗形盘整

（2）楔形盘整形态。与旗形相类似，唯一不同点是旗形的上下界线平行向上或向下移动，而楔形上下界线虽然亦往同方向移动，但上界线或下界线倾斜度较大，使两条界线趋于收敛，如图 46-10 所示。

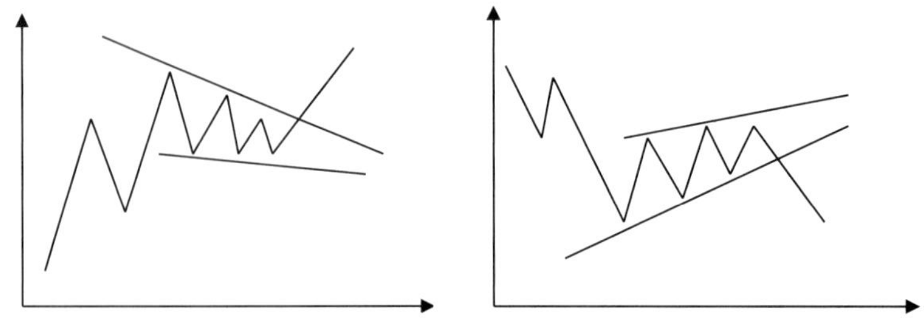

图 46-10　楔形盘整

（3）矩形盘整。股价波动至某价位区，会发生“滞留”现象，在某段期间内，股价上下变动仍具弹性，但局限于高点与低点间，从图形看，可在股价密集区的上端与下端各连成一条直线，相互平行，类似长方形，称之为“矩形盘整形态”，如图 46-11 所示。

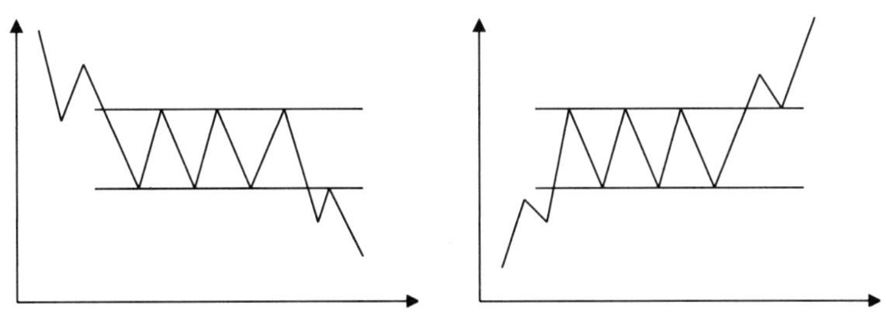

图 46-11　矩形盘整

综上所述，形态理论给投资者提供一种对价格未来走势的判断手段，当投资者对历史和现在的价格形状进行正确的判断，明确当前走势是反转形态还是盘整形态，以及是其中的哪种形态后，按照结论进行投资的正确率一般较高。

6. 市场指标分析

— 备考指南 —

描述（describe）技术分析的市场指标，包含四种类型。

6.1　基于价格的指标

本知识点主要讲解了两种基于价格的指标（Price-based Indicators），分别是移动平均线指标和布林线指标。

6.1.1　移动平均线指标

移动平均线（moving average lines, MA）是以道·琼斯的“平均成本概念”为理论基础，采用统计学中”移动平均”的原理，将一段时期内的股票收盘价格（closing price）平均值连成曲线，用来显示股价的历史波动情况，进而反映股价指数未来发展趋势的技术分析方法。它是道氏理论的形象化表述。

移动平均线分为短期、中期和长期，常见有 5 天、10 天、30 天、60 天、120 天和 240 天的指标。其中，5 天和 10 天均线是短期移动平均线，称为日均线指标；30 天和 60 天均线是中期均线指标，称为季均线指标；120 天、240 天均线是长期均线指标，称为半年 / 年均线指标。

在 CFA 一级中，主要介绍两种移动平均线的交易策略。

第一种交易策略的核心思想是比较当前股票价格与移动平均线的高低位置。具体规则是，如果当前股价处于移动平均线之下，则股价处于下降趋势；如果当前股价处于移动平均线之上，则股价处于上升趋势。

第二种交易策略的核心思想是考虑当前股价与均线的距离。具体规则是，如果当前股价低于移动平均线，但股价慢慢上升接近移动平均线，呈现出当前股价的点位与移动平均线的距离慢慢接近，这时移动平均线将成为股价上涨的阻力位（resistance level）。投资者需要根据两种不同的策略判断股价的趋势，并基于判断调整自己的仓位，如图 46–12。

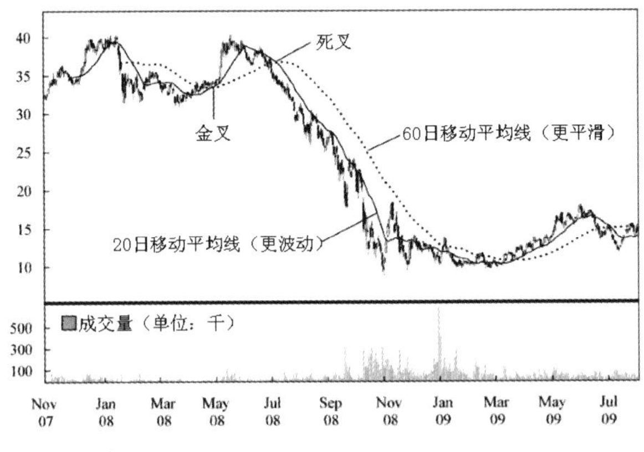

图 46-12　移动平均线

另外，短期移动平均线的波动和变化速度要快于长期移动平均线。基于这种特性，如果当短期移动平均线处于长期移动平均线下方时，且短期移动平均线向上移动，上穿了长期移动平均线，则它们此时的交叉点称为黄金交叉（golden cross），此时表示股价有牛市趋势，股价可能进一步上涨。如果当短期移动平均线处于长期移动平均线上方时，且短期移动平均线向下移动，下穿了长期移动平均线，则它们此时的交叉点称为死亡交叉（dead cross），此时表示股价有熊市趋势，股价可能进一步下跌。

6.1.2　布林线（带）指标

布林线指标（Bollinger Bands），也称为 BOLL 指标。布林线由约翰布林先生创造，其利用统计原理，求出股价的标准差及其置信区间，从而确定股价的波动范围及未来走势。布林线利用波动带显示股价的安全高低价位，因而也被称为布林带。

布林线具体的原理是以移动平均线为基础，构成布林带。以移动平均线加两个标准差构成上轨，以移动平均线减两个标准差构成下轨，而上轨和下轨之间的部分也可视为置信区间。

但其上下轨范围并不固定，随股价的波动而变化。布林线指标也属于路径指标，股价波动通常在上轨和下轨的区间之内，这条带状区的宽窄，随着股价波动幅度的大小而变化，股价波动幅度加大时，带状区变宽，股价波动幅度较小时，带状区则变窄，如图 46-13。

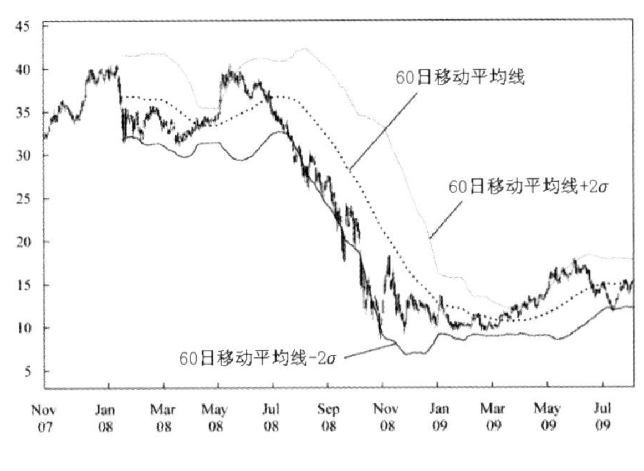

图 46-13　布林线

布林线指标常用的交易策略分为两种。

第一种交易策略假设股价在上轨和下轨之间变动。即股价在布林带的置信区间之内变动，这种情况下，其上轨视为阻力线，下轨视为支撑线。因此当股价上升至上轨时，会受到阻力，可能转而下跌；当股价下降至下轨时，会受到支撑，可能转而上涨。

第二种交易策略，长期看来，当股价显著向上击穿了布林带的上轨时，股价可能有进一步上涨的趋势，因此对投资者是买入信号；另外当股价显著下跌穿击穿了布林带的下轨时，股价可能有进一步下跌的趋势，此时对投资者是卖出信号。

6.2　动量震荡指标

本知识点主要介绍了四种动量震荡指标（momentum oscillators），分别是价格变动率指标、相对强弱指标、随机震荡指标和异同移动平均线。

6.2.1 价格变动率指标

价格变动率指标（rate of change oscillator），简称 ROC。为最近收盘价与几天前收盘价的变动率。价格变动率指标用 M 表示，其公式为：$M=(V-V_X)\times 100$ 或 $M=\frac{V}{V_X}\times 100$，其中 V 代表最近的收盘价，$V_X$ 代表前 X 天的收盘价，通常是 10 天。

ROC 指标的交易策略非常简单，以计算公式 $M=(V-V_X)\times 100$ 为例。当 M 的值由负变正，意味着近期的收盘价高于过去 10 天的收盘价，同时，如果市场中股价是上涨的，对投资者而言是买入信号；当 M 的值由正变负，意味着近期的收盘价低于过去 10 天的收盘价，如果市场中股价是下跌的，此时对投资者而言是卖出信号。

6.2.2 相对强弱指标

相对强弱指标（relative strength index, RSI），以一定时期内股价的变动情况为依据，推测股价未来的变动方向，并根据股价涨跌幅度显示市场的强弱。相对强弱指标是目前最流行、最广泛使用的技术分析工具。RSI 指标基于市场上多空双方博弈的力量对比，当市场上某一证券的多方力量大于空方力量时，股价将上涨，反之股价将下跌。RSI 指标以一段时间内股票收盘价的涨幅之和与股票收盘价的跌幅之和做对比，来确定当前多空双方的力量对比关系。其公式为：$RSI=100-\frac{100}{1+RS}$，其中 RS 代表 N 日内收盘涨幅之和与 N 日内收盘跌幅之和的比值，可表示为$\frac{\sum P_{UP}}{\sum P_{DOWN}}$。将其公式进行通分，具体过程为：

$$RSI=100-\frac{100}{1+RS}=\frac{100(1+RS)-100}{1+RS}=\frac{100+100RS-100}{1+RS}=\frac{100RS}{1+RS}$$

$$=100\times\frac{\frac{\sum P_{UP}}{\sum P_{DOWN}}}{1+\frac{\sum P_{UP}}{\sum P_{DOWN}}}=100\times\frac{\sum P_{UP}}{\sum P_{UP}+\sum P_{DOWN}}$$

根据通分的结果可得出以下结论。假设极端的情况下，一段时间内的股价全部上涨的情况下，则$\frac{\sum P_{UP}}{\sum P_{UP}+\sum P_{DOWN}}=1$，此时 RSI 的值为 100；一段时间内的股价全部下跌的情况下，则$\frac{\sum P_{UP}}{\sum P_{UP}+\sum P_{DOWN}}=0$，此时 RSI 的值为 0。因此可得出结论，RSI 的取值范围在 0−100 之间。根据经验 RSI 的值正常情况下在 30 至 70 之间波动，当其值大于 50 时，意味着股价上涨的幅度大于下跌的幅度，此时多方力量较强，因此股价可能上涨；当其值小于 50 时，意味着股价下跌的幅度大于上涨的幅度，此时空方力量较强，因此股价可能下跌。另外，当 RSI 的值超过 70 时，说明此时多方力量过强，存在超买（overbought）的情况，因此股价可能高估，进而股价有可能转为有下跌；另外当 RSI 的值低于 30 时，说明此时空方力量过强，存在超卖（oversold）的情况，因此股价可能低估，进而股价有可能转为上涨。

6.2.3 随机震荡指标

随机震荡指标（stochastic oscillator）也称为 KD 指标。采用了% K 和% D 两条线进行表示，适用于中短期股票的技术分析。随机震荡指标的核心思想综合了动量观念、强弱指标与移动平均线的优点，并考虑了一段时间内的价格波动问题。其公式为：

$$\%K = 100\left(\frac{C - L14}{H14 - L14}\right)$$

其中 C 代表最近的收盘价；L14 代表最近 14 天的最低价；H14 代表最近 14 天的最高价。另外使用 %D 代表最近三个 %K 的平均值，因此可以理解为 %D 线是 %K 线的 3 天移动平均线。

当 %K 的值大于 100 时，表明当前的收盘价高于最近 14 天的最高价，因此股价可能进一步上涨；反之，当 %K 的值小于 100 时，表明当前的收盘价低于最近 14 天的最高价，因此股价可能进一步下跌。通常 %K 的取值在 20 至 80 之间波动，因此以 20 为下轨，80 为上轨可形成一个水平的区间，如果当 %K 线超过上轨时，代表当前处于超买的情况，因此股价可能转而下跌，反之，当 %K 线跌破下轨时，代表当前处于超卖的情况，因此股价可能转而上涨。

另外当 %K 线处于 %D 线下方，且 %K 线逐渐上扬，上穿了 %D 线时，意味着短期的买入信号，类似移动平均指标的金叉；反之，当 %K 线处于 %D 线上方，且 %K 线逐渐下跌，下穿了 %D 线时，意味着卖出的信号，类似移动平均指标的死叉。

6.2.4 异同移动平均线

异同移动平均线（moving average convergence and divergence, MACD）也称为 MACD 指标。它是由 MACD 线（MACD line）和一条信号线（signal line）构成。其中 MACD 线是由短期移动平均线（通常为 12 天）与一条长期移动平均线（通常为 26 天）的差值所构成；而信号线是由 MACD 线的移动平均线构成（通常是 9 天）。因此信号线的变动相对较缓慢，而 MACD 线的变动相对较大。当

MACD 线处于信号线下方且 MACD 线逐渐上扬，上穿了信号线，此时为买入信号，类似移动平均指标的金叉；当 MACD 线处于信号线上方且 MACD 线逐渐下跌，下穿了信号线，此时为卖出信号，类似移动平均指标的死叉，如图 46-14 所示。

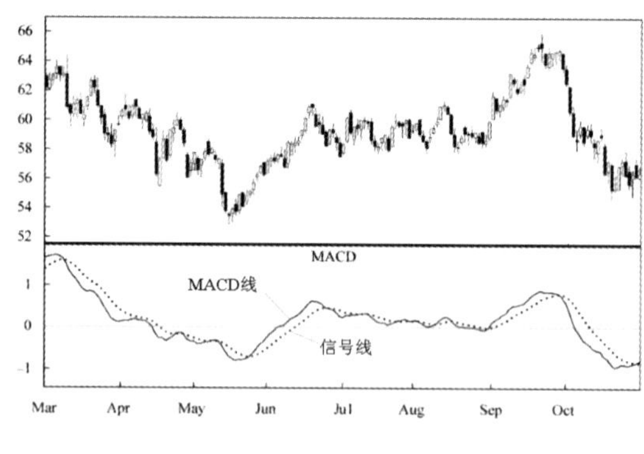

图 46-14 MACD 线

6.3 情绪指标

本知识点主要介绍四类情绪指标（sentiment indicators），分别是卖权 - 买权比率、波动率指标、保证金负债量和卖空比率。

6.3.1 卖权 - 买权比率

卖权买权比率（put-call ratio），也称为看跌看涨期权比。其值为看跌期权成交量与看涨期权成交量的比值。如果其比值较高，则说明市场上看空的情绪高于看涨的情绪，因此市场行情可能进一步走弱。

但当其值出现极大值时，可能说明市场出现超卖的情况，因此行情可能反转上涨；而当其值出现极小值时，可能市场出现超买的情况，因此行情可能反转下跌。

6.3.2 波动率指数

波动率指标（volatility index, VIX）也称为恐慌性指数，用于衡量 S&P 500 指数未来 30 日的预期年化波动率。VIX 指标反应了市场参与者对后市行情的恐慌情绪。其值越高，恐慌情绪越高，反之，其值越低，则反应市场参与者对后市行情的波动程度预期趋于缓和。在大盘指数下跌时，通常 VIX 指标会不断升高，而在大盘指数上升时，VIX 指标会下跌。

另外，当 VIX 指标出现极大值时，表示市场参与者陷入极度的恐慌而不计代价的买进看跌期权；而当 VIX 指标出现极小值时，表示市场参与者过度乐观而几乎不作任何避险动作，而这两种情况往往是行情即将反转的信号。

6.3.3　保证金负债量

保证金负债量（margin debt）指标反应了当前市场参与者积极通过借债投资股票，因此保证金负债量会增加。当指标上涨时，意味着市场上更多的参与者通过借债的方式，加杠杆进行投资，因此反应市场参与者对市场趋势的预期比较乐观，可能导致股价进一步上涨。

另外要注意，当行情反转下跌时，由于需要追加保证金或强行平仓的原因，股价下跌的幅度可能超过预期。

7. 投资组合的应用

7.1　市场间分析

市场间分析（intermarket analysis）可用于分析各大类资产市场之间的相互影响，用于确定市场趋势以及可能对趋势产生影响的因素。市场间分析是对主要证券类别（即股票、债券、货币和商品）的分析，帮助投资者比较不同行业或国家间市场的相对表现，以及分析市场的轮动情况，或者确定要投资的股票市场，并结合商业周期状况进行分析，以便为投资者提供更好的获利机会。

市场间分析为了识别市场间的关系，一个常用的工具是相对强度分析（relative strength analysis），这种工具将目标资产的表现与基准（如普通股、富时 100 指数）的表现进行比较，通常情况下，分析员会使用两种资产价格（目标资产的表现与基准）比率的折线图，上升折线形式表明资产表现优于基准；下降折线显示了相反的情况。平缓的折现线显示目标资产的表现与基准大致相同（图 46-15）。

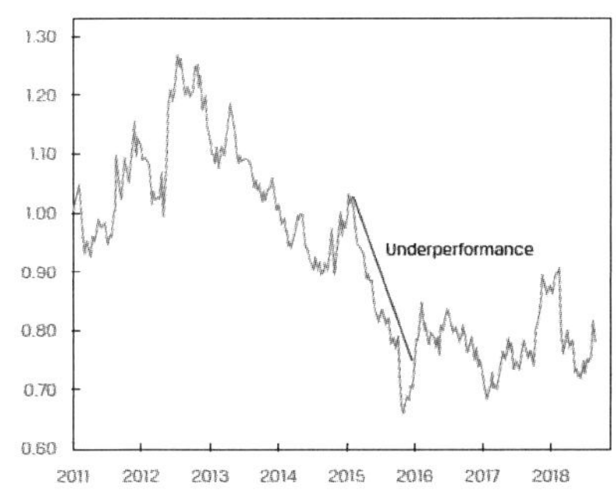

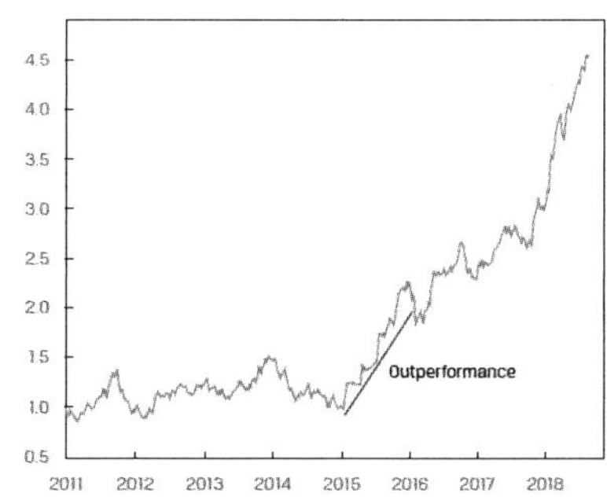

图 46-15　两大零售巨头的相对实力分析

7.2 投资组合应用方式

7.2.1 自上而下

在做投资决策时，无论投资者选择的基本面分析方法是自上而下（top-down approach）还是自下而上（bottom-up approach），技术分析都可以为基本面分析提供补充。

在基本面分析方法中，自上而下方法具体是指关注整体经济如何影响不同部门或行业。例如，采用自上而下方法的分析师认为，如果一个行业表现良好，该行业的股票也应该表现良好。在这个过程中，采用市场间分析和相对优势分析有助于分析者识别国家、板块和行业的趋势，甚至同行业内的股票价格趋势。

7.2.2 自下而上

在基本面分析方法中，自下而上方法具体是指基于特定的投资规则和条件，从一个投资产品集合中挑选出符合规则和条件的股票，这种规则和条件和宏观因素无关（国家、板块或行业趋势）。例如，在矿业股中寻找到了多个投资机会，这个信息提醒分析者贵金属可能在未来表现强劲。具体的投资规则和条件我们通常使用动量和突破策略（momentum and breakout strategies），这个策略具体是指交易者在股价突破阻力位后进入多头头寸，或在股价突破支撑位后进入空头头寸。具体的选股标准或交易规则是：

- 价格突破点应该超过200天指数移动平均线（代表过去200天平均价格）；
- 在突破前，价格走势应处于低波动状态；
- 价格突破点应该基于以周围单位的收盘价。

第 47 章 投资管理中的金融科技

<table>
<tr><th colspan="2">本章知识点</th><th>讲义知识点</th></tr>
<tr><td>一、金融科技</td><td>金融科技</td><td>什么是 Fintech</td></tr>
<tr><td>二、大数据</td><td>大数据源</td><td>大数据</td></tr>
<tr><td>三、先进的技术分析工具</td><td>机器学习</td><td rowspan="3">人工智能与机器学习</td></tr>
<tr><td rowspan="2">四、数据科学</td><td>1. 数据处理步骤</td></tr>
<tr><td>2. 数据可视化</td></tr>
<tr><td rowspan="4">五、金融科技在投资管理中的应用</td><td>1. 文本分析和自然语言处理</td><td rowspan="4">金融科技投资管理</td></tr>
<tr><td>2. 智能投顾服务</td></tr>
<tr><td>3. 风险分析</td></tr>
<tr><td>4. 算法交易</td></tr>
<tr><td rowspan="2">六、分布式账本技术</td><td>1. 需许可和无需许可网络</td><td rowspan="2">分布式账本技术</td></tr>
<tr><td>2. 分布式记账技术</td></tr>
</table>

◢ 知识导引

金融和科技的融合产生了一个当代热搜的新名词“金融科技（Fintech）”，正在改变并丰富投资管理的维度，这些改进包含有大数据、人工智能和机器学习的使用，包括评估投资机会、优化投资组合和缓释风险。

在投资领域，基金经理们会使用量化和基本面这些工具和技术作为多元化投资决策的参考依据；在投资咨询服务领域，智能投顾（robo-advisers）正以更低的成本、更高的可获得性提供定制化的投资建议；在金融记账保管领域，区块链（blockchain）和分布式记账技术正在创造一种新的记录、追溯和储存金融资产交易的新方式。

本章思维导图

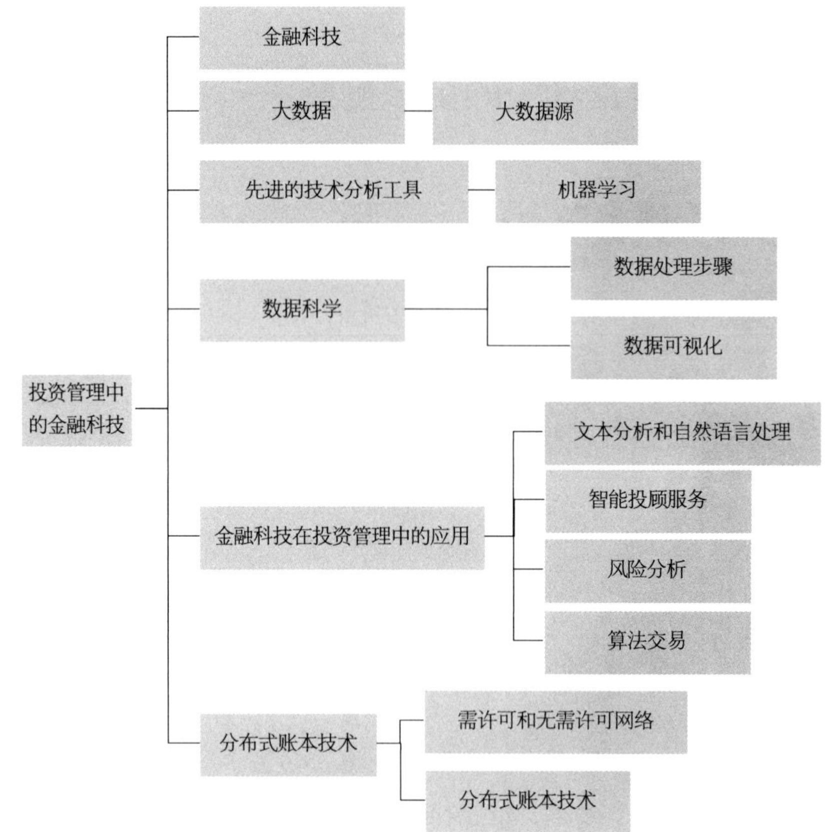
投资管理中的金融科技
金融科技
大数据
大数据源
先进的技术分析工具
机器学习
数据科学
数据处理步骤
数据可视化
金融科技在投资管理中的应用
文本分析和自然语言处理
智能投顾服务
风险分析
算法交易
分布式账本技术
需许可和无需许可网络
分布式账本技术

1. 金融科技

随着科技的进步、时代的发展，金融科技已经不仅仅停留在数据的处理和常规任务的自动化上，现在的计算机能够自己“学会”如何完成任务，执行任务的能力有时都超过了人类。金融科技的定义分为广义和狭义两类。

— 备考指南 —
描述（descirbe）金融科技。

广义的定义为：在金融服务行业，任何以科技为驱动的创新事件；

狭义的定义为：设计与交付金融服务和产品时的科技创新。目前接触到的更多的是狭义的定义。

金融科技和投资行业直接相关的领域如下：

- 大数据分析（analysis of large datasets）；
- 智能化的分析工具（analytical tools）；
- 自动交易（automated trading）；
- 自动化的投资咨询（automated advice）；
- 金融记账保管（financial record keeping）。

2. 大数据

可用来分析的数据量和多样性正在呈指数级的方式增加，大数据（Big Data）的概念就是在这样的背景下自20世纪90年代被提出来的。大数据具有如下3大特征：

- 存储容量（volume）：超大，甚至可以达到十亿级；
- 产生速度（velocity）：实时或接近实时；
- 多样性（variety）：包含了结构化（structured data）、半结构化（semi-structured data）和非结构化的数据（unstructured data）。

2.1 大数据源

大数据的数据来源有金融市场、商业、政府部门、个人、感应器和物联网（Internet of things）。其中，个人数据的非结构化程度最高，数据的量级大致可以从低到高排列（表 47-1）。

表 47-1　另类数据源的分类

个人	商业	感应器
社交媒体	交易数据	卫星
新闻、评论	企业数据	地理信息
网页搜索、个人数据		物联网（IOT）
		其他感应器

个人（individuals）、商业（business processes）和感应器（sensor data）是非机构化数据产生的三大主要来源。由于非机构化数据的容量大，产生速度快和多样性广等特点，给了人工智能和机器学习的技术发挥的空间。

3. 先进的技术分析工具

— 备考指南 —
描述（descirbe）人工智能和机器学习。

人工智能计算机系统（artificial intelligence computer systems）是指能够类似人类智能（artificial intelligence, AI）那样执行任务的科学技术，这项技术使得计算机能够展现出可以与人类相媲美甚至超过人类的认知和决策能力。其实自 20 世纪 80 年代起，就有金融机构将人工智能中的神经网络技术应用到信用卡欺诈的侦查系统中。

机器学习（machine learning, ML）是人工智能领域中的一个分支，机器学习算法是指计算机程序通过不断的经验累积去自我学习并完成特定的任务。当然，在理解数据和选择正确的分析方法上，机器学习仍然需要人类来判断。

3.1　机器学习

机器学习能够帮助确认变量之间的关系、侦测模式或趋势，组织或整理数据间的结构，以及进行数据分类。主要的机器学习类型分为有监督学习（supervised learning）和无监督学习（unsupervised learning）。

在有监督学习中，输入和输出数据都被插入标签或辨识，计算机对基于标签的训练数据进行学习，以最好的关系模型为目标来训练出算法，再将训练好的算法对新数据集进行建模或预测。因此使用有监督学习可以用来做预测。在无监督学习中，数据没有被插入标签，计算机直接学习描述数据及其结构的算法。因此使用无监督学习可以根据数据集自身的特点来对数据进行分类。

源于神经网络、包含多个隐含层的深度学习可以处理多阶段、非线性的数据。深度学习会采用有监督学习和非监督学习的机器学习方法，因此其结合了两者的特点，即深度学习可以用来做预测和数据分类。

另外需要注意，当机器学习过度地学习训练数据中的细节和噪音时，就会出现在新数据集上表现很差的现象，导致泛化性能变差，这种现象称为过拟合（overfitting）。同样的，当机器学习没有很好地学习训练数据集中的细节和噪音时，也会出现在新数据集上预测表现很差的现象，这种现象称为欠拟合（underfitted）。

4. 数据科学

数据科学是一项跨学科的领域，为了从海量的数据提取信息，并利用到计算机科学、统计学和其他领域的相关知识。

4.1 数据处理步骤

- 抓取（capture）；
- 处理（curation）；
- 储存（storage）；
- 搜索（search）；
- 转移（transfer）。

4.2 数据可视化

数据可视化是理解大数据的一项重要工具，这里的可视化指的是数据如何以图形化的形式呈现或总结。除了表格、图表和趋势图，还有新的可视化技术：例如热力图、树形图、网络图、云图和思维导图等。

5. 金融科技在投资管理中的应用

— 备考指南 —
描述（descirbe）金融科技在投资管理中的应用。

总体而言，金融科技在投资管理领域的主要应用有：文本分析和自然语言处理、智能投顾服务、风险分析和算法交易。

5.1 文本分析和自然语言处理

文本分析（text analytics）主要利用计算机程序对大量的非结构化数据文本或语音数据信息进行分析并获知其意味着什么，即通过词义分析、词频分析、关键词和关键短语的模式确认，来探测未来市场表现的信号，其目的是辅助决策的制定。

自然语言处理属于文本分析领域，是计算机科学、人工智能和语言学相互交叉的领域，其力求通过开发计算机程序来分析和解释人类语言。采用自然语言处理的自动化任务包括：翻译、语音识别、文本挖掘、情感分析和热点透析。在合规方面，自然语言处理可以审核员工的语音和电子通信记录，以发现是否遵守公司和监管的政策、是否存在不正当行为和欺诈，或用于确保内部和客户信息是否保密。

5.2 智能投顾服务

智能投顾（robo-advisers services）通过在线的平台提供了投资解决方案，缓解了线下与财务顾问直接互动的需求。随着智能投顾在全球的发展，其受到当地监管当局的高度关注（比如：美国的 SEC、英国的 FCA 等），智能投顾需要同其他投资专业人员一样遵守类似的监督标准和行为准则。

尽管智能投顾的分析和建议能够涵盖主动的和被动的管理方式，但是大多数的智能投顾主要使用被动的投资方法。这些智能投顾一般收费和投资门槛都比较低，并以低成本、多元化的指数共同基金或交易所交易基金作为主要的投资推荐对象。由于其成本较低，智能投顾可以为那些没有能力负担传统财务顾问高额咨询费的人群提供理财咨询服务。

在智能投顾涉及的投资咨询行业，主要有如下 2 种类型的财富管理服务：

- 完全自动化的数字化财富经理人服务；

- 人工辅助的数字化财富经理人服务。

由于智能投顾的投资逻辑和原理并不那么透明，因此经常遭到批评。另外，投资者的投资组合规模和复杂度正在不断提升，智能投顾并不能有效满足投资者的特定偏好和需求。

5.3 风险分析

在全球投资领域，分析风险（risk analysis）会采用的压力测试、场景分析和风险评估，这些都需要对大量的定性和定量的风险数据进行分析，同时还要兼顾监测的实时性。计算密集度较高的回测模拟还可能用到更为高级的人工智能技术。另外，机器学习技术可以帮助验证另类数据的质量，便于与传统数据更好地整合，并应用于风险模型和风险管理。

5.4 算法交易

算法交易（algorithmic trading）是基于事先定义的原则和方针对金融投资工具的计算机化买卖。算法交易经常被用来执行大额的机构委托单，切割大额委托单到更小的份额，以及跨市场交易。根据日间连续变化的市场环境，交易算法能够测算一个或多个电子交易市场中最具竞争力的委托单、并决定执行委托单以获得最大利益。

高频交易（high-frequency trading, HFT）是指，利用颗粒度更精细的金融数据（tick data），当某些条件满足时自动下单，该交易发生在超高速、低延迟的网络中。

6. 分布式账本技术

基于分布式账本的分布式记账技术（distributed ledger technology, DLT）代表了金融科技在财务记录保存方面的潜在发展。分布式记账技术网络是基于点对点的方式创建、交换和跟踪金融资产所有者。潜在的优势是：在上述记录的保存中，更精确、透明和安全；所有权的转移更迅速；点对点的互动交流更便捷。

分布式账本是一种可以在网络的实体间共享的数据库。在分布式账本中，账目在网络的参与主体间被记录、存储和分发，以实现数据库的内容一致。分布式账本技术由数字账本、共识机制和参与实体的网络这几个基本元素组成。

共识机制（consensus mechanism）是网络中的节点对账本的一致性达到统一的保障。共识通常包含两个步骤：交易的验证和账本更新的一致认可。

分布式账本技术的特点包括使用了加密技术（cryptography），通过加密数据而使得未授权方不可见的算法，以实现高标准的网络安全和数据库整合。

智能合约（smart contracts）是根据合约双方事先一致同意的条款而自动执行的计算机代码。分布式账本技术对智能合约有潜在的适应性，如图 47-1。

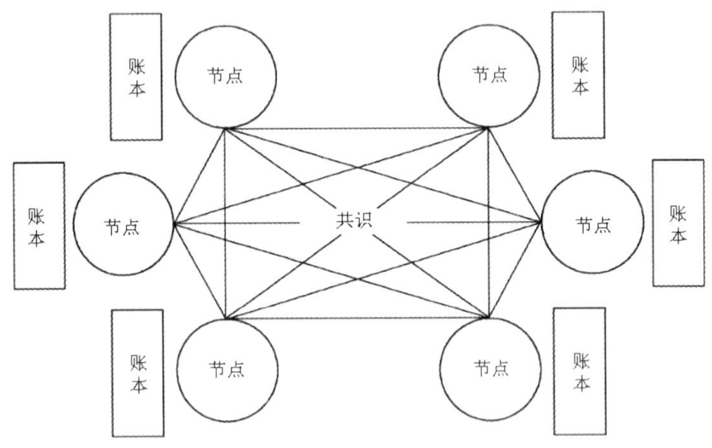

图 47-1 分布式账本网络

区块链（blockchain）就是一种数字化的账本。

6.1 需许可和无需许可网络

分布式账本分为需许可和无需许可的网络形式。

无需许可的网络（permissionless networks）对所有想做交易的用户开放，他们能够看到存在于区块链中的所有交易。在无需许可、开放式的分布式账本技术系统中，网络的参与者能够行使所有的网络权限。无需许可的网络最主要的好处是去中心化（centralized authority）和不可更改。比特币（bitcoin）是最著名的开放式、无需许可网络的例子。

需许可网络（permissioned network）不同程度地限制了网络中节点成员的权限范围，这些限制包括从添加到查看交易信息等。

6.2　分布式账本技术

对于分布式账本技术在投资管理中的潜在应用主要有：加密货币、通证化、交易后的清算和结算以及合规。

— 备考指南 —
描述（descirbe）分布式记账技术在金融科技中的应用。

6.2.1　加密货币

加密货币（cryptocurrency），又称数字货币（digital currency），允许无需像银行这样中介机构的存在来完成近似实时的电子通货的流通。作为交易的电子化媒介，加密货币缺乏实物形式，而且以个人、公司和其他组织的名义内部发行。大多数发行的加密货币用的是开放的分布式账本系统，在这个系统中通过去中心化的分布式账本来记录和验证所有的数字货币交易。加密货币还没有被政府背书或监管，但是全世界的中央银行都在逐渐意识到加密货币的优势并尝试可行的加密货币版本。

6.2.2　通证化

对于诸如房地产、奢侈品和大宗商品的实物资产交易，在每次所有权转移时，经常需要花大量的精力对所有权去验证和考察。通过通证化（tokenization），代表实物资产所有权的记录都写在了区块链或分布式账本上，分布式账本技术简化了整个过程的处理并提高了效率。

6.2.3　交易后的清算和结算

在金融证券市场，交易后的处理包括了确认、清算和结算业务（post-trade clearing and settlement），这些业务即有复杂又有劳动力集中的特点，还需要交易对手和中介机构在内的多方合作。分布式账本有能力提供近乎实时的验证、核账和结算来提升以上业务处理效率，降低之前业务处理的复杂度、时间和成本。此外，自动化合约的采用还能帮助降低对手方信用风险。

6.2.4　合规

分布式账本可以在降低人员投入和提升时效性的基础上为内部（公司管理层）和外部（监管当局）提供符合严格要求、透明化程度高和审核性强的监管报告。在一个封闭式的、需许可的分布式账本网络中，还能够提供安全性和隐私性的优势。

金程
题库
刷题宝典

通关宝®系列

CFA 一级中文精读（下）

金程金融研究院　编著
韩霄　林正　周琪　主编

团结出版社

周　琪

CFA 持证人、FRM 持证人、CFRM 特聘讲师、中央财经大学经济学学士、复旦大学 FMBA 在读。金程教育财经项目部副总监，负责 CFA/FRM 项目资料体系建设和学术研发工作，学术功底深厚。参与编写 CFA/FRM 中文精读系列资料。多年的教学研究，一直秉持“知变则胜，守常必败”的教研态度，不断探索和创新，积累了丰富的经验。

About the Author

作者简介

韩 霄

毕业于南京大学，CFA、CPA、RFP、AQF、CFRM，资深证券分析师、美国注册财务策划师协会特聘资深专家，中国银行、中国建设银行、国家进出口银行等多家大型金融机构特聘培训专家。在财务分析、估值建模、兼并收购、投资理财、税务筹划、资产证券化等方面拥有丰富的管理与实战经验。先后为数十家国内外银行、保险公司、证券公司、世界500强企业进行专业培训并担任多家金融机构的特聘资深专家。

林 正

金程教育CFA资深培训师。英国艾塞克斯大学管理学硕士，CFA持证人、PMP持证人。曾任某外资银行支行行长及总部项目经理，有十二年的外资银行工作资历，积累了丰富的金融实战经验。目前担任CFA二、三级产品研发负责人，参与CFA全级别授课，熟悉CFA考试重点，授课逻辑清晰易懂，结合实际案例深入浅出解释考点，备受学员欢迎。

CFA 一级中文精读　下册

编　　著：金程金融研究院

主　　编：韩　霄　林　正　周　琪

责任主编：

《权益类投资分析》责任主编：韩　霄

《固定收益证券分析》责任主编：林　正

《衍生类证券分析》责任主编：周　琪

《另类投资分析》责任主编：韩　霄

目 录

CONTENTS

第七部分 权益投资

第八部分 固定收益

第九部分　金融衍生产品

第十部分　另类投资

Part 07

第七部分　权益投资

知识导引

权益投资包括了投资公开发行的股票和投资非上市公司股权。前者是投资者在公开市场，购买上市公司发行的股票。后者是投资者以货币资金、无形资产或其他实物资产直接投资于非上市公司。股票市场被称为宏观经济的晴雨表，它反映了投资者对一国经济和市场的信心程度。权益投资最大的特点就是长期受益较高，风险较大。我们这里主要讨论的是上市公司股权的投资。

考点说明

权益投资在 CFA 一级考试中占比 10%-12%，共六个章节。上下午总共 26 题左右。整体难度较低。

通过对本科目的学习，我们要掌握的是金融市场的分类、金融中介的分类、投资产品的分类、证券市场指数、有效市场等概念，了解基本的行业和公司分析，掌握简单的估值模型等。

第 48 章 市场结构

本章知识点		讲义知识点
一、金融市场的功能	熟悉金融市场的三大功能	金融体系的主要功能 & 市场监管
二、运转良好的金融市场	了解良好运作的市场的特征	
三、金融市场监管	了解金融市场监管的目的和缺乏监管的后果	
四、金融市场中介	熟悉各种市场中介	金融中介机构和服务的类型
五、资产的分类	1. 掌握金融资产分类	资产分类
	2. 了解实物资产	
六、市场的分类	掌握市场类型的三个划分维度	市场分类
七、交易的头寸	掌握三类头寸的相关概念	资产中的头寸
八、报价指令	1. 执行指令	执行、有效性和清算指令
	2. 时效性指令	
	3. 清算指令	

知识导引

在学习权益投资前，我们首先要学习的是整个金融市场的概念和特征。了解整个金融市场，才能帮助我们更好的做出和投资相关的决策。本节知识点较为零散，涉及的知识点和概念较多，需要读者多花时间理解和记忆。

本章思维导图

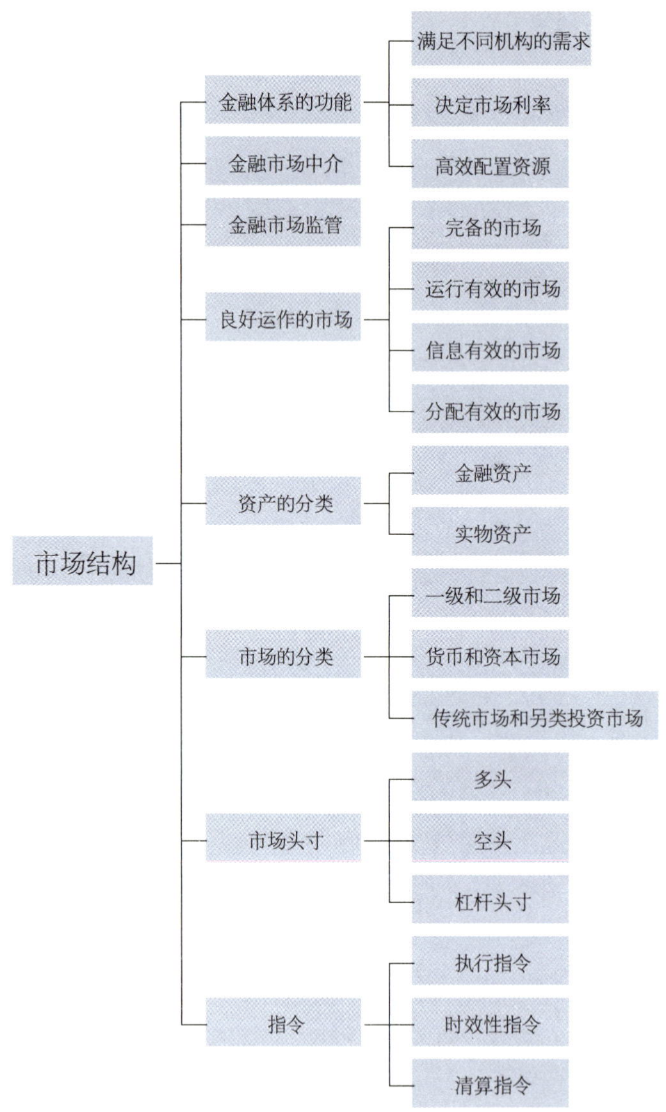

考点说明

本节是对金融市场的概述，文中有大量的名词和定义，其中的部分内容在后续的学习中会进一步详细展开。在阅读本节内容时，希望读者着重理解金融市场的结构与功能、各类金融市场的中介机构、不同市场的分类与区别、各类头寸交易的过程和特点、各类交易指令的概念与区别等知识点。

1. 金融市场的功能

1.1　功能一：满足不同市场参与者的需求

在金融市场中，每一个参与者都有着自己的需求。这些参与者进入金融市场的目的，就是使自己的需求得以满足。这些需求通常包括存款、借款、发行股票、风险管理、资产互换、信息利用等。

- 存款：客户通常为了将来的资金需求来进行存款或投资。金融市场提供了各种资产如股票、债券、定存、房地产等来满足客户的投资需求。
- 借款：政府、公司以及个人都有借入资金的需求，金融市场通过各类债务融资渠道来为这些公司提供资金。
- 发行股票：投资银行通过帮助公司发行和销售股票完成股权融资。而投资者可以通过购买这些公司的股票来分享公司的利润。
- 风险管理：不同的机构在金融市场中都会面对各种风险，如利率风险、汇率风险、价格风险，以及信用风险等。金融市场为这些机构提供了诸如期货和远期等各种衍生工具来帮助这些机构来对冲风险。
- 资产互换：金融市场可以使不同的机构进行资产交换。例如银行可以为不同跨国经营的公司提供货币互换的服务。当中国的外贸公司出口商品收到美元，可以通过金融机构把美元换成人民币。
- 信息利用：金融市场的参与者可以利用自己从金融市场中获得的信息来购买低估的证券，卖出高估的证券，实现超额收益。

1.2　功能二：决定市场利率

如果我们把货币也看作一种商品，那么市场利率实际上是货币的价格。就像任何其他类型的商品一样，市场利率由市场上货币的供需关系来决定。当市场利率升高时，货币就会变得“昂贵”，那么市场上的货币供应量就会增加，而需求量就会减少，进行自动调节。当需求正好等于供给时，此时的利率被称为“平衡利率”（equilibrium interest rate）。由于不同金融市场的风险、流动性、资金量等要素不同，它们都有各自的平衡利率。

1.3 功能三：高效配置资源

金融市场最重要的作用之一就是有效配置有限的资源。投资者根据不同投资的风险和回报来选择投资方式。在一个高效透明的市场之中，投资者可以充分了解到各个投资产品的风险和收益，这样资源就会向能够使其价值最大化的方向流动。

2. 运转良好的金融市场

纵观全球金融市场，并不是每个国家的金融市场都是发展良好的，或多或少都存在着一些问题。运转良好的金融市场应该具备以下功能：

- 完备的市场（complete market）：各个市场参与者都能在市场中满足自己的交易需求：投资者可以以合理的利率存款；信用良好的借款者可以借到资金；避险者可以有效管理自己的风险；交易者可以获得想交易的资产。
- 运行有效的市场（operational efficiency）：运行有效的市场主要指的是市场交易的成本低。
- 信息有效高（informational efficiency）：股票价格能够充分快速地反映市场上新发布的信息。
- 资本配置有效高（allocational efficiency）：资金会自动向能够使其最快增值的方向流动。

3. 金融市场监管

金融市场监管指国家或政府为了保障金融系统的良好运转，对金融市场上各类参与机构和交易活动所进行的监管，也包括金融市场上各类机构及行业组织（如证券交易所、证券业协会等）进行的自律性管理。前者为外部管理，后者则为内部自律性管理。市场监管的目的及缺乏市场监管的后果如表 48-1 所示。

表 48-1 市场监管

缺乏市场监管的后果	市场监管的目的
欺诈行为：在复杂的金融市场中，投资经理和机构相对于普通投资者有信息优势，可能利用信息优势欺骗普通投资者。	保护没有经验的投资者。 建立业绩评估的标准来帮助投资者准确评估各个机构的投资能力。
内幕交易：内部交易会使市场上的其他投资者失去信心，进而退出市场。	阻止内幕交易，防止内幕交易者伤害其他投资者利益。
信息昂贵：如果投资者在市场上获取信息的成本十分昂贵，市场的信息有效性会降低。	要求公司定期提供标准格式的财务报告，降低投资者的信息获取成本。
违约：对手方违约导致损失。	要求参与者支付保证金，降低违约风险。

4. 金融市场中介

金融市场中介机构（financial intermediaries）是在买方和卖方之间起到桥梁作用的机构。金融市场中介的存在大大提高了金融市场的运作效率。金融市场中介包括了以下机构：

4.1 证券经纪商

证券经纪商（Brokers）指在证券交易所中接受并执行客户指令买卖证券，充当交易双方中介并收取佣金的机构。大宗交易经纪商（block brokers）指那些帮助客户进行大宗交易的经纪商。

4.2 投资银行

公司在上市过程中，需要投资银行（investment bank）帮助其发行、销售股票，投资银行通过为公司提供上市服务收取一定佣金。

4.3 交易所

证券交易所（exchange）是投资者进行证券交易的场所，为证券交易提供了场所。此外，证券交易所也要承担一部分监管的责任。

4.4 另类交易系统

另类交易系统（alternative trading systems）又被称为电子通讯网络或电子化交易平台，是证券交易电子化、网络化的产物。由于完全通过线上的电子化交易平台进行交易，其交易内容更加广泛，交易速度更加快捷，但没有传统交易所的监管功能。

4.5 做市商

做市商（dealer）是在股票交易中自己实际参与买卖股票而不是代理他人买卖的公司或个人，做市商的利润来自于同一证券的买卖价差。与央行进行债券或票据交易，并因此承担调控市场流动性职责的做市商叫作“一级做市商”。

4.6 做市商－经纪商

做市商－经纪商（dealer-broker）是指一些做市商也做证券经纪商的业务，但是我们需要知道的是做市商和经纪商的利益往往相互对立，有可能产生利益冲突，因为经纪商的职责是为客户寻求最优交易价格，而做市商的主要目的是向客户赚取差价。

4.7 资产证券化机构

— 备考指南 —
资产证券化的概念同学们只需简单了解，主要会在固定收益这一章中进行考察。

资产证券化（securitizers）是以特定资产池或特定现金流为支持，发行可交易证券的融资形式。具体来讲就是资产持有机构把能够产生稳定现金流的资产出售给一个独立的专门从事资产证券化业务的特殊目的公司（special purpose vehicle，SPV），SPV以资产为支撑发行证券，并用发行证券所募集的资金来支付购买资产的价格。资产持有者将资产注入SPV之后，该项资产可以从资产负债表中剔除，实现资产出表。

名师解惑

举个例子来说明资产证券化，A 银行有 100 万元的贷款，贷款属于银行的资产，A 银行就可以以这 100 万为抵押发行证券，投资者购买了这种证券后，就可以得到这 100 万元的利息和本金。A 银行的 100 万贷款，就被证券化了。可见，资产证券化是以特定的资产池为基础发行证券。通过资产证券化，资产持有者可以实现低成本融资；投资人在购买之后可能会获得投资回报。常用于资产证券化的资产包括房贷，车贷，信用卡应收款，银行贷款以及设备租赁款等。

4.8 储蓄机构

储蓄性金融机构（depository institutions）有许多类型，但就其共同特点来讲，是指其资金来源主要通过吸收各类存款而获得资金并对外放贷以赚取利息差的机构，如传统的商业银行和其他类型的储蓄机构等。

4.9 保险公司

保险公司（insurance companies）收取保费并为被保险人提供理赔。保险公司通过向风险相关性很低的多位投保人出售保险来实现分散风险的目的。保险公司承担的主要风险有：

- 道德风险（moral hazard）：被保险人自身不注意或不爱惜资产导致其损坏，进而让保险公司理赔。
- 逆向选择（adverse selection）：保险的主要购买者都是很有可能发生大额理赔的机构或个人。
- 欺诈（fraud）：保险人通过保险欺诈骗保。

4.10 套利者

套利者（arbitrageur）指在同一资产拥有两个不同价格的情况下，以较低的价格买进，较高的价格卖出，从而获取无风险收益的市场参与者。在有效性较高的市场中套利机会是比较少的。

4.11 清算所

清算所（clearing house）是期货交易所中负责对内进行合同交割、对冲和结算的独立机构。其主要作用有：作为对手方与各个期货交易者交易，保证交易的完成，并确保各参与者不会违约。

4.12 托管行

托管行（custodians）是负责保管、持有投资机构从客户处募集到的资金，并对投资机构使用这笔资金进行监管和对外披露信息的机构，通常由商业银行来担当。托管行可以有效防止投资机构盗用、挪用客户资金。

5. 资产的分类

资产可以分为金融资产和实物资产两大类。

- 金融资产包括证券（固定收益证券、权益类证券、集合投资工具），外汇，衍生品合约。
- 实物资产包括大宗商品、房地产等。

5.1 金融资产分类

— 备考指南 —
这里涉及到权益、固收、衍生和另类各类投资资产。建议同学们在这里简单了解，详细产品的特征会在相应科目进行详尽细致的学习。

5.1.1 固定收益（Fixed Income）投资的分类，如表 48-2。

表 48-2 固定收益的种类

债券	一般是长期投资（投资期限一般超过 10 年）。
中期票据	投资期限居中，介于 2 至 10 年。
短期票据	短期投资，1 年以内。
商业票据	公司发行的短期投资工具，一般期限为 1~2 年。
可转让存单	可转让存单亦称大额可转让存款凭证，是银行印发的一种定期存款凭证，可流通转让。
回购协议	借款人售出资产，并约定在将来某天以某一价格购回资产。回购协议的期限可以短到一天（隔夜回购）。
可转债	债券持有人有权把债券换成一定数量的股票。

5.1.2 权益类（Equity）投资的分类，如表 48-3。

表 48-3 权益投资种类

普通股	普通股股东拥有企业满足所有债务偿付要求及优先股东的利润分配要求后对企业剩余财产和盈利的索取权。普通股股利只有在公司向债权人支付利息，向优先股东支付股利后才能进行分配。在公司破产清算时，普通股股东的求偿权排在债权人和优先股东之后。
优先股	优先股是相对于普通股而言的。主要指在利润分配及公司财产分配的权利方面，优先于普通股。优先股通常预先确定股息收益率。由于优先股股息率事先固定，所以优先股的股息一般不会根据公司经营情况而增减，却通常不会随公司利润的变动而变动。但优先股可以先于普通股获得股息。
权证	权证与期权类似，是指一种以事先约定的价格和时间（或在权证协议里列明的一系列期间内分别以相应价格）购买或者出售标的资产（underlying asset）的权利。

5.1.3 集合投资工具（Pooled Investment Vehicle）

把社会上零散的资金集中起来，由专家进行统一管理。具体包括共同基金、ETF、资产抵押证券和对冲基金等，如表 48-4。

表 48-4 集合投资工具

共同基金	共同基金分为开放式基金和封闭式基金。 开放式基金：投资者可以直接与基金公司交易，申购或赎回基金份额； 封闭式基金：募集期结束后基金规模被封闭，投资者无法直接与基金公司进行申购或赎回，只能在二级市场买入或卖出基金份额。
交易型开放式指数基金（ETF）	交易型开放式指数基金综合了封闭式基金和开放式基金的特点，投资者既可以在二级市场买卖 ETF 份额，又可以向基金管理公司直接申购或赎回 ETF 份额，不过申购和赎回必须以一篮子股票而非现金进行。申购时投资以约定的一篮子股票换取基金份额，赎回时以基金份额换回一篮子股票。
资产抵押证券	资产抵押证券是以标的资产的未来现金流或收益权为抵押而发行的证券。用于抵押的标的资产可以是银行贷款、支付的租金或其它可以产生稳定现金流的资产。资产抵押证券是资产证券化的一种形式。
对冲基金	对冲基金一般采用有限合伙制。合伙制结构包括两类合伙人： 有限合伙人（LP：limited partner）：即投资者； 普通合伙人（GP：general partner）：即基金管理人。 对冲基金一般采用高杠杆的交易策略。基金经理的汇报通常基于资产管理规模和基金的业绩。

— 备考指南 —
具体讲解参见“经济学”部分。

5.1.4 外汇（Forex）

外汇是指由外国央行的发行的货币，如欧元，美元等。

— 备考指南 —
这一部分同学们只需要知道概念即可，具体考察会在衍生品章节中进行。

5.1.5 衍生品合约（Contract）

由双方制定的在未来某一时刻以约定好的价格交易资产的合约。包括远期合约，期货合约，互换合约，期权合约、保险合约、信用违约互换等，如表 48-5。

表 48-5 衍生品合约类型

远期合约	合约双方约定在未来某一时刻按约定的价格买卖一定数量资产。
期货合约	期货合约是指由期货交易所统一制订的、规定在将来某一特定的时间和地点交割一定数量和质量实物商品或金融商品的标准化合约。
互换合约	交易双方签订的在未来多个时间点相互交换一系列资产或现金流的合约。
期权合约	指在特定时间内以特定价格买卖一定数量资产的权利。
保险	投保人向保险公司支付保险费，保险公司对于合同约定的可能发生的事故因其发生所造成的财产损失承担赔偿责任。一般被用来对冲一些难以预料的风险。
信用违约互换	相当于投资人为其投资的债券资产买的保险，当该债券发生违约造成投资损失时，保险方会进行赔付。

5.2 实物资产的分类

实物资产（real asset）一般包括大宗商品、房地产和机器设备等。

大宗商品（commodity）是指贵金属、油、农产品等商品。通常大宗商品的投资是通过对应衍生品投资进行的。大宗商品的衍生品投资可以用来投机和对冲风险，并且一般不需要实物交割。

其他实物资产投资，如房地产，机器设备等，这类投资可以提供稳定的现金流，税收优势，和分散化风险的好处。但实物资产通常需要大量的运营管理成本和前期研究投入。投资者也可以通过间接的方式来购买实物资产，如购买房地产投资信托基金（Real Estate Investment Trusts, REITs）等。这些投资工具的流动性比直接投资实物资产好，通过购买这些工具，投资者可以间接享有实物资产带来的收益。

6. 市场的分类

> — 备考指南 —
> 市场的三种分类中同学们主要需要掌握的是一级市场和二级市场的分类。

市场的分类根据不同的标准可以分为几种类型：

- 一级市场（primary market）和二级市场（secondary market）：一级市场是用来发行证券的市场。二级市场是用来交易证券的市场。
- 货币市场（money market）和资本市场（capital market）：货币市场是交易一年以内的短期固定收益和股票的市场。资本市场是交易长期固定收益和股票的市场。
- 传统市场（traditional market）和其他类投资市场（alternative market）：传统市场是交易债券和股票的市场，其他类投资市场是交易除股票和债券以外其他资产的市场，如对冲基金、大宗商品或房地产等，其他类投资市场上的资产通常流动性较差。

6.1　一级市场

一级市场是需要募集资金的公司发行新股并将其新发行的股票销售给初始投资者的金融市场。

一级市场中股票的发行方式包括首次公开发行（IPO）和二次增发（secondary offering）。首次公开募股是指企业通过交易所首次向投资者公开发行股票，以募集资金的过程。通常，公司 IPO 发行的股份是根据招股书或登记声明中约定的条款通过经纪商或做市商进行销售。一般来说，IPO 完成后，这家公司的股票就可以在证券交易所或报价系统中进行挂牌交易。

在新股发行前，投资银行会先做推介路演（road show）以寻找有购买意愿的投资者，对投资人的购买意向进行询价并记录的过程叫做簿记（book building）。如果该证券必须在短时间内出售，该过程被称为加速簿记（accelerated book building）。

投资银行是一种金融中介机构，其业务是帮助公司发行股票实现募资，具体方式有：

- 包销（underwritten offering）：在一级市场中，公司发行的大部分股票由投资银行买入，投资银行买入公司的股票后在二级市场销售。在包销模式中，投资银行需要承担这部分股票的交易风险并享受买卖价差收益。对于没有卖出的股票，投资银行必须全部自行承担。

- 代销（best efforts）：投资银行不直接购买股票，而通过代销的方式，帮助公司销售股票并抽取佣金。代销模式中投资银行不需要承担股票的交易风险。

名师解惑

采用包销方式时，由于投资银行需要使用自己的资金购进股票，再以高价卖出，因此其获利来源于买卖价差，即 bid-ask spread，因此投资银行扮演的是做市商的角色。由于其实际持有头寸，因此投资风险由投资银行承担。上市公司不用承担发行失败的风险。

采用代销方式时，投资银行仅尽力（best efforts）帮助公司销售股票，对于是否卖得掉投资银行不做保证，因此发行失败的风险是由上市公司承担的。投资银行基于募集到的资金按约定好的百分比收取佣金。因此投资银行扮演的是经纪商的角色。由此可见，根据承销模式的不同，投资银行既可以是做市商，又可以是经纪商的角色。

包销和代销的比较如表 48-6 所示。

表 48-6　包销和代销的比较

包销	代销
需要买入未销售掉的股票并承担价格风险。	不需要购买股票。
投资银行希望以更低的价格获得股票。	投资银行希望尽可能提高股票发行价来获取更高的佣金。

- 私募配售（private placement）：是相对于公募（public offering）而言的。私募是指上市公司仅向小规模数量的合格投资者（qualified investors）出售股票的方式。私募配售不需要企业进行太多的信息披露。

一些特殊的发行方式：

- 储架发行制度（shelf-registration）：是指符合条件的公司可以为其今后两年内所有可预期的证券发行预先到证券交易委员会办理注册的手续，并自主决定证券发行的具体时机。
- 股息再投资计划（dividend reinvestment plan）：是指普通股股东可以用分

得的股息以一定的折扣价格购买该公司新发行的股票。

- 配股（rights offering）：现有股东有权以一定的折扣价格购买该公司新发行的股票。

— 备考指南 —
配股是面向公司已有股东的。企业在私下募集资金的时候首选已有股东，因为已有股东相对比较认同公司的经营策略和投资价值。

6.2　二级市场

二级市场是证券发行后进行交易的市场。

6.2.1　二级市场的作用

- 提供流动性：二级市场的主要作用是为证券交易提供场所并提供流动性。
- 价格发现：二级市场中股票的交易价格是由该股票在市场中的供需关系决定的，比其一级市场的发行价格更能反映该股票的真实价值。

6.2.2　二级市场的类型

按照交易时间分类，可以分为集合竞价市场和连续竞价市场。

- 集合竞价市场（call market）：是指股票交易只在开盘前特定的时间内进行。在这种市场中，买卖双方报价是持续的，成交却只发生在某个特定时间点。成交价格也只有一个，这个价格通常就是股市当天的开盘价。这个成交价格是买卖双方达到均衡的价格，可以确保买卖双方成交量达到最大，市场的供需达到平衡，交易需求得到最大的满足。

名师解惑

之所以会有集合竞价就是因为股票市场的交易是不连续的，即只有股市开盘之后才能交易，比如你半夜听到了一个不好的消息（利空消息），你也要等到第二天开盘才能进行交易。但是信息的变化却是连续的，因此股市的前一天收盘到后一天开盘之间可能发生重大变化，这种变化会影响股票价格，因此如果让这种变化对股价的影响自由发挥，会造成股价的大幅波动，带来市场的巨大风险，因此集合竞价就是用来消化股市不开盘的这段期间的市场变化的。

- 连续竞价市场（continuous market）：指在股市开盘期间，买卖双方可以连续委托买进或卖出股票。只要彼此符合成交条件，交易均可在交易时段中任何时点发生，成交价格也不断因买卖供需的变化而出现涨跌。

按交易方式分类，二级市场可以分为指令驱动型交易市场，报价驱动型交易市场，以及经纪人市场。

- 指令驱动型交易市场（order-driven market）：是指买卖双方的交易指令或者交易委托在交易所的交易撮合系统中直接配对，以买卖双方交易指令中的报价为基础进行撮合形成交易。

指令驱动型市场中的交易遵循价格优先法则（price priority）和时间优先法则（secondary precedence rule）。

- 价格优先法则：在所有交易委托中，最低的卖价和最高的买价优先成交。
- 时间优先法则：在所有报价相同的交易委托中，根据先来后到的原则，最早下单的优先成交。

二级市场中的定价原则（trade pricing rules）是用来决定市场交易后的股票价格的方式。包括单一定价原则（uniform pricing rule）和歧视定价原则（discriminatory pricing rule）。

- 单一定价原则：股票价格是使成交量达到最大时的价格。一般在集合竞价市场中适用。
- 歧视定价原则：股票价格是每个时刻最先成交的价格。一般在连续竞价市场中适用。

名师解惑

由于交易是时时刻刻都在发生的，特别是交易活跃的市场，因此股价的变化可以认为是“连续”的，但是交易软件显示市场价格的时候却是“离散”的，即以一秒为最小报价单位报出最新的股票价格。因此可能会出现一秒钟有多笔不同价格的成交，但是显示的价格只能有一个，所以规定每一秒钟最先成交的价格就是显示的市场价，这种就是歧视定价原则的由来。

- 报价驱动型交易市场（quote-driven market）：是指股票交易价格由做市商给出，买卖双方的指令或者委托不会由交易所进行配对，而是直接从做市商手中买入或向其卖出股票。市场中通常存在多个做市商，这些做市商通过提供最高的买价和最低的卖价来相互竞争。

名师解惑

指令驱动型交易市场是由broker促成交易的，交易双方根据成交金额缴纳佣金给broker。而报价驱动型市场是由dealer促成交易的，dealer使用自有资金进行交易，获得bid-ask spread。

- 经纪人市场（brokered market）：主要针对大宗交易或资产流动性较差的市场。因为交易金额大或流动性较差，为了达成交易必须借助经纪人broker的帮助，broker为投资者寻求对手方，例如为卖家寻找买家，为买家寻找卖家。

6.2.3　市场的信息

市场中有各种各样的信息，根据信息的透明性可以分成以下两种：

- 交易前透明的信息：如果市场中的投资者能获得尚未交易的买卖订单数量和价格的信息，那么这个市场就是交易前透明（pre-trade transparent）的。
- 交易后透明的信息：如果投资者仅能获得交易完成后的买卖订单的数量和价格信息，那么这个市场就是交易后透明（post-trade transparent）的。

名师解惑

买方投资者喜欢交易前透明的市场，因为这种市场能够让他们提前知道证券的价格和交易成本。

做市商更喜欢交易后透明的市场，因为对于做市商来说，他们在这种市场中有信息优势，可以取得对他们更有利的买卖价格，获得更好的bid-ask spread，所谓浑水摸鱼，水越浑越好摸鱼。

7. 交易的头寸

当投资者决定要参与到金融市场中，做出投资决策时，他就决定持有某种金融资产了。持有金融资产就叫做持有头寸（positions）。根据持有金融资产的方式不同，可以将头寸分为以下三种：

7.1 多头

多头（long position）是指投资者对股市看好，预计股价将会看涨，于是趁低价时买进股票，待股票上涨至某一价位时再卖出，以获取差额收益。一般来说，人们通常把股价长期保持上涨势头的股票市场称为多头市场。多头市场股价变化的特征是一连串的大涨小跌。

7.2 空头

卖空（short sale）指投资者认为现时股价过高，或对股市前景看空，预计股价将会下跌，于是把借来的股票及时卖出，待股价跌至某一价位时再买回，以获取差额收益。采用这种先卖出后买进、从中赚取差价的交易方式称为卖空。

卖空者所持有的头寸，叫做空头（short position）。人们通常把股价长期呈下跌趋势的股票市场称为空头市场，空头市场股价变化的特征是一连串的大跌小涨。整个卖空交易的过程是：卖空者先从经纪人（broker）处借到股票，立即卖出，将得到的钱部分存在经纪人处作为保证金，保证金会产生利息，经纪人要将部分利息分给卖空者，这部分利息对应的利率叫作 short rebate rate。从卖空者借到股票到归还整个过程中，这部分股票所产生的股息卖空者是得不到的，但卖空者还要额外向股票出借方支付这部分股息。这种付息方式叫做代替支付（payment-in-lieu）。

7.3 杠杆头寸

杠杆头寸（leverage position）指投资者借入资金购买资产，这种交易又称为保证金交易。杠杆比率等于资产总价值除以自有资金部分。例如自己出资 50% 购买股票，杠杆率是 2 倍，通常意味着自有资金的波动率会比资产总价值波动率放大 2 倍。在保证金交易过程中，借入资金被称作保证金贷款（margin loan）。借入资金所需要支付的利率称作 call money rate。保证金交易初始，投资者需要先交纳一定比例的保证金，被称为初始保证金（initial margin requirement）。交易开始后股票价格开始波动，投资者必须保持其账户内的最低金额高于所规定的维持保证金（maintenance margin）额度，否则投资者就会收到追加保证金通知（margin call），此时，投资者必须向账户内注入资金，使账户金额高于维持保证金。相反，在卖空交易中，投资者也必须向券商交付一定比例的初始保证金，以防止股票升值对券商造成损失。当股票价格上升时，如果投资者的账户内金额下跌到维持保证金额度，投资者就会收到追加保证金通知。

收到追加保证金通知时股票价格（P_L）的计算方法：

$$P_L = P_0\left(\frac{1-IM}{1-MM}\right)$$

MM：维持保证金比例；

IM：初始保证金比例；

P_0：0 时点（交易开始时）的股价。

8. 报价指令

市场运行机制是不同的，比如订单驱动型的交易市场与报价驱动型的交易市场的交易模式是不同的。

8.1 报价驱动型交易市场的交易

报价交易市场的定价是做市商的报价决定的，做市商的报价包括：

- 买价（bid price）指市场做市商为购买证券而提出的价格。
- 卖价（ask price）是指做市商为卖出证券而提出的价格。
- 证券买卖差价（bid-ask spread）是指做市商愿意买入和卖出某种证券的价格之差。

做市商提供的每一个买卖价格都有对应的买卖数量。买卖价差能够反映市场流动性情况，通常流动性越好的证券，买卖价差越小。

— 备考指南 —

市场之中证券的标价是最高的买价和最低的卖价，市场证券的流动性越好，买卖价差越小。

8.2 指令驱动型交易市场的交易

在指令驱动型交易市场中，当投资者希望买卖证券的时候，他们必须发出交易指令，确定买卖的数量和价格。

交易指令分为执行指令（execution instructions）、时效性指令（validity instructions）和清算指令（clearing instructions）。

8.2.1 执行指令

执行指令（execution instruction）中最常用的是市价指令（market order）和限价指令（limit order）。

- 市价指令：按照当前的市场价格立即（尽快）买进或卖出某一股票的交易指令，这种交易指令并不规定具体的成交价格，只规定成交的数量。

- 限价指令：是按客户指定的价格买进或卖出某一股票的交易指令，它规定了买者愿意买入的最高价格或卖者愿意卖出的最低价格。例如，客户限价10块买入股票，表示客户接受的买入价格是小于或等于10块。客户限价15块卖出股票，表示客户接受的卖出价格是大于或等于15块。

当客户以限价指令报价时，根据报价的不同分为以下五种情况。以限价买入为例，报出价格等于市场最优买价；报出价格高于市场最优买价，但低于市场最优卖价；报出价格高于或等于市场最优卖价；报出价格小于市场最优买价，报出价格远小于市场最优卖价，如图48-1所示。

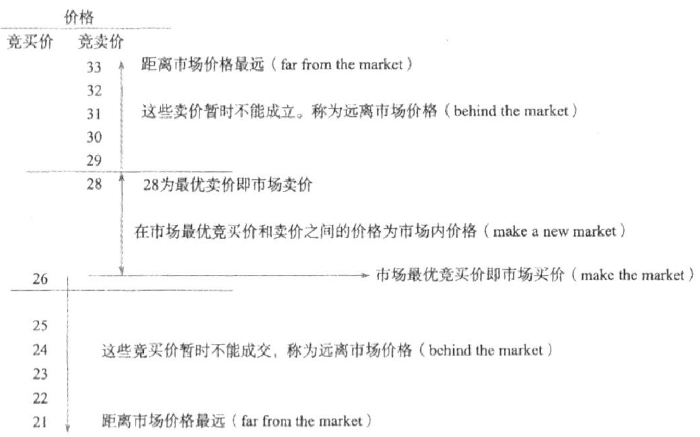

图48-1　限价指令

针对交易方式的交易指令还包括：

- 全额成交或撤销指令（all-or-nothing orders）：指必须保证此交易指令能够全额成交，否则不交易。

- 隐藏指令（hidden order）：指只有经纪人或交易所知道交易指令的内容，市场上的其他投资者无法知道。

- 冰山指令（iceberg order）：是指数额较大但又不向市场显示全部数额的

交易指令。整个交易指令由可见部分和隐藏部分组成，只有可见部分会向市场公开。

8.2.2 时效性指令

时效性指令（validity instruction）包括：

- 当日有效指令（day order）：交易指令只在一个交易日内有效，在收盘时如没有成交则自动取消，次日不再继续生效。
- 一直有效的指令（good-till-cancelled order, GTC）：交易指令在没有成交，也没有主动取消的情况下会一直有效。
- 立即执行或撤单指令（immediate-or-cancel orders）：交易指令中如能成交的部分马上成交，不能马上成交的立刻撤单。该类指令的目的是为了防止大额交易指令的信息被市场获得，对股价和交易产生影响。
- 收盘时生效指令（good-on-close orders）：交易指令只在交易日将近结束时生效。如果这时的指令是市价指令，则被称作 market-on-close orders。
- 开收盘时生效指令（good-on-close orders）：交易指令只在开盘后的一段时间内生效。
- 止损指令（stop-order）：是指当股票价格达到某一既定水平时通过买入或卖出来止损的指令。止损指令包括买进止损指令和卖出止损指令。
    - 买进止损指令（stop-buy order）：针对空头投资者，在股票价格达到或高于指定价格水平时通过买入股票来止损；例如，买进止损 10 块，表示当价格高于 10 块时，投资者通过买入股票止损。
    - 卖出止损指令（stop-sell order）：针对多头投资者，在股票价格达到或低于指定价格水平时通过卖出入股票来止损。例如，卖出止损 8 块，表示当价格低于 8 块时，投资者通过卖出股票止损。

8.2.3 清算指令

清算指令 (Clearing Instructions）是关于交割方式的指令，其规定了订单的交割方式。

第 49 章 证券市场指数

<table>
<tr><th colspan="2">本章知识点</th><th>讲义知识点</th></tr>
<tr><td>一、证券市场指数的概念</td><td>了解股票市场指数的基本概念</td><td rowspan="4">证券市场指数</td></tr>
<tr><td>二、指数的构建</td><td>了解构建指数的过程</td></tr>
<tr><td>三、股票价格指数的用途</td><td>了解股票价格指数的用途</td></tr>
<tr><td>四、价格指数与回报指数</td><td>了解价格指数与回报指数的区别</td></tr>
<tr><td rowspan="5">五、构建指数时的五种方法</td><td>1. 价格加权指数</td><td rowspan="2">价格加权与等权重</td></tr>
<tr><td>2. 相同权重市场指数</td></tr>
<tr><td>3. 市值加权指数</td><td rowspan="7">市值加权和基本面加权 & 再平衡和重组</td></tr>
<tr><td>4. 流通调整下的市值加权指数</td></tr>
<tr><td>5. 基本面加权指数</td></tr>
<tr><td rowspan="3">六、股票指数的计算</td><td>1. 价格权重计算</td></tr>
<tr><td>2. 相同权重计算</td></tr>
<tr><td>3. 市值权重计算</td></tr>
<tr><td>七、再平衡与重构</td><td>了解调整与重组的理念</td></tr>
<tr><td rowspan="3">八、不同资产类型指数</td><td>1. 股票市场指数</td><td rowspan="3">其他股票指数、固定收益指数和另类投资指数</td></tr>
<tr><td>2. 债券市场指数</td></tr>
<tr><td>3. 其他类投资指数</td></tr>
</table>

知识导引

在股票市场中，投资者通常需要持续收集和分析大量的数据，这是一个耗时耗力的工程。因此，他们找到了一些简易的方法来分析股票市场的业绩，而分析市场指数就是其中不可或缺的一种。股票指数不仅可帮助投资者追踪股票市场的整体表现、评估风险及投资经理的业绩，而且是一些新投资产品形成的基础。

本章思维导图

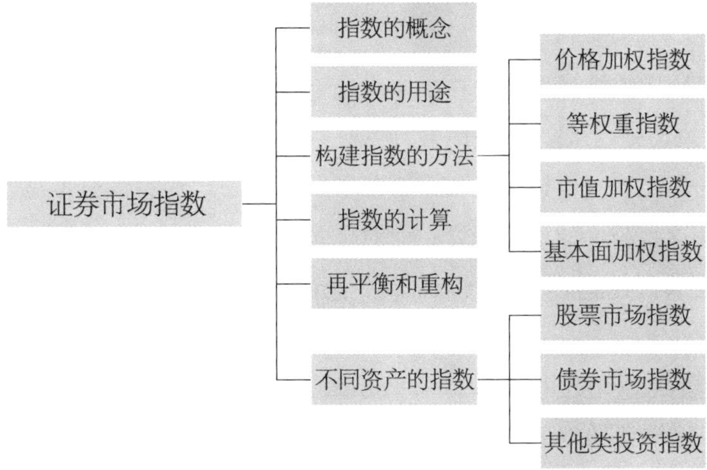

考点说明

在本章中，我们将会学习到股票市场指数的概念、股票市场指数的用途、构建指数的五种基本方式、计算方法、以及这几种方式的优缺点。最后还会介绍除了股票市场指数之外的其他指数。

1. 证券市场指数的概念

股票市场指数就是用来反映股票市场上各种类型股票的整体水平以及其变动情况的指标。由于股票价格的波动性往往难以预测，所以投资者会面临市场价格波动的风险。一位投资人如果想要了解一家公司的股票很容易，只要多花点时间关注这家公司的信息就好；而对于多个公司股票价格的变化，想要逐一了解就不是那么容易了，如果要去了解整个市场或整个国家的整体股价变化难度就更大了。

为了适应这种情况和需求，一些较有公信力的金融服务机构就会利用自己的业务知识和熟悉市场的优势，编制出股票市场指数公开发布，作为股票市场整体价格变动的指标。投资者可以以股票市场指数作为比较基准来检验自己投资的效果，并用来当做参考指标来预测股票市场的整体动向或大环境的经济发展形势。

名师解惑

简单来说，市场指数就是用来衡量一个国家、市场或行业整体表现的指标。道·琼斯股票指数是世界上历史最为悠久的股票指数，它是在 1884 年由道·琼斯公司的创始人查理斯·道开始编制的。其最初的股票价格平均指数是根据 11 种具有的代表性的铁路公司的股票，采用算术平均法进行计算编制而成的，发表在查理斯·道自己编辑出版的《每日通讯》上。其计算公式为：股票价格平均数 = 入选股票的价格之和 / 入选股票的数量。之后道·琼斯股票价格平均数开始分成工业与运输业两大类，其中工业股票价格平均指数包括 30 只股票，运输业平均指数则包括 20 只股票，并且开始在道·琼斯公司出版的《华尔街日报》上公布。之后道·琼斯股票价格平均指数又增加了 15 只公用事业类股票，使其所包含的股票达到 65 种，并一直延续至今。

2. 指数的构建

构建指数的过程包括以下 5 个步骤：

- 确定指数衡量的目标市场

金融机构在决定构建一个指数的时候，第一件事就是要决定目标市场（target market）。比如说上证综合指数衡量的就是在上海证券交易所上市的公司股价的总体走势；而上证医药指数，就是针对上海证券交易所里的那些医药公司的股票价格来进行追踪。目标市场也可以通过地理位置或资产类型来进行划分，简单来说，对什么板块或地区有兴趣，那个板块或地区就是指数的目标市场。

- 确定目标市场的成分股

成分股可以是这个目标市场内的全部股票，也可以选择一些具有代表性的股票。金融机构凭借其经验以及其想要衡量指数的方式决定什么股票应纳入成分股。

- 设定成分股的权重比例

决定好目标市场的成分股之后，我们就需要开始思考每个股票的权重。股票的权重对于指数来说有巨大的影响。因此，金融机构会通过不同的计算方式来算出指数内成分股的权重比例，具体计算权重的方法会在后文中介绍。

- 确定指数成分股权重调整的频率

由于指数中包含的股票是为了反映目标市场的走势的，因此选取的股票要有代表性，但是随着市场的变化，股价的涨跌，指数中的股票的权重会发生变化，有时候这种变化会导致指数不再能够准确反映目标市场的走势。因此，为了让指数能够准确反映目标市场，金融机构会定期在再平衡日（rebalance date）对每只成分股的权重进行调整。

- 重新审核选择的成分股与其权重比例

由于权重的调整可以使指数能够更好地反映市场走势，因此调整权重应该作为一项常规的工作来进行。重新审核成分股股票与其权重比例就像基金经理要定期整理自己手上投资组合的构成，看看有没有需要剔除或增加进去的股票。一般来说，在调整权重比例的时候也是重审的时机，它们都必须定期进行审核和调整。

名师解惑

Index 就是我们通常所说的指数，比如我们熟悉的沪深 300 指数，上证指数，深圳成指等。这些指数的目的是来帮助我们来衡量一个国家，一个地区或者一个行业的整体表现，比如说我最近有钱了，我是投资房地产股呢，还是投资银行股呢？很简单，分别看银行板块和房地产板块过去 3 个月的走势，我们就可以比较出来这两个市场这几个月的表现，并作出相应的投资策略。

既然指数可以帮助我们衡量目标市场的整体表现，了解指数的构成方法以及权重比例是如何决定的就非常重要。任何指数都有自己的构建规则与计算权重的方法。身为一个分析师，在使用证券指数来判断投资组合或整体经济走势的时候，如果不能理解指数的构建方法，就可能得出不准确的分析结果。

所以指数本质是一个由各个成分股构成的资产组合，资产组合中的成分股可以作为一个整体有代表性地反映出某一市场的整体价格走势。

3. 股票价格指数的用途

股票价格指数在经济领域中被广泛应用，主要体现在以下几个方面：

- 反映投资者信心

股票价格指数可以反映股票市场的整体要求回报率及风险水平，因此也可以反映投资者信心（市场情绪）。要求回报率的高低或是投资者对于冒险的意愿强度，都可以解释投资者对目前经济环境的看法与心态。

- 衡量基金经理人业绩表现的基准

市场指数可以作为衡量基金经理投资能力的比较基准，用来判断主动型基金经理的投资组合能否跑赢大盘指数。

- 估算市场收益与市场风险，估算贝塔值与调整后风险回报

我们常常用资本资产定价模型（CAPM）来计算要求回报率。股票市场指数可以提供资本资产定价模型里需要的一些参数，例如贝塔值与调整后风险回报。股票的贝塔值代表了它随市场总体波动而波动的程度大小，即股票所具有的系统

性风险，这部分风险是无法通过分散化投资而消除的，它和股票所能获得的预期收益是成正比的，因此贝塔值是选择股票进行投资时需要考虑的最重要因素之一。

$$E(R_i) = R_f + \beta_i [E(R_m) - R_f]$$

- 模拟指数的投资组合

对于那些使用被动投资策略（passive investment）的基金经理们来说，股票指数提供了一个选股策略，他们的资产组合与股票市场指数很接近，保持跟指数走的投资策略。股票市场指数可以成为基金经理配置投资组合的参考标准。

名师解惑

投资风格基本上可以分为两种：主动投资（active investment）与被动投资（passive investment）。

主动投资策略指的是，基金经理相信市场上有获得超额回报的机会，往往会选择与股票指数不同的投资组合，以换取更高的回报率，风险也比较高。

反之，采用被动投资策略的基金经理认为获得比指数汇报更高的超额回报的几率比较低。所以基金经理们的投资组合会模仿某个股票指数的成分股组合，希望借此能达到与股票指数相同的盈利水平。

4. 价格指数与回报指数

在计算目标市场指数的回报率时，有两种计算方式。

- 价格指数（price index）指的是指数的变化只反映成分股价格的波动，并不反映期间成分股的分红。

- 总回报指数（total return index）指的是不仅用成分股价格变化，同时考虑成分股的分红收益来建构指数。

5. 构建指数时的五种方法

5.1 价格加权指数

> — 备考指南 —
> 目前为止，有以下几种股指是按照价格加权的方法计算：道琼斯工业指数（DJIA）、日经道琼斯指数（The Nikkei Dow Jones Stock Average）。价格加权指数是最古老的也是最简单的加权方法。

价格加权指数（price-weighted index）计算方法是把指数中的每个股票的市场价格加起来然后再除以指数中所有股票的数量。价格加权指数假设指数中每只成分股的数量都是一样的。比如，每只股票都买 1 股。因为该指数是以价格为权重来编制的，所以价格高的股票所占权重比价格低的股票高。当股票进行拆分的时候，价格加权指数公式的分母要进行调整。

$$\text{价格加权指数}=\frac{\text{股票价格总和}}{\text{指数中的股票数（拆分调整后的）}}$$

$$\left(\text{price-weighted index}=\frac{\text{sum of stock prices}}{\text{number of stocks in index adjusted for splits}}\right)$$

价格加权指数有如下的几个特点：

- 指数的变化与成分股平均股价的变化成正比，高价股权重大于低价股，即高价股上涨或下跌 10% 对指数的影响高于低价股上涨或下跌 10% 对指数的影响。换言之，高股价的成分股对指数整体的影响更大。
- 当股票发生拆股并股或对某只成分股支付股票股利时，除权后股票价格将发生变化，因而导致指数值随之变化，尽管投资者并无盈利或亏损。此时需要对指数计算公式中的分母进行调整，以保持指数值不变。当指数的成分股发生变化时，由于原股票和替代股票的价格不同，也需对分母进行调整，以保持指数值不变。
- 股票拆分（stock split）后，将导致其在指数计算中的权重下降。因为高增长型股票倾向于经常进行拆股，其权重不断下降。所以价格权重指数可能会低估股票市场的整体收益率。

5.2 等权重市场指数

等权重市场指数（equal-weighted index）又称为无权重法，在计算中，每种股票的权重相同，而不管其价格高还是低、市值大还是小，直接将各个成分股的收益率进行平均作为指数值的收益率。

这种方法的优点就是因为用来计算的数值是回报率，是一个比例，所以这种方法可以不受股价的影响。由于成分股的股价在不断波动，为了保证每只成分股在指数中的权重相同并且保持下去，就需要定期的调整（rebalance）这个指数的成分股权重。

同时还需要注意的是，等权重市场指数中的小盘股因为风险高、收益率也高，所以对指数波动率的影响更大。而大盘股则相反，风险低、收益比较低，因此对指数里的影响较小。在分析的时候要注意这一点，避免判断上的误差。价值线综合指数 (Value Line Composite A verage Index) 与金融时报股票价格指数 (Financial Times Share Index) 是在全球比较出名使用等权重计算方法的指数。

5.3 市值加权指数

市值加权指数（market capitalization-weighted index）的权重计算方法是，先把指数中每个股票的市值（股价 × 总股数）算出来，再除以该指数总市值，并按每只股票的市值占指数总市值的比例去确定权重。比如股票 A 的市值占指数总市值的 17%，那么股票 A 在指数中的权重就是 17%。

— 备考指南 —
这里要注意的是，价格加权和等权重这两种计算方法都需要区分计算 price return，还是计算 total return。市值加权只考虑市值的变化。

但它的缺点是，不是所有股票都可以流通的，只有可以流通的股票才有活跃的市值数据，才会对股指产生影响，因此不流通的股票会对计算指数产生影响。市值加权的第二个问题是，市值加权的指数中大市值股票价格的变化对指数的影响比小市值股票更大。

标准普尔 500 指数（S&P 500）就是以市值加权来计算指数收益的。

5.4 流通调整下的市值加权指数

流通调整下的市值加权指数（float-adjusted market capitalization-weighted index）的计算方法与市值加权指数相同，唯一不同的是这种方法使用流通股股数而不是总股数来计算市值。流通股指的是那些可以在公开市场活跃交易的股票，而不包含如限售股这类的非流通股。

与市值加权指数一样，这种算法也会因为公司股票市值的大小对指数的权重造成比较显著的影响，特别是市值被高估的股票，由于市值被高估导致其对指数的影响过大。

5.5 基本面加权指数

为了避免市值被高估的股票对指数的影响，我们有时也会使用基本面数据作为权重计算指数。基本面加权指数（fundamental-weighted index）使用成分股的基本面数据作为权重计算的依据，例如：盈利、股利或现金流等。

与其他计算方法不同的是，这种以财务数据为基础来计算的指数不会受到股价波动的影响。计算时，可以以一个或多个参考值作为组合来衡量（只用盈利，或用盈利与现金流结合）。

基本面加权指数法的优点就是，它不会受到市值或股价波动的影响，因此不会有判断上的偏差。要注意的是，高收益或高现金流的公司（即价值型股票），对于此种指数会有较大的影响，因为大部分的权重都是来自于它们，所以基本面加权指数倾向价值的效应（value-tilt effect）。

6. 股票指数的计算

接下来，我们通过案例来详细演示价格权重法、相同权重法以及市值权重法是如何计算的。

6.1 价格加权指数的计算

6.1.1 用价格权重计算指数

举个例子

【例】根据表49-1给出的数据，计算出这一个月指数的变化。

表49-1 股票价格 单位：元

	股票价格 2006年12月31日	股票价格 2007年1月31日
A公司	5	15
B公司	15	10
C公司	50	40

【解】

2006 年 12 月 31 日的成分股平均价格是（5+15+50）/3= 23.33 元

2007 年 1 月 31 日的成分股平均价格是（15+10+40）/3= 21.68 元

两者之差相除 T 零时刻的基数，就得到答案：

（21.68/23.33）-1 = -7%

6.1.2 调整分拆股数

举个例子

【例】在 6 月 1 日时，股票 A、B、C 的价格分别是 15、25、50 元。而 C 公司因为股价太高，想要分拆成一股变两股的模式，隔日生效。请问重新分拆股票后，价格加权指数的分母变成了多少？

【解】

6 月 1 日的成分股平均价格是（15+25+50）/3= 30 元

因为 C 公司把一股变成了两股，一股的股价变成 25 元（50/2）。C 公司并没有受到拆分股票的影响，只是公司股票数目变多了而已。但我们需要重新调整计算指数的分母，使其能对应新的股价。

（15+25+25）/N= 30 元，求 N。N 等于 2.17。在接下来计算中分母都使用 2.17。

6.2 等权重指数的计算

举个例子

【例】用相同权重法来计算下面这三家公司的股票指数，在零时刻时股票指数是 131 点（表 49-2）。

表 49-2　公司股价 单位：美元

股票	初始股价	目前股价	股价变化
A	12 美元	15 美元	+25.0%
B	52 美元	48 美元	−7.7%
C	38 美元	45 美元	+18.4%

【解】先求出成分股股价的平均变动率：

算数平均：（25%-7.7%+18.4%）/3= 11.9%

或几何平均：$\sqrt[3]{1.25\times0.923\times1.184}-1=10.96\%$

再计算出新的指数价值是：

131（1+11.9%）= 145.59 点

在这个方法里面我们拿每股的收益率作为计算的标准，所以算出来的指数不会受到公司规模的影响。

6.3　市值加权指数的计算

举个例子

【例】参照表 49-3 中三个公司不同的股价与股数，使用市值权重法，计算指数的价值。股票指数的基准值（base value）是 100。

表 49-3　公司股价与股数　单位：美元

公司	发行在外的股票数	股票价格	市值
A	100	100 美元	10,000 美元
B	1,000	10 美元	10,000 美元
C	20,000	1 美元	20,000 美元

【解】

首先求得在基准年时，整体股票市场的市值是多少。

（100×$100）+（1,000×$10）+（20,000×$1）=40,000 美元

如果股票 A 的价格增加了一倍，变成 200 元时，指数会变为：

[（100×$200）+（1,000×$10）+（20,000×$1）]/40,000×100=125

如果股票 C 的价格增加了一倍，变成 2 元时，指数会变为：

[（100×$100）+（1,000×$10）+（20,000×$2）]/40,000×100=150

我们发现用市值权重法时股票 C 的影响更大，因为它的市值是成分股里最高的。

7. 再平衡与重构

介绍完这几种权重的计算方法后，我们来看指数的权重和成分股是如何定期调整以达到能够准确反映目标市场走势的目标。

7.1 再平衡

再平衡（rebalancing）指的是调整指数成分股的权重比例。为了维持指数中各成分股的权重符合指数的编制规则，指数编制者需要对指数进行定期的调整。通常是一个季度调整一次。

对于价格加权和市值加权的指数，股票价格的变动并不会引起指数中成分股权重的调整。而等权重指数因为股票价格的涨跌会打破原有等权重的设定，所以相同权重指数的调整最为频繁。

7.2 重构

重构（reconstitution）指的是定期在成分股组合内增加或删减股票，重构指数内的股票组成。如果之前指数中的成分股不能很好地代表目标市场，就需要被剔除，让更具代表性的新成分股加入到指数当中。

— 备考指南 —

经济环境总是有高低起伏，在 2008 年全球金融危机的时候花旗银行曾经差点倒闭，被道琼斯工业指数剔除出来。之后美国政府救市把它救活后，又重新被加回道琼斯工业指数里面。像是这样的调整就称之为 reconstitution。

8. 不同资产类型指数

以上就是关于指数的基本框架及计算方法，接下来我们要来了解一下指数都是如何进行分类的：股票市场指数、固定收益市场指数以及其他类投资市场指数。

8.1 股票市场指数

8.1.1 全市场指数

全市场指数（broad market index），顾名思义就是衡量整个股票市场的指数。全市场指数通常会包含目标市场百分之九十以上的股票，因此能够很好地衡量市场整体趋势。

8.1.2 跨市场指数

跨市场指数（multi-market index）是以不同地理位置或经济的不同发展阶段来划分的多个市场的综合指数。比如说拉丁美洲股票指数（Latin America index）、新兴市场股票指数（emerging markets index）、也有衡量全球股票市场的指数（MSCI world index）。

8.1.3 基本面加权的跨市场指数

基本面加权的跨市场指数（multi-market index with fundamental weighting）这是一种以基本面指标来计算权重的跨市场指数，比如说一个国家的 GDP。这样可以避免因为某个市场的股票价格上涨过快而造成指数权重比例的失调。

8.1.4 板块指数

板块指数（sector index）指的就是以不同的行业或区域作为指数衡量的目标市场。比如说有房地产指数、银行业指数、医疗产业指数或以区域划分的亚洲指数等。投资者通过不同的行业 / 区域指数可以判断在当前的经济环境下，哪个行业板块或地理位置的股票市场表现更好，以做出投资决策。

8.1.5 风格指数

风格指数（style index）是通过划分不同的投资风格来区分指数市场。比如说股票分成长型、价值型、小盘股、大盘股等，风格指数就是按照上述的方式来划分的。每家指数发布机构在构建风格指数时所用的标准都不一样，所以分析师在使用这类指数进行投资前，一定要先了解这个指数内的成分股是如何定义投资风格的。

8.2 债券市场指数

债券市场指数与股票市场指数有很大的不同，因此我们接下来会介绍债券市场指数的两个重要特性：

8.2.1 涵盖范围更广（Large Universe of Securities）

债券市场比股票市场的规模更大也更加复杂，因为债券不像股票只能由企业发行，而是有更加多样化的发行主体：公司发行公司债、国家发行国债或主权债、不同级别的市政机构也能发债。再加上债券的到期日、票息、面额等参数都有不同，共同导致了债券市场的复杂性。由于大部分的债券都有到期日，所以债券指数中的成分债券替换率非常高，每年都会有债券到期，每年的债券指数组合都会有所不同。所以，今年的债券指数通常不适合拿来与去年的债券指数进行比较。

8.2.2 交易不活跃（Dealer Market and Infrequent Trading）

美国市场上大部分债券都是通过做市商（dealer）进行交易，因此构建债券市场指数的金融机构需要依赖做市商给出的信息来建构债券指数。但因为大部分债券的流动性普遍较低，在日常交易量不活跃的情况下，构建债券市场指数所用到的信息质量也不是太好，无法与股票市场相比。

8.3 其他类投资指数

其他类的投资产品也是很好分散投资组合的方式，在这里我们会概念性的介绍一下基本的其他类投资指数有哪些。

8.3.1 大宗商品指数

大宗商品指数是依据大宗商品期货合约价格构建的市场指数。大宗商品期货包括能源、农产品、金属等类别。

名师解惑

以期货合约的价格作为大宗商品指数的基准使投资者通过指数的变化就可以看出大宗商品期货的价格变动趋势，并能够提前反映宏观经济的变化。因为期货交易市场的交易活跃，价格容易获得，大宗商品期货相对现货而言是更好的衡量标准。

8.3.2 房地产指数

房地产指数是以房屋买卖的成交价作为指数的衡量标准。通过观察房地产指数的变化，投资者可以知道房地产价格的变动趋势。由于很多时候通过公开渠道获得的房价统计信息不够及时，房地产指数反而是更好的参考标准。

房地产投资信托基金（REITs）是专门投资房地产项目的信托基金，这类基金进行房产交易的信息也是房地产指数很好的参照指标。

8.3.3 对冲基金指数

由于监管机构对于对冲基金的监管程度不严，对冲基金并非必须公开自己的收益率或是投资情况。所以对冲基金指数可能只能反映那些表现比较好的基金，那些业绩差或没有存活下来的基金由于没有公开自己的收益率数据，通常没有被计算在对冲基金指数之内。因此，分析师在评估对冲基金指数的时候，需要注意幸存者偏差（survivorship bias）的问题。

8.4 全球股票市场指数简介

— 备考指南 —
这一部分同学们只需简单了解。

最后，通过表 49-4 我们把目前全球市场上用的最多的指数做一个大概的介绍。

表 49-4 全球市场常用指数

	反应	股票数量	权重方法	内容
道琼斯工业指数	大部分美国股票	30	价格	由华尔街日报编辑挑选的股票
日经股价指数	大部分日本股票	225	修改过的价格	包括一些流动性高的股票，价格加权和被调整为高价的股票
东证指数	所有在东京证券交易所一部的股票	不固定的	上市公司股票市值，只计算流通股。	有大量的流动性较差的股票使得它难以被复制，包括日本股票 93% 的公司市场价值
摩根士丹利资本国际全球指数	在 23 个成熟市场和 22 个新兴市场的股票	不固定的	上市公司股票市值，只计算流通股。	对于美金和本国货币都适用
标准普尔除了美国指数以外的已发展的能源行业指数	除美国外的全球能源股票	不固定的	上市公司股票市值，只计算流通股。	是一种交易型开放式指数基金的证券组合模型
巴克莱全球债券指数	全球投资级债券	不固定的	上市公司股票市值	由雷曼兄弟原始编制的
麦盖提欧洲公司债券指数欧元高收益债券指数	低于投资级别债券	不固定的	上市公司股票市值	每个月代表市场流动性的部分和调整资金组合
金融时报 EPRA/NAREIT 全球房地产指数	全球房地产	335	上市公司股票市值，只计算流通股。	表现公开交易的房地产投资信托基金

第 50 章 有效市场

<table>
<tr><th colspan="2">本章知识点</th><th>讲义知识点</th></tr>
<tr><td>一、市场有效性</td><td>了解市场有效性的概念</td><td rowspan="3">市场有效性介绍</td></tr>
<tr><td>二、股票的内在价值与市场价格</td><td>了解股票的内在价值与市场价格的关系</td></tr>
<tr><td>三、影响市场有效的因素</td><td>熟悉影响市场有效性的四大因素</td></tr>
<tr><td>四、有效市场假说的基本情况</td><td>掌握有效市场假说的三大基本情况</td><td rowspan="2">对比弱式、半强式、强式有效市场</td></tr>
<tr><td>五、有效市场假说的检测与应用</td><td>理解有效市场假说的几大应用</td></tr>
<tr><td rowspan="3">六、市场异象</td><td>1. 时间序列数据中的市场异象</td><td rowspan="3">市场异象</td></tr>
<tr><td>2. 横截面数据中的市场异象</td></tr>
<tr><td>3. 其他的市场异象</td></tr>
<tr><td>七、行为金融学</td><td>了解行为金融学</td><td>行为金融学的定义和分类</td></tr>
</table>

知识导引

什么样的资本市场能够称为有效？有效的资本市场对于投资者来说又有什么样的作用？本章主要介绍由著名的金融经济学领域的思想家尤金·法玛教授于1970 年所提出的有效市场假说理论。我们将详细介绍这个理论中所提到的三种市场：弱势有效市场、半强势有效市场和强势有效市场，以及股票市场价格与内在价值的关系，最后还会解释有效市场的挑战——市场异象和行为金融学的内容。

本章思维导图

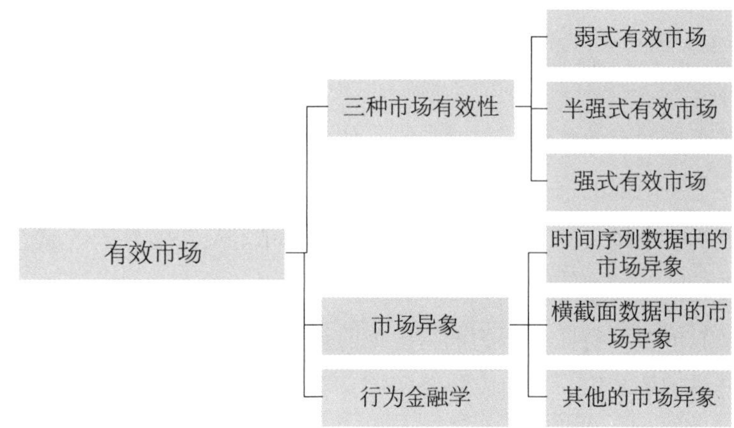

考点说明

本章是理论性较强的一章，阅读起来可能会比较枯燥，但同学们需要注意越是没有计算题的章节考点的变化越强，如果没有深刻掌握有效市场假说的理论基础，以及它延伸出来的一些概念，比如说什么是超额收益、市场异象或行为金融学的基本概念的话，答题的时候可能无法很迅速并正确的回答。

1. 市场有效性

什么是市场的有效性？这里所说的有效或无效指的是针对信息与股价的关系而言的。一个新出现的信息能够及时、迅速并合理地反馈在股票价格上的市场，就称为有效资本市场。基金经理通过判断目前的市场反映信息的效率，可以更好的调整自己的投资策略与资产配置。

比如说股价在没有任何新的消息出现前是保持稳定的，现在突然出台了一个新的宏观经济调控政策，如政府收紧银根，有效股票市场中的股票价格会迅速反映出投资人对这个消息的反应：缩紧银根会导致流动性下降，进而导致股市下跌。所以我们也可以说，市场的有效性表现为市场对于新信息的反应速度。

在一个信息完全有效的市场内，投资者只能通过消极的投资策略（passive investment strategy），即构建一个与股票市场指数一样的投资组合来进行投资。因为当股价已经完全反映了所有的市场信息时，市场上不存在任何套利空间，任何人都不可能获得超额收益。

反之，投资者认为市场的价格没有充分反映信息，那么就应该采用积极的投资策略（active investment strategy），即基金经理的投资组合与大盘指数不完全一致，基金经理相信自己配置的投资组合可以跑赢大盘。

当市场发布一条新的信息时，我们应该如何判断股价应该反映这条信息到什么程度才是有效或无效呢？要了解这一点，我们就必须知道内在价值与市场价格的作用与区别。

2. 股票的内在价值与市场价格

股票的市场价格（market price），简称价格，指的是这只股票目前在市场内所交易的价格为多少。股票的内在价值（intrinsic value），简称价值，指的就是这只股票的真实价值是什么。我们也可以说，股票的价值即是一位理性的投资人，在获得所有关于这只股票的基本信息（特性、风险、回报等）后，愿意购买这只股票所付出的钱。现实的世界中价值与价格是不同的。正是因为价格不等于价值，所以才会有投资的机会：一只股票的市场价格是围绕着它的真实价值波动的。所以只要找出股票的价值，就可以以价值为基准来与其市场价格比较，来判断到底是要看多或是看空并确定投资方向。

比如说目前 A 公司的市场价格是 25 元，而内在价值是 30 元，我们就可以判断 A 公司的股票目前是被低估了，可以买进等着以后会上涨，因为价值大于价格（intrinsic value > market price），反之亦然。

另一方面，在一个信息完全有效的市场内，股票的价格是等于价值的，无法通过上述方法获得利润，也就是说完全有效市场上不存在任何套利空间，任何人都不可能获得超额收益。

名师解惑

虽然我们可以通过比较股票价格与价值来决定自己的投资策略，但股票的内在价值不一定都能够准确估计出来。不同的估值方式得出的结果不同，不同的分析师切入点也不一样，因此股票的内在价值是很难完全估计准确的，也因此加大了投资的难度。

3. 影响市场有效的因素

一般来说，市场都是处在完全有效及完全无效的中间，不会有市场是完全有效或是无效的。通常不同的国家、时间和市场种类会对信息有不同程度的反应。总体来说影响市场有效的因素有四种：

- 市场参与者的数量；
- 信息的可得性；
- 交易的障碍；
- 交易成本和信息成本。

3.1 市场参与者的数量越多，市场的有效性越高

通过更多的交易量，股票的信息更加及时地调整并反映出真实的价值。通常来说，因为新兴国家市场多数不对外国投资者开放，而发达国家，如美国股票市场欢迎任何本国人或外国人交易，所以一般新兴国家市场的有效性低于发达国家市场。

3.2 信息的可得性越高，市场的有效性越高

当投资者越能够轻松地获取股票的信息时，市场的有效性是越高的。比如说，在美国的投资人只要进入美国证监会的网站（SEC），就可以随时看到某家公司从上市以来的财务报表，或公开披露的全部信息。换言之，股票市场内的信息越透明，传递方式越快，就越容易提高市场的有效性。

3.3 交易的障碍越低，市场的有效性越高

交易的障碍可以理解成交易的可能性，就是在这个市场里投资者不但可以做多（long）还能做空（short）股票。允许做空就意味着从单边市场变成双边市场，价格回归合理水平的速度更快，更不容易偏离真实价值。相反，如果交易障碍比较多，比如不允许做空，则在股价被高估的情况下投资者无法通过做空使价格迅速回归合理水平，导致股票价格偏离其真实价值。

3.4 交易成本与信息成本越低，市场的有效性越高

如果交易成本与获得股票相关信息的成本越低，代表投资者更有意愿随时根据新的信息来交易股票。这样一来，所有的股票都能在新信息披露时有更及时的反应，市场的有效性也就随之提高了。

4. 有效市场假说的三种基本情况

1970 年代，法玛教授提出了有效市场假说（efficient market hypothesis, EMH）。这个理论说的是如果在一个证券市场中，价格完全反映了所有可以获得的信息，那么就称这种市场为有效市场。衡量证券市场是否具有有效性有两个标准：一是价格是否能自由、及时地根据有关信息而变动；二是证券的有关信息能否充分地披露和均匀地分布，使每个投资者在同一时间内得到等量等质的信息。

有效市场假说的三种情况（图 50-1）：

- 弱式有效（weak-form, EMH）：目前市场价格充分反映了市场信息，即

技术面信息，包括过去股票的交易价格与交易量。因此技术面信息对于市场上股票价格的变动将不具有预测效力，因而投资者不能够使用技术分析来获得超额收益。

- 半强式有效（semi–strong–form, EMH）：股价不仅反映了市场信息（技术面信息），而且反映了所有公开的非市场信息，即基本面信息，包括招股说明书、公司公告、财务报表等。因此在半强式有效市场中，技术分析和基本面分析均无法获得超额收益。
- 强式有效（strong–form, EMH）：股价不但反映了市场信息与公司有关的所有公开信息，也同时反映了仅为内部人员所知道的内幕信息。也就是说股价完全反映了所有信息，因此任何分析方法都无效，也没有任何人能够获得超额收益。

名师解惑

要注意这三种市场是一个层层叠加的关系，弱势有效只反映技术面信息，而半强势有效包含了弱势有效的技术面信息再加上基本面信息，而强势有效则是反映所有之前两种市场反映的全部信息再加上内幕信息。因此，如果考试问你，请问在半强势有效市场中使用技术分析是否可以获得超额收益？答案是否定的。

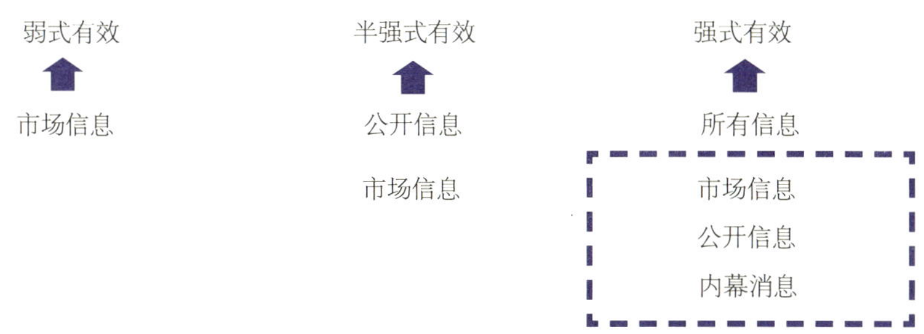

图 50-1　有效市场假说

5. 有效市场假说的检测与应用

通过分析市场能否获得超额收益（abnormal return），可以判断出这个市场究竟属于哪一种有效市场。

超额收益是投资业绩超过业绩基准的部分。假设大盘指数的投资回报率是20%，能够让投资组合的收益超过 20% 的基金经理，就是能够达到超额收益的基金经理。能否获得超额收益常常会作为市场有效性的测试标准。我们常常会用资产定价模型（CAPM）或多因素模型来计算要求回报率，并据此判断是否有超额收益。先计算出一个要求回报率，然后与实际收益来比较；如果实际收益高于要求回报率的话，代表存在超额收益。

技术分析（technical analysis）是通过分析历史股票价格以及成交量的数据来进行投资。如果市场中通过历史信息就能赚取超额收益，此时说明价格没有充分反映历史信息，此时，弱势有效市场不成立。因为最弱的有效市场都不成立，说明有效市场假说是不成立的。

名师解惑

所以我们常说，要利用技术分析赚取超额收益，必须假设有效市场假说不成立。

基本面分析（fundamental analysis）是通过分析公司招股说明书、公司公告、财务报表等文件中的基本面数据来进行投资。一般来说，在半强势有效市场内基本面分析是无法产生超额收益的，因为在这个市场内，股票价格反映了所有公开市场信息（包括技术面信息与基本面信息）。因此在半强势有效市场中，技术分析和基本面分析均无法获得超额收益。

借由事件研究法（event study）我们可以测试市场是否为半强势有效市场。事件研究法是一种统计方法，研究当市场上某一影响股票基本面的事件发生时，股价是否会产生波动，以及是否会产生超额收益，借由此种资讯，我们可以了解股价的波动与该事件是否相关。比如说在公司发布季度收益报告或股利分红政策时，可以通过比较事件发生前后的股价波动程度来检测基本面信息的变化是否迅速反映在股价里，并据此判断此市场是否为半强势有效市场。

看到这里可能有人会说，既然在半强势有效市场内，基金经理无法跑赢大盘，只能进行被动投资（跟着大盘走），那基金经理这个角色还有存在的必要吗？我们认为虽然基金经理在半强势有效市场内无法获得超额收益，但是他们还是能够帮助投资者达到分散资产，规划投资目标与避税的作用。

通过学习证券市场有效性的研究，我们了解到当市场是有效的时候，即使花费很大努力也很难获得超过市场平均的回报。那么这时就应该用被动投资（passive investment）的方式。投资的目标应该是风险分散化和降低交易成本。指数型基金的目的就是模拟某一股票指数的股票组合，也是进行分散化投资的一种很好的方法。

6. 市场异象

当我们了解了什么是市场有效性后，我们必须要知道当市场不按照规则进行变化的时候，我们称之为“市场异象（market anomalies）”。市场异象是站在与市场有效假说的对立面来看的。市场有效假说认为一共分为三种市场，而这三种市场内股票针对信息反映的速度是不同的，但只要我们先能判断出这是哪一种市场后，我们即能找出股票价格的规律，并制定与其合适的投资策略。

可是另一些不赞成有效市场假说的人们却不这么认为，他们普遍相信市场充满了各种偶然因素，很难找到规律。在详细解释市场异象之前，我们必须先理解什么是数据挖掘（data mining）。

简单来说，不管我们是要测试市场的有效性或是计算股指的平均收益率我们都会需要收集市场上很多的数据来分析与进行统计回归，最后得到我们想要求的数值。数据挖掘的意思就是，当分析师一味的收集数据进行分析的时候，有可能会把一些偶然发生的因素当成必然发生的现象。换句话说，就是分析师为了要证明目前的市场是半强势有效的，他在搜集数据时会一直有意识地寻找那些符合他想证明的论点的数据，不断地挖掘数据直到满足他的论点为止。这样的行为我们称为数据挖掘偏差。有些时候数据和股票价格并不一定真的存在经济的相关性，如果分析师一头栽入了搜集数据的迷思的话，很容易忽略了这两者之间是否真的是有因果关系，还是只是偶然相关而已。这是在做所有计量分析时必须要注意的。

价值投资者认为，尽管现实的世界中看似充满了各种偶然因素与不规则进行变化（即市场异象），但这种情况与市场有效假说并不矛盾，因为这些因素与变化并不是必然发生的现象，长期看来市场的有效性依然是存在的。

6.1 时间序列分析中的市场异象

6.1.1 日历异象

日历异象（calendar anomalies）指的是金融市场与日期相联系的非正常收益或非正常波动。在日历异象里面最出名的就是一月效应（January effect）。一月效应是指证券市场在一月份的平均收益率比同年其它月份的平均收益率要高，而且这些公司大多为规模不大的中小型企业。

一月效应通常是基于两个原因：

第一，投资者会在每年年底 12 月的时候抛售自己手上那些已经亏本的股票，通过实现亏损来进行避税；然后在隔年 1 月初再买回这些股票，于是在一月份起到了刺激股价的作用。

第二，很多基金经理会在年底的时候卖出那些中小型企业的股票（高风险高收益的股票），让自己的投资组合看起来风险较低，同样在隔年 1 月份再购回去年年底卖出的股票。这样一来，就造成每年一月时，股票市场表现比较好的异象。

6.1.2 反应过度 / 动量异象

反应过度（overreaction）说的是近期表现不好的股票未来收益超过那些近期表现好的。原因可能是那些近期表现低迷的股票其实是股票市场中的资质较差的公司的股票，在市场行情上涨时往往是优质股票先涨，但是当优质股票涨幅过大后会出现停滞，那些资质较差的股票可能会出现补涨的效应。反过来说，当市场行情下跌时，往往资质较差的公司股票会率先下跌，如果整体行情持续低迷，那么优质股票在市场整体出现调整后，也被迫跟随调整，出现下跌，即所谓的补跌效应。

动量异象（momentum）是指当一只股票价格过去处于上涨趋势时，未来一段时间内会继续上涨趋势；反之，当一只股票价格过去处于下跌趋势时，未来一段时间内会继续下跌趋势，这是由于人们的投资行为或交易习惯通常会保持一定的惯性造成的，大多无法反映真实的股票价值。

6.2　跨公司分析中的市场异象

6.2.1　规模效应（Size Effect）

规模效应是中小型企业股票收益通常高于大型企业股票收益的现象。

6.2.2　价值效应（Value Effect）

价值效应是价值型（低市盈率、低市净率与高股利收益率的公司）股票收益率往往比成长型（高市盈率、高市净率与低股利收益率的公司）股票来的高。

6.3　其他的市场异象

6.3.1　封闭式基金（Close-End Investment Funds）

封闭式基金的每股交易时的价格低于此基金的资产净值（net asset value）。对于这一异象的解释众说纷纭，有的说是因为基金收取的管理费用、针对未来收益的税收或较差的流动性等原因。目前尚未有一种说法能够完全解释这一异象。

6.3.2　盈利公布（Earnings Announcements）

在市场有效时，当公司公布有正盈利的时候，股价应该在公布当天就能够完全反映这条消息，反之亦然。此种异象描述的是，即使公司在当天公布了自己的盈利状况（不管是正盈利或是亏损），股价在当天不会完全反映这条信息，投资者有更多的时间去买进已经公开盈利数据的股票（或卖出已经公开亏损消息的股票）。

6.3.3　新股异象（Initial Public Offerings）

通常情况下 IPO 的股价都会比其未来的股价低，但是因为投资者过度追捧 IPO 的原因，现在很多 IPO 股票的价格都在刚发行的时候被炒的很高，之后的表现反而不是那么好。因为投资者对于 IPO 的过度乐观，才会有这样的异象发生。

6.3.4　经济面数据（Economic Fundamentals）

研究表明，股票价格与一些经济基本面的数据有关，例如：股利发放率、股价的波动性以及国家的利率政策等。

综合以上的市场异象我们不难发现，市场异象在很大的程度上都是因为投资者对股价的过度反应或反应不足所造成的。而会造成投资者这样做的原因是投资者的心理因素。最后，我们将简单介绍一下研究投资者心理因素的行为金融学。

通过如上的说明，我们可以理解造成市场股票价格异象的原因很大程度上是由于投资者的心理因素所造成的。因此，股票市场的变化不能完全用数量的方式计量，考虑人们心理因素也是分析师需要注意的一个部分。

7. 行为金融学

— 备考指南 —
对于 CFA 一级考生来说，同学们只需要掌握行为金融学中各类偏误的定义即可，更深入的内容会在三级的课程中做讲解。

行为金融学研究的是投资者的行为与心理因素在金融市场上影响个体买卖股票的方式，以及因为每个人认知上的差异而造成市场异象的状况。传统的金融理论认为投资者是理性的，他们都会以让自己利益最大化为目标去进行投资；但是行为金融学的研究表明，并不是每个人都会照着“理性”的方式去投资，所以市场异象才会发生。

行为金融学家认为投资者有一部分的过度反应（overreaction）是反应在损失厌恶（loss aversion）这个心理特征上的。理性投资人都不喜欢风险。但行为金融学告诉我们，投资者讨厌损失的程度大于喜欢收益的程度。在面对同样数量的亏损或收益的情况下，投资人更不能接受他们的投资是亏损的，他们更厌恶这样的情形发生。运用在股票投资上体现出的现象就是当股票有收益时，投资者就希望把它卖掉落袋为安；如果股票因为亏损而套牢，投资者反而会希望多等一点时间，希望能弥补回亏损。

羊群效应（herding）是个人的观念或行为由于真实的或想像的群体的影响或压力，而向与多数人相一致的方向变化的现象。人们会追随大多数人所同意的意见，而将自己的意见默认否定，且不会在主观上思考事件的意义。

另一个重要的心理特征就是投资者的过度自信（investor overconfidence）。这完全是投资者主观认知的一种表现，这样也会使得市场上股票的价格出现异常，不能完全反映真实的股价。比如说有一位投资者第一次买股票的时候就是买原材料行业的股票实现了盈利，他很可能在之后的投资组合里面都会持有大量的原材料行业的公司，即使经济情势不利于这种公司，他们也不愿意轻易抛售自己的股票，这就是投资者过度自信的表现。

信息层叠（information cascades）指的是第一个做出决策的人会对他人之后的

决策产生影响，而这些依据第一个人的行为作出决策的投资者容易忽略自身的偏好。比如对上市公司财务报表的解读：由于对上市公司财报的解读通常难度很大且主观性很强，所以第一个所谓的“名家”的意见就很有代表性，对后来投资者的决策会带来很大的影响。

其他的行为偏误还有：

- 代表性偏误（representativeness）：投资者会认为好公司等于好投资，即基本面好的公司一定是值得投资的，其实并不是；即便是基本面好的公司，如果它的股价被高估导致未来存在较大下跌的可能性，它依然是不值得投资的。

- 赌徒困境（gambler’s fallacy）：指的是投资相信过去发生的事情会对未来产生影响。比如某只股票已经套牢了一段时间，不管股价表现如何低迷，投资者都不愿意售出自己手上的股票，就像赌徒一样认为既然之前已经输了几把了，后面应该就会开始赢钱的这种心理。

- 心理账户（mental accounting）：指的是投资者在潜意识中倾向于把不同的投资放在不同的心理账户中分别管理，并且对不同的心理账户的风险偏好不同，导致投资策略也不同。正确的投资观念应该是全部资产作为一个投资组合，即一个整体来考量，而不是分别考虑。

- 过度保守（conservatism）：投资者对于变化或新信息的出现反应过于迟缓，不敢轻易改变投资方式，导致错过投资机会。

- 处置效应（disposition effect）：投资者倾向于较早卖出盈利的股票而长时间保留亏损的股票的行为倾向。

- 狭窄框架（narrow framing）：投资者倾向于把发生的事件作为独立的个体来看待，对同一事件的不同表述反应不同。

第 51 章 权益证券概述

<table>
<tr><th colspan="2">本章知识点</th><th>讲义知识点</th></tr>
<tr><td>一、股票的基本定义</td><td>了解股票的基本概念</td><td rowspan="3">权益性证券的类型和特征</td></tr>
<tr><td>二、股票的种类</td><td>了解股票的种类</td></tr>
<tr><td>三、上市公司股票和私募股权</td><td>上市公司股票和私募股权的对比</td></tr>
<tr><td>四、境外股票投资</td><td>了解境外投票投资的几种方式</td><td>非国内权益性证券投资</td></tr>
<tr><td>五、股票的风险与回报</td><td>了解股票的风险与回报</td><td rowspan="4">权益性证券的风险与收益特征</td></tr>
<tr><td>六、股票的账面价值与市场价值</td><td>股票的账面价值与市场价值的概念</td></tr>
<tr><td rowspan="2">七、净资产收益率</td><td>1. 计算净资产收益率</td></tr>
<tr><td>2. 计算投资者的要求回报与股权成本</td></tr>
</table>

知识导引

权益代表了股东对公司净资产的所有权。作为一种资产，权益证券在投资分析和组合管理中扮演着重要的角色，因为它在个人投资者和机构投资者的投资组合中通常占有很大的比例。此外，因为权益类证券包含几种不同的类型，它们对资产组合的影响各不相同，所以研究不同种类的股票有利于投资者对资产组合进行准确的分析。另外，权益证券的估值一般需要和它的市场价格进行对比分析，所以研究股票市场是投资者的一项必要功课。

本章思维导图

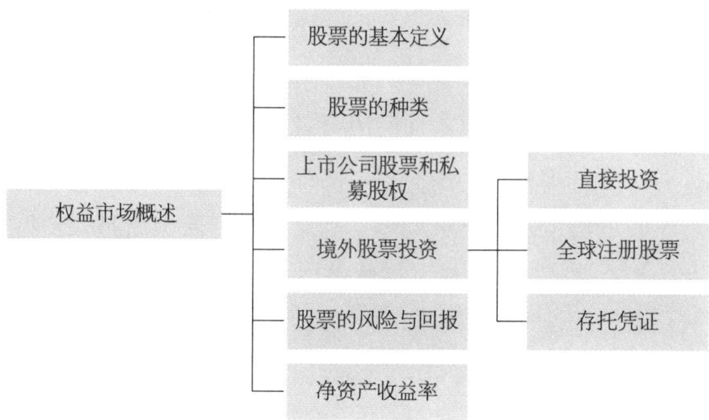

考点说明

本节主要介绍权益类证券的概况，包括权益类证券的特点和对权益类证券进行估值时所需的背景知识。考生需要掌握各类权益类证券的特点，并能够将它们进行对比；另外，和估值相关的一些指标也是需要了解的内容。

1. 股票的基本定义

股票是股份制公司为筹集资本而向出资者发行的持股凭证。每股股票都代表股东对企业拥有一个基本单位的所有权。比如说参加股东大会、投票表决、参与公司重大决策、收取股息或分享红利等。简单来说，股票就是一份持有公司股权的凭证；拥有一家公司的股票越多，就等于拥有对这家公司更多的话语权。

股票是股份公司资本的构成部分，可以转让、买卖或作价抵押，但不能要求公司返还其出资。股票与债券的本质是完全不同的，股东与公司之间的关系不是债权债务关系。股东是公司的所有者，以其出资份额为限对公司负有限责任，承担风险，分享收益。

名师解惑

根据记载，世界上最古老的股票是在荷兰发现的，迄今有四百多年的历史。这张股票凭证是荷兰乌得勒支大学一名历史系学生为写论文在该档案馆查找资料时无意中发现的。人们起初以为这仅仅是一张古老的借据而已，但经过鉴定后发现，这是荷兰东印度公司 1606 年 9 月 9 日在霍伦发行的一张股票，股票持有人为彼得 · 哈尔门松，票面价值为 150 荷兰盾。

值得一提的是，这张股票凭证记载了荷兰东印度公司的分红信息，可以看出东印度公司在发行这张股票几年内没有分红，之后业绩开始转好。

2. 股票的种类

股票可以分为两大类：一类是普通股（common share），一类是优先股（preference share, preferred stock）。

普通股包括了可回购股票和可反售股票。

优先股包括了累计 / 非累计优先股、参与型 / 非参与型优先股和可转换优先股。

2.1 普通股

普通股是股票最基本的一种形式，同时也是发行量最大，最为重要的股票。普通股是指在公司经营管理和盈利及财产分配上享有普通权利的股份。普通股的股东享有“剩余财产的分配权”（residual claim），在公司满足所有债权偿付以及优先股股东偿付之后，普通股的股东有权利对公司剩余的资产进行分配。

2.1.1 普通股股东的权利

以下是一些常见的普通股股东的权利：

- 公司决策参与权：普通股的股东有权参与股东大会，并有建议权、表决权、和选择权，也可以委托他人作为代表（proxy），令其按照股东（即委托人）的意愿行使股东权利。
- 利润分配权：普通股股东有权从公司的利润分配中得到股息，但每家公司分配股息的方式都不一样，有些成长型企业甚至不分配股息，持有成长型股票的股东可以通过资本利得来取得收益。需要注意的是，普通股股东在优先股股东取得固定股息之后，才有权获得股息分配。
- 优先认股权：在公司需要扩张而增发普通股股票时，现有普通股股东有权按其持股比例，以某一特定价格优先购买一定数量的新发行股票，从而保持其对企业所有权的原有比例。
- 剩余财产分配权（residual claim）：公司面临破产或清算时，若公司资产在偿还完债务之后还有剩余，则该剩余部分会按照先偿付优先股股东、后偿付普通股股东的顺序进行分配。

2.1.2 投票权

普通股的控制权体现在投票权上（voting right）。比如当公司提议改变经营策略时可能需要经过股东大会的批准，因为大股东在股东大会上的影响力更大，影响力越大就越能体现出自己的管理主张。

在董事会投票决议重大事项的时候，投票权有两种不同的形式：

- 法定投票系统（statutory voting system）：每张股票均只有一份投票权，股东依照自己的持股数量来投票以支持自己偏好的候选人。
- 累计投票制（cumulative voting）：总票数依据候选人的总数乘以手上的

股份数额，得到的数目即是股东可以用来表决的票数。

名师解惑

举例说明：假设现在董事会要选三位董事，法定投票系统的方式，如果一个股东拥有 100 股，就等于拥有 100 张选票。在每次表决时他投给哪位候选者，那位候选者可以得到这位股东的 100 张票。

而累计投票制的方式则是，这位持有 100 股的股东有 300 张选票（股东持股数量与以候选人人数的乘积，100×3=300），他可以把 300 张票全部都投给一位心仪的候选人，或是按照他对不同候选人的喜好，依次分配他手上的选票。

法定投票系统的缺点就是小股东的权益容易被大股东所覆盖，因为只要持有的股数多，投票的份额就越大，所以很多公司会采用累计投票制的方式来平衡这一个缺点。累计投票制可以更好地维护少数股东权益（minority interest）。

2.1.3 普通股分类

— 备考指南 —

本章节中关于各种股权的特点都是重点，应对各种子类别的特点进行重点掌握。

- 可回购股票（callable common shares）：是指在发行后一定时期内，发行公司可以按事先约定好的回购价格（call price）回购的股票。

名师解惑

可回购股票中所含的赎回权是发行公司的权利，对发行公司有利。当股票的市场价格偏高时，如果股价高于可赎回股票事先约定好的赎买价格，发行公司会以约定好的价格买回股票，再以更高的价格发行新股。这样做可以使发行公司降低其权益融资成本，从而达到公司资本运营的最优策略。因此，可赎回股票的价格低于一般股票。

- 可反售股票（putable common shares）：是指股票发行后一定时期内，持股人可以按事先约定好的反售价格（put price）将股票卖回给发行公司。

名师解惑

可反售股票中所含的反售权是持股人的权利，对持股人有利。当股票的市场价格偏低时，股东可以按事先约定好的价格将手中的股票卖回给发行公司，以达到规避风险的目的。因此，可退回股票的价格高于一般股票。

2.2　优先股

优先股是相对于普通股而言的。它的特征可以概括为“一固定两优先”。一固定是优先股通常具有固定的股息（类似于债券）。两优先分别是优先股的股息在普通股股息之前派发；在破产清算时，优先股股东对公司剩余财产的求偿权优先于普通股股东，但在债权人之后。

2.2.1　优先股的特征

优先股同时拥有债券与股票的特征：

- 与债券相似点：通常优先股的股东都会定期定额地收到股息，并不享有投票表决的权利，这个特点与债券相似。
- 与普通股相似点：与普通股一样，优先股的股票也是没有到期日的。优先股的股息率虽然是固定的，但支付优先股股息和支付债券人的利息不同，并不是法定的义务。

2.2.2　优先股的种类

优先股可分为累计优先股（cumulative preference shares）和非累计优先股（non-cumulative preference shares）

- 累计优先股：指的是将以往营业年度未如期支付的股息累积起来，由以后营业年度的盈利一起支付的优先股股票，且所有的股息必须在普通股股东拿到股息之前付清。
- 非累计优先股：是按当年盈利分派股息，对累计下来的未足额支付的股息不予补付的优先股股票，当年的股息必须在普通股股东拿到股息之前付清。

优先股还可以分为参与型优先股（participating preference shares）和非参与型优先股（non-participating preference shares）

- 参与型优先股：不仅可以按规定股息率从当年利润中收取定额股息，而且在公司盈利超过某一水平后拿到额外的股利的优先股股票。
- 非参与型优先股：只按规定股息率收取定额股息，不参加剩余公司利润分配的优先股股票。

优先股还包括可转换优先股（convertible preference shares）

- 可转换优先股允许其持有人在事先约定的条件下将其转换成为一定数量的普通股。可转换优先股是近年来日益流行的一种优先股。一般说来，发行公司对可转换优先股都会规定转换条件和转换比例。持有可转换优先股股票的股东有权根据公司的经营状况和股票的市场价格自行决定是否将优先股股票转换成普通股股票。
- 可转换优先股有以下的优点：
  - 优先股的股息率一般高于普通股；
  - 在公司盈利时期，投资者可以把优先股转换成普通股，分享盈利；
  - 可转换权利（convertible option）的价格在普通股价格上扬时变得更高；
  - 优先股的风险比普通股的风险更低，它不但有稳健的股息收入、优先于普通股分配股息的权利，当公司因破产而进入清算时，它也可以先于普通股股东拿到清偿份额。

可转换优先股的这些特征不但能够规避风险，也能安全地享受到股价上涨时的益处，所以常常会被拿来投资于风险较高的公司，例如风险投资（venture capital）与非上市公司的股权（private equity）。

名师解惑

简单来说，股票与债券都是企业用来筹集资本的工具，只是股票持有者与企业的关系是“有福同享有难同当”，而债券持有人是获得固定的本金加上利息而形成的借贷关系而已。因此企业不但可以选择自己所偏好的方式筹募资金，还有可能同时发行不同信用等级（class A or class B）或不同类型（股息不同、交易方式不同、董事会投票权不同等）的股票。这些信息都可以在美国的证监会（Securities And Exchange Commission Of The United States）各个公司的档案中找到。

3. 上市公司股票和私募股权

上市公司股票（public equity securities）：指的是公开发行的，并在公开市场，如证券交易所交易的股票。之前我们讨论的股票类型全部都是属于上市公司股票范围。

私募股权（private equity securities）：是指非上市公司所发行的股票，这类股票并没有公开在市面上发行。非上市公司股票主要是通过私募的方式出售给机构投资者。

3.1 私募股权投资的特征

在美国，专门投资未上市企业私有股权（即未公开发行的股权）的机构叫做私募股权投资基金。私募股权投资基金的出资中，有少部分来自于一般合伙人（general partner），一般合伙人负责管理基金、寻找投资机会并做出投资决策。出资的大部分来自于投资人，即有限合伙人（limited partner），有限合伙人通常包括养老基金、各类金融机构等机构投资者或高净值个人客户（图 51–1）。

图 51-1 有限合伙人与普通合伙人

与上市公司股票相比，私募股权通常有这几个特征：

- 流动性差：没有活跃的市场供非上市公司股权进行交易。
- 股票的价格不是由市场所决定的：因为是非公开发行且没有活跃的市场报价，股价通常是由发行方和投资者协商决定的。
- 公司财报披露（financial disclosure）的信息更少：私募股权的信息披露要求不像公开发行的股票那么严格，信息透明化程度较低，加大了投资者的投资风险。
- 较低的报告成本：监管机构对非上市公司出具报告的要求相对上市公司

而言更低。

- 公司治理水平低：因为监管力度较低，缺乏公众监督，非上市公司的公司治理水平通常低于上市公司。
- 更多地关注长期发展：非上市公司不用承受来自公众投资者对短期盈利预期的压力，使得非上市公司能够更多地关注公司的长期发展。
- 如果私募股权能够通过首次公开发行（IPO）实现上市，投资者的回报将非常可观。

3.2 私募股权（Private Equity Securities）的种类

3.2.1 风险资本（Venture Capital, VC）

— 备考指南 —
这部分内容会在另类投资中做更详尽的讨论。

风险资本专门为偏早期的创业型公司提供初始资金。广义的风险投资泛指一切具有高风险、高潜在收益的投资；狭义的风险投资是指针对新兴的、以高新技术为基础、技术密集型的创业型公司的投资。根据美国全美风险投资协会的定义，风险投资是由金融家投入到新兴的、迅速发展的、具有巨大竞争潜力的企业中一种权益资本。因为这类新兴的创业型公司通常都没有上市，所以风险投资所获得的股权流动性很差，需要很长时间才有可能经由各类退出渠道实现退出并获得回报。

3.2.2 杠杆收购（Leverage Buyout, LBO）

杠杆收购（leveraged buyout，LBO）是指公司或个体利用财务杠杆收购另一家公司的策略。杠杆收购的突出特点是，收购方会通过大规模融资借贷（即财务杠杆）去支付（大部分的）收购对价。融资借贷金额通常为收购对价的 70% 以上。同时，收购方通常会以目标公司（即拟收购公司）的现有资产及其未来收益作为抵押进行借贷。借贷需要支付的利息将通过被收购公司的未来现金流进行支付。杠杆收购的主体一般是专业的投资基金，投资基金收购目标企业的目的是以合适的价钱买下公司，通过经营使公司增值，并通过财务杠杆放大投资收益。

名师解惑

企业通过风险投资融资与以往抵押贷款的方式有本质上的不同。风险投资不需要抵押，也不需要偿还。如果投资成功，投资人将获得几倍、几十倍甚至上百倍的回报；如果失败，投进去的钱就算打水漂了。对创业者来讲，使用风险投资创业的最大好处在于即使失败，他也不会背上债务。这样就使得年轻人创业成为可能。总的来讲，这几十年来，这种投资方式发展得非常成功。

杠杆收购通常是由大型并购基金或产业资本作为收购方发起，用被收购公司的资产、股权、或未来的收益权作为抵质押向银行借贷来完成收购。

3.2.3 管理层收购（Management Buyout, MBO）

公司的管理层利用借贷融资收购本公司的一种行为，从而引起公司所有权和控制权的变化。管理层收购使企业的经营者变成了企业的所有者。由于管理层收购在激励内部人员、降低代理成本、改善企业经营状况等方面起到积极的作用，所以成为20世纪70–80年代流行于欧美国家的一种企业收购方式。通常对管理层收购目标公司设立的标准是：目标公司具有比较强且稳定的现金流生产能力，目标公司管理层在企业管理岗位上工作年限较长、经验丰富，且企业债务比较低，企业具有较大的降低成本、提高经营利润的潜力和空间。

3.2.4 私募投资上市股权（Private Investment In Public Equity, PIPE）

私募投资上市股权指的是上市公司为了更有效率地取得资金而进行的私募股权融资。上市公司可能因为处于增长期、陷入财务困境、或拥有大量需偿还债务等原因需要融资。投资者一般都可以用折价的方式入股。由于发行方式为非公开发行，监管机构对这种融资方式的审查更少，而且也不需要昂贵的路演，使得获得融资的成本和时间都大大降低。

4. 境外股票投资

科技的进步不但加快了资本流通速度，也增强了全球金融市场的一体性。现在我们不但可以用交易软件轻松地买卖本国股票，也可以很方便地投资国外的金融市场。互联网技术的进步使得跨境交易与沟通变得更加便捷，投资者也能够更好地将资产在全球资本市场范围内进行配置。但同时，仍然有一些国家对金融资本的流入 / 流出实施严格管制。

从公司自身的角度来看，通过在国际市场发行股票，不但公司的知名度能有所提升，股票在海外市场的流动性也可以增加，使得国内的公司有更强的国际竞争力，进一步提升本国的经济实力。

境外投资有以下几种基本的方式：

4.1 直接投资（Direct Investing）

直接投资指的就是投资人直接买卖国外市场发行的股票。但投资者直接投资国外股票市场时会面临一些问题：

- 投资的成本或收益以外币计量，有产生汇兑损益的风险；
- 国外股票市场的流动性可能不佳；
- 国外市场对上市公司的信息披露要求可能不够严谨，会影响投资决策；
- 投资者可能对国外股票市场的法律法规、监管方式及交易程序等方面不够熟悉。

— 备考指南 —
请注意 CFA 是站在美国人的角度编写的教材，所以会认为大部分其他国家上市公司的信息披露要求相比美国不够完善。

4.2 全球注册股票 Global Registered Shares （GRS）

全球注册股票是可以在不同国家的交易所以不同货币进行交易的股票。比如日化巨头保洁（P&G）的股票主要在纽交所交易，在 2019 年退市前，其股票还在巴黎泛欧证券交易所交易。

4.3 存托凭证（Depository Receipts, DRs）

存托凭证是指在一国证券市场流通的代表外国公司有价证券的可转让凭证，属于公司融资业务范畴的一种金融工具。存托凭证通常代表公司股票，有时也代表债券。1927 年，美国人 J.P 摩根为了方便美国人投资英国的股票发明了存托凭证。

以股票为例，存托凭证是这样产生的：某国的公司为使其股票在外国流通，就将一定数额的股票，委托某一金融机构（通常为银行，该银行被称为保管银行或受托银行）保管，由保管银行通知外国的存托银行在当地发行代表该股份的存托凭证，之后存托凭证便开始在外国证券交易所或柜台市场进行交易。存托凭证的当事人，在国内有发行公司、保管机构，在国外有存托银行、证券承销商及投资人。从投资人的角度来说，存托凭证是由存托银行（depository bank）发行的可转让股票凭证，证明一定数额的某外国公司股票已寄存在该银行在外国的保管机构，而凭证的持有人实际上是寄存股票的所有人，其所有的权力与原股票持有人相同。

存托凭证可以分为参与型存托凭证（sponsored DR）和非参与型存托凭证（unsponsored DR）两类。参与型存托凭证是由国外的上市公司发起发行的，其投资者通常具有投票权。非参与型存托凭证是由于银行主动购入上市公司股票并以此发行的，通常不具有投票权，其投票权被存托银行保留。

根据存托凭证的发行地，存托凭证可以分为以下两类：全球存托凭证（Global Depository Receipts, GDRs）和美国存托凭证（American Depository Receipt, ADR）

全球存托凭证是某公司在本国和美国以外的国家发行的，全球存托凭证按其发行或交易地点之不同，被冠以的不同名称。大部分的全球存托凭证都是在伦敦与卢森堡交易市场交易，虽然不是在美国交易市场，但都以美元计价。

美国存托凭证是在美国市场交易并以美元为计价单位的存托凭证。美国存托凭证让美国以外的企业能够在美国市场募集资金（表 51–1）。

美国存托凭证与美国存托股票（american depository shares, ADS）是孪生兄弟，不同点在于后者是真正在其本国市场发行的股票，前者是在美国流动和交易的凭证。也就是说美国存托股票可以看作是美国存托凭证的底层资产。例如，中国石化在美国发行存托凭证，美国投资者交易的就是中石化的美国存托凭证，而在中国发行并交易的与存托凭证相对应的那一部分中石化的股票就是美国存托股票了。

表 51–1 美国存托凭证的种类

	Level I	Level II	Level III	Rule 144A
交易场所	场外交易（OTC）	美国纽约证券交易所（NYSE），纳斯达克，美国证券交易所（AMEX）	美国纽约证券交易所（NYSE），纳斯达克，美国证券交易所（AMEX）	私募
美国证监会（SEC）注册	需要	需要	需要	不需要
可否在美国募资	否	否	是	是
挂牌成本	低	高	高	低

还有一类存托凭证被称为一篮子存托凭证（Basket Of Listed Depository Receipt, BLDR）

一篮子存托凭证是多个存托凭证集合的投资组合，可以像股票一样直接交易。

5. 股票的风险与回报

5.1 股票的回报

股票的回报是指投资股票的收益，可以分为以下三个部分：

- 股息和股息再投资收益；
- 股价涨跌造成的资本利得或损失；
- 投资外国股市时汇率变动造成的收益或损失。

5.2 股票的风险

— 备考指南 —
同学们需要掌握不同种类股票的风险大小排序。

最常用来衡量股票风险的就是标准差（standard deviation）。不同类型的股票风险特征如下：

- 优先股的风险低于普通股，因为优先股会定期定额的支付股息、优先股股东总是先于普通股股东得到派息，在公司清算时优先股股东也能在普通股股东之前取得剩余财产分配的份额。
- 累计优先股的风险低于非累计优先股，因为累计优先股的股东可以保留取得未足额分派股息的权利，并且总能在普通股股东之前拿到全部股息。
- 可反售股票（包括可反售的普通股和可反售的优先股）的风险对于投资者来说比较低。当股市价格偏低的时候，投资者可以以事先约定好的价格将股票卖回给发行公司，以减少损失。
- 可回购股票（包括可回购的普通股和可回购的优先股）的风险对于投资者来说比较高。当股市价格偏高的时候，发行公司可以按照事先约定好的价格回购股票，使得投资者收益封顶，不能得到股价上涨的全部收益。

6. 股票的账面价值与市场价值

股票的账面价值（book value of equity）指资产负债表上公司的资产减去负债后的价值，即净资产的账面价值，通常会随着公司盈利能力的上升而上升。

股票的市场价值（market value of equity）是指公司所发行在外的股票的市值总额，它反映了市场上的投资者对公司未来业绩的预期。

7. 净资产收益率

最常用来分析公司盈利能力，以及管理层的工作效率和称职与否的指标是净资产收益率（return on equity, ROE）。

7.1 净资产收益率的计算方法

$$ROE_t = \frac{NI_t}{average\ BV} = \frac{NI_t}{(BV_t + BV_{t-1})/2}$$

$$ROE = \frac{NI_t}{BV_{t-1}}$$

这里有两个不同的公式，我们既可以用期初和期末的平均净资产，也可以用期初的净资产来计算净资产收益率。净资产收益率是衡量上市公司盈利能力的重要指标。是指利润额与股东权益的比值，该指标越高，说明公司为股东赚取利润的能力越强；净资产收益率越低，说明公司股东的获利能力越弱。该指标体现了股东投入的权益资本通过公司经营获得净利润的能力。

企业资产包括了两部分：

- 一部分是股东的投入，即所有者权益；
- 另一部分是企业借入和暂时占用的资金，即债务。

企业适当运用债务，即财务杠杆，可以提高资金的使用效率并提高盈利，但借入的资金过多会增大企业的财务风险；借入的资金过少则会降低资金的使用效率，使企业的盈利能力不足。净资产收益率同时也是衡量公司对股东投入资金使用效率的重要指标。

7.2 投资者的要求回报与股权成本

企业的股权成本（cost of equity）是投资者投资企业股权时的要求回报率。计算股权成本的方法很多，国际上最常用的有股利折现模型（DDM）或资本资产定价模型（CAPM）。

一般来说，当股票价格下降时，要求回报率就会上升；股票价格上升时，要求回报率就会下降。因为一个企业股票的内在价值（intrinsic value）是未来现金流的折现值，要求回报率越高（低），折现率越大（小），通过折现算出的内在价值就越小（大）。

投资者也可以通过比较市场预期回报率与自己的最低要求回报率去判断是否值得持有这个股票。如果投资者发现一只股票的预期回报率大于他的最低要求回报率，在承受相同风险的情况下，这个股票是有吸引力的。投资人对不同的风险程度会有不同的回报要求、对公司未来的现金流也会有不同的预期。

我们可以把企业的股权成本想象成是投资者面临风险的情况下，所要求得到的最低回报率，该回报率通常也是用现金流折现模型对股票进行估值时所用的折现率。

名师解惑

对上市公司进行股权估值的一个关键假设是，股票的市场价格会偏离它的内在价值。任一资产的内在价值（intrinsic value）是在假定已全面了解资产投资特征时的资产价值。对特定的投资者而言，内在价值的估计反映了他对资产“真实”或“实际”价值的看法。如果某人假设股票的市场价格完美地反映了它的内在价值，估值将只需要观察市场价格。大体上说，正是这种假设为有效市场理论打下了基础，该理论认为资产的市场价格是其内在价格的最优估计。

第 52 章 行业与公司分析概述

本章知识点		讲义知识点
一、自上而下分析法	了解自上而下分析法的理念	外部影响与公司分析
二、行业分类系统	1. 熟悉依照产品与服务划分的行业分类	当前行业分类系统
	2. 了解依照统计的方式划分的行业分类	
	3. 经济周期敏感性分类	
三、同辈群体	熟悉同辈群体的概念	
四、行业分析模型	1. 掌握行业生命周期模型	行业生命周期模型
	2. 掌握定价权模型	行业战略分析
	3. 熟悉波特五力模型	
五、公司分析	熟悉公司分析的方法	外部影响与公司分析

知识导引

在选定一家公司来进行股票估值之前，身为分析师必须要先从宏观经济角度切入，判断目前的经济形势，再选择行业类别，进而再决定哪家公司的股票值得投资。因此，本章将介绍在挑选股票的前期，分析师应该从何种角度切入分析宏观经济、行业以及公司。

本章思维导图

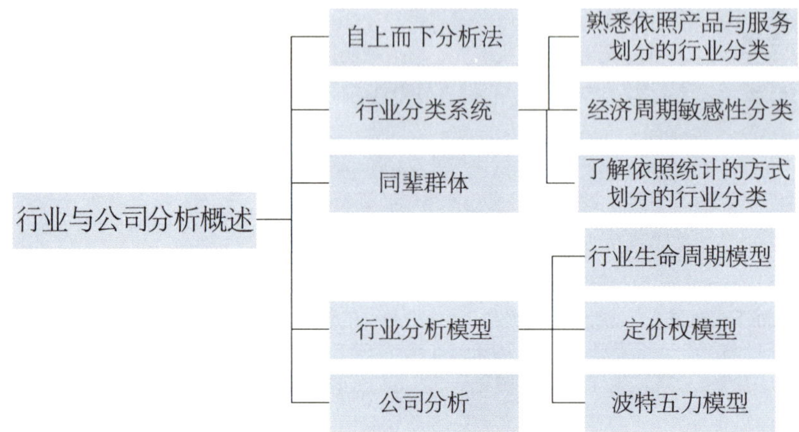

考点说明

本节将介绍对行业和公司进行分析的各种方法和相关概念，包括总的分析方法——自上而下分析法、行业分析模型——生命周期模型、经济周期模型、定价权模型、波特五力模型等，考试以定性的理解为主。

1. 自上而下分析法

自上而下分析法（top-down process）是先从宏观的经济环境开始考察，进而延伸到微观的行业与公司层面。先分析宏观经济的整体情况，在此基础上选出市场中最好的行业，最后在该行业中选择最好的公司进行投资，如图 52-1。

图 52-1　自上而下分析法

1.1　宏观经济分析

宏观分析的目标是选择要投资的目标市场或国家。宏观经济分析包括了以下五个方面的因素，分别是宏观经济指标、科技水平、人口情况、政府政策和文化习俗。

1.1.1　宏观经济指标

宏观经济指标（macroeconomic factors）是影响宏观经济的重要因素。常见的宏观经济指标包括 GDP 增速、利率水平、通胀水平、失业率、消费者信心等。

1.1.2　科技水平

科技水平（technology）可以显著改变整个宏观经济的生态。计算机、互联网、人工智能这些新兴科技的出现大大促进了宏观经济的发展。

1.1.3　人口情况

人口情况（demographics）包括两个方面：人口数量和人口结构。通常人口数量多的地区对商品的需求更高，能够刺激经济更快地发展。美国在第二次世界大战后的婴儿潮和我国的人口红利都是典型的例子。此外人口的结构分布也会影响了经济发展的速度，比如在人口老龄化过于严重的国家，经济难以振兴。

1.1.4 政府政策

政府通过财政政策、货币政策、产业政策以及各类行政法规可以对宏观经济的发展起到调节作用。例如，宽松的财政政策和货币政策可以促进经济的发展，而紧缩的财政政策和货币政策则会使经济发展放缓。

1.1.5 文化习俗

文化习俗（social influence）指的人们生活、工作和娱乐的习惯。例如人们的消费升级可以在一定程度上促进经济的增长。

1.1.6 环境影响

环境影响（environmental influences）指的是随着行业不断适应新技术和战略，以实现竞争和增长，评估和减轻环境影响是一个重要影响因素。例如，气候变化正在改变人们对整个行业的看法和演变方式。由于全球资源有限，气候变化对许多行业的增长和盈利能力构成了真正的威胁，在评估外部影响时应予以考虑。

1.2 行业分析

行业分析的目标是在选出的目标市场 / 国家中进一步选择要投资的行业。具体包括：

- 通过上述的宏观经济分析可以判断宏观经济的整体情况，并以此来确定准备投资的目标市场 / 国家，接下来再在市场 / 国家中分析各行业的表现；
- 根据各个行业的特征（如不同行业所处的阶段不同、对经济周期的敏感度不同等），就可以知道在该目标市场 / 国家中哪些行业具有更好的前景，哪些行业会遇到困难。那些发展前景更好的行业中的上市公司股票会有更好的业绩表现。

1.3 公司分析

公司分析的目标是在选出的行业中进一步选择要投资的上市公司 / 个股。

我们需要在选出的发展前景好的行业中，进一步寻找表现更好的上市公司 /

个股。并不是所有公司都能分享行业增长的好处，只有那部分竞争力强的公司的股票才有价格上涨的潜力。因此在这个阶段，我们需要对各个上市公司 / 个股的基本面、财务状况等进行分析，找出竞争力最强的公司，对其股票进行投资。

自上而下分析法的研究结果表明，一个公司的业绩变动大多来自于宏观经济环境的变动和公司所在行业的变动，而前者更为重要。尽管宏观经济和行业对于公司业绩的影响不一致，但是研究结果显示外部经济环境对于公司盈利有显著的影响，而股票市场的波动也与不同的宏观经济变量（GDP 增速、利率水平、通胀水平、失业率等）相关。

名师解惑

自上而下分析法从宏观环境的角度切入，首先对国际和国内的宏观经济进行分析，判断目前的宏观经济形势。其次是行业分析，最后再对上市公司 / 个股进行分析。比如说，如果我们想预测一家家电制造企业的业绩表现，我们可以从宏观经济增速（如 GDP 增速）开始，进而预测家电行业的业绩表现，最后分析企业的市场表现。该企业的销售量应该等于整个行业的预计销售量乘以该企业在行业中的市场份额。

2. 行业分类系统

在介绍行业分析之前，我们必须先了解行业是如何分类的。最常见的分类方式就是以企业提供的产品或服务性质来分类，另外一种则是按照统计的方式来进行分类。

2.1 依照产品与服务划分

根据产品和服务划分是最基本的行业分类方法。具有代表性的行业有以下几类：

- 基本材料与加工企业（basic materials and processing firms）；
- 非必需消费品企业（汽车、高级餐厅等）（consumer discretionary firms）；
- 必需消费品行企业（食物、药品、工具等）（consumer staples firms）；

- 能源企业（energy firms）；
- 金融服务企业（financial services firms）；
- 医疗健康企业（health care firms）；
- 工业和耐用品企业（industrial and producer durables firms）；
- 科技企业（technology firms）；
- 电信企业（telecommunications firms）。

2.2 依照统计的方式划分

聚类分析（cluster analysis）又称作群分析，方法是将收益相关性高的公司分为一类。

聚类分析的局限性：

- 历史数据显示的相关性并不能代表未来的相关性；
- 按照相关性分类会因为不同时间和不同国家地区而有所不同；
- 这种分类方法有时候看起来没有那么直观；
- 容易被统计学里的问题所影响。例如：应该被归为一类的公司与不应该被归为一类的公司，常常无法被正确地分类。

必须注意的是，不同行业类别的企业是不应该拿来直接比较的。每个企业都应该跟与自己相似的可比公司，即同辈群体（peer group）来进行比较才是正确的方法。

2.3 经济周期敏感性划分

根据对经济周期的敏感性不同，可以把行业分为周期性行业（cyclical industry）和非周期性行业（non-cyclical industry）。

周期性行业的企业通常有更高的经营杠杆和更高的盈利波动性；他们的产品价格比较高昂，很多是非必须品，或者产品用量可以自由调节。在经济衰退时，消费者会选择降低或者推迟这类消费，导致这类企业的业绩下降。常见的周期性行业包括：能源、金融服务、房地产、汽车等。

非周期行业是那些在不同的经济周期中，营收和净利润都较为稳定的行业。非周期性公司包括两类：一类是防御型（defensive industries），一类是成长型（growth industries）。

防御型行业的产品以必须品为主，消费者无法降低或者推迟这类消费，包括公用事业、生活必需品、医疗健康等行业。成长型行业则是那些产品需求旺盛且不断增长的行业，企业无论处于怎样的经济周期中都可以保持一定的增长。

名师解惑

因为相似的因素往往会影响一个行业里的所有企业，所以行业知识有助于分析师理解公司所在市场的特征和公司的经营状况。比如说，航空业分析师知道人力成本和燃油成本是航空公司最大的两项费用，而且在许多情况下航空公司无法通过提高票价来转移高昂的燃油成本。利用这些信息，分析师可以分析不同的航空公司，看它们使用的对冲工具能在多大程度上抵消内在的燃油成本风险。有了这些信息，分析师就能更好地预测未来的业绩与现金流。分析师还可以运用敏感性分析来计算不同的燃油价格水平会如何影响航空公司的估值。

3. 同辈群体

同辈群体（peer group）也称为可比公司，指一类相似的企业。这类公司往往具有类似的主营业务、产品和行业环境等。分析师通常利用可比公司来对 2 个类似公司的业绩、财务状况、估值等指标进行比较。

可比公司的分析步骤如下：

- 使用行业分类系统确定属于同一行业的公司；
- 通过查阅公司的公告和年报判断其他公司是否是其竞争对手；
- 通过查阅竞争对手年报确定竞争对手的情况；
- 查阅行业资料找出行业内的所有主要竞争者；
- 通过比较公司的主营业务、产品等信息进一步确定可比公司；
- 必要时对财务报表数据进行调整。

4. 行业分析模型

4.1 生命周期模型

利用生命周期模型进行行业分析的方法是将行业分为 5 个发展阶段，通过分析每个行业的特征判断其目前所处在哪个发展阶段，以此来判断该行业的投资价值（图 52-2）。这 5 个阶段分别是：

- 初创期（embryonic stage）；
- 成长期（growth stage）；
- 震荡期（shakeout stage）；
- 成熟期（mature stage）；
- 衰退期（decline stage）。

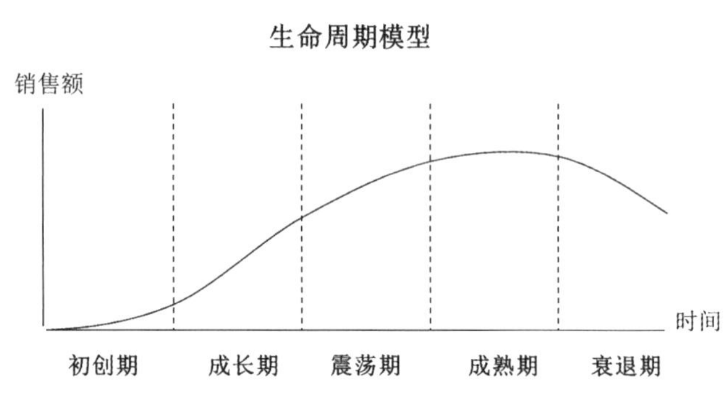

图 52-2 行业的生命周期

接下来将要介绍企业在不同的生命周期（industry life cycle）阶段各有什么样的特征。

4.1.1 初创期

初创期的特点有：

- 增长速度慢：广大消费者尚未熟悉该行业的产品与服务，产品需求有限；
- 产品价格高：因为产品销量小，所以需要通过设定较高的单价才能产生足够的收入；

- 投资成本高：处于初创期的公司为研究新技术、开发新产品，需要支付大量的研发成本；
- 失败风险高：由于成本高，但收入少，初创期的公司通常面临很大的财务压力和失败风险。

4.1.2　成长期

成长期的特点有：

- 产品需求快速增加：消费者开始熟悉并喜欢上该行业的新产品；
- 行业竞争不激烈：需求快速增加的同时，尚未有太多公司进入这个行业，所以竞争不是非常激烈，公司有充足的空间可以发展；
- 产品价格下降：随着需求增加，产品的销售量快速增长，企业不用设定太高的产品价格也可以产生足够的收入；此外，产品价格下降有利于企业扩大市场份额；
- 盈利能力上升：由于需求快速增加，但市场竞争尚不激烈，使得企业的盈利能力显著提升。

4.1.3　震荡期

震荡期的特点有：

- 行业增速开始放慢：随着需求见顶，新用户的增长速度开始放慢，行业增速开始放慢；
- 行业竞争加剧：随着越来越多的企业进入该行业，企业之间的竞争开始加剧，企业的增长速度取决于能否在竞争中取得更高的市场份额；
- 产能过剩：随着需求见顶，同时越来越多的企业进入该行业导致供给上升，行业开始出现供给大于需求的情况，即产能过剩；
- 盈利能力下降：随着行业竞争加剧，盈利变得越来越困难，大部分企业的盈利能力开始下降；
- 更多的成本削减：随着盈利能力下降，企业需要降低成本才能生存下来，同时这个阶段的企业也更加注重打造品牌和用户忠诚度，以保持自己的市场份额；
- 企业的失败率变高：更加激烈的竞争会使得一部分规模较小、业绩较差的企业被市场所淘汰，或者被更大、更好的企业收购。

4.1.4 成熟期

成熟期的特点有：

- 行业几乎没有增长：产品需求已经见顶，新用户数量也没有太多增长的空间，导致行业自身的增长基本停滞；
- 行业集中度变高：随着在上个阶段大量规模较小、业绩较差的企业不断被淘汰或者被收购，整个行业中最终剩下少数几个大型企业，行业呈现出寡头垄断格局；
- 行业进入壁垒高：在寡头垄断市场中，几个大型企业凭借极高的品牌忠诚度和规模效应形成了很大的竞争优势，新公司很难进入行业与它们竞争；
- 产品价格稳定：在寡头垄断市场中，寡头之间对于产品价格通常会形成默契，保证大家共同的利益，而不是进行价格战；
- 产品与服务质量至上：在几个寡头之中，产品与服务质量最好的企业将会赢得更多的用户，获得更高的市场份额和利润。

4.1.5 衰退期

衰退期的特点有：

- 行业开始负增长：随着新技术、新产品的出现，现有产品开始逐渐被市场所淘汰，导致行业规模开始缩小，增长率为负；
- 产品需求和产品价格下降：随着用户开始转向新产品，现有产品的需求开始下降，企业为保证销量不得不通过降价来进行促销；同时更加恶劣的市场竞争环境会导致企业之间开始价格战；
- 行业集中度进一步变高：随着新产品不断替代老产品，行业内的企业不断被市场所淘汰，数量越来越少，行业集中度进一步变高。

4.2 定价权模型

企业定价权的强弱决定了其盈利的稳定性和增长率；理论上来说，一个行业内企业的定价权越强，则企业的业绩越好，这个行业就越值得投资；决定价权的因素包括以下几个方面：

4.2.1 进入壁垒

行业的进入壁垒（barriers to entry）反映外部其他企业进入这个行业所付出的

成本，在基本面分析中，也把进入壁垒称为行业的护城河。进入壁垒的高低反应了行业内企业优势的大小，同时可以防止新进入者进入导致更加激烈的市场竞争。在不考虑其他因素的情况下，进入壁垒越高的行业定价权越强，进入壁垒越低的行业定价权越弱。

4.2.2　行业集中度

行业集中度（industrial concentration）表现为全部企业中仅占很小比例的企业或数量很少的企业支配着占很大比例的生产要素。行业集中度越高意味着行业内的企业数量越少，则行业内企业的话语权和定价权就越强。但也有例外情况：如果一个行业本身的成长空间有限，比如已经处于衰退期的行业，即使它的集中度很高，也未必能带来很高的定价权。

4.2.3　产能

产能（capacity）对定价权的影响非常直观。产能不足（undercapacity）意味着供不应求，该行业的定价权就较高。产能过剩（overcapacity）意味着供过于求，定价权就较低。

分析师应该聚焦的是行业内当前的产能情况和未来拟投入的产能。产能在短期是固定的，但长期是可以改变的。通常，在经济扩张阶段企业会提高产能；在经济衰退阶段企业会缩减产能。

不同行业扩张和削减产能的难度是不同的。例如，服务性行业，比如广告业，金融业扩张和削减产能就较为容易。基础生产制造行业扩展和缩减产能则更为困难。这些行业如果在扩张阶段投入了过高的产能，未来的产能缩减可能要持续相当长的时间，如钢铁行业、有色金属行业等。

4.2.4　市场份额稳定性

市场份额（market share）越稳定意味着行业内的竞争相对不激烈，则企业就拥有越强的定价权。如果份额波动很大，意味着行业竞争较为激烈，企业的定价能力就越弱。

影响市场份额稳定性的因素包括行业的革新速度、客户的转换成本（switch cost）等；比如客户的转换成本越高，市场份额就越稳定。

4.3 波特五力分析模型

— 备考指南 —
一级我们仅需要掌握波特五力模型有哪些，以及这五个分析角度对行业竞争力影响的结论即可。

波特五力分析模型（Porter's Five Forces Model）是迈克尔·波特（Michael Porter）于 80 年代初提出，对企业的战略制定产生了全球性的深远影响。波特五力分析模型用于企业竞争战略的分析，可以有效地分析一个行业的竞争环境。五力分别是：与供应商的议价能力（bargaining power of suppliers）、与客户的议价能力（bargaining power of buyers）、潜在竞争者进入的威胁（threat of entry）、替代品的威胁（threat of substitutes）、行业内的竞争程度（rivalry among existing competitors）。五种力量的变化最终影响一个行业经营业绩的变化，如图 52–3 所示。

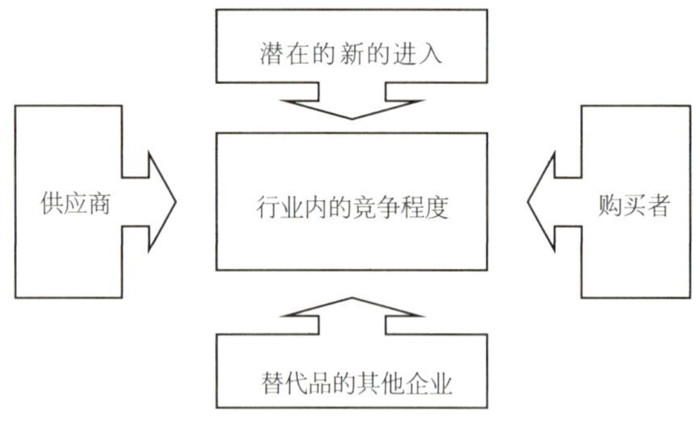

图 52-3　波特五力分析模型

4.3.1 与供应商的议价能力

供应商可以通过其提高其生产要素供应的价格或与降低生产要素供应的质量来影响一个行业中企业的盈利能力与产品竞争力。供应商力量的强弱主要取决于他们所提供的是什么生产要素，当供应商所提供的生产要素构成了企业产品总成本的较大比例、对企业产品生产过程非常重要、或者严重影响企业产品质量时，供应商对于买方企业的议价能力大大增强，对买方企业就会产生不利影响。一般来说，满足如下条件的供应商会具有较强的议价能力：

- 供应商市场地位稳固，不受市场竞争困扰，其产品的买方很多，所以于每个买方都不可能成为很重要的客户。
- 供应商的产品各具有一定特色，以致于买方难以转换或转换成本太高，或者很难找到相应的替代品。
- 供应商能够实行前向联合或一体化，控制产业链上的更多环节，使买方的议价能力下降。

4.3.2　与客户的议价能力

客户的议价能力主要体现在压价或要求提供更高的产品或服务质量，以此来影响行业中现有企业的盈利能力。一般来说，满足如下条件的客户可能具有较强的议价能力：

- 客户的总数较少，而每个客户的购买量较大，占了卖方销售量的很大比例。
- 卖方行业集中度低，由大量企业组成，客户可以自由选择卖方。
- 客户所购买的产品标准化程度高，可替代性强，可以向多个卖方购买产品。
- 客户有能力实现后向一体化，控制产业链上的更多环节，使卖方的议价能力下降。

4.3.3　潜在进入者的威胁

新进入者在给行业带来新生产力、新资源的同时，希望在已被现有企业瓜分完毕的市场中赢得一席之地，这就会导致其与现有企业产生竞争，最终导致行业中现有企业盈利水平的降低，严重时还有可能危及这些企业的生存。竞争者进入威胁的严重程度取决于两方面的因素：行业进入壁垒的高低与进入该行业带来的潜在收益与风险。通常情况下，行业的进入壁垒越高，或进入该行业带来的潜在收益有限但风险很高，则潜在进入者的威胁就会比较小，反之相反。

4.3.4　替代品的威胁

两个企业可能会由于所生产的产品互为替代品从而产生竞争，这种源自于替代品的威胁会以各种形式影响本行业中现有企业的盈利能力。

首先，替代品会限制现有企业提升其产品售价以及获利能力。其次，由于替代品的侵入，使得现有企业必须提高产品质量、或通过降低成本来降低售价、或使其产品更加具有特色来保持其竞争力，导致其成本上升或收入下降。源自替代品的威胁通常受产品客户转换成本高低的影响。

总之，替代品价格越低、质量越好、用户转换成本越低，其所能产生的威胁就强，对行业内的现有企业就会产生不利影响。

4.3.5　行业内的竞争程度

大部分行业中的企业其目标都在于使自己获得相对于竞争对手的优势，所以行业内的企业之间必然会产生冲突与竞争。现有企业之间的竞争常常表现在价格、营销、产品质量、售后服务等方面，其竞争强度与许多因素有关。通常情况下，行业内的竞争程度越高，现有企业的盈利就越困难。

一般来说，出现下述情况将意味着行业中现有企业之间竞争的加剧，比如：行业进入壁垒较低，竞争对手较多，竞争参与者范围广泛，产品需求增长缓慢；竞争者企图采用降价等手段促销；竞争者提供的产品或服务几乎相同，用户转换成本很低等。此外，如果一个行业的退出壁垒较高，即行业内的企业很难退出竞争，也会导致现有企业之间竞争的加剧。影响退出壁垒的因素具体包括：资产的专用性、退出的成本、战略上的牵制、情绪上的难以接受、政府和社会的各种限制等。

根据上述对于五种力量的讨论，我们可以看出，这五种力量越强，一个行业内企业的盈利和业绩增长就越困难，这个行业的投资风险就越高。

5. 公司分析

— 备考指南 —
主要掌握三种竞争策略的概念和区别。

我们通过行业分析选出了准备投资的行业之后，下一步就是要通过公司分析在一个行业内选出最终要投资的公司。公司分析（company analysis）包括商业模式分析、财务报表分析，竞争策略分析等。本节主要讨论公司的竞争策略分析，即公司如何利用自身优势和策略迎接外部的竞争与挑战，使公司在行业中处于领先地位。

竞争策略包括三个方面：

5.1 成本领先型

成本领先型的策略（cost leadership）是与竞争对手生产的产品相同，但成本更低。可以利用低成本获得竞争优势。

5.2 产品差异化

差异化的策略（differentiation）是与竞争对手相比没有成本优势，但产品、服务上的质量与用户体验更好，通过产品差异化获得竞争优势。

5.3　集中目标战略

集中目标战略（focus）是公司专注于某个被主流大企业忽略、相对冷门的细分市场，集中力量在这个领域发展并成为这个领域的领先者。

名师解惑

每家公司依据其规模、行业、财力不同会选择不同的竞争策略。当报纸或金融商业杂志提到一家企业的商业模式的时候，它通常指的是这家公司的竞争策略，以及其目标客户群、销售的产品或服务、融资方式等。分析师必须保持对公司所在行业的情况以及公司竞争策略的关注，才能更好地判断一个行业或一个公司的投资价值。

第 53 章 股票估值：概念与基本方法

本章知识点		讲义知识点
一、内在价值和市场价格	了解内在价值和市场价格的关系	权益估值模型
二、股利的相关概念	了解股利的相关概念	
三、现金流折现模型	1. 掌握优先股股价的估值	折现现金流模型
	2. 掌握高登股利增长模型	
	3. 掌握二阶段股利折现模型	
	4. 了解三阶段股利折现模型	
	5. 熟悉股权自由现金流折现模型	
四、价格倍数模型	1. 掌握股票价格倍数法	价格倍数
	2. 掌握公司价值倍数法	企业价值倍数
五、资产基础模型	熟悉资产基础模型的适用情形	基于资产的估值模型
六、三种估值方法的优缺点	了解三种估值方法的优缺点	

知识导引

分析师通过收集和处理相关信息来做出投资决策（包括买卖建议），而信息的收集和处理方法由分析师的类型和分析的目的所决定。技术分析以股票价格和交易量来作为投资决策的基础，而基本面分析则是通过分析经济、行业和公司的基本面来做出投资决策。本章主要关注对股票的内在价值的衡量，属于基本面分析的范畴。

本章思维导图

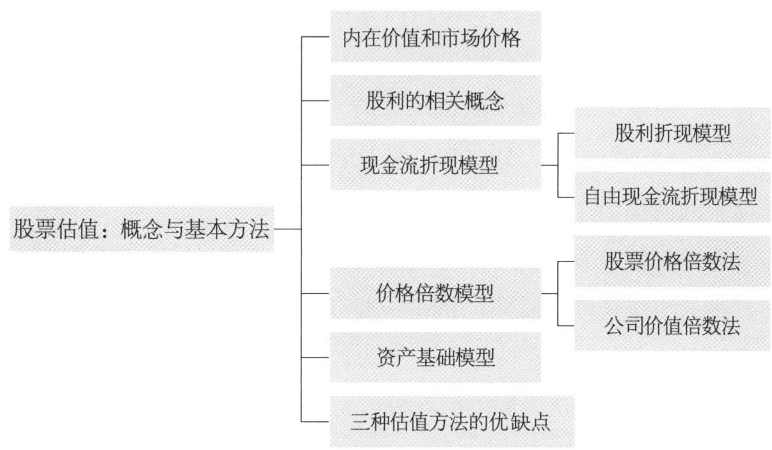

考点说明

本章将会介绍股票估值的概念以及几个常用的估值模型。通过理解什么是绝对估值法与相对估值法，大家可以从不同的角度去理解价值估计的方法。熟悉估值的概念以及基本的计算，是掌握本章学习的重点。

1. 内在价值与市场价格

长期看来，股票市场中股票的市场价格（market price）是由股票的内在价值（Intrinsic value）所决定的，但实务中股票的价格不会永远等于内在价值，而是随着市场情况的波动而波动；当市场步入调整期的时候，市场资金偏紧，卖方力量较强，股票的价格一般会低于股票内在价值，当市场处于上升期的时候，市场资金充裕，买方力量较强，股票的价格一般高于其内在价值。总而言之，股市中股票的价格是围绕股票的内在价值上下波动的。

当要决定是否选择使用股票的内在价值来投资时，需要注意以下几点：

- 计算出的内在价值与市场价格相差多少；
- 选用的计算股价估值的模型是否适合、正确；
- 选用的计算股价估值的数据是否适合、正确；
- 内在价值与市场价格偏离的原因；
- 假设随着时间的推移股票的市场价格会趋近于其内在价值；

如何为股票定价是金融投资领域的核心专长，因此，我们接下来要介绍有三种类型的估值模型可以用来计算股票的内在价值。

名师解惑

企业通常有两种价值，一个是持续经营假设（going-concern assumption）的价值，另一个是被立即解散清算（liquidation）的价值。在估值时，持续经营假设是假设企业在可预见的未来都会维持商业活动，企业会持续生产、销售商品或提供服务。我们所介绍的估值模型中，除了资产基础模型（asset-based model）以外，都是基于持续经营假设来进行估值的，即假设企业在可预见的未来会持续经营。相反，清算价值是假设公司解体，资产被单独售卖时的价值。

2. 股利相关概念

股利（dividend）是由公司支付给股东的款项。这是公司支付给股东的一部分公司利润。公司获得的利润有两种用途：称为留存收益的这部分钱留在公司账面上，用于继续投资；另一部分用于分配给股东。对股东的利润分配有两种方式：股票回购或股利。

2.1　现金股利

现金股利（Cash Dividends）是以现金支付的股利，它是股利支付的主要方式。公司支付现金股利除了要有累计盈余外，还要有足够的现金。

股利包括以下几种类型：

- 常规股利（regular dividends）：按照约定好的股利政策定期发放的股利，长期稳定或增长的股利发放通常被投资者视为公司财务状况稳健的象征。
- 特殊股利（special dividends）：当业绩表现较好时，除常规股利的发放外，公司会额外再向投资者发放一次性股利。处于周期性行业的公司（如汽车公司）往往会在行业景气时发放特殊股利，也叫做额外股利（extra dividends）或非常规股利（irregular dividends）
- 清算股利（liquidating dividends）：当公司停业清算时并分配给投资者的利润。

2.2　股票股利

一般来说，股票股利（stock dividends）公司用新股作为股利发放，而不是现金。股票股利的形式有送股与拆股。

送股：上市公司分红的一种形式，送股可以看成是一种特殊的配股，只是配股价为零。送股和配股最直接的区别就是股东不用额外掏钱。比如 10 送 2，10 送 3 等。送股时，账面上将公司的一部分留存收益转入股本科目。表面上看，送股后，股东持有的股份数量增长，但分摊到每股的价值其实下降了，所以股东在公司里占有的权益份额和价值均无变化。

拆股（stock splits）：将现有的个股拆分为多个股票。

一般来说，公司发放股票股利或者拆股都会增加流通股数量，并且使股价以同等比例下跌，但是对股东的总财富没有影响。2 For 1，是 1 股拆成 2 股；3 For 2，就是 2 股拆成 3 股。

但现实中，有时拆股或配股并不会使股票价格下降，相反，在拆股或配股后，股票价格可能出现上升的趋势。由于一般股票股利超过 50% 的话需要按照拆股计算，所以拆股可以看作是程度较大的送股，如 1 股拆成 2 股可以看作是 10 送 10 的送股。

现实中，拆股会被认为是管理层传达出的一个关于未来业绩增长的积极信号，一般会使股价上升。

逆向拆股 / 并股（reverse stock splits）：并股后，股票数量减少，每股价格上升。

对财务比率的影响：支付现金股利会减少资产与所有者权益，但负债保持不变，进而导致流动性比率下降（现金下降导致流动资产下降），负债率（如 debt-to-equity ratio 和 debt-to-assets ratio）则会上升。支付股票股利对公司的资产、所有者权益、负债的总金额均无影响，大部分财务比率没有变化。

名师解惑

公司为什么会进行拆股或并股？

首先对拆股进行分析，如上文所述，拆股不涉及公司现金流的变化，仅仅是股票股数变化。股票拆股后，发行在外的股数增加，每股面额降低，每股盈余下降；公司价值、股东权益总额、股东权益各项目的金额及其相互间的比例保持不变。当一只股票价格高企，无形中提高了投资门槛，将中小投资者挡在门外，为了增加交易量与流动性，公司一般会进行拆股。比如，苹果公司股价现在是每股 600 多元，有些人就买不了这个股票。一手持 100 股，就必须要 6 万多元才能持股。当 1 股拆为 10 股后，股票价格就变成了 60 多元，100 股就变成了 6000 多元，很多人就有能力买了。

与拆股相对应，并股是公司传递的负面信号，并股又称合股，指的是把两股或多股合成一股的财务操作手法，对于上市公司来说是一种躲避退市的方法。根据香港联交所的交易规则，港股的最低交易价为 0.01 港元，如果在此附近连续多日没有成交，该股票将会被停牌甚至退市。于是不少低价股就会选择并股。但是并股治标不治本，在短期内可能能够达到提升股价的效果，但是如果公司经营继续不振，股价会进一步下滑。

2.3 股票回购

向投资者支付现金的另一种方式是股票回购（share repurchase）。公司使用现金购买其流通股，购回的股份保存在公司内，称为库存股。库存股可以选择直接注销，或者如果以后需要筹措资金，也可以选择在未来将库存股再次出售。

2.4 股利的支付进程

股利的支付进程如图 53-1 所示。

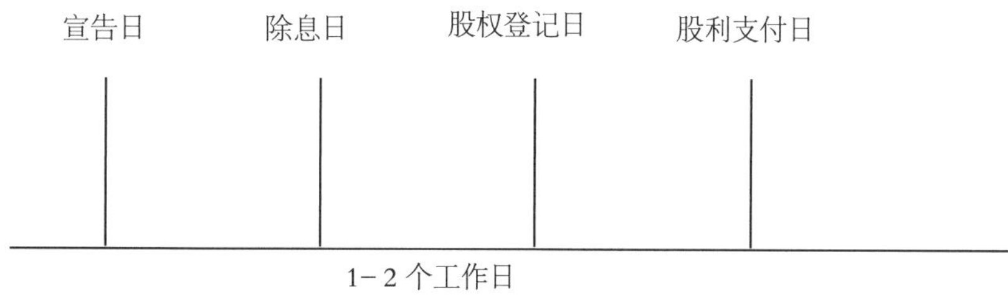

图 53-1 股利支付进程表

- 宣告日（declaration date）：股份公司董事会根据定期发放股利的周期举行董事会会议，讨论并提出股利分配方案，由公司股东大会讨论通过后，正式宣布股利发放方案，宣布股利发放方案的那一天即为宣告日，在宣告日，股份公司应登记有关股利负债（应付股利）。
- 除息日（ex-dividend date）：由于股票交易与过户之间需要一定时间，因此，只有在登记日之前一段时间购买股票的投资者，才能在登记日之前列于公司股东名单之上，并享有当期股利的分配权。一般规定登记日之前的第 1-2 个工作日为除息日（逢节假日顺延），在除息日之前购买的股票可以得到将要发放的股利，在除息日之后购买的股票则无权得到股利，又称为除息股。除息日对股票的价格有明显的影响。在除息日之前进行的股票交易，股票价格中含有将要发放的股利的价值，在除息日之后进行的股票交易，股票价格中不再包含股利收入，因此其价格应低于除息日之前的交易价格。
- 登记日（holder-of-record date）：由于工作和实施方面的原因，自公司宣布发放股利至公司实际将股利发出要有一定的时间间隔。由于上市公司的股票在此时间间隔内处在不停的交易之中，公司股东会随股票交易而不断易人，为了明确股利的归属，公司确定有股权登记日，一般规定登记日之前的第 1-2 个工作日为除息日（逢节假日顺延），在除息日之前购买的股票可以得到将要发放的股利，在除息日之后购买的股票则无权得到股利。

- 支付日（payment date）：即股东实际获得股利的日期。

3. 现金流折现模型

股票估值模型中最重要的就是现金流折现模型，现金流折现模型中的两个核心参数是未来现金流与折现率；在下面的模型讲解中我们主要围绕这两方面讨论。接下来我们将要讲解 5 种现金流折现模型，（discounted cash flow models），分别是：优先股估值模型、高登股利增长模型、二阶段股利折现模型、三阶段股利折现模型以及股权自由现金流折现模型。

3.1 优先股股价的估值

前面我们已经讲过，优先股是相对于普通股而言的。主要指在利润分红及剩余财产分配的权利方面，优先于普通股。优先股股东会在未来的每个时期收到公司所承诺要发放的固定股利，并一直获得，因为优先股是没有到期日的。所以优先股本质上类似于永续年金，其估值模型也与永续年金相同：

计算优先股估值的公式：

$$V_p=\frac{D_p}{\left(1+r_p\right)}+\frac{D_p}{\left(1+r_p\right)^2}+\cdots+\frac{D_p}{\left(1+r_p\right)^N}=\frac{D_p}{r_p}$$

D_p= 优先股的股利；

r_p= 优先股的要求回报率。

由于优先股对公司利润分红及剩余财产分配的权利排在债券之后，投资者对于优先股的要求回报率会高于债券的要求回报率。

3.2 股利折现模型

股利折现模型（dividend discount model, DDM），是一种最基本的股票估值模型。威廉姆斯（Williams）1938 年提出了公司（股票）价值评估的股利折现模型（DDM），为定量分析公司股票价值奠定了理论基础，也为证券投资的基本分析提供了强有力的理论根据。

内在价值是指股票本身应该具有的价值，而不是它的市场价格。股票内在价值可以用股票每年股利收入的现值之和来评价；股利是发行股票的股份公司给予股东的回报，按股东的持股比例进行利润分配，每一股股票所分得的利润就是每股股票的股利。这种评价方法的根据是，如果你永远持有这个股票（比如你是这个公司的老板，自然要始终持有公司的股票），那么你逐年从公司获得的股利的折现值就是这个股票在当前的价值。根据这个思想来对股票估值的方法称为股利折现模型。

3.2.1　股利折现模型知识结构

接下来，我们来看股利折现模型在不同年限的持有期里公式的用法。一般来说，现金流折现模型所要进行折现的是未来的现金流，未来现金流包括两个部分，一部分是未来所要获得的股利，另一部分是未来卖出股票时股票的价格。所以，一年期、两年期及 N 年期股利折现模型就如图 53-2、图 53-3 所示。

- 一年持有期

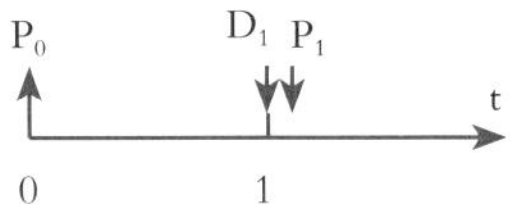

P_0　D_1　P_1　t

0　1

图 53-2　一年期股利折现模型

$$P_0=\frac{D_1}{(1+r)}+\frac{P_1}{(1+r)}$$

- 两年持有期

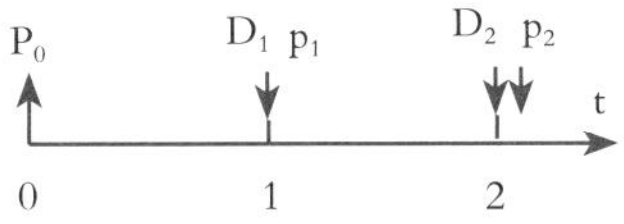

P_0　D_1　p_1　D_2　p_2　t

0　1　2

图 53-3　两年期股利折现模型

$$P_0=\frac{D_1}{(1+r)}+\frac{D_2}{(1+r)^2}+\frac{P_2}{(1+r)^2}$$

- N 期股利折现模型

$$P_0=\frac{D_1}{(1+r_e)}+\frac{D_2}{(1+r_e)^2}+\cdots+\frac{D_n}{(1+r_e)^n}+\frac{P_n}{(1+r_e)^n}$$

举个例子

【例】

某家公司的股票预计在第一年发放股利 1 元，第二年发放股利 2 元，第三年发放股利 3 元，三年后预计以 20 元的价格卖出；如果用 10% 的折现率计算该股票现在的价值是多少？

【解】$V=\frac{1}{1.10}+\frac{2}{1.10^2}+\frac{3+20}{1.10^3}=0.9091+1.6529+17.2802=19.8422$（元）

— 备考指南 —
不同的折现率反映的可能是现金流风险程度不同或不同时期的无风险利率不同。导致现金流风险不同的原因可能是商业风险不同、经营风险不同或财务风险（杠杆，资本结构中的财务比例）不同。

从上面的公式中我们可以看到，如果我们目标是得到现在公司的股价，首先需要知道未来公司的股价是多少，但在实际情况中我们是无法得到未来股票价格的，无论是 1 年的、2 年的还是 N 年以后的。那在这种情况下我们应该怎么办呢？通常情况下，我们都假设公司是持续经营的，即持有期 N 趋近于无穷大。这样，我们就可以得到股利折现模型的一般公式。

3.2.2 股利折现模型的一般公式（图 53-4）

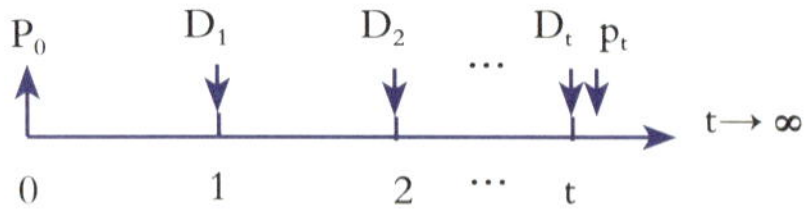

图 53-4 股利折现模型

$$P_0=\frac{D_1}{(1+r)}+\frac{D_2}{(1+r)^2}+\cdots+\frac{D_\infty}{(1+r)^\infty}=\sum_{t=1}^{n}\frac{D_t}{(1+r)^t}$$

当 N 趋向于无穷大的时候，$P_n/(1+r_e)^n$ 就会趋近于 0，可以忽略不计，所以我们就得到了上面的股利折现模型的一般公式，这样我们只要知道公司每年的股利是多少，就可以估算出该公司现在的股价是多少了，不再需要知道未来该公司的股价了。

但是，在运用这种方法的时候又会出现一个问题，从股利折现模型的一般公式中我们可以看到，要求公司现在的股价，我们需要知道未来每年该公司发放的股利，那我们应该怎样求出公司未来每年的股利呢？我们可以假设公司的股利以一个恒定不变的增长率 g 永续增长，再将股利折现模型的一般公式变形，我们就可以得到下面将要讲解的高登股利增长模型。

3.3 高登股利增长模型

高登股利增长模型简称高登模型，又被称为“股利永续增长模型”，在大多数理财学和投资学方面的教材中，高登模型是一个被广泛接受和运用的股票估价模型，该模型通过计算公司预期未来支付给股东的股利现值，来确定股票的内在价值，相当于未来股利的永续流入。高登股利增长模型是股利折现模型的一种特殊形式，其特殊性在于我们假设股利的增长率是恒定不变的。

3.3.1 三个假设条件

- 股票的持有期 N 趋近于无穷大；
- 股利的增长率 g_c 是一个常数；
- 模型中的折现率 r_e 大于股利增长率 g_c。

在高登模型中，因为假设股利的增长率是永久持续且恒定不变的，所以只要在前一年股利的基础上乘上（$1+g_c$）就可以得出下一年的股利金额，其公式如下：

$$V_0=\frac{D_0(1+g_c)}{(1+r_e)}+\frac{D_0(1+g_c)^2}{(1+r_e)^2}+\cdots+\frac{D_0(1+g_c)^n}{(1+r_e)^n}=\frac{D_1}{r_e-g_c}$$

名师解惑

大家也许会对上面的公式感到很迷惑，我们是怎样将上面那么复杂的公式变形得到最后比较简单的结果的呢？下面我们就来对高登股利增长模型的公式进行一下推导。

高登股利增长模型的公式其实是一个等比数列，我们将等号两边同时乘以一个等比项 $(1+r_e)/(1+g_c)$，则该公式就变形为了：

$$\frac{1+r_e}{1+g_c}V_0=D_0+\frac{D_0(1+g_c)}{(1+r_e)}+\cdots+\frac{D_0(1+g_c)^{n-1}}{(1+r_e)^{n-1}}$$

用高登股利增长模型的公式和上面变形后的式子相减，就可以得到：

$$\frac{1+r_e-1-g_c}{1+g_c}V_0=D_0$$

$$V_0=\frac{D_0(1+g_c)}{r_e-g_c}=\frac{D_1}{r_e\text{-}g_c}$$

根据上面变形后最终得到的公式，我们就可以明白高登股利增长模型为什么会有三个假设条件。首先，股票的持有期 N 趋近于无穷大；其次，股利的增长率是一个常数 g_c；最后，为了使公式中等比数列收敛且使计算结果有意义，我们必须保证折现率 r_c 是大于股利增长率 g_c 的。高登股利增长模型其实是股利折现模型的一种特殊形式。

3.3.2 局限性

- 估值结果对于要求回报率 r_e 与增长率 g_c 的预测值非常敏感，r_e 与 g_c 稍有变化就会影响最终结果。
- 这个模型只适用于支付股利的公司。
- 不适用于股利增长率会发生改变的公司（可用二阶段或三阶段股利折现模型）。

3.3.3 重要结论

- 要求回报率 r_e 与增长率 g_c 之差越大，求得的数值就越小；反之相反。
- 要求回报率 r_e 与增长率 g_c 的细微变化可能会造成估值结果较大的变化。

名师解惑

前面我们说过，高登股利增长模型是最被广泛接受和运用的一个股票估值模型，但它的最终公式却十分简单，我们不能被这种表面现象所迷惑，其实高登股利增长模型的公式中每一个变量都是由一个公式计算得到的。接下来，我们就对高登股利增长模型中每个变量是怎么计算出来的做一个系统的解释。

高登股利增长模型的公式可以分解为：

$$P_0=\frac{D_0(1+g_c)}{r_e-g_c}=\frac{D_1}{r_e-g_c}$$

在这个公式中，共有三个重要的变量需要了解：

D_0 = 当期股利；

g_c = 股利增长率；

r_e = 股东要求回报率。

在详细解释这三个变量是怎么求得之前，有一个很重要的概念必须知道——每股盈利（EPS）是怎么分配的。每股盈利指的是税后利润与股本总数的比率。通常每股盈利会分配到两个地方：1. 股利 2. 留存收益率。股利是用来分配给持股人的，而留存收益率指的是盈利所得留存下来作为公司未来发展、增长的投资。

所以当期支付的股利 = 每股净利润 ×（1- 留存收益率）= 每股净利润 × 股利支付率，即 D0 = EPS×（1-RR）

要求回报率 re 的公式是：

$$r_e = RFR_{nominal} + \beta(R_M - RFR_{nominal})$$

即要求回报率 = 名义无风险利率 + Beta×（股票市场收益率 - 名义无风险利率）

股利增长率 gc 的计算公式为：

gc = 可持续增长率 = RR×ROE

RR = 留存收益率 = 1 - Dividend Payout Ratio（股利支付率）

ROE = 净资产收益率

除了用公式可以算出股利增长率外，我们也可以用公司支付股利的历史数据来计算股利增长率，或者用行业内所有公司股利增长率的中位数（median）来计算。

3.4 二阶段和三阶段股利折现模型

3.4.1 二阶段股利折现模型

二阶段股利折现模型中（如图 53–5），股利增长率从一开始较高的位置（短期）跌落至一个较低的位置并一直保持下去（长期）。

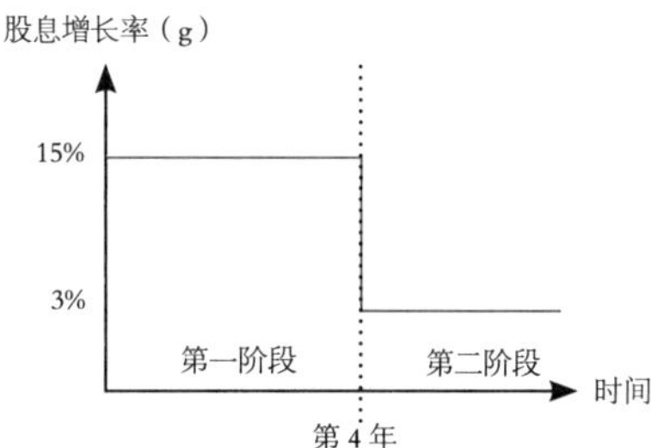

图 53-5 二阶段股利折现模型

举个例子

【例】

二阶段股利折现模型

假设有一个股票的股利将会以每年 20% 的速度持续增长四年，之后股利会降为以 5% 的速度继续永续增长。最后一次支付股利的价格是 1 美元，折现率是 10%。请计算这只股票的价格?

【解】首先我们要先计算第一阶段（以 20% 增长的前四年）的股利是多少:

D_1=1（1.20）=1.20（美元）

D_2=1.20（1.20）=1.44（美元）

D_3=1.44（1.20）=1.73（美元）

D_4=1.73（1.20）=2.07（美元）

接下来我们将 4 时点看成是 0 时点，则从 4 时点开始往后即为以 5% 永续增长的高登模型；我们可以基于高登模型计算第二阶段的股利在 4 时点的现值:

$$V_4=\frac{D_4(1+g_c)}{r_e-g_c}$$

V_4 =2.07×（1+5%）/（10% - 5%）=43.47（美元）

我们将 V_4 称为终值（terminal value）

计算好终值后，把第一阶段的 4 期股利、以及 4 时点的终值全部折现到 0 时刻，就可以得出股票在当前的内在价值。

$$\frac{1.2}{1.1}+\frac{1.44}{1.1^2}+\frac{1.73}{1.1^3}+\frac{2.07}{1.1^4}+\frac{43.47}{1.1^4}=34.69 \text{（美元）}$$

3.4.2 三阶段股利折现模型

三阶段股利折现模型中（如图 53-6），股利增长率从一开始较高的位置（短期）跌落至一个较低的位置，随后又跌落到一个更低的位置，并一直保持下去（长期）。

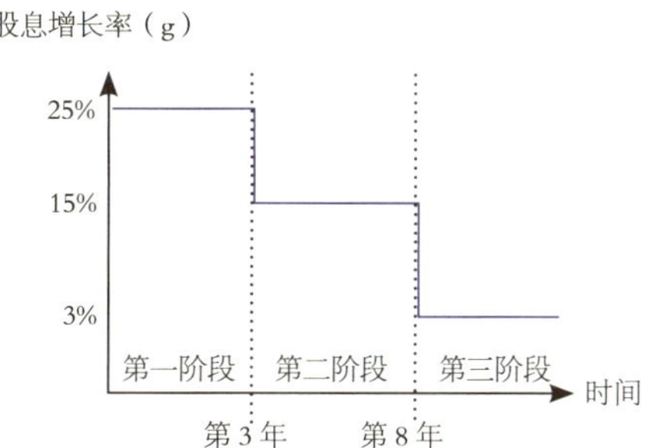

图 53-6 三阶段股利折现模型

三阶段股利折现模型的计算方法和二阶段股利折现模型本质是一样的：先根据第一阶段和第二阶段的股利增长率算出第一阶段和第二阶段的股利金额，然后用基于高登模型计算第三阶段股利的终值（terminal value）；计算好终值后，把第一阶段的股利、第二阶段的股利、第三阶段股利的终值全部折现到 0 时刻，就可以得出股票在当前的内在价值。

名师解惑

在计算多阶段模型的时候，同学们常犯的错误就是计算完终值之后忘记折现到目前的时间点，或使用错误的年数来折现。考试的时候选项内会出现这些错误折现的答案，要多加注意。这种考题一般不是很难，但是很容易出现计算失误的情况。

3.5 股权自由现金流折现模型（Free Cash Flow to Equity Discount Model）

股权自由现金流折现模型是现金流折现模型里面常用的一种。它与股利折现模型唯一的区别是折现对象不同：股利折现模型的折现对象是股利，而股权自由现金流折现模型的折现对象是股权自由现金流（FCFE）。除此之外，模型本身的结构和计算方法是完全一样的。股权自由现金流是指扣除公司正常生产经营所需的必要支出后，剩余的属于股东的那部分现金。

股权自由现金流公式：

FCFE= 净利润 + 非现金支出 – 营运资本投资 – 固定资本投资 + 净增加借款

> **备考指南**
> 在 CFA 一级的考试里，要求对自由现金流有概念上的理解，并用自由现金流折现模型对股票进行估值。到了二级考试中，会进一步要求如何基于公司财务报表算出公司在当期的自由现金流，再进一步使用自由现金流来计算股票估值。

或者也可以写成：

FCFE = 经营性现金流 – 固定资本投资 + 净增加借款

将 FCFE 求出之后，再代入如下的公式，就能求出以股权自由现金流折现所计算出来的股票价值了。

$$V_0=\sum_{t=1}^{\infty}\frac{FCFE_t}{(1+r_e)^t}$$

$$V_0=\frac{FCFE_0(1+g)}{r_e-g_c}$$

股权自由现金流是股东评估公司价值的一个重要测量工具。它是公司支付所有现金开支以及其他生产经营所必要的支出之后所持有的剩余资金，它代表公司能为股东提供的最大额度现金流。许多投资者把公司产生自由现金流的能力摆在考察指标的第一位，因为利润、股利和资产价值也许是重要的指标，但最终这些指标的增长都是由公司产生现金的能力所决定的。很多投资者倾向于用账面利润和市盈率指标评估公司的业绩表现和股价。但是，账面利润会受到会计方法变动的影响，从而造成不同时间或不同公司之间的利润不可比，而现金流可以克服这一不足。

4. 价格倍数模型

价格倍数（price multiple models）是指一种以倍数形式计量的价格尺度，通过它可以为不同企业或不同股票之间的比较提供基准。价格倍数的经济含义为：公司的利润、净资产、销售收入等财务指标会反应企业的价值，因此在对股票定价时必须将股价与这些因素联系起来。价格倍数分为两类，一类是股票价值倍数（the ratio of stock price to fundamentals），一类是公司价值倍数（the ratio of enterprise value to fundamentals）。

4.1 股票价格倍数法

目前，常用的股票价格倍数有四种：

- 市盈率 price to earnings （P/E）；
- 市销率 price to sales （P/S）；
- 市净率 price to book value （P/BV）；

- 股价与现金流比 price to cash flow（P/CF）。

在实际中，使用价格倍数的方法共有两种，一个是可比公司价格倍数法（price multiples based on comparables），一个是理论价值价格倍数法（price multiples based on fundamentals）。

4.1.1 可比公司价格倍数法

可比公司价格倍数法的理论基础是，如果两个公司在业务、经营情况、成长性、风险水平等方面相似，那么它们的价格倍数应该也是相似的。通过比较两个相似公司之间价格倍数的高低，判断是否存在股价被高估或者低估的情况。

可比公司价格倍数法广受欢迎的原因有以下几点：

- 计算简单；
- 可将一个公司不同时点的价格倍数进行对比；
- 可将几个类似公司之间的价格倍数进行对比。

4.1.2 理论价值价格倍数法

基本面分析法是基于公司的基本面指标，并结合前面讲过的股利折现模型计算出公司的价格倍数。我们看一下最基础的股利折现模型（即高登模型）公式就能知道：

$$P_0 = \frac{D_1}{r - g}$$

这里要先引入一个新的概念，叫做调整后市盈率（justified P/E）。调整后市盈率所用的股票价格并非股票当前的市场价格，而是从 DDM 模型计算出来的内在价值。根据上述的公式，如果我们把两边同除以 E_1（未来 12 个月的预期盈利），我们可以得到如下的公式：

- 动态市盈率（leading P/E）：基于下一年的预测净利润计算的市盈率。

$$\frac{P_0}{E_1} = \frac{D_1/E_1}{r\text{-}g} = \frac{1\text{-}b}{r\text{-}g}$$

- 静态市盈率（trailing P/E）：基于当年的实际净利润计算的市盈率。

$$\frac{P_0}{E_0} = \frac{D_0/E_0}{r\text{-}g}\left(1+g\right) = \frac{(1\text{-}b)(1+g)}{r\text{-}g}$$

4.2 企业价值倍数

企业价值（EV）指的是企业整体的价值，并不单单只是指股权价值，所以企业价值更能代表一个公司的整体性。企业价值的计算方法如下：

企业价值 = 普通股市场价值 + 优先股市场价值 + 债务资本市场价值 – 现金与短期投资

EBITDA = 净利润 + 所得税费用 + 利息费用 + 折旧 / 摊销费用

使用企业价值倍数（EV/EBITDA）的优点是：

- 因为 EBITDA 剔除了利息费用，所以针对不同财务杠杆比率的公司也能够比较。
- 因为 EBITDA 剔除了折旧 / 摊销费用，EBITDA 能够很好的衡量资本密集型企业的价值。
- EBITDA 通常都是正数，而净利润却不一定。

使用企业价值倍数（EV/EBITDA）的缺点是：

- 债务资本的市场价格往往很难找到，有时只能参考市场上类似的债券价格或直接使用债务的账面价值进行替代。
- 价格倍数估值模型又被称作相对估值法，因为该模型最常见的用法是先找到一个行业内的参考基准（benchmark），通过个股价格倍数与基准的比较来判断我们所要投资的个股是高估或低估（与前面讲到的可比性方法类似）。因为如果两个股票相似的话，它们的价倍数一定也是相似的，这就是著名的一价定律（law of one price）。价格倍数虽然很方便，也运用广泛，它还是有以下几个需要注意的缺点：
- 不同大小、不同产业或增长率不同的公司，是不能直接比较它们的价格倍数的。
- 用可比性方法与基本面分析方法时所计算出来的倍数可能会不同，例如可比性方法测算出来 A 公司被高估了，但用基本面分析方法算出来却是 A 公司被低估了。
- 用价格倍数来评估周期性企业的时候会很大程度上收到经济环境的影响，因为经济环境的波动会导致公司业绩（如 EPS）的波动，进而导致价格倍数（如市盈率）的波动。

5. 资产基础模型

— 备考指南 —
这种估值方法使用频率并不高，也不是考试的重点，同学们仅需要掌握这种估值方法什么情况下适用即可。

资产基础模型（asset-based model）指的就是以公司资产公允价值减去公司负债公允价值后得出公司股权的公允价值；计算公式为：

股权公允价值 = 资产公允价值 – 负债公允价值

但如果公司的资产负债表上无形资产的比重很高或有大量表外资产项目（off-balance sheet items）的话，是不适合使用资产基础模型的。此外，资产基础模型完全基于公司当前的现状进行估值，没有考虑到未来公司持续经营发展和业绩增长所带来的那部分价值，所以在持续经营假设条件下，该模型的适用性是比较差的。一般只在公司未来预计没有增长或即将面临停业清算的情况下，该模型才有一定的适用性。

资产基础模型适合以下的企业类型：

- 企业不存在大量无形资产或表外资产；
- 企业账面资产的公允价值容易取得；
- 面临清算、已经停止运营的企业；
- 常用于非上市企业的股权估值。

6. 三种估值方法优缺点总结

三种估值方式优缺点总结如表 53-1。

表 53-1　估值方式优缺点比较

模型	优点	缺点
现金折现流模型	• 从基本面分析的核心出发，现值折现的概念也是金融理论的基础。 • 最被金融分析师广泛接受与使用的模型。	• 用来估值的数据来自于预测，预测的数值容易有偏差。 • 估值结果对于预测数值的敏感性很强。

（续表）

模型	优点	缺点
价格倍数模型（基于可比性方法）	• 实证证明有些价格倍数模型可以很好的预测股票收益。 • 价格倍数模型广泛的被分析师所接受。 • 价格倍数模型的数据很容易取得。 • 可以用于不同时间、不同公司之间的比较。 • 每股盈利是负数时也能使用（市净率、市销率等）。	• 使用过去的数据，反映企业的历史业绩表现。 • 不能用来比较不同大小、产品或增长率不同的公司。 • 对周期性公司来说，价格倍数因容易被经济环境变动所影响，所以不适合使用。 • 用可比性方法与基本面分析方法时所计算出来的倍数可能会不同。 • 在比较不同国家的公司时，因为会计准则的不同，计算出来的数值也会有差异，不能比较。 • 如果分母是负数的话，求出来的价格倍数是没有意义的。例如 P/E 比率，如果每股盈利为负值，就不能使用了。
价格倍数模型（基于基本面分析法）	• 求出的价格倍数有可靠的金融理论基础。	• 因为是来自于基本面分析，所以整体估值对参数的变动敏感性很高（尤其是对于要求回报率 r 和增长率 g 的敏感性）。
资产基础模型	• 计算简单。 • 适合用于账面无大量无形资产或表外资产、资产公允价值容易取得、或面临停业清算的企业。 • 常用于衡量非上市公司公司股权价值。	• 公允价值有时很难获得，且公允价值与账面价值通常都不一样。 • 不能用于无形资产比例很高的公司（如高科技企业、研发机构等）。 • 在高速通货膨胀（hyperinflation）的时期，资产的公允价值会更难计算。

Part 08

第八部分　固定收益

知识导引

固定收益是按预先规定的比率支付的收益。其基本特征在于未来现金流相对固定，风险收益容易量化分析。固定收益证券在整个金融产品体系中占有非常重要的地位，是一大类重要金融工具的总称，其主要代表是国债、公司债券、资产抵押证券等。

考点说明

固定收益是一门非常重要的学科。整体难度较高，固定收益科目贯穿CFA 三个级别的考试，学好一级的知识将会为二、三级打好基础。

固定收益的第一部分固定收益债券概述介绍固定收益中债券的基本要素、债券契约的基本特征、各种类型的债券等内容。第二部分债券市场重点介绍了各发行主体的融资方式。第三部分债券估值重点介绍债券的估值方法、各类收益率和利差等。第四部分资产证券化重点介绍资产证券化的分类和提前偿还风险的度量。第五部分收益与风险重点介绍了债券的利率风险分析。第六部分信用分析重点介绍了债券投资的信用风险分析。其中债券估值和利率风险分析涉及大量计算，其余章节以考察定性知识点为主。

第 54 章 固定收益债券概述

<table>
<tr><th colspan="2">本章知识点</th><th>讲义知识点</th></tr>
<tr><td>一、债券的概述</td><td>了理解债券的基本特征</td><td>债券的概述</td></tr>
<tr><td rowspan="6">二、债券契约</td><td>1. 了解不同债券的还款来源</td><td>债券市场和法律信息</td></tr>
<tr><td>2. 掌握抵押债券的不同类别</td><td>抵押品和信用增级</td></tr>
<tr><td>3. 掌握信用增信的各种形式</td><td>抵押品和信用增级</td></tr>
<tr><td>4. 熟悉全球债券市场的分类</td><td>债券市场和法律信息</td></tr>
<tr><td>5. 区分肯定性条款和否定性条款</td><td>条款和税收</td></tr>
<tr><td>6. 了解不同债券的不同税收方式</td><td>条款和税收</td></tr>
<tr><td rowspan="2">三、债券的现金流结构</td><td>1. 掌握三种本金偿还结构的债券</td><td>本金偿还结构</td></tr>
<tr><td>2. 熟悉六种利息偿还结构的债券</td><td>息票支付结构</td></tr>
<tr><td>四、嵌入期权债券</td><td>理解和区分几种嵌入式期权</td><td>可赎回和可售回债券
可转换债券</td></tr>
</table>

知识导引

本章介绍债券和债券市场的基本特征。通过本章的学习，需要熟悉各种类型的债券，以及特殊的债券条款。同学们要理解债券本身的特性是什么，它与其他投资工具又有什么不同，债券投资应该遵循什么样的逻辑。

本章思维导图

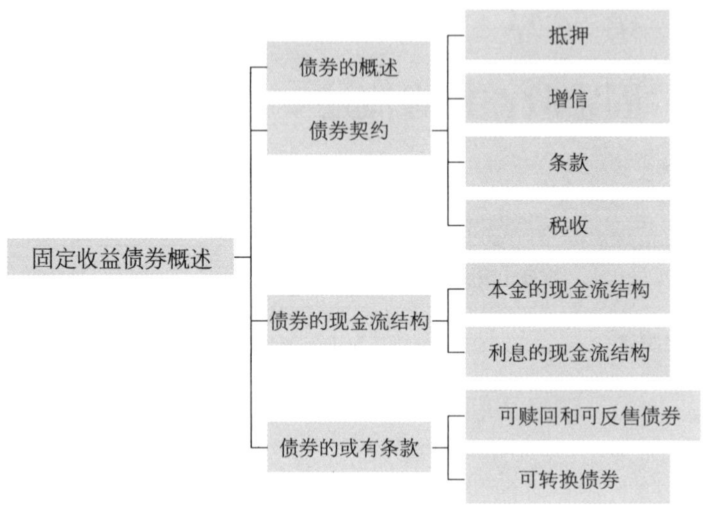

考点说明

固定收益（债券）是 CFA 考试里面非常重要的一个科目，因为债券本身的概念比较抽象，学习初期往往会比股票难理解。本章主要介绍的固定收益证券中的一些基本概念。深刻了解 CFA 考试一级固定收益的基础知识，可以帮助我们在准备二级考试的时候得心应手。

债券是发债人为了筹措资金而向投资者出具的，承诺按约定支付利息、偿还本金的债务凭证。从本质上来看，债券是一种表明债权债务关系的凭证，证明债券持有人拥有按约定条件向债券发行人取得利息和到期收回本金的权利。它包含了以下三个内容：

- 债券发行人（政府、金融机构、企业等机构）：资金的借入者，需要在一定时期还本付息；
- 债券持有人：购买债券的投资人是资金的借出者；
- 债券合约：债券是债务的证明书，具有法律效力，是债券购买者与发行者之间的一种债权与债务的关系。

由于债券的利息通常是事先确定的，而债券持有人又会固定收到发行人的利息，所以有时候债券投资又可以称作固定收益（fixed income）投资。在金融市场发达的国家和地区，债券可以上市流通、交易买卖。

名师解惑

债券的历史比股票悠久，最早的债券形式是在奴隶制时代产生的公债。据文献记载，希腊和罗马在公元前4世纪就开始出现国家向商人、高利贷者和寺院借债的情况。进入封建社会之后，公债得到进一步的发展，许多封建主、帝王和共和国每当遇到财政困难、特别是发生战争时便发行公债。12世纪末期，在当时经济最发达的意大利城市佛罗伦萨，政府曾向金融业者募集公债。其后热那亚、威尼斯等城市相继仿效。15世纪末16世纪初，美洲新大陆被发现，欧洲和印度之间的航路开通，贸易进一步扩大。为争夺海外市场而进行的战争使得荷兰、英国等竞相发行公债，筹措资金。在1600年设立的东印度公司，是历史上最古老的股份公司，它除了发行股票之外，还发行短期债券，并进行买卖交易。美国在独立战争时期，也曾发行多种中期债券和临时债券，这些债券的发行和交易便形成了美国最初的债券市场。19世纪30年代后，美国各州大量发行州际债券。19世纪40-50年代由政府担保的铁路债券迅速增长，有力地推动了美国的铁路建设。19世纪末到20世纪，欧美资本主义各国相继进入垄断阶段，为确保原料来源和产品市场，建立和巩固殖民统治，加速资本的积聚和集中，股份公司发行大量的公司债，并不断创造出新的债券种类，这样就逐渐形成了今天多品种、多样化的债券体系。

1. 债券的概述

尽管债券的种类繁多，但在内容上都要包含一些基本要素，这些要素是指发行的债券上必须载明的基本内容，这是明确债权人和债务人权利与义务的主要约定，具体有五个最基本的要素：债券发行人、债券持有人、面值、息票率和期限。

1.1 债券发行人

债券的发行人（issuer/borrower）就是资金的需求者。债券的发行主体可以分为以下几类：

- 国际性组织（supernational entities）：或者称为超主权机构，例如世界银行（World Bank）等机构发行的债券；
- 主权国家政府（sovereign national governments）：即中央政府发行的债券，比如美国的国债（US treasury bonds）；
- 非主权政府（nonsovereign governments）：一般由非中央政府发行的政府债券，比如地方政府债券；
- 准政府债券（quasi-government entities）：是指那些和地方政府有密切关系的企业发行，所募资金用于城市基础设施建设的债券。名义上虽是企业债券，但发行单位是政府直属企业（实际上相当于政府部门），政府也提供了事实上的隐性担保，具有相当程度的市政收益债券性质，属于“准市政债券”，比如房利美（Fannie Mae）发行的债券；
- 公司（corporation）：这里的公司一般都是一流的大公司，包括金融公司和非金融公司，发行企业债券。

1.2 债券持有人

债券持有人（bondholder）是债券的投资人。投资者通过购买债券将资金借给发行方，未来获得发行方偿还的本金和利息。

1.3 到期时间

到期日（maturity）是指债券所代表的债务合约中止的时间。截至到期日，借款人有义务按时偿还合约规定的全部利息和本金。

剩余到期日（term to maturity, tenor）：债券剩余到期时间。例如一个10年期债券发行7年后，剩余到期时间为3年。

> — 备考指南 —
> 注意Tenor和Maturity的区别。

根据到期时间的不同，债券可以划分为以下几种类型。

- 货币市场证券（money market security）：在债券发行时，到期期限小于等于1年的债券；
- 资本市场证券（capital market security）：在债券发行时，到期期限大于1年的债券；
- 永续债券（perpetual bond）：通常不规定到期时间，持有人也不能要求清偿本金，但可以按期取得利息。永续债一般由政府发行。

1.4 债券面值

面值或本金（par value/face value/ maturity value/principal/redemption value）是指发行人在债券到期后应偿还债券持有人的本金数额，也是企业向债券持有人按期支付利息的计算依据。债券的面值与债券实际发行价格并不一定一致，发行价格大于面值称为溢价发行，小于面值称为折价发行，等于面值为平价发行。美国债券市场大部分债券面值为1000美元。

1.5 票息

息票率（coupon rate, norminal rate）是指息票利息与债券面值的比率，即用来乘以债券的本金得出应付现金利息额的利率。

$$\text{Coupon}=\text{Par value}\times\text{Coupon rate}$$

付息频率（frequency）是债券每年付息的次数。在美国，已发行债券通常每半年支付一次利息。但不绝对，如抵押贷款支持债券和资产支持债券，它们通常每月支付现金利息。

债券的息票率是否固定可以分为固定利率债券（fixed coupon rate bond）和浮动利率债券（floating rate bond）。固定利率债券被称为传统债券（plain vanilla bond, conventional bond）。

1.6 计价货币

债券可以以任何一种货币形式发行，发行货币即为计价货币（currency denomination）。绝大多数的债券都是用欧元和美元来发行。根据计价货币不同的两类债券：

- 双币债券（dual-currency bonds）是用某一种货币支付利息，在到期日时用另一种货币偿还本金。

- 货币期权债券（currency option bonds）可以看做一个单一货币债券和外汇期权的组合。投资者可以选择以哪种货币回收本金或者利息。一旦选定，利息和本金将用同一种货币进行支付。

本金和票面利率都是用来确定债券的利息支付数额的，而利息支付的时间周期可以分为每月支付，每季度支付，每半年支付和每年支付等。在美国本土发行的债券大部分是每半年支付一次，在欧洲则大多为每年支付一次。票面利率一般指年利率，如果利息在一年里需要多次支付，则其利息的支付额需要根据票面利率进行计算。

举个例子

【例】

计算债券的票面利率。假设有一个5年期的债券面值为1000元，票面利率是5%，每半年付息一次，则该债券每半年支付的利息是多少？

【解】C =面值×票面利率÷2=1000×5%/2 = 25元/每半年

注意：在计算coupon时要注意是利息每年支付两次。

2. 债券契约

信托契约（bond indenture, trust deed）是一份规定了发行人的义务和持有人的权利的法律合约。债券契约描述了债券的形式，规定了债券的面值、到期时间、票息率以及或有条款等。在一份债券合约中，需要特别关注一下内容。

2.1 偿还款项的来源

债券契约上还会注明发行人用于偿还债务的资金来源。

主要的债券还款来源如表54-1。

表54-1 债券偿还款项来源

债券种类	还款来源
国际债券	• 之前所发放贷款的本金和利息用来偿还债务 • 依赖组织内部成员缴纳的实收资本
主权债券	• 通过征收税款来还清国债 • 通过发行货币来偿还国债

（续表）

债券种类	还款来源
地方政府债券	● 地税务机关所征收的税款 ● 债券所融资的项目产生的收益 ● 专门设定的，用来偿还债务的税收和费用
公司债券	● 公司日常运行所产生的收益
证券化债券	● 用于担保的非流动性资产所产生的现金流

2.2　是否存在抵押

抵押品（collateral）是指债务人提供作为偿债担保的资产。如果债券到期时债务人无力偿还，债权人有权将抵押品变卖来代替本息，减少损失，因此抵押品是用来减少信用风险的一种方法。

我们把有抵押品支持的债券称为有抵押债券（secured bond），把没有抵押品担保债券称为无抵押债券（unsecured bond）。由于没有抵押品，债券的发行需要完全靠公司良好的信誉，因此又被称为信用债券（debenture）。要注意，虽然在以美国为主的国家把信用债券（debenture）理解为无抵押债券，但是在大不列颠和其他一些国家会把这个理解为以特定资产为抵押物的债券。通常只有经济实力雄厚、信誉较高的企业才有能力发行这种债券。虽然没有用指定的财产作明确的担保，但信用债券持有人跟一般债权人一样，对发行人所有未对其他债务提供担保的财产拥有索偿权。

当债务人违约无力偿还欠款时，抵押品的一个变卖顺序我们称之为求偿顺序（seniority ranking）。一般来说有担保债券优先于无担保债券，高级债券（senior bonds）先于次级债券（subordinated/junior debt）。

根据抵押品的种类我们可以把抵押担保债券进行分类：

在这些抵押债券当中，最为常见的抵押债券称为房贷支持证券（MBS），它的抵押资产为房地产抵押贷款（mortgage loan）。房贷支持证券通过资产证券化的方式创设。抵押贷款由最初的放贷机构（通常是银行）出售给独立法人收回资金，这类独立法人在各个国家有不同的名称。在欧洲，这类独立法人被称为特殊目的载体（special purpose vehicle, SPV），在美国被称为特殊目的实体（special purpose entity, SPE）。特殊目的载体以抵押贷款为基础资产发行放贷支持证券，然后将贷款支持证券卖给机构投资者。未来向银行申请贷款的客户支付的本息会直接付给机构投资者。对银行来说，信贷资产已经出售，所有权转移，形成破产隔离。

一些金融机构，特别是在欧洲的金融机构会发行担保债券（covered bond）。担保债权是银行用其相关资产抵押发行的债券，值得注意的是抵押的资产仍然在银行的资产负债表之上。银行本身具有偿还本息的义务，相关抵押资产也可以作为第二还款来源，所以，担保债权给予投资者双重保护。

最后，不同类型抵押资产债券总结如表 54-2。

表 54-2 不同类型债权的抵押资产

债券类型	抵押品
抵押信托债券	有价证券，比如：普通股其他债券及金融资产
设备信托债券	设备或实体资产，比如飞机，设备
放贷支持债券	抵押贷款
资产担保债券	债券组成的资产池

2.3 信用增级

— 备考指南 —
信用增级是易考点，内部和外部增级的每种方式都需要知道。

信用增级（credit enhancement）是为提升债券评级而采用的技术手段。信用增级的目的是提供防范信用风险和不能收到还款的保险，从而增加债券的可销售性，降低发行方的融资成本。信用增级主要有两种类型：内部信用增级（internal credit enhancement）和外部信用增级（external credit enhancement）。

2.3.1 内部信用增级

内部信用增级是依赖于发行方和债券自身为降低信用风险的措施。主要形式可以分为以下三种：

- 超额抵押（overcollateralization）是指以大于债券发行面额的资产作为发行债券的担保。在我国申请住房贷款的时候通常都会要求一定比例的首付，比如购买 100 万的房子，银行通常会要求首付不低于 35 万。这时作为抵押品 100 万房子的价值就超过了贷款总额 65 万。这就是超额抵押的一种形式，降低了银行的信用风险。
- 储备基金（reserve fund）一共有两种形式。
  - 超额利差（excess spread）：是指按期支付承诺的利息，服务费和其他费用之后，将超额的利息存在一个专门的账户中，用来支付在未来可能出现的损失；

- 现金储备基金（cash reserve fund）：是指把一部分的现金直接事先存在一个账户内，用来支付在未来可能出现的损失。

● 优先/次级结构（subordination）是最常用的内部信用增级手段。是指根据资产证券化债券的投资风险的不同，将债券划分为不同的级别，以满足不同投资者的需求。将用于还款的金融资产所产生的现金流按高低级别分配到不同的层级中，最高级的最优先偿还，也就是说次级为高级提供信用保障。如果债权人发生违约拖欠的情况，清算资产时的收入优先分配给最高级别债券的债权人，次级承担基础担保品所有的最初损失。这种现金流结构也被称为瀑布式结构（waterfall structure）。在这种结构安排下，优先级证券的风险在很大程度上被次级证券吸收，从而保证优先级证券能获得较高的信用级别一般为Aaa/AAA。

2.3.2 外部信用增级

外部信用增级本质上是依赖于第三方提供担保，当发行方出现违约时，由外部担保方代为偿还。外部信用增级也分为三种形式：

● 履约担保（surety bond）和银行担保（bank guarantee）这两者都是在违约损失的情况下对投资人进行一定金额的补偿。唯一的区别是前者是由保险公司发行，后者是银行发行。

● 信用证（letter of credit）是金融机构提供给债券发行方的一定信用额度，在发行方资金短缺时提供现金流支持。

大多数外部信用增级工具降低了投资者的信用风险，但是又增加了投资者的第三方风险（third- party, counterparty risk）。第三方风险是指第三方未能完成债券违约时的代偿义务。

— 备考指南 —
这一现象可能是担保方自身信用质量恶化导致的无力代偿，也可能是担保方拒绝帮助履约。

● 现金担保账户（cash collateral account）与以上不同点在于，担保方需要在债券发行时存入一笔现金，这笔现金将投资于期限短、高评级的资产。未来一旦债券发行方违约，第三方也无力偿还时，这笔期初存入的资金可以用来偿还本息，降低了第三方风险。

2.4 法律及监管

债券根据发行、流通的地点以及持有人的不同受制于不同的法律及监管部门。因此债券发行、流通的地点是投资人一个重要的考虑因素。

— 备考指南 —
易考点，根据题目信息判断属于那种债券。

按照地点划分，全球债券市场包括了国内债券市场（national bond market）和欧洲债券市场（eurobond market）。

- 国内债券市场包括了由一个特定的国家发行及流通的，并且以该国货币计价的所有债券。这些债券可以分为两类：
    - 本国债券（domestic bonds）是由本国（常驻）机构发行的债券。
    - 外国债券（foreign bonds）是由非本国机构在本国以本币发行的债券。例如，外国公司在中国发行的债券叫做熊猫债券（panda bonds），在美国以美元发行的债券叫做扬基债券（Yankee bonds）。
- 欧洲债券市场是指发行欧洲债券进行筹资而形成的一种长期资金市场。其建立的最主要的用途是用来逃避对债券发行人以及持有人关于法律，监管，税收方面的限制。
    - 欧洲债券（eurobonds）是指在债券计价货币所属当局以外的地方募集资金的债券。因为这种债券最初在欧洲引进，所以我们把它叫做欧洲债券。但是我们不能把欧洲债券和在欧洲发行的债券相混淆，即使这种债券也有可能在欧洲发行。例如，一家中国的公司在日本以外的国家发行以日元计价的债券就可以称为欧洲债券，这种债券就会被叫做欧洲日元债券（euroyen bonds），如果在美国以外的国家发行以美元计价的债券，这种债券叫做欧洲美元债券（eurodollar bonds）。相比较于本国债券，欧洲债券受到更少的监管，它最初引入的目的是要避免美国的监管机制。大多数的欧洲债券都是以非记名（bearer form）的方式发行，与它相对应的是记名的债券（registered bonds）。
- 全球债券（global bonds）是指同时在多个国家发行的欧洲债券，除在欧洲债券发行市场发行外，全球债券至少还在本国发行。例如，一家中国的公司在日本以外的国家发行以日元计价的债券称为欧洲债券，如果这个欧洲债券还在中国发行，那么这个债券就可以叫做全球债券。

2.5 条款

债权人为了避免债务人滥用融入资金，会制定一些条款（covenants）让债务人遵守，并成为借出这笔资金的条件。债券条款一般分为肯定性条款与否定性条款：

- 肯定性条款（affirmative covenants）是指债券发行人在债券持有到期前必须做到的事情。最普遍的肯定性条款是：

◆ 按时支付本金和利息；

◆ 到期时支付所有利息和其它承诺；

◆ 维持一定的财务比例（如公司的流动比率一定要维持在 2 以上）；

◆ 维护债务人所有在用资产和有用资产的正常运营。

● 否定性条款（negative covenants）是指债券发行人在债券持有到期前不能做的事情。最普遍的否定性条款是：

◆ 不得变卖已经成为贷款抵押品（collateral）的资产；

◆ 不可用同一种资产对不同的债务进行抵押；

◆ 在未满足特定财务状况的情况下，不能额外借款，增加公司融资杠杆比例；

◆ 限制高风险投资，限制无关联兼并收购。

2.6　税收

不同债券面临的税制是不同的。一般来说，债券的利息收益部分是按照普通所得税税率征税（ordinary income tax rate），也就是和个人所得的工资，薪水交的税是一样的。当然也有免收利息所得税的债券。例如，持有美国地方政府发行的债券（municipal bonds）免收联邦所得税（federal income tax）以及该州所得税（income tax of the state）。当然债券发行和流通的地方不同，所征收的税率也不相同。

除了利息收益，债券的资本收益也需要缴纳一定的税款。假设债券持有人在债券到期之前出售债券，当卖出价格大于当初的买入价格，所产生的收入我们称之为资本利得（capital gain）。一般情况下，长期（大于 12 个月）资本利得税税率低于短期。

目前较多地区要求将折价债券（discount bond）的折价部分作为应纳税利息收入（taxable interest income），因此在到期的时候，不会有额外的资本利得税负债（capital gain tax liability）产生。我们把一些折价率很高的发行形式叫做初始发行折价保护（original issue discount tax provision, OID），一般来说，有这些保护措施的债券在持有到期期间会产生税收负债（tax liability），即使在持有至到期期间利息没有以现金流的形式产生，也需要按年以所得税的税率缴纳相应税收。在一些行政管辖区，溢价债券（premium bonds）享有一定的税收保护政策。允许投资者在应缴纳的利息所得税中按比例扣除溢价部分直到债券到期。

3. 债券的现金流结构

债券的现金流分为两类：本金的现金流和利息的现金流。不同现金流的对应着不同类型的债券。这一部分的重点是区分不同类型债券的基本特征。

3.1 本金偿还结构

根据债券本金偿还形式的不同，可以分为普通债券（plain vanilla bond），摊销式债券（amortizing bond）和偿债基金条款的债券

3.1.1 普通债券

普通债券又称为子弹式债券（bullet bond）。这种债券的特征可以概括为按期付息，到期还本。这种债券最大的特点在于到期日那天支付的款项除了利息部分，还包括所有的本金部分，最后一笔的金额较大，这种支付方式叫做期末整付（balloon payment）。

某只本金为 \$1,000，到期期限为 5 年，息票率为 6%，折现率为 6%， 每年支付一次票息的债券。他的现金流模式如表 54-3 所示。

表 54-3 子弹式债券 单位：美元

Bullet Bond（子弹式债券）				
Year（年份）	Investor Cash Flows（投资者现金流）	Interest Payment（利息支出）	Principal Repayment（本金偿还）	Outstanding Principal at the End of the Year（期末剩余本金）
0	−1 000.00			1 000.00
1	60.00	60.00	0.00	1 000.00
2	60.00	60.00	0.00	1 000.00
3	60.00	60.00	0.00	1 000.00
4	60.00	60.00	0.00	1 000.00
5	1 060.00	60.00	1 000.00	0.00

3.1.2 摊销型债券

与普通债券期末一次性偿还本金的不同点在于，摊销型债券（amortizing bond）的本金被在支付利息的每一期摊销偿还。是指发行人在债券有效期内，分

期偿还本金的一种债券。

- 完全摊销债券（fully amortizing bond）（如表 54-4）是指定期偿还固定数目的本金和利息，直到在到期日全部还清。因此，随着到期日的接近，支付的利息会随着剩余本金部分的减少而减少，本金部分的支付会增加。
- 部分摊销债券（partially amortizing bond）（如表 54-5）和完全摊销债券相似，但是在到期日期间只偿还部分本金，剩下的未偿还的本金将在到期日那天一起全部付清（ballon payment）。

表 54-4 完全摊销债券

Fully Amortized Bond（完全摊销债券）				
Year（年份）	Investor Cash Flows（投资者现金流）	Interest Payment（利息支出）	Principal Repayment（本金偿还）	Outstanding Principal at the End of the Year（期末剩余本金）
0	−$1 000.00			
1	237.40	$60.00	$177.40	$822.60
2	237.40	49.36	188.04	634.56
3	237.40	38.07	199.32	435.24
4	237.40	26.11	211.28	223.96
5	237.40	13.44	223.96	0.00

表 54-5 部分摊销债券

Partially Amortized Bond（部分摊销债券）				
Year（年份）	Investor Cash Flows（投资者现金流）	Interest Payment（利息支出）	Principal Repayment（本金偿还）	Outstanding Principal at the End of the Year（期末剩余本金）
0	−$1 000.00			
1	201.92	$60.00	$141.92	$858.08
2	201.92	51.48	150.43	707.65
3	201.92	42.46	159.46	548.19
4	201.92	32.89	169.03	379.17
5	401.92	22.75	379.17	0.00

3.1.3 偿债基金条款

偿债基金条款（sinking fund arrangement）指的是合约中规定，发行方从债券存续期的某一天开始提前偿还本金的一种条款。

在早期，偿债基金条款要求发行方在发行债券的同时成立一个专项基金，专门用于提前偿还本金。现在一般不会强制要求，只要发行方按照预先安排的时间表提前赎回债务的一定部分即可。比如，一个面值 1 个亿的 10 年期债券，从第六年开始每年定期偿还两千万的本金。

偿债基金在原有的基础上还可以增加额外条款。还有一种特殊的偿债基金，发行方有权利在合约规定偿还数额的基础上加速偿还（accelerated sinking fund provision）。通常，在市场利率下降的环境下，发行方选择加速偿还本金，然后以更低的利率进行再融资，当市场利率上升时，发行方可以不行使这个权利。

优缺点分析：

和普通债券相比，摊销型债券和偿债基金制度都可以减少一次性集中偿还的财务负担，减少了违约风险，因此降低了债权人所要面临的信用风险。

但是，摊销型债券和偿债基金制度增加了债权人的再投资风险。如果市场利率低于购买债券时的利率，那么债权人被迫把提前收到的本金在利率较低的条件下进行再投资。

3.2 息票支付结构

3.2.1 固定息票债券

固定息票债券（fixed-rate coupon）是在有效期内定期支付固定的利息。这是一种最常规的债券形式。

3.2.2 浮动利率债券

浮动利率债券（floating-rate notes, FRN）（如图 54-1）在发行时规定债券利率会随着市场利率定期浮动。我们通常把市场利率叫做参考利率（reference rate），如美国国债利率或伦敦银行间同业拆借率（London Interbank Offered Rate, LIBOR）。

浮动利率债券支付的是参考利率加上报价利差（quoted margin）。报价利差通常以基点（basis point）的形式来表达。

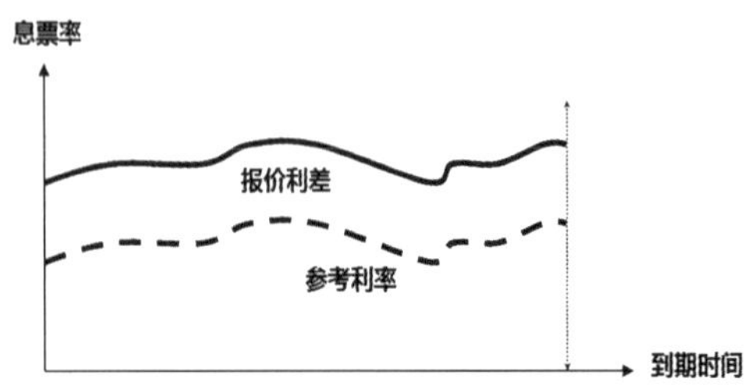

图 54-1 浮动利率债券

票面利率（**coupon rate**）= 参照利率（**reference rate**）± 报价利差（**quoted margin**）

通常来说，参照利率是市场利率，会跟随市场资金面的变化而变化，而报价利差是恒定的。如果报价利差（quoted margin）是浮动的，那么这个浮动利率债券又称为可变利率债券（variable note rate）。

浮动利率债券会选用对应期限的市场利率作为参照利率。例如，一支按季付息的浮动利率债券选用 3 个月的 LIBOR 作为参照利率，而半年付息一次的债券会选用 6 个月 LIBOR 作为参照利率。

浮动利率债券的利率并不是每时每刻都在波动的，而是在固定时间间隔内重新设定。票面利率重新设定的时间点叫做息票率重设日（coupon reset date）。重新设定的利率用于确定下一个付息日应当支付的利息。例如，一支按年付息的浮动利率债券，票息率为 LIBOR + 75 个基点。如果年初的 LIBOR 为 2.3%，那么在年末，这个浮动利率债券的票息率为：2.3%+0.75%=3.05%。

如果参考利率的变动范围比较大，那么有可能使得浮动利率债券的票面利率变得很大或很小。为了避免票面利率出现这种极端的情况，债券的发行人与投资者皆可以设定利率的上限（cap）或下限（floor）。如果债券同时规定了利率的上限和下限，则称为领子期权（collar）。与浮动利率债券（floater）相反的是逆向浮动利率债券（inverse floater），逆向浮动利率债券的票面利率随着参考利率的减少而增加。

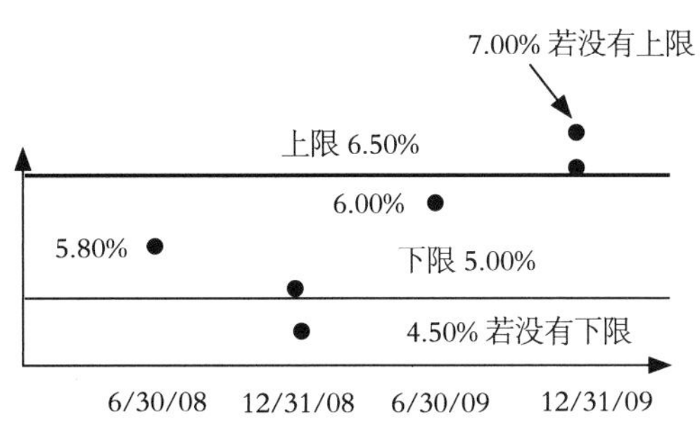

图 54-2 有封顶保底浮动利率债券

3.2.3 梯式债券

梯式债券（step-up coupon bonds）的票面利率在存续期内不断增加，后期比前期利率更高，成递增状态。

梯式债券通常设有赎回条款，它允许公司在息票率重设日的时候赎回债券。

也就是说，当市场利率下降，息票率大于市场利率的时候，公司就允许以赎回价格（call price）来赎回债券。

3.2.4 信用风险联结债券

信用风险联结债券（credit-linked coupon bonds）是指息票利率随着债务人信用等级的变化而变化。信用等级降低（升高），息票利率增加（减少）。这种债券可以用于保护债券持有人免受发行人信用等级下降的影响。

3.2.5 实物支付债券

实物支付债券（payment-in-kind coupon bonds）是指债券发行人派发额外债券来支付现金利息的一种债券。当公司预计现金流不足以支付债券利息的时候会发行实物支付债券。

3.2.6 递延利息债券

递延利息债券（deferred coupon bonds）又名息票分割债券（split coupon bonds）。递延利息债券通常会在债券发行的一段时期之后开始支付利息。发行这种债券的公司预期公司的现金流在未来的特定时间会增加。当一家公司为一个前期不会产生现金流的大项目进行融资的时候，可以发行递延利息债券。如图54-3。

零息债券（zero-coupon bonds）是指在有效期内不支付利息的债券。这种债券会以低于面值的价格发行，也就是折价发行，到期后按面值偿还本金。属于递延利息债券的一种特殊形式。

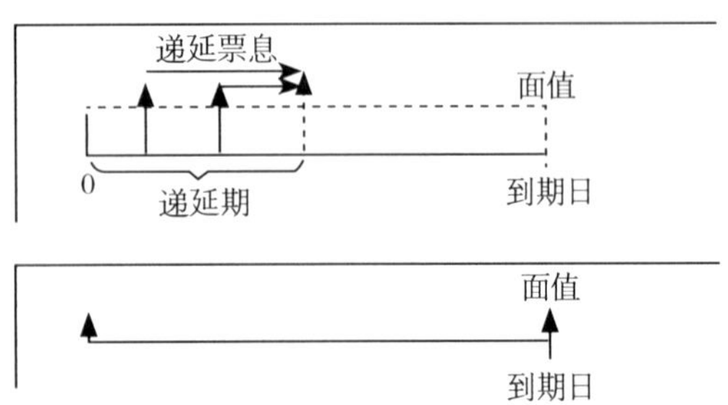

图54-3 递延利息债券

3.2.7 指数挂钩债券

指数挂钩债券（index-linked bond）的息票和本金跟某一指数挂钩。指数可以是大宗商品指数（commodity index）、股票指数（equity index）或者其他公布的指数。通货膨胀指数债券（inflation–linked bonds, linker）是最常见的一种指数挂钩债券。它的本金和利息的支付金额是根据既定的通胀指数，一般参照消费物价指数（consumer price index, CPI）进行调整。指数挂钩债券到期偿还的本金通常不会低于债券的票面价值。因此指数债券通常又叫做本金保护债券（principle protected bonds）。通货膨胀指数债券（inflation–linked bonds）包括以下几种类型：

- 指数年金债券（index–annuity bonds）：即完全分期付款债券（fully amortizing bonds），每期付款额直接同通货膨胀（inflation）挂钩。
- 指数零息债券（zero–coupon–indexed bonds）：对到期付款额进行通货膨胀调整的零息债券。
- 利息指数债券（interest–indexed bond）：仅将利息部分对通货膨胀指数变化进行调整，保持本金部分不变的债券。
- 本金指数债券（capital–indexed bond）：息票利率不变，但本金会随通货膨胀指数的变化而变化的债券。虽然息票利率不变，但利息是用调整后的本金支付，所以本金的变化也会使得利息支付的金额发生改变。

4. 债券的或有条款

债券经常会有附加的条款，又称为或有条款（contingency provisions），这些条款赋予债券持有者或发行人采取某种措施的权利。债券合约中含有或有条款的债券为含权债券。嵌入式期权（embedded option）是一种典型的含权债券。内嵌的意思是这些权利是不能从债券中分割出来单独销售的，必须是债券的一部分。嵌入式期权包括可回购债券和可反售债券。合约中不包含或有条款的债券叫不含权债券（option–free bond），又称作普通债券（straight bond）。

4.1 可回购债券

可回购债券（callable bonds）是在普通债券基础上嵌入一个回购条款。回购条款（call provision）赋予债券发行人在到期前按照预先确定的价格赎回全部或部分债券的权利，当然发行人也可以放弃执行这个权利。这个条款使得发行者能够在市场利率降低时收回原来高成本的债券，重新发行低成本的债券，从而减少风险、降低融资成本，对于发行人来说是有益的。但对于投资人来说可回购债券是不利的，他们必须承受在利率下降时，损失高息债券，以低利率进行再投资的风险。因此，可回购的债券收益率比那些不能提前赎回债券的要高，发行价更低。

— 备考指南 —
在 CFA 的一级考试中关于含权债券的定量计算是不需要掌握的。但是同学们要熟悉含权债券与不含权债券的价值大小，收益率大小的关系。这是考试的重点。

- 可回购债券价值：

可回购债券的价值 = 不含权债券的价值 – 回购权利的价值

- 回购价格（call price）：债券被提前赎回时所需支付给投资人的价格，通常比本金或面值高。
- 回购溢价（call premium）：赎回价格与本金之间的差额。
- 提前赎回保护期（call protection period, lockout period, deferment period）是指在这段时间之内确保债券持有者手上的债券不被马上赎回。过了这段不可回购期，发行人就可以执行回购条款。

— 备考指南 —
举例来说，20 年期的债券第一次回购日是在 5 年后以 110 的价格（面值的 110%）赎回，第二次回购日是在 10 年后以 105 的价格赎回，第三次回购日是在 15 年后以 100 的价格赎回。

    - 通常回购条款都会设定几个回购日，比如债券发行后第五年可以执行回购，第一次回购日称为（first par call date），之后还会有第二次第三次的回购日期。而回购的价格会随着每期的回购日而逐渐降低。

- 可回购债券的行权方式：
    - 美式回购（american call）也被称为连续回购，是指只要过了回购保护期，债务人可以在任何一天行使回购权力。
    - 欧式回购（european call）是指债务人只能在回购日当天行使回购权力，否则视为放弃回购。
    - 百慕达式回购（bermuda-style call）是指在过了回购保护期之后，债务人只能在特定的日期行使回购权力，一般为债券的付息日。

“互利”回购条款（make-whole call）在 20 世纪 90 年代中期第一次出现在美国债券市场上，常见于私募发行的债券中。与那些按照某种计划事先固定回购价格的一般回购条款不同，为了弥补投资人因为债券被提前赎回所造成的损失，“互利”回购条款的回购价格通常是剩余利息偿付额和本金的贴现值之和，即市场价格回购，这时的市场价格是大于事先确定的固定回购价格的，相当于回购的同时对投资者做出了补偿。通常发行人在特定的环境（如收购重组时）才会考虑回购债券。

4.2 可反售债券

可反售债券（putable bonds）是在普通债券的基础上嵌入一个可反售的权利。

可反售的权利（put provisions）授予投资者在债券到期日前以事先约定好的价格售回给债券发行者的权利，以此来锁定市场利率，保障自己的投资不会因为市场利率波动而受到影响。

债券持有人一般在市场利率上涨，债券价格下跌时执行反售的权利。可反售债券对投资人有利，因此可反售债券债券价格较高，收益较低。

可反售债券的价值公式：

可反售债券的价值 = 不含权债券的价值 + 可反售权利的价值

4.3 可转换债券

可转换债券（convertible bonds）是指可以按指定数量转换为发行公司普通股的债券。可转换债券不能做逆向转换，转换条款由公司在债券契约中规定。可转换债券兼有债券和股票的特征，具有以下三个特点：

- 债权性

与其他债券一样，可转换债券也有规定的利率和期限，投资者可以选择持有债券到期，收取本息。

- 股权性

可转换债券在转换成股票之前是纯粹的债券，但在转换成股票之后，原债券持有人就由债权人变成了公司的股东，可参与企业的经营决策和红利分配，这也在一定程度上会影响公司的股本结构。

- 可转换性

可转换性是可转换债券的重要标志，债券持有人可以按约定的条件将债券转换成股票。转股权是投资者享有的、一般债券所没有的选择权。可转换债券在发行时就明确约定，债券持有人可按照发行时约定的价格将债券转换成公司的普通股票。如果债券持有人不想转换，则可以继续持有债券，直到偿还期满时收取本金和利息，或者在流通市场出售变现。

如果持有人看好发债公司股票增值潜力，在宽限期之后可以行使转换权，按照预定转换价格将债券转换成为股票，发债公司不得拒绝。正因为具有可转换性，可转换债券利率一般低于普通公司债券利率，企业发行可转换债券可以降低筹资成本。

可转换债券中有诸多专业术语需要注意：

- 转换价格（conversion price）是指债券人可以以什么样的价格将手中的债

券转换为股票。

- 转换比率（conversion ratio）是指债券持有人一张债券可以转换为多少股的股票。

转换比率 = 可转换债券的票面价格 / 转换价格

- 转换价值（conversion value）= 股票的现价 × 转换比率

根据债券的转换价值与可转换债券纯债价值的关系，可以分为：

- 平价（at parity）：转换价值 = 可转换债券的纯债价值
- 高于平价（above parity）：转换价值 > 可转换债券的纯债价值
- 低于平价（below parity）：转换价值 < 可转换债券的纯债价值

名师解惑

如果一个可转换债券的票面价格为1000美元，转换比例为25，可转债对应的股票市场价格为30美元，可转债的纯债价格为1050。我们来判断转换平价：

转换价值 = 30×25 = 750

纯债价值 = 1050

这时债券的纯债价值大于转换价值，这时债券处于低于平价。

4.4 认股权证

认股权证（warrant）是一种选择权，在我国香港又被称作涡轮。它允许持有者以指定价格从发行公司购买一定数量的普通股股份。通常，上市公司在发行新债券的时候，会同时发行认股权证。

认股权证的价值在于它的存续期相当长。通常认股权证从发行开始至少两年有效，有一些甚至是永久的。此外，执行价格（exercise price）是认股权证的另一个关键特征。执行价格指权证持有者从公司买股票的价格。通常，执行价格会高于发行债券以及认股权证时普通股价格的15%，并且执行价格会按照债券契约的规定随时间推移而上升。相比较于可转换债券，可分性（detachable）是认股权证的又一重要特征。所以权证不属于嵌入式期权，而是附带式期权（attached option）。对于一些融资困难的小企业，可以通过配套发行权证，增强其债券和股票的吸引力。

4.5　应急可转债

应急可转债（contingent convertible bonds, CoCos）是指在特定事件发生的时候，会自动转换成普通股票的债券。一些欧洲银行会发行这类债券。商业银行有资本充足率的强制要求，简单的说就是总资产中权益融资不能低于某一比率。应急可转债的出现帮助银行解决了这一难题。如果银行的权益资金下降到特定的比例之下，应急可转债会自动转换成普通股票，从而减少银行的负债，增加银行权益资本，提高银行的权益资金占比。

名师解惑

本章主要学习债券的基本要素：基本特征、收益率的测度、条款、法律及监管以及现金流结构等。区分几种嵌入式期权。

第 55 章 债券市场：发行、流通及融资来源

<table>
<tr><th colspan="2">本章知识点</th><th>讲义知识点</th></tr>
<tr><td>一、债券市场的概况</td><td>了解债券市场的分类，指数和投资者</td><td>固定收益市场分类</td></tr>
<tr><td>二、一级市场和二级市场</td><td>熟悉一级市场和二级市场的不同功能</td><td>一级市场和二级市场</td></tr>
<tr><td rowspan="5">三、各主体的融资途径</td><td>1. 熟悉区分主权债券的定义和分类</td><td>相关政府发行的债券</td></tr>
<tr><td>2. 了解区分非主权债券，准政府债券和超国家债券</td><td>相关政府发行的债券</td></tr>
<tr><td>3. 熟悉区分公司债券的种类和各自特点</td><td>公司债券</td></tr>
<tr><td>4. 掌握银行短期融资来源，回购利率和回购折扣率</td><td>短期融资来源</td></tr>
<tr><td>5. 了解四种结构化金融产品</td><td>结构化金融工具</td></tr>
</table>

知识导引

本节分为三个部分，第一部分介绍了固定收益产品根据不同方式进行的分类，第二部分介绍了一级发行市场和二级市场的功能特征，第三部分是本节的重点，主要介绍了各个主体的融资方式。整个章节知识点较为零散，考试出现的频率较高。

本章思维导图

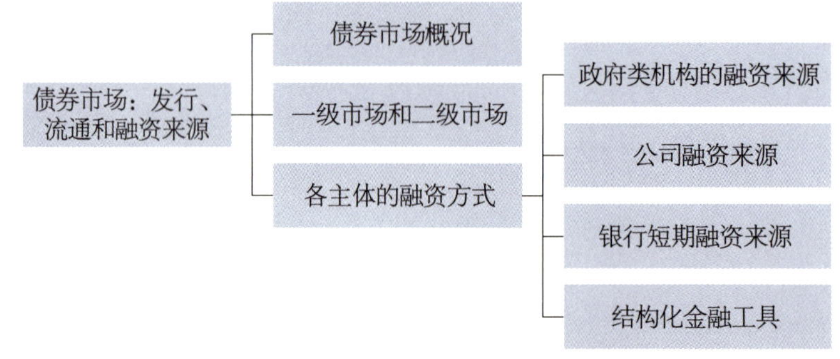

1. 债券市场的概况

1.1　债券市场的分类

根据债券的特征，可以把国际债券市场根据以下几种标准进行划分，包括发行人的种类(type of issuer)、发行人的信用等级(credit quality)、债券期限(maturity)、息票（ coupon ）、支付货币（ currency ）、地理位置（ geography ）等。

1.1.1　根据发行人分类

按照发行人的类别可以分为政府和政府相关机构、公司债和结构化债券（ structured finance sector ）。

其中，政府和政府相关机构可以进一步细分为国际性组织（ supranational organization ）、主权政府（ sovereign government ）、地方政府（ local government ）、准政府机构（ quasi-government ）。

公司债又可以分为金融类公司债券和非金融类公司债券。

结构化债券又称为资产支持证券（ asset backed securities, ABS ），是资产证券化后的产物。从全球范围看，政府及金融机构是最大的债券发行主体。与股票市场相比，债券市场的市值远大于股票市场市值。

1.1.2　根据信用质量分类

信用评级机构根据债券的信用风险进行评级，一个债券的信用质量越差获得的评级就越低。根据评级的不同债券可以分为投资级债券（ investment bonds ）和投机级债券（ non-investment bonds ），投机级债券又称为垃圾债券（ junk bond ）或高收益债券（ high yield bond ）。

全球三大评级机构标普（ Standard & Poor’ s, S&P ）、穆迪（ Moody’ s ）和惠誉（ Fitch Ratings ）的评级体系中，标普和惠誉共用一套标识体系。标普和惠誉的 BBB- 和穆迪的 Baa3 及以上级别为投资级债券，反之都是投机级债券。

1.1.3　根据到期期限分类

按照最初的到期时间可分为货币市场证券和资本市场证券。到期期限为一年或者小于一年的债券被称为货币市场证券（money market securities），例如美国国库券（treasury bill）、商业票据（commercial paper）、银行存单（certificate of deposit, CDs）。到期期限大于一年的被称为资本市场证券（capital market securities）。

1.1.4 根据息票分类

按照息票支付结构（coupon structure）可分为固定利率债券（fixed-rate bonds）和浮动利率债券（floating-rate bonds）。

1.1.5 根据计价货币分类

按照债券的货币计价方式可以分为本国债券（domestic bonds），外国债券（foreign bonds），和欧洲债券（eurobonds）。这一部分在“上一章的 2.4 法律及监管”这一节已经详细讲解，在这里就不进行赘述了。

1.1.6 根据地理位置分类

按照地理位置划分，债券市场还可以被分为发达国家债券市场（developed markets）和新兴债券市场（emerging markets）。由于新兴市场的发达程度远不如发达国家，因此购买新兴市场的债券比发达国家债券的风险更大，收益也更高。

1.1.7 其他分类

根据挂钩指数（index）的不同，税收地位的不同，也可将债券市场进行分类。例如通胀保护债券，这种债券的现金流会随着通货膨胀的指数做相应的调整。这一部分在“上一章的 3 债券的现金流结构”这一节已经做了详细讲解。有些主体还会发行免税债券，比如美国的市政债券，中国的国债和地方债。同等条件下，免税债券对投资者更有吸引力。

1.2 债券市场指数

随着债券投资组合的数量和规模的增长，投资者以及投资经理越来越依赖债券指数，并将它作为衡量业绩的基准。不同的债券市场有不同的债券指数，它们能对这些资产的风险，收益以及市场特征提供准确及时的度量。其中最著名的债券指数是巴克莱资本全球债券指数（Barclays Capital Global Aggregate Bond

Index），它可以反映出全球投资级固定利率债券市场的一个情况。对于新兴市场来说，最被广泛运用的一个固定收益指数是 J.P 摩根全球新兴市场债券指数。

绝大多数的债券指数是由投资组合的形式组成的。通过选择不同的债券以及改变它的指标权重都能构建出不同的固定收益指数。由于债券种类的繁多以及债券存在到期，债券指数的编制，计算和维护要比股票指数难得多。

— 备考指南 —
在固定收益中，债券指数不作详细介绍，这一部分会在权益投资这门课中"证券指数"这一章做详细讲解。

1.3 债券市场中的投资者

债券的价格是由供求双方来决定的。和债券的发行人一样，债券的投资者也分为很多种。主要有中央银行、机构投资者、个人投资者。其中中央银行和机构投资人属于直接投资人，而个人投资者属于间接投资人。他们一般通过共同基金（mutual funds）和交易所交易基金（ETFs）间接地对债券进行投资。

中央银行买卖债券的目的不是为了盈利而是为了调节货币的供应量，这种手段称为公开市场交易（open market operations）。根据市场资金状况，当中央银行认为需要采取紧缩型的货币政策时，中央银行就会卖出持有的债券，相应的回收一部分基础货币；相反，当中央银行认为需要采取宽松型的货币政策时，中央银行就会买入债券，扩大基础货币的供应量。中央银行也会通过买卖外币债券来管理本国货币的相对价值以及外汇储备。

机构投资者一部分主要包括了养老基金（pension funds），对冲基金（hedge funds），公益基金（charitable foundations），捐赠基金（endowments），保险公司以及银行；另一部分主要由主权财富基金（sovereign wealth fund）构成。

2. 一级市场和二级市场

债券市场可以分为一级市场（primary market）和二级市场（secondary market）。一级市场是债券发行的金融市场；二级市场是债券交易和流通的市场。

— 备考指南 —
相比于股票的一级市场和二级市场，债券的一级市场和二级市场考核频率相对较少，但也需要了解。

2.1 一级市场

债券发行分为公开发行和私募发行。公开发行（public offering）是面向广泛且不特定的投资者发行，而私募发行（private placement）是面向少数特定投资者发行。

在一级市场公开发行债券需要投资银行的参与，投资银行通过三种方式帮助债券发行，一种为包销（underwritten offering），一种为代销（best efforts offering），另外一种为储架发行（shelf registration）。

2.1.1 包销

在包销中，投资银行从发行公司手中购买了所有的债券，然后再卖给投资者，也就是说未成功卖给投资者的部分需要投资银行自己消化。对于小规模债券发行，一般只需要一个包销商，但是对于规模比较大的债券发行，需要多个包销商进行承销，这几个包销商形成的组织叫辛迪加组织（Syndication），领导辛迪加组织的投资银行叫做主包销商（lead underwriter）。

2.1.2 代销

在代销（best efforts offering）中，投资银行不需要承诺债券发行，只需要尽自己最大的努力去发行债券就可以了。当债券发行的消息公布时，各经销商(dealer）会表明自己购买债券的兴趣，投资银行可以根据各经销商（dealer）的兴趣来进行定价。有一些债券在发行前会在预发行市场（grey market）上进行交易，这样，投资银行可以根据预发行市场的交易价格来进行定价。

2.1.3 竞价

一些比较特殊的债券，比如国债（government bonds）会通过竞价（auction）的方式进行，对手方主要由一级承销商（primary dealer）组成。一些个人投资者也可以成为对手方参加拍卖，但是所占比例较小。

2.1.4 储架发行制度

储架发行制度（shelf registration）的特点为注册一次，连续发行。发行人可以对未来一段时间内拟发行的证券向监管机构申请一次性注册。在这段时间里，发行人可以自由选择发行的时间，并可以根据市场的情况自行选择发行债券的收益率、期限、发行量等条款。这种发行方式非常灵活，对债券发行者的要求高。在我国，中票（MTN），资产支持证券（ABS）的发行允许使用这种发行方式。

2.2 二级市场

债券的二级市场是已发行债券交易的市场。一些国债和公司债可以在交易所市场（exchange market）进行交易，但绝大多数债券都是在场外市场（over the counter, OTC）。场外市场是债券传统的交易市场，也是做市商市场（dealer market），即由一些做市商报出买入价和卖出价来进行交易。而近年来，随着计算机和互联网的发展，电子交易市场（electronic trading network）成为越来越重要的交易方式。

对于公司债（corporate bond）来说，债券交割日（settlement date）通常会设定在债券发行结束的第三个工作日（T+3），对于政府债券（government bond），债券交割日（settlement date）会设定在债券发行后的第一个工作日（T+1），而货币市场债券（money market security）可以在当天完成交割。

3. 主权债券

主权债券（sovereign bond）的发行主体是政府。它是指政府财政部门或其他代理机构为筹集资金，以政府的名义所发行的债券，主要包括国库券和公债两大类。一般国库券是由财政部发行，用以弥补财政收支不平衡；公债是指为筹集建设资金而发行的一种债券，有时也将两者统称为公债或是国债。

国债不但可以在国内发行，也能在国外以及欧洲债券市场上发行。由于政府具备税收以及发行货币的职能，由这两项做担保，主权债券几乎没有违约风险。但是债券的发行货币对债券的违约风险也有影响。一般来说，以本国货币发行的主权债券比用外国货币发行的主权债券风险更低，因为本国政府可以自主发行货币。

— 备考指南 —

中国、美国或英国这些大国发行的债券可以说完全没有违约风险；但如果是现在正在经历经济危机的希腊或西班牙的国债，就可能会面临一些风险。

3.1 活跃券和老券

国债根据发行的早晚可以分为活跃券（on-the-run）和老券（off-the-run）。

活跃券是指近期发行的国债。新发行的国债往往交投活跃，具有较好的流动性，市场价格也更具指导意义。

与活跃券相对应的是老券，老券是前期发行的债券，新债券发行后就会取代原有的活跃券，原有活跃券就会变为老券。

3.2 主权债券的分类

3.2.1 固定利率债券

固定利率债券（fixed-rate bonds）是主权债券中最常见的一种，一般以贴现或息票债券的形式发行。贴现债券不支付利息，以低于面值的价格发行，在到期日支付一个固定的金额，投资者的收益是面值和发行价格之间的差异。而息票债券则是以一定的利息率发行，通常是每6个月支付一次利息，在到期日以面值赎回。息票债券通常是以一个接近于面值的价格发行，投资者的主要收益是债券存续期中所得到的息票收入。

美国固定利率债券通常都是以发行时间长短来进行分类的，常见的有：

- 国库券（treasury bills）是美国财政部发行的票面期限为 1 年或 1 年以下的债券以贴现债券的形式出现的，称为国库券。财政部通常发行期限为 13 周（3 个月）、26 周（6 个月）和 52 周（1 年）的国库券。
- 中长期债券（treasury notes）是有效期限超过 1 年但不超过 10 年的息票债券，财政部通常发行票面期限为 2 年、5 年和 10 年的中期国债。
- 长期国债（treasury bond）是有效期限超过 10 年的息票债券称。一般的长期国债为 20 年和 30 年。

3.2.2 浮动利率债券

为了减小利率风险，一些国家也会发行浮动利率债券（floating-rate bonds）。这类债券在主权债券中占了很小一部分，几个最大的发行主权债的国家，例如：美国，日本，英国都不发行浮动利率债券。

3.2.3 通货膨胀指数债券

美国从 1997 年开始发行通货膨胀指数债券，称为通胀保护国债（Treasury Inflation Protection Security, TIPS）。通胀保护国债是一种承诺保护并增加投资者购买力的债券。美国财政部通过参照消费物价指数（CPI）的变化来调整通胀保护国债的本金以兑现这种承诺。它偿还给债券持有者的本金恰好维持了最初投资的按照消费物价指数确定的购买力。

3.2.4 剥离债券

剥离债券（treasury strip）是把原先的付息债券的本金和利息一一剥离，这样就形成了不同期限的零息债券，具体又可以分为利息剥离（coupon strip）和本金剥离（principal strip）两类。利息剥离是原先债券中剥离出的利息现金流的部分。本金剥离是原先债券中剥离出本金现金流的部分。比如说一个 5 年期的，半年付息一次的国债，通过剥离的方式，可以创造出 10 笔利息剥离和 1 笔本金剥离。投资银行通过剥离创造出了各个期限的零息债券。

4. 非主权债券、准政府债券以及超国家机构债券

4.1 地方政府债券

非主权债券(nonsovereign government bond)是由地方政府(比如省，州，城市)主要发行给公共财政项目(比如学校，医院，机场)的债券，也被称作地方政府债券。其主要偿债的资金来源有：通过当地财政收入，投资项目所产生的现金流以及专门用来偿还债务的税收和费用。由于地方政府债券的抵押品的质量等有所不同，所以地方政府债券的信用评级也不尽相同。

4.2 准政府债券

准政府机构（quasi-government bonds）是指国家政府建立的不属于政府系统但却承担着某些公共职能的、半自治非政府的组织。此类机构发行的债券称之为准政府债券，也称为机构债券（agency bonds）。机构债券通常并没有明确的政府支持，尽管如此，人们认为联邦政府不会让其破产，必要时会提供支持，所以风险很小，具有较高的信用，准政府债券的到期收益往往会高于主权债券。

机构债券有以下几点特征：

- 大多数由联邦、州和其他地方政府免税；
- 多数被列为受联邦机构监督的合法投资对象；
- 其债券可用政府存款作担保；
- 联邦储蓄银行同意将此类债券作为借款抵押品；

- 不得提前支取；
- 拖欠风险小；
- 拥有活跃的二级市场。

4.3 国际债券

国际债券（supernational bonds）是由少数多个主权国家共同拥有的实体（multilateral agencies）来发行的债券。例如：世界银行、国际货币基金组织、亚洲发展银行等。这些国际组织具有信用等级高、资本实力强的特征。一般来说，这些机构的政府股东会为其提供额外的安全保障。

通常情况下地方政府债券、机构债券、国际债券的发行人的违约拖欠债务的可能性都很小，因此它们有一个共同的特征——拥有较高的信用评级。

5. 公司债券

5.1 双边贷款和银团贷款

银行贷款是公司债务重要的组成部分。根据单一贷款中，放贷银行的数量可以分为双边贷款（bilateral loan）和银团贷款（syndicated loans）。前者是指一家银行对某一企业提供贷款。适用于中小型公司或者债券市场还不完善的大型公司。后者是指是由两家或数家银行同时对某一项目或企业提供贷款。一般只有一家银行担任代理行，负责同其他银行的联系，并对贷款进行管理。

5.2 商业票据

商业票据（commercial paper）是指由某些信用较高的企业或金融公司开出的无担保、短期票据，通常发行利率较低。企业发行商业票据可以用于短期的资金周转，也可以为长期的项目融资，因为商业票据期限较短，所以需要不断滚动发行，用新发行的商业票据去偿还原来的商业票据的债务。在这种情况下，如果市场流动性紧张，新的商业票据发行失败，无法偿付到期的债务，这种风险叫做展期风险（rollover risk）。

商业票据的可靠程度依赖于发行企业的信用程度，可以背书转让，但一般不能向银行贴现。商业票据的期限一般在 270 天（9 个月）以下，最常见的期限是 30−50 天。这样的期限结构是根据 1933 年的证券法规定——到期期限不超过 270 天的商业票据免于登记。为了避免在证券交易委员会（SEC）登记带来的发行成本，发行人很少发行期限超过 270 天的商业票据。

当企业发行商业票据为长期项目融资时，为了偿还持有者手中的到期票据，公司会发行新的商业票据。投资人面临的风险是发行人在到期日时不能发行新的票据。为了预防这一风险，信用评级机构要求公司向银行申请备用信用额度（backup lines of credit）。备用信用额度的目的是为了确保公司在不能发行新的商业票据的情况下有足够的流动资金来偿还债务，它是评断商业票据信用品级的一个重要标志。

由于商业票据存在信用风险以及它的流动性要比主权债券低，它的收益率比相类似的短期主权债券要高。

从美国商业票据和欧洲商业票据的对比如表 55−1。

表 55−1　美国商业票据和欧洲商业票据的对比

特征	美国商业票据	欧洲商业票据
币种	美元	任何货币
到期期限	隔夜到 270 天	隔夜到 364 天
利息	贴现	支付票息
结算方式	T+0	T+2
可否转让	可转让	可转让

5.3　公司债券

公司债券（corporate bond）是公司依照法定程序发行、约定在一定期限内还本付息的有价证券。它表明发行债券的公司和债券投资者之间的债权债务关系。公司债券的持有人是公司的债权人，而不是公司的所有者，这是与股票持有者最大的不同点。债券持有人有按约定条件向公司取得利息和到期收回本金的权利，取得利息先于股东分红，公司破产清算时，也能在股东之前收回本金。

在之前的章节中，我们已经介绍了公司债券，并且分析了它的一些特征。公司债券有不同的利率结构包括固定利率和浮动利率。公司债券也可以分为有担保债券、无担保债券，并且可以设置回购（call）、反售（put）、可转换（conversion）

等条款。公司发行债券还需要依赖一些信用增级。

在固定收益上一章的小节 3.1 中，我们介绍了偿债基金条款（sinking fund provision）通过提前偿还本金降低债券的信用风险。而这里介绍的分期还本债券（serial bond issue）类似，分期还本债券是指整批发行的债券并非同时到期，而是拥有不同的到期时间，分批次偿还。与此相对应的是同期债券（term maturity structure），这类发行的债券是整批次同时到期。

中期票据（medium-term notes）是一种可以灵活发行的融资工具。虽然它称为中期票据，但实际上它的到期期限的范围很广，期限通常在 9 个月到 100 年内不等。它的最大特点在于发行人和投资者都可以自由协商确定有关发行条款，比如利率、期限以及是否同其他资产价格或者指数挂钩等。20 世纪 90 年代，美国的一些公司就发行了期限 100 年的世纪债券。

6. 银行短期融资来源

6.1 零售存款

零售存款（retail deposit）是银行的主要资金来源之一。零售存款账户可以分为三类，即支票账户（checking account）、储蓄账户（saving account）和货币市场基金（money market mutual fund）。

支票账户是指可随时存取和转让的一种银行存款。由于它的灵活性，支票账户一般没有利息。储蓄账户和货币市场基金支付投资者利息，但交易支付方面没有支票账户灵活。货币市场基金介于支票账户和储蓄账户之间，它支付给投资者利息，可以在短时间内取出存款。

6.2 短期大额存款

6.2.1 中央银行资金

为安全起见，大多数国家要求商业银行保留一定比例的存款，称为储备金（bank reserve），以保证储户提款，其余的存款才可以用来投资或者借款。在任一时点，商业银行的存款准备金可能高于或者低于中央银行要求的存款准备金。具有超额准备金存款的商业银行可以以中央银行资金利率（central bank funds rate）将准备金的超额部分借给准备金不足的商业银行，借款期限短到一天，最长可达一年。中央银行资金利率（central bank funds rate）会受到中央银行公开市场的货币供求影响。

6.2.2 同业拆借资金

商业银行之间的借贷市场为同业拆借市场，在同业拆借市场上，一家商业银行将自有资金贷款给另外一家商业银行的资金称为同业拆借资金（interbank funds）。同业拆借资金借贷的期限也是一天到一年。同业拆借的资金主要用于弥补银行短期资金的不足，票据清算的差额以及解决临时性资金短缺需要。

6.2.3 大额可转让存单

存单（certificates of deposit, CD）是由银行或储蓄机构发行的一种证明书，用以证明特定数量的货币已经储存在开单的储蓄机构。存单是银行或储蓄机构为其商业活动筹集资金而发行的。一张存单上标有一个到期日和确定的利率，并能以任何面额发行。银行发行的存单由联邦存款保险公司担保，但是担保的数额最高只能到 10 万美元。对于到期日，则没有最长期限的限制。不过，根据联邦储备委员会监管的规定，存单的期限不能少于 7 天。

存单分为可转让的和不可转让的。不可转让存在一般在零售市场发行，具有一系列短期到期期限。对于不可转让存单，最初的储户必须等到存单到期日才能拿到资金，如果储户选择在到期日以前提取资金，就要支付提前支取的罚金。相反，可转让存单的发行额度比较大，因此，通常又可以称为大额可转让存单（negotiable CDs），大额可转让存单（negotiable CDs）允许最初的储户（或者是存单的后来所有者）于到期日以前在公开市场上出售存单。

大额可转让存单，是银行发行的到期之前可转让的定期存款凭证，它是银行重要的资金来源。

6.3 回购协议

回购协议（repurchase agreement）指的是出售债券的同时达成协议，在未来的某时刻以事先约定好的价格（回购价格高于出售价格）再由出售者将债券购买回来。回购的本质就是用流动性较好的债券做抵押进行融资。

回购并不是银行独有的融资方式，其他金融机构也可以参与。借入资金的一方为正回购方，签署正回购协议（repo agreement）。相反借出资金的一方或者说投资的一方为逆回购方，签署逆回购协议（reverse repo agreement）。

回购价格高出出售价格的部分体现为借款利率，这种借款利率被称为回购利率（repo rate），回购利率是年化利率。如果是期限为一天的回购，称为隔夜回购（overnight repo），其它更长期限的回购合约称为定期回购（term repo）。通过回购协议进行短期融资的好处在于节约成本，因为回购利率通常比银行的贷款利率更低。

尽管回购交易中的抵押品可能具有很高的品质，但是交易双方都面临着信用风险。举例来说，正回购方（借款人）以政府债券作为借款抵押，如果正回购方未能购回抵押的债券，那么逆回购方（债权人）就会拥有债券。此时，如果政府债券的利率上升，则政府债券价格下降，逆回购方持有的债券的市场价值就可能会低于它借给正回购方的贷款金额，造成损失。相反，如果债券的市场价值上升，这时，逆回购方可能发生违约交不出债券。因为，在借款期间，逆回购方可能把债券卖给其他交易对手。

通常来说，抵押品的价值大于回购交易中的融资数额。抵押品的价值与融资数额的差值为回购折扣（repo margin, haircut），通常以百分比的形式表示。回购折扣在抵押品市场价值于回购合约规定的回购期内（the term of the repo agreement）下跌时起到保护逆回购方（债权人）的作用。

6.3.1 影响回购利率的因素

— 备考指南 —
影响回购利率和回购折扣的因素是易考点，需要重点掌握。

- 回购合约约定的回购期限（repo term）越长，回购利率（repo rate）越高；
- 用于抵押的资产的信用等级越高，回购利率（repo rate）越低；
- 如果抵押资产能够被交给逆回购方（债权人），回购利率（repo rate）就越低；
- 如果其它资金来源利率越低，回购利率（repo rate）也越低。

6.3.2 影响回购折扣的因素

- 合约规定的回购期限（repo term）越长，回购保证金越高；
- 抵押资产的信用质量越高，回购保证金越低；
- 正回购方的信用等级越高，回购保证金越低；
- 抵押资产的需求越高或者供给越低，回购保证金越低。

7. 结构化金融工具

结构化金融工具（structured financial instrument）又称作结构化金融产品，可根据具体需求进行设计，通常由一个传统的固定收益债券加上一个衍生工具组成。

结构化金融工具包括了资产支持证券（asset backed securities, ABS），债务担保凭证（collateralized debt obligations, CDOs），这两个产品将会在第四章资产证券化介绍中详细讨论。除了上述两种产品外，常见的的结构化金融工具还包括，本金保护工具、收益增强工具、参与型工具和杠杆工具。

— 备考指南 —
结构化金融工具在本章节并不是重点考察知识点，了解即可。

7.1 本金保护工具

本金保护工具（capital protected instrument）根据其保障程度的不同，可以分为全额本金保护型工具和部分本金保护型工具。

最常见的本金保护工具是保证凭证（guarantee certificate）。保证凭证由一个零息债券和对应的看涨期权组成。这样的组合限制了下跌的风险，通过绝大部分比例的本金投资于零息债券可以保证到期收回全部投资的本金，投资于高杠杆的期权又能提供潜在的高收益。我国商业银行在打破刚性兑付后，推出的结构性理财产品本质上就是担保凭证。

7.2 收益增强工具

收益增强工具（yield enhancement instrument）是通过增加风险敞口以增强收益，比如信用联结票据（credit - linked note，CLN）就是这样的一种信用增级工具。这种债券每年的息票还是和一般债券一样给付，但是最终的本金偿还会有所不同。如果标的资产没有发生信用事件，到期仍支付面值；如果标的资产到期发生信用事件，投资者收到面值与标的资产现值的差额。

一个投资连结债券允许发行人将特殊信用事件的风险转移给投资者从而构成对自身的保护。所以，发行人是保护权利的买方而投资者是保护权利的卖方。投资者愿意购买信用连接债券是因为这种债券通常提供更高的息票，而且，这种债券通常是折价发行。所以，如果信用事件不发生，投资者将有一笔客观的收入。

7.3 参与型工具

参与型工具（participation instrument）允许投资者直接参与到标的资产的损益状况。浮动利率债券就是一个常见的参与工具。因为浮动利率债券的息票率会随着利率的变化而变化，这就相当于给与了投资者参与利率变化的机会。

大多数参与工具在设计上都将一部分风险直接与指数或资产收益相连接。比如股票指数等。此外，通常的参与工具都不会有本金保护机制。

7.4 杠杆工具

杠杆工具（leveraged instrument）的设计初衷就是为了让投资者利用小投资带来高回报。比如，反向浮动利率债券就是一个例子。和一般的浮动利率债券不同，对反向浮动利率债券而言，参考利率的上升带来息票率下降，反过来，参考利率下降会带来息票率上升。

反向浮动利率债券的息票 = C−（L × R）

这里的 C 表示当参考利率为 0 时的息票率，也就是这类债券可以达到的最大息票率。L 表示杠杆，R 表示参考利率。举个例子，如果杠杆等于 3，那么参考利率上升 100 个基点会带来息票率下降 300 个基点，反之亦然。

如果这里的杠杆 L 在 0 和 1 之间，这类债券也被叫做去杠杆反向浮动债券（deleveraged inverse floaters）；如果杠杆 L 大于 1，那么这类债券就被叫做杠杆反向浮动债券（leveraged inverse floaters）。

名师解惑

本章介绍了债券市场的分类，着重掌握主权债券、非主权债券、准政府债券、超国家债券以及公司公司债券。

第 56 章 债券估值

<table>
<tr><th colspan="2">本章知识点</th><th>讲义知识点</th></tr>
<tr><td rowspan="4">一、债券的估值方法</td><td>1. 到期收益率法的债券定价</td><td>到期收益率法的债券定价
债券价格与时间的关系</td></tr>
<tr><td>2. 即期利率法的债券定价</td><td>即期利率法的债券定价</td></tr>
<tr><td>3. 应计利息、全价与净价</td><td>应计利息、全价与净价</td></tr>
<tr><td>4. 矩阵定价</td><td>矩阵定价</td></tr>
<tr><td rowspan="3">二、到期收益率</td><td>1. 掌握各类固定利率债券的收益率</td><td>收益率度量</td></tr>
<tr><td>2. 掌握浮动利率债券的收益率</td><td>浮动利率债券的收益率度量</td></tr>
<tr><td>3. 熟悉货币市场债券各类收益率</td><td>浮动利率债券的收益率度量</td></tr>
<tr><td>三、收益率曲线和利差</td><td>掌握收益率曲线和收益率利差的相关知识点</td><td>收益率曲线
远期利率和即期利率
利差</td></tr>
</table>

知识导引

本章介绍的是债券的定价，是这个科目极其重要的一章，其核心方法是未来现金流折现求和，需要掌握用不同折现率求债券价格。除了掌握各种债券定价外，还需要掌握债券的基本要素之间的关系以及债券收益率和基准收益率产生的利差。

本章思维导图

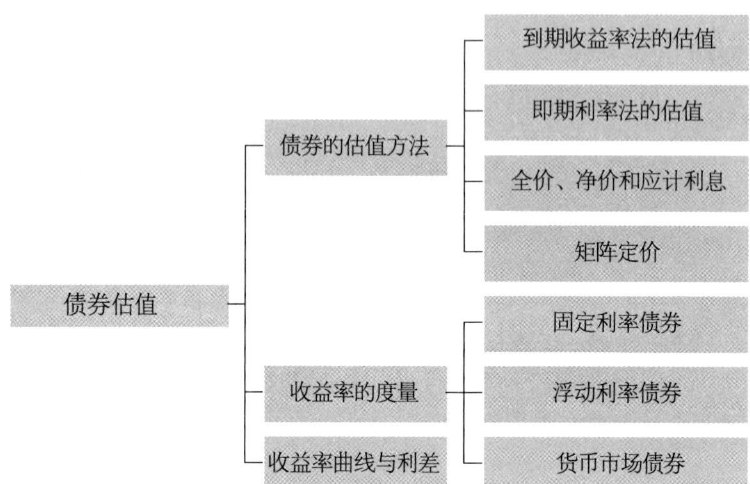
债券估值
债券的估值方法
到期收益率法的估值
即期利率法的估值
全价、净价和应计利息
矩阵定价
收益率的度量
固定利率债券
浮动利率债券
货币市场债券
收益率曲线与利差

1. 债券的估值方法

1.1 到期收益率法的债券定价

1.1.1 定价原理

根据未来现金流贴现（DCF）的思想，任何金融工具的内在价值都等于预期现金流量的现值，由此，价格的确定取决于预期现金流量的估计值以及贴现率的估计值。对某些金融工具而言，预期现金流量比较容易估计，而有些金融工具的预期现金流量却难以估计。贴现率常常利用市场上可比证券的收益率，有时候直接采用市场贴现率（market discount rate），我们又把这种市场贴现率称为到期收益率（yield to maturity, YTM）。

债券的价格由其未来现金流入量的现值决定。

债券的现金流包括：（1）债券持有期间息票的支付；（2）债券到期时的面值。

债券价格应为：

$$PV=\frac{PMT}{(1+r)^{1}}+\frac{PMT}{(1+r)^{2}}+\ldots+\frac{PMT+FV}{(1+r)^{N}}$$

其中，PMT 为各期利息收入，FV 为债券到期时的变现价值（如果债券投资者一直将债券持有至到期日，则 FV 即为债券的面值；如果债券投资者在债券到期前将债券转让，则 FV 为债券转让价格），N 为债券的付息期数，r 为市场贴现率，又叫做到期收益率（YTM）。

债券定价的步骤

第一步：预测未来现金流；

第二步：确定适当的贴现率；

第三步：计算所有预测的现金流现值。

其中，第三步只是将第一步与第二步中得到的现金流与贴现率代入债券定价公式即可。债券定价关键在于对未来现金流与贴现率的确定。

举个例子

备考指南

考生一定要掌握如何使用计算器进行与债券有关的计算，熟练的使用计算器可以大大提升做题速度和效率。

【例】ABC公司于2011年2月1日购买一张票面额为1000元的债券，票面利息为8%，每年2月1日支付一次利息，并于5年后的1月31日到期。当时的市场贴现率为10%，请为该债券定价。

【解】

$$PV = \frac{80}{(1+0.1)^1} + \frac{80}{(1+0.1)^2} + \ldots + \frac{80+1000}{(1+0.1)^5}$$

使用计算器即为：N=5，PMT=80，FV=1000，I/Y=10，CPT → PV =-924.18

1.1.2 债券的票面利率、市场贴现率、债券价格与面值的关系

举个例子

【例】假设例1中其他条件不变，将息票利率改成12%和10%，分别计算出债券的价格。

当息票利率为12%时，

$$PV = \frac{120}{(1+0.1)^1} + \frac{120}{(1+0.1)^2} + \ldots + \frac{120+1000}{(1+0.1)^5}$$

使用计算器即为：N=5，PMT=120，FV=1000，I/Y=10，CPT → PV=-1075.82

当息票利率为10%时，

$$PV = \frac{100}{(1+0.1)^1} + \frac{100}{(1+0.1)^2} + \ldots + \frac{100+1000}{(1+0.1)^5}$$

使用计算器即为：N=5，PMT=100，FV=1000，I/Y=10，CPT → PV =-1000

从上述例题中我们可以看出：

- 当市场贴现率等于票面利率，债券价格等于面值，债券为平价债券（par bond）。
- 当市场贴现率小于息票利率，债券价格大于面值，债券为溢价债券（premium bond）。
- 当市场贴现率大于票面利率，债券价格小于面值，债券为折价债券（discount bond），如图56-1所示。

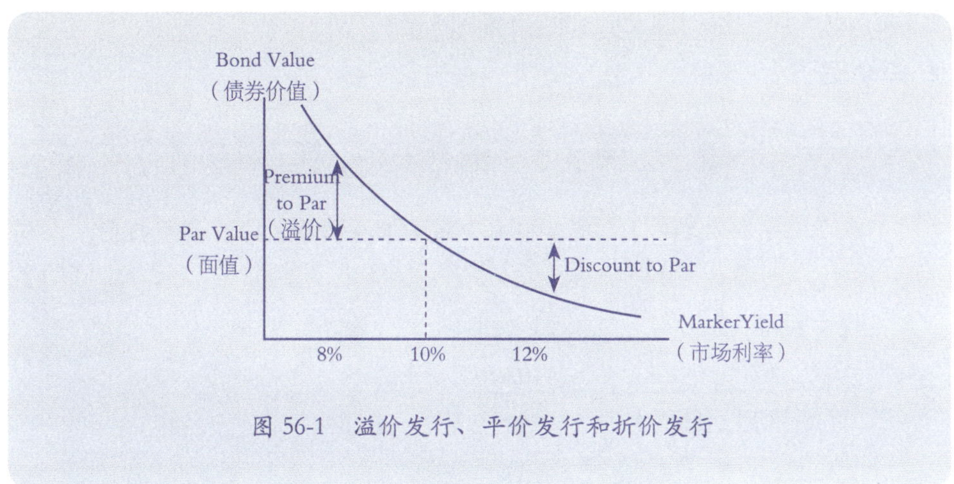

图 56-1 溢价发行、平价发行和折价发行

名师解惑

这是一个基本且重要的知识点。当债券市场繁荣的时候（资金供给者多），债券多半会采取溢价发行的形式；当债券市场低迷的时候（资金供给者少），债券会多以折价发行的形式。

1.1.3 到期收益率

到期收益率（yield–to–maturity，YTM）是使投资所获得现金流的现值等于投资价格的利率。本质等同于项目投资中的内部报酬率（internal rate of return），它是隐含的市场贴现率。

即到期收益率只是理想状态下的债券收益率。如果要满足债券的真实收益率等于到期收益率有三个假设前提：

- 债券投资人持有债券到期。
- 债券发行人按期偿还所有的本金和利息。
- 定期收到的利息以期初的到期收益率进行再投资。

— 备考指南 —
YTM 的三大假设考试会涉及，需要掌握。

根据债券的定价公式，已知债券的价格，票面价值，息票利率，我们可以计算出到期收益率：

$$PV=\frac{PMT}{(1+YTM)^1}+\frac{PMT}{(1+YTM)^2}+\dots+\frac{PMT+FV}{(1+YTM)^N}$$

举个例子

【例】

设某 5 年期债券的面值为 100 元，票面利率为 5%（5% 是年利率），半年付息一次，该债券的价格为 110 元，则到期收益率为：

【解】

$$110=\frac{2.5}{(1+y)^{1}}+\frac{2.5}{(1+y)^{2}}+\ldots+\frac{102.5}{(1+y)^{10}}$$

使用计算器即为：N=5×2，PMT=5%/2×100=2.5，FV=100，PV=110，CPT → I/Y=1.42%。

注意，I/Y 是该债券的半年收益率，到期收益率为年化利率，所以 YTM=1.42%×2=2.84%。

1.1.4 债券价格与其收益率的关系（图 56-2）

- 债券的价格和到期收益率（YTM）呈反向变动，当到期收益率（YTM）上升时，债券价格下跌，当到期收益率（YTM）下降时，债券价格会上涨。（逆效应）

- 相同幅度的利率变化所引起债券价格的上升与下降的幅度不同。利率下降引起债券价格上涨的幅度要超过利率上升引起的债券价格下降的幅度。（凸性效应）

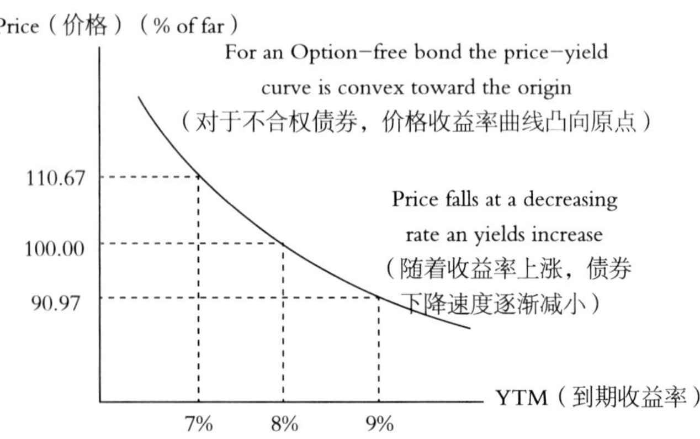

图 56-2 债券价格与债券收益率

1.1.5　债券价格与时间的关系

在债券到期前，如果市场利率不等于票面利率，债券价格也不等于面值。假设市场利率不变，债券的价格会随着到期时间的减少而接近其票面价格，当债券到期时，债券价格会等于其票面价值。

例如，当债券的票面价格为 $1000，期限为 3 年，票面利率为 6%，每半年付息一次，如果要求回报率分别为 3%、6% 与 12%，在每个付息日债券价格如表 56-1。

表 56-1　付息日债券价格

Time of Maturity	YTM=3%	YTM=6%	YTM=12%
3.0 years	$1，085.40	$1，000.00	$852.48
2.5	1，071.74	1，000.00	873.63
1.5	1，057.82	1，000.00	896.05
1.0	1，029.34	1，000.00	945.00
0.5	1，014.78	1，000.00	971.69
0	1，000.00	1，000.00	1，000.00

债券价格与时间的关系如图 56-3。

- 溢价发行的债券，如果收益率不变，随着到期时间不断减少，价格不断下降，并在到期日回归债券面值；
- 折价发行的债券，如果收益率不变，随着到期时间不断减少，价格不断上升，并在到期日回归债券面值；
- 平价发行的债券，如果收益率不变，在付息日债券价格始终等于面值。

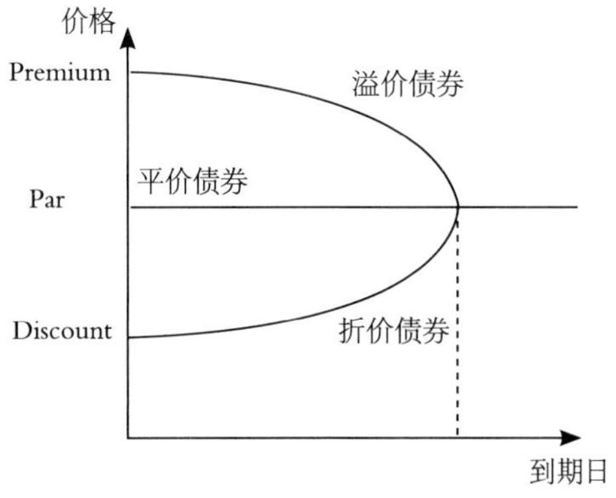

图 56-3　债券价格轨迹

1.2 即期利率法的债券定价

在之前介绍的到期收益率（YTM）的债券定价时，只用了同一个折现率对不同时点的现金流进行折现，即债券发行时的市场利率来折现债券所有的现金流量。由于现金流的收到的时间不同，使用同一个利率折现所有的现金流量是不恰当的。不同时期收到的现金流都应该与当时的市场利率相对应，这个市场利率就称为即期利率（spot rate）。通常情况下，即期利率可以看成某一时点上零息债券的到期收益率。

用即期利率给债券定价时，由于不同时点的现金流要对应折现率不同，我们需要用一系列的即期利率来着债券折现。期利率来计算债券价格的公式为：

$$PV=\frac{PMT}{(1+Z_1)^1}+\frac{PMT}{(1+Z_2)^2}+\ldots+\frac{PMT+FV}{(1+Z_N)^N}$$

其中，Z_1，$Z_2 \cdots Z_N$ 是指不同时期的即期利率。

举个例子

【例】

有一个三年到期，每年支付一次利息，息票率是 10%，本金为 1000 元的债券。这只债券将会在未来三年每年支付一次 100 元的利息。

即期利率：第一年 8%，第二年 9%，第三年 10%。

【解】：

把未来三年每年的现金流量用即期利率折现后相加，即可算出债券价值。

$$PV=\frac{100}{(1+0.08)^1}+\frac{100}{(1+0.09)^2}+\frac{100+1000}{(1+0.1)^3}=92.59+84.17+826.45=1003.21$$

1.3 应计利息、全价与净价

我们介绍的债券估值方法都是站在期初时刻或债券的付息日。在实际做债券交易时，往往会在两个付息日之间对债券定价。我们在债券交易软件中看到的债券报价和实际交割的价格是不同的，这是因为交割的价格包含了两个部分，一个部分是报价，另一个部分是债券的应计利息（accrued interest, AI）。

包含应计利息的价格称为全价（full price, dirty price）。

债券在交易软件上的报价为净价（clean price, flat price）。

应计利息（accrued interest）是指从上一个付息日期到债券交割日期之间产生的利息。这部分利息卖方无法从发行人那里得到，因为在下一次付息时，发行人会将计息周期内的所有利息全部付给买方，因此，在这段时间买方必须补偿卖方在上一次付息日到交割日期（settlement date）间应该赚得的利息。卖方应该从买方手里拿到的这部分利息叫做应计利息(accrued interest)。应计利息的计算公式为:

$$AI = \frac{t}{T} \times PMT$$

其中，t 为上次付息日到交割日之间的天数；T 为计息周期天数，如图 56-4 所示。

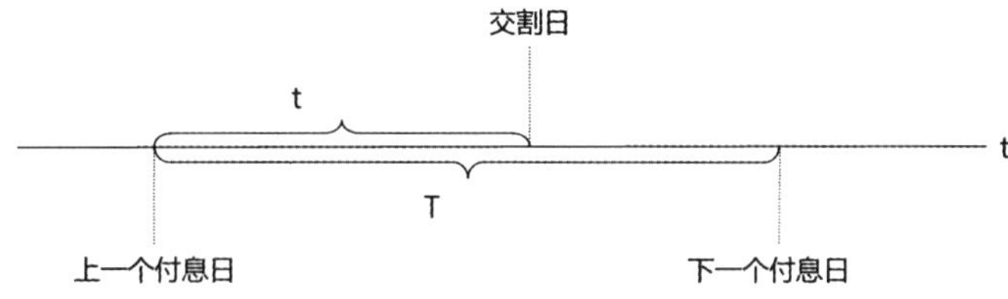

图 56-4 应计利息的付息期间

在国债交易中，根据报价中是否含应计利息，可以分为全价交易和净价交易。在全价（full/dirty price）交易方式下，国债价格是含息价格，由于应计利息随时间推移不断变化会使债券价格产生一定的波动，所以就无法从债券价格中准确地得到市场利率大小以及市场利率变动对于债券价格产生的影响，不利于投资者作出准确的判断。

> 备考指南
> 具体来说，在其他因素不变的情况下，在两个付息日之间，由于全价中应计利息的不断上升，全价也是不断上升的，付息后债券价格迅速下跌，下跌幅度即实际支付的利息。

在净价（flat/clean Price）交易方式下，成交价格不再含有应计利息，债券价格准确反映了市场利率的大小，净价交易有利于真实反映国债价格的走势，也更有利于投资者的投资判断。具体来说，净价交易与全价交易的区别就在于“净价交易的报价不含有上次付息日至成交日期间的票面利息”，这部分票面利息就是前面所说的应计利息（图 56-5）。净价价格也就等于全价价格减去应计利息额的差额。

全价（full price）= 净价（clean price）+ 应计利息（accrued interest）

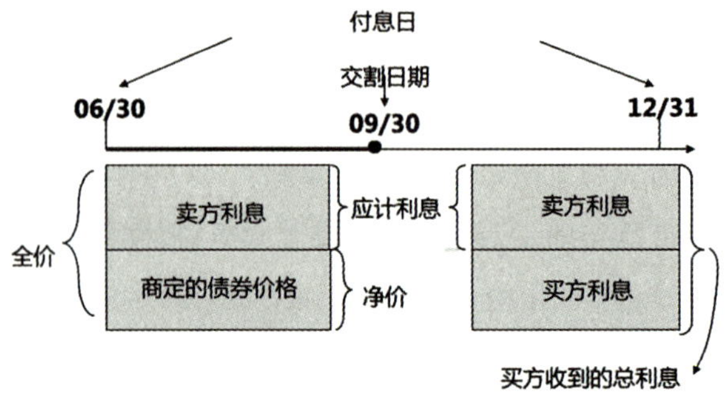

图 56-5 应计利息

根据债券价格价格等于预期现金流量的现值，全价价格的计算公式为：

$$PV^{Full}=\frac{PMT}{(1+r)^{1-t/T}}+\frac{PMT}{(1+r)^{2-t/T}}+\ldots+\frac{PMT+FV}{(1+r)^{N-t/T}}$$

$$=\left[\frac{PMT}{(1+r)^{1}}+\frac{PMT}{(1+r)^{2}}+\ldots+\frac{PMT+FV}{(1+r)^{N}}\right]\times(1+r)^{t/T}$$

$$=PV\times(1+r)^{t/T}$$

其中，t 为上次付息日到交割日之间的天数；T 为计息周期天数。

举个例子

— 备考指南 —
同学们可以通过经典例题来加深考生对于全价、净价和应计利息计算的掌握。

【例】

2015 年 3 月 19 号甲公司发行一个债券，2015 年 6 月 18 号结算。已知该债券是每半年付息一次（每年 3 月 19 号和 9 月 19 号），息票率 6%，到期日是 2026 年 9 月 19 号，到期收益率 6%。该债券用 30/360 计算应计利息。求该债券在结算日的全价，应计利息和净价。

【解】

第一步：根据收益率 = 息票率，可以得出债券在发行时是平价发行的，即债券价格 $P_0=100$；

第二步：在 2015 年 6 月 18 号，债券的全价 $PV^{Full}=100(1+3\%)^{\frac{89}{180}}=101.47$；

第三步：应计利息 $AI=100\times3\%\times\frac{89}{180}=1.48$；

第四步：净价 $PV^{Clean}=PV^{Full}-AI=101.47-1.48=99.09$。

1.4 矩阵定价

对于一些交易不活跃的债券或新发行的债券，由于无法知道它的市场价格。因此也不能用市场价格来计算债券的折现率。这时候，矩阵定价（matrix pricing）出现了。矩阵定价是使用类似的在市场上流通债券的到期收益率（YTM）来估计这部分债券的必要到期收益率（YTM），主要是利用线性插值法来计算。

— 备考指南 —
CFA一级考试要求掌握矩阵定价的概念，对于定量计算只需了解即可。

举个例子

【例】

分析师需要估价不频繁交易债券X，息票利率为4%，每半年支付一次利息，3年后到期。给出以下四个相类似债券来估算债券X的价格（表56-2）。

表56-2 可比债券

	到期时间	息票利率	债券价格
债券A	2年	3%（每半年支付一次）	99.042
债券B	2年	5%（每半年支付一次）	102.562
债券C	5年	2%（每半年支付一次）	90.002
债券D	5年	4%（每半年支付一次）	98.487

债券A的价格为：

$$99.042=\frac{1.5}{(1+r)^1}+\frac{1.5}{(1+r)^2}+\frac{1.5}{(1+r)^3}+\frac{1.5+100}{(1+r)^4}$$

使用计算器折现率 r= 0.0175×2=0.0350，

用相同的方法得到债券B，C，D的贴现率为0.0366，0.0424，0.0434。

表56-3 可比债券价格与折现率

	2%	3%	4%	5%
2年		99.042 3.50%		102.562 3.66%
3年			Bond X	
4年				
5年	90.02 4.24%		98.487 4.34%	

根据表56-3，分别计算出到期日为2年和5年贴现率的平均值：

$$\frac{(0.0350+0.0366)}{2}=0.0358;$$

$$\frac{0.0424+0.0434}{2}=0.0429$$

可以用线性内插法（linear interpolation）来计算 3 年后到期的债券的收益率：

$$0.0358+(\frac{3-2}{5-2})\times(0.0429-0.0358)=0.0382$$

债券 X 的价格为：

$$\frac{2}{(1.0191)^1}+\frac{2}{(1.0191)^2}+\frac{2}{(1.0191)^3}+\frac{2}{(1.0191)^4}+\frac{2}{(1.0191)^5}+\frac{2+100}{(1.0191)^6}=100.506$$

2. 收益率度量

2.1 固定利率债券

2.1.1 有效年利率

根据到期日的不同，债券的收益率有多种不同的表示方法，为了方便投资人对不同的债券进行比较，我们需要一个标准的收益率来评估不同到期日的债券。一般来说，固定收益率是以年为单位的。对于到期日超过一年的债券，我们采用有效年收益率（effective annual rate），也称作年均复合收益率（annualized and compounded yield），对于那些到期日不超过一年的货币市场工具的收益率，我们依然以年为单位，但不需要用复合利率。

年均复合利率需要依赖于债券的计息期数，也就是一年中支付利息的频率，我们称之为年利率的周期性（periodicity）。如果每年支付一次利息，那么周期为 1。以此类推，每半年支付一次利息的周期就为 2；每季度支付一次利息的，周期就为 4。有效年利率和到期收益率 YTM 的关系如下：

$$\text{effective annual rate}=(1+\frac{\text{YTM}}{m})^{m}-1$$

2.1.2 年化百分率

年化百分率（annual percentage rate, APR）等同于到期收益率（YTM），它

是单利形式的年化收益率。其下标表示的是一年的计息次数，例如 APR_2 表示的一支一年计息两次的债券的到期收益率。为了能把不同计息次数的债券的到期收益率进行比较，我们需要进行转换。

- 不同周期年利率之间的转化

债券 A 的周期为 m，年化百分率为 APR_m，债券 B 的周期为 n，年化百分率为 APR_n，它们相互之间的转化公式为：

$$(1+\frac{APR_m}{m})^m=(1+\frac{APR_n}{n})^n$$

2.1.3　惯例收益率与真实收益率

债券在支付利息和本金的时间有可能处于节假日或周末，导致投资者实际拿的利息的时间可能会晚于合同约定的时间。那么忽略了节假日的影响，仍然按照合同约定时间计算出的收益率为惯例收益率（street convention yield）。而依据真实收到现金流时间计算出的收益率为真实收益率（true yield）。因为周末和节假日推迟了投资者获得本息的时间，所以真实收益率通常小于惯例收益率，但是相差不大，通常在 1–2 个基点。

2.1.4　当前收益率

当前收益率（current yield）是指债券每年支付的利息与债券价格比值。假设票面利息为 5% 的债券价格为 110 元，那么当前收益率为：

$$\frac{5\%\times 100}{110}=4.55\%$$

注意，虽然债券的当前收益率计算简单，但并不是衡量债券真实收益情况的合适方法，因为当前收益率蕴含的信息很有限，没有描绘债券的资本利得（或损失）与再投资收益对债券整体收益的影响。

2.1.5　简单收益率

简单收益率（simple yield）考虑了债券的折价部分（discount）和溢价部分（premium），简单收益率等于债券票面利息与按直线摊销的债券折溢价的部分之和再除以债券的净价。

2.1.6　回购收益率 / 反售收益率

回购收益率 / 反售收益率（yield to call / put）计算方式与到期收益率计算方法类似。该收益率反应的是权利被执行情况下的内部收益率。

公式如下：

$$PV=\frac{PMT}{(1+y)^1}+\frac{PMT}{(1+y)^2}+\ldots+\frac{PMT+CP}{(1+y)^n}$$

其中，PV 为可回购债券的价格；

PMT 为每次支付的利息数额；

y 为回购收益率（在利息支付时间间隔内）；

n 为到第一个回购日之前的利息支付次数；

CP 为回购价格。

需要注意的是债券的持有时间和到期偿还的金额与计算到期收益率时不同。如表 56-4 。

表 56-4　计算到期收益率

持有时间是持有至第一次赎回日	到期偿还预先确定的赎回金额
持有时间是持有至债券到期日	按面值偿还全部本金

第一次回购的收益率称为首次回购收益率（yield to first call）。如果债券可以以面值回购，那么称为首次面值回购收益率（yield to first par call）。回购收益率计算的是持有债券到第一个回购日的收益率，但是一般的可回购债券都有不同的回购时间与对应的回购价格。债券持有人可以采用最低收益率（yield to worst）来衡量可回购债券的收益率。最低收益率就是根据所有的回购日计算的回购收益率中最低值，也就是债券持有人可能得到的最低收益率。

2.2　浮动利率债券

浮动利率债券（floating-rate notes, FRN）在发行时规定债券利率会随着市场利率定期浮动。

2.2.1　票面利率

浮动利率债券的票面利率不是固定的，而是随着参考利率（reference rate）如美国国债利率或伦敦银行间同业拆借率（london interbank offered rate, LIBOR）浮动。浮动利率债券的票面利率是这样确定的：

票面利率 = 参考利率 ± 报价利差

报价利差（quoted margin）是对投资者进行的一种补偿，一般来说是根据发行人的信用风险来进行调整。如果发行人的信用等级低于伦敦的银行，那么报价利差为正；相反，报价利差为负数。除此之外，浮动利率债券的流动性以及税收等因素也会影响债券的报价利差。

2.2.2 折现率

除了报价利差外，还有一种利差叫做要求利差（required margin）。它是浮动利率债券折现率的一部分。

折现率 = 参考利率 + 要求利差

要求利差（required margin）是参考利率的增加部分，我们把参考利率加上要求利差作为折现率，使得浮动利率债券的市场价格等于票面价格。

2.2.3 报价息差和要求息差对债券折溢价的影响

在票面利率重设日（coupon reset date），我们通过用当前参考利率加上报价利差来预计浮动利率债券的未来现金流，并将这些现金流以参考利率与要求利差之和作为折现率进行折现得到浮动利率债券现值。如果在重置期，发行人的信用等级不变，那么要求利差就等于报价利差。如果发行人的信用等级下降，报价利差（quoted margin）会低于要求利差（required margin），那么，浮动利率债券就会以折价方式出售。相反，如果发行人的信用等级上升，浮动利率债券就会以溢价方式出售。浮动利率债券的定价公式为：

$$PV=\frac{\frac{(\text{Index}+\text{QM})\times \text{FV}}{m}}{\left(1+\frac{\text{Index}+\text{DM}}{m}\right)^{1}}+\frac{\frac{(\text{Index}+\text{QM})\times \text{FV}}{m}}{\left(1+\frac{\text{Index}+\text{DM}}{m}\right)^{2}}+\ldots+\frac{\frac{(\text{Index}+\text{QM})\times \text{FV}}{m}+\text{FV}}{\left(1+\frac{\text{Index}+\text{DM}}{m}\right)^{N}}$$

其中，Index 为参考利率；

QM 为报价利差；

DM 为要求利差，又称为贴现差额（discount margin）；

m 为重置周期；

N 为付息次数；

FV 为票面价格。

根据票息率与折现率的大小比较债券有折溢价之分，那么浮动利率债券中，票息率和折现率是用参照利率分别加上报价利差和要求利差组成。那么我们可以直接通过比较报价利差和要求利差之间的关系来判断债券的折溢价：

- 报价利差 = 要求利差时，债券价格等于面值；
- 报价利差 > 要求利差时，债券溢价出售；
- 报价利差 < 要求利差时，债券折价出售。

2.3 货币市场债券

货币市场工具通常是指投资期限小于一年的金融产品。包含了商业票据（commercial paper），到期时间少于一年的国债（例如，美国发行的国库券），回购协议，银行承兑汇票（bankers' acceptances）以及利率为伦敦或欧元银行间同业拆借率（Libor 和 Euribor）的定期存款。和债券的收益率相比，货币市场利率不属于复合利率，不存在周期性，它没有一个通用的计算公式，因此不能用计算器直接得出。

一般情况下，货币市场利率可以是贴现率（discount rate, DR），也可以是附加利率（add-on rate, AOR）。国库券，商业票据，银行承兑汇票的报价利率为贴现利率，而定期存款，回购协议，定期存款的报价利率为附加利率。贴现率和附加利率均按照单利进行年化。

贴现率是指在债券面值基础上的折价，其计息天数可以是 360 天，也可以是 365 天。

— 备考指南 —
同学们必须掌握以下这两种收益率的计算方法。

计算公式为：

$$DR = \frac{FV - PV}{FV} \times \frac{year}{days}$$

$$\text{PV} = \text{FV} \times \left(1 - \frac{\text{Days}}{\text{Year}} \times \text{DR}\right)$$

附加利率是持有债券期间获得的真实收益率，其计息天数可以是 360 天，也可以是 365 天。

计算公式为：

$$AOR = \frac{FV - PV}{PV} \times \frac{year}{days}$$

$$\text{PV} = \text{FV} / \left(1 + \frac{\text{Days}}{\text{Year}} \times \text{AOR}\right)$$

其中，PV 是债券的价格；

FV 是债券的面值；

Days 到期天数；

Year 是指一年的计息天数；

DR 是贴现率；

AOR 是附加利率。

债券等价收益率（bond equivalent yield, BEY）是指以 365 天为一年的附加收益率。

3. 收益率曲线和利差

3.1 收益率曲线

收益率曲线（yield curve）是一条显示收益率与到期时间关系的曲线。其纵坐标是收益率，横坐标是到期时间。

最常见的收益率曲线图有这四种，如图 56-6。

— 备考指南 —
收益率的期限结构在 CFA 一级只需要了解即可，重点会放在二级和三级中考核。

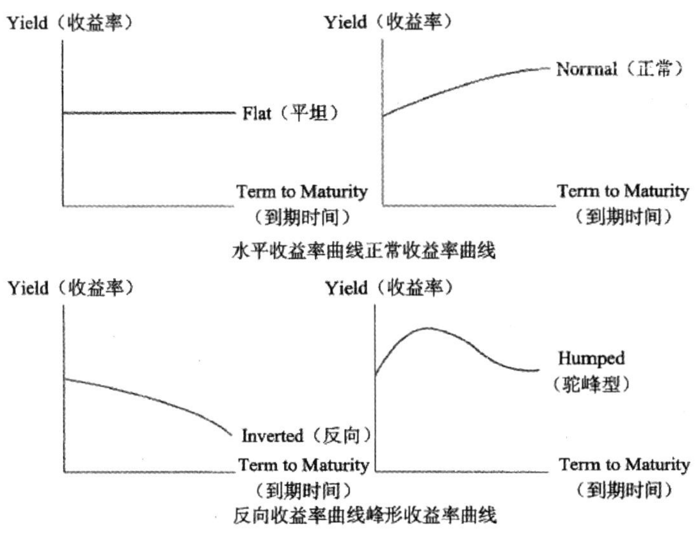

图 56-6 收益率曲线图

即期利率曲线（spot curve）反映了不同期限的即期利率水平。即期利率（spot rate）是指零息国债（国库券）的收益率。由于不存在期限超过一年的零息国债，我们通过对中长期国债的剥离，创造出不同期限的零息国债，来推导出不同期限的即期利率，所以我们又把它称作零息债券曲线（zero-curve）和剥离曲线（strip curve）。

付息债券的收益率曲线（yield curve for coupon bonds）反应了不同期限付息债券的到期收益率水平。所以它是一条反应债券到期收益率（YTM）的曲线。

平价收益率曲线（par curve）反应了债券在不同的到期期限下，当债券价格等于面值时的到期收益率。这时债券的到期收益率等于债券的票面利率，所以也是一条反应债券票面利率的曲线。

远期收益率曲线（forward yield curve）反映了一条由远期利率组成的曲线。

3.2 远期利率

3.2.1 远期利率和即期利率的关系

假定一个投资者投资 1 年期的债券面临两种选择：

选择 1：购买 1 年期的国债。

选择 2：先买 6 个月的国债，6 个月到期后再买 6 个月到期的国债。

显然，根据无套利原则，这两种方案所产生的收益率将是相同的。现在我们假设投资者已经知道 6 个月和 1 年的该国债即期收益率（spot rate），但是不知道 6 个月后购买的 6 个月到期的国库券的收益率。在这里，6 个月之后的 6 个月期国库券的收益率叫做远期利率（forward rate）。即期利率和远期利率可以相互转换，根据无套利原则，由即期利率推算出的远期利率称为隐含的远期利率（implied forward rate）。隐含的远期利率是投资人收支平衡的再投资利率。它的计算公式为：

$$(1+S_T)^T=(1+S_1)(1+1y1y)\dots(1+(T-1)y1y)$$

其中，1y1y 是指一年后的一年期贷款利率。

3.2.2 远期利率对债券定价

远期利率也可以用来对债券进行定价：

已知 1 年的即期利率为，1 年后的 1 年期的远期利率为 1y1y，2 年后 1 年期的远期利率为 2y1y。通过上面的公式，

2 年即期利率为：

$$(1+Z_2)^2=(1+Z_1)\times(1+1y1y)$$

3 年即期利率为：

$$(1+Z_3)^3=(1+2y1y)\times(1+Z_2)^2=(1+Z_1)\times(1+1y1y)\times(1+2y1y)$$

以此类推，n 年即期利率为：

$$(1+Z_n)^n=(1+Z_1)\times(1+1y1y)\times(1+2y1y)\times\dots\times[1+(n-1)y1y]$$

债券定价公式可写成：

$$PV = \frac{PMT}{(1+Z_1)^1} + \frac{PMT}{(1+Z_2)^2} + \ldots + \frac{PMT+FV}{(1+Z_n)^n}$$

$$= \frac{PMT}{(1+Z_1)^1} + \frac{PMT}{(1+Z_1)\times(1+1y1y)} + \ldots + \frac{PMT+FV}{(1+Z_1)\times(1+1y1y)\times(1+2y1y)\times\ldots\times[1+(n-1)y1y]}$$

3.3 利差的概念

利差（yield spread）其实就是两种不同债券的收益率之差。我们之前提到过收益率的高低直接影响到债券发行的价格。国债是没有信用风险的，投资人所需要承担的风险基本为零，收益率自然很低，因此国债的发行价格一般较高。如果将国债与其他公司债的收益率相比，就会发现公司债的收益率比国债高；信用越差的债券，投资人需要承担的风险越高，其与国债的利差就越大，价格就越低，反之亦然。通常我们都会以国债为基准与其他的债券进行比较，利差越大代表债券的风险越高，债券的信用风险越高。因此我们可以把债券的收益率分成两部分，一部分为基准部分（benchmark），高于基准部分的称之为利差。一般来说我们用新发行的国债的收益率作为基准部分。

3.4 影响利差的因素

影响利差大小的因素主要用以下两个方面：

- 发行人的信用风险

由于国债是没有信用风险的，因此，发行人信用等级越低，即，信用风险越高，违约拖欠的可能性越大，投资人需要较高的回报率作为补偿，因此利差越大。

- 债券的流通性，发行量

当把国债作为基准债券比较时，我们发现流动性较低的债券，利差较高。因为投资者需要承担无法及时交易债券的风险，所以会要求较高的回报率作为补偿。反之，那些流动性较高的债券，因为无须给投资者额外的风险补偿，所以利差较低。

债券的发行量也会影响利差的变化。一次发行的规模越大，它们在二级市场上的流动性越高，因为有更多的投资者参与，更多的债券可以买卖。发行量大，流动性好，利差较低，反之亦然（图 56–7）。

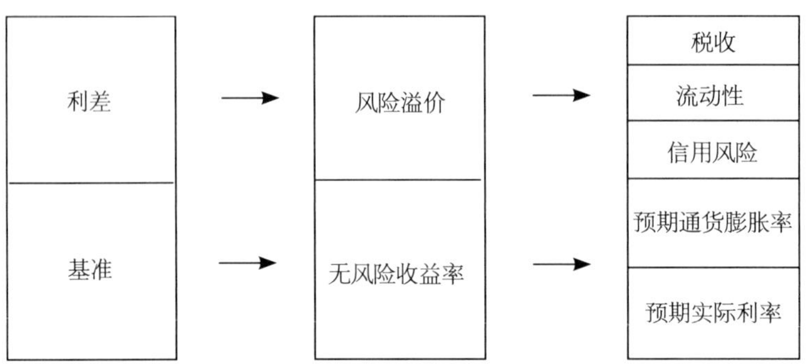

图 56-7 影响利差和基准的因素

3.5 利差的种类

3.5.1 基准价差

基准价差（benchmark spread）指目标债券的到期收益率与期限相等、特征相似的基准债券（一般为国债债券）的到期收益率的差额。基准价差衡量了目标债券信用风险、流动性风险与可能的期权风险（如果目标债券是含权债券）大小。基准价差的局限性在于：与到期收益率相似，没有考虑即期利率的期限结构，而且不适合用于含期权债券。只有在即期收益率曲线是水平时，基准价差才是准确的。公式如下

$$PV=\frac{PMT}{(1+R+B)^1}+\frac{PMT}{(1+R+B)^2}+\ldots$$

其中，R 为基准债券的到期收益率，B 为基准价差。

3.5.2 G- 利差

对于固定收益率债券，相同期限的当期的国债收益率（on-the-run government bond）通常被作为基准（benchmark）。当债券接近持有到期时，其基准会发生改变。比如对于 5 年期的公司债券，通常会找 5 年期的国债作为基准，但是，如果 2 年过去了，3 年期的国债就会被作为其基准。公司债券到期收益率同国债到期收益率之间的差值部分称为 G 利差（G-spread, GS）。

3.5.3 I- 利差

除了国债之外，同公司债具有相同发行货币和期限的互换利率（swap rate）也可以作为基准，这种同互换利率的差额部分称为 I 利差（interpolated spread,

I-spread）。I 利差通常用于以欧元发行的货币。

3.5.4　Z- 利差

Z- 利差（Z-Spread, ZS）或零波动价差是在即期利率为基础加上一个固定的利差作为贴现率对债券的未来各期现金流进行贴现，得到的现值等于债券的价格。公式如下：

$$PV = \frac{PMT}{(1+Z_1+Z)^1} + \frac{PMT}{(1+Z_2+Z)^2} + \cdots$$

其中，Z_1、Z_2 分别是不同期限的国库券即期收益率水平，各不相等，Z 为零波动价差。

与基准利差相比，Z- 利差是一种更好的衡量方法，因为基准利差只是国债收益率曲线上的一个单点，且不考虑即期利率的期限结构。如果收益曲线形状是水平的，即不同期限的利率相等，那么零波动价差将等于基准利差；当收益曲线不是水平的，两者不相等，零波动价差优于基准价差。如图 56-8 。

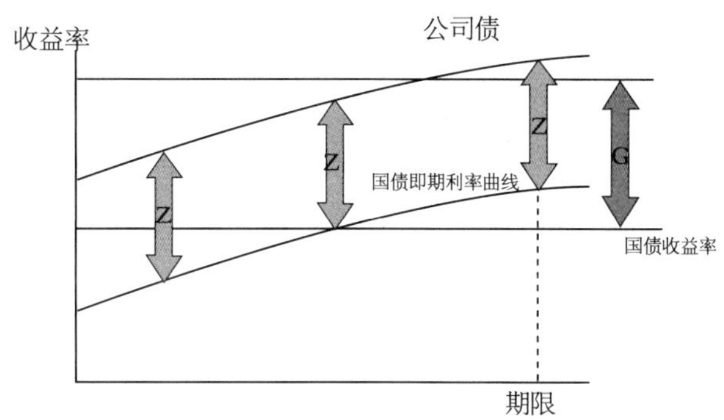

图 56-8　G 利差与 Z 利差的区别

3.5.5　期权调整利差（图 56-9）

零波动价差虽然考虑了即期利率的期限结构，但是没有考虑利率的波动性对债券未来现金流的影响。考虑理论定价模型，使得理论价格等于实际价格的价差，称为期权调整利差（option-adjusted spread, OAS）。期权调整价差是在含权债券的零波动价差中扣除期权的成本，以表示债券单纯信用风险与流动风险导致的溢价。

期权调整价差剔除了期权对债券现金流的影响因素，适合含期权的债券。

如可回购债券（callable bond）对于发行者有利，因此发行者必须提供更高的利率溢价，即 ZS > OAS。

可反售债券（putable bond）对于投资者有利，因此发行者只需提供一个较低的利率溢价，即 OAS > ZS。

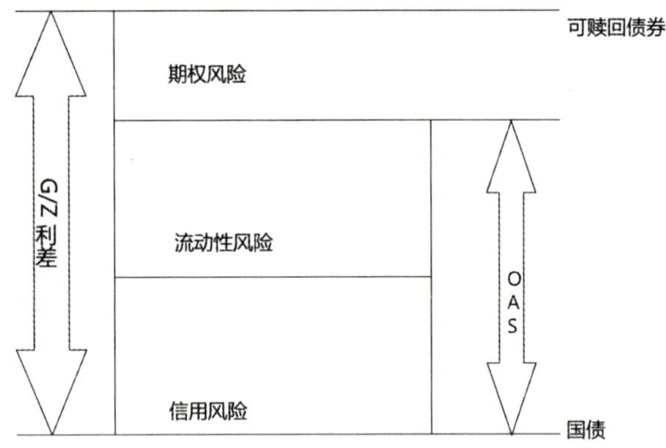

图 56-9　期权调整利差

名师解惑

本章是固定收益的重难点之一，需要掌握：

- 债券价格与收益率的关系；
- 债券价格与期限的关系；
- 了解无套利风险定价模式；
- 矩阵式估值；
- 掌握债券价格的计算，收益率的度量，收益率曲线和几种收益率差价。

第 57 章 资产证券化介绍

本章知识点		讲义知识点
一、资产证券化的介绍	了解资产证券化的概念，流程，基本组织结构与参与者和优势	资产证券化
二、住房抵押贷款合约	了解住房抵押贷款合约特点	住房抵押贷款
三、房屋抵押贷款支持证券	1. 熟悉住房抵押贷款支持证券的类型	非机构住房抵押贷款支持证券
	2. 掌握转手抵押证券的特点、结构、现金流分配	提前偿还利率 提前偿还风险
	3. 掌握担保抵押证券的特点、结构、现金流分配和风险	担保抵押证券
	4. 了解商业地产抵押证券的特点、结构	商业地产抵押贷款支持证券
四、非房屋抵押贷款支持证券	1. 了解汽车贷款抵押支持证券的特点	其他类型的资产支持证券
	2. 了解信用卡应收款抵押支持证券的特点	其他类型的资产支持证券
五、债务抵押债券	了解债务抵押债券的特点	债务抵押债券
六、担保债券	了解担保债券的特点	担保债券

知识导引

本章介绍的是关于资产证券化过程以及相关抵押支持证券，是一类的特殊的固定收益证券产品。需要掌握资产证券化的流程，以及不同类资产支持证券的性质和特征的对比，重点关注住房抵押贷款支持证券产品的特点、风险和计算。本章以定性内容为主。

本章思维导图

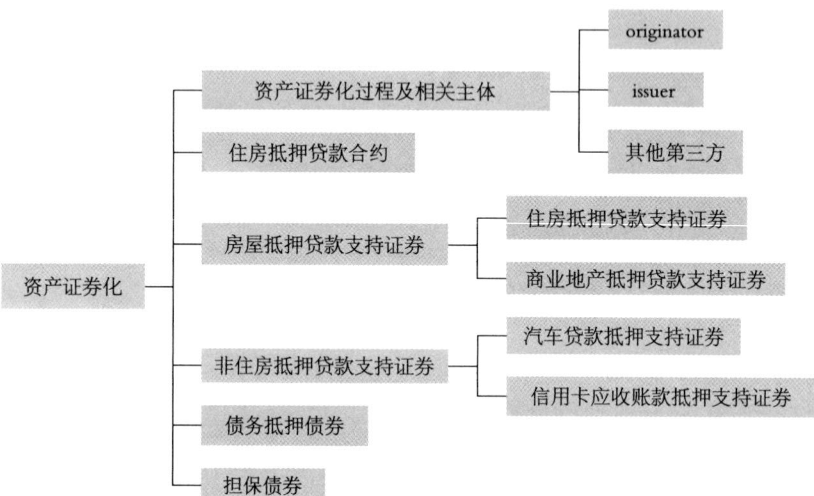
资产证券化
资产证券化过程及相关主体
originator
issuer
其他第三方
住房抵押贷款合约
房屋抵押贷款支持证券
住房抵押贷款支持证券
商业地产抵押贷款支持证券
非住房抵押贷款支持证券
汽车贷款抵押支持证券
信用卡应收账款抵押支持证券
债务抵押债券
担保债券

1. 资产证券化简介

资产证券化债券（securitized bonds）是一种特殊的债券形式。它通常由一个独立的法人代表来承担偿债义务，这个独立的法人代表是由特定的金融机构所创建的。通过资产证券化这一过程，金融机构将一些资产作为抵押转交给他们所创建的独立法人，再通过独立法人发行资产证券化产品。这些资产主要包括了住房抵押贷款，商业地产抵押贷款，汽车贷款，学生贷款，信用卡应收款。

1.1 资产证券化流程

资产证券化是将缺乏流动性但未来现金流可预测的资产组成资产池，以资产池所产生的现金流作为偿付的基础，通过现金流重组和信用增级等方式，在资本市场上发行资产支持证券的结构性融资。

发行资产证券化的基础资产包括：住房抵押贷款、商业地产抵押贷款、汽车贷款、学生贷款、信用卡应收账款等。

下面通过消费者买车的例子来说明资产证券化的流程（图 57-1）。

汽车金融公司向购买汽车的客户提供购车贷款。当发放了大量的汽车贷款后，汽车金融公司的大量资金就被占用了。汽车金融公司为了缩短资金占用的时间，就把这些贷款打包卖出去，加速资金的流转。一般来说汽车公司会成立一个专门从事这个业务的法律实体，这类法律实体我们称作特殊目的载体（special purpose vehicle, SPV）。特殊目的主体的设置是为了实现破产隔离。未来汽车金融公司如果发生信用风险，已经打包出售至特殊目的载体的汽车抵押贷款是不会受到影响。同样，投资者向特殊目的载体购买的资产证券化后的资产，未来收到的本息现金流也是源自于汽车贷款的客户未来的月供偿付。

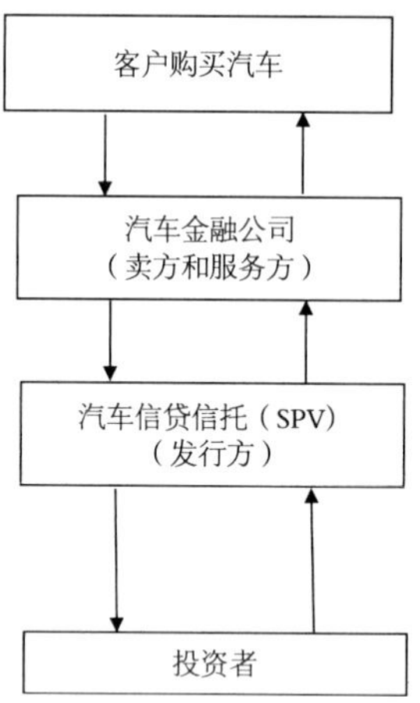

图 57-1　资产证券化流程

1.2　证券化交易的基本组织结构与参与者

资产证券化交易的主要参与者是：

- 发起人（originator, seller）：发起人是发放贷款的机构，发起人同时又是卖出基础资产的一方。资产证券化中的发起人通常是银行或者汽车金融公司
- 特殊目的载体（SPV）：特殊目的载体是法律意义上资产证券化中真正的发行方。
- 服务方（sevicer）：为原始贷款服务，可以是发起人本身，也可以是独立的第三方。服务商解决了借款人向债券投资人偿还本息的问题。资产存续期间如果出现借款人违约，服务商需要负责催收、收回抵押品等事宜。

1.3　资产证券化的优势

同传统的融资模式相比较，资产证券化有以下几点优势：

- 资产证券化可以促进金融创新，使得投资者能够更加直接的获取抵押品的风险敞口，从而可以匹配自身的利率风险和信用风险，使投资者能够获得更多的投资渠道和产品来满足各自的需求；
- 银行可以通过资产证券化获得更多的资金，从而增加其盈利能力。资产证券化产品相比于银行资产负债表上的原始负债来说，更加具备流动性；
- 对于发起方来说，资产证券化产品的出现使发起方有了除债券、优先股、普通股以外的融资渠道，并且成本更低。

2. 住房抵押贷款

住房抵押贷款（residential mortgage loan）是居民在购置住房时向金融机构借款而形成的抵押贷款。这种贷款实际上是债务人在法律上把财产所有权转让给债权人以取得贷款，这期间如果债务人不能按期偿还贷款本金和利息，债权人有权处分抵押物，并可优先受偿的贷款方式。这种贷款方式，可以减少债权人的贷款风险，为债权人收回贷款提供了最有效的保证。由于申请住房贷款的人数众多，住房抵押贷款规模庞大，以住房抵押贷款为基础发行的资产证券化产品也是资产证券化家族中的中流砥柱。住房抵押贷款有如下需要关注的维度。

2.1 到期期限

在美国，大多数房地产抵押贷款的到期期限（maturity）从 15 年到 30 年。在欧洲，房地产抵押贷款的到期期限更长，通常为 20 年到 40 年，有些会提供 50 年的房地产抵押贷款。在日本，有些银行甚至会提供 100 年的房地产抵押贷款。

2.2 房地产抵押贷款利率

房地产抵押贷款利率（interest rate/mortgage rate/contract rate/note rate）有以下几种：

- 固定利率房地产抵押贷款（fixed-rate mortgage）是指在房地产抵押贷款期间，房地产利率是固定不变的。
- 可调整房地产抵押贷款（adjustable-rate mortgage, ARM），同时也叫可变利率房地产抵押贷款（variable-rate mortgage），是指在房地产抵押贷款期间，利率会发生改变。基于指数变化的房地产抵押贷款利率（index-referenced mortgage）指的是利率会随参考利率发生变化。通常使用的参考利率是伦敦同业拆借利率（LIBOR）。
- 混合房地产抵押贷款（initial period fixed rate）是指在规定一段时间内采用固定利率（Fixed rate），但在这段时间后，采用可变利率（variable rate）的房地产抵押贷款。

● 可转换抵押贷款（convertible mortgage）是指贷款者可以选择是否将初始利率转变成固定（fixed rate）或者可调整利率（adjustable rate）的贷款。

2.3 本金的摊销

本金的摊销（amortization of principal）方面有三种形式：

● 对于一个可完全摊销的贷款（fully amortizing loan），是将本金摊销到贷款的每一期进行偿还，这种贷款每期支付相同的款项，期间的每一笔支付可以分成利息部分和本金摊销部分。随着还款期的推移，利息部分越来越小，本金偿还部分会逐渐增多。

● 对于部分摊销的贷款（partially amortizing loan），是将部分本金摊销到贷款的存续期。在到期日时，是有部分的剩余本金未被摊销的。因此，在还贷末期，会有一笔大额的本金偿还，这个本金偿还部分叫做期末整付（balloon payment）。

● 仅偿还利息的抵押贷款（interest only mortgage）是指无论在贷款初始阶段还是在期末阶段，都不存在本金部分偿还。另外一些抵押贷款仅规定在初始的一定期间仅进行利息还款（interest only），在这段期间过去后，进行部分或者完全摊销贷款模式进行还款。

2.4 提前还款条款

对于部分或者全部摊销的贷款（partially amortizing or fully amortizing loan），本金偿还超过规定数额部分（scheduled principal repayment）称为提前偿还（prepayment）。

对于提前还款，某些贷款条款会包含一些惩罚措施，要求提前还款者提供额外罚款。这一提前还款的罚款措施给借款者提供保护，这样就避免了贷款者在市场利率下降的时候提前还款，使得借款者不得不将资金以较低的市场利率进行再投资。

2.5 有无追索权的贷款

一些房屋抵押贷款是没有追索权的（non-recourse loans），即发生违约时，贷款人仅仅对借款人用于质押的资产具有追索权，不能对借款人的其他资产进行追索。

当房地产价格出现普遍大幅下跌时，贷款买房者通常会利用这种情况，在用于抵押的房屋价值低于剩余贷款本金时，自愿把房产交给贷款人，而发生战略性违约（strategic default）。

另外一些房屋抵押贷款是具有追索权的（recource loans），即发生违约的时候，贷款人除了对用于质押的资产具有追索权外，同时可以对借款人的其他资产进行追索。如果用于质押的资产价值小于贷款剩余本金，借款人发生违约时，贷款人有权利追索差额部分。

和房地产有关的贷款资产证券化后形成的是房屋抵押贷款支持证券（mortgage backed security, MBS）。房屋抵押贷款支持证券又可以分为两类，分别是住房抵押贷款支持证券（residential mortgage backed security, RMBS）和商业抵押贷款支持证券（commercial mortgage backed security, CMBS）。

3. 住房抵押贷款支持证券

住房抵押贷款支持证券（RMBS）是指以住房抵押贷款作为抵押发行的证券。住房抵押贷款支持证券（RMBS）可以根据它发行人的不同分为机构住房抵押贷款支持证券（agency RMBS）和非机构住房抵押贷款支持证券（non-agency RMBS）。

机构住房抵押贷款证券是指由美国政府担保或由政府主办企业担保的证券，主要由以下三个机构发行：房地美（Freddie Mac）、房利美（Fannie Mae）和吉利美（Ginnie Mae）。这三个机构发行的证券由于得到了政府担保或者本身由于是政府主办企业，因此信用评级较高，这三家机构所购入的贷款必须要满足一定的条件才可以被放入机构抵押贷款支持证券的资产池，这些标准包括不可低于最低首付百分比、不可高于最大的贷款价值比（LTV Ratio）、贷款规模不可超过最大规模限制等。

满足机构抵押贷款要求的贷款称为合规贷款（conforming loans），不满足机构抵押贷款要求的贷款称为非合规贷款（non-conforming loans）。非合规贷款可以被其他公司证券化作为非机构住房抵押证券（non-agency RMBS）进行发放。

3.1 转手抵押证券

转手抵押证券（mortgage passthrough security, MPS）是将抵押贷款组成一个集合，并以此为基础卖出份额或参与凭证。集合中可包括几千个或仅仅几个抵押贷款。

3.1.1 转手抵押贷款支持证券现金流结构及特征分析

转手抵押证券转手证券的现金流则是来自于基础抵押贷款集合。投资者购买的转手抵押证券也是资产池的份额，而并没有对资产池内的贷款做风险重分配。所以不同投资者购买的转手抵押证券的份额在性质上没有任何区别，只是投资的比例可能不同（图 57−2）。

基础抵押贷款的现金流是抵押贷款的每月偿付额、计划本金偿付额和提前偿付额组成，转手证券的持有者按月取得收入。

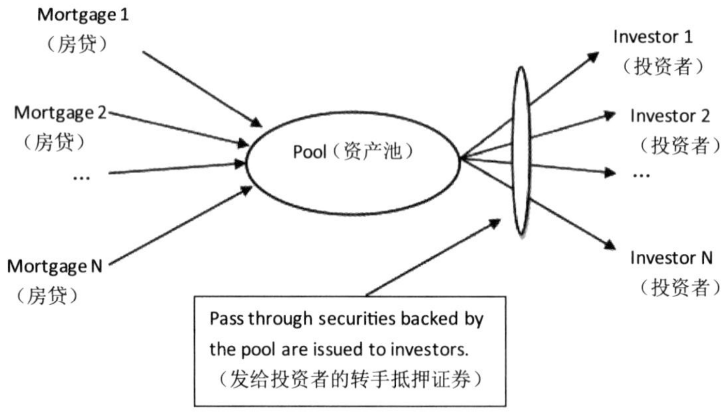

图 57-2 转手抵押证券现金流

在贷款池中的抵押贷款的平均利率为贷款利率（mortgage rate）。转手抵押贷款支持证券的息票率成为转手率（pass−through rate）。转手率为投资资产支持证券的投资者可以获得的平均收益率。贷款利率（mortgage rate）和转手率（pass−through rate）之差就是服务商收取的服务费（servicing fees）；

转手抵押贷款支持证券的一些术语：

- 贷款池里的抵押贷款具有各自不同的期限和利率，因此，我们通常会用加权平均期限（weighted average maturity, WAM）来代表整个资产池的贷款期限。

用加权平均利率（weighted average coupon, WAC）来代表整个资产池的贷款利率。

- 平均周期（average life）表示考虑到提前还款情况下预计平均现金流回收的时间。

3.1.2　提前偿还风险

转手抵押证券最重要的特点是具有提前偿付风险（prepayment risk），这是因为用于抵押的房地产贷款具有提前偿付风险。对于投资者来说，预测未来的现金流对于产品估值和风险度量都很重要。

从定性角度来看：

- 当市场利率下降，借款人更有动机进行提前偿还，因为可以在市场上可以以更低的成本借款。因此，还款增加导致实收现金流大于预期值，债券实际持有期限较预期值缩短，产生收缩风险（contraction risk）；
- 当市场利率上升，借款人会没有动机进行更多的还贷，因为自身的贷款比市场利率更低。因此，还款减少导致实收现金流低于预期值，债券实际持有期限较预期值更长，产生延长风险（extension risk）。

3.1.3　提前偿还的定量分析

提前偿还分析中较为常用的两个指标分别是：月提前偿付利率（single monthly mortality rate, SMM）和条件提前偿付率（conditional prepayment rate, CPR）。

条件提前偿付率（conditional prepayment rate, CPR）是公共证券协会（public security association, PSA）的提前偿付模型。是衡量提前还款速度的年化指标（annual rate），该比率越高，提前还款速度越快。

另外，由于房贷都是每月进行偿还，因此引入了月提前偿付利率（single monthly mortality rate, smm），这个指标是针对每个月的提前还款速度的衡量。

年度有效提前偿付率，即 CPR，近似于但不完全等于月提前偿付率的 12 倍。CPR 转换为月提前偿付利率为：

$$SMM = 1-(1-CPR)^{1/12}$$

此外，还可以通过当月的提前还款的本金金额比上贷款余额扣减本应偿还的本金来计算月提前偿付利率。公式如下：

$$\text{SMM} = (\frac{\text{当月提前还款的本金金额}}{\text{贷款余额}-\text{当月本应偿还的本金}})$$

现在的行业标准是公共证券协会（public securities association, PSA）的提

前偿付模型。该模型以联邦住宅管理局抵押贷款存活率表提供的信息以及简化的 CPR 为基础，发展出可以描述抵押贷款提前偿付行为的模型。PSA 基准（即 100%PSA）假定这一系列的 CPR 在第 1 个月为 0.2%，以后的 30 个月每月按照 0.2% 增长，直到 6%。例如，一个预期的 200%PSA 的提前偿付率意味着任何一个月的 CPR 将 2 倍于对应 100%PSA 的 CPR。因此，以刚才的例子来说，对于 200%PSA，第 1 个月的 CPR 将为 0.4%，第 2 个月的为 0.8%，直到在第 30 个月达到 12% 的水平。图 57–3 显示的是 50%PSA、100%PSA 和 150%PSA 的年提前偿付率。

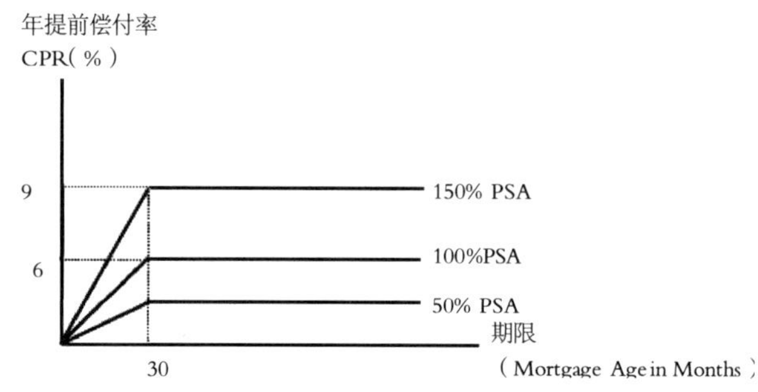

图 57-3　年提前偿付率

3.2　担保抵押证券

担保抵押证券（collateralized mortgage obligation, CMO）是将资产池中的房贷的现金流和风险被重新分配给多个具有不同优先求偿权的层次，我们把这种做法叫做为分层（tranching）。每一层级对资产有不同的主张权和不同的提前偿付风险。担保抵押证券可以用来匹配投资者独特的投资期限、风险偏好等需求。

需要注意的是，担保抵押债券的现金流再分配不能消除收缩风险和扩延长风险。它仅仅是将这些风险打包和再次分配给不同等级的债券持有人。但是，将风险分散给投资者很可能会解决某些特殊风险，从而增加了债券价值。这里重点介绍两种常见的担保抵押证券结构：顺序偿还结构和按计划摊结构。

3.2.1　顺序偿还结构

在顺序偿还结构（sequential pay）中，所有来自资产池的最初本金摊还额和提前偿付额按顺序分配给各个层级（tranches）。所有来自担保品的最初的本金摊还额和提前偿付额支付给期限最短的层级，直到它被完全清偿，然后本金偿付额被分配到下一个最短期限的类别，直到所有的类别都被清偿，整个债券偿还完毕。

假设一个含有两个层次的顺序偿还结构。每个档次会收到以息票利率计算的利息，但是所有的本金部分（包括计划偿还部分和提前偿还部分）会先支付给层级一直到支付完后，本金的现金流才会对层级二进行支付（表 57–1）。

- 提前偿还风险
  - 期限短的层级有较大的收缩风险，而期限长的层级有较大的延长风险。
  - 期限短的层级延长风险小，而期限长的层级收缩风险小。

表 57–1　顺序偿还结构的风险特点

层级	收缩风险	延长风险
A（顺序支付）	高 ↑ 低	低 ↓ 高
B（顺序支付）		
C（顺序支付）		
D（顺序支付）		

3.2.2　按计划摊还类别债券

按计划摊还类别债券主要分成计划摊还类别层级（Planned Amortization Class）和支持层级（Support Tranche）两个层级，现金流分配模式和顺序偿还结构也有较大的不同。这里的支持层级既可以吸收收缩风险，同时也可以吸收延长风险。

在通常情况下，如果资产池中产生的现金流较多，支持层级吸收；同样，如果资产池中产生的现金流较少，先满足计划摊还类别层级的现金流，支持层级的投资者可以不拿现金流。

虽然计划摊还类别层级能够拿到较为稳定的现金流，但是在某些较为极端的情况下，比如现金流还的太少，支持层级最多是不分配现金流，那么计划摊还类别层级也会有延长风险；当然在现金流特别多的情况下，支持层级被偿还完就该层级就结束了，计划摊还类别层级也会拿到多余的现金流，存在收缩风险。只有在一定的提前还款的速率下，计划摊还类别层级才会有稳定的现金流偿还，从而有一个稳定的债券期限，而这个区间就叫做按计划摊还类别约束带（PAC collar）。

我们可以通过表 57–2 的例子来说明此类债券的现金流结构和风险特征。

表 57-2　计划摊还类别债券

PSA（提前偿付速度）	按计划摊还类别层级（PAC tranches）的期限		支持层级（Support tranche）的期限
0	13.2	↑	24.0
50	8.8		21.2
100	6.5		17.1
150	6.5		13.3
200	6.5	Initial collar	10.4
250	6.5		5.2
300	6.5		2.9
350	5.9		2.4
400	5.4	↓	1.8
450	4.6		1.5
500	4.2		1.2

- 提前偿还风险
  - 计划摊还类别层级（pac）的收缩风险和延长风险都较小，因此计划摊还债券对投资者有一个双方面的保护。
  - 支持层级（Support Tranche）的收缩风险和延长风险都要更大，但支持层级的收益率是最高的。如表 57-3 所示。

表 57-3　PAC 层级的提前偿付风险

层级	提前偿付风险
PAC 层级 1	低
PAC 层级 2	↓
PAC 层级 3	
支持层级	高

4. 商业地产抵押贷款支持证券

对于住房抵押贷款支持证券来说，其基本担保品是以住房为基础的贷款。对于商业地产抵押贷款支持证券(commercial mortgage-backed security, CMBS)来说，其基本担保品是零售房地产、写字楼、工业资产、多户住宅和旅馆等。与住宅抵押贷款不同的是，商业抵押贷款往往不允许提前偿付，因此商业抵押贷款支持证券的提前偿付风险减少了，但于此同时其违约风险仍然是该类资产的重要风险。

4.1 偿付的优先顺序

在商业抵押贷款支持证券结构中，最高等级的债券被最先偿付。由分期摊还、提前偿付或违约引起的任何本金偿还都要首先偿付给级别最高的债券档次，然后是级别次之的档次。根据本金余额收到的所有利息要支付给所有档次的债券。但是许多交易的偿付规则与这种简单的优先顺序偿付假设有所不同。商业地产抵押贷款支持证券结构是用来满足投资者风险收益要求的。每一个商业地产抵押贷款支持证券都可以分成不同的层级，其中信用等级最高的层级最先获得清偿。

4.2 提前赎回的保护

当市场利率下降时，借款人会选择提前偿还，然后以更低的市场利率进行再融资，而债券投资者被迫提前收回本金，以更低的市场利率进行再投资。在商业地产抵押贷款支持证券中一般都设有提前赎回的保护（call protection）。提前赎回的保护分为两个类型：

4.2.1 贷款层面的保护（loan level）

- 提前偿付锁定（prepayment lockout）：在规定的期间内禁止进行任何提前偿付行为的契约型协议，比如：规定在贷款的前 10 年不允许进行提前偿付。提前偿付锁定是提前赎回保护中最严格的形式，因为它剥夺了借款人在锁定期结束之前提前偿付的选择权。在新的商业地产抵押贷款支持证券交易中，提前偿付锁定的使用非常普遍。
- 收益率保持（yield maintenance）：如果贷款被提前偿付，借款人就需要支付一个“全补偿”罚款给贷款人。罚款等于提前偿付发生时贷款剩余现金流的现值与本金提前偿还额的差值。在计算本金提前偿还额时所用的折现率是同贷款具有相似到期日的美国国债的当期收益，由于这个收益一般比贷款利率要低，因此计算出来的本金提前偿还额会高于贷款剩余现金流的现值。收益率保持在早期的商业抵押贷款支持证券交易中较为普遍，目前已不太常用。
- 契约废止（defeasance）：契约废止方式是由借款人投资于美国国债（剥离债券或国库券），以填补贷款的剩余现金流。通过该条款，借款人向服务商提供足够的资金来投资国库券投资组合，该投资组合能够复制未发生提前偿付时存在的现金流，增加了贷款池的质量。如同收益率保持，契约废止盛行于商业地产抵押贷款支持证券交易的早期，目前已不常见。

- 提前偿付罚款（prepayment penalty）：如果借款人想再融资，他必须支付未偿付贷款余额一个固定百分比的数额作为提前偿付罚款。罚款通常随贷款时间的增长而减少（例如：第 1 年是未偿付本金额的 5%，第 2 年是 4% 等，直到为零）。

4.2.2 结构层面的保护（structure level）

- 分层：除了从贷款角度考虑提前赎回保护外，还要在结构中考虑提前赎回保护。因为商业地产抵押贷款支持证券是按顺序偿付的，因此对低级债券档次的支付排在高级债券档次之后，只有高级档次债券终止后，才考虑低级档次债券的支付。这种情况与违约导致本金损失后损失分配的顺序相反，此时低档次债券首先承担损失。

4.3 气球式支付

住房抵押贷款的全部摊还需要一个很长的时期（比如 30 年），抵押贷款支持证券的商业地产贷款通常是气球型贷款。气球型贷款的大部分本金可以在最后到期日偿还，尽管也可以按照分期摊还的方式在一个更长的时间段内分期偿还。例如，一笔贷款可以在 30 年内全部摊还，但必须在第 10 年后才能偿还所有未偿付本金。气球贷款的目的就是保持利息和本金的定期还款额尽可能低。如果贷款者无法支付最后的剩余款项（称为 balloon payments），那么贷款者就发生违约。这个违约的风险称为气球风险（balloon risk）。借款者（lender）不得不拓展贷款的期限，并且会向贷款者索取更高的利息。这种风险称为延长风险（extension risk）。

4.4 住房抵押贷款支持证券和商业地产抵押贷款支持证券的区别

住房抵押贷款支持证券（RMBS）和商业地产抵押贷款支持证券（CMBS）最主要的区别是潜在债务人的债务责任不同。

- RMBS 的贷款是由住宅所有人来还款的；
- CMBS 是由房产的投资者来还款，而房产投资者的还款依赖于商业资产的租赁者或者购买者提供的现金流。

与住房抵押贷款支持证券（RMBS）不同，CMBS 是无追索权（nonrecourse loans）的贷款，意味着如果贷款者发生违约，借款者只能依赖贷款者提供的抵押品的质量来收回款项。因此对 CMBS 的分析重点在于分析在抵押资产信用风险，而不是债务人的信用风险。分析 CMBS 可以通过两个比率来衡量信用绩效：

- 债务偿还比率(debt to service coverage ratio)是不动产的净营业收入(NOI)除以还本付息额所得到的比值。净营业收入是指扣除商业资产的税收后，但是在扣除收入所得税之前计算所得的现金流。越高的数值意味着对借款者的保护越大，借款者面临的风险越小。如果这个比例在 1 以下，意味着贷款者没有足够的现金流来支付债务，贷款者发生违约的风险增加。从借款者的角度看，这个比率是越高越好。

- 贷款 – 价值比率 (Loan to value ratio)= 现在的抵押贷款额 / 担保品的市场价值。贷款 – 价值比率是资产的贷款额度和市场价值的比例，如果这个比率越低，借款者的风险就越小。从借款者的角度看，这个比率是越低越好。

5. 其他类型的资产支持证券

其他类型的资产支持证券指的是除了房地产以外的资产形成的证券化资产，我们也称之为狭义的资产证券化。

5.1　汽车贷款支持证券

汽车贷款支持证券（auto loan ABS）是指基础资产部分为汽车贷款的证券。汽车贷款的到期日一般从 36 个月到 72 个月。发行者包括汽车制造商、商业银行、信用贷款联盟（credit unions）、金融公司等的下属金融机构。汽车贷款支持证券的现金流部分包括利息、计划本金支付部分、提前本金支付部分。汽车贷款的提前支付一般发生在汽车被二次售卖、偷盗、损坏或者被没收的时候。

5.2　信用卡应收款支持证券

信用卡应收账款支持证券（credit card receivable ABS）是指抵押资产为银行、零售商、以及其他信用卡发行者。

信用卡应收账款的现金流包括每年的年费、利息还款和本金还款。

信用卡有定期支付计划，但是因为他们的本金还款部分会持续更新。因此，ABS的利息部分会定期支付，但是在锁定期(lock-out period)，不会支付本金部分。锁定期通常是在资产支持证券创建之后的18个月到10年。如果信用卡的持有人在锁定期内进行本金支付，这些支付款项不会给到投资者。当锁定期限结束，本金部分才会支付给投资者。信用卡资产支持证券通常会含有早期摊销协议(Early Amortization Provision)来防止本金部分的摊销从而来保证信用卡支持证券的质量。

信用卡应收账款支持证券的利率通常是固定的，但是有时候也会是浮动的。利息通常是每月、每季度或者更长时间支付一次。

6. 债务抵押债券

担保债务凭证(collateralized debt obligation, CDO)一般是由投资银行发行的。担保债务凭证一般存在一个投资经理(collateral manager)，投资经理通过主动的买入卖出债券进行主动的管理，投资经理会通过购买或者售卖抵押资产池里面的资产获得现金进行支付。其投资资产池中的债券有：公司债券、其他结构性债券(RMBS、ABS、其他CDO以及CMBS)、新兴市场债券、银行贷款等。

如果抵押资产是公司或者新兴市场的债务，这种资产被称为债券抵押证券(CBO)；如果抵押资产是银行贷款的组合，这种资产被称为信贷抵押资产(CLO)；如果抵押品的资产是ABS，RMBS，或者其他CDO和CMBS，那么这种债务抵押债券叫做结构化融资CDOs。如果抵押资产是信用违约掉期(credit default swap, CDS)所组成的投资组合，那么这种债务抵押债券叫合成CDOs。

担保债务凭证通常会做分层的设计，其结构有：

- 一个或多个高级层级(senior tranches)。
- 夹层层级(mezzanine traches)。
- 一个次级层级(subordinated tranches)，或称为权益层级(equity tranches)，来保护其他组别使其免受提前偿付和信用风险。

7. 担保债券

担保债券（covered bonds）是由金融机构发行的优先债务，由独立的资产池支持，这些资产通常包括商业或住宅抵押贷款或公共部门资产。

担保债券与 ABS 的区别：

- 担保债券向债券持有人提供双重追索权，即向发行的金融机构和标的资产池都有求偿权。
- 在 ABS 的情况下，发起贷款的金融机构将证券化资产转移给远离破产的特殊目的实体；但担保债券中的基础资产池仍保留在金融机构的资产负债表上，担保债券持有人保留最高优先权。
- ABS 通常使用信用分层来构建具有不同违约风险的债券层级；担保债券通常由一个债券层级组成。
- 担保债券有一个动态的独立资产池，必须替换资产池中的任何预付或不良资产（即不产生承诺现金流的资产），以确保在担保债券到期之前有足够的现金流；而 ABS 是有一个固定的资产池，会使投资者面临违约和提前还款风险。

发行人违约情况下的赎回机制：

- 硬子弹式担保债券（Hard-bullet covered bonds）：如果没有按照原计划的时间进行支付，则会触发债券违约并加速债券支付。
- 软子弹式担保债券（Soft-bullet covered bonds）：延迟债券违约和支付的加速，直到新的最终到期日，通常新的最终到期日在原始到期日后一年。
- 有条件的转手担保债券（Conditional pass-through covered bonds），如果所有债券尚未支付，则会在原始到期日后转换为转手证券。

担保债券的优势有：双重追索权性质；严格的监管要求；动态的资产池；发行人违约情况下的赎回制度。因此，与其他类似的资产支持证券相比，担保债券通常具有更低的信用风险和更低的收益率。

名师解惑

本章是固定收益的一个难点，了解以下积累资产证券化产品的特征、现金流分配、风险分配等，产品包括：MBS, Agency-MBS, Non-agency RMBS, CMBS,CDO。另外，本章以定性为主，计算集中在衡量提前还款率的两个指标：CPR 和 SMM。

第 58 章 风险与收益

<table>
<tr><th colspan="2">本章知识点</th><th>讲义知识点</th></tr>
<tr><td>一、收益来源</td><td>理解收益来源</td><td>收益来源</td></tr>
<tr><td rowspan="5">二、利率风险</td><td>1. 理解并掌握各种久期的计算、性质、影响因素</td><td>不同种类的久期
影响久期的因素
组合久期</td></tr>
<tr><td>2. 理解掌握债券凸度的计算和性质</td><td rowspan="2">凸性</td></tr>
<tr><td>3. 区分可回购债券和可反售债券价格波动性特征</td></tr>
<tr><td>4. 利息再投资风险</td><td rowspan="2">利率风险</td></tr>
<tr><td>5. 久期缺口</td></tr>
<tr><td>三、收益率的波动</td><td>理解收益率的波动</td><td rowspan="2">收益率的波动，信用风险和流动性风险</td></tr>
<tr><td>四、信用风险和流动性风险</td><td>理解信用风险和流动风险的区别</td></tr>
</table>

知识导引

> **备考指南**
> 本章节是 CFA 一级固定收益非常首要的一个章节，考法多样，定性和定量都有。关于久期和凸度的知识点，也是易考点。

本章介绍的是固定收益证券的风险与收益。作为债券的投资者，需要了解投资固定收益产品的收益分为哪几个部分，以及该产品的投资回报率。此外，更重要的是需要考虑风险，固定收益证券的风险最主要是受利率风险影响的，而利率风险的衡量是用久期和凸度，分别用来衡量不同类型收益与风险之间的关系。

本章思维导图

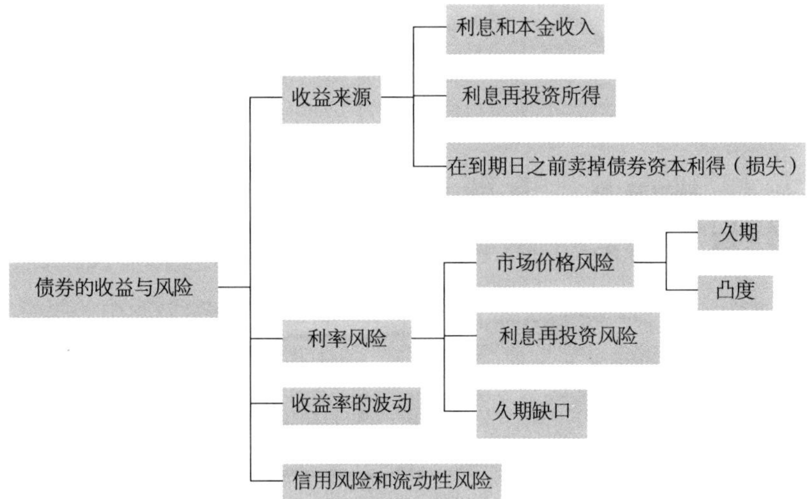
债券的收益与风险
收益来源
利息和本金收入
利息再投资所得
在到期日之前卖掉债券资本利得（损失）
利率风险
市场价格风险
久期
凸度
利息再投资风险
久期缺口
收益率的波动
信用风险和流动性风险

1. 收益来源

固定收益产品的收益主要来源于以下三个方面：

- 利息（coupon）和本金（principal）收入。
- 利息再投资收益（coupon reinvestment income）。
- 在到期日之前卖掉债券产生的资本利得 / 损失（capital gain/loss）。

收益率应该考虑到投资期限内所有三种潜在收益的来源。这需要投资者首先设定整个投资期限的未来总收益，然后就可以计算出投资该债券的年化持有期收益率（annualized holding period return/horizon yield），具体公式如下：

$$\text{Horizon yield}=\left(\frac{\text{total return}}{\text{bond purchase price}}\right)^{1/n}-1$$

— 备考指南 —
债券投资者收益的几种情况可以结合下面的例题进行理解。

针对持有期的年化收益率，有以下几种情况和结论需要了解：

- 如果投资者持有固定收益债券至到期，利息以期初的持有至到期收益率（YTM）再投资，那么他获得的年化收益率等于期初的持有至到期收益率（YTM）。
- 如果投资者在债券到期日之前卖出债券，并且卖价以期初的 YTM 作价，那么获得的年化收益率会等于债券的持有至到期收益率。
- 如果在购买债券后，在债券第一次付息之前，债券的利息再投资收益率上升（下降），持有至到期的投资者的实际收益率会高于（低于）债券期初的持有至到期收益率（YTM）。
- 如果债券的利息再投资收益率（Reinvestment Rate）在债券购买后但是在第一次付息之前上升（下降），短期持有债券的投资者的实际收益率会低于（高于）债券期初到期收益率（YTM）。
- 如果债券的利息再投资收益率（Reinvestment Rate）在债券购买后但是在第一次付息之前下降（上升），长期持有债券的投资者的实际收益率会低于（高于）债券期初的持有至到期收益率（YTM）。

举个例子

【例】

下面通过 6 个例子来说明以上几种情况。

投资人以 86.0478 元购买了一份票面价格为 100 元，有效期为 10 年，息票利率为 8%（每年支付一次）的债券，那么债券的到期收益率为：

$$86.0478=\frac{8}{(1+r)}+\frac{8}{(1+r)^2}+\frac{8}{(1+r)^3}+\frac{8}{(1+r)^4}+\frac{8}{(1+r)^5}+\frac{8}{(1+r)^6}+\frac{8}{(1+r)^7}+\frac{8}{(1+r)^8}+\frac{8}{(1+r)^9}+\frac{108}{(1+r)^{10}}$$

到期收益率 r=0.103。

根据以上信息，我们来看以下 6 个例子。

假设投资人持有债券直到到期，市场利率保持 10.3% 不变，即投资人以 10.3% 对定期收到的利息进行再投资。

【例 1】投资人第一次收到利息是债券发行一年后，他可以连续九年以 10.3% 的利率对利息进行再投资，以此类推，投资人在债券到期时收到的所有利息为：

$$\left[8\times(1.103)^9\right]+\left[8\times(1.103)^8\right]+\left[8\times(1.103)^7\right]+\left[8\times(1.103)^6\right]+\left[8\times(1.103)^5\right]$$
$$+\left[8\times(1.103)^4\right]+\left[8\times(1.103)^3\right]+\left[8\times(1.103)^2\right]+\left[8\times(1.103)^1\right]+8=129.3480$$

投资人在到期时得到实际收益总和为：

$$229.3480=129.3480+100$$

投资人的实际年收益率为：

$$86.0478=\frac{229.3480}{(1+r)^{10}}$$
$$r=0.103$$

从例 1 中我们可以看到，当满足债券持有人持有债券到期，发行人没有违约拖欠利息和本金，利息以相同的市场利率进行再投资即市场利率不变这三个前提条件下，债券投资者持有债券到期的总收益率等于市场利率。

【例 2】假设投资人在 3 年之后售出债券，市场利率依然保持 10.3% 不变，投资人对前 3 年的利息进行再投资，3 年之后收到的总利息为：

$$\left[8\times(1.103)^2\right]+\left[8\times(1.103)^1\right]+8=26.5569$$

3 年之后债券还剩 7 年到期，此时债券的出售价格为：

$$\frac{8}{(1.103)}+\frac{8}{(1.103)^2}+\frac{8}{(1.103)^3}+\frac{8}{(1.103)^4}+\frac{8}{(1.103)^5}+\frac{8}{(1.103)^6}+\frac{108}{(1.103)^7}=88.9124$$

由于市场利率不变，债券的出售价格符合它在其时间轨迹上的价格。

投资人在 3 年后实际收益总和为：

$$115.4693=26.5569+88.9124$$

投资人的实际年收益率为：

$$86.0478=\frac{115.4693}{(1+r)^3}$$

$$r=0.103$$

当市场利率不变，债券售出时的价格符合其时间轨迹上的价格，即投资人没有任何的资本亏损或收益时，投资人的实际收益率等于市场利率。

【解 3】假设投资人持有债券直到到期，在第一次付息前，市场利率上升至 12.3%，并保持这个利率不变，10 年后投资人所得的利息为：

$$\left[8\times(1.123)^9\right]+\left[8\times(1.123)^8\right]+\left[8\times(1.123)^7\right]+\left[8\times(1.123)^6\right]+\left[8\times(1.123)^5\right]$$
$$+\left[8\times(1.123)^4\right]+\left[8\times(1.123)^3\right]+\left[8\times(1.123)^2\right]+\left[8\times(1.123)^1\right]+8=142.4423$$

实际收益总和为：

$$242.4423=142.4423+100$$

投资人的实际年收益率为：

$$86.0478=\frac{242.4423}{(1+r)^{10}}$$
$$r=0.109$$

由于市场利息上升，债券再投资收入提高，投资人的总收益率增加。

【解 4】假设投资人在 3 年之后卖出债券，市场利率上升至 12.3%

投资人在 3 年之后收到的利息为：

$$\left[8\times(1.123)^2\right]+\left[8\times(1.123)^1\right]+8=27.0730$$

3 年卖出债券的价格为：

$$\frac{8}{(1.123)}+\frac{8}{(1.123)^2}+\frac{8}{(1.123)^3}+\frac{8}{(1.123)^4}+\frac{8}{(1.123)^5}+\frac{8}{(1.123)^6}+\frac{108}{(1.123)^7}=80.5611$$

投资人在 3 年后实际收益总和为：

$$107.6341=27.0730+80.5611$$

投资人的实际年收益率为：

$$86.0478=\frac{107.6341}{(1+r)^3}$$
$$r=0.0775$$

和例 2 相比较，由于市场利率的上升，投资人的在投资收入上升，但是由于债券的出售价格小于其在时间轨迹上的价格，投资人要承担一定的资本损失。因此总收益率减小。

【解 5】假设投资人持有债券直到到期，市场利率下降至 8.3%

10 年后，投资人所得的利息为：

$$\left[8\times(1.083)^9\right]+\left[8\times(1.083)^8\right]+\left[8\times(1.083)^7\right]+\left[8\times(1.083)^6\right]+\left[8\times(1.083)^5\right]$$
$$+\left[8\times(1.083)^4\right]+\left[8\times(1.083)^3\right]+\left[8\times(1.083)^2\right]+\left[8\times(1.083)^1\right]+8=117.5567$$

投资人的实际收益总和为：

$$217.5567=117.5567+100$$

投资人的实际年收益率为：

$$86.0478=\frac{217.5567}{(1+r)^{10}}$$
$$r=0.0972$$

由于市场利率下降，债券再投资收入下降，投资人的总收益率降低。

【解 6】假设投资人在 3 年之后卖出债券，市场利率下降至 8.3%。投资人在 3 年之后收到的利息为：

$$\left[8\times(1.083)^2\right]+\left[8\times(1.083)^1\right]+8=26.0471$$

3 年后卖出债券的价格为：

$$\frac{8}{(1.083)}+\frac{8}{(1.083)^2}+\frac{8}{(1.083)^3}+\frac{8}{(1.083)^4}+\frac{8}{(1.083)^5}+\frac{8}{(1.083)^6}+\frac{108}{(1.083)^7}=98.4540$$

投资人在 3 年后实际收益总和为：

$$124.5011=98.4540+26.0471$$

投资人的实际年收益率为：

$$86.0478=\frac{124.5011}{(1+r)^3}$$
$$r=0.1310$$

2. 利率风险（久期）

这里的利率风险（interest rate risk）特指利率引起的债券价格的波动的风险，也称为狭义的利率风险。这一部分，我们将从久期和凸性这两个角度来分析利率风险。

衡量利率风险的第一个维度是久期（duration），久期是用来衡量债券价格对利率变动的敏感程度的近似指标。

$$久期=-\frac{债券价格变动百分比}{收益率的变化}$$

久期越大，债券价格对收益率的变动就越敏感。因为收益率上升所引起的债券价格下降幅度就越大，而收益率下降所引起的债券价格上升幅度也越大。可见，在同等要素条件下，久期小的债券比久期大的债券抗利率上升风险能力强。

2.1 麦考利久期

久期的概念最早又麦考利（Macaulay）提出，他为了评估债券的平均还款期限，定义了麦考利久期（macaulay duration）。麦考利久期是时间的概念，它表示以折现现金流为权重，现金流回流的平均时间。具体计算公式如下：

$$\text{MacDur}=\frac{\sum_{t=1}^{n}t*\text{PVCF}_t}{\text{Price}}$$

其中：$PVCF_t$ 为 t 时刻的现金流的现值；t 为现金流支付的时间；n 为债券到期之前利息支付的次数；Price 为债券现金流贴现值的总和。

2.2 修正久期

麦考利久期衡量了平均还款期，但并不能衡量利率对债券价格的影响。修正久期（modified duration）弥补了这一空白。修正久期代表利率代表利率变化 1% 带来的债券价格变化的百分比，具体计算公式如下：

$$久期=-\frac{债券价格变动百分比}{利率变化百分比}$$

在这个公式里面我们需要注意的是，收益率与债券价格是反向的关系，当利率下降的时候，债券的价格会上升，反之亦然。

从付息债券的定价公式出发：

$$P=C\sum_{j=1}^{n}\frac{1}{(1+y)^j}+\frac{M}{(1+y)^n}$$

将 P 对 y 求一阶导数，可以得到：

$$\frac{dP}{dy}=-\frac{\text{Macaulay Duration}\times P}{1+y}$$

即：

$$\frac{dP/P}{dy} = -\frac{\text{Macaulay Duration}}{1+y}$$

所以，修正久期和麦考利久期的关系如下：

$$\text{ModDur} = \frac{\text{MacDur}}{1+r}$$

我们先来看两个当收益率变化时，债券价格如何变化的例子。

举个例子

【例】有一个债券的久期是 5，当它的收益率从 7% 增加到 8% 时，它价格变化的百分比是多少？

【解】-5×（8% - 7%）= -5%，债券价格降低 5%。（注意收益率增加时，价格就会下降。）

【例】有一个债券的久期是 7.2，当它的收益率从 8.3% 降至 7.9% 时，它价格变化的百分比是多少？

【解】-7.2×（7.9% - 8.3%）= 2.88%，债券价格上升 2.88%。（注意！收益率下降时，价格就会上升。）

2.3　近似的修正久期和有效久期

不含权债券(option free bond)的未来现金流以及现金流发生的时间是确定的，可以用麦考利久期和修正久期来衡量其利率风险。

但对于含权债券来说，含权债券包括可回购债券（callable bond）、房地产抵押贷款支持证券（mortgage-backed security）。无论是可回购债券还是房地产抵押贷款支持证券，资金提供者都拥有提前赎回的权利，特别是在利率下降的时候，资金提供者提前赎回的可能性就增大。所以含权债券的未来现金流不确定，之前所提到的久期是不适用的。

近似修正久期（approximate modified duration）和有效久期（effective duration）的计算并不依赖于债券的麦考利久期，所以适合用来衡量这些特殊债券的利率风险。当利率下降的时候，我们计算出 PV_-，当利率上升时，我们计算出 PV_+，表示收益率的变化量，V_0 表示债券期初的价格。

计算公式：

$$近似修正久期 = \frac{V_{-} - V_{+}}{2 \times V_0 \Delta y}$$

需要注意的是：公式里的 Δy 指的是整体收益率的变化。

有效久期和近似的修正久期不同的是，由于含权债券通过基准利率曲线进行定价，因此，这里采取的利率变化是基准利率的变化。对于这种含权债券来说，当利率下降的时候，我们计算出，当利率上升时，我们计算出。然后，采取以下公式计算出有效久期（effective duration）。这里的指的是基准利率变化的百分比。

$$有效久期 = \frac{(PV_{-}) - (PV_{+})}{2 \times (\Delta Curve) \times (PV_0)}$$

我们可以看到近似修正久期和有效久期这两个久期的公式是非常类似的。区别是在于：近似修正久期是属于整体收益率变化所带来的债券价格变化；而有效久期是基准利率的变化所带来的的债券价格变化。

2.4 货币久期

货币久期（money duration, dollar duration）的含义是收益率变化 1%，债券价格变化了多少金额的指标，计算公式为：

$$货币久期 = 近似修正久期 \times PV^{Full}$$

2.5 单位基点货币值

单位基点货币值（price value of a basis point, PVBP）表示收益率变化一个基点（0.0001 或 0.01%）时债券价格的变化。值得注意的是，上文提及的价格波动性是用价格变动的百分比来表示的，而单位基点货币值是价格变化的绝对值。实际上，单位基点货币值是一种特殊的货币久期：一个基点的货币久期等于货币久期除以 10000，即收益率变化一个基点的时候，债券价格的变化幅度，即：

$$PVBP = 货币久期 \times 0.0001$$

PVBP 还有另一个计算公式：

$$PVBP = \frac{(PV_{-}) - (PV_{+})}{2}$$

和为利率上升和下降一个基点时，债券的市场价格。

举个例子

【例】：某债券的市场价值为 $10,000，修正久期是 8.5，计算 PVBP。

【解】PVBP = 8.5×0.0001×$10，000 = $8.5

可以解释为：收益率每变动一个基点，债券价值就反方向变化 $8.5。显然，由于收益率变化只有一个基点，所以无论收益率上升还是下降，债券价值都反向变动 $8.5。

2.6　影响久期的因素

对久期性质的研究其实就是对久期影响因素的探讨。久期的影响因素包括票面利率、到期期限、市场利率，是否含权这四个方面。

2.6.1　票面利率

其他因素不变，债券的票面利率（coupon rate）越高，债券的久期越小。

债券的利息通常平均发生在债券存续期间，而债券的本金一般期末偿还，利息相对于本金是前期的现金流。债券的票面利率越低，说明前期的现金流少，那么加权平均的还款期就变大了，麦考利久期就更大。

2.6.2　到期期限

其他因素不变，债券的到期期限（term to maturity）越长，债券的久期越大。

债券的到期期限越长意味着现金流的回收期越长，所以麦考利就久期越大。对于零息债券来说，由于在债券存续期内不发生现金支付，所以其麦考利久期就等于到期时间。

2.6.3　市场利率

其他因素不变，市场利率（market yield）越高，久期越小。

债券的久期可以看成债券价格对市场利率的一阶导，即价格收益率曲线的斜率。从价格收益率曲线的斜率来看，市场利率越大，斜率越小。

2.6.4 是否含权

其他因素不变，含权债券（bond with embedded option）久期更小。

对于含权债券来说，不管是可回购债券，还是可反售债券，因为债券含有权利，所以在市场利率变化的情况下，债券的价格的波动幅度可能会小于不含权债券，具体原因见3债券的凸度。相同收益率情况下，由于含权债券价格波动幅度更小，所以含权债券的久期小于相同条件下不含权债券的久期。

2.7 组合久期

在对债券的实际投资中，投资者往往会购买多支债券。多支债券所构成的这一篮子债券就是债券的投资组合。因此，如果要研究利率的变化对债券组合的影响，就需要通过组合久期（portfolio duration）来考察。

2.7.1 组合久期的计算方法

债券组合的久期的计算方法有两种。

方法一：将组合的资产看做一个整体，求组合的麦考利久期，进而求得组合的修正久期。这种方法在理论上非常严谨，但实际中应用较少。原因在于投资组合中如果包含了含权债券，由于含权债券的现金流是不确定的，导致组合的平均现金流的回收时间无法确定，也就无法计算其麦考利久期和修正久期。

— 备考指南 —
这种方法应用较多，同时也是考试的重点。同学们需要掌握组合久期的具体计算方法。

方法二：用组合中所有债券的久期的加权平均来计算，权重即为各个债券在组合中的市场价值（market value）占比作为计算依据。

用公式表示如下：

$$\mathbf{D_p = W_1D_1 + W_2D_2 + \ldots + W_nD_n}$$

其中：D_p 为组合的久期；W_1 为债券 i 的市值占组合总市值的比率；D_i 为债券 i 的久期。

2.7.2 组合久期的局限性

— 备考指南 —
债券收益率曲线的非平行移动一般不会在CFA一级进行考核，主要在三级中进行考核。

在CFA一级里，收益率曲线只提到两种变化方式，如图58-1。

- 平行移动（parallel shift）指的是收益率曲线上所有的点变化方向、变化大小都相同。也就是说各个期限的利率变化都一致，。
- 非平行移动（non-parallel shift）指的是收益率曲线上各个期限内变化不

是完全相同的情况。

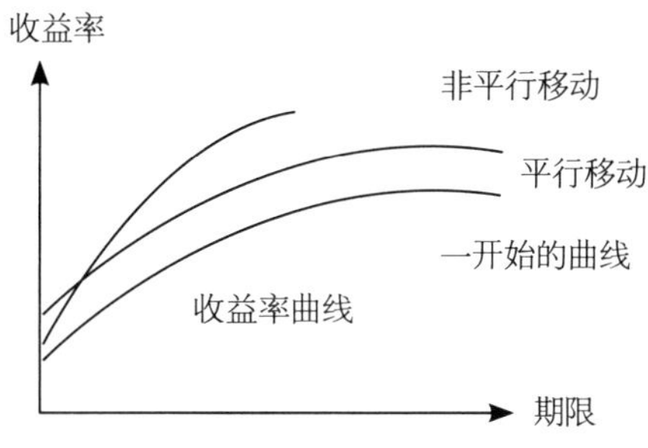

图 58-1　收益率曲线的移动

组合久期是用来解释收益率每变动 1%，整个投资组合市值变化多少百分比。一个投资组合里的久期只能衡量投资组合内收益率变化相同的债券，即收益率曲线平行移动，这时组合久期可以用来衡量投资组合的价格敏感度

换言之，当投资组合内的利率以非平行的方式变动时，久期就不适合用来衡量利率风险。这时需要使用关键利率久期（key rate duration）来衡量投资组合。

2.8　经验久期

分析久期（Analytical duration）：使用数学公式所计算出来的久期称之为分析久期。

经验久期（Empirical duration）：专业人士通常在统计模型中使用历史数据，将影响债券价格的各种因素结合起来，计算经验久期。

在市场动荡期间，不同债券类型的分析和经验久期会有所不同：

对于政府债券（信用风险很小或没有）：分析久期和经验久期相似，债券价格的变化主要因为基准收益率的变化所导致的。

对于高收益债券：由于信用利差和基准收益率在市场紧张的情景下呈负相关，较大的信用利差将部分或完全抵消政府基准收益率的下降，导致经验久期小于分析久期。

3. 利率风险（凸度）

3.1 凸度的概念

凸度（Convexity）（如图 58-2）是衡量价格 / 收益率曲线（Price Yield Curve）二阶导的指标。因为价格 / 收益率曲线是弯曲的，所以用久期来衡量债券的价格变动会有偏差（提醒：久期是在债券价格 / 收益率曲线上的切线斜率，仅仅衡量的是债券价格和利率之间的线性关系）。

价格 / 收益率曲线弯曲的程度越大，凸度就越大，用久期来衡量的偏差就越大。直线的凸度为零。凸度的出现是为了弥补久期本身也会随着利率的变化而变化的不足。因为在利率变化比较大的情况下久期就不能完全描述债券价格对利率变动的敏感性。凸度越大，债券价格曲线弯曲程度越大，用修正久期度量债券的利率风险所产生的误差越大。

对于投资者而言，凸度越大越有利，因为正凸性所带来的的直接好处是：涨多跌少。在收益率变化一定的情况下，债券价格涨得更多，跌的更少。

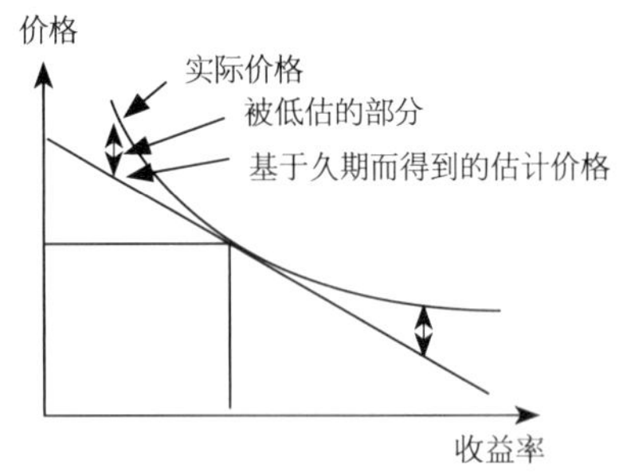

图 58-2　凸度

如上图所示，直线表示根据久期估算的债券价格变化趋势，基本上是线性的，但是债券价格实际变化趋势是呈现曲线形态。所以，采用久期来估计债券价格波动的方法在收益率变动很小的时候误差不大，但是如果收益率变化较大的时候误差就会很大，显然这是由价格 / 收益率曲线的凸度决定的。凸度的计算公式如下：

$$\text{ApproxCon} = \frac{(PV_{-}) + PV_{+} - [2 \times (PV_0)]}{(\Delta \text{Yield})^2 \times (PV_0)}$$

3.2 可回购债券的凸度

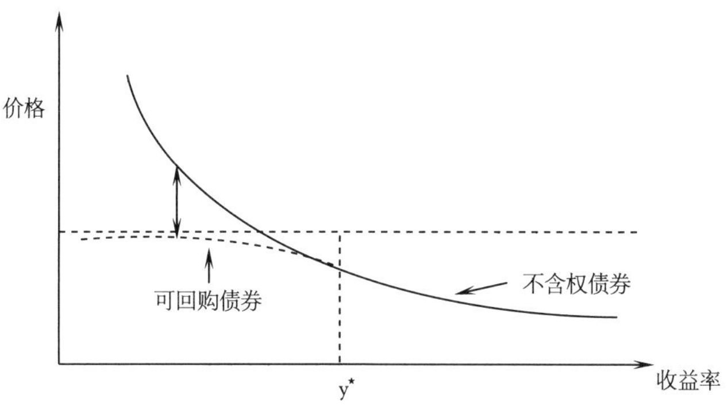

图 58-3 可回购债券与不含权债券

可回购债券的价格 / 收益率曲线如图 58–3 所示，对于可回购债券，当利率水平较高时，表现出与不含期权债券非常相似的价格波动特征；但当利率低到一定水平时（一般是低于票面利率），价格达到回购价格，此后利率再下降债券价格也不再升高，即可赎回性给债券价格加了一个上限（价格压制）。存在某一利率水平 y*：此水平以下，价格收益曲线表现为负凸性（negative convexity）。此水平以上，价格收益曲线表现为正的凸性。y* 是可回购债券价格波动性的分水岭。对于可回购债券来说，正凸性对投资者有利，负凸性则会损害投资者利益。

3.3 可售回债券的凸度

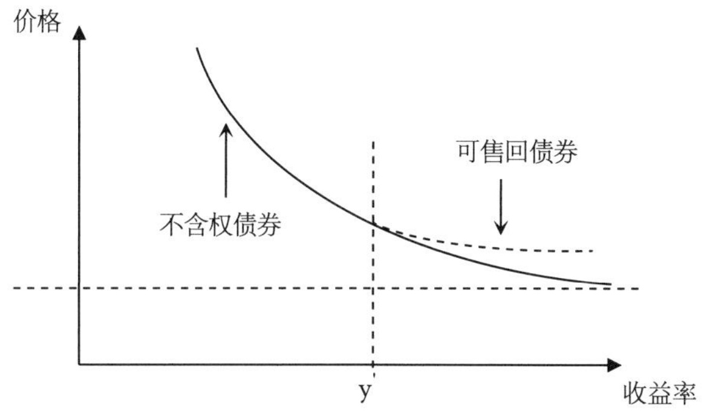

图 58-4 可售回债券与不含权债券

可售回债券的价格 / 收益率曲线如图 58-4 所示，如果利率较高时，债券持有人将债券以高于市场价格（一般是票面价值）回售给发行人，使得债券的价格不再下降，表现为正凸性更大（more convex），对应地，久期也更小。当利率水平较低时，表现出与不含期权债券非常相似的价格波动特征，如图 58-4 。

3.4 凸度和久期对债券价格变动的影响

在凸度的调整下，债券价格变动的程度如下：

$$\%\Delta PV \approx (-\text{AnnModDur} \times \Delta \text{Yield}) + \left[\frac{1}{2} \times \text{AnnCon} \times (\Delta \text{Yield})^2\right]$$

其中，$\left[\frac{1}{2} \times \text{AnnCon} \times (\Delta \text{Yield})^2\right]$我们称为凸度的调整性。

货币凸度（Money Convexity）用来弥补货币久期对价格波动变化的误差，在货币凸度的调整下，用货币来衡量债券价格变化的表达式如下：

$$\Delta PV \approx (-\text{MoneyDur} \times \Delta \text{Yield}) + \left[\frac{1}{2} \times \text{MoneyCon} \times (\Delta \text{Yield})^2\right]$$

名师解惑

CFA 考试中，对凸度的考察主要从定义与计算两个方面进行。考生需要重点关注。另外需要注意的是，对于不含权债券来说，无论是在利率上升还是在利率下降的情况下，凸度引起的债券价格变动率都是正值。很显然，如上图所示，在利率下降时，由久期计算得出的债券价格低于实际价格，凸度将与实际价格相差的部分尽量“补平”了；当利率上升时，由久期计算得出的债券价格也低于实际价格，凸度同样弥补了被过多估计的债券下降幅度。

4. 利息再投资风险

当市场收益率下降，债券出售价格大于其时间轨迹上的价格，即产生资本利得，弥补了因为利率下降而导致的再投资收入的减少，总收益率增加。

在投资过程中存在两类利率风险：利息再投资风险（reinvestment risk）和市场价格风险（market price risk），这两种风险统称为广义的利率风险。

- 再投资风险是指债券的再投资收益随着市场利率的下降而下降。
- 市场价格风险是指当投资期限小于债券的到期期限，债券的出售价格会随着利率市场利率升高而降低。

投资时限越短，再投资风险就越低，但市场价格风险越高；投资时限越长，再投资风险就越高，但市场价格风险则越低。因此，由于投资时限的不同，投资相同债券所要承担的利率风险也不相同，

从收益来源知识点中例 3 和例 5 可以看出，长期投资人的收益和市场利率成正相关，即再投资风险占主导地位。从例 4 和例 6 可以看到，短期投资人的收益和市场利率成负相关，即市场价格风险占主导因素。这个长期、短期投资期限的分水岭就是麦考利久期（macaulay duration）。麦考利久期是时间的概念，它表示以折现现金流为权重，现金流回流的平均时间。

我们得出以下结论：

- 当投资期限大于麦考利久期，即投资期限长，这时再投资风险起主导作用，即当利率下降，投资人收益减少。
- 当投资期限等于麦考利久期，两种风险相互抵消，即投资人收益不受利率变化的影响。
- 当投资期限小于麦考利久期，即投资期限短，这时市场价格风险起主导作用，即当利率上升，投资人收益减少。

4.1 久期缺口

久期缺口（duration gap）表示麦考利久期和投资期限的差值。

$$\text{久期缺口} = \text{麦考利久期} - \text{投资期限}$$

依据投资期限对利率风险的影响，我们可以得到如下三条结论：

- 久期缺口为正，表示麦考利久期大于投资期限，意味着投资期限短，这时市场价格风险起主导作用，即当利率上升，投资人收益减少。
- 久期缺口为负，表示麦考利久期小于投资期限，意味着投资期限长，这时利息在投资风险起主导作用，即当利率上升，投资人收益上升。
- 久期缺口为零，表示麦考利久期等于投资期限，两种风险相互抵消。

5. 收益率的波动

在用久期和凸性测量债券价格受利率波动的敏感程度时，都假设收益率的波动为平行移动，即对于任何投资期限的债券收益率变化是相同的。我们把在不同期限对应的不同利率波动率称为收益率波动的期限结构（Terms Tructure of Yield Volativity）。

收益率波动的期限结构受很多因素的影响。例如，政府为了促进经济，实行量化宽松政策，这一政策会使短期债券收益率迅速下降，但长期债券收益率则要结合未来的通货膨胀程度，经济发展程度的综合考量，受影响程度没有那么剧烈。因此长期收益率的波动没有短期收益率剧烈。

6. 信用风险和流动性风险

— 备考指南 —
信用风险在下一章节中会做详细介绍，本章节并非重点。

债券的收益率可以拆解为基准收益率加上一个利差。因此在讨论利率对于价格变化的影响时，除了市场基础利率外，债券的利差也会对价格产生影响。

债券的利差主要包括信用利差和流动性利差两个方面。

- 信用风险（Credit Risk）

信用利差主要受到信用风险的影响。信用风险是针对债券发行人的信用好坏来评估的，而评估信用风险可以通过发行人的财务比率与偿债能力。

- 流动性风险（Liquidity Risk）

流动性利差主要受到流动性风险的影响。当投资者无法按合适的价格及时卖出或买入某种证券时，流动性较差，称为流动性风险。任何在市场上进行交易的资产都存在流动性风险。简单来说，流动性风险就是投资者所持有的证券无法随时在市场上流动。国债就拥有非常好的流动性，更容易在市场上变卖。因为投资人多半喜欢流动性高的证券，所以当证券流动性低的时候，证券的价格会下降，投资人的要求收益率会增加。

名师解惑

本章是固定收益的重难点之一。需要掌握年化持有期收益率，比较再投资收益率和持有到期收益率（YTM）和市场利率之间的关系。重点掌握利率风险衡量久期 (duration) 的几个计算公式，还有凸度的计算。

第 59 章 信用分析

本章知识点		讲义知识点
一、信用风险简介	1. 了解信用风险的含义和特征	信用风险
	2. 了解信用相关的风险	
二、优先级排名	掌握在各种资本结构优先级排名和回收率	优先级排名
三、信用评级	熟悉信用评级：信用评级机构及信用评级；发行者评级和发行评级	
四、传统信用风险分析方法（4C 法）	掌握几种传统信用分析方法	信用风险分析方法
五、收益率与利差	熟悉信用风险与收益的关系	收益率与利差
六、特定债券信用分析	了解高收益债券的信用分析	高收益债券信用分析

知识导引

信用是社会经济发展的必然产物，是现代经济社会运行中必不可少的一环。维持和发展信用关系，是保护社会经济秩序的重要前提。企业发行债务融资就是建立在信用之上的，在这其中也存在着很大的信用风险。信用风险是金融市场中最古老的也是最重要的金融风险形式之一。它是现代社会经济实体（尤其是金融机构）、投资者和消费者所面临的重大问题。他直接影响着现代经济生活中的各种活动，也影响着一个国家的宏观决策和经济发展，甚至影响全球经济的稳定发展，因此对信用进行分析和评级就显得尤为重要。信用分析就是对债务人的道德品格、资本实力、还款能力、担保及环境条件等进行系统分析，以确定是否给与贷款及相应的贷款条件。信用评级又称资信评级是一种社会中介服务，将为社会提供资信信息，或为单位自身提供决策参考。信用评级是市场经济条件下信用关系发展的产物，可以为经济管理部门、金融机构、投资者、商业伙伴提供客观、公正的资信信息，以加强管理、规避风险、优化投资、促进销售、提高效益。

这一章中我们将对信用风险、信用评级以及信用分析等进行详细的介绍和学习。

本章思维导图

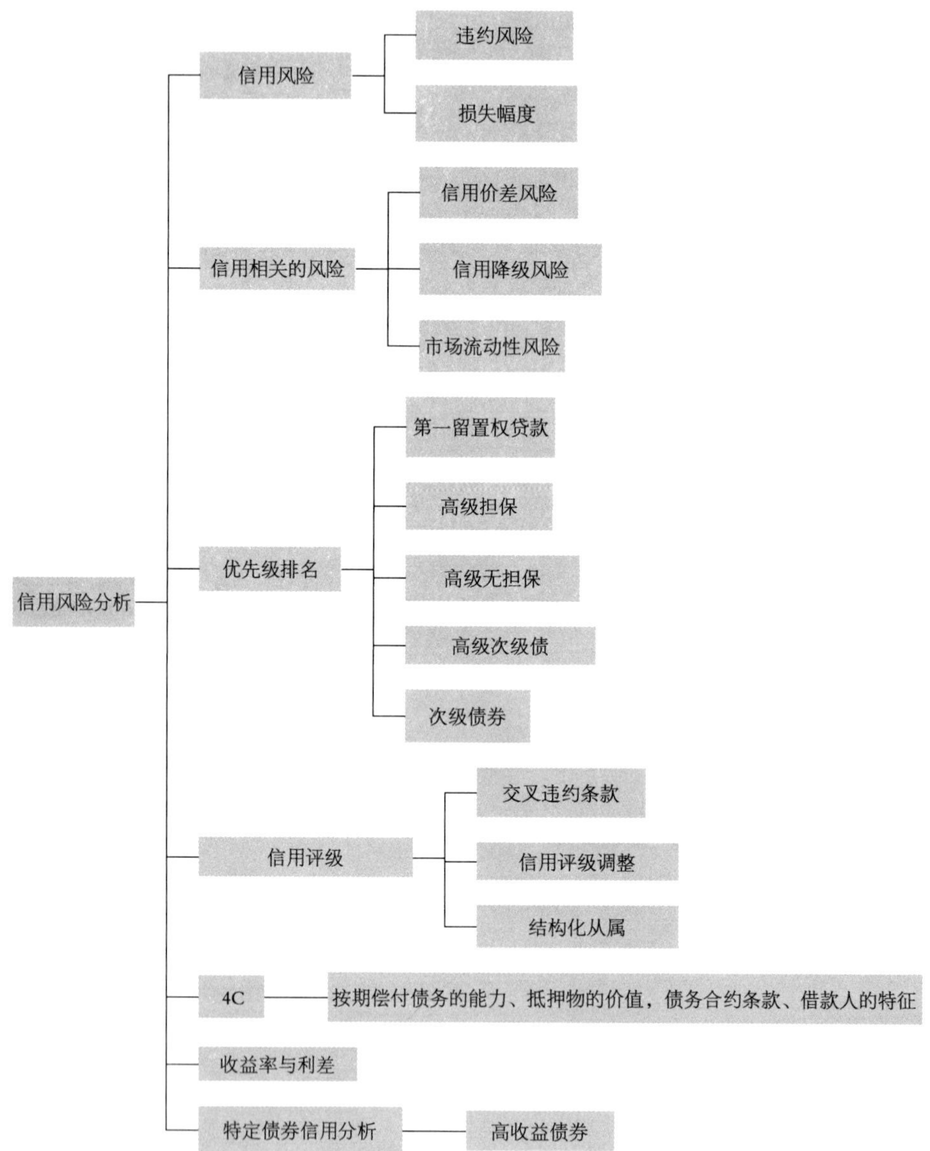
信用风险分析
信用风险
违约风险
损失幅度
信用相关的风险
信用价差风险
信用降级风险
市场流动性风险
优先级排名
第一留置权贷款
高级担保
高级无担保
高级次级债
次级债券
信用评级
交叉违约条款
信用评级调整
结构化从属
4C
按期偿付债务的能力、抵押物的价值，债务合约条款、借款人的特征
收益率与利差
特定债券信用分析
高收益债券

1. 信用风险简介

信用风险是借款人因各种原因未能及时、足额偿还债务或银行贷款的本金或利息而发生违约的可能性。

> — 备考指南 —
> 在 CFA 一级中，信用风险主要进行的是定性考核，二级才会出现定量考核。

1.1　衡量信用风险的两个维度

信用风险有两部分组成，第一部分是违约风险（default risk），也称违约概率，是指债券发行者不能兑现债券契约中按时或足额进行利息和本金的支付的风险。第二个组成部分是损失幅度（loss severity），也叫违约损失率（loss given default, LGD），是指债务人一旦违约将给债权人造成的损失数额，即损失的严重程度。债券违约会有不同的损失程度，在大多数情况下，一旦债券发生违约，债券持有人会得到一些补偿，所以投资的本金并不会全部损失。构成一个完整风险概念的两个基本要素是损失的可能性和一旦损失发生后的损失规模。

因此，违约损失率是除违约概率以外反映信用风险水平的另外一个重要参数，两者结合在一起才能全面反映信用风险水平。显然，在违约概率既定的情况下，违约损失率越高，信用风险越大。预期损失（Expected Loss, EL）是反映信用风险的一个指标，它是违约损失率和违约概率的乘积：

预期损失 = 违约概率 × 违约损失率（Expected loss=POD×LGD）

违约损失率和预期损失可以表示为绝对金额形式（如 45 万欧元）或者相对本金的百分比形式（如 45%）。后一种形式反映了相对于总投资的比率，通常对于我们的分析来说会更有帮助。

违约损失率也会经常表示成：1− 回收率（recovery rate），其中，回收率是指在发生违约时本金能够回收的比例。

因为违约风险对大多数高质量的债券发行者来说是比较低的，所以债券投资者更倾向分析这些债券发生违约的可能性而不是分析这些债券违约时会发生的潜在损失。然而，当发行者的违约概率上升时，投资者会更关注万一违约时，债券的回收率是多少，这个问题我们会在之后的章节更加详细的讨论。

1.2 信用相关的风险

信用风险较高的债券往往比信用风险较低的债券提供了更高的收益率。为了补偿信用风险而提供的这部分高于国债收益率的收益差额称为利差（yield spread）。例如，5 年期国债收益率为 4%，相同期限的公司债收益率报价为基准收益率基础上加 250 个基点（bp），那么公司债的收益率就是 4% + 2.5% = 6.5%。这里的 250 个基点就是利差。

利差风险（spread risk）是指在基准利率以上的部分（也就是利差）发生变化所带来的的风险。利差通常用基点表示。利差的大小反映了发行人的信用状况（creditworthiness）和债券的流动性。

反映发行人的信用状况的风险也称为信用迁移风险（credit migration risk）或降级风险（downgrade risk）。这类风险是指债券发行人的信用状况恶化，信用评级下调，使投资相信其违约风险增加而导致利差增加，债券价格下跌的风险。

当投资者无法按合适的价格及时卖出或买入某种证券时，流动性较差，称为市场流动性风险（market liquidity risk）。任何在市场上进行交易的资产都存在流动性风险。国债拥有非常好的流动性，很容易在市场上变卖。因为投资人多半喜欢流动性高的证券，所以当证券流动性低的时候，证券的价格会下降，投资人的要求收益率会增加。债券的流动性可以用买卖价差（交易商报出的买入价和卖出价之间的差）来衡量。如果买卖价差很小，说明债券的流动性好；如果买卖价差（Bid-Ask Spread）较大，说明交易每一单位量，投资者就必须承受较大的价格波动，从而可以说明债券的流动性差。买卖价差通常也被认为是一种交易成本。

和发行者相关的两大影响市场流动性风险的因素是：

- 发行容量（是指同一发行人发行在外的公开交易债券的数量）；
- 发行者信用等级的高低。

通常情况下，发行人发行的公开交易的债券越少，债券交易的频率越低，从而导致更高的市场流动性风险。另外，发行者信用等级越低，市场流动性风险越大。

2. 优先级排名

同一发行者的不同层次债务之间通常受偿顺序或者说优先偿还权是不同的。在这一部分，我们会介绍发行者的资本结构，讨论由于资本结构不同而导致的不同的债务求偿权、偿还优先级，以及偿还优先级是如何在债券违约的时候影响回收率的问题。

2.1　资本结构

资本结构是指所有者权益和债权人权益的比例关系。它包括银行贷款、所有等级的债券、优先股和普通股等所有融资渠道的构成。一些公司和行业有着鲜明的资本结构，债券通常是由同一个主体发行的，它们的偿还等级被合理的划分。其他一些公司，由于频繁的合并和分拆（例如电子公司或集团性联合公司）或者严密的监管（如银行和公用事业）则会有更加复杂的资本结构。这些行业的公司通常会有很多附属公司或者子公司也会自己发行债券，同时其母公司也会发行不同等级和优先级的债券。同样，一些跨行业的大型跨国公司也会有比较复杂的资本结构。

2.2　优先偿还等级

— 备考指南 —
优先偿还等级是易考点，一定要掌握不同等级债券对应的偿还顺序。

就像借款者可以发行不同到期日、不同票面利息的债券一样，他们也能发行不同优先级的债券。优先等级是指债券支付的优先等级，最高等级的债券拥有对现金流和发行者资产的第一索偿权。这种优先级会在债券发生违约或者重组时对投资者的求偿产生影响。一般来说，债券分为担保债券和无担保债券，无担保债券一般就是指信用债。担保债券是指由一定保证人作担保而发行的债券。当企业没有足够的资金偿还债券时，债权人可要求保证人以其相关的现金流或者资产进行偿还。无担保债券是指无特定的资产作为担保品，单靠发行公司的信用而发行的债券。当发生违约时，无担保债券的求偿顺序排在担保债券之后（即较晚偿付），这指的就是偿债顺序，如图 59-1。

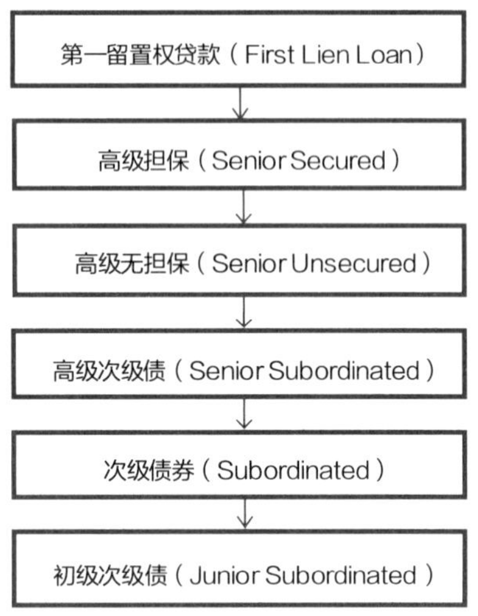

图 59-1　偿债顺序

在担保债券中，第一顺位担保债券或第一顺位留置债券拥有最高的优先索偿权。第一顺位担保债券是指用公司的特定财产（例如，公用事业公司的一个电厂或者博彩公司的一个赌场）进行担保。第一顺位留置债券是指以公司的一些财产（可以是房屋，也可能是资产、设备、经营执照、专利、品牌等等）作为担保。此外，也会有第二顺位担保债券，甚至第三顺位担保债券，就像他们的名字一样，它们享有相关资产的索偿权，但是要排在第一顺位担保债券的顺序之后。

在无担保债券中，也会有比较高的债券等级和优先级。高级无担保债券是无担保债券中等级最高的。这也是大多数公司发行公司债券的最主要形式。一些较低等级的债券有次级债券和初级次级债券。

公司会发行各个等级的债券和投资者会购买这些不同等级的债券都是有很多原因的。发行者希望优化他们的资本结构，找到债券成本和股权成本的最佳平衡点，也就是最优的资本结构。发行者会发行担保债券，这是因为市场（或者投资者）的需求所致，因为这些债券的风险可度量，或者说因为这些债券有担保且等级较高，所以发行这些债券的成本更低。

同样，发行者也会发行次级债券。首先，发行次级债券的成本要低于股权融资的成本（并且这不会稀释现有股东的股权）而且这比发行高等级债券的要求低。其次，投资者也愿意买次级债券，是因为他们觉得次级债券所提供的收益率已经能够充分补偿他们所承担的额外风险。

同一等级债券等级在法律上拥有相同的地位，这叫做同等权益（Pari passu）。

在同一资本结构水平上的所有债权人都是属于同一分类，也就是说，在破产时，一个持有还有 30 年到期的高级无担保债券的投资者和一个持有还有 6 个月到期的高级无担保债券投资者在企业破产时，享有相同比例的索偿权。

2.3 回收率

回收率（Recovery Rate）是债券违约时收回的价值占债券总价值的百分比。通常高等级的债券回收比率高于低等级的债券，因为首先是信用等级最高的债券最先被偿付，接着是次高等级，再接着下一等级，就像一个瀑布，这样受偿顺序经常被描述成为绝对的，高等级的债券通常优先得到清偿。

其实，受偿优先顺序并不是完全绝对的。但在实际的破产或者清算过程中往往很多初级债券人甚至股东在高级债权人被全额偿付之前会得到一些补偿。因为在破产发生时，会有很多不同等级的索偿人，所有发生减值的债权人（即没有实现全额偿付）都会投票来决定公司重组的方案。为了避免破产清算中一些没有必要的拖延，高等级的债券持有人往往会做一定的妥协和让步。

影响回收率的主要因素：

- 对于不同的行业，回收率可以有很大的差别。如果一家公司是在一个持续恶化的行业中倒闭的（比如说报纸印刷业），其回收率通常要比那些由于受到经济周期影响的而导致破产的行业低。
- 回收率也通常取决于债券发行在整个信贷周期中的位置。在一个信贷周期的尾声（信贷周期和经济周期密切相关），回收率会比在信贷周期的其他时期要低。这是因为，在这个时间段，很多公司接近，或者已经破产了。
- 这些回收率是一个平均数。事实上，回收率的变化差别非常大，无论是跨行业，还是同一行业的不同公司。这可能是由于每个发行者的资本结构的组成都是大相径庭的。

3. 信用评级

3.1 信用评级机构及信用评级

信用评级（credit rating）是一个由评级机构发布的“可信度的评估”。评级机构穆迪（Moody’s）将其定义为“对债券发行人或其他债务人未来全额并按时向投资者偿付到期本息的能力、法律责任和意愿所进行的评价”。有信用等级评定机构给出的信用等级有两层含义。首先，他代表了代理机构关于特定债券或其他金融债务的信用价值的观点。同时，它也表明了发行者的总体信用价值。

著名的国际评级机构有：穆迪（Moody’s）、标准普尔（Standard & Poor’s）和惠誉国际（Fitch Rating）。当评级机构将固定收益证券的信用等级调低的时候，就会影响投资者对于该债券的信用风险的评估（信用风险增加），进而反映到债券的价格上去（债券的价格下降，收益率升高）。这种由于信用等级的下降所带来的风险称为降级风险。

信用评级机构采用的是一种评分系统，即根据很多指标，如政治经济环境，借款人按时供货的能力等，来给相应发行人或发行的产品进行打分，最后根据不同的得分用字母 ABCD 来表示债券信用等级的高低。不同的信用评级机构采用的信用等级的标识不一样，但是可以对应起来。表 59-1 表示的是 3 大国际评级机构的不同信用等级标识的对应情况。

表 59-1　三大国际评级机构的不同信用等级标识

<table>
<tr><th>S&P</th><th>Fitch</th><th>Moody</th><th>信用风险大小</th></tr>
<tr><td colspan="4">高信用级—投资等级</td></tr>
<tr><td>AAA</td><td>AAA</td><td>Aaa</td><td>最高等级，最安全</td></tr>
<tr><td>AA+
AA
AA−</td><td>AA+
AA
AA−</td><td>Aa1
Aa2
Aa3</td><td>高信用等级</td></tr>
<tr><td>A+
A
A−</td><td>A+
A
A−</td><td>A1
A2
A3</td><td>中上信用等级</td></tr>
<tr><td>BBB+
BBB
BBB−</td><td>BBB+
BBB
BBB−</td><td>Baa1
Baa2
Baa3</td><td>中下信用等级</td></tr>
<tr><td colspan="4">低信用级—投机等级</td></tr>
<tr><td>BB+
BB
BB−</td><td>BB+
BB
BB−</td><td>Ba1
Ba2
Ba3</td><td>低信用等级</td></tr>
<tr><td>B</td><td>B+
B
B−</td><td>B1
B2
B3</td><td>高度投机</td></tr>
<tr><td colspan="4">极低信用级—高投机等级</td></tr>
<tr><td>CCC+
CCC</td><td>CCC+
CCC</td><td>Caa</td><td>高风险，信用极低</td></tr>
<tr><td>CC</td><td>CC</td><td>Ca</td><td>违约可能会迅速发生</td></tr>
<tr><td>C</td><td>C</td><td>C</td><td>极高投机性</td></tr>
<tr><td></td><td></td><td></td><td>仅对收入债券（指不支付利息）</td></tr>
<tr><td>D</td><td>DDD
DD
D</td><td></td><td>已经违约债券</td></tr>
</table>

表 59-2 不同等级和不同标识代表着不同的信用等级含义

等级	含义	说明
AAA	信誉极好，几乎无风险	表示企业信用程度高、资金实力雄厚，资产质量优良，各项指标先进，经济效益明显，清偿支付能力强，企业陷入财务困境的可能性极小。
AA	信誉优良，基本无风险	表示企业信用程度较高，企业资金实力较强，资产质量较好，各项指标先进，经营管理状况良好，经济效益稳定，有较强的清偿与支付能力。
A	信誉较好，具备支付能力，风险较小	表示企业信用程度良好，企业资金实力、资产质量一般，有一定实力，各项经济指标处于中上等水平，经济效益不够稳定，清偿与支付能力尚可，受外部经济条件影响，偿债能力产生波动，但无大的风险。
BBB	信誉一般，基本具备支付能力，稍有风险	企业信用程度一般，企业资产和财务状况一般，各项经济指标处于中等水平，可能受到不确定因素影响，有一定风险。
BB	信誉欠佳，支付能力不稳定，有一定的风险	企业信用程度较差，企业资产和财务状况差，各项经济指标处于较低水平，清偿与支付能力不佳，容易受到不确定因素影响，有风险。该类企业具有较多不良信用纪录，未来发展前景不明朗，含有投机性因素。
B	信誉较差，近期内支付能力不稳定，有很大风险	企业的信用程度差，偿债能力较弱，管理水平和财务水平偏低。虽然目前尚能偿债，但无更多财务保障。而其一旦处于较为恶劣的经济环境下，则有可能发生违约。
CCC	信誉很差，偿债能力不可靠，可能违约	企业信用很差，企业盈利能力和偿债能力很弱，对投资者而言投资安全保障较小，存在重大风险和不稳定性，偿债能力低下。
CC	信誉太差，偿还能力差	企业信用极差，企业已处于亏损状态，对投资者而言具有高度的投机性，偿债能力极低。
C	信誉极差，完全丧失支付能力	企业无信用，企业基本无力偿还债务本息，亏损严重，接近破产，几乎完全丧失偿债能力。
D	违约	企业破产，债务违约。

3.2 发行者评级和债项评级

信用评级机构对债券发行者和其发行的债券进行评级（表 59-2）。发行者评级（Issuer rating）着重强调一个债务人的整体信用，即他能否按时支付其债务的利息和本金的能力和意愿。通常将发行者评级作为高级无担保债券（senior unsecured debt）的信用评级的依据。对发行者指定的单一发债评级称为债项信用评级（Issue rating）。

我们把 BBB- 级或者以上的债券称为投资级别（investment grade）的债券，把 BBB- 级或者以下的债券称为高收益债券或者垃圾债券（high yield bonds, junk bonds）。

考虑到一些特殊因素，例如担保债券、次级债券在资本结构中所占的比例和等级，结构性次级债券等，评级机构会给同一机构发行的债券给予不同的评级，我们把这种方法叫做信用评级的调整（notching）。

信用评级调整（notching）更容易发生于评级较低的发行者，因为评级较低的发行者有更高的违约可能，这种可能性使得它发行的债券之间信用评级的差距较大，因此调整的可能性也较高。

当评级机构在调整债券信用评级的时候会考虑到结构化从属（structural subordination）问题。结构化从属是指当母公司和子公司均有债务的时候，在子公司的债务未偿清时，子公司的债务契约会限制子公司的现金或者资产向母公司转移。在这种情况下，尽管母公司的债务没有次于子公司的债务，子公司的债权人对于子公司的现金流有优先权。

3.3 过度依赖信用评级机构的风险

过度依赖于信用评级机构是存在着风险的。

首先，信用是动态（dynamic）的，最初的或者当前的评级不一定能反映信贷质量在投资者整个持有期的演变过程。

其次，信用评级不是完美的。信用评级机构有时也会出错，比如在 08 年次债危机前，很多事后违约的次级债券都被三大评级机构评为 3A 级。

再次，债券评级往往不能抓住价格风险，因为债券价格的变化经常发生在调整评级变化之前，信用评级的调整可能并没有充分的反映债券价格的上升或下降。同样，因为信用评级主要反映的是违约概率，而不一定是违约时损失的严重性，而债券具有相同的评级可能会有明显不同的预期损失。

最后，就像分析师一样，信用评级机构也很难预测某些信贷的负面结果，如不利的诉讼、地震等自然灾害中的严重损失等。

4. 信用分析方法（4C 标准）

业界通常使用所谓的 4C 标准来进行信用分析——债务人按期偿付债务的能力（capacity），抵押物的价值（collateral），债务人必须遵守的债务合约规定的条款（covenants）以及借款人的特征（character）

— 备考指南 —
信用分析的 4C 法并不是考核的重点，但是确实债券分析中经常用到的手法。

4.1　债务人偿付债务的能力

债权人最为关心的就是自己的借出的资金能否得到按时足量偿还，而这直接取决于债务人偿付债务的能力。在这一点上，信用分析与权益分析相似，均从行业分析开始，进而深入到公司内部。

4.1.1　行业分析

- 行业结构

对行业结构进行分析，迈克尔·波特的五力模型最为流行，其关注特定行业中竞争形势的五个方面：

◆ 对上游供应商的议价能力：如果一个行业依赖于数量有限的供应商，则信用风险较大。如果供应商的数量有限，则公司对顾客的议价能力有限，不能轻易对产品涨价，因为公司的原材料市场是卖方市场，进而压缩了产品价格上涨的空间。

◆ 对下游买家的议价能力：如果一个行业或公司的销售行为过分依赖于数量有限的买家，则信用风险较大。因为如果大买家不从企业采购商品，则企业的销售额会显著下滑，无形中降低了企业对买家的议价能力，风险加大。

◆ 行业进入门槛：行业准入门槛越高，则信用风险越低。显而易见，行业准入门槛较高，则潜在竞争者越难以进入市场，竞争激烈程度较小，市场参与者的定价能力较强，越能保证获得稳定的利润与现金流。

◆ 替代品风险：如果一个行业或者公司提供给客户的商品或者服务具有很大价值，并且市场上没有其他合适的替代品，那么该行业或者公司对客户就具有很强的议价能力，可以为企业带来持续稳定的现金流，降低了信用风险。例如，处于专利权保护期内的药品。相反，如果一个行业或者公司提供的产品在市场中充斥着众多替代品，则公司的信用风险较高。随着科技的不断发展，替代风险越发显著，如飞机的发明替代了大部分火车和轮船。

◆ 行业内竞争程度：行业竞争程度越激烈，表明市场参与者越多，每个参与者占据的市场份额较少，未来现金流的可预测性与可持续性越低，信用风险越高。这里需要注意的是，政府监管对市场竞争程度起到决定性作用。在那些政府严密监管的行业，信用风险相对较低。例如，在水电等公共事业行业，政府监管决定了少数企业处于垄断地位，现金流的稳定性与可预测性都很强，信用风险较低。

● 行业基本面分析

在对行业结构进行初步分析后，需要对行业基本面进行深入分析，包括行业发展与宏观经济的联动，增长前景，盈利能力等方面

◆ 周期性与非周期性行业（cyclical or non-cyclical）：周期性行业的信用风险大于非周期性行业。行业与宏观经济的关联性越强，则收入、利润以及现金流量越不稳定，信用风险越大。快消品行业与医疗行业是典型的非周期行业，汽车与钢铁业则是典型的周期行业。

◆ 增长前景（industry growth prospects）：尽管增长前景一般被权益分析所重视，在进行信用分析时也不能忽视。一般来说，增长乏力的行业或公司信用风险较高。

◆ 公开行业数据（published industry statistics）：信用分析师可以通过收集评级机构、投资银行、行业协会等发布的行业数据对行业的基本面进行深入分析。

4.1.2 公司基本面分析

下面进行更为细致的公司基本面分析，也就是对债务人（公司作为债券发行者）进行分析。

● 竞争地位（competitive position）：分析师在认清行业结构与基本面的基础上，势必要回答如下问题：公司的市场份额是多少，是否随着时间变化，是增加、降低还是保持稳定，与同行业竞争对手相比是什么情况？

● 过往的经营状况（Track record/operating history）：主要关注公司过去的经营状况及财务情况，公司收入及现金流量的变化趋势。公司资产负债表各项目

的变化趋势等。

● 管理层策略（Management's strategy and execution）：在进行信用分析时，对管理层的经营理念与策略也需要高度重视，因为归根结底，公司偿债的基础是稳定的现金流量，而公司经营策略的正确与否直接影响现金流量。此外，还应当关注公司高级管理层的履历，他过去的经历是怎么样的，经营风格是什么类型等。信用分析师可以通过多种渠道了解管理层的经营策略，如可以通过解读各类财务报告，参加公司盈余发布会议，以及关注公司网站发布的各种信息等。

4.1.3 财务比率分析

信用分析师可以根据财务报表中的各类项目计算比率，据此来分析特定公司的信用水平。将比率进行对比，继而深入分析，可以得到公司财务状况的健康程度以及竞争优势与劣势。但是需要特别注意的是，由于行业类型、市场竞争结构、经济运行状况以及监管体系的不同，在进行比率分析时应当格外小心。通常来说，在进行信用分析时，可以将主要的比率分为三类：盈利能力与现金流量，杠杆比率（leverage ratios），保障比率（coverage ratios）。

● 盈利能力与现金流量

显而易见，盈利能力与现金流量对评价公司信用状况非常重要，因为它是公司偿还债务的基础。信用分析师尤其要注重公司营业利润率与营业利润，因为这是公司潜在利润的根源。一般情况下，公司的经营利润也称为息税前利润（EBIT）。

◆ 息税折旧及摊销前利润（EBITDA）

息税折旧及摊销前利润 = 营业利润 + 折旧与摊销

EBITDA 消除了资本支出及营运资本变化的影响。

◆ 来自营运的现金流（Funds from operation, FFO）

根据标准普尔的定义，

来自营运的现金流 = 可持续项目的净利润 + 折旧与摊销 + 递延所得税 + 其他非现金项目

◆ 支付股利前自由现金流（Free cash flow before dividends）

支付股利前自由现金流 = 净利润 + 折旧与摊销 − 资本支出 − 非现金营运资本的增加额（+ 非现金营运资本的减少额）− 非经常项目

如果支付股利前自由现金流为负值，意味着公司必须吸纳外来融资，如通过银行借款，债券融资及股权融资，信用风险较高。

◆ 支付股利后自由现金流（Free cash flow after dividends）

支付股利后自由现金流 = 支付股利前自由现金流 − 支付的股利

如果支付股利后现金流为正，则表示公司具有比较充裕的资金偿付债务，信用风险较低。

- 杠杆比率
    - 负债 / 资本比率（Debt/capital）

这里的资本是指负债加上股东权益，负债资本比率越低，表明信用风险越低。这一比率通常用于衡量投资级别的公司债券风险水平。

- 负债 / 息税折旧及摊销前利润比率（Debt/EBITDA）

该比率越高，公司的杠杆越高，信用风险越高。需要注意的是，对于那些现金波动率较大的公司，该比率的波动性也较大，例如处于周期性行业中的公司，经营杠杆较高的公司。

- 来自营运的现金流 / 负债（FFO/debt）
- 支付股利后自由现金流 / 负债（FCF after dividends/debt）

- 保障比率

保障比率衡量的是公司偿付到期利息的能力，有两个主要比率：

- 息税折旧及摊销前利润 / 利息费用（EBITDA/interest expense）

该比率数值越高，公司的信用质量越高，信用风险越低。

- 息税前利润 / 利息费用（EBIT/interest expense）

由于息税前利润去除了折旧与摊销的影响因素，该比率在衡量利息保障程度时更加保守。

4.1.4 债券发行人的流动性状况

债券发行者的流动性状况在信用分析中也非常重要。很明显，在其他情况相同的情况下，具有较高流动性的公司信用风险较低。可以通过度量以下几个项目来衡量债券发行人流动性状况：

- 公司的现金储备：公司持有的现金越多，流动性越强，越能保证按时支付债务，信用风险越低。
- 净营运资本：公司的净营运资本越高，则在遭遇经济危机或者金融危机时，信用风险越低。
- 经营性现金流：公司经营性现金流持续性越好，数量越多，信用风险越低。
- 银行承诺贷款额度：银行的承诺贷款额度可以在一定程度上增加公司的流动性水平。

- 未来一至两年时间内债务到期额度与预计资本支出。

4.2 抵押物价值

首先，对于那些信用质量较低的公司来说，对抵押物（collateral）的分析尤为重要。我们已经了解，信用分析的主要功能就是检测公司的违约可能性。也就是不能按时偿还债务的行为，而一旦公司的违约可能性上升到一定水平，就必须重点关注抵押物的价值。

抵押贷款指借款者(borrower)以一定的抵押物作为物品保证向贷款者(lender)取得的贷款。抵押物通常包括有价证券、房地产、以及货物的提单或其他各种证明物品所有权的单据。抵押物本质上是借款者向贷款者提供的一种信用保证，如果贷款到期时，借款者无法按照签订的债务合约偿还本息，则贷款者就成为抵押物的所有者，有权去处理抵押品，作为一种补偿，否则贷款到期，贷款者必须如数归还。

为了进行信用分析，分析师势必要对抵押物的价值有准确把握，然而，这一过程并不简单。对于有形资产（如机器、有价证券等）来说，价值评估相对容易，而对于无形资产来说就不那么简单。无形资产的价值并不能比较准确地度量，将无形资产作为借款抵押物的风险较大。比如：一般来说，专利（patents）会认为是质量较高的无形资产，而商誉（goodwill）则被认为是质量较低的无形资产。

4.3 债务合约规定条款

尽管公司管理层经营的最根本目的是使得股东财富最大化，但是债权人的权益也应当得到充分保护。尤其是对于那些发行较高收益率债券的公司（同时也意味着高风险）来说，债务合约的规定条款（Covenants）不可或缺。一旦在债务合约中此类条款规定不充分，则公司管理层有可能牺牲债权人的利益，保全股东权益。

通常来说，债务合约规定条款分为肯定性条款与否定性条款（由于这部分内容已在本科目的第一章节中进行详述，在这里只做简单概述）。

- 肯定性条款：规定债务人必须遵守相关的法律法规，保持现有业务不变，按时按量纳税等。
- 否定性条款：指债务人限制实施的事项。如不能任意处置相关资产，不能随意发放股利，不能无限制地发放新债务等。

债务合约规定条款在一定程度上约束了公司管理层的行为，为债权人的利益提供了一道保护屏障，有效降低了信用风险。

4.4 借款人特征

借款人的特征（Character）也在一定程度上影响信用风险，信用分析师一般对以下几个方面进行深入考察：

- 对管理层经营策略合理性的评估
- 管理层过往的经营履历，如果高级管理层过去的经营策略与理念导致公司运营不佳甚至破产，则信用分析师需要警觉。
- 是否使用激进的会计政策或者税务政策。如果管理层过多使用表外融资、资本化相关费用，过早确认销售收入，频繁更换审计机构，那么信用分析师需要考虑是否要降低公司的信用评级。
- 管理层曾经有欺诈与渎职的不光彩历史。对于信用分析师来说，这是明显的负面信号。
- 管理层过往对债权人的不利行为。主要是指引起信用等级降级的行为，如使用债务融资实施并购，向股东发放超量的特殊股利，使用债务融资回购股票等。

5. 收益率与利差

信用风险越高，投资者的要求回报率就越高，也就是说，信用风险高的债券需要比信用风险低的债券提供更高的收益，但是收益率的波动性更大。

对于含有信用风险的债券来说，它的收益率由相同期限的无风险收益率和一个收益率溢价构成，我们把这个收益率溢价称为“利差”。

收益率利差主要受到以下几种因素的影响：

- 信用周期：如果信用周期处于改善的状态，那么利差就会收窄；反之，就会扩大；
- 总体经济条件：当经济向好时，利差收窄；反之，会扩大；
- 做市商提供流动性的意愿：如果做市商更愿意提供资金来提升资产流动

性，那么利差缩小；

- 总体市场的供需：如果债券的发行量大于投资者对债券的需求量，即供大于求，利差扩大。反之，利差缩小。
- 发行人的财务业绩：公司的正面消息增加了购买和持有该公司所发行的债券的吸引力，从而提高了债券价格，缩小了利差；负面消息会产生相反的效果。

利率的变化对持有期收益的影响主要由两方面原因造成：由修正久期和凸性反映出来的价格敏感性。利差缩小有利于持有期收益，而利差扩大不利于持有期收益。久期越大，收益对利差变化的敏感性就越大。

$$\text{Return impact} \approx -(\text{M.Dur} \times \Delta\text{Spread}) + 1/2\ \text{Cvx} \times (\Delta\text{Spread})^2$$

其中，M.dur 表示修正久期，Cvx 表示凸性，ΔSpread 表示利差变化。

6. 特定债券信用分析

6.1 高收益债券信用分析

对于高收益债券，其违约风险会比较高，因此在分析时更应该注意流动性来源、债务结构以及公司结构。根据优先级不同，债券的信用风险会有很大变化。发行高收益债券的公司一般都有复杂的资本结构，从而导致了不同的信用风险。

债券条款分析对于高收益债券分析来说尤为重要。其中关键的是支付限制、抵押限制、控股方变动、维持条款以及所有从受限子公司处获得的保证。条款分析需要非常高的技巧，并且涉及到了法律问题，所以可能需要外部法律服务。

一般来说，高收益债券的发行人往往具有以下特征：

- 带有高杠杆的资本结构；
- 较差的经营历史；
- 有限的负的自由现金流；
- 高度周期性行业；
- 较差的管理；
- 高风险的财务政策；
- 不具规模效应或缺乏竞争优势；
- 大量的表外融资；

- 夕阳行业。

此外，投资者还需要考虑发行人的流动性问题。发行人的流动性从高到低，依次排列为：

- 资产负债表上的现金；
- 营运资本；
- 经营性现金流；
- 银行信用；
- 股权发行；
- 资产处置。

高收益债券有时可被认为是高质量债券和股票的集合体，因此投资者需要计算 EBITDA 以及 debt/EBITDA 来比较公司价值。

名师解惑

本章介绍了信用风险的构成，信用风险的评级，传统信用风险分析，收益率差价的影响因素和分析不同收益率债券。

Part 09

第九部分　金融衍生产品

知识导引

金融衍生产品是指从股票、债券、货币、利率等传统的、较为常见的基础型金融工具的交易过程中衍生而来的新型金融产品，其主要形式有远期、期货、期权、互换（掉期）等。它是金融创新以及金融自由化的产物。金融衍生产品目前在金融市场上已经越来越多地被用于规避和对冲风险、增加金融市场的流通性、促进国际资金的广泛交易、提高投资效率、优化资金配置等方面，并越发地展现出其作为金融创新性工具所特有的规避风险、风险投资、价格发现等功能。

本章主要介绍金融市场中主要的衍生产品，对衍生产品市场的发展进行回顾和展望，分析衍生产品发展的历史背景及其应用和意义，并对将要用到的一些衍生产品基本分析方法和思路进行初步介绍。学习完本章，读者应掌握衍生产品的定义、种类和基本分析方法，了解衍生产品发展的历史和未来走向，深入理解衍生产品发展的历史背景和应用意义。

考点说明

金融衍生产品在 CFA 一级考试中占比只有 5~8%，也就是在一级考试中共考察 5~14 题。

考纲对衍生品科目整体内容进行了更新，例如 Libor 已在书中删除，替换为 Shibor 等其他市场利率，新增衍生品 payoff 与 profit 图形分析及实际投资情况应用衍生品案例，但是衍生品主体内容不变，新增了：发行人和投资者在使用衍生品时的区别。

第 60 章 衍生产品

本章知识点		讲义知识点
一、衍生产品的定义	理解衍生产品的定义	衍生品工具
二、衍生品使用者	发行者和投资者使用衍生品的目的不同	衍生品的使用者
三、四类衍生产品简介	理解区分四种衍生产品：远期合约、期货合约、互换合约和期权合约	远期合约、期货合约、互换合约、期权合约
四、衍生产品分类	了解衍生产品的分类方法	衍生品市场
五、衍生产品的优点和缺点	了解衍生产品的优点和缺点	衍生品市场
六、无风险套利及无套利定价原则	理解无风险套利和无套利定价原则	套利、复制、风险中性

知识导引

在其他科目中我们学习了股票、固定收益和大宗商品相关的金融资产相关的内容。这些市场被称为现金市场或现货市场，在这些市场中，特定资产以当前价格进行交换，即现金价格或现货价格。衍生品合约的现金流是在未来某一个约定的时间点交换，衍生品的业绩表现取决于标的资产的业绩表现。本章课程会介绍衍生品基本定义，也会描述了衍生及其市场的特征。

◢ 本章思维导图

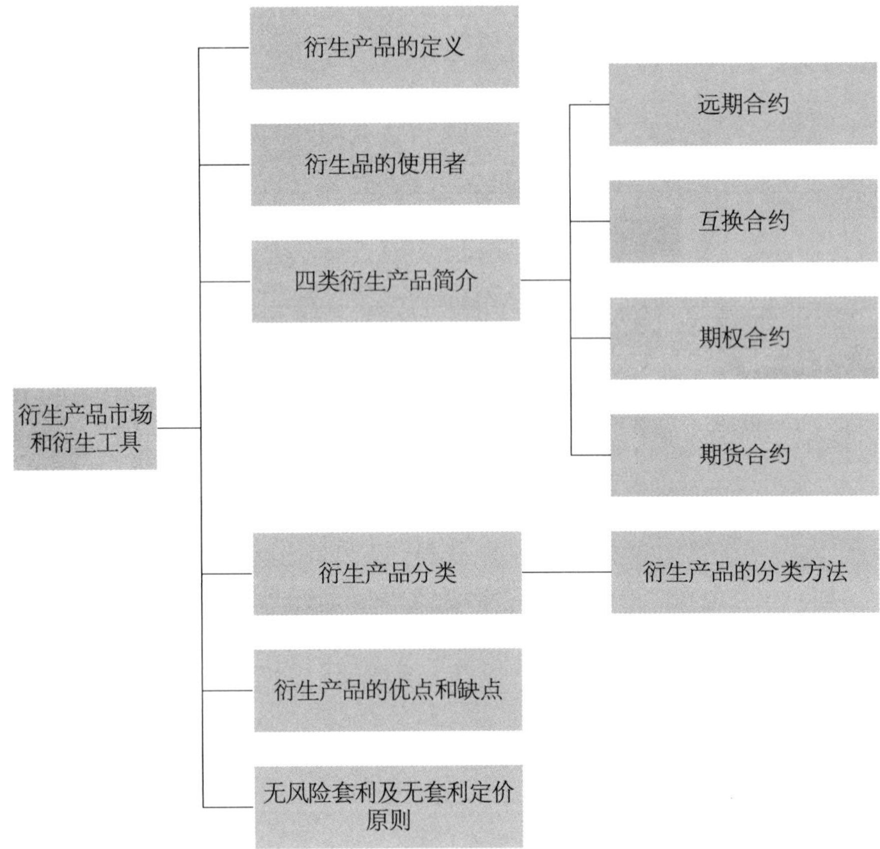
衍生产品市场和衍生工具
衍生产品的定义
衍生品的使用者
四类衍生产品简介
远期合约
互换合约
期权合约
期货合约
衍生产品分类
衍生产品的分类方法
衍生产品的优点和缺点
无风险套利及无套利定价原则

1. 衍生产品定义

衍生产品（Derivatives）是一种金融工具，这一工具的未来回报依赖于一个标的资产（Underlying）的市场价格，而标的资产可以是证券、商品、利率或指数等。

名师解惑

大家思考一下，如果我现在想买一瓶水，可以有两种方法。

首先是现在就买。我们可以到商店去，发现水的标价是 3 元一瓶，我们称这个价格为现货价格（spot price），这个价格明码标价，是没有风险的。

另外一种买法是未来再买。如果说三个月后我想买水，但是三个月后水的准确价格现在不知道，万一水价上涨，这就给我带来了风险。

而金融市场上的交易行为，很多都是发生在未来的：

如现在我持有万科的股票，三个月后我打算购置汽车，需要将股票变现，但是我担心由于房市惨淡，三个月后万科的股票价格会下跌，这样存在未来价格变动风险。同样，作为出口商，六个月后我会收到 100 万美元应收账款，但是我担心六个月后美国经济萎靡，美元贬值，人民币升值，由美元汇兑得到的人民币变少，存在未来价格变动风险。

所以我们发现如果以现货价格为基础做交易，交易双方不存在风险，但是如果交易双方选择在未来交易，则因为未来价格的高度不确定性，交易双方可能都会面临风险。

那么一个很自然的问题就是：我们如何回避此类风险？这里有一个可行的方案，就是现在我和楼下小卖部老板签一个合约，约定三个月后以 3.5 元一瓶的价格购买瓶装水，对于小卖部老板，他也担心水价未来会下跌，因此他也会同意签订这个合约。如果三个月过后合约到期了，瓶装水的市场价格为 3 元，在忽略其他成本的情况下，则每瓶水净亏了 0.5 元钱；瓶装水的市场价格是 4 元每瓶，每瓶净赚了 0.5 元钱。

依此类推，我现在想卖一只股票，我可以与交易对手约定未来以每股 15 元卖出，将未来卖出股票的价格锁定，从而避免股价下行风险，但是，与此同时，我也放弃了因为股价上涨而带来的额外收益，这可看作是为了规避风险而付出的代价（成本）。

总而言之，对于未来的交易行为面临的价格不确定风险，我们可以很简单地通过签订合约约定未来买卖价格的方法来规避风险。

衍生产品首先是一个合约，这个合约可以在一定程度上回避未来价格变动风险。同时，衍生产品合约也可以给我带来收益，而收益大小取决于合约到期时刻合约中约定的买卖资产的市场价格，这就是我们对于衍生产品的基本定义。

这里需要注意，衍生产品定义的三个关键词：

- 合约：衍生产品的本质是合约；
- 功能：第一，可以回避未来价格变动风险，第二，满足市场投机者的目的；
- 价值：价值完全取决于标的资产的市场价格变动。

2. 衍生品使用者

为了实现财务目标，发行人、投资者和金融中介机构常常使用衍生品来管理风险敞口。金融分析师会深入了解市场参与者对衍生品需求和用途，以便解释和涉及各种交易策略。

2.1 发行人

在商业运营和融资活动中，发行人可以使用衍生品来抵消或对冲市场带来的潜在风险。

对冲会计（Hedge accounting）允许发行人使用对冲工具（通常是衍生工具）来抵消交易或资产负债表项目的不确定性，以便减少财务报表中一些项目的波动。我们可以按照“对冲类型”对衍生工具进行分类，这种做法可以进一步了解发行人意图以及财务报表受到的预期影响。

第一种对冲是“现金流对冲”。当资产或负债的价值受到市场利率影响并处于波动状态，公司可以使用衍生品（远期承诺和或有索偿权都可以）将可变现金流不确定性消除。例如，公司需要买一台外国机器，在未来有一笔涉及外汇交易，那么公司可以选择货币互换合约锁定未来汇率。

第二种对冲是“公允价值对冲”。公允价值对冲指的是资产或负债的公允价值处于波动状态，公司可选择用衍生品来规避公允价值的不确定性和风险。例如公司发行了浮动利率债券，需要在未来支付一系列浮动现金流利息，此时可以选择利率互换合约对冲风险。如果一个大宗商品生产商预期未来价格下跌低，那么生产商可以签订一份远期合约，作为卖方提前锁定出售大宗商品的价格。

第三种对冲是“净投资对冲”。净投资对冲，当涉及到境外业务时，公司可以使用货币互换合约等衍生品来抵消外国业务股权的汇率风险。

2.2　投资者

有时现货市场无法满足投资者需求，于是他们选择去衍生品市场交易。与发行人不同的是，投资者使用衍生品不是为了对冲商业运营和融资活的潜在风险，而是为了复制一些投资策略，对冲基金价值变动风险，防止标的资产的不利变动，或者使用衍生品管理风险敞口。

使用衍生品第一种目的是为了复制现货市场投资策略。投资者在衍生品市场进行交易，主要看中了衍生品流动性高、交易成本低和投入资金低等优势，在这种情况下投资者可以利用衍生品构建交易策略，达到在现货市场交易的效果。

第二种目的为了能够在投资过程中隔离某些潜在风险，同时保留其他风险的头寸。例如，在境外投资时使用外汇合约对冲风险，尽量减少因货币波动引起盈利的波动。

第三种目的是为了调整风险敞口。投资组合经理通过衍生品的多头和空头头寸，构建交易策略，获得超额回报

对比衍生品的不同使用者，我们发现投资者不像发行人那样关注会计对冲的处理，因为投资者关注的通常是按照每天按市值计价的衍生品头寸，这也是投资者高频在交易所交易衍生品的原因，因为交易所市场可以提供标准化合约和高流动性特征。

3. 四类衍生产品简介

现在我们知道衍生产品的本质就是一份合约，而合约是可以有不同的签订方法的。根据合约的特点不同，我们把衍生产品分成四大类：

- 远期合约（forward contract）；
- 期货合约（futures contract）；
- 互换合约（swap contract）；

- 期权合约（option contract）。

3.1 远期合约

远期合约是最为简单的衍生金融工具，它是指双方约定在未来某一个确定的时间，按照某一确定的价格买卖一定数量的某种资产的协议。也就是说，交易双方在合约签订日约定交易对象、交易价格、交易数量和交易时间，并在约定的未来交易时间进行实际交割和资金交收。这里需要注意的是，远期合约是交易双方私下签订的，并不是在交易所执行的合约，我们把这种交易叫作场外交易（OTC）。

私下签订的远期合约有如下特点：

存在违约风险：因为签订的远期合约属于合约双方私下签订的合约，如果参与方存在大幅亏损，其就有可能会违约。

灵活性强：对于远期合约而言，因为是私下签订，合约条款可以双方自由协商，所以理论上只要存在风险，就可以通过远期合约的方法把风险对冲掉。如股票下跌风险、汇率风险、违约风险，甚至连天气气温都可以通过衍生品合约的方式将其规避掉。

3.2 期货合约

期货合约实际上就是标准化（Standardized）的远期合约。与远期合约类似，期货合约也是买卖双方之间签订的在将来确定的某个日期按约定的条件（包括价格、交割地点和交割方式等）买入或卖出一定数量的某种标的资产的协议。但是交易是在交易所进行的，由于存在固定的交易场所，因此可以进行监管，所以交易所对于交易时间、地点、交割方式、标的资产质量等级等条件进行详细的规定，这些经过详细规定的合约就是标准化的合约。

3.3 互换合约

互换合约就是一系列的远期合约。交易双方达成协议，在将来以事先约定的方式相互交换一系列现金流。前面几种衍生产品都是在到期时交换一次现金流，而互换合约是交换一系列现金流。互换协议由双方商定具体交易条件（互换标的资产、互换金额、互换期限、互换利益分享等），属于场外交易，因此具有特定性。

利率互换、货币互换和股权互换是最重要的互换合约。

3.3.1　期权合约

期权合约本质上就是权利与义务不对等的远期合约。合约规定了在某一特定时间、以某一特定价格买卖某一特定种类、数量、质量标的资产的权利。期权合约有在交易所上市的标准化合约，也有在柜台交易的非标准化合约。与远期和期货合约不同，这两种合约的多头方和空头方在签订协议后，都是既有权利又有义务，按照约定的价格买入或卖出一定数量的资产；而期权合约的独特之处在于其多头方获得了按合约约定买（或者卖）某种资产的权利，完全没有义务（他也可以不进行买卖），而其空头方则只有按照多头方要求履行买卖的义务，全然没有权利。

名师解惑

Option 在英文中的含义就是选择权的意思，所以期权的本质就是一种权利，这个权利可以选择决定合约是否生效。

- 看涨期权（Call Option）：当标的资产价格上涨到某一位置时，可以较低的价格买入，从而盈利。若标的资产价格并未上涨到可盈利的价位，则可选择不执行这项权利。看涨期权其实是一个买权，即约定以某一价格买入一个资产的权力。
- 看跌期权（Put Option）：当标的资产价格下跌到某一位置时，可以较高的价格卖出，从而盈利。若标的资产价格并未下跌到可盈利的价位，则可选择不执行这项权利。看跌期权其实是一个卖权，即约定以某一价格卖出一个资产的权力。

在漫长的世界金融发展史中，金融创新总是迎合着市场参与者的实际需求。在远期和期货出现以后，虽然在一定程度上满足了人们对于消除未来不确定性的需求，但是众所周知，无论市场行情如何，投资者的心理状态只有两种——贪婪与恐惧。在市场向好，投资者收益不断上涨时，他们会忽视风险，追逐更多利益，表现为贪婪；当市场萎靡，投资者遭受重大损失时，他们往往会受恐惧支配，不敢改变既有投资策略，任由损失扩大。结合期权的定义，可以得知，期权的本质就是一种权利和义务不对等的远期合约，期权买者只希望享受预期正确所获得的利益，而不愿意付出预期错误所付出的代价，归根结底，期权的出现恰恰迎合了投资者贪婪而又不愿意承担贪婪导致的不良后果这一迫切需求。投资者一旦持有期权，则万一未来标的资产的价格与预期相悖，他可以合理违约而不承担后果。但是显而易见，期权买方违约必将使期权卖方遭受损失，期权买方必须在初期补偿未来可能的违约行为给期权卖方造成的损失，否则这项交易不可能达成。于是，期权卖方的或有损失在初期以期权费的形式由期权买方支付给期权卖方。从本质上来说，既然期权买方在初期愿意以期权费的形式付出成本，则说明他相信持有期权能够在未来带来比期权费更多的收益。作为理性人，期权买方已经权衡了利益与成本。以看涨期权买方为例，他以有限的代价换取了获得（几乎）无限收益可能性。

4. 衍生产品分类

— 备考指南 —
考生需要充分掌握衍生品的不同分类方法。

国际上金融衍生产品种类繁多，活跃的金融创新活动接连不断地推出新的衍生产品。金融衍生产品主要有以下几种分类方法（图 60-1）。

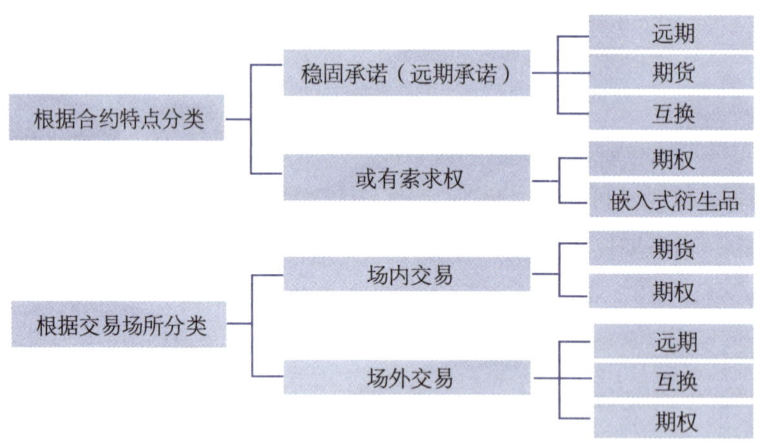

图 60-1 衍生产品的分类

考试小技巧

CFA 复习中凡是出现“分类”、“比较”、“优缺点”等都是重点，因为针对这些内容协会出考题比较容易。

考试中衍生产品部分会给出某产品的特征及分类描述，根据描述内容让你选择合约种类，只有真的掌握了合约的特征才能做出正确选择，因此不能仅仅粗略的记忆合约分类方式，应更侧重于合约的特征。

4.1 根据合约特点分类

- 远期承诺 (Forward Commitment) 又称为稳固承诺 (Firm Commitment) ：“远期承诺”就是说到就要做到。即买卖双方在当下定下的在未来某个时刻进行交易的承诺。在那个时候，买方同意从卖方买入特定资产，卖方同意向买方卖出特定资产，原则上双方都不能违约。满足这个特征的衍生产品有：远期合约、期货合约和互换合约。

- 或有索求权 (Contingent Claim)：“或有索求权”是指只有当某一特定事项 (触发条款) 发生时才会使得合约得到履行的衍生产品类型。典型例子就是期权合约，以看涨期权为例，只有标的资产的市场价格高于合约规定的价格，期权买家才履行合约。嵌入式期权 (Embedded derivatives) 也是一种或有索求权。

名师解惑

远期承诺本质是一个承诺。远期承诺有远期、期货和互换，表示说到就要做到，但现实中并不一定，我们知道贷款也有违约的，不是一定有保障，但合约的最初缔约目的是说到做到。或有求偿是在一定条件下生效的合约。在现实中，订婚是一个远期承诺的例子，签一个合约，将未来双方锁定，但不一定不违约，还是有可能存在违约风险的。

术语解释：

远期承诺（Forward Commitment）。

Long（多头）：指买入标的物。

Short（空头）：指卖出标的物。

或有索求权 (Contingent Claim) 。

Long：指获得一个权利。

Short：指卖出一个权利。

Call：指买入标的物的权利。

Put：指卖出标的物的权利。

名师解惑

金融里面设置一些莫名奇妙的词，即特定术语，我们说买入是 Long，卖出是 Short。

这里介绍有一个记忆方法，Long 就是变多了变长了，就是买入，Short 就是变少了变短了，就是卖出。

但是对于未来承诺与或有请求 (Contingent Claim) 来讲，Long 与 Short 针对的标的不同。也是说，未来承诺的 Long、Short 针对的是实际标的物，而对于或有请求来说，Long 与 Short 针对的是权力，即买权和卖权，而不是标的物，Long 表示投资者支付期权费买入权利，Short 表示投资者卖出权利获得期权费。

4.2 根据交易场所分类

- 场内交易（Exchange-traded）：又称交易所交易，指所有的供求方集中在交易所进行竞价交易的交易方式。这种交易方式具有交易所向交易参与者收取保证金、同时负责进行清算和承担履约担保责任的特点。此外，由于每个投资者都有不同的需求，交易所事先设计出标准化的金融合同，由投资者选择与自身需求最接近的合同和数量进行交易。所有的交易者集中在一个场所进行交易，这就增加了交易的密度，一般可以形成流动性较高的市场。期货交易和部分标准化期权合同交易都属于这种交易方式。芝加哥交易所（CBOT）成立于 1848 年，该交易所将农场主和商人汇集到一起，最初 CBOT 的职能是将交易谷物的数量和质量标准化。

- 场外交易（Over the Counter, OTC）：又称柜台交易，指交易双方直接成为交易对手的交易方式。这种交易方式有许多形态，可以根据每个使用者的不同需求设计出不同内容的产品。同时，为了满足客户的具体要求、出售衍生产品的金融机构需要具有高超的金融技术和风险管理能力。场外交易不断产生金融创新。但是，由于每笔交易的清算是由交易双方相互负责进行的，交易参与者仅限于信用程度高的客户，需要密切关注交易对手的信用风险（交易对手存在不履行合约的可能）。互换交易和远期交易是具有代表性的场外交易的衍生产品。一般来说，由于场外交易的交易双方可以自由商谈来达成双赢的合约，灵活性比场内交易大，所以场外交易的金额数量往往会大于交易所内的交易。需要特别注意的是，对于期权合约而言，既有场内交易，也有场外交易。如上交所挂牌上市的上证 50ETF 股指期权属于典型的场内期权；而如金融机构之间私下签订发行的外汇期权则属于场外期权。

名师解惑

根据交易场所分类：Exchange-traded & Over-the-counter traded（表 60-1）。

Exchange-traded：在一个固定的交易所交易。多空双方不直接见面，与清算所交易（A → Clearinghouse → B）。清算所作为所有买家的卖家和所有卖家的买家，起到了重要的桥梁作用。

OTC traded：没有固定交易场所，多空双方直接交易（A → B）。由做市商或经纪人作为中介以达成交易。

表 60-1　场内交易与场外交易

场内交易	场外交易
标准化——增强了流动性	特质性
交易双方都和清算所结算	和对手方交易，存在违约风险
在真实存在的交易所交易	不在一个集中地点交易，一般通过电话
被严密监管	不受监管

5. 衍生产品的优点及缺点

— 备考指南 —
衍生品的优缺点是考试中的必考内容，需要考生理解并熟记。

在今天的金融市场上，衍生产品非常受欢迎，获得了巨大的发展。这显然是和衍生产品的功能和作用分不开的。当然并不是说所有的衍生产品都具有完全相同的功能，它们各有所长，也各有所短，因而在市场中都具有独特的地位和作用。

5.1　衍生产品的优点

- 价格发现：以期货为例，现货价格与期货价格之间存在一定的定量关系。根据现有的信息可以预测未来现货的价格变化。期货市场上买卖双方通过公开竞价形成的成交价格具有较强的权威性和超前性，是不同交易者对目前市场供求关系的认识和对未来市场预期的综合反映。期货价格也具有较强的连续性。与反映若干间断时点的现货价格相比，期货价格能够动态地反映不断变化的市场供求关系。因为在期货市场上，标准化的合约买卖总是持续地进行，交易者可以不断地根据所获得的最新信息修正原先对市场的看法，形成新的成交价格。举例来说，6 个月的大豆期货价格已经包含了市场参与者对未来宏观经济形势，行业发展前景、天气情况等各类影响大豆未来价格的因素。

- 规避价格风险：面临价格风险的经济主体，通过放弃某些权利的可能性来规避风险，即套期保值（hedge）。例如，石油化工厂商面临原油价格波动的风险，当原油价格大幅上涨时，即使生产销售等活动完成很好，也会亏损；而当原油价格大幅下跌时，即使生产销售等活动一塌糊涂，也可能赚得利润，即公司的盈利状况无法预测、具有很大不确定性。通过参与石油期货交易，事先买入期货合约，可以锁定未来需要的原油成本，从而消除面临的价格风险，就能够专注于生产销售活动。

- 投机：由于期货价格波动很大，提供了通过正确预测未来价格来获取利润的可能性。通过承担额外的风险来获取利润的行为就称为投机。当成功预测未来价格时，投机者就获得利润；当错误预测未来价格时，投机者就会遭受亏损。投机者获得利润的能力取决于对未来价格的预测能力。

名师解惑

很多人认为“投机”这个词是个贬义词。其实投机者在衍生产品市场中起到了重要的作用。投机者所承担的这种风险正是套期保值者希望回避的，所得到的获利机会也正是套期保值者所放弃的，即通过衍生产品交易，套期保值者将价格风险和盈利机会都转移给了投机者。正好具有相反风险回避需求的套期保值者很少，因此如果无投机者存在，衍生产品市场交易不活跃，套期保值者很难找到匹配的交易对手。投机者的存在大大提高了衍生产品市场交易活跃程度和流动性，适度的投机是金融市场得以存在的重要基础之一。

- 降低交易成本：由于衍生产品都是基于一定的标的资产（基础资产）衍生出来的，因此在很多情况下，投资者可以通过持有一种或几种衍生产品，作为标的资产头寸的一种替代。用衍生产品代替标的资产头寸，具有一个很突出的优点，就是交易成本大大降低。比如，一个买入一份 100 万美元美国国债期货合约的投资者，可能只需要承担 100 美元的初期交易成本（不考虑保证金），这使得衍生产品常常成为比其标的资产更具吸引力的投资工具。

5.2 衍生产品缺点

- 高杠杆性：衍生产品往往以高风险著称，其高杠杆的交易特征是主要原因之一。金融衍生产品的高杠杆率使得一旦操作失误将发生很大的损失。投资者以小博大可能获得大量利润的同时也承担了巨大的风险。从而有许多人批评金融衍生产品市场风险大、投机性强，与赌博非常类似。

名师解惑

衍生产品的高杠杆性是双刃剑，既可以给投资者带来巨额收益，也可以使投资者遭受巨大损失。举例来说，一只股票现在的价格为 10 元，投资者预期在 3 个月后的股价为 15 元，他可以采取两种投资策略，第一，以 10 元作为成本购入股票，等到 3 个月后抛售，如果他的预期正确，则收入为 15 元，持有期收益率为（15-10）/10=50%；第二，他与对手方签订一个以该股票为标的资产的 3 个月远期合约，如果预期正确，作为远期多头，他可以以 10 元买入该股票，随即在市场上以 15 元抛售，净收益为 5 元，但是由于他在初期投入成本为 0，则持有期收益率为（5-0）/0= 无穷大。然而，如果他的预期错误，即使 3 个月后股票价格仅跌至 9 元，持有期收益率也是无穷小。这个例子形象说明了高杠杆性的两面性——既是获得巨大收益的推手，也是遭受巨大损失的黑手！

- 结构复杂：衍生产品可以说是结构最复杂的金融产品，因为其标的资产既可以是实物资产，又可以是金融资产，有时候还可以是其他衍生产品，比如互换期权（Swaption），就是互换与期权的结合产品，本质是一个期权，标的资产是一个互换合约，表示拥有一个以约定价格进入一个互换合约的权力。所以涉及到衍生产品的交易很多都具有复杂的结构。结构复杂带来的问题是提高了进入衍生产品市场的门槛，使得大量不具有专业知识的投资者无法参与交易。

名师解惑

尽管投机是衍生产品的功能之一，而过度投机可能带来市场的剧烈波动，但是是不是说衍生产品交易会增加风险呢？

这种想法是错误的。虽然衍生产品自身的价格波动很大，风险性较高，但衍生产品的重要功能之一就是风险管理。通过衍生产品的开发和交易，市场主体可以将分散在社会经济各个角落里的市场风险、信用风险等集中到衍生产品交易市场中集中匹配，然后分割、包装并重新分配，使得套期保值者规避营业中的大部分风险，不承担或只承担极少一部分风险（如在期货市场上的套期保值要承担基差风险，期权交易要承担期权费等）。对于整个社会来说，衍生产品本身并不凭空增加风险，而是将社会整体风险再分配的有效工具。

6. 无风险套利及无套利定价原则

无套利定价原则是衍生产品定价的重要原理。衍生产品定价就是多空双方在合约中约定究竟应该以多少金额买卖标的资产的过程。比如约定￥3/瓶的价格在三个月后买水，为什么不约定是￥3.2/瓶或者是￥2.8/瓶呢？在衍生品合约当中约定的标的资产的价格，就是衍生合约的定价。

当同一个商品在不同市场以不同价格进行交易时，交易者可通过在较低价格的市场买入该商品，同时马上以较高价格在其他市场卖出该商品，此时可在没有任何风险的情况下获得确定的收益。套利是指利用一个或多个市场存在的价格差异，在不冒任何损失风险且无需投资者自有资金的情况下获取利润的行为。因此只要同样的商品以不同的价格进行交易就存在套利机会。

一价定律：两个在未来能够产生相同现金流的证券（或组合）应当具有相同的价格。这里的“相同”指的是这两个证券（或组合）未来产生现金流的数量、时点、获得的可能性（风险）完全一致。如果二者不一致，则会产生套利机会。

名师解惑

有套利机会不一定就能够套利，因为如果交易成本较高，则套利收益尚不能弥补套利发生的交易成本，则套利无法实现。

第 61 章 衍生产品的定价和估值

本章知识点		讲义知识点
一、衍生产品定价基本原理	理解衍生产品定价基本原理	不同远期合约估值
二、远期合约的定价与估值	理解掌握远期合约的定价和估值计算	远期合约定价估值
三、期货合约的定价与估值	理解掌握期货合约的定价和估值计算	期货定价与估值
四、互换合约的定价与估值	理解掌握互换合约的定价和估值计算	互换合约估值
五、期权的定价与估值	理解掌握期权的定价和估值计算	期权损益和收益 期权估值 买卖权平价公式 二叉树

知识导引

我们已经学习了衍生品基本概念和它的市场特征，明确了衍生品的优势和风险。接下来的章节，我们将注意力转向这些衍生品定价和估价方面的内容。

第一步，我们将探讨远期承诺类衍生品的价格如何与标的资产的现货价格建立关系，这里会讨论标的资产持有成本或收益是如何影响远期承诺的定价的。另外，我们可以利用衍生品、无风险资产和现货，复制交易策略。

第二步，我们会在衍生产品的定价基础上探讨估值问题。本章节的一些较难的知识点已经移至二级，我们掌握简单的定价和估值计算即可。

本章思维导图

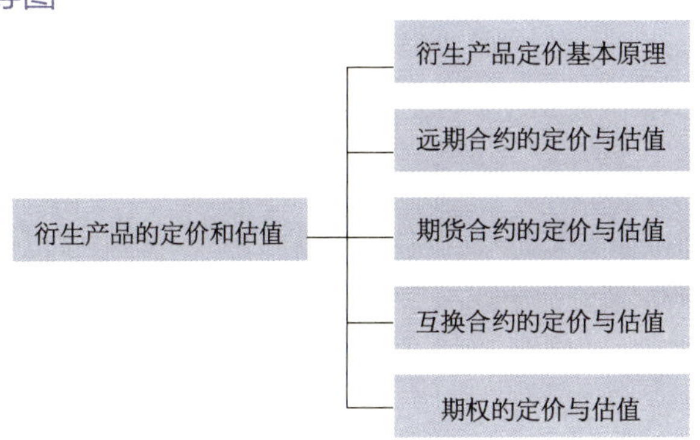

1. 衍生产品定价基本原理

对大多数风险资产来说，资产的现值是资产未来某一时点价格的折现。由于未来资产价格的不确定性，折现率应该是无风险利率加上风险溢价。持有资产可能会产生成本，例如存储费用和保险费用。对于金融资产来说，这些成本费用是较低的。另外一种需要考虑的成本是用于购买资产的资金的机会成本，通常是购买资产的成本乘以无风险利率，在资产持续期内复利计算。

考试小技巧

- 便利收益率和持有成本对衍生产品价格的影响（Convenience yield and cost of carry）；
- 无套利定价原理。

1.1 便利收益率与持有成本

持有收益（Carrying Benefit）：持有收益是持有现货资产过程中会产生的所有货币性收入和非货币性收入（便利收益率）。如，持有股票收到的分红，持有债券收到的票面利息，持有外汇所产生利息都属于持有现货中的货币性收入。

便利收益率（Convenience yield）：便利收益率是指持有资产的非货币收入（non-monetary benefits of holding an asset）。便利收益率较难测量，且只在大宗商品中较为明显，而其他资产中数量很少。

例如，某原油加工厂不太可能将持有原油期货合约与持有原油库存同等看待。库存原油可以用于原油加工，而持有的期货合约并不能用于加工。一般来讲。持有实物资产可以确保工厂的正常运作，并且从商品的暂时短缺中盈利，而持有一个期货合约并不一定能做到这一点。因持有商品而带来的好处有时被称为商品的便利收益率。

持有成本（Carrying Cost）：持有成本简单来说指的是在持有现货的过程中，可能会发生的各种成本，持有成本主要在大宗商品中较多，如持有大宗商品过程发生的仓储成本等。

衍生产品的定价和风险资产的定价不同，衍生产品定价使用的是无套利原则，下面我们就具体地来说什么是无套利定价原则。

1.2 无套利定价原则

无套利原则：在竞争性的金融市场上，一切金融工具的理性价格都是均衡的，不存在套利机会。一旦金融工具的价格偏离平衡价格，就会出现套利机会，第一个发现套利机会的投资者将立即利用此机会获得无风险利润（通过买入被低估资产同时卖出被高估资产）。从理论上说，当金融市场出现无风险套利机会时，每一个交易者都可以构筑无穷大的无风险套利组合来赚取无穷大的利润。这种巨大的套利头寸成为推动市场价格变化的力量，迅速消除套利机会。所以，理论上只需要少数套利者（甚至一位套利者），就可以使金融市场上失衡的资产价格迅速回归均衡状态。因此可以认为绝大部分时候金融工具的价格是均衡价格，不存在套利机会；无套利原则是期货合约、期权以及其它金融工具定价的基本原则。

在传统的证券市场，两种资产的未来价格相同的情况很少出现。但是对于衍生产品来说，衍生产品的风险完全来自于标的资产的风险，这样我们就能构建一个组合，组合包括标的资产和一份衍生产品，这个组合消除了未来价格的不确定性。因为该组合未来的现金流是确定的，我们可以通过未来结算价以无风险利率折现的方式计算出现值。在无套利定价原则下定出的组合现值可以确定组合的收益是无风险利率。资产的多头和衍生产品的空头可以用下式表示：

0 时刻资产多头 +0 时刻远期合约空头 =（T 时刻资产结算价 +T 时刻远期合约空头结算价）/（1+ 无风险利率）^{T}

因为远期合约到期时，在 T 时刻的结算价是从完全对冲风险的头寸中得到的，T 时刻的价值在期初就确定了。只要上述等式成立就不存在套利空间。

名师解惑

无套利定价原则如何适用于衍生产品定价？

举一个简单例子，一只不分红股票的预期收益率为 15%，现在的价格为 100 元，1 年期无风险利率为 5%，而现在以该股票为标的资产的远期合约价格为 106 元，问是否具有套利机会？如果有，则该远期合约的均衡价格应是多少？

解：无套利定价原则的核心是“复制”，可以用无风险证券（向银行借款）

和远期合约来复制该股票。分析如下：

在当期，向银行借款 100 元，实际上相当于进入价值为 100 元的无风险证券的空头，现金流入 100 元，用这 100 元购买股票现货，相当于进入股票多头，现金流出 100 元，同时卖出一份执行价格为 106 元的远期合约，没有现金流变化，相当于进入远期合约空头，则在当期净投资成本为 0，投资者状态是无风险证券空头、股票多头和远期合约空头。一年以后银行借款到期，还给银行本息共 105 元，现金流出 105 元，手中持有的股票价值为 S 元，此时买卖双方履行远期合约，以 106 元的价格将手中的股票卖出，现金流入 106 元，于是到期现金净流入为 106-105=1 元。需要注意的是，不管股票价格如何变化，未来的 1 元现金净流入是确定的，也就是说不存在风险，而初期净投资成本为 0，表明这 1 元就是无风险套利。如果投资者发现了这一无风险套利机会，则在初期，投资者会买入大量股票，卖出大量远期合约，直接导致远期合约价格从 106 元下降。那么如果远期合约期初价格为 104 元呢？此时在初期投资者会卖空股票，得到 100 元，处于股票空头，继而将这 100 元存入银行，处于无风险证券多头，同时买入远期合约，处于远期多头。在到期日，投资者从银行取得 105 元，履行远期合约，付出 104 元购得股票，然后将股票空头平仓，同样可以获得 1 元的无风险套利。于是初期投资者会卖空大量股票，买入大量的远期合约，直接导致远期合约价格从 104 元上升。最终我们发现，只有远期合约价格为 105 元时，才会消除套利机会，因此远期合约的合理价格就是 105 元，这是利用无风险套利原则为衍生产品定价的典型例子。其他更为复杂的金融衍生产品也可以利用类似方法定价。

这里需要注意的是，只有在一个可以“做空”的市场上才能复制各类证券。

2. 远期合约的定价与估值

2.1 远期合约的定价

因为远期合约买卖双方的任何一方不会在期初有现金交易，这样就要求远期合约的价格必须在期初确定以保证合约的价值在期初为零。为了了解远期合约价格是怎么定出来的，我们假设资产的储存成本和收益为零，资产的净成本简单的定义为资金的机会成本，这里我们认定为无风险利率。

在这些条件下，资产在 T 时刻的远期价格 $F_0(T)$ 必定等于资产当前价值 S_0 以无风险收益率进行投资 T 时间，公式为：

$$F_0(T)=S_0(1+R_f)^T,\frac{F_0(T)}{S_0}=(1+R_f)^T$$

— 备考指南 —
衍生品合约的基本定价公式，其他衍生品都是这个扩展出来的，需要牢记。

如果远期合约价格 $F_0(T)$ 大于 $S_0(1+Rf)^T$，套利者就可以卖空一份远期合约，在合约到期时 T 时刻约定以 $F_0(T)$ 卖出资产，同时在期初贷款 S_0，并以 S_0 价格买入资产，在期初并不用现金投入。在 T 时刻，套利者会交付资产得到 $F_0(T)$，并且还贷款本息 $S_0(1+Rf)^T$，这样就可以获利 $F_0(T)-S_0(1+Rf)^T$ 的差额。

2.2　远期合约的估值

当远期合约满足无套利定价原则，远期合约在期初的价值为：

$$V_0(T)=S_0-\frac{F_0(T)}{(1+R_f)^T}=0\text{，因为}S_0=\frac{F_0(T)}{(1+R_f)^T}$$

在远期合约的存续期内（t < T），合约的价值为：

$$V_t(T)=S_t-\frac{F_0(T)}{(1+R_f)^{T-t}}$$

在合约到期 T 时刻，折现因子为 $(1+R_f)^0=1$，远期合约的结算价格为 $S_T-F_0(T)$，即到期时资产的即期价格与远期合约价格的差额。

2.3　远期利率协议

利率远期合约（Interest rate forward Agreement）是一种特殊的远期合约。它本质上是一个远期合约，只不过这个远期合约的业绩表现取决于利率，在 CFA 考试中常见为市场利率（Market Rate of Return, MRR）。

下面具体来看一下关于利率远期合约在一级中主要的考查内容。

首先第一点，利率远期合约的标的资产是市场利率，市场上会有人想要借入资金（借款者 , borrower），同时也有人想要投资（投资者，lender）。对于借款者而言，担心将来市场利率会 MRR 上升，因为市场利率 MRR 上升意味着借款的时候需要支付更高的利息；相反，对于投资者而言，会担心将来市场利率

MRR 会下降，因为 MRR 降意味着他们的投资收益就会减少。因此，既然借款者和投资者都有可能会面临不确定性和风险，就可以通过利率远期合约的方法将风险对冲掉。

那么，利率远期合约的多方 (Long 方) 和空方 (Short 方) 应该分别对应借款者还是投资者呢？在判断的时候，会涉及到衍生品风险对冲的两个核心思想。

第一，在签订合约的时候，如果担心一件事情会发生，则需要签订一个当担心的事情发生时能够给我们带来好处的衍生品合约。比如买水的例子，由于担心水的价格会上涨，因此签订一个当水的价格上涨会给我们带来好处的合约，如果我们担心的事情真的发生了，那么签订的衍生品合约能够将风险给对冲掉。

第二，对于衍生品的 Long 方而言，只要标的资产的报价上升，Long 方是一定赚钱的。同样还是买水的例子，正是因为 Long 了一份远期合约，因此在水的价格上升的时候，Long 方是赚钱的。

回到利率远期合约，借款者担心 MRR 上涨，因此签订了一个 MRR 上涨时会带来好处的合约，而利率远期合约的标的资产是 MRR，因此对于借款者而言，需要成为利率远期合约的 Long 方，从而规避这个风险。反之对于投资者而言应该作为利率远期合约的 Short 方，那么当 MRR 真的下跌的时候，投资者可以获得补偿，从而规避风险。

- 利率远期合约收益的定性分析：如果市场利率在远期合约到期日高于协议利率，则多方（借款方）从空方（贷款方）接收到一笔现金；如果市场利率在远期合约到期日低于协议利率，则空方（贷款方）从多方（借款方）接收到一笔现金。

考试小技巧

Payoff 计算注意事项

- CFA 考题中给出的利率一般为年利率，需要月度化。
- 合约到期日的支付金额是到期日当天的市场利率与协议利率之间的利息成本之差的现值。
- 折现率就是到期日的市场利率，同样要记得将市场利率月度化。

2.4 远期利率曲线

远期利率（Forward rate）：指在今天确定的，用于在未来一段时间内开始的借贷款利率。

远期利率记为，其中 m 代表该笔借贷款开始的时间点，n 代表该笔借贷款的期限。例如，远期利率 $f\,(2,1)$，2 代表开始是 2 时点，1 代表期限是 1 年。$f\,(2,1)$ 整体代表从 2 时点开始为期 1 年的利率。

远期利率折现因子是研究远期利率的重要组成部分，远期利率折现因子公式如下：

$$F(T^{*},T)=\frac{1}{[1+f(T^{*},T)]^{T}}$$

远期利率 $F(T^{*},T)$ 是指站在 0 时点，T^{*} 时点到 T 时点的远期利率。

如果将在 2 时点收到一笔 1 元的现金流，投资者想知道这笔现金流在 1 时点的价值，计算选取 t=l 至 t=2 时间段的折现率。这个折现率对应的远期利率的折现因子，记作 $F(1,1)$，如图 61−1。

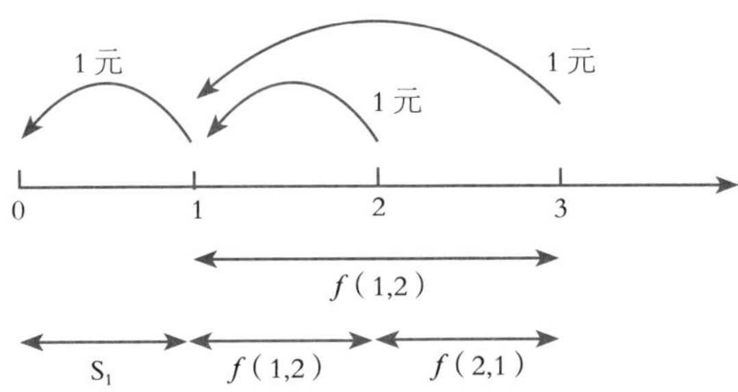

图 61-1 折现因子示意图

折现因子与即期利率和远期利率的关系如下：

$$P(1)=\frac{1}{1+Z_1}$$

$$F(1,1)=\frac{1}{1+f(1,1)}$$

$$F(1,2)=\frac{1}{(1+f(1,2))^{2}}$$

远期利率模型：根据即期利率求远期利率的模型。

如果投资总期限相同，无论分几期投资，最终投资者应该获得相同的总收益率。如果最终总收益率不同，那么说明市场上存在套利机会。比如，投资者想投资 3 年，投资者可以选择方案 1，一次性投资 3 年；也可以选择方案 2，先投资 1 年，再投资 1 年，然后再投资 1 年；还可以选择方案 3，先投资 1 年，然后再投资 2 年；还可以选择方案 4，先投资 2 年，然后再投资 1 年，如图 61−2 所示。

> – 考试小技巧 –
> 从远期利率可以求出即期利率，同样，从即期利率也可以计算出远期利率。

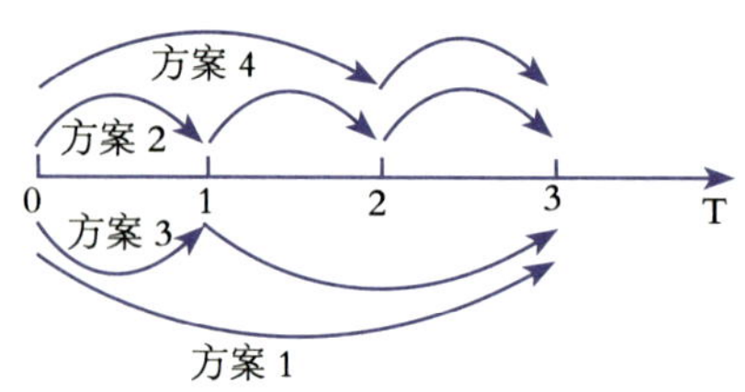

图 61-2 投资方案示意图

举个例子

【例】

一年期零息债券的即期利率、两年期零息债券的即期利率和三年期零息债券的即期利率如表 61-1 所示。

表 61-1 各年期即期利率

期限	1 年	2 年	3 年
即期利率	Z_1=9%	Z_2=10%	Z_3 =11%

问题 1：计算远期利率 $f(1,1)$。

问题 2：计算远期利率 $f(2,1)$。

问题 3：计算远期利率 $f(1,2)$。

【解析】

如图 61-3 所示，$f(1,1)$ 是 t=1 到 t=2 时间段对应的利率。解题思路：使用两年期即期利率投资两年的结果应等于使用一年期即期利率先投资一年再使用一年期远期利率复利再投资一年的结果。

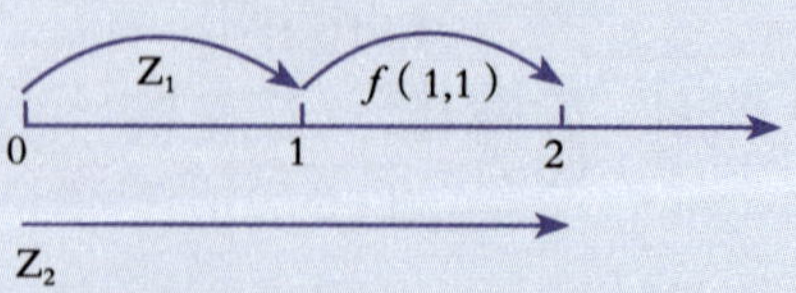

图 61-3 即期利率示意图

$(1+Z_2)^2=(1+Z_1)(1+f(1,1))$

同样方法可以求出 $f(2,1)$ 和 $f(1,2)$。

解得 $f(1,1)$=11.01%，$f(2,1)$=13.03%，$f(1,2)$=12.01%。

名师解惑

从上述的数字中我们可以发现重要的结论，它解释了即期利率曲线和远期利率曲线间的重要关系。

结论 1：上述案例中已知 $Z_1 < Z_2 < Z_3$，也就是即期利率曲线是向上倾斜的。基于上述例题的答案，我们可知 $Z_1 < Z_2 < f(1,1)$。在图形上表示，远期利率曲线高于即期利率曲线。

结论 2：基于上述例题的答案，可知 $f(1,1) < f(1,2)$。可知在即期利率曲线向上倾斜的情况下，远期利率曲线同样呈现向上倾斜的趋势。

给定即期利率曲线向上倾斜，使用实际数据，结论中反映的关系如图 61-4 所示。截至 2013 年 7 月 31 日，美国国债的即期利率由图表中的最低曲线表示，该曲线是使用插值法构建的。

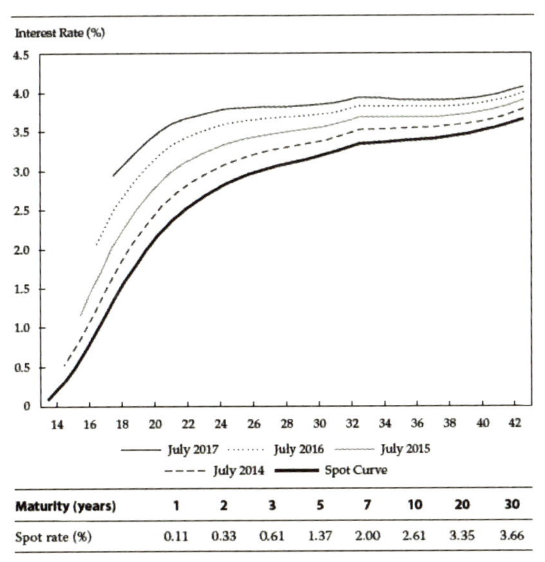

Maturity (years)	1	2	3	5	7	10	20	30
Spot rate (%)	0.11	0.33	0.61	1.37	2.00	2.61	3.35	3.66

图 61-4　远期利率期限结构

从经济学来解释，随着投资时间的增加，投资者承担的风险（包括期限风险和流动性风险）更大，要求的风险补偿也更多，因此长期债券的收益率高于短期债券，收益率曲线呈现向上倾斜的状态。与此同时，收益率会受到通货膨胀的影响，在正常经济发展的环境下，通货膨胀率会随着时间的推移增大，收益率也会相应增大。

名词解释

平衡点利率（Breakeven interest rate）：如方法一和方法二获得的收益相等，相当于盈亏平衡，此时的远期利率也称为平衡点利率。如图 61-5。

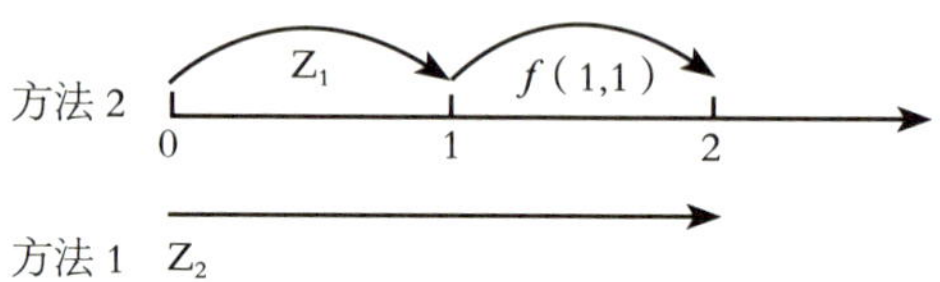

图 61-5　即期利率与远期利率的关系

锁定利率（Locked in rate）：$f(1,1)$ 是根据即期利率 Z_1 和 Z_2 计算得出，因此 $f(1,1)$ 是锁定在两个即期利率之间的远期利率，此时远期利率也称作锁定利率。

- 即期折现因子和远期折现因子的相互计算

假设投资者投资三年，有两种投资方案。方案 1：一次性投资 3 年，即期利率是 Z_3。方案 2：先投资 1 年，即期利率是 Z_1，再投资 2 年，远期利率是 $f(1,2)$。如图 61−6 所示。

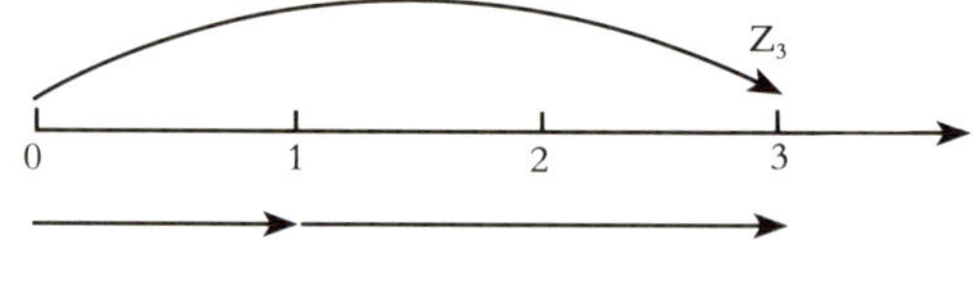

图 61-6　投资方案示意图

用远期定价模型，我们可以确定，公式如下：

$$(1+Z_3)^3=(1+Z_1)(1+f(1,2))^2$$

对上述公式两边取倒数，得到如下公式：

$$(1+Z_3)^3=\frac{1}{(1+Z_1)}\times\frac{1}{(1+f(1,2))^2}$$

在上述公式中，公式左边是三年期即期利率的折现因子，记为 $P(3)$。公式右边是一年期即期利率和 1 时点开始的两年期远期利率的折现因子，记为 $P(1)$ 和 $F(1,2)$。$F(1,2)$ 是远期利率 $f(1,2)$ 的折现因子，公示如下：

$$F(1,2)=\frac{1}{(1+f(1,2))^2}=\frac{P(3)}{P(1)}$$

举个例子

【例】

已知一年期的即期利率是7%，三年期的即期利率是9%。

问题1：计算三年期折现因子$P(3)$。

问题2：计算1时点开始的两年期远期利率折现因子$F(1,2)$。

【解析】

根据题意绘图如61-7。

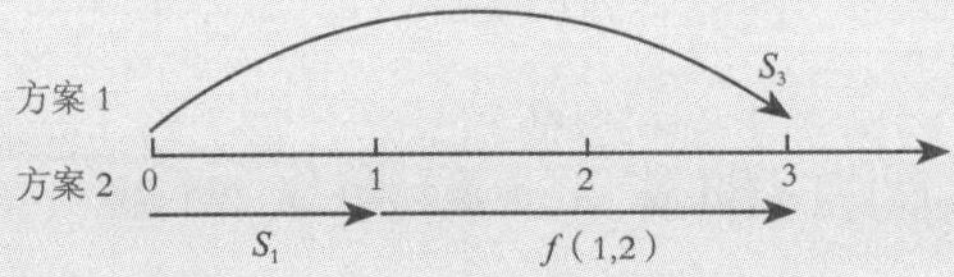

图61-7　即期利率和远期利率示意图

$$(1+Z_3)^3=(1+Z_1)(1+f(1,2))^2$$

$$F(1,2)=\frac{1}{(1+f(1,2))^2}$$

问题1：

$$P(3)=\frac{1}{(1+0.09)^3}=0.7722$$

问题2：

$$P(1)=\frac{1}{1+0.07}=0.9346$$

$$P(3)=F(1,2)\times P(1)$$

$$0.7722=0.9346\times F(1,2)$$

$$F(1,2)=0.7722\div 0.9346=0.8262$$

2.5　外汇远期合约定价

外汇远期合约是合约双方签订的一份远期合约，约定在未来某一个时间点，以约定好的汇率交易一定数量的两国货币，我们接下来讨论的是外汇远期合约中约定未来汇率的价格。结合经济学中的利率平价公式：$\frac{FP_{f/d}}{S_{f/d}}=\frac{1+r_f}{1+r_d}$，我们可以推出远期汇率的定价公式：

$$FP_{f/d} = S_{f/d} \times \frac{1+r_f}{1+r_d}$$

$$FP_{f/d} = S_{f/d} \times e^{(r_f - r_d)\times T}$$

在对外汇远期合约定价时，将外币（foreign currency，用 f 表示）作为标价货币，将本币（domestic currency，用 d 表示）作为基础货币。研究的是本币，因此把本币作为基础货币放在分母上，即 f/d 的形式。根据利率平价公式（covered Interest Rate Parity），$FP_{f/d} = S_{f/d} \times \frac{1+r_f}{1+r_d}$ 的右边可以理解为：借入 1 单位本币拿去外国投资，本金为 $1 \times S_{f/d}$，投资期为 1 年，一年后获得 r_f 投资利率后扣除本币借款利率 r_d 可以得到总收益 $S_{f/d} \times \frac{1+r_f}{1+r_d}$，因为计算时利率为百分比形式，遵循的“charge 成本抵减收益”原则，抵减融资成本利率使用除法。等式右边总收益应该等效等式左边直接用外币投资的收益。

当连续复利的情况下，定价计算用 e 计算，遵循的“charge 成本抵减收益”原则体现在指数位置。

3. 期货合约的定价与估值

3.1 与远期合约相似点

- 交割方式：实物交割或者现金交割；
- 进入合约时合约双方是平等的，此时合约价值为 0。

3.2 与远期合约区别

备考指南
掌握期货与远期合约的区别。

期货合约和远期合约虽然都是在交易时约定在将来某一时间按约定的条件买卖一定数量的某种标的物的合约，但它们在以下几方面也存在着显著的区别如表 61-2。

表 61-2 远期合约与期货合约

远期合约	期货合约
场外交易，为交易双方的私下合约	交易所交易，标准化
定制化合约（非标准化）	标准化合约

（续表）

远期合约	期货合约
存在信用风险（违约风险）	清算所确保合约双方不违约，几乎无违约风险
无监管	有监管
通常只有单一交割日	有一系列的交割日
通常会发生实物或现金交割	合约通常在到期前会被平仓
合约到期时结算	盯市 (mark to market)，即每日结算
无需缴纳保证金	需要交纳保证金

区分远期合约和期货合约如下：

- 交易地点

◆ 远期交易通常没有固定的交易场所，是一个无组织的效率较低的分散市场。银行等金融机构在金融远期的交易中扮演了极为重要的角色。

◆ 期货交易则主要在交易所内集中进行，交易所不仅为期货交易提供了相对固定的交易场所，而且还为期货交易制定了许多严格的交易规则（如涨跌停板制、最小价格波动幅度、最大持仓限额、保证金制度等），并为期货交易提供了信用担保。因此，相对远期市场而言，可以说期货市场是一个有组织有秩序的统一市场。

- 合约定制化 vs. 标准化

◆ 远期交易遵循“契约自由”的原则，合约中的相关条款如标的物的种类、质量、数量、交割地点和交割月份等都可由交易双方根据需要协商确定，具有很大的灵活性，但因此也给合约的转让及流通造成了很大的麻烦，直接导致了远期合约二级市场的不发达。因此，绝大多数远期合约只能通过到期实物交割来履行。

◆ 期货合约则是由交易所推出的标准化合约。合约中除价格外的其他有关条款均由交易所统一规定。尽管期货合约在灵活性上不如远期合约，但标准化却大大便利了期货合约的订立和转让，使期货合约具有极强的流动性。

- 违约风险

◆ 远期合约的履行通常仅以签约双方的信誉为担保，有着极高的信用风险。即便在签约时采取了交纳定金、第三方担保等措施，远期合约交易中的违约、毁约现象仍时有发生，因而签约前一定要对对方的信誉和实力等作充分的了解。

◆ 期货合约的履行则由交易所或清算公司提供担保。交易双方直接面对的都是交易所，即使一方违约，另一方也不会受到丝毫影响。而交易所之所以能提供这种担保，主要是依靠完善的保证金制度和清算会员之间的连带无限清偿责任来实现的。可以说，期货交易的违约风险几乎为零。

- 监管
    - 远期合约仅有交易双方参与，无相应部门进行监督；
    - 而期货合约交易信息都公开，由中央银行、证券与交易委员会进行监管。

尽管远期合约和期货合约存在这些区别，但有着更多相似之处，实际上期货合约是一种特殊的远期合约。在进行理论研究时，一般忽略两者间的区别。

- 交割时间
    - 远期合约签订后，只有到期才进行交割清算，其间均不进行结算。
    - 期货交易则是每天结算的。当同品种的期货市场价格发生变动时，就会对所有该品种期货合约的多头和空头产生浮动盈余或浮动亏损，并在当天晚上就在其保证金账户体现出来。因此当市场价格朝自己有利的方向变动时，交易者不必等到到期就可逐步实现盈利。当然，若市场价格朝自己不利的方向变动时，交易者在到期之前就需要付出亏损的金额。
- 保证金
    - 远期合约无须交保证金，交割前无现金流发生；
    - 而期货合约必须交保证金并实行盯市，每天都有现金流发生。

名师解惑

标准化（standardized）

期货合约的合约规模、交割日期、交割地点等都是标准化的，即在合约上有明确的规定，无须双方再商定，价格是期货合约的唯一变量。因此，交易双方最主要的工作就是选择适合自己的期货合约，并通过交易所竞价确定成交价格。当然，不同期货合约的交割月份、交割地点等往往也有较大的差异，同种金融工具的期货合约也可以有不同的交割月份，但这也都是由交易所事先确定，并在合约中事先载明的。

3.3 期货合约和远期合约的价格比较

一般而言，期货合约的价格等于远期合约的价格，但是实际交易中，远期合约与期货合约的价格可能是不同的，这主要是因为期货合约逐日盯市的特点造成的，期货合约的每日盈亏与利率相关。

价格与利率正相关：

（1）利率上升价格上升，期货多头赚钱，期货多头盈利能以更高的收益率进行再投资。

（2）利率下降价格下降，期货多头亏钱，期货多头亏损能以更低的借款成本补足保证金。

价格与利率负相关：

（1）利率上升价格下降，期货多头亏钱，期货多头亏损要以更高的借款成本补足保证金。

（2）利率下降价格上升，期货多头赚钱，期货多头盈利要以更低的收益率进行再投资。

如果价格与利率正相关，投资者偏爱期货合约的盯市制度，推升期货合约价格。如果价格与利率负相关，投资者会偏爱远期合约而不会选择期货合约。因为短期国债期货与欧洲美元期货的收益率与价格成反比，价格与利率负相关会导致期货合约价格较低，从而反推出期货合约隐含的远期利率较高。

4. 互换合约的定价与估值

如果我们假设没有违约风险，利率互换可以通过分解成一个债券的多头与另一个债券的空头来定价，也可以通过分解成一个远期利率协议的组合来定价。

4.1　贴现率

在给互换和其它柜台交易市场上的金融工具定价的时候，现金流通常用零息票利率贴现。这是因为零息票利率反映了金融机构的资金成本。这样做的隐含假设是被定价的衍生工具的现金流的风险和银行同业拆借市场的风险相同。

4.2　运用债券组合给利率互换定价

考虑一个 2003 年 9 月 1 日生效的三年期的利率互换，名义本金是 1 亿美元。

B 公司同意支付给 A 公司年利率为 5%的利息，同时 A 公司同意支付给 B 公司 6 个月期市场利率的利息，利息每半年支付一次如图 61-8 和表 61-3。

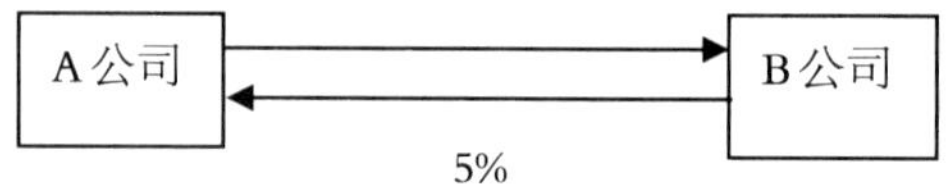

图 61-8　A 公司与 B 公司的利率互换

表 61-3　利率互换中 B 公司的现金流量表（百万美元）

日期	市场利率 (5%)	收到的浮动利息	支付的固定利息	净现金流
2003.9.1	4.20			
2004.3.1	4.80	+2.10	－ 2.50	－ 0.40
2004.9.1	5.30	+2.40	－ 2.50	－ 0.10
2005.3.1	5.50	+2.65	—2.50	＋ 0.15
2005.9.1	5.60	+2.75	－ 2.50	＋ 0.25
2006.3.1	5.90	+2.80	－ 2.50	＋ 0.30
2006.9.1	6.40	+2.95	－ 2.50	＋ 0.45

上述利率互换可以看成是两个债券头寸的组合。虽然利率互换不涉及本金交换，我们可以假设在合约的到期日，A 支付给 B 公司 1 亿美元的名义本金，同时 B 也支付给 A 公司 1 亿美元的名义本金。这不会改变互换双方的现金流，所以不会改变互换的价值。这样，利率互换可以分解成：

- B 公司按 6 个月市场利率的利率借给 A 公司 1 亿美元。
- A 公司按 5% 的年利率借给 B 公司 1 亿美元。

换个角度看，就是 B 公司向 A 公司购买了一份 1 亿美元的浮动利率债券，同时向 A 公司出售了一份 1 亿美元的固定利率（5%的年利率，每半年付息一次）债券。因此，对 B 公司而言，这个利率互换的价值就是浮动利率债券与固定利率债券价值的差。

- 定义

B_{fix}：互换合约中分解出的固定利率债券的价值。

B_{fl}：互换合约中分解出的浮动利率债券的价值。

那么，对 B 公司而言，这个互换的价值就是：

$$V_{互换}=B_{fl}-B_{fix}\quad(61.1)$$

公式（61.1）的运用，定义：

t_i：距第 i 次现金流交换的时间（$1\le i\le n$）。

L：利率互换合约中的名义本金额。

r_i：到期日为 t_i 的市场利率零息票利率。

k：支付日支付的固定利息额。

因此，固定利率债券的价值为：

$$B_{fix}=\sum_{i=1}^{n}ke^{-r_it_i}+Le^{-r_nt_n}$$

接着考虑浮动利率债券的价值。根据浮动利率债券的性质，在紧接浮动利率债券支付利息的那一刻，浮动利率债券的价值为其本金 L。假设利息下一支付日应支付的浮动利息额为 K^*（这是已知的），那么在下一次利息支付前的一刻，浮动利率债券的价值为 $B_{fl}=L+k^*$。在我们的定义中，距下一次利息支付日还有 t_l 的时间，那么今天浮动利率债券的价值应该为：

$$B_{fl}=(L+k^*)e^{-r_1t_1}$$

公式（61.1）给出了利率互换对一个支付固定利率、收入浮动利率的公司的价值，当一个公司收入固定利率，支付浮动利率的时候，互换对该公司的价值为

$$V_{互换}=B_{fix}-B_{fl}\quad(61.2)$$

利率互换中固定利率一般选择使互换初始价值为 0 的那个利率，在利率互换的有效期内，它的价值有可能是负的，也有可能是正的。这和远期合约十分相似，因此利率互换也可以看成远期合约的组合。

5. 期权的定价与估值

5.1　期权价格

如前所述，期权是卖方将一定的权利赋予买方而自己承担相应义务的一种交易，作为给期权出售方承担义务的报酬，期权买方必然要支付给期权卖方一定的费用，称为期权费或期权价格。

同样作为避险的金融工具，市场主体在运用期货（远期）进行保值的时候，直接根据需要进入合约的多头方或是空头方，在他们把亏损的可能即风险的不利

部分转移出去的同时，也把盈利的可能即风险的有利部分转移出去了，其最大的优点在于获得了确定的市场价格，因而是一种双向保值。而期权则完全不同，一般而言，通过期权保值的市场主体都会选择进入期权的多头方，进一步根据自己买卖的需要选择看涨或看跌期权，在期权交易中，多头方享有执行与否的主动权，因而只把风险的不利部分转移出去而保留了风险的有利部分，所以是一种单向保值。很显然，期权是相对更有利的保值工具。然而，市场是公平有效的，避险者进入期货（远期）合约是几乎无需任何初始成本的，而进入期权多头方则需要支付相应的成本，即期权费。再进一步拓展思考，市场主体买入期权，就如同向期权卖方投了一个规避市场价格不利变化的保险，因而其支付的期权费与投保人向保险公司支付的保险费在本质上是一致的，都是为了单向规避风险而付出的代价，而这也正是在英文中，期权费和保险费为同一单词（Premium）的根本原因。

5.2 执行价格

执行价格是指期权合约所规定的、期权买方在行使其权利时实际执行的价格（标的资产的买价或卖价）。显然，执行价格一经确定，期权买方就必然根据执行价格和标的资产实际市场价格的相对高低来决定是否行使期权，由此衍生了期权交易中常用的内在价值、实值、虚值和平价等概念。

5.3 信用违约互换

信用违约互换（credit default swap, CDS）。注意 CDS 是属于或有求索权，这也是为什么 CDS 看名字是一个互换，但却将它放在期权中讲解的一个原因。

CDS 可以理解为一种保险，举一个简单的例子：

假设有一家 A 公司，它买了 B 公司的债券，或者说将一笔钱借给了 B 公司，那么这时候 A 公司就会面临很大的风险，即 B 公司违约的风险。因为 B 公司一旦违约，就意味着 A 公司购买的 B 公司的债券或者说贷款都收不回来了。为了对冲该风险，A 公司可以在市场上找一家 C 公司购买 CDS 来规避这个风险。一般来说，这里的 C 公司一般是一些大型投行，而 A 公司购买 CDS 这个过程可以理解为购买一份保险，而这里保的是 B 公司是否违约。

那么既然是买保险，那就意味着需要给保险公司支付保费。在这里 A 公司支付给 C 公司的保费就叫做 CDS Spread。如果 B 公司没有违约，则 C 公司能够赚到的就是这一笔保险的保费；而一旦 B 公司违约，那么 C 公司就应该有义务给 A 公司理赔，也就是将 A 公司亏的那部分钱还给 A 公司。这样 A 公司就不用再担心 B 公司违约这件事情了，也就是对冲掉了 A 公司所担心的 B 公司违约的风险。

5.4 定性分析期权合约价值：价值状态

期权的价值状态（Moneyness）是定性地判断一个期权是否赚钱。可具体分为三种状态（表 61–4）：

- 实值期权（In the money）：如果立即执行权力，权力持有者的利润为正。
- 虚值期权（Out of money）：如果立即执行权力，权力持有者的利润为负。
- 平价期权（At the money）：如果立即执行权力，权力持有者的利润为零。

显然，在期权可以执行时，期权有无内在价值，将是期权买方行使还是放弃权利的决定因素。

设标的资产市场价格为 S，期权执行价格为 X，看涨期权与看跌期权的货币性如下：

- 实值看涨期权：如果 S–X>0，则该看涨期权处于盈利状态，S–X 是指如果期权持有者立即行权，以价格 X 购买一支股票然后以市场价格出售所得的收益。
- 虚值看涨期权：如果 S–X<0，则该看涨期权处于亏损状态。
- 平价看涨期权：如果 S–X=0，则该看涨期权处于盈亏平衡状态。
- 实值看跌期权：如果 X–S>0，则该看跌期权处于盈利状态，X–S 是指如果期权持有者立即行权，以价格 S 购买一支股票然后以 X 价格卖出所得的收益。
- 虚值看跌期权：如果 X–S<0，则该看跌期权处于亏损状态。
- 平价看跌期权：如果 X–S=0，则该看跌期权处于盈亏平衡状态。

表 61–4　期权的内在价值小结

价值状态	看涨期权	看跌期权
实值期权	S > X	S < X
平价期权	S = X	S = X
虚值期权	S < X	S > X

注意，这里讨论期权价值状态时均不考虑期权费。

5.5 定量的分析期权合约价值：内在价值

术语解释

期权的内在价值（Intrinsic Value）：立即执行期权的损益（回报或利润）和零两者的最大值。

下面以欧式期权为例讨论四种期权头寸的损益情况（损益不包括购买期权的费用）。

假设看涨期权的执行价格为 K，到期日标的资产的价格为 S_T。

- 如果 $S_T>K$，那么期权会得到执行，期权持有者会以 K 购买资产，然后以 S_T 卖出，获利为 (S_T-K)；
- 如果 $S_T<=K$，那么期权持有者将不会执行期权，因为他可以以低于执行价格的价格买到该资产，那么获利为 0。

用一个公式来表示（表 61-5）。

表 61-5　期权头寸的损益

看涨期权多头的回报为	$Max(S_T-K,0)$
看涨期权空头的回报为	$Min(K-S_T,0)$
看跌期权多头的回报为	$Max(K-S_T,0)$
看跌期权空头的回报为	$Min(S_T-K,0)$

用图形来表示（图 61-9）。

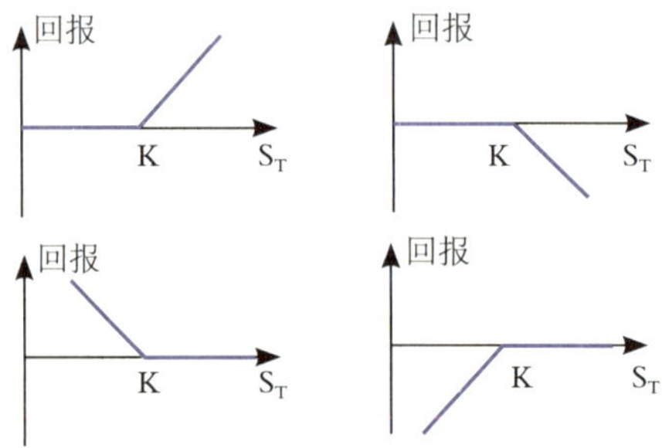

图 61-9　期权内在价值示意图

上图中，第一行两幅图分别表示看涨期权多头与看涨期权空头的回报情况；第二行两幅图分别表示看跌期权多头与看跌期权空头的回报情况。

值得注意的是，上图表明的是不考虑期权费情况下的期权损益情况，如果考虑期权费，则期权的内在价值示意图如图 61−10。

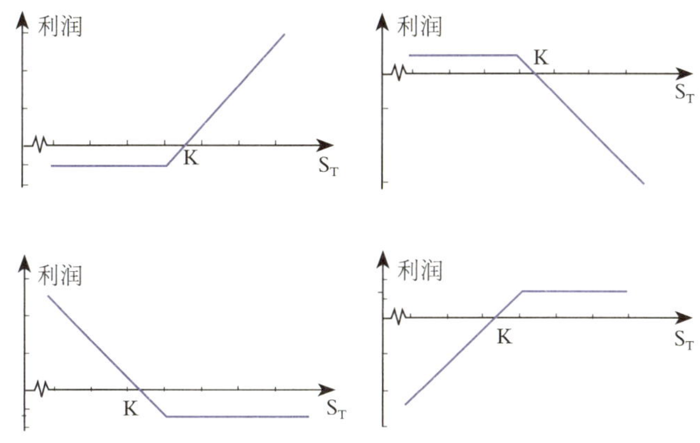

图 61-10　期权内在价值示意图（考虑期权费）

如果不考虑期权费，则期权的损益称之为“回报”（payoff），如果考虑期权费，期权的损益称之为“利润”（profit，也称为“盈亏”）。

名师解惑

可以看到，看涨期权多头的收益来自于资产价格的上涨，看跌期权多头的收益来自于资产价格的下跌。这就是为什么称为“看涨”期权和“看跌”期权的原因。

对于期权空头来说，其收益最大不超过期权的价格，对于看涨期权空头来说，其损失是随着到期日资产价格增加而增加的；对于看跌期权空头来说，其损失是随着到期日资产价格下跌而增加的。而且，由于期权只是一种衍生产品，和股票债券等资产不一样，除了交易双方，并没有其他现金流入，因此期权交易双方的损益之和是等于零的，也就是说空头的亏损金额总是等于多头的收益，反之亦然。

5.6　进一步阐述：期权的盈亏分布详细情况

我们知道，投资者进行某一金融资产的投资，必然是希望从中获取相应的回报（Payoff），而其现在为该金融资产支付的合理价格，理论上就应该等于这一回报的现值。进一步来看，如果从将来的回报中减去投资者为此资产支付的价格（暂不考虑利息），就可以得到这一金融资产未来的盈亏状况，即该投资者在这一投资上的真实损益。因此，可以说，一项金融资产的回报和盈亏状况，是投资者最关心的，也可以理解为是金融投资的本质要素。下面我们引入金融资产的回报和盈亏分析，主要介绍期权合约的回报和盈亏分析方法。同时，在期权交易中，市场上广泛存在着将期权、标的资产和其他金融资产相互组合的交易策略，而这些交易策略的实质就是通过不同资产的组合，获取特定的回报和盈亏。

- 远期和期货的回报和盈亏分析

远期与期货的回报和盈亏情况较为简单，用 K 表示远期的约定价格，S_T 表示远期标的资产的到期价格，则根据以上方法，我们同样可以得到远期多头和空头的回报和盈亏图。

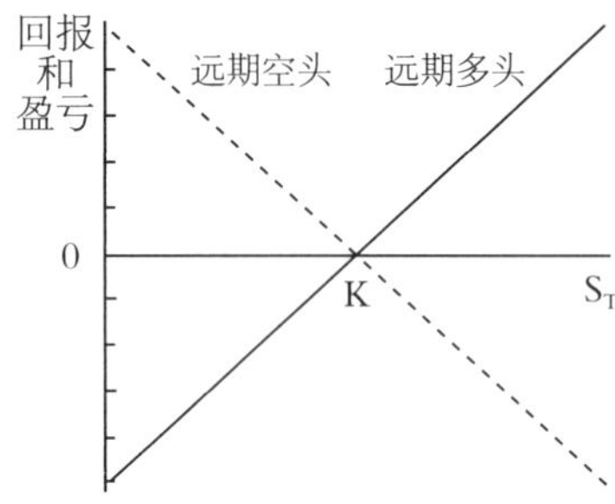

图 61-11　远期合约的回报和盈亏

从图 61−11 我们可以发现，远期合约到期时的回报和盈亏是相等的，多头为 S_T-K，空头为 $K-S_T$。这是因为一个投资者进入远期合约是无需任何费用的，即初始价格为零。

如果不考虑期货每天结算的特点，期货的到期回报和盈亏状况可以近似地等于远期的回报和盈亏状况。

- 期权的回报和盈亏分析

为了方便起见，我们引入下列符号，用以代表期权的各个特征：

当前时刻为 t 时刻，期权标的资产（以下一般假设为股票）的当前价格为 S，期权（一般假设为股票期权）在 T 到期（注意是欧式期权），T 时刻标的资产的价格用 S_T 表示，期权的约定执行价格为 X。看涨期权的价格（即期权费）为 c，而看跌期权的价格则为 p。

- 看涨期权的盈亏分布

看涨期权买方的回报和盈亏分布图如图 61-12（a）所示。由于期权买方在买入期权这一资产的时候所支付的价格为期权费，期权的回报和盈亏之间差额即为这笔固定的期权费，因此我们将回报和盈亏放在同一幅图中，它们之间的差距就是期权费的反映。由于期权合约是零和游戏（Zero-Sum Games），买方的回报和盈亏与卖方的回报和盈亏刚好相反，据此我们可以画出看涨期权卖方的回报和盈亏分布图如图 61-12（b）所示。

从图 61-12 中我们可以得到两个方面的信息：

1. 期权到期时的价值（即回报）取决于标的资产市价 S_T 与协议价格 X 的差距。对于看涨期权多头而言，其到期时的回报为 $Max(0,S_T-X)$，也就是说，如果到期标的资产价格大（等）于执行价格，就执行期权，如果小于执行价格，就不执行期权，到期的回报至少等于零；而看涨期权空头的到期回报则相应地为 $-Max(0,S_T-X)=Min(0,X-S_T)$，即看涨期权多头的所得（所失）就是空头的所失（所得），而由于多头到期回报至少等于零，从而空头到期的回报至多等于零。

2. 在考虑期权费之后，看涨期权多头到期的损益为 $Max(0,S_T-X)-c$。由于期权费是固定的，因此多头仍然应该在 $S_T=X$ 的价位开始执行期权，但直到 $S_T=X+c$（盈亏平衡点）时才能弥补期权费的损失，开始盈利。相应地，看涨期权空头到期的损益就为 $Min(0,X-S_T)+c$。因此，看涨期权买方的亏损风险是有限的，其最大亏损限度是期权价格，而其盈利可能却是无限的。相反，看涨期权卖方的亏损可能是无限的，而盈利是有限的，其最大盈利限度是期权价格。期权买方以较小的期权价格为代价换来了较大盈利的可能性，而期权卖方则为了赚取期权费而冒着无限亏损的风险。

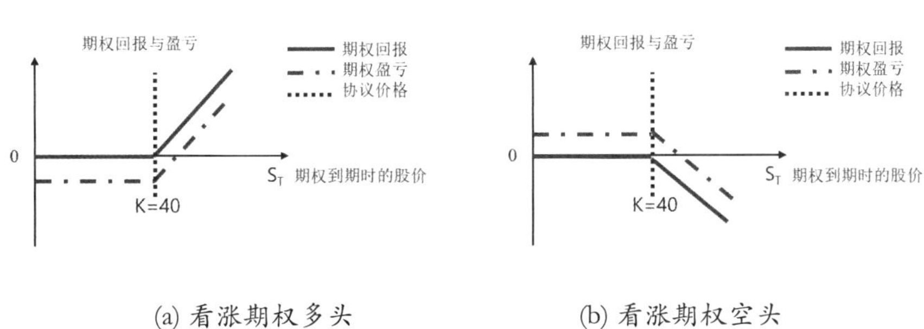

(a) 看涨期权多头　　(b) 看涨期权空头

图 61-12　看涨期权回报与盈亏分布图

同时，从期权的回报图和盈亏图中，我们也可以再次看到前文所述的内在价值、实值、虚值和平价期权的概念。在看涨期权到期日，其内在价值就等于 $Max(0,S_T-X)$，而当 $S_T>X$ 的时候为实值期权，$S_T=X$ 的时候为平价期权，$S_T<X$ 的时候则为虚值期权。

- 看跌期权的盈亏分布

看跌期权的盈亏分布图如图 61-13 所示。看跌期权多头对于是否要执行期权的决策点仍然是 X，盈亏平衡点则是 $S_T=X-p$，到期的回报是 $Max(0,X-S_T)$，损益是 $Max(0,X-S_T)-p$。也就是说，当标的资产的市价跌至执行价格点时，执行看跌期权可以开始弥补初期的期权费支出；当标的资产的市价跌至盈亏平衡点以下时，看跌期权买方就可获利，价格越低，收益越大。由于标的资产价格最低为零，因此看跌期权多头最大盈利限度是 X−p。如果标的资产市价高于协议价格，看跌期权买方就会亏损，其最大亏损是期权费。看跌期权卖方的回报和盈亏状况则与买方刚好相反，其到期回报为 $-Max(0,X-S_T)=Min(0,S_T-X)$，到期盈亏为 $Min(0,S_T-X)+p$，即看跌期权卖方的盈利是有限的期权费，亏损也是有限的，最大亏损金额为 X−p。

在看跌期权到期日，其内在价值为 $Max(0,X-S_T)$。对于看跌期权条件而言，$S_T<X$ 的期权是实值期权，$S_T=X$ 的期权为平价期权，$S_T>X$ 的期权则称为虚值期权。

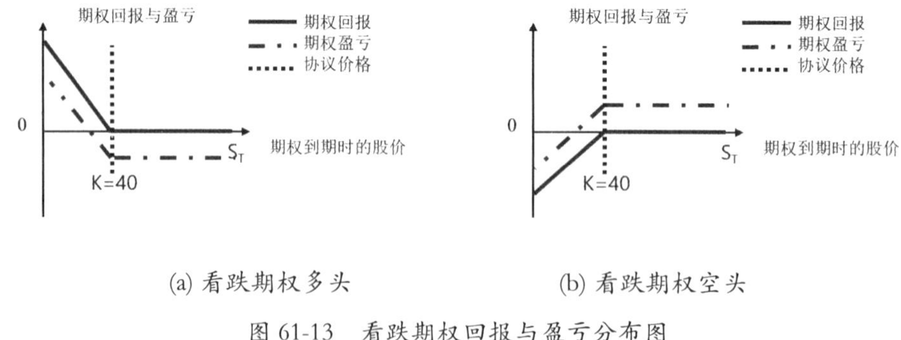

(a) 看跌期权多头　　(b) 看跌期权空头

图 61-13　看跌期权回报与盈亏分布图

- 期权内在价值再探讨

期权的内在价值（Intrinsic Value）是指期权合约本身所具有的价值，也就是期权多方行使期权时可以获得收益的现值，前文已经有所涉及。例如，如果股票的市场价格为每股 60 美元，而以该股票为标的资产的看涨期权协议价格为每股 50 美元，那么这一看涨期权的购买方只要执行此期权即可获得 1000 美元 [（60−50）×100=1000 美元]（股票期权通常为美式期权且一张期权合约的交易单位为 100 股股票）。这 1000 美元的收益就是看涨期权的内在价值。

从上述例子中我们可以很明显地看到，一个期权合约有无内在价值以及内在价值的大小，取决于该期权执行价格与其标的资产市场价格之间的关系，即与期权是实值、虚值还是平价有很大的关系。具体来看，理解期权的内在价值，需要注意两个方面的问题：

其一，欧式期权和美式期权内在价值存在一定的差异。

由于欧式期权只能在到期日执行，所以在到期以前的任一时刻，欧式期权的内在价值应该是到期时该期权内在价值的现值。因此，对于欧式看涨期权来说，其内在价值为 (S_T-X) 的现值。其中，如果标的资产在期权存续期内没有现金收益，S_T 的现值就是当前的市价（S），而对于支付现金收益的资产来说，S_T 的现值则为 S−D，其中 D 表示在期权有效期内标的资产现金收益的现值。因此，无收益资产欧式看涨期权的内在价值等于 $S-Xe^{-r(T-t)}$，而有收益资产欧式看涨期权的内在价值等于 $S-D-Xe^{-r(T-t)}$。同样道理，无收益资产欧式看跌期权的内在价值都为 X $e^{-r(T-t)}-S$，有收益资产欧式看跌期权的内在价值都为 X $e^{-r(T-t)}+D-S$。

美式期权与欧式期权的最大区别在于其可以提前执行，因此，美式期权的内在价值就应该等于其即时执行的收益，而无须对 X 进行贴现。但是，我们在后文将证明，美式看涨期权当中，如果标的资产是没有现金收益的，在期权到期前提前行使无收益美式看涨期权是不明智的。因此无收益资产美式看涨期权价格等于欧式看涨期权价格，其内在价值也就等于 $S-Xe^{-r(T-t)}$。另外，有收益资产美式看涨期权虽然有提前执行的可能，但可能性较小，因此一般都认为其内在价值也等于 $S-D-Xe^{-r(T-t)}$，即也等于相应的欧式看涨期权内在价值。对于美式看跌期权来说，由于提前执行有可能是合理的，因此其内在价值与欧式看跌期权不同。其中，无收益资产美式期权的内在价值等于 X−S，有收益资产美式期权的内在价值等于 X+D−S。

因此，欧式期权和美式期权内在价值的主要差异就在于贴现与否，但现实生活中常常不考虑贴现问题，而将它们视为相同，都采用美式期权即时执行的内在价值。

其二，期权的内在价值应大于等于 0。

将期权的内在价值与实值、虚值和平价等相联系，从理论上说，实值期权内在价值为正，虚值期权内在价值为负，而平价期权内在价值为零。但从实际来看，期权多头方是不会执行虚值期权（即标的资产市价低于协议价格的看涨期权和标的资产市价高于协议价格的看跌期权）的，因此内在价值至少等于零。

5.7 期权的价值构成

备考指南
期权的价值构成原理，是计算二叉树的基础，需理解。

期权的价格包括两部分，内在价值与时间价值。

- 内在价值：就是指期权立即执行时的收益和零之间的最大值，当期权立即执行收益为正时，内在价值等于该收益，当期权立即执行收益为负时，内在价值等于零。期权的价格很显然要大于期权的内在价值，因为如果期权的价格小于其内在价值的话，那么投资者可以买入期权，然后执行期权可得到大于期权价格的收入，这样投资者就可以获得无风险的利润，这种情况在有效市场中是不可能存在的。
- 时间价值：期权价格和期权的内在价值之间的差值就是期权的时间价值，时间价值实际上是期权购买者为什么持有期权的理由，如果期权没有时间价值，那么投资者不可能持有虚值期权，即使是实值期权，其价格也肯定等于内在价值，持有期权没有任何意义。因为当期权为虚值或平价的时候内在价值为零，所以此时期权的时间价值就等于期权的价格。与我们平时所理解的时间价值（即无风险利率，货币持有者暂时放弃货币所获得的回报）不同，期权的时间价值是指在期权有效期内标的资产价格波动为期权持有者带来收益的可能性所隐含的价值。换句话说，期权的时间价值实质上是期权在其到期之前获利潜力的价值。我们知道，期权的买方通过支付期权费，获得了相应的权利，即（近于）无限的收益可能和有限的损失。这意味着标的资产价格发生同样的上升和下降，所带来的期权价值的变化是不对称的，这一不对称性，使得期权总价值超过了其内在价值，就是期权时间价值的根本来源。

与内在价值不同，期权的时间价值通常不易直接计算，因此，它一般是运用期权的总价值减去内在价值求得的如图 61-14。

例如，某债券的市场价格目前为 110 美元，而以该债券为标的资产、执行价格为 100 美元的看涨期权则以 12 美元成交。那么，该看涨期权的内在价值为 10 美元（110 美元 -100 美元），而它的时间价值则为 2 美元（12 美元 -10 美元）。

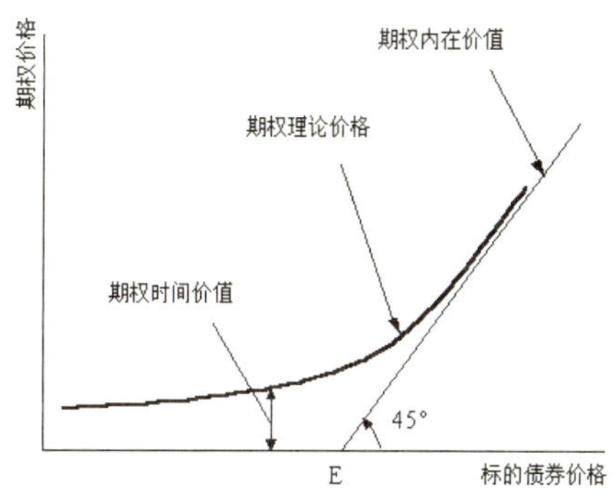

图 61-14　期权时间价值

名师解惑

凭借上图可以更好地理解期权价值的构成关系。该图显示的债券看涨期权的价值状态。显然，期权价值很大程度上依赖于标的资产的价格状态，上图中，当标的债券的价格不断变大时，看涨期权的价值也不断变大。在不考虑货币的时间价值的情况下，当标的债券的市场价值等于执行价格（平价期权）时，期权的内在价值为零，但是此时期权的时间价值最大，且等于期权价值。当债券价格持续上涨，则期权成为实值期权，内在价值逐渐变大，但是时间价值逐渐变小。更极端地，当债券价格市场变得很高，则期权的价值几乎全部由内在价值构成，时间价值很小。这是什么原因呢？这需要从期权时间价值的本质予以分析，时间价值实际上就是期权在其到期之前获利潜力的价值，在标的资产的价格已经很高的情况下，其继续升值的潜力（可能性）显然很小，则期权时间价值很小。同样，当债券市场价格趋向于零的时候，此时期权为虚值期权，并且标的资产价格很低，其升值的潜力（可能性）同样不大，则期权的时间价值也较小。当债券市场价格等于执行价格时，其升值的潜力（可能性）最大，时间价值也最大。

考试小技巧

- 当期权处于极度实值（可看作近乎 100% 执行）或极度虚值（可看作近乎 0 执行）时，时间价值将趋向于零。
- 在到期日以前，因为标的资产还有时间具有价值上升的潜力，则期权时间价值大于零，此时期权价值大于内在价值。期权的时间价值随着到期日的临近而逐渐减少，到期日当天，期权价值等于内在价值。

- 期权价格的变动幅度大于标的资产价格的变动幅度。

5.8 买卖权平价关系

买卖权平价关系（Put-Call Parity）是指具有相同的行使价与到期日的金融工具，其看涨期权与看跌期权价格间所必然存在的基本关系。如果两者不相同，则存在套利的空间。具体买卖权平价关系为：

$$c+\frac{K}{(1+R_f)^T}=p+S$$

在买卖权平价关系中，看涨期权的期权费 c 加上行权价格 K 以无风险收益率折现，应当等于看跌期权的期权费 p 加上标的资产 S，可以简单记忆为 CK 等于 PS。

买卖权平价关系的推导可以通过投资组合的构建进行推导。

等式左边，$c+\frac{K}{(1+R_f)^T}$ 可以看作买入一个看涨期权，同时买入一个零息债券，这个债券的面值就等于看涨期权标的资产的行权价格，且到期时间和看涨期权到期时间相同，这样的一个投资组合称为信用买权（Fiduciary call）。买入看涨期权意味着在期权到期的时候，投资者有权利以约定价格 K 来购买标的资产，而买入面值为 K 的零息债券，意味着在债券到期时投资者刚好能够拿到 K，用这笔资金来购买标的资产。

站在到期日这个时间点上，这个信用买权的收益情况可以总结为表 61-6。

表 61-6 信用买权

	$S_T<K$	$S_T=K$	$S_T>K$
买入看涨期权	0	0	S_T-K
买入债券	K	K	K
组合整体收益	K	K/ S_T	S_T

而等式右边，$p+S$ 可以看作是买入一个看跌期权，同时买入一个标的资产。这样一个投资组合称为保护性看跌期权（Protective put），因为此时买入的看跌

期权可以为买入的标的资产提供一个下跌保护。而等式右边在期权到期时刻的收益情况总结为表 61–7。

表 61–7　保护性看跌期权

	S_T<K	S_T=K	S_T>K
买入看跌期权	K− S_T	0	0
买入标的资产	S_T	S_T	S_T
组合整体收益	K	K/S_T	S_T

根据以上两张表格对比可以发现，不管是 S_T 和 K 的大小关系如何，以上两个投资组合整体的损益情况都是一样的，因此我们可以得到结论，即买卖权平价关系是成立的。

基于买卖权平价关系的基本等式，会有以下等式的变形：

$$c = p + S - \frac{K}{(1+R_f)^T}$$

$$p = c + \frac{K}{(1+R_f)^T} - S$$

$$S = c + \frac{K}{(1+R_f)^T} - p$$

只要掌握最基本的买卖权平价关系，变形公式只是基本关系的代数变形。而基于这些式子体现出了合成的思想，也就是我们可以通过等式右边的投资组合，复制出等式左边的投资工具。在上述公式中，正号代表买入，负号代表卖出，因此我们买入一个看涨期权，可以通过买入一个相同行权价格的看跌期权，买入一个标的资产，同时卖出一个以标的资产行权价格为面值的债券得到。

在买卖权平价关系基础上加入远期合约可以得到买卖权远期平价关系（Put–Call forward parity），

$$c + \frac{K}{(1+R_f)^T} = p + \frac{FP}{(1+R_f)^T}$$

等式左边，与买卖权平价关系相同，$c + \frac{K}{(1+R_f)^T}$ 是信用买权。

等式右边，$p + \frac{FP}{(1+R_f)^T}$ 可以看作是买入一个看跌期权，同时买入面值为 K 的零息债券，并且签订一份远期合约，约定在 T 时刻以 FP 价格买入标的资产。这样一个投资组合称为为“Protective put with forward contract”（表 61–8）。

表 61-8　对比保护性看跌期权和合成的保护性看跌期权的损益

Protective Put vs. Synthetic Protective Put			
Position	Cash Flow	Put Exercised	No Exercise
	at $t = 0$	$(S_T < X)$	$(S_T \geqslant X)$
Protective Put:			
Purchased Put (p_0)	p_0	$X - S_T$	0
Cash Underlying (S_0)	S_0	S_T	S_T
Total payoff:	$p_0 + S_0$	X	S_T
Synthetic Protective Put:			
Purchased Put (p_0)	p_0	$X - S_T$	0
Forward Purchase	0	$S_T - F_0(T)$	$S_T - F_0(T)$
Risk-Free Bond		$F_0(T)$	$F_0(T)$
$F_0(T)/(1 + r)^T$	$F_0(T)/(1 + r)^T$		
Total payoff:	$p_0+F_0(T)/(1 + r)^T$ $(= p_0 + S_0)$	X	S_T

在期初和期末时间点，“保护性看跌期权”（Protective Put）和“合成的保护性看跌期权”（Synthetic Protective Put）这两个投资组合整体的损益（Payoff）情况是一样的。以期末时间点为例解释“合成的保护性看跌期权”，第一种情况如果 $S_T \geqslant X$，看跌期权不行权，损益为 0。债券到期，收到面值 $F_0(T)$。然后用收到的钱去执行远期合约，以约定好的 $F_0(T)$ 购买价值 S_T 的股票。综上三个资产情况，手里的 S_T 股票可变现为等额 S_T 的现金，也就是整个“合成的保护性看跌期权”的损益，就是到期标的资产股票的价格 S_T。

第二种情况如果 $S_T < X$，债券到期，收到面值 $F_0(T)$。用收到的钱去执行远期合约，以约定好的 $F_0(T)$ 购买价值 S_T 的股票。此时看跌期权行权，将购买价值 S_T 的标的资产股票以 X 价格卖掉，收到 X 现金。综上三个资产情况，整个“合成的保护性看跌期权”的损益是现金 X。

表 61-9　对比合成的保护性看跌期权和信用买权

Synthetic Protective Put vs. Fiduciary Call			
Position	Put Exercised	No Exercise	Call Exercised
	$(S_T< X)$	$(S_T = X)$	$(S_T > X)$
Synthetic Protective Put:			
Purchased Put (p_0)	$X - S_T$	0	0

（续表）

Synthetic Protective Put vs. Fiduciary Call			
Position	Put Exercised	No Exercise	Call Exercised
Forward Purchase	$S_T - F_0(T)$	$S_T - F_0(T)$	$S_T - F_0(T)$
Risk-Free Bond $F_0(T)/(1+r)^T$	$F_0(T)$	$F_0(T)$	$F_0(T)$
Total:	X	S_T (= X)	S_T
Fiduciary Call:			
Purchased Call (c_0)	0	0	$S_T - X$
Risk-Free Asset	X	X	X
Total:	X	X (= S_T)	S_T

根据表 61-9，第一种情况如果 $S_T \geqslant X$，整个“合成的保护性看跌期权”的损益为 S_T，第二种情况如果 $S_T < X$，整个“合成的保护性看跌期权”的损益为 X。

接下来在合约到期时刻分析“信用买权”（Fiduciary call）投资组合的损益。第一种情况如果 $S_T \geqslant X$，债券到期，收到面值 X 现金，看涨期权行权，用收到的现金 X 买入价值 S_T 标的资产股票，股票可以变现 S_T 现金，整个“信用买权”的损益为 S_T。第二种情况如果 $S_T < X$，债券到期，收到面值 X 现金，看涨期权不行权，整个“信用买权”的损益为 X。

可以发现买卖权平价公式左右两边的投资组合有相同的损益状态。

5.9 买卖权平价公式的应用：公司价值

假设（t=0）一家市值为（V_0）的公司的股权价值为 E_0，并以面值为（D）的零息票债务的形式获得借入资本。$V_0=E_0+PV(D)$。

当债务在 T 到期时，公司需要满足债权人的债务并向股东分配剩余资产，根据公司价值（V_T）有两种结果可能发生（图 61-15）：

有能力偿付债务的情况下，也就是 $V_T>D$，可以将资本向给股东和债务人分配。此时债务人收到全额偿还的 D，股东可收到剩余资产：$E_T=V_T-D$。

没有能力偿债的情况下，$V_T<D$ 意味着公司破产，股东什么也得不到，公司应该偿还债务人的债务超过公司资产的价值。因此，在 T 时债务人优先得到 V_T 债务索赔。股东没有索赔，$E_T=0$。

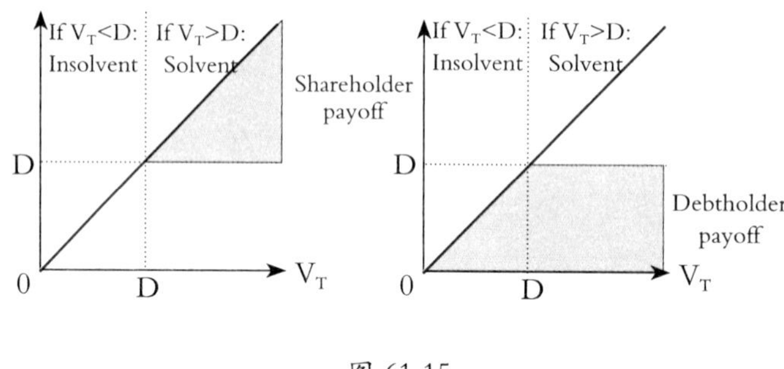

图 61-15

结合买卖权平价公式和上图，股东相当于持有“信用买权（Fiduciary call）”，买入一个看涨期权，同时买入一个零息债券，股东可以享有公司运营良好后产生的盈利部分，对应三角形阴影部分。而债权人相当于持有了“保护性看跌期权（Protective put）”，买入一个看跌期权，同时买入一个标的资产，债权人可以达到的债务部分对应矩形阴影部分。

5.10 期权价格的影响因素

关于期权价格的影响因素，需要知道各影响因素对于期权价格是正向影响还是负向影响，这是 CFA 一级考试的重点。

首先看标的资产价格，对于看涨期权而言，可以以约定的价格买入一个价值更高的资产，因此标的资产的价格和期权价格是正相关的；而对于看跌期权而言，标的资产价格上涨，那么卖出资产的时候收益就会越来越小，因此看跌期权的价格和标的资产价格是负相关的。

第二，对于波动率而言，不管是看涨期权还是看跌期权，都是正向相关的关系，因为我们购买期权之后，标的资产价格变动就可能给我们带来行权的可能，就可能获得收益，买了期权最担心的就是价格没有任何波动。

第三，对于无风险收益，我们可以通过买卖权平价公式来看两者之间的关系，将买卖权平价公式进行整理，我们可以清楚地看到，看涨期权和无风险收益呈正相关关系，看跌期权和无风险收益呈负相关关系。

第四个影响因素是时间，这里需要注意的是，对于时间而言，一般说来都是时间越长，期权价值越高，因为期权价值由两部分构成，内在价值和时间价值，而时间越长一般说来时间价值也就越高。但是对于看跌期权而言有个特例，即对于欧式看跌期权而言，并不一定是时间越长，期权价值越高。

这里首先要和大家补充一下什么是欧式期权（European Option），与之对应的还有一种期权是美式期权（American Option）。这两个期权的区别就是关于行权的时间，欧式期权只有在到期日才能行权，而美式期权在到期日之前的任何时间都可以行权。

所以对于欧式看跌期权而言，不一定是时间越长、价值越高，因为对于普通看跌期权而言，它的价值是有最高值的，因此如果今天的标的资产的价格已经趋近于 0 了，那么这个时候明天到期的欧式看跌期权会比十年后到期的欧式看跌期权更值钱。因为如果明天到期，那么就可以行权将这个价值落袋为安，但是如果 10 年后才到期，说不定未来这个公司又重振旗鼓，所以欧式看跌期权并不一定是时间越长，价值越高。但是美式看跌期权就没有这个问题，因为美式期权在到期日前任何时间都可以行权，哪怕是十年后到期，如果今天我看到这家公司的股价趋近于 0 了，就立刻可以选择行权。

第五个影响因素是行权价格。由于看涨期权是买权，希望行权时的行权价格越低越好，因此行权价格越低，看涨期权的价值越高，呈负相关。而看跌期权是卖权，希望卖出的价格越高越好，因此行权价格越高，看跌期权价值越高，呈现正相关关系。

5.11　一期二叉树定价模型

> — 备考指南 —
> 期权的定价三个模型充分掌握。

- 期权的定价

股票二叉树（图 61-16）。首先要注意的是二叉树中各个节点是股票价格。比如说一个看涨期权，到期可以以 10 元的价格买入浦发银行的股票，这就是一个典型的看涨期权。求期权的价格的思路是：看涨期权值多少钱，最终取决于最核心的影响因素是 3 个月到期的时候浦发银行的价格值多少钱，如果不知道 3 个月到期时浦发银行的价格是多少钱，也无法知道这个期权值多少钱。所以二叉树各节点就是三个月之后股票价格。假设三个月之后浦发银行的股价是 15 元，那么看涨期权的价值就是 5（15−10=5）元，然后再折现到 0 时间点，即可以求出期权现在的价值。如果到期时浦发银行的价格是 8 元，那么看涨期权没有价值。所以要知道看涨期权值多少钱，关键要知道标的资产，也就是股票的价格。

在 CFA 的体系内，一期二叉树默认是 1 年，但实际的过程当中这一期可以是一年也可以是 1 个月，比如说在 FRM 中也有 1 期是 1 个月，但是在 CFA 中默认是 1 年，而且所有的题目也都是 1 年 1 期。现在有一只股票，股票价格是

S_0，默认二叉树模型有一个假设，一年之后股价只可能有两种情况——上涨和下跌。上涨价格记为 S^+，下跌价格记为 S^-，其中 $S^+=S_0\times u$，u 代表上涨的幅度，$S^-=S_0\times d$，d 代表下跌的幅度。u 和 d 可以通过历史数据的波动率得到。

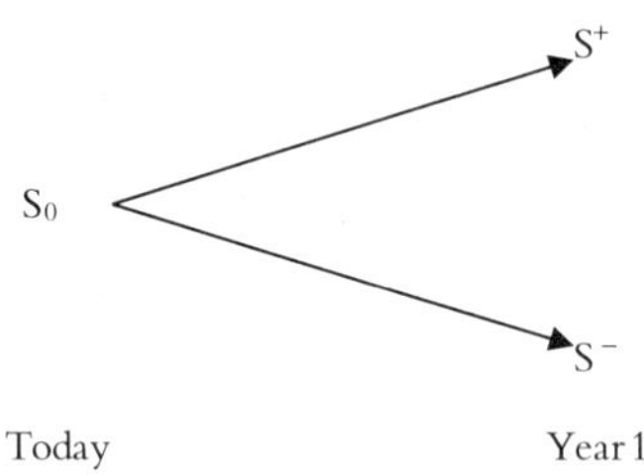

图 61-16　二叉树

知道 u 和 d 之后，就可以知道 S^+ 和 S^-，从而可以得知在这两种情况下期权的价值，股价上升和下降所对应的期权价值 C^+ 和 C^- 情况如下：

$$C^+=\max(0,S^+-X),C^-=\max(0,S^--X)$$

计算出来的 C^+ 和 C^- 发生在 1 时刻，最终要求的是 0 时间点看涨期权的定价 C_0。所以还需要知道两个概率，股票价格上涨的概率 π_u 和下跌的概率 π_d，两者的关系是 $\pi_d=1-\pi_u$。计算出 π_u，π_d 之后，利用公式：$C_1=\pi_u\times C^++\pi_d\times C^-$，可以知道期权在 1 时间点的预期价值，请注意这是发生在 1 时间点的期望，在 0 时间点的价值就需要进行折现，除以 $1+R_f$ 就能求出 C_0。公式如下：

$$C_0=\frac{\pi_u\times C^++\pi_d\times C^-}{1+R_f}$$

π_u 需要用到衍生产品非常核心的思想就是风险中性理论，在风险中性理论中，第一，衍生产品里面所有的现金流都是用无风险收益率进行折现的；第二，长久来看，衍生产品只能获得无风险收益，因为如果说持续地高于或低于无风险利率，都会发生套利机会。

也就是说上涨的收益和下跌的收益的预期收益率就是无风险收益率。

推导过程如下：

如果股票价格上涨，收益是（u−1）× π_u；如果股票价格下跌，收益是（d−1）× π_d。所以把上涨的收益乘以上涨的概率加下跌的收益乘以下跌的概率就可以算出一个平均收益，这个平均收益等于无风险收益。请注意：这个公式有个前提假设就是默认为 1 期都是 1 年。公式如下：

$$\pi_u\times(u-1)+\pi_d\times(d-1)=R_f;\quad \pi_u+\pi_d=1$$

$$\pi_u=\frac{1+R_f-d}{u-d}$$

此外，在一级就已经讨论过的公式：option value = intrinsic value + time value；内在价值（intrinsic value）是现在立即执行这个权利能赚多少钱。另外，时间价值越大，期权的价值也越高，赚钱的可能性越高。

但是在用二叉树求定价的时候，C^+ 和 C^- 都是期权的内在价值，在求 C_0 的时候只折现了内在价值。二叉树精妙的点在于各节点都是期权在到期的时候标的资产股票的价格。这个时间点上期权已经到期，到期的期权价值就等于期权的内在价值，没有时间价值。所以只折现内在价值就是期权的价值，折现到 0 时间点算出来的就是期权在 0 时间点的 C_0。

第二个需要说明的是：有些情况下会有假设 u=1/d。如果题目中只给出 u 和 d 的其中一个数据，那这时候就认为 d=1/u，这是我们做题目的一般法则。主要是因为当二叉树有两期，$S^{++}=S_0\times u\times u$，$S^{+-}=S_0\times u\times d$，$S^{--}=S_0\times d\times d$，如果 u=1/d，就认为 $S_0=S^{+-}$，说明二叉树的中枢是条水平的直线，因为不管股价上涨下跌还是下跌上涨，二叉树的中枢是水平的。股票是有趋势的，就算 ud ＞ 1 或 ud ＜ 1，也可以，那就说明二叉树的中枢是慢慢上升的或者是慢慢下降的，所以 ud 不一定要等于 1。这是要说明的第二个点。

举个例子

【例】

一个一年期的二叉树，执行价格是 30 元，现在的股票价格是 30 元，无风险收益是 5%，股价上涨幅度是 1.25，计算看涨期权的价格。

【解析】

题目中没有告知股价的下跌幅度，默认 u=1/d。那么 d=1/1.25=0.8。

$$S^+=S_0\times u=30\times 1.25=37.5$$

$$S^-=S_0\times d=30\times 0.8=24$$

$$C^+=\max(0,S^+-X)=\max(0,37.5-30)=7.5$$

$$C^-=\max(0,S^--X)=\max(0,24-30)=0$$

$$\pi_u=\frac{1+R_f-d}{u-d}=\frac{1+5\%-0.8}{1.25-0.8}=0.556$$

$$\pi_d=1-\pi_u=0.444$$

$$C_0=\frac{\pi_u\times C^++\pi_d\times C^-}{1+R_f}=\frac{0.556\times 7.5+0.444\times 0}{1+5\%}=3.97$$

10

第十部分　另类投资

知识导引

除了传统的证券投资外，分析师为了资产配置的多样性还会涉及另类投资。所谓另类投资，是指传统的股票、债券和现金之外的金融和实物资产，如房地产、证券化资产、对冲基金、私募股权基金、大宗商品、艺术品等。德意志银行旗下全球另类投资管理分支机构睿富（RREEF）首席经济学家兼策略师 Asieh Mansour 日前对过去 10 年全球市场的总结时说道："四大另类投资（alternative investment）资产类别——房地产、基础建设、私募投资和对冲基金的回报率要高于传统的股票和债券投资。"展望未来 10 年，他断言，股票和债券的投资回报将进一步下降，这将促使全球机构投资者创建跨越所有资产品种的投资组合，以提高回报，减少波动。所以，了解另类投资也是一项重要课题。

考点说明

另类投资在 CFA 一级考试中占比只有 5~8%，也就是在一级考试中共考察 5~14 题。尽管在 CFA 考试中的比重不大，但另类投资的考点相对集中，知识点难度低，要求考生尽量抓住每一道题的分数。

另类投资有 3 个模块，其中我们需要重点掌握的是另类投资的特点、对冲基金、私募股权基金、自然资源、房地产以及基础设施投资等。

第 62 章 另类投资介绍

本章知识点		讲义知识点
一、另类投资与传统投资的区别	掌握另类投资与传统投资的区别	特点及投资方法
二、另类投资的种类	掌握另类投资的种类	
三、另类投资的投资方法	掌握另类投资不同的投资方法及优缺点	
四、另类投资的薪酬结构	了解另类投资的薪酬结构和条款	投资和薪酬结构
五、对冲基金	掌握对冲基金的相关知识点	对冲基金
六、私募资本	掌握私募投资的相关知识点	私募资本
七、自然资源	掌握自然资源的相关知识点	自然资源
八、房地产	了解房地产投资的方式、特点和风险	房地产
九、基础设施	了解基础设施投资的相关知识点	基础设施
十、另类投资的评估	了解另类投资评估中可能遇到的问题	业绩评估
十一、另类投资的费用结构及收益	掌握对冲基金费用结构和收益的计算	计算费用和回报

知识导引

本节介绍了另类投资的概念与主要分类。另类投资是指传统投资以外的其他投资品种。知识点以定性为主。

本节首先介绍了另类投资与传统投资的区别。另类投资风险收益的特征。然后又对另类投资的各子类进行详细的介绍，包括了对冲基金、私募资本、房地产投资、自然资源投资等。其中对冲基金和私募资本是本节的重点。关于对冲基金我们要掌握其管理费和业绩激励费用的计算、对冲基金的主要投资策略，以及基金中的基金的优缺点。关于私募资本，我们需要掌握其主要投资策略的相关知识点。

本章思维导图

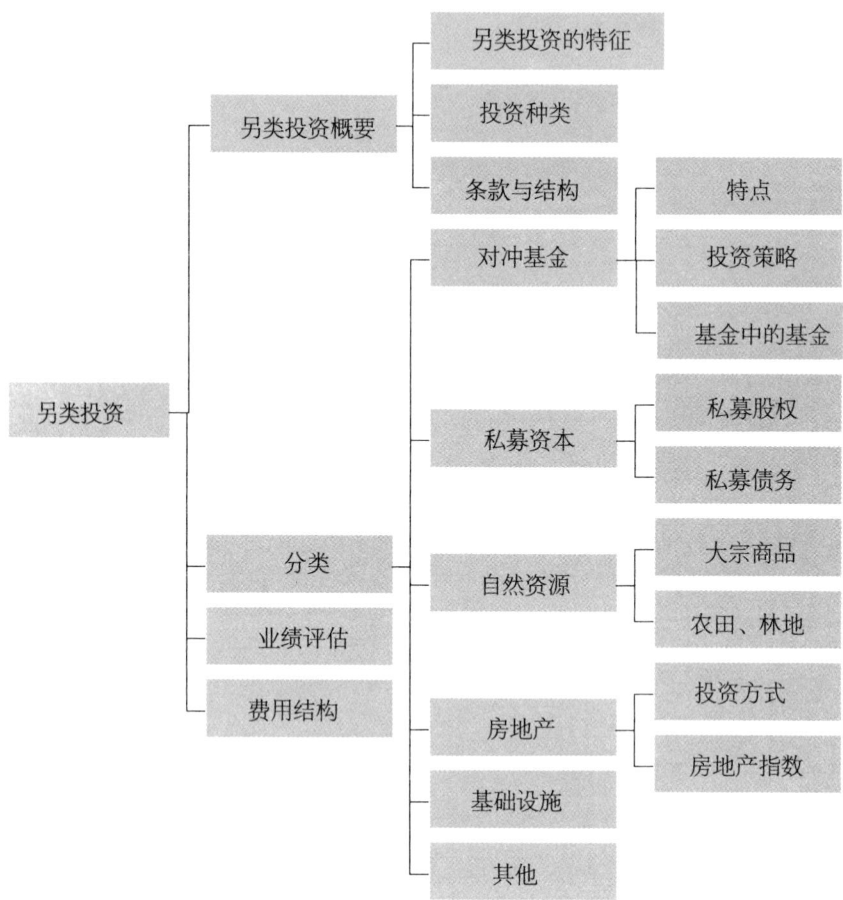
另类投资
另类投资概要
另类投资的特征
投资种类
条款与结构
分类
对冲基金
特点
投资策略
基金中的基金
私募资本
私募股权
私募债务
自然资源
大宗商品
农田、林地
房地产
投资方式
房地产指数
基础设施
其他
业绩评估
费用结构

1. 另类投资的特点以及与传统投资的区别

传统投资的范畴包括股票、债券和现金等。另类投资包传统投资以外的金融投资资产，如对冲基金、私募股权基金和一些金融衍生产品等，也可能包括一些有形资产投资，比如大宗商品和房地产。投资者在另类投资领域中大量使用了杠杆。

与传统投资相比，另类投资具有如下特征：

- 交易流动性（trading liquidity）：相对于传统投资产品股票和债券而言，另类投资由于缺少规范市场，所以流动性较差，并且在交易活动上受到限制。
- 狭窄领域的专家管理（narrow manage specialization）：另类投资的各个投资子类千差万别，投资经理们一般都是专精于某一领域，提供专业化的管理服务。
- 投资期限（investment horizon）：对于传统市场来说，因为它有成形的规范市场和较高的交易流动性，投资者既可以做短期投资，也可以做长期投资。但是，大部分另类投资者都是做长期投资，因为另类投资者缺少快速将另类投资产品套现的市场，并且需要花费更多的交易费。
- 风险相关性（risk correlation）：另类投资与传统投资之间风险相关性较低，把另类投资加入到传统投资的投资组合中能够增加投资组合的多元性，分散组合的风险。但是在某些特定时期，比如全球范围内的经济危机，另类投资和传统投资的相关性可能会增加，因此风险分散化的效果就不那么明显了。
- 历史数据有限：另类投资的历史业绩数据并不全面，因此在评估投资业绩时，可能会存在一些问题。许多投资类型，比如房地产直接投资和私募股权投资用的是估计值而非市场价值，因此，其投资风险可能会被低估。
- 监管程度低，信息不透明：另类投资的很多领域，如对冲基金，私募股权基金受监管程度低，没有详细的信息披露要求，所以信息不透明。
- 特殊的税收和法律政策：特别的税收优惠也是另类投资的平均收益高于传统投资的原因之一，比如房地产投资信托（REITs）在满足某些条件下会得到相应的税收优惠。
- 投资相关费用更高：另类投资由于流动性一般较差，有较高的交易成本或管理成本。
- 头寸相对集中：另类投资一般集中投资于较少的几类资产，忽视风险分散化。如果策略得当，投资者能够获得超额回报，如果策略失败，投资者同样损失惨重。

- 限制赎回条款：另类投资中，如对冲基金和私募股权基金往往都设定有投资的锁定期（lockup period）和通知期（notice period）等限制。

2. 另类投资的种类

另类投资的种类包括对冲基金、私募资本、房地产、自然资源以及其他的另类投资等。

2.1 对冲基金

对冲（hedging）是一种旨在降低风险的行为或策略，如套期保值。套期保值常见的形式是在一个市场或资产上做交易，以对冲在另一个市场或资产上的风险。但是经过几十年的演变，对冲基金（hedge fund）已失去其初始的风险对冲的内涵，对冲基金的这个名字变的徒有虚名。对冲基金已成为一种新投资模式的代名词，即基于最新的投资理论和极其复杂的金融市场操作技巧，充分利用各种金融衍生产品的杠杆，承担高风险，追求高收益的投资模式。

2.2 私募资本

私募资本是指向非公开市场的公司提供资金的广义术语，包含私募股权投资（private equity, PE）和私募债务（private debt）。私募股权投资基金是指通过非公开投资的方式对私有企业，即非上市企业进行的权益性投资，在交易实施过程中附带考虑了将来的退出机制，即通过上市、并购或管理层回购等方式，出售持股获利。私募债务是指提供给非上市实体的债务。

2.3 房地产投资

房地产投资（real estate）一般通过直接或者间接投资于建筑以及土地等资产，总体来说，以租金收入和物业增值收入来体现投资价值。随着证券化的风靡，房地产投资也扩大了投资范围，包括私募商业地产股权或债权投资、公募地产股权或者债权投资等。

2.4 自然资源

2.4.1 大宗商品

大宗商品（commodity）投资包括对实物资产投资，比如谷物、金属、能源等。投资者可以通过大宗商品期货合约以及基于大宗商品指数的基金进行大宗商品投资。

2.4.2 农田和林地（farmland and timberland）

农业用地用于养殖动植物，农业用地投资包括多种策略，包括购买农田，以便将其租回给农民，或从作物（如玉米、棉花、小麦）或牲畜（如牛）的生长、收获和销售中获得收入流。投资林地通常包括投资天然林或管理的树木种植园，以便在树木收获时获得回报。

2.5 基础设施

基础设施基础设施资产是资本密集型资产，使用寿命长，真实的用于公共用途的资产，如道路、水坝和学校，以及提供基本服务。

2.6 其他类别

其他类别包括投资于有形资产（比如酒类、艺术品、邮票及收藏品）和无形资产（比如专利权）。

3. 另类投资的投资方法

本节介绍了三种另类投资的方法，分别是直接投资、共同投资以及基金投资。它们的优点和缺点各有不同。

3.1 基金投资

在基金投资（fund investing）中，投资者向基金出资，基金代表投资者进行投资。

对于基金的服务，将根据管理的资产金额收取费用，如果基金经理取得了优异的业绩，可以收取激励费。基金投资可被视为一种间接投资另类资产的方法。基金投资适用于所有主要的另类投资类型，包括对冲基金、私募资本、房地产、基础设施等。

3.1.1 基金投资的优缺点

基金投资的优点可以总结为：

- 基金经理提供的专业服务；
- （与“直接投资”和“共同投资”方法相比）投资者参与度较低；
- 投资者无需掌握高级专业知识即可进行另类投资；
- 基金投资需要的资金量要求较小；
- 由于基金经理投资了多个领域，投资者可以获得多元化收益来源。

基金投资的缺点可以总结为：

- 投资于另类投资的基金成本较高，因为投资者需要支付管理费和激励费，这些费用通常高于传统资产类别的费用。
- 投资者在选择适合投资基金时，必须进行彻底的尽职调查，因为市场上基金经理的业绩回报的波动比较大。

3.1.2 基金投资的尽职调查

选择基金经理是投资组合绩效的关键因素。经理应具有可验证的业绩记录，并在资产类型方面显示出较高水平的专业知识和经验，应为资产管理团队安排适当的工作量，并提供足够的资源。此外，基金经理还应该获得有效的薪酬方案，以确保利益一致、连续性、动机和对资产的彻底监督。

欺诈虽然不常见，但总是有可能发生的。投资者应该对异常良好且过度一致的业绩报告持怀疑态度。第三方保管资产和独立验证结果有助于降低投资者被欺诈的可能性，此外，管理者多元化也是明智之举。

单独的账户使得欺诈更加困难，因为投资者保留资产的保管权，有时可以选择主要经纪人或其他服务提供商，将其与客户的利益结合起来。

3.2 共同投资

在共同投资（co-investing）中，投资者通过基金间接投资于资产，但也拥有直接投资于同一资产组的权利（称为共同投资权，co-investment rights）。通过共同投资，当基金确定交易时，投资者能够与基金一起进行投资，投资者不限于仅通过投资基金参与交易。

3.2.1　共同投资的优缺点 zhui

共同投资的优点可以总结为：

- 共同投资者基本上是直接投资和间接投资的混合体，他们可以从基金的流程中学习，并利用他们获得的经验，更好地进行直接投资；
- 与基金投资相比，共同投资使投资者能够更积极地参与其投资组合的管理。随着经验和资本的增加，投资者可能更喜欢直接投资，将专业知识带到内部；
- 较低的基金管理费。

共同投资的优点可以总结为：

- 共同投资者减少了对投资选择过程的控制（与直接投资相比）；
- 并可能受到逆向选择偏差的影响，即基金管理人在将自身资本分配给更具吸引力的交易的同时，为共同投资者提供了不具吸引力的投资机会；
- 共同投资需要投资者更积极的参与，投资者必须评估投资机会和基金经理，这需要更多的资源、专注度和专业知识，共同投资者通常只有有限的时间来决定是否投资。对于资源和尽职调查经验有限的小公司来说，共同投资方法可能是一个挑战。

3.2.2　共同投资的尽职调查

鉴于直接投资是共同投资的一个要素，在共同投资中，尽职调查的各个方面对两者都适用，投资者通常严重依赖基金经理进行的尽职调查。然而，直接投资机会的来源往往不同于共同投资机会，因此尽职调查背后的独立性水平可能有所不同。

直接投资尽职调查可能比共同投资尽职调查更独立，因为直接投资团队通常由第三方介绍机会，并且他们对尽职调查过程有更多的控制权。

3.3　直接投资

直接投资（direct investing）是指投资者在不使用中介机构的情况下直接投资资产，比如投资者在不使用特殊工具（如基金）的情况下直接购买私人公司的股份。

直接投资的投资者在选择投资、融资方式和规划时具有很大程度的灵活性和控制力。这种直接投资的方式通常是规模更大、经验更丰富的投资者选用的，通常适用于私募股权和房地产。然而，大型养老金等规模庞大的投资者也可能直接投资于基础设施和自然资源。

3.3.1 直接投资的优缺点

直接投资的优点可以总结为：

- 当投资者选择直接投资时，避免向外部经理持续支付管理费，因为投资者会绕过基金等特殊工具自行进行投资；
- 直接投资允许投资者根据自己的具体要求建立投资组合，直接投资为投资者提供最大的灵活性；
- 直接投资授予对资产管理方式的最高控制权。例如，直接购买企业所有权股份的投资者通常有能力影响企业运行的重要事项，如，选择管理团队、控制公司的战略方向和投资决策。

直接投资的缺点可以总结为：

- 与基金投资和共同投资相比，直接投资需要更多的投资专业知识和更高水平的尽职调查；
- 集中度增加，投资者无法享受到基金投资带来的现成的多元化收益，投资者需要时间和资源，才能通过直接投资体现这一优势；
- 基金经理还可能享有声誉优势，确保他们能够参与某些直接投资者无法以自身名义进行的有吸引力的投资；
- 有较高的准入门槛，也就是最低投资的金额要求。

3.3.2 直接投资的尽职调查

直接投资尽职调查要求投资者对目标资产或业务进行彻底调查，包括但不限于其管理团队的质量、客户的质量、竞争格局、创收、风险等。

4. 另类投资的投资和薪酬结构

4.1 合伙方式

在另类投资领域，合伙结构在有限合伙企业中很常见，基金经理是普通合伙人（GP），投资者是有限合伙人（LP）。

有限合伙人通常是合格投资者，能够理解并承担与投资相关的风险，这些风险的监管程度低于向公众发行股票。

GP 经营着这项业务，理论上对任何出错的事情都负有无限责任。GP 也可以一次运行多个基金。

4.2 薪酬结构

基金产生的费用通常包括两部分：管理费（management fee, MF）和业绩激励费（incentive fee, IC）。

管理费一般为（对冲基金）管理资产（assets under management, AUM）或（私募股权基金）承诺资本（committed capital）的 1% 至 2%。AUM 和 committed capital 是 LP 承诺给 GP 可以在未来投资的总投资金额。除管理费 LP 要支付给 GP 外，GP 还要根据超额回报向 LP 收取绩效费（performance fee, 又称 incentive fee 或者 carried interest）。

合伙协议通常规定，只有在基金业绩超过门槛回报率（hurdle rate）后才能获得绩效费（IC）。门槛回报率分为硬门槛收益率（hard hurdle rate）和软门槛收益率（soft hurdle rate）。

- 当基金业绩超过硬门槛收益率时，GP 会以“年”为单位，对超额部分计算激励费。
- 当基金业绩超过软门槛收益率时，GP 会以“年”为单位，对投资总收益计算激励费。

对冲基金通常用“高水位线”（high water marks）作为计提业绩激励费的依据。高水位线是基金历史上的最高业绩。只有超过了历史最高收益，GP 才能继续获得激励费，否则，GP 只能获得管理费。高水位线保护了 LP，避免重复支付

GP 激励费用。

4.3 追赶条款

一份合伙投资协议（partnership agreement）中可能包含追赶条款（catch-up clause）。

例如在 2% 的管理费（management fee）、20% 的激励费（performance fee）和软门槛值（soft hurdle rate）的情况下，如果基金投资收益超过了门槛值，追赶条款允许 GP 赚取绩效费（超过门槛值的投资收益，将门槛值收益作为 80% 部分，推出 20% 部分为绩效费），如果依旧有超过门槛值的投资收益，此时剩余投资收益按照特定比例分成。下图案例可以体现了 GP 多获得的激励费用（通常按照 20% 和 80% 的比例计算和分配）。

如图 62-1 所示，已知基金业绩的 IRR 为 18%，超过了 8% 的门槛回报率，此时对比追赶条款的作用。

按照包含追赶条款（GP profits with a catch-up clause）来计算 GP 管理者和 LP 投资者的收益，LP 首先获得了全部 8% 的门槛值部分，将门槛值收益作为 80% 部分，推出 20% 部分为绩效费（2%），此时依旧有超过门槛值的投资收益 8%（18%-8%-2%），按照特定比例分成：LP 分 80%（6.4%），GP 分 20%（1.6%）。

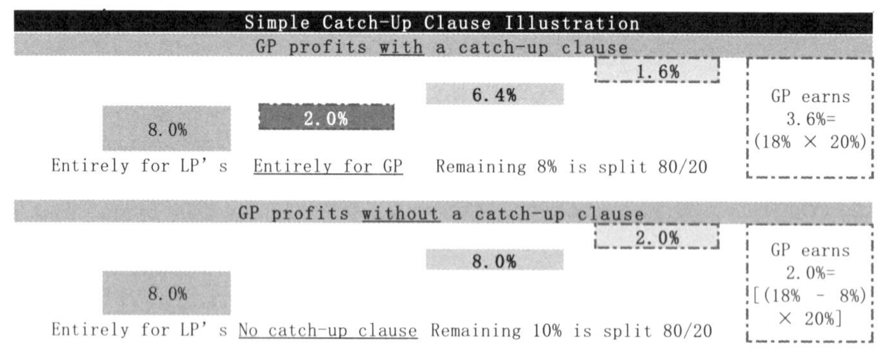

图 62-1　追赶条款费用分配

按照未包含追赶条款（GP profits without a catch-up clause）来计算 GP 和 LP 的收益此时门槛值（hard hurdle rate，超过门槛值部分分成），LP 依旧获得了全部 8% 的门槛值部分，然后对剩余 10% 这部分进行 20% 和 80% 比例分配，GP 赚取 2%（=10%×20%）的绩效收益率，LP 赚取 8%（=10%×80%）的收益率。

5. 对冲基金

基金是投资人把资金集中交给专业机构统一管理，由此组成的这个公司就称为基金公司。与传统意义上的共同基金不同，对冲基金同时持有股票的多头头寸和空头头寸。对冲基金是一种无约束且监管宽松的投资工具。在美国，SEC（证券交易委员会）不对对冲基金进行监管。对冲基金对投资者设定门槛很高，投资额必须达到较大数额才能投资对冲基金。

5.1 对冲基金的特点

对冲基金有以下特点：

- 是一种通过高杠杆、持有多头及空头头寸，并使用衍生品的积极管理的投资工具。
- 目标是追求高收益，并且投资监管较少。
- 由于投资门槛很高，仅向有限的投资者开放。对冲基金投资被限定在一定范围内，只有达到一定净资产和收入标准的合格投资者才可以进行投资。他们通常是一些机构，或者是拥有一定财富的个人投资者。
- 对于投资者基金份额的赎回通常设有限制。对冲基金通常设定了一段锁定期（lockup period），在锁定期内不允许投资者撤资或赎回。此外，如果需要赎回，投资者应当提前 30~90 天提出申请，这段时间称为通知期限（notice period）。
- 对于对冲基金来说，尤其是对冲基金指数，会存在回填偏误（backfill bias）以及幸存者偏误（survivorship bias），因此业绩很可能会被高估。

回填偏误是在某个指数计算过程中，加入了新成分公司过去的表现，使得指数产生偏误。原因在于，对冲基金行业信息披露要求很低，基金管理人没有定期披露业绩的义务。导致新增业绩披露的公司往往是那些近期投资业绩较好的公司，造成指数表现被高估。

幸存者偏误同样是由于对冲基金行业信息披露要求低，造成统计的业绩都是幸存下来的基金，而表现差或者被清算的基金并没有将业绩记录在指数，使得指数不能准确反映对冲基金真实的表现，业绩容易被高估。

5.2 基金中的基金

对冲基金的飞速发展带动了基金中的基金（fund of fund, FOF）的发展。基金中的基金是持有一篮子对冲基金的基金。由于其资产构成的特殊性，其收益与对冲基金投资者的收益会有显著不同。如果投资者投资的是基金中的基金，那么他的收益将会是其投资基金的平均收益。

5.2.1 基金中的基金的优点

- 基金中的基金属于公募性质的基金，所以投资门槛很低。基金中的基金使得一般投资者也可以参与到对冲基金的投资中，降低了投资的门槛。
- 分散化（diversification）：由于基金中的基金投资于各种对冲基金，所以可以根据投资风格、投资区域及管理风格来分散风险。
- 更好的赎回条款：基金中的基金由于投资规模较大，一般会为投资者协商更有利的赎回条款，这是个人投资者无法做到的。
- 专业性（expertise）：由专业人士负责管理，挑选优质的对冲基金。
- 尽职调查（due diligence process）：由于对冲基金的信息披露不完全，一般投资者很难对其进行准确的业绩评估，但是对冲基金的机构投资者（基金的基金）从开始就专门负责对冲基金的研究，因此能够给投资者更专业的投资建议。

5.2.2 基金的基金的缺点

双重管理费：基金中的基金通常拥有最好的基金经理。投资者不仅支付了对冲基金的管理费，也要支付基金中的基金的管理费，因此这类投资的管理费用较高。

5.3 对冲基金的估值问题

对冲基金的定价对于计算业绩与满足投资者赎回要求来说是非常重要的。定价可以用头寸的市场价值，也可以用估计价值来衡量。当使用市场价格或机构报价时，基金的价值就会因此而有所不同。普遍的做法是用平均报价来衡量，平均报价是买价（bid price）与卖价（ask price）的平均值。而另一种更准确和保守的方法是，多头时用买价，空头时用卖价表示。

当然，对冲基金持有的头寸可能流动性较差，或者之前没有过相关交易，那就很难得到市场价格，因此就有必要对其价值进行估计。估计价值时应该注意使用行业认可的方法，并保持使用方法的前后一致性。

5.4 投资策略

5.4.1 事件驱动型策略

事件驱动型策略通过短期内的事件，通常是公司结构变化等来获利。这种策略通过“自下而上”方法（从公司分析到行业分析）来分析，并与“自上而下”（从宏观经济分析到行业分析，最后到公司分析）相对。事件驱动型策略可以分为以下几个方面：

- 并购套利（merger arbitrage）：公司兼并收购消息公布后，买入被收购公司股票并卖出收购方的公司股票。之所以这样操作，是因为基金经理寄希望于收购方出高价并且承担债务，因此收购方的股价会下跌，而被收购方的股价会上涨。这种策略的风险在于如果兼并收购并没有执行，并且对冲基金没能及时清仓（close its position），价格出现预期方向相反的波动而出现损失。
- 破产重组（distressed/restructuring）：主要投资于破产或濒临破产公司的证券。通过购买折价的债券并寄希望于公司将来破产重组，从而高价卖出债券来获利，也可以通过购买优先债（senior debt）并卖出次级债（junior debt），或者购买优先股并卖出普通股，寄希望于利差扩大而获利。
- 积极股东（activist shareholder）：购买足够多的公司股票以影响公司的战略决策。这种对冲基金策略与私募股权投资不同，它主要投资于公开交易的股票。

特殊情况：这种策略主要关注正在重组过程中的公司的股票，而不是正处于兼并收购或者破产的公司。重组的行为包括证券发行回购、资产出售和分拆等。

5.4.2 相对价值策略

相对价值基金（relative value funds）通过相关证券之间的价格差异来获利，其假设是未来价格水平会趋于一致。相对价值策略主要包括以下几个方面：

- 可转债套利（fixed income convertible arbitrage）：这是一种市场中性的投资策略，通过发现可转债与标的债券及隐含期权的价格差异来获利。一般投资者倾向于投资自己熟悉的产品，因此，普通股的购买人数较多，一般价格倾向于被高估，但是可转债作为一种复杂的金融产品，购买人数比较少，价格一般被低估。

因此可转债套利策略通常是通过购买价格被低估的可转债，并同时卖出价格被高估公司股票的方式进行套利。

- 资产支持固定收益（fixed income asset backed）：通过观察资产支持证券与抵押贷款支持证券的定价差异来获利。
- 一般固定收益（general fixed income）：关注固定收益市场中的相对价值，包括两家公司债发行方的交易、公司债与政府债发行方的交易等。
- 波动性：期权价值可以反映市场中的隐含波动率。如果市场波动率大于期权的隐含波动率，说明期权的价值被低估了，因此可以买入（long）一个期权；相反，如果市场波动率小于期权的隐含波动率，说明期权的价值被高估了，因此可以卖出（short）一个期权。
- 多重策略：这种策略不仅关注某一种交易类型（如可转换套利），某一种交易基准（如波动性），或者某一种资产类型（如固定收益），而是寻求任何可能存在的投资机会。

5.4.3 全球宏观和管理型期货基金策略

宏观对冲基金通过“自上而下”的方式判断全球经济走势，并用多头头寸或空头头寸来获利。交易是基于预计经济变量的变动，通常对冲基金对固定收益、股票、外汇以及大宗商品市场进行投机交易。

管理型期货基金是积极管理的基金，主要基于各种技术和基本策略在期货市场进行多元化定向投资。他们又被称为商品交易顾问（commodity trading advisers, CTA），因为他们在历史上也专注于商品期货。然而，CTA 可能包括对各种期货的投资，包括商品、股票、固定收益和外汇。CTA 通常使用测量不同时间范围内趋势和动量的模型。投资于 CTA 有助于投资组合多样化，尤其是在市场趋势强劲的时期，和在市场压力剧烈的时期，其他基本策略可能表现不佳。

5.4.4 股票对冲策略

股票对冲策略是最传统的对冲基金交易策略，通过参与公开股票市场，持有股票或其衍生品的多头及空头头寸进行交易。股票对冲策略运用的是“自下而上”的投资策略。股票对冲策略包括以下几个方面：

- 市场中性（market neutral）：通过使用量化（技术）分析或者基本面分析来判断股票被高估还是低估。市场中性需要维持一个与市场风险无关的净头寸（追求非系统性风险），因此应该尽量保持资产组合的 β 为零。

- 基本面增长（fundamental growth）：通过基本面分析来寻找高成长及高资本增值的公司，并持有该公司的多头头寸。
- 基本面价值（fundamental value）：通过基本面分析来寻找价值被低估的公司，并持有该公司的多头头寸。
- 量化为导向（quantitative directional）：通过技术分析来寻找价值被高估或低估的公司。对冲基金根据市场走势以及行业周期来决定到底是持有净多头头寸还是净空头头寸。
- 卖空偏好（short bias）：通过技术分析或基本面分析来寻找价值被高估的股票，然后再做空。长期来看，经济向好，市场发展，卖空偏好是一种逆向操作。
- 特定板块（sector specific）：通过研究特定行业，运用技术分析或基本面分析来寻找投资机会。

名师解惑

两只股票，做空 A 并做多 B，构建投资组合之后，$\beta=w_B\beta_B-w_A\beta_A$，那就有可能通过 w_A 和 w_B 的配比使得 $\beta=0$，β 是系统性风险，是不可能被分散的风险。换句话说，就是可以把投资者的系统性风险变成 0。但是对于市场中性基金来说，系统性风险为 0，但是非系统风险还存在。因此，任何投资都会承担风险。

可见市场中性基金是对冲了系统性风险，即大盘涨跌与市场中性基金的投资者无关。所以，若基金经理对未来大盘走势不确定的时候，就有可能构建市场中性组合。此时，投资组合不会受到市场大盘走势，即系统性风险的影响。

6. 私募资本

私募资本 (private capital) 是指提供给公司的资金的广义术语，这些资金并非来源于公开市场，如在交易所出售股票、债券和其他证券所获得的收益，也不是来自传统的机构提供者，如政府或银行。当资本从公共市场和传统机构以外的来源筹集，并以股权投资的形式提供时，它被称为私募股权 (private equity)。如果类似来源的资本转而扩展到公司通过贷款或其他形式的债务，它被称为私募债务 (private debt)。私募资本指整个资本结构，包括私募股本和私募债务。

6.1 私募股权投资的主要形式

6.1.1 杠杆收购

杠杆收购（leveraged buyout, LBO）通过借债举杠杆的方式去收购上市公司，使其私有化。杠杆在这里指的就是该基金资金的来源主要来自于借入资金，借入的资金可以是银行的贷款，发行的债券等。

6.1.2 风险资本

风险资本（venture capital, VC）投资的标的一般是初创型的，拥有高成长潜力的公司。虽然投资失败的可能性很大，但投资一旦成功，被投资项目所带来的回报也是非常惊人的。

6.1.3 成长资本

成长资本（growth equity）：是指处于风险投资和成熟期之间的阶段。

6.2 私募股权投资策略

我们主要讨论两种私募股权的投资策略：杠杆收购、风险资本和成长资本（growth equity）的投资策略。

6.2.1 杠杆收购

杠杆收购（LBO）通常是指将上市公司私有化的操作，但也有目标公司已经是私有化的情况。杠杆收购如果是由被收购公司的管理层发起的，我们可以称为管理层收购（management buyout, MBO），此时管理层买入公司的控股股权。还有一种情况是外部管理层收购（management buy-in, MBI），此时收购方的管理层进驻被收购公司替换原有管理层进行日常管理。由于杠杆收购一般依托债务融资，如果债务融资成本很高或者根本无法获取，那么就不会有杠杆收购。

由于杠杆收购的融资主要依靠债务，而债务融资势必对投资者有影响，因此用于杠杆收购的贷款或者发行的债券通常附带保护投资者的条款。这些保护性条款通常要求公司维持一定的财务比率，适时提交信息等。这些条款的主要目的是限制公司持续借债，或者对分红及日常经营操作进行限制。但是，债务融资中的贷款与债券之间也有差异，贷款有担保，相对更安全；而债券在破产时是不安全的。正因为这个原因，债券融资通常提供了高收益以弥补高风险。

杠杆收购的融资除了自有资金、银行贷款以及高收益债券之外，还能使用夹层融资（mezzanine financing）。夹层融资是指在风险和回报方面介于优先债务和股本融资之间的一种融资形式，是一种长期的、从属的债务。由于夹层融资帮助企业改善资产结构，所以在发行时通常会提供股票的认股权证（warrant）或者可转换权（conversion option）。夹层融资通常会支付较高的息票率。

- 被收购公司的特征：

使得公司容易成为被收购对象的因素包括：

◆ 股价被低估：收购方公司所认定的目标公司内在价值高于其市场价格。此时，收购方甚至愿意支付溢价来获得对方的股权。

◆ 管理层有意愿被收购：目标公司有长期增长的投资机会但苦于没有相关资源，比如人力、渠道、设备等。

◆ 效率低下：收购方通过对目标公司的改造，从而创造价值来获取可观的净资产收益率。因此收购方会对一些目前管理效率低，但将来前景向好的公司十分感兴趣。

◆ 能够产生大量可持续现金流：收购方对能够产生大量可持续现金流的目标公司十分感兴趣，因为收购方在杠杆收购时采用了大量的债务融资，而这些能产生稳定现金流的目标公司可以为收购方偿还利息及本金。

◆ 低杠杆：是指较少的债务。如果目标公司债务较少，那么收购完成后，被收购方就有能力帮助收购方偿还收购方之前的债务。

◆ 固定资产占比高：收购方公司较青睐一些拥有大量固定资产的目标公司，因为固定资产相较于虚拟资产更容易用来抵押融资。

6.2.2 风险资本

风险资本（VC）投资的标的一般是初创型的，拥有高成长潜力的公司。被投资的公司因为会成为风险资本资产组合的一部分，所以通常被称为资产组合公司（portfolio company）。风险资本通常涉及到公司初步形成到最终公开发行的所有阶段，根据每个阶段的风险不同，投资者要求的收益也会有所不同，比如前期的要求回报率要高于后期。我们将风险资本的投资分为以下阶段（图 62-2）：

- 形成期（formative-stage）：形成期公司正处于形成初期，包含了以下几个阶段。

◆ 使投资（angel investing）：天使投资是指在创意形成期的投资，将创意转化为商业计划。我们把投资于这一时期的基金称为天使投资基金。

◆ 种子阶段（seed stage）：种子资本支持产品开发以及市场化，包括市场研究。这个阶段通常是风险资本进驻的第一个阶段。

◆ 早期阶段（early stage）：早期阶段融资帮助公司进行商业量产以及确保销售之前的运营。

● 后期阶段（later-stage）：后期融资是指在产品量产及销售之后，且在正式公开发行之前，维持公司的运营。通常用于公司的扩张时期。

● 夹层融资阶段（mezzanine stage）：这个阶段主要致力于协助公司上市。

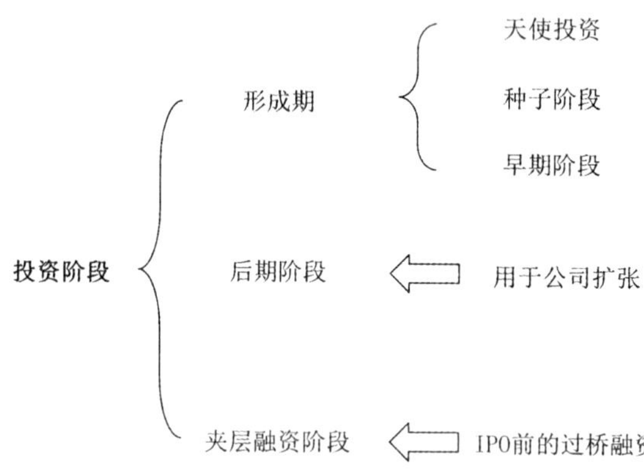

图 62-2 风险资本的投资阶段

6.2.3 成长资本

在其他几个专业领域中，一些私募股权公司专门从事增长资本，也称为增长股权或少数股权投资。通过在寻求资本扩张、重组业务或进入新市场、或为重大收购融资的更成熟的公司中拥有少数股权。

很多时候，少数股权投资是由被投资公司的管理层发起和寻求的，该公司有意在公司上市前出售其部分股份以实现收益，但仍寻求保留对公司的控制和参与。虽然这种情况最常见于私有公司，但上市公司可以通过公共股权的私募投资（private investments in public equities, PIPEs）寻求私募股本资本。

6.3 私募股权退出策略

风险资本投资的最终目的在期初时进入，并在高价时退出。以下是一些常见的风险资本退出策略：

6.3.1　出售

出售（trade sale）这种策略是指将公司卖给一个战略投资者，如金沙江创投将 OFO 的股权出售给阿里巴巴。其优缺点见表 62-1。

表 62-1　出售策略的优缺点

优点	缺点
• 退出时可立刻获得现金 • 售价可能会较高 • 执行方便快捷 • 较 IPO 具有更低的交易成本 • 信息披露的要求更低，保密性好	• 管理层的反对 • 对员工吸引力不够； • 潜在买家数量不多； • 价格可能要低于 IPO。

6.3.2　IPO 退出

IPO 退出策略是指私募股权基金将自己持有的目标公司的股权卖给公开市场投资者。其优缺点见表 62-2。

表 62-2　IPO 的优缺点

优点	缺点
• 可能获得高发行价格； • 管理层容易通过； • PE 公司知名度提高（publicity）； • 保留股价未来潜在上涨的收益。	• 交易成本高，实施周期长； • 承担股市波动性风险； • 信息披露要求高； • 可能存在锁定期； • IPO 适合大型、业绩出色的公司。

6.3.3　特殊目的收购公司

特殊目的收购公司（SPAC）始于一家通过首次公开募股（IPO）的空壳公司，通过 IPO，发起人筹集盲目的现金池，目的是与私人公司合并或收购。

6.3.2　资本重组化分红

资本重组化分红（recapitalization）是通过增加被收购公司的负担，从市场借入资金，并向股东分红，为股东实现收益。当利率较低时，引入杠杆（借债）成本较低，再资本化就比较受欢迎。通常，资本重组化分红是后期退出的前兆。资本重组化分红并不是真正的退出策略，因为投资方仍然保有控制权。

6.3.5 二手转卖

二手转卖（secondary sales）指的是将收购的企业的股份出售给另一家股权私募公司或者其他投资者。

6.3.6 破产清算

破产清算（write-off/liquidation）一般宣告了该项目投资的失败，私募股权基金将此项投资进行清算并转向另一个项目。

很明显，公开市场出售（IPO）及出售（trade sale）是私募股权投资中最常用也是最有利的退出方式。

6.4 私募股权投资的估值

与对冲基金一样，私募股权基金的业绩报告同样存在着一些问题，包括幸存者偏差（survivorship bias），回填偏差（backfill bias）以及其他偏差。正因为这些偏差的存在，私募股权基金的业绩通常被高估。此外，由于缺乏流动性，私募股权基金可能无法对其投资进行盯市（mark to market），因此会导致投资波动性风险被低估。

6.5 私募股权投资需要考虑的问题

私募股权基金投资时，需要考虑诸如当前与未来经济情况、再融资风险等问题。由于私募股权投资往往是长期行为，就需要投资人有耐心。

私募股权基金不仅对投资者有要求，投资者也需要对基金管理人进行考量。主要考虑的问题有基金管理人的相关经验与学识、估值方法、基金管理人的动机是否与投资人的利益一致、承诺资本数额以及相关的退出策略等。

6.6 私募债务投资的主要形式

6.6.1 直接贷款

直接贷款（direct lending）是少数投资者直接向借款人提供资金，随后获得利息。与典型的银行贷款一样，付款通常按照固定的时间表进行，贷款本身通常具有优先权和担保权并订立了保护贷款人 / 投资者的契约。该贷款由少数投资者提供给私人实体，有时是公共实体，它不同于向许多参与者发行并可在市场上公开交易的传统债务工具，如债券。

6.6.2　夹层债务

在私募债务中，夹层债务（mezzanine debt）是指从属于优先担保债务但在借款人资本结构中优先于股权的私募信贷。因为它通常排名较低，而且事实上通常无担保，夹层债务的风险高于优先担保债务。为了补偿投资者的这种高风险状况，投资者通常要求更高的利率，并可能要求选择参股。夹层债务通常具有额外的功能，如提供股权的认股权证或转换权，投资者的参与，意味着在某些情况下，他们可以选择将其债务转换为股权。

6.6.3　风险债务

风险债务（venture debt）是指提供给具有风险资本支持的初创或早期公司，这些公司可能产生很少或负现金流。作为一种在不进一步稀释股东权益的情况下获得额外融资的方式，可以补充现有股权融资，使股东能够在更长时间内保持对公司的所有权和控制权。风险债务与夹层债务类似，风险债务可能会带来额外的风险，而早期阶段的公司往往缺乏可作为债务抵押品的大量资产。因此在某些情况下，风险债务具有授予贷款人购买借款公司股权的额外功能。

6.6.4　不良债权

参与不良债务（distressed debt）通常需要购买财务困难的成熟公司的债务。这些公司可能处于破产程序中，有债务违约，或者有可能拖欠债务。一些投资者认为公司有暂时的现金流问题，但有一个良好的商业计划。这些投资者购买公司的债务，期望公司及其债务增值。投资者购买债券，并计划更积极地参与公司的管理和指导。他们寻求陷入困境的公司进行重组和复苏。

6.6.5　其他私募债务

战略抵押贷款债务（collateralized loan obligations, CLO）是杠杆式结构工具，由涵盖不同份额、发行人和行业的贷款组合进行抵押。CLO 经理将资金池划分为不同的债务和股权部分（不同的利率），这些债务和股权的优先级和安全性不同，并根据其风险状况将每一部分出售给不同的投资者。

私募债务公司也可以提供特殊贷款，在特定情况下，债务会延伸至借款人。例如，诉讼融资是一家专业融资公司的业务，该公司向客户（通常是诉讼中的原告）提供债务，以支付其法律费用和开支，换取任何案件赢款的一部分。

6.7 私募资本的风险与收益

图 62-3 描述了各私募资本产品之间的收益与风险的关系。

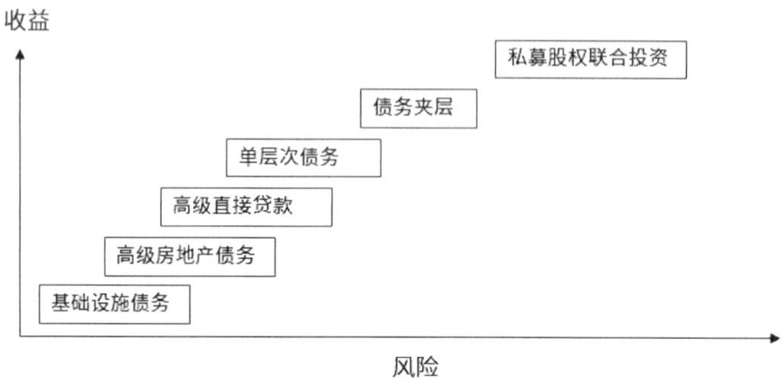

图 62-3 私募资本风险与收益的水平

7. 自然资源

我们可以将自然资源定义为一种独特的资产类别，包括商品和用于农业和木材的原始土地。

7.1 自然资源种类

自然资源一般分为如下三种：

- 大宗商品（commodity）：大宗商品是指可在质量、位置和交付方面实现标准化的实物产品，可用于投资。
- 林地（timberland）：林地是指提供基于树木、木材和其他木材产品销售收入的土地。
- 农地（farmland）：农田主要是指种植和收获农作物或生长在树木上的果

实（如坚果）的土地。

7.2 大宗商品

7.2.1 大宗商品特点

大宗商品的特点可以总结为下列几项：

- 大多数的大宗商品交易是通过商品衍生品进行的；
- 大宗商品商品生产者和消费者都对商品价格进行对冲和投机；
- 大宗商品的收益是基于基于价格变化，而不是期间收益，如股息、利息或租金（抵押品收入除外）；
- 大宗商品指数使用的是期货的价格；
- 从长期来看，投资大宗商品的收益低于传统的股票和债券投资，并且由于其高波动性，投资大宗商品的夏普比率也较低。但由于其与传统资产相关性较低，使得在传统资产中加入大宗商品能有效分散风险。此外，投资大宗商品能够有效的对冲通胀风险。

7.2.2 大宗商品期货投资

远期升水（contango）是指期货价格（futures price）高于现货价格（spot price）。一般来说，当某项大宗商品的价格处于高位且波动幅度很大时，更有可能出现期货溢价现象。例如，当原油价格处于高位时，一些石化与炼油企业（原油的消费者）就会以买入原油期货的形式规避未来可能的原油价格进一步上涨的风险。如果原油期货市场参与者被此类企业主导，则远期期货的价格被推高，期货溢价现象更为常见。此时这类企业被称之为多头对冲（long hedger）。

远期贴水（backwardation）是指期货价格（futures price）低于现货价格（spot price）。与期货溢价相反，如果大宗商品的价格处于低位且波动幅度很大时，生产者担心未来大宗商品的价格进一步下跌，则会在即期卖出大量大宗商品期货，锁定价格，在这种情况下，远期期货的价格下降，如果低于现货价格，则称之为现货溢价。

7.3 农地和林地

7.3.1 农地和林地的特点

农地和林地的特点可以总结为：

- 林地可以被视为工厂和仓库。木材可以通过简单的不采伐来生长和储存。这一特点提供了在木材价格上涨时收获更多树木和在价格下跌时推迟收获的机会。
- 与林地不同，农产品必须在成熟时收割，因此在生产中几乎没有灵活性。因此，商品期货合约可以与农田持有量相结合，以产生整体对冲回报。
- 作为植物生命周期的一部分，农田和林地都消耗碳，所考虑的价值不仅来自收获，还来自其他人类活动的补偿。

农地和林地的具有如下特有的风险：

- 由于固定成本相对较高，流动性非常低，负现金流风险较高。
- 天气对农田来说是一种更为独特的外部风险，干旱或洪水会大幅降低许多作物产量，从而降低预期收入。
- 国际竞争格局是一个主要风险因素，可能导致世界贸易中断、外国农业竞争加剧，并导致作物价格下降。

7.4 自然资源投资工具

通过直接投资大宗商品或者大宗商品的衍生产品可以获得大宗商品的头寸，大宗商品投资方式包括如下方式：

- 大宗商品交易所交易型基金（commodity ETFs）：ETFs适用于只能购买股票或追求交易简便的投资者。ETF一般通过投资大宗商品或者大宗商品期货来复制大宗商品价格走势。
- 投资管理期货（Managed futures funds, also known commodity trading）：大宗商品敞口也可以通过投资管理期货顾问（commodity trading advisers）获得。
- 主动管理的期货基金：期货基金通过投资大宗商品期货来获得大宗商品头寸，既可以像一般的共同基金一样向公众募集资金进行投资，也可以像对冲基金一样对投资者设立高门槛。

林地和农田包括如下方式：

- 投资基金：木材和农田的主要投资工具是投资基金，无论是在美国的房地产投资信托基金（REIT）等公共市场上提供，还是通过有限合伙企业进行私人管理。如果有特别的资产具有吸引力，大型投资者可以考虑直接投资。然而，在没有部门专家协助的情况下，指导投资决策的价格透明度或信息有限。农场和林地直接投资的流动性也受到限制。

8. 房地产

房地产投资是另类投资的重要组成部分，房地产包括了住宅（residential property）、商业地产（commercial real estate）等。

8.1 房地产投资的理由

投资房地产的理由有如下几点：

- 可以获得租金（income generation）和房地产增值（capital appreciation）的双重潜在收益。房地产投资具有投资资金密集度大，收益实现时间较长等特点。在经济蓬勃发展时期，投资者可以获得稳定的租金收入，并且可以得到可观的物业增值收益。
- 如果遭遇经济动荡，长期稳定的租金收入可以减轻投资者的现金压力。房地产投资者在与租房者签订租约时就已经确定租金，即使经济不振，也可以得到较为稳定可靠的租金收入。
- 由于与其他主要金融资产的相关性较弱，可以有效分散投资风险。股票、债券、衍生品等主要金融资产与房地产投资的关联性不大，将房地产投资列入投资组合，可以有效降低非系统性风险。
- 可以有效抵御通胀。在通胀高企时期，房地产成为为数不多的有效保值投资种类，投资者可以避免资产受到通胀的侵蚀。

8.2 房地产投资的方式

房地产投资的方式可以通过两个维度区分。第一个维度是基于权益或债务投资，第二个维度是公开市场和非公开市场投资，如表 62–3 所示。

表 62-3　房地产投资方式

	债务投资	权益投资
非公开市场投资	• 抵押贷款 • 结构性借款 • 夹层债务	• 直接拥有房地产所有权（包括独资、合资、独立账户或房地产有限合伙企业进行的所有权等） • 通过房地产基金间接拥有 • 私人地产基金（REITs）
公开市场投资	• 房地产抵押贷款证券化（MBS） • 抵押担保证券（CMO） • 抵押型房地产投资信托（REITs） • 拥有证券化抵押债务的 ETF	• 投资于房地产公司股票 • 房地产投资信托（REITs） • 共同基金 • 指数基金 • 交易所交易基金（ETFs）

依据于上述分类，可以将下列房地产投资方式具体分类：

● 住宅房地产（residential property）：对许多个人和家庭而言，房地产投资采取直接股权投资（即所有权）的形式，投资于住宅，并打算占用住宅。换言之，就是买了一套房子。

● 商业房地产（commercial property）：以商业为用途，目的是获得收入或者资本增值的房地产。住宅房地产中有意出租的住宅也被归类为商业房地产。

● 直接购买（direct ownership）：投资者无限期、完全拥有房地产所有权。

● 杠杆权益头寸（leverage equity position）：投资者借入一定比例的债务购入房地产。如果未来房地产出现增值，那么增值部分和租金的净收入扣除债务成本后的都归属投资者所有。

● 房地产投资信托投资（REIT investing）：房地产投资信托基金的风险和回报特征取决于其进行的投资类型。房地产投资信托基金主要投资于抵押贷款，类似于固定收益投资。主要投资于商业或住宅房地产并使用杠杆的权益性房地产投资信托基金与杠杆式房地产的直接股权投资类似。

● 投资房地产抵押贷款（mortgages）：投资者出借资金给房地产的权益型投资者。并按期得到借款人的利息和本金偿还，而且当借款人无法履约时可以收回房产，因此这是一种间接的房地产投资形式。基于分散风险的目的，投资者可以投资多种抵押贷款。

● 房地产抵押贷款资产证券化（MBS）：这类资产证券化产品通常是由房地产抵押贷款作为底层资产，通过重新的打包，有可能还要通过分层（tranching）

的设计出售给养老金，投资银行，保险公司等各类机构投资者。

8.3　房地产指数

房地产投资的业绩评估基准主要参考下列三类指数：

- 估值指数（appraisal index）：估值指数是由指数编制者评估出房屋的价值来构建一个指数。由于评估指数的价格是估计值而不是市场实际成交价格，且体量较大，评估周期较长。因此该指数的数据与实际市场成交价格相比更平滑，从而低估了价格的波动性。
- 重复成交指数（repeat sales index）：重复成交指数是基于追踪被重复销售的房地产并使用其市场成交价格来构建指数。但由于房地产流动性差，交易不频繁，并且成交的房地产类型、地段也是随机的，因此该指数编制方法不能反映整体房地产市场的价值水平，存在选择性偏差。
- 房地产信托投资基金指数（REIT index）：房地产信托投资基金指数是根据REITs的实际交易价格构建。是间接投资房地产的指数，由于REITs流动性高，交易活跃，该指数较为可靠。

8.4　房地产投资的风险与收益

与其他的投资类似，房地产投资可能会出现与预期的业绩表现不一致的情况。房地产价值会受到国内外宏观经济的影响。此外，如果投资房地产投资基金还面临着代理成本，也就是基金管理团队是否具备优秀的投资能力，是否会做出损害投资人利益的行为等。

许多房地产股权投资基金运用杠杆来获得高收益，但是同时也扩大了潜在的损失。同时，由于杠杆的存在，如果资金周转不足，那么还可能无法支付贷款利息，所以投资于房地产股权基金时，应该注意基金的贷款数额，以防范这类风险。

房地产投资与其他资产类别的相关性适度，因此改善了分散于股票、固定收益和其他另类投资等的风险回报状况。

9. 基础设施

基础设施（infrastructure）资产指的是那些投资期长，资本密集，为公众提供服务的资产。例如，机场、高速公路、油气站等。投资者投资的目的是获得稳定的现金流，获得长期稳定的资本升值。

9.1 基础设施特点

基础设施的特点可以总结为下列几点：

- 战略的重要性；
- 通常是垄断与被管制的；
- 有稳定的长期现金流；
- 需要大量资本投资；
- 运营使用寿命长；
- 明确定义的合同结构，分配资产交付、服务提供以及法律和财务义务的风险和责任；
- 高杠杆资本结构。

9.2 基础设施分类

根据使用用途分为经济基础设施资产（economic infrastructure）和社会基础设施资产（social infrastructure）。经济基础设施资产指的是为经济活动提供支持的资产，比如交通基础设施（公路，桥梁等）和公共基础设施（水场，电站等）；社会基础设施资产（教育，医疗等）。

根据资产的所处阶段，又可以分为棕色地带（brownfield investment）和绿色地带投资（greenfield investment）。前者的投资属于对已有项目的改建和翻新，通常这些资产已经被政府控制或持有；后者属于对未开发项目的新建。通常投资于已有项目能够获得较为稳定的现金流，但增值潜力较小。而投资于新建项目风险更大，但资产未来增值的潜力也更大。

9.3 基础设施投资形式

基础设施投资形式可以分为直接投资（direct investment）和间接投资（indirect investment）。大多数基础设施投资的形式都是间接投资。可公开交易的基础设施证券提供了诸如流动性、透明度高等优点，最有名的例如 MLPs（master limited partnerships）。

9.4 基础设施投资风险和回报

现金流稳定而且分红较多是基础设施建设的优点，与此同时，基础设施投资的成长空间小，预期收益率较低。

从风险的角度说，基础设施投资存在杠杆融资的风险，操作风险和建设风险以及特有的政策风险。

10. 另类投资的评估

在传统投资的投资组合中加入另类投资的潜在好处有：

分散化（diversification）：从长期看来，由于部分另类投资产品（例如：房地产、大宗商品和基础设施等）的收益率与传统金融投资产品（股票或者债券）的收益率之间有较低的相关系数，所以在正常的金融环境中，将促进资产大类间的分散化效果，降低整个投资组合的风险。所以投资另类产品的主要动机就是降低投资组合的风险。

- 对冲通货膨胀的风险（hedge against inflation）：一些另类投资产品能很好地对冲通货膨胀。由于部分另类投资例如：房地产、大宗商品和基建，是以实物资产的形式存在，所以有抵抗通货膨胀的效果，帮助投资者的整体组合维持真实购买力（maintain purchasing power）。
- 更高的回报率（higher returns）：对冲基金以及私募基金投资普遍流动性较差，所以投资者一方面可以获得由流动性风险所额外带来的风险溢价，以此提升收益。同时，对冲基金以及私募基金往往会利用一些高杠杆、高风险的策略，进一步放大整体产品的收益率。所以加入这部分另类投资产品对于提升整体组合的收益率，也是很有好处的。因此，对于一些能够承受高风险的投资者来说，投资于另类投资产品是一个可以获取高回报的投资机会。

一般在金融体系中，假设传统资产的收益率服从正态分布。但是利用另类产品的历史数据进行实证分析，学者们发现，另类产品的收益率往往偏离正态分布，呈现出高峰（leptokurtic）或者左偏（negatively skewed）的特征。

名师解惑

当收益率服从正态分布时，标准差（或方差）可以用来衡量总体波动即投资风险。但是标准差或者方差衡量的是对称的风险，既考虑了均值左边的那些小于均值的波动，也考虑了均值右边大于均值的波动。

但是另类投资的收益率的分布呈现出左偏的态势，则左尾出现极端情况的可能性大于右尾，也就是左尾的波动更大。此时，如果还用对称的标准差来衡量左尾的波动，会低估左尾的波动，这意味着均值左边（小于均值）的极端亏损真实发生的可能性其实比标准差预测出的更高，也就是说标准差会低估左尾的尾部风险。

在数量中的“峰度”这一节中，本书阐述了一个结论：在总体波动相同的环境中，高峰必然带来“肥尾”的现象。因此，如果另类投资的收益率呈现高峰肥尾的分布，说明如果用正态分布的标准差来衡量风险，就会低估尾部“肥尾”的现象，即低估尾部极端情况发生的可能性及相应的尾部风险。

传统的夏普比率（sharpe ratio）是用标准差描述的总风险所对应的超额收益，所以其实需要假设收益率分布近似服从正态分布，而另类投资并不满足这一条件，所以夏普比率并不适合衡量另类投资的业绩。另类投资呈现出高峰肥尾，或者左偏的分布，此时标准差会低估另类投资的左尾的真实风险，即下行风险。其次，许多另类投资产品流动性差，其产品估值的过程中运用的是估计的价格，而非实际的交易价格，从而导致收益被高估，风险被低估。所以如何度量另类投资的业绩是金融行业面临的课题。

为了更好地描述另类投资产品左尾的情况，对下行风险（downside risk）的评估就显得尤为重要，通常可以使用在险价值（value at risk, VaR）和索提诺比率（sortino ratio）来衡量下行风险。在险价值在（投资组合管理科目的“3.2 风险度量和修正”）这节中已经有了说明，本节简单介绍一下索提诺比率。

$$\text{索提诺比率}=\frac{\text{投资组合的收益率 - 最低要求回报率}}{\text{下篇标准差}}=\frac{E(R_p)-MAR(\text{minimum acceptable return})}{\text{downside risk }\sigma(X_i\leq\overline{X})}$$

索提诺比率是一种衡量投资组合相对表现的方法。与夏普比率 (Sharpe Ratio) 有相似之处，但索提诺比率运用下偏标准差（downside deviation）而不是总标准差，以区别不利（均值左边）和有利（均值右边）的波动。和夏普比率类似，这一比率越高，表明基金承担相同单位的下行风险能获得更高的超额回报率。索提诺比率可以看作是夏普比率在衡量对冲基金 / 私募基金时的一种修正方式。

卡玛比率（calmar ratio）是另一种可以用来衡量另类投资风险与收益的方法。

$$\text{卡玛比率}=\frac{\text{平均年收益}}{\text{最大下跌风险}}=\frac{E(R_p)\text{for a period}}{\text{Maximum rawdown(MDD) during period}}$$

在一段时间内，卡玛比率越高（越低），另类资产在风险调整基础上的表现就越好（越差）。卡玛比率通常是使用前三年的业绩表现进行计算的，因此他会随着时间调整。所以有时候会使用另一个指标叫做 MAR 比率，MAR 比率使用完整的投资历史和平均下跌风险。这两个比率都有助于表现另类资产左尾收益曲线的特征。

11. 另类投资的费用结构及收益

11.1　对冲基金费用结构

对冲基金的费用结构通常由管理费及激励费组成。管理费是无论如何都要支付的，而激励费只有在超过一个特定的预设回报率（hurdle rate）之后才能够获得。一般，“2 and 20”表示 2% 的管理费以及 20% 的激励费。预设回报率通常基于无风险利率加上溢价来设定。

如果前一年基金的价值下跌，那么只有在基金价值向上突破之前的高位（high water mark）之后才能获得激励费。也就是说，对冲基金一定要在扣除费用前的基金价值超过历史高位时，才能获得相应的激励费。

举个例子

【例】

ABC 作为一家对冲基金，其初始投资资本为 1 亿美元。每年收取其管理的资产年末价值的 2% 作为管理费，并收取 20% 作为激励费。第一年，ABC 获得了 30% 的收益，假设管理费按照年末估值进行计算。

1. 如果激励费及管理费分开计算（calculated independently），那么应该分别是多少？投资者的实际收益是多少？

【解析】

管理费：由于第一年获得 30% 收益，所以年末总资产为 1.3 亿美元，管理费应该以 1.3 亿美元作为基数，总共为 13,000×2%=260（万美元）。

激励费：（13,000-10,000）×20%=600（万美元）

总费用：260+600=860（万美元）

投资者实际收益：（13,000-10,000-860）/10,000=21.40%

2. 如果激励费是基于扣除管理费后的收益计算（net of the management fee），那么总费用（管理费和激励费）和投资者实际收益应该是多少？

【解析】

管理费用：与第 1 题计算结果 260 万美元相同。

激励费用：（13,000-10,000-260）×20%=548（万美元）

总费用：260+548=808（万美元）

投资者实际收益：（13,000-10,000-808）/10,000=21.92%

3. 如果私募股权基金设置了 5% 的硬门槛收益率（hard hurdle rate），意味着激励费基于“超过硬门槛收益率部分”进行计算（in excess of the hurdle rate），那么扣除管理费用后的激励费（net of the management fee）和投资者实际收益应该是多少？

【解析】

管理费用：与第 1 题计算结果 260 万美元相同。

硬门槛收益率对应收益部分：10,000×5%=500（万美元）

激励费用：（13,000-10,000-500-260）×20%=448（万美元）

总费用：500+448=708（万美元）

投资者实际收益：（13,000-10,000-708）/10,000=22.92%

4. 如果第二年基金管理的资产价值跌至 1.1 亿美元，费用结构的设置与第 1 题一样，此时设置一个高水位（high-water mark）要求，那么第二年总费用为多少？投资者的净收益是多少？

【解析】

管理费用：11,000×2%=220（万美元）

激励费用：0 美元。第二年基金管理的资产价值跌至 1.1 亿美元，此时高水位线（13,000-860=12,140 万美元）高于 1.1 亿美元，12,140 万美元是历史最高业绩并扣除当期费用的结果。第二年基金管理的资产价值并没有大于高水位线，于是无激励费用。

总费用：220 万美金

投资者实际收益：（11,000-220-12,140）/12,140=-11.20%。由于第一年末扣除总费用后，第二年年初基金管理的资产价值变为（13,000-860）million=12,140（万美元），另外可以计算第二年年末基金管理的资产价值为（11,000-220）=10,780（万美元）。

5. 第三年，基金管理的资产价值上升至 1.28 亿美元，费用结构与第 1 题和第 4 题一致，那么第三年的费用总额为多少？投资者实际收益是多少？

【解析】

管理费用：12,800×2%=256（万美元）

激励费用：（12,800-12,140）×20%=132（万美元），第三年末基金管理的资产价值 1.28 亿美元超过了高水位（12,140 万美元，是历史最高业绩并扣除当期费用），基金可以申请激励费用。

总费用：256+132=388（万美元）

投资者实际收益：（12,800-388-10,780）/10,780=15.14%。第三年初基金管理的资产价值就是第二年末基金管理的资产价值 10,780 万美元。

【例】

一家基金中的基金 XYZ 投资了对冲基金 A（投资额 1 亿美元）和对冲

基金 B（投资额 1 亿美元），总计投资 2 亿美元。XYZ 的收费结构是“1 and 10”，管理费用为 1%，激励费用为 10%。对冲基金 A 和 B 的收费结构是“2and 20”，管理费用为 2%，激励费用为 20%，并且没有门槛值要求。

管理费用和激励费用独立计算，管理费用根据当期年初的资产管理规模计算。对冲基金 A 和 B 在计算管理费用和激励费用之前都增加到 1.2 亿美元。

1. 计算投资对冲基金 A 的实际收益是多少？

【解析】

管理费用 10,000×2%=200（万美元）

激励费用：（12,000-10,000）×20%=400（万美元）

总费用：200+400=600（万美元）

对冲基金 A 的投资者实际收益：（12,000-10,000-600）/10,000=14%

2. 计算投资基金中的基金的实际收益是多少？

【解析】

管理费用：20,000×1%=200（万美元）

激励费用：（10,000×14%×2）×10%=280（万美元），基金中的基金 XYZ 实现了 14% 的收益，是扣除了对冲基金费用之后的结果，要在 10,000×14%×2 的基础上计算 XYZ 的激励费用。

总费用：200+280=480（万美元）

投资基金中的基金的实际收益：（10,000×2×14%-480）/（10,000×2）=11.6%

【例】

一家基金中的基金 OPQ 投资了对冲基金 A（投资额 1.2 亿美元）和对冲基金 B（投资额 1.2 亿美元），总计投资 2.4 亿美元。OPQ 的收费结构是“1 and 10”，管理费用为 1%，激励费用为 10%。

管理费用和激励费用独立计算，管理费用根据当期年末期的资产管理规模计算。在对冲基金 A 和 B 计算管理费用和激励费用之后，OPQ 在 A 和 B 两个对冲基金的投资额分别为 1 亿美元和 1.5 亿美元。

计算投资基金中的基金的实际收益是多少？

【解析】

管理费用：（15,000+10,000）×1%=250（万美元）

激励费用：[（15,000+10,000）-（12,000×2）]×10%=100（万美元）。1亿美元和1.5亿美元是扣除了对冲基金A和B费用之后的结果，基金中的基金OPQ在计算激励费用的时候需要将对冲基金A和B看成一个整体。

总费用：250+100=350（万美元）

投资基金中的基金的实际收益：[（15,000+10,000）-（12,000×2）-350]/（12,000×2）=2.7%

11.2　其他另类投资费用结构与条款

与对冲基金一样，私募股权投资基金一般也采用合伙制的公司结构。基金的投资者称为有限合伙人（LP），而基金的管理者称为一般合伙人（GP）。

基金的费用也与一般的对冲基金一样，由管理费和激励费组成。管理费通常是承诺资本的1%~3%，承诺资本是指有限合伙人承诺投入的资本，一般分3~5年完成注资。要注意的是，管理费是以承诺资本（committed capital）为基础的，而不是基金经理实际管理的资产规模，这一点与对冲基金有很大的不同。在承诺资本完全投入之后，管理费按照投资项目中所剩余的资金进行计算。如果一项投资完成，资金归还给投资者，项目中不再有资金，那么自然也就不存在管理费。

一般来说，私募股权基金获得激励费的要求更高，在有限合伙人没有收回自己的初始投资之前，一般合伙人是不能收取激励费的。私募股权投资的合伙协议中常常包含一些条款来保护投资者，比如规定一般合伙人没有收回自己的初始投资之前不能收取激励费，回拨机制条款（clawback provision）等。

在另类投资中，瀑布型（waterfall）的收益分配方式定义了分配给有限合伙人（LPs）和一般合伙人（GPs）的顺序。瀑布分为两种，一种是逐笔交易型瀑布（deal-by-deal waterfalls）又叫做美式瀑布（American waterfalls），另一种是整体基金瀑布（whole-of-fund waterfalls）又叫做欧式瀑布（European waterfalls）。

逐笔交易型瀑布对一般合伙人更有利，因为每笔交易都会收取激励费用，允许普通合伙人在有限合伙人收到初始投资和最低回报率之前获得报酬。整体基金瀑布中，当交易退出时，所有分配都归有限合伙人所有，在有限合伙人收到其初始投资并达到最低要求回报之前，普通合伙人不参与任何利润分配。与逐笔交易瀑布相比，整体基金瀑布发生在总基金层面（即，在所有投资退出后），因此整体基金瀑布对有限合伙人更有利。

举个例子

【例】

一家私募股权基金向目标A公司投资1,000万美元，向目标B公司投资2,000万美元。一年之后，A公司产生800万美元利润，B公司产生1000万美元亏损。激励费用按照利润的20%计算。假设没有回拨机制条款，请分别计算在欧式瀑布模式和美式瀑布下的激励费用。

【解析】

在欧式瀑布模式下：

私募股权基金投资A和B公司的整体收益是：800-1000=-200（万美元），此时有200万美元的亏损，私募股权基金没有任何的激励费用。

在美式瀑布模式（没有回拨机制条款）下：

A公司实现了800万美元的利润，私募股权基金可以获得的激励费为：800×20%=160（万美元）

B公司实现了1000万美元的亏损，私募股权基金没有激励费，不需要退回激励费用，因为没有回拨机制条款。

私募股权基金经过投资，可以获得的总激励费为160万美元。

11.3 客户费用的商定

一般来说，另类投资的费用收取以及通知期和锁定期都是可以和潜在的客户群体进行协商的。

- 基于流动性条款和资产规模的费用（fees based on liquidity terms and asset size）：对冲基金基金会根据不同投资者愿意接受的流动性条款来收取不同的费率，比如锁定期长的基金通常费率结构会比较低。另外，对冲基金经理可以为大客户或介绍这些投资者的代理商的费用提供折扣。

- 创始人股份（founders' shares）：为了吸引创业基金和新兴基金的早期参与，基金经理们越来越多地提供被称为“创始人股份”的激励措施。创始人股份使投资者有权享受较低的费用结构。另一种方式是是，一旦基金达到目标资产量或业绩，就降低早期创始股份投资者的费用。这两种途径都会激励投资者做出比其他情况更快的投资承诺。

- “非此即彼”费用（“Either/or” fees）：对了应对高额的对冲基金费用，一些大型的机构投资者开始要求一种新型的费用结构。即经理人同意收取 1% 的管理费（仅用于支付低谷年份的费用）或在双方商定的年度最低回报率之上收取 30% 的激励费（用于在业绩好的年份激励和奖励基金经理），两者取高。这种新颖的收费结构旨在奖励业绩和高于基准的真实阿尔法获取。

后记

POSTSCRIPT

CFA的备考可以说是一场漫长而艰难的旅途，至少历时1.5年的学习，英文知识和考试体系让很多考生望而却步。作为长期从事CFA课程培训的机构，在讲课过程中我们尽可能把知识点讲得简单易懂，帮助考生在脑海里建立知识框架体系；但是，在实践中，有很多学员反馈，知识点太多，框架结构复杂，很多内容只能通过“囫囵吞枣”式的“强记忆”。临考时面对考题，很多考生一时间想不起对应的知识点，更不知道应该如何解答，只能靠蒙、靠猜。究其根本原因，还是考生对于知识框架体系掌握的不清晰，对于知识原理掌握不扎实，缺少体系性训练，不能做到熟能生巧。

基于我们近20年从事CFA考试辅导的经验，结合对于CFA知识体系的脉络梳理与历年考情分析，自2014年起，我们推出了《CFA注册金融分析师考试中文手册》，通过“知识导引”“名师解惑”等为考生建立学习CFA知识的立体网络，全方位、多维度、无死角解决CFA备考过程中需要掌握的知识点，帮助考生真正有效率、有效果地备考。

写书是一项系统工程，从书的策划到最终定稿，从框架体系到具体内容，从第一稿到最后的清样，很多人都为此投入了大量的精力，耗费了许多的心血，反复地讨论，不断地争执，最后达成意见统一。在整个编写过程中，所有人不敢有一丝一毫的懈怠，担心任何一个遗漏或者笔误会辜负大家对金程教育的期望，对承诺的期望。因为我们深知自己担负的是责任，是信任，是托付。深知我们是在许多的关爱、重托和信任下成长的，一套书的出版是众多人的心血智慧和殷切希望。

借此机会，首先，要感谢那些培养我们成长的孜孜不倦的师长、对我们寄予厚望的家人和对我们充满期待的读者，没有这种鞭策、期待和信任，就没有我们的今天，更没有我们的成长和本书的出版；

其次，我们要感谢活跃在教学第一线、专注热情和全心投入的金程教育CFA教学团队，他们的全情投入、对培训事业一如既往的关注，是促成本书出版的关键要素，他们在教学过程中总结的方方面面，不断地为丛书注入新内容，添入更有价值的元素；

再次，我们要感谢在本书编撰过程中金程教育金融研究院的研究员和出版社的编辑们，他们默默付出、加班加点、忍受孤独、 互相包容，困难时彼此鼓励。正是这种辛勤工作，确保了本书的正确性和可读性。作为本书的“把关员”，他们以其专注和投入，尽职尽责地守护读者信任；

最后，我们要感谢养育和培养我们的父母，关注我们成长的兄弟姐妹和朋友，没有这种关注、鼓励和支持，就没有我们今天胸怀天下、为人诚恳和踏实做事的态度。

总而言之，希望我们的努力能够回报社会、帮助读者，希望我们的不足能够得到大家的原谅和帮助。真诚欢迎读者指出所有的问题，因为我们是诚意的、努力的、向上的。

祝所有 CFA 考生顺利通过考试，祝所有有志于金融行业的人们实现职业理想！

微信扫一扫，选择“CFA Level I”，开始刷题

汤震宇

金程教育创始人

CFA 持证人，2004-2018

CFRM、FRM、RFP、CMA、CTP、CAIA、经济师

2022 年 7 月 11 日